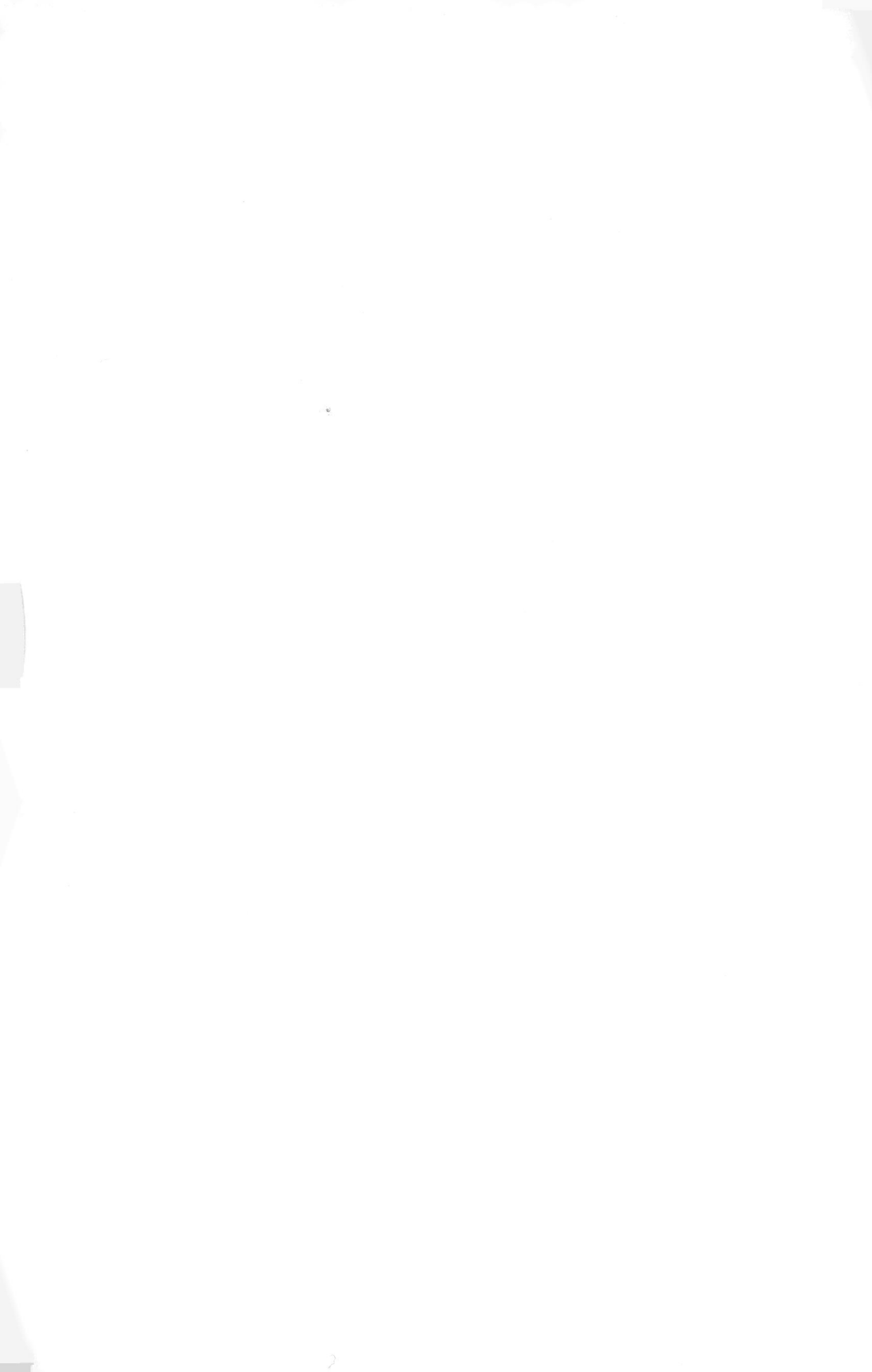

家藏文库

三国志选注译 上

赵伯陶 注译

中州古籍出版社
·郑州·

图书在版编目（CIP）数据

三国志选注译 / 赵伯陶注译 . —郑州：中州古籍出版社，2021.8

（家藏文库）

ISBN 978-7-5348-9784-9

Ⅰ.①三… Ⅱ.①赵… Ⅲ.①中国历史–三国时代–纪传体②《三国志》–注释③《三国志》–译文 Ⅳ.① K236.042

中国版本图书馆 CIP 数据核字（2021）第 176440 号

JIACANG WENKU：SANGUO ZHI XUANZHUYI

家藏文库：三国志选注译

选题策划	卢欣欣　赵发杰
约稿统筹	卢欣欣
责任编辑	赵建新
责任校对	唐志辉
封面设计	王　歌
版式设计	曾晶晶

出 版 社	中州古籍出版社（地址：郑州市郑东新区祥盛街 27 号 6 层　邮编：450016　电话：0371-65788693）
发行单位	河南省新华书店发行集团有限公司
承印单位	河南新华印刷集团有限公司
开　　本	640 mm×960 mm　1/16
印　　张	103
字　　数	1350 千字
版　　次	2021 年 8 月第 1 版
印　　次	2021 年 8 月第 1 次印刷
定　　价	196.00 元

本书如有印装质量问题，请与出版社调换。

前　言

在被传统视为"正史"的二十四史中,《三国志》荣列"前四史"之列。"前四史"包括司马迁所撰《史记》、班固所撰《汉书》、陈寿所撰《三国志》、范晔所撰《后汉书》,其中《后汉书》所记东汉时代在"三国"之前,成书年代则晚于《三国志》一个半世纪左右。两部史书在人物传记的择取上有部分重复,如董卓、公孙瓒、陶谦、袁绍、袁术、刘表、吕布、臧洪、华佗等,计有十六篇之多。这些历史人物除华佗外都属于记述东汉末年军阀混战不可或缺的,《后汉书》将他们入传无可厚非,《三国志》撰写于《后汉书》之前,陈寿将这些人的传记纳入《魏书》中,可以廓清"三国"前传的历史脉络,自有史家迫不得已的苦衷。唐刘知几《史通》卷一一《题目》:"夫战争方殷,雄雌未决,则有不奉正朔,自相君长。必国史为传,宜别立科条。至如陈、项诸雄,寄编汉籍;董、袁群贼,附列《魏志》。既同臣子之例,孰辨彼此之殊?"《三国志》与《后汉书》两部史书由于史料来源不尽相同,撰述者对于同一历史事件记述的差异,正可以为后人考证史实提供资源。

一

陈寿（233～297），字承祚，蜀汉巴西郡安汉县（今四川南充市北清泉坝）人。年轻时曾师事蜀汉学者谯周（201～270），仕蜀汉为观阁令史。蜀汉于魏元帝景元四年（263）覆亡，时陈寿三十一岁，两年以后（265），西晋代魏。陈寿入晋后历任著作郎、治书侍御史。晋武帝咸宁六年（280），吴国覆亡，陈寿开始收集三国时代的公私著述撰写《三国志》。这部史书继承《史记》《汉书》的纪传体体裁，记述东汉以后魏、蜀、吴三国鼎立的历史，但没有志与表，只有纪、传。全书六十五卷，包括《魏书》（或称《魏志》）三十卷、《蜀书》（或称《蜀志》）十五卷、《吴书》（或称《吴志》）二十卷。当时魏、吴两国已先有史，如王沈的《魏书》、鱼豢的《魏略》、韦昭的《吴书》等，可加参照；惟蜀国阙如，陈寿尽管为蜀人，终因缺少据依，须自行搜集史料，所以与《魏书》《吴书》相比，《蜀书》的分量最少。严格而论，"三国"的历史存续只限于魏文帝曹丕黄初元年（220）至晋武帝司马炎太康元年（280）这一段大约六十年的时间。曹丕代汉称帝后，刘备即于第二年在成都称帝，是为蜀昭烈帝章武元年（221）；吴主孙权先是向魏称臣，被封吴王，翌年始立年号，是为吴王黄武元年（222），孙权称帝则在七年以后，即吴大帝黄龙元年（229）。然而，为曹操统一北方奠定基础的官渡之战，爆发于汉献帝建安五年（200）；为以后魏、蜀、吴三国鼎立奠定基础的赤壁之战，爆发于汉献帝建安十三年（208）。如果再上溯至曹操、刘备以镇压黄巾军起家的时间节点，即汉灵帝光和七年（184），诸多历史事件皆可以视为三国的"前传"。如此而论，《三国志》所涉及的历史就将近百年之久了。

陈寿，《晋书》卷八二有传，对他有"时人称其善叙事，有良史之才"的赞誉。清赵翼《廿二史札记》卷六《三国志书法》："如蜀后主即位，书是岁魏黄初四年也。吴孙亮之即位，书是岁魏嘉平四年也。此亦何与于魏，而必系以魏年，更欲以见正统之在魏也。正统在魏，则晋之承魏为正统，自不待言。此陈寿仕于晋，不得不尊晋也。然《吴志》孙权称帝后犹书其名，《蜀志》则不书名，而称先主、后主。陈寿曾仕蜀，故不忍书故主之名，以别于《吴志》之书权、亮、休、皓也。此又陈寿不忘旧国之微意也。"这一议论可称中肯。

裴松之（372～451），字世期，南朝宋河东郡闻喜县（今属山西）人。刘宋初官中书侍郎，奉命作《三国志注》，元嘉六年（429）奏上，此时距离《三国志》的修撰已经一百三十馀年。裴松之《上〈三国志注〉表》有云："臣前被诏，使采三国异同以注陈寿《国志》。寿书铨叙可观，事多审正。诚游览之苑囿，近世之嘉史。然失在于略，时有所脱漏。臣奉旨寻详，务在周悉。上搜旧闻，傍摭遗逸。"他注释《三国志》有别于后人对《史记》《汉书》仅局限于制度考订与文字解诂的注释，而是重在史料的补充、辨析、正误以及详其本末等方面，所引书竟达二百一十种，据清末沈家本《三国志注所引书目》统计，计经部二十二种，史部一百四十二种，子部、集部各二十三种，其中百分之九十以上今已亡佚，其资料价值不言而喻。裴注篇幅几与《三国志》相当，对于三国时代历史的研究，其重要性不亚于陈寿本书。

历代研究《三国志》以及裴注的学者众多，至清代达到高峰，校注《三国志》较有名者如杭世骏、沈钦韩、赵一清、梁章钜、潘眉、卢文弨、康发祥、李慈铭等，皆有专书问世。民国间学者卢弼汇集历代学者对《三国志》正文和裴注所作的注释、版本校勘和考证，并时出己见，编纂《三国志集解》，为后人提供了极大方便，对于《三国志》的研究与整理功莫大焉! 20世纪50年代末,中华书局出版陈乃乾校点本《三国志》,属于二十四史整理本之一,受到学界肯定。80年代以后,有关《三国志》的研究与整理工作都取得了长足的进展。文史大家缪钺从60年代初就致力于《三国志选》的编写,他将普及与研究相结合,成果不俗。1984年,中华书局出版缪钺主编《三国志选注》三册,就是他与四川大学魏晋南北朝史研究室马德真、朱大有、杨耀坤三位先生共同努力的结果。是书选录《三国志》四十三篇传记,入选标准是对三国历史有重大影响的人物,三国时期的重要谋臣战将,有关曹魏境内施行屯田、兴修水利、发展生产者,在学术思想、文学、科学技术各方面都有贡献之人物。其注释原则为"博采通人,间下己意",对于有关裴注也酌加注释。筚路蓝缕,以启山林,缪先生所主编《三国志》选注本的学术意义至今仍有较高的认识价值。

田余庆、吴树平主编《三国志今译》,1991年由中州古籍出版社与〔新西兰〕霍兰德出版公司联合出版,860千字。是书为《三国志》较早的全译本,尽管翻译工作由十数位先生分担完成,水平略有参差,但由著名魏晋南北朝研究专家主其事,学术质量大有保证,对于三国历史的普及功不可没。

《三国志》的全注全译本,较早者为苏渊雷主编《三国志今注今译》,1991年由湖南师范大学出版社出版,分为上、中、下三册,2530千字。据其《后记》云:"本书的注译从一开始就得到德高望重的老前辈缪钺先生、张舜徽先生、苏渊雷先生热情支持和指导,欣然应允担任本书的顾问和主编,并亲笔题辞、题签、作序。"是书的注释与翻译也由十数位先生分担完成。

1995年,陕西人民出版社曾出版方北辰《三国志注译》;2008年,陕西出版集团、陕西人民出版社另出版方北辰《三国志全本今译注》,2011

年再版，共三册，2800千字。方北辰先生是缪钺先生高弟，专治三国史有年。是书成于一人之手，无论注释或译文，皆有后人可借鉴之处。

除上揭两部全注全译本《三国志》以外，有关《三国志》选注译的图书，坊间还有不少，这里就不备举了。

1992年，张舜徽主编的《三国志辞典》由山东教育出版社出版，1577千字。据是书前言，这部专书辞典收词范围包括《三国志》本文与裴松之注文，共收词一万八千馀条，大致分为词语、人名、地名、职官、典籍、天文历算、历史典故等类别，可见这是一部研究三国历史文化的重要工具书。

2007年，沈伯俊、谭良啸编著的《三国演义大辞典》由中华书局出版，1500千字。这部辞典虽为历史演义小说《三国演义》而编著，但多方面涉及三国历史文化，注译《三国志》也可作参考，特别是书后所附《汉末三国大事年表》，提供了清晰的三国历史发展脉络，具有时间坐标的作用，置诸案头，可迅速查考到一些事件的来龙去脉。

史为乐主编《中国历史地名大辞典》，中国社会科学出版社2005年出版，分上、下两册。全书收录六万馀词条，内容包括古国、都邑、各级政区、山川、泽薮、津梁、关隘、城镇、堡寨、交通道路、水利工程及与重大历史事件和人物有关的地名。这部辞书的编写注意吸收最新研究成果，反映最新水平，纠正了以往同类工具书中的许多错讹，无论规模和质量，都达到当代之最。显然，这部工具书对于当今《三国志》的地名注释不可或缺。

选注译《三国志》，除《后汉书》的有关内容可资借鉴外，《三国志》中相关传记也可旁证或充实选注的内容；宋司马光撰《资治通鉴》及其元胡三省注、北魏郦道元的《水经注》等典籍，也是注释《三国志》极其有益的取资对象。

此外，近几十年有关《三国志》的众多研究论文与相关专书的出版，对于今天注译《三国志》多有助益。后者如何凌霞所著《三国志专名研究》，复旦大学出版社 2017 年出版，其中关于《华佗传》中"四物女宛丸"的考证就很有说服力。近年考古挖掘的一些出土文物也可以佐证《三国志》的相关注释。如《先主传》提及刘备先祖刘贞（前 139 ~ 前？）"酎金失侯"一事，何为"酎金"？即汉代诸侯献给朝廷供祭祀之用的贡金，但其是否具有一定形制，历史记载阙如。西汉元鼎五年（前 112），汉武帝以列侯酎金斤两或成色不足为由，削夺了一百〇六位列侯的爵位，此即西汉历史上著名的"酎金夺爵"事件。2011 年 4 月，江西南昌市新建区大塘坪乡观西村对西汉废帝海昏侯刘贺墓的保护性发掘，出土了成色极纯的金饼 285 枚，每枚重约 250 克，其背面或书"臣贺酎黄金一斤"字样，是为今天所见汉代酎金的实物展示。将这一考古发现吸纳于注释中，具有拉近古今的效应。

二

本书即以中华书局 1982 年所出陈乃乾校点本《三国志》第二版为底本，改原书繁体字为通行简化字，为尽可能保持原书样貌，简化后的古今字如"行陈（hángzhèn 航阵）"的"陈"，不改作"阵"；"县（xuán 悬）远"的"县"，不改作"悬"；"禽获"的"禽"不改作"擒"；等等。至于异体字，一般改为通行体，以便今天的读者阅读。底本的断句以及标号的使用，错误不多，但逗号的使用有时过于频繁，以至于一逗到底，本书有少量的改动，以令文义及层次更为清晰。底本正文用作校勘的方、圆括号不再保留，只取校勘后确定的文字以为准。底本中的诏令、奏章乃至过长的书信等，本书在使用特定格式的基础上再变换宋体为楷体，以求眉目清晰。《三国志》的立传人数包括正传人物与附传人物，共计459人，其中魏247人，蜀83人，吴129人。本书选录正传人物凡40人，附传人物19人，共计59人：其中魏正传20人，附传11人；蜀正传11人，附传8人；吴正传9人，附传无。需要说明的是，《魏书》中的《陈登传》，原本与《张邈传》皆附于《吕布传》中，但陈登此人却因"元龙高卧"或"元龙豪气"之掌故而名扬后世，至于"上下床"乃至"求田问舍"之喻，更成为历代文人笔下的常用典实，因而特将他独立出来，作为正传处理。入选标准与上揭缪钺主编的选本略同，即对三国历史有重大影响的人物、特立独行之士，三国时期的重要谋臣战将，以及在学术思想、文学、科学技术等方面有贡献之人物。

本书于所选的正传人物前特设"题解"，或长或短，皆欲在有限的篇幅内将本传人物的简略生平以及有关历史评价和盘托出，以令读者对其人其事有一个大致的了解，意在提示有关线索而已，视为导读也未尝不可。正文的注释采取分段的处理方法，其段落的划分基本与底本同一，但若遇到底本的段落划分较长或注释较繁的情况，就需要再将原段落进一步划分，以免令正文与注释文字相距过远，不便于阅读。裴松之的注文，对于阅读《三国志》大有助益，除裴注中少量运用反切法的注音文字对于今天的读者基本无用而须加剔除外，其他内容全部收入，并按照原位分别置于本书相关的注释之后，以"裴注引某某文献曰"或"裴注云""又云"为标识。陈寿行文或所引用的相关文章、诏令等，语词或有文献据依，不明其出处，就容易郢书燕说甚至望文生义，误加诠解。注释《三国志》，重视书证的作用并一一指出非常重要，详见本前言"四"。对于异读字与生僻字，在注释中括注汉语拼音并其同音字，如地名"宛（yuān 渊）城""褒斜（yé 爷）""允吾（qiānyá 铅牙）""穰（ráng 瓤）县""横（guāng 光）门"，人名"隗嚣（wěiáo 委熬）"，官名"执金吾（yú

鱼)""车骑(jūjì 居寄)将军""骠骑(piàojì 票寄)将军",农业"区(ōu 欧)种",等等。白话译文依当下译注古文献的惯例,一律完整地置于全传之后,避免割裂,以令读者阅读顺畅。

本书的注释一般以每篇传纪自为体系,即一传之内,人名、地名、官制、名物、语词、掌故等不重复出注,但一传以外,注释则不避重复,以便于读者迅速找到释义文字。对于出现频率较高的人名等,就用半参见法处理,如:"关羽:字云长(?~219),东汉解县(治今山西临猗西南)人。详见本书所选《关羽传》。"

《三国志》中涉及的一些地名,因陵谷变迁以及时代的因革因素,古今的变化很大,欲注释精当就有一定难度。首先对于历史地名的注释,应当注意"点"与"面"的区别,特别是在郡名与县名同一的情况下,区以别之就尤为重要了。如"广陵",《华佗传》:"军吏梅平得病,除名还家,家居广陵,未至二百里,止亲人舍。"注释即当指出此处"广陵"指广陵县并详述其沿革:"秦置,属东海郡,治所在今江苏扬州市西北蜀冈上。西汉为广陵国治,东汉为广陵郡治。"否则,若指广陵郡,则是一大片地域,正文"未至二百里"就无意义了。《吴主传》:"九月,魏文帝出广陵,望大江。"此处"广陵",当亦指广陵县。同是《吴主传》:"自庐江、九江、蕲春、广陵户十馀万皆东渡江,江西遂虚。"此处"广陵"则当指广陵郡,以与庐江、九江、蕲春三郡形成并列关系,注释即当指出此处"广陵"指广陵郡并详述其沿革:"东汉建武十八年(42)改广陵国置,辖境相当于今江苏扬州、邗江、江都、高邮、宝应、金湖等市县地,治广陵县(今江苏扬州市西北蜀冈上),东汉末移治射阳县(今江苏宝应东北射阳镇),三国魏移治淮阴县(今江苏淮阴西南甘罗城)。"

有时地名的变迁与时代密切相关,注出其沿革损益尤为必要。如《先主传》中刘备因镇压黄巾军有功被授职安喜尉,安喜,东汉末当作安熹，东汉章帝改安险县置，属中山国，治所在今河北定州市东南三十里。三国魏改为安喜县。显然陈寿在叙事中采用了事件以后魏国的县名写法。

《诸葛亮传》："使赵云、邓芝为疑军，据箕谷。""箕谷"何在？方北辰译注《三国志全本今译注》："箕谷：地名。通常认为在今陕西汉中市西北褒城镇北，即褒斜道的南口附近，这是不对的……箕谷的正确位置，应在今陕西太白县附近的褒河谷中。参见郭荣章《石门摩崖刻石研究》中《三国时的褒斜栈道》一文。"所云甚是。本书注释"箕谷"就完全借鉴了方、郭两位先生的成果。

唐刘知几《史通》卷二二《叙事》："夫国史之美者，以叙事为工；而叙事之工者，以简要为主。简之时义大矣哉！"《三国志》叙事简要，是其优点，但有时过于疏略，易致混淆，反映于地名称谓，更是如此。如《邓艾传》"于是留艾屯白水北"，此白水，即今甘肃南部之白龙江。白龙江，一名岷江，嘉陵江的支流，源出甘、川边境岷山北侧，东南流经甘肃舟曲、武都、文县，至四川广元市入嘉陵江。北魏郦道元《水经注·漾水丹水》："白水西北出于临洮县西南西倾山，水色白浊，东南流与黑水合。"而《钟会传》言蜀将姜维"退趣白水"，此处白水乃指白水县，西汉置，属广汉郡，治所在今四川青川县东北沙州镇。三国蜀属梓潼郡。《先主传》中"璋增先主兵，使击张鲁，又令督白水军"，这里的白水，所指即白水县的白水关，亦名关头，东汉置，属白水县，位于今四川青川县东北沙州镇北。晋常璩《华阳国志》卷二《汉中志》："白水县有关尉，故州牧刘璋将杨怀、高沛守也。"即可为佐证。

《三国志》中有一些地域名未见著录，或系魏晋时代的习惯称谓。《张飞传》："曹公破张鲁，留夏侯渊、张郃守汉川。"汉川何在？注家或不出注，或注云："县名，属江夏郡，在今湖北省安陆县。"这与汉中堪称风马牛不相及。其实"汉川"即指汉中平原，位于汉中郡沔阳（今陕西勉县）至城固（今属陕西）一带。川，就是平原的意思。

《张飞传》："邰别督诸军下巴西，欲徙其民于汉中，进军宕渠蒙头荡石。"最后一句底本标点作"进军宕渠、蒙头、荡石"，上揭全注本注家对此皆未理会。实则"宕渠"与"蒙头荡石"系从属关系，不当点断。宕渠，即宕渠县，西汉置，属巴郡，治所在今四川渠县东北七十四里土溪乡渠江南岸城坝古城。东汉建安末为宕渠郡治。应劭曰："石过水为宕，水所蓄为渠，故县以是名。"蒙头荡石，则为一处，更不当点断，位于今四川渠县东北七里八蒙山。今传拓本"汉将军飞率精卒万人大破贼首张郃于八蒙立马勒铭"二十二字，汉隶字体，据说即张飞所书，即后世所称"八蒙摩崖"，又称"桓侯碑"。

有一些地名不宜简注，明其来龙去脉大有必要。如《吴主传》："八年春二月，丞相陆逊卒。夏，雷霆犯宫门柱，又击南津大桥楹。""南津大桥"何在？即建业（今江苏南京市）南城门朱雀门外的浮桥，横跨秦淮河上。三国吴时称南津桥，晋改名朱雀桁，亦称朱雀航。桥为连船而成，长九十步，广六丈。因在台城南，又称"南航"。秦淮河上二十四航，此为最大，又称"大航"。《江南通志》卷三〇："朱雀航在江宁县，晋置，即吴之南津桥也。桥在宫城朱雀门南，亦谓之南航，又曰大航，以秦淮诸航此为之最也。"

《三国志》中有一些地名即使精确到县的区划，仍觉粗糙，须据其他文献补注。如《武帝纪》："公与荀彧书曰：'贼来追吾，虽日行数里，吾策之，到安众，破绣必矣。'"地名安众，无论选注本还是全注本，皆以安众县县名为释，实则乃安众港，位于今河南邓州市东北赵河畔。北魏郦道元《水经注·湍水》："涅水又东南径安众县，竭而为陂，谓之安众港。魏太祖破张绣于是处，与荀彧《书》曰：绣遏吾归师，迫我死地。盖于二水之间，以为沿涉之艰阻也。"用《水经注》为证，即可注出安众港的确切位置。

《武帝纪》:"术退保封丘,遂围之,未合,术走襄邑,追到太寿,决渠水灌城。""太寿"何在?文献未见著录,今人作注多袭用清人说法。清梁章钜《三国志旁证》卷一引赵一清(1709～1764)云:"太寿不见于两《汉志》,大约在宁陵、襄邑之间。"张舜徽主编的《三国志辞典》也大致采用赵一清说法:"太寿:聚落名。大约在宁陵、襄邑之间,即今河南宁陵与睢县之间。"按,太寿或系水渠名,东汉后干涸消失,故其名后世不彰。《三国志·夏侯惇传》:"复领陈留、济阴太守,加建武将军,封高安乡侯。时大旱,蝗虫起,惇乃断太寿水作陂,身自负土,率将士劝种稻,民赖其利。"此与下文"决渠水灌城"一句可相对应。

《夏侯渊传》:"使张郃督步骑五千在前,从陈仓狭道入,渊自督粮在后。"何谓"陈仓狭道"?为之作注如果只注出陈仓县,显然没有触及问题的核心,令读者一头雾水。所谓"陈仓狭道",即故道,自陈仓(今陕西宝鸡市东)西南行出散关,沿故道水(今嘉陵江上游)谷道至今凤县,折东南入褒谷,至汉中,长约五百馀里。

《曹爽传》"发才人五十七人送邺台","邺台"何在?建安十五年(210),曹操为魏王时,在邺起冰井、铜雀、金虎三台,其中以铜雀台最为有名。三台故址位于今河北临漳城西南三台村。注家于"邺台"或不出注,或注为"邺城过去的魏王宫",当属智者偶疏。

《三国志》中的有关地名,古人作注也会偶有疏失。《田畴传》:"畴乃更上西关,出塞,傍北山,直趣朔方。"宋司马光《资治通鉴》卷六〇也有略同的记述:"畴乃自选家客二十骑,俱上西关,出塞,傍北山,直趣朔方。"元胡三省注云:"西关,即居庸关。北山,即阴山。"今人也多沿袭胡三省的说法,将"北山"注释为位于今内蒙古包头市北的阴山或注释为位于内蒙古自治区中部的阴山。实则"北山"当谓今北京市以北的东西走向的燕山山脉,其蜿蜒数百里;"傍"作为动词,即"沿着"的意思,西关(今居庸关)正位于燕山山脉,从西关出塞,只能沿着燕山山脉西行,与内蒙古的阴山实无关涉。

三

《三国志》中有关制度、名物的注释也不能掉以轻心,否则就会出差错。因而注意广泛寻求古文献中相关线索的蛛丝马迹,也是精准注释《三国志》的一门功课。

《袁绍传》有一段关于袁、曹邺城攻守战的精彩描写:"配将冯礼开突门,内太祖兵三百馀人,配觉之,从城上以大石击突中栅门,栅门闭,入者皆没。"何谓"突门"?有两种注本即以"邺城门之一"为释,另一种全注本则注云:"在城墙大门外再修一个突出的部分,称为城突;城突的大门称突门。突门可以加强内城门的保护,与内城门构成后世所称的瓮城。"这是以后世瓮城的修建想象东汉的城门建制。其实只要考证一下《后汉书·袁绍传》,问题即可迎刃而解。《后汉书·袁绍传下》"开突门内操兵三百馀人",唐李贤等注:"《墨子·备突篇》曰'城百步,一突门,突门用车两轮,以木束之涂其上,维置突门内。度门广狭之,令之人入门四尺,中置窒突,门旁为橐,充灶状,又置艾。寇即入,下轮而塞之,鼓橐熏之'也。"至于"突中栅门",就是突门中所设置的栅栏门。

《崔琰传》:"年二十三,乡移为正,始感激,读《论语》《韩诗》。"所谓"乡移为正"虽仅四字,却内容丰富,今人作注,不宜简单从事,应当略事考证。"乡移为正",即谓乡中发移文,令崔琰至京师为国家服一年徭役。移,即移文,指行于不相统属的官署间的公文。正,即正卒,汉代徭役名目之一。男子二十三岁至五十六岁,都得服役。每人每年在本郡或本县服役一个月，称为更卒。每人按一定次序轮流到京师服役一年，称为正卒。《汉书·食货志上》"又加月为更卒，已复为正"唐颜师古注："更卒，谓给郡县一月而更者也；正卒，谓给中都官者也。"或谓"乡移"，语出《礼记·王制》："命乡简不帅教者以告。耆老皆朝于庠，元日习射上功，习乡上齿，大司徒帅国之俊士与执事焉。不变，命国之右乡简不帅教者移之左，命国之左乡简不帅教者移之右，如初礼。不变，移之郊，如初礼。不变，移之遂，如初礼。不变，屏之远方，终身不齿。"若遵从此解，"乡移为正"可释为：乡中不遵循教诲者经过转移乡学而习礼，屡次不合格就要为国家服徭役。下文"感激"，谓感奋激发。汉代能说一经者为儒生（见东汉王充《论衡·超奇篇》），可以免除徭役。《后汉书》卷七六《循吏列传》："又造立校官，自掾史子孙，皆令诣学受业，复其徭役。章句既通。悉显拔荣进之。郡遂有儒雅之士。"复，谓免除徭役或赋税。这正是崔琰一心向学的动力所在。

《诸葛亮传》："推演兵法，作八陈图，咸得其要云。"何谓"八陈图"？即一般所称之八阵图，它何以只辉煌于三国之际而后世失传？如果注释文能联系马具文化中金属马镫出现的时代因素，也许问题就迎刃而解了。据出土文物显示，金属马镫出现于西晋以后，八阵图当系晋代以前在平原作战，步兵专门对付成队建制的骑兵猛烈冲击的一种阵法。北齐魏收《魏书》卷五四《高闾传》："采诸葛亮八阵之法，为平地御寇之方，使其解兵革之宜，识旌旗之节。"此时八阵图或许已演变为步兵变换队形训练的方法，而非对付骑兵的战术了。三国时代，尚未出现金属马镫，骑兵的攻击力主要体现在群体作战的快捷迅猛的冲击力上，大队的骑兵一旦丧失速度，则易为步兵集团所困，转优势为劣势。八阵图以迎战一方步兵排阵的迅速变化为要领，具有"导向"性地有效分割对方骑兵的攻击队形为八段，分而击之，属于巧妙阻尼骑兵攻击以速度致胜的有效战术。西晋以后，金属双马镫出现，骑兵双脚有了支点，其单兵回旋自如的作战能力大幅提高，这也是晋以后八阵图战术随即失传的原因。《晋书·桓温传》："初，诸葛亮造八阵图于鱼腹平沙之下，垒石为八行，行相去二丈。温见之，谓'此常山蛇势也'。文武皆莫能识之。"关于八阵图战术的演示遗址，据《水经注》《太平寰宇记》《明一统志》等文献记述有三处：陕西勉县东南诸葛亮墓东、重庆奉节县南江边、四川新都区北三十里牟弥镇。

今人的相关论文与论著等也为《三国志》的注释提供了有价值的借鉴因子。《先主传》："乃顾遗诏，事惟大宗，动容损益……""事惟大宗"的"大宗"，20世纪的注释皆认为指代太子刘禅，因为据周代的宗法，以始祖的嫡长子为大宗，其馀为小宗。实则刘备遗诏若将从简办理后事如此托付于太子刘禅，极不合情理，这等于令自己的继承人陷于不孝的境地。方北辰在其《三国志全本今译注》中认为"大宗"即"太宗"，为西汉孝文帝刘恒的庙号。如此解释符合逻辑，甚是。据《史记·孝文本纪》，汉文帝临终遗诏有云："其令天下吏民，令到出临三日，皆释服。毋禁取妇嫁女祠祀饮酒食肉者。"实际上，刘备的丧事也是照此原则办理的。

《诸葛亮传》："若嗣子可辅，辅之；如其不才，君可自取。"所谓"自取"，一般不出注，若有译文，则作"您可以自己取代他"，而这恰与三国时期蜀汉所持"汉贼不两立"的正统意识相违背。方北辰《刘备遗嘱"君自可取"句辨释》（载《魏晋南北朝史研究》，湖北人民出版社1996年版）、《刘备遗嘱问题再考察》（载《成都大学学报》2008年第6期）认为"自取"是："自己选取（处置办法）。意指可以废黜刘禅另立皇子为君。"显然，这一解释较刘备欲请诸葛亮自立为帝的说法更合乎情理与史实。

《吴主传》："故立坛杀牲，昭告神明，再歃加书，副之天府。"何谓"再歃加书"？杨伯峻《春秋左传注》于《春秋·隐公元年》"三月，公及郕仪父盟于蔑"注"盟法"云:"先凿地为坎(穴、洞),以牛、羊或马为牲,杀于其上,割牲左耳,以盘盛之,取其血,以敦(音对,容器)盛之。读盟约(古谓之载书,亦省称载或书)以告神,然后参加盟会者一一微饮血,古人谓之歃血。歃血毕,加盟约正本于牲上埋之,副本则与盟者各持归藏之。《文物》一九七二年第四期有《侯马东周盟誓遗址》一文,可参阅。"歃,即"歃血",古代盟会中的一种仪式。盟约宣读后,参加者用口微吸所杀牲之血,以示诚意。一说,以指蘸血,涂于口旁。借鉴杨伯峻《春秋左传注》的注文成果诠释"加书",简明扼要。有些注译本翻译"再歃加书"为"再歃血盟誓,订立盟约",误会了"加书";至于翻译为"双方歃血之后在盟誓文书上签字",就未免有现代化之嫌了,况且在竹简或木片上签字,由谁来签? 意义何在? 田余庆等主编的译本翻译为"再歃血把盟书放在牲口上",就极为准确了。

《周瑜传》:"权拜瑜偏将军,领南郡太守。以下隽、汉昌、刘阳、州陵为奉邑。"何谓"奉邑",与"食邑"是否同义?"奉邑"并非一般意义上的食邑,而涉及东吴政权的奉邑制度,即以收取赋税作为俸禄以及所领兵众军需的封地。奉,通"俸"。三国吴所实行的奉邑制与其领兵制密切相关,奉邑即给予相关将领取得征赋以供应其领兵军需的资源。参见刘汉东《东吴领兵、复客、奉邑三制关系之研究》(载《许昌师专学报》1994年第1期)。

《周瑜传》:"故将军周瑜、程普,其有人客,皆不得问。"何谓"人客"? 即谓三国吴所实行复客制下的佃农。这些"人客"不再担负政府的赋税与徭役,其所缴田赋除供给领主家庭消费外,还是三国吴领兵制下的相关将领在世时,所需军饷的来源之一。据胡宝国《对复客制与世袭领兵制的再探讨》(载《中国史研究》1991年第4期),复客制主要针对江北出身的东吴战功卓著的将领实行,以补偿其家族经济尚未充分发展的不足。

以上两例在完成注释的同时,指出所参考论文的刊物载体资源,当有便于有兴趣的读者按图索骥,进一步探讨。

《吕蒙传》:"蒙对曰:'今操远在河北,新破诸袁,抚集幽、冀,未暇东顾。徐土守兵,闻不足言,往自可克。'"吕蒙的这一段话在时间上与史实有违,当属于陈寿一时失考,清人早已指出,注释当予以借鉴,并且注明文献依据,不掠美外,也为有兴趣的读者提供线索。卢弼《三国志集解》卷五四引何焯曰:"尚、熙之死在建安十二年,鲁肃殁于十年之后,而此方云新破诸袁,抚集幽、冀,不乖错乎!即蒙陈此计在代肃之先,曹公亦不得远在河北。甚矣,作史之难也!"又引周寿昌曰:"操之破袁距此已前十年,何云新破?此时操方驻军居巢,何云远在河北?纵敌国传闻不实,而幽、冀早定,天下皆知,何'抚集'之有?不知陈氏何忽有此误语。"

《诸葛恪传》:"命恪行酒,至张昭前,昭先有酒色,不肯饮,曰:'此非养老之礼也。'"何谓"养老之礼"?笔者所见诸多《三国志》注本皆未出注,实则注出此四字对于理解老年张昭与青年诸葛恪这一段斗口的机趣并非无关紧要。养老礼,并非泛泛而言,而是古代对年高德劭的老者按时饷以酒食而敬礼之的礼节。《东观汉记·明帝纪》:"冬十月,(明帝)幸辟雍,初行养老礼。"有明于此,再阅读下文诸葛恪所言:"今军旅之事,将军在后,酒食之事,将军在先,何谓不养老也?"读者就会体味到诸葛恪回应张昭话语绵里藏针的犀利了。

《三国志》出现的一些人物,有的仅为过场,昙花一现就再也不见踪影,然而有一些人物并非泛泛之辈,当以注出为宜。如《荀彧传》有"布既至,邈乃使刘翊告彧曰"一句,刘翊,《后汉书》卷八一《独行列传》有传,《三国志辞典》收录。他字子相(生卒年不详),颍川颍阴

（今河南许昌）人。历官陈留太守。为人仗义疏财，乐于助人。一次在途中因救人困馁而杀牛，后竟一同饿死，的确是一位非同寻常的人士。

《荀彧传》："昔高祖保关中，光武据河内，皆深根固本以制天下，进足以胜敌，退足以坚守，故虽有困败而终济大业。"这是荀彧对曹操讲说军事战略的一番话，即先定兖州，暂不取徐州。荀彧以刘邦保守关中、刘秀占据河内为论据加以推演，显示了荀彧高瞻远瞩的战略思维。注家若不注出其本事，或只注出相关帝王名或地域名，荀彧的高明之处就被湮灭了。所谓"高祖保关中"，即汉高祖刘邦用萧何镇守关中，并终于统一天下，刘邦后又欲以洛阳为都，留侯张良劝刘邦入都关中，刘邦于是定都长安。事见《史记》卷八。所谓"光武据河内"，即汉光武帝刘秀南定河内后曾对寇恂说："河内完富，吾将因是而起。昔高祖留萧何镇关中，吾今委公以河内，坚守转运，给足军粮，率厉士马，防遏它兵，勿令北度而已。"事见《后汉书》卷一六《寇恂传》。若如此作注，读者阅至此处就不会有雾里看花之感了。

《华佗传》"佗偶至主人许"，"许"，底本作"计"，显系形讹，当改正，卢弼《三国志集解》卷二九作"许"。"主人许"在魏晋时期属于习惯用法，许，犹处所。南朝宋刘义庆《世说新语·文学》："孙安国往殷中军许共论，往反精苦，客主无间。"

《华佗传》："君病肠臃，欬之所吐，非从肺来也。"何谓"肠臃"？注家或注"肠子上有肿毒"，或不加注释。肠臃，即"肠痈"，《后汉书·方术传下·华佗》即作"肠痈"，中医指阑尾炎。汉张仲景《金匮要略·疮痈肠痈浸淫病脉证并治》："肠痈之为病，其身甲错，腹皮急，按之濡如肿状。"如此为注，华佗医术的高明就显而易见了。

《庞统传》："拜统父议郎，迁谏议大夫，诸葛亮亲为之拜。"所谓"拜"，就是授官的意思。然而一种全译本译为："任命庞统的父亲为议郎,升任谏议大夫,诸葛亮亲自为他下拜致敬。"一种注译本译为:"先主任命庞统的父亲为议郎,升任谏议大夫,诸葛亮见到他也行跪拜大礼。"显然错解了"拜"的含义。如果译为:"刘备任命庞统的父亲为议郎,升迁谏议大夫,诸葛亮亲自为他授官。"是否更接近原义呢?

《虞翻传》:"乃知东南之美者,非徒会稽之竹箭也。"这是孔融复信虞翻中的赞誉之词。竹箭,即篠,谓细竹。孔融之言语本《尔雅·释地》:"东南之美者,有会稽之竹箭焉。"有注译本注为:"竹箭:竹竿做成的箭。会稽郡盛产适于做箭的箭竹,古代很有名。"就似是而非了。

在注释中,选词还是选字为注,大有讲究,将成词的词组分开为注,就会造成错讹。

《荀彧传》:"乃心无不在王室,是将军匡天下之素志也。"所谓"匡天下",即"一匡天下",谓使天下得到匡正。语出《论语·宪问》:"管仲相桓公,霸诸侯,一匡天下。"三国魏何晏集解引马融曰:"匡,正也。天子微弱,桓公帅诸侯以尊周室,一正天下。"这与荀彧始终企盼曹操匡扶汉室的一贯思维是相符的。注家如果只注"匡:匡正"或"匡:拯救",不再理会"匡天下"的丰富内涵,未免辜负了荀彧劝导曹操的微言大义。

《先主传》"今但可然赞其伐蜀",其中"但可"与"然赞"皆成词,前者犹言"只须",后者即谓"赞同"。如果单注"但"为"只",单注"然"为"认为对",反而令读者费解。

《诸葛亮传》:"君受大任,干国之重。""干国"成词,意谓治理国家。《后汉书·史弼传》:"议郎何休又讼弼有干国之器,宜登台相。"注家或只注"干"为"承担",或只注"干"为"支持,担任",就不确切了。

《周瑜传》:"窃惟陛下钦明稽古,隆于兴继。"其中"钦明"成词,意谓敬肃明察,语出《尚书·虞夏书·尧典》:"曰若稽古帝尧,曰放勋,钦明文思安安,允恭克让。"唐陆德明释文引马融曰:"威仪表备谓之钦,照临四方谓之明。"后遂以"钦明"为对君主的颂词。如果仅单注"钦"为"敬",令人费解。

《陆逊传》:"乃召逊假黄钺,为大都督。""假黄钺"成词,魏晋南北朝时期,当位高权重之大臣出征时,往往加以"假黄钺"的称号,即代表皇帝亲征的意思。宋司马光《资治通鉴》卷八〇"命贾充为使持节、假黄钺、大都督,以冠军将军杨济副之",元胡三省注云:"黄钺,天子之器,非人臣所得专用,故曰假。"如果分注"假"为"授予",再注"黄钺",反而造成意义的含混不清。

《诸葛恪传》"愿圣朝稽则《乾》《坤》","乾坤",底本未加书名号,以笔者所见诸多选注本、全注本,也皆未加书名号,或加注云"指天地"。其实此处乃指《周易》中的《乾》《坤》二卦,当加书名号,两者连用,取其慎始敬终之义。《周易·系辞下》:"黄帝、尧、舜垂衣裳而天下治,盖取诸《乾》《坤》。"《大戴礼记·保傅》:"《春秋》之元,《诗》之《关雎》,《礼》之《冠》《昏》,《易》之《乾》《坤》,皆慎始敬终云尔。"如此解释,临淮郡人臧均上表乞求收葬诸葛恪,对大臣须慎始敬终的请求就显豁了;如果释"乾坤"为天地,就难以自圆其说了。

四

先秦两汉乃至三国时期,尚无纸本书籍,以竹简木牍为材质的书籍,寻求乃至翻阅查考皆属不易,饱学士人对于《尚书》《周易》《诗经》《左传》《论语》《孟子》等典籍皆须背诵方能应付日常酬对或撰文的需要。晋常璩《华阳国志》卷一一《陈寿传》:"陈寿,字承祚,巴西安汉人也。

少受学于散骑常侍谯周，治《尚书》、三《传》，锐精《史》《汉》。聪警敏识，属文富艳。"《三国志》中的记述文字与引用诏令、奏表等，有时融用典籍中的语词，挥洒自如且浑然一体，有踏雪无痕之妙。为《三国志》作注，不明其书证，就会茫然不解，释义郢书燕说既已无奈，如果南辕北辙就更匪夷所思了。

《武帝纪》："初，公举种孝廉。兖州叛，公曰：'唯魏种且不弃孤也。'及闻种走，公怒曰：'种不南走越、北走胡，不置汝也！'既下射犬，生禽种，公曰：'唯其才也！'释其缚而用之。"魏种曾背叛曹操，被擒拿后不仅没有被杀，反而当上河内太守，曹操将黄河以北的管理全权托付于他。注家对于"唯其才也"四字一概无注，实则四字确有出典，语本《左传·襄公二十三年》："何长之有？唯其才也。"这是鲁国臣子关于家世继承问题的一段争论语，曹操套用此语，有对自己先前所发誓言自我解嘲的用意，同时也反映出他当时亟须用人的无奈心理。历史上的曹操是否真说过类似的话，已无从知晓，但陈寿用此四字刻画曹操的复杂心态，确属神来之笔，凸显了撰写者的良史之才。看来是否注出这四字的来历，于读者并非无关紧要。

如果说"唯其才也"四字不注出处尚无关宏旨的话，那么《武帝纪》中所录《册魏公九锡文》中汉献帝所谓"率土之民，朕无获焉"的"无获"二字就必须找出书证方能确切释义。何谓"无获"？意谓不能获得民心。获，即"获民"，谓获得民心。语出《左传·昭公三年》："其爱之如父母，而归之如流水，欲无获民，将焉辟之？"汉焦赣《易林·萃之姤》："种一得十，日益有息，仁政获民，四国亲睦。"但如果不明"无获"两字的出处，望文生义，就有可能产生误解。以笔者所见《三国志》各种注本，似都没有瞩目"无获"两字的确切诠释。一种出版较早的全译本译为："整个国土上的人民，我都无权管理。"此后出版的译注本或译为：

"整个国土上的人民,朕无权管理。"或译为:"各个地方的民众,我也无权统治。"这些今译大同小异,递相因袭的成分很大,都没有把握住"无获"的正确释义,有以讹传讹之嫌。上述八字,若译为"我不能获得境域之内百姓的民心",是否更符合文本原意呢?

上揭《册魏公九锡文》是尚书左丞潘勖的手笔(见《文选》卷三五,文字略有不同),并非出于陈寿,文中有多处涉及《左传》的文字。如"乃诱天衷"四字,意即于是感动天的善意,语出《左传·僖公二十八年》:"(君臣)不协之故,用昭乞盟于尔大神,以诱天衷。"诱,是感动的意思。此文又有"大启南阳,世作盟主"两句,意谓曹操应当享有与晋文公类似的待遇。语出《左传·僖公二十五年》:"戊午,晋侯朝王,王飨醴,命之宥。请隧,弗许,曰:'王章也。未有代德而有二王,亦叔父之所恶也。'与之阳樊、温、原、欑茅之田。晋于是始启南阳。"大意是:晋文公朝见周襄王,周天子用甜酒招待,又加币帛以助欢。晋文公请求死后能用天子的隧道式葬礼,周襄王加以婉拒说:"这属于天子的典章,无取代周王室的德行而出现两位天子,这也是您所厌恶的。"作为一种补偿,周襄王就赐予晋文公阳樊、温、原、欑茅的土地。晋国从此开始拓展南阳的疆土。南阳,其地位于太行山以南、黄河之北,故晋国谓之南阳。盟主,古代诸侯盟会中的领袖或主持者。《汉书·刑法志》:"(晋文)总帅诸侯,迭为盟主。"注家如果仅仅指出"大启南阳"的《左传》书证而不详述其前后情势,就仍然难以理解这四字的微妙之处,更何况连这四字的书证也概付阙如的注家呢!

《臧洪传》传后总评有评吕布语云:"轻狡反覆,唯利是视。""唯利是视",意同"唯利是求"或"唯利是图",即行事皆以利为着眼点,谓一心只顾谋取利益,语出《左传·成公十三年》:"余虽与晋出入,余唯利是视。"《曹植传》:"以小子志,保家之主也,欲立之。""保家之主",

谓可保住家族或家业者,语出《左传·襄公二十七年》:"印段赋《蟋蟀》。赵孟曰:'善哉,保家之主也!吾有望矣。'"

《钟会传》言钟会征伐蜀汉时发布文告晓示蜀地百姓有云:"太祖拯而济之,与隆大好。中更背违,弃同即异。"所谓"弃同即异",意谓抛弃同姓同族而亲近异姓异族,语出《左传·襄公二十九年》:"吉也闻之,弃同即异,是谓离德。"杨伯峻注:"此言弃同姓之国,而亲近异姓之国。"曹操挟天子以令诸侯,所以钟会在这里以刘备背弃曹操即为背弃汉室。注释不明书证,就会望文生义,曲解原文。

《吴主传》:"忠谠之言,不能极陈,求容小臣,数以利闻。"这是陆逊上孙权书中语。"小臣",春秋以后指卑微的小吏,容易理解。"求容"两字,就须有书证的支撑方能准确释义,两字谓取悦于人,语出《左传·定公九年》:"夫阳虎有宠于季氏,而将杀季孙,以不利鲁国,而求容焉。"杨伯峻注:"求容谓博取喜悦。"白话翻译"求容小臣,数以利闻"八字,或译为:"只求容身苟免的小人,才屡次以功利的主张向您进谏。"或译为:"谄媚求容的小人,多次听说他们得逞。"或译为:"请让您身边的侍从小臣们,常常把有利的建议报告给您知道。"都似是而非。如果译为:"卑微的小吏为博取主上喜悦,不断讲中听的话给主上听。"堪称虽不中,亦不远矣!

《关羽传》:"先主于乡里合徒众,而羽与张飞为之御侮。"何谓"御侮"?即武臣,语出《诗经·大雅·緜》:"予曰有御侮。"毛传:"武臣折冲曰御侮。"唐孔颖达疏:"御侮者,有武力之臣,能折止敌人之冲突者,是能扞御侵侮,故曰御侮也。"如果注"御侮"为"抵御外来的欺侮"或"抵御侵侮",就不准确了。当然这也不能一概而论,《先主传》载录群臣劝刘备进位汉中王的奏表有云:"操外吞天下,内残群寮,朝廷有萧墙之危,而御侮未建。"这里的"御侮未建",意即汉室宗亲还没有同心协力地抗击曹操。御侮,即抵御外侮,语出《诗经·小雅·常棣》:"兄弟阋于墙,外御其务。"谓兄弟相争于内,却能一致抵御外来的欺侮。

《张飞传》中刘备册封张飞为西乡侯的文书有云:"故特显命,高墉进爵。"若不明书证,"高墉进爵"极易郢书燕说。有注家注云:"高筑城墙,代指设置府邸。"另有注家注云:"古代礼制,天子与诸侯的都城,城墙高度有差别,天子九仞,公侯七仞,伯五仞,子男三仞。侯爵的城墙高度,属诸侯中最高一等,所以这里高墉指侯爵爵位。"此两说皆为误解。实则"高墉进爵",意谓在待机歼敌中加封爵位。高墉,即高墙,藏头"射隼",语本《易·系辞下》:"易曰:'公用射隼于高墉之上,获之,无不利。'子曰:'隼者禽也;弓矢者器也;射之者人也。君子藏器于身,待时而动。何不利之有。'"后即以"射隼"为待机歼敌之喻。晋陆机《荐戴渊书》:"盖闻繁弱登御,然后高墉之功显。"繁弱,即古良弓名。登御,谓举用。这一有关封侯的文书又有"柔服以德,伐叛以刑"二句,意谓用德政安抚顺服者,用刑罚讨伐叛逆者。语出《左传·宣公十二年》:"伐叛,刑也。柔服,德也。"杨伯峻注:"对已服者用柔德安抚之。"如果不明这两句的出典,注释就会茫无头绪。注家明确书证之必要,可见一斑。

《武帝纪》记述袁绍回应曹操起兵方略之语:"吾南据河,北阻燕、代,兼戎狄之众,南向以争天下,庶可以济乎?"这一段话语本《史记·陈涉世家》:"赵南据大河,北有燕、代,楚虽胜秦,不敢制赵。若楚不胜秦,必重赵。赵乘秦之弊,可以得志于天下。"曹操则针锋相对地说:"吾任天下之智力,以道御之,无所不可。"所谓"任天下之智力",谓任用四方人才的才智与勇力,语出《管子·形势解》:"能自去而因天下之智力起,则身逸而福多。"所谓"以道御之",谓用道义驾驭民众。语出汉戴德《大戴礼记·子张问入官》:"欲政之速行也者,莫若以身先之也;

欲民之速服也者，莫若以道御之也。"曹、袁两人私下的谈话，陈寿何从而知？为凸显两人志向的不同，袭用不同文献中语加以刻画，可洞见陈寿撰写史书的方法之一，并不亚于司马迁的文学手法。可见注家确认相关书证，不可或缺。《武帝纪》："夫刘备，人杰也，今不击，必为后患。"裴松之就此注云："臣松之以为史之记言，既多润色，故前载所述有非实者矣，后之作者又生意改之，于失实也，不亦弥远乎！"这一番议论洞见症结。

无论人物对话还是史事书写、议论评说，《三国志》都多方运用乃至化用文献典籍。《臧洪传》："'知人则哲'，'唯帝难之'，信矣！"这是化用《尚书》中语，意谓能准确鉴察人的品行、才能，就是明智，这连尧帝都感到困难。语出《尚书·虞夏书·皋陶谟》："皋陶曰：'都！在知人，在安民。'禹曰：'吁！咸若时，惟帝其难之。知人则哲，能官人。'"大意是：皋陶说："啊！要理解臣下，安定民心。"禹说："哦！都像这样，连尧帝都认为困难。能理解臣下就是明智，可以任人唯贤。"底本标点于"知人则哲"二句未加引号，当是百密一疏；注家不加详注，也是疏漏。

《先主传》："夫济大事必以人为本，今人归吾，吾何忍弃去。"刘备的这一番话体现了他的仁政思想，所谓"以人为本"，确有出处，语本《管子·霸言》："夫霸王之所始也，以人为本。本理则国固，本乱则国危。"注家如能顾及这一书证，无疑会提高注释的质量。

《荀彧传》："公以十分居一之众，画地而守之，扼其喉而不得进，已半年矣。"其中"画地而守之"，语出《孙子·虚实》："我不欲战，画地而守之，敌不得与我战者，乖其所之也。"此五字虽不必加引号，但注家仍以注明其出处为好。

《田畴传》："诚行此事，则燕、赵之士将皆蹈东海而死耳，岂忍有从将军者乎!""蹈东海而死",语出《史记·鲁仲连邹阳列传》:"彼秦者,弃礼义而上首功之国也,权使其士,虏使其民。彼即肆然而为帝,过而为政于天下,则连有蹈东海而死耳,吾不忍为之民也。"这一书证对于刻画田畴的忠义气节有颊上三毫之妙,注家也当注明。

《王粲传》:"使海内回心,望风而愿治。"所谓"愿治",谓希望得到大治,语出《汉书·礼乐志》:"故汉得天下以来,常欲善治……今临政而愿治七十馀岁矣,不如退而更化。"对于"愿治"二字,注家多不予理会,若加白话翻译,或作"愿意接受统治",就属望文生义了。

《徐邈传》:"然后率以仁义,立学明训,禁厚葬,断淫祀,进善黜恶,风化大行,百姓归心焉。"其中"进善黜恶",亦作"进善退恶",谓进用贤善,黜退奸恶。语出《汉书·何武传》:"刺史古之方伯,上所委任,一州表率也,职在进善退恶。"陈寿有意化用《汉书》中的语词,以表彰身为凉州刺史的徐邈的善政,明其出处,就能读出其间深长的意味。

《邓艾传》:"则畏威怀德,望风而从矣。""畏威怀德",即畏惧声威,感念德惠,语出《国语·晋语八》:"民畏其威,而怀其德,莫能勿从。"诸如此类的相关书证,直接化用古籍成语,注家亦当以注出为好。

《先主传》:"伏惟大行皇帝迈仁树德,覆焘无疆,昊天不吊,寝疾弥留。"这是诸葛亮上言后主刘禅的一番话,其中"覆焘",亦作"覆帱",犹覆被。谓施恩,加惠。语本《礼记·中庸》:"辟如天地之无不持载,无不覆帱。""昊天不吊",谓苍天不怜悯保佑。语本《诗经·小雅·节南山》:"不吊昊天,不宜空我师。"宋朱熹集传:"吊,愍。"后因以"昊天不吊"为哀悼死者之辞。注家若不注明其出处,会令读者感到莫名其妙。

《诸葛亮传》:"事临垂克,遘疾陨丧。"这是后主刘禅在诸葛亮去世后所下诏书中语,"遘疾",意谓遭遇恶疾。二字亦有所本,语出《尚书·周书·金縢》:"惟尔元孙某,遘厉虐疾。"唐陆德明释文:"遘,遇也。"如果注家仅出注"遭:遇上",就忽视了古代帝王诏书讲求典雅风格的追求。

《虞翻传》:"大王躬行德义。"这是吴大臣刘基劝谏孙权不要杀害狂放的虞翻的话,"德义"何谓?注家多以为通常用词,不必注,译文或作"仁德道义",或作"道德仁义",其实"德义"在此处谓赏罚得当,语出《国语·周语中》:"故圣人之施舍也议之,其喜怒取与也亦议之,是以不主宽惠,亦不主猛毅,主德义而已。"三国吴韦昭注:"赏得其人,罚当其罪,是为德义。"

《陆逊传》:"以为将军之勋足以长世。"这是陆逊替代患病的吕蒙后写给关羽的信中语,具有用恭维话语以迷惑对方的用意。所谓"长(zhǎng掌)世",并非"长留世间"的意思,也不是"绵延永存"的意思,而是"称雄于世"的意思,语出三国魏刘劭《人物志·英雄》:"英可以为相,雄可以为将。若一人之身,兼有英雄,则能长世,高祖、项羽是也。"书证对于确切注释的必要性,显而易见。

《诸葛恪传》:"且民恶其上,动见瞻观,何时易哉?"这是诸葛恪在孙权去世后写给他弟弟诸葛融信中的一段话,所谓"动见瞻观,何时易哉",意谓动不动就有人瞻望关注,自身难得自由,这种状况不知何时得以改变。语出魏曹丕《与吴质书》:"以犬羊之质,服虎豹之文;无众星之明,假日月之光,动见瞻观,何时易乎?"这里诸葛恪有意或无意间袭用曹丕代汉称帝之前二年所撰《与吴质书》的成句,其心高气傲可见一斑。这一书证涉及诸葛恪的野心问题,不可忽视。"圣人急于趋时,诚谓今日。"这是诸葛恪欲出兵北伐向朝中群臣自我辩解的话语,所谓"圣人急于趋时",意谓品德最高尚、智慧最高超的人必须努力去适应当时的具体形势、环境与条件。语出汉王符《潜夫论·救边》:"《周书》曰:'凡彼圣人必趋时。'是故战守之策,不可不早定也。"注家当揭示这一书证,其重要性不言而喻。

五

运用白话翻译《三国志》，除需要与注释相互呼应外，还有一个确定主语的问题。文言中的主语往往省略，转为白话就须明确。

《先主传》："吴遣将军李异、刘阿等踵蹑先主军，屯驻南山。秋八月，收兵还巫。"是蜀、吴哪一方收兵？有的译本作："秋八月，先主收兵回到巫县。"有的译本作："秋季的八月，刘备收兵返回巫山。"蜀昭烈帝章武二年（222），刘备兵败夷陵之战，退入白帝城（今重庆市奉节东），直到去世。巫县在白帝城以东，位于荆州与益州北部的交界地带，吴军追踪刘备的军队，曾驻扎在位于今重庆市奉节县东北的南山，因而收兵还巫县者只能是吴军，谓蜀汉"收兵还巫"就弄错了方向。

《蒋琬传》："琬以为昔诸葛亮数窥秦川，道险运艰，竟不能克，不若乘水东下。乃多作舟船，欲由汉、沔袭魏兴、上庸。会旧疾连动，未时得行。而众论咸谓如不克捷，还路甚难，非长策也。于是遣尚书令费祎、中监军姜维等喻指。"这一段话最后一句的主语是何人？一部全译本译为："于是蒋琬派遣尚书令费祎、中监军姜维等人向刘禅说明自己的意图。"另一部今注今译本译为："于是派尚书令费祎、中监军姜维等人向大家宣传解释这个意思。"虽未明确主语，但仍暗指是蒋琬的派遣。实则派遣人是后主刘禅，正因为"众论"不同意蒋琬的主张，后主才向群臣"喻指"，蒋琬并没有"喻指"的资格。这句话可译为："朝廷于是派遣尚书令费祎、中监军姜维等喻示旨意。"

《姜维传》："二十年，魏征东大将军诸葛诞反于淮南，分关中兵东下。"后一句的主语是何人？一种全译本译为："魏国征东大将军诸葛诞在淮南反叛,分裂出关中的一部分军队东下。"一种今注今译本译为:"曹魏征东大将军诸葛诞在淮南郡反叛,分领关中部分兵马向东进军。"一种今译注本译为:"魏国征东大将军诸葛诞在淮南造反,魏朝调一部分关中驻军东下平叛。"显然最后一种译法最为准确。

原文宾语省略,译文也会发生逻辑上的问题并易生误解。《陆逊传》:"先是,二宫并阙,中外职司,多遣子弟给侍。"由于"并阙"下缺少宾语,注译者极易将两字视为动宾结构,即宫阙对峙,于是就有了如下的三种译文:"在此之前,太子和鲁王两宫并立,内朝和外朝的官职,多派遣子弟担任。"或译为:"当初,太子孙和的东宫与鲁王孙霸的鲁王宫各立门户,宫廷内外的职务多半派官宦子弟担任。"或译为:"在此之前,太子孙和与鲁王孙霸两处宫府的侍从官员都有不少空缺,所以京城内外的在职官员,很多人都把自己的子弟派去做太子和鲁王的侍从。"第三种译法看出首句宾语"侍从官员"的省略,因而译文顺畅,且与下文陆逊劝说全琮"不宜私出以要荣利"的话构成逻辑关系。本书借鉴了第三种译法:"此前,太子孙和的东宫与其同母弟鲁王孙霸的鲁王宫都缺少侍从官吏,朝廷与地方的各主管官员,大多让自家的年轻后辈去服事两宫。"

翻译《三国志》绝非一件轻松的事情,稍有疏忽就会产生谬误。《田畴传》:"今道路阻绝,寇虏纵横,称官奉使,为众所指名。愿以私行,期于得达而已。"有注译本译为:"现在道路阻塞断绝,贼寇任意劫掠;我受众人指名推荐,说是能够称职地完成使命;我请求带领私家的武装前往,时间上也希望不受限制,只要能到达就可以了。"如此翻译,似乎夹杂了译注者过多的想象成分,不够谨严。本书译文作:"如今道路阻塞断绝,盗贼遍地,我若以官方名义出使,将会被众人指点哄传,希望作为以私事出行的官员行事,不过期盼将使命送达而已。"两相比较,是否后一种译法比较符合原意呢?

《刘劭传》:"体周于数,凡所错综,源流弘远。"三句十二字,如何准确地用白话译出,并非易事。或译为:"效法周朝的礼制,凡是他创立改革的制度,都有古制可循。"或译为:"对于各种事理体察周全,他所综合融汇的学问、思想,源流既大且远。"或译为:"生性擅长周密的计算。他所做的综合分析,都有清晰的条理。"刘劭在人才选举制度建设方面的贡献以及在有关律法制订方面的努力,皆具有学以致用的实学性质,但他终究与魏晋玄学有些瓜葛,讲求数术,精通《周易》的预测之学当不在话下。所谓"体周于数",即谓禀性擅长于事理、预测。所谓"交错综合",语出《易·系辞上》:"参伍以变,错综其数。"唐孔颖达疏:"错谓交错,综谓总聚,交错总聚,其阴阳之数也。"通过一番注释,译文可作:"禀性擅长于事理、预测,凡所占验交错综合,其源流广大深远。"如此译法,是否更符合原意呢?请读者不吝赐教。

《徐邈传》:"昔子反毙于谷阳,御叔罚于饮酒。臣嗜同二子,不能自惩,时复中之。"这段话的前两句系用典,明其内容是译好白话文的保证。子反事见于《左传·成公十六年》,春秋鲁成公十六年(前575),楚国与晋国战于鄢陵(今河南鄢陵西北),楚国主帅子反在决战之前喝酒大醉,贻误战机,导致楚军大败,子反因而羞愧自杀。谷阳,即子反的仆从谷阳竖,决战前取酒令子反喝醉者就是他。御叔事见于《左传·襄公二十二年》,春秋鲁襄公二十二年(前551)的春天,鲁国大夫臧武仲出使晋国,天下雨,就去探望鲁国御邑大夫御叔。御叔在他的封邑里,打算饮酒,就说:"哪里用得着圣人(指臧武仲)!我要喝酒了,而他却冒雨出行,还要那些聪明做什么?"鲁国大夫穆叔闻知这一番话后,就说:"御叔他不配出使,反而对使者臧武仲傲慢,是国家的蛀虫。"于是下令惩罚御叔,将其封邑的赋税增加一倍。翻译这两句,对其本事不明就会失准,如一种全译本:"过去子反死在谷阳,御叔用饮酒罚人。"可见译文不可简单从事,以译全有关内容为好:"从前春秋时楚国主帅子反即因其仆从谷阳竖怂恿,在决战前饮酒大醉,失败自杀;春秋时鲁国御邑大夫御叔因饮酒对使者傲慢,受到增加赋税一倍的惩罚。"如此翻译方能将徐邈为嗜酒而自我辩解的幽默态度呈现于读者面前。

《邓艾传》:"羌胡与民同处者,宜以渐出之,使居民表,崇廉耻之教,塞奸宄之路。"所谓"民表",谓编民之外(编民,编入户籍的平民)。所谓"奸宄",谓违法作乱的事情。《书·虞夏书·舜典》:"蛮夷猾夏,寇贼奸宄。"孔传:"在外曰奸,在内曰宄。"唐孔颖达疏:"又有强寇劫贼外奸内宄者为害甚大。"周秉钧《易解》:"此言中国受蛮夷之影响而发生强取财物、杀害人民、为乱于内外之事。"如果注释明确,再加翻译,就运用自如了。有一种译法:"凡是羌族人在内地与汉民杂居的,应当逐渐把他们迁回边境地区,使之居住在内地民众的外围;这样才容易对内地民众进行重视礼义廉耻的教化,从而堵塞犯法作乱的途径。"译文中"迁回边境地区",原文并无此义。是否可以这样翻译:"羌胡在内地与汉民杂居的,应当令羌胡逐渐从汉民中剥离,使居于编民之外,向编民推崇礼义廉耻的教化,以堵塞违法作乱者的途径。"

《吴主传》:"乃欲哀亲戚,顾礼制,是犹开门而揖盗,未可以为仁也。"这正是成语"开门揖盗"的原始出处,谓在危难之时还讲求礼节,比喻不识时宜;绝非引狼入室或欢迎盗贼进门的取义。一种全译本译为:"顾念传统的丧礼,这如同打开大门招引强盗,不能把这种行为称为仁。"一种今注今译本译为:"事事奉行丧礼,这就好像大开家门欢迎坏人,这不能算是仁德啊。"一种今译注本译为:"这时您却想哀哭亲人,顾及礼制;岂不等于是开门请盗贼进家吗?这可算不上是有仁爱之心啊!"三种译文的前后逻辑关联含混不清,令读者不知所云。是否可以这样翻译:"这种时候您为失去兄长而哀哭,顾及丧礼的传统,就如同开门揖盗一样不识时宜,在危难之际还讲求礼节,实在算不上仁爱之心的体现。"

《吴主传》:"是以《春秋》晋侯伐卫,先分其田以界宋人。斯其义也。"这是吴大帝黄龙元年(229)吴蜀修好盟约中的文字。据《左传·僖公二十八年》,在晋、楚之战中,晋国为孤立楚国并促使齐、秦两国对楚作战,就先将楚国盟国曹、卫的一部分土地分与宋国,再让宋国交好齐、秦两国,终于达到目的。一种全译本译为:"所以《春秋》记载晋文公讨伐卫国,首先把它的土地分给宋国人,就是这个道理。"一种今注今译本译为:"因此《春秋》记载晋侯将要攻打卫国,首先便将卫国的田土分给宋国的民众,我们正是遵从《春秋》所确定的原则。"一种今译注本译为:"《春秋》上记载晋文公讨伐卫国,先就把卫国的田地分给了宋国:正是这个道理。"吴蜀盟约用春秋典故的目的在于说明土地占有对于吴蜀两国修好的意义,无涉于某种道理的说明或某种原则的确立,是否可以这样翻译:"因而《春秋》记述晋国为孤立楚国并促使齐、秦两国对楚作战,就先将楚国盟国曹、卫的一部分土地分与宋国,再让宋国交好齐、秦两国,终于达到目的。这就是土地占有的意义所在。"

《三国志》尊曹魏为正统,司马氏承继魏统,属于一脉相承。陈寿行文称曹操为"太祖"或"公",称司马懿为司马宣王,称司马师为司马景王,称司马昭为司马文王,皆为史家义例所限,不足为据。本书翻译则直呼其名,以令称谓统一。至于魏、蜀、吴三国称帝后的自称"朕",翻译中则仍旧。《吴主传》中孙权在同一处或自称"孤",或自称"朕",当为陈寿一时的疏漏,译文则一律统称为"朕"。

本书无论选注与译文,是在诸多前贤工作的基础上完成的,即使有所突破,也是站在前人肩膀上望远数步而已,实无足道。力求凸显通俗读物的学术品格,是笔者的一贯追求;况且笔者大半生从事文学典籍的注释与研究，虽说文史不分家，但于史学终究属于外行，不足与错谬之处当在所多有，尚祈读者不吝赐教！

赵伯陶

2020 年 3 月

目　录

魏书

武帝纪（卷一）·································· 3

董卓传（卷六）·································· 195
　　附李傕、郭汜

袁绍传（卷六）·································· 244
　　附袁谭、袁尚

刘表传（卷六）·································· 294

吕布传（卷七）·································· 313
　　附张邈

陈登传（卷七）·································· 346

臧洪传（卷七）·································· 352
　　附陈容

张鲁传（卷八）·································· 391

夏侯渊传（卷九）································ 406

曹爽传（卷九）·································· 427

荀彧传（卷一〇）································ 455

田畴传（卷一一） ·················· 500

崔琰传（卷一二） ·················· 521

陈思王植传（卷一九） ·············· 548
   附萧怀王熊

王粲传（卷二一） ·················· 638

刘劭传（卷二一） ·················· 651

徐邈传（卷二七） ·················· 668

邓艾传（卷二八） ·················· 685
   附州泰

钟会传（卷二八） ·················· 737
   附王弼

华佗传（卷二九） ·················· 798
   附吴普、樊阿

蜀书

先主传（卷三二） ·················· 827

诸葛亮传（卷三三） ················ 927
   附诸葛乔、诸葛瞻、董厥、樊建

关羽传（卷三六） ·················· 1011

张飞传（卷三六） ·················· 1027

赵云传（卷三六） ·················· 1041

庞统传（卷三七） ·················· 1053

法正传（卷三七） ·················· 1067

马良传（卷三九） ……………………………………… 1093
　　附马谡
魏延传（卷四〇） ……………………………………… 1104
蒋琬传（卷四四） ……………………………………… 1116
　　附蒋斌、蒋显、刘敏
姜维传（卷四四） ……………………………………… 1137

吴书

吴主传（卷四七） ……………………………………… 1171
张昭传（卷五二） ……………………………………… 1307
周瑜传（卷五四） ……………………………………… 1328
鲁肃传（卷五四） ……………………………………… 1364
吕蒙传（卷五四） ……………………………………… 1392
虞翻传（卷五七） ……………………………………… 1431
陆绩传（卷五七） ……………………………………… 1457
陆逊传（卷五八） ……………………………………… 1466
诸葛恪传（卷六四） …………………………………… 1528

后记 ……………………………………………………… 1598

魏书

武帝纪

[题解]

传见《三国志》卷一《魏书一》。曹操（155~220），字孟德，小字阿瞒，沛国谯县（今安徽亳州市）人。曹操是东汉末权臣，又是杰出的政治家、军事家和文学家。他深谋远虑，雄才大略，实行屯田，发展生产，丰足军用。特别是他"挟天子以令诸侯"，充分利用"汉室"这块招牌，争取人心，扩充实力，在群雄逐鹿中原中取得了政治上的有利地位。汉献帝建安五年（200），官渡一战，他击败袁绍，逐步统一了北方广大地区。建安十三年（208），拜丞相，南征荆州，在赤壁被孙权、刘备联军击败，三国鼎立形势初步形成。建安十八年（213），封魏公，三年后进封魏王。二十五年（220）正月，病逝于洛阳。子曹丕称帝后，追尊其为魏武帝。曹操对文学、书法、音乐等皆有修养，其文学成就尤高，主要表现于诗歌创作，散文也自有特色。中华书局1959年出版的《曹操集》较为权威。他"揽申、商之法术"，其思想受先秦法家影响极大，其用人虽主张唯才是举，但执法严厉，不避豪强而外，所谓"腹诽"之罪，在曹操的专制集权下也发挥到极致，孔融、崔琰等被杀，充分暴露了他的凶恶嘴脸。作为一位杰出的历史人物，后世对他的评价堪称众说纷纭。自从东晋习凿齿《汉晋春秋》第一次提出"帝蜀寇魏"说，即以蜀汉为正统，以曹魏为篡逆的历史观以后，南宋大儒朱熹《通鉴纲目》踵事增华，以蜀汉直承东汉之皇统，更加强了"尊刘贬曹"的正统意识，并深刻影响了元明通俗文学。于是历史上的曹操形象就一分为二：作为三国优秀政治家与军事家的曹操与文学艺术作品中奸诈自私、乱臣贼子的曹操。这与历史上民族矛盾的空前激化与草根阶层向往清明政治的诉求有一定的关联。《三国志通俗演义》中的曹操形象就是被作为"奸雄"塑造的，他那种"宁我负人，人毋负我"的极端心态，更遭到社会上一般无权无势者的唾弃，因为这些人根本没有实践这一信念的资本，将曹操作为众恶所归的箭靶子也成为历史的必然。在古人心目中，特别是在宋代以后，曹操与"乱世之奸雄"常常联系在一起。戏剧舞台上的他则被涂上了白脸，更令其成为一位万人唾骂的乱臣贼子。东汉末年，天下大乱，群雄并起，曹操为解决军饷问题，在军中甚至设置"发丘中郎将""摸金校尉"的官衔，专司盗掘古墓。《三国志》卷六《袁绍传》中裴注引《魏氏春秋》载袁绍《檄州郡文》就曝光了曹操的这类行径。其临终《遗令》中有令其姬妾"分香卖履"的嘱咐，曾引起后世文人的笑骂嘲谑。后人因曹操生性狡诈，对其死后墓地选择也猜测万端，于是"七十二疑冢"之说不胫而走。评曹中所反映的旧时读书人的忠奸观与正统论，自有其认识价值，然而现代人如何给予曹操正确的历史定位，还是应当实事求是。《三国志》的这篇传记大体公允。

太祖武皇帝①，沛国谯人也②，姓曹，讳操③，字孟德④，汉相国参之后⑤。桓帝世⑥，曹腾为中常侍大长秋⑦，封费亭侯⑧。养子嵩嗣⑨，官至太尉⑩，莫能审其生出本末⑪。嵩生太祖。

[注释]

①太祖武皇帝：建安二十五年（220）曹丕代汉立国称帝，改元黄

初，追谥其父曹操为武帝；曹丕子曹叡于景初元年（237）上其祖父庙号魏太祖。

②沛国：东汉建武二十年（44）改沛郡置，治所相县（今安徽淮北市西北相山区）。辖境相当于今安徽萧县、亳州、固镇、五河、灵璧、淮北、濉溪、宿州、宿县以及江苏沛县、丰县与河南永城等县市地。《后汉书·百官五》："皇子封王，其郡为国，每置傅一人，相一人，皆二千石。"三国魏移治沛县（今属江苏）。谯（qiáo乔）：即谯县，秦改焦邑置，属泗水郡，治所在今安徽亳州市。西汉属沛郡，东汉属沛国，三国魏黄初元年（220）立为谯国。

③讳：古人称谓已故尊长者之名。

④字：即表字，古代男子成人，不便直呼其名。故另取一与本名涵义相关的别名，称之为字，以表其德。凡人相敬而呼，必称其表德之字。后因称字为表字。裴注引《曹瞒传》曰："太祖一名吉利，小字阿瞒。"又引王沈《魏书》曰："其先出于黄帝。当高阳世，陆终之子曰安，是为曹姓。周武王克殷，存先世之后，封曹侠于邾。春秋之世，与于盟会，逮至战国，为楚所灭。子孙分流，或家于沛。汉高祖之起，曹参以功封平阳侯，世袭爵土，绝而复绍，至今嫡嗣国于容城。"

⑤汉相国参：即曹参（shēn申，或谓当读cān餐。前？～前190），沛（今江苏沛县）人，早年为秦沛县狱掾。秦二世元年（前209）随刘邦起兵反秦，为中涓。辅助刘邦，屡建战功，为西汉开国功臣，迁齐相国，赐爵平阳侯。汉惠帝二年（前193），曹参继萧何为相国，举事无所变更，尊黄老之术，与民休息，史称"萧规曹随"。《史记》卷五四、《汉书》卷三九皆有传。相国，古官名。春秋战国时，除楚国外，各国都设相，称为相国、相邦或丞相，为百官之长。秦及汉初，其位尊于丞相。后遂为宰相的尊称。

⑥桓帝：即汉桓帝刘志（132～167），在位期间（146～167）宦官专权，曾发生东汉第一次党锢之祸。

⑦曹腾：字季兴（生卒年不详），谯（今安徽亳州市）人。东汉宦官，汉顺帝时为中常侍，以定策迎立桓帝封费亭侯，迁大长秋。历经四帝，用事宫廷三十余年。《后汉书》卷七八《宦者》有传。中常侍：官名。东汉时属少府，为皇帝近侍，负责传达诏令与管理文书并顾问应对。东汉后期专以宦官担任，定员由四人增至十人，权倾人主，秩从千石增至比二千石。大长秋：官名。汉置，为皇后近侍，多由宦官充任。其职掌为宣达皇后旨意，管理宫中事宜。

⑧费亭侯：封爵名，属于列侯中的亭侯，食邑费亭。费亭，在今河南永城西南。侯，秦孝公定二十种军功爵位，汉承秦制，至东汉，只有关内侯与列侯有实际意义，后者高于前者。列侯封国从万户至百户不等，从大至小依次为县侯、乡侯、亭侯。裴注引司马彪《续汉书》曰："腾父节，字元伟，素以仁厚称。邻人有亡豕者，与节豕相类，诣门认之，节不与争；后所亡豕自还其家，豕主人大惭，送所认豕，并辞谢节，节笑而受之。由是乡党贵叹焉。长子伯兴，次子仲兴，次子叔兴。腾字季兴，少除黄门从官。永宁元年，邓太后诏黄门令选中黄门从官年少温谨者配皇太子书，腾应其选。太子特亲爱腾，饮食赏赐与众有异。顺帝即位，为小黄门，迁至中常侍大长秋。在省闼三十余年，历事四帝，未尝有过。好进达贤能，终无所毁伤。其所称荐，若陈留虞放、边韶、南阳延固、张温、弘农张奂、颍川堂豀典等，皆致位公卿，而不伐其善。蜀郡太守因计吏修敬于腾，益州刺史种暠于函谷关搜得其笺，上太守，并奏腾内臣外交，所不当为，请免官治罪。帝曰：'笺自外来，腾书不出，非其罪也。'乃寝暠奏。腾不以介意，常称叹暠，以为暠得事上之节。暠后为司徒，语人曰：'今日为公，乃曹常侍恩也。'腾之行事，皆此类也。桓帝即位，以腾先

帝旧臣，忠孝彰著，封费亭侯，加位特进。太和三年，追尊腾曰高皇帝。"

⑨养子嵩嗣：谓曹腾的养子曹嵩继承费亭侯位。嵩，即曹嵩（？~193），曹腾养子，曹操之父。

⑩太尉：官名。秦代始设，为全国军政首脑，与丞相、御史大夫并称三公。汉武帝时改称大司马。东汉时太尉与司徒、司空并称三公。

⑪审：详究，细察。生出：犹出生。本末：始末，原委。裴注引《续汉书》曰："嵩字巨高。质性敦慎，所在忠孝。为司隶校尉，灵帝擢拜大司农、大鸿胪，代崔烈为太尉。黄初元年，追尊嵩曰太皇帝。"又引吴人作《曹瞒传》及郭颁《世语》并云："嵩，夏侯氏之子，夏侯惇之叔父。太祖于惇为从父兄弟。"

太祖少机警①，有权数②，而任侠放荡③，不治行业④，故世人未之奇也⑤；惟梁国桥玄、南阳何颙异焉⑥。玄谓太祖曰："天下将乱，非命世之才不能济也⑦，能安之者，其在君乎⑧！"年二十，举孝廉为郎⑨，除洛阳北部尉⑩，迁顿丘令⑪，征拜议郎⑫。

[注释]

①机警：机智灵敏，对情况变化的反应快捷。

②权数：犹权术，谓权谋或手段。

③任侠：谓凭借权威、勇力或财力等手段乐于扶助弱小或帮助他人。放荡：谓放纵，不受约束。

④治：修养，修饰。行（xíng 形）业：谓操行学业。

⑤未之奇：即"未奇之"，意谓不认为曹操有何不同寻常之处。奇，形容词的意动用法。裴注引《曹瞒传》云："太祖少好飞鹰走狗，游荡无

度，其叔父数言之于嵩。太祖患之，后逢叔父于路，乃阳败面喁口；叔父怪而问其故，太祖曰：'卒中恶风。'叔父以告嵩。嵩惊愕，呼太祖，太祖口貌如故。嵩问曰：'叔父言汝中风，已差乎？'太祖曰：'初不中风，但失爱于叔父，故见罔耳。'嵩乃疑焉。自后叔父有所告，嵩终不复信，太祖于是益得肆意矣。"

⑥梁国桥玄：字公祖（109～183），东汉睢阳（今河南商丘南）人。曾任太尉，以刚断称，谦俭下士。梁国，西汉高帝五年（前202）改砀郡为梁国，都定陶（今属山东），汉成帝时辖境相当于今河南商丘、虞城、民权、安徽砀山等地。南阳何颙（yóng 颙阳平）：字伯求（？～190），东汉南阳襄乡（今湖北枣阳东北）人。曾因党锢之祸而亡匿，汉灵帝时官至司空，被董卓下狱，忧愤死。《后汉书》卷六七有传。南阳，即南阳郡，战国秦昭襄王三十五年（前272）置，治所宛（yuān 渊）县（今河南南阳市）。西汉辖境相当于今河南桐柏县以西，湖北丹江口市以东，河南鲁山县以南，河南邓州市及湖北广水市以北地。异：特别重视。《史记·张丞相列传》："君之史赵尧，年虽少，然奇才也，君必异之，是且代君之位。"

⑦命世之才：称誉有治国之才能者。济：拯救。

⑧其在君乎：裴注引《魏书》云："太尉桥玄，世名知人，睹太祖而异之，曰：'吾见天下名士多矣，未有若君者也！君善自持。吾老矣！愿以妻子为托。'由是声名益重。"又引《续汉书》曰："玄字公祖，严明有才略，长于人物。"又引张璠《汉纪》曰："玄历位中外，以刚断称，谦俭下士，不以王爵私亲。光和中为太尉，以久病策罢，拜太中大夫，卒，家贫乏产业，柩无所殡。当世以此称为名臣。"又引《世语》曰："玄谓太祖曰：'君未有名，可交许子将。'太祖乃造子将，子将纳焉，由是知名。"又引孙盛《异同杂语》云："太祖尝私入中常侍张让室，让觉之；

乃舞手戟于庭，逾垣而出。才武绝人，莫之能害。博览群书，特好兵法，抄集诸家兵法，名曰《接要》，又注《孙武》十三篇，皆传于世。尝问许子将：'我何如人？'子将不答。固问之，子将曰：'子治世之能臣，乱世之奸雄。'太祖大笑。"

⑨举：两汉选拔官吏实行察举制，即由官吏荐举，经过考核，任以官职。孝廉：孝，谓孝悌者；廉，谓清廉之士。分别为始于汉代选拔人才的科目，在东汉尤为求仕者必由之途，后往往合为一科。亦指被推选的士人。郎：官名。议郎、中郎、侍郎、郎中等郎官的通称，隶属光禄勋。其职责为持戟宿卫宫禁，帝王出行则充车骑（议郎不参与值卫，负责谏议政事得失）。郎的首领为中郎将，有五官、左、右中郎将之别。郎任满一定期限，可再经考核出任县令等地方官。

⑩除：拜官，授职。一般指除故官就新官。洛阳北部尉：即洛阳县北部的县尉。东汉都城洛阳（今属河南）属大县，设东部、西部、南部、北部四尉。县尉，与县丞同为县令或县长的佐官，职责为查禁盗贼，维护治安，秩二百石至四百石不等。

⑪迁：晋升或调动。顿丘令：即顿丘县县令，秩千石，掌管一县治安、刑讼及赋敛、徭役等事。汉制，万户以上县的长官称令，万户以下县的长官称长。顿丘，即顿丘县，西汉置，属东郡，治所在今河南清丰县西南。裴注引《曹瞒传》曰："太祖初入尉廨，缮治四门。造五色棒，县门左右各十馀枚，有犯禁者，不避豪强，皆棒杀之。后数月，灵帝爱幸小黄门蹇硕叔父夜行，即杀之。京师敛迹，莫敢犯者。近习宠臣咸疾之，然不能伤，于是共称荐之，故迁为顿丘令。"

⑫征拜：征召授官。议郎：郎官中地位较高的一种，参与朝政，属于皇帝身边谏议政事得失的一种近臣，秩六百石。裴注引《魏书》曰："太祖从妹夫濦强侯宋奇被诛，从坐免官。后以能明古学，复征拜议郎。先是

大将军窦武、太傅陈蕃谋诛阉官，反为所害。太祖上书陈武等正直而见陷害，奸邪盈朝，善人壅塞，其言甚切；灵帝不能用。是后诏书敕三府：举奏州县政理无效，民为作谣言者免罢之。三公倾邪，皆希世见用，货赂并行，强者为怨，不见举奏，弱者守道，多被陷毁。太祖疾之。是岁以灾异博问得失，因此复上书切谏，说三公所举奏专回避贵戚之意。奏上，天子感悟，以示三府责让之，诸以谣言征者皆拜议郎。是后政教日乱，豪猾益炽，多所摧毁；太祖知不可匡正，遂不复献言。"

光和末①，黄巾起②。拜骑都尉③，讨颍川贼④。迁为济南相⑤，国有十馀县⑥，长吏多阿附贵戚⑦，赃污狼藉⑧，于是奏免其八⑨；禁断淫祀⑩。奸宄逃窜⑪，郡界肃然⑫。久之，征还为东郡太守⑬；不就，称疾归乡里⑭。

[注释]

①光和：汉灵帝刘宏的第三个年号（178～184）。

②黄巾：东汉末年张角所领导的农民军，因头包黄巾而得名。

③骑都尉：官名。光禄勋属官，统率皇宫禁卫军中的羽林骑士，秩比二千石。

④颍川贼：谓盘踞于颍川郡的黄巾军。颍川，即颍川郡，秦始皇十七年（前230）置，治所阳翟县（今河南禹州市），西汉高帝五年（前202）改为韩国，翌年复为颍川郡。辖境相当于今河南登封、宝丰以东，尉氏、鄢城以西，新密以南，叶县、舞阳以北地。

⑤济南相：官名。济南国的相，为东汉封国的最高行政长官，由中央委派。王国置相一人，职责、权位与郡太守同，秩二千石。济南，即济南

国，西汉文帝十六年（前164）改济南郡为国，都东平陵（今山东章丘市西），辖境相当于今山东济南、泰安、长清、肥城、章丘、济阳、邹平等市县地。汉景帝三年（前154），国除为郡。东汉建武十五年（39），复改为国。

⑥十馀县：据清潘眉《三国志考证》卷一，"馀"字衍，当作"十县"。

⑦长（zhǎng掌）吏：指州县长官的辅佐。《汉书·百官公卿表》："（县）有丞、尉，秩四百石至二百石，是为长吏。百石以下有斗食、佐史之秩，是为少吏。"阿（ē婀）附：依附。贵戚：谓帝王的亲族。

⑧赃污：贪赃纳贿。狼藉：比喻行为不检，名声不好。

⑨奏免其八：据清潘眉《三国志考证》卷一，脱"九"字，当作"奏免其八九"。是。

⑩淫祀：不合礼制的祭祀；不当祭的祭祀，妄滥之祭。《礼记·曲礼下》："非其所祭而祭之，名曰淫祀。"

⑪奸宄（guǐ轨）：指违法作乱的人。

⑫肃然：谓安定平静，秩序良好。裴注引《魏书》曰："长吏受取贪饕，依倚贵势，历前相不见举；闻太祖至，咸皆举免，小大震怖，奸宄遁逃，窜入他郡。政教大行，一郡清平。初，城阳景王刘章以有功于汉，故其国为立祠，青州诸郡转相仿效，济南尤盛，至六百馀祠。贾人或假二千石舆服导从作倡乐，奢侈日甚，民坐贫穷，历世长吏无敢禁绝者。太祖到，皆毁坏祠屋，止绝官吏民不得祠祀。及至秉政，遂除奸邪鬼神之事，世之淫祀由此遂绝。"

⑬东郡：战国秦王政五年（前242）置，治所濮阳（今河南濮阳市西南十六里故县村）。西汉辖境相当于今山东东阿、梁山以西，山东郓城、河南范县以北，山东茌平、莘县、河南南乐、清丰、濮阳以南地。东汉时

期辖境缩小。太守：官名。秦置郡守，汉景帝时改名太守，为一郡最高的行政长官。

⑭乡里：这里指曹操的故乡谯县（今安徽亳州市）。裴注引《魏书》曰："于是权臣专朝，贵戚横恣。太祖不能违道取容。数数干忤，恐为家祸，遂乞留宿卫。拜议郎，常托疾病，辄告归乡里；筑室城外，春夏习读书传，秋冬弋猎，以自娱乐。"

顷之①，冀州刺史王芬、南阳许攸、沛国周旌等连结豪杰②，谋废灵帝③，立合肥侯④，以告太祖，太祖拒之。芬等遂败⑤。

[注释]

①顷之：不久。

②冀州刺史王芬：东汉末曾任冀州刺史。《三国志·华歆传》裴注引《魏书》曰："芬有大名于天下。"冀州，西汉武帝时置，为十三刺史部之一，辖境相当于今河北中、南部，山东西端与河南北端。东汉治所高邑县（今河北柏乡北），后又移治邺县（今河北临漳西南）。刺史，古代官名。原为朝廷所派督察地方之官，后沿为地方官职名称。汉武帝时，分全国为十三部（州），部置刺史。成帝改称州牧，哀帝时复称刺史。南阳许攸：字子远（？～204），东汉南阳（今属河南）人。少时与曹操为友，后辅佐袁绍。官渡之战中，因袁绍不纳其分兵袭曹的建议，愤而投曹，并献袭击乌巢之计，令曹军大获全胜。后因居功自傲且不敬曹操，终为曹操所杀。沛国周旌：东汉豪族，生平不详。沛国，东汉建武二十年（44）改沛郡置，治所相县（今安徽淮北市西北相山区），辖境相当于今安徽萧县、亳州、固镇、五河、灵璧、淮北、濉溪、宿州、宿县及江苏沛县、丰县、河南永城等县市地。豪杰：这里指社会上有地位有势力的人。

③灵帝：即汉灵帝刘宏（156～189），初袭父爵为解渎亭侯。永康元年（167），汉桓帝卒，无子，被窦太后及其父窦武迎立为帝。在位期间，宦官专权，制造第二次党锢之祸，纵情声色，朝政腐败，与汉桓帝同为著名昏君，史称"桓灵"。

④合肥侯：其人不详，当是东汉皇族。

⑤芬等遂败：裴注引司马彪《九州春秋》曰："于是陈蕃子逸与术士平原襄楷会于芬坐，楷曰：'天文不利宦者，黄门、常侍真族灭矣。'逸喜。芬曰：'若然者，芬愿驱除。'于是与攸等结谋。灵帝欲北巡河间旧宅，芬等谋因此作难，上书言黑山贼攻劫郡县，求得起兵。会北方有赤气，东西竟天，太史上言'当有阴谋，不宜北行'，帝乃止。敕芬罢兵，俄而征之。芬惧，自杀。"又引《魏书》载太祖拒芬辞曰："夫废立之事，天下之至不祥也。古人有权成败、计轻重而行之者，伊尹、霍光是也。伊尹怀至忠之诚，据宰臣之势，处官司之上，故进退废置，计从事立。及至霍光受托国之任，借宗臣之位，内因太后秉政之重，外有群卿同欲之势，昌邑即位日浅，未有贵宠，朝乏谠臣，议出密近，故计行如转圜，事成如摧枯。今诸君徒见囊者之易，未睹当今之难。诸君自度，结众连党，何若七国？合肥之贵，孰若吴、楚？而造作非常，欲望必克，不亦危乎！"

金城边章、韩遂杀刺史郡守以叛①，众十馀万，天下骚动。征太祖为典军校尉②。会灵帝崩③，太子即位④，太后临朝⑤。大将军何进与袁绍谋诛宦官⑥，太后不听。进乃召董卓⑦，欲以胁太后⑧，卓未至而进见杀⑨。卓到，废帝为弘农王而立献帝⑩，京都大乱。卓表太祖为骁骑校尉⑪，欲与计事。太祖乃变易姓名，间行东归⑫。出关⑬，过中牟⑭，为亭长所疑⑮，执诣县⑯，邑中或窃识之⑰，为请得解⑱。卓遂杀太后及弘农王。太祖至陈留⑲，散家财，合义兵，将以诛卓。冬十二月，始起兵于己吾⑳，是岁中平六年也㉑。

[注释]

①金城边章：一名边允（生卒年不详），东汉末割据西凉的军阀，曾任督军从事，后病卒。金城，即金城郡，西汉昭帝始元六年（前81）置，治所允吾（qiānyá铅牙，今青海民和县南古鄯镇北古城），辖境约当今甘肃兰州市以西，青海省青海湖以东的河、湟二水流域与大通河下游地区。东汉末西部辖境缩小，仅至今大通河下游以东。韩遂：字文约（？～215），东汉金城（治今青海民和县南古鄯镇北古城）人。兴平元年（194）与马腾攻李傕、郭汜等，兵败，退回凉州，割据一方。建安十六年（211）联合马超起兵反曹操，被曹反间计所败，逃亡凉州。建安二十年（215），被西平、金城诸将所杀，时年七十余。

②典军校尉：东汉末年所置西园八校尉之一，统率中央常备军。八校尉为上军、中军、下军、左军、右军、典军、助军、佐军，以上军校尉为统帅，中军校尉为副。秩比二千石。

③会：副词，恰巧，适逢。灵帝崩：谓汉灵帝刘宏中平六年（189）去世。崩，古代称帝王、皇后之死。《礼记·曲礼下》："天子死曰崩。"

④太子：指汉少帝刘辩（173～190），中平六年（189）即皇帝位，同年为董卓所废，第二年被毒死，年仅十八岁，谥少帝。

⑤太后：即何太后（？～189），汉灵帝皇后，汉少帝刘辩之母，何进之妹，东汉宛县（今河南南阳）人。出身屠户，借助宦官入宫，光和三年（180）立为后，中平六年（189）四月灵帝死，称太后，临朝。八月，何进被杀，董卓废少帝，将何太后迁于永安宫，不久被鸩杀。事见《后汉书》卷一〇下《皇后纪》。临朝，谓母后当政，代行皇帝职权。

⑤大将军何进:字遂高(?~189),东汉宛县(今河南南阳)人。因妹贵宠而授官。光和七年(184)黄巾军起,拜为大将军,封慎侯。灵帝死,何进扶立少帝刘辩,欲诛灭宦官,为何太后所阻,又与袁绍谋招外兵入京,事泄,反为宦官所杀。《后汉书》卷六九有传。大将军,将军的最高称号,执掌统兵征伐。东汉大将军多由贵戚担任,是中央政府的实际掌权者,权位、俸禄皆超越三公。袁绍:字本初(?~202),东汉汝南汝阳(今河南商水西南)人,出身于四世三公的显宦家庭。历官司隶校尉、勃海太守,官渡之战败于曹操,后病死。《三国志》卷六、《后汉书》卷七四上皆有传。详见本书所选《袁绍传》。宦官:古代以阉割后失去男性功能之人在宫中侍奉皇帝及其家族,称为宦官。史书上也称阉(奄)人、奄寺、阉宦、宦者、中官、内官、内臣、内侍、内监等。宦官本为内廷执役的奴仆,不能干预外政,但因与皇室接近而关系密切,故历史上常造成阉宦专权的局面。

⑦董卓:字仲颖(?~192),东汉陇西临洮(今甘肃岷县)人。历任中郎将、并州牧,汉少帝光熹元年(189),率兵入洛阳,废少帝,立献帝,受到曹操、袁绍等人起兵讨伐。于是焚烧洛阳宫室,挟献帝西迁长安,自为太师,暴虐专横。初平三年(192),为王允、吕布所杀。《三国志》卷六、《后汉书》卷七二皆有传。详见本书所选《董卓传》。

⑧欲以胁太后:裴注引《魏书》曰:"太祖闻而笑之曰:'阉竖之官,古今宜有,但世主不当假之权宠,使至于此。既治其罪,当诛元恶,一狱吏足矣,何必纷纷召外将乎?欲尽诛之,事必宣露,吾见其败也。'"

⑨见杀:谓何进被宦官所杀。

⑩弘农:即弘农郡,西汉元鼎四年(前113)置,治所弘农县(今河南灵宝市北故函谷关城),辖境相当于今河南黄河以南、宜阳以西的洛、伊、淅川等流域和陕西洛水社川河上游、丹江流域。东汉以后辖境缩小,

一度避汉灵帝刘宏讳改恒农郡。献帝：即汉献帝刘协（181～234），汉灵帝宠姬王美人所生，昭宁元年（189）即皇帝位，先后被董卓、李傕、郭汜控制，后又成为曹操手中傀儡。延康元年（220）被迫禅位曹丕，废为山阳公，汉亡。魏明帝青龙二年（234）卒。《后汉书》卷九有传。

⑪表：启奏，上奏章给皇帝。骁（xiāo 萧）骑校尉：东汉时所置五校尉之一，专掌特种军队，秩比二千石。

⑫间（jiàn 建）行：潜行，微行。裴注引《魏书》曰："太祖以卓终必覆败，遂不就拜，逃归乡里。从数骑过故人成皋吕伯奢，伯奢不在，其子与宾客共劫太祖，取马及物，太祖手刃击杀数人。"又引《世语》曰："太祖过伯奢。伯奢出行，五子皆在，备宾主礼。太祖自以背卓命，疑其图己，手剑夜杀八人而去。"又引孙盛《杂记》曰："太祖闻其食器声，以为图己，遂夜杀之。既而凄怆曰：'宁我负人，毋人负我！'遂行。"

⑬出关：谓出旋门关，东汉中平元年（184）于洛阳周边所置八关之一，位于今河南荥阳市西北汜水镇西南十里。或谓"出关"乃出虎牢关，此关又名成皋关，春秋虎牢邑，秦置关，位于今河南荥阳市西北三十六里汜水镇西，历代为戍守重地。

⑭中牟：即中牟县，西汉置，属河南郡，治所在今河南中牟县东。曹操由洛阳东归，故过此地。

⑮亭长：战国时，国与国之间为防御敌人，在边境上设亭，置亭长。秦汉时在乡村每十里设一亭，置亭长，掌治安，捕盗贼，理民事，兼管停留旅客。多以服兵役期满的人充任。此外设于城内和城厢的称"都亭"，设于城门的称"门亭"，亦设亭长，职责同上。东汉后渐废。

⑯执诣县：谓拘捕送往县衙。

⑰邑：谓县城。或：有人。窃识：私下认识。

⑱为请得解：裴注引《世语》曰："中牟疑是亡人，见拘于县。时掾

亦已被卓书，唯功曹心知是太祖，以世方乱，不宜拘天下雄俊，因白令释之。"

⑲陈留：即陈留县，秦置，属砀郡，治所在今河南开封县东南二十六里陈留镇。西汉为陈留郡治所。

⑳己吾：即己吾县，东汉永元十一年（99）置，属陈留郡。治所在今河南宁陵县西南三十九里己吾城。裴注引《世语》曰："陈留孝廉卫兹以家财资太祖，使起兵，众有五千人。"

㉑中平六年：即公元189年。中平，汉灵帝的第四个年号（184~189）。

初平元年春正月①，后将军袁术②、冀州牧韩馥③、豫州刺史孔伷④、兖州刺史刘岱⑤、河内太守王匡⑥、勃海太守袁绍⑦、陈留太守张邈⑧、东郡太守桥瑁⑨、山阳太守袁遗⑩、济北相鲍信⑪，同时俱起兵，众各数万，推绍为盟主⑫。太祖行奋武将军⑬。

[注释]

①初平元年：即公元190年，初平，汉献帝第三个年号（190~193）。正（zhēng征）月：农历一年的第一个月。

②后将军袁术：字公路（？~199），东汉汝南汝阳（今河南商水西南）人，出身于四世三公的显宦家庭，为袁绍从弟。初为虎贲中郎将，助袁绍诛灭宦官。董卓进京专权，以他为后将军。他出奔南阳，与袁绍、曹操等同时起兵，共讨董卓。后又与袁绍对抗，为袁绍、曹操击败，遂奔九江，割据扬州。建安二年（197），袁术称帝于寿春，号仲家，荒淫奢侈，横征暴敛，民心丧尽，先后为吕布、曹操所破，呕血而死。《三国志》卷

六、《后汉书》卷七五皆有传。后将军，东汉时常设的前、后、左、右四将军之一，位次于上卿，开府治事，有属官。

③冀州牧韩馥（fù富）：字文节（？~192），东汉颍川（今河南禹州）人。曾任冀州牧，因惧怕公孙瓒，以州牧让袁绍，投奔张邈，后又因恐惧而入厕自杀。冀州，西汉武帝时置，为十三刺史部之一，辖境相当于今河北中南部、山东西段及河南北端。东汉治所高邑县（今河北柏乡北），后又移治邺县（今河北临漳西南）。牧，即州牧，汉成帝时改刺史为州牧。后废置不常。东汉灵帝时，再设州牧，掌一州军政大权。裴注引《英雄记》曰："馥字文节，颍川人。为御史中丞。董卓举为冀州牧。于时冀州民人殷盛，兵粮优足。袁绍之在勃海，馥恐其兴兵，遣数部从事守之，不得动摇。东郡太守桥瑁诈作京师三公移书与州郡，陈卓罪恶，云'见逼迫，无以自救，企望义兵，解国患难'。馥得移，请诸从事问曰：'今当助袁氏邪，助董卓邪？'治中从事刘子惠曰：'今兴兵为国，何谓袁、董！'馥自知言短而有惭色。子惠复言：'兵者凶事，不可为首；今宜往视他州，有发动者，然后和之。冀州于他州不为弱也，他人功未有在冀州之右者也。'馥然之。馥乃作书与绍，道卓之恶，听其举兵。"

④豫州刺史孔伷（zhòu宙）：字公绪（生卒年不详），东汉陈留（今河南开封东南）人。曾任豫州刺史。豫州，西汉武帝时置，为十三刺史部之一，辖境相当于今淮河以北、伏牛山以东豫东、皖北地，东汉治所谯县（今安徽亳州市）。裴注引《英雄记》曰："伷字公绪，陈留人。"又引张璠《汉纪》载郑泰说卓云："孔公绪能清谈高论，嘘枯吹生。"

⑤兖州刺史刘岱：字公山（？~192），东汉东莱牟平（今山东烟台市福山区西北）人，刘繇之兄。汉献帝初为兖州刺史。初平三年（192）黄巾军攻兖州，死之。兖州，西汉武帝时置，为十三刺史部之一，辖境相当于今山东西南部与河南东部地区，北至茌平、莱芜，东至沂水流域，东

南至莒县、平邑、兖州、鱼台、单县，南至鹿邑、淮阳、扶沟等市县，西南至开封、濮阳等地。东汉治所昌邑县（今山东巨野东南）。裴注曰："岱，刘繇之兄，事见《吴志》。"

⑥河内太守王匡：字公节（生卒年不详），东汉泰山（今山东泰安东北）人。河内，即河内郡，西汉高帝二年（前205）改殷国置，治所怀县（今河南武陟县西南），辖境相当今河南黄河以北，京汉铁路（包括卫辉市）以西地区。裴注引《英雄记》曰："匡字公节，泰山人。轻财好施，以任侠闻。辟大将军何进府进符使，匡于徐州发强弩五百西诣京师。会进败，匡还州里。起家，拜河内太守。"又引谢承《后汉书》曰："匡少与蔡邕善。其年为卓军所败，走还泰山，收集劲勇得数千人，欲与张邈合。匡先杀执金吾胡母班。班亲属不胜愤怒，与太祖并势，共杀匡。"

⑦勃海：即勃海郡，西汉高帝五年（前202）置，以地滨渤海得名。治所浮阳（今河北沧县东南四十里旧州镇），辖境相当于今天津市、河北安次县以南，文安、阜城以东，山东无棣、乐陵、宁津以北地区。东汉移治南皮县（今河北南皮县东北八里），辖境缩小。

⑧陈留太守张邈：字孟卓（？～195），东汉东平寿张（今山东阳谷与河南范县间）人。汉献帝时曾为陈留太守。兴平元年（194）迎吕布夺取兖州，次年，吕布为曹操所败，张邈投袁术求救，为部下所杀。《三国志》卷七有传。

⑨东郡太守桥瑁：字元伟（？～190），东汉睢阳（今河南商丘南）人。汉献帝初任东郡太守。东郡，见本传前注。裴注引《英雄记》曰："瑁字元伟，玄族子。先为兖州刺史，甚有威惠。"

⑩山阳太守袁遗：字伯业（生卒年不详），东汉汝南汝阳（今河南商水西南）人，曾任山阳太守。山阳，即山阳郡，西汉武帝建元五年（前136）改山阳国为山阳郡，治所昌邑县（今山东巨野南六十里），辖境相

当于今山东巨野以南，成武、曹县以东，单县以北，鱼台以西及邹城、兖州等市地。裴注曰："遗字伯业，绍从兄。为长安令。河间张超尝荐遗于太尉朱俊，称遗'有冠世之懿，干时之量。其忠允亮直，固天所纵；若乃包罗载籍，管综百氏，登高能赋，睹物知名，求之今日，邈焉靡俦。'事在超集。"又引《英雄记》曰："绍后用遗为扬州刺史，为袁术所败。太祖称'长大而能勤学者，惟吾与袁伯业耳。'语在文帝《典论》。"

⑪济北相鲍信：东汉泰山郡（治今山东泰安东北）人（151~192），汉少帝时任后军校尉，初平元年（190）时任行破虏将军，初平二年曹操为东郡太守，方表信为济北相。初平三年，与曹操进攻青州黄巾军，战死。济北，即济北国，东汉永元二年（90）分泰山郡置，都卢县（治今山东长清西南）。裴注曰："信事见子勋传。"

⑫盟主：这里谓讨伐董卓的同盟首领或倡导者。

⑬行（xíng 形）：谓兼摄官职。奋武将军：官名。东汉杂号将军。

二月，卓闻兵起，乃徙天子都长安①。卓留屯洛阳②，遂焚宫室。是时绍屯河内③，邈、岱、瑁、遗屯酸枣④，术屯南阳，伷屯颍川，馥在邺⑤。卓兵强，绍等莫敢先进。太祖曰："举义兵以诛暴乱，大众已合，诸君何疑？向使董卓闻山东兵起⑥，倚王室之重⑦，据二周之险⑧，东向以临天下⑨，虽以无道行之⑩，犹足为患。今焚烧宫室，劫迁天子，海内震动⑪，不知所归，此天亡之时也。一战而天下定矣，不可失也。"遂引兵西，将据成皋⑫。邈遣将卫兹分兵随太祖⑬。到荥阳汴水⑭，遇卓将徐荣⑮，与战不利，士卒死伤甚多。太祖为流矢所中，所乘马被创⑯，从弟洪以马与太祖⑰，得夜遁去。荣见太祖所将兵少，力战尽日⑱，谓酸枣未易攻也，亦引兵还。

[注释]

①天子：谓汉献帝。长安：即长安县，西汉故都，为京兆尹治，治所在今陕西西安市西北。

②屯：拥兵驻守。洛阳：即洛阳县，西汉为河南郡治，东汉建武元年（25）建都于此，治所在今河南洛阳市东北三十里汉魏故城。

③河内：即河内郡，见本传前注。

④酸枣：即酸枣县，秦置，属东郡，治所在今河南延津县西南十五里。

⑤邺：即邺县，战国魏置，秦属邯郸郡，治所在今河北临漳西南邺镇。东汉末相继为冀州、相州治。

⑥向使：假使，假令。山东：这里当指太行山以东地区，春秋时晋国地处太行山以西，故称太行山以东为山东。见《史记·晋世家》。

⑦倚王室之重：意谓凭借朝廷的威望与权势。

⑧二周：谓战国初周畿内的东、西二周，即指今河南洛阳市至巩义市一带。周考王都成周（今河南洛阳东北白马寺东），封其弟于河南（今洛阳市西、涧水东）。因在成周之西，故称西周桓公。后又封桓公曾孙于巩（今河南巩义市西十里康店乡），称东周惠公。二公皆参与周王朝政。周赧王时，东、西二周分治周王畿。

⑨临：守卫。《战国策·西周策》："君临函谷而无攻。"

⑩无道：不行正道，做坏事。多指暴君或权贵者的恶行。

⑪海内：国境之内，全国。古人谓我国疆土四面临海，故称。

⑫成皋：即成皋县，西汉置，属河南郡，治所在今河南荥阳市西北汜水镇。

⑬卫兹：字子许（？～190），陈留襄邑（今河南睢县）人。有大节，不应三公之辟，曾助曹操举兵，得众五千人。汉献帝初平元年（190），从曹操讨伐董卓，力战终日而死。

⑭荥（xíng 形）阳：即荥阳县，秦置，治所在今河南郑州市西北古荥镇，属三川郡，西汉属河南郡。汴（biàn 变）水：谓今河南荥阳市西南索河。

⑮徐荣：玄菟郡（治今朝鲜咸镜南道咸兴）人（？～192），董卓部下中郎将，任荥阳太守，曾击败曹操。初平三年（192），董卓被杀，其部将李傕、郭汜等自陕县进攻长安，王允遣徐荣、胡轸击之于新丰，徐荣战死。事见《后汉书·董卓传》。

⑯被创（chuāng 窗）：谓受伤。

⑰从（zòng 纵）弟洪：即曹操的堂弟曹洪（？～232），字子廉，谯（今安徽亳州市）人。曾两次救护曹操脱险，屡立战功，任厉锋将军、都护将军。曹丕称帝后，任卫将军，迁骠骑将军。《三国志》卷九有传。

⑱力战：谓努力作战。尽日：犹终日，整天。

太祖到酸枣，诸军兵十馀万，日置酒高会①，不图进取。太祖责让之②，因为谋曰："诸君听吾计，使勃海引河内之众临孟津③，酸枣诸将守成皋④，据敖仓⑤，塞轘辕、太谷⑥，全制其险；使袁将军率南阳之军军丹、析⑦，入武关⑧，以震三辅⑨：皆高垒深壁⑩，勿与战，益为疑兵⑪，示天下形势⑫，以顺诛逆⑬，可立定也⑭。今兵以义动，持疑而不进，失天下之望，窃为诸君耻之！"邈等不能用。

[注释]

①置酒高会：陈设酒席，举行盛大宴会。

②责让：斥责，谴责。

③勃海：以"勃海太守"的官名指代袁绍。孟津：即孟津关，东汉灵帝中平元年（184）所置八关之一，位于今河南孟津县东北、孟州市西南。

④酸枣诸将：即上述张邈、刘岱、桥瑁、袁遗诸将。

⑤敖仓：秦代所建粮仓名，在今河南荥阳市东北敖山上。

⑥塞：堵截。轘（huàn 焕）辕：即轘辕关，东汉灵帝中平元年（184）所置八关之一，位于今河南偃师市东南轘辕山上，以山为名。太谷：当作"大谷"，即大谷关，一名水泉关，东汉灵帝中平元年（184）所置八关之一，位于今河南洛阳市东南大谷口。张衡《东京赋》"大谷通其前"，即此。

⑦袁将军：这里谓袁术，当时袁术为后将军，驻军南阳。军：进军，用如动词。丹：即丹水县，秦置，属南阳郡，治所在今河南淅川西六十五里寺湾村。析：即析县，秦置，属南阳郡，治所在今河南西峡县。

⑧武关：战国秦置，位于今陕西商南县西南丹江上，即秦之南关。自古以来为兵家必争之地。

⑨三辅：西汉时于京畿之地所设京兆尹、左冯翊（píngyì 平易）、右扶风的合称，治所皆在长安城中。其辖境相当今陕西中部。

⑩高垒深壁：谓构筑牢固的工事以自守。高垒，谓筑起高大的壁垒；深壁，筑高墙。

⑪益：增加。疑兵：虚张声势以迷惑敌人的军阵。

⑫示：表明，显示。

⑬以顺诛逆：意谓顺应天下大势，讨伐叛逆者。

⑭立定：即时平定。

太祖兵少，乃与夏侯惇等诣扬州募兵①，刺史陈温、丹杨太守周昕与兵四千馀人②。还到龙亢③，士卒多叛④。至铚、建平⑤，复收兵得千馀人，进屯河内。

[注释]

①夏侯惇（dūn 蹲）：字元让（？～220），谯（今安徽亳州市）人，东汉末随曹操起兵，作战勇猛，屡立战功，历任东郡太守、河南尹，拜前将军、大将军。《三国志》卷九有传。扬州：西汉武帝置，为十三刺史部之一，辖境相当于今安徽淮水与江苏长江以南及江西、浙江、福建三省，湖北英山、黄梅、广济，河南固始、商城等县市地。东汉时治所历阳（今安徽和县），末年移治寿春（今安徽寿县）、合肥（今安徽合肥市西北）。募兵：招募兵丁。

②刺史陈温：字元悌（生卒年不详），汝南（今河南上蔡西南）人。曾为扬州刺史，后为袁术所杀。丹杨太守周昕：字泰明（？～196），东汉会稽（今浙江绍兴）人。曾任丹杨太守，被袁术攻破，归王朗，后为孙策所杀。丹杨，即丹杨郡，或作丹阳郡，西汉元封二年（前109）改鄣郡置，治所宛陵县（今安徽宣州市），辖境相当于今安徽长江以南、江苏宁镇山南北和浙江天目山以西、新安江中上游南北之地。

③龙亢（gāng 刚）：即龙亢县，西汉置，属沛郡，东汉属沛国，治所今安徽怀远西北七十五里龙亢镇。

④士卒多叛：裴注引《魏书》曰："兵谋叛，夜烧太祖帐，太祖手剑杀数十人，馀皆披靡，乃得出营；其不叛者五百馀人。"

⑤铚（zhì 制）：即铚县，秦置，属泗水郡，西汉属沛郡，东汉属沛国，治所在今安徽濉溪县西南七十里古城乡。一说在今濉溪县东南。建平：即建平县，西汉置，属沛郡，东汉属沛国，治所在今河南夏邑县西南五十九里马头镇。

刘岱与桥瑁相恶①，岱杀瑁，以王肱领东郡太守②。

袁绍与韩馥谋立幽州牧刘虞为帝③，太祖拒之④。绍又尝得一玉印⑤，于太祖坐中举向其肘⑥，太祖由是笑而恶焉⑦。

[注释]

①相恶（wù 务）：彼此憎恨。

②王肱（gōng 公）：东汉末官吏，曾兼任东郡太守。领：谓兼任。

③幽州牧刘虞：字伯安（？~193），东海郯县（今山东郯城北）人，为东汉皇族。董卓秉政，曾以刘虞为大司马，进封襄贲侯。后因与公孙瓒不睦，举兵相攻，为公孙瓒所杀。《后汉书》卷七三有传。幽州，汉武帝置十三刺史部之一，东汉治所在蓟县（今北京市西南），辖境相当今北京市、河北北部、辽宁大部、天津市海河以北以及朝鲜大同江流域。牧，又称州牧，为一州之长。东汉灵帝时改刺史称牧，令掌一州之军政大权，位次九卿，秩二千石。

④太祖拒之：裴注引《魏书》载太祖答绍曰："董卓之罪，暴于四海，吾等合大众、兴义兵而远近莫不响应，此以义动故也。今幼主微弱，制于奸臣，未有昌邑亡国之衅，而一旦改易，天下其孰安之？诸君北面，我自西向。"幽州在北，长安在西，曹操拒绝尊刘虞为帝而仍奉汉献帝，故云。

⑤玉印：玉制之印。《汉书·郊祀志上》："天子又刻玉印曰'天道将军'。"玉印为汉代皇帝所专用，这里暗示袁绍有称帝的野心。

⑥举向其肘：谓袁绍用手提起系玉印钮部的绶带，令玉印垂于自己肘部位置。刻画袁绍自我炫耀且洋洋自得的形态栩栩如生。

⑦笑而恶（wù 务）：谓耻笑且加厌恶。裴注引《魏书》曰："太祖大笑曰：'吾不听汝也。'绍复使人说太祖曰：'今袁公势盛兵强，二子已长，天下群英，孰逾于此？'太祖不应。由是益不直绍，图诛灭之。"

二年春①，绍、馥遂立虞为帝，虞终不敢当。

夏四月，卓还长安。

秋七月，袁绍胁韩馥②，取冀州。

黑山贼于毒、白绕、眭固等十馀万众略魏郡、东郡③，王肱不能御，太祖引兵入东郡，击白绕于濮阳④，破之。袁绍因表太祖为东郡太守，治东武阳⑤。

[注释]

①二年：即汉献帝初平二年（191）。

②胁：威胁强迫。

③黑山贼：东汉黄巾军以外的各路农民军。《后汉书》卷七一："自黄巾贼后，复有黑山、黄龙、白波、左校、郭大贤、于氐根、青牛角、张白骑、刘石、左髭丈八、平汉、大计、司隶、掾哉、雷公、浮云、飞燕、白雀、杨凤、于毒、五鹿、李大目、白绕、眭固、苦哂之徒，并起山谷间，不可胜数。其大声者称雷公，骑白马者为张白骑，轻便者言飞燕，多髭者号于氐根，大眼者为大目，如此称号，各有所因。大者二三万，小者

六七千。贼帅常山人张燕，轻勇矫捷，故军中号曰飞燕。善得士卒心，乃与中山、常山、赵郡、上党、河内诸山谷寇贼更相交通，众至百万，号曰黑山贼。河北诸郡县并被其害，朝廷不能讨。"于毒、白绕、眭（suī 隋阴平）固，皆为农民军各首领的名号。黑山，一名墨山，位于今河南浚县西北。东汉末张燕等为首领的农民军大本营在此。《后汉书》卷七四："还讨黑山，则张燕可灭。"唐李贤注："黑山在今卫州卫县西北。"略：掳掠。魏郡：西汉高帝十二年（前195）置，治所在邺县（今河北临漳西南邺镇），辖境相当于今河北大名、磁县、涉县、武安、临漳、肥乡、魏县、邱县、成安、广平、馆陶，河南滑县、浚县、内黄以及山东冠县等地。东郡：见本传前注。

④濮阳：即濮阳县，秦置，为东郡治。治所在今河南濮阳西南十六里故县村。

⑤治：治所，古代地方长官的官署所在地。东武阳：即东武阳县，西汉置，属东郡，治所在今山东莘县东南十里。东汉属清河国，治所移至今莘县西南朝城镇。

三年春①，太祖军顿丘②，毒等攻东武阳。太祖乃引兵西入山，攻毒等本屯③。毒闻之，弃武阳还。太祖要击眭固④，又击匈奴于夫罗于内黄⑤，皆大破之⑥。

夏四月，司徒王允与吕布共杀卓⑦。卓将李傕、郭汜等杀允攻布⑧，布败，东出武关。傕等擅朝政⑨。

[注释]

①三年：即汉献帝初平三年（192）。

②军:驻军。

③本屯:谓农民军首领的营寨。裴注引《魏书》曰:"诸将皆以为当还自救。太祖曰:'孙膑救赵而攻魏,耿弇欲走西安攻临淄。使贼闻我西而还,武阳自解也;不还,我能败其本屯,虏不能拔武阳必矣。'遂乃行。"

④要(yāo腰)击:中途截击。

⑤匈奴:又称"胡",我国古代北方民族之一。战国时游牧于燕、赵、秦以北地区。其族随世异名,因地殊号。战国时始称匈奴和胡。东汉光帝武建武二十四年(48)分裂为南北二部,北匈奴在公元1世纪末为汉所败,部分西迁。南匈奴附汉。这里当指南匈奴部。于夫罗:南匈奴单于子。

⑥皆大破之:裴注引《魏书》曰:"于夫罗者,南单于子也。中平中,发匈奴兵,于夫罗率以助汉。会本国反,杀南单于,于夫罗遂将其众留中国。因天下挠乱,与西河白波贼合,破太原、河内,抄略诸郡为寇。"

⑦司徒王允:字子师(137~192),东汉太原祁县(今属山西)人。汉献帝时历任太仆、司徒,初平三年(192),与尚书仆射士孙瑞、吕布等密谋,诛杀董卓,王允总领朝政。董卓馀党李傕、郭汜等攻入长安,杀王允及其全家。《后汉书》卷六六有传。司徒,汉代三公之一。西汉哀帝时以丞相为大司徒,掌管国家土地、人民。东汉三公无实际任职,仍称司徒,主教化。吕布:字奉先(?~198),东汉五原九原(今内蒙古包头市西北)人。初从并州刺史丁原入京,后为董卓利诱,杀原归卓,任骑都尉,迁中郎将,封都亭侯。董卓被诛后任奋武将军,进封温侯。一度投奔刘备,终为曹操所擒杀。《三国志》卷七、《后汉书》卷七五皆有传。详见本书所选《吕布传》。

⑧李傕(jué爵):字稚然(?~198),东汉北地(今宁夏吴忠西南)

人。董卓部将，董卓被诛后，与郭汜等率兵攻入长安，杀王允，逼汉献帝封其为车骑将军、池阳侯，领司隶校尉，假节钺，与郭汜共擅朝政。又自称大司马，劫持汉献帝，纵兵掳掠长安。曹操率军迎献帝，李、郭兵败逃亡。建安三年（198）为段煨所杀。《三国志》卷六附于《董卓传》。郭汜（sì 寺）：一名多（？~197），东汉张掖（今甘肃张掖西北）人。董卓部将，与李傕攻入长安后，逼汉献帝封其为后将军、美阳侯，假节钺。建安二年（197），在败亡中为部下所杀。《三国志》卷六附于《董卓传》。

⑨擅朝政：谓独揽朝政。

青州黄巾众百万入兖州①，杀任城相郑遂②，转入东平③。刘岱欲击之，鲍信谏曰④："今贼众百万，百姓皆震恐⑤，士卒无斗志，不可敌也。观贼众群辈相随⑥，军无辎重⑦，唯以钞略为资⑧，今不若畜士众之力⑨，先为固守。彼欲战不得，攻又不能，其势必离散，后选精锐，据其要害，击之可破也。"岱不从，遂与战，果为所杀⑩。信乃与州吏万潜等至东郡迎太祖领兖州牧⑪。遂进兵击黄巾于寿张东⑫。信力战斗死⑬，仅而破之⑭。购求信丧不得⑮，众乃刻木如信形状，祭而哭焉。追黄巾至济北⑯。乞降。冬，受降卒三十余万，男女百余万口，收其精锐者，号为青州兵。

[注释]

①青州：西汉武帝所置十三刺史部之一，东汉治所临淄县（治今山东淄博市临淄北），辖境相当于今山东德州市、齐河县以东，马颊河以南，济南、临朐、安丘、高密、莱阳、栖霞、乳山等市县以北、以东与河北吴桥县地。

武帝纪 | 29

②任城相郑遂：东汉末官任城相（？～192），初平三年（192）为黄巾军所杀。任城，即任城国，东汉元和元年（84）分东平国置，治所任城县（今山东微山县西北），辖今山东济宁附近地。相，古官名。汉代诸侯王国的实际执政者，地位相当于郡太守。

③东平：即东平国，西汉甘露二年（前52）改大河郡置，治所无盐县（今山东东平东南），辖境相当于今山东济宁市与汶上、东平等县地。东汉属兖州。

④鲍信：东汉泰山郡（治今山东泰安东北）人（151～192），汉少帝时任后军校尉，初平元年（190）时任破虏将军，初平二年（191）曹操为东郡太守，方表信为济北相。初平三年，与曹操进攻青州黄巾军，战死。

⑤震恐：惊恐。

⑥群辈：谓聚众结伙。《汉书·萧育传》："南郡盗贼，群辈为害。"

⑦辎（zī滋）重：指随军运载的军用器械、粮秣等。

⑧钞略：抄掠抢夺。

⑨畜（xù蓄）：积蓄。

⑩果为所杀：裴注引《世语》曰："岱既死，陈宫谓太祖曰：'州今无主，而王命断绝，宫请说州中，明府寻往牧之，资之以收天下，此霸王之业也。'宫说别驾、治中曰：'今天下分裂而州无主；曹东郡，命世之才也，若迎以牧州，必宁生民。'鲍信等亦谓之然。"

⑪州吏万潜：东汉末曾任长史、少府诸职，早卒。领：汉代官吏在本职外，兼任低级职务称"领"。

⑫寿张：即寿张县，东汉改寿良县置，属东平国，治所在今山东东平西南。

⑬力战：努力作战。

⑭仅而破之：谓勉强取胜。裴注引《魏书》曰："太祖将步骑千馀人，行视战地，卒抵贼营，战不利，死者数百人，引还。贼寻前进。黄巾为贼久，数乘胜，兵皆精悍。太祖旧兵少，新兵不习练，举军皆惧。太祖被甲婴胄，亲巡将士，明劝赏罚，众乃复奋，承间讨击，贼稍折退。贼乃移书太祖曰：'昔在济南，毁坏神坛，其道乃与中黄太乙同，似若知道，今更迷惑。汉行已尽，黄家当立。天之大运，非君才力所能存也。'太祖见檄书，呵骂之，数开示降路；遂设奇伏，昼夜会战，战辄禽获，贼乃退。"

⑮购求：谓悬赏寻求。信丧（sāng桑）：谓鲍信的遗体。据《三国志》卷一二《鲍勋传》裴注引《魏书》，鲍信为救曹操而死，故曹操尽心为其操办丧事。

⑯济北：即济北国，东汉永元二年（90）分泰山郡置济北国，都卢县（治今山东长清西南）。

袁术与绍有隙①，术求援于公孙瓒②，瓒使刘备屯高唐③，单经屯平原④，陶谦屯发干⑤，以逼绍。太祖与绍会击⑥，皆破之。

[注释]

①隙：谓嫌隙，因猜疑或不满而产生的恶感、仇怨。

②公孙瓒：字伯珪（guī归，？～199），东汉辽西令支（今河北迁安西）人。汉献帝时曾任奋武将军，迁前将军，封易侯。与袁绍相攻伐，屡败。建安四年（199），被袁绍所逼走投无路，自杀死。《三国志》卷八、《后汉书》卷七三皆有传。

③刘备：字玄德（161～223），蜀汉昭烈帝，史称先主。详见本书所选《先主传》。高唐：即高唐县，西汉置，属平原郡，治所在今山东禹城

市西南四十里。

④单经：东汉末公孙瓒部将，曾任兖州刺史。平原：即平原县，秦置，属济北郡，东汉为平原国治，治所在今山东平原西南二十五里张官店。

⑤陶谦：字恭祖（132~194），东汉丹阳（今安徽当涂东北）人。历官徐州刺史、徐州牧。因其部下都尉张闿劫杀曹操父亲曹嵩一家，曹操兵伐徐州，大败陶谦。汉献帝兴平元年（194）病死。《三国志》卷八有传。发干：即发干县，西汉置，属东郡，治所在今山东冠县东南。

⑥会击：一同攻击。

四年春①，军鄄城②。荆州牧刘表断术粮道③，术引军入陈留，屯封丘④，黑山馀贼及于夫罗等佐之。术使将刘详屯匡亭⑤。太祖击详，术救之，与战，大破之。术退保封丘，遂围之，未合⑥，术走襄邑⑦，追到太寿⑧，决渠水灌城。走宁陵⑨，又追之，走九江⑩。夏，太祖还军定陶⑪。

[注释]

①四年：即汉献帝初平四年（193）。

②军：驻军。鄄（juàn眷）城：即鄄城县，秦置，属东郡，汉属济阴郡，治所在今山东鄄城县北旧城镇。

③荆州牧刘表：字景升（142~208），东汉远支皇族，山阳高平（今山东邹城市西南）人。官至镇南将军、荆州牧，拥兵自重。建安十三年（208）八月病卒，其子刘琮降曹。详见本书所选《刘表传》。荆州，西汉元封五年（前106）所置十三刺史部之一，辖郡七、县一百一十七，辖境

相当于今湖北、湖南大部以及河南、贵州、广西、广东等省区一小部分，东汉治所汉寿县（今湖南常德市东北）。初平元年（190）刘表徙治襄阳（今湖北襄阳市汉水南岸襄阳城）。三国时魏、吴均置荆州，辖境相当于原荆州。魏荆州治所新野（今属河南），吴荆州治所江陵（今属湖北）。粮道：运粮的道路。

④封丘：即封丘县，西汉置，属陈留郡，治所即今河南封丘。

⑤刘详：东汉末袁术部将。匡亭：地名，在今河南长垣县西南。

⑥合：谓完成包围。

⑦襄邑：即襄邑县，秦置，属砀郡，西汉属陈留郡，治所在今河南睢县。

⑧太寿：未见著录。清梁章钜《三国志旁证》卷一引赵一清（1709~1764）云："太寿不见于两《汉志》，大约在宁陵、襄邑之间。"张舜徽主编《三国志辞典》："太寿：聚落名。大约在宁陵、襄邑之间，即今河南宁陵与睢县之间。"（山东教育出版社1992年版）按，太寿或系水渠名，东汉后干涸消失。《三国志·夏侯惇传》："复领陈留、济阴太守，加建武将军，封高安乡侯。时大旱，蝗虫起，惇乃断太寿水作陂，身自负土，率将士劝种稻，民赖其利。"此与下文"决渠水灌城"一句可相对应。

⑨宁陵：即宁陵县，西汉置，属陈留郡，东汉属梁国，治所在今河南宁陵东南。

⑩九江：即九江郡，秦置，治所寿春县（今安徽寿县），西汉武帝元狩初（前122）辖境相当于今安徽淮河以南，瓦埠湖以东，巢湖以北地区。三国魏黄初二年（221）改为淮南国。

⑪定陶：即定陶县，秦置，属东郡，治所在今山东定陶西北四里。

下邳阙宣聚众数千人①，自称天子；徐州牧陶谦与共举兵，取泰山华、费②,略任城③。秋,太祖征陶谦,下十馀城④,谦守城不敢出。

是岁,孙策受袁术使渡江⑤,数年间遂有江东⑥。

[注释]

①下邳(pī批):即下邳县,秦置,属东海郡,东汉为下邳国治,治所在今江苏睢宁县西北古邳镇东三里。阙宣:东汉下邳人(?~193),农民军首领,后为陶谦所杀。

②泰山:即泰山郡,楚汉之际刘邦改博阳郡置,治所博县(今山东泰安东南三十里旧县),因境内泰山得名。后移治奉高县(今泰安市东北),辖境相当于今山东长清、莱芜以南,肥城以东,宁阳、平邑以北,沂源、蒙阴以西地区。东汉后辖境缩小。华:即华县,西汉置,属泰山郡,治所在今费县东北六十里。东汉并入费县。费(bì必):即费县,西汉置,属东海郡,治所在今山东费县西北二十里古城。东汉属泰山郡,改为侯国,后复为县。

③略:掳掠。

④下:攻占。

⑤孙策:字伯符(175~200),东汉吴郡富春(今浙江富阳)人,孙坚长子。曾随孙坚攻刘表,孙坚死,领其馀部依附袁术。兴平二年(195)离开袁术,率军渡江,占据吴、会稽、庐江、豫章等六郡,建立孙氏政权,威震江东,人称"小霸王"。建安二年(197),曹操表其为讨逆将军,封吴侯。建安五年(200),被原吴郡太守许贡家客行刺,伤重而亡。后其弟孙权称帝,追谥孙策为长沙桓王。《三国志》卷四六有传。江:谓长江。

⑥江东:长江在芜湖、南京间作西南南、东北北流向,隋唐以前,是

南北往来主要渡口所在,习惯上称自此以下的长江南岸地区为江东。三国时孙权建都于建业(今南京),故又称孙吴统治下的全部地区为江东。

兴平元年春①,太祖自徐州还,初,太祖父嵩,去官后还谯,董卓之乱,避难琅邪②,为陶谦所害,故太祖志在复仇东伐③。夏,使荀彧、程昱守鄄城④,复征陶谦,拔五城,遂略地至东海⑤。还过郯⑥,谦将曹豹与刘备屯郯东⑦,要太祖⑧。太祖击破之,遂攻拔襄贲⑨,所过多所残戮⑩。

[注释]

①兴平元年:即公元194年。兴平,汉献帝的第二个年号(194~195)。

②琅邪(lángyá 狼牙):即琅邪国,东汉建初五年(80)改琅邪郡置,治所开阳县(今山东临沂市北十五里)。辖境相当于今山东青岛、胶州、胶南、即墨、诸城、日照诸市及沂水、五莲、海阳、莒南及江苏赣榆县等地。

③复仇:裴注引《世语》曰:"嵩在泰山华县。太祖令泰山太守应劭送家诣兖州,劭兵未至,陶谦密遣数千骑掩捕。嵩家以为劭迎,不设备。谦兵至,杀太祖弟德于门中。嵩惧,穿后垣,先出其妾,妾肥,不时得出;嵩逃于厕,与妾俱被害,阖门皆死。劭惧,弃官赴袁绍。后太祖定冀州,劭时已死。"又引韦曜《吴书》曰:"太祖迎嵩,辎重百馀两。陶谦遣都尉张闿将骑二百卫送,闿于泰山华、费间杀嵩,取财物,因奔淮南。太祖归咎于陶谦,故伐之。"

④荀彧(yù 玉):字文若(163~212),颍川颍阴(今河南许昌)

人。初依附袁绍，后转投曹操，成为其帐下主要谋士。后因受曹操猜忌，服毒死。详见本书所选《荀彧传》。程昱（yù 玉）：字仲德（141～220），东郡东阿（今山东东阿）人。曹操帐下重要谋士，建安六年（201）仓亭之战中，他向曹操献"十面埋伏"之计，大破袁绍军。曹丕代汉后，程昱任卫尉，封安乡侯。《三国志》卷一〇有传。

⑤略地：占领土地。东海：即东海郡，秦置，治所郯县（今山东郯城县北门外），西汉仍之，辖境相当于今山东费县、临沂市与江苏赣榆以南，山东枣庄市、江苏邳州市以东和江苏宿迁、灌南以北地区。东汉以后属徐州，辖境缩小。

⑥郯（tán 谈）：即郯县，秦置，为东海郡治，治所在今山东郯城县北门外。

⑦曹豹：原为陶谦部将（？～196），后归刘备，任下邳相，与张飞相争，被杀。

⑧要（yāo 腰）：截击。

⑨襄贲：即襄贲县，西汉置，属东海郡，治所在今山东苍山县南四十二里长城镇。

⑩残戮（lù 录）：残杀。裴注引孙盛曰："夫伐罪吊民，古之令轨；罪谦之由，而残其属部，过矣。"

会张邈与陈宫叛迎吕布①，郡县皆应。荀彧、程昱保鄄城，范、东阿二县固守②，太祖乃引军还。布到，攻鄄城不能下，西屯濮阳。太祖曰："布一旦得一州，不能据东平，断亢父、泰山之道乘险要我③，而乃屯濮阳，吾知其无能为也。"遂进军攻之。布出兵战，先以骑犯青州兵④。青州兵奔，太祖陈乱⑤，驰突火出⑥，坠马，烧左手掌。司马楼异扶太祖上马⑦，遂引去⑧。未至营止，诸将未与太祖相见，皆怖。太祖乃自力劳军⑨，令军中促为攻具⑩，进复攻之，与布相守百馀日。蝗虫起⑪，百姓大饿，布粮食亦尽，各引去。

[注释]

①陈宫：字公台（？～198），东汉东郡（治今河南濮阳西南）人。初随曹操，兴平元年（194），弃曹操而随吕布。建安三年（198），曹操征讨吕布，陈宫被擒杀。事见《三国志》卷七《吕布传》，本书已选。

②范：即范县，西汉置，属东郡，东汉末属东平国，治所在今山东梁山县西北范城。东阿（ē俄阴平）：即东阿县，秦置，属东郡，治所在今山东阳谷东北五十里阿城镇。

③亢父（gāngfǔ 刚甫）：即亢父县，秦置，属薛郡，西汉属东平国，东汉属任城国，治所在今山东济宁市南四十馀里喻屯乡东南八里。山路险要，《史记·苏秦列传》："径乎亢父之险，车不得方轨，骑不得比行，百人守险，千人不敢过也。"

④骑：谓骑兵。

⑤陈（zhèn 阵）乱：谓战斗队形混乱。陈，通"阵"。以下不再出注。

⑥驰突火出：谓意欲从大火中快跑猛冲出逃。

⑦司马楼异：生平不详。司马，官名。东汉三国时，三公及常设将军等所置属官，为统兵官员。

⑧引去：谓引兵退去。裴注引袁暐《献帝春秋》曰："太祖围濮阳，濮阳大姓田氏为反间，太祖得入城。烧其东门，示无反意。及战，军败。布骑得太祖而不知是，问曰：'曹操何在？'太祖曰：'乘黄马走者是也。'布骑乃释太祖而追黄马者。门火犹盛，太祖突火而出。"

⑨自力劳（láo 涝）军：谓曹操勉力支撑尽自己的力量慰劳军队。

⑩促为攻具：谓迅速置办攻城用的器械。

⑪蝗虫起：谓蝗虫造成灾荒。

秋九月，太祖还鄄城。布到乘氏①，为其县人李进所破②，东屯山阳。于是绍使人说太祖，欲连和③。太祖新失兖州，军食尽，将许之。程昱止太祖，太祖从之。冬十月，太祖至东阿。

是岁谷一斛五十馀万钱④，人相食，乃罢吏兵新募者⑤。陶谦死，刘备代之。

[注释]

①乘氏：即乘氏县，西汉置，属济阴郡，东汉和帝封梁商为乘氏侯，治所在今山东巨野西南五十里。

②李进：生平不详。

③连和：联合，交好。

④斛（hú 胡）：量词，多用于量粮食。汉代一斛为十斗。

⑤吏兵：官兵。

二年春①，袭定陶。济阴太守吴资保南城②，未拔。会吕布至，又击破之。夏，布将薛兰、李封屯巨野③，太祖攻之，布救兰，兰败，布走，遂斩兰等。布复从东缗与陈宫将万馀人来战④，时太祖兵少，设伏，纵奇兵击⑤，大破之⑥。布夜走，太祖复攻，拔定陶，分兵平诸县。布东奔刘备，张邈从布，使其弟超将家属保雍丘⑦。秋八月，围雍丘。冬十月，天子拜太祖兖州牧⑧。十二月，雍丘溃，超自杀。夷邈三族⑨。邈诣袁术请救,为其众所杀,兖州平,遂东略陈地⑩。

是岁,长安乱,天子东迁,败于曹阳⑪,渡河幸安邑⑫。

[注释]

①二年:即汉献帝兴平二年(195)。

②济阴太守吴资:生平不详。济阴,即济阴郡,西汉建平二年(前5)改定陶国置,东汉属兖州,治所定陶县(今山东定陶西北四里),辖境相当于今山东菏泽市一带。南城:谓定陶的南城。

③薛兰:吕布部将(?~195),生平不详。李封:吕布部将(?~195),生平不详。巨野:即巨野县,西汉置,属山阳郡,治所在今山东巨野东北。

④东缗(mín 民):即东缗县,秦置,属砀郡,西汉属山阳郡,东汉改为侯国,治所在今山东金乡县。

⑤奇兵:出乎敌人意料而突然袭击的军队。

⑥大破之:裴注引《魏书》曰:"于是兵皆出取麦,在者不能千人,屯营不固。太祖乃令妇人守陴,悉兵拒之。屯西有大堤,其南树木幽深。布疑有伏,乃相谓曰:'曹操多谲,勿入伏中。'引军屯南十余里。明日复来,太祖隐兵堤里,出半兵堤外。布益进,乃令轻兵挑战,既合,伏兵乃悉乘堤,步骑并进,大破之,获其鼓车,追至其营而还。"

⑦超:即张超(?~195),东汉东平寿张(今山东阳谷与河南范县间)人,陈留太守张邈之弟,曾任广陵太守。雍丘:即雍丘县,秦置,属砀郡,汉属陈留郡,治所在今河南杞县。

⑧"天子"句:此为汉献帝对曹操的正式任命,照应前文"信乃与州吏万潜等至东郡迎太祖领兖州牧"。

⑨夷：诛灭。三族：一般指父族、母族、妻族这三族，这里当谓父、子、孙等。张邈弟张超于战乱中携带张氏家属居雍丘，不可能母族、妻族一同相随。

⑩陈地：谓西周封国妫姓陈国之旧地，其国都宛城（今河南淮阳）。

⑪曹阳：俗名七里涧，又名曹阳墟、曹阳坑、曹阳亭，位于今河南灵宝市东北。北魏郦道元《水经注·河水四》："河水又东，得七里涧，涧在陕西七里，故因名焉。其水自南山通河，亦谓之曹阳坑。"《后汉书·董卓列传》："张济自陕来和解二人，仍欲迁帝权幸弘农。帝亦思旧京，因遣使郭请催求东归，十反乃许。车驾即日发迈。"汉献帝被迫东迁中，诸人因意见相左又大动干戈，致令"天子遂露次曹阳"。

⑫河：谓黄河。幸：封建时代称帝王亲临。安邑：即安邑县，秦置，为河东郡治，治所在今山西夏县西北十五里禹王城。

建安元年春正月①，太祖军临武平②，袁术所置陈相袁嗣降③。

太祖将迎天子，诸将或疑，荀彧、程昱劝之④，乃遣曹洪将兵西迎，卫将军董承与袁术将苌奴拒险⑤，洪不得进。

[注释]

①建安元年：即公元196年。建安，汉献帝的第五个年号（196~220）。

②临：到达。武平：即武平县，东汉置，属陈国，治所在今河南鹿邑西北四十里庙王庄。

③陈相袁嗣：袁术属吏，以陈国相投降曹操。生平不详。陈，即陈国，东汉章和二年（88）改淮阳国置，治所在陈县（今河南淮阳），辖境

相当于今河南周口市及淮阳、商水、西华、太康、柘城、鹿邑等县。汉献帝建安初国除为陈郡。三国魏太和六年（232）封曹植于此，复为陈国，次年又改陈郡。

④劝：劝导。

⑤卫将军董承：汉灵帝母董太后之侄（？～200），兴平二年（195）因护送汉献帝由长安返洛阳有功，任车骑将军，封列侯。建安四年（199），受献帝衣带诏，与王子服等谋诛曹操，事泄，全家被杀。卫将军，西汉文帝始置此官，位亚三司，在将军中，次于大将军、骠骑将军、车骑将军。苌（cháng 常）奴：袁术部将，生平不详。拒险：谓凭险而守。

汝南、颍川黄巾何仪、刘辟、黄邵、何曼等①，众各数万，初应袁术，又附孙坚②。二月，太祖进军讨破之，斩辟、邵等，仪及其众皆降③。天子拜太祖建德将军④，夏六月，迁镇东将军⑤，封费亭侯。秋七月，杨奉、韩暹以天子还洛阳⑥，奉别屯梁⑦。太祖遂至洛阳，卫京都⑧，暹遁走。天子假太祖节钺⑨，录尚书事⑩。洛阳残破，董昭等劝太祖都许⑪。九月，车驾出辕辕而东⑫，以太祖为大将军，封武平侯⑬。自天子西迁，朝廷日乱，至是宗庙社稷制度始立⑭。

[注释]

①汝南：即汝南郡，西汉高帝四年（前203）置，治所上蔡县（今河南上蔡西南），辖境相当今河南颍河、淮河之间，京广铁路西侧一线以东，安徽茨河、西淝河以西、淮河以北地区。东汉徙治平舆县（今河南平

舆西北)。何仪：黄巾军首领，后投降曹操。刘辟：黄巾军首领，先投降曹操，又投降刘备，终为曹军所杀。黄邵：黄巾军首领，被曹军所杀。何曼：黄巾军首领，被曹军所杀。

②孙坚：字文台（155～192），东汉吴郡富春（今浙江富阳）人，从郡县吏起家，镇压黄巾军有功，拜别部司马，任长沙太守，封乌程侯，以作战勇猛，为破虏将军，领豫州刺史。在率军攻击刘表中，为刘表部将黄祖军士射杀。《三国志》卷四六有传。

③"斩辟、邵等"二句：卢弼《三国志集解》卷一引清沈家本考述，谓此处有错简，当作"斩邵等，辟、仪及其众皆降"。这次战役，刘辟降曹，未被斩杀，故下文"建安五年"另有"汝南降贼刘辟等叛应绍，略许下"之记述。

④建德将军：东汉末临时设置的杂号将军名，仅此一见。

⑤镇东将军：东汉末所置"四镇"将军之一，职掌征战讨伐。三国时为第二品，开府治事，有属官。

⑥杨奉：原为李傕部下骑都尉（？～197），兴平二年（195），与宋果合谋欲杀李傕，事泄出逃。曾领兵护送汉献帝从长安返洛阳，先后任兴义将军、车骑将军。建安元年（196），曹操欲迎献帝到许县，他与韩暹率军阻拦，败后投奔袁术。袁术称帝后，他又暗通吕布，大败袁术。终被刘备所诱杀。韩暹（xiān 先）：原为东汉末白波农民军首领（？～197），曾救护汉献帝从长安返洛阳，封大将军。后与杨奉投奔袁术，又一起暗通吕布，大败袁术，终为张宣所杀。裴注引《献帝春秋》曰："天子初至洛阳，幸城西故中常侍赵忠宅。使张杨缮治宫室，名殿曰杨安殿，八月，帝乃迁居。"

⑦梁：即梁县，秦置，属三川郡，西汉属河南郡，治所在今河南汝州市西四十里汝水南岸石台村。

⑧京都:国都。这里指洛阳。

⑨假太祖节钺:谓授予曹操统率诸军的权力。假,借,授予的意思。节钺,符节和斧钺。古代授予将帅,作为加重权力的标志。

⑩录尚书事:官名。又称领尚书事、平尚书事,意即总揽尚书台事务。属于东汉与三国的最高文职称号。曹操至此已经总揽东汉朝廷的军政大权。裴注引《献帝纪》曰:"又领司隶校尉。"

⑪董昭:字公仁(156~236),东汉济阴定陶(今山东定陶)人。曾为袁绍部下,进谒汉献帝,拜议郎。因建议曹操迁都于许县,渐得曹操信用,官至长史。建安十七年(212),他上表尊曹操为魏公,加九锡。曹丕称帝后,官至司徒。《三国志》卷一四有传。许:即许县,秦置,属颍川郡,治所在今河南许昌市东三十六里古城。三国魏黄初二年(221),改为许昌县。

⑫轘(huàn 焕)辕:即轘辕关,东汉灵帝中平元年(184)所置八关之一,位于今河南偃师市东南轘辕山上,以山为名。

⑬武平侯:封爵名,属列侯中的县侯,食邑武平县。武平县,东汉置,属陈国,治所在今河南鹿邑西北四十里庙王庄。

⑭宗庙:古代帝王、诸侯祭祀祖宗的庙宇。《国语·鲁语上》:"夫宗庙之有昭穆也,以次世之长幼,而等胄之亲疏也。"社稷:古代帝王、诸侯所祭的土神和谷神。社,土神;稷,谷神。常用为国家或政权的代称。裴注引张璠《汉纪》曰:"初,天子败于曹阳,欲浮河东下。侍中太史令王立曰:'自去春太白犯镇星于牛斗,过天津,荧惑又逆行守北河,不可犯也。'由是天子遂不北渡河,将自轵关东出。立又谓宗正刘艾曰:'前太白守天关,与荧惑会;金火交会,革命之象也。汉祚终矣,晋、魏必有兴者。'立后数言于帝曰:'天命有去就,五行不常盛,代火者土也,承汉者魏也,能安天下者,曹姓也,唯委任曹氏而已。'公闻之,使人语立

曰:'知公忠于朝廷,然天道深远,幸勿多言。'"

天子之东也,奉自梁欲要之①,不及。冬十月,公征奉,奉南奔袁术,遂攻其梁屯,拔之。于是以袁绍为太尉,绍耻班在公下②,不肯受。公乃固辞,以大将军让绍。天子拜公司空③,行车骑将军④。是岁用枣祗、韩浩等议⑤,始兴屯田⑥。

[注释]

①要(yāo腰):截击。

②班:分等列序,即位次。

③司空:官名。三公之一。西汉时称大司空,与大司徒、大司马并称三公。东汉改称司空,掌监察、执法,兼掌重要文书图籍,第一品。设置府署,属官与太尉、司徒相同。三国时司空仍为三公,第一品,系虚衔。

④行车骑(jūjì居寄)将军:谓代理车骑将军职务。行,汉代官缺未补,暂由他官代理称"行"。车骑将军,东汉与三国时常设的高级将军名,统领中央常备军,职掌征战讨伐。位在三公之下,仅次于大将军、骠骑将军,第二品。

⑤枣祗(zhī支):本姓棘(生卒年不详),先人避难,改姓枣。东汉颍川长社(今河南长葛东)人。追随曹操,历官羽林监。韩浩:字元嗣(生卒年不详),东汉河内(今河南武陟西南)人。曾为夏侯惇副将,与枣祗建议曹操屯田,为曹操采纳。官至中护军,封列侯。《三国志》卷九有传。裴注引《魏书》云:"韩浩,字元嗣。汉末起兵,县近山薮,多寇,浩聚徒众为县藩卫。太守王匡以为从事,将兵拒董卓于盟津。时浩舅杜阳为河阴令,卓执之,使招浩,浩不从。袁术闻而壮之,以为骑都尉。

夏侯惇闻其名，请与相见，大奇之，使领兵从征伐。时大议损益，浩以为当急田。太祖善之，迁护军。太祖欲讨柳城，领军史涣以为道远深入，非完计也，欲与浩共谏。浩曰：'今兵势强盛，威加四海，战胜攻取，无不如志，不以此时遂除天下之患，将为后忧。且公神武，举无遗策，吾与君为中军主，不宜沮众。'遂从破柳城，改其官为中护军，置长史、司马。从讨张鲁，鲁降。议者以浩智略足以绥边，欲留使都督诸军，镇汉中。太祖曰：'吾安可以无护军？'乃与俱还。其见亲任如此。及薨，太祖愍惜之。无子，以养子荣嗣。"

⑥始兴屯田：屯田系利用戍卒或农民、商人垦殖荒地。汉以后历代政府多沿用此措施取得军饷和税粮，有军屯、民屯、商屯之分。《汉书·西域传下·渠犁》："自武帝初通西域，置校尉，屯田渠犁。"《汉书》所云当指军屯，这里所谓"始兴屯田"，系民屯，即由政府招募无地农民集体耕种官田或垦荒，按规定纳粮。屯田之民不属地方官管辖，由专设之屯田官管理。裴注引《魏书》曰："自遭荒乱，率乏粮谷。诸军并起，无终岁之计，饥则寇略，饱则弃馀，瓦解流离，无敌自破者不可胜数。袁绍之在河北，军人仰食桑椹。袁术在江、淮，取给蒲蠃。民人相食，州里萧条。公曰：'夫定国之术，在于强兵足食，秦人以急农兼天下，孝武以屯田定西域，此先代之良式也。'是岁乃募民屯田许下，得谷百万斛。于是州郡例置田官，所在积谷。征伐四方，无运粮之劳，遂兼灭群贼，克平天下。"

吕布袭刘备，取下邳。备来奔。程昱说公曰："观刘备有雄才而甚得众心①，终不为人下，不如早图之②。"公曰："方今收英雄时也③，杀一人而失天下之心，不可。"

[注释]

①雄才：谓出众的才能。

②图：设法对付。

③方今：当今，现时。收：聚集，网罗。

张济自关中走南阳①。济死②，从子绣领其众③。二年春正月④，公到宛⑤。张绣降，既而悔之，复反。公与战，军败，为流矢所中⑥，长子昂、弟子安民遇害⑦。公乃引兵还舞阴⑧，绣将骑来钞⑨，公击破之。绣奔穰⑩，与刘表合。公谓诸将曰："吾降张绣等⑪，失不便取其质⑫，以至于此。吾知所以败。诸卿观之⑬，自今已后不复败矣。"遂还许⑭。

[注释]

①张济：东汉武威祖厉（今甘肃靖远西南）人（？~196）。原为董卓部将，董卓被杀后，他与李傕、郭汜等起兵复仇，攻入长安，任镇东将军，封列侯，后升任骠骑将军。建安元年（196）率军进攻南阳，为流矢所中而死。关中：地区名，即今陕西关中盆地，因东有函谷关，南有武关，北有萧关，西有散关，地处四关之中，故称。

②济死：《后汉书·董卓传》："张济饥饿，出至南阳，攻穰，战死。"

③从（zòng纵）子：侄儿。绣：即张绣（？~207），东汉武威祖厉（今甘肃靖远西南）人，张济侄子。张济死后，领其众屯兵宛城。建安二年（197），投降曹操。不久因曹操纳其婶母，袭败曹军。建安四年（199），再度降曹，任扬武将军。后因于官渡之战中立有战功，迁破羌将军。建安十二年（207），随曹操进攻乌丸，死于途中。《三国志》卷八

有传。

④二年：即建安二年（197）。

⑤宛（yuān 渊）：即宛县，秦置，为南阳郡治，治所即今河南南阳市。

⑥流矢：乱飞的或无端飞来的箭。

⑦长子昂：即曹昂（？~197），字子修，系曹操刘夫人所生，刘夫人早卒，丁夫人抚养之，为曹操长子。建安二年（197），在张绣袭击曹操时被杀。弟子安民：即曹安民（？~197），曹操的侄子。建安二年，在张绣袭击曹操时被杀。裴注引《魏书》曰："公所乘马名绝影，为流矢所中，伤颊及足，并中公右臂。"又引《世语》曰："昂不能骑，进马于公，公故免，而昂遇害。"

⑧舞阴：即舞阴县，西汉置，属南阳郡，治所在今河南泌阳县西北五十八里古城寨。

⑨将骑：统领骑兵。钞：抢掠。后作"抄"。

⑩穰（ráng 瓤）：即穰县，秦置，属南阳郡，治所在今河南邓州市。

⑪降：使投降。动词的使动用法。

⑫失不便取其质：谓失策在于不立即令投降者交出人质。质，即人质，谓被对方拘留作为抵押的人。多用以迫使对方履行诺言。古代对于投降者常令之交出妻子等作为抵押。

⑬诸卿：诸位。这一称谓，在旧时有居高临下的意味。

⑭遂还许：于是回到许都。裴注引《世语》曰："旧制，三公领兵入见，皆交戟叉颈而前。初，公将讨张绣，入觐天子，时始复此制。公自此不复朝见。"

袁术欲称帝于淮南①，使人告吕布。布收其使②，上其书③。术怒，攻布，为布所破。秋九月，术侵陈④，公东征之。术闻公自来，弃军走，留其将桥蕤、李丰、梁纲、乐就⑤；公到，击破蕤等，皆斩之。术走渡淮⑥。公还许。

[注释]

①淮南：即淮南国，西汉高帝五年（前202）以九江、衡山、庐江、豫章四郡置，治所六县（今安徽六安市北十里城北乡），十一年（前196）徙治寿春县（今安徽寿县）。辖境相当今安徽霍山、潜山以东的淮南（除天长市外）地区，河南东南角、湖北东部一小部分及江西省。

②收：拘捕。

③上其书：谓向朝廷举报。

④陈：即陈国，东汉章和二年（88）改淮阳国置，治所陈县（今河南淮阳县），辖境相当今河南周口市大部及商丘市柘城县等地。汉献帝建安初国除为陈郡。

⑤桥蕤（ruí 瑞阳平）、李丰、梁纲、乐就：四人皆为袁术部下大将，建安二年（197），被曹操打败斩杀。

⑥淮：淮水，即今淮河。源出河南桐柏山，东流经河南、安徽，东汉三国时在今江苏北部独流入海。

公之自舞阴还也，南阳章陵诸县复叛为绣①，公遣曹洪击之，不利，还屯叶②，数为绣、表所侵③。冬十一月，公自南征，至宛④。表将邓济据湖阳⑤。攻拔之，生擒济，湖阳降。攻舞阴，下之。

[注释]

①章陵：即章陵县，东汉建武六年（30）改舂陵国置，属南阳郡，治所在今湖北枣阳市南三十里。三国魏黄初二年（221）改为安昌县。

②叶（shè射）：即叶县，西汉置，属南阳郡，治所在今河南叶县南二十八里旧县。

③数（shuò朔）：屡次。

④至宛：裴注引《魏书》曰："临淯水，祠亡将士，歔欷流涕，众皆感恸。"

⑤邓济：刘表部将，生平不详。湖阳：即湖阳县，或作胡阳县，秦置，西汉属南阳郡，治所在今河南唐河县南六十六里湖阳镇。

三年春正月①，公还许，初置军师祭酒②。三月，公围张绣于穰。夏五月，刘表遣兵救绣，以绝军后③。公将引还，绣兵来追，公军不得进，连营稍前④。公与荀彧书曰："贼来追吾，虽日行数里，吾策之⑤，到安众⑥，破绣必矣。"到安众，绣与表兵合守险⑦，公军前后受敌。公乃夜凿险为地道，悉过辎重⑧，设奇兵⑨。会明⑩，贼谓公为遁也，悉军来追。乃纵奇兵步骑夹攻，大破之。秋七月，公还许。荀彧问公："前以策贼必破，何也？"公曰："虏遏吾归师⑪，而与吾死地战⑫，吾是以知胜矣。"

[注释]

①三年：即汉献帝建安三年（198）。

②军师祭酒：官名。当指参谋军事属官的首席。东汉三国时，三公及常设将军等所置属官，其中参谋军事者称军师，第五品，类似于后世的幕

僚。古代宴飨时，推年高有德者先举酒以祭地，称祭酒。军师祭酒合称，意即谋士之长。《王粲传》作"军谋祭酒"，晋人避司马师名讳，或改"军师"为"军谋"。

③以绝军后：裴注引《献帝春秋》曰："袁绍叛卒诣公云：'田丰使绍早袭许，若挟天子以令诸侯，四海可指麾而定。'公乃解绣围。"

④连营：扎营相连。稍前：逐渐前进。

⑤策：谋划，测度。《孙子·虚实》："策之而知得失之计。"

⑥安众：即安众港，位于今河南邓州市东北赵河畔。北魏郦道元《水经注·湍水》："淯水又东南径安众县，堨而为陂，谓之安众港。魏太祖破张绣于是处，与荀彧书曰：绣遏吾归师，迫我死地。盖于二水之间，以为沿涉之艰阻也。"

⑦守险：据守险要之地。

⑧悉：尽、全。辎（zī资）重：指随军运载的军用器械、粮秣等。

⑨奇兵：出乎敌人意料而突然袭击的军队。

⑩会明：比及天明。

⑪遏吾归师：谓阻止我军撤离。《孙子·军争篇》："故用兵之法：高陵勿向，背丘勿逆，佯北勿从，锐卒勿攻，饵兵勿食，归师勿遏，围师必阙，穷寇勿迫，此用兵之法也。"

⑫死地：绝境。《孙子·九地篇》："疾战则存，不疾战则亡者，为死地。"又云："投之亡地然后存，陷之死地然后生。夫众陷于害，然后能为胜败。"

吕布复为袁术使高顺攻刘备①，公遣夏侯惇救之，不利。备为顺所败。九月，公东征布。冬十月，屠彭城②，获其相侯谐③。进至下邳，布自将骑逆击④。大破之，获其骁将成廉⑤。追至城下，布恐，欲降。陈宫等沮其计⑥，求救于术，劝布出战，战又败，乃还固守，攻之不下。时公连战，士卒罢⑦，欲还，用荀攸、郭嘉计⑧，遂决泗、沂水以灌城⑨。月馀，布将宋宪、魏续等执陈宫⑩，举城降，生禽布、宫⑪，皆杀之。太山臧霸、孙观、吴敦、尹礼、昌豨各聚众⑫。布之破刘备也，霸等悉从布。布败，获霸等，公厚纳待⑬，遂割青、徐二州附于海以委焉⑭，分琅邪、东海、北海为城阳、利城、昌虑郡⑮。

[注释]

①为（wèi位）：介词，给，替。高顺：吕布部下大将（？～198），多有战功。建安三年（198），曹操围困吕布于下邳，吕布部下宋宪、魏续等缚布降曹，高顺被擒，不屈死。

②屠彭城：谓攻破彭城后，杀尽其民。彭城，即彭城国，东汉章和二年（88）改楚国置，治所彭城县（今江苏徐州市）。屠城之"城"当指彭城县。

③相：东汉封国的最高行政长官，由中央委派。王国的相职位与郡太守同，侯国的相职位与县令或县长同，皆有属官或属吏。侯谐：东汉末吕布割据政权的彭城国相，建安三年（198），曹操攻破彭城，侯谐被执。

④逆击：犹迎击。

⑤骁（xiāo萧）将：勇将，猛将。成廉：吕布部下勇将，建安三年（198），下邳之战中被曹操俘获，结局不详。

⑥沮（jǔ举）：阻止。

⑦罢（pí疲）：疲劳，衰弱。

⑧荀攸：字公达（157~214），汉末颍川颍阴（今河南许昌）人，荀彧侄子。曾于何进当权时任黄门侍郎，后归曹操，成为其帐下的重要谋士。下邳之战、官渡之战，屡次献计，令曹军大胜，任尚书令。建安十九年（214），从征孙权，卒于途中。《三国志》卷一〇有传。郭嘉：字奉孝（170~207），东汉颍川阳翟（今河南禹州）人。经同郡人荀彧推荐，归于曹操，以多谋善断深得曹操信任。在官渡之战与北征乌丸谋划中都起过重要作用。身体多病，卒于从征乌丸途中，年仅三十八岁。《三国志》卷一〇有传。

⑨泗：亦称清泗，别名清水。源出今山东泗水县东五十里陪尾山，四源并发，故名。流经今河南、江苏，至今淮阴市西南注入淮河。沂水：今山东南部的沂河，源出今山东沂源县境艾山，流经今江苏睢宁北注入泗水。泗水、沂水皆流经下邳县西境，故能决二水以灌下邳城。

⑩宋宪、魏续：皆为吕布部将，建安三年（198），曹操进攻吕布，宋宪与魏续等执吕布的重要谋士陈宫献城投降，曹操得以擒杀吕布。

⑪禽："擒"的古字，即俘获。

⑫太山：即泰山郡。臧霸：字宣高（生卒年不详），汉末泰山（今山东泰安东北）人，以勇壮闻名。汉末大乱，与孙观、吴敦、尹礼等聚众泰山，屯于开阳，自为帅，曾助吕布攻曹操。建安三年（198），曹操擒杀吕布，他归降曹操并招降孙观等，曹操任其为琅邪相，与孙观等镇守青州、徐州沿海一带。后封都亭侯，拜扬威将军。曹丕代汉称帝，迁镇东将军，晋爵良成侯，都督青州诸军事。卒谥威侯。《三国志》卷一八有传。孙观：字仲台（？~198），泰山（今山东泰安东北）人，随臧霸归顺曹操后任北海太守，封吕都亭侯，迁青州刺史，拜振威将军，因中流矢，伤重而卒。吴敦：汉末泰山（今山东泰安东北）人，随臧霸归顺曹操后任利城太守。尹礼：泰山（今山东泰安东北）人，随臧霸归顺曹操后任东

莞太守。昌豨（xī希）：东汉末地方势力首领（？~206），曾与臧霸、孙观等聚众泰山，又与吕布结连，一度拒不降曹，后又屡降屡叛。建安十一年（206），复叛，曹操命于禁、夏侯渊共击之。他因与于禁为旧交，投降后终被杀。

⑬厚：优厚。纳待：接纳，对待。

⑭"遂割"句：意谓分割青州、徐州靠近于海的地段，委任臧霸等治理管控。

⑮北海：即北海国，东汉改西汉北海郡置，治所剧县（今山东昌乐西十里），辖境相当于今山东潍坊、安丘、昌乐、寿光、昌邑等市县地。城阳：即城阳郡，西汉初置，治所莒县（今属山东），汉文帝二年（前178），改为城阳国。东汉建武十三年（37）并入琅邪国，建安三年（198）复置，三国魏移治东武县（今山东诸城市）。利城：即利城郡，东汉建安三年（198）曹操分东海郡置，治所利城县（今江苏赣榆西古城村）。三国魏废。昌虑郡：东汉建安三年（198）置，治所昌虑县（今山东滕州市东南六十里）。十一年（206）复改昌虑县。

初，公为兖州，以东平毕谌为别驾①。张邈之叛也，邈劫谌母弟妻子②；公谢遣之③，曰："卿老母在彼，可去。"谌顿首无二心④，公嘉之，为之流涕。既出，遂亡归。及布破，谌生得⑤，众为谌惧，公曰："夫人孝于其亲者，岂不亦忠于君乎！吾所求也。"以为鲁相⑥。

[注释]

①东平毕谌：东汉末东平（今山东东平东）人（生卒年不详），曹操

属吏，由别驾从事史做到鲁相。别驾：即别驾从事，又称别驾从事史，系州牧、刺史的属官。州牧、刺史巡行郡县，别驾别乘传车从行，故名。

②劫：威逼，胁迫。

③谢遣：辞谢遣散。

④顿首：磕头。旧时礼节之一，以头叩地即举而不停留。

⑤生得：生擒，活捉。

⑥鲁相：鲁国的相（郡太守一级的官僚）。鲁国，西汉高后元年（前187）改薛郡置，治所鲁县（今山东曲阜市东北二里古城村），辖境相当于今山东曲阜、滕州、泗水等市县地。东汉属豫州。裴注引《魏书》曰："袁绍宿与故太尉杨彪、大长秋梁绍、少府孔融有隙，欲使公以他过诛之。公曰：'当今天下土崩瓦解，雄豪并起，辅相君长，人怀怏怏，各有自为之心，此上下相疑之秋也，虽以无嫌待之，犹惧未信；如有所除，则谁不自危？且夫起布衣，在尘垢之间，为庸人之所陵陷，可胜怨乎！高祖赦雍齿之仇而群情以安，如何忘之？'绍以为公外托公义，内实离异，深怀怨望。"又曰："臣松之以为杨彪亦曾为魏武所困，几至于死，孔融竟不免于诛灭，岂所谓先行其言而后从之哉！非知之难，其在行之，信矣。"

四年春二月①，公还至昌邑②。张杨将杨丑杀杨③，眭固又杀丑④，以其众属袁绍，屯射犬⑤。夏四月，进军临河⑥，使史涣、曹仁渡河击之⑦。固使杨故长史薛洪、河内太守缪尚留守⑧，自将兵北迎绍求救，与涣、仁相遇犬城⑨。交战，大破之，斩固。公遂济河，围射犬。洪、尚率众降，封为列侯⑩，还军敖仓。以魏种为河内太守⑪，属以河北事⑫。

[注释]

①四年：即汉献帝建安四年（199）。

②昌邑：即昌邑县，秦置，属砀郡，治所在今山东巨野县南六十里昌邑乡。东汉为兖州治所。

③张杨：字稚叔（？~199），东汉云中（今山西原平西南）人。汉献帝时，曾任河内太守，初平元年（190）参加诸侯联军讨伐董卓。兴平二年（195），汉献帝自长安返洛阳，他于途中贡献粟帛，拜大司马。建安三年（198），曹操围困吕布于下邳，张杨出兵东市，欲救吕布，翌年为部将杨丑所杀。《三国志》卷八有传。杨丑：河内太守张杨部将（？~199），建安四年（199），他杀张杨，欲献其首级于曹操，旋为张杨心腹将眭固所杀。

④眭（suī 隋阴平）固：字白兔（？~199），河内太守张杨心腹将，杀死杨丑后投奔袁绍，最终被曹操所杀。

⑤射犬：即射犬聚，故址在今河南博爱县东东金城。

⑥河：谓黄河。

⑦史涣：字公刘（？~209），沛国（今安徽濉溪西北）人。曹操部将，官至中领军，掌禁兵。曹仁：字子孝（168~223），曹操堂弟，谯（今安徽亳州市）人。从曹操征伐，屡立战功，曾以镇南将军镇守南郡，固守樊城。魏文帝时官至大将军，迁大司马。《三国志》卷九有传。

⑧长史薛洪：张杨部下，任长史，后投降曹操，封列侯。长（zhǎng 掌）史，官名。东汉三国时，三公及常设将军等所置属官，其职责为总理各曹事务，辅佐三公及将军。河内太守缪（miào 妙）尚：张杨部下，任河内太守，后投降曹操，封列侯。留守：指军队进发时，留驻部分人员以为守备。

⑨犬城：故址在今河南武陟境内。

⑩列侯：封爵名。以其封国食邑的大小分为县侯、乡侯、亭侯三等，并以其封地作为侯的名号。东汉实行两等封爵制，皇子封王，功臣封侯；赐爵也只有列侯与关内侯两级。列侯有世袭权。

⑪魏种（chóng 虫）：东汉末官吏，曾受曹操垂青，历官河内太守。

⑫属（zhǔ 嘱）以河北事：以黄河以北一带地区相嘱托。

初，公举种孝廉。兖州叛，公曰："唯魏种且不弃孤也①。"及闻种走②，公怒曰："种不南走越、北走胡③，不置汝也④！"既下射犬，生禽种，公曰："唯其才也⑤！"释其缚而用之。

[注释]

①且不弃孤：意谓将不背弃我。孤，古代诸侯君王的自称。春秋时诸侯自称寡人，有凶事则称孤，后渐无区别。

②走：谓其归降袁绍。

③越：本为古代南方少数民族人名，这里泛指当时广东、广西一带尚未开发的南方地区。胡：古代称北方和西方的民族如匈奴等为胡，这里泛指当时北方边远地区。

④不置汝：意谓不放过、不饶恕你。

⑤唯其才也：语出《左传·襄公二十三年》："何长之有？唯其才也。"这是鲁国臣子关于家世继承问题的一段争论语，曹操套用此语，有自我解嘲的用意。

是时袁绍既并公孙瓒①，兼四州之地②，众十馀万，将进军攻许，诸将以为不可敌，公曰："吾知绍之为人，志大而智小，色厉而胆薄③，忌克而少威④，兵多而分画不明⑤，将骄而政令不一⑥，土地虽广，粮食虽丰，适足以为吾奉也⑦。"秋八月，公进军黎阳⑧，使臧霸等入青州破齐、北海、东安⑨，留于禁屯河上⑩。九月，公还许，分兵守官渡⑪。冬十一月，张绣率众降，封列侯。十二月，公军官渡。

[注释]

①并：吞并，兼并。

②四州：谓青州、冀州、幽州、并州四州。青州，西汉武帝时置，为十三刺史部之一。东汉治所临淄县（治今山东淄博市临淄北），辖境相当于今山东德州市、齐河县以东，马颊河以南，济南、临朐、安丘、高密、莱阳、栖霞、乳山等市县以北、以东与河北吴桥县地。冀州，西汉武帝时置，为十三刺史部之一。东汉治所高邑县（今河北柏乡北），后又移治邺县（今河北临漳西南），辖境相当于今河北中、南部，山东西端及河南北端。幽州，西汉武帝时置，为十三刺史部之一。东汉治所蓟县（今北京市西南），辖境相当今北京市、河北北部、辽宁大部、天津市海河以北及朝鲜大同江流域。并（bīng兵）州，西汉武帝时置，为十三刺史部之一。东汉治所太原郡（治今山西太原市西南晋源镇），辖境相当于今山西大部及内蒙古、河北的一部以及陕西北部与河套一带地区。

③色厉：谓外表严厉。胆薄：胆量小。

④忌克：谓心存妒忌而欲驾凌于人，亦泛指为人妒忌刻薄。少威：缺乏使人畏惧慑服的力量。

⑤分画不明：谓部署、调配不明确。

⑥政令：谓政策和法令。

⑦适足以为吾奉：意谓正好可作为奉献给我的礼物。

⑧黎阳：即黎阳县，西汉置，属魏郡，治所在今河南浚县东。因古为九黎之地，故名。

⑨齐：即齐国，秦汉之际项羽封置，都临淄（今山东淄博市东北临淄北），辖境相当于今山东淄博、青州、临朐、广饶等市县地。西汉元封元年（前110）改为郡，东汉复为国，属青州。东安：即东安县，东汉改东安侯国置，属琅邪国，治所在今山东沂水县西南三十里。

⑩于禁：字文则（？～221），东汉泰山巨平（今山东泰安南）人。曹操占据兖州，于禁投奔曹军，任军司马，治军严整，封益寿亭侯，历任虎威将军、左将军。为解樊城之围，率七军增援曹仁，七军被水淹，投降关羽。孙权袭取荆州后，被遣还魏，为魏文帝所鄙视，恼羞而卒。《三国志》卷一七有传。河上：谓黄河边。

⑪官渡：又作官度，在今河南中牟东北。

袁术自败于陈，稍困①，袁谭自青州遣迎之②。术欲从下邳北过，公遣刘备、朱灵要之③。会术病死。程昱、郭嘉闻公遣备，言于公曰："刘备不可纵④。"公悔，追之不及。备之未东也，阴与董承等谋反，至下邳，遂杀徐州刺史车胄⑤，举兵屯沛⑥。遣刘岱、王忠击之⑦，不克⑧。

庐江太守刘勋率众降⑨，封为列侯。

[注释]

①稍困：谓逐渐衰弱。

②袁谭：字显思（？～205），东汉汝南汝阳（今河南商水西南）人。

袁绍长子，任青州刺史。后因与其弟袁尚相攻杀，向曹操求救，继而又叛曹，终被曹操所杀。《三国志》卷六有传。遣迎：谓派人迎接。

③朱灵：字文博（生卒年不详），东汉清河（今河北清河东南）人。原为袁绍部将，后归顺曹操，屡立战功，官至后将军，封高唐亭侯。卒谥威侯。要（yāo腰）：中途截击。

④纵：谓放跑。

⑤车胄（zhòu宙）：汉献帝时曾任车骑将军（？～199），曹操灭吕布后任他为徐州刺史，为刘备所杀。

⑥沛：即沛县，秦置，属泗水郡，西汉属沛郡，东汉属沛国，治所在今江苏沛县。

⑦刘岱：字公山（生卒年不详），东汉沛国（今安徽濉溪西北）人。以司空长史从征有功，封列侯。王忠：东汉扶风（今陕西兴平东南）人（生卒年不详），曾任曹操部下中郎将。

⑧不克：未能取胜。裴注引《献帝春秋》曰："备谓岱等曰：'使汝百人来，其无如我何；曹公自来，未可知耳！'"又引《魏武故事》曰："岱字公山，沛国人。以司空长史从征伐有功，封列侯。"又引《魏略》曰："王忠，扶风人，少为亭长。三辅乱，忠饥乏啖人，随辈南向武关。值娄子伯为荆州遣迎北方客人；忠不欲去，因率等件逆击之，夺其兵，聚众千馀人以归公。拜忠中郎将，从征讨。五官将知忠尝啖人，因从驾出行，令俳取冢间髑髅系著忠马鞍，以为欢笑。"

⑨庐江太守刘勋：字子台（生卒年不详），琅邪（今山东临沂北）人。原为袁术故吏，任庐江太守，袁术死后，孙策袭夺庐江，刘勋投奔曹操，拜征虏将军，封列侯。庐江：即庐江郡，楚汉之际分秦九江郡置，汉武帝后治所舒县（今安徽庐江县西南三十里城池乡），辖境相当于今安徽巢湖市、舒城、霍山县以南，长江以北，湖北英山、广济、黄梅与河南商

城等县地。东汉末废。

五年春正月①，董承等谋泄，皆伏诛②。公将自东征备，诸将皆曰："与公争天下者，袁绍也。今绍方来而弃之东，绍乘人后，若何？"公曰："夫刘备，人杰也，今不击，必为后患③。袁绍虽有大志，而见事迟④，必不动也。"郭嘉亦劝公，遂东击备，破之，生禽其将夏侯博⑤。备走奔绍，获其妻子。备将关羽屯下邳⑥，复进攻之，羽降。昌豨叛为备，又攻破之。公还官渡，绍卒不出⑦。

[注释]

①五年：即汉献帝建安五年（200）。

②伏诛：被处死。

③后患：日后的祸害。裴注引孙盛《魏氏春秋》曰："答诸将曰：'刘备，人杰也，将生忧寡人。'"又："臣松之以为史之记言，既多润色，故前载所述有非实者矣，后之作者又生意改之，于失实也，不亦弥远乎！凡孙盛制书，多用《左氏》以易旧文，如此者非一。嗟乎，后之学者将何取信哉？且魏武方以天下励志，而用夫差分死之言，尤非其类。"

④见事：谓识别时事。《史记·范雎蔡泽列传》："吾闻穰侯智士也，其见事迟。"迟：迟钝。

⑤夏侯博：东汉末刘备部将，后为曹操所俘。其余不详。

⑥关羽：字云长（？～219），东汉解县（治今山西临猗西南）人。详见本书所选《关羽传》。

⑦卒：终于，最后。

二月，绍遣郭图、淳于琼、颜良攻东郡太守刘延于白马①，绍引兵至黎阳，将渡河。夏四月，公北救延。荀攸说公曰："今兵少不敌，分其势乃可。公到延津②，若将渡兵向其后者，绍必西应之，然后轻兵袭白马③，掩其不备，颜良可禽也。"公从之。绍闻兵渡，即分兵西应之。公乃引军兼行趣白马④，未至十馀里，良大惊，来逆战。使张辽、关羽前登⑤，击破，斩良。遂解白马围，徙其民，循河而西。绍于是渡河追公军，至延津南。公勒兵驻营南阪下⑥，使登垒望之⑦，曰："可五六百骑⑧。"有顷，复白："骑稍多，步兵不可胜数。"公曰："勿复白。"乃令骑解鞍放马。是时，白马辎重就道。诸将以为敌骑多，不如还保营。荀攸曰："此所以饵敌⑨，如何去之！"绍骑将文丑与刘备将五六千骑前后至⑩。诸将复白："可上马。"公曰："未也。"有顷，骑至稍多，或分趣辎重。公曰："可矣。"乃皆上马。时骑不满六百，遂纵兵击，大破之，斩丑。良、丑皆绍名将也，再战，悉禽⑪，绍军大震。公还军官渡。绍进保阳武⑫。关羽亡归刘备⑬。

[注释]

①郭图：字公则（？~205），颍川（治今河南禹州）人。袁绍谋士，袁绍死后，辅佐袁谭，终被曹军所杀。淳于琼：字仲简（？~200），汉灵帝中平五年（188）置西园八校尉，他为右校尉，与袁绍、曹操同列。后为袁绍部下大将，因性刚好酒，官渡之战中，他所镇守乌巢粮屯被曹操焚毁，俘虏后被割鼻杀死。颜良：袁绍部下大将（？~200），勇武善战，进攻白马之战为袁军先锋，被关羽斩杀。东郡太守刘延：曹操属下，曾任东郡太守。东郡：战国秦王政五年（前242）置，治所濮阳县（今河南濮

阳西南十六里）。西汉辖境相当于今山东东阿、梁山以西，山东郓城、河南范县以北，山东茌平、莘县、河南南乐、清丰、濮阳以南地。东汉以后辖境缩小。白马：即白马县，秦置，属东郡，治所在今河南滑县东二十八里，取白马山为名。

②延津：津渡名，一名灵昌津。宋代以前黄河流经今河南延津县西北至滑县一段的重要渡口。

③轻兵：轻装的部伍。

④兼行：谓以加倍速度行军。趣（qū趋）：赴；前往。

⑤张辽：字文远（169~222），雁门马邑（今山西朔州）人。原为吕布部将，建安三年（198），吕布被曹操擒杀后降曹，屡建战功，历任荡寇将军。曹丕代汉后任前将军，魏黄初三年（222）随曹休率军攻吴，病死途中。《三国志》卷一七有传。前登：先锋，打头阵。

⑥勒兵：犹陈兵。南阪（bǎn板）：谓白马山的南山坡。阪，山坡，斜坡。

⑦垒：山岳，土堆。

⑧可：副词，大约。

⑨饵敌：诱敌。

⑩文丑：袁绍部下大将（？~200），勇武善战，与颜良齐名。建安五年（200）在延津被曹军斩杀。

⑪悉禽：意即颜良、文丑皆被斩杀。禽，"擒"的古字，引申为制服，即斩杀。

⑫阳武：即阳武县，秦置，属三川郡，西汉属河南郡，治所在今河南原阳东南二十八里。

⑬亡归：逃归。

八月,绍连营稍前,依沙塠为屯①,东西数十里。公亦分营与相当,合战不利②。时公兵不满万,伤者十二三③。绍复进临官渡,起土山地道。公亦于内作之④,以相应。绍射营中,矢如雨下,行者皆蒙楯⑤,众大惧。时公粮少,与荀彧书,议欲还许。彧以为:"绍悉众聚官渡,欲与公决胜败。公以至弱当至强,若不能制⑥,必为所乘⑦,是天下之大机也⑧。且绍,布衣之雄耳⑨,能聚人而不能用。夫以公之神武明哲而辅以大顺⑩,何向而不济⑪!"公从之。

[注释]

①塠(duī堆):同"堆"。屯:驻扎之地。

②合战:交战。裴注引习凿齿《汉晋春秋》曰:"许攸说绍曰:'公无与操相攻也。急分诸军持之,而径从他道迎天子,则事立济矣。'绍不从,曰:'吾要当先围取之。'攸怒。"

③"时公兵"二句:裴注曰:"臣松之以为魏武初起兵,已有众五千,自后百战百胜,败者十二三而已矣。但一破黄巾,受降卒三十馀万,馀所吞并,不可悉纪;虽征战损伤,未应如此之少也。夫结营相守,异于摧锋决战。本纪云:'绍众十馀万,屯营东西数十里。'魏太祖虽机变无方,略不世出,安有以数千之兵,而得逾时相抗者哉?以理而言,窃谓不然。绍为屯数十里,公能分营与相当,此兵不得甚少,一也。绍若有十倍之众,理应当悉力围守,使出入断绝,而公使徐晃等击其运车,公又自出击淳于琼等,扬旌往还,曾无抵阂,明绍力不能制,是不得甚少,二也。诸书皆云公坑绍众八万,或云七万。夫八万人奔散,非八千人所能缚,而绍之大众皆拱手就戮,何缘力能制之?是不得甚少,三也。将记述者欲以少见奇,非其实录也。按《钟繇传》云:'公与绍相持,繇为司隶,送马

二千餘匹以给军。'本纪及《世语》并云公时有骑六百餘匹，馀马为安在哉？"

④内：谓营垒之内。

⑤蒙楯：谓以盾牌为遮蔽物。楯，同"盾"。

⑥制：取胜。

⑦乘：掩袭，追逐。

⑧大机：事物变化的枢要、关键。

⑨布衣之雄：平民百姓中的豪杰。意谓其缺乏政治、军事才能。

⑩神武明哲：谓英明威武，洞察事理。大顺：谓顺乎伦常天道。《礼记·礼运》："天子以德为车，以乐为御，诸侯以礼相与，大夫以法相序，士以信相考，百姓以睦相守，天下之肥也，是谓大顺。"

⑪济：成功。

孙策闻公与绍相持，乃谋袭许，未发，为刺客所杀①。

汝南降贼刘辟等叛应绍，略许下②。绍使刘备助辟，公使曹仁击破之。备走，遂破辟屯③。

[注释]

①"孙策"四句：《三国志》卷四六《孙破虏讨逆传》："建安五年，曹公与袁绍相拒于官渡，策阴欲袭许，迎汉帝。密治兵，部署诸将。未发，会为故吴郡太守许贡客所杀。先是，策杀贡，贡小子与客亡匿江边。策单骑出，卒与客遇，客击伤策。创甚……至夜卒，时年二十六。"

②略：掳掠。许下：谓许都附近地区。

③辟屯：刘辟的营垒。

袁绍运谷车数千乘至①,公用荀攸计,遣徐晃、史涣邀击②,大破之,尽烧其车。公与绍相拒连月,虽比战斩将③,然众少粮尽,士卒疲乏。公谓运者曰:"却十五日为汝破绍④,不复劳汝矣。"冬十月,绍遣车运谷,使淳于琼等五人将兵万馀人送之,宿绍营北四十里。绍谋臣许攸贪财,绍不能足,来奔,因说公击琼等⑤。左右疑之,荀攸、贾诩劝公⑥。公乃留曹洪守,自将步骑五千人夜往,会明至⑦。琼等望见公兵少,出陈门外。公急击之,琼退保营,遂攻之。绍遣骑救琼。左右或言:"贼骑稍近,请分兵拒之。"公怒曰:"贼在背后,乃白!"士卒皆殊死战⑧,大破琼等,皆斩之⑨。绍初闻公之击琼,谓长子谭曰:"就彼攻琼等,吾攻拔其营,彼固无所归矣!"乃使张郃、高览攻曹洪⑩。郃等闻琼破,遂来降。绍众大溃,绍及谭弃军走,渡河。追之不及,尽收其辎重图书珍宝,虏其众⑪。公收绍书中,得许下及军中人书,皆焚之⑫。冀州诸郡多举城邑降者。

[注释]

①乘(shèng 剩):用以计算车子的量词。

②徐晃:字公明(?~227),河东杨(今山西洪洞东南)人。原为杨奉部将,后归曹操,有勇有谋,屡立战功,颇得信用。曹丕代汉称帝后,任右将军。《三国志》卷一七有传。邀击:拦击,截击。

③比:连续,频频。

④却:推后,后。

⑤因:副词,就,于是。

⑥贾诩(xǔ 许):字文和(147~223),武威姑臧(今甘肃武威)

人。曾先后为李傕、郭汜以及张绣谋士，建安四年（199）力劝张绣降曹，遂成为曹操帐下的重要谋士之一。曹丕代汉称帝，以他为太尉。《三国志》卷一〇有传。

⑦会明：及明，黎明。

⑧殊死：犹决死，拼死。《史记·淮阴侯列传》："韩信、张耳已入水上军，军皆殊死战。"

⑨皆斩之：裴注引《曹瞒传》曰："公闻攸来，跣出迎之，抚掌笑曰：'子远，卿来，吾事济矣！'既入坐，谓公曰：'袁氏军盛，何以待之？今有几粮乎？'公曰：'尚可支一岁。'攸曰：'无是，更言之！'又曰：'可支半岁。'攸曰：'足下不欲破袁氏邪，何言之不实也！'公曰：'向言戏之耳。其实可一月，为之柰何？'攸曰：'公孤军独守，外无救援而粮谷已尽，此危急之日也。今袁氏辎重有万馀乘，在故市、乌巢，屯军无严备；今以轻兵袭之，不意而至，燔其积聚，不过三日，袁氏自败也。'公大喜，乃举精锐步骑，皆用袁军旗帜，衔枚缚马口，夜从间道出，人抱束薪，所历道有问者，语之曰：'袁公恐曹操钞略后军，遣兵以益备。'闻者信以为然，皆自若。既至，围屯，大放火，营中惊乱。大破之，尽燔其粮谷宝货，斩督将眭元进、骑督韩莒子、吕威璜、赵睿等首，割得将军淳于仲简鼻，未死，杀士卒千馀人，皆取鼻，牛马割唇舌，以示绍军。将士皆恒惧。时有夜得仲简，将以诣麾下，公谓曰：'何为如是？'仲简曰：'胜负自天，何用为问乎！'公意欲不杀。许攸曰：'明旦鉴于镜，此益不忘人。'乃杀之。"

⑩张郃（hé禾）：字儁义（？~231），河间鄚县（今河北任丘北）人。原为袁绍部将，官渡之战中投降曹操。能征善战，有勇有谋，颇得曹操信任。曹丕代汉称帝后，封鄚侯，拜征西车骑将军。魏太和五年（231），与诸葛亮祁山交战，飞矢中右膝，伤重而卒，谥壮侯。《三国志》

卷一七有传。高览：原为袁绍部将，官渡之战中投降曹操。

⑪虏其众：裴注引《献帝起居注》曰："公上言：'大将军邺侯袁绍前与冀州牧韩馥立故大司马刘虞，刻作金玺，遣故任长毕瑜诣虞，为说命录之数。又绍与臣书云："可都鄄城，当有所立。"擅铸金银印，孝廉计吏，皆往诣绍。从弟济阴太守叙与绍书云："今海内丧败，天意实在我家，神应有徵，当在尊兄。南兄臣下欲使即位，南兄言，以年则北兄长，以位则北兄重。便欲送玺，会曹操断道。"绍宗族累世受国重恩，而凶逆无道，乃至于此。辄勒兵马，与战官渡，乘圣朝之威，得斩绍大将淳于琼等八人首，遂大破溃。绍与子谭轻身逆走。凡斩首七万馀级，辎重财物巨亿。'"

⑫皆焚之：裴注引《魏氏春秋》曰："公云：'当绍之强，孤犹不能自保，而况众人乎！'"

初，桓帝时有黄星见于楚、宋之分①，辽东殷馗②，善天文③，言后五十岁当有真人起于梁、沛之间④，其锋不可当。至是凡五十年⑤，而公破绍，天下莫敌矣。

[注释]

①黄星：黄色的星。古代认为是祥瑞之兆。楚宋之分（fèn奋）：谓楚地与宋地的分野。楚，指春秋时之楚地，相当今湖北、湖南一带。宋，指春秋时之宋地，相当于今河南商丘一带。分，即分野，谓与星次相对应的地域。古以十二星次的位置划分地面上州、国的位置与之相对应。就天文说，称作分星；就地面说，称作分野。如：以鹑首对应秦，鹑火对应周，寿星对应郑，析木对应燕，星纪对应吴越等。

②辽东殷馗（kuí逵）：生平不详。

③天文：日月星辰等天体在宇宙间分布运行等现象。古人把风、云、雨、露、霜、雪等地文现象也列入天文范围。《隋书·经籍志三》："天文者，所以察星辰之变，而参于政者也。"

④真人：古人称能够统一天下的所谓真命天子。语出《史记·秦始皇本纪》："始皇曰：吾慕真人，自谓'真人'，不称朕。"梁沛之间：隐指曹操的老家谯县（今安徽亳州市）一带，谯县在东汉地处梁国与沛国之间。梁国，汉高帝五年（前202）改砀郡置，治所睢阳（今河南商丘南）。沛国，东汉建武二十年（44）改沛郡置，治所相县（今安徽淮北市西北相山区），谯县在其辖区内。

⑤凡五十年：奠定曹操势力统一北方的官渡之战爆发于建安五年（200），上推五十年，适为汉桓帝元嘉元年（151）。凡，总共。

六年夏四月①，扬兵河上②，击绍仓亭军③，破之。绍归，复收散卒，攻定诸叛郡县。九月，公还许。绍之未破也，使刘备略汝南④，汝南贼共都等应之⑤。遣蔡扬击都⑥，不利，为都所破。公南征备。备闻公自行⑦，走奔刘表，都等皆散。

[注释]

①六年：即汉献帝建安六年（201）。

②扬兵河上：谓在黄河沿岸炫耀兵力。

③仓亭：即仓亭津，古代黄河渡口，在今河南范县东南。北魏郦道元《水经注·河水五》："河水于范县东北流，为仓亭津。《述征记》曰：'仓亭津在范县界，去东阿六十里。'《魏土地记》曰：'津在武阳县东北七十里，津，河济名也。河水右历柯泽。'"

④略：掳掠。

⑤共都：东汉末活动于汝南一带的农民军首领，或谓即黄巾军首领龚都。

⑥蔡扬：即蔡阳（？～201），曹操部将，建安六年（201）为刘备所杀。

⑦自行：谓亲自前往。

七年春正月①，公军谯②，令曰："吾起义兵③，为天下除暴乱。旧土人民④，死丧略尽⑤，国中终日行⑥，不见所识，使吾凄怆伤怀⑦。其举义兵已来，将士绝无后者，求其亲戚以后之⑧，授土田，官给耕牛，置学师以教之。为存者立庙，使祀其先人，魂而有灵，吾百年之后何恨哉⑨！"遂至浚仪⑩，治睢阳渠⑪，遣使以太牢祀桥玄⑫。进军官渡。

[注释]

①七年：即汉献帝建安七年（202）。

②军：军队驻扎。

③义兵：这里指地方豪强为保卫其利益而临时组织的武装。

④旧土：为自己的故乡沛国。

⑤略尽：将尽。

⑥国中：谓沛国境内。

⑦凄怆（chuàng 创）伤怀：悲凉伤心。

⑧以后之：谓当作后代传承下去。

⑨百年之后：死的婉辞。

⑩浚仪：即浚仪县，西汉文帝时置，属梁国，西汉武帝建元初属陈留郡，治所在今河南开封市。北魏郦道元《水经注·渠水》："《陈留风俗传》曰：县北有浚水，像而仪之，故曰浚仪。"

⑪睢阳渠：东汉末曹操修建的人工运渠，旧址在今河南开封附近。一说在睢阳县（今河南商丘市南）境内，乃利用古睢水以通汴、淮。上起开封市附近，东南经杞县、睢县、宁陵等县，下至今商丘市南。

⑪太牢：古代祭祀，牛羊豕三牲具备谓之太牢，属于隆重的祭祀。桥玄：字公祖（110~184），东汉睢阳（今河南商丘南）人。曾任太尉，以刚断称，谦俭下士。裴注引褒赏令载公祀文曰："故太尉桥公，诞敷明德，泛爱博容。国念明训，士思令谟。灵幽体翳，邈哉晞矣！吾以幼年，逮升堂室，特以顽鄙之姿，为大君子所纳。增荣益观，皆由奖助，犹仲尼称不如颜渊，李生之厚叹贾复。士死知己，怀此无忘。又承从容约誓之言：'殂逝之后，路有经由，不以斗酒只鸡过相沃酹，车过三步，腹痛勿怪！'虽临时戏笑之言，非至亲之笃好，胡肯为此辞乎？匪谓灵忿，能诒己疾，怀旧惟顾，念之凄怆。奉命东征，屯次乡里，北望贵土，乃心陵墓。裁致薄奠，公其尚飨！"

绍自军破后，发病欧血①，夏五月死。小子尚代②，谭自号车骑将军，屯黎阳。秋九月，公征之，连战。谭、尚数败退，固守。

[注释]

①欧血：吐血。欧，同"呕"。

②小子尚：即袁尚（？~207），字显甫，东汉汝南汝阳（今河南商水西南）人。袁绍幼子，为绍所喜爱。袁绍死后，他由审配、逢纪辅佐继承父亲位置，被曹操打败。又与其兄袁谭相攻杀，逃往幽州投奔其兄袁

熙，又一同投奔辽西乌丸。建安十二年（207），曹操北征乌丸，两兄弟又逃往辽东，被太守公孙康所诱杀。《三国志》卷六有传。小子，最小的儿子。

八年春三月①，攻其郭②，乃出战，击，大破之，谭、尚夜遁。夏四月，进军邺。五月还许，留贾信屯黎阳③。

己酉④，令曰："《司马法》'将军死绥'⑤，故赵括之母，乞不坐括⑦。是古之将者，军破于外，而家受罪于内也。自命将征行，但赏功而不罚罪，非国典也⑧。其令诸将出征，败军者抵罪，失利者免官爵⑨。"

[注释]

①八年：即汉献帝建安八年（203）。

②郭：这里谓黎阳县的外城。外城，古代在城的外围加筑的一道城墙。

③贾信：曹操部下将领，生平不详。

④己酉：建安八年五月二十五日，即公元203年6月23日。

⑤《司马法》：中国古代著名兵书，《武经七书》之一。《史记·司马穰苴列传》云："齐威王使大夫追论古者《司马兵法》，而附穰苴于其中，号曰《司马穰苴兵法》。"司马穰苴即田穰苴，因其任大司马，故名。据此，其编纂成书时间约在战国中期。《汉书·艺文志》称《军礼司马法》155篇。《隋书·经籍志》称《司马法》3卷，题为司马穰苴撰，其后著录多因袭此说。此书实则为战国齐威王命人将司马所掌管的军事制度、法令与论著汇编而成。今本只存一卷5篇：即仁本、天子之义、定爵、严

位、用众。

⑥将军死绥（něi内上声）：意即对临阵退却逃跑的将领要处以死刑。绥，丧失勇气。裴注引《魏书》曰："绥，却也。有前一尺，无却一寸。"

⑦"故赵括之母"二句：赵括是战国赵名将赵奢之子，只知纸上谈兵，并无实战经验，赵奢认为其子夸夸其谈，不能统军打仗。秦国与赵国在长平相持，当时赵奢已死，赵王起用赵括代替老将廉颇为将，统领赵军。赵括母上书赵王相阻未果，就对赵王说："王终遣之，即有如不称，妾得无随坐乎！"赵王答应了赵母的请求。结果赵括兵败，数十万赵军被秦兵坑杀。赵王因有言在先，没有因连坐而降罪其母。事见《史记·廉颇蔺相如列传》。坐，即"连坐"，古代一人犯法，其家属亲友等须连带受到惩处。

⑧国典：谓国家的典章制度。

⑨官爵：官职和爵位。裴注引《魏书》载庚申令曰："议者或以军吏虽有功能，德行不足堪任郡国之选，所谓'可与适道，未可与权'。管仲曰：'使贤者食于能则上尊，斗士食于功则卒轻于死，二者设于国则天下治。'未闻无能之人，不斗之士，并受禄赏，而可以立功兴国者也。故明君不官无功之臣，不赏不战之士；治平尚德行，有事赏功能。论者之言，一似管窥虎欤！"

秋七月，令曰："丧乱已来①，十有五年②，后生者不见仁义礼让之风③，吾甚伤之。其令郡国各修文学④，县满五百户置校官⑤，选其乡之俊造而教学之⑥，庶几先王之道不废⑦，而有以益于天下。"

[注释]

①丧乱：谓时势或政局动乱。

②十有（yòu又）五年：从建安八年（203）上推十五年为汉灵帝中平六年（189），这一年汉灵帝死，董卓进京毒死汉少帝刘辩，东汉政局风雨飘摇。有，通"又"。

③后生者：谓后辈，下一代。仁义礼让：谓宽惠正直、守礼谦让的儒家风范。

④郡国：郡和国的并称。西汉立国，兼采封建及郡县之制，分天下为郡与国。郡直属中央，国分封诸王、侯，封王之国称王国，封侯之国称侯国。修：学习，培养。文学：指儒家学说。

⑤校官：古代的学官。掌管学校的官员。

⑥俊造：俊士与造士，谓才智杰出的人。《礼记·王制》："司徒论选士之秀者而升之学，曰俊士。升于司徒者不征于乡，升于学者不征于司徒，曰造士。"

⑦庶几（jī基）：或许，也许。先王：指上古贤明君王。

八月，公征刘表，军西平①。公之去邺而南也，谭、尚争冀州，谭为尚所败，走保平原②。尚攻之急，谭遣辛毗乞降请救③。诸将皆疑，荀攸劝公许之④，公乃引军还。冬十月，到黎阳，为子整与谭结婚⑤。尚闻公北，乃释平原还邺。东平吕旷、吕翔叛尚⑥，屯阳平⑦，率其众降，封为列侯⑧。

[注释]

①西平：即西平县，西汉置，属汝南郡，治所在今河南西平县西七

十里。

②平原：即平原县，秦置，属济北郡，治所在今山东平原西南二十五里张官店。

③辛毗（pí皮）：字佐治（生卒年不详），颍川阳翟（今河南禹州）人。原为袁绍部下，后跟随袁谭，又归顺曹操，任丞相长史。曹丕嗣魏王后，他与华歆等奏请汉献帝禅位曹丕，任侍中，封颍乡侯。魏明帝时任卫尉，卒谥肃侯。《三国志》卷二五有传。

④许：应允。裴注引《魏书》曰："公云：'我攻吕布，表不为寇，官渡之役，不救袁绍，此自守之贼也，宜为后图。谭、尚狡猾，当乘其乱。纵谭挟诈，不终束手，使我破尚，偏收其地，利自多矣。'乃许之。"

⑤整：即曹整（？～218），曹操子，李姬所生，建安二十二年（217）封郿侯，翌年卒。后追谥戴公。《三国志》卷二〇有传。结婚：谓与袁谭之女结为亲家。裴注曰："臣松之案：绍死至此，过周五月耳。谭虽出后其伯，不为绍服三年，而于再期之内以行吉礼，悖矣。魏武或以权宜与之约言；今云结婚，未必便以此年成礼。"

⑥吕旷吕翔：两人为兄弟，东平（治今山东东平）人。原俱为袁尚部下大将，后叛降曹操，皆封列侯。

⑦阳平：即阳平县，西汉置，属东郡，东汉为侯国，三国魏属阳平郡，治所在今山东莘县。

⑧封为列侯：裴注引《魏书》曰："谭之围解，阴以将军印绶假旷。旷受印送之，公曰：'我固知谭之有小计也。欲使我攻尚，得以其间略民聚众，尚之破，可得自强以乘我弊也。尚破我盛，何弊之乘乎？'"

九年春正月①，济河，遏淇水入白沟以通粮道②。二月，尚复攻谭，留苏由、审配守邺③。公进军到洹水④，由降。既至，攻邺，为土山、地道。武安长尹楷屯毛城⑤，通上党粮道⑥。夏四月，留曹洪攻邺，公自将击楷，破之而还。尚将沮鹄守邯郸⑦，又击拔之。易阳令韩范、涉长梁岐举县降⑧，赐爵关内侯⑨。五月，毁土山、地道，作围堑⑩，决漳水灌城⑪；城中饿死者过半。秋七月，尚还救邺，诸将皆以为"此归师⑫，人自为战⑬，不如避之"。公曰："尚从大道来，当避之；若循西山来者⑭，此成禽耳⑮。"尚果循西山来，临滏水为营⑯。夜遣兵犯围，公逆击破走之，遂围其营。未合，尚惧，遣故豫州刺史阴夔及陈琳乞降⑰，公不许，为围益急。尚夜遁，保祁山⑱，追击之。其将马延、张颉等临陈降⑲，众大溃，尚走中山⑳。尽获其辎重，得尚印绶节钺㉑，使尚降人示其家，城中崩沮㉒。八月，审配兄子荣夜开所守城东门内兵㉓。配逆战，败，生禽配，斩之，邺定。公临祀绍墓㉔，哭之流涕；慰劳绍妻，还其家人宝物，赐杂缯絮㉕，廪食之㉖。

[注释]

①九年：即汉献帝建安九年（204）。

②遏淇水：谓在淇水口筑枋堰，令淇水改东北流。淇水，古黄河支流，即今河南淇河，南流至今卫辉市东北淇门镇南入河。白沟：原为一小水，在今河南浚县西南，东北流至黎山西北，与宿胥故渎合。北魏郦道元《水经注·淇水》："汉建安九年，魏武王于水口下大枋木以成堰，遏淇水东入白沟，以通漕运，故时人号其处为枋头。"

③苏由：袁绍部将，后跟从袁尚，在与审配一起守邺城时投降曹操。审配：字正南（？~204），东汉魏郡（治今河北临漳西南）人。袁绍谋士，后辅佐袁尚，守邺城为其侄审荣所卖，被曹操擒杀。

④洹（huán 环）水：即今河南北部卫河支流安阳河，源出今河南林州，流经今安阳至内黄入卫河。

⑤武安长尹楷：原为袁绍部下（？～204），建安九年（204）与曹军作战中被杀。武安，即武安县，秦置，属邯郸郡，汉属魏郡，治所在今河北武安市西南五里店子古城。毛城：在今河北武安市西。

⑥上党：即上党郡，战国韩置，秦、汉治所长子县（今山西长子西南），东汉末移治壶关县（今长治市北三十五里故驿村），辖境相当于今山西长治、晋城、沁县、沁水、黎城、潞城、长子、壶关、高平、阳城等市县地。

⑦沮（jū 居）鹄：东汉广平（治今河北鸡泽东南）人（？～204），沮授之子。袁尚部将，建安九年（204）与曹军作战中被杀。邯郸：即邯郸县，秦置，为邯郸郡治，治所在今河北邯郸市。

⑧易阳令韩范：袁尚部下任易阳令，建安九年（204）投降曹操。易阳，即易阳县。西汉置，属赵国，建安十七年（212）属魏郡，三国魏属广平郡。治所在今河北永年（临洺关）东南。涉长梁岐：袁尚部下涉国长，建安九年（204）投降曹操。涉，侯国名，西汉置涉县，属魏郡，东汉为侯国，后复为县，三国魏属广平郡，治所在今河北涉县西北二里。

⑨关内侯：封爵名。汉代封爵二十级的第十九级，仅次于列侯，有俸禄而无封地。

⑩围堑（qiàn 堑）：环绕的沟壕。

⑪漳水：有清漳水、浊漳水二源，皆出今山西东南部，流经今河北南部汇合后称漳河，其河道古今变化较大。汉漳水所经之地相当今河北临漳、邯郸、肥乡、曲周等地。

⑫归师：返回的军队。《孙子·军争篇》："归师勿遏，围师必阙，穷寇勿迫，此用兵之法也。"李筌注："士卒怀归，志不可遏也。"

⑬人自为战：人人自动进行殊死战斗。形容人人都拼搏奋战。语出《史记·淮阴侯列传》："此所谓'驱市人而战之'，其势非置之死地，使人人自为战。"

⑭西山：这里指太行山。《汉书·沟洫志》："大司空掾王横言：'河入勃海，勃海地高于韩牧所欲穿处。往者天尝连雨，东北风，海水溢，西南出，浸数百里，九河之地已为海所渐矣。禹之行河水，本随西山下东北去。'"

⑮成禽：即"成擒"，意谓被擒，就擒。

⑯滏（fǔ斧）水：上游即今河北磁县滏阳河，下游在西汉时东北至今肥乡县西入漳水。裴注引《曹瞒传》曰："遣候者数部前后参之，皆曰'定从西道，已在邯郸'。公大喜，会诸将曰：'孤已得冀州，诸君知之乎？'皆曰：'不知。'公曰：'诸君方见不久也。'"

⑰豫州刺史阴夔：袁绍所署豫州刺史，生平不详。陈琳：字孔璋（？~217），东汉广陵射阳（今江苏淮安东南）人。原为大将军何进主簿，后避难冀州，袁绍用为纪室。建安五年（200），袁绍命他撰写讨伐曹操的檄文。四年以后曹操攻破冀州，陈琳被俘，曹操欣赏其才，未追究其不敬之词，用为从事。作为"建安七子"之一，陈琳以文学享誉后世。《三国志》卷二一有传。

⑱祁山：当即滥口（见《三国志·袁绍传》），一作蓝口（见《后汉书·袁绍传》），又称祁山，在今河南安阳市西。

⑲马延：原为袁尚部将，后投降曹操。张颛（yǐ乙）：原为袁尚部将，后投降曹操。临陈：同"临阵"。

⑳中山：即中山国，西汉景帝改中山郡置，治所卢奴县（今河北定州市），辖境相当于今河北狼牙山以南，保定、安国二市以西，唐县、新乐以东及滹沱河以北地区。

㉑印绶：印信和系印信的丝带。古人印信上系有丝带，佩带在身。节钺：符节和斧钺。古代授予将帅，作为加重权力的标志。

㉒崩沮（jǔ举）：犹溃散，涣散。

㉓审配兄子荣：即审配的侄子审荣。内（nà纳）兵：谓放入曹兵。内，"纳"的古字。

㉔临祀：亲自祭祀。

㉕缯（zēng增）絮：缯帛丝绵。亦指缯帛丝绵所制衣服。

㉖廪（lǐn凛）食：谓由官府供给口粮。裴注引孙盛曰："昔者先王之为诛赏也，将以惩恶劝善，永彰鉴戒。绍因世艰危，遂怀逆谋，上议神器，下干国纪。荐社污宅，古之制也，而乃尽哀于逆臣之家，加恩于饕餮之室，为政之道，于斯蹶矣。夫匿怨友人，前哲所耻，税骖旧馆，义无虚涕，苟道乖好绝，何哭之有！昔汉高失之于项氏，魏武遵谬于此举，岂非百虑之一失也。"

初，绍与公共起兵，绍问公曰："若事不辑①，则方面何所可据②？"公曰："足下意以为何如③？"绍曰："吾南据河，北阻燕、代④，兼戎狄之众⑤，南向以争天下，庶可以济乎⑥？"公曰："吾任天下之智力⑦，以道御之⑧，无所不可。"⑨

[注释]

①辑：成功。

②方面：谓四方。

③足下：古代下称上或同辈相称的敬词。

④"吾南据河"二句：语出《史记·陈涉世家》："赵南据大河，北

有燕、代，楚虽胜秦，不敢制赵。若楚不胜秦，必重赵。赵乘秦之弊，可以得志于天下。"燕（yān烟）、代，战国时燕国、代国所在地。泛指今河北西北部和山西东北部地区。

⑤戎狄：古民族名，西方曰戎，北方曰狄。这里当泛指西北少数民族，如南匈奴、鲜卑、乌丸等。

⑥庶：副词，或许，也许。济：成功，成就。

⑦任天下之智力：谓任用四方人才的才智与勇力。语出《管子·形势解》："能自去而因天下之智力起，则身逸而福多。"

⑧以道御之：谓用道义驾驭民众。语出汉戴德《大戴礼记·子张问入官》："欲政之速行也者，莫若以身先之也；欲民之速服也者，莫若以道御之也。"

⑨无所不可：没有什么不可以的。裴注引《傅子》曰："太祖又云：'汤、武之王，岂同土哉？若以险固为资，则不能应机而变化也。'"

九月，令曰："河北罹袁氏之难①，其令无出今年租赋②！"重豪强兼并之法，百姓喜悦③。天子以公领冀州牧，公让还兖州。

公之围邺也，谭略取甘陵、安平、勃海、河间④。尚败，还中山。谭攻之，尚奔故安⑤，遂并其众。公遗谭书⑥，责以负约，与之绝婚，女还，然后进军。谭惧，拔平原⑦，走保南皮⑧。十二月，公入平原，略定诸县⑨。

[注释]

①河北：黄河以北，这里谓袁绍军事集团统治下的冀州一带。罹（lí离）：遭受。

②租赋：田租、赋税。

③"重豪强"二句：加重对有权势而强横者土地侵并与经济侵占的惩罚力度，受到百姓的欢迎。裴注引《魏书》载公令曰："有国有家者，不患寡而患不均，不患贫而患不安。袁氏之治也，使豪强擅恣，亲戚兼并；下民贫弱，代出租赋，衒鬻家财，不足应命；审配宗族，至乃藏匿罪人，为逋逃主。欲望百姓亲附，甲兵强盛，岂可得邪！其收田租亩四升，户出绢二匹、绵二斤而已，他不得擅兴发。郡国守相明检察之，无令强民有所隐藏，而弱民兼赋也。"

④略取：夺取。甘陵：即甘陵县，东汉安帝时改厝县置，为清河国治，治所在今山东临清市东北。安平：即安平国，西汉置安平县，属涿郡，为都尉治，东汉属安平国，三国魏属博陵郡，治所在今河北安平。勃海：即勃海郡，又作渤海郡，西汉高帝五年（前202）置，以地滨渤海得名，治所浮阳县（今河北沧县东南四十里旧州镇），辖境相当于今天津市、河北安次县以南，文安、阜城以东，山东无棣、乐陵、宁津以北地区。东汉移治南皮县（今河北南皮东北八里），辖境渐小。河间：即河间国，西汉高帝置河间郡，文帝二年（前178）改为国，三国魏复改为郡，治所乐成县（今河北献县东南十六里）。

⑤故安：即故安县，西汉置，属涿郡，三国魏属范阳郡，治所在今河北易县东南东贯城。

⑥遗（wèi 位）书：投书，寄信。

⑦拔平原：撤离平原郡。拔，丢弃。

⑧南皮：即南皮县，秦置，属巨鹿郡，西汉属勃海郡，东汉为勃海郡治，治所在今河北南皮县东北八里。

⑨略定：攻克平定。

十年春正月①,攻谭,破之,斩谭,诛其妻子,冀州平②。下令曰:"其与袁氏同恶者,与之更始③。"令民不得复私仇④,禁厚葬⑤,皆一之于法⑥。是月,袁熙大将焦触、张南等叛攻熙、尚⑦,熙、尚奔三郡乌丸⑧。触等举其县降,封为列侯。初讨谭时,民亡椎冰⑨,令不得降。顷之,亡民有诣门首者⑩,公谓曰:"听汝则违令,杀汝则诛首⑪,归深自藏,无为吏所获。"民垂泣而去;后竟捕得。

[注释]

①十年:即汉献帝建安十年(205)。

②冀州平:冀州平定。裴注引《魏书》曰:"公攻谭,旦及日中不决;公乃自执桴鼓,士卒咸奋,应时破陷。"

③更始:重新开始,除旧布新。

④私仇:即因个人利害关系而产生的仇恨。

⑤厚葬:谓不惜财力地经营丧葬。

⑥一之于法:谓违犯者一概以法律加以制裁。

⑦袁熙:字显奕(?~207),东汉汝南汝阳(今河南商水西南)人。袁绍次子,被袁绍任为幽州刺史。在袁谭与袁尚的自相残杀中,他与袁尚曾投奔乌丸,继而逃往辽东,终为太守公孙康所诱杀。焦触:东汉末袁熙部下大将,建安十年(205)与张南一同叛归曹操,封列侯。张南:东汉末袁熙部下大将,建安十年(205)与焦触一同叛归曹操,封列侯。

⑧三郡乌丸:谓属于乌丸聚居的地域辽东郡、辽西郡、右北平郡这三郡。辽东郡,战国燕置,治所襄平(今辽宁辽阳市老城),辖境相当于今辽宁大凌河以东、开原市以南,朝鲜清川江下游以北地区。辽西郡,战国

燕置，秦代治所阳乐县（今辽宁义县西），西汉辖境相当今河北迁西县、唐山市以东，辽宁医巫闾山、大凌河下游以西及长城以南地区。右北平郡，战国燕置，秦治所无终县（今天津市蓟县），西汉移治平刚县（今辽宁凌源市西南），东汉移治土垠县（今河北丰润东南），辖境相当今河北承德、天津市蓟县以东，辽宁大凌河上游以南等地区。乌丸，亦作"乌桓"，古时北方少数民族名。原是东胡族的一支，西汉初被匈奴击败，迁移到乌桓山，因以为名。汉建安十二年（207），曹操破乌丸，徙万馀落至中原，其势遂衰。《三国志》卷三〇有《乌丸传》，《后汉书》卷九〇有《乌桓传》。

⑨民亡椎冰：谓百姓因惧怕凿河冰的劳役而逃亡。裴注曰："臣松之以为讨谭时，川渠水冻，使民椎冰以通船，民惮役而亡。"

⑩诣门首者：谓先前逃避劳役的百姓有到营门自首者。

⑪诛首：谓诛杀自首的人。古代对于自行投案并承认罪责的犯人，一般不处死刑。

夏四月，黑山贼张燕率其众十馀万降①，封为列侯。故安赵犊、霍奴等杀幽州刺史、涿郡太守②。三郡乌丸攻鲜于辅于犷平③。秋八月，公征之，斩犊等，乃渡潞河救犷平④，乌丸奔走出塞。

[注释]

①黑山贼张燕：本姓褚（生卒年不详），常山真定（今河北石家庄市东北）人。曾聚众响应黄巾军，称黑山军，后与博陵张牛角联合并推张为帅。张牛角中流矢将死，令众奉燕为帅，故改姓张，又因其彪悍捷速过人，军中号曰"飞燕"。张燕善与豪杰联合，最终降曹，拜平北将军，封

安国亭侯。《三国志》卷八有传。黑山，一名墨山，在今河南浚县西北，东汉末，张燕农民军的大本营在此。

②故安赵犊霍奴：皆东汉故安（今河北易县东南）人，生平不详。涿郡：西汉高帝置，治所涿县（今河北涿州市），汉成帝末辖境相当于今北京房山以南，河北易县、清苑以东，安平、河间以北，霸州、任丘以西地区。三国魏黄初七年（226）改称范阳郡。

③鲜于辅：东汉渔阳（治今北京密云西南）人（生卒年不详）。初为刘虞从事，刘虞死后归顺曹操，任建忠将军，督幽州六部。曹丕代汉称帝，拜虎牙将军，封县侯，迁辅国将军。犷平：即犷平县，西汉置，属渔阳郡，治所在今北京市密云东北石匣一带。

④潞河：又名白河，即今北京市东南北运河。

九月，令曰："阿党比周①，先圣所疾也②。闻冀州俗，父子异部，更相毁誉③。昔直不疑无兄，世人谓之盗嫂④；第五伯鱼三娶孤女，谓之挝妇翁⑤；王凤擅权，谷永比之申伯⑥，王商忠议，张匡谓之左道⑦：此皆以白为黑，欺天罔君者也⑧。吾欲整齐风俗⑨，四者不除，吾以为羞。"冬十月，公还邺。

[注释]

①阿（ē 俄阴平）党：逢迎上意，徇私枉法。比（bì 必）周：结党营私。

②先圣：先世圣人，这里专指孔子。疾：厌恶，憎恨。《论语·为政》："子曰：'君子周而不比，小人比而不周。'"《论语·卫灵公》："子曰：'君子矜而不争，群而不党。'"

③"父子异部"二句：谓家庭之内不团结，各有派别。清顾炎武《日知录》卷一三"父子异部"："《三国志》言：'冀州俗，父子异部，更相毁誉。'今之江浙之间多有此风，一入门户，父子兄弟各树党援，两不相下。"异部，谓不同派别或门类。毁誉：诋毁和赞誉。

④"昔直不疑"二句：直不疑（生卒年不详），西汉南阳（今属河南）人，汉文帝时为郎，迁太中大夫。有人诽谤他说："不疑状貌甚美，然独无奈其善盗嫂何也！"直不疑只回答"我乃无兄"，并没有申辩。事见《史记》卷一〇三本传。盗嫂，古人谓与嫂私通。

⑤"第五伯鱼"二句：第五伦（生卒年不详），字伯鱼，东汉京兆长陵（今陕西咸阳东）人。为淮阳国医工长，曾随王入朝，光武帝与他开玩笑说："听说你当官吏，打过岳父，有这回事吗？"第五伦回答："我三次娶妻，都是没有父亲的孤女。"光武帝听后大笑。事见《后汉书》卷四一《第五伦传》。挝（zhuā 抓），打。妇翁，妻父。

⑥"王凤"二句：王凤（前？～前22），字孝卿，西汉元城（今河北大名）人。汉成帝舅父，任大司马、大将军，领尚书事，子弟满朝，独断专权。谷永（前？～前9），字子云，西汉长安（今陕西西安市西北）人。他为升官，曾吹捧王凤，称之为"骨肉大臣"，比之为辅佐周宣王的大臣申伯，王凤就提拔他做了光禄大夫。事见《汉书》卷八五《谷永传》。申伯（生卒年不详），西周申国（今河南南阳市）开国君主，周宣王的母舅，辅佐宣王，安抚南方诸侯有功。

⑦"王商"二句：王商（前？～前25），字子威，西汉涿郡蠡吾（今河北博野）人，成帝时任丞相，受到王凤等的排挤。张匡（生卒年不详），西汉蜀郡（治今四川成都）人，成帝时任太中大夫，适值日食，为迎合王凤，乃上书诬陷王商"执左道以乱政"所致，于是王商被免丞相，三日后卒。事见《汉书》卷八二《王商传》。左道，邪门旁道，多指非正

统的巫蛊、方术等。《礼记·王制》:"执左道以乱政,杀。"

⑧欺天罔君:谓伤天害理,蒙蔽君主。

⑨整齐:整治,使有条理,使齐一。

初,袁绍以甥高干领并州牧①,公之拔邺,干降,遂以为刺史。干闻公讨乌丸,乃以州叛,执上党太守②,举兵守壶关口③。遣乐进、李典击之④,干还守壶关城。十一年春正月,公征干。干闻之,乃留其别将守城,走入匈奴,求救于单于⑤,单于不受。公围壶关三月,拔之。干遂走荆州,上洛都尉王琰捕斩之⑥。

[注释]

①甥:姊妹之子。高干:字元才(?~206),东汉陈留(治今河南开封东南)人。降曹后以并州刺史复叛,终为曹操所杀。并(bīng 兵)州:汉武帝置十三刺史部之一。东汉治所太原郡(治今山西太原市西南晋源镇),辖境相当于今山西大部及内蒙古、河北的一部以及陕西北部与河套一带地区。

②上党:即上党郡,战国韩置,秦汉治所长子县(今山西长子西南),东汉末移治壶关县(今山西长治市北三十五里故驿村)。

③壶关口:即壶口关,位于今山西长治市东南壶口村。《汉书·地理志》:"上党郡有壶口关。"

④乐(yuè 岳)进:字文谦(?~218),东汉阳平卫国(今河南清丰)人。随曹操在陈留起兵,征战多年,屡建功绩,封广昌亭侯,官至右将军。《三国志》卷一七有传。李典:字曼成(174~209),东汉山阳巨野(今属山东)人。随曹操在陈留起兵,作战英勇,屡立战功,先后任

中郎将、捕虏将军，封都亭侯。《三国志》卷一八有传。

⑤单于（chányú 蝉于）：汉时匈奴君长的称号。《史记·匈奴列传》："匈奴单于曰头曼。"南朝宋裴骃集解："单于者，广大之貌，言其象天单于然。"

⑥上洛都尉王琰（yǎn 演）：东汉末官员（生卒年不详），高干败走，欲往荆州投刘表，行至上洛，为王琰捕杀，王琰被曹操封为列侯。上洛，即上雒县，西汉置，属弘农郡，东汉改为上雒侯国，三国魏改上洛县，治所在今陕西商洛市商州区。都尉，汉代地方武官名。西汉景帝时改郡尉名都尉，掌统郡兵，佐太守主一郡武事，防备盗贼，有治所、属官。边远郡与关隘要地之郡或置都尉多员，分驻各县或侯国。

秋八月，公东征海贼管承①，至淳于②，遣乐进、李典击破之，承走入海岛。割东海之襄贲、郯、戚以益琅邪③，省昌虑郡④。

[注释]

①海贼管承：海上农民军首领，生平不详。海贼，出没于海洋上或沿海地带的盗贼。

②淳于：即淳于县，西汉置，属北海郡，东汉属北海国，治所在今山东安丘市东北三十五里杞城。

③东海：即东海郡。襄贲：即襄贲县，西汉置，属东海郡，治所在今山东苍山县南四十二里长城镇。郯（tán 谈）：即郯县，秦置，为东海郡治，治所在今山东郯城县北门外。戚：即戚县，秦置，属东海郡，治所在今山东临沂市西南。琅邪（lángyá 狼牙）：即琅邪国，东汉建初五年（80）改琅邪郡置，治所开阳县（今山东临沂市北十五里）。

④昌虑郡：东汉建安三年（198）置，治所昌虑县（今山东滕州市东

南六十里）。十一年（206）复改昌虑县。裴注引《魏书》载十月乙亥令曰："夫治世御众，建立辅弼，诚在面从，诗称'听用我谋，庶无大悔'，斯实君臣恳恳之求也。吾充重任，每惧失中，频年已来，不闻嘉谋，岂吾开延不勤之咎邪？自今以后，诸掾、属、治中、别驾，常以月旦各言其失，吾将览焉。"

三郡乌丸承天下乱①，破幽州，略有汉民合十馀万户②。袁绍皆立其酋豪为单于③，以家人子为己女④，妻焉⑤。辽西单于蹋顿尤强⑥，为绍所厚，故尚兄弟归之，数入塞为害⑦。公将征之，凿渠，自呼沲入泒水⑧，名平虏渠⑨；又从泃河口凿入潞河⑩，名泉州渠⑪，以通海。

[注释]

①承：接续。

②略有：掠得。

③酋豪：部落的首领。《汉书·匈奴传下》："匈奴使怒，收乌桓酋豪，缚到悬之。"

④家人子：谓平民的女子。

⑤妻（qì器）：嫁给。

⑥辽西单于蹋顿（tādú他毒）：辽西乌丸首领名（？~207），汉献帝时，丘力居死，从子蹋顿有武略，代立为王。建安十二年（207）为曹操击败于柳城，斩之。见《后汉书·乌桓传》。辽西，即辽西郡，战国燕置，秦代治所阳乐县（今辽宁义县西），汉代辖境相当今河北迁西、唐山市以东，辽宁医巫闾山、大凌河下游以西与长城以南地区。三国魏时与阳

乐县同移治今河北卢龙东南。

⑦数（shuò硕）：屡次。

⑧呼沲：即滹沱河，子牙河北源，流经今河北西部。泒（gū孤）水：即泒河，其上游即猪龙河的上游大沙河，下游即今天津海河。北魏郦道元《水经注》称之为泒河尾。

⑨平虏渠：东汉建安十一年（206）曹操所开凿的连接滹沱河与泒河的运渠。

⑩泃（jū居）河：俗名错河。源于今河北兴隆南之北三岔口，南流折而向西，经今北京市平谷、河北三河市，至今天津市宝坻入蓟运河。北魏郦道元《水经注·鲍丘水》："又东与泃河合，水出右北平无终县西山白杨谷。西北流径平谷县。"

⑪泉州渠：位于今天津市东北，东汉末曹操为沟通潞河与泃河而开凿，渠因在泉州县而名。泉州县在今天津市武清县西南。

十二年春二月①，公自淳于还邺。丁酉②，令曰："吾起义兵诛暴乱，于今十九年③，所征必克，岂吾功哉？乃贤士大夫之力也④。天下虽未悉定，吾当要与贤士大夫共定之；而专飨其劳⑤，吾何以安焉！其促定功行封⑥。"于是大封功臣二十馀人，皆为列侯，其馀各以次受封⑦，及复死事之孤⑧，轻重各有差⑨。

[注释]

①十二年：即汉献帝建安十二年（207）。

②丁酉：建安十二年二月初五日，即公元207年3月21日。

③十九年：曹操于中平六年（189）在陈留郡己吾县（今河南宁陵县

西南）起兵，至建安十二年共十九年。

④贤士大夫：谓随曹操征战中做出贡献的众多将士。士大夫，这里谓将佐、将士。

⑤飨（xiǎng响）：通"享"，这里泛指享用。

⑥促：急，紧迫。

⑦以次：按次序。

⑧复：谓免除徭役或赋税。《荀子·议兵》："中试，则复其户，利其田宅。"唐杨倞注："复其户，不徭役也。"死事之孤：谓曹军死于争战中将士的子女。

⑨差（cī词阴平）：谓分别等级。裴注引《魏书》载公令曰："昔赵奢、窦婴之为将也，受赐千金，一朝散之，故能济成大功，永世流声。吾读其文，未尝不慕其为人也。与诸将士大夫共从戎事，幸赖贤人不爱其谋，群士不遗其力，是以夷险平乱，而吾得窃大赏，户邑三万。追思窦婴散金之义，今分所受租与诸将掾属及故戍于陈、蔡者，庶以畴答众劳，不擅大惠也。宜差死事之孤，以租谷及之。若年殷用足，租奉毕入，将大与众人悉共飨之。"

将北征三郡乌丸，诸将皆曰："袁尚，亡虏耳①，夷狄贪而无亲②，岂能为尚用？今深入征之，刘备必说刘表以袭许。万一为变，事不可悔。"惟郭嘉策表必不能任备③，劝公行。夏五月，至无终④。秋七月，大水，傍海道不通，田畴请为乡导⑤，公从之。引军出卢龙塞⑥，塞外道绝不通，乃堑山堙谷五百馀里⑦，经白檀⑧，历平冈⑨，涉鲜卑庭⑩，东指柳城⑪。未至二百里，虏乃知之。尚、熙与蹋顿、辽西单于楼班、右北平单于能臣抵之等将数万骑逆军⑫。

[注释]

① 亡虏：逃亡的罪人。

② 夷狄：古称东方部族为夷，北方部族为狄。古人常用以泛称除华夏族以外的各族。贪而无亲：贪婪而且没有亲近、贴心的人。

③ 策：测度，推断。任：听凭，任凭。

④ 无终：即无终县，秦置，为右北平郡治，汉因之，三国魏属北平郡，治所即今天津市蓟县。

⑤ 田畴：字子泰（169～214），东汉右北平无终（今天津蓟县）人。原为幽州牧刘虞旧部，刘虞被公孙瓒所杀，他聚众入徐无山中，屡次拒绝袁绍招降。建安十二年（207），曹操北征乌丸，用他为向导，出卢龙塞，袭击柳城，大败乌丸，斩杀蹋顿等。田畴坚拒曹操列侯的封赏，只受议郎之位。详见本书所选《田畴传》。乡（xiàng 向）导：即向导，带路的人。乡，通"向"。

⑥ 卢龙塞：位于今河北迁西以北喜峰口一带。古有塞道，自今蓟县东北经遵化市，循滦河河谷出塞，折东趋大凌河流域，为河北平原通向东北的交通要道。

⑦ 堑（qiàn 欠）山堙（yīn 因）谷：挖山填谷。《史记·秦始皇本纪》："三十五年，除道，道九原，抵云阳，堑山堙谷，直通之。"

⑧ 白檀：即白檀县，西汉置，属渔阳郡，治所在今河北滦平东北小城子，县因白檀山而得名。东汉废，这里系用其旧县名。

⑨ 平冈：即平刚县，在今辽宁凌源市西南，西汉置，为右北平郡治，治所在今内蒙古宁城县西南甸子乡黑城。东汉废。

⑩ 鲜卑庭：鲜卑人控制的区域。《三国志·乌丸鲜卑东夷传》："后鲜卑大人轲比能复制御群狄，尽收匈奴故地，自云中、五原以东抵辽水，皆为鲜卑庭。"鲜卑，我国古代少数民族名。游牧部落东胡族的一支。秦汉

时曾居于辽东，附于匈奴。东汉时北匈奴西迁后进入匈奴故地，势力渐盛。汉桓帝时鲜卑首领已建立军事行政联合体，分东、中、西三部，各置大人统领。3世纪中叶，联合体瓦解，附属汉、魏。庭，通"廷"，古代称边疆少数民族地区。

⑪柳城：即柳城县，西汉置，属辽西郡，为西部都尉治，治所在今辽宁朝阳西南十二台营子。

⑫辽西单于楼班：辽西乌丸大人丘力居之子（？~207），丘力居死，为乌丸单于，建安十二年（207），为辽东太守公孙康所斩。右北平单于能臣抵之：据《三国志·乌丸鲜卑东夷传》，又作"能臣氐"，此人乃东汉末代郡（治今河北蔚县西南）乌丸首领，建安中叛汉，初投奔扶罗韩，旋改投轲比能。轲比能于盟会上杀扶罗韩，尽得其众与能臣氐部。右北平单于乃乌延，系乌丸大人，率众八百馀落，自称汗鲁王，勇健有计谋。逆军：谓迎战曹军。

八月，登白狼山①，卒与虏遇②，众甚盛。公车重在后③，被甲者少，左右皆惧。公登高，望虏陈不整，乃纵兵击之，使张辽为先锋，虏众大崩，斩蹋顿及名王已下④，胡、汉降者二十馀万口。辽东单于速仆丸及辽西、北平诸豪⑤，弃其种人⑥，与尚、熙奔辽东，众尚有数千骑。初，辽东太守公孙康恃远不服⑦。及公破乌丸，或说公遂征之，尚兄弟可禽也。公曰："吾方使康斩送尚、熙首，不烦兵矣。"九月，公引兵自柳城还⑧，康即斩尚、熙及速仆丸等，传其首⑨。诸将或问："公还而康斩送尚、熙，何也？"公曰："彼素畏尚等，吾急之则并力，缓之则自相图，其势然也。"十一月至易水⑩，代郡乌丸行单于普富卢、上郡乌丸行单于那楼将其名王来贺⑪。

[注释]

①白狼山：一名白鹿山，又称白狼堆，即今辽宁喀喇沁左翼蒙古族自治县南六十里大阳山。蒙古语称布祜图山。

②卒（cù促）：突然。后多作"猝"。

③车重：谓辎重车。

④名王：指古代少数民族声名显赫的王。《汉书·宣帝纪》："神爵二年匈奴单于遣名王奉献，贺正月，始和亲。"唐颜师古注："名王者，谓有大名，以别诸小王也。"

⑤速仆丸：即苏仆延（？～207），东汉末辽东属国乌丸大人，率众千馀落，自称峭王，服从辽西乌丸大人丘力居教令，丘力居死，继服从丘力居从子蹋顿，丘力居子楼班长大，苏仆延又率其众奉楼班为单于。建安十二年（207），曹操北征乌丸，苏仆延逃至辽东，为辽东太守公孙康斩送其首。北平诸豪：谓右北平的少数民族诸多首领。

⑥种人：同种族的人。

⑦公孙康：东汉末辽东襄平（今辽宁辽阳）人，公孙度之子。建安九年（204）公孙度死后继任辽东太守，曹操北征乌丸，预料曹操无取辽东之意，诱杀袁熙、袁尚等，将首级传送曹操，封康襄平侯，拜左将军。《三国志》卷八有传。恃远不服：谓依仗自己地处偏僻而不愿归附中央政权。

⑧引兵：率领军队。裴注引《曹瞒传》曰："时寒且旱，二百里无复水，军又乏食，杀马数千匹以为粮，凿地入三十馀丈乃得水。既还，科问前谏者，众莫知其故，人人皆惧。公皆厚赏之，曰：'孤前行，乘危以徼幸，虽得之，天所佐也，故不可以为常。诸君之谏，万安之计，是以相

赏，后勿难言之。'"

⑨传其首：传送首级。

⑩易水：当指中易水，源出河北易县西，东流至定兴西南汇入拒马河，即古武水。

⑪代郡：战国赵置，秦与西汉治所代县（今河北蔚县西南），东汉移治高柳县（今山西阳高西南）。行单于普富卢：生平不详。行单于，代理单于。上郡：战国魏文侯置，秦代治所肤施县（今陕西榆林市东南七十五里鱼河堡附近）。西汉时辖境相当于今陕西北部及内蒙古乌审旗等地。东汉建安二十年（215）废。行单于那楼：生平不详。

十三年春正月①，公还邺，作玄武池以肄舟师②。汉罢三公官③，置丞相、御史大夫④。夏六月，以公为丞相⑤。

[注释]

①十三年：即汉献帝建安十三年（208）。

②玄武池：位于今河北临漳西南邺镇西。《文选·魏都赋》："苑以玄武。"唐李善注："玄武苑，在邺城西，苑中有鱼梁、钓台、竹园、蒲陶诸果。"肄（yì 义）：练习，演习。舟师：水军。

③三公：东汉以太尉、司徒、司空为三公，各置一人，均可开府，即设办公机构，有权自行任用属吏，各有属官数十人。虽名位显贵，实权则由君主的内廷尚书台执掌，三公遂成虚衔。

④丞相：辅佐帝王，综理一国政务的最高行政长官。御史大夫：秦汉时代的最高监察官，官位仅次于丞相。东汉末御史大夫官署称御史台，属官有御史中丞、侍御史等。

⑤以公为丞相：裴注引《献帝起居注》曰："使太常徐璆即授印绶。

御史大夫不领中丞,置长史一人。"又引《先贤行状》云:"璆字孟玉,广陵人。少履清爽,立朝正色。历任城、汝南、东海三郡,所在化行。被征当还,为袁术所劫。术僭号,欲授以上公之位,璆终不为屈。术死后,璆得术玺,致之汉朝,拜卫尉太常;公为丞相,以位让璆焉。"

秋七月,公南征刘表。八月,表卒,其子琮代①,屯襄阳②,刘备屯樊③。九月,公到新野④,琮遂降,备走夏口⑤。公进军江陵⑥,下令荆州吏民⑦,与之更始。乃论荆州服从之功,侯者十五人,以刘表大将文聘为江夏太守⑧,使统本兵⑨,引用荆州名士韩嵩、邓义等⑩。益州牧刘璋始受征役⑪,遣兵给军⑫。十二月,孙权为备攻合肥⑬。公自江陵征备,至巴丘⑭,遣张憙救合肥⑮。权闻憙至,乃走。公至赤壁⑯,与备战,不利。于是大疫⑰,吏士多死者,乃引军还。备遂有荆州、江南诸郡⑱。

[注释]

①琮(cóng从):即刘琮(生卒年不详),荆州牧刘表的次子。刘表卒后,蔡夫人与蔡瑁等立之为嗣,一个月后即投降曹操,曾任荆州刺史,封列侯,迁谏议大夫。

②襄阳:即襄阳县,西汉置,属南郡,治所在今湖北襄阳市,以在襄水之北,故称。东汉建安十三年(208)为襄阳郡治。

③樊:即樊城,在今湖北襄阳市,与襄阳城隔汉水相望。自古为兵家必争之地。

④新野:即新野县,西汉置,属南阳郡,治所在今河南新野县,三国魏为荆州治。

⑤夏口：地名。即今湖北汉口，为汉水入长江处。古代汉水在襄阳以下称夏水或襄江，故汉水入长江处称夏口。

⑥江陵：即江陵县，秦置，为南郡治，治所在今湖北荆州市荆州区旧江陵县。

⑦荆州：西汉元封五年（前106）所置十三刺史部之一，辖郡七、县一百一十七，治所汉寿县。汉末移治襄阳县（治今湖北襄阳），辖境相当于今湖北、湖南大部以及河南、贵州、广东、广西等省区一小部分。三国时魏、吴均置荆州，辖境相当于原荆州。魏荆州治所新野（今属河南），吴荆州治所江陵（今属湖北）。

⑧文聘：字仲业（生卒年不详），东汉南阳宛（治今河南南阳）人。原为荆州牧刘表部下大将，刘表死后，其子刘琮不战降曹，他心怀悲惭，曹操任他为江夏太守，封关内侯。曹丕代汉称帝，仍镇守江夏，官至后将军，封新野侯。卒谥壮侯。《三国志》卷一八有传。江夏：即江夏郡，西汉高帝六年（前201）置，治所西陵县（今湖北新洲西二里）。东汉建安初，刘表所署江夏太守黄祖徙治夏口城（今武汉汉口城区），建安十三年（208）初，孙权破城杀黄祖，江夏太守刘琦另筑夏口城（今武汉汉阳城区），年底，曹操任文聘为江夏太守驻此。赤壁之战后，文聘徙治石阳（今湖北黄陂西）。

⑨本兵：谓原先统领的兵马。

⑩韩嵩：字德高（生卒年不详），东汉义阳（今河南桐柏东）人。曾在荆州牧刘表部下任从事中郎，归附曹操后，迁大鸿胪。邓义：《三国志·刘表传》作"邓羲"，似是，邓义当是形近而讹。东汉末名士（生卒年不详），章陵（今湖北枣阳东）人。原在刘表部下为治中，因进谏刘表未从，辞官不出。建安十三年（208），曹操并荆州后，邓义官侍中。裴注引卫恒《四体书势序》曰："上谷王次仲善隶书，始为楷法。至灵帝好

书，世多能者。而师宜官为最，甚矜其能，每书，辄削焚其札。梁鹄乃益为版而饮之酒，候其醉而窃其札，鹄卒以攻书至选部尚书。于是公欲为洛阳令，鹄以为北部尉。鹄后依刘表。及荆州平，公募求鹄，鹄惧，自缚诣门，署军假司马，使在秘书，以勒书自效。公尝悬著帐中，及以钉壁玩之，谓胜宜官。鹄字孟黄，安定人。魏宫殿题署，皆鹄书也。"又引皇甫谧《逸士传》曰："汝南王俊，字子文，少为范滂、许章所识，与南阳岑旺善。公之为布衣，特爱俊；俊亦称公有治世之具。及袁绍与弟术丧母，归葬汝南，俊与公会之，会者三万人。公于外密语俊曰：'天下将乱，为乱魁者必此二人也。欲济天下，为百姓请命，不先诛此二子，乱今作矣。'俊曰：'如卿之言，济天下者，舍卿复谁？'相对而笑。俊为人外静而内明，不应州郡三府之命。公车征，不到，避地居武陵，归俊者一百馀家。帝之都许，复征为尚书，又不就。刘表见绍强，阴与绍通，俊谓表曰：'曹公，天下之雄也，必能兴霸道，继桓、文之功者也。今乃释近而就远，如有一朝之急，遥望汉北之救，不亦难乎！'表不从。俊年六十四，以寿终于武陵，公闻而哀伤。及平荆州，自临江迎丧，改葬于江陵，表为先贤也。"

⑪益州牧刘璋：字季玉（？~219），东汉江夏竟陵（今湖北潜江西北）人，刘焉之子。兴平元年（194），刘焉病卒，刘璋继为监军使者，领益州牧。建安十六年（211）迎刘备入蜀，后反为刘备所制，刘备自领益州牧，迁刘璋于南郡公安，佩振威将军印绶。建安二十四年（219），孙权夺取荆州后，又以刘璋为益州牧，驻秭归，旋病卒。《三国志》卷三一有传。益州，西汉元封五年（前106）置，为十三刺史部之一。公孙述改为司隶校尉，东汉复为益州，治所雒县（今四川广汉市北），兴平中移治成都（今属四川），辖境相当于今四川大部以及甘肃、陕西、湖北、贵州、云南少部分。征役：招集兵卒。

⑫遣兵给军：谓派兵补充曹操的军队。

⑬孙权：字仲谋（182～252），孙坚次子，吴郡富春（今浙江富阳）人。吴国建立者，即吴大帝。详见本书所选《吴主传》。合肥：即合肥侯国，东汉改西汉所设合肥县置，属九江郡，治所在今安徽合肥市西。

⑭巴丘：谓巴丘山，即巴陵山，位于今湖南岳阳市西南隅。

⑮张憙（xǐ 喜）：曹操部将，生平不详。

⑯赤壁：位于今湖北赤壁市（原蒲圻市）西北赤壁镇北赤壁山，北对洪湖市东北乌林矶。唐李泰《括地志》："鄂州蒲圻县有赤壁山，即曹公败处。"北魏郦道元《水经注·江水》以为赤壁乃今湖北武昌区西赤矶山，似非。

⑰大疫：军中流行的急性传染病。《三国志·郭嘉传》："后太祖征荆州还，于巴丘遇疾疫，烧船，叹曰：'郭奉孝在，不使孤至此。'"

⑱江南诸郡：赤壁之战后，刘备占据武陵、零陵、长沙、桂阳四郡。裴注引《山阳公载记》曰："公船舰为备所烧，引军从华容道步归，遇泥泞，道不通，天又大风，悉使羸兵负草填之，骑乃得过。羸兵为人马所蹈藉，陷泥中，死者甚众。军既得出，公大喜，诸将问之，公曰：'刘备，吾俦也。但得计少晚；向使早放火，吾徒无类矣。'备寻亦放火而无所及。"又引孙盛《异同评》曰："按《吴志》，刘备先破公军，然后权攻合肥，而此记云权先攻合肥，后有赤壁之事。二者不同，《吴志》为是。"

十四年春三月①，军至谯，作轻舟，治水军。秋七月，自涡入淮②，出肥水③，军合肥。辛未④，令曰："自顷已来⑤，军数征行，或遇疫气⑥，吏士死亡不归，家室怨旷⑦，百姓流离，而仁者岂乐之哉？不得已也。其令死者家无基业不能自存者⑧，县官勿绝廪⑨，长吏存恤抚循⑩,以称吾意。"置扬州郡县长吏,开芍陂屯田⑪。十二月,军还谯。

[注释]

①十四年:即汉献帝建安十四年(209)。

②涡(guō锅):即涡水,古狼汤渠支流,即今淮水支流涡河。故道自今河南扶沟县东分狼汤渠(魏晋以后称蔡水),东流经太康县北、鹿邑县南,以下循今涡河至怀远县入淮,为中原地区水运航道之一。淮:即今淮河,源出河南桐柏山,东流经河南、安徽,在江苏北部独流入海。金代以后改道。

③肥水:当即今安徽合肥市之南肥河,《寰宇记》卷一二六"合肥县":"肥水出县西南八十里兰家山,东南流入巢湖。"

④辛未:即建安十四年八月二十四日(公元209年10月10日)。

⑤自顷:近来。

⑥疫气:疫病,即军中流行的急性传染病。

⑦家室怨旷:谓夫妇长期别离。《诗经·邶风·雄雉序》:"军旅数起,大夫久役,男女怨旷。"

⑧基业:产业。

⑨廪(lǐn凛)食:谓由官府供给口粮。

⑩长吏:指州县长官的辅佐。《汉书·百官公卿表》:"(县)有丞、尉,秩四百石至二百石,是为长吏。百石以下有斗食、佐史之秩,是为少吏。"存恤抚循:慰问救济与安抚。

⑪芍陂(quèbēi确杯):又名龙泉陂、期思陂。古代淮水流域最著名的水利工程,位于今安徽寿县南。最早见于《汉书·地理志》,北魏郦道元《水经注·肥水》:"断神水又东北径神迹亭东,又北谓之豪水,虽广

异名,事实一水。又东北径白芍亭东,积而为湖,谓之芍陂。陂周一百二十许里,在寿春县南八十里,言楚相孙叔敖所造。"

十五年春①,下令曰:"自古受命及中兴之君②,曷尝不得贤人君子与之共治天下者乎③!及其得贤也,曾不出闾巷④,岂幸相遇哉⑤?上之人不求之耳。今天下尚未定,此特求贤之急时也。'孟公绰为赵、魏老则优,不可以为滕、薛大夫。'⑥若必廉士而后可用,则齐桓其何以霸世⑦!今天下得无有被褐怀玉而钓于渭滨者乎⑧?又得无盗嫂受金而未遇无知者乎⑨?二三子其佐我明扬仄陋⑩,唯才是举,吾得而用之。"冬,作铜雀台⑪。

[注释]

①十五年:即汉献帝建安十五年(210)。

②受命:受天之命。古帝王自称受命于天以巩固其统治。中兴:中途振兴;转衰为盛。《诗经·大雅·烝民序》:"任贤使能,周室中兴焉。"

③曷尝:何尝。

④曾:副词,尝,曾经。闾巷:这里谓民间。语出《史记·韩信卢绾列传》:"陛下擢仆起闾巷,南面称孤,此仆之幸也。"

⑤幸:侥幸。

⑥"孟公绰"二句:意谓人才各有所长,有层次或适应性的不同,需要有所鉴别方能才尽其用。语出《论语·宪问》:"子曰:'孟公绰为赵、魏老则优,不可以为滕、薛大夫。'"大意是:孔子认为,若让孟公绰做晋国诸卿赵氏或魏氏的家臣,那是游刃有余的;但他却无才能去做滕、薛这样小国的大夫。孟公绰,鲁国大夫,是孔子所尊敬的人。老,古

代大夫的家臣称老,也称室老。滕、薛,当时地处鲁国附近的小国。

⑦"若必"二句:意谓若以廉洁与否的标准用人,齐桓公就不能用管仲,就不能成为春秋五霸之首。齐桓,即齐桓公(前?~前643),姓姜,名小白,公元前685年至前643年在位期间重用管仲等,强军富民,九盟诸侯,遂成为春秋五霸之首。《史记》卷三二有传。管仲(约前719~前645),名夷吾,字仲,颍上(今属安徽)人。辅佐齐桓公建立霸业,是中国古代著名的经济学家、哲学家、政治家、军事家。据说年轻时管仲与鲍叔牙合伙做买卖,出的本钱没有鲍叔牙多,可是到分红的时候,他却要多拿。外人就认为管仲贪婪不廉。《史记》卷六二有传。

⑧得无:犹言能不,岂不,莫非。被(pī披)褐(hè贺)怀玉:外披粗布短衣,怀中却有美玉。比喻身处卑贱却有才能的人。语出《老子》第七十章:"知我者希,则我者贵。是以圣人被褐而怀玉。"钓于渭滨:据说商末周初人姜子牙(吕尚)贫贱时曾钓于渭水之滨,周文王求贤,就封他为太师,最终辅佐周武王建立周朝。《史记》卷三二有传。

⑨盗嫂受金:据《史记·陈丞相世家》,魏无知向刘邦推荐陈平,周勃、灌夫攻击陈平品行不端,私通嫂子且受人贿赂,魏无知回答刘邦:"臣所言者,能也;陛下所问者,行也……楚汉相距,臣进奇谋之士,顾其计诚足以利国家不耳。且盗嫂受金又何足疑乎?"刘邦因此重用陈平,陈平辅佐刘邦建立汉朝,被封曲逆侯。无知,即魏无知。

⑩二三子:犹言诸君,几个人。明扬:谓举用或选拔。仄陋:有才德而地位卑微的人。

⑪铜雀台:故址位于今河北临漳城西南三台村,为曹操建安十五年(210)所建。台高近百尺,有楼阁、殿宇百余间,千门万户,规模宏伟。楼阁最高处铸九尺多高的铜雀,非常壮观。明代末为漳河水冲毁,现仅存台基。裴注引《魏武故事》载公十二月己亥令曰:"孤始举孝廉,年少,

自以本非岩穴知名之士，恐为海内人之所见凡愚，欲为一郡守，好作政教，以建立名誉，使世士明知之；故在济南，始除残去秽，平心选举，违迕诸常侍。以为强豪所忿，恐致家祸，故以病还。去官之后，年纪尚少，顾视同岁中，年有五十，未名为老，内自图之，从此却去二十年，待天下清，乃与同岁中始举者等耳。故以四时归乡里，于谯东五十里筑精舍，欲秋夏读书，冬春射猎，求底下之地，欲以泥水自蔽，绝宾客往来之望，然不能得如意。后征为都尉，迁典军校尉，意遂更欲为国家讨贼立功，欲望封侯作征西将军，然后题墓道言'汉故征西将军曹侯之墓'，此其志也。而遭值董卓之难，兴举义兵。是时合兵能多得耳，然常自损，不欲多之；所以然者，多兵意盛，与强敌争，倘更为祸始。故汴水之战数千，后还到扬州更募，亦复不过三千人，此其本志有限也。后领兖州，破降黄巾三十万众。又袁术僭号于九江，下皆称臣，名门曰建号门，衣被皆为天子之制，两妇预争为皇后。志计已定，人有劝术使遂即帝位，露布天下，答言'曹公尚在，未可也'。后孤讨禽其四将，获其人众，遂使术穷亡解沮，发病而死。及至袁绍据河北，兵势强盛，孤自度势，实不敌之，但计投死为国，以义灭身，足垂于后。幸而破绍，枭其二子。又刘表自以为宗室，包藏奸心，乍前乍却，以观世事，据有当州，孤复定之，遂平天下。身为宰相，人臣之贵已极，意望已过矣。今孤言此，若为自大，欲人言尽，故无讳耳。设使国家无有孤，不知当几人称帝，几人称王。或者人见孤强盛，又性不信天命之事，恐私心相评，言有不逊之志，妄相忖度，每用耿耿。齐桓、晋文所以垂称至今日者，以其兵势广大，犹能奉事周室也。论语云'三分天下有其二，以服事殷，周之德可谓至德矣'，夫能以大事小也。昔乐毅走赵，赵王欲与之图燕，乐毅伏而垂泣，对曰：'臣事昭王，犹事大王；臣若获戾，放在他国，没世然后已，不忍谋赵之徒隶，况燕后嗣乎！'胡亥之杀蒙恬也，恬曰：'自吾先人及至子孙，积信于秦三世矣；

今臣将兵三十餘万，其势足以背叛，然自知必死而守义者，不敢辱先人之教以忘先王也。'孤每读此二人书，未尝不怆然流涕也。孤祖父以至孤身，皆当亲重之任，可谓见信者矣，以及子桓兄弟，过于三世矣。孤非徒对诸君说此也，常以语妻妾，皆令深知此意。孤谓之言：'顾我万年之后，汝曹皆当出嫁，欲令传道我心，使他人皆知之。'孤此言皆肝鬲之要也。所以勤勤恳恳叙心腹者，见周公有金縢之书以自明，恐人不信之故。然欲孤便尔委捐所典兵众以还执事，归就武平侯国，实不可也。何者？诚恐己离兵为人所祸也。既为子孙计，又己败则国家倾危，是以不得慕虚名而处实祸，此所不得为也。前朝恩封三子为侯，固辞不受，今更欲受之，非欲复以为荣，欲以为外援，为万安计。孤闻介推之避晋封。申胥之逃楚赏，未尝不舍书而叹，有以自省也。奉国威灵，仗钺征伐，推弱以克强，处小而禽大，意之所图，动无违事，心之所虑，何向不济，遂荡平天下，不辱主命，可谓天助汉室，非人力也。然封兼四县，食户三万，何德堪之！江湖未静，不可让位；至于邑土，可得而辞。今上还阳夏、柘、苦三县户二万，但食武平万户，且以分损谤议，少减孤之责也。"

十六年春正月①，天子命公世子丕为五官中郎将②，置官属③，为丞相副。太原商曜等以大陵叛④，遣夏侯渊、徐晃围破之⑤。张鲁据汉中⑥，三月，遣钟繇讨之⑦。公使渊等出河东与繇会⑧。

[注释]

①十六年：即汉献帝建安十六年（211）。裴注引《魏书》曰："庚辰，天子报：减户五千，分所让三县万五千封三子，植为平原侯，据为范阳侯，豹为饶阳侯，食邑各五千户。"

②世子丕：即曹丕（187～226），字子桓，曹操次子。建安十六年（211），拜五官中郎将，为丞相之副。建安二十二年（217），立为魏太子。建安二十五年（220）正月，曹操卒，嗣位为丞相、魏王。十月代汉称帝，国号魏。在位七年，选官实行九品中正制，意在维护士族门阀特权，欲统一中国而先死。史称魏文帝。中国文学史上著名诗人，文论有《典论·论文》传世。《三国志》卷二有纪。世子，太子，帝王和诸侯的嫡长子。五官中郎将：官名。秦置，属郎中令。汉代为光禄勋属官，秩比二千石。曹丕以五官中郎将"置官属，为丞相副"，其职权已经提高。

③官属：主要官员的属吏。

④太原商曜：东汉太原（今山西太原西南）人（？～211），建安十六年（211）据大陵反曹，为夏侯渊等斩杀。太原，即太原郡，战国秦庄襄王三年（前247）置，治所晋阳县（今山西太原市西南），辖境相当于今山西五台山与管涔山以南、霍山以北地区，西汉以后渐小，汉文帝时改为国，寻复为郡。大陵：即大陵县，西汉置，属太原郡，治所在今山西交城西南大陵庄。

⑤夏侯渊：字妙才（？～219），东汉谯（今安徽亳州市）人。夏侯惇族弟。东汉末随曹操起兵，作战勇猛，任征西将军，镇守汉中，被刘备所斩。详见本书所选《夏侯渊传》。

⑥张鲁：字公祺（生卒年不详），东汉沛国丰县（今属江苏）人，张陵之孙，张衡之子。东汉末天师道（即"五斗米道"）首领，东汉末占据汉中，在各地设"义舍"，置"义米""义肉"，过往之人可量腹取用，加之刑法宽和，令汉中成为当时的安定之区。朝廷任命他为镇民中郎将，领汉宁太守。建安二十年（215），曹操进攻汉中，张鲁归降，任镇南将军，封阆中侯。详见本书所选《张鲁传》。汉中，即汉中郡，战国秦惠王更元十三年（前312）置，治所南郑县（今陕西汉中市东），因水为名，辖境

相当于今陕西秦岭以南,留坝、勉县以东,乾祐河流域以及湖北郧县、保康以西,米仓山、大巴山以北地。东汉末为张鲁所据,改为汉宁郡。建安二十年复改汉中郡。

⑦钟繇(yáo 瑶):字元常(151~230),东汉颍川长社(今河南长葛东)人。东汉末为黄门侍郎,曹操执政后任侍中司隶校尉,持节督关中诸军。建安二十一年(216),曹操封魏王,以他为魏相国。曹丕代汉称帝,任廷尉,迁太尉。魏明帝时,迁太傅。古代著名书法家,是隶书向楷书转变时代的开先河人物,与晋王羲之并称"钟王"。《三国志》卷一三有传。

⑧河东:即河东郡,战国魏置,后属秦,治所安邑县(今山西夏县西北十五里禹王城)。战国、秦、汉谓今山西西南一带,因黄河自北向南流经本地区西境而得名。辖境相当于今山西沁水以西、霍山以南地区。

是时关中诸将疑繇欲自袭①,马超遂与韩遂、杨秋、李堪、成宜等叛②。遣曹仁讨之。超等屯潼关③,公敕诸将④:"关西兵精悍⑤,坚壁勿与战⑥。"秋七月,公西征,与超等夹关而军。公急持之⑦,而潜遣徐晃、朱灵等夜渡蒲阪津⑧,据河西为营⑨。公自潼关北渡,未济,超赴船急战。校尉丁斐因放牛马以饵贼⑩,贼乱取牛马,公乃得渡,循河为甬道而南⑪。贼退,拒渭口⑫,公乃多设疑兵⑬,潜以舟载兵入渭,为浮桥⑭,夜,分兵结营于渭南。贼夜攻营,伏兵击破之。超等屯渭南,遣信求割河以西请和⑮,公不许。

[注释]

①自袭:意谓怀疑钟繇欲袭击自家军队。

②马超:字孟起(176~222),马腾之子,右扶风茂陵(今陕西兴平东北)人。东汉末随父起兵,勇猛善战。建安十六年(211)与韩遂等抗曹失败,乃奔汉中依张鲁,又因受谮,于建安十九年(214)投奔刘备,官至左将军,成为蜀汉名将。《三国志》卷三六有传。杨秋:韩遂部将(生卒年不详),曹操在渭南击败马超、韩遂后,杨秋逃至安定投降,后任讨寇将军,封临泾侯。李堪:韩遂部将(?~211),建安十六年在与曹军交战中被杀。成宜:韩遂部将(?~211),建安十六年在与曹军交战中被杀。

③潼关:汉代所置关隘名,地属司隶州弘农郡华阴县,当今陕西、山西、河南三省交界处,为入关中之正道要隘处。故址在今陕西潼关县东北港口镇东南四里杨家庄附近。

④敕(chì赤):古时自上告下之词。汉时凡尊长告诫后辈或下属皆称敕。

⑤关西:汉、唐时,泛指函谷关或潼关以西的地区。《后汉书·虞诩传》:"关西出将,关东出相。"

⑥坚壁:加固壁垒。裴注引《魏书》曰:"议者多言'关西兵强,习长矛,非精选前锋,则不可以当也'。公谓诸将曰:'战在我,非在贼也。贼虽习长矛,将使不得以刺,诸君但观之耳。'"

⑦持:相持,对抗。

⑧蒲阪津:一名蒲津,位于今山西永济市蒲州镇与陕西大荔县朝邑镇之间黄河上。

⑨河西:这里指蒲阪津以西的黄河西岸。

⑩校尉丁斐:字文侯(生卒年不详),东汉沛国(治今安徽濉溪西北)人,丁谧之父。历官典军校尉,受曹操青睐,宽厚待之。校尉,这里谓典军校尉,东汉末年设置西园八校尉之一,位列第六,统率中央常备

军。饵：引诱。

⑪甬道：两旁有墙或其他障蔽物的驰道或通道。裴注引《曹瞒传》曰："公将过河，前队适渡，超等奄至，公犹坐胡床不起。张郃等见事急，共引公入船。河水急，比渡，流四五里，超等骑追射之，矢下如雨。诸将见军败，不知公所在，皆惶惧，至见，乃悲喜，或流涕。公大笑曰：'今日几为小贼所困乎！'"

⑫渭口：渭河汇入黄河处，当在潼关附近。渭河，黄河最大支流，流经今陕西中部，源出甘肃渭源县西南鸟鼠山，东流经陇西、武山、甘谷、天水诸县市，横贯陕西渭河北原，南纳斜、涝、丰、沪、灞诸水，北会泾水、洛水，在潼关县入黄河。

⑬疑兵：虚张声势以迷惑敌人的军阵。

⑭浮桥：在并列的船、筏、浮箱或绳索上面铺木板而造成的桥。

⑮遣信：派遣使者。

九月，进军渡渭①。超等数挑战，又不许；固请割地，求送任子②，公用贾诩计，伪许之。韩遂请与公相见，公与遂父同岁孝廉，又与遂同时侪辈③，于是交马语移时④，不及军事，但说京都旧故⑤，拊手欢笑⑥。既罢，超等问遂："公何言？"遂曰："无所言也。"超等疑之⑦。他日，公又与遂书，多所点窜⑧，如遂改定者；超等愈疑遂。公乃与克日会战⑨，先以轻兵挑之⑩，战良久，乃纵虎骑夹击⑪，大破之，斩成宜、李堪等。遂、超等走凉州⑫，杨秋奔安定⑬，关中平。

[注释]

①渡渭：谓渡过渭河。裴注引《曹瞒传》曰："时公军每渡渭，辄为超骑所冲突，营不得立，地又多沙，不可筑垒。娄子伯说公曰：'今天寒，可起沙为城，以水灌之，可一夜而成。'公从之，乃多作缣囊以运水，夜渡兵作城，比明，城立，由是公军尽得渡渭。"又曰："或疑于时九月，水未应冻。臣松之按《魏书》：公军八月至潼关，闰月北渡河，则其年闰八月也，至此容可大寒邪！"

②任子：人质，指为取信对方而用作抵押的人，多以亲子为质，故称。

③同时侪（chái 柴）辈：谓年纪相当的同辈。

④交马：骑马并行。移时：经历一段时间。

⑤京都：京师，国都。这里当指洛阳。旧故：犹故旧，指旧友，旧交。

⑥拊手：拍手。表示喜悦或惊讶。

⑦超等疑之：裴注引《魏书》曰："公后日复与遂等会语，诸将曰：'公与虏交语，不宜轻脱，可为木行马以为防遏。'公然之。贼将见公，悉于马上拜，秦、胡观者，前后重沓，公笑谓贼曰：'汝欲观曹公邪？亦犹人也，非有四目两口，但多智耳！'胡前后大观。又列铁骑五千为十重陈，精光耀日，贼益震惧。"

⑧点窜：删改，修改。

⑨克日：约定日期。

⑩轻兵：轻装的部伍。

⑪虎骑：即"虎豹骑"之一的"虎骑"，东汉末曹操麾下精锐骑兵部队名，由曹氏宗族中猛将掌控。《三国志·曹仁传》："仁弟纯，初以议郎参司空军事，督虎豹骑从围南皮。"裴注引《魏书》曰："纯所督虎豹骑，

皆天下骁锐，或从百人将补之，太祖难其帅。纯以选为督，抚循甚得人心。"夹击：犹夹攻。

⑫凉州：西汉武帝所置十三刺史部之一，东汉时治所陇县（今甘肃张家川回族自治县），辖境相当于今甘肃、宁夏、青海湟水流域，陕西定边、吴旗、凤县、略阳与内蒙古额济纳旗一带。三国魏黄初中移治姑臧县（今甘肃武威市）。

⑬安定：即安定郡，西汉元鼎三年（前114）置，治所高平县（今宁夏固原），辖境相当于今甘肃景泰、靖远、会宁、平凉、泾川、镇原及宁夏中宁、中卫、同心、固原、彭阳等地。东汉属凉州，移治临泾县（今甘肃镇原东南）。

诸将或问公曰："初，贼守潼关，渭北道缺①，不从河东击冯翊而反守潼关②，引日而后北渡③，何也？"公曰："贼守潼关，若吾入河东，贼必引守诸津，则西河未可渡④，吾故盛兵向潼关⑤；贼悉众南守，西河之备虚，故二将得擅取西河；然后引军北渡，贼不能与吾争西河者，以有二将之军也。连车树栅⑥，为甬道而南，既为不可胜⑦，且以示弱。渡渭为坚垒，虏至不出，所以骄之也；故贼不为营垒而求割地。吾顺言许之⑧，所以从其意，使自安而不为备，因畜士卒之力，一旦击之，所谓疾雷不及掩耳，兵之变化，固非一道也⑨。"始，贼每一部到，公辄有喜色。贼破之后，诸将问其故。公答曰："关中长远，若贼各依险阻，征之，不一二年不可定也。今皆来集，其众虽多，莫相归服，军无适主⑩，一举可灭，为功差易⑪，吾是以喜。"

冬十月，军自长安北征杨秋，围安定。秋降，复其爵位，使留抚其民人⑫。十二月，自安定还，留夏侯渊屯长安。

[注释]

①渭北道缺：意谓渭河北岸的防守空虚。

②河东：即河东郡。冯翊（píngyì 平易）：即左冯翊，西汉太初元年（前104）改左内史置，职掌相当于郡太守，辖区相当于一郡，因地属畿辅，故不称郡，为汉代"三辅"之一，治所长安城（今陕西西安市西北），东汉移治高陵县（今高陵县西南），三国魏去"左"字，改辖区为郡，辖境相当于今陕西渭河以北、泾河以东洛河中、下游地区。

③引日：拖延时日。

④西河：谓今陕西与山西之间由北向南流的一段黄河。

⑤盛兵：结集重兵。

⑥连车树栅：谓将车乘连接起来，并立木为栅栏。裴注曰："臣松之案：汉高祖二年，与楚战荥阳京、索之间，筑甬道属河以取敖仓粟。应劭曰：'恐敌钞辎重，故筑垣墙如街巷也。'今魏武不筑垣墙，但连车树栅以扞两面。"

⑦既为不可胜：意谓先创造敌人不可取胜的条件。语本《孙子·形篇》："孙子曰：昔之善战者，先为不可胜，以待敌之可胜。不可胜在己，可胜在敌。故善战者，能为不可胜，不能使敌之可胜。故曰：胜可知，而不可为。不可胜者，守也；可胜者，攻也。守则不足，攻则有馀。善守者，藏于九地之下；善攻者，动于九天之上，故能自保而全胜也。"

⑧顺言：附和对方的话。

⑨一道：谓一种途径或方法。

⑩適（dí 敌）主：指军队的主帅，正帅。

⑪为功差易：建功比较容易。

⑫民人：人民，百姓。裴注引《魏略》曰："杨秋，黄初中迁讨寇将军，位特进，封临泾侯，以寿终。"

十七年春正月①，公还邺。天子命公赞拜不名②，入朝不趋③，剑履上殿④，如萧何故事⑤。马超馀众梁兴等屯蓝田⑥，使夏侯渊击平之。割河内之荡阴、朝歌、林虑⑦，东郡之卫国、顿丘、东武阳、发干⑧，巨鹿之廮陶、曲周、南和⑨，广平之任城⑩，赵之襄国、邯郸、易阳以益魏郡⑪。

冬十月，公征孙权。

[注释]

①十七年：即汉献帝建安十七年（212）。

②赞拜不名：臣子朝拜帝王时，赞礼的人不直呼其姓名，只称官职。这是帝王给予大臣的一种特殊礼遇。赞拜，古代举行朝拜、祭祀或婚礼仪式时由赞礼的人唱导行礼。

③入朝不趋：谓入朝不急步而行。封建时代人臣入朝必须趋步以示恭敬，入朝不趋是皇帝对大臣的一种殊遇。

④剑履上殿：经帝王特许，重臣上朝时可不解剑，不脱履，以示殊荣。

⑤萧何故事：《史记·萧相国世家》："于是乃令何第一，赐带剑履上殿，入朝不趋。"萧何：秦末沛（今江苏沛县）人（前？～前193），秦二世元年（前209）随同刘邦起兵，辅佐刘邦战胜项羽，建立汉朝，论功第一。为汉朝制订律法，后助吕后定计收捕淮阴侯韩信，被拜为相国。

⑥梁兴：韩遂部将，后被夏侯渊斩杀。蓝田：即蓝田县，战国秦献公

六年（前379）置，属内史，汉属京兆尹，治所今在陕西蓝田西三十里。

⑦荡阴：即荡阴县，西汉置，属河内郡，东汉建安十七年（212）改属魏郡，治所在今河南汤阴县。朝（zhāo 昭）歌：即朝歌县，秦置，属河内郡，三国魏为朝歌郡治，治所在今河南淇县。林虑：即林虑县，东汉延平元年（106）改隆虑县置，属河内郡，建安十七年（212）改属魏郡，三国魏属朝歌郡，治所在今河南林州市。

⑧卫国：当即卫县，东汉改观县置，属东郡，治所在今河南清丰县东南。顿丘：即顿丘县，西汉置，属东郡，治所在今河南清丰县西南。东武阳：即东武阳县，西汉置，属东郡，治所在今山东莘县东南十里。东汉属清河国，治所移至今莘县西南朝城镇。发干：即发干县，西汉置，属东郡，治所在今山东冠县东南。

⑨巨鹿：即巨鹿郡，秦始皇二十五年（前222）置，治所巨鹿县，东汉移治廮陶县（今宁晋西南），辖境相当于今滹沱河以南、平乡以北，柏乡以东，辛集、新河以西。廮（yǐng 影）陶：即廮陶县，西汉置，属巨鹿郡，治所在今河北宁晋西南二十九里。曲周：即曲周县，西汉武帝建元四年（前137）置，属广平国，东汉属巨鹿郡，治所在今河北曲周县东北四十里。南和：即南和县，西汉置，属广平国，东汉属巨鹿郡，三国魏属广平郡，治所在今河北邢台市南河区。

⑩广平之任城：清钱大昕《二十二史考异》卷一五："光武并广平国入巨鹿郡，此后未见复置，疑广平下衍一'之'字，任城属兖州，不当以益魏郡，盖亦衍一'城'字。"甚是。广平，即广平县，西汉置，为广平国治，东汉属巨鹿郡，治所在今河北鸡泽东南二十里旧城营。任：即任县，春秋晋置，西汉属广平国，东汉属巨鹿郡，治所在今河北任县东之东固城。

⑪赵：即赵国，西汉置，先后都襄国县（今河北邢台市）、邯郸县

(今河北邯郸市西南），西汉末辖境相当于今河北邯郸、邢台、沙河三市及邯郸、邢台、永年等县西部地。建安十七年（212）改为郡。三国魏太和六年（232）复为赵国，移治房子县（今高邑县西南）。襄国：即襄国县，西汉高帝元年（前206）项羽改信都县置，西汉属赵国，三国魏属广平郡。治所在今河北邢台市。邯郸：即邯郸县，秦置，为邯郸郡治，治所在今河北邯郸市。易阳：即易阳县，西汉置，属赵国，治所在今河北永年县（临洺关）东南。建安十七年（212）属魏郡，三国魏属广平郡。

十八年春正月①，进军濡须口②，攻破权江西营③，获权都督公孙阳④，乃引军还。诏书并十四州⑤，复为九州⑥。夏四月，至邺。

[注释]

①十八年：即汉献帝建安十八年（213）。

②濡（rú 如）须口：位于今安徽含山西南六十里濡须山与无为县西北五十里七宝山之间，两山夹峙，濡须水从中流过，古称濡须水口。

③江西：隋唐以前，对长江下游北岸淮水以南地区的惯称。

④都督公孙阳：生平不详。都督，东汉末可兼理地方事务的军事长官。

⑤十四州：即司（司隶校尉部）、豫、冀、兖、徐、青、荆、扬、益、凉、雍、并、幽、交，凡十四部、州。

⑥九州：即冀、豫、雍、荆、益、兖、青、徐、扬，凡九州。清赵翼《廿二史札记》卷七《汉复古九州》："《后汉书》，建安十八年，复《禹贡》九州。《魏志》亦称，是年诏书并十四州为九州。《献帝春秋》谓省幽、并州入于冀州，省司隶校尉及凉州入于雍州，于是有兖、豫、青、徐、荆、扬、冀、益、雍九州。按《荀彧传》，建安九年，或说曹操宜复

古九州，则冀州所制者广。或曰：'若是，则冀州当得河东、冯翊、扶风、西河、幽、并之地，所夺者众，关右诸将必谓以次见夺，将人人自保，恐天下未易图也。'操乃寝九州议。至是乃重复之，盖是时幽、并及关中诸郡国皆已削平，操自为张本，欲尽以为将来王畿之地故也。观于是年之前，已割荡阴、朝歌、林虑、卫国、顿邱、东武阳、发干、廮陶、曲周、南和、任城、襄国、邯郸、易阳，以益魏郡，是年又以冀州之河东、河内、魏郡、赵国、中山、常山、巨鹿、安平、甘陵、平原十郡封操为魏公，可见复九州正为禅代地也。"其中未提及省交州入于荆、益二州，略有缺失。并十四州为九州，是曹操巩固自身冀州牧势力的举措。

五月丙申①，天子使御史大夫郗虑持节策命公为魏公曰②：

朕以不德③，少遭愍凶④，越在西土⑤，迁于唐、卫⑥。当此之时，若缀旒然⑦，宗庙乏祀⑧，社稷无位⑨；群凶觊觎⑩，分裂诸夏，率土之民⑫，朕无获焉⑬，即我高祖之命将坠于地⑭。朕用夙兴假寐⑮，震悼于厥心⑯，曰"惟祖惟父⑰，股肱先正⑱，其孰能恤朕躬⑲"？乃诱天衷⑳，诞育丞相㉑，保乂我皇家㉒，弘济于艰难㉓，朕实赖之。今将授君典礼㉔，其敬听朕命。

[注释]

①五月丙申：即建安十八年五月初十（公元213年6月16日）。
②御史大夫郗（xī 希）虑：字鸿豫（生卒年不详），东汉山阳高平（今山东邹城市西南）人。汉献帝时任御史大夫，阿附曹操。持节：古代使臣奉命出行，必执符节以为凭证。策命：以策书封官授爵。裴注引《续

汉书》曰："虑字鸿豫，山阳高平人。少受业于郑玄，建安初为侍中。"又引虞溥《江表传》云："献帝尝特见虑及少府孔融，问融曰：'鸿豫何所优长？'融曰：'可与适道，未可与权。'虑举笏曰：'融昔宰北海，政散民流，其权安在也！'遂与融互相长短，以至不睦。公以书和解之。虑从光禄勋迁为大夫。"以下《册魏公九锡文》为献帝时尚书左丞潘勖所撰，见《文选》卷三五。潘勖，字元茂，献帝时为尚书郎，迁东海相，未发，拜尚书左丞。病卒。

③朕（zhèn 振）：秦始皇二十六年起定为帝王自称之词，沿用至清。不德：谦词。帝王自称。

④愍（mǐn 闵）凶：谓父母之丧。

⑤越在西土：谓被董卓劫持迁都流亡到长安。越，流亡，颠沛。西土，长安在东都洛阳之西，故称。

⑥迁于唐卫：汉献帝被劫持至长安后，关中大乱，献帝东走，渡过黄河后，经过安邑、闻喜与河内，回归洛阳。迁，迁徙，流离。唐，安邑与闻喜在河东，古属唐国地。卫，河内古属卫国地。

⑦缀旒（liú 流）：比喻国势垂危。《文选·潘勖〈册魏公九锡文〉》："当此之时，若缀旒然。"唐张铣注："旒，冠上垂珠，而缀于冠者，言帝室之危如旒之悬。然，辞也。"裴注引《公羊传》曰："'君若赘旒然。'汉何休云：'赘犹缀也。旒，旌旒也。以旒譬者，言为下所执持东西也。'"

⑧宗庙：古代帝王、诸侯祭祀祖宗的庙宇。祀：古代对神鬼、先祖所举行的祭礼。

⑨社稷：古代帝王、诸侯所祭的土神和谷神。社，土神；稷，谷神。常用为国家或政权的代称。无位：谓无安置之所。

⑩群凶：众奸，众凶逆。这里谓董卓、袁绍、袁术等。觊觎（jìyú 记

鱼）：非分的希望或企图。

⑪诸夏：代指分封的中原各个诸侯国，这里泛指中原地区。

⑫率土："率土之滨"之省。谓境域之内。

⑬无获：意谓不能获得民心。获，即"获民"，谓得民心。《左传·昭公三年》："其爱之如父母，而归之如流水，欲无获民，将焉辟之？"汉焦赣《易林·萃之姤》："种一得十，日益有息，仁政获民，四国亲睦。"

⑭高祖之命：谓祖先刘邦开创的大汉基业。高祖，即刘邦（前256～前195），字季，秦末泗水郡沛县（今江苏沛县）人，西汉王朝的开国皇帝。公元前202年称帝，在位八年，谥号高皇帝，庙号高祖。《史记》卷八、《汉书》卷一皆有纪。命，天命，古以君权为神授，统治者自称受命于天，谓之天命。

⑮用：连词，因而，因此。夙（sù素）兴假寐：成语"夙兴夜寐"（早起晚睡，形容勤劳）的另一种表达，显示勤劳的程度更进一步。假寐，谓和衣打盹。《诗经·小雅·小弁》："假寐永叹，维忧用老。"汉郑玄笺："不脱冠衣而寐曰假寐。"

⑯震悼：惊愕悲悼。厥心：谓汉献帝内心。厥，代词，其，表示领属关系。

⑰惟：思考，思念。

⑱股肱（gōng公）：大腿和胳膊。比喻左右辅佐之臣。《尚书·虞夏书·益稷》："臣作朕股肱耳目。"先正：亦作"先政"，谓前代的贤臣。裴注引《文侯之命》曰："'亦惟先正。'郑玄云：'先正，先臣。谓公卿大夫也。'"

⑲恤（xù续）：体恤，怜悯。朕躬：我，我身。多用于天子自称。

⑳乃诱天衷：谓于是感动天的善意。语出《左传·僖公二十八年》："（君臣）不协之故，用昭乞盟于尔大神，以诱天衷。"诱，感动。

㉑诞育:生育,出生。

㉒保乂(yì义):亦作"保艾"。治理使之安定太平。《尚书·周书·君奭》:"率惟兹有陈,保乂有殷。"孔传:"以安治有殷。"皇家:皇室。亦指王朝。

㉓弘济:广为救助。语出《尚书·周书·顾命》:"今天降疾殆,弗兴弗悟,尔尚明时朕言,用敬保元子钊弘济于艰难。"

㉔典礼:制度礼仪。《易·系辞上》:"圣人有以见天下之动,而观其会通,以行其典礼。"

昔者董卓初兴国难①,群后释位以谋王室②,君则摄进③,首启戎行④,此君之忠于本朝也。后及黄巾反易天常⑤,侵我三州⑥,延及平民,君又翦之以宁东夏⑦,此又君之功也。韩暹、杨奉专用威命⑧,君则致讨,克黜其难⑨,遂迁许都,造我京畿⑩,设官兆祀⑪,不失旧物⑫,天地鬼神于是获乂⑬,此又君之功也。袁术僭逆⑭,肆于淮南,慑惮君灵⑮,用丕显谋⑯,蕲阳之役⑰,桥蕤授首⑱,棱威南迈⑲,术以陨溃⑳,此又君之功也。回戈东征,吕布就戮,乘辕将返㉑,张杨殂毙㉒,眭固伏罪,张绣稽服㉓,此又君之功也。袁绍逆乱天常,谋危社稷,凭恃其众,称兵内侮㉔,当此之时,王师寡弱,天下寒心,莫有固志㉕,君执大节㉖,精贯白日㉗,奋其武怒㉘,运其神策㉙,致届官渡㉚,大歼丑类㉛,俾我国家拯于危坠㉜,此又君之功也。济师洪河㉝,拓定四州㉞,袁谭、高干,咸枭其首㉟,海盗奔迸㊱,黑山顺轨㊲,此又君之功也。乌丸三种㊳,崇乱二世㊴,袁尚因之,逼据塞北㊵,束马县车㊶,一征而灭,此又君之功也。刘表背诞㊷，不供贡职㊸，王师首路㊹，威风先逝㊺，百城八郡㊻，交臂屈膝㊼，此又君之功也。马超、成宜，同恶相济㊽，滨据河、潼㊾，求逞所欲，殄之渭南㊿，献馘万计㉛，遂定边境，抚和戎狄㉜，此又君之功也。鲜卑、丁零㉝，重译而至㉞，箄于、白屋㉟，请吏率职㊱，此又君之功也。君有定天下之功，重之以明德㊲，班叙海内㊳，宣美风俗㊴，旁施勤教㊵，恤慎刑狱㊶，吏无苛政，民无怀慝㊷；敦崇帝族㊸，表继绝世㊹，旧德前功㊺，罔不咸秩㊻；虽伊尹格于皇天㊼，周公光于四海㊽，方之蔑如也㊾。

[注释]

① 国难：国家的危难。

② 群后：四方诸侯及九州牧伯。语出《尚书·虞夏书·舜典》："乃日觐四岳群牧，班瑞于群后。"宋蔡沈集传："群后，即侯牧也。"释位：离去本职。王室：王朝，朝廷。裴注引《左氏传》曰："'诸侯释位以间王政。'汉服虔曰：'言诸侯释其私政而佐王室。'"

③ 摄进：谓曹操于汉献帝初平元年（190）以行奋武将军的身份参与各路诸侯讨伐董卓的联盟。摄，代理。

④ 启：开始。戎行（háng 航）：行伍，军队。

⑤ 反易：颠倒。天常：天的常道，这里指封建的纲常伦理。

⑥ 三州：这里指黄巾军活动频繁的青州、兖州、冀州三州。

⑦ 翦（jiǎn 剪）：消灭，削弱。东夏：古代泛指中国东部。

⑧ 专用威命：谓专横滥用权力威势。

⑨ 克黜：去除。

⑩京畿（jī 基）：国都及其行政官署所辖地区。

⑪兆祀：设坛祭祀。

⑫旧物：指旧日的典章制度。语出《左传·哀公元年》："祀夏配天，不失旧物。"

⑬获乂（yì 义）：得到治理，得到安定。

⑭僭（jiàn 建）逆：越礼犯上，这里谓其越分称帝。

⑮慑惮（shèdàn 射淡）：畏惧。灵：威灵，谓显赫的声威。

⑯丕：大。显谋：十分英明的谋略。

⑰蕲阳：当即蕲县，秦置，属泗水郡，西汉属沛郡，东汉属沛国，三国魏属谯郡，治所在今安徽宿州市南四十里蕲县镇。清谢钟英《补三国疆域志补注》云："按《水经注》，蕲水自建城县东南径蕲县，县在蕲水北，故三国时称蕲阳也。"

⑱授首：被杀。

⑲棱威：威势，威风。南迈：南行。

⑳陨溃：覆灭，溃败。

㉑辕：车前驾牲口用的直木。这里指代战车。

㉒殂（cú 粗阳平）毙：死亡。张杨为自己部将杨丑所杀。

㉓稽（qǐ 起）服：拜服，敬服。

㉔称兵：举兵。谓动用武力，发动战争。内侮：借指一国之内以武力相侵。

㉕固志：坚定心志，稳定情绪。

㉖大节：高远宏大的志节、节概。

㉗精贯白日：精诚上通天日。

㉘武怒：威怒。语出《左传·昭公五年》："奋其武怒，以报其大耻。"

㉙神策：亦作"神筴"，卜筮所用之蓍草。这里比喻神机妙算。

㉚致届：即"致天之届"的略语，意即代替上天讨伐。语出《诗经·鲁颂·閟宫》："至于文武，缵大王之绪，致天之届，于牧之野。"致，传达，这里是代替的意思。届，通"殛"，诛杀，讨伐。

㉛丑类：恶人，坏人。对敌人的蔑称。

㉜俾（bǐ 笔）：使。危坠：犹危亡。

㉝洪河：大河。这里即指黄河。

㉞拓定：平定。四州：指冀州、并州、青州、兖州四州。

㉟咸：皆，都。枭（xiāo 销）其首：即"枭首"，斩首并悬挂示众。

㊱海盗：谓海上农民军首领管承。奔迸（bèng 泵）：逃散。

㊲黑山：谓黑山农民军首领张燕。他于建安十年（205）率部众十馀万投降曹操。顺轨：遵从礼制法度，归顺正道。

㊳乌丸三种：即三郡乌丸。

�439崇乱：犹扰乱，骚乱。《尚书·周书·多方》："乃大降罚，崇乱有夏。"二世：谓汉灵帝、汉献帝两代。

㊵逼据：犹侵占。塞北：指长城以北，亦泛指我国北边地区。

㊶束马县（xuán 悬）车：包裹马足，挂牢车子，以防滑跌倾覆。形容路险难行。县，通"悬"。

㊷背诞：违命放诞，不受节制。

㊸贡职：贡赋，贡品。

㊹王师：天子的军队，国家的军队。首路：上路出发。

㊺威风：使人敬畏的声势气派。先逝：先行。

㊻百城：谓东汉荆州共有一百一十七座县城。百，举其成数。八郡：荆州原下辖长沙、零陵、桂阳、南阳、江夏、武陵、南郡七郡，东汉建安十三年（208），从南郡分出一部分为襄阳郡，即成八郡。此外，又有

“荆州九郡”之说，则因算上东汉末年又一度从南阳郡分出的章陵郡而言。

㊼交臂：叉手，拱手。表示降服，恭敬。屈膝：下跪。引申为投降、屈服。《汉书·司马相如传下》：“交臂受事，屈膝请和。”此谓刘表子刘琮投降曹操事。

㊽同恶相济：谓恶人互相帮助，狼狈为奸。

㊾滨：靠近，临近。河潼：谓黄河与潼关。

㊿殄（tiǎn 舔）：灭绝。渭南：泛指渭河以南的区域。

(51)馘（guó 国）：古代战争中割取所杀敌人或俘虏的左耳以计数献功。

(52)抚和：安抚和辑。戎狄：古民族名，西方曰戎，北方曰狄。这里泛指西北少数民族。

(53)鲜卑：我国古代少数民族名。游牧部落东胡族的一支。秦汉时曾居于辽东，附于匈奴。东汉时北匈西迁后进入匈奴故地，势力渐盛。汉桓帝时鲜卑首领已建立军事行政联合体，分东、中、西三部，各置大人统领。三世纪中叶，联合体瓦解，附属汉魏。丁零：古民族名。又称“丁令”或“丁灵”。汉时为匈奴属国，游牧于我国北部和西北部广大地区。

(54)重（chóng 崇）译：辗转翻译。《汉书·平帝纪》：“元始元年春正月，越裳氏重译献白雉一，黑雉二，诏使三公以荐宗庙。”唐颜师古注：“译谓传言也。道路绝远，风俗殊隔，故累译而后乃通。”

(55)箄（bì 闭）于：我国古代北方少数民族名，或谓即后世契丹的先祖。白屋：我国古代北方少数民族名，或谓即后世靺鞨的先祖。

(56)请吏：请求为臣，意谓愿意臣服。率职：朝贡，进贡。

(57)明德：彰明德行。

(58)班叙海内：谓颁布施行于天下。

(59)宣美风俗：谓宣扬教化，使风俗淳美。

⑥旁施：广施。勤教：辛勤教化。

⑥恤慎刑狱：谓谨慎地使用刑罚。

⑥怀慝（tè 特）：心怀恶念。

⑥敦崇：崇尚。

⑥表继绝世：谓表彰恢复已灭绝的宗祀，承续已断绝的后代。

⑥旧德前功：谓先人的德泽与往日的功绩。

⑥罔不咸秩：谓全都予以禄养。罔，无。咸，都。秩，禄。

⑥伊尹：商初大臣，名挚，尹是官名。传说伊尹出身奴隶，辅佐商汤攻灭夏桀，建立商朝，被商汤尊为"阿衡"（相当于宰相）。格于皇天：意谓得到上天的嘉许。语出《尚书·周书·君奭》："时则有若伊尹，格于皇天。"格，嘉许。皇天，对天及天神的尊称。

⑥周公：周初政治家，姬姓，名旦。为周文王之子，周武王之弟。因采邑在周（今陕西宝鸡东北），称为周公。文王死后二年，他和太公望、召公奭佐武王灭殷杀纣，建立周朝。武王死后，又辅佐武王子成王巩固了王权。光于四海：意谓道德的光辉普照天下。语出《孝经·感应章》："孝悌之至，通于神明，光于四海，无所不通。"

⑥方之蔑如：意谓比较而言，没有什么区别。蔑如，微细。

朕闻先王并建明德①，胙之以土②，分之以民，崇其宠章③，备其礼物④，所以藩卫王室⑤，左右厥世也⑥。其在周成⑦，管、蔡不静⑧，惩难念功⑨，乃使邵康公赐齐太公履，东至于海，西至于河，南至于穆陵，北至于无棣，五侯九伯，实得征之⑩。世祚太师，以表东海⑪；爰及襄王，亦有楚人不供王职，又命晋文登为侯伯，锡以二辂、虎贲、鈇钺、秬鬯、弓矢⑫，大启南阳，世作盟主⑬。故周室之不坏，繄二国是赖⑭。今君称丕显德⑮，明保朕躬⑯，奉答天命⑰，导扬弘烈⑱，绥爰九域⑲，莫不率俾⑳，功高于伊、周，而赏卑于齐、晋，朕甚恧焉㉑。朕以眇眇之身㉒，托于兆民之上㉓，永思厥艰，若涉渊冰㉔，非君攸济㉕，朕无任焉㉖。今以冀州之河东、河内、魏郡、赵国、中山、常山、巨鹿、安平、甘陵、平原凡十郡㉗，封君为魏公。锡君玄土㉘，苴以白茅㉙；爰契尔龟㉚，用建冢社㉛。昔在周室，毕公、毛公入为卿佐㉜，周、邵师保出为二伯㉝，外内之任，君实宜之，其以丞相领冀州牧如故。又加君九锡㉞，其敬听朕命。以君经纬礼律㉟，为民轨仪㊱，使安职业，无或迁志，是用锡君大辂、戎辂各一，玄牡二驷㊲。君劝分务本㊳，稼人昏作㊴，粟帛滞积㊵，大业惟兴，是用锡君衮冕之服㊶，赤舄副焉㊷。君敦尚谦让㊸，俾民兴行㊹，少长有礼，上下咸和㊺，是用锡君轩县之乐㊻、六佾之舞㊼。君翼宣风化㊽，爰发四方，远人革面㊾，华夏充实㊿，是用锡君朱户以居㉛。君研其明哲㉜，思帝所难㉝，官才任贤㉞，群善必举，是用锡君纳陛以登㉟。君秉国之钧㊱，正色处中㊲，纤毫之恶，靡不抑退㊳，是用锡君虎贲之士三百人。君纠虔天刑㊴，章厥有罪㊵，犯关干纪㊶，莫不诛殛㊷，是用锡君铁钺各一。君龙骧虎视㊸，旁眺八维㊹，掩讨逆节㊺，折冲四海㊻，是用锡君彤弓一，彤矢百，玈弓十㊼，玈矢千。君以温恭为基㊽，孝友为德，明允笃诚㊾，感于朕思，是用锡君秬鬯一卣，珪瓒副焉㊿。魏国置丞相已下群卿百寮㉛，皆如汉初诸侯王之制㉜。往钦哉㉝，敬服朕命！简恤尔众㉞，时亮庶功㉟，用终尔显德㊱，对扬我高祖之休命㊲！

[注释]

①并建明德：意谓分封才德兼备的人。语出《左传·定公四年》："昔武王克商，成王定之，选建明德，以蕃屏周。"建，即封建，封邦建国。古代帝王把爵位、土地分赐给亲戚或功臣，使之在各区域内建立邦国。相传黄帝为封建之始，至周制度始备。明德，指才德兼备的人。

②胙（zuò 坐）之以土：谓将土地赐予他们。语出《左传·隐公八年》："天子建德，因生以赐姓，胙之土而命之氏。"胙，赐予，分封。

③崇：尊崇，推重。宠章：封建时代表示高官显爵的章服。

④礼物：典礼文物。语出《尚书·周书·微子之命》："统承先王，修其礼物。"

⑤藩卫王室：谓捍卫朝廷。

⑥左右厥世：谓辅佐当代的君主。

⑦周成：即周成王姬诵（前？~前1021），周武王之子，西周王朝的第二代君主，在位二十二年。初继位时年幼，由其叔父周公辅政。

⑧管、蔡：即管叔鲜与蔡叔度，悉为周文王子、周武王弟。周武王死后，周公旦摄政，引来管叔、蔡叔、霍叔兄弟的猜疑，于是联合商纣王之子武庚发动叛乱，即所谓"三监之乱"。于是周公东征，诛武庚，杀管叔而放蔡叔，废霍叔为庶民，平定了叛乱。事见《史记·周本纪》。

⑨惩难：犹靖难，即平定叛乱。

⑩"乃使"七句：喻指汉室赋予曹操讨伐反叛者的权力与从前召公奭对姜太公吕尚的信任等同。语出《左传·僖公四年》："四年春，齐侯以诸侯之师侵蔡。蔡溃。遂伐楚。楚子使与师言曰：'君处北海，寡人处南海，唯是风马牛不相及也。不虞君之涉吾地也，何故？'管仲对曰：'昔召康公命我先君大公曰："五侯九伯，女实征之，以夹辅周室。"赐我

先君履,东至于海,西至于河,南至于穆陵,北至于无棣。'"邵康公,即召(shào邵)公姬奭(shì世),西周宗室,与周武王、周公旦同辈。他辅佐周武王灭商后,受封于蓟(今北京),建立臣属西周的诸侯国燕国(北燕),但他派长子姬克管理燕国,自己仍留在镐京(今陕西长安)任职太保,辅佐朝廷。因采邑于召(今陕西岐山西南),故称召公,卒谥康,故又称召康公或邵康公。他辅佐周成王、周康王两代君主,开创"成康之治"。齐太公,即佐周武王灭商的姜太公吕尚,被封于齐,为齐国始祖,故被齐相管仲称为"我先君大公"。履,践踏,谓足迹可到之处,亦即其权力可及的范围。东至于海,谓向东可达今渤海与黄海。西至于河,谓西边可至黄河。穆陵,即穆陵关,位于今山东沂水县北大岘山上,路径险恶,一名破车岘。无棣(dì地),即无棣沟,位于今山东旧庆云县北十五里,1964年划归河北盐山县。相传春秋时即有此沟,分大河支流,东注于海。五侯九伯,公、侯、伯、子、男五等诸侯和九州之长。即泛指天下诸侯。征,讨伐。

⑪"世祚太师"二句:喻指汉室君主世代不会忘怀曹操所建立的功勋,就如同先前周天子世代感恩姜太公吕尚一样。语出《左传·襄公十四年》:"王使刘定公赐齐侯命,曰:'昔伯舅大公,右我先王,股肱周室,师保万民,世祚大师,以表东海。王室之不坏,繄伯舅是赖。'"大意是:周天子派刘定公赐予齐侯策命说:"从前伯舅姜太公辅佐我先王,属于周室的股肱,万民的师保,世代酬谢姜太公的功劳,在东方显扬光大。王室没有消亡,凭仗的就是伯舅姜太公。"祚,通"胙",酬谢。太师,即"大师",指姜太公吕尚。表,显扬。东海,喻指齐国。

⑫"爰及襄王"四句:喻指曹操辅佐汉室的功劳与春秋时晋文公扶持周襄王毫无二致。语出《左传·僖公二十八年》:"五月丙午,晋侯及郑伯盟于衡雍。丁未,献楚俘于王,驷介百乘,徒兵千。郑伯傅王,用平

礼也。己酉，王享醴，命晋侯宥。王命尹氏及王子虎、内史叔兴父策命晋侯为侯伯，赐之大辂之服，戎辂之服，彤弓一，彤矢百，玈弓矢千，秬鬯一卣，虎贲三百人。曰：'王谓叔父，敬服王命，以绥四国。纠逖王慝。'晋侯三辞，从命。曰：'重耳敢再拜稽首，奉扬天子之丕显休命。'受策以出，出入三觐。"爰（yuán 源），及，到。襄王，即周襄王姬郑（？～前 619），姬姓，名郑，周惠王之子，东周君主，公元前 651～前 619 年在位。周襄王时期，诸侯争霸日益激烈，先后出现春秋五霸。周襄王凭借齐桓公、晋文公的军事实力先后顺利继位并消灭其弟姬子带的反叛势力。不供王职，谓不向周天子进贡述职。这是春秋诸侯争霸过程中的开战借口之一。晋文：即晋文公（前 697～前 628），姬姓，名重耳，是中国春秋时期晋国的第二十二任君主，公元前 636 年至前 628 年在位，文治武功卓著，是春秋五霸中第二位霸主，也是先秦五霸之一，与齐桓公并称"齐桓晋文"。侯伯，诸侯之长。锡，赐予恩宠或财物。二辂（lù 路），或作"二路"，谓天子所乘用的车辆大辂与戎路。大辂，即玉辂，古时天子所乘之车。戎路，古代帝王军中所乘的车。虎贲（bēn 奔），勇士之称。贲，通"奔"。《尚书·周书·牧誓序》："武王戎车三百两，虎贲三百人，与受战于牧野。"孔传："勇士称也。若虎贲兽，言其猛也。皆百夫长。"铁钺（fūyuè 肤越）：指帝王赐予的专征专杀之权。《礼记·王制》："诸侯赐弓矢，然后征。赐铁钺，然后杀。"唐孔颖达疏："赐铁钺者，谓上公九命得赐铁钺，然后邻国臣弑君、子杀父者，得专讨之。"秬鬯（jùchàng 剧畅），古代以黑黍和郁金香草酿造的酒，用于祭祀降神及赏赐有功的诸侯。弓矢，指彤弓、彤矢，即朱漆弓与朱漆箭，古代天子用以赐有功的诸侯或大臣使专征伐。《尚书·周书·文侯之命》："用赉尔秬鬯一卣，彤弓一，彤矢百。"孔传："诸侯有大功，赐弓矢，然后专征伐。彤弓以讲德习射，藏示子孙。"

⑬"大启南阳"二句：意谓曹操应当享有如同晋文公类似的待遇。语出《左传·僖公二十五年》："戊午，晋侯朝王，王飨醴，命之宥。请隧，弗许，曰：'王章也。未有代德而有二王，亦叔父之所恶也。'与之阳樊、温、原、欑茅之田。晋于是始启南阳。"大意是：晋文公朝见周襄王，周天子用甜酒招待，又加币帛以助欢。晋文公请求死后能用天子的隧道式葬礼，周襄王加以婉拒说："这属于天子的典章，无取代周王室的德行而出现两位天子，这也是您所厌恶的。"作为一种补偿，周襄王就赐予晋文公阳樊、温、原、欑茅的土地。晋国从此开始拓展南阳的疆土。南阳，其地位于太行山以南、黄河之北，故晋国谓之南阳。盟主，古代诸侯盟会中的领袖或主持者。《汉书·刑法志》："（晋文）总帅诸侯，迭为盟主。"

⑭繄（yī依）：惟。二国：指齐国与晋国。赖：依靠，凭借。

⑮称：赞扬。丕：大。显德：谓显明的美德。《尚书·周书·文侯之命》："简恤尔都，用成尔显德。"

⑯朕躬：我，我身。多用于天子自称。

⑰天命：古以君权为神授，统治者自称受命于天，谓之天命。《左传·宣公三年》："周德虽衰，天命未改，鼎之轻重，未可问也。"

⑱导扬：引导宣扬。弘烈：指巨大的功业。

⑲绥爰：犹安定。《尚书·商书·盘庚下》："绥爰有众。"唐孔颖达疏："安慰于其所有之众。"九域：九州。

⑳率俾（bǐ笔）：顺从。《尚书·周书·君奭》："丕冒海隅出日，罔不率俾。"

㉑恧（nǜ女去声）：惭愧。

㉒眇眇：微末。

㉓兆民：古称天子之民，后泛指众民，百姓。《尚书·周书·吕刑》：

"一人有庆，兆民赖之。"

㉔渊冰：比喻危险境地。语出《诗经·小雅·小旻》："战战兢兢，如临深渊，如履薄冰。"

㉕攸：助词，所。

㉖无任：不能胜任。

㉗常山：即常山郡，西汉文帝元年（前179），为避文帝刘恒讳，改恒山郡为常山郡，治所真定县（今河北石家庄市东北）。汉景帝五年（前152）改常山国，汉武帝元鼎三年（前114）复改为郡，四年移治元氏县（今河北元氏县西北十五里），辖境相当于今河北唐河以南，曲阳、栾城、赵县以西（正定、石家庄除外），内丘以北地区。东汉改为常山国，辖境略大。建安十一年（206）又改为常山郡。安平：即安平王国，东汉延光元年（122）改乐成国置，治所信都县（今河北冀州市），辖境相当于今河北冀州、安平、饶阳、深州、武邑、衡水、枣强、新河、南宫等县市及武强、广宗的一部分。三国魏改安平郡。甘陵：即甘陵国，东汉建和二年（148）改清河国置，治所甘陵县（今山东临清市东北），辖境相当于今河北清河及枣强、南宫各一部分，山东临清、夏津、武城及高唐、平原各一部分地，三国魏改为清河郡。平原：即平原郡，东汉永宁元年（120）改平原郡为平原国，建安十一年（206）复为郡，三国魏黄初三年（222）复改为国。治所平原县（在今山东平原西南二十五里张官店），辖境相当于今山东平原、陵县、禹城、齐河、临邑、商河、惠民、阳信等市县地。

㉘玄土：犹玄社，即黑土，谓北方的土地。古代天子用五色（青、赤、白、黑、黄）土封五方诸侯。封于东方者取青土，封于南方者取赤土，封于西方者取白土，封于北方者取黑土，封于上方者取黄土。各取其色物，裹以白茅，封以为社。玄社指北方的封国。

㉙苴（jū居）：包裹。苴茅，古代帝王分封诸侯时，用该方颜色的泥

土，覆以黄土，包以白茅，授予受封者，作为分封土地的象征。白茅：亦作"白茢"，植物名。多年生草本，花穗上密生白色柔毛，故名。古代常用以包裹祭品及分封诸侯，象征土地所在方位之土。

㉚爰契尔龟：意谓为曹操进行占卜，选择吉日。契，谓占卜时以刀凿刻龟甲，语出《诗经·大雅·緜》："爰始爰谋，爰契我龟。"

㉛冢社：犹冢土，即大社，天子祭神的地方。

㉜毕公：即毕公高，姬姓，名高，周文王姬昌子，周武王灭商后，受封毕地。毛公：即毛公郑，姬姓，名郑，周文王姬昌子，周武王灭商后，受封毛地。周成王临终时，遗命两人与召公辅佐周康王继位。卿佐：指辅佐国君的执政大臣。《左传·昭公九年》："君之卿佐，是谓股肱。"

㉝周邵师保：谓西周太师周公旦与西周太保召公奭。二伯：指分陕而治的周公与召公。《礼记·王制》："八伯各以其属，属于天子之老二人，分天下以为左右，曰二伯。"汉郑玄注："自陕以东，周公主之，自陕以西，召公主之。"

㉞九锡：古代天子赐给诸侯、大臣的九种器物，是一种最高礼遇。《公羊传·庄公元年》"锡者何？赐也；命者何？加我服也"汉何休注："礼有九锡：一曰车马，二曰衣服，三曰乐则，四曰朱户，五曰纳陛，六曰虎贲，七曰宫矢，八曰铁钺，九曰秬鬯。"

㉟经纬：规划治理。礼律：谓礼法与刑律。

㊱轨仪：法则，仪制。

㊲玄牡：黑色公马。驷：古代一车套四马，因以称驾一车之四马或四马所驾之车。

㊳劝分：劝导人们有无相济。务本：指务农。《汉书·文帝纪》："农，天下之大本也，民所恃以生也。而民或不务本而事末，故生不遂。"

㊴穑（sè 啬）人：农夫。昏（mǐn 敏）作：勤勉劳作。昏，勉力，

尽力。

㊵滞积：积压。

㊶是用：因此。衮（gǔn 滚）冕：衮衣和冕。古代帝王与上公的礼服和礼冠。《周礼·春官·司服》："王之吉服，祀昊天上帝则服大裘而冕；祀五帝亦如之；享先王则衮冕……公之服，自衮冕而下，如王之服。"

㊷赤舄（xì 细）：古代一种红色以木为复底的鞋。副：相称。

㊸敦尚：推崇，崇尚。

㊹兴行：因受感发，起而实行。《孝经·三才》："先王见教之可以化民也，是故先之以博爱，而民莫遗其亲；陈之于德义，而民兴行。"

㊺咸和：协和，和睦。语出《尚书·周书·无逸》："自朝至于日中昃，不遑暇食，用咸和万民。"

㊻轩县（xuán 悬）：古代诸侯陈列乐器三面悬挂。《周礼·春官·小胥》："正乐县之位，王宫县，诸侯轩县。"汉郑玄注："郑司农云：'宫县，四面县。轩县，去其一面……'玄谓轩县去南面辟王也。"

㊼佾（yì 意）：古代乐舞的行列。古制，天子八佾，诸侯六，大夫四，士二。

㊽翼宣：辅佐宣扬。风（fèng 奉）化：教育感化。

㊾远人：这里当谓外族人或外国人。《论语·季氏》："故远人不服，则修文德以来之。"革面：谓改变脸色或态度。《易·革》："君子豹变，小人革面。"三国魏王弼注："小人乐成则变面以顺上也。"唐孔颖达疏："小人革面者，小人处之但能变其颜面容色顺上而已。"

㊿华夏：这里当指我国中原地区。充实：充足，富足。《尹文子·大道下》："农桑以时，仓廪充实，兵甲劲利，封疆修理，强国也。"

㉑朱户：古代帝王赏赐诸侯或有功大臣的朱红色的大门，古为"九锡"之一种。《韩诗外传》卷八："诸侯之有德，天子锡之。一锡车马，

再锡衣服，三锡虎贲。四锡乐器。五锡纳陛。六锡朱户。七锡弓矢。八锡铁钺。九锡秬鬯。”

(52)研：思虑，思考。明哲：明智，洞察事理。语出《尚书·商书·说命上》：“知之曰明哲，明哲实作则。”

(53)思帝所难：意谓如何做到知人善任，是帝尧也感到为难的事情。语出《尚书·虞夏书·皋陶谟》：“惟帝其难之。知人则哲，能官人。”帝，即帝尧，姓伊祁，号放勋，中国上古时期部落联盟首领，“五帝”之一，被后世儒家视为上古的贤明君主。

(54)官才任贤：谓选官以才能为准，任用贤者。

(55)纳陛：古代帝王赐给有殊勋的诸侯或大臣的“九锡”之一。凿殿基为登升的陛级，纳之于檐下，不使尊者露而升，故名。

(56)秉国之钧：意谓执掌国家政权。语出《诗经·小雅·节南山》：“秉国之钧，四方是维。”钧，制陶器所用的转轮，比喻国家的大权。

(57)正色：谓神色庄重、态度严肃。语出《尚书·周书·毕命》：“弼亮四世，正色率下。”处中：执持中正之道。

(58)靡（mǐ 米）：无，没有。抑退：黜退，贬退。

(59)纠虔天刑：谓察举其罪而慎行天子之法。语出《国语·鲁语下》：“少采夕月，与大史、司载纠虔天刑。”纠，恭；虔，敬。天刑，上天的法则。

(60)章：显示，表明。

(61)犯关干纪：意谓违禁强行打开城门等违犯法纪之事。语出《左传·襄公十三年》：“干国之纪，犯门斩关。”犯关，砍断门闩，强行打开城门。

(62)诛殛（jí 集）：诛杀。

(63)龙骧（xiāng 香）虎视：比喻气势威武，眼光远大。骧，奔驰，腾越。

㉔旁眺：环顾。八维：四方和四隅合称八维。

㉕掩讨：犹讨伐。逆节：指叛逆者。

㉖折冲：使敌人的战车后撤，即制敌取胜。冲，冲车，战车的一种。四海：犹言天下，全国各处。

㉗旅（lú 卢）：黑色。

㉘温恭：温和恭敬。《尚书·虞夏书·舜典》："濬哲文明，温恭允塞。"唐孔颖达疏："温和之色，恭逊之容。"

㉙明允笃（dǔ 赌）诚：明察而诚信，切实忠诚。语出《左传·文公十八年》："齐圣广渊，明允笃诚，天下之民谓之八恺。"

㉚珪瓒（guīzàn 归赞）：玉柄的酒器。《逸周书·王会》："祝淮氏荣氏次之，珪瓒次之，皆西面。"朱右曾校释："瓒，盛鬯酒之器，以珪为柄。"

㉛群卿百寮：谓大小百官。寮，通"僚"。

㉜诸侯王：汉代皇子被封为王者。汉蔡邕《独断》："汉制皇子封为王者，其实古诸侯也。周末诸侯或称王，而汉天子自以皇帝为称，故以王号加之，总名诸侯王。"

㉝往钦哉：意谓谨慎地去干吧。语出《尚书·虞夏书·益稷》："帝拜曰：'俞，往钦哉！'"

㉞简恤：谓考察而体恤之。语出《尚书·周书·文侯之命》："简恤尔都，用成尔显德。"孔传："当简核汝所任，忧治汝都鄙之人。"

㉟时亮庶功：意谓善于辅佐君王立下事功。语出《尚书·虞夏书·舜典》："汝二十有二人，钦哉！惟时亮天功。"时，善。亮，辅佐。

㊱用终尔显德：意谓从而成就你显明的美德。语出《尚书·周书·文侯之命》："简恤尔都，用成尔显德。"

⑰对扬我高祖之休命：意谓弘扬我汉高祖刘邦美善的遗训。语出《尚书·商书·说命下》："敢对扬天子之休命。"孔传："对，答也。答受美命而称扬之。"对扬，古代常语，屡见于金文。凡臣受君赐时多用之，兼有答谢、颂扬之意。休命，美善的命令。多指天子或神明的旨意。裴注曰："后汉尚书左丞潘勖之辞也。勖字元茂，陈留中牟人。"又引《魏书》载公令曰："'夫受九锡，广开土宇，周公其人也。汉之异姓八王者，与高祖俱起布衣，创定王业，其功至大，吾何可比之？'前后三让。于是中军师陵树亭侯荀攸、前军师东武亭侯钟繇、左军师凉茂、右军师毛玠、平虏将军华乡侯刘勋、建武将军清苑亭侯刘若、伏波将军高安侯夏侯惇、扬武将军都亭侯王忠、奋威将军乐乡侯刘展、建忠将军昌乡亭侯鲜于辅、奋武将军安国亭侯程昱、太中大夫都乡侯贾诩、军师祭酒千秋亭侯董昭、都亭侯薛洪、南乡亭侯董蒙、关内侯王粲、傅巽、祭酒王选、袁涣、王朗、张承、任藩、杜袭、中护军国明亭侯曹洪、中领军万岁亭侯韩浩、行骁骑将军安平亭侯曹仁、领护军将军王图、长史万潜、谢奂、袁霸等劝进曰：'自古三代，胙臣以土，受命中兴，封秩辅佐，皆所以褒功赏德，为国藩卫也。往者天下崩乱，群凶豪起，颠越跋扈之险，不可忍言。明公奋身出命以徇其难，诛二袁篡盗之逆，灭黄巾贼乱之类，殄夷首逆，芟拨荒秽，沐浴霜露二十馀年，书契已来，未有若此功者。昔周公承文、武之迹，受已成之业，高枕墨笔，拱揖群后，商、奄之勤，不过二年，吕望因三分有二之形，据八百诸侯之势，暂把旄钺，一时指麾，然皆大启土宇，跨州兼国。周公八子，并为侯伯，白牡骍刚，郊祀天地，典策备物，拟则王室，荣章宠盛如此之弘也。逮至汉兴，佐命之臣，张耳、吴芮，其功至薄，亦连城开地，南面称孤。此皆明君达主行之于上，贤臣圣宰受之于下，三代令典，汉帝明制。今比劳则周、吕逸，计功则张、吴微，论制则齐、鲁重，言地则长沙多；然则魏国之封，九锡之荣，况于旧赏，犹怀玉而被褐

也。且列侯诸将，幸攀龙骥，得窃微劳，佩紫怀黄，盖以百数，亦将因此传之万世，而明公独辞赏于上，将使其下怀不自安，上违圣朝欢心，下失冠带至望，忘辅弼之大业，信匹夫之细行，攸等所大惧也。'于是公敕外为章，但受魏郡。攸等复曰：'伏见魏国初封，圣朝发虑，稽谋群察，然后策命；而明公久违上指，不即大礼。今既虔奉诏命，副顺众望，又欲辞多当少，让九受一，是犹汉朝之赏不行，而攸等之请未许也。昔齐、鲁之封，奄有东海，疆域井赋，四百万家，基隆业广，易以立功，故能成翼戴之勋，立一匡之绩。今魏国虽有十郡之名，犹减于曲阜，计其户数，不能参半，以藩卫王室，立垣树屏，犹未足也。且圣上览亡秦无辅之祸，惩曩日震荡之艰，托建忠贤，废坠是为，愿明公恭承帝命，无或拒违。'公乃受命。"又引《魏略》载公上书谢曰："臣蒙先帝厚恩，致位郎署，受性疲怠，意望毕足，非敢希望高位，庶几显达。会董卓作乱，义当死难，故敢奋身出命，摧锋率众，遂值千载之运，奉役目下。当二袁炎沸侵侮之际，陛下与臣寒心同忧，顾瞻京师，进受猛敌，常恐君臣俱陷虎口，诚不自意能全首领。赖祖宗灵祐，丑类夷灭，得使微臣窃名其间。陛下加恩，授以上相，封爵宠禄，丰大弘厚，生平之愿，实不望也。口与心计，幸且待罪，保持列侯，遗付子孙，自托圣世，永无忧责。不意陛下乃发盛意，开国备锡，以贶愚臣，地比齐、鲁，礼同藩王，非臣无功所宜膺据。归情上闻，不蒙听许，严诏切至，诚使臣心俯仰逼迫。伏自惟省，列在大臣，命制王室，身非己有，岂敢自私，遂其愚意，亦将黜退，令就初服。今奉疆土，备数藩翰，非敢远期，虑有后世；至于父子相誓终身，灰躯尽命，报塞厚恩。天威在颜，悚惧受诏。"

秋七月，始建魏社稷宗庙。天子聘公三女为贵人①，少者待年于国②。九月，作金虎台③，凿渠引漳水入白沟以通河。冬十月，分魏郡为东西部，置都尉。十一月，初置尚书、侍中、六卿④。

[注释]

①聘：谓以礼聘娶。公三女：谓曹宪、曹节、曹华。贵人：女官名。东汉光武帝始置，地位次于皇后。历代沿其名，而位尊卑不一。《后汉书·皇后纪序》："及光武中兴，斫雕为朴，六宫称号，唯皇后、贵人。贵人金印紫绶，奉不过粟数十斛。"

②待年：谓女子待年长而聘。《后汉书·皇后纪下·献穆曹皇后》："操进三女宪、节、华为夫人，聘以束帛玄纁五万匹，小者待年于国。"唐李贤注："留住于国，以待年长。"裴注引《献帝起居注》曰："使使持节行太常大司农安阳亭侯王邑，赍璧、帛、玄纁、绢五万匹之邺纳聘，介者五人，皆以议郎行大夫事，副介一人。"

③金虎台：故址位于今河北临漳西南三台村，北距铜雀台三十丈，台高八丈，有殿宇百馀间，建于建安十八年（213），与铜雀台和建于翌年的冰井台，合称三台。

④尚书：官名。始置于战国时，或称掌书，尚即执掌之义。秦为少府属官，汉武帝提高皇权，因尚书在皇帝左右办事，掌管文书奏章，地位逐渐重要。东汉时，尚书有官署在宫禁中，称尚书台，遂成为代表君主意志的近臣。尚书的首脑为尚书令，有尚书仆射二人、五曹尚书五人。侍中：官名。秦始置，两汉沿置，为正规官职外的加官之一。因侍从皇帝左右，出入宫廷，与闻朝政，逐渐变为亲信贵重之职。汉末三国演变为实职。六卿：据《汉书·百官公卿表》："天官冢宰，地官司徒，春官宗伯，夏官司马，秋官司寇，冬官司空，是为六卿，各有徒属职分，用于百事。"裴注引《魏氏春秋》曰："以荀攸为尚书令，凉茂为仆射，毛玠、崔琰、常林、徐奕、何夔为尚书，王粲、杜袭、卫觊、和洽为侍中。"

马超在汉阳①，复因羌胡为害②，氐王千万叛应超③，屯兴国④。使夏侯渊讨之。

[注释]

①汉阳：即汉阳郡，东汉永平十七年（74）改天水郡置，治所冀县（今甘肃甘谷县东），辖境相当于今甘肃定西、陇西、礼县以东，静宁、庄浪以西，黄河以南，嶓冢山以北地。

②羌胡：指我国古代的羌族和匈奴族，亦用以泛称我国古代西北部的少数民族。

③氐（dī低）：我国古代民族，居住在今西北一带。千万：氐王名。

④兴国：即兴国城，东汉末略阳氐人筑，故址在今甘肃秦安县东北。

十九年春正月①，始耕籍田②。南安赵衢、汉阳尹奉等讨超③，枭其妻子④，超奔汉中。韩遂徙金城，入氐王千万部，率羌胡万馀骑与夏侯渊战，击，大破之，遂走西平⑤。渊与诸将攻兴国，屠之。省安东、永阳郡⑥。

[注释]

①十九年：即汉献帝建安十九年（214）。

②籍田：古代天子、诸侯征用民力耕种的田。相传天子籍田千亩，诸侯百亩。每逢春耕前，由天子、诸侯执耒耜在籍田上三推或一拨，称为"籍礼"，以示对农业的重视。亦指天子或诸侯示范性的耕作。

③南安赵衢：东汉南安人（生卒年不详），一度为攻占冀城的马超所

用,后为内应,占据冀城,杀死马超妻、子。南安,即南安郡,东汉中平五年(188)分汉阳郡置,治所獂道县(今甘肃陇西东南三台乡),辖境相当于今甘肃陇西县东部及定西、武山二县地。汉阳尹奉:东汉汉阳郡人(生卒年不详),原为姜叙部下统兵校尉,建安十八年(213),杨阜约姜叙起兵攻击马超,又得曹军夏侯渊支援,终于大败马超。

④枭(xiāo 销):斩首悬以示众。

⑤西平:即西平郡,东汉建安中分金城郡置,治所西都县(今青海西宁市),辖境相当于今青海湟源、乐都两县间湟水流域。

⑥安东:其地未见著录,待考。永阳:其地未见著录,待考。

安定太守毌丘兴将之官①,公戒之曰:"羌胡欲与中国通②,自当遣人来,慎勿遣人往。善人难得③,必将教羌胡妄有所请求,因欲以自利;不从便为失异俗意④,从之则无益事。"兴至,遣校尉范陵至羌中⑤,陵果教羌,使自请为属国都尉⑥。公曰:"吾预知当尔⑦,非圣也,但更事多耳⑧。"

[注释]

①毌(guàn 贯)丘兴:东汉河东闻喜(今属山西)人(生卒年不详),毌丘俭之父。魏文帝黄初间为武威太守,封高阳乡侯,入为将作大匠。毌丘,复姓。

②通:往来交好。

③善人:谓有道德的人或善良的人。《论语·述而》:"善人,吾不得而见之矣,得见有恒者,斯可矣。"宋邢昺疏:"善人,即君子也。"

④异俗:指异域或荒僻地区。

⑤校尉范陵：生平不详。校尉，汉代高级军职名称，官阶次于将军。

⑥属国都尉：汉武帝时在地方上设置的掌管少数民族事务的官员。秦汉初中央有典属国，掌少数民族事务。汉武帝元狩三年（前120）为处置匈奴降者，于安定、天水、上郡、西河、五原等郡置五属国，由属国都尉统领，下有丞、候、千人，属官有九译令。汉宣帝神爵二年（前60）又置金城属国，以处降羌。凡属国均由都尉统领，秩中二千石，地位略与郡守相当。东汉亦于边郡置属国都尉，且逐渐分县治民，职如郡守。

⑦当尔：谓情势当如此。

⑧更事：谓经历世事。裴注引《献帝起居注》曰："使行太常事大司农安阳亭侯王邑与宗正刘艾，皆持节，介者五人，赍束帛驷马，及给事黄门侍郎、掖庭丞、中常侍二人，迎二贵人于魏公国。二月癸亥，又于魏公宗庙授二贵人印绶。甲子，诣魏公宫延秋门，迎贵人升车。魏遣郎中令、少府、博士、御府乘黄厩令、丞相掾属侍送贵人。癸酉，二贵人至洧仓中，遣侍中丹将冗从虎贲前后骆驿往迎之。乙亥，二贵人入宫，御史大夫、中二千石将大夫、议郎会殿中，魏国二卿及侍中、中郎二人，与汉公卿并升殿宴。"

三月，天子使魏公位在诸侯王上，改授金玺、赤绂、远游冠①。秋七月，公征孙权②。

[注释]

①金玺（xǐ喜）：金制成的印玺。《汉书·百官公卿表上》："诸侯王，高帝初置，金玺盭绶，掌治其国。"赤绂（fú服）：即赤绶。古代官服上系印纽的赤色丝带。《后汉书·舆服志下》："诸侯王赤绶。"远游冠：古代冠名。秦汉以后历代沿用，至元代始废。《后汉书·舆服志下》："远游

冠，制如通天，有展筩横之于前，无山述，诸王所服也。"裴注引《献帝起居注》曰："使左中郎将杨宣、亭侯裴茂持节、印授之。"

②公征孙权：裴注引《九州春秋》曰："参军傅干谏曰：'治天下之大具有二，文与武也；用武则先威，用文则先德，威德足以相济，而后王道备矣。往者天下大乱，上下失序，明公用武攘之，十平其九。今未承王命者，吴与蜀也，吴有长江之险，蜀有崇山之阻，难以威服，易以德怀。愚以为可且按甲寝兵，息军养士，分土定封，论功行赏，若此则内外之心固，有功者劝，而天下知制矣。然后渐兴学校，以导其善性而长其义节。公神武震于四海，若修文以济之，则普天之下，无思不服矣。今举十万之众，顿之长江之滨，若贼负固深藏，则士马不能逞其能，奇变无所用其权，则大威有屈而敌心未能服矣。唯明公思虞舜舞干戚之义，全威养德，以道制胜。'公不从，军遂无功。干字彦材，北地人，终于丞相仓曹属。有子曰玄。"

初，陇西宋建自称河首平汉王①，聚众枹罕②，改元，置百官，三十馀年。遣夏侯渊自兴国讨之。冬十月，屠枹罕③，斩建，凉州平。

公自合肥还。

[注释]

①陇西宋建：东汉地方割据首领（？~214），又作宗建，陇西人。光和中，乘凉州乱，自号河首平汉王，占据枹罕，改元，置百官。终为曹操所灭。陇西，即陇西郡，战国秦昭襄王二十八年（前279）置，治所狄道县（今甘肃临洮南），以在陇山之西而得名，辖境相当于今甘肃陇山以

西、黄河以东、西汉水和白龙江上游以北、祖厉河与六盘山以南之地。东汉辖境逐渐缩小，三国魏移治襄武县（今甘肃陇西东南）。河首：宋建自以为据黄河上游地，故称。

②枹（fú浮）罕：即枹罕县，秦置，属陇西郡，治所在今甘肃临夏县东南双城堡大夏河北岸，西汉改属金城郡，东汉复属陇西郡。

③屠枹罕：谓破城时杀尽枹罕民。

十一月，汉皇后伏氏坐昔与父故屯骑校尉完书①，云帝以董承被诛怨恨公，辞甚丑恶，发闻②，后废黜死③，兄弟皆伏法④。

[注释]

①汉皇后伏氏：即伏寿（？~214），琅邪东武（今山东诸城）人，兴平二年（195）立为汉献帝刘协的皇后。建安五年（200），曹操杀董承与董贵妃，威福日甚，伏后忧愤中写信与其父伏完，令密图曹操。建安十九年（214）事泄，曹操命郗虑、华歆领兵入宫，将她幽禁于暴宫而死。《后汉书》卷一〇下有传。坐：犯罪，判罪。屯骑校尉完：即伏完（？~209），伏皇后之父，曾任执金吾、辅国将军、屯骑校尉。密图曹操之事发，伏完已前卒。屯骑校尉，汉代八校尉之一。汉武帝始置，秩二千石（东汉为比二千石），掌骑士宿卫。

②发闻：传播，显扬。

③废黜（chù触）：废免罢黜。

④伏法：依法被处死刑。裴注引《曹瞒传》曰："公遣华歆勒兵入宫收后，后闭户匿壁中。歆坏户发壁，牵后出。帝时与御史大夫郗虑坐，后被发徒跣过，执帝手曰：'不能复相活邪？'帝曰：'我亦不自知命在何时也。'帝谓虑曰：'郗公，天下宁有是邪！'遂将后杀之，完及宗族死者数

百人。"

十二月，公至孟津。天子命公置旄头①，宫殿设钟虡②。乙未③，令曰："夫有行之士未必能进取④，进取之士未必能有行也。陈平岂笃行⑤，苏秦岂守信邪⑥？而陈平定汉业，苏秦济弱燕。由此言之，士有偏短⑦，庸可废乎⑧！有司明思此义⑨，则士无遗滞⑩，官无废业矣⑪。"又曰："夫刑，百姓之命也，而军中典狱者或非其人⑫，而任以三军死生之事⑬，吾甚惧之。其选明达法理者⑭，使持典刑⑮。"于是置理曹掾属⑯。

[注释]

①旄（máo 毛）头：古代皇帝仪仗中一种担任先驱的骑兵。

②钟虡（jù 具）：饰以猛兽形象的悬乐钟的格架。

③乙未：建安十九年十二月十九日，即公元215年2月5日。

④有行：有德行。《大戴礼记·盛德》："能行德法者，为有行。"进取：努力上进；立志有所作为。

⑤陈平：西汉王朝的开国功臣（前？～前178），阳武（今河南原阳东南）人。少时喜读书，有大志，辅助刘邦建立汉朝，屡出奇谋。刘邦死后，傅教惠帝；吕后死后，陈平与太尉周勃合谋平定诸吕之乱，迎立代王为文帝。官至丞相。笃（dǔ 赌）行：行为淳厚，纯正踏实。据《史记·陈丞相世家》，陈平有盗嫂受金的传闻。

⑥苏秦：己姓，苏氏，名秦（前？～前284），字季子，东周雒阳（今河南洛阳市）人。曾到齐国受业于鬼谷先生，与张仪为同学。后到燕国去见燕文侯，文侯接受了他的"合纵"主张，并资助他车马金帛，使

他能到赵、韩、魏、齐、楚几国去游说。六国经过他的劝说而联合起来，苏秦成为纵约长，"并相六国"，被赵国封为武安君。后至齐国，因众大夫争宠被刺杀。《史记》卷六九有传。据本传，有人认为苏秦为"左右卖国反覆之臣也"。守信：保持诚信，遵守信约。

⑦偏短：缺陷，不足。

⑧庸可：同"庸何"，即何，什么。

⑨有司：官吏。古代设官分职，各有专司，故称。

⑩遗滞：谓遗漏弃置。

⑪废业：荒废本业。

⑫典狱：执掌刑狱之事。

⑬三军：这里为军队的通称。死生之事：谓死亡和生存的大事。

⑭明达：对事理有明确透彻的认识。法理：法律，法律原理。《东观汉记·张禹传》："明帝以其明达法理，有张释之风，超迁非次，拜廷尉。"

⑮典刑：掌管刑法。

⑯理曹：即法曹，古代司法官署。《海录碎事·臣职·曹掾》："魏置理曹掾，法曹也。"掾（yuàn院）属：佐治的官吏。汉代自三公至郡县，都有掾属。人员由主官自选，不由朝廷任命。

二十年春正月①，天子立公中女为皇后②。省云中、定襄、五原、朔方郡③，郡置一县领其民，合以为新兴郡④。

[注释]

①二十年：即汉献帝建安二十年（215）。

②中女：即曹节（？～260），《后汉书》卷一〇下有传云："献穆曹

皇后讳节，魏公曹操之中女也……及伏皇后被弑，明年，立节为皇后。魏受禅，遣使求玺绶，后怒不与。如此数辈，后乃呼使者入，亲数让之，以玺抵轩下，因涕泣横流曰：'天不祚尔！'左右皆莫能仰视。后在位七年。魏氏既立，以后为山阳公夫人。自后四十一年，魏景元元年薨，合葬禅陵，车服礼仪皆依汉制。"

③云中：即云中郡，战国赵武灵王置，秦时治所云中县（今内蒙古托克托县东北古城），辖境相当于今内蒙古土默特右旗以东、大青山以南、卓资县以西、黄河南岸及长城以北地。西汉辖境缩小，东汉属并州，东汉末废。定襄：即定襄郡，西汉高帝六年（前201）分云中郡置，治所成乐县（今内蒙古和林格尔县西北土城子乡古城），辖境相当于今内蒙古和林格尔、清水河、卓资、察哈尔右翼中旗等地。东汉移治善无县（今山西右玉县南），辖境缩小，仅有今内蒙古清水河县及山西右玉县地。东汉末废。五原：即五原郡，西汉元朔二年（前127）置，治所九原县（今内蒙古乌拉特前旗东南黑柳子乡三顶帐房村古城），辖境相当于今内蒙古后套以东，阴山以南，包头市以西和达拉特、准噶尔等旗地。东汉末废。朔方郡：西汉元朔二年（前127）置，治所朔方县（今内蒙古杭锦旗北什拉召一带），辖境相当于今内蒙古鄂尔多斯市西北部及巴彦淖尔市后套地区。东汉时移治临戎县（今内蒙古磴口县东北布隆淖乡古城）。永和五年（140）徙治五原县（今乌拉特前旗东南）。东汉末废。

④新兴郡：东汉建安二十年（215）置，治所九原县（今山西忻州市），辖境相当今山西忻州市、五台、盂县、定襄县及原平县东部与代县东南部地区。

三月，公西征张鲁，至陈仓①，将自武都入氐②；氐人塞道，先遣张郃、朱灵等攻破之。夏四月，公自陈仓以出散关③，至河池④。氐王窦茂众万馀人⑤,恃险不服,五月,公攻屠之⑥。西平、金城诸将麹演、蒋石等共斩送韩遂首⑦。

[注释]

①陈仓:即陈仓县,秦置,属内史,治所在今陕西宝鸡市东二十里渭水北岸。汉属右扶风,三国属扶风郡。

②武都:即武都郡,西汉元鼎六年(前111)置,治所武都县(今甘肃西和县南仇池山东麓),辖境相当于今甘肃武都、成县、徽县、西和、两当、康县及陕西凤县、略阳等县地。东汉移治下辨县(今成县西三十里)三国魏黄初中改置武都西部都尉,后入蜀。

③散关:唐以后称大散关,位于今陕西宝鸡市西南五十二里大散岭上,当秦岭孔道,扼川、陕交通咽喉,为古代军事要地。

④河池:即河池县,西汉置,属武都郡,治所即今甘肃徽县西北银杏树乡。

⑤窦茂:东汉末氐王(? ~215),建安二十年(215)被曹操攻杀。

⑥攻屠:攻击屠杀。

⑦麹(qū屈)演:东汉西平(今青海西宁)人。凉州刺史韩遂部将,曾斩韩遂首级降曹,曹操卒后复叛,自称护羌校尉。文帝时为苏则诱斩。蒋石:凉州刺史韩遂部将,后与麹演斩韩遂后叛降曹操。裴注引《典略》曰:"遂字文约,始与同郡边章俱著名西州。章为督军从事。遂奉计诣京师,何进宿闻其名,特与相见,遂说进使诛诸阉人,进不从,乃求归。会凉州宋扬、北宫玉等反,举章、遂为主,章寻病卒,遂为扬等所劫,不得已,遂阻兵为乱,积三十二年,至是乃死,年七十馀矣。"又引刘艾《灵帝纪》曰:"章,一名允。"

秋七月，公至阳平①。张鲁使弟卫与将杨昂等据阳平关②，横山筑城十馀里，攻之不能拔，乃引军还。贼见大军退，其守备解散③。公乃密遣解慓、高祚等乘险夜袭④，大破之，斩其将杨任⑤，进攻卫，卫等夜遁，鲁溃奔巴中⑥。公军入南郑⑦，尽得鲁府库珍宝⑧。巴、汉皆降。复汉宁郡为汉中⑨；分汉中之安阳、西城为西城郡⑩，置太守；分锡、上庸郡⑪，置都尉。

[注释]

①阳平：即阳平关，位于今陕西勉县西十里老城乡。《后汉书·刘焉袁术吕布列传》："鲁自在汉川垂三十年，闻曹操征之，至阳平，欲举汉中降。其弟卫不听，率众数万，拒关固守。"唐李贤注引《周地图记》："褒谷西北有古阳平关。"即此。

②卫：即张卫，东汉沛国丰县（今属江苏）人（生卒年不详），张鲁之弟。曾屡次劝张鲁拒曹。后亦投降曹军。详见本书所选《张鲁传》裴注引《世说》。杨昂：张鲁部下大将，与曹军阳平关战后，下落不明。

③解散：解除。

④解慓（读音不详）：曹操部下将领，生平不详。高祚（zuò 坐）：曹操部下将领，生平不详。

⑤杨任：张鲁部下大将（？～215），曹操进攻汉中时，被杀。

⑥巴中：地区名，即今四川盆地。

⑦南郑：即南郑县，战国秦置，为汉中郡治，治所在今陕西汉中市东二里。

⑧"尽得"句：裴注引《魏书》曰："军自武都山行千里，升降险阻，军人劳苦；公于是大飨，莫不忘其劳。"

⑨汉宁郡：东汉末张鲁改汉中郡置，治所南郑县（今陕西汉中市）。建安二十年（215）复名汉中郡。

⑩安阳：即安阳县，西汉置，属汉中郡，治所在今陕西洋县北，三国魏移治今陕西石泉县东南。西城：即西城县，秦置，属汉中郡，治所在今陕西安康市西北四里汉水之北。东汉为西城郡治，三国魏黄初二年（221）为魏兴郡治。西城郡：东汉建安二十年（215）分汉中郡置，属益州，治所在西城县（今陕西安康市西北），辖境相当于今陕西石泉县至安康市间汉水流域一带。三国魏改魏兴郡。

⑪锡：即锡县，西汉置，属汉中郡，治所在今陕西白河县东南。三国魏为锡郡治，后属魏兴郡。上庸郡：据清潘眉《三国志考证》卷一，"郡"字衍，当即上庸县，春秋楚置，在今湖北竹山县西南四十里堵水北岸。秦属汉中郡，东汉建安二十二年（217）为上庸郡治，三国魏黄初元年（220）并入新城郡。

八月，孙权围合肥，张辽、李典击破之。

九月，巴七姓夷王朴胡、賨邑侯杜濩举巴夷、賨民来附①，于是分巴郡②，以胡为巴东太守③，濩为巴西太守④，皆封列侯。天子命公承制封拜诸侯守相⑤。

[注释]

①巴：地区名，指古代巴子国地，泛称巴蜀地区。巴人最初分布于今川东、鄂西一带，相传周以前居武落钟离山（今湖北长阳西北）一带，廪君为著名首领，后向川东扩展。周武王克商，封为子国，称巴子国；加上今四川境内原蜀国之地，故后人巴蜀连称，其地相当于今四川盆地、贵

州桐梓、大娄山以北地区。七姓：巴人的七个部落名。据《后汉书·南蛮西南夷列传》："至高祖为汉王，发夷人还伐三秦。秦地既定，乃遣还巴中，复其渠帅罗、朴、督、鄂、度、夕、龚七姓，不输租赋，馀户乃岁入賨钱，口四十。世号为板楯蛮夷。"朴（pōu 剖）胡：东汉末巴郡七姓夷王，建安二十年（215）依附曹操，任巴东太守，封列侯。賨（cóng 从）邑侯杜濩（huò 获）：东汉末西南賨人首领，称賨邑侯，与朴胡同时依附曹操，任巴西太守，封列侯。賨，古代西南地区的少数民族。其中心在四川省渠县一带。

②巴郡：战国周赧王元年（前 314）秦置，治所江州县（今四川重庆市）。西汉辖境相当于今四川旺苍、西充、永川、綦江以东，大巴山以南，巫山以西地区。东汉时曾移治市北嘉陵江北岸。兴平元年（194）刘璋改为永宁郡，建安六年（201）复为巴郡，属益州。

③巴东：即巴东郡，东汉建安六年（201）改固陵郡置，属益州，治所鱼复县（三国蜀汉改为永安，在今重庆奉节东十里白帝城）。二十一年（216）复改固陵郡，三国蜀汉章武元年（221）复为巴东郡。辖境相当于今重庆开县、万州区以东，大宁河中下游流域一带。这里地控三峡之险，三国时为蜀汉东部门户，有重兵屯守。

④巴西：即巴西郡，东汉建安六年（201）刘璋改巴郡置，属益州，治所阆中县（今四川阆中市），辖境相当于今四川阆中、武胜以东，广安、渠县以北，万源、开江以西地区。三国蜀汉章武元年（221）改为巴郡，不久复为巴西郡。

⑤承制：谓秉承皇帝旨意而便宜行事。封拜：赐爵授官。诸侯守相：郡守和诸侯王之相。裴注引孔衍《汉魏春秋》曰："天子以公典任于外，临事之赏，或宜速疾，乃命公得承制封拜诸侯守相，诏曰：'夫军之大事，在兹赏罚，劝善惩恶，宜不旋时，故《司马法》曰"赏不逾日"者，欲

民速睹为善之利也。昔在中兴，邓禹入关，承制拜军祭酒李文为河东太守，来歙又承制拜高峻为通路将军，察其本传，皆非先请，明临事刻印也，斯则世祖神明，权达损益，盖所用速示威怀而著鸿勋也。其《春秋》之义，大夫出疆，有专命之事，苟所以利社稷安国家而已。况君秉任二伯，师尹九有，实征夷夏，军行藩甸之外，失得在于斯须之间，停赏俟诏以滞世务，固非朕之所图也。自今已后，临事所甄，当加宠号者，其便刻印章假授，咸使忠义得相奖励，勿有疑焉。'"

冬十月，始置名号侯至五大夫①，与旧列侯、关内侯凡六等，以赏军功②。

十一月，鲁自巴中将其馀众降。封鲁及五子皆为列侯。刘备袭刘璋，取益州③，遂据巴中；遣张郃击之。

十二月，公自南郑还，留夏侯渊屯汉中④。

[注释]

①"始置"句：曹操新置的爵位：名号侯（如建功侯、归命侯）、关中侯、关内外侯、五大夫，共四等。这四等爵位皆无食邑，属于虚衔。清钱大昕《二十二史考异》卷一六云："关内外，内字疑衍。"

②以赏军功：裴注引《魏书》曰："置名号侯爵十八级，关中侯爵十七级，皆金印紫绶；又置关外侯十六级，铜印龟纽墨绶；五大夫十五级，铜印环纽，亦墨绶，皆不食租，与旧列侯、关内侯凡六等。"又云："臣松之以为今之虚封盖自此始。"

③益州：西汉元封五年（前106）置，为十三刺史部之一。公孙述改为司隶校尉，东汉复为益州，治所雒县（今四川广汉市北），兴平中移治

成都（今属四川），辖郡、国十二，县一百一十八。辖境相当于今四川、云南、贵州大部以及陕西、甘肃、湖北乃至越南的一小部分。建安十九年（214），刘备攻破雒城，进围成都，刘璋出降，刘备领益州牧。

④屯汉中：裴注曰："是行也，侍中王粲作五言诗以美其事曰：'从军有苦乐，但问所从谁。所从神且武，安得久劳师？相公征关右，赫怒振天威，一举灭獯虏，再举服羌夷，西收边地贼，忽若俯拾遗。陈赏越山岳，酒肉逾川坻，军中多饶饫，人马皆溢肥，徒行兼乘还，空出有馀资。拓土三千里，往反速如飞，歌舞入邺城，所愿获无违。'"

二十一年春二月①，公还邺②。三月壬寅③，公亲耕籍田④。夏五月，天子进公爵为魏王⑤。代郡乌丸行单于普富卢与其侯王来朝⑥。天子命王女为公主，食汤沐邑⑦。秋七月，匈奴南单于呼厨泉将其名王来朝⑧，待以客礼，遂留魏，使右贤王去卑监其国⑨。八月，以大理钟繇为相国⑩。

冬十月，治兵⑪，遂征孙权，十一月至谯。

[注释]

①二十一年：即汉献帝建安二十一年（216）。

②公还邺：裴注引《魏书》曰："辛未，有司以太牢告至，策勋于庙，甲午始春祠，令曰：'议者以为祠庙上殿当解履。吾受锡命，带剑不解履上殿。今有事于庙而解履，是尊先公而替王命，敬父祖而简君主，故吾不敢解履上殿也。又临祭就洗，以手拟水而不盥。夫盥以洁为敬，未闻拟而不盥之礼，且"祭神如神在"，故吾亲受水而盥也。又降神礼讫，下阶就幕而立，须奏乐毕竟，似若不衎烈祖，迟祭速讫也，故吾坐俟乐阕送

神乃起也。受胙纳袖，以授侍中，此为敬恭不终实也，古者亲执祭事，故吾亲纳于袖，终抱而归也。仲尼曰"虽违众，吾从下"，诚哉斯言也。'"

③三月壬寅：即建安二十一年三月初三，公元216年4月7日。

④"公亲耕"句：裴注引《魏书》曰："有司奏：'四时讲武于农隙。汉承秦制，三时不讲，唯十月都试车马，幸长水南门，会五营士为八陈进退，名曰乘之。今金革未偃，士民素习，自今已后，可无四时讲武，但以立秋择吉日大朝车骑，号曰治兵，上合礼名，下承汉制。'奏可。"

⑤"天子"句：裴注引《献帝传》载诏曰："'自古帝王，虽号称相变，爵等不同，至乎褒崇元勋，建立功德，光启氏姓，延于子孙，庶姓之与亲，岂有殊焉。昔我圣祖受命，创业肇基，造我区夏，鉴古今之制，通爵等之差，尽封山川以立藩屏，使异姓亲戚，并列土地，据国而王，所以保乂天命，安固万嗣。历世承平，臣主无事。世祖中兴而时有难易，是以旷年数百，无异姓诸侯王之位。朕以不德，继序弘业，遭率土分崩，群凶纵毒，自西徂东，辛苦卑约。当此之际，唯恐溺入于难，以羞先帝之圣德。赖皇天之灵，俾君秉义奋身，震迅神武，捍朕于艰难，获保宗庙，华夏遗民，含气之伦，莫不蒙焉。君勤过稷、禹，忠侔伊、周，而掩之以谦让，守之以弥恭，是以往者初开魏国，锡君土宇，惧君之违命，虑君之固辞，故且怀志屈意，封君为上公，欲以钦顺高义，须俟勋绩。韩遂、宋建，南结巴、蜀，群逆合从，图危社稷，君复命将，龙骧虎奋，枭其元首，屠其窟栖。暨至西征，阳平之役，亲擐甲胄，深入险阻，芟夷蝥贼，殄其凶丑，荡定西陲，悬旌万里，声教远振，宁我区夏。盖唐、虞之盛，三后树功；文、武之兴，旦、奭作辅。二祖成业，英豪佐命。夫以圣哲之君，事为己任，犹锡土班瑞以报功臣，岂有如朕寡德，仗君以济，而赏典不丰，将何以答神祇慰万方哉？今进君爵为魏王，使使持节行御史大夫、宗正刘艾奉策玺玄土之社，苴以白茅，金虎符第一至第五，竹使符第一至

十。君其正王位，以丞相领冀州牧如故。其上魏公玺绶符册。敬服朕命，简恤尔众，克绥庶绩，以扬我祖宗之休命。'魏王上书三辞，诏三报不许。又手诏曰：'大圣以功德为高美，以忠和为典训，故创业垂名，使百世可希，行道制义，使力行可效，是以勋烈无穷，休光茂著。稷、契载元首之聪明，周、邵因文、武之智用，虽经营庶官，仰叹俯思，其对岂有若君者哉？朕惟古人之功，美之如彼，思君忠勤之绩，茂之如此，是以每将镂符析瑞，陈礼命册，寤寐慨然，自忘守文之不德焉。今君重违朕命，固辞恳切，非所以称朕心而训后世也。其抑志樽节，勿复固辞。'"又引《四体书势序》曰："梁鹄以公为北部尉。"又引《曹瞒传》曰："为尚书右丞司马建公所举。及公为王，召建公到邺，与欢饮，谓建公曰：'孤今日可复作尉否？'建公曰：'昔举大王时，适可作尉耳。'王大笑。建公名防，司马宣王之父。"臣松之案司马彪《序传》，建公不为右丞，疑此不然，而王隐《晋书》云赵王篡位，欲尊祖为帝，博士马平议称京兆府君昔举魏武帝为北部尉，贼不犯界，如此则为有徵。

⑥普富卢：东汉末代郡乌丸代理单于，生平不详。侯王：泛指诸侯。

⑦汤沐邑：指国君、皇后、公主等收取赋税的私邑。

⑧呼厨泉：东汉末匈奴南单于，生平不详。名王：指古代少数民族声名显赫的王。

⑨右贤王去卑：生平不详。右贤王，汉时匈奴贵族封号，《后汉书·南匈奴传》："其大臣贵者左贤王，次左谷蠡王，次右贤王，次右谷蠡王，谓之四角。"监其国：君主因故不能亲政，由权臣或近亲摄政。

⑩大理：掌刑法的官。秦为廷尉，汉景帝六年（前151）更名大理，武帝建元四年（前137）复为廷尉。这里沿袭以前的称谓。相国：古官名。春秋战国时，除楚国外，各国都设相，称为相国、相邦或丞相，为百官之长。秦及汉初，其位尊于丞相。后为宰相的尊称。裴注引《魏书》

曰:"始置奉常宗正官。"

⑪治兵:这里谓出兵作战。裴注引《魏书》曰:"王亲执金鼓以令进退。"

二十二年春正月①,王军居巢②,二月,进军屯江西郝溪③。权在濡须口筑城拒守,遂逼攻之,权退走。三月,王引军还,留夏侯惇、曹仁、张辽等屯居巢。

[注释]

①二十二年:即汉献帝建安二十二年(217)。

②居巢:即居巢县,秦置,属九江郡,治所在今安徽巢湖市东北,西汉属庐江郡,东汉改为居巢侯国,后复为县。

③江西:隋唐以前,习惯上称长江下游北岸淮水以南地区为江西。郝溪:故址不详,或谓郝溪所指即从今巢湖闸到今东关镇的一段裕溪河(俗称天河)河段。

夏四月,天子命王设天子旌旗,出入称警跸①。五月,作泮宫②。六月,以军师华歆为御史大夫③。冬十月,天子命王冕十有二旒④,乘金根车,驾六马,设五时副车⑤,以五官中郎将丕为魏太子。刘备遣张飞、马超、吴兰等屯下辩⑥,遣曹洪拒之。

[注释]

①警跸(bì闭):古代帝王出入时,于所经路途侍卫警戒,清道止行,谓之"警跸"。

武帝纪 | 151

②泮(pàn 判)宫：西周诸侯所设大学。《汉书·郊祀志上》："周公相成王，王道大洽，制礼作乐，天子曰明堂辟雍，诸侯曰泮宫。"后泛指学宫。

③军师华歆(xīn 新)：字子鱼(157~231)，东汉平原高唐(今山东禹城西南)人。汉献帝初年任豫章太守，归顺曹操后历任侍中、尚书令。曹丕代汉称帝，以他为司徒，明帝时任太尉。《三国志》卷一三有传。军师，官名。三国时，三公及常设将军等所置属官，其职为参谋军事，类似于幕僚。御史大夫：官名。秦汉时期的最高监察官，仅次于丞相。东汉更名司空，与太尉、司徒合称三公。曹操为丞相，恢复御史大夫一职。官署称御史台，属官有御史中丞、侍御史、绣衣御史等。裴注引《魏书》曰："初置卫尉官。秋八月，令曰：'昔伊挚、傅说出于贱人，管仲，桓公贼也，皆用之以兴。萧何、曹参，县吏也，韩信、陈平负污辱之名，有见笑之耻，卒能成就王业，声著千载。吴起贪将，杀妻自信，散金求官，母死不归，然在魏，秦人不敢东向，在楚则三晋不敢南谋。今天下得无有至德之人放在民间，及果勇不顾，临敌力战；若文俗之吏，高才异质，或堪为将守；负污辱之名，见笑之行，或不仁不孝而有治国用兵之术：其各举所知，勿有所遗。'"

④旒(liú 流)：冕冠前后悬垂的玉串。《礼记·玉藻》："天子玉藻，十有二旒。"

⑤"乘金根车"三句：意谓魏王的出行规模已经与天子等同。金根车，以黄金为饰的根车，为帝王所乘。六马，秦以后，皇帝之车驾用六马。五时副车，古代随从帝王车驾的五色副车，亦称"五时车""五帝车"。汉蔡邕《独断》卷下："上所乘曰金根车，驾六马，有五色安车、五色立车各一，皆驾四马，是为五时副车。"

⑥吴兰：原为刘璋部下(？~218)，后归顺刘备。建安二十三年

(218)与雷铜攻打武都时,为曹军斩杀。下辨:或作"下辨",即下辨县,秦置,属陇西郡,治所在今甘肃成县西北三十里。西汉置下辨道,东汉复为下辨县,移武都郡治于此。

二十三年春正月①,汉太医令吉本与少府耿纪、司直韦晃等反②,攻许,烧丞相长史王必营③,必与颍川典农中郎将严匡讨斩之④。

曹洪破吴兰,斩其将任夔等⑤。三月,张飞、马超走汉中,阴平氐强端斩吴兰⑥,传其首。

夏四月,代郡、上谷乌丸无臣氐等叛⑦,遣鄢陵侯彰讨破之⑧。

[注释]

①二十三年:即汉献帝建安二十三年(218)。

②太医令吉本:东汉末官吏(?~218),任太医令,因与耿纪、韦晃等参与许昌起事反抗曹操,败死。太医令,秦汉太常属官有太医令,掌医药及伺应宫廷饮食起居。东汉时,太医令为少府属官。少府耿纪:东汉末官吏(?~218),字季行,少有美名,为丞相掾,后迁侍中,升少府,因与吉本、韦晃等参与许昌起事反抗曹操,败死。少府,官名,汉时九卿之一,东汉时掌管宫中御衣、宝货、珍膳等。司直韦晃:东汉末官吏(?~218),任丞相司直,因与吉本、耿纪等参与许昌起事反抗曹操,败死。司直,官名,即丞相司直,汉丞相府最高长官,其职掌佐丞相举不法及督录诸州事,位在司隶校尉之上。

③丞相长史王必:东汉末官吏(?~218),任丞相长史,在镇压吉本等人的叛乱中受伤死。丞相长史,汉丞相府所属诸史之长,置二人。裴

注引《魏武故事》载令曰:"领长史王必,是吾披荆棘时吏也。忠能勤事,心如铁石,国之良吏也。蹉跌久未辟之,舍骐骥而弗乘,焉遑遑而更求哉?故教辟之,已署所宜,便以领长史统事如故。"

④颍川典农中郎将严匡:东汉末官吏(生卒年不详),曾任颍川典农中郎将。典农中郎将,曹操实行屯田制时所置职官,主管屯田区的农业生产、民政与田赋等,秩比二千石,第六品。其权位与郡太守相当,但隶属大司农。颍川典农中郎将管理许下屯田。裴注引《三辅决录注》曰:"时有京兆金祎字德祎,自以世为汉臣,自日䃅讨莽何罗,忠诚显著,名节累叶。睹汉祚将移,谓可季兴,乃喟然发愤,遂与耿纪、韦晃、吉本、本子邈、邈弟穆等结谋。纪字季行,少有美名,为丞相掾,王甚敬异之,迁侍中,守少府。邈字文然,穆字思然,以祎慷慨有日䃅之风,又与王必善,因以间之,若杀必,欲挟天子以攻魏,南援刘备。时关羽强盛,而王在邺,留必典兵督许中事。文然等率杂人及家僮千馀人夜烧门攻必,祎遣人为内应,射必中肩。必不知攻者为谁,以素与祎善,走投祎,夜唤德祎,祎家不知是必,谓为文然等,错应曰:'王长史已死乎?卿曹事立矣!'必乃更他路奔。一曰:必欲投祎,其帐下督谓必曰:'今日事竟知谁门而投入乎?'扶必奔南城。会天明,必犹在,文然等众散,故败。后十馀日,必竟以创死。"又引《献帝春秋》曰:"收纪、晃等,将斩之,纪呼魏王名曰:'恨吾不自生意,竟为群儿所误耳!'晃顿首搏颊,以至于死。"又引《山阳公载记》曰:"王闻王必死,盛怒,召汉百官诣邺,令救火者左,不救火者右。众人以为救火者必无罪,皆附左;王以为'不救火者非助乱,救火乃实贼也'。皆杀之。"

⑤任夔(kuí奎):吴兰部下将领(?~218),后被曹洪斩杀。

⑥阴平氐强端:氐族首领,生平不详。阴平,即阴平道,西汉武帝置,属广汉郡,为北部都尉治,治所在今甘肃文县西北五里。东汉为广汉

属国治,三国魏改为阴平县。

⑦代郡上谷乌丸无臣氏:"无臣氏"当作"能臣氏"。东汉末代郡(治今河北蔚县西南)乌丸首领,建安中叛汉,初投奔扶罗韩,旋又改投轲比能。轲比能于盟会上杀扶罗韩,尽得其众与能臣氏部。另据清钱大昕《二十二史考异》卷一五:"按《任城王璋传》,止言代郡乌丸反,疑'上谷'二字衍也。'无臣氏'即'能臣氏'之讹。"

⑧鄢陵侯彰:即曹彰(?~223),字子文,曹操之子,曹丕同母弟。少善骑射,膂力过人,勇猛善战。曹丕代汉称帝,被封任城王,卒谥威。《三国志》卷一九有传。鄢陵侯,建安二十一年(216)所封。鄢陵,春秋时莒地,在今山东沂水县西南。裴注引《魏书》载王令曰:"去冬天降疫疠,民有凋伤,军兴于外,垦田损少,吾甚忧之。其令吏民男女:女年七十已上无夫子,若年十二已下无父母兄弟,及目无所见,手不能作,足不能行,而无妻子父兄产业者,廪食终身。幼者至十二止,贫穷不能自赡者,随口给贷。老耄须待养者,年九十已上,复不事,家一人。"

六月,令曰:"古之葬者,必居瘠薄之地①。其规西门豹祠西原上为寿陵②,因高为基,不封不树③。《周礼》冢人掌公墓之地④,凡诸侯居左右以前⑤,卿大夫居后⑥,汉制亦谓之陪陵⑦。其公卿大臣列将有功者⑧,宜陪寿陵,其广为兆域⑨,使足兼容。"

[注释]

①瘠薄之地:谓坚硬不肥沃的土地。

②规:规划并占有。西门豹:战国时魏人,魏文侯时曾为邺县县令,他在任上兴修水利,发展生产,并革除为河神取妇的恶俗,受到百姓尊

敬，死后为他立祠纪念。原：宽广平坦之地。寿陵：指帝后生前预筑的陵墓。这里即指为魏王曹操准备的陵墓。

③不封不树：谓不堆土，不植树。即不作标志。《周易·系辞下》："古之葬者，厚衣之以薪，葬之中野，不封不树，丧期无数。"

④"周礼"句：语出《周礼·春官·宗伯》："冢人掌公墓之地，辨其兆域而为之图。先王之葬居中，以昭、穆为左右。凡诸侯居左、右以前，卿大夫士居后，各以其族，凡死于兵者，不入兆域。"周礼，原名《周官》，或称《周官经》，为叙述周代各部门的大小官吏及其职掌等的书，大约撰写于战国时期，西汉末列为经而属于礼，故称《周礼》。分天官、地官、春官、夏官、秋官、冬官六篇，后缺冬官，补以《考工记》。今传本四十二卷，有汉郑玄《注》、唐贾公彦《疏》。冢（zhǒng 肿）人，周代掌管墓葬事宜的官员。公墓，君王、诸侯及王子弟之墓。

⑤诸侯：古代帝王所分封的各国君主。在其统辖区域内，世代掌握军政大权，但按礼要服从王命，定期向帝王朝贡述职，并有出军赋和服役的义务。

⑥卿大夫：卿和大夫，后借指高级官员。

⑦陪陵：古代指臣子的灵柩葬在皇帝坟墓的近旁。

⑧公卿：三公九卿的简称。这里泛指高官。列将：诸将。

⑨兆域：墓地四周的疆界。亦以称墓地。

秋七月，治兵，遂西征刘备，九月，至长安。

冬十月，宛守将侯音等反①，执南阳太守，劫略吏民，保宛。初，曹仁讨关羽，屯樊城，是月使仁围宛。

[注释]

①宛守将侯音：东汉末官吏（？~219），曾任宛（治今河南南阳市）守将。建安二十三年（218），侯音率部众数千人自立，旋为曹仁平息，翌年被杀。

二十四年春正月①，仁屠宛，斩音②。

夏侯渊与刘备战于阳平，为备所杀。三月，王自长安出斜谷③，军遮要以临汉中④，遂至阳平。备因险拒守⑤。

夏五月，引军还长安。

[注释]

①二十四年：即汉献帝建安二十四年（219）。

②斩音：裴注引《曹瞒传》曰："是时南阳间苦繇役，音于是执太守东里衮，与吏民共反，与关羽连和。南阳功曹宗子卿往说音曰：'足下顺民心，举大事，远近莫不望风；然执郡将，逆而无益，何不遣之。吾与子共戮力，比曹公军来，关羽兵亦至矣。'音从之，即释遣太守。子卿因夜逾城亡出，遂与太守收馀民围音，会曹仁军至，共灭之。"

③斜（yé爷）谷：山谷名。在陕西终南山。谷有二口，南曰褒，北曰斜，故亦称褒斜谷。全长四百七十里。两旁山势峻险。扼关陕而控川蜀，古来为兵家必争之地。

④遮要：拦截于要害之处。宋司马光《资治通鉴·汉献帝建安二十四年》引此文，元胡三省注曰："斜谷道险，操恐为备所邀截，先以军遮要害之处，乃进临汉中。"

⑤因险据守：凭借险要加以守卫。裴注引《九州春秋》曰："时王欲

还，出令曰'鸡肋'，官属不知所谓。主簿杨修便自严装，人惊问修：'何以知之？'修曰：'夫鸡肋，弃之如可惜，食之无所得，以比汉中，知王欲还也。'"

秋七月，以夫人卞氏为王后①。遣于禁助曹仁击关羽。八月，汉水溢②，灌禁军，军没，羽获禁，遂围仁。使徐晃救之。

九月，相国钟繇坐西曹掾魏讽反免③。

[注释]

①卞氏：其名不详（160～223），东汉琅邪开阳（今山东临沂北）人。原为曹操妾，后因丁夫人废，被立为正妻，生曹丕、曹彰、曹植、曹熊四子。曹操封魏王三年后，拜她为王后。曹丕称帝后，拜她为皇太后，曹叡继位，又尊为太皇太后。《三国志》卷五有传。

②汉水：又称汉江，长江支流。发源于今陕西南部，东南流至湖北襄阳，南流至武汉汇入长江。襄阳以下又称襄江。

③西曹掾（yuàn院）：官名。太尉、丞相的属官，位在东曹掾之上，负责二千石长吏的升迁罢免，秩比四百石。魏讽：裴注引《世语》曰："讽字子京，沛人，有惑众才，倾动邺都，钟繇由是辟焉。大军未反，讽潜结徒党，又与长乐卫尉陈祎谋袭邺。未及期，祎惧，告之太子，诛讽，坐死者数十人。"又引王昶《家诫》曰"济阴魏讽"，而此云沛人，未详。

冬十月，军还洛阳①。孙权遣使上书，以讨关羽自效②。王自洛阳南征羽，未至，晃攻羽，破之，羽走，仁围解。王军摩陂③。

[注释]

①军还洛阳：裴注引《曹瞒传》曰："王更修治北部尉廨，令过于旧。"

②自效：愿为别人或集团贡献自己的力量或生命。

③摩陂（bēi卑）：地名，在今河南郏县东南。北魏郦道元《水经注·汝水》："（白沟水）又南径龙城西，城西北即摩陂也，纵广可一十五里。魏青龙元年，有龙见于郏之摩陂，明帝幸陂观龙，于是改摩陂曰龙陂，其城曰龙城，其水又南入于汝水。"裴注引《魏略》曰："孙权上书称臣，称说天命。王以权书示外曰：'是儿欲踞吾著炉火上邪！'侍中陈群、尚书桓阶奏曰：'汉自安帝已来，政去公室，国统数绝，至于今者，唯有名号，尺土一民，皆非汉有，期运久已尽，历数久已终，非适今日也。是以桓、灵之间，诸明图纬者，皆言"汉行气尽，黄家当兴"。殿下应期，十分天下而有其九，以服事汉，群生注望，遐迩怨叹，是故孙权在远称臣，此天人之应，异气齐声。臣愚以为虞、夏不以谦辞，殷、周不吝诛放，畏天知命，无所与让也。'"又引《魏氏春秋》曰："夏侯惇谓王曰：'天下咸知汉祚已尽，异代方起。自古已来，能除民害为百姓所归者，即民主也。今殿下即戎三十馀年，功德著于黎庶，为天下所依归，应天顺民，复何疑哉！'王曰：'"施于有政，是亦为政"。若天命在吾，吾为周文王矣。'"又引《曹瞒传》及《世语》并云："桓阶劝王正位，夏侯惇以为宜先灭蜀，蜀亡则吴服，二方既定，然后遵舜、禹之轨，王从之。及至王薨，惇追恨前言，发病卒。"又引孙盛评曰："夏侯惇耻为汉官，求受魏印，桓阶方惇，有义直之节；考其传记，《世语》为妄矣。"

二十五年春正月①，至洛阳。权击斩羽，传其首。

庚子②，王崩于洛阳③，年六十六④。遗令曰⑤："天下尚未安定,未得遵古也⑥。葬毕,皆除服⑦。其将兵屯戍者⑧,皆不得离屯部。有司各率乃职⑨。敛以时服⑩,无藏金玉珍宝。"谥曰武王⑪。二月丁卯⑫,葬高陵⑬。

[注释]

①二十五年:即汉献帝建安二十五年(220)。

②庚子:即建安二十五年正月二十三日,公元220年3月15日。

③崩:古代称帝王、皇后之死。《礼记·曲礼下》:"天子死曰崩。"曹操生前并未做皇帝,其子魏文帝曹丕追尊曹操为魏武帝,故其死亦可称为"崩"。

④年六十六:裴注引《世语》曰:"太祖自汉中至洛阳,起建始殿,伐濯龙祠而树血出。"又引《曹瞒传》曰:"王使工苏越徙美梨,掘之,根伤尽出血。越白状,王躬自视而恶之,以为不祥,还遂寝疾。"

⑤遗令:临终前的告诫、嘱咐。

⑥遵古:谓遵守古代关于葬礼的习俗,如服孝以及豪华的陪葬等。

⑦除服:脱去丧服。谓不再守孝。

⑧屯戍:驻防。

⑨有司:官员。乃职:其职守。

⑩敛(liǎn 脸):通"殓"。给死者穿衣,入棺。时服:当时通行的服装。《礼记·檀弓下》:"往而权其葬焉,其坎深不至于泉,其敛以时服。"汉郑玄注:"以时行之服,不改制节。"《晋书·礼中》:"魏武以礼送终之制,袭称之数,繁而无益,俗又过之,豫自制送终衣服四箧,题识其上,春秋冬夏,日有不讳,随时以敛。金珥珠玉铜铁之物,一不得送。文帝遵奉,无所增加。及受禅,刻金玺,追加尊号,不敢开埏,乃为石室,藏玺埏首,以示陵中无金银诸物也。"

⑪谥（shì 式）：古代帝王、贵族、大臣、士大夫或其他有地位的人死后，据其生前业绩评定的带有褒贬意义的称号。帝王的谥号一般由礼官议上；臣下的谥号由朝廷赐予。武：《逸周书》卷六《谥法解》："刚强理直曰武，威强澼德曰武，克定祸乱曰武，刑民克服曰武，夸志多穷曰武。"

⑫二月丁卯：即建安二十五年二月二十一日，公元220年4月11日。

⑬高陵：即高平陵，曹操的陵墓名，位于今河北临漳县邺镇西南。裴注引《魏书》曰："太祖自统御海内，荡夷群丑，其行军用师，大较依孙、吴之法，而因事设奇，谲敌制胜，变化如神。自作兵书十万馀言，诸将征伐，皆以新书从事。临事又手为节度，从令者克捷，违教者负败。与虏对陈，意思安闲，如不欲战，然及至决机乘胜，气势盈溢，故每战必克，军无幸胜。知人善察，难眩以伪，拔于禁、乐进于行陈之间，取张辽、徐晃于亡虏之内，皆佐命立功，列为名将；其馀拔出细微，登为牧守者，不可胜数。是以创造大业，文武并施，御军三十馀年，手不舍书，昼则讲武策，夜则思经传，登高必赋，及造新诗，被之管弦，皆成乐章。才力绝人，手射飞鸟，躬禽猛兽，尝于南皮一日射雉获六十三头。及造作宫室，缮治器械，无不为之法则，皆尽其意。雅性节俭，不好华丽，后宫衣不锦绣，侍御履不二采，帷帐屏风，坏则补纳，茵蓐取温，无有缘饰。攻城拔邑，得美丽之物，则悉以赐有功，勋劳宜赏，不吝千金，无功望施，分毫不与，四方献御，与群下共之。常以送终之制，袭称之数，繁而无益，俗又过之，故预自制终亡衣服，四箧而已。"又引《傅子》曰："太祖愍嫁取之奢僭，公女适人，皆以皂帐，从婢不过十人。"又引张华《博物志》曰："汉世，安平崔瑗、瑗子寔、弘农张芝、芝弟昶并善草书，而太祖亚之。桓谭、蔡邕善音乐，冯翊山子道、王九真、郭凯等善围棋，太祖皆与埒能。又好养性法，亦解方药，招引方术之士，庐江左慈、谯郡华佗、甘陵甘始、阳城郄俭无不毕至，又习啖野葛至一尺，亦得少多饮鸩

酒。"又引《傅子》曰:"汉末王公,多委王服,以幅巾为雅,是以袁绍、崔钧之徒,虽为将帅,皆著缣巾。魏太祖以天下凶荒,资财乏匮,拟古皮弁,裁缣帛以为恰,合于简易随时之义,以色别其贵贱,于今施行,可谓军容,非国容也。"又引《曹瞒传》曰:"太祖为人佻易无威重,好音乐,倡优在侧,常以日达夕。被服轻绡,身自佩小鞶囊,以盛手巾细物,时或冠恰帽以见宾客。每与人谈论,戏弄言诵,尽无所隐,及欢悦大笑,至以头没杯案中,肴膳皆沾污巾帻,其轻易如此。然持法峻刻,诸将有计画胜出己者,随以法诛之,及故人旧怨,亦皆无馀。其所刑杀,辄对之垂涕嗟痛之,终无所活。初,袁忠为沛相,尝欲以法治太祖,沛国桓邵亦轻之,及在兖州,陈留边让言议颇侵太祖,太祖杀让,族其家,忠、邵俱避难交州,太祖遣使就太守士燮尽族之。桓邵得出首,拜谢于庭中,太祖谓曰:'跪可解死邪!'遂杀之。常出军,行经麦中,令'士卒无败麦,犯者死'。骑士皆下马,付麦以相持,于是太祖马腾入麦中,敕主簿议罪;主簿对以《春秋》之义,罚不加于尊。太祖曰:'制法而自犯之,何以帅下?然孤为军帅,不可自杀,请自刑。'因援剑割发以置地。又有幸姬常从昼寝,枕之卧,告之曰:'须臾觉我。'姬见太祖卧安,未即寤,及自觉,棒杀之。常讨贼,廪谷不足,私谓主者曰:'如何?'主者曰:'可以小斛以足之。'太祖曰:'善。'后军中言太祖欺众,太祖谓主者曰:'特当借君死以厌众,不然事不解。'乃斩之,取首题徇曰:'行小斛,盗官谷,斩之军门。'其酷虐变诈,皆此类也。"

评曰①:汉末,天下大乱,雄豪并起,而袁绍虎视四州②,强盛莫敌。太祖运筹演谋③,鞭挞宇内④,揽申、商之法术⑤,该韩、白之奇策⑥,官方授材,各因其器⑦,矫情任算⑧,不念旧恶,终能总御皇机⑨，克成洪业者⑩，惟其明略最优也⑪。抑可谓非常之人⑫，超世之杰矣。

[注释]

①评曰：陈寿有意模仿《左传》中的"君子曰"、《史记》中的"太史公曰"等史评形式，表示自己对所记历史人物或历史事件的评价或认识。

②虎视：亦作"虎眎"。谓如虎之雄视，有伺机攫取之意。四州：谓幽、冀、青、并四州。

③运筹：制定策略。演谋：犹演略，即施展谋略。

④鞭挞（tà 踏）宇内：谓凭借武力征服天下。

⑤揽申商之法术：意谓执持战国时申不害与商鞅的法家之学说。申不害（约前385~前337），先秦法家代表人物之一。郑国京（今河南荥阳市东南）人。韩灭郑后，他被韩昭侯起用为相，进行改革，使韩国一度"国治兵强"。他在法家中以重"术"著称，自成一派。《史记》卷六三有传。商鞅（约前390~前338），先秦法家代表人物之一。卫国人，原姓公孙，名鞅，亦称卫鞅。因功受封商（今陕西商县东南）十五邑，故称商君或商鞅。初为魏相公叔痤家臣，后入秦进说秦孝公以"霸道"和"强国之术"，遂见重用。秦孝公元年（前356）任左庶长，旋升大良造。先后两次实行变法，主张废井田、开阡陌，奖励耕战，取消分封制和世袭制，实行郡县制，统一法令等。秦孝公死后，商鞅遭贵族诬陷被秦惠王处以车裂之刑。著有《商君书》。他在法家中以重"法"著称，亦自成一派。《史记》卷六八有传。法术，申、商两人所言"术"或"法"皆有所偏，因而有人主张两者兼用，后因以"法术"指法家之学。

⑥该韩白之奇策：意谓兼备汉韩信与秦白起出奇制胜的战术计谋。韩

信（前？～前196），秦末淮阴（今江苏淮安市东南）人，中国汉初军事家。熟谙兵法，战功卓著，为汉王朝的创建做出了重要贡献。其用兵之道，为后世兵家所推崇。最终被吕后以谋反罪名杀之。《史记》卷九二有传。白起（前？～前257），战国时秦国名将，又称公孙起，郿（今陕西眉县东）人。为秦国东征西讨，屡立战功，被封为武安君。长平之战中，白起大破赵军，坑杀赵降卒四十馀万。最终受秦王之迫自杀身亡。《史记》卷七三有传。

⑦"官方授材"二句：意谓按照各人的才能授以官职，充分调动其积极性。

⑧矫情任算：谓掩饰真情，施用计谋。

⑨总御：统领。皇机：谓皇帝政事，国务。

⑩克成：完成，实现。洪业：大业。古时多指帝王之业。

⑪明略：高明的智谋。

⑫抑：用于句首的助词。

[译文]

太祖武皇帝，是沛国谯县人，姓曹名操，字孟德，乃西汉相国曹参的后代。汉桓帝时，曹腾任职中常侍大长秋，被封为费亭侯。曹腾死后，养子曹嵩继承爵位，官做到太尉，然而没有人详知曹嵩出生前后的情况。曹嵩生曹操。

曹操小时候机灵聪明，有随机应变的智谋，乐于扶助弱小，却不受约束，不注重个人操行学业的修养，因而当时人并不认为曹操有何不同寻常之处。只有梁国人桥玄、南阳的何颙感觉他不同寻常。桥玄曾对曹操说："天下将乱，没有治国安邦的才能难以拯救国家，能够安定局面者，看来非你莫属！"曹操二十岁，被推举为孝廉，就任郎官，被任命洛阳北部尉，升任顿丘县县令,又被征召入朝授职议郎。

汉灵帝光和末年(184),黄巾军兴起,曹操被任职骑都尉,去征讨盘踞颍川的黄巾军。曹操升任济南国相,济南国下辖十个县,县内的辅佐官员大都阿附皇亲贵族,贪赃纳贿,名声极坏,于是曹操上奏罢免了其中八人,禁止不合礼制的祭祀。违法作乱者逃离本土,郡国之内秩序安定。一段时间以后,曹操被召回任职东郡太守,然而他未就职,称病回到家乡。

不久后,冀州刺史王芬、南阳的许攸、沛国人周旌等联络地方豪强,图谋废掉汉灵帝,拥立合肥侯为帝,并将此举告知曹操,曹操予以拒绝。王芬等的阴谋失败。

金城郡的边章、韩遂攻杀刺史郡守,发动叛乱,拥兵十多万人,致令天下动荡不安。朝廷征召曹操为典军校尉。正值汉灵帝去世,太子刘辩继位,何太后临朝听政。大将军何进与袁绍谋划诛杀宦官,何太后不同意。何进就召董卓进京,想以此胁迫何太后就范,董卓尚未到京,何进就被宦官杀了。董卓进京后,废汉少帝刘辩为弘农王,另立刘协为帝(汉献帝),京城洛阳大乱。董卓上表举荐曹操为骁骑校尉,打算与曹操共掌朝政。曹操改换名姓,想从小路东归谯郡。出虎牢关,途经中牟县,引起当地亭长的怀疑,曹操被抓后押送至县城,县中有人私下里认出了曹操,就为他说情,释放了他。董卓杀死何太后与弘农王。曹操到达陈留,变卖家产,招募义兵,准备讨伐董卓。冬十二月,曹操在己吾起兵,这一年是汉灵帝中平六年(189)。

汉献帝初平元年(190)春正月,后将军袁术、冀州牧韩馥、豫州刺史孔伷、兖州刺史刘岱、河内太守王匡、勃海太守袁绍、陈留太守张邈、东郡太守桥瑁、山阳太守袁遗、济北相鲍信同时起兵,各自拥兵数万,推举袁绍为盟主。曹操兼摄奋武将军。

这一年二月，董卓得知各地起兵，就胁迫汉献帝迁都长安。他自己驻军洛阳，焚烧皇宫。此时，袁绍驻扎于河内，张邈、刘岱、桥瑁、袁遗驻军酸枣，袁术驻军南阳，孔伷驻军颍川，韩馥驻军邺县。董卓军力强盛，袁绍等都不敢首先进攻。曹操说："兴起义兵以讨伐暴乱，大军已经聚集在一起，诸位还有何疑虑？假使当初董卓得知山东（太行山以东地区）起兵，凭借朝廷的威望，据守二周的险要之地，向东陈兵以掌控天下，尽管其所为不合道义，仍然可造成忧患。如今他焚烧宫室，劫持天子，造成全国的恐慌，人们不知局势发展到何种境地，这正是上天令他覆亡的良机。我们一战就可令天下安定，这个机会不可错过！"于是曹操率军向西，去攻打成皋。张邈也派遣部将卫兹率领部分军队随同曹操。在荥阳附近的汴水边，遭遇董卓部将徐荣，交战失利，士兵死伤很多。曹操被流矢射中，胯下战马也受了伤，其堂弟曹洪就将自己的坐骑让与曹操，曹操才得以在夜间逃走。徐荣见曹操率领的军队无多，却能奋战一整天，认为酸枣不易攻打，也就领兵返回了。

曹操返回酸枣，这时各路义军已有十多万人，却整日陈设酒席，举行盛大宴会，不考虑进兵之事。曹操责备他们，并就此谋划说："诸位听我计划，请勃海太守袁绍率领河内的军队前去孟津，驻扎酸枣的各位将领防守成皋，占据敖仓，封锁辕辕、太谷二关，将这些险要处完全控制住；再请袁术将军率领南阳的军队进驻丹水县与析县，挺进武关，用来震慑三辅地区；各路军队都高筑壁垒，深挖壕沟，不要与敌军交战，虚张声势以迷惑敌人的军阵，显示天下大势走向，以正义之师讨伐叛逆，乱局很快就可以平定。现在高举义旗的军队已然行动起来，如果仍然迟疑不敢进军，令天下人失望，我私下里为诸位感到羞耻！"张邈等人不肯听从曹操的计策。

曹操兵少，就与夏侯惇等到扬州一带招募兵丁，扬州刺史陈温、丹阳太守周昕给予四千多兵众。回至龙亢时，新招募的兵众大多叛逃。到达铚县与建平县时,曹操又招募新兵一千多名,进驻河内。

刘岱与桥瑁彼此憎恨,刘岱斩杀了桥瑁,让王肱兼任东郡太守。

袁绍与韩馥图谋拥立幽州牧刘虞为皇帝,曹操拒绝了他们。袁绍曾经得到一方玉印,在与曹操同坐时提举印钮绶带令玉印垂于自己肘部加以炫耀,曹操耻笑其如此行径且加厌恶。

初平二年(191)的春天,袁绍、韩馥拥立刘虞为皇帝,但刘虞始终不敢即帝位。

夏四月,董卓回到长安。

秋七月,袁绍胁迫韩馥,夺取冀州。

黑山一带的贼寇于毒、白绕、眭固等十馀万众到魏郡与东郡劫掠,王肱不能抵挡,曹操率军进入东郡,在濮阳打败了白绕。袁绍因此上表朝廷举荐曹操为东郡太守,治所设于东武阳县。

初平三年(192)的春天,曹操驻军顿丘,于毒等攻打东武阳。曹操就率军向西进攻黑山,打击于毒等的大本营。于毒得知后,就放弃东武阳而收兵。曹操在中途截击眭固的军队,随后又在内黄县攻击匈奴于夫罗,都打败了他们。

夏四月,司徒王允与吕布一同杀死了董卓。董卓的部将李傕、郭汜等又杀死王允,攻打吕布,吕布战败,向东退出武关。李傕等把持了朝政。

青州黄巾军百万人进入兖州地界,杀死任城国相郑遂后,又转入东平国境内。兖州刺史刘岱打算攻击黄巾军,济北国相鲍信进言劝阻说:"当下黄巾军有上百万众,百姓都感到震惊恐惧,我们的士兵也无斗志,难以对抗。我看黄巾军聚众结伙相随,军队没有随军运载的军用器械、粮秣等,全凭抢劫作为给养。我们现在不如养精蓄锐,先做好固守准备。这样就令对方想打打不成,想攻攻不下,势必军心涣散,我们再选取精锐士兵,占据险要之地,就可以击破对方。"刘岱没有听从,于是交战,果然为黄巾军所杀。鲍信就与兖州官吏万潜等到东郡去迎接曹操兼任兖州牧。曹操于是进军，在寿张以东攻击黄巾军。鲍信努力作战而死，才勉强取胜。曹操悬赏购求鲍信尸体，没有寻求到。众人就用木头雕刻出鲍信的形象，哭着祭奠他。曹操追击黄巾军直到济北，黄巾军请求投降。这年冬天，曹操接受投降的黄巾军三十多万，家眷男女百万馀口，收编其中精锐，号称青州兵。

袁术与袁绍有矛盾，袁术向公孙瓒求援，公孙瓒派刘备驻军高唐，单经驻军平原，陶谦驻军发干，用来威胁袁绍。曹操与袁绍一同攻击，将他们全部打败。

初平四年（193）的春天，曹操驻军鄄城县。荆州牧刘表切断了袁术的粮道，袁术率兵进入陈留郡，驻兵封丘县，黑山残存的贼寇与于夫罗等帮助他。袁术派部将刘详驻守匡亭。曹操攻击刘详，袁术前去救援，双方交战，袁术大败。袁术退守封丘，曹操意图包围他，尚未形成合围，袁术就逃向襄邑，曹军追击至太寿，挖开渠水灌城。袁术逃往宁陵，曹操继续追击，袁术又逃往九江。夏天，曹操回军，驻扎定陶。

下邳人阙宣聚集数千人，自称天子；徐州牧陶谦与阙宣共同起兵，攻取泰山郡的华县与费县，掳掠了任城县。秋天，曹操讨伐陶谦，攻下十馀座城，陶谦坚守，不敢出战。

这一年，孙策受袁术派遣渡过长江，几年中就占据了江东一带。

汉献帝兴平元年（194）的春天，曹操从徐州返回。当初，曹操的父亲曹嵩卸任后返回谯县，董卓之乱中，到琅邪避难，被陶谦害死，因而曹操立志东征复仇。夏天，曹操派荀彧、程昱驻守鄄城，自己再次征讨陶谦，攻下五座城，于是占领地盘直到东海郡。曹操回军路过郯县，陶谦部将曹豹与刘备驻扎于郯县以东的军队，截击曹操，曹操打败了他们，于是攻下了襄贲，所过之处大多遭到屠杀。

这时适逢张邈与陈宫叛变，迎请吕布，郡县多有响应。荀彧与程昱保住鄄城，范县与东阿也坚守不动，曹操率军撤回。吕布军到，攻打鄄城不下，就驻守于西面的濮阳。曹操说："吕布一天之间得到一个州，却不能占据东平，切断亢父、泰山的通道，凭借险要地势截击我军，反而驻守濮阳，我推断他不会有什么作为。"于是进兵攻打。吕布出兵应战，他先用骑兵袭击青州兵。青州兵溃逃，曹军阵脚大乱，曹操从大火中快跑猛冲出逃，坠下马来，左手掌被烧伤。司马楼异搀扶曹操上马，这才逃出。尚未回归营寨就停止下来，将士们没有看到曹操，都很惊慌。曹操勉力支撑尽自己的力量慰劳军队，命令军中尽快制作攻城器具，再次进攻吕布军队，双方对峙一百多天。蝗灾发生，百姓饥饿无食，吕布的军粮也断绝，双方各自退兵。

这一年的秋九月，曹操回到鄄城。吕布到乘氏县，被县人李进打败，便向东驻军山阳。这时袁绍派人劝说曹操，期望联合。曹操刚失去兖州，军粮断绝，打算应允袁绍。程昱加以劝阻，曹操听从。冬天的十月，曹操到达东阿县。

这一年的谷子一斛价值十多万钱，出现人吃人的现象，曹操就放还新招募的官兵。陶谦死去，刘备接替了他的徐州牧。

兴平二年（195）的春天，曹操袭击定陶。济阴太守吴资固守定陶的南城，没有攻破。正值吕布兵到，曹操打败了他。这年的夏天，吕布部将薛兰、李封驻守巨野，曹操攻打二人，吕布救援薛兰，薛兰兵败，吕布逃走，曹操斩杀薛兰等人。吕布又从东缗县与陈宫率兵一万多人参战，当时曹操兵少，就设下埋伏，出乎敌人预料发动袭击，将吕布打得大败。吕布连夜逃走，曹操再次进攻，占据了定陶，分兵平定周围各县。吕布东逃投奔刘备，张邈跟从吕布，让弟弟张超带领家属驻守雍丘。秋八月，曹操围攻雍丘。冬十月，汉献帝任命曹操为兖州牧。十二月，雍丘失守，张超自杀。曹操诛杀了张邈三族。张邈到袁术那里求援，被自己部下所杀。兖州平定，曹操于是向东攻取陈国旧地。

这一年，长安发生动乱，汉献帝东迁，在曹阳一带溃败，就渡过黄河逃至安邑。

汉献帝建安元年（196）春正月，曹操军队到达武平县，袁术任命的陈国相袁嗣投降。

曹操将要迎接汉献帝，部下将领有人疑虑，荀彧、程昱鼓励曹操，于是派遣曹仁率兵向西迎接天子。卫将军董承与袁术部将苌奴凭借险要加以抗拒，曹洪难以前进。

汝南、颍川两郡的黄巾军何仪、刘辟、黄邵、何曼等，各拥兵数万，起初响应袁术，随后又依附孙坚。这一年的二月，曹操进军征讨打败了他们，斩杀刘辟、黄邵等，何仪与其部众都投降了曹操。汉献帝任命曹操为建德将军，夏六月，又提升为镇东将军，封费亭侯。秋七月，杨奉、韩暹将汉献帝送归洛阳，杨奉另驻扎梁县。曹操于是到达洛阳，守卫京城，韩暹逃走。汉献帝授予曹操统率诸军的权力，总揽尚书台事务。洛阳残破，董昭等就劝曹操至许县建都。九月，汉献帝车驾出辕辕关向东，任命曹操为大将军，封武平侯。自从汉献帝西迁，朝廷日益混乱，到这个时候，宗庙社稷与各项礼仪制度才得以重建。

汉献帝东迁的时候，杨奉想在梁县阻截，但没有赶上。冬十月，曹操讨伐杨奉，杨奉南逃投奔袁术，曹操就攻击他在梁县的营地，顺利攻克。这时朝廷任命袁绍为太尉，袁绍以位列于曹操之后而感到羞耻，不愿接受。于是曹操坚决辞让，将大将军的职位让与袁绍。汉献帝任命曹操为司空，代理车骑将军职务。这一年曹操采纳了枣祗、韩浩等人的建议，开始实行屯田。

吕布袭击刘备，攻取下邳。刘备投奔曹操。程昱劝说曹操说："我看刘备具有雄才大略而且深得人心，终究不会屈居人下，不如尽早除掉他。"曹操说："当今正是网罗英雄的时候，因为杀掉一个人而失去天下人的心，不能如此。"

张济从关中逃至南阳。他死后，其侄子张绣统领了他的军队。建安二年（197）春正月，曹操到达宛城。张绣投降曹操，不久后悔，重又反叛。曹操与张绣交战，兵败，被乱箭射中，其长子曹昂、侄子曹安民遇害。于是曹操率军退回舞阴县，张绣率领骑兵来抢掠，曹操打败了他。张绣逃至穰县，与刘表联合。曹操对众将领说："我接受张绣投降，失策在于不立即令投降者交出人质，才落到这一地步。我知道了失误的缘故，诸位等着瞧，从今以后不会再如此失策了。"于是回归许都。

袁术准备在淮南称帝，派人通知吕布。吕布扣留了他的使节，将其书信上奏朝廷。袁术大怒，攻打吕布，被吕布打败。秋九月，袁术进犯陈国，曹操发起东征。袁术听说曹操亲自前来，丢下军队逃跑，留下其部将桥蕤、李丰、梁纲、乐就防守；曹操军到，打败了桥蕤等，将他们全部斩杀。袁术逃过淮河，曹操返回许都。

曹操从舞阴返回时，南阳、章陵等县又反叛归于张绣，曹操派曹洪前往攻打，交战失利，退军驻守叶县，又屡次被张绣、刘表侵扰。冬十一月，曹操亲自南征，到达宛城。刘表部将邓济据守湖阳。曹操攻下湖阳，生擒邓济，湖阳投降。接着攻打舞阴，并攻下了它。

建安三年（198）春正月，曹操返回许都，初次设置军师祭酒一职。三月，曹操在穰县围攻张绣。夏五月，刘表派兵救援张绣，截断曹军退路。曹操打算撤回，张绣军队追击，曹军难以前行，就排开连营阵势缓缓推进。曹操致函荀彧说："敌军追赶我，我军虽然每天只能前行数里地，但我预料，到达安众港，必能击败张绣。"行至安众后，张绣与刘表的军队聚合在一起守住险要，曹军前后受敌。曹操于是连夜在险要处开凿地道，将辎重全部运走，埋伏下奇兵。等到天明，敌军认为曹操已经逃走，就发动全军追击。曹操出动伏兵与步兵、骑兵夹攻敌军，将张绣军打得大败。秋七月，曹操返回许都。荀彧问曹操："战前就预料敌军必败，是什么缘故？"曹操回答说："敌军阻挡我军回撤，同已经处于绝境的我军决战，我因此预料必胜。"

吕布派遣高顺帮助袁术进攻刘备，曹操派夏侯惇援救刘备，交战失利。刘备被高顺打败。九月，曹操东征吕布。冬十月，曹操攻破彭城后，杀尽其民，俘获彭城国相侯谐。曹军进兵下邳，吕布亲自率领骑兵迎战，曹军将吕布打得大败，俘获了其猛将成廉。追击到城下，吕布恐惧，打算投降。陈宫等人阻止了吕布，就向袁术求救，并劝吕布出战，交战又告失败，于是回城固守，曹军攻城不下。这时曹操因连续作战，士兵疲劳，准备退兵，采用荀攸、郭嘉的计策，挖开泗水与沂水用来灌下邳城。相持一个多月后，吕布的部将宋宪、魏续捉拿陈宫，献城投降曹操。曹操生擒吕布、陈宫，将他们都杀了。起初，泰山郡的臧霸、孙观、吴敦、尹礼、昌豨等各自聚集兵马，当吕布打败刘备时，臧霸等人全部归附吕布。吕布被打败，曹军俘获了臧霸等人，优厚接纳了他们，还分割青州、徐州靠近于海的地段，委任臧霸等治理管控，从琅邪郡、东海郡与北海国各分出一部分，设置城阳郡、利城郡和昌虑郡。

当初，曹操做兖州牧时，曾任命东平人毕谌为别驾。张邈叛变时，劫走了毕谌的母亲、弟弟与妻子儿女；曹操辞谢遣散他，说："您的老母亲在他们手中，可以离开了。"毕谌叩首表示并无二心，曹操称赞了他，还感动得落泪。毕谌离开后，就逃走归降了张邈。等到吕布被打败，毕谌被生擒，众人都为其担忧，曹操却说："这样有孝心的人，难道会不忠于君主吗！这正是我求之不得的。"就任命毕谌为鲁国相。

建安四年（199）春二月，曹操返回昌邑。张杨的部将杨丑杀了张杨，眭固又杀了杨丑，率其部众归顺了袁绍，驻扎在射犬聚。夏四月，曹操进军至黄河边，派史涣、曹仁渡过黄河攻击眭固。眭固派张杨以前的长史薛洪、河内太守缪尚留守射犬聚，亲自率军北上迎候袁绍，请求救援，与史涣、曹仁在犬城相遇。两军交战，曹军大胜，斩杀了眭固。曹军于是渡过黄河，围攻射犬聚。薛洪、缪尚率军投降，被封为列侯。曹军回到敖仓，任命魏种为河内太守，将黄河以北的事务交付予他。

当初，曹操举荐魏种为孝廉。兖州叛变时，曹操说："只有魏种不会背离我吧。"等到听说魏种也逃跑后，曹操大怒说："只要魏种不南逃至越地，不北逃至胡人处，我就不会放过他！"等到攻破射犬聚，生擒了魏种，曹操说："只因为他有才能啊！"为他松绑并再加任用。

这时袁绍已经吞并了公孙瓒，兼有四州之地，拥有十多万军队，准备进攻许都。曹军诸将领认为难以抵挡，曹操说："我熟悉袁绍的为人，他志向远大，却才能低下，表面严厉，却内心怯懦，为人妒忌刻薄，缺乏使人畏惧慑服的力量，兵卒虽多，却部署、调配不明确，将领骄横而政令不统一。他虽拥有广阔土地，粮食充足，正好可作为奉献给我的礼物。"秋八月，曹操进兵黎阳，派臧霸等进入青州，攻破齐国、北海、东安等地，留于禁驻守于黄河岸边。九月，曹操返回许都，分出部分兵力驻守官渡。冬十一月，张绣率其军队投降，被封为列侯。十二月，曹操驻扎官渡。

袁术自从在陈国被打败后，日益困窘，袁谭从青州派人迎候。袁术打算经过下邳北上，曹操就派刘备、朱灵截击。适逢袁术病死。程昱、郭嘉听说曹操派遣刘备出兵，就对他说："不能放走刘备！"曹操后悔，派人追赶，已经来不及了。当刘备尚未东去时，曾暗中与董承等密谋反叛，到了下邳，刘备就杀了徐州刺史车胄，率军驻扎小沛。曹操派刘岱、王忠攻打刘备，但未能取胜。

庐江太守刘勋率领部众投降曹操，被封为列侯。

建安五年（200）春正月，董承等人的阴谋败露，全部被处斩。曹操打算亲自东征讨伐刘备，诸将领都加劝阻说："与您争夺天下的是袁绍。现在袁绍正率军前来，而您却放弃迎战，反而东征刘备，若袁绍包抄我军后路，怎么办？"曹操说："那刘备，乃是人中豪杰，现在不打败他，必留下后患。袁绍虽有大志，然而识别时事迟钝，一定不会有所行动。"郭嘉也鼓励曹操，于是曹军向东攻打刘备，取得胜利，生擒其部将夏侯博。刘备投奔袁绍，曹操俘获了刘备的妻儿。刘备的部将关羽驻军下邳，曹操又攻击他。关羽投降。昌豨曾背叛投靠刘备，曹操又攻破他。曹操还军官渡，袁绍始终没有出兵。

二月，袁绍派遣郭图、淳于琼、颜良攻打驻扎于白马的东郡太守刘延，袁绍率军至黎阳，准备渡过黄河。夏四月，曹操北上救援刘延。荀攸劝说曹操："当下我们兵力少，难以克敌，分散袁绍的兵力方有取胜可能，请您到延津，做出要派兵渡过黄河攻击他们后方的样子，袁绍必定分兵向西应战，然后我们轻装袭击白马，乘其不备，颜良就可以被擒拿。"曹操采纳了荀攸的意见。袁绍得知曹军渡河，立即分兵西去迎战。曹操于是率军加倍速度奔向白马，距离彼处还有十多里，颜良大惊，匆忙应战。曹操派张辽、关羽打头阵，攻破袁军，斩杀了颜良。这样就解了白马之围，迁徙那里的百姓，沿黄河向西撤离。袁绍这时渡过黄河追击曹军，到达延津以南。曹操陈兵于白马山的南坡，派人登上土堆瞭望袁军，报告说："大约有五六百骑兵。"过了一会儿又报告："骑兵逐渐增多，步兵不计其数。"曹操说："不要再报了。"就下令骑兵解下马鞍将马放开。这时，从白马山运来的辎重已经就道。曹军将领认为对方骑兵多，不如先撤回保住营垒。荀攸说："这是用来引诱袁军的，怎么可以撤走！"袁绍的骑兵将领文丑与刘备带领五六千骑兵先后追击到来。曹军众将领又说："可以上马了。"曹操说："还不到时候。"过了一会儿，袁绍的骑兵逐渐增多，有的分开来奔向辎重。曹操说："可以了。"于是全部上马。当时曹军骑兵不足六百，纵兵攻击袁军，获得大胜，斩杀了文丑。颜良、文丑都是袁绍帐下的名将，经过两仗，都被斩杀，袁军大为震惊。曹操返军官渡。袁绍进军保卫阳武。关羽乘机逃归刘备。

八月，袁绍结营相连逐步推进，依附沙堆驻扎，东西绵延数十里。曹操也分兵扎营与袁军对峙，然而交战不利。这时曹军不满一万，受伤的士兵占十分之二三。袁绍又进军逼近官渡，修筑土山地道。曹操也在营寨内修筑土山地道，作为应战手段。袁军向曹营射箭，如同雨下，营中人行进都要用盾牌遮挡，引起兵众的恐慌。当时曹军粮食短缺，曹操致函荀彧，商议撤军回归许都。荀彧认为："袁绍将其全部人马调集到官渡，意在与您决一胜负。您的兵力很弱，却要抵挡住极强的袁军，如若不能挫败他们，就一定被对方战胜，这正是天下事物变化的枢要、关键时刻。况且袁绍不过属于平民百姓中的豪杰，能够笼络人才却不能用其所长。依仗您的英明威武与洞察事理，又加之顺乎伦常天道，可以无往而不胜！"曹操听从了他的建议。

孙策得知曹操与袁绍在官渡相持不下，就计划袭击许都，尚未行动，就被刺客杀死。

在汝南投降的刘辟等又背叛曹军，响应袁绍，在许都附近掳掠。袁绍指使刘备去援助刘辟，曹操派遣曹仁打败了刘备。刘备逃走，曹军攻破了刘辟的营寨。

袁绍的运粮车有数千辆来到，曹操采纳荀攸的计策，派遣徐晃、史涣半途截击，大败袁军，将运粮车全部烧光。曹操与袁绍相持数月，虽然频频战斗斩杀敌将，但兵力不足，粮食缺少，士兵疲乏。曹操对运粮者说："十五天后等我打败袁绍，就不再有劳诸位了。"冬十月，袁绍又派车运粮，指派淳于琼等五人率军一万多人护送，扎营在袁绍大营以北四十里。

袁绍的谋臣许攸贪财，袁绍不能满足他的欲望，许攸就来投奔曹操，并劝说曹操攻击淳于琼等。曹操左右的人持怀疑态度，只有荀攸、贾诩两人劝说曹操采纳。曹操于是留曹洪驻守营寨，亲自率领步兵、骑兵五千人连夜行动，正值黎明到达。淳于琼等望见曹军兵少，就在营门外排开阵势。曹军迅速发起攻击，淳于琼退守营寨，曹军攻打袁军营寨，袁绍派遣骑兵救援淳于琼。曹操身边有人进言说："袁军骑兵逐渐靠近我军了，请分兵抵抗。"曹操发怒说："等他们来至身后，再来报告！"曹军士兵都拼死作战，大胜淳于琼等，杀尽敌兵。起初，袁绍得知曹操攻击淳于琼等，就对长子袁谭说："乘曹军攻打淳于琼之机，我去攻占曹军营寨，他们就无处可归了！"于是指令张郃、高览攻击曹洪。张郃等得知淳于琼被打败，就投降了曹操。袁绍军队发生大的溃败，袁绍与袁谭丢下自己的军队逃跑，渡过黄河。曹军追赶不上，缴获了袁军的全部辎重与图书珍宝等，俘虏了众多袁军。曹操在所获袁绍的信件中，发现许都与自己军中有不少人与袁绍暗通，就将信件全部加以焚烧。冀州有许多郡县都纷纷献城投降了曹操。

起初，汉桓帝时在楚地与宋地的分野出现了一颗黄星，辽东郡人殷馗精于天文，曾预言五十年后将会有真命天子出现在梁国与沛国之间，他的锋芒不可阻挡。到这时总共五十年，恰好曹操打败袁绍，天下再也没有可与曹操相抗衡的力量了。

建安六年（201）夏四月，曹操在黄河沿岸炫耀兵力，进攻袁绍驻守仓亭的军队，打败了他们。袁绍逃回冀州后，又会聚残兵，进攻平定诸多反叛的郡县。九月，曹操回归许都。当袁绍尚未被曹操打败的时候，曾派遣刘备攻取汝南郡，汝南的黄巾军共都等人响应刘备。曹操派遣蔡扬攻击共都，交战失利，被共都打败。曹操南征刘备。刘备得知曹操亲自出征，就逃走投奔刘表，共都等也就全部溃散了。

建安七年（202）春正月，曹操驻军于谯，下令说："我起义兵，为天下除暴安良。故乡沛国的百姓，差不多全死亡了，在沛国境内行走一整天，竟然看不到一个熟识的人，这令我悲凉伤心。自我发起义兵以来，部下将士死去又绝了后嗣的，就寻求他们的亲戚为其后代，授予田地，并由官府提供耕牛，设置学校教师教育他们。建立宗庙，为活着的人提供祭祀自己先人的场所，他们的阴魂如果有灵，我死之后就不会有任何遗憾了。"随后曹操来到浚仪县，治理睢阳渠。又派人用太牢隆重祭祀桥玄。此后进军到达官渡。

袁绍自从军队被打败后，发病吐血，夏五月死亡。他的小儿子袁尚继承了他的职位，长子袁谭自称车骑将军，驻扎在黎阳。秋九月，曹操征讨他们，连续作战，袁谭、袁尚屡屡败退，固守不战。

建安八年（203）春三月，曹军攻击黎阳县的外城，袁军出战，曹军发起攻击，获得大胜，袁谭、袁尚连夜逃走。夏四月，曹军进军邺城。五月间回归许都，留贾信驻守黎阳。

五月二十五日，曹操下令说："《司马法》有'对临阵退却逃跑的将领要处以死刑'的规定，所以当年赵括的母亲，请求赵王不要因赵括打了败仗而受到连累。这说明古代的将领在外面打了败仗，其家属就要因此受到惩罚。自从我领兵派将出征以来，只赏有功者而不处罚有罪责的人，这不符合国家的典章制度。现在我下令诸将出征，打了败仗要依法处罪，失利者要被免除官职和爵位。"

秋七月，曹操下令说："政局动乱以来，已经十五年了，年轻的下一代没有见过宽惠正直、守礼谦让的儒家风范，我感到忧伤。现在命令各郡国要各自重视学习儒家学说，满五百户的县要设置掌管学校的官员，挑选本地才智杰出的俊士与造士给予教育的机会，如此或许令上古贤明君王之道不致废绝，从而有益于天下。"

八月，曹操讨伐刘表，驻军西平县。正当曹操离开邺城南征时，袁谭与袁尚争夺冀州，袁谭被袁尚打败，逃往平原县固守。袁尚加紧攻打平原城，袁谭就派遣辛毗向曹操乞降并请救援。诸将都怀疑其心，荀攸劝说曹操应允袁谭，曹操于是率军返回。冬十月，曹军到达黎阳，让儿子曹整与袁谭之女结亲。袁尚闻知曹军北上，就放弃攻打平原回归邺城。东平的吕旷、吕翔背叛袁尚，驻扎于阳平，率领其部下投降曹操，被封为列侯。

建安九年（204）春正月，曹军渡过黄河，阻截淇水导入白沟，以便沟通漕运的粮道。二月，袁尚又来攻打袁谭，留苏由、审配驻守邺城。曹操进兵到洹水时，苏由投降。曹军到达后随即攻打邺城，修筑土山、地道。袁尚部下的武安县长尹楷驻守毛城，保持上党的粮道通畅。夏四月，曹操留曹洪攻打邺城，亲自率军攻打尹楷，击溃他们后回师。袁尚部将沮鹄驻守邯郸，被曹军攻破。易阳县令韩范、涉国长梁岐献城投降，曹操赐予他们关内侯的爵位。五月，曹军毁掉土山与地道，开挖围城的壕沟，决开漳水灌城，城中之人饿死者过半。秋七月，袁尚回军救援邺城，曹军诸将认为"这是归师，人人自动进行殊死战斗，不如避开他们"。曹操说："袁尚若从大道归来，就应当回避；如果沿太行山而来，就会束手就擒。"袁尚果然沿太行山而来，依滏水扎下营寨。派兵乘夜攻击围城的曹军，曹操迎战，大胜袁军，于是趁势包围了袁尚的营寨。尚未交战，袁尚内心恐惧，就派遣前豫州刺史阴夔与陈琳乞降，曹操不应允，围攻愈加紧迫。袁尚乘夜逃走，守住祁山，曹军追击至此。袁尚部将马延、张颢等临阵投降，袁军溃败，袁尚逃往中山国。曹军缴获了袁军的辎重，并得到袁尚的印信和系印信的丝带、符节和斧钺，又指令已经投降的袁尚将士向邺城城内家属展示这些战利品，致令城中人心涣散。八月，审配的侄子审荣在夜里打开他所守卫的邺城东城门引曹军入城。审配迎战失败，被生擒后斩杀，邺城平定。曹操亲自到袁绍墓前祭奠，痛哭流涕；对袁绍妻子加以慰劳,送还了他家里的旧仆与珍宝等,赐予其家缯帛丝绵等物,并由官府供给口粮。

起初,袁绍与曹操共同起兵时,袁绍曾问曹操:"如若大事不能成功,四方何处可以安身?"曹操反问道:"依您的意见如何呢?"袁绍回答说:"我南面据守黄河,北面依托燕代,兼有戎狄的人马,向南争夺天下,这样或许可以成功了吧?"曹操说:"我任用四方人才的才智与勇力,用道义驾驭民众,就没有什么不可以实现的了。"

九月,曹操下令说:"黄河以北冀州一带的百姓遭受袁氏家族造成的灾害,他们今年的田租与赋税可以免除!"加重对豪强兼并土地的惩治力度,百姓都高兴。汉献帝令曹操兼任冀州牧,曹操就辞让交还了他原兖州牧的职位。

曹操围攻邺城的时候,袁谭夺取了甘陵县、安平国、勃海郡、河间国四地。袁尚战败后回到中山国,袁谭又进攻袁尚,袁尚逃往故安县,袁谭就吞并了袁尚的军队。曹操致函袁谭,责怪他违背约定,就和他断绝了姻亲关系,遣走了袁谭的女儿,然后进军征讨。袁谭恐惧,撤离平原,逃到南皮驻守。十二月,曹操进入平原郡,攻克平定郡中下辖几个县。

建安十年(205)春正月,曹操进攻袁谭,打败了他,杀了袁谭和他的妻子儿女,冀州平定。曹操下令说:"那与袁氏共同作恶的人,允许他们改过,重新开始。"又下令百姓不得报私仇,禁止不惜财力地经营丧葬,违犯者一概以法律加以制裁。同月,袁熙的大将焦触、张南等背叛袁氏并攻击袁熙、袁尚,袁熙、袁尚投奔三郡乌丸。焦触等献城投降曹操,曹操封他们为列侯。当初曹操征讨袁谭时,百姓因惧怕凿河冰的劳役而逃亡,曹操下令不接受这些人的归降。不久,先前逃避劳役的百姓有前往营门自首的,曹操对这些人说:"饶恕你们就违犯了命令,杀掉你们就是诛杀自首的人。回去以后要设法躲藏起来,不要让官吏抓捕到。"这些人垂泪而去，后来终究被捕获遇难。

夏四月，黑山的贼寇首领张燕率领他的部众十馀万人投降曹操，被封为列侯。故安人赵犊、霍奴等人杀死幽州刺史与涿郡太守。三郡乌丸在犷平县攻打鲜于辅。秋八月，曹操讨伐他们，斩杀了赵犊等，于是渡过潞河驰援犷平，乌丸逃往塞外。

九月，曹操下令说："逢迎上意，徇私枉法，是先圣孔子所憎恶痛恨的。听说冀州的地方风俗，即使是父子也各有派别，诋毁和赞誉信口而谈。汉文帝时的直不疑没有兄长，世间却有人说他与嫂子私通；汉光武帝时的第五伯鱼有三次婚史，所娶者都是没有父亲的孤女，世间却有人说他殴打过岳父；汉成帝时的王凤独断专权，谷永吹捧他，比之为辅佐周宣王的大臣申伯；汉成帝时的王商为人忠厚，正言立朝，张匡却上书诬陷他旁门左道。这些都属于颠倒黑白，伤天害理，蒙蔽君主。我要整治社会风气，上述四种恶劣行径不加根除，我认为是羞耻。"冬十月，曹操回到邺城。

起初，袁绍任用其外甥高干兼并州牧，曹操攻陷邺城后，高干投降，曹操仍任他为并州刺史。高干闻知曹操进讨乌丸，就在并州发动叛乱，拘捕上党太守，发兵守住壶口关。曹操派遣乐进、李典征讨他，高干据守壶关城。建安十一年春正月，曹操征讨高干，高干闻知后，就留下他的将领守城，自己逃到匈奴，向单于求救，单于没有接受。曹操围攻壶关三月，攻陷壶关。高干逃往荆州，被上洛都尉王琰抓捕杀死。

秋八月，曹操东征海贼管承，到达淳于，派遣乐进、李典打败管承，管承逃入海岛。曹操划出东海郡的襄贲县、郯县、戚县充实琅邪郡，撤销昌虑郡。

三郡乌丸乘天下大乱之机，攻破幽州，俘掠汉民十馀万户。以前袁绍将乌丸部落的首领皆立为单于，并将族人之女假充自己女儿嫁给他们。辽西单于蹋顿尤其强盛，为袁绍所厚待，所以袁尚兄弟投奔他们，他们多次侵入内地造成灾难。曹操准备征讨他们，就开凿河渠，从滹沱河通入泒河，取名平虏渠；又从泃河口开凿运河通入潞河，取名泉州渠，用来与大海相通。

建安十二年（207）春二月，曹操从淳于返回邺城。二月初五日，下令说："自从我起兵征讨暴乱，至今已有十九年，所战必胜，难道只是我个人的功劳吗？乃是征战中做出贡献的众多将士的力量啊。天下虽然尚未完全安定，我将要与贤能的众多将士一起去平定。现在由我独自享受功劳，我怎能心安理得呢！现在要尽快评定功劳，进行封赏。"在此情况下，大封有功者二十余人，都是列侯，其余有功之人也各以功劳大小依次受到封赏，还免除阵亡者所遗留孤儿的赋税徭役，轻重各有差异。

曹操即将北上征讨三郡乌丸，诸位将领都说："袁尚不过是一名逃亡的罪人而已，夷狄贪婪，无情义可言，难道能为袁尚所利用吗？现在我军深入敌境征讨乌丸，刘备必定劝说刘表袭击许都。万一情况有变，后悔就来不及了。"只有郭嘉预料刘表必不能听信刘备，劝曹操出征。夏五月，曹军抵达无终县。秋七月，因发大水，沿海道路不通，田畴请求当向导领路，曹操听从了他。田畴引导曹军出卢龙塞，但塞外道路断绝难以通行，于是挖山填谷五百多里，历经白檀县，穿过平刚县，路过鲜卑人控制的区域，向东直奔柳城。离柳城还有二百里，敌军已经得知消息。袁尚、袁熙与蹋顿、辽西单于楼班、右北平单于能臣抵之等率领数万骑兵迎战。

八月，曹军登上白狼山，突然与敌军遭遇，对方人马众多。曹军的辎重都在大军之后，穿盔甲者不多，跟随曹操的人都很害怕。曹操登至高处，看见敌军阵容不整齐，于是挥师出击，以张辽为先锋，敌军大溃败，斩杀蹋顿及其下声名显赫的王，胡汉总共有二十余万人投降。辽东单于速仆丸以及辽西、右北平的少数民族诸多首领，丢下他们同种族的人，与袁尚、袁熙一同逃奔辽东，他们还残存几千骑兵。起初，辽东太守公孙康依仗自己居地偏远，不愿臣服曹操。等到曹军大破乌丸，有人劝说曹操乘胜征讨公孙康，袁尚兄弟即可就擒。曹操说："我将要让公孙康斩送袁尚、袁熙的首级来献，用不着再动兵了。"九月，曹操率军从柳城返回，公孙康随即斩杀袁尚、袁熙与速仆丸等，传送他们的首级至曹军。诸多将领中有人问曹操："您一撤军，公孙康即斩送袁尚、袁熙的首级，是何缘故？"曹操说："公孙康平素惧怕袁尚等人，我若急攻他们，这些人就会合力抵抗，我暂缓进讨，他们就会自相残杀，这也是势所必致的事情。"十一月，曹操到达易水，代郡乌丸代理单于普富卢、上郡乌丸代理单于那楼率领其下声名显赫的王前来朝贺。

建安十三年（208）春正月，曹操回至邺城，开凿玄武池以训练水军。朝廷废除太尉、司徒、司空三公的官职设置，重置丞相、御史大夫的职务。夏六月，朝廷任命曹操为丞相。

秋七月，曹操南征刘表。八月，刘表病死，其子刘琮代位，驻军襄阳，刘备驻军樊城。九月，曹操进军新野，刘琮于是投降，刘备逃至夏口。曹操进军江陵，下令荆州的官吏与百姓一同除旧布新。于是评定荆州降服者的功劳，封侯者十五人，任命刘表部下大将文聘为江夏太守，还让他统领原部人马，起用荆州名士韩嵩、邓义等。益州牧刘璋开始接受招集军卒，派兵补充曹操的军队。十二月，孙权为援救刘备而攻打合肥。曹操自江陵出发征讨刘备，到达巴丘，派遣张憙救援合肥。孙权闻知张憙来到，就撤兵而归。曹操到达赤壁，与刘备交战，失利。这时军中流行急性传染病，官兵死亡很多，曹军于是撤回。刘备就占有了荆州境内的长江以南四郡。

建安十四年（209）春三月，曹军至谯县，造快船，训练水军。秋七月，曹军从涡水经淮水过肥水，驻军合肥。八月二十四日下令说："近来军队多次出征，有时遭遇瘟疫，官兵死亡，不能回归，夫妇长期别离，百姓流离失所，有仁德者难道愿意如此吗？实为不得已啊。现下令战亡者家中没有产业，家属不能养活自己的，官府不得停止口粮供给，州县长官的辅佐要慰问救济与安抚，如此方符合我的心意。"设置扬州各个郡县的长官，开芍陂，实行屯田。十二月，曹军归返谯县。

建安十五年（210）春，曹操下令说："自古以来受天之命以及中途转衰为盛的君主，何尝不是得到有才能的人与他共同治理天下呢！那些君主得到贤者，往往就出自民间，难道是侥幸相逢吗？是当政者不去求访罢了。当今天下还没有完全平定，这正是求贤若渴的紧迫时刻啊。'若让孟公绰做晋国诸卿赵氏或魏氏的家臣，那是游刃有馀的；但他却无才能去做滕、薛这样小国的大夫。'假若必须是廉洁的人方可任用，那么齐桓公何以能够称霸诸侯！当今天下果真没有如同姜太公那样外披粗布短衣，怀中却有美玉而垂钓于渭水之滨的人吗？也没有如同陈平那样蒙受私通嫂子且受人贿赂的恶名而尚未遇到魏无知推荐的呢？你们几个人可要辅助我举用有才德而地位卑微的人，做到唯才是举，使我能够任用他们。"这一年冬天，修筑了铜雀台。

建安十六年（211）春正月，汉献帝任命曹操世子曹丕为五官中郎将，设置属吏，作为丞相的副手。太原人商曜等据守大陵反叛，曹操派遣夏侯渊、徐晃围攻打败了商曜。张鲁占据汉中，三月，曹操派遣钟繇讨伐，又派遣夏侯渊等从河东郡出兵，与钟繇会合。

这时，关中诸将怀疑钟繇欲袭击自家军队，马超就与韩遂、杨秋、李堪、成宜等叛乱。曹操就派曹仁去征讨他们。马超等驻守潼关，曹操告诫诸将领说："关西兵精锐强悍，要加固壁垒，不要与他们交战。"秋七月，曹操西征，与马超等相隔潼关驻扎。曹操迅速紧逼对抗，暗地里派遣徐晃、朱灵等乘夜渡过蒲阪津，占据黄河西岸。曹操从潼关北渡黄河，尚未完全渡过，马超率军急攻曹军的渡船。校尉丁斐于是放出牛马用来引诱敌军，敌军乱抢牛马，曹操才得以渡过黄河，又沿河修筑两旁有障碍物的通道向南行进。敌军后撤，据守渭河河口，曹操于是设置许多虚张声势以迷惑敌人的军阵，暗中用舟船将士兵送至渭河，架起浮桥，夜色中分兵在渭河南岸扎营。敌军夜攻曹军营寨，曹操用伏兵打败了他们。马超等驻军于渭水南岸，派遣使者请求割让黄河以西之地讲和，曹操不应允。

九月，曹军渡过渭河，马超等屡次挑战，曹操没有应战；马超多次请求割地求和，并求送子弟作为人质，曹操就采纳贾诩的计策，假装应允了他。韩遂请求与曹操相见，曹操与韩遂的父亲同一年被举荐为孝廉，又与韩遂年岁相当，辈分相同，在这种情况下两人骑马并行交谈了一段时间，不涉及军事问题，只是交谈京城洛阳的故交旧友，拍手欢笑。交谈结束后，马超等问韩遂："曹操讲了些什么？"韩遂回答"没有说什么"，这引起马超等的怀疑。过了些日子，曹操又致函韩遂，其中许多文字作了修改，仿佛是韩遂所修改的痕迹。马超等人更加怀疑韩遂。曹操于是约定日期开战，先用轻装部队进行挑战，打斗了许久，才出动精锐的虎骑进行夹击，大胜敌军，斩杀了成宜、李堪等人，韩遂、马超等逃往凉州，杨秋逃到安定，关中就此平定。

诸将之中有人请教曹操："当初，敌军把守潼关，渭河北岸的防守空虚，我军不从河东出击冯翊，反而去把守潼关，拖延时日才北渡黄河，这是为什么呢？"曹操回答说："敌军驻守潼关，如果我军进入河东，敌军一定派兵守住各个渡口，那么西河就难以渡过了。我故意结集重兵进逼潼关，敌军尽全力把守南面，西河的守备就会空虚，徐晃、朱灵二将才可以全力攻占西河。然后我再率军北渡，敌军不能与我军争夺西河的原因，是因为徐晃、朱灵的军队驻守在那里。我军将车乘连接起来，并立木为栅栏，修筑甬道向南推进，既可以先创造敌人不可取胜的条件，又达到向敌人示弱的效果。渡过渭河我军修筑起坚固的营寨，敌军来了不与他们交战，这样就令敌军产生骄纵之心，所以敌军不筑营垒而求割地讲和。我答应他们，附和对方的意愿，就是要令他们安心而不加防备，我军趁机养精蓄锐，一旦向敌军发起攻击，就有迅雷不及掩耳之势。用兵变化无常，本无一定之规。"起初，敌军每一支军队到来，曹操就面露喜色。敌军失败以后，诸将领问曹操缘故，曹操回答说："关中一带辽阔，如果敌军各自依险把守，征讨他们，没有一两年的时间难以平定。现在他们都聚集到这里，虽然人马众多，却没有从属关系，也无军队的主帅，一举就可歼灭敌人，建功比较容易，我因此而高兴。"

冬十月，曹军从长安北征杨秋，包围安定。杨秋投降，曹操恢复了他原来的爵位，留他在本地抚恤百姓。十二月，曹军从安定归还，留下夏侯渊驻守长安。

建安十七年（212）春正月，曹操返回邺城。汉献帝命令曹操朝拜帝王时，赞礼的人不直呼其姓名，只称官职，入朝不急步而行，上朝时可不解剑，不脱履，就如同西汉的重臣萧何所受到的礼遇那样。马超的残馀势力梁兴等驻守蓝田，曹操派遣夏侯渊讨平了这股势力。划出河内郡的荡阴、朝歌、林虑等县，东郡的卫国、顿丘、东武阳、发干等县，巨鹿郡的廮陶、曲周、南和等县，广平郡的任城县，赵郡的襄国、邯郸、易阳等县，用来扩充魏郡。

冬十月，曹操征讨孙权。

建安十八年（213）春正月，曹军进军濡须口，攻破孙权长江西岸的营寨，俘获了孙权的都督公孙阳，然后撤军归。汉献帝下诏书合并十四个州，仍旧为九州。夏四月，曹操回到邺城。

五月初十日，汉献帝派遣御史大夫郗虑执符节以策书封曹操为魏公。策文说：

我因为无德，从小遭遇父母之丧，先被董卓劫持迁都流亡到长安，后又播迁逃难于唐、卫之地。那一时刻，帝室之危如冠上垂珠悬摆不定的样子，祭祀祖宗的庙宇无人祭祀，帝王当祭拜的土神与谷神也无安置之所。众多凶逆者怀抱非分的希望或企图，令中原地区分裂，对于境域之内的百姓，我不能获得民心，我的祖先高皇帝开创的大汉基业即将崩溃。我因此早起晚睡，内心惊愕悲悼，念叨说："我的列祖列宗啊，左右辅佐之臣，哪一位能够体恤怜悯我呢？"于是感动天的善意，诞生出丞相，治理天下，使我皇室安定太平，广为救助我于艰难困苦之中，使我有了依赖。现在授予您制度礼仪，请您敬听我的命令。

从前董卓首先发难，四方诸侯及九州牧伯都离开本职来护卫皇室，您则积极参与各路诸侯征讨董卓的联盟，并首先兴兵讨伐，这是您忠于本朝的表征。后来黄巾军颠倒纲常伦理，犯上作乱，侵占三州之地，祸乱殃及平民百姓，您又剪除他们，平定了东方，这又是您的一大功劳。韩暹、杨奉专横滥用权力威势，您就加以征讨，去除祸乱，于是迁都到许县，重建国都及其官署所辖地区，重置百官，修建宗庙，设坛祭祀，令旧日的典章制度得以延续。天地鬼神因而得到安定，这又是您的一大功劳。袁术越礼，犯上称帝，肆虐横行于淮南一带，但仍畏惧您显赫的声威，您施展伟大英明的谋略，蕲阳一战，令桥蕤丧命，威势南驰，袁术因而溃败，这又是您的一大功劳。您回师东征，吕布被斩杀，战车将要返回，张杨毙命，眭固被诛杀，张绣拜服投降，这又是您的一大功劳。袁绍谋逆，违背天理，图谋危害朝廷，依仗他兵多将广，动用武力，侵犯朝廷，在这个时候，朝廷兵马弱小无多，天下人恐惧，丧失了坚定意志，您持有高远宏大的志节，精诚上通天日，奋发威怒，运用神机妙算，到达官渡代替上天讨伐，大举歼灭恶人,在危亡之中令国家得到拯救,这又是您的一大功劳。率军渡过黄河,平定冀州、并州、青州、兖州四州,袁谭、高干皆被斩首并悬挂示众,海盗逃散,黑山军归顺正道投降,这又是您的一大功劳。三郡乌丸,骚乱汉灵帝、汉献帝两代,袁尚依赖他们,侵占长城以北地区,您率军包裹马足,挂牢车子,以防滑跌倾覆,一举歼灭了他们,这又是您的一大功劳。刘表违命放诞,不受节制,不向朝廷贡赋,您统帅国家的军队上路出发,使人敬畏的声势气派先行,荆州的八郡百县,拱手下跪投降朝廷,这又是您的一大功劳。马超、成宜,狼狈为奸,临近黄河与潼关据守,妄图实现野心,您率军在渭河以南的区域歼灭了他们,割下敌军左耳以献功数以万计,于是边境平定,安抚和辑了戎狄,这又是您的一大功劳。鲜卑、丁零等族群,经辗转翻译来至京城朝贡,箄于、白屋等族群,愿意臣服并进贡,这又是您的一大功劳。您有平定天下的功绩,又注重彰明德行,并颁布施行于天下,宣扬教化,使风俗淳美,普遍辛勤施行教化,谨慎地使用刑罚,官吏不下达苛刻的政令,百姓不心怀恶念;您崇尚帝王宗亲,表彰恢复已灭绝的宗祀,承续已断绝的后代,先人的德泽与往日的功绩,全都予以禄养;虽然伊尹的功德得到上天的嘉许,周公道德的光辉普照天下,但与您相比较,没有什么区别。

我听说先代帝王分封才德兼备的人,将土地赐予他们,分给他们人民,尊崇高官显爵的章服,为他们准备好典礼文物,为的是捍卫王室,辅佐当代的君主。在那周成王时,管叔、蔡叔作乱,周公平定叛乱,赏赐功劳,于是就派邵康公赐予齐国姜太公封地,东至海边,西到黄河,南到穆陵,北至无棣,五侯九伯,都可以征讨,周天子世代酬谢姜太公的功劳,在东方显扬光大;等到周襄王时,又有楚人不向周天子进贡述职,于是又令晋文公为诸侯之长,赐予他二辂、勇士、铁钺、香酒与弓箭，拓展南阳的疆土，世世代代担任诸侯盟会中的领袖。周朝之所以未亡，全是依仗了齐与晋两国的力量。现在称扬您广大显明的美德，保护住我的身家，顺应神授之天命，宣扬巨大的功业，安定九州，没有不顺从的地方，您的功业超过伊尹、周公，受到的赏赐却不如齐桓公与晋文公那样多，这令我非常惭愧。我以微末的身躯，居于众民之上，经常思考其中的艰难，如临深渊，如履薄冰，若非您的辅佐，我难以胜任。现在以冀州的河东、河内、魏郡、赵国、中山、常山、巨鹿、安平、甘陵、平原共十郡之地分封予您，封您为魏公，赐予您象征北方的黑土，用白茅包裹，为您凿刻龟甲进行占卜，选择吉日，以建立魏国的宗庙。从前周室，已经受封的毕公与毛公又进入朝廷担任辅佐周康王的执政大臣，周公与召公分别以太师、太保的身份外出分陕而治，称为"二伯"。如古代贤人一样兼任朝廷内外的职务，您是非常合适的，现在命您以丞相的身份兼任冀州牧。此外，再赐予您"九锡"的最高礼遇，请您务必听从我的命令。因为您规划治理礼法与刑律，作为百姓遵循的法则，令他们各安其业，没有迁徙他方的心志，因而赐予您大辂、戎辂各一辆，黑色公马八匹。您劝导人们有无相济，专心务农，农夫勤勉劳作，粮食与布帛有大量储备，国家大业兴旺发达，因此赐予您衮衣和冕，并且配上红色复底的鞋子。您崇尚谦让，使百姓因受感发，起而实行，少长皆有礼节，上下和睦相处，因此赐予您三面悬挂的乐器与六列舞队。您辅佐宣扬，教育感化，弘扬四方，令外族人能变其颜面容色顺上，中原地区人民富足，因此赐予您使用朱红色的大门。您勤于思考，洞察事理，如何做到知人善任，是帝尧也感到为难的事情，官以才能为准，任用贤者，优秀的人才必然得到举荐，因此赐予您"纳陛"的待遇，以便于执政。您执掌国家政权，神色庄重、态度严肃，执持中正之道，哪怕有一丝一毫的恶行，也没有不加以黜退的，因此赐予您虎贲勇士三百名。您察举有罪者而慎行天子之法，显示揭发有罪者，违禁强行打开城门等违犯法纪之事，没有不被诛杀的，因此赐予您铁与钺各一件。您气势威武，眼光远大，环顾四方和四隅，讨伐那些叛逆者，克敌制胜于天下，因此赐予您红色的弓一张，红色的箭百支，黑色的弓十张，黑色的箭千支。您以温和恭敬为根本，以孝顺父母、亲爱兄弟为美德，明察而诚信，切实忠诚，感念于我的思虑，因此赐予您香酒一尊，并用玉柄的酒器作为陪衬。魏国可以设置自丞相以下的大小百官，全都依照汉代初年皇子被封为王者的规模。谨慎地去干吧，恭敬地服从我的命令！考察而体恤您的部下，善于辅佐君王立下事功，从而成就你显明的美德，弘扬我汉祖高皇帝美善的遗训！

建安十八年（213）秋七月，开始建立魏国的社稷宗庙，汉献帝以礼聘娶了曹操的三位女儿为贵人，最小的一位留住于魏国，以待年长。九月，修筑金虎台，开凿渠道引漳水入白沟以与黄河相通。冬十月，划分魏郡为东西两部分，设置都尉。十一月，开始设置尚书、侍中与六卿等官职。

马超在汉阳，再次依靠羌胡兴兵作乱，名叫千万的氐族王也反叛响应马超，驻扎在兴国城。曹操派遣夏侯渊前往讨伐。

建安十九年（214）春正月，曹操首次举行"籍田"的仪式。南安郡赵衢、汉阳郡尹奉等征讨马超，将其妻儿斩首悬以示众，马超逃奔汉中。韩遂逃往金城，进入氐王千万的部落，率领羌胡一万多骑兵与夏侯渊交战，夏侯渊迎击，取得大胜，韩遂逃往西平。夏侯渊与诸将领攻占兴国城，屠杀了全城百姓。朝廷撤销了安东、永阳两郡。

安定太守毌丘兴将要赴任，曹操告诫他说："羌胡打算与中原通好，自然应当由他们派人来沟通，千万不要派人前往。有道德的人难以找到，派去的人必然要教唆羌胡提出一些非分的要求，以便谋取个人的利益；如果不应允，就会失去异域人的心，应允他们，对朝廷没有益处。"毌丘兴到达安定郡后，派遣校尉范陵到羌人那里，范陵果然唆使羌人首领，请求担任属国都尉。曹操闻知后说："我事先就预料到情势当如此，并非我料事如神，只不过经历世事多一些罢了。"

三月，汉献帝将曹操魏公的地位提升至诸侯王之上，改授他金制成的印玺、系印纽的赤色丝带以及远游冠。

秋七月，曹操征讨孙权。

起初，陇西人宋建自称河首平汉王，在枹罕县聚集兵众，改年号，设置百官，与中原割据已经三十多年。曹操派遣夏侯渊从兴国讨伐他。冬十月，枹罕被屠城，斩杀宋建，凉州平定。

曹操从合肥返回。

十一月，汉献帝的皇后伏氏因以前致函其父屯骑校尉伏完，言及汉献帝因董承被诛杀而怨恨曹操，言辞极为恶毒，事情被传播显扬，伏后被废免罢黜而死，她的兄弟也依法被处死刑。

十二月，曹操到达孟津。汉献帝下令曹操可以享受皇帝仪仗中有担任先驱骑兵的仪仗，宫殿中可以摆设饰以猛兽形象的悬乐钟的格架。十二月十九日，曹操下令说："那有德行的人未必能够立志有所作为，能够上进的人却未必有德行。西汉的开国功臣陈平岂是行为淳厚者，战国的著名纵横家苏秦岂是遵守信约的人？然而陈平却奠定了汉朝的基业，苏秦使弱小的燕国强大起来。由此说来，有才者即使有缺陷，怎么可以废弃不用呢！相关的官员要明白这个道理，那有才干的人就不会被遗漏弃置，居官者也不会荒废本业了。"又说："刑法，关系到百姓的身家性命，然而军中主管刑狱的官员有的并不称职，将三军将士的生死命运交付给这些人，我非常担忧。要选用对法理有明确透彻认识的人，让他们掌管刑法。"于是专门设置了管理刑狱的法曹及其佐治的官吏等。

建安二十年（215）春正月，汉献帝册立曹操的第二位女儿为皇后。撤除了云中、定襄、五原、朔方四郡的设置，各改为县，管辖当地的百姓，又将这四县合并为新兴郡。

三月，曹操西征张鲁，到达陈仓，准备从武都进入氐人的控制区；氐人阻塞了道路，曹操先派遣张郃、朱灵等打败了他们。夏四月，曹操从陈仓出兵大散关，抵达河池。氐王窦茂率众一万多人，依仗险要地势，拒不投降。五月，曹操率军攻打下河池后屠城。西平、金城将领麴演、蒋石等共同杀死韩遂，向曹军献上其首级。

秋七月，曹操率军至阳平。张鲁派其弟张卫与部将杨昂等据守阳平关，沿山麓修筑了十多里的城防，曹军难以攻下，只好撤兵。敌军见曹军撤离，防守就松懈了。曹操于是暗中派遣解㣆、高祚等凭借险要地势乘夜袭击，大败敌军，斩杀其将杨任，又进攻张卫，张卫等乘夜色逃走。张鲁溃败，逃奔巴中。曹军进入南郑，缴获了张鲁府库中的全部珍宝。巴郡、汉中郡都投降了曹军。曹操将汉宁郡复名汉中郡，又将汉中的安阳、西城两县划归西城郡，设置郡太守；又分锡县、上庸县为上庸郡，设置了都尉。

八月，孙权围攻合肥，曹军张辽、李典打败了他们。

九月，巴郡的七姓夷王朴胡、賨邑侯杜濩率领巴郡夷人与賨民前来归附。于是曹操划分巴郡为东、西两部分，任用朴胡为巴东郡太守，任用杜濩为巴西郡太守，两人都封为列侯。汉献帝授予曹操秉承皇帝旨意而便宜行事、赐爵授官、任命郡守和诸侯王之相的权力。

冬十月，曹操开始设置名号侯至五大夫的爵位，与旧封的列侯、关内侯共有六等，用来奖赏有功的人。

十一月，张鲁从巴中率领残部前来投降。曹操封张鲁和他的五个儿子皆为列侯。刘备袭击刘璋，夺取益州，于是占据了巴中。曹操派遣张郃攻击刘备。

十二月，曹操从南郑返回，留夏侯渊驻守汉中。

建安二十一年（216）春二月，曹操回归邺城。三月初三，曹操亲耕籍田。夏五月，汉献帝晋封曹操为魏王。代郡乌丸代理单于普富卢与他的侯王前来朝贺。汉献帝封曹操的女儿为公主，赐予她们收取赋税的私邑。秋七月，匈奴南单于呼厨泉率领其名王前来朝贺，曹操用客礼招待了他们。于是呼厨泉留居魏国，令右贤王去卑在匈奴摄政。八月，曹操任命大理钟繇当了相国。

冬十月，曹操训练军队，征讨孙权，十一月到达谯县。

建安二十二年（217）春正月，曹操的军队驻扎在居巢。二月，又进驻于江西郝溪。孙权在濡须口筑城拒守，曹军逼攻，孙权撤军。三月，曹操率军返回，留夏侯惇、曹仁、张辽等驻守居巢。

夏四月，汉献帝命令曹操可以使用天子的旌旗，出入时，可于所经路途侍卫警戒，清道止行。五月，修建学宫。六月，任命军师华歆为御史大夫。冬十月，汉献帝命令曹操可戴十二旒的冠冕，乘坐金根车，用六马驾车，并设置五时副车，立五官中郎将曹丕为魏国的太子。

刘备派遣张飞、马超、吴兰等驻兵下辩，曹操派遣曹洪前往抗拒。

建安二十三年（218）春正月，汉太医令吉本与少府耿纪、司直韦晃等反叛，他们攻打许都，烧了丞相长史王必的军营，王必与颍川典农中郎将严匡率兵征讨，斩杀了他们。

曹洪打败吴兰，斩杀了吴兰的部将任夔等。这年三月，张飞、马超逃到汉中，阴平氐强端斩杀吴兰，将其首级传送至魏国。

夏四月，代郡、上谷乌丸单于能臣氐等叛乱，曹操派遣鄢陵侯曹彰征讨打败了他们。

六月，曹操下令说："古代的墓葬，一定安置在坚硬不肥沃的土地。现在规划西门豹祠以西宽广平坦之地作为我百年之后的寿陵，可以原高地为墓基，不堆土，不植树。《周礼》上说，冢人掌管君王、诸侯及王子弟之墓地。诸侯的墓地位于天子陵墓靠前的左右两侧，卿大夫的墓地位于天子陵墓靠后的左右两侧，汉代制度又称为陪陵。公卿大臣以及诸将领有功者，死后也可以葬于寿陵左右。墓地的设计要宽广，以便容纳。"

秋七月，曹操整治兵马，于是西征刘备，九月，到达长安。

冬十月，宛城守将侯音等叛乱，抓捕南阳太守，并且劫掠官员与百姓，在宛城据守。起初，曹仁征讨关羽，驻守樊城，本月，曹操派遣曹仁围攻宛城。

建安二十四年（219）春正月，曹仁攻下宛城后屠城，将侯音斩首。

夏侯渊与刘备在阳平交战，被刘备斩杀。三月，曹操率军从长安出斜谷，先驻扎于要害之处，再向汉中进发，于是到达阳平。刘备凭借险要加以守卫。

夏五月，曹操率军退回长安。

秋七月，曹操立夫人卞氏为王后。派遣于禁协助曹仁攻打关羽。八月，汉水涨溢，淹没于禁的营垒，全军覆没。关羽生擒于禁，就去围攻曹仁。曹操派遣徐晃前往救援。

九月，相国钟繇因西曹掾魏讽谋反受到牵连而遭免官。

冬十月，曹军回归洛阳。孙权派使者向曹操上书，愿意讨伐关羽贡献自己的力量。曹操从洛阳南征关羽，尚未到达，徐晃进攻并打败了关羽。关羽逃走，曹仁得以解围。曹操军队驻扎在摩陂。

建安二十五年（220）春正月，曹操回到洛阳。孙权斩杀关羽，向洛阳传送关羽首级。

正月二十三日，曹操死于洛阳，享年六十六岁。遗令说："天下还没有安定，不得遵守古代的丧葬制度，下葬后，全体脱掉丧服。带军驻防的将领，都不得离开驻地。各级官员，都要忠于职守。用平时所穿的衣服入殓，不要在墓穴中以金玉珍宝殉葬。"谥号称武王。二月二十一日，下葬于高陵。

评论说：汉朝末年，天下大乱，豪强群雄纷纷起兵。袁绍如虎之雄视，伺机攫取四州之地，强盛没有敌手。曹操制定策略，施展谋略，凭借武力征服天下，执持战国时申不害与商鞅的法家之学说，兼备汉韩信与秦白起出奇制胜的战术计谋，按照各人的才能授以官职，充分调动其积极性，掩饰真情，施用计谋，不记过去的仇怨，终于能够统领国务政事，完成帝王之业，就是因为他具有非同寻常的高明智谋。可以说曹操是一位非凡的英雄，盖世无双的豪杰。

董卓传

附**李傕、郭汜**

[题解]

传见《三国志》卷六《魏书六》。董卓（？~192），字仲颖，陇西郡临洮县（今甘肃岷县）人。汉桓帝末年，以六郡良家子为羽林郎，累迁西域戊己校尉、并州刺史、河东太守。汉灵帝死后，大将军何进和司隶校尉袁绍合谋诛杀宦官，私召董卓入京。后因谋泄，何进兄弟被宦官所杀，张让、段珪等劫持汉少帝刘辩及陈留王刘协外逃。汉少帝光熹元年（189），董卓引兵入洛阳，废少帝，立陈留王为汉献帝，自己升迁太尉领前将军事，更封为郿侯，进位相国。他放纵士兵在洛阳城中大肆剽虏财物，淫掠妇女；又虐刑滥罚，以致人心恐慌，内外官僚朝不保夕。后又焚烧洛阳宫室，挟持汉献帝西迁长安，自为太师，地位在诸侯王之上，车服仪饰拟于天子，暴虐专横，无以复加。其子孙年虽幼小，男皆封侯，女为邑君。又筑坞于郿（今陕西眉县东渭水北），号"万岁坞"，积谷可供三十年。汉献帝初平三年（192），为王允、吕布等所杀，陈尸街头，全家族皆被杀。董卓部将李傕、郭汜助纣为虐，于董卓被杀后更作恶多端，附于本传后，以见东汉末年乱象纷呈。唐刘知几《史通》卷三〇《人物》："至如四凶列于《尚书》，三叛见于《春秋》，西汉之纪江充、石显，东京之载梁冀、董卓，此皆干纪乱常，存灭兴亡所系。既有关时政，故不可阙书。"《后汉书》卷七二亦有传。清赵翼《廿二史札记》卷七云："一人而传于两史，如后汉之董卓、公孙瓒、陶谦、袁绍、刘表、袁术、吕布等，当陈寿撰《三国志》时，以诸人皆与曹操并立，且事多与操相涉，故必立传于《魏志》，而叙事始明。刘焉乃刘璋之父，其地则昭烈所因也，欲纪昭烈必先传璋，欲传璋必先传焉，故亦立其传于《蜀志》之首。及范蔚宗修《后汉书》，则董卓等皆汉末之臣，荀彧虽为操划策，而心犹为汉，皆不得因《三国志》有传，遂从删削，所以一人而两史各有传也。"

董卓字仲颖，陇西临洮人也①。少好侠，尝游羌中②，尽与诸豪帅相结③。后归耕于野，而豪帅有来从之者，卓与俱还，杀耕牛与相宴乐④。诸豪帅感其意，归相敛⑤，得杂畜千馀头以赠卓⑥。汉桓帝末⑦，以六郡良家子为羽林郎⑧。卓有才武，旅力少比⑨，双带两鞬⑩，左右驰射。为军司马⑪，从中郎将张奂征并州有功⑫，拜郎中⑬，赐缣九千匹⑭，卓悉以分与吏士⑮。迁广武令⑯，蜀郡北部都尉⑰，西域戊己校尉⑱，免。征拜并州刺史、河东太守⑲，迁中郎将，讨黄巾，军败抵罪⑳。韩遂等起凉州㉑，复为中郎将，西拒遂。于望垣硙北㉒，为羌胡数万人所围㉓，粮食乏绝。卓伪欲捕鱼，堰其还道当所渡水为池㉔，使水渟满数十里㉕，默从堰下过其军而决堰。比羌胡闻知追逐，水已深，不得渡。时六军上陇西，五军败绩㉖，卓独全众而还，屯住扶风㉗。拜前将军㉘，封斄乡侯㉙，征为并州牧㉚。

[注释]

①陇西临洮（táo 陶）：即临洮县，秦置，属陇西郡，治所在今甘肃岷县，以临洮水得名。陇西，即陇西郡，战国秦昭襄王二十八年（前

279）置，治所狄道县（今甘肃临洮南），以在陇山之西而得名，辖境相当于今甘肃陇山以西、黄河以东、西汉水和白龙江上游以北、祖厉河与六盘山以南之地。东汉辖境逐渐缩小，三国魏移治襄武县（今甘肃陇西东南）。裴注引《英雄记》曰："卓父君雅，由微官为颍川纶氏尉。有三子：长子擢，字孟高，早卒；次即卓；卓弟旻，字叔颖。"

②羌中：秦汉时指羌族居住的地区，即今青海、西藏及四川西北部、甘肃西南部地区。

③豪帅：古代多称武装反抗者的首领或部落酋长。

④杀耕牛：古代杀耕牛犯法。清顾炎武《日知录》卷二九："天子无故不杀牛，而今之回子终日杀牛为膳，宜先禁此，则夷风可以渐革。唐时赦文每曰：'十恶五逆，火光行劫，持刃杀人，官典犯赃，屠牛铸铁，合造毒药，不在原赦之限。'可见古法以屠牛为重也。"

⑤敛：谓收购储藏。

⑥杂畜：泛指人饲养的禽兽。裴注引《吴书》曰："郡召卓为吏，使监领盗贼。胡尝出钞，多虏民人，凉州刺史成就辟卓为从事，使领兵骑讨捕，大破之，斩获千计。并州刺史段颎荐卓公府，司徒袁隗辟为掾。"

⑦汉桓帝：即刘志（132～167），在位期间（146～167）宦官专权，曾发生东汉第一次党锢之祸。

⑧六郡：指汉的陇西、天水、安定、北地、上郡、西河六郡。《汉书·地理志下》："天水、陇西，山多林木，民以板为室屋。及安定、北地、上郡、西河，皆迫近戎狄，修习战备，高上气力，以射猎为先……汉兴，六郡良家子选给羽林、期门，以材力为官，名将多出焉。"良家子：旧指出身良家的子女。《史记·李将军列传》："孝文帝十四年，匈奴大入萧关，而广以良家子从军击胡。"唐司马贞索隐："如淳云'非医、巫、商贾、百工也'。"羽林郎：禁军官名。汉置，掌宿卫、侍从。《后汉书·

百官志二》："羽林郎掌宿卫、侍从。常选汉阳、陇西、安定、北地、上郡、西河凡六郡良家补。"

⑨旅力：同"膂力"，谓体力。

⑩鞬（jiān兼）：马上盛弓矢的器具。

⑪军司马：中郎将下属官，在军中执掌行军之事。

⑫中郎将张奂：字然名（104～181），敦煌渊泉（治今甘肃安西东三道沟附近）人。东汉末历任郡守、中郎将、太常、大司农，以功封侯。后因惧祸家居，闭门不出，养徒千人，著《尚书记难》三十馀万言。《后汉书》卷六五有传。中郎将，光禄勋属官，有五官、左、右、南、北、羽林、虎贲等中郎将之名称，位次于将军，秩比二千石。并（bīng兵）州：西汉武帝时置，为十三刺史部之一。东汉治所太原郡（治今山西太原市西南晋源镇），辖境相当于今山西大部及内蒙古、河北的一部以及陕西北部与河套一带地区。

⑬郎中：官名。郎官的一种，属光禄勋，其职为执戟宿卫诸宫殿门户，皇帝外出时充车骑，秩比三百石。

⑭缣：双丝织的浅黄色细绢。

⑮吏士：犹言官兵。

⑯广武：即广武县，西汉置，属太原郡，治所在今山西代县西南十五里古城村，东汉改属雁门郡。三国魏为雁门郡治。

⑰蜀郡：周赧王元年（前314）秦惠王置，治所成都县（今四川成都市），西汉辖境相当于今四川松潘以南，北川、彭州市、洪雅以西，峨边、石棉以北，邛崃山、大渡河以东，以及大渡河与雅砻江之间、康定以南、冕宁以北地。东汉辖境缩小。北部：这里当指西汉武帝元鼎六年（前111）所置汶山郡一带，治所汶江县（今四川茂县北），辖境相当于今四川黑水县、邛崃山以东，岷山以南，北川、都江堰市以西地区。西汉宣帝

地节三年（前67）并入蜀郡。东汉末年刘备复置，治所绵虒县（今四川汶川县西南绵虒镇）。董卓时代，汶山郡已经并入蜀郡，仍沿袭旧区划设官，故称"蜀郡北部"。都尉：官名。东汉领兵武官，位在将军、校尉之下，每郡设一人或两人，秩比二千石。

⑱西域：汉以来对玉门关、阳关以西地区的总称。狭义专指葱岭以东而言，后亦泛指我国西部地区。戊己校尉：汉代边防少数民族地区军政长官，西汉元帝初元元年（前48）置，掌戍守西域及屯田事务，其属官有丞、司马各一人。关于"戊己"得名，历来说法不一，《汉官仪》云："戊己中央，镇覆四方。"唐颜师古云："甲乙丙丁壬癸皆有正位，唯戊己寄治耳。今所置校尉亦无常居，故取戊己为名。"

⑲征拜：征召授官。刺史：古代官名。原为朝廷所派督察地方之官，后沿为地方官职名称。汉武帝时，分全国为十三部（州），部置刺史。成帝改称州牧，哀帝时复称刺史。河东：即河东郡，战国魏置，后属秦，治所安邑县（今山西夏县西北十五里禹王城）。战国、秦、汉谓今山西西南一带，因黄河自北向南流经本地区西境而得名。辖境相当于今山西沁水以西、霍山以南地区。太守：官名。秦置郡守，汉景帝时改名太守，为一郡最高的行政长官。裴注引《英雄记》曰："卓数讨羌胡，前后百馀战。"

⑳抵罪：因犯罪而受到相应的处罚。这里谓以官职抵罪，即被免官。

㉑韩遂：字文约（？~215），东汉金城（治今青海民和县南古鄯镇北古城）人。兴平元年（194）与马腾攻李傕、郭汜等，兵败，退回凉州，割据一方。建安十六年（211）联合马超起兵反曹操，被曹反间计所败，逃亡凉州。建安二十年（215），被西平、金城诸将所杀，时年七十馀。凉州：西汉武帝所置十三刺史部之一，东汉时治所陇县（今甘肃张家川回族自治县），辖境相当于今甘肃、宁夏、青海湟水流域，陕西定边、吴旗、凤县、略阳与内蒙古额济纳旗一带。三国魏黄初中移治姑臧县

（今甘肃武威市）。

㉒望垣硖（xiá峡）：当在望垣县，西汉置，属天水郡，治所在今甘肃天水市西北渭河南岸新阳乡，东汉属汉阳郡。

㉓羌胡：指我国古代的羌族和匈奴族，亦用以泛称我国古代西北部的少数民族。

㉔堰（yǎn演）：筑堰堵塞。

㉕渟（tíng亭）：水聚集不流。

㉖败绩：指军队溃败。《尚书·商书·汤誓》："夏师败绩，汤遂从之。"孔传："大崩曰败绩。"

㉗扶风：即右扶风，西汉太初元年（前104）改主爵都尉置，分右内史西半部为其辖区，职掌相当于郡太守，因地属畿辅，故不称郡，为三辅之一。治所长安县（今陕西西安市北），辖境相当于今陕西秦岭以北、户县、咸阳、旬邑以西地，东汉移治槐里县（今兴平市东南）。三国魏改称扶风郡。

㉘前将军：东汉三国时常设的前、后、左、右四将军之一。位次上卿，三国时为第三品，开府治事，设属官。

㉙斄（tái台）乡侯：东汉列侯封爵中的乡侯，次于县侯，高于亭侯。斄，即邰，在今陕西武功县西南永安村，为周始祖后稷所封地。

㉚征：征召，征聘。牧：又称州牧，为一州之长。西汉成帝时改刺史称牧，令掌一州之军政大权，位次九卿，秩二千石。裴注引《灵帝纪》曰："中平五年，征卓为少府，敕以营吏士属左将军皇甫嵩，诣行在所。卓上言：'凉州扰乱，鲸鲵未灭，此臣奋发效命之秋。吏士踊跃，恋恩念报，各遮臣车，辞声恳恻，未得即路也。辄且行前将军事，尽心慰恤，效力行陈。'六年，以卓为并州牧，又敕以吏兵属皇甫嵩。卓复上言：'臣掌戎十年，士卒大小，相狎弥久，恋臣畜养之恩，乐为国家奋一旦之命，

乞将之州,效力边陲。'卓再违诏敕,会为何进所召。"

灵帝崩①,少帝即位②。大将军何进与司隶校尉袁绍谋诛诸阉官③,太后不从④。进乃召卓使将兵诣京师⑤,并密令上书曰:"中常侍张让等窃幸乘宠⑥,浊乱海内⑦。昔赵鞅兴晋阳之甲,以逐君侧之恶⑧。臣辄鸣钟鼓如洛阳⑨,即讨让等。"欲以胁迫太后。卓未至,进败⑩。中常侍段珪等劫帝走小平津⑪,卓遂将其众迎帝于北芒⑫,还宫⑬。时进弟车骑将军苗为进众所杀⑭,进、苗部曲无所属⑮,皆诣卓。卓又使吕布杀执金吾丁原⑯,并其众,故京都兵权唯在卓⑰。

[注释]

①灵帝崩:谓汉灵帝刘宏中平六年(189)去世。崩,古代称帝王、皇后之死。《礼记·曲礼下》:"天子死曰崩。"

②少帝:指汉少帝刘辩(176~190),中平六年(189)即皇帝位,同年为董卓所废,第二年被毒死,年仅十五岁,谥少帝。

③大将军何进:字遂高(?~189),东汉宛县(今河南南阳)人。因妹贵宠而授官。光和七年(184)黄巾军起,拜为大将军,封慎侯。灵帝死,何进扶立少帝刘辩,欲诛灭宦官,为何太后所阻,又与袁绍谋招外兵入京,事泄,反为宦官所杀。《后汉书》卷六九有传。大将军,将军的最高称号,执掌统兵征伐。东汉大将军多由贵戚担任,是中央政府的实际掌权者,权位、俸禄皆超越三公。司隶校尉袁绍:字本初(?~202),东汉汝南汝阳(今河南商水西南)人,出身于四世三公的显宦家庭。历官司隶校尉、渤海太守,官渡之战败于曹操,后病死。《三国志》卷六、

《后汉书》卷七四上皆有传,详见本书所选《袁绍传》。司隶校尉,官名。负责维护京师治安,纠察京师除三公以外的百官违法者,并治理司隶州所辖各郡,统率一支人数达一千二百名的军队,秩比二千石。东汉末,位尊权重,与御史中丞、尚书台并称"三独坐"。阉(yān 淹)官:古代以阉割后失去男性功能之人在宫中侍奉皇帝及其家族,称为阉官。史书上也称阉(奄)人、奄寺、阉宦、宦官、宦者、中官、内官、内臣、内侍、内监等。阉官本为内廷执役的奴仆,不能干预外政,但因与皇室接近而关系密切,故历史上常造成阉宦专权的局面。

④太后:即何太后(?~189),汉灵帝皇后,汉少帝刘辩之母,何进之妹,东汉宛县(今河南南阳)人。出身屠户,借助宦官入宫,光和三年(180)立为后,中平六年(189)四月灵帝死,称太后,临朝。八月,何进被杀,董卓废少帝,将何太后迁于永安宫,不久被鸩杀。事见《后汉书》卷十下《皇后纪》。

⑤诣:前往,到。京师:语出《诗经·大雅·公刘》:"京师之野,于时处处。"后世因以泛称国都。

⑥中常侍张让:东汉颍川(治今河南禹州)人(?~189),汉灵帝时任中常侍,封列侯,为十常侍之一。依仗汉灵帝宠信,败坏朝政。灵帝死后,何进谋诛宦官,事泄,被张让与宦官段珪杀害。袁绍等捕杀宦官,张让等劫持汉少帝出逃,急迫中投河死。《后汉书》卷七八有传。窃幸乘宠:谓窃取滥用帝王的宠信。

⑦浊乱:谓搅扰使之混乱。

⑧"昔赵鞅"二句:语出《公羊传·定公十三年》:"晋赵鞅取晋阳之甲以逐荀寅与士吉射。荀寅与士吉射者,曷为者也?君侧之恶人也。"大意是:赵鞅兴晋阳之甲,以清君侧为名,驱逐荀寅、士吉射两个恶人。赵鞅,即赵简子(?~前476),是中国春秋时期晋国赵氏的领袖,原名

赵鞅，又名志父，亦称赵孟，晋昭公时，赵简子为大夫，专心国事，是春秋时期的改革家。晋阳，即今山西太原市，为赵鞅的封邑。后人即以"晋阳之甲"谓地方长吏不满朝廷而举兵内向。

⑨鸣钟鼓：征讨攻打的婉转说法。语出《左传·庄公二十九年》："凡师有钟鼓曰伐，无曰侵，轻曰袭。"如：往，去。洛阳：即洛阳县，西汉为河南郡治，东汉建武元年（25）建都于此，治所在今河南洛阳市东北三十里汉魏故城。

⑩进败：谓何进被阉宦张进等杀死。裴注引《续汉书》曰："进字遂高，南阳人，太后异母兄也。进本屠家子，父曰真。真死后，进以妹倚黄门得入掖庭，有宠，光和三年立为皇后，进由是贵幸。中平元年，黄巾起，拜进大将军。"又引《典略》载卓表曰："臣伏惟天下所以有逆不止者，各由黄门常侍张让等侮慢天常，操擅王命，父子兄弟并据州郡，一书出门，便获千金，京畿诸郡数百万膏腴美田皆属让等，至使怨气上蒸，妖贼蜂起。臣前奉诏讨于扶罗，将士饥乏，不肯渡河，皆言欲诣京师先诛阉竖以除民害，从台阁求乞资直。臣随慰抚，以至新安。臣闻扬汤止沸，不如灭火去薪，溃痈虽痛，胜于养肉，及溺呼船，悔之无及。"

⑪中常侍段珪：东汉济阴（治今山东定陶西北四里）人（？~189），汉灵帝时任中常侍，封列侯，为十常侍之一。与宦官张让、赵忠等朋比为奸。袁绍等捕杀宦官，段珪与张让等劫持汉少帝出逃，急迫中投河死。小平津：黄河津渡名，在今河南孟津县东北。东汉中平元年（184）为镇压黄巾军，在津上置关戍守，为八关之一。

⑫北芒：即北邙山，又作北山、郏山，位于今河南洛阳市北。

⑬还宫：裴注引张璠《汉纪》曰："帝以八月庚午为诸黄门所劫，步出谷门，走至河上。诸黄门既投河死。时帝年十四，陈留王年九岁，兄弟独夜步行欲还宫，暗暝，逐萤火而行，数里，得民家以露车载送。辛未，

董卓传 | 203

公卿以下与卓共迎帝于北芒阪下。"又引《献帝春秋》曰:"先是童谣曰:'侯非侯,王非王,千乘万骑走北芒。'卓时适至,屯显阳苑。闻帝当还,率众迎帝。"又引《典略》曰:"帝望见卓兵涕泣。群公谓卓曰:'有诏却兵。'卓曰:'公诸人为国大臣,不能匡正王室,至使国家播荡,何却兵之有!'遂俱入城。"又引《献帝纪》曰:"卓与帝语,语不可了。乃更与陈留王语,问祸乱由起;王答,自初至终,无所遗失。卓大喜,乃有废立意。"又引《英雄记》曰:"河南中部掾闵贡扶帝及陈留王上至雒舍止。帝独乘一马,陈留王与贡共乘一马,从雒舍南行。公卿百官奉迎于北芒阪下,故太尉崔烈在前导。卓将步骑数千来迎,烈呵使避,卓骂烈曰:'昼夜三百里来,何云避,我不能断卿头邪?'前见帝曰:'陛下令常侍小黄门作乱乃尔,以取祸败,为负不小邪?'又趋陈留王,曰:'我董卓也,从我抱来。'乃于贡抱中取王。"又引《英雄记》曰:"一本云王不就卓抱,卓与王并马而行也。"

⑭车骑(jūjì居寄)将军苗:即何苗(?~189),汉灵帝皇后之兄,何进之异母弟,历任河南尹、车骑将军,何进被张让等杀害后,何苗为何进部将吴匡杀死。车骑将军,东汉三国时常设的高级将军名,统领中央常备军,职掌征战讨伐,位在三公之下,仅次于大将军、骠骑将军。裴注引《英雄记》云:"苗,太后之同母兄,先嫁朱氏之子。进部曲将吴匡,素怨苗不与进同心,又疑其与宦官通谋,乃令军中曰:'杀大将军者,车骑也。'遂引兵与卓弟旻共攻杀苗于朱爵阙下。"

⑮部曲:古代军队编制单位,这里借指军队。《后汉书·董卓传》:"寻而何进及弟苗先所领部曲皆归于卓,卓又使吕布杀执金吾丁原而并其众,卓兵士大盛。"

⑯吕布:字奉先(?~198),东汉五原九原(今内蒙古包头市西北)人。初从并州刺史丁原入京,后为董卓利诱,杀原归卓,任骑都尉,迁中

郎将，封都亭侯。董卓被诛后任奋武将军，进封温侯。一度投奔刘备，终为曹操所擒杀。详见本书所选《吕布传》。执金吾（yú 鱼）丁原：字建阳（？~189），历任并州刺史、执金吾，董卓进京后，被吕布杀害。执金吾，官名。其职为统领禁军中的北军，负责宫外的警戒，维护皇宫周围的治安及防止水火之灾等非常事故，皇帝出行任仪仗护卫，秩中二千石。

⑰京都：京师，国都。魏晋时，因避司马师讳，京师均改称"京都"。裴注引《九州春秋》曰："卓初入洛阳，步骑不过三千，自嫌兵少，不为远近所服；率四五日，辄夜遣兵出四城门，明日陈旌鼓而入，宣言云'西兵复入至洛中'。人不觉，谓卓兵不可胜数。"

　　先是，进遣骑都尉太山鲍信所在募兵①，适至②，信谓绍曰："卓拥强兵，有异志③，今不早图，将为所制④；及其初至疲劳，袭之可禽也⑤。"绍畏卓，不敢发，信遂还乡里。

[注释]

①骑都尉太山鲍信：东汉泰山郡（治今山东泰安东北）人（152~192），汉少帝时任后军校尉，初平元年（190）时任破虏将军，初平二年曹操为东郡太守，方表信为济北相。初平三年，与曹操进攻青州黄巾军，战死。骑都尉，官名。光禄勋的属官，统率皇宫禁卫军中的羽林骑士，秩比二千石。太山，即泰山郡。太，通"泰"。所在，到处。

②适至：谓董卓正好到洛阳。《后汉书》卷七四上："及卓将兵至，骑都尉太山鲍信说绍曰：'董卓拥制强兵，将有异志，今不早图，必为所制。及其新至疲劳，袭之可禽也。'绍畏卓，不敢发。"

③异志：二心，叛离之心。《左传·襄公十六年》："荀偃怒，且曰：

'诸侯有异志矣。'"

④为所制:谓被其控制。

⑤禽:通"擒"。

于是以久不雨,策免司空刘弘而卓代之①,俄迁太尉②,假节钺虎贲③。遂废帝为弘农王④。寻又杀王及何太后⑤。立灵帝少子陈留王⑥,是为献帝⑦。卓迁相国⑧,封郿侯⑨,赞拜不名⑩,剑履上殿⑪,又封卓母为池阳君⑫,置家令、丞⑬。卓既率精兵来,适值帝室大乱,得专废立,据有武库甲兵⑭,国家珍宝,威震天下。卓性残忍不仁,遂以严刑胁众,睚眦之隙必报⑮,人不自保⑯。尝遣军到阳城⑰。时适二月社⑱,民各在其社下,悉就断其男子头,驾其车牛,载其妇女财物,以所断头系车辕轴⑲,连轸而还洛⑳,云攻贼大获,称万岁㉑。入开阳城门㉒,焚烧其头,以妇女与甲兵为婢妾。至于奸乱宫人公主。其凶逆如此㉓。

[注释]

①策免:帝王以策书免官。司空刘弘:东汉南阳(今属河南)人(生卒年不详),历官光禄勋、司空。司空,三公之一。西汉时称大司空,与大司徒、大司马并称三公。东汉改称司空,掌监察、执法,兼掌重要文书图籍,第一品。设置府署,属官与太尉、司徒相同。

②俄:不久。太尉:官名。秦至西汉设置,为全国军政首脑,与丞相、御史大夫并称三公。汉武帝时改称大司马。东汉时太尉与司徒、司空并称三公。

③假节钺(yuè越)虎贲(bēn奔):谓授予符节(古代符信之一

种，以金玉竹木等制成，上刻文字，分为两半，使用时以两半相合为验）与斧钺（用于仪礼的一种兵器）和护卫的勇士。古代授予将帅节钺，作为加重权力的标志。

④弘农：即弘农郡，西汉元鼎四年（前113）置，治所弘农县（今河南灵宝市北故函谷关城），辖境相当于今南黄河以南、宜阳以西的洛、伊、淅川等流域和陕西洛水、社川河上游、丹江流域。东汉以后辖境缩小，一度避汉灵帝刘宏讳改恒农郡。

⑤寻：随即。

⑥陈留王：汉献帝刘协当皇子时的封爵名。封地陈留郡，西汉武帝元狩元年（前122）置，治所陈留县（今河南开封县东南陈留镇），辖境相当于今河南开封市以东、宁陵县以西、延津、长垣县以南、杞县、睢县以北地。

⑦献帝：即汉献帝刘协（181~234），汉灵帝宠姬王美人所生，昭宁元年（189）即皇帝位，先后被董卓、李傕、郭汜控制，后又成为曹操手中傀儡。延康元年（220）被迫禅位曹丕，废为山阳公，汉亡。魏明帝青龙二年（234）卒。裴注引《献帝纪》曰："卓谋废帝，会群臣于朝堂，议曰：'大者天地，次者君臣，所以为治。今皇帝暗弱，不可以奉宗庙，为天下主。欲依伊尹、霍光故事，立陈留王，何如？'尚书卢植曰：'案《尚书》："太甲既立，不明，伊尹放之桐宫。"昌邑王立二十七日，罪过千余，故霍光废之。今上富于春秋，行未有失，非前事之比也。'卓怒，罢坐，欲诛植，侍中蔡邕劝之，得免。九月甲戌，卓复大会群臣曰：'太后逼迫永乐太后，令以忧死，逆妇姑之礼，无孝顺之节。天子幼质，软弱不君。昔伊尹放太甲，霍光废昌邑，著在典籍，佥以为善。今太后宜如太甲，皇帝宜如昌邑。陈留王仁孝，宜即尊皇祚。'"又引《献帝起居注》载策曰："'孝灵皇帝不究高宗眉寿之祚，早弃臣子。皇帝承绍，海内侧

望，而帝天姿轻佻，威仪不恪，在丧慢惰，衰如故焉；凶德既彰，淫秽发闻，损辱神器，忝污宗庙。皇太后教无母仪，统政荒乱。永乐太后暴崩，众论惑焉。三纲之道，天地之纪，而乃有阙，罪之大者。陈留王协，圣德伟茂，规矩邈然，丰下兑上，有尧图之表；居丧哀戚，言不及邪，岐嶷之性，有周成之懿。休声美称，天下所闻，宜承洪业，为万世统，可以承宗庙。废皇帝为弘农王。皇太后还政。'尚书读册毕，群臣莫有言，尚书丁宫曰：'天祸汉室，丧乱弘多。昔祭仲废忽立突，《春秋》大其权。今大臣量宜为社稷计，诚合天人，请称万岁。'卓以太后见废，故公卿以下不布服，会葬，素衣而已。"

⑧相国：古官名。春秋战国时，除楚国外，各国都设相，称为相国、相邦或丞相，为百官之长。秦及汉初，其位尊于丞相。后为宰相的尊称。

⑨郿（méi眉）侯：列侯中县侯封爵名。郿，春秋周邑，治今陕西眉县东北。

⑩赞拜不名：臣子朝拜帝王时，赞礼的人不直呼其姓名，只称官职。这是帝王给予大臣的一种特殊礼遇。赞拜，古代举行朝拜、祭祀或婚礼仪式时由赞礼的人唱导行礼。

⑪剑履上殿：经帝王特许，重臣上朝时可不解剑，不脱履，以示殊荣。

⑫池阳君：汉代对于异姓尊贵妇女的封号名。汉蔡邕《独断》："帝之女曰公主，仪比诸侯。帝之姊妹曰长公主，仪比诸侯王。异姓妇女以恩泽封者曰君，比长公主。"池阳，即池阳县，西汉惠帝四年（前191）置，属司隶州左冯翊，治所在今陕西泾阳西北二里，俗名迎冬城。以在池水之北，故称池阳。

⑬家令：官名。汉代皇家的属官，主管家事，诸侯国亦设此职。丞：家令的佐官。《后汉书·百官三》："诸公主，每主家令一人，六百石。丞

一人，三百石。"池阳君宠遇与汉廷诸公主等同，可见当时董卓气焰熏天。

⑭武库：储藏兵器的仓库。甲兵：铠甲和兵械。

⑮睚眦（yázì 牙自）：瞋目怒视，瞪眼看人。借指微小的怨恨。隙：怨恨，仇隙。

⑯人不自保：裴注引《魏书》曰："卓所愿无极，语宾客曰：'我相，贵无上也。'"又引《英雄记》曰："卓欲震威，侍御史扰龙宗诣卓白事，不解剑，立挝杀之，京师震动。发何苗棺，出其尸，枝解节弃于道边。又收苗母舞阳君杀之，弃尸于苑枳落中，不复收敛。"

⑰阳城：即阳城县，秦置，属颍川郡，治所在今河南登封市东南二十四里告成镇。

⑱二月社：即春社，古代于春耕前（周用甲日，后多于立春后第五个戊日）祭祀土神，以祈丰收，谓之春社。

⑲辕：车前驾牲口用的直木，压在车轴上，伸出车舆的前端，左右各一。

⑳连轸（zhěn 枕）：车后横木相接，形容车多。轸，车后横木。一说，为车厢底部四面的横木。

㉑万岁：古代祝颂之词，意为千秋万世，永远存在。

㉒阳城门：东汉洛阳十二城门之一，属城南东侧第一座城门，其西临平城门。《后汉书·百官四》："洛阳城十二门，其正南一门曰平城门，北宫门属卫尉。其余上西门，雍门，广阳门，津门，小苑门，开阳门，耗门，中东门，上东门，谷门，夏门，凡十二门。"

㉓凶逆：凶恶悖逆。《后汉书·董卓传》："汝等凶逆，逼迫天子，乱臣贼子，未有如汝者。"

初，卓信任尚书周毖、城门校尉伍琼等①，用其所举韩馥、刘岱、孔伷、张咨、张邈等出宰州郡②。而馥等至官，皆合兵将以讨卓。卓闻之，以为毖、琼等通情卖己，皆斩之③。

[注释]

①尚书周毖：字仲远（？～190），武威（今属甘肃）人。历任侍中、尚书，后被董卓杀害。尚书，官名。少府的属官，居宫禁之内，在皇帝身边主管诏令文书。东汉时，尚书成为代表君王意志的近臣，有官署在宫禁之内，称尚书台。尚书首脑为尚书令，秩千石。城门校尉伍琼：字德瑜（？～190），汝南（治今河南上蔡西南）人。汉献帝时任城门校尉，后与周毖一同被董卓杀害。城门校尉，东汉所置五校尉之一，统中央禁卫军一营，负责守卫京师洛阳城的十二道城门，秩比二千石。

②韩馥（fù富）：字文节（？～192），东汉颍川（今河南禹州）人。曾任冀州牧，因惧怕公孙瓒，以州牧让袁绍，投奔张邈，后又因恐惧而入厕自杀。刘岱：字公山（？～192），东汉东莱牟平（今山东福山西北）人，刘繇之兄。汉献帝初为兖州刺史。初平三年（192）黄巾军攻兖州，死之。孔伷（zhòu宙）：字公绪（生卒年不详），东汉陈留（今河南开封东南）人。曾任豫州刺史。张咨：字子议（？～190），颍川（治今河南禹县）人。汉献帝初年为南阳太守，后为孙坚所杀。张邈：字孟卓（？～195），东汉东平寿张（今山东阳谷与河南范县间）人。汉献帝时曾为陈留太守。兴平元年（194）迎吕布夺取兖州，次年，吕布为曹操所败，张邈投袁术求救，为部下所杀。《三国志》卷七有传。宰：治理。

③皆斩之：裴注引《英雄记》曰："毖字仲远，武威人。琼字德瑜，汝南人。"又引谢承《后汉书》曰："伍孚字德瑜，少有大节，为郡门下书佐。其本邑长有罪，太守使孚出教，敕曹下督邮收之。孚不肯受教，伏地仰谏曰：'君虽不君，臣不可不臣，明府奈何令孚受教，敕外收本邑长

乎？更乞授他吏。'太守奇而听之。后大将军何进辟为东曹属，稍迁侍中、河南尹、越骑校尉。董卓作乱，百僚震栗。孚著小铠，于朝服里挟佩刀见卓，欲伺便刺杀之。语阕辞去，卓送至阁中，孚因出刀刺之。卓多力，退却不中，即收孚。卓曰：'卿欲反邪？'孚大言曰：'汝非吾君，吾非汝臣，何反之有？汝乱国篡主，罪盈恶大，今是吾死日，故来诛奸贼耳，恨不车裂汝于市朝以谢天下。'遂杀孚。谢承记孚字及本郡，则与琼同，而致死事乃与孚异也，不知孚为琼之别名，为别有伍孚也？盖未详之。"

河内太守王匡①，遣泰山兵屯河阳津②，将以图卓。卓遣疑兵若将于平阴渡者③，潜遣锐众从小平北渡④，绕击其后，大破之津北⑤，死者略尽⑥。卓以山东豪杰并起⑦，恐惧不宁。初平元年二月⑧，乃徙天子都长安⑨。焚烧洛阳宫室，悉发掘陵墓，取宝物⑩。卓至西京，为太师⑪，号曰尚父⑫。乘青盖金华车⑬，爪画两轓⑭，时人号曰竿摩车⑮。卓弟旻为左将军⑯，封鄠侯⑰；兄子璜为侍中、中军校尉典兵⑱；宗族内外并列朝廷⑲。公卿见卓⑳，谒拜车下㉑，卓不为礼。召呼三台㉒，尚书以下自诣卓府启事㉓。筑郿坞㉔，高与长安城埒㉕，积谷为三十年储㉖，云事成，雄据天下㉗，不成，守此足以毕老。尝至郿行坞，公卿已下祖道于横门外㉘。卓豫施帐幔饮㉙，诱降北地反者数百人㉚，于坐中先断其舌，或斩手足，或凿眼，或镬煮之㉛，未死，偃转杯案间㉜，会者皆战栗亡失匕箸㉝，而卓饮食自若。太史望气㉞，言当有大臣戮死者㉟。故太尉张温时为卫尉㊱，素不善卓㊲，卓心怨之，因天有变，欲以塞咎㊳，使人言温与袁术交关㊴，遂笞杀之㊵。法令苛酷，爱憎淫刑㊶，更相被诬，冤死者千数。百姓嗷嗷㊷，道路以目㊸。悉椎破铜人、钟虡㊹，及坏五铢钱㊺。更铸为小钱,大五分㊻,无文章㊼,肉好无轮郭㊽,不磨镰㊾。于是货轻而物贵㊿,谷一斛至数十万㊿。自是后钱货不行㊿。

[注释]

①河内太守王匡:字公节(生卒年不详),泰山(治今山东泰安东北)人。轻财好施,以任侠闻,曾任河内太守,被董卓打败后,退回泰山,旋被胡母班亲属与曹操所攻杀。

②河阳津:古黄河渡口,位于河阳县境内。河阳县,西汉置,属河内郡,治所在今河南孟州市西三十五里冶戍镇。

③疑兵:虚张声势以迷惑敌人的军阵。平阴:即平阴县,秦置,属三川郡,西汉属河南郡。治所在今河南孟津县东北。

④锐众:谓精锐军卒。小平:即小平津,黄河津渡名,在今河南孟津县东北。

⑤津北:谓河阳津北。《后汉书·董卓传》:"时,河内太守王匡屯兵河阳津,将以图卓。卓遣疑兵挑战,而潜使锐卒从小平津过津北,破之,死者略尽。"

⑥略尽:将近。

⑦山东:这里泛指太行山以东地区。

⑧初平元年:即公元190年。初平,汉献帝第三个年号(190~193)。

⑨天子:谓汉献帝。长安:即长安县,西汉故都,为京兆尹治,又称西京,治所在今陕西西安市西北。

⑩取宝物:裴注引华峤《汉书》曰:"卓欲迁都长安,召公卿以下大议。司徒杨彪曰:'昔盘庚五迁,殷民胥怨,故作三篇以晓天下之民。今海内安稳,无故移都,恐百姓惊动,麋沸蚁聚为乱。'卓曰:'关中肥饶,故秦得并吞六国。今徙西京,设令关东豪强敢有动者,以我强兵蹴之,可

使诣沧海。'彪曰：'海内动之甚易，安之甚难。又长安宫室坏败，不可卒复。'卓曰：'武帝时居杜陵南山下，有成瓦窑数千处，引凉州材木东下以作宫室，为功不难。'卓意不得，便作色曰：'公欲沮我计邪？边章、韩约有书来，欲令朝廷必徙都。若大兵东下，我不能复相救，公便可与袁氏西行。'彪曰：'西方自彪道径也，顾未知天下何如耳！'议罢。卓敕司隶校尉宣璠以灾异劾奏，因策免彪。"又引《续汉书》曰："太尉黄琬、司徒杨彪、司空荀爽俱诣卓，卓言：'昔高祖都关中，十一世后中兴，更都洛阳。从光武至今复十一世，案《石苞室谶》，宜复还都长安。'坐中皆惊愕，无敢应者。彪曰：'迁都改制，天下大事，皆当因民之心，随时之宜。昔盘庚五迁，殷民胥怨，故作三篇以晓之。往者王莽篡逆，变乱五常，更始赤眉之时，焚烧长安，残害百姓，民人流亡，百无一在。光武受命，更都洛邑，此其宜也。今方建立圣主，光隆汉祚，而无故捐宫庙，弃园陵，恐百姓惊愕，不解此意，必糜沸蚁聚以致扰乱。《石苞室谶》，妖邪之书，岂可信用？'卓作色曰：'杨公欲沮国家计邪？关东方乱，所在贼起。崤函险固，国之重防。又陇右取材，功夫不难。杜陵南山下有孝武故陶处，作砖瓦，一朝可办。宫室官府，盖何足言！百姓小民，何足与议。若有前却，我以大兵驱之，岂得自在。'百寮皆恐怖失色。琬谓卓曰：'此大事。杨公之语，得无重思！'卓罢坐，即日令司隶奏彪及琬，皆免官。大驾即西。卓部兵烧洛阳城外面百里。又自将兵烧南北宫及宗庙、府库、民家，城内扫地殄尽。又收诸富室，以罪恶没入其财物；无辜而死者，不可胜计。"又引《献帝纪》曰："卓获山东兵，以猪膏涂布十馀匹，用缠其身，然后烧之，先从足起。获袁绍豫州从事李延，煮杀之。卓所爱胡，恃宠放纵，为司隶校尉赵谦所杀。卓大怒曰：'我爱狗，尚不欲令人呵之，而况人乎！'乃召司隶都官挝杀之。"

⑪太师：官名。天子近臣，负有辅导、传授知识之责，多属一种荣誉

官衔。古代曾以太师、太傅、太保为三师,太师居首,可见尊崇。

⑫尚父:即吕尚(姜太公),周武王尊之为尚父,意即可尊尚的父辈。后世帝王尊礼大臣,或用此称号。这里当系董卓自比为吕尚意。

⑬青盖金华车:谓以金为花装饰的青盖车。青盖,青色的车盖,汉制用于皇太子、皇子所乘之车。《后汉书·舆服志上》:"皇太子、皇子皆安车,朱班轮,青盖。"

⑭爪:通"搔(zhǎo找)",古代车盖弓端伸出的爪形部分,一般以玉为饰。《汉书·王莽传下》:"金瑵羽葆。"唐颜师古注:"谓盖弓头为爪形。"轓(fān帆):古代车厢两旁用以遮蔽尘土的屏障。一说"爪"或为"瓜"之形讹,《汉语大词典·瓜部》:"指形状如瓜的饰物、仪仗、兵器之类的器物。汉蔡邕《独断》卷下:'凡乘舆车,皆羽盖金华瓜,黄屋左纛。'《后汉书·董卓传》:'卓遂僭拟车服,乘金华青盖,瓜画两轓。'李贤注:'瓜者,盖弓头为瓜形也。'"若是,则"瓜画两轓"意为车厢两旁的屏障上图绘有如瓜的饰物。"瓜"以名词作状语,如此更通。

⑮竿摩:谓相逼近。《后汉书·董卓传》唐李贤注:"竿摩,谓相逼近也。"晋袁宏《后汉纪·献帝纪一》:"卓乘金盖车,时人号'竿摩车',言逼上也。"《太平御览》卷四九〇引《董卓别传》曰:"卓遂僭拟车服,乘金华青盖车,画两轮。时号竿摩车,言其服饰近天子也。"裴注引《魏书》曰:"言其逼天子也。"又引《献帝纪》曰:"卓既为太师,复欲称尚父,以问蔡邕。邕曰:'昔武王受命,太公为师,辅佐周室,以伐无道,是以天下尊之,称为尚父。今公之功德诚为巍巍,宜须关东悉定,车驾东还,然后议之。'乃止。京师地震,卓又问邕。邕对曰:'地动阴盛,大臣逾制之所致也。公乘青盖车,远近以为非宜。'卓从之,更乘金华皂盖车也。"

⑯卓弟旻(mín民):即董旻(?~192),字叔颖,东汉陇西临洮

（今甘肃岷县）人。董卓之弟，初平三年（192），与董卓一同被杀。左将军：东汉三国时常设的高级将军名，在前、后、左、右将军中位居首位，负责京师兵卫和边防屯警，讨伐四夷。位次于九卿，高于其他临时设置的杂号将军。

⑰鄠（hù 户）侯：封爵名，属于列侯中的县侯，食邑鄠县。鄠县，西汉置，属右扶风，治今陕西户县北二里。

⑱兄子璜（huáng 黄）：即董璜（？~192），东汉陇西临洮（今甘肃岷县）人。董卓之侄，初平三年（192），与董卓一同被杀。侍中：官名。秦始置，两汉沿置，为正规官职外的加官之一。因侍从皇帝左右，出入宫廷，与闻朝政，逐渐变为亲信贵重之职。中军校尉：东汉末年所置西园八校尉之一，统率中央常备军，秩比二千石。典兵：统领军队。

⑲宗族：谓同宗同族之人。《尔雅·释亲》："父之党为宗族。"裴注引《英雄记》曰："卓侍妾怀抱中子，皆封侯，弄以金紫。孙女名白，时尚未笄，封为渭阳君。于郿城东起坛，从广二丈余，高五六尺，使白乘轩金华青盖车，都尉、中郎将、刺史二千石在郿者，各令乘轩簪笔，为白导从，之坛上，使兄子璜为使者授印绶。"

⑳公卿：三公九卿的简称。

㉑谒拜：谒见礼拜。

㉒三台：宋司马光《资治通鉴》卷六〇："卓车服僭拟天子，召呼三台，尚书以下皆自诣卓府启事。"元胡三省注："三台，尚书台、御史台、符节台也。《晋书》曰：'汉官：尚书为中台，御史为宪台，谒者为外台，是谓三台。'"

㉓尚书：官名。始置于战国时，或称掌书，尚即执掌之义。秦为少府属官，汉武帝提高皇权，因尚书在皇帝左右办事，掌管文书奏章，地位逐渐重要。东汉时，尚书有官署在宫禁中，称尚书台，遂成为代表君主意志

的近臣。尚书的首脑为尚书令，有尚书仆射二人、五曹尚书五人。启事：陈述事情，多用于下对上。裴注引《山阳公载记》曰："初卓为前将军，皇甫嵩为左将军，俱征韩遂，各不相下。后卓征为少府并州牧，兵当属嵩，卓大怒。及为太师，嵩为御史中丞，拜于车下。卓问嵩：'义真服未乎？'嵩曰：'安知明公乃至于是！'卓曰：'鸿鹄固有远志，但燕雀自不知耳。'嵩曰：'昔与明公俱为鸿鹄，不意今日变为凤皇耳。'卓笑曰：'卿早服，今日可不拜也。'"又引张璠《汉纪》曰："卓抵其手谓皇甫嵩曰：'义真怖未乎？'嵩对曰：'明公以德辅朝廷，大庆方至，何怖之有？若淫刑以逞，将天下皆惧，岂独嵩乎？'卓默然，遂与嵩和解。"

㉔郿坞（méiwù 眉务）：董卓所筑城堡名，故址在今陕西眉县东北。

㉕埒（liè 列）：等同，比并。

㉖积谷为三十年储：裴注引《英雄记》曰："郿去长安二百六十里。"

㉗雄据：谓强有力地占据。

㉘祖道：古代为出行者祭祀路神，并饮宴送行。横（guāng 光）门：汉代长安城北西侧的第一座城门，是通向西域的大道。

㉙豫施：事先准备好。豫，预备。帐幔：帷幕。

㉚北地：即北地郡，战国秦置，治所义渠县（今甘肃庆阳市西峰区东境），西汉移治马领县（今甘肃庆阳西北），东汉又移治富平县（今宁夏吴忠市西南），辖境相当于今宁夏贺兰山、山水河以东及甘肃环江、马莲河流域。东汉末废。

㉛镬（huò 获）：无足鼎，古时煮肉及鱼、腊之器。古时亦用以为烹人的刑器。

㉜偃转：仆倒转动。杯案：谓酒席间。

㉝匕箸（zhù 住）：食具，谓羹匙和筷子。

㉞太史：秦汉曰太史令，汉属太常，掌天时星历。望气：古代方士的

一种占候术。观察云气以预测吉凶。

㉟戮(lù录)死:受戮而死。戮,杀。

㊱太尉张温:字伯慎(?~191),东汉穰(今河南邓州市)人。东汉末大臣,历任司空、太尉、卫尉。汉献帝初平二年(191),被董卓借故杀害。据《三国志·孙破虏传》:"边章、韩遂作乱凉州。中郎将董卓拒讨无功。中平三年,遣司空张温行车骑将军,西讨章等。温表请坚与参军事,屯长安。温以诏书召卓,卓良久乃诣温。温责让卓,卓应对不顺。坚时在坐,前耳语谓温曰:'卓不怖罪而鸱张大语,宜以召不时至,陈军法斩之。'……温不忍发举,乃曰:'君且还,卓将疑人。'坚因起出。"以上当是董卓怀恨借故杀害张温的始因。太尉,官名。秦至西汉设置,为全国军政首脑,与丞相、御史大夫并称三公。汉武帝时改称大司马。东汉时太尉与司徒、司空并称三公。卫尉:官名。秦汉掌管宫门屯卫的官员,为九卿之一,秩中二千石。汉军制中央禁军有南北军,卫尉为南军统帅。

㊲善:交好,亲善。

㊳塞咎(jiù旧):抵补罪过。

㊴袁术:字公路(?~199),东汉汝南汝阳(今河南商水西南)人,出身于四世三公的显宦家庭,为袁绍从弟。初为虎贲中郎将,助袁绍诛灭宦官。董卓进京专权,以他为后将军。他出奔南阳,与袁绍、曹操等同时起兵,共讨董卓。后又与袁绍对抗,为袁绍、曹操击败,遂奔九江,割据扬州。建安二年(197),袁术称帝于寿春,号仲家,荒淫奢侈,横征暴敛,民心丧尽,先后为吕布、曹操所破,呕血而死。《三国志》卷六、《后汉书》卷七五皆有传。交关:串通,勾结。

㊵笞(chī痴)杀:谓拷打致死。裴注引《傅子》曰:"灵帝时榜门卖官,于是太尉段颎、司徒崔烈、太尉樊陵、司空张温之徒,皆入钱上千万下五百万以买三公。颎数征伐有大功,烈有北州重名,温有杰才,陵能

偶时,皆一时显士,犹以货取位,而况于刘嚣、唐珍、张颢之党乎!"又引《风俗通》曰:"司隶刘嚣,以党诸常侍,致位公辅。"又引《续汉书》曰:"唐珍,中常侍唐衡弟。张颢,中常侍张奉弟。"

㊶爱憎淫刑:谓对所憎恨者滥用刑罚定罪。爱憎,谓憎恨。晋袁宏《后汉纪·献帝纪一》:"(董卓)刑罚残酷,爱憎相害,冤死者数千人。"淫刑,语出《左传·僖公二十三年》:"淫刑以逞,谁则无罪?"

㊷嗷嗷(áoáo 熬熬):众口愁怨声。

㊸道路以目:路上相见,以目示意,不敢交谈。表示政治黑暗暴虐。裴注引《魏书》曰:"卓使司隶校尉刘嚣籍吏民有为子不孝,为臣不忠,为吏不清,为弟不顺,有应此者皆身诛,财物没官。于是爱憎互起,民多冤死。"

㊹椎(chuí 锤)破:击破,砸坏。《战国策·齐策六》:"君王后引椎椎破之。"铜人:铜铸的人像。《后汉书·孝灵帝纪》:"复修玉堂殿,铸铜人四,黄钟四,及天禄、虾蟆,又铸四出文钱。"钟虡(jù 具):饰以猛兽形象的悬乐钟的格架,多用铜铸造。

㊺五铢钱:钱币名。汉武帝元狩五年(前118)始铸,重五铢,上篆"五铢"二字。自汉历魏、晋、六朝至隋皆续有铸造,惟形制大小不一。唐高祖武德四年(621)废。《史记·平准书》:"有司言三铢钱轻,易奸诈,乃更请诸郡国铸五铢钱,周郭其下,令不可磨取镕焉。"铢,古代衡制中的重量单位,为一两的二十四分之一。汉五铢钱直径约2.5厘米。

㊻五分:其小钱直径相当于1.1875厘米,不足五铢钱之半,可见其小。东汉1尺=23.1厘米(1尺=10寸,1寸=10分)。

㊼文章:这里谓钱上所铸文字。《后汉书·董卓传》:"又钱无轮廓文章,不便使用。"

㊽肉好:古代钱币的边和孔。肉,边;好,中间的孔。《汉书·食货

志下》："（周景王）卒铸大钱，文曰'宝货'，肉好皆有周郭。"轮郭：通"轮廓"，指古代钱的内外边缘。钱的外圆为轮，内方为郭。

㊾磨鑢（lǜ 虑）：磨治，磨光锉平。

㊿货：钱币。

(51)斛（hú 胡）：量词，多用于量粮食。汉代一斛为十斗。

(52)后钱货：谓小钱。钱货，金钱。

三年四月[①]，司徒王允、尚书仆射士孙瑞、卓将吕布共谋诛卓[②]。是时，天子有疾新愈，大会未央殿[③]。布使同郡骑都尉李肃等[④]，将亲兵十馀人，伪著卫士服守掖门[⑤]。布怀诏书[⑥]。卓至，肃等格卓[⑦]。卓惊呼布所在。布曰"有诏"，遂杀卓，夷三族[⑧]。主簿田景前趋卓尸[⑨]，布又杀之；凡所杀三人，馀莫敢动[⑩]。长安士庶咸相庆贺[⑪]，诸阿附卓者皆下狱死[⑫]。

[注释]

①三年：即汉献帝初平三年（192）。

②司徒王允：字子师（137～192），东汉太原祁县（今属山西）人。汉献帝时历任太仆、司徒，初平三年（192），与尚书仆射士孙瑞、吕布等密谋，诛杀董卓，王允总领朝政。董卓馀党李傕、郭汜等攻入长安，杀王允及其全家。《后汉书》卷六六有传。司徒，汉代三公之一。西汉哀帝时以丞相为大司徒，掌管国家土地、人民。东汉三公无实际任职，仍称司徒，主教化。尚书仆射（yè 业）士孙瑞：字君荣（？～195），士孙，复姓。扶风（治今陕西兴平东南）人，汉献帝初年任尚书仆射。据《后汉书·献帝纪》，兴平二年（195），汉献帝东归洛阳，被李傕、郭汜追赶，

士孙瑞时任卫尉，死于乱军之中。尚书仆射，尚书令的副职，与尚书令共同处理诏令的启封及钱谷等事务。东汉属少府。吕布：字奉先（？~198），东汉五原九原（今内蒙古包头市西北）人。初从并州刺史丁原入京，后为董卓利诱，杀原归卓，任骑都尉，迁中郎将，封都亭侯。董卓被诛后任奋武将军，进封温侯。一度投奔刘备，终为曹操所擒杀。《三国志》卷七、《后汉书》卷七五皆有传。详见本书所选《吕布传》。

③未央殿：宫殿名。原名未央宫，故址在今陕西西安市西北长安故城内西南隅。汉高帝七年（前200）建，常为朝见之处。新莽末毁。东汉末董卓复葺未央殿。

④骑都尉李肃：东汉五原郡（今内蒙古包头西北）人（？~192），历任骑都尉，初平三年（192）因战败，为吕布所杀。

⑤掖门：宫殿正门两旁的边门。《汉书·高后纪》："章从勃请卒千人，入未央宫掖门。"唐颜师古注："非正门而在两旁，若人之臂掖也。"

⑥诏书：皇帝颁发的命令。

⑦格：击打，格斗。

⑧夷：诛灭。三族：一般指父族、母族、妻族这三族。

⑨主簿田景：东汉末官吏（？~192），历任主簿。主簿，官名。东汉三国时，中央与州郡长官所置属官，其职为主管文书簿籍及印鉴，协助处理事务。

⑩馀莫敢动：裴注引《英雄记》曰："时有谣言曰：'千里草，何青青，十日卜，犹不生。'又作《董逃》之歌。又有道士书布为'吕'字以示卓，卓不知其为吕布也。卓当入会，陈列步骑，自营至宫，朝服导引行其中。马蹎不前，卓心怪欲止，布劝使行，乃衷甲而入。卓既死，当时日月清净，微风不起。旻、璜等及宗族老弱悉在郿，皆还，为其群下所斫射。卓母年九十，走至坞门曰'乞脱我死'，即斩首。袁氏门生故吏，改

殡诸袁死于郿者,敛聚董氏尸于其侧而焚之。暴卓尸于市。卓素肥,膏流浸地,草为之丹。守尸吏暝以为大炷,置卓脐中以为灯,光明达旦,如是积日。后卓故部曲收所烧者灰,并以一棺棺之,葬于郿。卓坞中金有二三万斤,银八九万斤,珠玉锦绮奇玩杂物皆山崇阜积,不可知数。"

⑪士庶:士人和普通百姓。咸:皆,都。

⑫阿附:依附。裴注引谢承《后汉书》曰:"蔡邕在王允坐,闻卓死,有叹惜之音。允责邕曰:'卓,国之大贼,杀主残臣,天地所不佑,人神所同疾。君为王臣,世受汉恩,国主危难,曾不倒戈,卓受天诛,而更嗟痛乎?'便使收付廷尉。邕谢允曰:'虽以不忠,犹识大义,古今安危,耳所厌闻,口所常玩,岂当背国而向卓也?狂瞽之词,谬出患入,愿黥首为刑以继汉史。'公卿惜邕才,咸共谏允。允曰:'昔武帝不杀司马迁,使作谤书,流于后世。方今国祚中衰,戎马在郊,不可令佞臣执笔在幼主左右,后令吾徒并受谤议。'遂杀邕。"又曰:"臣松之以为蔡邕虽为卓所亲任,情必不党。宁不知卓之奸凶,为天下所毒,闻其死亡,理无叹惜。纵复令然,不应反言于王允之坐。斯殆谢承之妄记也。史迁纪传,博有奇功于世,而云王允谓孝武应早杀迁,此非识者之言。但迁为不隐孝武之失,直书其事耳,何谤之有乎?王允之忠正,可谓内省不疚者矣,既无惧于谤,且欲杀邕,当论邕应死与不,岂可虑其谤己而枉戮善人哉!此皆诬罔不通之甚者。"又引张璠《汉纪》曰:"初,蔡邕以言事见徙,名闻天下,义动志士。及还,内宠恶之。邕恐,乃亡命海滨,往来依太山羊氏,积十年。卓为太尉,辟为掾,以高第为侍御史治书,三日中遂至尚书。后迁巴东太守,卓上留拜侍中,至长安为左中郎将。卓重其才,厚遇之。每有朝廷事,常令邕具草。及允将杀邕,时名士多为之言,允悔欲止,而邕已死。"

初，卓女婿中郎将牛辅典兵别屯陕①，分遣校尉李傕、郭汜、张济略陈留、颍川诸县②。卓死，吕布使李肃至陕，欲以诏命诛辅。辅等逆与肃战③，肃败走弘农④，布诛肃⑤。其后辅营兵有夜叛出者，营中惊，辅以为皆叛，乃取金宝，独与素所厚支胡赤儿等五六人相随⑥，逾城北渡河，赤儿等利其金宝，斩首送长安。

[注释]

①中郎将牛辅：董卓女婿（？～192），任中郎将，镇守陕县。董卓被杀，牛辅驻军夜惊，遂携金珠弃军而逃，最终为其心腹所杀。陕：即陕县，秦置，属三川郡，治所在今河南三门峡市西陕县老城。西汉属弘农郡，东汉属恒农郡。

②李傕（jué 爵）：字稚然（？～198），东汉北地（今宁夏吴忠西南）人。董卓部将，董卓被诛后，与郭汜等率兵攻入长安，杀王允，逼汉献帝封其为车骑将军、池阳侯，领司隶校尉，假节钺，与郭汜共擅朝政。又自称大司马，劫持汉献帝，纵兵掳掠长安。曹操率军迎献帝，李、郭兵败逃亡。建安三年（198）为段煨所杀。《三国志》卷六附于《董卓传》。郭汜（sì 寺）：一名多（？～197），东汉张掖（今甘肃张掖西北）人。董卓部将，与李傕攻入长安后，逼汉献帝封其为后将军、美阳侯，假节钺。建安二年（197），在败亡中为部下所杀。《三国志》卷六附于《董卓传》。张济：东汉武威祖厉（今甘肃靖远西南）人（？～196）。原为董卓部将，董卓被杀后，他与李傕、郭汜等起兵复仇，攻入长安，任镇东将军，封列侯，后升任骠骑将军。建安元年（196）率军进攻南阳，为流矢所中而死。略：掳掠。陈留：即陈留郡，西汉武帝元狩元年（前122）置，治所陈留县（今河南开封县东南陈留镇），辖境相当于今河南开封市及尉氏县

以东，宁陵县以西，延津、长垣县以南，杞县、睢县以北地。颍川：即颍川郡，秦始皇十七年（前230）置，治所阳翟县（今河南禹州市），西汉高帝五年（前202）改为韩国，翌年复为颍川郡。辖境相当于今河南登封、宝丰以东，尉氏、鄢城以西，新密以南，叶县、舞阳以北地。

③逆：迎敌。

④弘农：即弘农郡，西汉元鼎四年（前113）置，治所弘农县（今河南灵宝市北故函谷关城），辖境相当于今河南黄河以南、宜阳以西的洛、伊、淅川等流域和陕西洛水社川河上游、丹江流域。东汉以后辖境缩小，一度避汉灵帝刘宏讳改恒农郡。

⑤布诛肃：裴注引《魏书》曰："辅恒怯失守，不能自安。常把辟兵符，以铁锁致其旁，欲以自强。见客，先使相者相之，知有反气与不，又筮知吉凶，然后乃见之。中郎将董越来就辅，辅使筮之，得兑下离上，筮者曰：'火胜金，外谋内之卦也。'即时杀越。"又引《献帝纪》云："筮人常为越所鞭，故因此以报之。"

⑥支胡赤儿：人名，生平不详。原底本作"友胡赤儿"，中华书局校点本校勘为"支胡赤儿"，《后汉书·董卓传》引《献帝纪》作"支胡赤儿"，当是，故从之。按，"支胡"为"月支胡"之省称。

比傕等还①，辅已败，众无所依，欲各散归。既无赦书，而闻长安中欲尽诛凉州人，忧恐不知所为。用贾诩策②，遂将其众而西，所在收兵，比至长安，众十馀万③，与卓故部曲樊稠、李蒙、王方等合围长安城④。十日城陷，与布战城中，布败走。傕等放兵略长安老少，杀之悉尽，死者狼籍⑤。诛杀卓者，尸王允于市⑥。葬卓于郿，大风暴雨震卓墓，水流入藏⑦，漂其棺椁。傕为车骑将军、池阳侯⑧，领司隶校尉、假节⑨。汜为后将军、美阳侯⑩。稠为右将军、万年侯⑪。催、汜、稠擅朝政⑫。济为骠骑将军、平阳侯⑬，屯弘农。

[注释]

①比催等还：谓等到李催等从陈留郡、颍川郡劫掠归来。

②贾诩（xǔ 许）：字文和（147～223），武威姑臧（今甘肃武威）人。曾先后为李催、郭汜以及张绣谋士，建安四年（199）力劝张绣降曹，遂成为曹操帐下的重要谋士之一。曹丕代汉称帝，以他为太尉。《三国志》卷一〇有传。

③众十馀万：裴注引《九州春秋》曰："催等在陕，皆恐怖，急拥兵自守。胡文才、杨整修皆凉州大人，而司徒王允素所不善也。及李催之叛，允乃呼文才、整修使东解释之，不假借以温颜，谓曰：'关东鼠子欲何为邪？卿往呼之。'于是二人往，实召兵而还。"

④部曲：这里谓古代豪门大族的私人军队，带有人身依附性质。樊稠：东汉凉州（治今甘肃张家川）人（？～195），董卓部将，董卓被杀后，与李催等围攻长安，得手后逼汉献帝封官，后因与李催等争权，被杀。李蒙：董卓部曲，董卓被杀后，与李催等合谋攻入长安，后被李催所杀。王方：董卓部曲，董卓被杀后，与李催等合谋攻入长安，下场不明。

⑤狼籍：纵横散乱貌。

⑥尸：陈尸。裴注引张璠《汉纪》曰："布兵败，驻马青琐门外，谓允曰：'公可以去。'允曰：'安国家，吾之上愿也，若不获，则奉身以死。朝廷幼主恃我而已，临难苟免，吾不为也。努力谢关东诸公，以国家为念。'催、汜入长安城，屯南宫掖门，杀太仆鲁馗、大鸿胪周奂、城门校尉崔烈、越骑校尉王颀。吏民死者不可胜数。司徒王允挟天子上宣平城

门避兵,傕等于城门下拜,伏地叩头。帝谓傕等曰:'卿无作威福,而乃放兵纵横,欲何为乎?'傕等曰:'董卓忠于陛下,而无故为吕布所杀。臣等为卓报仇,弗敢为逆也。请事竟,诣廷尉受罪。'允穷逼出见傕,傕诛允及妻子宗族十馀人。长安城中男女大小莫不流涕。允字子师,太原祁人也。少有大节,郭泰见而奇之,曰:'王生一日千里,王佐之才也。'泰虽先达,遂与定交。三公并辟,历豫州刺史,辟荀爽、孔融为从事,迁河南尹、尚书令。及为司徒,其所以扶持王室,甚得大臣之节,自天子以下,皆倚赖焉。卓亦推信之,委以朝廷。"又引华峤曰:"夫士以正立,以谋济,以义成,若王允之推董卓而分其权,伺其间而弊其罪。当此之时,天下之难解矣,本之皆主于忠义也,故推卓不为失正,分权不为不义,伺间不为狙诈,是以谋济义成,而归于正也。"

⑦藏(zàng 葬):墓穴。

⑧车骑(jūjì 居寄)将军:东汉与三国时常设的高级将军名,统领中央常备军,职掌征战讨伐。位在三公之下,仅次于大将军、骠骑将军,第二品。池阳侯:封爵名,属于列侯中的县侯,食邑池阳县(治今陕西泾阳西北二里)。

⑨假节:东汉末至三国,掌地方军政的官往往加使持节、持节或假节的称号。使持节得诛杀中级以下官吏;持节得杀无官职的人;假节得杀犯军令者。

⑩后将军:东汉时常设的前、后、左、右四将军之一,位次九卿,开府治事,有属官。美阳侯:封爵名,属于列侯中的县侯,食邑美阳县(治今陕西扶风北二十里法门镇)。

⑪右将军:东汉时常设的前、后、左、右四将军之一,位次九卿,开府治事,有属官。万年侯:封爵名,属于列侯中的县侯,食邑万年县(治今陕西西安市东北阎良区武屯乡古城村)。

⑫擅朝政：独揽朝政。裴注引《英雄记》曰："傕，北地人。汜，张掖人，一名多。"

⑬骠骑（piàojì 票寄）将军：东汉时常设的高级将军名，位次于丞相，与三公同。统领中央常备军，职掌征战讨伐，设置府署，属官有军师、长史、司马。平阳侯：封爵名，属于列侯中的县侯，食邑平阳县（治今山西临汾市西南十八里金殿镇）。

是岁，韩遂、马腾等降①，率众诣长安。以遂为镇西将军②，遣还凉州，腾征西将军，屯郿。侍中马宇与谏议大夫种邵、左中郎将刘范等谋③，欲使腾袭长安，己为内应，以诛傕等。腾引兵至长平观④，宇等谋泄，出奔槐里⑤。稠击腾，腾败走，还凉州；又攻槐里，宇等皆死。时三辅民尚数十万户⑥，傕等放兵劫略，攻剽城邑⑦，人民饥困，二年间相啖食略尽⑧。

[注释]

①马腾：字寿成（？～212），东汉右扶风（今陕西兴平东北）人，马超之父。早年曾割据凉州一带，后归朝廷，历任征西将军、卫尉。建安十六年（211），马超、韩遂反曹，次年马腾全家被杀。

②镇西将军：东汉末所置将军名，为镇东、镇西、镇南、镇北等"四镇"将军之一，职掌征战讨伐，属于杂号将军，位在左将军等常设将军之下。三国时成为常设将军，官位上升为第二品，次于"四征"将军。

③侍中马宇：东汉末大臣（？～194），汉献帝初任侍中，兴平元年（194），因讨伐李傕等谋泄被杀。侍中，官名。秦始置，两汉沿置，为正规官职外的加官之一。因侍从皇帝左右，出入宫廷，与闻朝政，逐渐变为

亲信贵重之职。三国时秩比二千石，第三品。谏议大夫种（chóng崇）邵：据《后汉书·种暠传》，当作"种劭"，字申甫（？～194），洛阳（今属河南）人，种拂之子。种拂死于李傕、郭汜之乱，兴平元年（194），为报父仇，因讨伐李傕等谋泄被杀。谏议大夫，官名。光禄勋属官，在帝王身边行进谏、议论之事，秩比六百石。左中郎将刘范：东汉末大臣（？～194），汉献帝时任左中郎将。据《三国志·刘二牧传》，刘范乃刘焉长子，刘璋之兄。兴平元年（194），因讨伐李傕等谋泄被杀。左中郎将，官名。属光禄勋，统领左署郎，秩比二千石，三国时为第四品。

④长平观（guàn惯）：当系东汉楼台名。据《后汉书·董卓传》："樊稠与腾等战于长平观下。遂、腾败，斩首万馀级，种劭、刘范等皆死。"唐李贤注引《前书音义》曰："长平，坂名也，在池阳南。有长平观，去长安五十里。"

⑤槐里：即槐里县，西汉高帝三年（前204）改废丘县置，属右扶风，治所在今陕西兴平市东南十里南佐庄附近，东汉为右扶风治。三国魏为扶风郡治。

⑥三辅：西汉时于京畿之地所设京兆尹、左冯翊（píngyì平易）、右扶风的合称，治所皆在长安城中。其辖境相当于今陕西中部。

⑦攻剽（piāo飘）：侵扰劫夺。《史记·酷吏列传》："（义纵）为少年时，尝与张次公俱攻剽为群盗。"

⑧啖（dàn旦）食：吃，吞食。裴注引《献帝纪》曰："是时新迁都，宫人多亡衣服，帝欲发御府缯以与之，李傕弗欲，曰：'宫中有衣，胡为复作邪？'诏卖厩马百馀匹，御府大司农出杂缯二万匹，与所卖厩马直，赐公卿以下及贫民不能自存者。李傕曰'我邸阁储偫少'，乃悉载置其营。贾诩曰'此上意，不可拒'，傕不从之。"

董卓传 | 227

诸将争权，遂杀稠，并其众①。汜与傕转相疑，战斗长安中②。傕质天子于营③，烧宫殿城门，略官寺④，尽收乘舆服御物置其家⑤。傕使公卿诣汜请和，汜皆执之⑥。相攻击连月，死者万数⑦。

[注释]

①并其众：裴注引《九州春秋》曰："马腾、韩遂之败，樊稠追至陈仓。遂语稠曰：'天地反覆，未可知也。本所争者非私怨，王家事耳。与足下州里人，今虽小违，要当大同，欲相与善语以别。邂逅万一不如意，后可复相见乎！'俱却骑前接马，交臂相加，共语良久而别。傕兄子利随稠，利还告傕，韩、樊交马语，不知所道，意爱甚密。傕以是疑稠与韩遂私和而有异意。稠欲将兵东出关，从傕索益兵。因请稠会议，便于坐杀稠。"

②战斗长安中：裴注引《典略》曰："傕数设酒请汜，或留汜止宿。汜妻惧傕与汜婢妾而夺己爱，思有以离间之。会傕送馈，妻乃以豉为药，汜将食，妻曰：'食从外来，傥或有故！'遂摘药示之，曰：'一栖不二雄，我固疑将军之信李公也。'他日傕复请汜，大醉。汜疑傕药之，绞粪汁饮之乃解。于是遂生嫌隙，而治兵相攻。"

③质：留作抵押或保证。

④官寺：官署，衙门。

⑤乘舆服：古代特指天子车舆冠服与各种仪仗。御物：帝王专用之物。裴注引《献帝起居注》曰："初，汜谋迎天子幸其营，夜有亡告傕者，傕使兄子暹将数千兵围宫，以车三乘迎天子。杨彪曰：'自古帝王无在人臣家者。举事当合天下心，诸君作此，非是也。'暹曰：'将军计定矣。'于是天子一乘，贵人伏氏一乘，贾诩、左灵一乘，其馀皆步从。是日，傕复移乘舆幸北坞，使校尉监坞门，内外隔绝。诸侍臣皆有饥色，时

盛暑热，人尽寒心。帝求米五斛、牛骨五具以赐左右，傕曰：'朝餔上饭，何用米为？'乃与腐牛骨，皆臭不可食。帝大怒，欲诘责之。侍中杨琦上封事曰：'傕，边鄙之人，习于夷风，今又自知所犯悖逆，常有怏怏之色，欲辅车驾幸黄白城以纾其愤。臣愿陛下忍之，未可显其罪也。'帝纳之。初，傕屯黄白城，故谋欲徙之。傕以司徒赵温不与己同，乃内温坞中。温闻傕欲移乘舆，与傕书曰：'公前托为董公报仇，然实屠陷王城，杀戮大臣，天下不可家见而户释也。今争睚眦之隙，以成千钧之仇，民在涂炭，各不聊生，曾不改寤，遂成祸乱。朝廷仍下明诏，欲令和解，诏命不行，恩泽日损，而复欲辅乘舆于黄白城，此诚老夫所不解也。于《易》，一过为过，再为涉，三而弗改，灭其顶，凶。不如早共和解，引兵还屯，上安万乘，下全生民，岂不幸甚！'傕大怒，欲遣人害温。其从弟应，温故掾也，谏之数日乃止。帝闻温与傕书，问侍中常洽曰：'傕弗知臧否，温言太切，可为寒心。'对曰：'李应已解之矣。'帝乃悦。"

⑥执：拘捕。裴注引华峤《汉书》曰："汜缒公卿，议欲攻傕。杨彪曰：'群臣共斗，一人劫天子，一人质公卿，此可行乎？'汜怒，欲手刃之，中郎将杨密及左右多谏，汜乃归之。"

⑦死者万数：裴注引《献帝起居注》曰："傕性喜鬼怪左道之术，常有道人及女巫歌讴击鼓下神，祠祭六丁，符劾厌胜之具，无所不为。又于朝廷省门外，为董卓作神坐，数以牛羊祠之，讫，过省阁问起居，求入见。傕带三刀，手复与鞭合持一刃。侍中、侍郎见傕带仗，皆惶恐，亦带剑持刀，先入在帝侧。傕对帝，或言'明陛下'，或言'明帝'，为帝说郭汜无状，帝亦随其意答应之。傕喜，出言'明陛下真贤圣主'，意遂自信，自谓良得天子欢心也。虽然，犹不欲令近臣带剑在帝边，谓人言'此曹子将欲图我邪？而皆持刀也'。侍中李祯，傕州里，素与傕通，语傕'所以持刀者，军中不可不尔，此国家故事'，傕意乃解。天子以谒者仆

射皇甫郦凉州旧姓，有专对之才，遣令和傕、汜。郦先诣汜，汜受诏命。诣傕，傕不肯，曰：'我有讨吕布之功，辅政四年，三辅清静，天下所知也。郭多，盗马虏耳，何敢乃欲与吾等邪？必欲诛之。君为凉州人，观吾方略士众，足办多不？多又劫质公卿，所为如是，而君苟欲利郭多，李傕有胆自知之。'郦答曰：'昔有穷后羿恃其善射，不思患难，以至于毙。近董公之强，明将军目所见，内有王公以为内主，外有董旻、承、璜以为鲠毒，吕布受恩而反图之，斯须之间，头县竿端，此有勇而无谋也。今将军身为上将，把钺仗节，子孙握权，宗族荷宠，国家好爵而皆据之。今郭多劫质公卿，将军胁至尊，谁为轻重邪？张济与郭多、杨定有谋，又为冠带所附。杨奉，白波帅耳，犹知将军所为非是，将军虽拜宠之，犹不肯尽力也。'傕不纳郦言，而呵之令出。郦出，诣省门，白傕不肯从诏，辞语不顺。侍中胡邈为傕所幸，呼传诏者令饰其辞。又谓郦曰：'李将军于卿不薄，又皇甫公为太尉，李将军力也。'郦答曰：'胡敬才，卿为国家常伯，辅弼之臣也，语言如此，宁可用邪？'邈曰：'念卿失李将军意，恐不易耳！我与卿何事者？'郦言：'我累世受恩，身又常在帏幄，君辱臣死，当坐国家，为李傕所杀，则天命也。'天子闻郦答语切，恐傕闻之，便敕遣郦。郦裁出营门，傕遣虎贲王昌呼之。昌知郦忠直，纵令去，还答傕，言追之不及。天子使左中郎将李固持节拜傕为大司马，在三公之右。傕自以为得鬼神之力，乃厚赐诸巫。"

傕将杨奉与傕军吏宋果等谋杀傕①，事泄，遂将兵叛傕。傕众叛，稍衰弱。张济自陕和解之，天子乃得出，至新丰、霸陵间②。郭汜复欲胁天子还都郿。天子奔奉营，奉击汜破之。汜走南山③，奉及将军董承以天子还洛阳④。傕、汜悔遣天子，复相与和，追及天子于弘农之曹阳⑤。奉急招河东故白波帅韩暹、胡才、李乐等合⑥，与傕、汜大战。奉兵败，傕等纵兵杀公卿百官，略宫人入弘农⑦。天子走陕，北渡河，失辎重，步行，唯皇后、贵人从⑧，至大阳⑨，止人家屋中⑩。奉、暹等遂以天子都安邑⑪，御乘牛车。太尉杨彪、太仆韩融近臣从者十馀人⑫。以暹为征东、才为征西、乐征北将军⑬，并与奉、承持政。遣融至弘农，与傕、汜等连和，还所略宫人公卿百官，及乘舆车马数乘。是时蝗虫起，岁旱无谷，从官食枣菜⑭。诸将不能相率，上下乱，粮食尽。奉、暹、承乃以天子还洛阳。出箕关⑮，下轵道⑯，张杨以食迎道路⑰，拜大司马⑱。语在杨《传》。天子入洛阳，宫室烧尽，街陌荒芜⑲，百官披荆棘，依丘墙间⑳。州郡各拥兵自卫，莫有至者。饥穷稍甚，尚书郎以下㉑，自出樵采，或饥死墙壁间。

[注释]

①杨奉：原为李傕部下骑都尉（？~197），兴平二年（195），与宋果合谋欲杀李傕，事泄出逃。曾领兵护送汉献帝从长安返洛阳，先后任兴义将军、车骑将军。建安元年（196），曹操欲迎献帝到许县，他与韩暹率军阻拦，败后投奔袁术。袁术称帝后，他又暗通吕布，大败袁术。终被刘备所诱杀。军吏：泛指军中的将帅官佐。宋果：李傕部下，因与杨奉密谋杀李傕，事泄，叛傕。不知所终。

②新丰：即新丰县，西汉高帝七年（前200）改骊邑县置，初属内史，后属京兆尹，治所在今陕西临潼区东北十四里阴盘城。霸陵：即霸陵县，西汉文帝九年（前171）改芷阳县置。属京兆尹，治所在今陕西西安市东新市村附近。因其地有汉文帝刘恒霸陵，故名。三国魏改名霸城县。

裴注引《献帝起居注》曰："初，天子出到宣平门，当度桥，汜兵数百人遮桥问'是天子邪'？车不得前。催兵数百人皆持大戟在乘舆车左右，侍中刘艾大呼云：'是天子也。'使侍中杨琦高举车帷。帝言诸兵：'汝不却，何敢迫近至尊邪？'汜等兵乃却。既度桥，士众咸呼万岁。"

③南山：地名。宋司马光《资治通鉴》卷六一："丙子，郭汜复谋胁帝还都郿，侍中种辑知之，密告杨定、董承、杨奉令会新丰。郭汜自知谋泄，乃弃军入南山。"元胡三省注云："自新丰骊山西接终南，谓之南山。"

④将军董承：汉灵帝母董太后之侄（？～200），兴平二年（195）因护送汉献帝由长安返洛阳有功，任车骑将军，封列侯。建安四年（199），受献帝衣带诏，与王子服等谋诛曹操，事泄，全家被杀。将军，这里谓卫将军，西汉文帝始置，位亚三司，在将军中，次于大将军、骠骑将军、车骑将军。

⑤曹阳：俗名七里涧，又名曹阳墟、曹阳坑、曹阳亭，位于今河南灵宝市东北。北魏郦道元《水经注·河水四》："河水又东，得七里涧，涧在陕西七里，故因名焉。其水自南山通河，亦谓之曹阳坑。"

⑥河东：即河东郡，战国魏置，后属秦，治所安邑县（今山西夏县西北十五里禹王城）。战国、秦、汉谓今山西西南一带，因黄河自北向南流经本地区西境而得名。辖境相当于今山西沁水以西、霍山以南地区。白波帅韩暹（xiān 先）：原为东汉末白波农民军首领（？～197），曾救护汉献帝从长安返洛阳，封征东将军。后与杨奉投奔袁术，又一起暗通吕布，大败袁术，终为张宣所杀。胡才：东汉末白波农民军将领（？～197），受朝廷召抗击李催等，任征西将军。建安二年（197）为怨家所杀。李乐：东汉末白波农民军将领（？～197），受朝廷召抗击李催等，任征北将军。建安二年（197）病死。

⑦略：掳掠。裴注引《献帝纪》曰："时尚书令士孙瑞为乱兵所害。"又引《三辅决录注》曰："瑞字君荣，扶风人，世为学门。瑞少传家业，博达无所不通，仕历显位。卓既诛，迁大司农，为国三老。每三公缺，瑞常在选中。太尉周忠、皇甫嵩，司徒淳于嘉、赵温，司空杨彪、张喜等为公，皆辞拜让瑞。天子都许，追论瑞功，封子萌澹津亭侯。萌字文始，亦有才学，与王粲善。临当就国，粲作诗以赠萌，萌有答，在粲集中。"

⑧贵人：女官名。东汉光武帝始置，地位次于皇后。历代沿其名，而位尊卑不一。

⑨大阳：即大阳县，西汉置，属河东郡，治所在今山西平陆西南三门峡水库区。

⑩止人家屋中：裴注引《献帝纪》曰："初，议者欲令天子浮河东下，太尉杨彪曰：'臣弘农人，从此已东，有三十六滩，非万乘所当从也。'刘艾曰：'臣前为陕令，知其危险，有师犹有倾覆，况今无师，太尉谋是也。'乃止。及当北渡，使李乐具船。天子步行趋河岸，岸高不得下，董承等谋欲以马羁相续以系帝腰。时中宫仆伏德扶中宫，一手持十匹绢，乃取德绢连续为辇。行军校尉尚弘多力，令弘居前负帝，乃得下登船。其馀不得渡者甚众，复遣船收诸不得渡者，皆争攀船，船上人以刃枥断其指，舟中之指可掬。"

⑪安邑：即安邑县，秦置，为河东郡治，治所在今山西夏县西北十五里禹王城。

⑫太尉杨彪：字文先（142~225），弘农华阴（今陕西华阴）人，杨修之父。汉献帝时曾任司徒、太尉，在李傕、郭汜之乱中，竭力护持献帝。《后汉书》卷五四有传。太尉，东汉三公之一，居首位，为全国最高军事长官，职掌四方兵事，曾一度名称大司马。东汉灵帝末年，曾并置太尉与大司马。第一品，设置府署，自行任用下属，属官有长史、列曹掾属

及令史等。太仆韩融：字元长（生卒年不详），颍川舞阳（今属河南）人，韩韶之子。少能辩理而不为章句学，声名甚盛。汉献帝初官太仆，年七十卒。《后汉书》卷六二有传。太仆，官名。汉代九卿之一，主管皇帝的车辆、马匹；皇帝出行，太仆亲自为皇帝御车，兼管官府的畜牧业，秩中二千石。

⑬征东：即征东将军，东汉末年所置将军名。为征东、征西、征南、征北等"四征"将军之一。负责统兵征战讨伐，本系杂号将军，位在常设将军之下。三国时成为常设将军，与车骑将军并列，位次三公，秩二千石，第二品。

⑭枣菜：枣子与蔬菜。《后汉书·邓禹传》："赤眉复还入长安，禹与战，败走，至高陵，军士饥饿者，皆食枣菜。"裴注引《魏书》曰："乘舆时居棘篱中，门户无关闭。天子与群臣会，兵士伏篱上观，互相镇压以为笑。诸将专权，或擅笞杀尚书。司隶校尉出入，民兵抵挪之。诸将或遣婢诣省阁，或自赍酒啖，过天子饮，侍中不通，喧呼骂詈，遂不能止。又竞表拜诸营壁民为部曲，求其礼遗。医师、走卒，皆为校尉，御史刻印不供，乃以锥画，示有文字，或不时得也。"

⑮箕关：一作潎关。位于今河南济源市西，王屋山南。

⑯轵（zhǐ指）道：古道路名，位于今河南济源市境，为豫北平原进入山西高原孔道。

⑰张杨：字稚叔（？～199），东汉云中（今山西原平西南）人。汉献帝时，曾任河内太守，初平元年（190）参加诸侯联军讨伐董卓。兴平二年（195），汉献帝自长安返洛阳，他于途中贡献粟帛，拜大司马。建安三年（198），曹操围困吕布于下邳，张杨出兵东市，欲救吕布，翌年为部将杨丑所杀。《三国志》卷八有传。

⑱大司马：官名。汉武帝置，东汉初改称太尉。为全国最高军事

长官。

⑲街陌：街道，街巷。

⑳丘墙：谓倒塌房屋的断壁间。

㉑尚书郎：官名。尚书令的属吏，初去尚书台任事者称尚书郎。每一尚书分管一曹，每曹下有侍郎六人，秩四百石。

太祖乃迎天子都许①。暹、奉不能奉王法，各出奔，寇徐、扬间②，为刘备所杀③。董承从太祖岁馀，诛。建安二年④，遣谒者仆射裴茂率关西诸将诛傕⑤，夷三族⑥。汜为其将五习所袭⑦，死于郿。济饥饿，至南阳寇略⑧，为穰人所杀⑨，从子绣摄其众⑩。才、乐留河东，才为怨家所杀，乐病死。遂、腾自还凉州，更相寇，后腾入为卫尉，子超领其部曲。十六年⑪，超与关中诸将及遂等反⑫，太祖征破之。语在《武纪》。遂奔金城⑬，为其将所杀。超据汉阳⑭，腾坐夷三族。赵衢等举义兵讨超⑮，超走汉中从张鲁⑯，后奔刘备，死于蜀。

[注释]

①太祖：即太祖武皇帝曹操，建安二十五年（220）曹丕代汉立国称帝，改元黄初，追谥其父曹操为武帝；曹丕子曹叡于景初元年（237）上其祖父庙号魏太祖。许：即许县，秦置，属颍川郡，治所在今河南许昌市东三十六里古城。三国魏黄初二年（221），改为许昌县。

②徐：即徐州，西汉武帝所置十三刺史部之一，辖境相当于今山东东南部与江苏长江以北地区，东汉时治所在郯县（今山东郯城）。三国魏移治于彭城（今江苏徐州）。扬：即扬州，西汉武帝所置十三刺史部之一，

辖境相当于今安徽淮水与江苏长江以南及江西、浙江、福建三省，湖北英山、黄梅、广济，河南固始、商城等县市地。东汉时治所历阳（今安徽和县），末年移治寿春（今安徽寿县）、合肥（今安徽合肥市西北）。

③刘备：字玄德（161～223），蜀汉昭烈帝，史称先主。详见本书所选《先主传》。裴注引《英雄记》曰："备诱奉与相见，因于坐上执之。暹失奉势孤，时欲走还并州，为杼秋屯帅张宣所邀杀。"

④建安二年：即公元197年。建安，汉献帝的第五个年号（196～220）。

⑤谒者仆射（yè夜）：汉谒者台长官，掌统谒者，秩比千石。汉代谒者台隶属光禄勋，掌礼仪事务。《后汉书·百官二》："谒者仆射一人，比千石。本注曰：为谒者台率，主谒者，天子出，奉引。古重习武，有主射以督录之。故曰仆射。"裴茂：裴潜父（生卒年不详），汉灵帝时历官县令、郡守、尚书、谒者仆射，建安初，以功封列侯。关西：汉、唐时，泛指函谷关或潼关以西的地区。《后汉书·虞诩传》："关西出将，关东出相。"

⑥夷三族：裴注引《典略》曰："催头至，有诏高县（悬）。"

⑦五习：郭汜部将，其余不详。

⑧南阳：即南阳郡，战国秦昭襄王三十五年（前272）置，治所在宛（yuān渊）县（今河南南阳市）。西汉辖境相当于今河南桐柏县以西，湖北丹江口市以东，河南鲁山县以南，河南邓州市及湖北广水市以北地。

⑨穰（ráng瓤）：即穰县，秦置，属南阳郡，治所在今河南邓州市。

⑩摄：统率，管辖。

⑪十六年：即建安十六年（211）。

⑫关中：地区名，即今陕西关中盆地，因东有函谷关，南有武关，北有萧关，西有散关，地处四关之中，故称。

⑬金城：即金城郡，西汉昭帝始元六年（前81）置，治所允吾（qiānyá 铅牙，今青海民和县南古鄯镇北古城），辖境约相当于今甘肃兰州市以西，青海省青海湖以东的河、湟二水流域与大通河下游地区。东汉末西部辖境缩小，仅至今大通河下游以东。

⑭汉阳：即汉阳郡，东汉永平十七年（74）改天水郡置，治所在冀县（今甘肃甘谷县东），辖境相当于今甘肃定西、陇西、礼县以东，静宁、庄浪以西，黄河以南，嶓冢山以北地。

⑮赵衢：东汉南安（今甘肃陇西东南三台乡）人（生卒年不详），一度为攻占冀城的马超所用，后为内应，占据冀城，杀死马超妻、子。

⑯汉中：即汉中郡，战国秦惠王更元十三年（前312）置，治所南郑县（今陕西汉中市东），因水为名，辖境相当于今陕西秦岭以南，留坝、勉县以东，乾祐河流域以及湖北郧县、保康以西，米仓山、大巴山以北地。东汉末为张鲁所据，改为汉宁郡。建安二十年（215）复改汉中郡。张鲁：字公祺（生卒年不详），东汉沛国丰县（今属江苏）人，张陵之孙，张衡之子。东汉末天师道（即"五斗米道"）首领，东汉末占据汉中，在各地设"义舍"，置"义米""义肉"，过往之人可量腹取用，加之刑法宽和，令汉中成为当时的安定之区。朝廷任命他为镇民中郎将，领汉宁太守。建安二十年（215）曹操进攻汉中，张鲁归降，任镇南将军，封阆中侯。详见本书所选《张鲁传》。

[译文]

董卓字仲颖，是陇西郡临洮县人。年轻时喜好行侠仗义，曾经到羌族居住的地区游历，尽与羌人各首领结交。后来归乡从事农耕，有羌人首领来投奔他，董卓就与他们一同归家，杀掉耕牛与这些人宴饮为欢。那些羌人领袖感激董卓心意，回去后就收购储藏，得到一千多头饲养的牲畜送予董卓。汉桓帝末年，董卓作为六郡出身良家的子弟担任羽林郎。董卓有才华武艺，体力无人能比，他可以身带两个箭袋，奔驰中在马上左右开弓。董卓任职军司马，跟随中郎将张奂征讨并州立下战功，升任郎中，受到九千匹细绢的赏赐，董卓全部分给部下官兵。董卓升职广武令、蜀郡北部都尉、西域戊己校尉，被免职。又被征召任并州刺史、河东太守，升任中郎将，因讨伐黄巾军失败，以官职抵罪而去。韩遂等在凉州起兵，董卓再任中郎将，在西面抗击韩遂。他在望垣硖北被几万名羌胡人所围困，粮食断绝。董卓假装要捕鱼，筑堰堵塞他回归途中须经过的河流为池，令河水止流涨满几十里，自己率军队悄悄从堰坝下过去后毁掉堰坝。等到羌胡得知消息后追赶而来，河水已经很深，不能渡过了。当时有六支军队去陇西，五支军队溃败，唯独董卓的军队全师而返，驻军于右扶风。董卓升任前将军，封为斄乡侯，征召为并州牧。

汉灵帝死后，汉少帝即位。大将军何进与司隶校尉袁绍谋划诛杀宦官，何太后不同意。何进于是召董卓率兵进京，并且秘密令他上书说："中常侍张让等人窃取滥用帝王的宠信，搅扰国家使之陷于混乱。从前赵鞅以清君侧为名兴兵，驱逐荀寅、士吉射两个恶人。臣下也要大张旗鼓进入洛阳，以讨伐张让等人。"何进想借此来胁迫何太后。董卓还没到京城，何进就被张让等杀死。中常侍段珪等劫持汉少帝逃到小平津，董卓于是率领他的军队到北芒迎接少帝回宫。这时何进的弟弟车骑将军何苗被何进部下所杀，何进、何苗的部下无所归依，就都投奔了董卓。董卓又指使吕布杀害了执金吾丁原，吞并了他的军队，所以京师的军队全掌控在董卓手中。

在这以前，何进曾派遣骑都尉泰山人鲍信到各处招募士兵，董卓的军队正好到洛阳。鲍信对袁绍说："董卓拥有强盛的军队，对朝廷有叛离之心，现在不早除掉他，将要被他所控制。趁着他刚到洛阳，人马疲倦，发动袭击就可以擒住他。"袁绍畏惧董卓，不敢有所行动，鲍信于是返回家乡。

这时因为很久没有下雨，汉少帝以策书免去刘弘的司空职务而让董卓取而代之。不久又升任董卓为太尉，授予符节与斧钺以及护卫的勇士。董卓废汉少帝为弘农王。不久又杀害弘农王与何太后，拥立汉灵帝的小儿子陈留王，这就是汉献帝。董卓升迁为相国，被封为郿侯，朝拜献帝时，赞礼的人不直呼其姓名，只称官职，上朝时可不解剑，不脱履。汉献帝又封董卓母亲为池阳君，设置家令与丞。董卓本率精兵来至洛阳，正好遇到皇室大乱，因而得以独自掌控皇帝的废立，占据有储藏兵器的仓库与铠甲和兵械，乃至国家的珍宝，从而威震天下。董卓性格残忍，不讲仁义，用严厉的刑罚威胁众人，微小的怨恨也要加以报复，致使人人难以自保。董卓曾经派军队到阳城，当时正逢二月的春社日，人们各自集中在祭祀土神的祠前，董卓军队就将男子的头颅全部砍下，驱赶他们的牛车，装载着他们的妇女与财物，将砍下的头颅系在车辕上，一辆接着一辆地返回洛阳，宣称进攻贼寇获得大胜，高呼万岁。军队进入开阳城门，焚烧了那些头颅，将掳来的妇女分配给士兵为婢妾。董卓甚至奸淫宫女与公主。他的凶恶悖逆居然达到如此地步。

起初，董卓信任尚书周毖、城门校尉伍琼等人，任用他们所举荐的韩馥、刘岱、孔伷、张咨、张邈等出任州郡长官。然而韩馥等人到任后都聚合兵马要讨伐董卓。董卓得知后认为周毖、伍琼知晓内情，出卖了自己，就将他们全部杀害。

河内太守王匡，派遣泰山兵驻扎于河阳津，将要讨伐董卓。董卓布置虚张声势以迷惑敌人的军阵仿佛要从平阴渡过黄河，暗地里派遣精锐军卒从小平津北渡，绕到王匡后方发起攻击，在河阳津以北大胜王匡的军队，泰山兵几乎全部被歼灭。董卓因为太行山以东地区的豪杰并起，内心恐惧不安。初平元年（190）二月，就迁徙天子定都长安，烧毁洛阳的宫殿，挖掘所有的坟墓，以盗取其中宝物。董卓到达西京长安，当了太师，号称尚父，乘坐以金为花装饰的青盖车，车厢两旁的屏障上图绘有如瓜的饰物，当时人称之为竿摩车。董卓的弟弟董旻任职左将军，封鄠侯，侄子董璜任职侍中、中军校尉，统领军队；同宗同族之人也都在朝廷任官。三公九卿见到董卓，在其车下谒见礼拜，董卓不还礼。下令让尚书台、御史台、符节台这三台官署中尚书以下官吏要亲自到董卓府中陈述事务。董卓修筑了郿坞，高度与长安城墙等同，储存粮食够三十年食用，放言说大事办成，可以强有力地统治天下，若不成功，守住这些也可以安度晚年。董卓曾经到郿坞巡行，公卿以下官员在长安城横门外为他祭祀路神，并饮宴送行。董卓事先准备好帷幕饮酒，将诱降的北地反叛者数百人带至坐中，先割去他们的舌头，有的斩断手足，有的凿去双眼，有的放到大锅中煮，没有即刻死的，仆倒转动在酒席间，与会者都于颤抖中拿不住羹匙和筷子，董卓自己却能神态自若地饮酒吃饭。太史观察云气以预测吉凶，预言当有大臣被杀死。原太尉张温当时任职卫尉，平素与董卓失和，董卓心怀怨恨，借言天象有变，打算让张温替死以抵补罪过，指使人状告张温与袁术勾结，于是将张温拷打致死。董卓的执法苛刻残酷，定罪只凭爱憎而无是非且滥用刑罚，加上被诬告的，蒙冤而死的人数以千计。百姓众口愁怨连声，路上相见，只能以目示意，不敢交谈。董卓砸坏铜人与铜铸饰以猛兽形象的悬乐钟的格架，还砸毁五铢钱，全用来改铸成小钱，五分大，没有文字，钱币的边和孔以及内外边缘，也不经磨光锉平。于是造成货币贬值，物价飞涨，谷子一斛价值数十万钱。从此之后，钱币就难以流通了。

初平三年（192）四月，司徒王允、尚书仆射士孙瑞、董卓部将吕布共同谋划刺杀董卓。这时，汉献帝患病刚刚痊愈，在未央殿大会群臣。吕布指使同郡人骑都尉李肃等，带领十几个亲兵，偷偷换上卫士的服装把守住宫殿侧门。吕布怀揣诏书。董卓到后,李肃等击打他。董卓惊呼吕布在哪里。吕布说"有诏书",就杀死董卓,灭了他的三族。主簿田景向前奔向董卓的尸体,吕布又杀死了他;一共杀死了三个人,其馀的人就不敢有所行动了。长安的士人和普通百姓都相互庆贺,那些阿谀依附董卓的人全被下狱处死。

起初,董卓的女婿中郎将牛辅领兵驻扎在陕县,分别派遣校尉李傕、郭汜、张济掳掠陈留、颍川郡下各县。董卓被杀后,吕布派李肃抵达陕县,准备用朝廷的诏书命令斩杀牛辅。牛辅等迎战李肃,李肃战败,逃亡弘农郡,吕布诛杀了李肃。此后牛辅营中士兵有夜里叛逃者,引起全营惊恐,牛辅认为部下发生哗变,就携取金宝单独与平素交好的支胡赤儿等五六人同行,从城北翻越渡过黄河。支胡赤儿等贪图牛辅的金宝,就砍下他的头颅传送至长安。

比及李傕等回来,牛辅已经失败,部下无所归依,准备解散各自归乡。他们既没有得到赦免的诏书,又听说长安方面传言要杀尽凉州人,忧虑恐惧不知所措。李傕等于是采取贾诩的计策,率领其部下向西而行,随处招兵,等到达长安,已经拥兵十多万人,就与董卓的旧部樊稠、李蒙、王方等人联合围困长安。十天以后长安陷落,与吕布在城中战斗,吕布败走。李傕等纵容部下抢劫长安城中的百姓,无论老少,几乎杀光,死尸纵横散乱。李傕等处死了谋杀董卓的人,将王允暴尸街头,埋葬董卓于郿坞。大风暴雨震撼了董卓的墓地,水流入其墓穴,将棺椁漂了起来。李傕当上车骑将军、池阳侯并兼司隶校尉,被授予诛杀犯军令者的权力。郭汜当上后将军、美阳侯。樊稠当上右将军、万年侯。李傕、郭汜、樊稠独揽朝政。张济当上骠骑将军、平阳侯,驻军弘农。

这一年,韩遂、马腾等投降,率领部众到达长安。朝廷任命韩遂为镇西将军,派遣他返回凉州,任命马腾为征西将军,驻军于郿。侍中马宇与谏议大夫种劭、左中郎将刘范等人谋划，意欲令马腾袭击长安，自己一方作为内应，诛杀李傕等人。马腾率军到达长平观，马宇等的计划泄露，出逃至槐里。樊稠进攻马腾，马腾战败逃走，返回凉州。樊稠又进攻槐里，马宇等全部战死。当时三辅百姓还有数十万户，李傕等放纵士兵抢掠，侵扰劫夺城镇，百姓饥饿穷困，两年间人吃人，几乎死光了。

诸多将领间争夺权力，李傕于是杀死樊稠，吞并了他的军队，郭汜又与李傕相互猜疑，在长安城中争斗。李傕将汉献帝扣押在营中，焚烧宫殿城门，抢劫官署衙门，将天子车舆冠服与各种仪仗全收置在自己家中。李傕指使公卿到郭汜处请求讲和，郭汜将他们全部拘捕。两个人连月互相攻打，死的人数以万计。

李傕的部将杨奉与李傕的军吏宋果等人谋划杀死李傕，事情败露，于是率兵反叛李傕。李傕因军队叛乱，逐渐衰弱。张济从陕县前来劝和他们两人，汉献帝方得以走出困境，到达新丰、霸陵之间。郭汜又想挟持汉献帝定都于郿。汉献帝投奔到杨奉的军营，杨奉攻郭汜并打败了他。郭汜逃往南山，杨奉与将军董承奉汉献帝回到洛阳。李傕、郭汜后悔放走了汉献帝，又重归于好，在弘农郡的曹阳一带追上了汉献帝。杨奉急忙招来河东原来的白波农民军首领韩暹、胡才、李乐等，集合军队与李傕、郭汜大战。杨奉的军队战败，李傕等人纵兵杀害公卿百官，掳掠宫人到弘农。汉献帝逃至陕县，向北渡过黄河，丧失了辎重，徒步而行，只有皇后、贵人跟随。到达太阳县，住在百姓家中，杨奉、韩暹等人于是携汉献帝定都安邑县，献帝乘坐牛车。太尉杨彪、太仆韩融等十几位近臣跟随。汉献帝任用韩暹为征东将军，任用胡才为征西将军，任用李乐为征北将军，同杨奉、董承一起执掌朝政。派遣韩融到弘农与李傕、郭汜等讲和，李傕、郭汜归还了劫掠的宫人与公卿百官，以及几辆天子车马。这时发生蝗灾，天大旱，没有粮食，随同汉献帝的官员以枣子与蔬菜为食。各将领不能相互统率，上下秩序混乱，粮食吃光。杨奉、韩暹、董承于是携献帝返回洛阳。他们出箕关，在轵道上行进，张杨带着粮食在道路上迎接皇帝，被封为大司马。此事见于《张杨传》。献帝进入洛阳，宫室已被烧尽，街道荒芜，百官分开荆棘，凭借残垣断壁休憩。州郡官吏各自拥兵自保，没有到这里护驾的。饥饿与穷困状况逐渐严重，尚书郎以下的官吏要亲自出去砍柴采野菜，有的就饿死在墙壁下。

曹操于是迎接汉献帝至许县定都，韩暹、杨奉不能尊奉朝廷法度，各自出逃，在徐州、扬州一带抢掠，被刘备所杀。董承跟随曹操一年多，被诛杀。建安二年（197），朝廷派遣谒者仆射裴茂率领关西各将领斩杀了李傕，灭了他的三族。郭汜受到部下五习的袭击，死于郿。张济缺乏粮食，受饥饿威胁，就到南阳掠夺，被穰县人杀死，他的侄子张绣统率了张济的军队。胡才、李乐留在河东郡，胡才被仇家所杀，李乐病死。韩遂、马腾自从返回凉州，相互攻击，此后马腾入朝官居卫尉，儿子马超统率他的军队。建安十六年（211），马超与关中各将领以及韩遂造反，曹操征讨并打败了他们。此事见于《武帝纪》。韩遂逃往金城，被其部将杀死。马超据守汉阳，马腾受牵连被杀并灭三族。赵衢等举义兵讨伐马超，马超逃至汉中投奔张鲁，后来又投靠刘备，在蜀国死去。

袁绍传

附**袁谭、袁尚**

[题解]

  传见《三国志》卷六《魏书六》。袁绍（？～202），字本初，汝南郡汝阳县（今河南商水县西北）人。出身名门大族，自曾祖父起四代有五人位居三公。年少时能折节下士，有名于世。汉灵帝死，大将军何进被宦官所杀，司隶校尉袁绍率军尽诛宦官。董卓进京后专权，袁绍因与之政见不同，逃奔冀州。初平元年（190），关东州郡牧守联合起兵讨伐董卓，袁绍被推为盟主，自号车骑将军。董卓挟汉献帝西入关中，不久被杀。关东军也开始互相拼杀，袁绍夺取冀州牧韩馥地盘，自领冀州牧，此后又夺得青州、并州。初平四年（193）进攻黑山起义军，斩杀数万人。建安四年（199），袁绍消灭幽州公孙瓒后，已占据黄河下游的四州之地，军队数十万众，作为东汉末的最大割据势力雄踞一方。同年，袁绍准备向曹操发起进攻，直捣许都，劫夺汉帝。建安五年（200），袁绍亲率十万大军进军黎阳，与曹操决战于官渡。袁绍兵力虽数倍于对方，但由于民心丧尽，主骄将侈，加之"有才而不能用"，故被曹操偷袭乌巢（今河南延津东南），火烧袁军全部军粮，主力八万多人被消灭，只与其长子袁谭带八百多骑败回河北。两年后惭愤病死。诸子在相互攻杀以及曹操的围剿下走向覆亡，所据之地全归于曹操。《后汉书》卷七四亦有传，篇末云："论曰：袁绍初以豪侠得众，遂怀雄霸之图，天下胜兵举旗者，莫不假以为名。及临场决敌,则悍夫争命;深筹高议,则智士倾心。盛哉乎,其所资也!《韩非》曰:'很刚而不和,愎过而好胜,嫡子轻而庶子重,斯之谓亡征。'"可参阅。袁绍死后,其长子袁谭与幼子袁尚争权夺利,自相残杀,先后被曹操剪灭,袁氏家族也一蹶不振。其子袁谭、袁尚附于本传后。

袁绍字本初,汝南汝阳人也①。高祖父安②,为汉司徒③。自安以下四世居三公位④,由是势倾天下⑤。绍有姿貌威容⑥,能折节下士⑦,士多附之,太祖少与交焉⑧。以大将军掾为侍御史⑨,稍迁中军校尉⑩,至司隶⑪。

[注释]

①汝南汝阳:即汝阳县,西汉置,属汝南郡,治所在今河南商水县西北。汝南,即汝南郡,西汉高帝四年(前203)置,治所上蔡县(今河南上蔡西南),东汉徙治平舆县(今河南平舆西北),三国魏徙治新息县(今河南息县),辖境相当于今河南颍河、淮河之间,京广铁路西侧一线以东,安徽茨河、西淝河以西,淮河以北地区。

②高祖父安:即袁安(?~92),字邵公(《袁安碑》作召公)。东汉汝南汝阳(今河南商水西南)人。东汉名臣,历官河南尹、太仆、司空、司徒,不畏权贵,名重朝廷。《后汉书》卷四五有传。高祖父,曾祖的父亲。

③司徒:汉代三公之一。西汉哀帝时以丞相为大司徒,掌管国家土地、人民。东汉三公无实际任职,仍称司徒,主教化。

④四世:据《后汉书·袁安传》,袁安之子袁敞为司空,袁安之孙袁

袁绍传 | 245

汤历官司空、司徒、太尉,袁汤之子袁逢为司空,少子袁隗为太傅。三公:东汉以太尉、司徒、司空为三公,各置一人,均可开府,即设办公机构,有权自行任用属吏,各有属官数十人。虽名位显贵,实权则由君主的内廷尚书台执掌,三公遂成虚衔。

⑤势倾天下:谓权势压倒天下,形容权势极大。裴注引华峤《汉书》曰:"安字邵公,好学有威重。明帝时为楚郡太守,治楚王狱,所申理者四百馀家,皆蒙全济,安遂为名臣。章帝时至司徒,生蜀郡太守京。京弟敞为司空。京子汤,太尉。汤四子:长子平,平弟成,左中郎将,并早卒;成弟逢,逢弟隗,皆为公。"又引《魏书》曰:"自安以下,皆博爱容众,无所拣择;宾客入其门,无贤愚皆得所欲,为天下所归。绍即逢之庶子,术异母兄也,出后成为子。"又引《英雄记》曰:"成字文开,壮健有部分,贵戚权豪自大将军梁冀以下皆与结好,言无不从。故京师为作谚曰:'事不谐,问文开。'"

⑥姿貌:姿容,体态。威容:谓仪容庄重。

⑦折节下士:谓屈己下人,交接贤士。

⑧太祖:即太祖武皇帝曹操,建安二十五年(220)曹丕代汉立国称帝,改元黄初,追谥其父曹操为武帝;曹丕子曹叡于景初元年(237)上其祖父庙号魏太祖。

⑨大将军掾(yuàn院):官名。大将军府署中属官,分为东曹掾、西曹掾等。侍御史:官名。御史中丞的属官,负责举奏百官的非法与违失行为,也可奉诏逮捕和拷问有罪的官吏,秩六百石。裴注引《英雄记》曰:"绍生而父死,二公爱之。幼使为郎,弱冠除濮阳长,有清名。遭母丧,服竟,又追行父服,凡在冢庐六年。礼毕,隐居洛阳,不妄通宾客,非海内知名,不得相见。又好游侠,与张孟卓、何伯求、吴子卿、许子远、伍德瑜等皆为奔走之友。不应辟命。中常侍赵忠谓诸黄门曰:'袁本初坐作

声价，不应呼召而养死士，不知此儿欲何所为乎?'绍叔父隗闻之，责数绍曰：'汝且破我家！'绍于是乃起应大将军之命。"又曰："臣松之案：《魏书》云'绍，逢之庶子，出后伯父成'。如此记所言，则似实成所生。夫人追服所生，礼无其文，况于所后而可以行之！二书未详孰是。"

⑩稍迁：谓逐渐升迁。中军校尉：东汉末年所置西园八校尉之一，统率中央常备军，秩比二千石。

⑪司隶：即司隶校尉，官名。负责维护京师治安，纠察京师除三公以外的百官违法者，并治理司隶州所辖各郡，统率一支人数达一千二百名的军队，秩比二千石。东汉时，位尊权重，与御史中丞、尚书台并称"三独坐"。

灵帝崩①，太后兄大将军何进与绍谋诛诸阉官②，太后不从。乃召董卓，欲以胁太后。常侍、黄门闻之③，皆诣进谢④，唯所错置⑤。时绍劝进便可于此决之⑥，至于再三，而进不许。令绍使洛阳方略武吏检司诸宦者⑦。又令绍弟虎贲中郎将术选温厚虎贲二百人⑧，当入禁中⑨，代持兵黄门陛守门户⑩。中常侍段珪等矫太后命⑪，召进入议，遂杀之，宫中乱⑫。术将虎贲烧南宫嘉德殿青琐门⑬，欲以迫出珪等。珪等不出，劫帝及帝弟陈留王走小平津⑭。绍既斩宦者所署司隶校尉许相⑮，遂勒兵捕诸阉人⑯，无少长皆杀之。或有无须而误死者，至自发露形体而后得免⑰。宦者或有行善自守而犹见及⑱。其滥如此。死者二千馀人。急追珪等，珪等悉赴河死。帝得还宫。

[注释]

①灵帝：即汉灵帝刘宏（156～189），初袭父爵为解渎亭侯。永康元

年（167），汉桓帝卒，无子，被窦太后及其父窦武迎立为帝。在位期间，宦官专权，制造第二次党锢之祸，纵情声色，朝政腐败，与汉桓帝同为著名昏君，史称"桓灵"。崩：古代称帝王、皇后之死。《礼记·曲礼下》："天子死曰崩"。

②太后：即何太后。有关内容可参见本书所选《董卓传》。裴注引《续汉书》曰："绍使客张津说进曰：'黄门、常侍秉权日久，又永乐太后与诸常侍专通财利，将军宜整顿天下，为海内除患。'进以为然，遂与绍结谋。"

③常侍：即中常侍，官名。东汉时属少府，为皇帝近侍，负责传达诏令与管理文书并顾问应对。东汉后期专以宦官担任，定员由四人增至十人，权倾人主，秩从千石增至比二千石。黄门：官名。这里泛指黄门诸官，皆为少府属官，由宦官充任。黄门原为宫廷中的禁门，后成为宦官的代称。负责侍从皇帝，传递文书，联系内外，跪拜赞礼，慰问公主、妃子等内廷事务。东汉以黄门为名的职官有黄门侍郎，秩六百石；黄门令，秩六百石；小黄门，秩六百石；黄门署长，秩四百石；中黄门，秩比百石；等等。

④皆诣进谢：谓都前往何进处认错。谢，认错，道歉。

⑤错置：处置，安排。错，通"措"。

⑥决：处决。

⑦方略：指挥。武吏：谓军职官员。检司（sì 四）：考验探察。司，通"伺"。

⑧虎贲中郎将术：即袁术（？～199），字公路，为袁绍从弟。初为虎贲中郎将，助袁绍诛灭宦官。董卓进京专权，以他为后将军。他出奔南阳，与袁绍、曹操等同时起兵，共讨董卓。后又与袁绍对抗，被袁绍、曹操击败，遂奔九江，割据扬州。建安二年（197），袁术称帝于寿春，号

仲家，荒淫奢侈，横征暴敛，民心丧尽，先后为吕布、曹操所破，呕血而死。《三国志》卷六、《后汉书》卷七五皆有传。虎贲中郎，即虎贲中郎将，官名。属光禄勋，郎官的首领之一，统率虎贲宿卫，负责皇帝的宿卫杂役，兼管宫禁内的办公机构及其官员的警卫，秩比二千石。温厚：温和宽厚。虎贲：即虎贲郎，官名。郎官的一种，属光禄勋，系宫廷门户的宿卫，由虎贲中郎将统领，秩比六百石。

⑨禁中：指帝王所居宫内。汉蔡邕《独断》卷上："禁中者，门户有禁，非侍御者不得入，故曰禁中。"

⑩持兵黄门：谓手握兵器把守皇宫内部殿堂的宦官。陛守门户：谓皇宫前夹殿陛而立，用来警卫出入门径。

⑪中常侍段珪：东汉济阴（治今山东定陶西北四里）人（？～189），汉灵帝时任中常侍，封列侯，为十常侍之一。与宦官张让、赵忠等朋比为奸。袁绍等捕杀宦官，段珪与张让等劫持汉少帝出逃，急迫中投河死。矫太后命：谓假托何太后的旨意。

⑫宫中乱：裴注引《九州春秋》曰："初绍说进曰：'黄门、常侍累世太盛，威服海内，前窦武欲诛之而反为所害，但坐言语漏泄，以五营士为兵故耳。五营士生长京师，服畏中人，而窦氏反用其锋，遂果叛走归黄门，是以自取破灭。今将军以元舅之尊，二府并领劲兵，其部曲将吏，皆英雄名士，乐尽死力，事在掌握，天赞其时也。今为天下诛除贪秽，功勋显著，垂名后世，虽周之申伯，何足道哉？今大行在前殿，将军以诏书领兵卫守，可勿入宫。'进纳其言，后更狐疑。绍惧进之改变，胁进曰：'今交构已成，形势已露，将军何为不早决之？事留变生，后机祸至。'进不从，遂败。"

⑬南宫：东汉洛阳皇宫分南、北两宫，两宫之间以有屋顶覆盖的复道连接，南北长七里。复道为并列的三条路，中间一条是皇帝专用的御道，

两侧是臣僚、侍者走的道。南宫为皇帝与太后所居。嘉德殿青琐门：东汉南宫中轴线西侧的东排之嘉德殿宫门名。宋司马光《资治通鉴》卷五九："会日暮，术因烧南宫青琐门，欲以胁出让等。"元胡三省注："卫瓘曰：青琐，门边青镂也。一曰天子门内有眉格再重，里青画曰琐。《考异》曰：《何进传》作'九龙门'。"

⑭陈留王：汉献帝刘协当皇子时的封爵名。封地陈留郡，西汉武帝元狩元年（前122）置，治所陈留县（今河南开封县东南陈留镇），辖境相当于今河南开封市及尉氏县以东，宁陵县以西，延津、长垣县以南，杞县、睢县以北地。小平津：黄河津渡名，在今河南孟津县东北。东汉中平元年（184）为镇压黄巾军，在津上置关戍守，为八关之一。

⑮署：任命。许相：汝南平舆（今河南平舆西北）人（？～189）。以谄事宦官历任司空、司徒、司隶校尉等，封列侯。终为袁绍所杀。

⑯勒兵：指挥军队。

⑰发露：显示。

⑱见及：谓受牵连而被杀。

董卓呼绍，议欲废帝，立陈留王。是时绍叔父隗为太傅①，绍伪许之，曰："此大事，出当与太傅议。"卓曰："刘氏种不足复遗。"绍不应，横刀长揖而去②。绍既出，遂亡奔冀州③。侍中周毖、城门校尉伍琼、议郎何颙等④，皆名士也⑤，卓信之，而阴为绍⑥，乃说卓曰："夫废立大事，非常人所及。绍不达大体⑦，恐惧故出奔，非有他志也。今购之急⑧，势必为变。袁氏树恩四世，门生故吏遍于天下⑨，若收豪杰以聚徒众，英雄因之而起，则山东非公之有也⑩。不如赦之，拜一郡守⑪，则绍喜于免罪，必无患矣。"

卓以为然，乃拜绍勃海太守⑫，封邟乡侯⑬。

[注释]

①绍叔父隗：即袁隗（wěi 委），字次阳（？~190），汝南汝阳（今河南商水县西北）人，安国康侯袁汤之子，袁逢之弟，袁绍、袁术之叔，其妻马伦为名儒马融之女。历任太尉、太傅，后因袁绍、袁术等讨伐董卓而受牵连，被董卓杀害。太傅：官名。天子近臣，其职为善导天子，无具体政务，多为优遇大臣的一种荣典，一般以年高有德者任之。

②横刀：横陈佩刀。长揖：拱手高举，自上而下行礼。《后汉书·袁绍传上》："卓复言'刘氏种不足复遗'。绍勃然曰：'天下健者，岂惟董公！'横刀长揖径出。悬节于上东门，而奔冀州。"唐李贤等注引《英雄记》曰："绍揖卓去，坐中惊愕。卓新至，见绍大家，故不敢害。"又《后汉书·百官四》"司隶校尉一人，比二千石"，唐李贤等注引蔡质《汉仪》曰："职在典京师，外部诸郡，无所不纠。封侯、外戚、三公以下，无尊卑。入宫，开中道称使者。每会，后到先去。"清梁章钜《三国志旁证》卷八据"后到先去"四字认为："绍时为司隶，故用此仪径去。"裴注引《献帝春秋》曰："卓欲废帝，谓绍曰：'皇帝冲暗，非万乘之主。陈留王犹胜，今欲立之。人有少智，大或痴，亦知复何如，为当且尔；卿不见灵帝乎？念此令人愤毒！'绍曰：'汉家君天下四百许年，恩泽深渥，兆民戴之来久。今帝虽幼冲，未有不善宣闻天下，公欲废嫡立庶，恐众不从公议也。'卓谓绍曰：'竖子！天下事岂不决我？我今为之，谁敢不从？尔谓董卓刀为不利乎！'绍曰：'天下健者，岂唯董公？'引佩刀横揖而出。"又曰："臣松之以为绍于时与卓未构嫌隙，故卓与之谘谋。若但以言议不同，便骂为竖子，而有推刃之心，及绍复答，屈强为甚，卓又安能容忍而不加害乎？且如绍此言，进非亮正，退违诡逊，而显其竞爽之旨，

以触啮阘之锋，有志功业者，理岂然哉！此语，妄之甚矣。"

③亡奔：逃奔。冀州：西汉武帝时置，为十三刺史部之一，辖境相当于今河北中南部、山东西段及河南北端。东汉治所高邑县（今河北柏乡北），后又移治邺县（今河北临漳西南）。

④侍中周珌：字仲远（？~190），武威（今属甘肃）人。历任侍中、尚书，后被董卓杀害。侍中，官名。秦始置，两汉沿置，为正规官职外的加官之一。因侍从皇帝左右，出入宫廷，与闻朝政，逐渐变为亲信贵重之职。三国时秩比二千石，第三品。城门校尉伍琼：字德瑜（？~190），汝南（治今河南上蔡西南）人。汉献帝时任城门校尉，后与周珌一同被董卓杀害。城门校尉，东汉所置五校尉之一，统中央禁卫军一营，负责守卫京师洛阳城的十二道城门，秩比二千石。议郎何颙（yóng 庸阳平）：字伯求（？~190），东汉南阳襄乡（今湖北枣阳东北）人。曾因党锢之祸而亡匿，汉灵帝时官至司空，被董卓下狱，忧愤死。《后汉书》卷六七有传。议郎，官名。郎官中地位较高的一种，属光禄勋，参与朝政，是皇帝身边谏议政事得失的一种近臣，秩六百石。

⑤名士：旧时指以学术诗文等著称的知名士人。

⑥阴为绍：意谓暗地里替袁绍说话。

⑦大体：重要的义理，有关大局的道理。

⑧购：悬赏缉捕。

⑨门生：东汉时指再传弟子。宋欧阳修《〈集古录〉跋尾·后汉孔庙碑阴题名》："其亲授业者为弟子，转相传授者为门生。"故吏：谓旧日部属。

⑩山东：这里当指太行山以东地区，春秋时晋国地处太行山以西，故称太行山以东为山东。见《史记·晋世家》。

⑪郡守：郡的长官，主一郡之政事。秦废封建设郡县，郡置守、丞、

尉各一人。守治民，丞、尉为佐。汉唐因之。

⑫勃海：即勃海郡，西汉高帝五年（前202）置，以地滨渤海得名。治所浮阳（今河北沧县东南四十里旧州镇），辖境相当于今天津市、河北安次县以南，文安、阜城以东，山东无棣、乐陵、宁津以北地区。东汉移治南皮县（今河北南皮县东北八里），辖境缩小。

⑬邟（kàng 抗）乡侯：封爵名，属于列侯中的乡侯。邟乡，东汉光武帝建武十三年（37）改邟县置，在今河南汝州市东。

绍遂以勃海起兵，将以诛卓。语在《武纪》。绍自号车骑将军①，主盟②，与冀州牧韩馥立幽州牧刘虞为帝③，遣使奉章诣虞④，虞不敢受。后馥军安平⑤，为公孙瓒所败⑥。瓒遂引兵入冀州，以讨卓为名，内欲袭馥。馥怀不自安⑦。会卓西入关，绍还军延津⑧，因馥惶遽⑨，使陈留高干、颍川荀谌等说馥曰⑩："公孙瓒乘胜来向南，而诸郡应之，袁车骑引军东向，此其意不可知，窃为将军危之。"馥曰："为之奈何？"谌曰："公孙提燕、代之卒⑪，其锋不可当。袁氏一时之杰，必不为将军下。夫冀州，天下之重资也⑫，若两雄并力，兵交于城下，危亡可立而待也。夫袁氏，将军之旧⑬，且同盟也⑭，当今为将军计，莫若举冀州以让袁氏。袁氏得冀州，则瓒不能与之争，必厚德将军⑮。冀州入于亲交⑯，是将军有让贤之名，而身安于泰山也⑰。愿将军勿疑！"馥素恇怯⑱，因然其计。馥长史耿武、别驾闵纯、治中李历谏馥曰⑲："冀州虽鄙⑳，带甲百万㉑，谷支十年。袁绍孤客穷军㉒，仰我鼻息㉓，譬如婴儿在股掌之上㉔，绝其哺乳，立可饿杀。奈何乃欲以州与之？"馥曰："吾，袁氏故吏，且才不如本初，度德而让㉕，古人所贵，诸君独何病焉㉖!"从事赵浮、程奂请以兵拒之㉗，馥又不听。乃让绍㉘，绍遂领冀州牧㉙。

[注释]

①车骑（jūjì居寄）将军：东汉与三国时常设的高级将军名，统领中央常备军，职掌征战讨伐。位在三公之下，仅次于大将军、骠骑将军，第二品。

②主盟：这里谓倡导并主持讨伐董卓事。

③冀州牧韩馥（fù富）：字文节（？～192），东汉颍川（今河南禹州）人。曾任冀州牧，因惧怕公孙瓒，以州牧让袁绍，投奔张邈，后又因恐惧而入厕自杀。幽州牧刘虞：字伯安（？～193），东海郯县（今山东郯城北）人，为东汉皇族。董卓秉政，曾以刘虞为大司马，进封襄贲侯。后因与公孙瓒不睦，举兵相攻，为公孙瓒所杀。《后汉书》卷七三有传。幽州，汉武帝置十三刺史部之一，东汉治所在蓟县（今北京市西南），辖境相当于今北京市、河北北部、辽宁大部、天津市海河以北以及朝鲜大同江流域。

④章：奏章，古代臣属向帝王进言陈事的文书。

⑤军：驻兵。安平：即安平国，西汉置安平县，属涿郡，为都尉治，东汉属安平国，三国魏属博陵郡，治所在今河北安平。

⑥公孙瓒：字伯珪（guī归，？～199），东汉辽西令支（今河北迁安西）人。汉献帝时曾任奋武将军，迁前将军，封易侯。与袁绍相攻伐，屡败。建安四年（199），被袁绍所逼走投无路，自杀死。《三国志》卷八、《后汉书》卷七三皆有传。

⑦馥怀不自安：裴注引《英雄记》曰："逢纪说绍曰：'将军举大事而仰人资给，不据一州，无以自全。'绍答云：'冀州兵强，吾士饥乏，

设不能办，无所容立。'纪曰：'可与公孙瓒相闻，导使来南，击取冀州。公孙必至而馥惧矣，因使说利害，为陈祸福，馥必逊让。于此之际，可据其位。'绍从其言而瓒果来。"

⑧延津：津渡名，一名灵昌津。宋代以前黄河流经今河南延津县西北至滑县一段的重要渡口。

⑨惶遽：亦作"惶懅"。恐惧慌张。

⑩陈留高干：字元才（？～206），东汉陈留（治今河南开封东南）人。降曹后以并州刺史复叛，终为曹操所杀。颍川荀谌（chén臣）：字友若（生卒年不详），东汉颍川颍阴（今河南许昌）人，曹操谋士荀彧之弟。原为冀州牧韩馥谋士，后成为袁绍谋士。

⑪燕（yān淹）代：战国时燕国、代国所在地。泛指今河北西北部和山西东北部地区。

⑫重资：谓借以建功立业的根据地。

⑬旧：旧交，旧谊。

⑭同盟：谓共同讨伐董卓的联盟。

⑮德：感恩，感激。

⑯亲交：亲近之友，知交。

⑰安于泰山：形容极其平安稳固。

⑱恇（kuāng筐）怯：懦弱，胆怯。

⑲长史耿武：字文威（？～191），冀州牧韩馥部下长史，因力阻袁绍谋夺冀州，被袁绍所杀。长（zhǎng掌）史，官名。东汉三国时，三公及常设将军等所置属官，其职责为总理各曹事务，辅佐三公及将军。别驾闵纯：冀州牧韩馥部下别驾（生卒年不详），曾劝阻韩馥让冀州于袁绍，未果。别驾，官名。即别驾从事，又称别驾从事史，系州牧、刺史的属官。州牧、刺史巡行郡县时，他别乘传车从行，故称。治中李历：冀州牧

韩馥部下治中（生卒年不详），曾劝阻韩馥让冀州于袁绍，未果。治中，官名。即治中从事，又称治中从事史，系州牧、刺史的属官。居中治事，为首席佐吏，负责州郡的文书。

⑳鄙：狭小。

㉑带甲：披甲的将士。

㉒孤客穷军：谓丧失援助，处于困境的孤军。

㉓仰我鼻息：谓他人须依靠自己方能生存。当时袁绍军队的军粮由韩馥提供。《后汉书》卷七四上《袁绍传》："馥意犹深疑于绍，每贬节军粮，欲使离散。"

㉔股掌：大腿与手掌。语出《国语·吴语》："大夫种勇而善谋，将还玩吴国于股掌之上以得其志。"

㉕度（duó夺）：考量，估计。

㉖病：批评，指责。

㉗从事赵浮：东汉末冀州牧韩馥部将，任都督从事。从事，官名。又称从事史，东汉州牧、刺史的属官，以分管事务之不同有不同称谓，如治中从事、别驾从事、劝学从事、都督从事等。程奂：东汉末冀州牧韩馥部将，任都督从事。

㉘让绍：谓将冀州牧位置让与袁绍。裴注引《九州春秋》曰："馥遣都督从事赵浮、程奂将强弩万张屯河阳。浮等闻馥欲以冀州与绍，自孟津驰东下。时绍尚在朝歌清水口，浮等从后来，船数百艘，众万馀人，整兵鼓夜过绍营，绍甚恶之。浮等到，谓馥曰：'袁本初军无斗粮，各已离散，虽有张杨、于扶罗新附，未肯为用，不足敌也。小从事等请自以见兵拒之，旬日之间，必土崩瓦解；明将军但当开阁高枕，何忧何惧！'馥不从，乃避位，出居赵忠故舍。遣子赍冀州印绶于黎阳与绍。"

㉙领：汉代以后，以地位较高的官员兼理较低的职务，谓之"领"，

也称"录"。

从事沮授说绍曰①:"将军弱冠登朝②,则播名海内;值废立之际,则忠义奋发;单骑出奔,则董卓怀怖;济河而北,则勃海稽首③。振一郡之卒④,撮冀州之众⑤,威震河朔⑥,名重天下。虽黄巾猾乱⑦,黑山跋扈⑧,举军东向,则青州可定⑨;还讨黑山,则张燕可灭⑩;回众北首⑪,则公孙必丧⑫;震胁戎狄⑬,则匈奴必从⑭。横大河之北⑮,合四州之地⑯,收英雄之才,拥百万之众,迎大驾于西京⑰,复宗庙于洛邑,号令天下⑱,以讨未复⑲,以此争锋,谁能敌之?比及数年,此功不难。"绍喜曰:"此吾心也。"即表授为监军、奋威将军⑳。卓遣执金吾胡母班、将作大匠吴修赍诏书喻绍㉑,绍使河内太守王匡杀之㉒。卓闻绍得关东㉓,乃悉诛绍宗族太傅隗等。当是时,豪侠多附绍,皆思为之报,州郡蜂起㉔,莫不假其名。馥怀惧,从绍索去㉕,往依张邈㉖。后绍遣使诣邈,有所计议,与邈耳语。馥在坐上,谓见图构㉗,无何起至溷自杀㉘。

[注释]

①从事沮(jū居)授:东汉广平(治今河北鸡泽东南)人(?~200),曾任冀州牧韩馥部下别驾,袁绍夺得冀州后,表为监军、奋威将军。

②弱冠:古时以男子二十岁为成人,初加冠,因体犹未壮,故称弱冠。《礼记·曲礼上》:"二十曰弱,冠。"后遂称男子二十岁或二十几岁的年龄为弱冠。登朝:谓进用于朝廷。

③稽(qǐ器)首:古时一种跪拜礼,叩头至地,是九拜中最恭敬者。

这里是降服的意思。

④振：奋起，振作。《后汉书·袁绍传》作"拥一郡之卒"，亦通。

⑤撮：握持。

⑥河朔：古代泛指黄河以北的地区。

⑦黄巾：东汉末年张角所领导的农民军，因头包黄巾而得名。猾乱：扰乱；作乱。

⑧黑山：即黑山军，东汉末继黄巾军后，黑山张燕所率领的一支农民军。黑山，一名墨山，在今河南浚县西北，东汉末，张燕农民军的大本营在此。跋扈：骄横，强暴。

⑨青州：西汉武帝所置十三刺史部之一，东汉治所临淄县（治今山东淄博市临淄北），辖境相当于今山东德州市、齐河县以东，马颊河以南，济南、临朐、安丘、高密、莱阳、栖霞、乳山等市县以北、以东与河北吴桥县地。东汉末一度为黄巾军活动的区域。

⑩张燕：本姓褚（生卒年不详），常山真定（今河北石家庄市东北）人。曾聚众响应黄巾军，称黑山军，后与博陵张牛角联合并推张为帅。张牛角中流矢将死，令众奉燕为帅，故改姓张，又因其剽悍捷速过人，军中号曰"飞燕"。张燕善与豪杰联合，最终投降曹操，拜平北将军，封安国亭侯。《三国志》卷八有传。

⑪北首：犹北向。

⑫公孙：即公孙瓒（？～199），详见前注。

⑬震胁：震撼，威胁。戎狄：古民族名，西方曰戎，北方曰狄。

⑭匈奴：又称"胡"，我国古代北方民族之一。战国时游牧于燕、赵、秦以北地区。其族随世异名，因地殊号。战国时始称匈奴和胡。东汉光武建武二十四年（48）分裂为南北二部，北匈奴在公元1世纪末为汉所败，部分西迁。南匈奴附汉。从：服从。

⑮大河：谓黄河。

⑯四州之地：谓幽、冀、青、并四州之地。

⑰大驾：谓汉献帝。西京：长安。

⑱号令：发布命令。

⑲复：即复政，谓归还政权。

⑳表：启奏，上奏章给皇帝。监军：古代多为临时差遣，事毕即罢。汉代有监军御史。奋威将军：《后汉书·袁绍传》作"奋武将军"，当属杂号将军，故名称易生歧义。裴注引《献帝纪》曰："沮授，广平人，少有大志，多权略。仕州别驾，举茂才，历二县令，又为韩馥别驾，表拜骑都尉。袁绍得冀州，又辟焉。"又引《英雄记》曰："是时年号初平，绍字本初，自以为年与字合，必能克平祸乱。"

㉑执金吾胡母班：字季皮（？~190），泰山（今山东泰安东北）人。任执金吾。初平元年（190）被王匡所杀。胡母，复姓。执金吾（yú鱼），官名。其职为统领禁军中的北军，负责宫外的警戒，维护皇宫周围的治安及防止水火之灾等非常事故的发生，皇帝出行任仪仗护卫，秩中二千石。将作大匠吴修：东汉末官员（？~190），任将作大匠。初平元年（190）被王匡所杀。将作大匠，官名。秦有将作少府，西汉初沿置，汉景帝中元六年（前144）改称将作大匠，掌修作宗庙、路寝、宫室、园林土木之功，秩二千石。赍（jī基）：携带。诏书：皇帝颁发的命令。喻：晓谕。谓明白劝导。

㉒河内太守王匡：字公节（生卒年不详），东汉泰山（今山东泰安东北）人。河内，即河内郡，西汉高帝二年（前205）改殷国置，治所怀县（今河南武陟县西南），辖境相当于今河南黄河以北，京汉铁路（包括卫辉市）以西地区。裴注引《汉末名士录》曰："匡字公节，太山人，少与山阳度尚、东平张邈等八人并轻财赴义，振济人士，世谓之八厨。"又引

谢承《后汉书》曰:"班,王匡之妹夫,董卓使班奉诏到河内,解释义兵。匡受袁绍旨。收班系狱,欲杀之以徇军。班与匡书云:'自古以来,未有下土诸侯举兵向京师者。《刘向传》曰"掷鼠忌器",器犹忌之,况卓今处宫阙之内,以天子为藩屏,幼主在宫,如何可讨?仆与太傅马公、太仆赵岐、少府阴修俱受诏命。关东诸郡,虽实嫉卓,犹以衔奉王命,不敢玷辱。而足下独囚仆于狱,欲以衅鼓,此悖暴无道之甚者也。仆与董卓有何亲戚,义岂同恶?而足下张虎狼之口,吐长蛇之毒,恚卓迁怒,何甚酷哉!死,人之所难,然耻为狂夫所害。若亡者有灵,当诉足下于皇天。夫婚姻者祸福之机,今日著矣。曩为一体,今为血仇。亡人子二人,则君之甥,身没之后,慎勿令临仆尸骸也。'匡得书,抱班二子而泣。班遂死于狱。班尝见太山府君及河伯,事在《搜神记》,语多不载。"

㉓关东:秦与西汉皆定都今陕西,故沿及东汉习惯称函谷关或潼关以东地区为关东。

㉔蜂起:谓如群蜂飞舞,纷然并起。

㉕索:寻求。

㉖张邈:字孟卓(?~195),东汉东平寿张(今山东阳谷与河南范县间)人。汉献帝时曾为陈留太守。兴平元年(194)迎吕布夺取兖州,次年,吕布为曹操所败,张邈投袁术求救,为部下所杀。《三国志》卷七有传。裴注引《英雄记》曰:"绍以河内朱汉为都官从事。汉先时为馥所不礼,内怀怨恨,且欲邀迎绍意,擅发城郭兵围守馥第,拔刃登屋。馥走上楼,收得馥大儿,槌折两脚。绍亦立收汉,杀之。馥犹忧怖,故报绍索去。"

㉗图构:图谋陷害。

㉘无何:不久。溷(hùn混):厕所。裴注引《英雄记》曰:"公孙瓒击青州黄巾贼,大破之,还屯广宗,改易守令,冀州长吏无不望风响

应，开门受之。绍自往征瓒，合战于界桥南二十里。瓒步兵三万馀人为方陈，骑为两翼，左右各五千馀匹，白马义从为中坚，亦分作两校，左射右，右射左，旌旗铠甲，光照天地。绍令麹义以八百兵为先登，强弩千张夹承之，绍自以步兵数万结陈于后。义久在凉州，晓习羌斗，兵皆骁锐。瓒见其兵少，便放骑欲陵蹈之。义兵皆伏楯下不动，未至数十步，乃同时俱起，扬尘大叫，直前冲突，强弩雷发，所中必倒，临陈斩瓒所署冀州刺史严纲甲首千馀级。瓒军败绩，步骑奔走，不复还营。义追至界桥；瓒殿兵还战桥上，义复破之，遂到瓒营，拔其牙门，营中馀众皆复散走。绍在后，未到桥十数里，下马发鞍，见瓒已破，不为设备，惟帐下强弩数十张，大戟士百馀人自随。瓒部逆骑二千馀匹卒至，便围绍数重，弓矢雨下。别驾从事田丰扶绍欲却入空垣，绍以兜鍪扑地曰：'大丈夫当前斗死，而入墙间，岂可得活乎？'强弩乃乱发，多所杀伤。瓒骑不知是绍，亦稍引却；会麹义来迎，乃散去。瓒每与虏战，常乘白马，追不虚发，数获戎捷，虏相告云'当避白马'。因虏所忌，简其白马数千匹，选骑射之士，号为白马义从；一曰胡夷健者常乘白马，瓒有健骑数千，多乘白马，故以号焉。绍既破瓒，引军南到薄落津，方与宾客诸将共会，闻魏郡兵反，与黑山贼于毒共覆邺城，遂杀太守栗成。贼十馀部，众数万人，聚会邺中。坐上诸客有家在邺者，皆忧怖失色，或起啼泣，绍容貌不变，自若也。贼陶升者，故内黄小吏也，有善心，独将部众逾西城入，闭守州门，不内他贼，以车载绍家及诸衣冠在州内者，身自扞卫，送到斥丘乃还。绍到，遂屯斥丘，以陶升为建义中郎将。乃引军入朝歌鹿场山苍岩谷讨于毒，围攻五日，破之，斩毒及长安所署冀州牧壶寿。遂寻山北行，薄击诸贼左髭丈八等，皆斩之。又击刘石、青牛角、黄龙、左校、郭大贤、李大目、于氐根等，皆屠其屯壁，奔走得脱，斩首数万级。绍复还屯邺。初平四年，天子使太傅马日䃅、太仆赵岐和解关东。岐别诣河北，绍出迎于百里上，拜奉帝命。岐住绍营，移书告瓒。瓒遣使具与绍书曰：'赵太仆以周召之德，衔命来征，宣扬朝恩，示以和睦，旷若开云见日，何喜如之？昔贾复、寇恂亦争士卒，欲相危害，遇光武之宽，亲俱陛见，同舆共出，时人以为荣。自省边鄙，得与将军共同此福，此诚将军之眷，而瓒之幸也。'麴义后恃功而骄恣，绍乃杀之。"

初，天子之立非绍意，及在河东①，绍遣颍川郭图使焉②。图还说绍迎天子都邺③，绍不从④。会太祖迎天子都许⑤，收河南地，关中皆附。绍悔，欲令太祖徙天子都鄄城以自密近⑥，太祖拒之。天子以绍为太尉，转为大将军，封邺侯⑦，绍让侯不受。顷之⑧，击破瓒于易京⑨，并其众⑩。出长子谭为青州⑪，沮授谏绍："必为祸始。"绍不听，曰："孤欲令诸儿各据一州也⑫。"又以中子熙为幽州⑬，甥高干为并州⑭。众数十万，以审配、逢纪统军事⑮，田丰、荀谌、许攸为谋主⑯，颜良、文丑为将率⑰，简精卒十万⑱，骑万匹，将攻许⑲。

[注释]

①河东：即河东郡，战国魏置，后属秦，治所安邑县（今山西夏县西北十五里禹王城）。战国、秦、汉谓今山西西南一带，因黄河自北向南流经本地区西境而得名。辖境相当于今山西沁水以西、霍山以南地区。

②颍川郭图：字公则（？~205），颍川（治今河南禹州）人。袁绍谋士，袁绍死后，辅佐袁谭，终被曹军所杀。

③邺：即邺县，战国魏置，秦属邯郸郡，治所在今河北临漳西南邺镇。东汉末相继为冀州、相州治。

④绍不从：裴注引《献帝传》曰："沮授说绍云：'将军累叶辅弼，世济忠义。今朝廷播越，宗庙毁坏，观诸州郡外托义兵，内图相灭，未有存主恤民者。且今州城粗定，宜迎大驾，安宫邺都，挟天子而令诸侯，畜士马以讨不庭，谁能御之！'绍悦，将从之。郭图、淳于琼曰：'汉室陵迟，为日久矣，今欲兴之，不亦难乎！且今英雄据有州郡，众动万计，所谓秦失其鹿，先得者王。若迎天子以自近，动辄表闻，从之则权轻，违之则拒命，非计之善者也。'授曰：'今迎朝廷，至义也，又于时宜大计也，若不早图，必有先人者也。夫权不失机，功在速捷，将军其图之！'绍弗能用。"裴注云："案此书称沮授之计，则与本传违也。"

⑤太祖：即曹操。许：即许县，秦置，属颍川郡，治所在今河南许昌市东三十六里古城。三国魏黄初二年（221），改为许昌县。

⑥鄄（juàn眷）城：即鄄城县，秦置，属东郡，汉属济阴郡，治所在今山东鄄城县北旧城镇。密近：指接近帝王的机要职位。

⑦邺侯：封爵名，属列侯中的县侯，食邑邺县。裴注引《献帝春秋》曰："绍耻班在太祖下，怒曰：'曹操当死数矣，我辄救存之，今乃背恩，挟天子以令我乎！'太祖闻，而以大将军让于绍。"

⑧顷之：不久。

⑨易京：城堡名，在今河北雄县西北。据《后汉书·公孙瓒传》，公孙瓒据易地："瓒自以为易地当之，遂徙镇焉。乃盛修营垒，楼观数十，临易河，通辽海。"唐李贤注："瓒所居易京故城在今幽州归义县南十八里。"建安四年（199）为袁绍所破。

⑩并其众：裴注引《典略》曰："自此绍贡御希慢，私使主簿耿苞密白曰：'赤德衰尽，袁为黄胤，宜顺天意。'绍以苞密白事示军府将吏。议者咸以苞为妖妄宜诛，绍乃杀苞以自解。"又引《九州春秋》曰："绍延征北海郑玄而不礼，赵融闻之曰：'贤人者，君子之望也。不礼贤，是

失君子之望也。夫有为之君，不敢失万民之欢心，况于君子乎？失君子之望，难乎以有为矣。'"又引《英雄记》载太祖作《董卓歌》："辞云：'德行不亏缺，变故自难常。郑康成行酒，伏地气绝，郭景图命尽于园桑。'如此之文，则玄无病而卒。馀书不见，故载录之。"

⑪长子谭：即袁谭（？~205），字显思，东汉汝南汝阳（今河南商水西南）人。袁绍长子，任青州刺史。后因与其弟袁尚相攻杀，向曹操求救，继而又叛曹，终被曹操所杀。青州：西汉武帝所置十三刺史部之一，东汉治所临淄县（治今山东淄博市临淄北），辖境相当于今山东德州市、齐河县以东，马颊河以南，济南、临朐、安丘、高密、莱阳、栖霞、乳山等市县以北、以东与河北吴桥县地。

⑫各据一州：裴注引《九州春秋》载授谏辞曰："'世称一兔走衢，万人逐之，一人获之，贪者悉止，分定故也。且年均以贤，德均则卜，古之制也。愿上惟先代成败之戒，下思逐兔分定之义。'绍曰：'孤欲令四儿各据一州，以观其能。'授出曰：'祸其始此乎！'谭始至青州，为都督，未为刺史，后太祖拜为刺史。其土自河而西，盖不过平原而已。遂北排田楷，东攻孔融，曜兵海隅，是时百姓无主，欣戴之矣。然信用群小，好受近言，肆志奢淫，不知稼穑之艰难。华彦、孔顺皆奸佞小人也，信以为腹心；王修等备官而已。然能接待宾客，慕名敬士。使妇弟领兵在内，至令草窃，市井而外，虏掠田野；别使两将募兵下县，有赂者见免，无者见取，贫弱者多，乃至于窜伏丘野之中，放兵捕索，如猎鸟兽。邑有万户者，著籍不盈数百，收赋纳税，参分不入一。招命贤士，不就；不趋赴军期，安居族党，亦不能罪也。"

⑬中子熙：即袁熙（？~207），字显奕，袁绍次子，被袁绍任为幽州刺史。在袁谭与袁尚的自相残杀中，他与袁尚曾投奔乌丸，继而逃往辽东，终为太守公孙康所诱杀。幽州：汉武帝置十三刺史部之一。东汉治所

在蓟县（今北京市西南），辖境相当于今北京市、河北北部、辽宁大部、天津市海河以北以及朝鲜大同江流域。

⑭甥：姊妹之子。高干：字元才（？～206），东汉陈留（治今河南开封东南）人。降曹后以并州刺史复叛，终为曹操所杀。并（bīng兵）州：汉武帝置十三刺史部之一。东汉治所太原郡（治今山西太原市西南晋源镇），辖境相当于今山西大部及内蒙古、河北的一部以及陕西北部与河套一带地区。

⑮审配：字正南（？～204），东汉魏郡（治今河北临漳西南）人。袁绍谋臣，后辅佐袁尚，守邺城为其侄审荣所卖，被曹操擒杀。逢纪：字元图（？～202），袁绍谋臣，官渡战后，袁绍死，为其子袁谭所杀。

⑯田丰：字元皓（？～200），东汉巨鹿（治今河北巨鹿）人，一说勃海（治今河北南皮）人。袁绍谋臣，与沮授齐名，建安五年（200）因进谏袁绍不可轻视曹操军力被下狱，官渡之战后，被袁绍处死。荀谌（chén臣）：东汉颍川颍阴（今河南许昌）人（生卒年不详），曹操谋士荀彧之弟。原为冀州牧韩馥谋士，后成为袁绍谋士。许攸：字子远（？～204），东汉南阳（今属河南）人。少时与曹操为友，后辅佐袁绍。官渡之战中，因袁绍不纳其分兵袭曹的建议，愤而投曹，并献袭击乌巢之计，令曹军大获全胜。后因居功自傲且不敬曹操，终为曹操所杀。谋主：出谋划策的主要人物。《左传·襄公二十六年》："析公奔晋，晋人寘诸戎车之殿，以为谋主。"

⑰颜良：袁绍部下大将（？～200），勇武善战，建安五年（200），进攻白马之战为袁军先锋，被关羽斩杀。文丑：袁绍部下大将（？～200），勇武善战，与颜良齐名。建安五年（200）在延津被曹军斩杀。将率：同"将帅"。

⑱简：选择。

⑲将攻许：裴注引《世语》曰："绍步卒五万，骑八千。孙盛评曰：案魏武谓崔琰曰'昨案贵州户籍，可得三十万众'。由此推之，但冀州胜兵已如此，况兼幽、并及青州乎？绍之大举，必悉师而起，十万近之矣。"又引《献帝传》曰："绍将南师，沮授、田丰谏曰：'师出历年，百姓疲弊，仓庾无积，赋役方殷，此国之深忧也。宜先遣使献捷天子，务农逸民；若不得通，乃表曹氏隔我王路，然后进屯黎阳，渐营河南，益作舟船，缮治器械，分遣精骑，钞其边鄙，令彼不得安，我取其逸。三年之中，事可坐定也。'审配、郭图曰：'兵书之法，十围五攻，敌则能战。今以明公之神武，跨河朔之强众，以伐曹氏。譬若覆手，今不时取，后难图也。'授曰：'盖救乱诛暴，谓之义兵；恃众凭强，谓之骄兵。兵义无敌，骄者先灭。曹氏迎天子安宫许都，今举兵南向，于义则违。且庙胜之策，不在强弱。曹氏法令既行，士卒精练，非公孙瓒坐受围者也。今弃万安之术，而兴无名之兵，窃为公惧之！'图等曰：'武王伐纣，不曰不义，况兵加曹氏而云无名！且公师武臣力，将士愤怒，人思自骋，而不及时早定大业，虑之失也。夫天与弗取，反受其咎，此越之所以霸，吴之所以亡也。监军之计，计在持牢，而非见时知机之变也。'绍从之。图等因是谮授：'监统内外，威震三军，若其浸盛，何以制之？夫臣与主不同者昌，主与臣同者亡，此黄石之所忌也。且御众于外，不宜知内。'绍疑焉，乃分监军为三都督，使授及郭图、淳于琼各典一军，遂合而南。"

先是，太祖遣刘备诣徐州拒袁术①。术死，备杀刺史车胄②，引军屯沛③。绍遣骑佐之。太祖遣刘岱、王忠击之④，不克。建安五年⑤，太祖自东征备。田丰说绍袭太祖后，绍辞以子疾，不许，丰举杖击地曰："夫遭难遇之机⑥，而以婴儿之病失其会⑦，惜哉！"

太祖至，击破备；备奔绍⑧。

[注释]

①徐州：汉武帝所置十三刺史部之一，辖境相当于今山东东南部与江苏长江以北地区，东汉时治所在郯县（今山东郯城）。三国魏移治于彭城（今江苏徐州）。

②车胄（zhòu 宙）：汉献帝时曾任车骑将军（？～199），曹操灭吕布后任他为徐州刺史，为刘备所杀。

③沛：即沛县，秦置，属泗水郡，西汉属沛郡，东汉属沛国，治所在今江苏沛县。

④刘岱：字公山（生卒年不详），东汉沛国（今安徽濉溪西北）人。以司空长史从征有功，封列侯。王忠：东汉扶风（今陕西兴平东南）人（生卒年不详），曾任曹操部下中郎将。

⑤建安五年：即公元200年。建安，汉献帝第五个年号。

⑥遭：逢，遇到。

⑦会：时机，机会。

⑧备奔绍：裴注引《魏氏春秋》载绍檄州郡文曰："盖闻明主图危以制变，忠臣虑难以立权。曩者强秦弱主，赵高执柄，专制朝命，威福由己，终有望夷之祸，污辱至今。及臻吕后，禄、产专政，擅断万机，决事省禁，下陵上替，海内寒心。于是绛侯、朱虚兴戚奋怒，诛夷逆乱，尊立太宗，故能道化兴隆，光明显融，此则大臣立权之明表也。司空曹操，祖父腾，故中常侍，与左悺、徐璜并作妖孽，饕餮放横，伤化虐民。父嵩，乞丐携养，因赃假位，舆金辇璧，输货权门，窃盗鼎司，倾覆重器。操赘阉遗丑，本无令德，僄狡锋侠，好乱乐祸。幕府昔统鹰扬，扫夷凶逆。续遇董卓侵官暴国，于是提剑挥鼓，发命东夏，方收罗英雄，弃瑕录用，故

遂与操参咨策略，谓其鹰犬之才，爪牙可任。至乃愚佻短虑，轻进易退，伤夷折衄，数丧师徒。幕府辄复分兵命锐，修完补辑，表行东郡太守、兖州刺史，被以虎文，授以偏师，奖蹙威柄，冀获秦师一克之报。而操遂乘资跋扈，肆行酷烈，割剥元元，残贤害善。故九江太守边让，英才俊逸，天下知名，以直言正色，论不阿谄，身首被枭县之戮，妻孥受灰灭之咎。自是士林愤痛，民怨弥重，一夫奋臂，举州同声，故躬破于徐方，地夺于吕布，彷徨东裔，蹈据无所。幕府唯强干弱枝之义，且不登叛人之党，故复援旌擐甲，席卷赴征，金鼓响震，布众破沮，拯其死亡之患，复其方伯之任，是则幕府无德于兖土之民，而有大造于操也。后会銮驾东反，群虏乱政。时冀州方有北鄙之警，匪遑离局，故使从事中郎徐勋就发遣操，使缮修郊庙，翼卫幼主。而便放志专行，胁迁省禁，卑侮王官，败法乱纪，坐召三台，专制朝政，爵赏由心，刑戮在口，所爱光五宗，所恶灭三族，群谈者蒙显诛，腹议者蒙隐戮，道路以目，百寮钳口，尚书记朝会，公卿充员品而已。故太尉杨彪，历典三司，享国极位，操因睚眦，被以非罪，榜楚并兼，五毒俱至，触情放慝，不顾宪章。又议郎赵彦，忠谏直言，议有可纳，故圣朝含听，改容加锡，操欲迷夺时权，杜绝言路，擅收立杀，不俟报闻。又梁孝王，先帝母弟，坟陵尊显，松柏桑梓，犹宜恭肃，而操率将校吏士亲临发掘，破棺裸尸，略取金宝，至令圣朝流涕，士民伤怀。又署发丘中郎将、摸金校尉，所过堕突，无骸不露。身处三公之官，而行桀虏之态，殄国虐民，毒流人鬼。加其细政苛惨，科防互设，缯缴充蹊，坑阱塞路，举手挂网罗，动足蹈机陷，是以兖、豫有无聊之民，帝都有吁嗟之怨。历观古今书籍，所载贪残虐烈无道之臣，于操为甚。幕府方诘外奸，未及整训，加意含覆，冀可弥缝。而操豺狼野心，潜苞祸谋，乃欲挠折栋梁，孤弱汉室，除灭中正，专为枭雄。往岁伐鼓北征，讨公孙瓒，强御桀逆，拒围一年。操因其未破，阴交书命，欲托助王师，以相掩袭，故引兵造河，方舟北济。会其行人发露，瓒亦枭夷，故使锋芒挫缩，厥图不果。屯据敖仓，阻河为固，乃欲以螳螂之斧，御隆车之隧。幕府奉汉威灵，折冲宇宙，长戟百万，胡骑千群，奋中黄、育、获之材，骋良弓劲弩之势，并州越太行，青州涉济、漯，大军泛黄河以角其前，荆州下宛、叶而掎其后，雷震虎步，并集虏庭，若举炎火以爇飞蓬，覆沧海而沃熛炭，有何不消灭者哉？当今汉道陵迟，纲弛纪绝。操以精兵七百，围守宫阙，外称陪卫，内以拘执，惧其篡逆之祸，因斯而作。乃忠臣肝脑涂地之秋，烈士立功之会也，可不勖哉！"此陈琳之辞。

绍进军黎阳①，遣颜良攻刘延于白马②。沮授又谏绍："良性促狭③，虽骁勇不可独任④。"绍不听。太祖救延，与良战，破斩良⑤。绍渡河，壁延津南⑥，使刘备、文丑挑战。太祖击破之，斩丑，再战，禽绍大将。绍军大震⑦。太祖还官渡⑧。沮授又曰："北兵数众而果劲不及南⑨，南谷虚少而货财不及北⑩；南利在于急战，北利在于缓搏。宜徐持久，旷以日月⑪。"绍不从。连营稍前⑫，逼官渡，合战，太祖军不利，复壁⑬。绍为高橹⑭，起土山，射营中，营中皆蒙楯⑮，众大惧。太祖乃为发石车⑯，击绍楼，皆破，绍众号曰霹雳车⑰。绍为地道，欲袭太祖营。太祖辄于内为长堑以拒之⑱，又遣奇兵袭击绍运车，大破之，尽焚其谷。太祖与绍相持日久，百姓疲乏，多叛应绍，军食乏。会绍遣淳于琼等将兵万馀人北迎运车⑲，沮授说绍："可遣将蒋奇别为支军于表⑳，以断曹公之钞㉑。"绍复不从。琼宿乌巢㉒，去绍军四十里。太祖乃留曹洪守㉓，自将步骑五千候夜潜往攻琼。绍遣骑救之，败走。破琼等，悉斩之。太祖还，未至营，绍将高览、张郃等率其众降㉔。绍众大溃，绍与谭单骑退渡河。其馀众伪降，尽坑之㉕。沮授不及绍渡，为人所执，诣太祖㉖，太祖厚待之。后谋还袁氏，见杀。

[注释]

①黎阳：即黎阳县，西汉置，属魏郡，治所在今河南浚县东。因古为九黎之地，故名。

②刘延：曹操属下（生卒年不详），曾任东郡太守。白马：即白马县，秦置，属东郡，治所在今河南滑县东二十八里，取白马山为名。

③促狭：指气量狭小，心胸不宽。

④骁（xiāo 萧）勇：犹勇猛。

⑤破斩良：详见本书所选《关羽传》。裴注引《献帝传》曰："绍临发，沮授会其宗族，散资财以与之曰：'夫势在则威无不加，势亡则不保一身，哀哉！'其弟宗曰：'曹公士马不敌，君何惧焉！'授曰：'以曹兖州之明略，又挟天子以为资，我虽克公孙，众实疲弊，而将骄主怍，军之破败，在此举也。扬雄有言："六国蚩蚩，为嬴弱姬。"今之谓也。'"

⑥壁：谓构筑军垒。名词作动词。延津：津渡名，一名灵昌津。宋代以前黄河流经今河南延津县西北至滑县一段的重要渡口。

⑦绍军大震：谓袁绍的军队大为惊惧。裴注引《献帝传》曰："绍将济河，沮授谏曰：'胜负变化，不可不详。今宜留屯延津，分兵官渡，若其克获，还迎不晚，设其有难，众弗可还。'绍弗从。授临济叹曰：'上盈其志，下务其功，悠悠黄河，吾其不反乎！'遂以疾辞。绍恨之，乃省其所部兵属郭图。"

⑧官渡：又作官度，在今河南中牟东北。

⑨北兵：指代袁绍的军队。下文"南兵"即指代曹操的军队。果劲：果敢强劲。汉赵晔《吴越春秋·阖闾内传》："庆忌之勇，世所闻也，筋

骨果劲，万人莫当。"

⑩谷：谓军粮。货财：货物，财物。

⑪旷以日月：谓历时长久，久经时日。

⑫连营：扎营相连。稍前：逐渐前进。

⑬复壁：谓撤回军垒。

⑭橹：没有顶盖的望楼。

⑮蒙楯：谓以盾牌为遮蔽物。楯，同"盾"。

⑯发石车：古代攻城器械。以机发石连续打击敌人的一种武器。

⑰霹雳（pīlì 批力）车：古代以机发石的战车。以其发石时声如霹雳，故名。裴注引《魏氏春秋》曰："以古有矢石，又传言'礮动而鼓'，《说文》曰'礮，发石也'，于是造发石车。"

⑱堑（qiàn 欠）：沟壕。

⑲淳于琼：字仲简（？～200），汉灵帝中平五年（188）置西园八校尉，他为右校尉，与袁绍、曹操同列。后为袁绍部下大将，因性刚好酒，官渡之战中，他所镇守的乌巢粮屯被曹操焚毁，俘虏后被割鼻杀死。

⑳蒋奇：袁绍部将，生平不详。支军：主力部队以外的别部。表：这里当谓外围掩护。

㉑钞：抢掠，强取。

㉒乌巢：即乌巢泽，位于今河南延津东南。

㉓曹洪：字子廉（？～232），谯（今安徽亳州市）人。曾两次救护曹操脱险，屡立战功，任厉锋将军、都护将军。曹丕称帝后，任卫将军，迁骠骑将军。《三国志》卷九有传。

㉔高览：原为袁绍部将，官渡之战中投降曹操。张郃（hé 禾）：字儁乂（？～231），河间鄚县（今河北任丘北）人。原为袁绍部将，官渡之战中投降曹操。能征善战，有勇有谋，颇得曹操信任。曹丕代汉称帝后，

封郫侯，拜征西车骑将军。魏太和五年（231），与诸葛亮祁山交战，飞矢中右膝，伤重而卒，谥壮侯。《三国志》卷一七有传。

㉕坑：谓坑杀，即活埋。裴注引张璠《汉纪》云："杀绍卒凡八万人。"

㉖诣太祖：裴注引《献帝传》云："授大呼曰：'授不降也，为军所执耳！'太祖与之有旧，逆谓授曰：'分野殊异，遂用圮绝，不图今日乃相禽也！'授对曰：'冀州失策，以取奔北。授智力俱困，宜其见禽耳。'太祖曰：'本初无谋，不用君计，今丧乱过纪，国家未定，当相与图之。'授曰：'叔父、母、弟，县命袁氏，若蒙公灵，速死为福。'太祖叹曰：'孤早相得，天下不足虑。'"

初，绍之南也，田丰说绍曰："曹公善用兵，变化无方，众虽少，未可轻也，不如以久持之。将军据山河之固，拥四州之众，外结英雄，内修农战①，然后简其精锐，分为奇兵②，乘虚迭出，以扰河南，救右则击其左，救左则击其右，使敌疲于奔命，民不得安业；我未劳而彼已困，不及二年，可坐克也。今释庙胜之策③，而决成败于一战，若不如志，悔无及也。"绍不从。丰恳谏，绍怒甚，以为沮众，械系之④。绍军既败，或谓丰曰："君必见重。"丰曰："若军有利，吾必全⑤，今军败，吾其死矣。"绍还，谓左右曰："吾不用田丰言，果为所笑。"遂杀之⑥。绍外宽雅⑦，有局度⑧，忧喜不形于色⑨，而内多忌害⑩，皆此类也。

冀州城邑多叛，绍复击定之。自军败后发病，七年，忧死。

[注释]

①农战：商鞅等先秦诸子的经济、军事思想和政策。重视农业和战争，主张两者结合。《商君书·农战》："国待农战而安，主待农战而尊。"

②奇兵：出乎敌人意料而突然袭击的军队。

③庙胜之策：指朝廷预先制定的克敌制胜的谋略。《尉缭子·战威》："刑如未加，兵未接，而所以夺敌者五：一曰庙胜之论。"

④械系：戴上镣铐，拘禁起来。

⑤全：谓保全。

⑥遂杀之：裴注引《先贤行状》曰："丰字元皓，巨鹿人，或云勃海人。丰天姿瑰杰，权略多奇，少丧亲，居丧尽哀，日月虽过，笑不至矧。博览多识，名重州党。初辟太尉府，举茂才，迁侍御史。阉宦擅朝，英贤被害，丰乃弃官归家。袁绍起义，卑辞厚币以招致丰，丰以王室多难，志存匡救，乃应绍命，以为别驾。劝绍迎天子，绍不纳。绍后用丰谋，以平公孙瓒。逢纪惮丰亮直，数谮之于绍，绍遂忌丰。绍军之败也，土崩奔北，师徒略尽，军皆拊膺而泣曰：'向令田丰在此，不至于是也。'绍谓逢纪曰：'冀州人闻吾军败，皆当念吾，惟田别驾前谏止吾，与众不同，吾亦惭见之。'纪复曰：'丰闻将军之退，拊手大笑，喜其言之中也。'绍于是有害丰之意。初，太祖闻丰不从戎，喜曰：'绍必败矣。'及绍奔遁，复曰：'向使绍用田别驾计，尚未可知也。'"又引孙盛曰："观田丰、沮授之谋，虽良、平何以过之？故君贵审才，臣尚量主；君用忠良，则伯王之业隆，臣奉闇后，则覆亡之祸至：存亡荣辱，常必由兹。丰知绍将败，败则己必死，甘冒虎口以尽忠规，烈士之于所事，虑不存己。夫诸侯之臣，义有去就，况丰与绍非纯臣乎！《诗》云'逝将去汝，适彼乐土'，言去乱邦，就有道可也。"

⑦宽雅：谓宽大能容。雅，酒器。喻容积。

⑧局度：犹才干气度。

⑨不形于色：谓不表露在面色上。

⑩忌害：妒忌。

绍爱少子尚①，貌美，欲以为后而未显②。审配、逢纪与辛评、郭图争权③，配、纪与尚比④，评、图与谭比。众以谭长，欲立之。配等恐谭立而评等为己害，缘绍素意⑤，乃奉尚代绍位。谭至，不得立，自号车骑将军⑥。由是谭、尚有隙。太祖北征谭、尚。谭军黎阳，尚少与谭兵，而使逢纪从谭。谭求益兵，配等议不与。谭怒，杀纪⑦。太祖渡河攻谭，谭告急于尚。尚欲分兵益谭，恐谭遂夺其众，乃使审配守邺，尚自将兵助谭，与太祖相拒于黎阳。自九月至二月，大战城下，谭、尚败退，入城守。太祖将围之，乃夜遁。追至邺，收其麦，拔阴安⑧，引军还许。太祖南征荆州⑨，军至西平⑩。谭、尚遂举兵相攻，谭败奔平原⑪。尚攻之急，谭遣辛毗诣太祖请救⑫。太祖乃还救谭，十月至黎阳⑬。尚闻太祖北，释平原还邺。其将吕旷、吕翔叛尚归太祖⑭，谭复阴刻将军印假旷、翔⑮。太祖知谭诈，与结婚以安之⑯，乃引军还。尚使审配、苏由守邺⑰，复攻谭平原。太祖进军将攻邺，到洹水⑱，去邺五十里，由欲为内应，谋泄，与配战城中，败，出奔太祖。太祖遂进攻之，为地道，配亦于内作堑以当之⑲。配将冯礼开突门⑳，内太祖兵三百馀人，配觉之，从城上以大石击突中栅门㉑，栅门闭，入者皆没。太祖遂围之，为堑，周四十里，初令浅，示若可越。配望而笑之，不出争利。太祖一夜掘之，广深二丈，决漳水以灌之㉒，自五月至八月，城中饿死者过半。尚闻邺急，将兵万馀人还救之，依西山来㉓，东至阳平亭㉔，去邺十七里，临滏水㉕，举火以示城中，城中亦举火相应。配出兵城北，欲与尚对决围。太祖逆击之，败还，尚亦破走，依曲漳为营㉖，太祖遂围之。未合，尚惧，遣阴夔、陈琳乞降㉗，不听。尚还走滥口㉘，进复围之急，其将马延等临陈降㉙，众大溃，尚奔中山㉚。尽收其辎重㉛，得尚印绶、节钺及衣物㉜，以示其家，城中崩沮㉝。配兄子荣守东门㉞，夜开门内太祖兵㉟，与配战城中，生禽配。配声气壮烈，终无挠辞㊱，见者莫不叹息。遂斩之㊲。高干以并州降，复以干为刺史。

[注释]

①少子尚：即袁绍的小儿子袁尚（？~207），字显甫，东汉汝南汝阳（今河南商水西南）人。袁绍幼子，为绍所喜爱。袁绍死后，他由审配、逢纪辅佐继承父亲位置，被曹操打败。又与其兄袁谭相攻杀，逃往幽州投奔其兄袁熙，又一同投奔辽西乌丸。建安十二年（207），曹操北征乌丸，两兄弟又逃往辽东，被太守公孙康所诱杀。

②未显：谓没有流露出来。裴注引《典论》曰："谭长而惠，尚少而美。绍妻刘氏爱尚，数称其才，绍亦奇其貌，欲以为后，未显而绍死。刘氏性酷妒，绍死，僵尸未殡，宠妾五人，刘尽杀之。以为死者有知，当复见绍于地下，乃髡头墨面以毁其形。尚又为尽杀死者之家。"

③审配：字正南（？~204），东汉魏郡（治今河北临漳西南）人。袁绍谋士，后辅佐袁尚，守邺城为其侄审荣所卖，被曹操擒杀。辛评：字仲治（？~204），东汉颍川阳翟（今河南禹州）人，辛毗之兄。原为冀州牧韩馥谋臣，后归袁绍。建安七年（202）袁绍死，其二子争权，辛评与郭图辅助袁谭，后被辅助袁尚的审配杀死。郭图：字公则（？~205），

颍川（治今河南禹州）人。袁绍谋士，袁绍死后，辅佐袁谭，终被曹军所杀。

④比：亲近。

⑤缘绍素意：谓遵循袁绍平素的心愿。

⑥车骑（jūjì居寄）将军：东汉与三国时常设的高级将军名，统领中央常备军，职掌征战讨伐。位在三公之下，仅次于大将军、骠骑将军，第二品。

⑦杀纪：裴注引《英雄记》曰："纪字元图。初，绍去董卓出奔，与许攸及纪俱诣冀州，绍以纪聪达有计策，甚亲信之，与共举事。后审配任用，与纪不睦。或有谮配于绍，绍问纪，纪称：'配天性烈直，古人之节，不宜疑之。'绍曰：'君不恶之邪？'纪答曰：'先日所争者私情，今所陈者国事。'绍善之，卒不废配。配由是更与纪为亲善。"

⑧阴安：即阴安县，西汉置，属魏郡，治所在今河南清丰西北二十里古城集。

⑨荆州：西汉元封五年（前106）所置十三刺史部之一，辖郡七、县一百一十七，治所汉寿县。汉末移治襄阳县（今湖北襄阳），辖境相当于今湖北、湖南大部以及河南、贵州、广东、广西等省区一小部分。三国时魏、吴均置荆州，辖境相当于原荆州。魏荆州治所新野（今属河南），吴荆州治所江陵（今属湖北）。

⑩西平：即西平县，西汉置，属汝南郡，治所在今河南西平县西七十里。

⑪平原：即平原县，秦置，属济北郡，东汉为平原国治，治所在今山东平原西南二十五里张官店。

⑫辛毗（pí皮）：字佐治（生卒年不详），颍川阳翟（今河南禹州）人。原为袁绍部下，后跟随袁谭，又归顺曹操，任丞相长史。曹丕嗣魏王

后,他与华歆等奏请汉献帝禅位曹丕,任侍中,封颍乡侯。魏明帝时任卫尉,卒谥肃侯。《三国志》卷二五有传。

⑬十月至黎阳:裴注引《魏氏春秋》载刘表遗谭书曰:"天笃降害,祸难殷流,尊公殂殒,四海悼心。贤胤承统,遐迩属望,咸欲展布旅力,以投盟主,虽亡之日,犹存之愿也。何寤青蝇飞于干旍,无极游于二垒,使股肱分为二体,背膂绝为异身!昔三王五伯,下及战国,父子相残,盖有之矣;然或欲以成王业,或欲以定霸功,或欲以显宗主,或欲以固家嗣,未有弃亲即异,抚其本根,而能崇业济功,垂祚后世者也。若齐襄复九世之雠,士匄卒荀偃之事,是故《春秋》美其义,君子称其信。夫伯游之恨于齐,未若太公之忿曹;宣子之承业,未若仁君之继统也。且君子之违难不适雠国,岂可忘先君之怨,弃至亲之好,为万世之戒,遗同盟之耻哉!冀州不弟之傲,既已然矣;仁君当降志辱身,以匡国为务;虽见憎于夫人,未若郑庄之于姜氏,兄弟之嫌,未若重华之于象傲也。然庄公有大隧之乐,象受有鼻之封。愿弃捐前忿,远思旧义,复为母子昆弟如初。"又遗尚书曰:"知变起辛、郭,祸结同生,追阋伯、实沈之踪,忘《常棣》死丧之义,亲寻干戈,僵尸流血,闻之哽咽,虽存若亡。昔轩辕有涿鹿之战,周武有商、奄之师,皆所以翦除秽害而定王业,非强弱之争,喜怒之忿也。故虽灭亲不为尤,诛兄不伤义。今二君初承洪业,纂继前轨,进有国家倾危之虑,退有先公遗恨之负,当唯义是务,唯国是康。何者?金木水火以刚柔相济,然后克得其和,能为民用。今青州天性峭急,迷于曲直。仁君度数弘广,绰然有馀,当以大包小,以优容劣,先除曹操以卒先公之恨,事定之后,乃议曲直之计,不亦善乎!若留神远图,克己复礼,当振斾长驱,共奖王室,若迷而不反,违而无改,则胡夷将有诮让之言,况我同盟,复能戮力为君之役哉?此韩卢、东郭自困于前而遗田父之获者也。愤踊鹤望,冀闻和同之声。若其泰也,则袁族其与汉升降乎!如

其否也,则同盟永无望矣。"谭、尚尽不从。又引《汉晋春秋》载审配献书于谭曰:"《春秋》之义,国君死社稷,忠臣死王命。苟有图危宗庙,败乱国家,王纲典律,亲疏一也。是以周公垂泣而蔽管、蔡之狱,季友歔欷而行鍼叔之鸩。何则?义重人轻,事不得已也。昔卫灵公废蒯聩而立辄,蒯聩为不道,入戚以篡,卫师伐之。《春秋传》曰:'以石曼姑之义,为可以拒之。'是以蒯聩终获叛逆之罪,而曼姑永享忠臣之名。父子犹然,岂况兄弟乎!昔先公废绌将军以续贤兄,立我将军以为嫡嗣,上告祖灵,下书谱牒,先公谓将军为兄子,将军谓先公为叔父,海内远近,谁不备闻?且先公即世之日,我将军斩衰居庐,而将军斋于垩室,出入之分,于斯益明。是时凶臣逢纪,妄画蛇足,曲辞谄媚,交乱懿亲,将军奋赫然之怒,诛不旋时,我将军亦奉命承旨,加以淫刑。自是之后,痈疽破溃,骨肉无丝发之嫌,自疑之臣,皆保生全之福。故悉遣强胡,简命名将,料整器械,选择战士,殚府库之财,竭食土之实,其所以供奉将军,何求而不备?君臣相率,共卫旌麾,战为雁行,赋为币主,虽倾仓覆库,翦剥民物,上下欣戴,莫敢告劳。何则?推恋恋忠赤之情,尽家家肝脑之计,唇齿辅车,不相为赐。谓为将军心合意同,混齐一体,必当并威偶势,御寇宁家。何图凶险谀慝之人,造饰无端,诱导奸利,至令将军翻然改图,忘孝友之仁,听豺狼之谋,诬先公废立之言,违近者在丧之位,悖纪纲之理,不顾逆顺之节,横易冀州之主,欲当先公之继。遂放兵钞拨,屠城杀吏,交尸盈原,裸民满野,或有髡剃发肤,割截支体,冤魂痛于幽冥,创痍号于草棘。又乃图获邺城,许赐秦、胡,财物妇女,豫有分界。或闻告令吏士云:'孤虽有老母,辄使身体完具而已。'闻此言者,莫不惊愕失气,悼心挥涕,使太夫人忧哀愤懑于堂室,我州君臣士友假寐悲叹,无所措其手足;念欲静师拱默以听执事之图,则惧违《春秋》死命之节,贻太夫人不测之患,陨先公高世之业。且三军愤慨,人怀私怒,我将军辞不获已,以及馆陶之役。是时外为御难,内实乞罪,既不见赦,而屠各二三其心,临陈叛戾。我将军进退无功,首尾受敌,引军奔避,不敢告辞。亦谓将军当少垂亲亲之仁,贶以缓追之惠,而乃寻踪躐轨,无所逃命。困兽必斗,以干严行,而将军师旅土崩瓦解,此非人力,乃天意也。是后又望将军改往修来,克己复礼,追还孔怀如初之爱;而纵情肆怒,趣破家门,企踵鹤立,连结外仇,散锋于火,播增毒螫,烽烟相望,涉血千里,遗城厄民,引领悲怨,虽欲勿救,恶得已哉!故遂引军东辕,保正疆场,虽近郊垒,未侵境域,然望旌麾,能不永叹?配等备先公家臣,奉废立之命。而图等干国乱家,礼有常刑。故奋敝州之赋,以除将军之疾,若乃天启于心,早行其诛,则我将军匍匐悲号于将军股掌之上,配等亦袒躬布体以待斧钺之刑。若必不悛,有以国毙,图头不县,军不旋踵。愿将军详度事宜,锡以环玦。"又引《典略》曰:"谭得书怅然,登城而泣。既劫于郭图,亦以兵锋累交,遂战不解。"

⑭吕旷吕翔:两人为兄弟,东平(治今山东东平)人。原先俱为袁尚部下大将,后叛降曹操,皆封列侯。

⑮阴:私下里。假:授予,给予。

⑯与结婚:谓曹操为其子曹整聘娶袁谭之女,结为儿女亲家。其事又见本书所选《武帝纪》建安八年(203)八月所记相关内容,可参考。

⑰苏由:袁绍部将,后跟从袁尚,在与审配一起守邺城时投降曹操。

⑱洹(huán 环)水:即今河南北部卫河支流安阳河,源出今河南林州市,流经今安阳至内黄入卫河。

⑲堑(qiàn 欠):沟壕。

⑳冯礼:袁尚部将(?~204),在防守邺城中,暗通曹操,引三百曹军由突门入城,被审配发现,以巨石封锁住突门中栅门,他与三百人皆死。突门:正式城门以外的秘密出口。《后汉书·袁绍传下》"开突门内

操兵三百餘人",唐李贤等注:"《墨子·备突篇》曰'城百步,一突门,突门用车两轮,以木束之,涂其上,维置突门内。度门广狭之,令之人入门四尺,中置室突,门旁为橐,充灶状,又置艾。寇即入,下轮而塞之,鼓橐熏之'也。"

㉑突中栅门:谓突门中设置的栅栏门。

㉒漳水:有清漳水、浊漳水二源,皆出今山西东南部,流经今河北南部汇合后称漳河,其河道古今变化较大。汉漳水所经之地相当于今河北临漳、邯郸、肥乡、曲周等地。

㉓西山:这里指太行山。《汉书·沟洫志》:"大司空掾王横言:'河入勃海,勃海地高于韩牧所欲穿处。往者天尝连雨,东北风,海水溢,西南出,浸数百里,九河之地已为海所渐矣。禹之行河水,本随西山下东北去。'"

㉔阳平亭:在今河北临漳县西南故邺城西。

㉕滏(fǔ斧)水:上游即今河北磁县滏阳河,下游西汉时东北至今肥乡县西入漳水。

㉖曲漳:谓漳水弯曲处。《后汉书·袁绍传下》"尚走依曲漳为营",唐李贤等注:"漳水之曲。"

㉗阴夔:袁绍所署豫州刺史,生平不详。陈琳:字孔璋(?~217),东汉广陵射阳(今江苏淮安东南)人。原为大将军何进主簿,后避难冀州,袁绍用为纪室。建安五年(200),袁绍命他撰写讨伐曹操的檄文。五年以后曹操攻破冀州,陈琳被俘,曹操欣赏其才,未追究其不敬之词,用为从事。作为"建安七子"之一,陈琳以文学享誉后世。《三国志》卷二一有传。

㉘滥口:又称祁山,一作蓝口(见《后汉书·袁绍传》),在今河南安阳市西。

㉙马延：原为袁尚部将，后投降曹操。临陈：同"临阵"。

㉚中山：即中山国，西汉景帝改中山郡置，治所卢奴县（今河北定州市），辖境相当于今河北狼牙山以南，保定、安国二市以西，唐县、新乐以东及滹沱河以北地区。

㉛辎（zī滋）重：指随军运载的军用器械、粮秣等。

㉜印绶：印信和系印信的丝带。古人印信上系有丝带，佩带在身。节钺：符节和斧钺。古代授予将帅，作为加重权力的标志。

㉝崩沮（jǔ举）：犹溃散，涣散。

㉞配兄子荣：即审配的侄子审荣。

㉟内（nà纳）：谓放入曹兵。内，"纳"的古字。

㊱挠辞：屈服的言辞。

㊲遂斩之：裴注引《先贤行状》曰："配字正南，魏郡人，少忠烈慷慨，有不可犯之节。袁绍领冀州，委以腹心之任，以为治中别驾，并总幕府。初，谭之去，皆呼辛毗、郭图家得出，而辛评家独被收。及配兄子开城门内兵，时配在城东南角楼上，望见太祖兵入，忿辛、郭坏败冀州，乃遣人驰诣邺狱，指杀仲治家。是时，辛毗在军，闻门开，驰走诣狱，欲解其兄家，兄家已死。是日生缚配，将诣帐下，辛毗等逆以马鞭击其头，骂之曰：'奴，汝今日真死矣！'配顾曰：'狗辈，正由汝曹破我冀州，恨不得杀汝也！且汝今日能杀生我邪？'有顷，公引见，谓配：'知谁开卿城门？'配曰：'不知也。'曰：'自卿子荣耳。'配曰：'小儿不足用乃至此！'公复谓曰：'曩日孤之行围，何弩之多也？'配曰：'恨其少耳！'公曰：'卿忠于袁氏父子，亦自不得不尔也。'有意欲活之。配既无挠辞，而辛毗等号哭不已，乃杀之。初，冀州人张子谦先降，素与配不善，笑谓配曰：'正南，卿竟何如我？'配厉声曰：'汝为降虏，审配为忠臣，虽死，岂若汝生邪！'临行刑，叱持兵者令北向，曰：'我君在北。'"又引

乐资《山阳公载记》及袁暐《献帝春秋》并云："太祖兵入城，审配战于门中，既败，逃于井中，于井获之。"又曰："臣松之以为配一代之烈士，袁氏之死臣，岂当数穷之日，方逃身于井，此之难信，诚为易了。不知资、暐之徒竟为何人，未能识别然否，而轻弄翰墨，妄生异端，以行其书。如此之类，正足以诬罔视听，疑误后生矣。实史籍之罪人，达学之所不取者也。"

太祖之围邺也，谭略取甘陵、安平、勃海、河间①，攻尚于中山。尚走故安从熙②，谭悉收其众。太祖将讨之，谭乃拔平原，并南皮③，自屯龙凑④。十二月，太祖军其门，谭不出，夜遁奔南皮，临清河而屯⑤。十年正月⑥，攻拔之，斩谭及图等。熙、尚为其将焦触、张南所攻⑦，奔辽西乌丸⑧。触自号幽州刺史，驱率诸郡太守令长⑨，背袁向曹，陈兵数万，杀白马盟⑩，令曰："违命者斩！"众莫敢语，各以次歃⑪。至别驾韩珩⑫，曰："吾受袁公父子厚恩，今其破亡，智不能救，勇不能死，于义阙矣⑬。若乃北面于曹氏⑭，所弗能为也。"一坐为珩失色。触曰："夫兴大事，当立大义，事之济否⑮，不待一人，可卒珩志⑯，以励事君⑰。"高干叛，执上党太守⑱，举兵守壶口关⑲。遣乐进、李典击之⑳，未拔。十一年，太祖征干。干乃留其将夏昭、邓升守城㉑，自诣匈奴单于求救㉒，不得，独与数骑亡，欲南奔荆州，上洛都尉捕斩之㉓。十二年，太祖至辽西击乌丸。尚、熙与乌丸逆军战，败走奔辽东㉔，公孙康诱斩之㉕，送其首㉖。太祖高韩珩节㉗，屡辟不至㉘，卒于家㉙。

[注释]

①略取：夺取。甘陵：即甘陵县，东汉安帝时改厝县置，为清河国治，治所在今山东临清市东北。安平：即安平国，西汉置安平县，属涿郡，为都尉治，东汉属安平国，三国魏属博陵郡，治所在今河北安平。勃海：即勃海郡，又作渤海郡，西汉高帝五年（前202）置，以地滨渤海得名，治所浮阳县（今河北沧县东南四十里旧州镇），辖境相当于今天津市、河北安次县以南，文安、阜城以东，山东无棣、乐陵、宁津以北地区。东汉移治南皮县（今河北南皮东北八里），辖境渐小。河间：即河间国，西汉高帝置河间郡，文帝二年（前178）改为国，三国魏复改为郡，治所乐成县（今河北献县东南十六里）。

②故安：即故安县，西汉置，属涿郡，三国魏属范阳郡，治所在今河北易县东南东贯城。熙：即袁熙（？~207），袁绍次子。

③南皮：即南皮县，秦置，属巨鹿郡，西汉属勃海郡，东汉为勃海郡治，治所在今河北南皮县东北八里。

④龙凑：地名。在今山东德州市东北。一说在今山东平原县东南。

⑤清河：水名。流经南皮县西。

⑥十年：即建安十年（205）。

⑦焦触：东汉末袁熙部下大将，建安十年（205）与张南一同叛归曹操，封列侯。张南：东汉末袁熙部下大将，建安十年（205）与焦触一同叛归曹操，封列侯。

⑧辽西乌丸：聚居于辽西郡的乌丸人。辽西，即辽西郡，战国燕置，秦代治所阳乐县（今辽宁义县西），西汉辖境相当于今河北迁西县、唐山市以东，辽宁医巫闾山、大凌河下游以西及长城以南地区。乌丸，亦作"乌桓"，古时北方少数民族名。原是东胡族的一支，西汉初被匈奴击败，迁移到乌桓山，因以为名。

⑨令长：秦汉一县之行政长官。《汉书·百官公卿表上》："县令、长，皆秦官，掌治其县。万户以上为令……减万户为长。"

⑩杀白马盟：古代用白马为盟誓或祭祀的牺牲。《史记·吕太后本纪》："高帝刑白马盟曰：'非刘氏而王，天下共击之！'"

⑪歃（shà 霎）：即歃血。古代盟会中的一种仪式。盟约宣读后，参加者用口微吸所杀牲之血，以示诚意。一说，以指蘸血，涂于口旁。

⑫别驾韩珩（héng 恒）：字子佩（生卒年不详），代郡（治今山西阳高西南）人。袁绍部下，任幽州别驾，建安十年（205），幽州刺史焦触聚集部下共议背袁降曹并歃血为盟，唯独韩珩断然拒绝。此后曹操屡次征召，皆未应允。

⑬阙：缺失。

⑭北面：面向北。古礼，臣拜君，卑幼拜尊长，皆面向北行礼，因而居臣下、晚辈之位曰"北面"。这里谓臣服于人。

⑮济：成功。

⑯卒：尽，成全。

⑰励：劝勉，鼓励。

⑱上党：即上党郡，战国韩置，秦汉治所长子县（今山西长子西南），东汉末移治壶关县（今山西长治市北三十五里故驿村）。

⑲壶口关：或作壶关口，位于今山西长治市东南壶口村。《汉书·地理志》："上党郡有壶口关。"

⑳乐（yuè 岳）进：字文谦（？～218），东汉阳平卫国（今河南清丰）人。随曹操在陈留起兵，征战多年，屡建功绩，封广昌亭侯，官至右将军。《三国志》卷一七有传。李典：字曼成（174～209），东汉山阳巨野（今属山东）人。随曹操在陈留起兵，作战英勇，屡立战功，先后任中郎将、捕虏将军，封都亭侯。《三国志》卷一八有传。

㉑夏昭：东汉末袁绍部将（生卒年不详），袁绍死后，在袁尚属下高干手下为将，其馀不详。邓升：袁尚属下高干部将，其馀不详。

㉒单于（chányú 蝉于）：汉时匈奴君长的称号。《史记·匈奴列传》："匈奴单于曰头曼。"南朝宋裴骃集解："单于者，广大之貌，言其象天单于然。"

㉓上洛都尉：即王琰（yǎn 演），东汉末官员（生卒年不详），高干败走，欲往荆州投刘表，行至上洛，为王琰捕杀，被曹操封为列侯。上洛，即上雒县，西汉置，属弘农郡，东汉改为上雒侯国，三国魏改上洛县，治所在今陕西商洛市商州区。都尉，汉代地方武官名。西汉景帝时改郡尉名都尉，掌统郡兵，佐太守主一郡武事，防备盗贼，有治所、属官。边远郡与关隘要地之郡或置都尉多员，分驻各县或侯国。裴注引《典略》曰："上洛都尉王琰获高干，以功封侯；其妻哭于室，以为琰富贵将更娶妾媵而夺己爱故也。"

㉔辽东：即辽东郡，战国燕置，治所襄平（今辽宁市老城），辖境相当于今辽宁大凌河以东、开原市以南，朝鲜清川江下游以北地区。

㉕公孙康：东汉末辽东襄平（今辽宁辽阳）人，公孙度之子。建安九年（204）公孙度死后继任辽东太守，曹操北征乌丸，预料曹操无取辽东之意，诱杀袁熙、袁尚等，将首级传送曹操，封康襄平侯，拜左将军。《三国志》卷八有传。

㉖送其首：裴注引《典略》曰："尚为人有勇力，欲夺取康众，与熙谋曰：'今到，康必相见，欲与兄手击之，有辽东犹可以自广也。'康亦心计曰：'今不取熙、尚，无以为说于国家。'乃先置其精勇于厩中，然后请熙、尚。熙、尚入，康伏兵出，皆缚之，坐于冻地。尚寒，求席，熙曰：'头颅方行万里，何席之为！'遂斩首。谭，字显思。熙，字显奕。尚，字显甫。"又引《吴书》曰："尚有弟名买，与尚俱走辽东。《曹瞒

传》云:买,尚兄子。未详。"

㉗高韩珩节:即以韩珩的节义为高。高,形容词的意动用法。

㉘辟(bì必):征召。

㉙卒于家:裴注引《先贤行状》曰:"珩字子佩,代郡人,清粹有雅量。少丧父母,奉养兄姊,宗族称孝悌焉。"

[译文]

袁绍字本初,是汝南郡汝阳县人。他的高祖父袁安,曾任东汉的司徒。从袁安以后的四代人都位居于三公的位置,因此权势极大,影响波及全国。袁绍姿容俊美,仪态庄重,能够屈己下人,交接贤士,士人大都愿意依附他,曹操年轻时与他有交往。袁绍从大将军掾做到侍御史,逐渐升迁到中军校尉,又升至司隶校尉。

汉灵帝去世,何太后兄大将军何进与袁绍图谋诛杀所有宦官,何太后不同意。于是就召董卓进京,打算以此胁迫太后应允。常侍与黄门等大小宦官闻知,都到何进那里认错,听凭他处置。当时袁绍劝说何进可以就此处决这些人,再三进言,而何进不同意。何进派遣袁绍到洛阳指挥军职官员考验探察这些宦官,又命令袁绍的弟弟虎贲中郎将袁术,挑选温和宽厚的虎贲郎二百人立即进入皇宫,代替手持兵器的黄门在皇宫前夹殿陛而立,用来警卫出入门径。中常侍段珪等人假传何太后旨意,召见何进进宫议事,于是将他杀害,宫中发生混乱。袁术率领虎贲郎焚烧南宫嘉德殿青琐门,想用这一方法逼迫段珪等出宫。段珪等不出,反而劫持汉少帝与其弟陈留王逃往小平津。袁绍斩杀宦官所任命的司隶校尉许相,就指挥军队搜捕那些宦官,不分老幼全部杀死。有些人因为没有胡须而被误杀,以至于有人脱衣裸体经验证方能幸免于难。宦官中有些一心行善的本分人也受牵连而被杀。当时滥杀到了如此地步。死者达两千多人。袁绍等迅速追击段珪等,这些宦官全部投黄河自杀。汉少帝才得以还宫。

董卓招呼袁绍,商议要废掉汉少帝,拥立陈留王即位。当时袁绍叔父袁隗任职太傅,袁绍假装应允董卓,说:"这是大事,我回去要与太傅商议。"董卓说:"刘氏子孙不足以存留了。"袁绍没有应声,横陈佩刀,拱手行礼而去。袁绍出来后,就逃往冀州而去。侍中周毖、城门校尉伍琼、议郎何颙等,都是以学术诗文等著称的知名士人,董卓信任他们,这些人却暗地里帮助袁绍,就对董卓说:"废立皇帝这样的大事,不是一般人能够参与的。袁绍不识有关大局的道理,因为心怀恐惧才逃走,并非有其他意图。现在紧急悬赏追捕他,势必发生变乱。袁氏家族四代人树立恩惠,学生和旧日部属遍布全国,如果他招揽豪杰以聚集部众,众英雄就会乘机造反,那么太行山以东地区就不会归您控制了。不如赦免袁绍,任命他做一郡的太守,那么袁绍就会因免罪而生欢喜,祸患必定不会发生了。"董卓认为说得对,于是任命袁绍为勃海太守,封邟乡侯。

袁绍于是就在勃海起兵,想要诛杀董卓。这件事情已记载于《武帝纪》中。袁绍自称车骑将军,作为讨伐董卓的盟主,与冀州牧韩馥打算拥立幽州牧刘虞为皇帝,派遣使者上呈奏章给刘虞,刘虞不敢接受。此后韩馥的军队驻扎于安平,被公孙瓒打败,公孙瓒于是率军进入冀州,以讨伐董卓为名,实则打算偷袭韩馥。韩馥心中不安。适逢董卓西入潼关,袁绍回师至延津,就乘韩馥恐惧慌张之际,派遣陈留人高干、颍川人荀谌等去游说韩馥说:"公孙瓒乘胜向南而来,得到各郡的响应。袁车骑率军向东进发,他的意图如何不可知,我们私下里为将军您担忧。"韩馥说:"那我该怎么办呢?"荀谌说:"公孙瓒率领燕、代之兵卒,其锋芒不可阻挡。袁绍是一代豪杰,必定不肯屈居将军之下。冀州是天下借以建功立业的要地,如若两强合力,在您的城下开战,灭亡即刻就可显现。袁绍是将军您的旧交,而且同在讨伐董卓的联盟中,而今替将军着想,不如将整个冀州让与袁绍。袁绍得到冀州,那么公孙瓒就不能与他争战了,袁绍必将深深感谢将军。将冀州交予亲近之友,将军您就有了让贤的美名,处境也会如泰山一般安稳。但愿您不要生疑。"韩馥平素懦弱胆怯,于是同意了这一计划。韩馥的长史耿武、别驾闵纯、治中李历进谏韩馥说:"冀州虽然狭小,披甲的将士有百万之众,粮食够吃十年。袁绍缺乏援助,是处于困境的孤军,只有依靠我等而求得生存,就如同婴儿处于成人的大腿与手掌之间,断绝他的哺乳,即刻就会饿死。为什么想要将冀州奉送与他?"韩馥说:"我是袁氏家族的旧部下,加之才干不如本初,考量德才因素而让冀州与他,是古人所推崇的,诸位为何偏偏指责批评呢!"从事赵浮、程奂请求率领军队抵抗袁绍,韩馥也没有听从。于是将冀州让与袁绍,袁绍就兼任了冀州牧。

从事沮授劝说袁绍说:"将军您刚刚成年就进朝廷当官,名声传扬海内,正当董卓废立皇帝之际,您忠义奋发,骑着一匹马离开朝廷,令董卓心怀恐惧;渡过黄河向北而去,令勃海郡人跪拜降服。振作起一郡的士卒,握持住冀州的兵马,声威震动黄河以北,名望显赫于天下。虽然黄巾军犯上作乱,黑山军骄横强暴,将军只要挥师东向,那么青州即可平定;回师讨伐黑山,那么张燕即可被歼;向北进军,那么公孙瓒必然溃败;威震戎狄之人,那么匈奴人也一定臣服。横扫黄河以北,占据四州之地,延揽英雄人才,拥有百万军队,到长安恭迎皇帝,恢复洛阳的宗庙,向全国发布命令,征讨不服从朝廷者,凭借这样的声势交兵作战,哪一个敢于抵抗?等到数年以后,大功告成绝非难事。"袁绍高兴地说:"这正是我心中所想的。"随即上表举荐沮授为监军、奋威将军。董卓派遣执金吾胡母班、将作大匠吴修携带皇帝的诏书劝导袁绍,袁绍下令河内太守王匡杀了他们。董卓闻知袁绍得到潼关以东地区,就将与袁绍同一宗族的太傅袁隗等人全部诛杀。在这个时候,豪侠人物大多依附袁绍,都想替他报仇,各州郡也如群蜂飞舞，纷然并起，没有不假借袁绍名义的。韩馥心怀恐惧，向袁绍请求离去，投奔了张邈。以后袁绍派遣使者到张邈那里，有事与张邈商议，与张邈附耳低语。韩馥坐于一旁，以为他们要图谋陷害自己，不多时就起身到厕所自杀了。

当初，拥立汉献帝并非是袁绍的主意，等到皇帝到了河东郡，袁绍就派遣颍川人郭图前往拜谒。郭图回来后就劝说袁绍迎接汉献帝来邺县建都，袁绍没有同意。正好曹操迎接汉献帝到达许县建都，收复了黄河以南地区，关中都归附了曹操。袁绍悔恨，打算让曹操再迁徙皇帝到鄄城建都，以便自己接近帝王的机要职位。曹操拒绝了他。汉献帝任命袁绍为太尉，又转任大将军，封为邺侯，袁绍辞让，没有接受封爵。不久，袁绍在易京击溃了公孙瓒的军队，收编了他的人马。派其长子袁谭去当青州刺史，沮授进谏袁绍说："如此必定成为祸患的开端。"袁绍没有听从，说："我想让儿子们各自占据一州。"就又派二儿子袁熙任幽州刺史，外甥高干任并州刺史。统兵数十万众，令审配、逢纪管理军事，田丰、荀谌、许攸为出谋划策的主要人物，颜良、文丑任将军，挑选精兵十万，战马万匹，准备进攻许县。

此前，曹操曾派遣刘备到徐州抗击袁术。袁术死后，刘备斩杀徐州刺史车胄，率领军队驻扎在沛县。袁绍派骑兵帮助刘备。曹操派遣刘岱、王忠攻击刘备，没有取胜。建安五年，曹操亲自率军东征刘备。田丰劝说袁绍袭击曹操背后，袁绍以儿子患病为辞，没有应允。田丰举起手杖击打地面说："遇到难以获得的机遇，却以小孩有病丧失良机，可惜啊！"曹操到后，打败了刘备，刘备投奔袁绍。

袁绍进军黎阳，派遣颜良至白马攻打刘延。沮授又进谏袁绍："颜良气量狭小，心胸不宽，虽然勇猛，却不可独力承担重任。"袁绍没有听从。曹操救援刘延，与颜良交战，打败并斩杀了颜良。袁绍渡过黄河，在延津以南修筑营垒,指派刘备、文丑挑战曹军。曹操打败了他们,斩杀了文丑,再次交战,又擒拿了袁绍大将。袁绍的军队大为惊惧。曹操军队回到官渡。沮授又对袁绍说:"我们的军队人数众多,但果敢强劲不如曹军,曹军军粮无多,军中资产也不及我们;曹军适于速战速决,我军适于打持久战。应当以历时长久拖住曹军。"袁绍没有听从。扎营相连,逐渐向前,迫近官渡,与曹军交战,曹军失利,退守营垒中。袁绍构筑高高没有顶盖的望楼,堆起土山,用箭射入曹营,曹营中皆以盾牌为遮蔽物,兵众恐惧大增。曹操于是制造发石车,攻击袁绍的望楼,都被击毁,袁绍部下称之为霹雳车。袁绍下令挖掘地道,准备袭击曹营。曹操就在营垒内挖掘长长的壕沟相抗衡,又派出乎敌人意料而突袭的军卒攻击袁绍的运粮车,大败袁绍的运粮军,将其粮草全部焚毁。曹操与袁绍两军相持很长一段时间,百姓疲乏不堪,很多人叛曹以响应袁绍,曹军粮草缺乏。适逢袁绍派遣淳于琼等率军一万多人迎候北边来的运粮车,沮授劝告袁绍说:"可派遣部将蒋奇另率一支军队作为外援,以便截击曹军的抢掠。"袁绍又没有采纳。淳于琼在乌巢过夜,离袁绍的大军四十里。曹操于是留下曹洪把守营寨,亲自率领步兵、骑兵五千人等至夜深偷袭淳于琼。袁绍派遣骑兵救援,被曹军打败逃走。曹军大破淳于琼等,将他们全部斩杀。曹操还军,未到营垒,袁绍部将高览、张郃等率领其部下投降曹操。袁绍部众大溃败,袁绍与袁谭单人匹马败退渡过黄河。袁军馀部假投降,被全部活埋。沮授没有来得及追随袁绍渡过黄河,被曹军抓捕,送到曹操那里,曹操宽厚对待沮授。后来沮授图谋回归袁绍,被杀。

当初,袁绍南下进攻曹操,田丰劝告袁绍说:"曹操善于用兵,变化多端,军众虽少,不可轻敌,不如与他持久对峙。将军您占据有险固的地势,拥有四个州军众,对外结交英雄人等,对内重视农业,并与战争两相结合,然后挑选出精锐兵卒,分成多股奇兵,乘敌不备轮番出击,用来骚扰曹军所在的黄河以南区域，敌方救援右边，我们就攻击他的左侧，敌方救援左边，我们就攻击他的右侧，令敌方疲于奔命，百姓不能安心劳作，我方没受到劳苦而对方却已经困窘，不到两年，就可以轻而易举地打败曹军。现在放弃在庙堂中预先制定的克敌制胜的谋略，而打算在一次战役中决定胜负，如果不能如愿以偿，后悔就来不及了。"袁绍没有听从。田丰恳切进谏，袁绍大怒，认为他挫折了军队的士气，给田丰戴上镣铐，拘禁起来。袁绍军队被打败以后，有人对田丰说："你一定要受重用了。"田丰说："如果我军胜利而归，我一定可以保全生命，现在我军失败了，我恐怕难以活命了。"袁绍回来后，对手下的人说："我没有采纳田丰的建议，果然被他耻笑了。"于是斩杀了田丰。袁绍表面上宽大能容人，具有才干气度，喜怒不表露在面色上，而他的内心却多妒忌，他处理事情皆是如此。

冀州许多城邑发生叛乱，袁绍又出兵加以平定。自从兵败以后，袁绍就得大病，建安七年（202），忧虑而死。

袁绍喜爱小儿子袁尚，他容貌俊美，想让他做继承人而没有流露出来。审配、逢纪与辛评、郭图争夺权力，审配、逢纪与袁尚亲近，辛评、郭图与袁谭亲近。众人因袁谭年长，打算立他为继承人。审配等人唯恐拥立袁谭后，辛评等人对自己不利，就遵循袁绍平素的心愿，尊奉袁尚替代了袁绍的职位。袁谭来到时，不能继承袁绍职位，就自号车骑将军。因此袁谭与袁尚之间产生了裂痕。曹操北征袁谭、袁尚，袁谭驻守黎阳，袁尚分拨袁谭很少军队，还指令逢纪跟随袁谭。袁谭请求增加兵力，审配等人商议不予增兵。袁谭发怒，斩杀了逢纪。曹操渡过黄河进攻袁谭，袁谭向袁尚告急。袁尚打算分配军力援助袁谭，又怕袁谭吞并了这些援军，于是就令审配把守邺城，亲自率军援助袁谭，在黎阳与曹军相持。从九月到次年的二月，在黎阳城下大战，袁谭、袁尚败退，回至城中据守。曹操将要围攻黎阳城,袁氏兄弟乘夜逃走。曹军追至邺城,抢收了城外的麦子,攻克了阴安,率军回到许昌。曹操南征荆州,行军至西平。袁谭与袁尚于是举兵相互攻打,袁谭被打败逃往平原县,袁尚的进攻猛烈,袁谭就派辛毗到曹操那里求救。曹操于是回军来救袁谭,十月到达黎阳。袁尚闻知曹操北上,就放弃围攻平原县回至邺城。袁尚部将吕旷、吕翔背叛他投降了曹操,袁谭又私下里刻将军印授予吕旷、吕翔。曹操看透袁谭的欺骗行径,就与他结为儿女亲家使之安心,于是率军返回。袁尚指令审配、苏由驻守邺城,自己再次率军围攻驻守平原县的袁谭。曹操发兵将要进攻邺城,到达洹水,距离邺城还有五十里,苏由打算当曹军的内应,阴谋败露,与审配在城中交战,失败后投奔曹操。曹操于是发起进攻,挖掘通往城中的地道,审配也在城中挖掘壕沟以抗衡。审配的部将冯礼打开城门以外的秘密出口突门,放入曹军三百多人,审配发觉后,就从城上用大石砸毁突门中的栅门,通道被封锁,进入者全部死亡。曹操于是围困邺城,挖掘壕沟,周长四十里,开始挖得不深,看起来可以越过。审配见后付之一笑,没有施加干扰。曹军一夜间深挖,宽度与深度皆有两丈,决开漳河水引入壕沟,从五月到八月,城中饿死的人超过一半。袁尚闻知邺城告急,率军一万多人归来救援,顺着太行山而来,向东行军至阳平亭,距离邺城十七里,临近滏水,举火把向邺城中示意,城中人也举火把回应。审配从城北出兵,想与袁尚夹攻曹军突破包围。曹操迎击审配,审配败还城中,袁尚也被击退逃走,临近曲漳构筑营垒,曹军于是围攻袁尚。还没有交战,袁尚恐惧,派遣阴夔、陈琳向曹军祈求投降,曹操不应允。袁尚逃至滥口,曹操进军围攻猛烈,袁尚部将马延等人临阵降曹,军队大溃败,袁尚逃奔中山。曹军收缴了他的全部辎重,获取袁尚的印绶、节钺与衣物,展示给其家人,邺城中人心涣散。审配的侄子审荣把守东门,夜间开门放进曹军,曹军与审配在城中交战,将审配生擒。审配神情壮烈,始终没有一句屈服的言辞，看到的人没有不赞叹的。于是审配被斩杀。高干献出并州投降曹操，仍然任用高干为并州刺史。

曹操围攻邺城的时候，袁谭夺取了甘陵、安平、勃海、河间，攻打据守中山的袁尚。袁尚败走故安去追随袁熙，袁谭将袁尚的全部兵马收编。曹操将要讨伐袁谭，袁谭便攻克平原，兼并了南皮，自己驻军龙凑。十二月，曹操驻军袁谭营垒外，袁谭不出应战，乘夜逃往南皮，临近清河驻军。建安十年（205）正月，曹军攻克袁谭的营垒，斩杀了袁谭与郭图等人。袁熙、袁尚受到他们的部将焦触、张南的攻击，逃奔辽西乌丸。焦触自号幽州刺史，驱使并率领各郡以及各县的长官背叛袁氏投降曹操，陈设兵力数万人，杀白马盟誓，下命令说："违抗命令的杀头！"众人没有敢说话的，各自依次序歃血为盟。轮到别驾韩珩时，他说："我蒙受袁公父子的大恩，如今他们覆亡了，我的智慧不能够救亡，我的勇气不能够殉难，在仁义层面属于缺失；倘若向曹操俯首称臣，这是我不能做到的。"同坐者皆被韩珩的一席话吓得变了脸色。焦触说："干大事业，就应当明确大义所在，至于成功与否，不取决于一人，可以促成韩珩的志向，用来鼓励侍奉君主忠诚的人。"高干反叛曹操，拘捕上党太守，发兵把守壶口关。曹操派遣乐进、李典进攻他，没有攻克。建安十一年（206），曹操讨伐高干，高干于是留下他的部将夏昭、邓升守城，亲自到匈奴向单于求救，没有得到援兵，就独自与几名骑兵逃亡，打算向南逃往荆州，被上洛都尉抓捕斩杀。建安十二年（207），曹操率军到辽西攻打乌丸。袁尚、袁熙与乌丸一同迎战曹军，被打败后逃往辽东，被公孙康所诱杀，传送他们的首级给曹操。曹操认为韩珩气节高尚，多次征召他任职，都被谢绝，直到在家中去世。

刘表传

[题解]

传见《三国志》卷六《魏书六》。刘表（142~208），字景升，东汉远支皇族，山阳郡高平县（今山东邹城市西南）人。官至镇南将军、荆州牧，封成武侯。建安十三年（208）八月病卒，其子刘琮作为继承人降曹。刘表属于势力较为强大的地方割据军阀，拥兵自重，据地数千里，带甲十馀万，却在中原如火如荼的兼并战争中采取中立观望的消极态度。官渡之战中，刘表作壁上观，没有偏袒袁绍或曹操任何一方。也正由于荆州一带二十多年处于相对安定的状态中，受战争破坏较小，因而关中、兖、豫学士归附者众多，促进了当地的文化发展。据《后汉书·党锢传》记述，东汉末年，天下名士相互标榜，有所谓"八俊""八顾""八及"等名目，何谓"俊"？"俊者，言人之英也"；何谓"顾"？"顾者，言能以德行引人者也"；何谓"及"？"及者，言其能导人追宗者也"。刘表既名列"八顾"，又在"八及"之中，本传记则称他在"八俊"之中，可见他在东汉末年士大夫心目中的地位不低。建安六年（201），刘备被曹操击败后投奔刘表，度过几年较为安定的生活。《三国志》卷四七《吴主传》裴注引《吴历》转述曹操的一句名言："生子当如孙仲谋，刘景升儿子若豚犬耳！"这无形中也影响后世对刘表的评价，南宋的辛弃疾、刘克庄都将"生子当如孙仲谋"七字直接笑纳于自己所填之词中，可见影响。《后汉书》卷七四下亦有传。

刘表字景升，山阳高平人也①。少知名，号八俊②。长八尺馀，姿貌甚伟。以大将军掾为北军中候③。灵帝崩④，代王叡为荆州刺史⑤。是时山东兵起⑥，表亦合兵军襄阳⑦。袁术之在南阳也⑧，与孙坚合从⑨，欲袭夺表州，使坚攻表。坚为流矢所中死⑩，军败，术遂不能胜表。李傕、郭汜入长安⑪，欲连表为援，乃以表为镇南将军、荆州牧⑫，封成武侯⑬，假节⑭。天子都许，表虽遣使贡献⑮，然北与袁绍相结⑯。治中邓羲谏表⑰，表不听⑱，羲辞疾而退⑲，终表之世。张济引兵入荆州界⑳，攻穰城㉑，为流矢所中死。荆州官属皆贺，表曰："济以穷来㉒，主人无礼，至于交锋，此非牧意㉓，牧受吊，不受贺也。"使人纳其众；众闻之喜，遂服从。长沙太守张羡叛表㉔，表围之连年不下。羡病死，长沙复立其子怿㉕，表遂攻并怿，南收零、桂㉖，北据汉川㉗，地方数千里，带甲十馀万㉘。

[注释]

①山阳：即山阳郡，西汉武帝建元五年（前136）改山阳国为山阳郡，治所昌邑县（今山东巨野南六十里），辖境相当于今山东巨野以南，成武、曹县以东，单县以北，鱼台以西及邹城、兖州等市地。高平：即高平县，东汉章帝改橐县置，属山阳郡，治所在今山东邹城市西南，因高平山为名。

②八俊：称同一时代有才望的八人。《后汉书·周举传》以东汉周举、杜乔、周栩、冯羡、栾巴、张纲、郭遵、刘班八人为八俊；《后汉书·党锢传》以东汉李膺、荀翌、杜密、王畅、刘祐、魏朗、赵典为八俊；又以东汉张俭、檀彬、褚凤、张肃、薛兰、冯禧、魏玄、徐乾为八俊，皆无刘表。裴注引张璠《汉纪》曰："表与同郡人张隐、薛郁、王

访、宣靖、公绪恭、刘祗、田林为八交，或谓之八顾。"又引《汉末名士录》云："表与汝南陈翔字仲麟、范滂字孟博、鲁国孔昱字世元、勃海苑康字仲真、山阳檀敷字文友、张俭字元节、南阳岑晊字公孝为八友。"又引谢承《后汉书》曰："表受学于同郡王畅。畅为南阳太守，行过乎俭。表时年十七，进谏曰：'奢不僭上，俭不逼下，盖中庸之道，是故蘧伯玉耻独为君子。府君若不师孔圣之明训，而慕夷齐之末操，无乃皎然自遗于世！'畅答曰：'以约，失之者鲜矣。且以矫俗也。'"

③大将军掾（yuàn 院）：官名。大将军府署中属官，分为东曹掾、西曹掾等。北军中候：东汉禁卫军北军中的监察官。东汉初光武帝省中垒校尉，置北军中候，秩六百石，掌监五营。

④灵帝崩：谓汉灵帝刘宏中平六年（189）去世。崩，古代称帝王、皇后之死。《礼记·曲礼下》："天子死曰崩。"

⑤王叡：字通耀（？～190），曾任荆州刺史，在各路诸侯讨伐董卓之初为孙坚所杀。荆州：西汉元封五年（前106）所置十三刺史部之一，辖郡七、县一百一十七，治所汉寿县。汉末移治襄阳县（今湖北襄阳），辖境相当于今湖北、湖南大部以及河南、贵州、广东、广西等省区一小部分。三国时魏、吴均置荆州，辖境相当于原荆州。魏荆州治所新野（今属河南），吴荆州治所江陵（今属湖北）。

⑥山东兵起：汉献帝初平元年（190），以袁绍为盟主的各路诸侯发起讨伐董卓的军事行动。山东，这里当指太行山以东地区，春秋时晋国地处太行山以西，故称太行山以东为山东。见《史记·晋世家》。

⑦合兵：几支军队联合在一起。襄阳：即襄阳县，西汉置，属南郡，治所在今湖北襄阳市汉水南襄阳城，以在襄水之北，故称。东汉建安十三年（208）为襄阳郡治。裴注引司马彪《战略》曰："刘表之初为荆州也，江南宗贼盛，袁术屯鲁阳，尽有南阳之众。吴人苏代领长沙太守，贝羽为

华容长,各阻兵作乱。表初到,单马入宜城,而延中庐人蒯良、蒯越、襄阳人蔡瑁与谋。表曰:'宗贼甚盛,而众不附,袁术因之,祸今至矣!吾欲征兵,恐不集,其策安出?'良曰:'众不附者,仁不足也,附而不治者,义不足也;苟仁义之道行,百姓归之如水之趣下,何患所至之不从而问兴兵与策乎?'表顾问越,越曰:'治平者先仁义,治乱者先权谋。兵不在多,在得人也。袁术勇而无断,苏代、贝羽皆武人,不足虑。宗贼帅多贪暴,为下所患。越有所素养者,使示之以利,必以众来。君诛其无道,抚而用之。一州之人,有乐存之心,闻君盛德,必襁负而至矣。兵集众附,南据江陵,北守襄阳,荆州八郡可传檄而定。术等虽至,无能为也。'表曰:'子柔之言,雍季之论也。异度之计,臼犯之谋也。'遂使越遣人诱宗贼,至者五十五人,皆斩之。袭取其众,或即授部曲。唯江夏贼张虎、陈生拥众据襄阳,表乃使越与庞季单骑往说降之,江南遂悉平。"

⑧袁术:字公路(?~199),东汉汝南汝阳(今河南商水西南)人,出身于四世三公的显宦家庭,为袁绍从弟。初为虎贲中郎将,助袁绍诛灭宦官。董卓进京专权,以他为后将军。他出奔南阳,与袁绍、曹操等同时起兵,共讨董卓。后又与袁绍对抗,为袁绍、曹操击败,遂奔九江,割据扬州。建安二年(197),袁术称帝于寿春,号仲家,荒淫奢侈,横征暴敛,民心丧尽,先后为吕布、曹操所破,呕血而死。《三国志》卷六、《后汉书》卷七五皆有传。南阳:即南阳郡,战国秦昭襄王三十五年(前272)置,治所宛(yuān 渊)县(今河南南阳市)。西汉辖境相当于今河南桐柏县以西,湖北丹江口市以东,河南鲁山县以南,河南邓州市及湖北广水市以北地。

⑨孙坚:字文台(155~192),东汉吴郡富春(今浙江富阳)人,从郡县吏起家,镇压黄巾军有功,拜别部司马,任长沙太守,封乌程侯,以作战勇猛,为破虏将军,领豫州刺史。在率军攻击刘表中,为刘表部将黄

祖军士射杀。《三国志》卷四六有传。合从（zòng纵）：泛指联合。

⑩流矢：乱飞的或无端飞来的箭。《礼记·檀弓上》："圉人浴马，有流矢在白肉。"

⑪李傕（jué爵）：字稚然（？～198），东汉北地（今宁夏吴忠西南）人。董卓部将，董卓被诛后，与郭汜等率兵攻入长安，杀王允，逼汉献帝封其为车骑将军、池阳侯，领司隶校尉，假节钺，与郭汜共擅朝政。又自称大司马，劫持汉献帝，纵兵掳掠长安。曹操率军迎献帝，李、郭兵败逃亡。建安三年（198）为段煨所杀。《三国志》卷六附于《董卓传》。郭汜（sì寺）：一名多（？～197），东汉张掖（今甘肃张掖西北）人。董卓部将，与李傕攻入长安后，逼汉献帝封其为后将军、美阳侯，假节钺。建安二年（197），在败亡中为部下所杀。《三国志》卷六附于《董卓传》。

⑫镇南将军：东汉末年所置"四镇"将军之一，主征伐。

⑬成武侯：封爵名，属于列侯中的县侯。成武，即成武县，秦置，属东郡，治所即今山东成武县。西汉属山阳郡，东汉属济阴郡。

⑭假节：东汉末至三国，掌地方军政的官往往加使持节、持节或假节的称号。使持节得诛杀中级以下官吏，持节得杀无官职的人，假节得杀犯军令者。

⑮贡献：谓向帝王进奉，进贡。

⑯袁绍：字本初（？～202），东汉汝南汝阳（今河南商水西南）人。《后汉书》卷七四上有传，详见本书所选《袁绍传》。

⑰治中邓羲：《三国志·武帝纪》作"邓义"，似非，邓义当是形近而讹。东汉末名士（生卒年不详），东汉章陵（今湖北枣阳东）人。原在刘表部下为治中，因进谏刘表未从，辞官不出。建安十三年（208），曹操并荆州后，邓羲官侍中。治中，官名。即治中从事，又称治中从事史，系州牧、刺史的属官。居中治事，为首席佐吏，负责州郡的文书。

⑱表不听：裴注引《汉晋春秋》曰："表答羲曰：'内不失贡职，外不背盟主，此天下之达义也。治中独何怪乎？'"

⑲辞疾：即"辞病"，谓以身体有病为由推辞不就某种职务或不做某件事。

⑳张济：东汉武威祖厉（今甘肃靖远西南）人（？～196）。原为董卓部将，董卓被杀后，他与李傕、郭汜等起兵复仇，攻入长安，任镇东将军，封列侯，后升任骠骑将军。建安元年（196）率军进攻南阳，为流矢所中而死。

㉑穰（ráng 瓤）城：即穰县，秦置，属南阳郡，治所在今河南邓州市。

㉒穷：谓困窘，不得志。

㉓牧：刘表自称。意：谓本意。

㉔长沙太守张羡：东汉末官吏，东汉南阳（治今河南南阳市）人（？～201），历官零陵、桂阳长，甚得江、湘间民心。建安初为长沙太守，建安五年（200）叛刘表而与曹操相结，在刘表连年急攻下病亡。长沙，即长沙郡，战国秦置，治所临湘县（今湖南长沙市），辖境相当于今湖南东部、南部与广西全州、广东连州、阳山等地。西汉高帝五年（前202）改为长沙国，东汉复为郡，辖境缩小。裴注引《英雄记》曰："张羡，南阳人。先作零陵、桂阳长，甚得江、湘间心，然性屈强不顺。表薄其为人，不甚礼也。羡由是怀恨，遂叛表焉。"

㉕怿（yì 义）：即张怿（生卒年不详），其父张羡死后，继为长沙太守，为刘表所吞并。

㉖零：即零陵郡，西汉元鼎六年（前111）分桂阳郡置，治所零陵县（今广西全州西南），辖境相当于今湖南邵阳市、衡阳县以南，永州市、宁远县以西，武冈市和广西桂林市以东，阳朔县和湖南道县以北地，东汉

移治泉陵县（今湖南永州市北二里）。三国后辖境缩小。桂：即桂阳郡，汉高帝置，治所郴县（今湖南郴州市），辖境约相当今湖南耒阳市以南的耒水、舂陵水流域，北至洣水入湘处附近，南包广东英德以北的北江流域。三国吴以后辖境缩小。

㉗汉川：即汉川水，或称汉水，今四川汉源县西北之流沙河，为大渡河支流。

㉘带甲：披甲的将士。裴注引《英雄记》曰："州界群寇既尽，表乃开立学官，博求儒士，使綦毋闿、宋忠等撰《五经章句》，谓之'后定'。"

　　太祖与袁绍方相持于官渡①，绍遣人求助，表许之而不至，亦不佐太祖，欲保江汉间②，观天下变。从事中郎韩嵩、别驾刘先说表曰③："豪杰并争，两雄相持，天下之重，在于将军。将军若欲有为，起乘其弊可也④；若不然，固将择所从。将军拥十万之众，安坐而观望。夫见贤而不能助，请和而不得，此两怨必集于将军，将军不得中立矣。夫以曹公之明哲，天下贤俊皆归之，其势必举袁绍⑤，然后称兵以向江汉，恐将军不能御也。故为将军计者，不若举州以附曹公，曹公必重德将军；长享福祚⑥，垂之后嗣，此万全之策也。"表大将蒯越亦劝表⑦，表狐疑⑧，乃遣嵩诣太祖以观虚实。嵩还，深陈太祖威德⑨，说表遣子入质⑩。表疑嵩反为太祖说⑪，大怒，欲杀嵩，考杀随嵩行者⑫，知嵩无他意，乃止⑬。表虽外貌儒雅⑭，而心多疑忌⑮，皆此类也。

[注释]

①太祖：即太祖武皇帝曹操，建安二十五年（220）曹丕代汉立国称帝，改元黄初，追谥其父曹操为武帝；曹丕子曹叡于景初元年（237）上其祖父庙号魏太祖。

②江汉：指长江与汉水之间及其附近的一些地区，属古荆楚之地，在今湖北省境内。

③从事中郎韩嵩：字德高（生卒年不详），东汉义阳（今河南桐柏东）人。为刘表部下从事中郎，后归附曹操，迁大鸿胪。从事中郎，官名。东汉三国时，三公及将军、州牧所置属官，其职为参谋政务军事，秩千石、六百石不等。别驾刘先：字始宗（生卒年不详），东汉零陵（治今湖南永州）人。为刘表部下别驾，建安十三年（208）以武陵降曹，官至魏国尚书令。别驾，官名。即别驾从事，又称别驾从事史，系州牧、刺史的属官。州牧、刺史巡行郡县时，他别乘传车从行，故称。

④弊：衰落，疲困。

⑤举：攻克。

⑥福祚（zuò 坐）：福禄，福分。

⑦蒯越：字异度（？~214），东汉中庐（今湖北襄阳西南）人。曾佐刘表平定荆州，拜章陵太守，封樊亭侯。归降曹操后，官至光禄勋。

⑧狐疑：犹豫。

⑨威德：声威与德行。

⑩入质：诸侯、属国或藩部送其子弟于中央朝廷，以为人质，表示臣服。

⑪说（shuì 税）：劝说别人听从自己的意见。

⑫考杀：拷问击杀。

⑬乃止：裴注引《傅子》曰："初表谓嵩曰：'今天下大乱，未知所

定,曹公拥天子都许,君为我观其衅。'嵩对曰:'圣达节,次守节。嵩,守节者也。夫事君为君,君臣名定,以死守之;今策名委质,唯将军所命,虽赴汤蹈火,死无辞也。以嵩观之,曹公至明,必济天下。将军能上顺天子,下归曹公,必享百世之利,楚国实受其祐,使嵩可也;设计未定,嵩使京师,天子假嵩一官,则天子之臣,而将军之故吏耳。在君为君,则嵩守天子之命,义不得复为将军死也。唯将军重思,无负嵩。'表遂使之,果如所言,天子拜嵩侍中,迁零陵太守,还称朝廷、曹公之德也。表以为怀贰,大会寮属数百人,陈兵见嵩,盛怒,持节将斩之,数曰:'韩嵩敢怀贰邪!'众皆恐,欲令嵩谢。嵩不动,谓表曰:'将军负嵩,嵩不负将军!'具陈前言。表怒不已,其妻蔡氏谏之曰:'韩嵩,楚国之望也;且其言直,诛之无辞。'表乃弗诛而囚之。"

⑭儒雅:谓风度温文尔雅。

⑮疑忌:猜疑妒忌。

刘备奔表①,表厚待之,然不能用②。建安十三年⑬,太祖征表,未至,表病死。

[注释]

①刘备:字玄德(161~223),蜀汉昭烈帝,史称先主。详见本书所选《先主传》。

②然不能用:裴注引《汉晋春秋》曰:"太祖之始征柳城,刘备说表使袭许,表不从。及太祖还,谓备曰:'不用君言,故失此大会也。'备曰:'今天下分裂,日寻干戈,事会之来,岂有终极乎?若能应之于后者,则此未足为恨也。'"

⑬建安十三年:即公元208年。建安,汉献帝的第五个年号。

初，表及妻爱少子琮①，欲以为后，而蔡瑁、张允为之支党②，乃出长子琦为江夏太守③，众遂奉琮为嗣。琦与琮遂为雠隙④。越、嵩及东曹掾傅巽等说琮归太祖⑤，琮曰："今与诸君据全楚之地⑥，守先君之业⑦，以观天下，何为不可乎？"巽对曰："逆顺有大体⑧，强弱有定势⑨。以人臣而拒人主⑩，逆也；以新造之楚而御国家⑪，其势弗当也；以刘备而敌曹公，又弗当也。三者皆短，欲以抗王兵之锋⑫，必亡之道也。将军自料何与刘备⑬？"琮曰："吾不若也。"巽曰："诚以刘备不足御曹公乎，则虽保楚之地，不足以自存也；诚以刘备足御曹公乎，则备不为将军下也。愿将军勿疑。"太祖军到襄阳⑭，琮举州降。备走奔夏口⑮。

[注释]

①少子琮（cóng 从）：即刘琮（生卒年不详），荆州牧刘表的次子。刘表卒后，蔡夫人与蔡瑁等立之为嗣，一个月后即投降曹操，曾任荆州刺史，封列侯，迁谏议大夫。

②蔡瑁：字德珪（guī 归，生卒年不详），东汉襄阳（今湖北襄阳）人。原系刘表后妻蔡夫人之弟，深受刘表倚重，后随刘琮降曹。张允：刘表外甥，深受刘表倚重，后随刘琮降曹。支党：党羽。

③长子琦：即刘琦（？~209），刘表长子，为继母蔡夫人难容，出为江夏太守。建安十三年（208），刘表死，次子刘琮嗣位后降曹，他与刘备合兵屯夏口，翌年病死。江夏，即江夏郡，西汉高帝六年（前201）置，治所西陵县（今湖北新洲西二里）。东汉建安初，江夏太守黄祖徙治夏口城（今武汉汉口城区），建安十三年（208）初，孙权破城杀黄祖，

江夏太守刘琦另筑夏口城（今武汉汉阳城区），年底，曹操任文聘为江夏太守驻此。赤壁战后，文聘徙治石阳（今湖北黄陂西）。

④雠（chóu 筹）隙：仇恨，怨恨。裴注引《典略》曰："表疾病，琦还省疾。琦性慈孝，珸、允恐琦见表，父子相感，更有托后之意，谓曰：'将军命君抚临江夏，为国东藩，其任至重；今释众而来，必见谴怒，伤亲之欢心以增其疾，非孝敬也。'遂遏于户外，使不得见，琦流涕而去。"

⑤东曹掾（yuàn 院）傅巽（xùn 训）：字公悌（生卒年不详），东汉北地泥阳（今甘肃宁县西南）人，傅嘏伯父。原为荆州牧刘表东曹掾，刘表死，劝说刘琮降曹后被封关内侯，曹魏时任侍中。东曹掾，官名。太尉、丞相的属官，有东、西曹之分，长官正职称掾，副职称属。东曹掾负责选拔推举丞相的吏员。

⑥楚：泛指古楚国所辖之地。《战国策·楚策一》："楚地西有黔中、巫郡，东有夏州、海阳，南有洞庭、苍梧，北有汾陉之塞郇阳，地方五千里。"

⑦先君：称已故的父亲。这里即指刘表。

⑧逆顺：这里谓事理的当与不当。大体：重要的义理，有关大局的道理。

⑨定势：确定的态势。

⑩人臣：臣下，臣子。人主：人君，君主。

⑪御：抗拒。

⑫王兵：谓仁义之师。曹操挟天子以令诸侯，故称。

⑬何与刘备：谓与刘备相比怎么样。

⑭襄阳：即襄阳县，西汉置，属南郡，治所在今湖北襄阳市汉水南襄阳城，以在襄水之北，故称。东汉建安十三年（208）为襄阳郡治。

⑮夏口：地名。即今湖北汉口，为汉水入长江处。古代汉水在襄阳以下称夏水或襄江，故汉水入长江处称夏口。裴注引《傅子》曰："巽子公悌，瑰伟博达，有知人鉴。辟公府，拜尚书郎，后客荆州，以说刘琮之功，赐爵关内侯。文帝时为侍中，太和中卒。巽在荆州，目庞统为半英雄，证裴潜终以清行显；统遂附刘备，见待次于诸葛亮，潜位至尚书令，并有名德。及在魏朝，魏讽以才智闻，巽谓之必反，卒如其言。巽弟子瑕，别有传。"又引《汉晋春秋》曰："王威说刘琮曰：'曹操得将军既降，刘备已走，必解弛无备，轻行单进；若给威奇兵数千，徼之于险，操可获也。获操即威震天下，坐而虎步，中夏虽广，可传檄而定，非徒收一胜之功，保守今日而已。此难遇之机，不可失也。'琮不纳。"又引《搜神记》曰："建安初，荆州童谣曰：'八九年间始欲衰，至十三年无孑遗。'言自中平以来，荆州独全，及刘表为牧，民又丰乐，至建安八年九年当始衰。始衰者，谓刘表妻死，诸将并零落也。十三年无孑遗者，表当又死，因以丧破也。是时，华容有女子忽啼呼云：'荆州将有大丧。'言语过差，县以为妖言，系狱月馀，忽于狱中哭曰：'刘荆州今日死。'华谷去州数百里，即遣马吏验视，而刘表果死，县乃出之。续又歌吟曰：'不意李立为贵人。'后无几，太祖平荆州，以涿郡李立字建贤为荆州刺史。"

太祖以琮为青州刺史①，封列侯②。蒯越等侯者十五人。越为光禄勋③；嵩，大鸿胪④；羲，侍中⑤；先，尚书令⑥；其馀多至大官⑦。

[注释]

①青州：西汉武帝所置十三刺史部之一，东汉治所临淄县（治今山东淄博市临淄北），辖境相当于今山东德州市、齐河县以东，马颊河以南，济南、临朐、安丘、高密、莱阳、栖霞、乳山等市县以北、以东与河北吴桥县地。

②列侯：封爵名。爵是皇帝赐予臣民的一种称号，获得者在政治上、社会上具有特殊的地位与身份。秦汉时爵分二十个等级，其中，第一级公士至第八级公乘属于低爵，多赐予一般士民；第九级五大夫至第十九级关内侯为高爵，多赐予官吏或功臣；第二十级列侯为最高爵位，只有少数高级官吏与望族宗亲可以享有。列侯有封国，按封区户数所拥有的土地数量和产量征收地税，供其享用，称食邑。列侯在其封国无治民权，其封国大小不等。大者相当于一个县，称侯国；小者为一乡、一亭，以其封国食邑的大小分为县侯、乡侯、亭侯三等，并以其封地作为侯的名号。东汉实行两等封爵制，皇子封王，功臣封侯；赐爵也只有列侯与关内侯两级。列侯有世袭权。裴注引《魏武故事》载令曰："楚有江、汉山川之险，后服先疆，与秦争衡，荆州则其故地。刘镇南久用其民矣。身没之后，诸子鼎峙，虽终难全，犹可引日。青州刺史琮，心高志洁，智深虑广，轻荣重义，薄利厚德，蔑万里之业，忽三军之众，笃中正之体，敦令名之誉，上耀先君之遗尘，下图不朽之馀祚；鲍永之弃并州，窦融之离五郡，未足以喻也。虽封列侯一州之位，犹恨此宠未副其人；而比有笺求还州。监史虽尊，秩禄未优。今听所执，表琮为谏议大夫，参同军事。"

③光禄勋：即光禄卿，九卿之一，宫内总管，统领皇帝的顾问参议、宿卫侍从，传达接待诸官，秩中二千石，三国时为第三品。属官有五官中郎将等。裴注引《傅子》曰："越，蒯通之后也，深中足智，魁杰有雄姿。大将军何进闻其名，辟为东曹掾。越劝进诛诸阉官，进犹豫不决。越

知进必败，求出为汝阳令，佐刘表平定境内，表得以强大。诏书拜章陵太守，封樊亭侯。荆州平，太祖与荀彧书曰：'不喜得荆州，喜得蒯异度耳。'建安十九年卒。临终，与太祖书，托以门户。太祖报书曰：'死者反生，生者不愧。孤少所举，行之多矣。魂而有灵，亦将闻孤此言也。'"

④大鸿胪：九卿之一，掌管朝廷的礼宾事务。汉代，凡诸侯王和各少数民族君长，以及外国君主或使臣，被视为皇帝的宾客，与之有关的事务，多由大鸿胪掌管，秩中二千石。属官有丞、治礼郎等。裴注引《先贤行状》曰："嵩字德高，义阳人。少好学，贫不改操。知世将乱，不应三公之命，与同好数人隐居于郦西山中。黄巾起，嵩避难南方，刘表逼以为别驾，转从事中郎。表郊祀天地，嵩正谏不从，渐见违忤。奉使到许，事在前注。荆州平，嵩疾病，就在所拜授大鸿胪印绶。"

⑤侍中：官名。秦始置，两汉沿置，为正规官职外的加官之一。因侍从皇帝左右，出入宫廷，与闻朝政，逐渐变为亲信贵重之职。三国时秩比二千石，第三品。裴注曰："羲，章陵人。"

⑥尚书令：官名。尚书台长官，属少府。东汉时独立，受命于皇帝或录尚书事的大臣，秩千石，三国时第三品。属官有尚书仆射、尚书等。

⑦其馀多至大官：裴注引《零陵先贤传》曰："先字始宗，博学强记，尤好黄老言，明习汉家典故。为刘表别驾，奉章诣许，见太祖。时宾客并会，太祖问先：'刘牧如何郊天也？'先对曰：'刘牧托汉室肺腑，处牧伯之位，而遭王道未平，群凶塞路，抱玉帛而无所聘俯，修章表而不获达御，是以郊天祀地，昭告赤诚。'太祖曰：'群凶为谁？'先曰：'举目皆是。'太祖曰：'今孤有熊罴之士，步骑十万，奉辞伐罪，谁敢不服？'先曰：'汉道陵迟，群生憔悴，既无忠义之士，翼戴天子，绥宁海内，使万邦归德，而阻兵安忍，曰莫己若，既蚩尤、智伯复见于今也。'太祖嘿然。拜先武陵太守。荆州平，先始为汉尚书，后为魏国尚书令。"又曰：

"先甥同郡周不疑,字元直,零陵人。《先贤传》称不疑幼有异才,聪明敏达,太祖欲以女妻之,不疑不敢当。太祖爱子仓舒,夙有才智,谓可与不疑为俦。及仓舒卒,太祖心忌不疑,欲除之。文帝谏以为不可,太祖曰:'此人非汝所能驾御也。'乃遣刺客杀之。"又引挚虞《文章志》曰:"不疑死时年十七,著《文论》四首。"又引《世语》曰:"表死后八十馀年,至晋太康中,表冢见发。表及妻身形如生,芬香闻数里。"

评曰:董卓狼戾贼忍①,暴虐不仁,自书契已来②,殆未之有也③。袁术奢淫放肆④,荣不终己⑤,自取之也⑥。袁绍、刘表,咸有威容、器观⑦,知名当世。表跨蹈汉南⑧,绍鹰扬河朔⑨,然皆外宽内忌,好谋无决,有才而不能用,闻善而不能纳,废嫡立庶⑩,舍礼崇爱⑪,至于后嗣颠蹶⑫,社稷倾覆⑬,非不幸也。昔项羽背范增之谋,以丧其王业⑭;绍之杀田丰⑮,乃甚于羽远矣⑯!

[注释]

①狼戾(lì力):凶狠,暴戾。《战国策·燕策一》:"夫赵王之狼戾无亲,大王之所明见知也。"贼忍:残忍。

②书契:指文字。《周易·系辞下》:"上古结绳而治,后世圣人易之以书契。"

③殆:大概,几乎。裴注引《英雄记》曰:"昔大人见临洮而铜人铸,临洮生卓而铜人毁;世有卓而大乱作,大乱作而卓身灭,抑有以也。"

④奢淫:奢侈淫逸。《三国志·袁术传》:"南阳户口数百万,而术奢淫肆欲,征敛无度,百姓苦之。"放肆:放纵,不加约束。

⑤终己:犹终身。

⑥自取之也：裴注曰："臣松之以为桀、纣无道，秦、莽纵虐，皆多历年所，然后众恶乃著。董卓自窃权柄，至于陨毙，计其日月，未盈三周，而祸崇山岳，毒流四海。其残贼之性，实豺狼不若。'书契未有'，斯言为当。但评既曰'贼忍'，又云'不仁'，贼忍，不仁，于辞为重。袁术无毫芒之功，纤介之善，而猖狂于时，妄自尊立，固义夫之所扼腕，人鬼之所同疾。虽复恭俭节用，而犹必覆亡不暇，而评但云'奢淫不终'，未足见其大恶。"

⑦威容：谓仪容庄重。器观：才能和仪表。

⑧跨蹈：占有，统有。汉南：汉水以南。这里指代荆州。

⑨鹰扬：逞威；大展雄才。河朔：古代泛指黄河以北的地区。与上句语出三国魏曹植《与杨德祖书》："昔仲宣独步于汉南，孔璋鹰扬于河朔。"

⑩嫡：谓嫡子，正妻所生之子，多指嫡长子。庶：非正妻生的孩子，与"嫡"相对。

⑪舍礼崇爱：这里的意思是废弃传统的长幼礼仪，只偏爱自己中意的儿子。

⑫后嗣：后代，子孙。颠蹙（cù促）：忙乱急迫。

⑬社稷：古代帝王、诸侯所祭的土神和谷神。社，土神；稷，谷神。常用为国家或政权的代称。倾覆：颠覆，覆灭。

⑭"昔项羽"二句：秦亡以后，项羽与刘邦争夺天下，两位强者在鸿门宴饮，项羽的重要谋臣范增屡屡示意项羽杀掉刘邦，项羽没有听从，丧失良机，此后兵败乌江自刎，刘邦最终建立了汉朝。项羽（前232～前202），名籍，字羽，下相（今江苏宿迁西南）人。楚国将门之后，秦汉之际反秦义军首领，自立为西楚霸王，但因谋略欠缺，加之不善用人，终于在中原逐鹿中败于刘邦。《史记》卷七、《汉书》卷三一皆有传。范增

(前277~前204),居鄡(今安徽桐城市南)人。他忠心辅佐项羽,被尊为亚父,项羽后中刘邦反间计,疏远范增,范增愤而离去,病死途中。

⑮杀田丰:其事详见本书所选《袁绍传》。

⑯乃甚于羽远矣:意谓项羽与袁绍皆没有听从谋臣的忠告,终于走向覆亡;但前者未杀害范增,后者却将田丰处斩,所以袁绍一误再误过于项羽。

[译文]

刘表字景升,是山阳高平人。年少时就有了名气,名列"八俊"之中。他身高八尺多,容貌仪表漂亮魁梧。以大将军掾的身份任职北军中候。汉灵帝去世后,刘表接替王叡任职荆州刺史。这时太行山以东地区的各路义军兴起,刘表也联合义军驻扎在襄阳。袁术驻军南阳,与孙坚联合,打算袭击夺取刘表的荆州,他指使孙坚进攻刘表。孙坚被乱飞的箭射中死亡,军事行动失败,袁术于是未能战胜刘表。李傕、郭汜进入长安后,打算联合刘表作为外援,就任命刘表为镇南将军、荆州牧,封爵成武侯,授予他得杀违犯军令者的权力。汉献帝定都许县,刘表虽然派遣使者向天子进贡,但又与北方的袁绍相互勾结。治中邓羲向刘表进谏,刘表没有听从,邓羲以有病为借口辞官,一直到刘表去世未出。张济率兵进入荆州地界,攻打穰县时,被乱飞的箭射死。荆州的官属皆来庆贺,刘表说:"张济因困窘才到荆州,是主人对他无礼,以至于双方交战,这不是我的本意,我只接受吊唁,不接受庆贺。"派人收容张济的部属;张济的部下闻知后很高兴,于是归顺了刘表。长沙太守张羡背叛刘表,刘表围攻多年没有攻下。张羡病死,他的部属又拥立他的儿子张怿,于是刘表进攻吞并了张怿的地盘,又南下收复了零陵、桂阳,北上攻取了汉川,控制了方圆几千里的地域,拥有披甲士兵十多万人。

曹操与袁绍的军队在官渡相持不下，袁绍派人向刘表求援，刘表应允却没有发兵，但也没有帮助曹操，只打算保守长江与汉水一带区域，以静观天下的变化。从事中郎韩嵩、别驾刘先劝说刘表说："豪杰相争，袁、曹两雄相持不下，天下的变机，掌握在将军您的手中。将军如果想有所作为，乘他们疲惫之际自家崛起；如若不这样，就一定要选择好可以联合的一方。将军拥有十万之众的军队，只是坐山观虎斗。看到贤明的一方不施援手，令双方和解又难以办到，两家的怨恨必定要集中于将军的身上，将军难以保持中立。曹操凭借他的贤明，天下才德杰出的人都归附于他，以当下形势推断，曹操一定会战胜袁绍，他然后举兵进攻江汉一带，恐怕将军难以抵御住曹军的攻势。所以替将军着想，不如率全荆州归顺曹操，曹操一定会深深感念将军；将军您就可永远长久享受福禄，并流传给后代，这是万全的策略。"刘表部下大将蒯越也劝说刘表，刘表犹豫不决，就派遣韩嵩拜见曹操以探测虚实。韩嵩归来，极力陈述曹操的声威与德行，劝说刘表将儿子作为人质送去。刘表怀疑韩嵩背叛自己反而替曹操游说，要杀死韩嵩，拷问击杀了韩嵩的随行者，得知韩嵩没有其他想法，才没杀死韩嵩。刘表虽然外表风度温文尔雅，而内心却猜疑妒忌，他待人大多如此。

刘备来投奔刘表，刘表厚待他，却未予重用。建安十三年（208），曹操征讨刘表，大军还未到，刘表就病死了。

起初，刘表与妻子都喜爱小儿子刘琮，打算以刘琮为继承人，而有蔡瑁、张允作为刘琮的党羽，就派遣长子刘琦为江夏太守，于是部属就拥立刘琮继承了刘表的官位。刘琦与刘琮就结下了仇恨。蒯越、韩嵩与东曹掾傅巽等人劝说刘琮归顺曹操，刘琮说："如今我与诸位占据有全楚之地，保守先父的基业，静观天下，有什么不可以呢？"傅巽回答说："事理的当与不当有重要的义理，强与弱有确定的态势。以臣属的身份抗拒君主的势力，属于背叛；凭借刚开辟的楚地抗拒国家的力量，是难以抗衡的；凭借刘备来抵抗曹操，也无法抗衡。三个方面都有不足，打算对抗仁义之师的锋芒，是必然灭亡的道路。将军自己估计与刘备相比怎么样？"刘琮说："我不如刘备。"傅巽说："您确实认为刘备不足以抗拒曹操，那么即使固守荆楚之地，也不足以保全自己；如果确实认为刘备足以抗拒曹操，那么刘备就难以屈居于将军之下。请将军不要再迟疑不决了。"曹军到达襄阳，刘琮率全荆州投降。刘备逃至夏口。

　　曹操任命刘琮为青州刺史，封为列侯。蒯越等十五人也被封侯。蒯越任职光禄勋，韩嵩任职大鸿胪，邓羲担任侍中，刘先做了尚书，其馀的人也大多当了大官。

　　评论说：董卓凶狠残忍，暴虐不仁，自有文字记载的历史以来，恐怕还没出现过。袁术奢侈淫逸，放纵，不加约束，兴盛景象没有等到他死亡就宣告结束，属于咎由自取。袁绍与刘表，都仪容庄重，以才能和仪表在当时享有盛名。刘表占有汉水以南的荆州之地，袁绍大展雄才于黄河以北的地区，然而全都外表宽厚而内心忌刻，善于谋划却不能做出决断，拥有人才却不能使用，听到好的进言却不能采纳，废黜嫡子，推立庶生之子，废弃传统的长幼礼仪，只偏爱自己中意的儿子，以至于后代子孙在忙乱急迫中，令社稷倒塌灭亡，并非意外的不幸，而是有其内在原因。从前项羽不听从范增的谋略，以至于丧失了霸业；袁绍杀害谋臣田丰，一误再误，残暴不仁的程度远远超过了项羽。

吕布传

附 张邈

[题解]

传见《三国志》卷七《魏书七》。吕布（？~198），字奉先，东汉五原郡九原县人。初从并州刺史丁原入京，后为董卓所利诱，杀原归卓，任骑都尉，迁中郎将，封都亭侯。董卓被诛后任奋武将军，进封温侯。一度投奔刘备，又反叛与袁术结交，一生行为颠三倒四，唯利是图，终于走投无路，为曹操所擒杀。《三国志》卷七、《后汉书》卷七五皆有传。剽悍英武、能征善战，但有勇无谋又反复无常，其为人于情于义，皆有欠缺，这是后世人对这位历史人物的普遍认知；千年以后，经过《三国志通俗演义》的一番刻画描写，吕布英武绝伦、武艺超强的文学形象似乎更为深入人心，甚至被戴上三国第一猛将的桂冠。小说之外，戏曲舞台也不乏这位"英俊小生"的风云叱咤。实则即使在冷兵器时代，特别是金属双马镫尚未出现的东汉三国时期，个人的武艺高强与否，从来不是战争胜负的决定因素，《曹瞒传》中所谓"人中有吕布，马中有赤兔"，不过是当时人们寻觅理想英雄的一种集体幻象而已，现实中不会有这样的人物！宋苏轼曾撰《论桓范陈宫》一文云："司马懿讨曹爽，桓范往奔之。懿谓蒋济曰：'智囊往矣！'济曰：'范则智矣，驽马恋栈豆，必不能用也。'范说爽移车驾幸许昌，招外兵，爽不从。范曰：'所忧在兵食，而大司农印在吾许。'爽不能用。陈宫、吕布既擒，曹操谓宫曰：'公台平生自谓智有馀,今日何如?'宫曰:'此子不用宫言,不然,未可知也!'仆尝论此二人:吕布、曹爽,何人也?而为之用,尚何言知!"乱世之中,良禽择木而栖,陈宫不辨贤愚而侍奉吕布,的确智商出了问题;但他临刑前对曹操所说"老母在公,不在宫也"八字,运用反激法委婉向曹操求情,并达到目的。生死之际,方寸不乱,也非寻常匹夫可比,千载之下读之,尤为动容。

吕布字奉先,五原郡九原人也①。以骁武给并州②。刺史丁原为骑都尉③,屯河内④,以布为主簿⑤,大见亲待⑥。灵帝崩⑦,原将兵诣洛阳⑧。与何进谋诛诸黄门⑨,拜执金吾⑩。进败,董卓入京都,将为乱,欲杀原,并其兵众。卓以布见信于原,诱布令杀原。布斩原首诣卓,卓以布为骑都尉,甚爱信之⑪,誓为父子。

[注释]

①五原郡:西汉元朔二年(前127)置,治所九原县(今内蒙古包头市西北),辖境相当于今内蒙古后套以东,阴山以南,包头市以西和达拉特、准噶尔等旗地。东汉末废。九原:即九原县。

②骁(xiāo销)武:勇猛威武。给:即"给(jǐ挤)事",谓供职。并(bīng兵)州:西汉武帝时置,为十三刺史部之一。东汉治所太原郡(治今山西太原市西南晋源镇),辖境相当于今山西大部及内蒙古、河北的一部以及陕西北部与河套一带地区。

③刺史丁原:字建阳(?~189),历任并州刺史、执金吾,董卓进京后,被吕布杀害。骑都尉:官名。光禄勋属官,统率皇宫禁卫军中的羽林骑士,秩比二千石。

④河内：即河内郡，西汉高帝二年（前205）改殷国置，治所怀县（今河南武陟县西南），辖境相当于今河南黄河以北，京汉铁路（包括卫辉市）以西地区。

⑤主簿：官名。东汉三国时，中央与州郡长官所置属官，其职为主管文书簿籍及印鉴，协助处理事务。

⑥亲待：亲近优待。《汉书·卫青霍去病传赞》："彼亲待士大夫，招贤黜不肖者，人主之柄也。"

⑦灵帝崩：谓汉灵帝刘宏中平六年（189）去世。崩，古代称帝王、皇后之死。《礼记·曲礼下》："天子死曰崩。"

⑧洛阳：即洛阳县，西汉为河南郡治，东汉建武元年（25）建都于此，治所在今河南洛阳市东北三十里汉魏故城。裴注引《英雄记》曰："原字建阳。本出自寒家，为人粗略，有武勇，善骑射。为南县吏，受使不辞难，有警急，追寇虏，辄在其前。裁知书，少有吏用。"

⑨何进：字遂高（？～189），东汉宛县（今河南南阳）人。因妹贵宠而授官。光和七年（184）黄巾军起，拜为大将军，封慎侯。灵帝死，何进扶立少帝刘辩，欲诛灭宦官，为何太后所阻，又与袁绍谋招外兵入京，事泄，反为宦官所杀。《后汉书》卷六九有传。黄门：官名。这里泛指黄门诸官，皆为少府属官，由宦官充任。黄门原为宫廷中的禁门，后成为宦官的代称。负责侍从皇帝，传递文书，联系内外，跪拜赞礼，慰问公主、妃子等内廷事务。东汉以黄门为名的职官有黄门侍郎，秩六百石；黄门令，秩六百石；小黄门，秩六百石；黄门署长，秩四百石；中黄门，秩比百石；等等。

⑩执金吾（yú鱼）：官名。其职为统领禁军中的北军，负责宫外的警戒，维护皇宫周围的治安及防止水火之灾等非常事故的发生，皇帝出行任仪仗护卫，秩中二千石。

⑪爱信：同"信爱"，谓信任喜爱。

布便弓马①，膂力过人②，号为飞将③。稍迁至中郎将④，封都亭侯⑤。卓自以遇人无礼⑥，恐人谋己，行止常以布自卫。然卓性刚而褊⑦，忿不思难⑧，尝小失意⑨，拔手戟掷布⑩。布拳捷避之⑪，为卓顾谢⑫，卓意亦解。由是阴怨卓⑬。卓常使布守中阁⑭，布与卓侍婢私通⑮，恐事发觉，心不自安。

[注释]

①便：擅长，善于。弓马：骑射。

②膂（lǚ吕）力：体力。

③飞将："飞将军"的省称，原为西汉时匈奴对汉将李广的称呼。语出《史记·李将军列传》："广居右北平，匈奴闻之，号曰'汉之飞将军'，避之数岁，不敢入右北平。"后世多喻指行动神速、骁勇善战者。

④稍迁：谓逐渐升迁。中郎将：官名。光禄勋属官，有五官、左、右、南、北、羽林、虎贲等中郎将之名称，位次于将军，秩比二千石。

⑤都亭侯：封爵名，属于列侯中的亭侯。都亭，都邑中的传舍。亭，秦汉时乡以下、里以上的行政机构。此封爵即以都邑中一亭为其食邑。

⑥遇人：犹待人。

⑦刚而褊（biǎn贬）：同"刚愎"，谓倔强固执。

⑧忿不思难：意谓忿怒起来，行动不考虑后果。

⑨小失意：谓意见小有不合。

⑩手戟：古代兵器，即随身携带用于防身的小戟。

⑪拳捷：勇壮敏捷。裴注引《诗》曰"无拳无勇，职为乱阶"，注：

"拳,力也。"

⑫顾谢:回首道歉、认错。

⑬阴怨:暗地里怨恨。

⑭中阁:宫中的小门。这里谓董卓内室的小门。

⑮侍婢:即侍女。

先是,司徒王允以布州里壮健①,厚接纳之②。后布诣允,陈卓几见杀状。时允与仆射士孙瑞密谋诛卓③,是以告布使为内应。布曰:"奈如父子何④!"允曰:"君自姓吕,本非骨肉。今忧死不暇⑤,何谓父子?"布遂许之,手刃刺卓。语在《卓传》。允以布为奋武将军⑥,假节⑦,仪比三司⑧,进封温侯⑨,共秉朝政。布自杀卓后,畏恶凉州人⑩,凉州人皆怨。由是李傕等遂相结还攻长安城⑪。布不能拒,傕等遂入长安。卓死后六旬⑫,布亦败⑬。将数百骑出武关⑭,欲诣袁术⑮。

[注释]

①司徒王允:字子师(137~192),东汉太原祁县(今属山西)人。汉献帝时历任太仆、司徒,初平三年(192),与尚书仆射士孙瑞、吕布等密谋,诛杀董卓,王允总领朝政。董卓馀党李傕、郭汜等攻入长安,杀王允及其全家。《后汉书》卷六六有传。司徒,汉代三公之一。西汉哀帝时以丞相为大司徒,掌管国家土地、人民。东汉三公无实际任职,仍称司徒,主教化。州里:古代二千五百家为州,二十五家为里。本为行政建制,后泛指乡里或本土。壮健:强健的人。

②接纳:结交罗致。

吕布传 | 317

③仆射（yè 业）士孙瑞：字君荣（？~195），士孙，复姓。扶风（治今陕西兴平东南）人，汉献帝初年任尚书仆射。据《后汉书·献帝纪》，兴平二年（195），汉献帝东归洛阳，被李傕、郭汜追赶，士孙瑞时任卫尉，死于乱军之中。仆射，这里谓尚书仆射，尚书令的副职，与尚书令共同处理诏令的启封及钱谷等事务。东汉属少府。

④奈如父子何：意谓怎奈我们如同父子一样呀。

⑤忧死不暇：意谓担忧被杀死还来不及呢。

⑥奋武将军：东汉杂号将军名。

⑦假节：东汉末至三国，掌地方军政的官往往加使持节、持节或假节的称号。使持节得诛杀中级以下官吏，持节得杀无官职的人，假节得杀犯军令者。

⑧仪比三司：即"仪同三司"，散官名。三司即三公，汉称太尉、司徒、司空为三司。"仪同三司"谓非三司而仪制同于三公。东汉殇帝延平元年，邓骘为车骑将军仪同三司，仪同三司之名自此始。

⑨温侯：封爵名，属列侯中的县侯，食邑温县。温县，春秋时晋置，治所在今河南温县西南三十里古温城。西汉属河内郡。

⑩畏恶（wù 务）：忌恨，憎恶。凉州：西汉武帝所置十三刺史部之一，东汉时治所陇县（今甘肃张家川回族自治县），辖境相当于今甘肃、宁夏、青海湟水流域，陕西定边、吴旗、凤县、略阳与内蒙古额济纳旗一带。三国魏黄初中移治姑臧县（今甘肃武威市）。

⑪李傕（jué 爵）：字稚然（？~198），东汉北地（今宁夏吴忠西南）人。董卓部将，董卓被诛后，与郭汜等率兵攻入长安，杀王允，逼汉献帝封其为车骑将军、池阳侯，领司隶校尉，假节钺，与郭汜共擅朝政。又自称大司马，劫持汉献帝，纵兵掳掠长安。曹操率军迎献帝，李、郭兵败逃亡。建安三年（198）为段煨所杀。《三国志》卷六附于《董卓传》。裴注

引《英雄记》曰:"郭汜在城北。布开城门,将兵就汜,言'且却兵,但身决胜负'。汜、布乃独共对战,布以矛刺中汜,汜后骑遂前救汜,汜、布遂各两罢。"

⑫六旬:六十天。古人以十天为一旬。

⑬布亦败:裴注云:臣松之案《英雄记》曰:"诸书,布以四月二十三日杀卓,六月一日败走,时又无闰,不及六旬。"

⑭武关:战国秦置,位于今陕西商南县西南丹江上,即秦之南关。自古以来为兵家必争之地。

⑮袁术:字公路(?~199),东汉汝南汝阳(今河南商水西南)人,出身于四世三公的显宦家庭,为袁绍从弟。初为虎贲中郎将,助袁绍诛灭宦官。董卓进京专权,以他为后将军。他出奔南阳,与袁绍、曹操等同时起兵,共讨董卓。后又与袁绍对抗,为袁绍、曹操击败,遂奔九江,割据扬州。建安二年(197),袁术称帝于寿春,号仲家,荒淫奢侈,横征暴敛,民心丧尽,先后为吕布、曹操所破,呕血而死。《三国志》卷六、《后汉书》卷七五皆有传。

布自以杀卓为术报仇①,欲以德之②。术恶其反覆,拒而不受③。北诣袁绍④,绍与布击张燕于常山⑤。燕精兵万馀,骑数千。布有良马曰赤兔⑥。常与其亲近成廉、魏越等陷锋突陈⑦,遂破燕军。而求益兵众⑧,将士钞掠⑨,绍患忌之⑩。布觉其意,从绍求去。绍恐还为己害,遣壮士夜掩杀布,不获。事露,布走河内⑪,与张杨合⑫。绍令众追之,皆畏布,莫敢逼近者⑬。

[注释]

①报仇：袁绍、袁术曾为征讨董卓的主力，董卓因此杀害了袁氏兄弟的叔父袁隗（wěi委）及其族人。《后汉书》卷四五："董卓忿绍、术背己，遂诛隗及术兄基等男女二十馀人。"

②欲以德之：意谓想令袁术感恩自己。

③拒而不受：《后汉书》卷七五："布与傕战，败，乃将数百骑，以卓头系马鞍，走出武关，奔南阳。袁术待之甚厚。布自恃杀卓，有德袁氏，遂恣兵抄掠。术患之。布不安，复去从张杨于河内。"

④袁绍：字本初（？~202），东汉汝南汝阳（今河南商水西南）人。《后汉书》卷七四上有传。详见本书所选《袁绍传》。

⑤张燕：本姓褚（生卒年不详），常山真定（今河北石家庄市东北）人。曾聚众响应黄巾军，称黑山军，后与博陵张牛角联合并推张为帅。张牛角中流矢将死，令众奉燕为帅，故改姓张，又因其彪悍捷速过人，军中号曰"飞燕"。张燕善与豪杰联合，最终降曹，拜平北将军，封安国亭侯。《三国志》卷八有传。常山：即常山郡，西汉文帝元年（前179），为避文帝刘恒讳，改恒山郡为常山郡，治所真定县（今河北石家庄市东北）。汉景帝五年（前152）改常山国，汉武帝元鼎三年（前114）复改为郡，四年移治元氏县（今河北元氏县西北十五里），辖境相当于今河北唐河以南，曲阳、栾城、赵县以西（正定、石家庄除外），内丘以北地区。东汉改为常山国，辖境略大。建安十一年（206）又改为常山郡。

⑥赤兔：亦作"赤菟"，骏马名。《后汉书》卷七五："布常御良马，号曰赤菟，能驰城飞堑。"裴注引《曹瞒传》曰："时人语曰：'人中有吕布，马中有赤兔。'"

⑦成廉：吕布部下勇将，建安三年（198），下邳之战中被曹操俘获，结局不详。魏越：吕布部下勇将，生平不详。陷锋突陈：同"冲锋陷

阵",谓向前冲击,攻破敌阵。形容作战勇敢。陈,通"阵"。

⑧益:增加。兵众:众兵,军队。

⑨钞掠:抢劫,掠夺。

⑩患忌:猜忌。

⑪河内:即河内郡,西汉高帝二年(前205)改殷国置,治所怀县(今河南武陟县西南),辖境相当于今河南黄河以北,京汉铁路(包括卫辉市)以西地区。裴注引《英雄记》曰:"布自以有功于袁氏,轻傲绍下诸将,以为擅相署置,不足贵也。布求还洛,绍假布领司隶校尉。外言当遣,内欲杀布。明日当发,绍遣甲士三十人,辞以送布。布使止于帐侧,伪使人于帐中鼓筝。绍兵卧,布无何出帐去,而兵不觉。夜半兵起,乱斫布床被,谓为已死。明日,绍讯问,知布尚在,乃闭城门。布遂引去。"

⑫张杨:字稚叔(?~199),东汉云中(今山西原平西南)人。汉献帝时,曾任河内太守,初平元年(190)参加诸侯联军讨伐董卓。兴平二年(195),汉献帝自长安返洛阳,他于途中贡献粟帛,拜大司马。建安三年(198),曹操围困吕布于下邳,张杨出兵东市,欲救吕布,翌年为部将杨丑所杀。《三国志》卷八有传。

⑬逼近:向前接近。裴注引《英雄记》曰:"杨及部曲诸将,皆受傕、汜购募,共图布。布闻之,谓杨曰:'布,卿州里也。卿杀布,于卿弱。不如卖布,可极得汜、傕爵宠。'杨于是外许汜、傕,内实保护布。汜、傕患之,更下大封诏书,以布为颍川太守。"

张邈字孟卓①,东平寿张人也②。少以侠闻,振穷救急③,倾家无爱④,士多归之。太祖、袁绍皆与邈友⑤。辟公府⑥,以高第拜骑都尉⑦,迁陈留太守⑧。董卓之乱,太祖与邈首举义兵⑨。汴水之战⑩，邈遣卫兹将兵随太祖⑪。袁绍既为盟主⑫，有骄矜色⑬，邈正议责绍⑭。绍使太祖杀邈，太祖不听，责绍曰："孟卓，亲友也，是非当容之。今天下未定，不宜自相危也。"邈知之，益德太祖。太祖之征陶谦⑮，敕家曰⑯："我若不还，往依孟卓。"后还，见邈，垂泣相对。其亲如此。

[注释]

①张邈：字孟卓（？~195），东汉东平寿张人。汉献帝时曾为陈留太守。兴平元年（194）迎吕布夺取兖州，次年，吕布为曹操所败，张邈投袁术求救，为部下所杀。

②东平：即东平国，西汉甘露二年（前52）改大河郡置，治所无盐县（今山东东平东南），辖境相当于今山东济宁市与汶上、东平等县地。东汉属兖州。寿张：即寿张县，东汉改寿良县置，属东平国，治所在今山东东平西南。

③振穷：救助困穷的人。《周礼·地官·大司徒》："以保息六养万民：一曰慈幼，二曰养老，三曰振穷，四曰恤贫，五曰宽疾，六曰安富。"救急：解救危急。

④倾家无爱：意谓家产荡尽也不吝惜。

⑤太祖：即曹操。

⑥辟（bì 必）公府：谓被三公之府征召。辟，征召，荐举。三公，东汉以太尉、司徒、司空为三公。

⑦高第：指官吏的考绩优等。《汉书·儒林传·严彭祖》："彭祖为宣帝博士，至河南、东郡太守。以高第入为左冯翊。"骑都尉：官名。光禄勋属官，统率皇宫禁卫军中的羽林骑士，秩比二千石。

⑧陈留：即陈留郡，西汉武帝元狩元年（前122）置，治所陈留县（今河南开封县东南陈留镇），辖境相当于今河南开封市及尉氏县以东，宁陵县以西，延津、长垣县以南，杞县、睢县以北地。

⑨义兵：犹义师，谓为正义而战的军队。

⑩汴（biàn 变）水之战：详见本书所选《武帝纪》汉献帝初平元年（190）记事。汴水，谓今河南荥阳市西南索河。

⑪卫兹：字子许（？～190），陈留襄邑（今河南睢县）人。有大节，不应三公之辟，曾助曹操举兵，得众五千人。汉献帝初平元年（190），从曹操讨伐董卓，力战终日而死。将兵：率兵。

⑫盟主：这里谓讨伐董卓的同盟首领或倡导者。

⑬骄矜：骄傲自负。

⑭正议：谓秉正发表议论。

⑮陶谦：字恭祖（132～194），东汉丹阳（今安徽当涂东北）人。历官徐州刺史、徐州牧。因其部下都尉张闿劫杀曹操父亲曹嵩一家，曹操兵伐徐州，大败陶谦。汉献帝兴平元年（194）病死。《三国志》卷八有传。

⑯敕：古时自上告下之词。汉时凡尊长告诫后辈或下属皆称敕。南北朝以后特指皇帝的诏书。

吕布之舍袁绍从张杨也，过邈临别，把手共誓。绍闻之，大恨。邈畏太祖终为绍击己也，心不自安。兴平元年①，太祖复征谦，邈弟超②，与太祖将陈宫、从事中郎许汜、王楷共谋叛太祖③。宫说邈曰："今雄杰并起，天下分崩，君以千里之众④，当四战之地⑤，抚剑顾眄⑥，亦足以为人豪⑦，而反制于人⑧，不以鄙乎⑨！今州军东征⑩，其处空虚，吕布壮士，善战无前⑪，若权迎之，共牧兖州[12]，观天下形势，俟时事之变通[13]，此亦纵横之一时也[14]。"邈从之。太祖初使宫将兵留屯东郡[15]，遂以其众东迎布为兖州牧，据濮阳[16]。郡县皆应，唯鄄城、东阿、范为太祖守[17]。太祖引军还，与布战于濮阳，太祖军不利，相持百馀日。是时岁旱、虫蝗、少谷，百姓相食，布东屯山阳[18]。二年间[19]，太祖乃尽复收诸城，击破布于巨野[20]。布东奔刘备[21]。邈从布，留超将家属屯雍丘[22]。太祖攻围数月，屠之，斩超及其家[23]。邈诣袁术请救未至，自为其兵所杀[24]。

[注释]

①兴平元年：即公元194年。兴平，汉献帝的第四个年号（194~195）。

②邈弟超：即张超（？~195），东汉东平寿张（今山东阳谷与河南范县间）人，陈留太守张邈之弟，曾任广陵太守。

③陈宫：字公台（？~198），东汉东郡（治今河南濮阳西南）人。初随曹操，兴平元年（194），弃曹操而随吕布。建安三年（198），曹操征讨吕布，陈宫被擒杀。事见此传后文。从事中郎许汜（sì 寺）：东汉末为兖州从事中郎（生卒年不详），兴平元年（194）背弃曹操而迎吕布。吕布败后投奔荆州刘表。从事中郎，官名。东汉三国时，三公及将军、州牧所置属官，其职为参谋政务军事，秩千石、六百石不等。王楷：东汉末为兖州从事中郎（生卒年不详），兴平元年（194）背弃曹操而迎吕布。

④千里：方圆千里。这里指陈留郡地域广阔。

⑤四战之地：犹言地居要冲、四面受敌的平原地带。《后汉书》卷七五："宫因说邈曰：'今天下分崩，雄杰并起。君拥十万之众，当四战之

地,抚剑顾眄,亦足以为人豪,而反受制,不以鄙乎!'"唐李贤注:"陈留地平,四面受敌,故谓之四战之地也。"

⑥抚剑顾眄(miǎn 免):手按剑而左顾右盼。形容洋洋自得的神态。眄,斜视,不用正眼看。

⑦人豪:谓人中豪杰。

⑧反制于人:谓受他人辖制。

⑨鄙:浅陋。

⑩州军:谓曹操统率的兖州军。东征:陶谦所领徐州刺史部在曹操所领兖州刺史部的东面,故称东征。

⑪无前:无在前者,谓向前无所阻。

⑫牧:谓州牧,统领一州的最高行政长官。这里用如动词。兖州:西汉武帝时置,为十三刺史部之一,辖境相当于今山东西南部与河南东部地区,北至茌平、莱芜,东至沂水流域,东南至莒县、平邑、兖州、鱼台、单县,南至鹿邑、淮阳、扶沟等市县,西南至开封、濮阳等地。东汉治所昌邑县(今山东巨野东南)。

⑬俟(sì 肆):等待。时事:局势,时局。变通:谓事物因变化而通达。

⑭纵横:肆意横行,无所顾忌。

⑮东郡:战国秦王政五年(前242)置,治所濮阳。西汉辖境相当于今山东东阿、梁山以西,山东郓城、河南范县以北,山东茌平、莘县、河南南乐、清丰、濮阳以南地。东汉时期辖境缩小。

⑯濮阳:即濮阳县,秦置,为东郡治。治所在今河南濮阳西南十六里故县村。

⑰鄄(juàn 眷)城:即鄄城县,秦置,属东郡,汉属济阴郡,治所在今山东鄄城县北旧城镇。东阿(ē 俄阴平):即东阿县,秦置,属东郡,

吕布传 | 325

治所在今山东阳谷东北五十里阿城镇。范：即范县，西汉置，属东郡，东汉末属东平国，治所在今山东梁山县西北范城。

⑱山阳：即山阳郡，西汉武帝建元五年（前136）改山阳国为山阳郡，治所昌邑县（今山东巨野南六十里），辖境相当于今山东巨野以南，成武、曹县以东，单县以北，鱼台以西及邹城、兖州等市地。

⑲二年：即汉献帝兴平二年（195）。

⑳巨野：即巨野县，西汉置，属山阳郡，治所在今山东巨野东北。

㉑刘备：字玄德（161~223），蜀汉昭烈帝，史称先主。详见本书所选《先主传》。裴注引《英雄记》曰："布见备，甚敬之，谓备曰：'我与卿同边地人也。布见关东起兵，欲诛董卓。布杀卓东出，关东诸将无安布者，皆欲杀布耳。'请备于帐中坐妇床上，令妇向拜，酌酒饮食，名备为弟。备见布语言无常，外然之而内不说。"

㉒雍丘：即雍丘县，秦置，属砀郡，汉属陈留郡，治所在今河南杞县。

㉓斩超：据《三国志·武帝纪》兴平二年记述："十二月，雍丘溃，超自杀。"与此处被杀说有异。

㉔自为其兵所杀：裴注引《献帝春秋》曰："袁术议称尊号，邈谓术曰：'汉据火德，绝而复扬，德泽丰流，诞生明公。公居轴处中，入则享于上席，出则为众目之所属，华、霍不能增其高，渊泉不能同其量，可谓巍巍荡荡，无与为贰。何为舍此而欲称制？恐福不盈眦，祸将溢世。庄周之称郊祭牺牛，养饲经年，衣以文绣，宰执鸾刀，以入庙门，当此之时，求为孤犊不可得也！'按本传，邈诣术，未至而死。而此云谏称尊号，未详孰是。"

备东击术，布袭取下邳①，备还归布。布遣备屯小沛②。布自称徐州刺史③。术遣将纪灵等步骑三万攻备④,备求救于布。布诸将谓布曰:"将军常欲杀备,今可假手于术⑤。"布曰:"不然。术若破备,则北连太山诸将⑥,吾为在术围中⑦,不得不救也。"便严步兵千、骑二百⑧,驰往赴备。灵等闻布至,皆敛兵不敢复攻⑨。布于沛西南一里安屯,遣铃下请灵等⑩,灵等亦请布共饮食。布谓灵等曰:"玄德,布弟也。弟为诸君所困,故来救之。布性不喜合斗⑪,但喜解斗耳⑫。"布令门候于营门中举一只戟⑬,布言:"诸君观布射戟小支⑭,一发中者诸君当解去,不中可留决斗。"布举弓射戟,正中小支。诸将皆惊,言"将军天威也⑮"!明日复欢会,然后各罢。

[注释]

①下邳(pī批):即下邳县,秦置,属东海郡,东汉为下邳国治,治所在今江苏睢宁县西北古邳镇东三里。

②小沛:即今江苏沛县。汉改泗水郡为沛郡,治相县(今安徽淮北市西北相山区),故以沛县为小沛。

③徐州:汉武帝所置十三刺史部之一,辖境相当于今山东东南部与江苏长江以北地区,东汉时治所在郯县(今山东郯城)。三国魏移治于彭城(今江苏徐州)。裴注引《英雄记》曰:"布初入徐州,书与袁术。术报书曰:'昔董卓作乱,破坏王室,祸害术门户,术举兵关东,未能屠裂卓。将军诛卓,送其头首,为术扫灭仇耻,使术明目于当世,死生不愧,其功一也。昔将金元休向兖州,甫诣封丘,为曹操逆所拒破,流离迸走,几至灭亡。将军破兖州,术复明目于遐迩,其功二也。术生年已来,不闻天下有刘备,备乃举兵与术对战;术凭将军威灵,得以破备,其功三也。将军

有三大功在术，术虽不敏，奉以生死。将军连年攻战，军粮苦少，今送米二十万斛，迎逢道路，非直此止，当骆驿复致；若兵器战具，它所乏少，大小唯命。'布得书大喜，遂造下邳。"又引《典略》曰："元休名尚，京兆人也。尚与同郡韦休甫、第五文休俱著名，号为三休。尚，献帝初为兖州刺史，东之郡，而太祖已临兖州。尚南依袁术。术僭号，欲以尚为太尉，不敢显言，私使人讽之，尚无屈意，术亦不敢强也。建安初，尚逃还，为术所害。其后尚丧与太傅马日䃅丧俱至京师，天子嘉尚忠烈，为之咨嗟，诏百官吊祭，拜子玮郎中，而日䃅不与焉。"又引《英雄记》曰："布水陆东下，军到下邳西四十里。备中郎将丹杨许耽夜遣司马章诳来诣布，言'张益德与下邳相曹豹共争，益德杀豹，城中大乱，不相信。丹杨兵有千人屯西白门城内，闻将军来东，大小踊跃，如复更生。将军兵向城西门，丹杨军便开门内将军矣'。布遂夜进，晨到城下。天明，丹杨兵悉开门内布兵。布于门上坐，步骑放火，大破益德兵，获备妻子军资及部曲将吏士家口。建安元年六月夜半时，布将河内郝萌反，将兵入布所治下邳府，诣厅事阁外，同声大呼攻阁，阁坚不得入。布不知反者为谁，直牵妇，科头袒衣，相将从溷上排壁出，诣都督高顺营，直排顺门入。顺问：'将军有所隐不？'布言'河内儿声'。顺言'此郝萌也'。顺即严兵入府，弓弩并射萌众；萌众乱走，天明还故营。萌将曹性反萌，与对战，萌刺伤性，性斫萌一臂。顺斫萌首，床舆性，送诣布。布问性，言'萌受袁术谋'。'谋者悉谁'？性言'陈宫同谋'。时宫在坐上，面赤，傍人悉觉之。布以宫大将，不问也。性言'萌常以此问，性言吕将军大将有神，不可击也，不意萌狂惑不止'。布谓性曰：'卿健儿也！'善养视之。创愈，使安抚萌故营，领其众。"

④纪灵：袁术部下大将（生卒年不详）。

⑤假手：借他人之手来达到自己的目的。

⑥太山诸将：谓臧霸与孙观、吴敦、尹礼等，皆为东汉末泰山（今山东泰安东北）人，以勇壮闻名。汉末大乱，他们聚众泰山，屯于开阳，臧霸自为帅，雄霸一方。太山，即泰山郡，楚汉之际刘邦改博阳郡置，治所博县（今山东泰安东南三十里旧县），因境内泰山得名。后移治奉高县（今泰安市东北），辖境相当于今山东长清、莱芜以南，肥城以东，宁阳、平邑以北，沂源、蒙阴以西地区。东汉后辖境缩小。太，通"泰"。

⑦在术围中：当时吕布屯军下邳，袁术驻守寿春一带，位于下邳南部偏西；刘备驻军小沛，位于下邳西北；泰山诸将屯军开阳，位于下邳东北。袁术若攻陷小沛，再北联泰山诸将，吕布将陷于三面包围之中，故云。

⑧严：整饬，整备。《后汉书·南匈奴传》："臣国成败，要在今年。已敕诸部严兵马，讫九月龙祠，悉集河上。"

⑨敛兵：收起兵器。

⑩铃下：指侍卫、门卒或仆役。宋司马光《资治通鉴》卷六二："布屯沛城西南，遣铃下请灵等。"元胡三省注："铃下，卒也，在铃阁之下，有警至则掣铃以呼之，因以为名。"

⑪合斗：谓怂恿他人相互争斗。

⑫解斗：谓调解双方，使和解。

⑬门候：守门之官。戟：古代兵器名。合戈、矛为一体，略似戈，兼有戈之横击、矛之直刺两种作用，杀伤力比戈、矛强。

⑭小支：又作"小枝"，即"胡"，谓戈戟之刃曲而下垂的部分。

⑮天威：犹言神威，即神奇的威力。

术欲结布为援，乃为子索布女，布许之。术遣使韩胤以僭号议告布①，并求迎妇。沛相陈珪恐术、布成婚②，则徐、扬合从③，将为国难④,于是往说布曰:"曹公奉迎天子,辅赞国政⑤,威灵命世⑥,将征四海⑦,将军宜与协同策谋⑧,图太山之安⑨。今与术结婚,受天下不义之名⑩,必有累卵之危⑪。"布亦怨术初不己受也⑫,女已在涂⑬,追还绝婚,械送韩胤⑭,枭首许市⑮。珪欲使子登诣太祖⑯,布不肯遣。会使者至⑰,拜布左将军⑱。布大喜,即听登往,并令奉章谢恩⑲。登见太祖,因陈布勇而无计,轻于去就⑳,宜早图之。太祖曰:"布,狼子野心㉑,诚难久养,非卿莫能究其情也。"即增珪秩中二千石㉒,拜登广陵太守㉓。临别,太祖执登手曰:"东方之事,便以相付。"令登阴合部众以为内应㉔。

[注释]

①韩胤:袁术部下(?~197),建安二年(197),为吕布械送于曹操,被杀。僭(jiàn建)号:冒用帝王的称号。汉献帝建安二年(197),袁术称帝于寿春(今安徽寿县)。

②沛相陈珪(guī归):东汉下邳国淮浦县(今江苏涟水西)人,陈登之父,曾为沛相,劝阻吕布与袁术联姻。沛相,沛国的相,管理王国的行政,相当于郡太守。

③徐扬合从(zòng纵):意谓徐州(吕布)与扬州(袁术)两股力量的联合。合从,这里泛指联合。

④国难:国家的危难。这是以曹操为当时的正统势力而言。

⑤辅赞:辅佐襄助。国政:国家的政事。

⑥威灵:谓显赫的声威。命世:著名于当世,这里用来称誉有治国之才者。

⑦四海:犹言天下,全国各处。

⑧策谋：谋划。

⑨太山之安：比喻安定稳固。汉枚乘《七发》："变所欲为，易于反掌，安于泰山。"太山，即泰山。

⑩不义之名：不合乎道义的名声。谓与僭位的袁术联姻一事。

⑪累卵之危：堆叠的蛋，比喻极其危险。

⑫初不己受：即"初不受己"，谓起初不接受自己投靠。属于宾语提前，有强调作用。

⑬涂：道路。

⑭械（xiè谢）送：加刑具押送。

⑮枭（xiāo销）首：斩首并悬挂示众。许市：许县的街市。古代有"弃市"的刑罚，《礼记·王制》："刑人于市，与众弃之。"

⑯登：即陈登（163～201），字元龙，东汉下邳国淮浦县（今江苏涟水西）人，详见本书所选《陈登传》。

⑰使者：曹操所派代表汉献帝的使臣。吕布举报袁术称帝，故理应得到汉廷封赏。

⑱左将军：东汉三国时常设的高级将军名，在前、后、左、右将军中位居首位，负责京师兵卫和边防屯警，讨伐四夷。位次于九卿，高于其他临时设置的杂号将军。

⑲奉章谢恩：谓奉上谢恩的奏章。奉，敬辞。裴注引《英雄记》曰："初，天子在河东，有手笔版书召布来迎。布军无畜积，不能自致，遣使上书。朝廷以布为平东将军，封平陶侯。使人于山阳界亡失文字，太祖又手书厚加慰劳布，说起迎天子，当平定天下意，并诏书购捕公孙瓒、袁术、韩暹、杨奉等。布大喜，复遣使上书于天子曰：'臣本当迎大驾，知曹操忠孝，奉迎都许。臣前与操交兵，今操保傅陛下，臣为外将，欲以兵自随，恐有嫌疑，是以待罪徐州，进退未敢自宁。'答太祖曰：'布获罪

之人,分为诛首,手命慰劳,厚见褒奖。重见购捕袁术等诏书,布当以命为效。'太祖更遣奉车都尉王则为使者,赍诏书,又封平东将军印绶来拜布。太祖又手书与布曰:'山阳屯送将军所失大封,国家无好金,孤自取家好金更相为作印,国家无紫绶,自取所带紫绶以籍心。将军所使不良。袁术称天子,将军止之,而使不通章。朝廷信将军,使复重上,以相明忠诚。'布乃遣登奉章谢恩,并以一好绶答太祖。"

⑳轻于去就:谓办事无原则,取舍不定。

㉑狼子野心:狼崽子虽幼,却有凶残的本性。这里比喻凶暴的人怀有野心。

㉒秩中(zhòng 众)二千石(shí 实):汉代百官以俸禄多寡为等差,郡守、诸侯王国相皆秩二千石,一岁实得一千四百四十石,不满二千石;中二千石,一岁实得二千一百六十石,超过二千石。两者皆举其成数言之。秩中二千石每岁超出秩二千石凡七百二十石,故曰"增秩"。

㉓广陵:即广陵郡,东汉建武十八年(42)改广陵国置,辖境相当于今江苏扬州、邗江、江都、高邮、宝应、金湖等市县地,治所广陵县(今江苏扬州市西北蜀冈上),东汉末移治射阳县(今江苏宝应东北射阳镇),三国魏移治淮阴县(今江苏淮阴西南甘罗城)。

㉔阴合:私下联合。内应:隐藏在内部起事策应。

始,布因登求徐州牧①,登还,布怒,拔戟斫几曰②:"卿父劝吾协同曹公,绝婚公路③;今吾所求无一获,而卿父子并显重④,为卿所卖耳!卿为吾言,其说云何⑤?"登不为动容⑥,徐喻之曰⑦:"登见曹公言:'待将军譬如养虎,当饱其肉,不饱则将噬人⑧。'公曰:'不如卿言也。譬如养鹰,饥则为用,饱则扬去。'其言如此。"布意乃解⑨。

[注释]

①因：依仗。求徐州牧：吕布自称徐州刺史，见前。这里是要求汉廷实封。

②几（jī基）：古人坐时凭依或搁置物件的小桌。

③公路：袁术表字。

④显重：位高势重。

⑤其说云何：意谓这如何解释。

⑥动容：变脸色。

⑦徐：缓慢。喻：解释。

⑧噬（shì式）：啖食，吃。

⑨解：消解。

术怒，与韩暹、杨奉等连势①，遣大将张勋攻布②。布谓珪曰："今致术军，卿之由也，为之奈何？"珪曰："暹、奉与术，卒合之军耳③，策谋不素定④，不能相维持。子登策之⑤，比之连鸡⑥，势不俱栖，可解离也。"布用珪策，遣人说暹、奉，使与己并力共击术军，军资所有⑦，悉许暹、奉。于是暹、奉从之，勋大破败⑧。

[注释]

①韩暹（xiān先）：原为东汉末白波农民军首领（？～197），曾救护汉献帝从长安返洛阳，封征东将军。后与杨奉投奔袁术，又一起暗通吕布，大败袁术，终为张宣所杀。杨奉：原为李傕部下骑都尉（？～197），

兴平二年（195），与宋果合谋欲杀李傕，事泄出逃。曾领兵护送汉献帝从长安返洛阳，先后任兴义将军、车骑将军。建安元年（196），曹操欲迎献帝到许县，他与韩暹率军阻拦，败后投奔袁术。袁术称帝后，他又暗通吕布，大败袁术。终被刘备所诱杀。连势：谓几种势力联合起来。

②张勋：袁术部下大将，袁术死后，与长史杨弘等将其众欲归顺孙策，为庐江太守刘勋要击，被俘。事见《三国志》卷四六。

③卒（cù促）合：谓在仓促中联合。卒，通"猝"。

④策谋：谋划。素定：预先确定。

⑤策：测度。《孙子·虚实》："策之而知得失之计。"

⑥连鸡：缚在一起的鸡。喻群雄相互牵掣，不能一致行动。《战国策·秦策一》："诸侯不可一，犹连鸡之不能俱上于栖之明矣。"宋鲍彪注："连谓绳系之。"

⑦军资：指军用物资。

⑧破败：失败。裴注引《九州春秋》载："布与暹、奉书曰：'二将军拔大驾来东，有元功于国，当书勋竹帛，万世不朽。今袁术造逆，当共诛讨，奈何与贼臣还共伐布？布有杀董卓之功，与二将军俱为功臣，可因今共击破术，建功于天下，此时不可失也。'暹、奉得书，即回计从布。布进军，去勋等营百步，暹、奉兵同时并发，斩十将首，杀伤堕水死者不可胜数。"又引《英雄记》曰："布后又与暹、奉二军向寿春，水陆并进，所过虏略。到钟离，大获而还。既渡淮北，留书与术曰：'足下恃军强盛，常言猛将武士，欲相吞灭，每抑止之耳！布虽无勇，虎步淮南，一时之间，足下鼠窜寿春，无出头者。猛将武士，为悉何在？足下喜为大言以诬天下，天下之人安可尽诬？古者兵交，使在其间，造策者非布先唱也。相去不远，可复相闻。'布渡毕，术自将步骑五千扬兵淮上，布骑皆于水北大呀笑之而还。时有东海萧建为琅邪相，治莒，保城自守，不与布通。布

与建书曰:'天下举兵,本以诛董卓耳。布杀卓,来诣关东,欲求兵西迎大驾,光复洛京,诸将自还相攻,莫肯念国。布,五原人也,去徐州五千馀里,乃在天西北角,今不来共争天东南之地。莒与下邳相去不远,宜当共通。君如自遂以为郡郡作帝,县县自王也!昔乐毅攻齐,呼吸下齐七十馀城,唯莒、即墨二城不下,所以然者,中有田单故也。布虽非乐毅,君亦非田单,可取布书与智者详共议之。'建得书,即遣主簿赍笺上礼,贡良马五匹。建寻为臧霸所袭破,得建资实。布闻之,自将步骑向莒。高顺谏曰:'将军躬杀董卓,威震夷狄,端坐顾盼,远近自然畏服,不宜轻自出军;如或不捷,损名非小。'布不从。霸畏布钞暴,果登城拒守。布不能拔,引还下邳。霸后复与布和。"

建安三年①,布复叛为术,遣高顺攻刘备于沛②,破之。太祖遣夏侯惇救备③,为顺所败。太祖自征布,至其城下,遗布书,为陈祸福④。布欲降,陈宫等自以负罪深,沮其计⑤。布遣人求救于术,自将千馀骑出战,败走,还保城,不敢出⑥。术亦不能救。布虽骁猛⑦,然无谋而多猜忌,不能制御其党⑧,但信诸将。诸将各异意自疑⑨,故每战多败。太祖堑围之三月⑩,上下离心,其将侯成、宋宪、魏续缚陈宫,将其众降⑪。布与其麾下登白门楼⑫。兵围急,乃下降。遂生缚布,布曰:"缚太急⑬,小缓之⑭。"太祖曰:"缚虎不得不急也。"布请曰:"明公所患不过于布⑮,今已服矣,天下不足忧。明公将步⑯,令布将骑,则天下不足定也。"太祖有疑色。刘备进曰:"明公不见布之事丁建阳及董太师乎⑰!"太祖颔之⑱。布因指备曰:"是儿最叵信者⑲。"于是缢杀布⑳。布与宫、顺等皆枭首送许,然后葬之㉑。

[注释]

①建安三年：即公元198年。建安，汉献帝第五个年号（196~220）。

②高顺：吕布部下大将（？~198），多有战功。建安三年（198），曹操围困吕布于下邳，吕布部下宋宪、魏续等缚布降曹，高顺被擒，不屈死。

③夏侯惇（dūn 蹲）：字元让（？~220），谯（今安徽亳州市）人，东汉末随曹操起兵，作战勇猛，屡立战功，历任东郡太守、河南尹，拜前将军、大将军。《三国志》卷九有传。

④陈祸福：说明利害关系。意在劝降吕布。

⑤沮（jǔ 举）：阻止。裴注引《献帝春秋》曰："太祖军至彭城。陈宫谓布：'宜逆击之，以逸击劳，无不克也。'布曰：'不如待其来攻，蹙著泗水中。'及太祖军攻之急，布于白门楼上谓军士曰：'卿曹无相困，我当自首明公。'陈宫曰：'逆贼曹操，何等明公！今日降之，若卵投石，岂可得全也！'"

⑥不敢出：裴注引《英雄记》曰："布遣许汜、王楷告急于术。术曰：'布不与我女，理自当败，何为复来相闻邪？'汜、楷曰：'明上今不救布，为自败耳！布破，明上亦破也。'术时僭号，故呼为明上。术乃严兵为布作声援。布恐术为女不至，故不遣兵救也，以绵缠女身，缚著马上，夜自送女出与术，与太祖守兵相触，格射不得过，复还城。布欲令陈宫、高顺守城，自将骑断太祖粮道。布妻谓曰：'将军自出断曹公粮道是也。宫、顺素不和，将军一出，宫、顺必不同心共城守也，如有蹉跌，将军当于何自立乎？愿将军谛计之，无为宫等所误也。妾昔在长安，已为将军所弃，赖得庞舒私藏妾身耳，今不须顾妾也。'布得妻言，愁闷不能自决。"又引《魏氏春秋》曰："陈宫谓布曰：'曹公远来，势不能久。若将

军以步骑出屯，为势于外，宫将馀众闭守于内，若向将军，宫引兵而攻其背，若来攻城，将军为救于外。不过旬日，军食必尽，击之可破。'布然之。布妻曰：'昔曹氏待公台如赤子，犹舍而来。今将军厚公台不过于曹公，而欲委全城，捐妻子，孤军远出，若一旦有变，妾岂得为将军妻哉！'布乃止。"

⑦骁（xiāo 萧）猛：勇敢威武。

⑧制御：统治，控制。党：部下兵众。

⑨异意：指持不同意见。自疑：谓担心自己前途。

⑩堑（qiàn 欠）围：谓在下邳城外挖沟壕，打算决泗、沂水以灌下邳城。三月：据《武帝纪》（本书已选）建安三年十月记述，曹操围困下邳，历时月馀即攻下，此言"三月"，有龃龉。

⑪"其将侯成"二句：侯成与宋宪、魏续皆为吕布部将，因违反吕布禁酒令，畏罪叛降曹操。《后汉书》卷七五："曹操堑围之，壅沂、泗以灌其城，三月，上下离心。其将侯成使客牧其名马，而客策之以叛。成追客得马，诸将合礼以贺成。成分酒肉，先入诣布而言曰：'蒙将军威灵，得所亡马，诸将齐贺，未敢尝也，故先以奉贡。'布怒曰：'布禁酒而卿等酝酿，为欲因酒共谋布邪？'成忿惧，乃与诸将共执陈宫、高顺，率其众降。"裴注引《九州春秋》曰："初，布骑将侯成遣客牧马十五匹，客悉驱马去，向沛城，欲归刘备。成自将骑逐之，悉得马还。诸将合礼贺成，成酿五六斛酒，猎得十馀头猪，未饮食，先持半猪五斗酒自入诣布前，跪言：'间蒙将军恩，逐得所失马，诸将来相贺，自酿少酒，猎得猪，未敢饮食，先奉上微意。'布大怒曰：'布禁酒，卿酿酒，诸将共饮食作兄弟，共谋杀布邪？'成大惧而去，弃所酿酒，还诸将礼。由是自疑，会太祖围下邳，成遂领众降。"

⑫麾（huī 灰）下：即部下。白门楼：下邳城南门城楼。宋司马光

《资治通鉴》卷六二"布与麾下登白门楼",元胡三省注引《水经注》曰:"下邳城南门名白门。"又引宋武《北征记》曰:"下邳城有三重,大城周四里,吕布所守也。魏武禽布于白门,大城之门也。"

⑬缚太急:捆绑得太紧。

⑭小缓:稍稍放松一些。

⑮明公:旧时对有名位者的尊称。

⑯将(jiàng绛)步:谓统率步兵。下文"将骑"即统率骑兵。

⑰丁建阳:即丁原(?~189),字建阳。董太师:即董卓(?~192),字仲颖。太师,古三公之最尊者,为辅弼国君之官。

⑱颔(hàn汉)之:点头。表示允诺、赞许、领会等意。

⑲是儿:这小子。轻蔑之词。叵(pǒ破上声)信:不可信。裴注引《英雄记》曰:"布谓太祖曰:'布待诸将厚也,诸将临急皆叛布耳。'太祖曰:'卿背妻,爱诸将妇,何以为厚?'布默然。"又引《献帝春秋》曰:"布问太祖:'明公何瘦?'太祖曰:'君何以识孤?'布曰:'昔在洛,会温氏园。'太祖曰:'然。孤忘之矣。所以瘦,恨不早相得故也。'布曰:'齐桓舍射钩,使管仲相;今使布竭股肱之力,为公前驱,可乎?'布缚急,谓刘备曰:'玄德,卿为坐客,我为执虏,不能一言以相宽乎?'太祖笑曰:'何不相语,而诉明使君乎?'意欲活之,命使宽缚。主簿王必趋进曰:'布,勍虏也。其众近在外,不可宽也。'太祖曰:'本欲相缓,主簿复不听,如之何?'"

⑳缢(yì益)杀:谓勒人之颈而使之死。

㉑然后葬之:裴注引《英雄记》曰:"顺为人清白有威严,不饮酒,不受馈遗。所将七百馀兵,号为千人,铠甲斗具皆精练齐整,每所攻击无不破者,名为陷陈营。顺每谏布,言'凡破家亡国,非无忠臣明智者也,但患不见用耳。将军举动,不肯详思,辄喜言误,误不可数也'。布知其

忠，然不能用。布从郝萌反后，更疏顺。以魏续有外内之亲，悉夺顺所将兵以与续。及当攻战，故令顺将续所领兵，顺亦终无恨意。"

太祖之禽宫也，问宫欲活老母及女不①？宫对曰："宫闻孝治天下者不绝人之亲②，仁施四海者不乏人之祀③，老母在公，不在宫也④。"太祖召养其母终其身，嫁其女⑤。

[注释]

①活：形容词的使动用法。不（fǒu否）：同"否"。

②孝治天下：即以提倡孝道治理国家。绝人之亲：谓加害他人父母。

③乏人之祀：断绝他人的祭祀，即令人断子绝孙。

④"老母在公"二句：意谓决定我母生死的权力掌握在您手上，我已无能为力。这是陈宫用反激法委婉向曹操求情的表示。

⑤嫁其女：裴注引鱼氏《典略》曰："陈宫字公台，东郡人也。刚直烈壮，少与海内知名之士皆相连结。及天下乱，始随太祖，后自疑，乃从吕布，为布画策，布每不从其计。下邳败，军士执布及宫，太祖皆见之，与语平生，故布有求活之言。太祖谓宫曰：'公台，卿平常自谓智计有馀，今竟何如？'宫顾指布曰：'但坐此人不从宫言，以至于此。若其见从，亦未必为禽也。'太祖笑曰：'今日之事当云何？'宫曰：'为臣不忠，为子不孝，死自分也。'太祖曰：'卿如是，奈卿老母何？'宫：'宫闻将以孝治天下者不害人之亲，老母之存否，在明公也。'太祖曰：'若卿妻子何？'宫曰：'宫闻将施仁政于天下者不绝人之祀，妻子之存否，亦在明公也。'太祖未复言。宫曰：'请出就戮，以明军法。'遂趋出，不可止。太祖泣而送之，宫不还顾。宫死后，太祖待其家皆厚如初。"

[译文]

吕布字奉先,是五原郡九原县人。因为勇猛威武供职并州。并州刺史丁原任骑都尉,驻扎于河内郡,就用吕布任主簿,极为亲近优待。汉灵帝去世,丁原领兵赴洛阳。他与大将军何进合谋诛杀宦官充任的黄门诸官,被任命执金吾。何进败亡后,董卓进入京都洛阳,准备制造动乱,打算杀掉丁原,吞并他的人马。董卓因为吕布是丁原的亲信,就诱使吕布杀死丁原。吕布斩下丁原首级去见董卓,董卓任用吕布为骑都尉,特别信任喜爱他,发誓情同父子。

吕布擅长骑射,体力过人,号称飞将。逐渐升迁中郎将,进封都亭侯。董卓自知待人缺乏礼节,害怕别人谋害,出行居住经常以吕布护卫。然而董卓性情倨强固执,忿怒起来,行动就不考虑后果,曾经因为小不如意,就用随身携带用于防身的小戟抛掷吕布。吕布勇壮敏捷得以躲避,又回过头来道歉认错,董卓怒意也消解了。但吕布却从此暗地里怨恨起董卓。董卓经常令吕布把守其内室的小门,吕布与董卓的侍婢私通,恐惧被董卓发觉,心中很不安。

此前,司徒王允因为吕布为乡里间强健的勇士,就优厚地结交罗致他。此后吕布见到王允,讲述董卓几乎杀死自己的情状。当时王允与仆射士孙瑞正密谋诛杀董卓,因而将密谋告诉了吕布,请他做内应。吕布说:"我与他如同父子,怎么办!"王允说:"您原自姓吕,本来就没有骨肉亲情。担忧被杀死还来不及呢,还论什么父子?"吕布于是就应允了,终于亲手刺死董卓。事情本末在《董卓传》中。王允任用吕布为奋武将军,假节,仪制同于三公,晋封为温侯,共同执掌朝政。吕布自从诛杀董卓后,憎恶嫌弃凉州人,凉州人也都怨恨吕布。因为这一缘故,董卓原来的部将李傕等于是相互勾结,回过头来攻打长安城。吕布不能抵抗,李傕等于是攻入长安。董卓死后六十天,吕布也遭到失败。他率领数百骑兵驰出武关,打算投奔袁术。

吕布自认为杀死董卓是为袁氏一家报了大仇,想要袁术感恩自己。袁术憎恶吕布反复无常,拒绝了吕布。吕布于是向北去投奔袁绍,两人联合共同至常山征讨张燕。张燕拥有精兵一万多众,骑兵数千。吕布有良马名为赤兔。他常与其亲近将领成廉、魏越等冲锋陷阵,于是攻破了张燕的军队。此后吕布要求袁绍为他扩充兵员,加之其部下将士劫掠抢夺,袁绍开始猜忌他。吕布觉察到袁绍意图,就向袁绍请求离开。袁绍唯恐他以后成为自己的祸患,就派遣壮士乘夜色去袭杀吕布,没有成功。事情暴露以后,吕布奔赴河内郡,与在那里的张杨合兵一处。袁绍命令兵众追击吕布,但都畏惧吕布,没有人敢向前接近他。

张邈字孟卓,是东平国寿张县人。自幼以侠义闻名,救助困穷的人,解救危急,家产荡尽也不吝惜,因而士人大多归附于他。曹操、袁绍都与张邈为友。被三公之府征召荐举,以考绩优等授官骑都尉,升迁陈留太守。董卓乱国时,曹操与张邈首先发动义兵讨伐董卓。汴水之战中,张邈派遣卫兹领兵跟随曹操。袁绍成为讨伐董卓的同盟首领之后,流露出骄傲自负的神色,张邈秉正发表议论谴责袁绍。袁绍让曹操杀张邈,曹操没有听从,责备袁绍说:"孟卓,是我们的亲友,无论他正确与否都应当容忍他。现在天下没有安定,不宜自相残杀。"张邈得知后,更加感激曹操。曹操征讨陶谦时,曾告诫家人说:"我如果回不来,你们就去投奔孟卓。"此后他返回,见到张邈,相对流泪。他们关系亲密到如此地步。

吕布舍弃袁绍追随张杨,拜访了张邈,二人临别时握手盟誓。袁绍得知后,大为愤恨。张邈惧怕曹操最终替袁绍攻击自己,内心极为不安。兴平元年(194),曹操再次征讨陶谦,张邈的弟弟张超,与曹操部将陈宫、从事中郎许汜、王楷一同谋划背叛曹操。陈宫劝导张邈说:"当今英雄豪杰同时兴起,天下分崩离析,您拥有陈留郡方圆千里,地域广阔,属于地居要冲、四面受敌的平原地带，手按剑而左顾右盼洋洋自得，也足以成为人中豪杰，却反而为人所辖制，不是太低贱了吗！现在曹操统率兖州军东征陶谦，其后方空虚，吕布是一位壮士，英勇善战，一往无前，如果权且迎候他，一同治理兖州，静观天下大势，等候时局因变化而通达行事，这也是肆意横行，无所顾忌的时候。"张邈听从了这一劝告。曹操起初令陈宫领兵驻守东郡，他就依靠这一支军队东迎吕布担任兖州牧，占据濮阳。兖州各郡县皆响应，唯有鄄城、东阿、范县为曹操据守。曹操领军返回，与吕布在濮阳交战，曹军进攻不利，两军相持百馀日。当时天旱，蝗虫成灾，粮食缺乏，百姓已经人相食，吕布驻军于山阳。兴平二年（195）间，曹操收复了兖州诸多郡县，在巨野击溃了吕布。吕布向东投奔了刘备。张邈跟随吕布，留下弟弟张超携家眷驻守雍丘。曹操围攻雍丘城数月，攻下后屠城，斩杀张超及其家人。张邈到袁术那里请求救兵未至，自己反为其部下所杀。

刘备从东面进攻袁术，吕布乘机偷袭占据下邳，刘备回来后归顺了吕布。吕布派遣刘备驻军小沛。吕布自称徐州刺史。袁术派遣部将纪灵等率领步兵、骑兵三万进攻刘备，刘备向吕布求救。吕布手下诸将对吕布说："将军常想杀掉刘备，当今可以借袁术之手达到目的。"吕布回答说："不能这样。袁术如果攻破刘备，就会与地处北方的太山诸将臧霸等联合，我等就会处于袁术的包围中，所以不得不救刘备。"于是整饬步兵一千、骑兵二百，去驰救刘备。纪灵等得知吕布救兵至，都收起兵器不敢再进攻。吕布在小沛西南一里驻扎，派遣门卒请纪灵等，纪灵等也请吕布共同饮酒。吕布对纪灵等说："玄德，是吕布的兄弟，兄弟为诸位所围困，所以我来救援。我吕布生性不喜欢怂恿他人相互争斗，但乐于调解双方，使和解。"吕布就令守门之官在营门中立起一支戟，吕布说："诸君观看我射戟的小支，一箭射中，诸位应当和解离去，射不中就可以留下来决斗。"

吕布举弓射戟,正射中小支。诸将都很惊讶,大呼:"将军真是有神威啊!"第二天又聚饮欢会,然后各自罢手而去。

袁术打算结交吕布以作支援,就为自己儿子求娶吕布的女儿,吕布应允了。袁术派遣使者韩胤将自己改用帝王称号的打算告知吕布,并请求迎娶儿媳。沛国相陈珪惧怕袁术与吕布联姻后,徐州(吕布)与扬州(袁术)两股力量的联合,将成为国家的灾难,于是就去劝导吕布说:"曹操奉迎天子,辅佐襄助国家的政事,显赫的声威著名于当世,将要征讨全国各处,将军您应当与他协同谋划,以求得泰山般的安定稳固。现在您与袁术联姻,承受不合乎天下道义的骂名,就一定会呈现出如同堆叠的蛋那样极其危险的状况。"吕布也怨恨当初袁术不接受自己的投靠,但女儿已经上路,吕布就派人追回女儿,断绝了这门婚姻,又将韩胤加刑具押送至曹操那里,在许昌的街市被斩首并悬挂示众。陈珪打算让自己的儿子陈登去拜见曹操,吕布不肯派遣。适逢有曹操的使者到来,升任吕布为左将军。吕布大喜,就听凭陈登去拜见曹操,并令他奉上谢恩的奏章。陈登见到曹操后,就趁机陈述吕布有勇无谋,办事无原则,且取舍不定,应当尽早谋取他。曹操说:"吕布,如同狼崽子一样,虽幼,却有凶残的本性,确实不能久养成患,如果不是你,我还不能知悉他的情况。"随即增加陈珪的官秩中二千石,任命陈登为广陵太守。临别时,曹操握着陈登的手说:"东面的事情就托付给你了。"指派陈登私下联合部众,隐藏在内部起事策应。

起初,吕布打算依仗陈登去许昌以谋求徐州牧的正式任命,陈登回归后,吕布大怒,拔出戟来砍在桌几上说:"你的父亲劝我与曹操协同,与袁术绝婚;现在我所求者,一样也没有实现,而你们父子却都位高势重,我被你们出卖了!你倒是说说看,这一切怎么解释?"陈登脸色丝毫未变,缓慢从容地解释说:"陈登拜见曹操时对他说:'对待吕将军就如同养虎,应当用肉喂饱,不饱,他将要吃人。'曹操回答说:'不像你所说的。这如同养鹰一样,饥饿中才能为我所用,吃饱了就会飞走了。'他的话就是如此。"吕布心中的怨恨才渐消解。

袁术因吕布变卦而发怒,与韩暹、杨奉等地方势力联合起来,派遣大将张勋进攻吕布。吕布对陈珪说:"现今招致袁术的军队,是因你献策的缘故,我们该怎么办?"陈珪回答说:"韩暹、杨奉与袁术,是在仓促中联合起来的军队,所谋划并非预先确定,不能维持下去。我儿子陈登测度此事,他们就如同缚在一起的鸡,相互牵掣,不能在一处栖息,有办法令他们分开。"吕布采用陈珪的计策,派人去劝说韩暹、杨奉,使他们与自己联合共同攻打袁术的军队,一切军用物资,全都答应供给韩暹、杨奉。这两人听从了吕布的建议,张勋被打得大败。

建安三年(198),吕布又叛离朝廷与袁术联合,派遣高顺进攻在小沛的刘备,小沛被攻占。曹操派夏侯惇前往救援刘备,被高顺击败。曹操亲自征讨吕布,兵临下邳城下,致信吕布,向他说明利害关系。吕布打算投降,陈宫等人认为自己罪过深重,就阻止了吕布。吕布派人向袁术求救,又亲自率领一千馀骑兵出战,被打败,退回去固守自家城池,不敢出战。袁术也不能救援他。吕布虽然勇敢威武,却无计谋而且猜忌他人,不能控制其部下兵众,只相信手下的几位将领。而这几位将领又各持不同意见,担心自己前途,所以每次争战多被打败。曹操在下邳城外挖沟壕,打算决泗、沂水以灌城,围困三个月后,吕布军队上下离心离德,其部将侯成与宋宪、魏续绑缚陈宫,带领他们的部下投降了曹操。吕布与其部下登上白门楼。曹兵围攻紧急,吕布只得下城投降。曹兵于是生擒捆绑吕布,吕布说:"捆绑得太紧了,稍稍松缓一些。"曹操说:"捆绑老虎不得不紧。"吕布乞求说:"明公所忧虑者不过是我吕布而已,现在我已经臣服于您了,天下就再没有令您担忧的事情了。明公率领步兵,派我统领骑兵，平定天下就很容易了。"曹操听后面露疑色。刘备进言说："明公没有记取吕布侍奉丁建阳与董太师的教训吗？"曹操点头表示领会。吕布因此斥责刘备说："这小子最不可信。"曹操于是将吕布勒颈而死。吕布与陈宫、高顺等皆被砍下首级送往许昌示众，然后加以埋葬。

曹操俘获陈宫时，问他是否想让其老母与女儿活命，陈宫回答说："我听说以孝治理天下的人不会加害他人的父母，将仁义遍施四海的人不会断绝他人的祭祀，决定我母亲生死的权力掌握在您手上，我已无能为力。"曹操就将陈宫的母亲接过来，为她养老送终，并送陈宫的女儿出嫁。

陈登传

[题解]

传见《三国志》卷七《魏书七》,虽附于《吕布传》后,却对后世颇有影响。陈登(163~201),字元龙,东汉下邳国淮浦县(今江苏涟水西)人,陈珪之子。少年时即有扶世济民之志,并且博览群书,学识渊博。二十五岁,举孝廉,任东阳县长。徐州牧陶谦迁之为典农校尉,任上开发水利,发展农业,深得民心。后投靠曹操,历任广陵太守、东郡太守,加授伏波将军,善于征战。早年患慢性病,华佗曾为他诊治。最终陈登因病故去,虽一生仅度过三十九个春秋,在历史上也没有留下太过辉煌的业绩,却因"元龙高卧"或"元龙豪气"之掌故而名扬后世,至于"上下床"乃至"求田问舍"之喻,更成为历代文人笔下的常用典故。宋苏轼《次韵答邦直子由四首》其四:"恨无扬子一区宅,懒卧元龙百尺楼。"宋吴潜《满江红》词:"原自有、孔璋书檄,元龙豪气。"元方回《次韵汪翔甫和西城吕全州见过四首》其三:"满酌圣贤酒,虚争上下床。"有关陈登的言行事迹,在《三国志》中并不集中,而是散见于卷七《吕布传》、卷二二《陈矫传》以及卷二九《华佗传》中,分别展示了陈登的应变口才以及恢弘志向、身体状况,体现了陈登的处事原则。《陈矫传》曾记述陈登宣示自我价值取向的一段表白:"夫闺门雍穆,有德有行,吾敬陈元方兄弟;渊清玉洁,有礼有法,吾敬华子鱼;清修疾恶,有识有义,吾敬赵元达;博闻强记,奇逸卓荦,吾敬孔文举;雄姿杰出,有王霸之略，吾敬刘玄德：所敬如此，何骄之有！馀子琐琐，亦焉足录哉？"然而这篇陈登本传却只是许汜与刘备、刘表的"三人谈"，人物品评成为核心内容，这一特殊写法终于令陈登名声大振于后世，也为一百多年以后南朝宋刘义庆撰写《世说新语》提供了一定的借鉴模式。东汉末品评人物之风影响了后世几代人，这一历史现象值得研究。

陈登者，字元龙，在广陵有威名①。又掎角吕布有功②，加伏波将军③，年三十九卒。后许汜与刘备并在荆州牧刘表坐④，表与备共论天下人，汜曰："陈元龙湖海之士⑤，豪气不除⑥。"备谓表曰："许君论是非⑦？"表曰："欲言非，此君为善士⑧，不宜虚言⑨；欲言是，元龙名重天下。"备问汜："君言豪，宁有事邪？"汜曰："昔遭乱过下邳⑩，见元龙。元龙无客主之意⑪，久不相与语，自上大床卧⑫，使客卧下床⑬。"备曰："君有国士之名⑭，今天下大乱，帝主失所⑮，望君忧国忘家，有救世之意，而君求田问舍⑯，言无可采，是元龙所讳也⑰，何缘当与君语⑱？如小人⑲，欲卧百尺楼上⑳，卧君于地，何但上下床之间邪？"表大笑。备因言曰："若元龙文武胆志㉑，当求之于古耳，造次难得比也㉒。"

[注释]

①广陵：即广陵郡，东汉建武十八年（42）改广陵国置，辖境相当于今江苏扬州、邗江、江都、高邮、宝应、金湖等市县地，治所广陵县（今江苏扬州市西北蜀冈上），东汉末移治射阳县（今江苏宝应东北射阳镇），三国魏移治淮阴县（今江苏淮阴西南甘罗城）。威名：威望，名声。

②掎（jǐ挤）角：谓分兵牵制或夹击敌人。语本《左传·襄公十四

年》:"譬如捕鹿,晋人角之,诸戎掎之,与晋踣之。"唐孔颖达疏:"角之谓执其角也,掎之言戾其足也。"

③伏波将军:两汉杂号将军名,西汉路博德因攻打越南而得;东汉沿置,以伏波将军马援最为著名。

④许汜(sì 寺):东汉末为兖州从事中郎(生卒年不详),兴平元年(194)背弃曹操而迎吕布。吕布败后投奔荆州刘表。荆州:西汉元封五年(前106)所置十三刺史部之一,辖郡七、县一百一十七,治所汉寿县。汉末移治襄阳县(今湖北襄阳),辖境相当于今湖北、湖南大部以及河南、贵州、广东、广西等省区一小部分。三国时魏、吴均置荆州,辖境相当于原荆州。魏荆州治所新野(今属河南),吴荆州治所江陵(今属湖北)。

⑤湖海之士:谓浪迹江湖,不与朝政或有豪侠气概的人。方北辰译注《三国志全本今译注》校勘作"淮海之士",注云:"出自淮河下游靠海地区的人物。陈登为下邳国淮浦(今江苏涟水县西南)人。淮浦在淮河下游入海处。汉代的著名人物多出在北方黄河流域,出自边远沿海地区者还不多。许汜的话含有轻视边远人士的意味。"又注"豪气"云:"这里指傲慢无礼的作风。与后世的含义不同。陈登素来对贪鄙平庸的人不屑一顾,所以曾引起一些人的不满,参见本书卷二十二《陈矫传》。"(陕西人民出版社2011年版,第430~431页)可备一说。

⑥豪气:桀骜蛮横的习气。

⑦是非:正确与否。

⑧此君:当谓许汜。善士:有德之士。

⑨虚言:空话,假话。

⑩下邳(pī 批):这里当指下邳国,东汉永平十五年(72)改临淮郡置,属徐州。治所下邳县(今江苏睢宁县西北古邳镇东三里)。辖境相当

于今江苏邳州市、沭阳县以南，涟水县和淮安市以西，盱眙县和安徽明光市以北，江苏睢宁和安徽泗县以北地。建安十一年（206）改为郡。

⑪客主：谓行待客之礼。

⑫床：供人睡卧的家具。

⑬下床：当谓较为矮小的卧具。

⑭国士：一国中才能最优秀的人物。

⑮帝主失所：谓汉献帝不能在洛阳居住而播迁于许县。

⑯求田问舍：谓专营家产而无远大志向。

⑰讳：谓嫌恶。

⑱何缘：怎么，为什么。

⑲小人：古人对平辈自称的谦词，这里是刘备自称。

⑳百尺楼：泛指高楼。

㉑胆志：胆量和意志。

㉒造次：仓促，匆忙。裴注引《先贤行状》曰："登忠亮高爽，沉深有大略，少有扶世济民之志。博览载籍，雅有文艺，旧典文章，莫不贯综。年二十五，举孝廉，除东阳长，养耆育孤，视民如伤。是时，世荒民饥，州牧陶谦表登为典农校尉，乃巡土田之宜，尽凿溉之利，粳稻丰积。奉使到许，太祖以登为广陵太守，令阴合众以图吕布。登在广陵，明审赏罚，威信宣布。海贼薛州之群万有馀户，束手归命。未及期年，功化以就，百姓畏而爱之。登曰：'此可用矣。'太祖到下邳，登率郡兵为军先驱。时登诸弟在下邳城中，布乃质执登三弟，欲求和同。登执意不挠，进围日急。布刺奸张弘，惧于后累，夜将登三弟出就登。布既伏诛，登以功加拜伏波将军，甚得江、淮间欢心，于是有吞灭江南之志。孙策遣军攻登于匡琦城。贼初到，旌甲覆水，群下咸以今贼众十倍于郡兵，恐不能抗，可引军避之，与其空城。水人居陆，不能久处，必寻引去。登厉声曰：

'吾受国命,来镇此土。昔马文渊之在斯位,能南平百越,北灭群狄,吾既不能遏除凶慝,何逃寇之为邪!吾其出命以报国,仗义以整乱,天道与顺,克之必矣。'乃闭门自守,示弱不与战,将士衔声,寂若无人。登乘城望形势,知其可击。乃申令将士,宿整兵器,昧爽,开南门,引军诣贼营,步骑钞其后。贼周章,方结陈,不得还船。登手执军鼓,纵兵乘之,贼遂大破,皆弃船迸走。登乘胜追奔,斩虏以万数。贼忿丧军,寻复大兴兵向登。登以兵不敌,使功曹陈矫求救于太祖。登密去城十里治军营处所,令多取柴薪,两束一聚,相去十步,纵横成行,令夜俱起火,火然其聚。城上称庆,若大军到。贼望火惊溃,登勒兵追奔,斩首万级。迁登为东城太守。广陵吏民佩其恩德,共拔郡随登,老弱襁负而追之。登晓语令还,曰:'太守在卿郡,频致吴寇,幸而克济。诸卿何患无令君乎?'孙权遂跨有江外。太祖每临大江而叹,恨不早用陈元龙计,而令封豕养其爪牙。文帝追美登功,拜登息肃为郎中。"

[译文]

　　陈登字元龙,在广陵郡有威望、名声。又因为他牵制吕布有功劳,加授伏波将军的军职,年三十九岁去世。后来许汜与刘备一同在荆州牧刘表处做客,刘表与刘备等一起谈论天下人物,许汜说:"陈元龙属于浪迹江湖的人,有豪侠气概,桀骜蛮横的习气没有消除。"刘备问刘表说:"许君的议论对不对?"刘表回答:"若说不对,许君是好人,不会说假话;若说对,陈元龙名重天下。"刘备又问许汜:"您所说的豪气,难道有故事吗?"许汜回答:"从前因遭祸乱路过下邳国,拜见陈登。陈登不行待客之礼,长时间不开口说话,独自上大床躺着,却令客人卧于较为矮小的卧具上。"刘备说:"您有一国中才能最优秀人物的称誉,当今天下大乱,天子流离失所,本期望您能忧国忘家,有救世的志气,而您却专营家产而无远大志向，言谈也没有可取之处，这是陈登所嫌恶的，为什么要与您对话呢？如若是我，还想躺在百尺高楼之上，让您就睡在地上，哪里还有上床与下床的差距呢？"刘表听后大笑。刘备接下说："像陈登这样文武兼备且具有胆量和意志的人，只能在古人中寻求，匆忙中很难发现可与他比肩的人物。"

臧洪传

附 陈容

[题解]

传见《三国志》卷七《魏书七》，臧洪（160~196），字子源，广陵郡射阳县人，太原太守臧旻之子。年十五，以父功拜童子郎，举孝廉，补即丘县长。汉灵帝中平（184~189）末年，弃官还家，太守张超请为功曹。董卓乱起，曾在酸枣主盟讨伐董卓的义兵，陈辞慷慨，以忠义驰名当世。后与袁绍结好，领青州刺史，袁绍惮其能，徙为东郡太守，都东武阳。因意欲发兵雍丘驰援被曹军围困之张超（张邈之弟），与袁绍结怨，终为袁绍围困杀害，部下从死者男女七八千人。《后汉书》卷五八亦有传。清赵翼《廿二史札记》卷六："臧洪自是汉末义士，其与张超结交，后与袁绍交兵之处，皆无关于曹操也，则《魏纪》内本可不必立传，而寿列之于张邈之次，盖以其气节不忍没之耳。蔚宗特传于《后汉书》内，不以《寿志》已有《洪传》而遂遗之，亦见其编订之正。"在东汉末年的军阀混战中，能有这样一位执着于操守的耿介之士，诚属难能可贵！本传中所录臧洪回复陈琳的劝降书，意气慷慨，又不乏典雅气脉，读来令人回肠荡气。可惜陈琳致臧洪书不传，诚属千古遗憾。

臧洪字子源，广陵射阳人也①。父旻②，历匈奴中郎将、中山、太原太守③，所在有名④。洪体貌魁梧，有异于人，举孝廉为郎⑤。

时选三署郎以补县长⑥：琅邪赵昱为莒长⑦，东莱刘繇下邑长⑧，东海王朗菑丘长⑨，洪即丘长⑩。灵帝末⑪，弃官还家，太守张超请洪为功曹⑫。

[注释]

①广陵：即广陵郡，东汉建武十八年（42）改广陵国置，辖境相当于今江苏扬州、邗江、江都、高邮、宝应、金湖等市县地，治所广陵县（今江苏扬州市西北蜀冈上），东汉末移治射阳县（今江苏宝应东北射阳镇），三国魏移治淮阴县（今江苏淮阴西南甘罗城）。射阳：即射阳县，西汉置，属临淮郡，东汉属广陵郡，三国时废，治所在今江苏宝应东北射阳镇。以在射水之北，故名。

②父旻（mín 民）：即臧旻（生卒年不详），东汉末官吏，臧洪之父。历官匈奴中郎将、长水校尉、太原太守，有干事才。

③匈奴中郎将：官名。西汉武帝时常以中郎将出使匈奴，为临时设置，后遂为定制，东汉仍之，另有使匈奴中郎将。中山：即中山国，西汉景帝改中山郡置，治所卢奴县（今河北定州市），辖境相当于今河北狼牙山以南，保定、安国二市以西，唐县、新乐以东及滹沱河以北地区。汉代诸侯国设相，为最高行政长官。太原：即太原郡，战国秦庄襄王四年（前246）置，治所晋阳县（今山西太原市西南），辖境相当于今山西五台山与管涔山以南、霍山以北地区，西汉以后渐小，汉文帝时改为国，寻复为郡。

④所在有名：裴注引谢承《后汉书》曰："旻有干事才，达于从政，为汉良吏。初从徐州从事辟司徒府，除卢奴令，冀州举尤异，迁扬州刺史、丹杨太守。是时边方有警，羌胡出寇，三府举能，迁旻匈奴中郎将。讨贼有功，征拜议郎，还京师。见太尉袁逢，逢问其西域诸国土地、风

俗、人物、种数。旻具答言西域本三十六国，后分为五十五，稍散至百餘国；其国大小，道里近远，人数多少，风俗燥湿，山川、草木、鸟兽、异物名种，不与中国同者，悉口陈其状，手画地形。逢奇其才，叹息言：'虽班固作《西域传》，何以加此？'旻转拜长水校尉，终太原太守。"

⑤举：两汉选拔官吏实行察举制，即由官吏荐举，经过考核，任以官职。孝廉：孝，谓孝悌者；廉，谓清廉之士。分别为始于汉代选拔人才的科目，在东汉尤为求仕者必由之途，后往往合为一科。亦指被推选的士人。郎：官名。议郎、中郎、侍郎、郎中等郎官的通称，隶属光禄勋。其职责为持戟宿卫宫禁，帝王出行则充车骑（议郎不参与值卫，负责谏议政事得失）。郎的首领称中郎将，有五官、左、右中郎将之别。郎任满一定期限，可再经考核出任县令等地方官。

⑥三署：汉时五官署、左署、右署之合称。《后汉书·和帝纪》："引三署郎召见禁中。"唐李贤注引《汉官仪》："三署谓五官署也，左、右署也，各置中郎将以司之。郡国举孝廉以补三署郎，年五十以上属五官，其次分在左、右署。"县长：一县之行政长官。秦汉时人口万户以上的称县令，万户以下的称县长。

⑦琅邪（lángyá 狼牙）赵昱（yù 玉）：字元达（生卒年不详），琅邪（治今山东临沂市北十五里）人。少年以孝称，举孝廉，除莒长。徐州牧陶谦初辟别驾从事，未就，迁广陵太守，为笮融所杀。莒（jǔ 举）长：莒县县长。莒县，秦置，属琅邪郡，治所即今山东莒县。

⑧东莱刘繇（yáo 瑶）：字正礼（156～197），东汉东莱牟平（今山东福山西北）人，刘岱之弟。举孝廉，为郎中，除下邑长，后历任扬州牧、振武将军，先后与袁术、孙策交战，退保丹徒，旋病卒。《三国志》卷四九有传。下邑长：下邑县长。下邑，即下邑县，秦置，属砀郡，西汉属梁国，治所在今安徽砀山县。

⑨东海王朗：字景兴（？～228），东海郯（今山东郯城北）人。以通经，拜郎中，除菑丘长。后为徐州刺史陶谦举荐，任会稽太守，为孙策所败。又归曹操，先后任谏议大夫、参司空军事。入魏，拜司空，迁司徒，卒谥成侯。《三国志》卷一三有传。菑（zī资）丘长：菑丘县长。菑丘，东汉改甾丘县置，属彭城国，治所在今安徽宿州市东北六十六里支（甾）河乡城孜集。三国魏废。

⑩即丘长：即丘县长。即丘，西汉置，属东海郡，治所在今山东郯城东北禹王城，东汉改为侯国，后复为县，属琅邪国。

⑪灵帝：即汉灵帝刘宏（156～189），初袭父爵为解渎亭侯。永康元年（167），汉桓帝卒，无子，被窦太后及其父窦武迎立为帝。在位期间，宦官专权，制造第二次党锢之祸，纵情声色，朝政腐败，与汉桓帝同为著名昏君，史称"桓灵"。

⑫张超：东汉东平寿张（今山东阳谷与河南范县间）人（？～195），陈留太守张邈之弟，曾任广陵太守。功曹：官名。州郡县长官的属吏，有功曹掾、功曹史，简称功曹。职责为考查记录功劳，参与任免赏罚。

董卓杀帝①，图危社稷②，洪说超曰："明府历世受恩③，兄弟并据大郡④，今王室将危，贼臣未枭⑤，此诚天下义烈报恩效命之秋也⑥。今郡境尚全，吏民殷富，若动枹鼓⑦，可得二万人，以此诛除国贼⑧，为天下倡先⑨，义之大者也。"超然其言，与洪西至陈留⑩，见兄邈计事⑪。邈亦素有心，会于酸枣⑫，邈谓超曰："闻弟为郡守，政教威恩⑬，不由己出，动任臧洪⑭，洪者何人？"超曰："洪才略智数优超⑮，超甚爱之，海内奇士也⑯。"邈即引见洪⑰，与语大异之。致之于刘兖州公山、孔豫州公绪⑱，皆与洪亲善。乃设坛场⑲，方共盟誓，诸州郡更相让，莫敢当，咸共推洪。洪乃升坛操盘歃血而盟曰⑳："汉室不幸，皇纲失统㉑，贼臣董卓乘衅纵害㉒，祸加至尊㉓，虐流百姓，大惧沦丧社稷㉔，翦覆四海㉕。兖州刺史岱、豫州刺史伷、陈留太守邈、东郡太守瑁㉖、广陵太守超等，纠合义兵，并赴国难。凡我同盟，齐心戮力㉗，以致臣节㉘，殒首丧元㉙，必无二志。有渝此盟，俾坠其命㉚，无克遗育㉛。皇天后土㉜，祖宗明灵㉝，实皆鉴之㉞！"洪辞气慷慨，涕泣横下，闻其言者，虽卒伍厮养㉟，莫不激扬，人思致节㊱。顷之，诸军莫适先进㊲，而食尽众散。

[注释]

①董卓杀帝：汉献帝初平元年（190），董卓杀害汉少帝刘辩。详见本书所选《董卓传》。

②社稷：古代帝王、诸侯所祭的土神和谷神。社，土神；稷，谷神。常用为国家或政权的代称。

③明府：汉魏以来对郡守牧尹的尊称，又称明府君。《汉书·韩延寿传》："今旦明府早驾，久驻未出，骑吏父来至府门，不敢入。"《后汉书·张湛传》："明府位尊德重，不宜自轻。"唐李贤注："郡守所居曰府。明者，尊高之称。《前书》韩延寿，为东郡太守，门卒谓之明府，亦其义也。"

④大郡：面积大、人口多的郡。《汉书·元帝纪》："户十二万为大郡。"东汉广陵郡、陈留郡皆属大郡。

⑤贼臣：奸臣，乱臣。这里指董卓。枭（xiāo销）：即"枭首"，斩首并悬挂示众。

⑥义烈：谓重义轻生者。效命：舍命报效。《史记·魏公子列传》："今公子有急，此乃臣效命之秋也。"秋：指某一时期、某一时刻。

⑦枹（fú 浮）鼓：鼓槌和鼓。这里谓战鼓。《国语·齐语》："执枹鼓立于军门，使百姓皆加勇焉。"

⑧国贼：危害国家的败类。这里指董卓。

⑨倡先：即"先倡"，率先倡导。

⑩陈留：即陈留县，秦置，属砀郡，治所在今河南开封县东南二十六里陈留镇。西汉为陈留郡治所。

⑪兄邈：即张超兄张邈，字孟卓（？～195），东汉东平寿张（今山东阳谷与河南范县间）人。汉献帝时为陈留太守。兴平元年（194）迎吕布夺取兖州，次年，吕布为曹操所败，张邈投袁术求救，为部下所杀。《三国志》卷七有传。

⑫酸枣：即酸枣县，秦置，属东郡，治所在今河南延津县西南十五里。

⑬政教：政治与教化。威恩：这里指刑赏。

⑭动：往往，常常。

⑮才略：才能和谋略。智数：谋术，心计。

⑯奇士：德行或才智出众的人。

⑰引见：接见。

⑱致：谓推荐。刘兖州公山：即刘岱（？～192），字公山，东汉东莱牟平（今山东福山西北）人，刘繇之兄。汉献帝初为兖州刺史。初平三年（192）黄巾军攻兖州，死之。孔豫州公绪：即孔伷（zhòu 宙）：字公绪（生卒年不详），东汉陈留（今河南开封东南）人。汉献帝初任豫州刺史。

⑲坛场：古代设坛举行祭祀、继位、盟会、拜将等大典的场所。

⑳操盘歃（shà 煞）血：古代盟会中的一种仪式。盟约宣读后，主持

者手持盛有所杀牲之血的铜盘，参加者用口微吸，以示诚意。一说，以指蘸血，涂于口旁。

㉑皇纲：朝廷的纲纪。失统：丧失准则。

㉒乘衅：谓利用机会，趁空子。纵害：肆意作恶。

㉓至尊：至高无上的地位，古代用为皇帝的代称。这里即指被董卓先废黜继而杀死的汉少帝刘辩。

㉔沦丧：沦没丧亡。

㉕翦覆：犹颠覆。四海：古以中国四境有海环绕，各按方位为"东海""南海""西海"和"北海"，犹言天下。

㉖东郡太守瑁：即桥瑁（？～190），字元伟，东汉睢阳（今河南商丘南）人。汉献帝初任东郡太守。东郡，战国秦王政五年（前242）置，治所濮阳县（今河南濮阳西南十六里）。西汉辖境相当于今山东东阿、梁山以西，山东郓城、河南范县以北，山东茌平、莘县、河南南乐、清丰、濮阳以南地。东汉以后辖境缩小。

㉗齐心戮（lù 录）力：谓齐心协力。

㉘致：表达。臣节：人臣的节操。

㉙殒（yǔn 允）首丧元：掉头颅，即献出生命。殒，通"陨"，坠落。

㉚俾坠其命：使他丢掉性命。

㉛无克遗育：谓不能够遗延生长。语本《尚书·商书·盘庚中》："无遗育。"孔传："育，长也。言不吉之人当割绝灭之，无遗长。"

㉜皇天后土：谓天神地祇。《左传·僖公十五年》："君履后土而戴皇天，皇天后土，实闻君之言。"

㉝明灵：圣明的神灵。

㉞鉴：照察，审辨。

㉟卒伍：古人军队编制，五人为伍，百人为卒。这里谓士兵。厮养：犹厮役，泛指受人驱使的奴仆。

㊱致节：犹尽节，谓尽心竭力，保全节操。多指赴义捐生。裴注云："臣松之案：于时此盟止有刘岱等五人而已。《魏氏春秋》横内刘表等数人，皆非事实。表保据江、汉，身未尝出境，何由得与洪同坛而盟乎？"

㊲莫适（dí 迪）先进：谓没有人作主首先进兵。适，专主，作主。

超遣洪诣大司马刘虞谋①，值公孙瓒之难②，至河间③，遇幽、冀二州交兵④，使命不达⑤。而袁绍见洪，又奇重之，与结分合好⑥。会青州刺史焦和卒⑦，绍使洪领青州以抚其众⑧。洪在州二年，群盗奔走。绍叹其能，徙为东郡太守⑨，治东武阳⑩。

[注释]

①大司马刘虞：字伯安（？~193），东海郯县（今山东郯城北）人，为东汉皇族。董卓秉政，曾以刘虞为大司马，进封襄贲侯。后因与公孙瓒不睦，举兵相攻，为公孙瓒所杀。《后汉书》卷七三有传。大司马，官名。汉武帝置，东汉初改称太尉。为全国最高军事长官。

②公孙瓒之难：汉献帝初平四年（193），公孙瓒杀死刘虞。公孙瓒（？~199），字伯珪，东汉辽西令支（今河北迁安西）人。汉献帝时曾任奋武将军，迁前将军，封易侯。与袁绍相攻伐，屡败。建安四年（199），被袁绍所逼，走投无路，自杀死。《三国志》卷八、《后汉书》卷七三皆有传。

③河间：即河间国，西汉高帝置河间郡，文帝二年（前178）改为国，三国魏复改为郡，治所乐成县（今河北献县东南十六里）。

④幽：即幽州，汉武帝置十三刺史部之一。东汉治所在蓟县（今北京市西南），辖境相当于今北京市、河北北部、辽宁大部、天津市海河以北以及朝鲜大同江流域。冀：即冀州，西汉武帝时置，为十三刺史部之一，辖境相当于今河北中南部，山东西段及河南北端。东汉治所高邑县（今河北柏乡北），后又移治邺县（今河北临漳西南）。

⑤使命：谓臧洪作为使者所奉的命令。

⑥结分（fèn奋）：谓结下情谊。

⑦青州刺史焦和：生平不详。青州，西汉武帝所置十三刺史部之一，东汉治所临淄县（治今山东淄博市临淄北），辖境相当于今山东德州市、齐河县以东，马颊河以南，济南、临朐、安丘、高密、莱阳、栖霞、乳山等市县以北、以东与河北吴桥县地。

⑧领：谓兼任。裴注引《九州春秋》曰："初平中，焦和为青州刺史。是时英雄并起，黄巾寇暴，和务及同盟，俱入京畿，不暇为民保障，引军逾河而西。未久而袁、曹二公与卓将战于荥阳，败绩。黄巾遂广，屠裂城邑。和不能御，然军器尚利，战士尚众，而耳目侦逻不设，恐动之言妄至，望寇奔走，未尝接风尘交旗鼓也。欲作陷冰丸沉河，令贼不得渡，祷祈群神，求用兵必利，者筮常陈于前，巫祝不去于侧；入见其清谈干云，出则浑乱，命不可知。州遂萧条，悉为丘墟也。"

⑨东郡：战国秦王政五年（前242）置，治所濮阳（今河南濮阳市西南十六里故县村）。西汉辖境相当于今山东东阿、梁山以西，山东郓城、河南范县以北，山东茌平、莘县、河南南乐、清丰、濮阳以南地。东汉时期辖境缩小。

⑩东武阳：即东武阳县，西汉置，属东郡，治所在今山东莘县东南十里。东汉属清河国，治所移至今莘县西南朝城镇。

太祖围张超于雍丘①,超言:"唯恃臧洪②,当来救吾。"众人以为袁、曹方睦,而洪为绍所表用③,必不败好招祸④,远来赴此。超曰:"子源,天下义士,终不背本者⑤,但恐见禁制⑥,不相及逮耳⑦。"洪闻之,果徒跣号泣⑧,并勒所领兵⑨,又从绍请兵马,求欲救超,而绍终不听许。超遂族灭⑩。洪由是怨绍,绝不与通。绍兴兵围之,历年不下。绍令洪邑人陈琳书与洪⑪,喻以祸福⑫,责以恩义⑬。洪答曰:

[注释]

①雍丘:即雍丘县,秦置,属砀郡,汉属陈留郡,治所在今河南杞县。

②恃:依赖。

③表用:上表推荐,请予任用。

④败好:败坏盟好。

⑤背本:背弃根本。《左传·哀公七年》:"吴将亡矣,弃天而背本。"

⑥禁制:控制,约束。

⑦及逮:谓赶到这里。

⑧徒跣(xiǎn显):赤足。

⑨勒:统率。

⑩族灭:谓一人犯罪,整个家族、亲属被诛灭。

⑪邑人:谓同乡。陈琳:字孔璋(?~217),东汉广陵射阳(今江苏淮安东南)人。原为大将军何进主簿,后避难冀州,袁绍用为纪室。建安五年(200),袁绍命他撰写讨伐曹操的檄文。四年以后曹操攻破冀州,陈琳被俘,曹操欣赏其才,未追究其不敬之词,用为从事。作为"建安七

子"之一，陈琳以文学享誉后世。《三国志》卷二一有传。

⑫祸福：灾殃与幸福。

⑬责以恩义：意谓指责臧洪对袁绍忘恩负义。

　　隔阔相思①，发于寤寐②。幸相去步武之间耳③，而以趣舍异规④，不得相见，其为怆恨⑤，可为心哉⑥！前日不遗⑦，比辱雅贶⑧，述叙祸福⑨，公私切至⑩。所以不即奉答者⑪，既学薄才钝，不足塞诘⑫；亦以吾子携负侧室⑬，息肩主人⑭，家在东州⑮，仆为仇敌⑯。以是事人⑰，虽披中情⑱，堕肝胆⑲，犹身疏有罪⑳，言甘见怪㉑，方首尾不救㉒，何能恤人㉓？且以子之才，穷该典籍㉔，岂将暗于大道㉕，不达余趣哉㉖！然犹复云云者㉗，仆以是知足下之言㉘，信不由衷㉙，将以救祸也㉚。必欲算计长短㉛，辩谘是非㉜，是非之论，言满天下㉝，陈之更不明，不言无所损。又言伤告绝之义㉞，非吾所忍行也，是以捐弃纸笔㉟，一无所答。亦冀遥忖其心㊱，知其计定，不复渝变也㊲。重获来命㊳，援引古今，纷纭六纸㊴，虽欲不言，焉得已哉！

[注释]

①隔阔：阻隔阔别。

②寤寐（wùmèi 务妹）：醒与睡。这里谓睡梦。

③步武：很短的距离。《国语·周语下》："夫目之察度也，不过步武尺寸之间。"三国吴韦昭注："六尺为步，贾君以半步为武。"

④趣舍：取舍。趣，通"取"。异规：不相同。

⑤怆恨（chuàngliàng 创亮）：悲伤。

⑥可为心哉：难道可以承受吗。

⑦不遗：没有嫌弃我。属谦辞。

⑧比：副词，连续，频频。辱：谦词，犹承蒙。雅贶（kuàng 况）：敬辞，称对方的赠予。这里即指陈琳的书信。

⑨述叙：犹叙述。

⑩公私切至：谓于公于私都极为恳切。

⑪不即奉答：谓没有立即答复。

⑫塞诘：回答责问。

⑬吾子：对对方的敬爱之称，一般用于男子之间。这里即称谓陈琳。侧室：古人称妾。

⑭息肩主人：这是对陈琳为避董卓之乱从洛阳出逃冀州投奔袁绍的委婉说法。息肩，谓卸去负担。《左传·襄公二年》："郑成公卒，子驷请息肩于晋。"晋杜预注："欲辟楚役，以负担喻。"主人，此信函中皆指代袁绍。

⑮东州：古代多泛称东方为东州，南、北、西方则分别称为南州、北州、西州。如东汉经学家郑玄字康成，系北海郡高密（今属山东）人，或称之为东州郑康成。陈琳与臧洪同为广陵郡射阳（今江苏淮安东南）人，也可称东州人。陈琳来函当提到这一同乡之谊（陈琳函已佚），所以臧洪回函就此引发下文。

⑯仆：古人自称的谦词。仇敌：有积恨的敌人。这里指臧洪与袁绍结怨。

⑰以是事人：谓以这样的身份侍奉袁绍。

⑱披中情：谓剖露真实的情怀。

⑲堕肝胆：谓真心实意，竭尽忠诚。

⑳身疏有罪：意谓对袁绍不殷勤侍奉就会得罪他。

㉑言甘见怪：意谓对袁绍甜言蜜语也会被责怪。

㉒首尾不救：意谓进退失据，左右为难。

㉓恤（xù续）人：体恤怜悯他人。

㉔穷该：谓博览。

㉕暗：不明了，不了解。大道：谓常理正道，即最高的治世原则，包括伦理纲常等。

㉖不达余趣：谓不了解我的志趣所在。

㉗云云：犹言如此，这样。

㉘足下：古代下称上或同辈相称的敬词。

㉙信不由衷：即"言不由衷"，谓说话不是出于内心，心口不一。语本《左传·隐公三年》："信不由中，质无益也。"杨伯峻注："人言为信，中同衷。"

㉚救祸：消除祸乱。暗含陈琳劝降自己是出于自保的目的。

㉛长短：高和下，优和劣。

㉜辩谘（zī资）：争辩商讨。

㉝言满天下：谓争辩之言语传播广泛。语本《孝经·卿大夫章第四》："言满天下无口过，行满天下无怨恶。"

㉞言伤告绝：谓因言语相互伤害而致使友情断绝。

㉟捐弃：抛弃。

㊱冀：盼望。忖（cǔn村上声）其心：谓揣度我的心理。

㊲渝变：变更，变化。

㊳重获来命：谓再次接到您的来信。来命，对人来信的敬称。

㊴纷纭六纸：谓繁多的文字写满六纸。纸，东汉宦者蔡伦已经发明造纸术，当时并未普及，这里当指缣帛一类织品。

仆小人也①，本因行役②，寇窃大州③，恩深分厚，宁乐今日自还接刃④！每登城勒兵⑤，望主人之旗鼓⑥，感故友之周旋⑦，抚弦搦矢⑧，不觉流涕之覆面也。何者？自以辅佐主人，无以为悔⑨。主人相接，过绝等伦⑩。当受任之初，自谓究竟大事⑪，共尊王室。岂悟天子不悦，本州见侵⑫，郡将遘㮣里之厄⑬，陈留克创兵之谋⑭。谋计栖迟⑮，丧忠孝之名；杖策携背⑯，亏交友之分⑰。揆此二者⑱，与其不得已，丧忠孝之名与亏交友之道，轻重殊涂⑲，亲疏异画⑳，故便收泪告绝。若使主人少垂故人㉑，住者侧席㉒，去者克己㉓，不汲汲于离友㉔，信刑戮以自辅㉕，则仆抗季札之志㉖，不为今日之战矣。

[注释]

①小人：古人对平辈自称的谦词。

②行役：旧指因服兵役、劳役或公务而出外跋涉。这里指臧洪接受张超委派到幽州晋见刘虞一事。

③寇窃大州：这里指袁绍派遣臧洪代理青州刺史两年的经历。寇窃，抢劫，盗窃。这里引申为非分据有，有自谦的意思。大州，即指青州，西汉武帝所置十三刺史部之一，东汉治所临淄县（治今山东淄博市临淄北），辖境相当于今山东德州市、齐河县以东，马颊河以南，济南、临朐、安丘、高密、莱阳、栖霞、乳山等市县以北、以东与河北吴桥县地。

④宁乐：难道乐意。自还接刃：谓自相攻打。接刃，兵刃相接触。谓交战。

⑤勒兵：这里谓指挥军队。

⑥主人：谓袁绍。旗鼓：旗与鼓，古代军中指挥战斗的用具。

⑦故友：谓陈琳。周旋：照顾，周济。这里指陈琳来信调解事，属于客气话。

⑧抚弦搦（nuò 诺）矢：弯弓搭箭，比喻动武前的准备。搦，握，持。

⑨"自以"二句：意谓自己辅佐袁绍并无对不住他的地方。

⑩过绝等伦：谓超过同辈人。

⑪究竟：谓深入推究。大事：谓国家大计。

⑫"岂悟"二句：意谓哪里料到引来天子不高兴，我与张超同处的兖州遭到进犯。按，臧洪所处东郡与张超所处陈留郡南北相邻，同属兖州刺史部。本州，即指兖州。这里含蓄委婉道出曹操挟天子以令诸侯，进攻陈留郡的雍丘以吞并张超地盘的用心。

⑬郡将遘（gòu 够）牖（yǒu 友）里之厄（è 饿）：意谓曾任广陵太守的张超遭遇到如同当年周文王被商纣王囚禁羑里的厄难。郡将，郡太守，因其兼领武事，故称。遘，遭遇。牖里，通"羑里"，《汉书·中山靖王刘胜传》："是以文王拘于牖里。"《史记·殷本纪》作"羑里"。羑里，商代监狱名。故址在今河南汤阴北。据传，商纣王曾囚禁西伯（即周文王）于羑里。厄，灾难，困苦。

⑭陈留克创兵之谋：意谓陈留太守张邈遭到曾被他惩罚过的部卒的谋杀。克，杀。《春秋·隐公元年》："郑伯克段于鄢。"榖梁传："克之者何？杀之也。"创，惩治，警戒。《尚书·虞夏书·益稷》："予创若时。"孔传："创，惩也。"

⑮谋计栖迟：意谓自己救援张超的计谋难以实施。谋计，犹计谋。栖迟，耗散。

⑯杖策携背：意谓自己对于袁绍的任用有一个从追随到背离的过程。

杖策，谓追随、顺从。携背，背离，背叛。

⑰分（fèn奋）：情分，情谊。

⑱揆（kuí葵）：度量，揣度。

⑲轻重：主次。殊涂：异途，不同途径。《周易·系辞下》："天下同归而殊涂，一致而百虑。"

⑳亲疏：亲近或疏远。异画：界限不同。

㉑少垂故人：谓略微垂爱于其门生故吏。故人，汉人于门生故吏之前，率自称故人。

㉒住者侧席：意谓对于留在冀州辅佐袁绍者要尊重。侧席，指谦恭以待贤者。《后汉书·章帝纪》："朕思迟直士，侧席异闻。"唐李贤注："侧席，谓不正坐，所以待贤良也。"

㉓去者克己：意谓对于离开冀州者要有仁心，不必加害。克己，即"克己复礼"，谓约束自我，使言行合乎先王之礼。《论语·颜渊》："克己复礼为仁。"

㉔汲汲于离友：意谓对于离开自己的老友急于施加报复。汲汲，心情急切貌。

㉕信刑戮以自辅：意谓令刑罚不发生差误以自我巩固。信，不发生差误，有规律。刑戮，受刑罚或被处死。

㉖抗：匹敌。季札之志：谓礼让谦逊的高风亮节。季札，春秋吴国吴王寿梦第四子（前576~前484），封于延陵（今江苏常州），后封州来，故又称公子札、延陵季子、州来季子、季子，传说他屡次辞让王位继承。事见《史记·吴太伯世家》。此句含蓄传达出自己愿意将东郡让还袁绍的用心。

何以效之①？昔张景明亲登坛喢血②，奉辞奔走③，卒使韩牧让印④，主人得地；然后但以拜章朝主⑤，赐爵获传之故⑥，旋时之间⑦，不蒙"观过"之贷⑧，而受夷灭之祸⑨。吕奉先讨卓来奔⑩，请兵不获⑪，告去何罪⑫？复见斫刺，濒于死亡⑬。刘子璜奉使逾时⑭，辞不获命⑮，畏威怀亲⑯，以诈求归⑰，可谓有志忠孝，无损霸道者也⑱；然辄僵毙麾下⑲，不蒙亏除⑳。仆虽不敏㉑，又素不能原始见终㉒，睹微知著㉓，窃度主人之心㉔，岂谓三子宜死㉕，罚当刑中哉㉖？实且欲一统山东㉗，增兵讨仇㉘，惧战士狐疑㉙，无以沮劝㉚，故抑废王命以崇承制㉛，慕义者蒙荣㉜，待放者被戮㉝，此乃主人之利，非游士之愿也㉞。故仆鉴戒前人，困穷死战㉟。仆虽下愚㊱，亦尝闻君子之言矣。此实非吾心也，乃主人招焉。凡吾所以背弃国民㊲，用命此城者㊳，正以君子之违，不适敌国故也㊴。是以获罪主人，见攻逾时，而足下更引此义以为吾规㊵，无乃辞同趋异㊶，非君子所为休戚者哉㊷！

[注释]

①效：证明，验证。

②张景明：即张导（生卒年不详），东汉河内郡修武县（治今河南获嘉县）人，建安三年（198）曾任巨鹿太守，治理漳河有功。见北魏郦道元《水经注·浊漳水》。登坛歃（shà 煞）血：当指汉献帝初平元年（190）正月，关东州郡起兵同讨董卓并推袁绍为盟主一事。

③奉辞：当谓奉袁绍之命去游说韩馥。

④韩牧让印：谓汉献帝初平二年（191），冀州牧韩馥被迫让出冀州给袁绍。韩牧，即韩馥（fù 富），字文节（？～192），东汉颍川（今河南

禹州）人。曾任冀州牧，因惧怕公孙瓒，以州牧让袁绍，投奔张邈，后又因恐惧而入厕自杀。

⑤拜章朝主：谓上奏章朝拜皇帝。

⑥赐爵获传（zhuàn篆）：赐予爵位，获取官职。传，任官的凭证。《汉书·王莽传上》："自三辅、三公有事府第，皆用传。"

⑦旋时：很短的时间；顷刻间。

⑧观过：语出《论语·里仁》："子曰：'人之过也，各于其党。观过，斯知仁矣。'"大意是：什么类型的人就容易犯什么类型的错误，仔细考察某人所犯的错误，就可以推测他是何种类型的人了。臧洪在此用孔子"观过"语，意在允许他人有过错，处置当以宽大为怀。贷：赦免，宽恕。

⑨夷灭：诛杀。关于张景明被袁绍所杀事，未见典籍记述。裴注云："臣松之案《英雄记》云：'袁绍使张景明、郭公则、高元才等说韩馥，使让冀州。'然则馥之让位，景明亦有其功。其馀之事未详。"

⑩吕奉先：吕布表字。讨卓来奔：吕布刺杀董卓后，被李傕等追杀，曾先后投奔袁术、袁绍，皆不见容，后者还于夜间派壮士刺杀吕布，未得手。详见本书所选《吕布传》。

⑪不获：不得，不能。语出《尚书·周书·顾命》："疾大渐，惟几，病日臻，既弥留，恐不获誓言嗣，兹予审训命汝。"孔传："恐不得结信出言，嗣续我志。"

⑫告去：谓请求离开袁绍。

⑬滨于：临近。

⑭刘子璜（huáng黄）：生平不详。或谓即刘勋。逾时：超过规定的时间。

⑮辞不获命：谓辞谢而未获允许。《庄子·天地》："鲁君谓葂也曰：

'请受教。'辞不获命,既已告矣,未知中否。"

⑯畏威怀亲:谓恐惧威势又怀念亲人。

⑰以诈求归:谓通过虚假手段以求归乡里。

⑱霸道:这里指诸侯凭借武力、刑法、权势等进行统治。与"王道"相对。

⑲僵毙:倒下死亡。麾(huī灰)下:谓将旗之下。这里指袁绍的官署。

⑳亏除:减免。《汉书·何武传》:"(武)所举奏二千石长史必先露章,服罪者为亏除,免之而已;不服,极法奏之,抵罪或至死。"唐颜师古注:"亏,减也。减其状,直令免去也。"裴注云:"臣松之案:公孙瓒表列绍罪过云:'绍与故虎牙将军刘勋首共造兵,勋仍有效,而以小忿枉害于勋,绍罪七也。'疑此是子璜也。"

㉑不敏:谦词,犹不才。《论语·颜渊》:"回虽不敏,请事斯语矣。"

㉒原始见终:考察事物的开端而预见它的结果。东汉王充《论衡·实知》:"凡圣人见祸福也,亦揆端推类,原始见终。"

㉓睹微知著:看到事物的细微迹兆,就可认识其实质和发展。

㉔度(duó夺):推测,估计。《诗经·小雅·巧言》:"他人有心,予忖度之。"

㉕三子:指上述张景明、吕布、刘子璜三人。宜死:应当处死。

㉖罚当(dàng荡)刑中(zhòng众):谓惩罚适当,量刑准确。

㉗山东:这里当指太行山以东地区,春秋时晋国地处太行山以西,故称太行山以东为山东。见《史记·晋世家》。

㉘讨仇:谓讨伐寇仇。

㉙狐疑:犹豫。

㉚沮(jǔ举)劝:谓阻止恶行,勉励善事。《左传·襄公二十七年》:

"赏罚无章,何以沮劝?"

㉛抑废王命:意谓废弃皇帝委任官职的规则,以突出袁绍自家权威。承制:谓秉承皇帝旨意而便宜行事。

㉜慕义:倾慕仁义。语出汉贾谊《新书·数宁》:"苟人迹之所能及,皆乡风慕义,乐为臣子耳。"这里歇后"乐为臣子",意即愿为袁绍臣属者。

㉝待放:古谓人臣有罪辞职等待放逐。语出《公羊传·宣公元年》:"古者,大夫已去,三年待放。"汉何休注:"古者刑不上大夫……刑之则恐误刑贤者。死者不可复生,刑者不可复属,故有罪放之而已。所以尊贤者之类也。三年者,古者疑狱,三年而后断。"

㉞游士:古代称从事游说活动的人。这里当指乱世中择主而事的志节之士。

㉟因穷死战:谓在艰难窘迫中拼死战斗。

㊱下愚:极愚蠢的人。语出《论语·阳货》:"唯上智与下愚不移。"这里是自谦的说法。

㊲国民:这里谓州郡(这里当指冀州)所辖的百姓。

㊳用命:谓奋不顾身地坚守。此城:指东郡治所东武阳县城。

㊴"正以"二句:意谓君子若因故离开本国,不前往与本国为仇之国。语本《左传·哀公八年》:"君子违,不适仇国。"违,离开。这是臧洪为自己困守东武阳而不愿离开的一种托词。

㊵此义:即前文所言"责以恩义"之"义"。规:准则。

㊶无乃:相当于"莫非""恐怕是",表示委婉测度的语气。辞同趋异:谓言辞虽同,志趣却背道而驰。

㊷所为休戚:意谓喜乐和忧虑共同承受,即同甘共苦。

吾闻之也，义不背亲，忠不违君，故东宗本州以为亲援①，中扶郡将以安社稷②，一举二得以徼忠孝③，何以为非？而足下欲吾轻本破家，均君主人④。主人之于我也，年为吾兄，分为笃友⑤，道乖告去⑥，以安君亲⑦，可谓顺矣。若子之言，则包胥宜致命于伍员，不当号哭于秦庭矣⑧。苟区区于攘患⑨，不知言乖乎道理矣⑩。足下或者见城围不解，救兵未至，感婚姻之义⑪，惟平生之好⑫，以屈节而苟生⑬，胜守义而倾覆也⑭。昔晏婴不降志于白刃⑮，南史不曲笔以求生⑯，故身著图象⑰，名垂后世，况仆据金城之固⑱，驱士民之力⑲，散三年之畜⑳，以为一年之资㉑，匡困补乏㉒，以悦天下㉓，何图筑室反耕哉㉔！但惧秋风扬尘㉕，伯珪马首南向㉖，张杨、飞燕㉗，膂力作难㉘，北鄙将告倒县之急㉙，股肱奏乞归之诚耳㉚。主人当鉴我曹辈㉛，反旌退师㉜，治兵邺垣㉝，何宜久辱盛怒㉞，暴威于吾城下哉㉟？足下讥吾恃黑山以为救㊱，独不念黄巾之合从邪㊲！加飞燕之属悉以受王命矣㊳。昔高祖取彭越于巨野㊴，光武创基兆于绿林㊵，卒能龙飞中兴㊶，以成帝业，苟可辅主兴化㊷，夫何嫌哉㊸！况仆亲奉玺书㊹，与之从事㊺。

[注释]

①宗：尊崇。本州：在东汉，东武阳所在东郡属兖州刺史部，故以兖州为本州。东郡位于兖州西部，故上文称"东宗"。亲援：亲近的内援。

②郡将：这里指代张超，以其曾为广陵太守，故称。社稷：古代帝王、诸侯所祭的土神和谷神。社，土神；稷，谷神。常用为国家或政权的代称。

③徼（yāo邀）：求取。

④均君主人：谓将汉帝与袁绍置于同等的位置。

⑤分（fèn奋）为笃（dǔ赌）友：谓在情分上是诚实醇厚之友。

⑥乖：差异，不同。

⑦君亲：这里特指君主，即汉帝。

⑧"则包胥"二句：意谓申包胥应当为伍子胥效力乃至丧命，不应当到秦国痛哭去求挽救楚国的援军。包胥，即申包胥（生卒年不详），春秋楚国大夫，与伍子胥交好。楚平王因谗言杀害伍子胥的父兄，楚昭王十年（前506），伍子胥为复仇借吴国之力攻入楚国。申包胥为救楚，到秦国痛哭七天七夜，终于得到秦国援军，令楚昭王复位。致命，犹捐躯。伍员（yún云），即伍子胥（前559～前484），因父亲伍奢与兄伍尚被楚平王冤杀，逃出楚国到吴国，成为吴国大夫，攻入楚都，鞭尸楚平王，报了父兄之仇，也令吴国一时称霸诸侯。后因被谗言，为吴王夫差赐死。申包胥与伍子胥事，分别见《左传·定公四年》与《史记》卷六六。秦庭，即秦朝。

⑨区区：拘泥，局限。攘（rǎng壤）患：排除祸患。

⑩道理：情理。

⑪婚姻之义：臧洪与陈琳两家当有联姻关系。

⑫惟：思念。平生：旧交，老交情。

⑬屈节：犹言失节归附。苟生：苟且偷生。

⑭守义：坚守道义。倾覆：覆灭。

⑮晏婴：即晏子（前？～前500），字仲，谥"平"，夷维（今山东高密市）人，春秋时期齐国的大夫，历史上著名的政治家、思想家、外交家。战国人辑有《晏子春秋》传世。《史记》卷六二有传。降志：这里是屈从强权的意思。白刃：锋利的刀。据《史记·齐太公世家》，齐国权臣崔杼弑齐庄公，晏婴"枕公尸而哭，三踊而出"，险些被杀；齐景公立，

崔杼等又逼迫国人盟誓，晏婴临危不惧，始终不肯加盟。

⑯南史：即南史氏，春秋时齐国的史官。据《左传·襄公二十五年》，崔杼杀害齐庄公，齐国的太史记曰"崔杼弑其君"，被杀，太史的两个弟弟坚持如此书写，又被杀死一人。南史氏误以为三人皆死，就又手执书写好的"崔杼弑其君"的简前往，听说事情已定，就回去了。曲笔：史官由于某种原因，不据事直书，有意掩盖事情真相，谓之曲笔。

⑰身著图象：谓这些人的形象被绘成图像传世。

⑱金城：指坚固的城。

⑲驱：役使。士民：犹言军民。《诗经·大雅·瞻卬》："邦靡有定，士民其瘵。"汉郑玄笺："天下骚扰，邦国无有安定者，士卒与民皆劳病。"

⑳散：发放。畜：通"蓄"，谓物资储备。

㉑资：当指粮食。《左传·僖公三十三年》："吾子淹久于敝邑，唯是脯、资、饩、牵竭矣。"晋杜预注："资，粮也。"

㉒匡困补乏：救济贫苦，帮助困难的人。

㉓以悦天下：谓使天下人高兴。悦，形容词的使动用法。

㉔何图：哪里想到。筑室反耕：建筑房舍，分兵归田，表示作长期屯兵之计。语出《左传·宣公十五年》："筑室反耕者，宋必听命。"晋杜预注："筑室于宋，分兵归田，示无去志。"

㉕扬尘：激起尘土。

㉖伯珪：即公孙瓒（？～199），字伯珪，东汉辽西令支（今河北迁安西）人。汉献帝时曾任奋武将军，迁前将军，封易侯。与袁绍相攻伐，屡败。建安四年（199），被袁绍所逼走投无路，自杀死。《三国志》卷八、《后汉书》卷七三皆有传。当时公孙瓒据有幽州，位于袁绍所据冀州的正北方，故"马首南向"即指进犯冀州。

㉗张杨：字稚叔（？~199），东汉云中（今山西原平西南）人。汉献帝时，曾任河内太守，初平元年（190）参加诸侯联军讨伐董卓。兴平二年（195），汉献帝自长安返洛阳，他于途中贡献粟帛，拜大司马。建安三年（198），曹操围困吕布于下邳，张杨出兵东市，欲救吕布，翌年为部将杨丑所杀。《三国志》卷八有传。飞燕：即张燕（生卒年不详），本姓褚，常山真定（今河北石家庄市东北）人。曾聚众响应黄巾军，称黑山军，后与博陵张牛角联合并推张为帅。张牛角中流矢将死，令众奉燕为帅，故改姓张，又因其彪悍捷速过人，军中号曰"飞燕"。张燕善与豪杰联合，最终降曹，拜平北将军，封安国亭侯。《三国志》卷八有传。

㉘膂（lǚ吕）力作难：意谓依仗兵强马壮进犯冀州。膂力，体力。

㉙北鄙：这里指冀州的北部边境。倒县（dàoxuán 到悬）之急：以人之倒挂比喻处境极其困苦或危急。县，同"悬"。

㉚股肱（gōng 公）：大腿和胳膊。这里比喻袁绍左右辅佐之臣。《尚书·虞夏书·益稷》："臣作朕股肱耳目。"奏乞归之诚：意谓发自内心地请求袁绍撤军回冀州。

㉛鉴：明察。曹辈：侪辈，同伙。

㉜反旌退师：掉转旗帜，撤回军队。

㉝治兵邺垣：谓返回冀州治所邺县（今河北临漳西南）练兵或治军。

㉞辱：委屈。这是对袁绍久攻不下的委婉说法。

㉟暴（pù 铺）威：显耀的威势。

㊱恃：依赖。黑山：谓黑山农民军首领张燕。他于建安十年（205）率部众十余万投降曹操。

㊲黄巾：东汉末年张角所领导的农民军，因头包黄巾而得名。合从（zòng 纵）：泛指联合。

㊳受王命：谓接受朝廷招安并被授予官职。

㉟"昔高祖"句：据《史记》卷九〇，彭越（？～前196），字仲，砀郡昌邑（今山东菏泽市巨野县）人。曾经在巨野泽中打鱼，后为盗，在外黄率三万馀众归附刘邦，在诛秦灭楚中战功赫赫，成为西汉王朝开国功臣，历官魏相国，封梁王。最终以谋反被刘邦灭族。《史记》卷九〇、《汉书》卷三四皆有传。高祖，即刘邦（前256～前195），字季，秦末泗水郡沛县（今江苏沛县）人，西汉王朝的开国皇帝。公元前202年称帝，在位八年，谥号高皇帝，庙号高祖。《史记》卷八、《汉书》卷一皆有纪。

㊵"光武"句：东汉刘秀（前5～57），字文叔，南阳郡蔡阳（今湖北枣阳市）人，汉高祖刘邦九世孙。在反抗新莽王朝的斗争中，刘秀与其兄刘縯组成舂陵军并与新市、平林、下江这三支绿林军中的最大的主力进行了联合，最终建立东汉王朝，即汉光武帝（25～57在位）。辛后庙号世祖。《后汉书》卷一有纪。基兆：根本，基础。绿（lù录）林：西汉末年，新市人王匡、王凤等，组织荆州饥民起义，以绿林山（在今湖北当阳东北）为根据地，史称"绿林军"。以后绿林军分兵转移，称下江兵和新市兵，并与平林兵会合，声势大振。北攻洛阳，西攻长安，杀死王莽。事见《汉书·王莽传下》《后汉书·刘玄传》等。

㊶辛：终于，最后。龙飞：语出《周易·乾》："飞龙在天，利见大人。"唐孔颖达疏："若圣人有龙德，飞腾而居天位。"后世遂以"龙飞"为帝王的兴起或即位。这里指汉高祖刘邦。中兴：特指恢复并非由本人失去的帝位。宋陆游《南唐书·萧俨传》："俨独建言：帝王，已失之，已得之，谓之反正；非己失之，自己复之，谓之中兴。"这里指汉光武帝刘秀。

㊷辅主：谓辅佐君主。兴化：振兴教化。《孔丛子·执节》："贤者所在，必兴化致治。"

㊸何嫌：有什么猜疑。

㊹玺书：秦以后专指皇帝的诏书。
㊺与之从事：谓与农民军等军事力量联合，共同致力于汉室的中兴。

  行矣孔璋①！足下徼利于境外②，臧洪授命于君亲③；吾子托身于盟主④，臧洪策名于长安⑤。子谓余身死而名灭，仆亦笑子生死而无闻焉，悲哉！本同而末离⑥，努力努力⑦，夫复何言⑧！

[注释]

①行矣孔璋：到此为止吧陈孔璋！属于呼告的修辞手法。
②徼（yāo 邀）利：求取利益。境外：在东汉，东郡属于兖州刺史部，与袁绍治下的冀州刺史部相邻。
③授命：效命，即舍命报效。
④托身：寄身，安身。盟主：指袁绍，他曾是各路诸侯讨伐董卓的盟主。
⑤策名：即"策名委质"，语出《左传·僖公二十三年》："策名委质，贰乃辟也。"晋杜预注："名书于所臣之策。"唐孔颖达疏："古之仕者于所臣之人书己名于策，以明系属之也。"后用以指因仕宦而献身于朝廷之事。长安：当时汉献帝尚在长安，故以长安指代汉廷。
⑥本同而末离：意谓我们两人虽然是同乡，但却走了不同的道路。
⑦努力：勉力，尽力。
⑧夫复何言：意谓事态发展至此已无话可说。以此为书信结尾，属于对对方已经绝望的表示。

绍见洪书，知无降意，增兵急攻。城中粮谷以尽，外无强救，洪自度必不免①，呼吏士谓曰："袁氏无道，所图不轨②，且不救洪郡将③。洪于大义，不得不死，今诸君无事空与此祸④！可先城未败，将妻子出。"将吏士民皆垂泣曰："明府与袁氏本无怨隙⑤，今为本朝郡将之故，自致残困⑥，吏民何忍当舍明府去也！"初尚掘鼠煮筋角⑦，后无可复食者。主簿启内厨米三斗⑧，请中分稍以为糜粥⑨，洪叹曰："独食此何为！"使作薄粥，众分歠之⑩，杀其爱妾以食将士。将士咸流涕，无能仰视者。男女七八千人相枕而死⑪，莫有离叛。

[注释]

①不免：意谓无法幸免。

②不轨：越出常轨，不合法度。

③郡将：这里当指张超，与臧洪致陈琳书中"郡将遘牖里之厄""中扶郡将以安社稷"的称谓同一。所谓"洪郡将"，是就臧洪与张超两人以前的职守从属关系而言。

④无事：无须，没有必要。与（yù玉）：在其中。《左传·僖公二十三年》："秦伯纳女五人，怀嬴与焉。"

⑤明府：汉魏以来对郡守牧尹的尊称，又称明府君。臧洪时为东郡太守，故称。怨隙：即嫌隙，谓因猜疑或不满而产生的恶感、仇怨。

⑥残困：残败困顿。

⑦筋角：动物的筋与角，古时多用于制弓。

⑧主簿：官名。东汉三国时，中央与州郡长官所置属官，其职为主管文书簿籍及印鉴，协助处理事务。内厨：即内厨房。

⑨中分：均分。稍：副词，聊，暂且。糜粥：粥。

⑩歠（chuò辍）：饮，喝。

⑪相枕：即互相枕藉，谓纵横相枕而卧。言其多而杂乱。

城陷，绍生执洪。绍素亲洪，盛施帏幔①，大会诸将见洪，谓曰："臧洪，何相负若此！今日服未？"洪据地瞋目曰②："诸袁事汉，四世五公③，可谓受恩。今王室衰弱，无扶翼之意④，欲因际会⑤，希冀非望⑥，多杀忠良以立奸威⑦。洪亲见呼张陈留为兄⑧，则洪府君亦宜为弟⑨，同共戮力⑩，为国除害，何为拥众观人屠灭⑪！惜洪力劣，不能推刃为天下报仇⑫，何谓服乎！"绍本爱洪，意欲令屈服，原之⑬；见洪辞切⑭，知终不为己用，乃杀之⑮。

[注释]

①帏幔：帐幕。

②据地：席地而坐。瞋（chēn 琛）目：瞪着眼睛。

③四世五公：谓袁氏四世有五人官至"三公"的位置。据《后汉书·袁安传》，袁安之子袁敞为司空，袁安之孙袁汤历官司空、司徒、太尉，袁汤之子袁逢为司空，少子袁隗为太傅。三公，东汉以太尉、司徒、司空为三公，各置一人，均可开府，即设办公机构，有权自行任用属吏，各有属官数十人。虽名位显贵，实权则由君主的内廷尚书台执掌，三公遂成虚衔。

④扶翼：辅佐，扶助。

⑤际会：机遇，时机。

⑥非望：非分的希望，谓夺取帝位。《汉书·息夫躬传》："东平王云

以故与其后日夜祠祭祝诅上，欲求非望。"唐颜师古注："言求帝位也。"

⑦奸威：淫威，邪恶的威势。

⑧张陈留：即张邈，以其曾为陈留太守，故称。

⑨洪府君：臧洪的府君，即张超。府君，汉代对郡相、太守的尊称。

⑩同共戮（lù录）力：即戮力同心，谓齐心协力。

⑪屠灭：杀尽，摧毁。

⑫推刃：《公羊传·定公四年》："父不受诛，子复雠，可也。父受诛，子复雠，推刃之道也。"汉何休注："一往一来曰推刃。"谓父罪当诛而子复仇，仇家之子亦必报复，则形成一往一来的循环报复。后用"推刃"泛称用刀剑刺杀或复仇。

⑬原之：谓宽恕、原谅他。

⑭辞切：谓言辞激烈。

⑮乃杀之：裴注引徐众《三国评》曰："洪敦天下名义，救旧君之危，其恩足以感人情，义足以励薄俗。然袁亦知己亲友，致位州郡，虽非君臣，且实盟主，既受其命，义不应贰。袁、曹方睦，夹辅王室，吕布反覆无义，志在逆乱，而邈、超擅立布为州牧，其于王法，乃一罪人也。曹公讨之，袁氏弗救，未为非理也。洪本不当就袁请兵，又不当还为怨雠。为洪计者，苟力所不足，可奔他国以求赴救，若谋力未展以待事机，则宜徐更观衅，效死于超。何必誓守穷城而无变通，身死殄民，功名不立，良可哀也！"

  洪邑人陈容少为书生①，亲慕洪②，随洪为东郡丞③；城未败，洪遣出。绍令在坐，见洪当死④，起谓绍曰："将军举大事⑤，欲为天下除暴，而专先诛忠义，岂合天意⑥！臧洪发举为郡将⑦，奈何杀之!"绍惭,左右使人牵出,谓曰:"汝非臧洪俦⑧,空复尔为⑨!"容顾曰:"夫仁义岂有常,蹈之则君子⑩,背之则小人。今日宁与臧洪同日而死,不与将军同日而生!"复见杀。在绍坐者无不叹息,窃相谓曰⑪:"如何一日杀二烈士⑫!"先是,洪遣司马二人出⑬,求救于吕布;比还⑭,城已陷,皆赴敌死⑮。

[注释]

①邑人陈容:东汉广陵射阳(治今江苏宝应东北射阳镇)人(?~196),曾为东郡丞。后为袁绍所杀。邑人,谓同乡。书生:古时多指儒生。

②亲慕:谓结交仿效。

③东郡丞:东郡郡丞。郡丞,郡太守的首席属官,每郡一人,总理各种事物,可代行郡守事。一般由中央政府任命。

④当:副词,相当于"将"或"将要"。

⑤大事:重大的事情。指重要的政事,国家大计。

⑥天意:上天的意旨。《汉书·礼乐志》:"王者承天意以从事,故务德教而省刑罚。"

⑦发举:兴起,举事。郡将:这里指代张超。

⑧俦(chóu 筹):辈,同类。

⑨空复尔为:意谓你如此行事是白白送死。

⑩蹈:履行,遵循。

⑪窃:私下里。

⑫烈士:有节气有壮志的人。《韩非子·诡使》:"而好名义不仕进者,世谓之烈士。"

⑬司马：即郡司马，东汉末郡太守的属官。郡本不设司马一职，东汉末因镇压农民军与征战之需要，遂加设。

⑭比：介词，待到，等到。

⑮赴敌：奔赴战阵，对敌作战。

评曰：吕布有虓虎之勇①，而无英奇之略②，轻狡反覆③，唯利是视④。自古及今，未有若此不夷灭也⑤。昔汉光武谬于庞萌⑥，近魏太祖亦蔽于张邈⑦。"知人则哲"，"唯帝难之"⑧，信矣！陈登、臧洪并有雄气壮节⑨：登降年殒陨⑩，功业未遂；洪以兵弱敌强，烈志不立⑪。惜哉！

[注释]

①虓（xiāo 萧）虎：咆哮怒吼的虎。多用来比喻勇士猛将。《诗经·大雅·常武》："进厥虎臣，阚如虓虎。"毛传："虎之自怒虓然。"

②英奇：才智特出。略：谋略，智谋。

③轻狡：轻佻而狡诈。反覆：变化无常。

④唯利是视：同"唯利是求"或"唯利是图"。行事皆以利为着眼点，谓一心只顾谋取利益。《左传·成公十三年》："余虽与晋出入，余唯利是视。"

⑤夷灭：诛杀，消灭。

⑥"昔汉光武"句：庞萌（？~30），山阳昌邑（今山东金乡西北）人。他最初隶属于绿林军旗下的下江军，后归顺刘秀。刘秀称帝，以之为侍中，因其为人谦逊和顺，深得宠信。后因心生疑虑而叛汉，终于兵败被杀，传首洛阳。事见《后汉书》卷一二《刘永传》。谬：这里谓识人产生

谬误，出现差错。

⑦蔽：谓被蒙蔽。

⑧"知人则哲"二句：意谓能准确鉴察人的品行、才能，就是明智，这连尧帝都感到困难。语出《尚书·虞夏书·皋陶谟》："皋陶曰：'都！在知人，在安民。'禹曰：'吁！咸若时，惟帝其难之。知人则哲，能官人。'"大意是：皋陶说："啊！要理解臣下，安定民心。"禹说："哦！都像这样，连尧帝都认为困难。能理解臣下就是明智，可以任人唯贤。"

⑨雄气壮节：英雄气概与豪迈志节。

⑩降年：谓上天赐予人的年龄，寿命。凤陨（yǔn 允）：亦作"凤殒"，谓过早凋落，即早死。

⑪烈志：壮志，大志。

[译文]

臧洪字子源，是广陵郡射阳县人。他的父亲臧旻，历任匈奴中郎将、中山国相、太原郡太守，所到之处都留下了好的名声。臧洪体态魁梧，与常人不同，被郡守荐举孝廉，选任为郎。当时选取郎以增补县长，琅邪人赵昱任莒县县长，东莱人刘繇任下邑县长，东海人王朗任菑丘县长，臧洪任即丘县长。汉灵帝末年，臧洪弃官还家，广陵太守张超请臧洪出任郡功曹。

董卓杀害汉少帝刘辩，图谋危害国家，臧洪劝导张超说："您家历代承受汉家天子的恩典，兄弟都官居大郡的郡守，现在王室面临危险，乱臣贼子还没有被斩首示众，这正是天下重义轻生者舍命报效朝廷的时刻。现在广陵郡的境域还完整，官民繁盛、富足，如果擂起战鼓，可以招集到两万人，凭借这些兵众诛杀铲除国贼，为天下倡先，这属于最大的义了。"张超同意臧洪的说法，就与他向西来到陈留郡，会见其兄长张邈议事。张邈平素也有此意，两人在酸枣县会面，张邈对张超说："听说弟任广陵郡守，政治与教化以及刑赏等公务，不由你做主，动辄由臧洪处理，臧洪是何等人？"张超回答："臧洪的才能和谋略以及谋术都比我强，我很看重他，他是海内才智出众的人。"张邈随即接见臧洪，交谈后感到很惊奇。就将臧洪推荐给兖州刺史刘岱、豫州刺史孔伷，他们都与臧洪友善。于是就设立坛场，正要一起盟誓，各州郡的长官都互相推让，没有人敢于承担主盟者，就一同推举臧洪。臧洪就登上高台手持盛有所杀牲之血的铜盘，并以指蘸血，涂于口旁，盟誓说："汉室不幸，朝廷的纲纪丧失准则，乱臣贼子董卓利用机会肆意作恶，加害天子，侵凌百姓，我们非常担心他会令国家沦没丧亡，颠覆天下。兖州刺史刘岱、豫州刺史孔伷、陈留太守张邈、东郡太守桥瑁、广陵太守张超等，聚集义兵，一同奔赴国难。凡是共同盟誓者，必须齐心协力，以表达人臣的节操，即使献出生命，也不变心。如果违反誓言，就令他丢掉性命，不能繁衍后代。天神地祇，祖宗圣明的神灵，都会照察、审辨。"臧洪言辞语气慷慨激昂，涕泪交流，在场听到他宣誓的人，虽士兵乃至受人驱使的奴仆，没有不感奋昂扬的，人人都想赴义捐生。但没过多久，各路军队却没有人作主首先进兵，粮食吃光，就各自散去了。

张超派遣臧洪到大司马刘虞那里商议对策，正值公孙瓒杀死了刘虞，又到河间国，遇到幽州与冀州双方交战，臧洪作为使者所奉的命令无法传达。袁绍见到臧洪，也非常器重他，与他结下情谊成为好友。适值青州刺史焦和去世，袁绍就派臧洪兼任青州刺史以安抚那里的军民。臧洪在青州两年，境内的盗贼离境而去。袁绍赞赏臧洪的能力，调任他为东郡太守，治所设于东武阳县。

曹操在雍丘围攻张超，张超说："只有依靠臧洪了，他一定来救援我。"众人认为袁绍与曹操正在修好，而臧洪为袁绍上表推荐并予任用，他一定不会败坏盟好给自己招来祸患，远道赶赴到此。张超说："臧洪，是天下的义士，始终不会背弃根本，只恐被袁绍所约束，来不及赶到这里。"臧洪得知后，果然赤足痛哭，并统率所部，又向袁绍请求增加兵马，打算去救援张超，然而袁绍始终没有应允。张超于是被灭族。臧洪因此怨恨袁绍，与他绝交不相来往。袁绍出兵东武阳围攻臧洪，一年也没有攻下。袁绍就让臧洪的同乡人陈琳致书臧洪，告知他灾殃与幸福的利害关系，并指责臧洪对袁绍忘恩负义。臧洪答书说：

阻隔阔别而相思念，甚至出现在睡梦中。所幸我们相隔距离不远，而因取舍有所不同，不能够见面，这样的悲伤，难道可以承受吗！前些日子您没有嫌弃我，连续赠予我信函，陈述祸福利害关系，于公于私都极为恳切。我之所以没有立即答复，一则是我才疏学浅，难以回答您的责问；二则因为您携带妾室，在袁绍那里止息，我们虽是东州同乡，但我已成袁绍的仇敌。在如此情势下以这样的身份侍奉袁绍，虽剖露真实的情怀，竭尽忠诚，然而对袁绍不殷勤侍奉就会得罪他，对袁绍甜言蜜语也会被责怪，您正处于进退失据、左右为难的境地，又怎能体恤怜悯他人？况且凭借您的才能，博览典籍，岂能不了解常理正道，不了解我的志趣所在呢！然而您仍一再这样陈说，我由此得知您的话不是出于内心，不过是为消除祸乱以图自保而已。如果必须计较高下优劣，争辩商讨谁是谁非，那么有关是与非的争辩之言语就会传播广泛，说出来更难辨清，不说出来也无损于事。此外因言语相互伤害而致使友情断绝，也不是我能忍心干出来的，因而抛弃书写用具，一无所答。也盼望您能在异地揣度我的心理，了解我已计决，不会再变更了。重新得到您的来书，援古证今，繁多的文字写满六纸，虽然不想作答，但又怎能就此罢休呢！

我不过是小民百姓，却因接受张超委派到幽州晋见刘虞，得遇袁绍，被派遣代理青州刺史，堪称恩分深厚，难道乐意现在自相攻打吗！每次登城指挥军队，望见旧主袁绍的军旗战鼓，感念老朋友您的照顾与周济，弯弓搭箭欲射之际，不觉泪流满面。何以如此？自以为辅佐袁绍，没有对不住他的地方。袁绍对待我，也超过同辈人。在接受任职青州刺史之初，自以为深入推究国家大计，共同尊奉汉室。哪里料到引来天子不高兴，我与张超同处的兖州遭到进犯，曾任广陵太守的张超遭遇到如同当年周文王被商纣王囚禁羑里的厄难。陈留太守张邈遭到曾被他惩罚过的部卒的谋杀。自己救援张超的计谋难以实施，丧失了忠与孝的名声，自己对于袁绍的任用也有一个从追随到背离的过程，损伤了朋友间的情分。揣度这两者，与其不得已，同时丧失忠孝之名与损伤朋友情分，不如在主次异途、亲近或疏远的界限不同上选择忠孝，所以只好擦干眼泪宣告与朋友绝交。如果请袁绍略微垂爱于其门生故吏，对于留在冀州辅佐袁绍者要尊重，对于离开冀州者也要有仁心，不必加害，不要对离开自己的老友急于施加报复，令刑罚不发生差误以自我巩固，那么我将效法季札礼让谦逊的高风亮节，愿意将东郡让还袁绍，不进行今天的这场战争了。

用什么来验证呢？从前关东州郡起兵同讨董卓，张景明亲自登坛歃血，奉袁绍之命去游说韩馥，冀州牧韩馥被迫让出冀州给袁绍，袁绍得到冀州；然后只因张景明奉奏章朝拜皇帝，被赐予爵位，获取官职的缘故，顷刻间，没有蒙受允许他人改过的宽恕，遭受被诛杀的灾祸。吕布因讨伐董卓前来投奔袁绍，请求增加兵马不得，因而请求离开，又有何罪？遭到偷袭，险些被刺杀身亡。刘子璜奉命出使超过期限，辞谢又未获允许，他恐惧威势又怀念亲人，就通过虚假手段以求归乡里，可以说有志于忠孝并无损于诸侯凭借武力、刑法、权势等进行统治的行动，然而却随即倒毙在袁绍官署的将旗之下，处罚丝毫没有减免。我虽然不才,又不能考察事物的开端而预见到它的结果,看到事物的细微迹兆,就可认识其实质和发展,但私下里推测袁绍内心所想,他难道真的认为张景明、吕布、刘子璜三人就应当被处死,属于惩罚适当、量刑准确吗?其实袁绍不过想一统太行山以东的区域,增加兵力以讨伐寇仇,又惧怕战士心存犹豫,没有办法阻止恶行,勉励善事,因而废弃皇帝委任官职的规则,以突出袁绍自家权威,崇尚秉承皇帝旨意而便宜行事,倾慕仁义愿为袁绍臣属者蒙受荣耀,有罪辞职等待放逐者被杀,这种做法对袁绍自己有利,却并非乱世中择主而事的志节之士的愿望。所以我借鉴此前几个人遭遇的教训,在艰难窘迫中拼死战斗。我虽是极愚蠢的人,但也曾听说过君子的言论。这样做实在不是出于我的本心,而是袁绍自己招致的。我之所以背弃州郡所辖的百姓,奋不顾身地坚守这座东武阳城,正是因为君子若因故离开本国,就不能前往与本国为仇之国的缘故。因此我得罪了袁绍,被围攻了许久,而您又援引同样的道理作为我应当遵循的准则,莫非言辞虽同,志趣却背道而驰,并非君子喜乐和忧虑共同承受的作为吧!

我听说过,讲求义就不能背弃父母,讲求忠就不能违抗君主,所以向东尊崇本州兖州作为亲近的内援,在中原陈留郡辅助郡将张超以安定国家,这是一举两得以求取忠孝,为什么以我为非?而您却意图使我轻视根本,舍弃忠孝,将汉帝与袁绍置于同等的位置。袁绍对于我而言,以年纪论是我兄长,以情分论是我诚实醇厚之友,因为道路的差异而分开,以此来安定君主汉帝,可以说名正言顺了。如果按照您的意见,春秋时楚国的申包胥就应当为伍子胥效力乃致丧命,不应当到秦国痛哭去求挽救楚国的援军。若仅拘泥于排除祸患,却不知您的言语已经违背情理了。您或许看到东武阳城难以解围,没有救兵可等待，顾及我们两家是姻亲，又思念我们是老交情，认为失节归附而苟且偷生，要胜过坚守道义而覆灭。从前春秋时齐国的晏子在锋利的兵器面前不屈从强权，齐国的史官南史氏不为求生而有意掩盖事情真相，因而这些人的形象被绘成图像，好名声传于后世。况且我把守着坚固的城池，役使着忠勇的军民，发放三年的物资储备，作为一年的粮食，救济贫苦，帮助困难的人，使天下人高兴，哪里想到你们建筑房舍，分兵归田，以作长期屯兵之计呢！只怕秋风一起激起尘土，据有幽州的公孙瓒将向南进犯冀州，张杨、张燕等有实力的军阀依仗兵强马壮也欲进犯冀州，冀州的北部边境已如人之倒挂，处境极其困苦或危急，袁绍左右辅佐之臣发自内心地请求他撤军回冀州。袁绍应当明察我们这些人的意志，掉转旗帜，撤回军队，返回冀州治所邺县整治军队，怎么可以长时间地发怒不止，在我的城下耀武扬威呢？您嘲笑我依仗黑山农民军首领张燕的军队以为救援，却忽略了袁绍也曾联合黄巾军的事实！何况如今张燕等黑山军都已经接受了朝廷的招安，被授予官职了呢。从前，汉高祖刘邦接受了曾经在巨野泽中打鱼的彭越的归顺，汉光武帝刘秀联合绿林军以为创业基础，最终即位为汉朝天子或恢复并非由本人失去的帝位，无论开国建业或中兴汉室，如果可以辅佐君主，振兴教化，又有什么可嫌弃的呢！何况我亲奉皇帝的诏书，与农民军等军事力量联合，共同致力于汉室的中兴。

到此为止吧陈孔璋！您在冀州之外求取利益，臧洪我舍命报效汉室君主；您寄身于往日的盟主袁绍，臧洪我因仕宦而献身于汉廷。您认为我将身死而名灭，我也笑您无论生死都将默默无闻，悲哀啊！我们两人虽然是同乡，但却走了不同的道路，勉力尽力吧，事态发展至此已无话可说！

袁绍看到臧洪的来信，知道他没有投降的意思，就增加兵力加强攻

城。城中粮食吃完了，外面没有强大的救援力量，臧洪自己预料城池被攻破无法幸免，就招呼官兵说："袁绍没有道义，所图谋越出常轨，不合法度，并且不去救援郡将张超。臧洪为了大义，不得不死，顾念各位没有必要白白遭遇此祸难！可在城池未被攻破之前，带着妻子儿女逃出。"官兵与百姓都哭着说："您同袁绍本来没有嫌隙，现在因为郡将张超的缘故，自陷于残败困顿，我们怎能忍心抛弃您呢！"城内起初挖掘老鼠以及煮食动物的筋与角，以后就没有可充当食物的东西了。郡主簿打开内厨，将仅存的三斗米均分成若干份，暂且煮粥给臧洪喝，臧洪感叹地说："我独食此粥干什么！"就下令熬成稀粥，与众人分着喝，杀掉自己的爱妾用来给将士食用，将士都流下眼泪，没有人能够抬起头来。男男女女七八千人纵横相枕而死，没有一人离开叛变。

东武阳被攻陷后，袁绍生擒臧洪。袁绍平素对臧洪有好感，就搭建起大的帐幕，召集诸位将领与臧洪会面，对臧洪说："臧洪，你为什么如此背叛我！今天屈服不？"臧洪席地而坐瞪着眼睛说："袁氏一家侍奉汉室，四世有五人官至'三公'的位置，可以说受过大恩。现在王室衰弱，你们没有辅佐与扶助的意思，却想借机怀抱非分的希望，夺取帝位，无顾忌地杀害忠良以树立邪恶的威势。我臧洪亲眼见您称陈留太守张邈为兄，那么我的府君张超也就是您的弟弟，共同齐心协力，为国家除害，为什么拥兵不动眼看着张超被屠杀灭族！可惜臧洪力量弱小，不能用刀剑为天下的人复仇，何谈屈服！"袁绍原本怜惜臧洪，意图令他屈服，以便宽恕、原谅他；看到他言辞激烈，知道此人不会为自己所用，于是就杀害了臧洪。

臧洪的同乡人陈容年轻时是位书生，结交仿效臧洪的为人，跟随臧洪至东郡任郡丞；城被攻破前，被臧洪派遣出城。袁绍会见臧洪，也令陈容在座，陈容见臧洪将要被处斩，就站起来对袁绍说："将军您是操办重大事情的人，打算为国家除去暴虐，现在却先诛杀忠义之士，这难道符合上天的意旨吗！臧洪举事是为了郡将张超，为什么要杀他？"袁绍感到惭愧，令手下人将陈容拉出去，对他说："你不是臧洪的同类人，你如此行事是白白送死！"陈容回转头回答说："行仁义之事哪有什么常规，能够履行就是君子，违背就是小人。今天我宁愿与臧洪同日死，不愿与将军同日生！"陈容也被杀害。在袁绍座中者没有不叹息的，私下里议论说："怎么可以一天杀死两位有节气有壮志的人！"此前，臧洪派遣两位司马出城，向吕布求救；等到归还，城池已经陷落，两人都奔赴战场阵亡。

评论说：吕布的勇猛如同咆哮怒吼的猛虎，而没有才智特出的谋略，轻佻而狡诈，变化无常，行事皆以利为着眼点。自古至今，如此行事的人没有不被消灭的。从前汉光武帝刘秀识别庞萌产生谬误，近来魏太祖曹操也受到张邈的蒙蔽。能准确鉴察人的品行、才能，就是明智，这连上古的尧帝都感到困难，《尚书·皋陶谟》中的这两句话有道理啊！陈登、臧洪都有英雄气概与豪迈志节：陈登过早凋落，功业未获成功；臧洪以弱敌强，壮志难酬，可惜啊！

张鲁传

[题解]

传见《三国志》卷八《魏书八》。张鲁（生卒年不详），字公祺，沛国丰县（今江苏丰县）人，五斗米道创立者张陵之孙，张衡之子，继其祖、父传道。汉献帝初平二年（191）益州牧刘焉任为督义司马，此后割据汉中近三十年，在推行五斗米道的同时，又建立起政教合一的地区性政权，自称"师君"，不置长吏，而以教中"祭酒"管理地方行政。其辖区内设有义舍，置"义米""义肉"，为路人免费提供食宿。刑法宽和，对犯法者可宽宥三次，以后若再犯，才处以刑罚。汉献帝建安二十年（215），曹操进攻汉中，张鲁封闭仓廪府库，避走巴中（今属四川）。不久投降曹操，拜镇南将军，封阆中侯。卒谥原侯。东汉末黄巾军失败后，太平道不能公开活动，唯张鲁的五斗米道在其降曹操后取得合法地位，得以公开传播，影响日大，被后世道教徒尊为"系师"。这篇传记对于研究古代民间宗教乃至道教的起源与发展，有一定的认识价值。张鲁，《后汉书》卷七五亦有传。

张鲁字公祺，沛国丰人也①。祖父陵②，客蜀，学道鹄鸣山中③，造作道书以惑百姓④，从受道者出五斗米，故世号米贼。陵死，子衡行其道⑤。衡死，鲁复行之。益州牧刘焉以鲁为督义司马⑥，与别部司马张修将兵击汉中太守苏固⑦，鲁遂袭修杀之，夺其众。焉死,子璋代立⑧,以鲁不顺⑨,尽杀鲁母家室。鲁遂据汉中,以鬼道教民⑩,自号"师君"。其来学道者,初皆名"鬼卒"。受本道已信,号"祭酒"。各领部众,多者为治头大祭酒⑪。皆教以诚信不欺诈,有病自首其过⑫,大都与黄巾相似⑬。诸祭酒皆作义舍⑭,如今之亭传⑮。又置义米肉⑯,县于义舍⑰,行路者量腹取足;若过多,鬼道辄病之。犯法者,三原⑱,然后乃行刑。不置长吏⑲,皆以祭酒为治,民夷便乐之⑳。雄据巴、汉垂三十年㉑。汉末,力不能征,遂就宠鲁为镇民中郎将㉒,领汉宁太守㉓,通贡献而已㉔。民有地中得玉印者,群下欲尊鲁为汉宁王。鲁功曹巴西阎圃谏鲁曰㉕:"汉川之民㉖,户出十万㉗,财富土沃,四面险固;上匡天子㉘,则为桓、文㉙,次及窦融㉚,不失富贵。今承制署置㉛,势足斩断㉜,不烦于王㉝。愿且不称,勿为祸先㉞。"鲁从之。韩遂、马超之乱㉟,关西民从子午谷奔之者数万家㊱。

[注释]

①沛国:东汉建武二十年(44)改沛郡置,治所相县(今安徽淮北市西北相山区)。辖境相当于今安徽萧县、亳州、固镇、五河、灵璧、淮北、濉溪、宿州、宿县以及江苏沛县、丰县与河南永城等县市地。丰:即丰县,秦后期置,西汉属沛郡,东汉属沛国,治所在今江苏丰县。

②祖父陵:即张陵(34~156),又称张道陵,字辅汉,沛国丰(今江苏丰县)人,五斗米道创立者。传为汉留侯张良后裔,少即研读《道德经》及天文地理、河洛图纬之书,曾入太学,通达五经,举"贤良方正直言极谏科"。东汉明帝时曾为巴郡江州(今重庆市)令,后隐退北邙山(今河南洛阳北),学长生之道。朝廷征为博士,称疾不应。和帝即位

征为太傅，封冀县侯，三诏不就。东汉顺帝时于蜀之鹄鸣山（一名鹄鸣山，今四川大邑县境内）修道。自称太上老君"授以三天正法，命为天师"，"为三天法师正一真人"。造作道书二十四篇，创立五斗米道。尊老子为教主，奉《老子五千文》为基本经典，并传自作《老子想尔注》。声称人君按"道意"治国，国则太平，循"道意"爱民，民即寿考。人法道意，便能长久；并以"佐国扶命，养育群生"为己任。传有弟子三百余人，以王长、赵升最得真传。据《神仙传》记载："陵与升、长三人，皆白日冲天而去。"其子孙世袭天师道法。历代皆受封号：唐玄宗册赠为太师，唐僖宗封为三天扶教辅元大法师，宋理宗册封为三天扶教辅元大法师正一静应显佑真君，元成宗加封为正一冲元神化静应显佑真君。《后汉书》卷三六有传。

③鹄（hú 胡）鸣山：即鹤鸣山，位于今四川大邑县西北三十里鹤鸣乡境。

④道书：道家或佛家的典籍。

⑤子衡：即张陵之子张衡（生卒年不详）。行：奉行。

⑥益州牧刘焉：字君郎（？～194），江夏竟陵（今湖北潜江西南）人，东汉皇族。历官冀州刺史、南阳太守、宗正、太常等，汉灵帝中平五年（188）任益州牧。卒后，其子刘璋继位。《三国志》卷三一、《后汉书》卷七五皆有传。益州，西汉元封五年（前106）置，为十三刺史部之一。公孙述改为司隶校尉，东汉复为益州，治所雒县（今四川广汉市北），兴平中移治成都（今属四川），辖郡、国十二，县一百一十八。辖境相当于今四川、云南、贵州大部以及陕西、甘肃、湖北乃至越南的一小部分。建安十九年（214），刘备攻破雒城，进围成都，刘璋出降，刘备领益州牧。督义司马：刘焉在益州自行设置的官名。

⑦别部司马张修：东汉末刘焉属将，生平不详。别部司马，东汉大将

军领营五部之外的别部军官。《后汉书·百官一》："大将军营五部，部校尉一人，比二千石；军司马一人，比千石。部下有曲，曲有军候一人，比六百石。曲下有屯，屯长一人，比二百石。其不置校尉部，但军司马一人。又有军假司马、假候，皆为副贰。其别营领属为别部司马，其兵多少各随时宜。"汉中太守苏固：东汉末官吏，生平不详。汉中，即汉中郡，战国秦惠王更元十三年（前312）置，治所南郑县（今陕西汉中市东），因水为名，辖境相当于今陕西秦岭以南，留坝、勉县以东，乾祐河流域以及湖北郧县、保康以西，米仓山、大巴山以北地。

⑧子璋：即刘璋（？~219），字寄玉，东汉江夏竟陵（今湖北潜江西北）人，刘焉之子。兴平元年（194），刘焉病卒，刘璋继为监军使者，领益州牧。建安十六年（211）迎刘备入蜀，后反为刘备所制，刘备自领益州牧，迁刘璋于南郡公安，佩振威将军印绶。建安二十四年（219），孙权夺取荆州后，又以刘璋为益州牧，驻秭归，旋病卒。《三国志》卷三一有传。

⑨不顺：不顺从，叛逆。

⑩鬼道：鬼道邪说，这里即指五斗米道。《逸周书·史记》："昔者玄都贤鬼道，废人事天，谋臣不用，龟策是从，神巫用国，哲士在外，玄都以亡。"

⑪治头大祭酒：谓一"治"的头大祭酒。治，五斗米道以"治"为传道单位，共分二十四治（除北邙山治以外，其馀皆在今四川境内），治内设祭酒以领道民。部众多者为大治，其祭酒即称"头大祭酒"。

⑫自首其过：谓自行陈述其所犯过失。

⑬黄巾：东汉末年张角所领导的农民军，因头包黄巾而得名。

⑭作：建造。义舍：谓无偿供给行旅食宿的邸舍。

⑮亭传（zhuàn 篆）：古代供旅客和传递公文的人途中歇宿的处所。

⑯义米肉：义米与义肉，谓免费食用。

⑰县（xuán 悬）：通"悬"，挂。

⑱三原：谓三次宥免或宽恕。

⑲长（zhǎng 掌）吏：指州县长官的辅佐人员。《汉书·百官公卿表》："（县）有丞、尉，秩四百石至二百石，是为长吏。百石以下有斗食、佐史之秩，是为少吏。"

⑳民夷：泛指汉族与少数民族。

㉑巴汉：巴郡与汉中郡。巴郡，战国周赧王元年（前314）秦置，治所江州县（今四川重庆市）。西汉辖境相当于今四川旺苍、西充、永川、綦江以东，大巴山以南，巫山以西地区。东汉时曾移治重庆市北嘉陵江北岸。兴平元年（194）刘璋改为永宁郡，建安六年（201）复为巴郡，属益州。汉中郡，战国秦惠王更元十三年（前312）置，治所南郑县（今陕西汉中市东），因水为名，辖境相当于今陕西秦岭以南，留坝、勉县以东，乾祐河流域以及湖北郧县、保康以西，米仓山、大巴山以北地。东汉末为张鲁所据，改为汉宁郡。建安二十年（215）复改汉中郡。裴注引《典略》曰："熹平中，妖贼大起，三辅有骆曜。光和中，东方有张角，汉中有张修。骆曜教民缅匿法，角为太平道，修为五斗米道。太平道者，师持九节杖为符祝，教病人叩头思过，因以符水饮之，得病或日浅而愈者，则云此人信道，其或不愈，则为不信道。修法略与角同，加施静室，使病者处其中思过。又使人为奸令祭酒，祭酒主以《老子》五千文，使都习，号为奸令。为鬼吏，主为病者请祷。请祷之法，书病人姓名，说服罪之意。作三通，其一上之天，著山上，其一埋之地，其一沉之水，谓之三官手书。使病者家出米五斗以为常，故号曰五斗米师。实无益于治病，但为淫妄，然小人昏愚，竞共事之。后角被诛，修亦亡。及鲁在汉中，因其民信行修业，遂增饰之。教使作义舍，以米肉置其中以止行人；又教使自

隐，有小过者，当治道百步，则罪除；又依月令，春夏禁杀；又禁酒。流移寄在其地者，不敢不奉。"又曰："臣松之谓张修应是张衡，非《典略》之失，则传写之误。"

㉒宠：谓赐予显耀的官职。镇民中郎将：官名。为众多名号中郎将之一，东汉末所置，职位次于将军，秩比二千石。

㉓领：谓兼任。汉宁：即汉宁郡，东汉末改汉中郡为汉宁郡。建安二十年（215）复改汉中郡。

㉔贡献：谓向王室进奉，进贡。

㉕功曹：官名。州郡县长官的属吏，有功曹掾、功曹史，简称功曹。职责为考查记录功劳，参与任免赏罚。巴西：即巴西郡，东汉建安六年（201）刘璋改巴郡置，属益州，治所阆中县（今四川阆中市），辖境相当于今四川阆中、武胜以东，广安、渠县以北，万源、开江以西地区。三国蜀汉章武元年（221）改为巴郡，不久复为巴西郡。阎圃：巴西人（生卒年不详），先事张鲁为功曹，后随张鲁降曹，封列侯。魏文帝黄初中，增其爵邑，十馀年后卒。

㉖汉川：即汉中平原，位于汉中郡沔阳（今陕西勉县）至城固（今属陕西）一带。

㉗出：谓超出。

㉘匡：辅佐，辅助。天子：谓春秋时周天子。

㉙桓文：齐桓公与晋文公，他们以奉周天子的名义，先后成为诸侯的霸主。

㉚窦融：字周公（前16~62），扶风平陵（今陕西咸阳西北）人。新莽末至东汉时期军阀、名臣。先事王莽，后归附光武帝，历官大司空、将作大匠、行卫尉事，封安丰侯，一门显贵，画图云台。《后汉书》卷二三有传。

㉛承制：谓秉承皇帝旨意而便宜行事。署置：部署设置，常指选用官吏。

㉜斩断：谓专断自主。

㉝不烦于王（wàng 旺）：谓无须烦劳称王。

㉞勿为祸先：谓不要引来祸端。

㉟韩遂：字文约（？～215），东汉金城（治今青海民和县南古鄯镇北古城）人。兴平元年（194）与马腾攻李傕、郭汜等，兵败，退回凉州，割据一方。建安十六年（211）联合马超起兵反曹操，被曹反间计所败，逃往凉州。建安二十年（215），被西平、金城诸将所杀，时年七十馀。马超：字孟起（176～222），马腾之子，右扶风茂陵（今陕西兴平东北）人。东汉末随父起兵，勇猛善战。建安十六年（211）与韩遂等抗曹失败，乃奔汉中依张鲁，又因受谮，于建安十九年投奔刘备，官至左将军，成为蜀汉名将。《三国志》卷三六有传。

㊱关西：汉、唐时，泛指函谷关或潼关以西的地区。《后汉书·虞诩传》："关西出将，关东出相。"子午谷：位于今陕西长安县南，北口有子午镇，为关中南通汉中之要道。

建安二十年①，太祖乃自散关出武都征之②，至阳平关③。鲁欲举汉中降，其弟卫不肯④，率众数万人拒关坚守。太祖攻破之，遂入蜀⑤。鲁闻阳平已陷，将稽颡归降⑥，阎又曰："今以迫往⑦，功必轻；不如依杜濩赴朴胡相拒⑧，然后委质⑨，功必多。"于是乃奔南山入巴中⑩。左右欲悉烧宝货仓库，鲁曰："本欲归命国家⑪，而意未达。今之走，避锐锋⑫，非有恶意。宝货仓库，国家之有。"遂封藏而去。太祖入南郑⑬，甚嘉之。又以鲁本有善意，遣人慰喻⑭。

鲁尽将家出，太祖逆拜鲁镇南将军⑮，待以客礼⑯，封阆中侯⑰，邑万户。封鲁五子及阎圃等皆为列侯⑱。为子彭祖取鲁女⑲。鲁薨⑳，谥之曰原侯。子富嗣㉑。

[注释]

①建安二十年：即公元215年。

②太祖：谓曹操。散关：唐以后称大散关，位于今陕西宝鸡市西南五十二里大散岭上，当秦岭孔道，扼川、陕交通咽喉，为古代军事要地。武都：即武都郡，西汉元鼎六年（前111）置，治所武都县（今甘肃西和县南仇池山东麓），辖境相当于今甘肃武都、成县、徽县、西和、两当、康县及陕西凤县、略阳等县地。东汉移治下辨县（今成县西三十里），三国魏黄初中改置武都西部都尉，后入蜀。

③阳平关：位于今陕西勉县西十里老城乡。《后汉书·刘焉袁术吕布列传》："鲁自在汉川垂三十年，闻曹操征之，至阳平，欲举汉中降。其弟卫不听，率众数万，拒关固守。"唐李贤注引《周地图记》："褒谷西北有古阳平关。"即此。

④其弟卫：即张卫（生卒年不详），东汉沛国丰县（今属江苏）人，张鲁之弟。曾屡次劝张鲁拒曹。后亦投降曹军。

⑤遂入蜀：裴注引《魏名臣奏》载董昭表曰："武皇帝承凉州从事及武都降人之辞，说张鲁易攻，阳平城下南北山相远，不可守也，信以为然。及往临履，不如所闻，乃叹曰：'他人商度，少如人意。'攻阳平山上诸屯，既不时拔，士卒伤夷者多。武皇帝意沮，便欲拔军截山而还，遣故大将军夏侯惇、将军许褚呼山上兵还。会前军未还，夜迷惑，误入贼营，贼便退散。侍中辛毗、刘晔等在兵后，语惇、褚，言'官兵已据得贼要屯，贼已散走'。犹不信之。惇前自见，乃还白武皇帝，进兵定之，幸

而克获。此近事，吏士所知。"又杨暨表曰："武皇帝始征张鲁，以十万之众，身亲临履，指授方略，因就民麦以为军粮。张卫之守，盖不足言。地险守易，虽有精兵虎将，势不能施。对兵三日，欲抽军还，言'作军三十年，一朝持与人，如何'。此计已定，天祚大魏，鲁守自坏，因以定之。"又引《世语》曰："鲁遣五官掾降，弟卫横山筑阳平城以拒，王师不得进。鲁走巴中。军粮尽，太祖将还。西曹掾东郡郭谌曰：'不可。鲁已降，留使既未反，卫虽不同，偏携可攻。县军深入，以进必克，退必不免。'太祖疑之。夜有野麋数千突坏卫营，军大惊。夜，高祚等误与卫众遇，祚等多鸣鼓角会众。卫惧，以为大军见掩，遂降。"

⑥稽颡（qǐsǎng 启嗓）：古代一种跪拜礼，屈膝下拜，以额触地，表示极度的虔诚。

⑦以迫往：谓因被逼无奈而投降。

⑧杜濩（huò 获）：东汉末西南賨（cóng 从）人首领，称賨邑侯，与朴胡同时依附曹操，任巴西太守，封列侯。朴（pōu 剖）胡：东汉末巴郡七姓夷王，建安二十年（215）依附曹操，任巴东太守，封列侯。

⑨委质：原意谓放下礼物，古代卑幼往见尊长，不敢行宾主授受之礼，把礼物放在地上，然后退出。这里用其引申义，即臣服、归附。

⑩巴中：地区名，即今四川盆地。

⑪归命：归顺，投诚。国家：犹言"官家"，指皇帝。《东观汉记·祭遵传》："国家知将军不易，亦不遗力。"

⑫锐锋：谓曹军强劲的势头。

⑬南郑：即南郑县，战国秦置，为汉中郡治，治所在今陕西汉中市东二里。

⑭慰喻：抚慰，宽慰晓喻。

⑮逆：迎接。镇南将军：东汉末年所置"四镇"将军之一，主征伐。

⑯客礼：招待宾客的礼节。

⑰阆（làng浪）中侯：封爵名，属列侯中的县侯，食邑阆中县。阆中县，战国秦惠文王于巴国别都阆中置，属巴郡，治今四川阆中市。东汉建安六年（201）为巴西郡治。

⑱列侯：封爵名。爵是皇帝赐予臣民的一种称号，获得者在政治上、社会上具有特殊的地位与身份。秦汉时爵分二十个等级，其中，第一级公士至第八级公乘属于低爵，多赐予一般士民；第九级五大夫至第十九级关内侯为高爵，多赐予官吏或功臣；第二十级列侯为最高爵位，只有少数高级官吏与望族宗亲可以享有。列侯有封国，按封区户数所拥有的土地数量和产量征收地税，供其享用，称食邑。列侯在其封国无治民权，其封国大小不等。大者相当于一个县，称侯国；小者为一乡、一亭，以其封国食邑的大小分为县侯、乡侯、亭侯三等，并以其封地作为侯的名号。东汉实行两等封爵制，皇子封王，功臣封侯；赐爵也只有列侯与关内侯两级。列侯有世袭权。裴注云："臣松之以为张鲁虽有善心，要为败而后降，今乃宠以万户，五子皆封侯，过矣。"又引习凿齿曰："鲁欲称王，而阎圃谏止之，今封圃为列侯。夫赏罚者，所以惩恶劝善也，苟其可以明轨训于物，无远近幽深矣。今阎圃谏鲁勿王，而太祖追封之，将来之人孰不思顺！塞其本源而末流自止，其此之谓与！若乃不明于此而重爓烂之功，丰爵厚赏止于死战之士，则民利于有乱，俗竞于杀伐，阻兵仗力，干戈不戢矣。太祖之此封，可谓知赏罚之本，虽汤武居之，无以加也。"又引《魏略》曰："黄初中，增圃爵邑，在礼请中。后十馀岁病死。"又引《晋书》云："西戎司马阎缵，圃孙也。"

⑲彭祖：即曹宇（生卒年不详），字彭祖，曹操的环夫人所生，魏明帝太和六年（232）封燕王。《三国志》卷二〇有传。取：通"娶"。

⑳薨（hōng轰）：死的别称。自周代始，人之死亡，有尊卑之分，

"薨"以称诸侯之死。《礼记·曲礼下》:"天子死曰崩,诸侯曰薨,大夫曰卒,士曰不禄,庶人曰死。"

㉑子富嗣:张鲁之子张富继承其爵位。裴注引《魏略》曰:"刘雄鸣者,蓝田人也。少以采药射猎为事,常居覆车山下,每晨夜,出行云雾中,以识道不迷,而时人因谓之能为云雾。郭、李之乱,人多就之。建安中,附属州郡,州郡表荐为小将。马超等反,不肯从,超破之。后诣太祖,太祖执其手谓之曰:'孤方入关,梦得一神人,即卿邪!'乃厚礼之,表拜为将军,遣令迎其部党。部党不欲降,遂劫以反,诸亡命皆往依之,有众数千人,据武关道口。太祖遣夏侯渊讨破之,雄鸣南奔汉中。汉中破,穷无所之,乃复归降。太祖捉其须曰:'老贼,真得汝矣!'复其官,徙勃海。时又有程银、侯选、李堪,皆河东人也,兴平之乱,各有众千馀家。建安十六年,并与马超合。超破走,堪临陈死。银、选南入汉中,汉中破,诣太祖降,皆复官爵。"

评曰:公孙瓒保京①,坐待夷灭②。度残暴而不节③,渊仍业以载凶④,祇足覆其族也⑤。陶谦昏乱而忧死⑥,张杨授首于臣下⑦,皆拥据州郡,曾匹夫之不若⑧,固无可论者也。燕、绣、鲁舍群盗⑨,列功臣,去危亡,保宗祀⑩,则于彼为愈焉⑪。

[注释]

①公孙瓒:字伯珪(guī归,?~199),东汉辽西令支(今河北迁安西)人。汉献帝时曾任奋武将军,迁前将军,封易侯。与袁绍相攻伐,屡败。建安四年(199),被袁绍所逼走投无路,自杀死。《三国志》卷八、《后汉书》卷七三皆有传。京:即易京,故址位于今河北雄县西北。公孙

瓒在易京盛修营垒，楼观数十，临易水，通辽海，以作长期固守之计，建安四年，终为袁绍所破。

②夷灭：诛杀。

③度：即公孙度（？~204），字升济，东汉辽东襄平（今辽宁辽阳）人。董卓专权时，任之为辽东太守，遂成地方割据政权。曹操表其为武威将军，封永宁乡侯。《三国志》卷八、《后汉书》卷七四下皆有传。不节：不遵法度，无节制。

④渊：即公孙渊（？~238），公孙度之孙，公孙康次子。魏明帝任之为扬烈将军、辽东太守，因斩吴主孙权使节，传首魏国，魏明帝又拜他为大司马，封乐浪公。魏景初元年（237），他自称燕王，翌年，司马懿进攻辽东，求降被拒，与其子公孙修皆被杀。《三国志》卷八有传。业以：已经。载：施行。

⑤祗（zhī 支）：只，但。

⑥陶谦：字恭祖（132~194），东汉丹阳（今安徽当涂东北）人。历官徐州刺史、徐州牧。因其部下都尉张闿劫杀曹操父亲曹嵩一家，曹操兵伐徐州，大败陶谦。汉献帝兴平元年（194）病死。《三国志》卷八有传。昏乱：昏庸无道，糊涂妄为。

⑦张杨：字稚叔（？~199），东汉云中（今山西原平西南）人。汉献帝时，曾任河内太守，初平元年（190）参加诸侯联军讨伐董卓。兴平二年（195），汉献帝自长安返洛阳，他于途中贡献粟帛，拜大司马。建安三年（198），曹操围困吕布于下邳，张杨出兵东市，欲救吕布，翌年为部将杨丑所杀。《三国志》卷八有传。授首：被杀。

⑧匹夫：古代指平民中的男子。亦泛指平民百姓。

⑨燕：即张燕（生卒年不详），本姓褚，常山真定（今河北石家庄市东北）人。曾聚众响应黄巾军，称黑山军，后与博陵张牛角联合并推张

为帅。张牛角中流矢将死,令众奉燕为帅,故改姓张,又因其彪悍捷速过人,军中号曰"飞燕"。张燕善与豪杰联合,最终降曹,拜平北将军,封安国亭侯。《三国志》卷八有传。绣:即张绣(?~207),东汉武威祖厉(今甘肃靖远西南)人,张济侄子。张济死后,领其众屯兵宛城。建安二年(197),投降曹操。不久因曹操纳其婶母,袭败曹军。建安四年(199),再度降曹,任扬武将军。后因于官渡之战中立有战功,迁破羌将军。建安十二年(207),随曹操进攻乌丸,死于途中。《三国志》卷八有传。

⑩宗祀:谓对祖宗的祭祀。

⑪于彼为愈:意谓张燕、张绣、张鲁等人的下场,胜过公孙度、陶谦、张杨等。逾,胜过。

[译文]

张鲁字公祺,是沛国丰县人。祖父张陵,客居蜀郡,在鹄鸣山中学道,造作道家的典籍用来迷惑百姓,跟从他学道的人每人须出五斗米,所以当时人称呼他"米贼"。张陵死后,他的儿子张衡奉行其道。张衡死,张鲁又继续奉行其道。益州牧刘焉任用张鲁为督义司马,与别部司马张修一同率领军队攻击汉中太守苏固,张鲁却袭杀张修,夺取了他的军队。刘焉死后,他的儿子刘璋接替了益州牧的官位,因为张鲁不服从,刘璋就将张鲁母亲及其家人全部杀害。张鲁于是占据了汉中,用鬼道邪说教化百姓,自号"师君"。那些来学道的人,起初都被称作"鬼卒"。接受本道并笃信其教旨者,改称"祭酒"。祭酒可各领教民,领教民人数多者就是治头大祭酒。他们都以诚实守信与不事欺诈教导教民,若生病就自行陈述其所犯过失,大体上与黄巾农民军类似。各祭酒都修建义舍,即无偿供给行旅食宿的邸舍,就如同当时的供旅客和传递公文的人途中歇宿的处所。

义舍中还设置义米、义肉,悬挂其中,过往行人根据自己的饭量取食,如果取用过多,鬼道之神就会令他生病。犯法的教民,可得到三次宥免或宽恕,以后重犯再加惩处。教区内不设置县官及其辅佐吏员,都用祭酒治理。汉族人与少数民族人皆感觉方便,乐于接受。张鲁雄踞巴郡与汉中郡一带近三十年。汉朝末年,朝廷没有力量对张鲁进行征讨,于是就赐予他显耀的官职,任镇民中郎将,兼任汉宁太守,只是向汉王室进贡一些方物而已。当地百姓从地中得到一方玉印,张鲁的部下就打算尊奉他为汉宁王。张鲁的功曹巴西郡人阎圃规劝张鲁说:"汉中平原的百姓,超出十万户,物产丰富,土地肥沃,四面又有高山峻岭以为屏障;对上辅助周天子,就可以当春秋时齐桓公、晋文公一类的人物,其次也当如东汉初年的窦融归附汉光武帝,享受富贵。现在秉承皇帝旨意而便宜行事并选用官吏,足可以专断自主,无须烦劳称王。希望您暂且不称王,不要引来祸端。"张鲁听从了他的劝告。建安间,韩遂、马超之乱,关西百姓从子午谷逃来汉中投奔张鲁的有数万家。

建安二十年(215),曹操率军从散关出武都郡征讨张鲁,至阳平关。张鲁打算献出汉中郡投降,他的弟弟张卫不同意,率领数万军众在阳平关据守。曹操攻破阳平关,张卫向南逃往蜀中。张鲁得知阳平关已经陷落,将要屈膝下拜投降曹操,阎圃又对张鲁说:"今因被逼无奈而投降,功劳不算大;不如先投奔西南賨人首领杜濩,退至巴郡七姓夷王朴胡那里与曹军相拒,然后臣服归顺于曹操,功劳就大了。"于是张鲁就率众取道南山进入巴中。张鲁的手下人打算将收藏宝物的仓库都焚烧掉,张鲁说:"我本来要归顺皇帝,但愿望还没有实现。今天出走,是避开曹军强劲的势头,并非有恶意。收藏宝物的仓库,属于国家所有。"于是将仓库封藏好离去。曹操进入汉中郡治所南郑县,对于张鲁的行为极为赞许。又因为张鲁本来就有归顺的善意,就派人去宽慰晓喻。张鲁将家人全部带出来投降，曹操迎接并任命张鲁为镇南将军，用招待宾客的礼节相待，封他为阆中侯，食邑万户。又将张鲁五个儿子与阎圃等，皆封为列侯。曹操替自己的儿子曹宇聘娶了张鲁的女儿。张鲁去世，赐其谥号原侯。张鲁之子张富继承其爵位。

评论说：公孙瓒固守易京，坐着等死，终被诛杀。公孙度残暴而不遵法度，毫无节制，公孙渊仍旧施行凶暴统治，只能令他们的宗族覆灭。陶谦昏庸无道而忧愁死去，张杨被他的部下杀死，他们都曾占据州郡，一旦失势连平民百姓都不如，实在没有什么可说的。张燕、张绣、张鲁从盗贼中剥离出来，名列于功臣之位，免除了危亡的祸患，保全了祖宗的祭祀，与公孙瓒等人相比，确实超越了他们。

夏侯渊传

[题解]

传见《三国志》卷九《魏书九》。夏侯渊（？~219），字妙才，沛国谯县（今安徽亳州市）人。东汉末追随曹操起兵，从征袁绍、马超、韩遂等，屡立战功。建安二十年（215），随曹操平定汉中，任征西将军，镇守汉中。后与刘备相拒逾年，在定军山被刘备部将黄忠所袭，战死，谥曰愍侯。作为曹操手下的一员战将，夏侯渊作战勇猛，但缺乏谋略，这是他战死于定军山的主要原因。清顾炎武《日知录》卷二九《军行迟速》有云："夏侯渊为将，赴急疾，常出敌之不意，军中为之语曰：'典军校尉夏侯渊，三日五百，六日一千。'此可偶用之于二三百里之近，不然百里而趋利者蹶上将，固兵家所忌也。"兵贵神速，也须有统筹考虑，否则，一着不慎，就会满盘皆输。

夏侯渊字妙才，惇族弟也①。太祖居家②，曾有县官事③，渊代引重罪④，太祖营救之，得免⑤。太祖起兵，以别部司马、骑都尉从⑥，迁陈留、颍川太守⑦。及与袁绍战于官渡⑧，行督军校尉⑨。绍破，使督兖、豫、徐州军粮⑩；时军食少，渊传馈相继⑪，军以复振。昌豨反⑫，遣于禁击之⑬，未拔，复遣渊与禁并力，遂击豨，降其十馀屯⑭，豨诣禁降。渊还，拜典军校尉⑮。济南、乐安黄巾徐和、司马俱等攻城⑯，杀长吏⑰，渊将泰山、齐、平原郡兵击⑱，大破之，斩和，平诸县，收其粮谷以给军士。十四年⑲，以渊为行领军⑳。太祖征孙权还㉑，使渊督诸将击庐江叛者雷绪㉒，绪破，又行征西护军㉓，督徐晃击太原贼㉔，攻下二十馀屯，斩贼帅商曜㉕，屠其城。从征韩遂等㉖，战于渭南㉗。又督朱灵平隃糜、汧氐㉘。与太祖会安定㉙，降杨秋㉚。

[注释]

①惇（dūn 蹲）：即夏侯惇（？～220），字元让，谯（今安徽亳州市）人，东汉末随曹操起兵，作战勇猛，屡立战功，历任东郡太守、河南尹，拜前将军、大将军。《三国志》卷九有传。族弟：同高祖兄弟的弟辈。

②太祖：即曹操。

③县官事：谓涉及官府的案件。县官，谓朝廷或官府。

④代引：代为承担。引，承当，自承。

⑤得免：裴注引《魏略》曰："时兖、豫大乱，渊以饥乏，弃其幼子，而活亡弟孤女。"

⑥别部司马：东汉大将军领营五部之外的别部军官。《后汉书·百官一》："大将军营五部，部校尉一人，比二千石；军司马一人，比千石。部下有曲，曲有军候一人，比六百石。曲下有屯，屯长一人，比二百石。其不置校尉部，但军司马一人。又有军假司马、假候，皆为副贰。其别营领属为别部司马，其兵多少各随时宜。"骑都尉：官名。光禄勋属官，统率皇宫禁卫军中的羽林骑士，秩比二千石。

⑦陈留：即陈留郡，西汉武帝元狩元年（前122）置，治所陈留县（今河南开封县东南陈留镇），辖境相当于今河南开封市及尉氏县以东，

宁陵县以西，延津、长垣县以南，杞县、睢县以北地。颍川：即颍川郡，秦始皇十七年（前230）置，治所阳翟县（今河南禹州市），西汉高帝五年（前202）改为韩国，翌年复为颍川郡。辖境相当于今河南登封、宝丰以东，尉氏、鄢城以西，新密以南，叶县、舞阳以北地。

⑧袁绍：字本初（？~202），东汉汝南汝阳（今河南商水西南）人。《后汉书》卷七四上有传，详见本书所选《袁绍传》。官渡：又作官度，在今河南中牟东北。

⑨行：代理。督军校尉：官名。当系曹操临时设置用于督军的武职。

⑩兖：即兖州，西汉武帝时置，为十三刺史部之一，辖境相当于今山东西南部与河南东部地区，北至茌平、莱芜，东至沂水流域，东南至莒县、平邑、兖州、鱼台、单县，南至鹿邑、淮阳、扶沟等市县，西南至开封、濮阳等地。东汉治所昌邑县（今山东巨野东南）。豫：即豫州，西汉武帝时置，为十三刺史部之一，辖境相当于今淮河以北、伏牛山以东豫东、皖北地，东汉治所谯县（今安徽亳州市）。徐州：汉武帝所置十三刺史部之一，辖境相当于今山东东南部与江苏长江以北地区，东汉时治所在郯县（今山东郯城）。三国魏移治于彭城（今江苏徐州）。

⑪传（zhuàn篆）馈：传送粮饷。

⑫昌豨（xī希）：东汉末地方势力首领（？~206），曾与臧霸、孙观等聚众泰山，又与吕布结连，一度拒不降曹，后又屡降屡叛。建安十一年（206），复叛，曹操命于禁、夏侯渊共击之。他因与于禁为旧交，投降后被杀。

⑬于禁：字文则（？~221），泰山巨平（今山东泰安南）人。曹操占据兖州，于禁投奔曹军，任军司马，治军严整，封益寿亭侯，历任虎威将军、左将军。为解樊城之围，率七军增援曹仁，七军被水淹，投降关羽。孙权袭取荆州后，被遣还魏，为魏文帝所鄙视，恼羞而卒。《三国

志》一七有传。

⑭屯：驻军营垒。

⑮典军校尉：东汉末年所置西园八校尉之一，统率中央常备军。八校尉为上军、中军、下军、左军、右军、典军、助军、佐军，以上军校尉为统帅，中军校尉为副。秩比二千石。裴注引《魏书》曰："渊为将，赴急疾，常出敌之不意，故军中为之语曰：'典军校尉夏侯渊，三日五百，六日一千。'"

⑯济南：即济南国，西汉文帝十六年（前164）改济南郡为国，都东平陵（今山东章丘市西），辖境相当于今山东济南、泰安、长清、肥城、章丘、济阳、邹平等市县地。汉景帝三年（前154），国除为郡。东汉建武十五年（39），复改为国。乐安：即乐安郡，东汉质帝本初元年（146）改乐安国置，治所高苑县（今山东邹平县东北苑城），辖境相当于今山东高青、广饶、寿光等县市地。徐和：东汉末黄巾军首领，济南人。生平不详。司马俱：东汉末黄巾军首领，乐安人。生平不详。

⑰长吏：指州县长官的辅佐。《汉书·百官公卿表》："（县）有丞、尉，秩四百石至二百石，是为长吏。百石以下有斗食、佐史之秩，是为少吏。"

⑱泰山：即泰山郡，楚汉之际刘邦改博阳郡置，治所博县（今山东泰安东南三十里旧县），因境内泰山得名。后移治奉高县（今泰安市东北），辖境相当于今山东长清、莱芜以南，肥城以东，宁阳、平邑以北，沂源、蒙阴以西地区。东汉后辖境缩小。齐：即齐国，秦汉之际项羽封置，都临淄（今山东淄博市东北临淄北），辖境相当于今山东淄博、青州、临朐、广饶等市县地。西汉元封元年（前110）改为郡，东汉复为国，属青州。平原郡：东汉永宁元年（120）改平原郡为平原国，建安十一年（206）复为郡，三国魏黄初三年（222）复改为国。治所平原县

(在今山东平原西南二十五里张官店），辖境相当于今山东平原、陵县、禹城、齐河、临邑、商河、惠民、阳信等市县地。

⑲十四年：即建安十四年（209）。

⑳行领军：官名。汉末三国时设置的军职"中领军"中之一种，中领军包括前、左、右、行领军以及领军等，职掌禁军，主宿卫营。资历深者为领军将军，资历浅者为中领军，出征则置行领军，第三品。属官有长史、司马等。

㉑孙权：字仲谋（182～252），孙坚次子，吴郡富春（今浙江富阳）人。吴国建立者，即吴大帝。详见本书所选《吴主传》。

㉒庐江：即庐江郡，楚汉之际分秦九江郡置，汉武帝后治所舒县（今安徽庐江县西南三十里城池乡），辖境相当于今安徽巢湖市、舒城、霍山县以南，长江以北，湖北英山、广济、黄梅与河南商城等县地。东汉末废。雷绪：东汉末将领，生平不详。

㉓行：代理。征西护军：官名。曹操为相时所置军职，其位在征西将军之下。宋司马光《资治通鉴》卷六六："（建安十六年）三月，操遣司隶校尉钟繇讨张鲁，使征西护军夏侯渊等将兵出河东，与繇会。"元胡三省注："渊之族，操所自出也；付以西征先驱之任，以资序未得为征西将军，故以护军为名。"

㉔徐晃：字公明（？～227），河东杨（今山西洪洞东南）人。原为杨奉部将，后归附曹操，英勇善谋，官渡之战立有战功，樊城之战声东击西，大败关羽军。曹丕代汉，任右将军。《三国志》卷一七有传。太原：即太原郡，战国秦庄襄王四年（前246）置，治所晋阳县（今山西太原市西南），辖境相当于今山西五台山与管涔山以南、霍山以北地区，西汉以后渐小，汉文帝时改为国，寻复为郡。

㉕商曜：东汉太原（今山西太原西南）人（？～211），建安十六年

(211）据大陵反曹，为夏侯渊等斩杀。

㉖韩遂：字文约（？～215），东汉金城（治今青海民和县南古鄯镇北古城）人。兴平元年（194）与马腾攻李傕、郭汜等，兵败，退回凉州，割据一方。建安十六年（211）联合马超起兵反曹操，被曹反间计所败，逃亡凉州。建安二十年（215），被西平、金城诸将所杀，时年七十馀。

㉗渭南：泛指渭河以南的区域。

㉘朱灵：字文博（生卒年不详），东汉清河（今河北清河东南）人。原为袁绍部将，后归顺曹操，屡立战功，官至后将军，封高唐亭侯。卒谥威侯。隃糜：即隃糜侯国，隃糜，一作隃麋、渝麋、榆眉。西汉置县，属右扶风，治所在今陕西千阳县城东侧龙王殿村西，以隃糜泽为名。东汉建武四年（28）封耿况为隃糜侯国。三国复为县，属扶风郡。汧（qiān千）：战国秦都城，故址在今陕西陇县东南三里。氐：我国古代民族，居住在今西北一带。

㉙安定：即安定郡，西汉元鼎三年（前114）置，治所高平县（今宁夏固原），辖境相当于今甘肃景泰、靖远、会宁、平凉、泾川、镇原及宁夏中宁、中卫、同心、固原、彭阳等地。东汉属凉州，移治临泾县（今甘肃镇原东南）。

㉚降：使投降。杨秋：韩遂部将（生卒年不详），曹操在渭南击败马超、韩遂后，杨秋逃至安定投降，后任讨寇将军，封临泾侯。

十七年①，太祖乃还邺②，以渊行护军将军③，督朱灵、路招等屯长安④，击破南山贼刘雄⑤，降其众。围遂、超馀党梁兴于鄠⑥，拔之，斩兴，封博昌亭侯⑦。马超围凉州刺史韦康于冀⑧，渊救康，未到，康败。去冀二百馀里，超来逆战⑨，军不利。汧氐反，渊引军还。十九年⑩，赵衢、尹奉等谋讨超⑪，姜叙起兵卤城以应之⑫。衢等谲说超⑬，使出击叙，于后尽杀超妻子。超奔汉中⑭，还围祁山⑮。叙等急求救，诸将议者欲须太祖节度⑯。渊曰："公在邺，反覆四千里⑰，比报，叙等必败，非救急也。"遂行，使张郃督步骑五千在前⑱，从陈仓狭道入⑲，渊自督粮在后。郃至渭水上⑳，超将氐羌数千逆郃㉑。未战，超走，郃进军收超军器械。渊到，诸县皆已降。

[注释]

①十七年：即建安十七年（212）。

②邺：即邺县，战国魏置，秦属邯郸郡，治所在今河北临漳西南邺镇。东汉末相继为冀州、相州治。

③护军将军：官名。西汉武帝元光二年（前133）置，属杂号将军；魏以后始为重号将军（两汉魏晋南北朝的常设高级将军），主武官选举。

④路招：曹操部将，生平不详。长安：即长安县，西汉故都，为京兆尹治，治所在今陕西西安市西北。

⑤南山：地名。宋司马光《资治通鉴》卷六一："丙子，郭汜复谋胁帝还都郿，侍中种辑知之，密告杨定、董承、杨奉令会新丰。郭汜自知谋泄，乃弃军入南山。"元胡三省注云："自新丰骊山西接终南，谓之南山。"刘雄：生平不详。或谓即蓝田人刘雄鸣，详见本书所选《张鲁传》裴注引《魏略》。

⑥梁兴：韩遂部将，后被夏侯渊斩杀。鄠（hù户）：即鄠县，西汉置，属右扶风，治今陕西户县北二里。卢弼《三国志集解》："《郑浑传》，

梁兴等馀众聚鄜城。《徐晃传》，使晃与夏侯渊平鄜、夏阳馀贼，斩梁兴。据此二传，'鄠'，应作'鄜'。《通鉴》亦作'鄜'。"按，鄜（fū 孵），即鄜县，西汉置，属左冯翊，治今陕西洛川县东南鄜城村。

⑦博昌亭侯：封爵名，属列侯中的亭侯，食邑博昌亭。博昌亭，当在博昌县境内，博昌县，西汉置，属千乘郡，治今山东博兴东南二十里寨郝镇南。

⑧马超：字孟起（176~222），马腾之子，右扶风茂陵（今陕西兴平东北）人。东汉末随父起兵，勇猛善战。建安十六年（211）与韩遂等抗曹失败，乃奔汉中依张鲁，又因受谮，于建安十九年（214）投奔刘备，官至左将军，成为蜀汉名将。《三国志》卷三六有传。凉州刺史韦康：字元将（？~213），东汉京兆（治今西安西北）人。汉献帝时官梁州刺史，驻冀城。建安十八年（213），被马超斩杀。凉州，西汉武帝所置十三刺史部之一，东汉时治所陇县（今甘肃张家川回族自治县），辖境相当于今甘肃、宁夏、青海湟水流域，陕西定边、吴旗、凤县、略阳与内蒙古额济纳旗一带。三国魏黄初中移治姑臧县（今甘肃武威市）。冀：即冀县，春秋秦武公十年（前688）置，治今甘肃甘谷县东，秦始皇时属陇西郡，西汉属天水郡，东汉移天水郡治于此，永平十七年（74）为汉阳郡治。

⑨逆战：迎战。

⑩十九年：即建安十九年（214）。

⑪赵衢：东汉南安人（生卒年不详），一度为攻占冀城的马超所用，后为内应，占据冀城，杀死马超妻、子。尹奉：东汉汉阳郡人（生卒年不详），原为姜叙部下统兵校尉，建安十八年（213），杨阜约姜叙起兵攻击马超，又得曹军夏侯渊支援，终于大败马超。

⑫姜叙：汉献帝时任抚夷将军，驻历城。为杨阜表兄，杨阜约他起兵同攻马超，又得夏侯渊支援，终于取得胜利。卤（lǔ 鲁）城：故址在今

甘肃天水市与礼县之间。清梁章钜《三国志旁证》卷一〇引何焯云:"西县属汉阳。'西'古作'卤'。此'卤'字与《杨阜传》皆讹为'卤'。"按,西县,秦于故西犬丘地置,属陇西郡,治所在今甘肃天水市西南九十里。

⑬谲(jué决)说:心怀诡诈地劝说。

⑭汉中:即汉中郡,战国秦惠王更元十三年(前312)置,治所南郑县(今陕西汉中市东),因水为名,辖境相当于今陕西秦岭以南,留坝、勉县以东,乾祐河流域以及湖北郧县、保康以西,米仓山、大巴山以北地。东汉末为张鲁所据,改为汉宁郡。建安二十年(215)复改汉中郡。

⑮祁山:山脉名。位于今甘肃礼县东四十里祁山乡。

⑯节度:调度,指挥。

⑰反覆:来回,往返。

⑱张郃(hé禾):字儁乂(?~231),河间鄚县(今河北任丘北)人。原为袁绍部将,官渡之战中投降曹操。能征善战,有勇有谋,颇得曹操信任。曹丕代汉称帝后,封鄚侯,拜征西车骑将军。魏太和五年(231),与诸葛亮祁山交战,飞矢中右膝,伤重卒,谥壮侯。《三国志》卷一七有传。步骑:步兵和骑兵。

⑲陈仓狭道:即故道,自陈仓(今陕西宝鸡市东)西南行出散关,沿故道水(今嘉陵江上游)谷道至今凤县,折东南入褒谷,至汉中,长约500馀里。

⑳渭水:即渭河,黄河最大支流,流经今陕西中部。源出甘肃渭源县西南鸟鼠山,东流经陇西、武山、甘谷、天水诸县市,横贯陕西渭河北原,南纳斜、涝、丰、沪、灞诸水,北会泾水、洛水,在潼关县入黄河,长约1570馀里。

㉑氐羌:我国古代少数民族氐族与羌族的并称。都居住在今西北一

带。《诗经·商颂·殷武》:"自彼氐羌,莫敢不来享,莫敢不来王。"唐孔颖达疏:"氐羌之种,汉世仍存,其居在秦陇之西。"

韩遂在显亲①,渊欲袭取之,遂走。渊收遂军粮,追至略阳城②,去遂二十馀里,诸将欲攻之,或言当攻兴国氐③。渊以为遂兵精,兴国城固,攻不可卒拔④,不如击长离诸羌⑤。长离诸羌多在遂军,必归救其家。若舍羌独守则孤⑥,救长离则官兵得与野战⑦,可必虏也。渊乃留督将守辎重⑧,轻兵步骑到长离,攻烧羌屯,斩获甚众⑨。诸羌在遂军者,各还种落⑩。遂果救长离,与渊军对陈⑪。诸将见遂众,恶之⑫,欲结营作堑乃与战⑬。渊曰:"我转斗千里,今复作营堑,则士众罢弊⑭,不可久。贼虽众,易与耳⑮。"乃鼓之⑯,大破遂军,得其旌麾⑰,还略阳,进军围兴国。氐王千万逃奔马超⑱,馀众降。转击高平屠各⑲,皆散走,收其粮谷牛马。乃假渊节⑳。

[注释]

①显亲:即显亲县,东汉建武八年(32)置,封窦融弟友为显亲侯,属汉阳郡,治所在今甘肃秦安县西北三十里叶堡乡金城里。

②略阳:即略阳县,东汉改略阳道置,属天水郡,治所在今甘肃秦安县东北九十里陇城乡。

③兴国:即兴国城,东汉末略阳氐人筑,故址在今甘肃秦安县东北。

④卒(cù促):迅速。

⑤长离:即长离水,亦即今甘肃东南渭水支流胡芦河。北魏郦道元《水经注·渭水》:"瓦亭水又南径成纪县东,历长离川,谓之长离水。"

⑥舍羌：谓令部队中的长离羌族士兵离去。

⑦野战：交战于旷野。

⑧督将：官名。将军属官门下督、营军督、帐下督等领兵将领的泛称。辎（zī 滋）重：指随军运载的军用器械、粮秣等。

⑨斩获：斩首与俘虏。

⑩种落：种族部落。

⑪对陈：谓两军对峙，交锋。陈，通"阵"。

⑫恶（wù 务）：畏惧。

⑬结营作堑：谓构筑军营并在其周围挖防护沟。

⑭罢（pí 疲）弊：同"罢敝"，谓疲劳困敝。

⑮易与：容易对付。含有轻蔑之意。《史记·项羽本纪》："汉易与耳，今释弗取，后必悔之。"

⑯鼓：击鼓进攻。

⑰旌麾：帅旗。

⑱氐（dī 低）：我国古代民族，居住在今西北一带。千万：氐王名。

⑲高平：即高平县，西汉置，为安定郡治，治所在今宁夏固原市，东汉末废。屠各：匈奴部落名，东汉至西晋杂居西北沿边诸郡。

⑳假渊节：谓赐予夏侯渊"假节"的称号。假节，东汉末至三国，掌地方军政的官往往加使持节、持节或假节的称号。使持节得诛杀中级以下官吏；持节得杀无官职的人；假节得杀犯军令者。

初，枹罕宋建因凉州乱①，自号河首平汉王②。太祖使渊帅诸将讨建。渊至，围枹罕，月馀拔之，斩建及所置丞相已下。渊别遣张郃等平河关③，渡河入小湟中④，河西诸羌尽降⑤，陇右平⑥。太祖下令曰："宋建造为乱逆三十馀年⑦，渊一举灭之，虎步关右⑧，所向无前⑨。仲尼有言：'吾与尔不如也。'⑩"二十一年⑪，增封三百户，并前八百户。还击武都氐、羌下辩⑫，收氐谷十馀万斛⑬。太祖西征张鲁，渊等将凉州诸将侯王已下⑭，与太祖会休亭⑮。太祖每引见羌、胡，以渊畏之。会鲁降，汉中平，以渊行都护将军⑯，督张郃、徐晃等平巴郡⑰。太祖还邺，留渊守汉中，即拜渊征西将军⑱。二十三年⑲，刘备军阳平关⑳，渊率诸将拒之，相守连年㉑。二十四年正月㉒，备夜烧围鹿角㉓。渊使张郃护东围，自将轻兵护南围。备挑郃战，郃军不利。渊分所将兵半助郃，为备所袭，渊遂战死。谥曰愍侯㉔。

[注释]

①枹（fú浮）罕：即枹罕县，秦置，属陇西郡，治所在今甘肃临夏县东南双城堡大夏河北岸，西汉改属金城郡，东汉复属陇西郡。宋建：东汉地方割据首领（？~214），又作宗建，陇西人。光和中，乘凉州乱，自号河首平汉王，占据枹罕，改元，置百官。终为曹操所灭。

②河首：宋建自以为据黄河上游地，故称。

③河关：即河关县，西汉神爵二年（前60）置，属金城郡，治所在今甘肃积石山保安族东乡族撒拉族自治县西北长宁驿古城。北魏郦道元《水经注·河水》："（河关县）盖取河之关塞也。"

④小湟中：谓今青海大通一带地区。

⑤河西：古地区名，泛指黄河以西之地。春秋战国时指今山西、陕西两省黄河南段之西；汉、唐时指今甘肃、青海两省黄河以西，即河西走廊与湟水流域。

夏侯渊传 | 417

⑥陇右：古地区名，泛指陇山以西地区。古代以西为右，故名。相当于今甘肃陇山、六盘山以西，黄河以东一带。

⑦造为：为实现某种意图而进行活动。乱逆：叛乱。

⑧虎步：谓称雄于一方。关右：即关西，汉、唐时泛指函谷关或潼关以西地区。

⑨所向无前：所指向的地方，谁也阻挡不住。

⑩"仲尼"二句：语出《论语·公冶长》："子谓子贡曰：'女与回也孰愈？'对曰：'赐也何敢望回？回也闻一以知十，赐也闻一以知二。'子曰：'弗如也。吾与女弗如也。'"这是孔子赞同子贡自认为不如颜回聪颖的话。与，原文当作动词，是赞同的意思，不是连词。曹操在这里似以"与"为连词，表示我和众将都比不上夏侯渊，用来凸显他平定关西的功劳。仲尼，孔子名丘，字仲尼。

⑪二十一年：潘眉《三国志考证》卷三："当为二十年，衍'一'字。下载武都氐及征张鲁事并在二十年。"可参考。二十年，即建安二十年（215）。

⑫武都：即武都郡，西汉元鼎六年（前111）置，治所武都县（今甘肃西和县南仇池山东麓），辖境相当于今甘肃武都、成县、徽县、西和、两当、康县及陕西凤县、略阳等县地。东汉移治下辨县（今成县西三十里）三国魏黄初中改置武都西部都尉，后入蜀。下辨：或作"下辩"，即下辨县，秦置，属陇西郡，治所在今甘肃成县西北三十里。西汉置下辨道，东汉复为下辨县，移武都郡治于此。

⑬斛（hú 胡）：量词，多用于量粮食。汉代一斛为十斗。

⑭王：当指少数民族首领。

⑮休亭：不详，待考。

⑯都护将军：东汉光武帝时始置，掌领兵征伐，事毕即罢。东汉末，

有督护诸将之意，位在一般将军之上。

⑰巴郡：战国周赧王元年（前314）秦置，治所江州县（今四川重庆市）。西汉辖境相当于今四川旺苍、西充、永川、綦江以东，大巴山以南，巫山以西地区。东汉时曾移治重庆市北嘉陵江北岸。兴平元年（194）刘璋改为永宁郡，建安六年（201）复为巴郡，属益州。

⑱征西将军：官名。东汉末年所置将军名。为征东、征西、征南、征北等"四征"将军之一。负责统兵征战讨伐，本系杂号将军，位在常设将军之下。三国时成为常设将军，与车骑将军并列，位次三公，秩二千石，第二品。

⑲二十三年：即建安二十三年（218）。

⑳阳平关：位于今陕西勉县西十里老城乡。《后汉书·刘焉袁术吕布列传》："鲁自在汉川垂三十年，闻曹操征之，至阳平，欲举汉中降。其弟卫不听，率众数万，拒关固守。"唐李贤注引《周地图记》："褒谷西北有古阳平关。"即此。

㉑相守：互相对峙。

㉒二十四年：即建安二十四年（219）。

㉓备：即刘备。围：在营垒外用土石或树木等构成的防御设施。鹿角：军营的防御物。用带枝的树木削尖埋在营地周围，以阻止敌人。因形似鹿角，故名。

㉔谥（shì 式）：即谥号，古人死后依其生前行迹而为之所立的称号。帝王的谥号一般由礼官议上，臣下的谥号由朝廷赐予。一般文人学士或隐士的谥号，则由其亲友、门生或故吏所加，称为私谥，与朝廷颁赐的不同。愍（mǐn 闽）侯：《逸周书》卷六《谥法解》："在国逢难曰愍。"又曰："执应八方曰侯。"

初,渊虽数战胜,太祖常戒曰:"为将当有怯弱时①,不可但恃勇也。将当以勇为本,行之以智计;但知任勇,一匹夫敌耳②。"

[注释]

①怯弱:胆小,懦弱。

②匹夫:古代指平民中的男子。亦泛指平民百姓。

渊妻,太祖内妹①。长子衡,尚太祖弟海阳哀侯女②,恩宠特隆。衡袭爵,转封安宁亭侯③。黄初中④,赐中子霸⑤,太和中⑥,赐霸四弟,爵皆关内侯⑦。霸,正始中为讨蜀护军右将军⑧,进封博昌亭侯,素为曹爽所厚⑨。闻爽诛,自疑,亡入蜀。以渊旧勋赦霸子,徙乐浪郡⑩。霸弟威,官至兖州刺史⑪。威弟惠,乐安太守⑫。惠弟和,河南尹⑬。衡薨,子绩嗣,为虎贲中郎将⑭。绩薨,子褒嗣。

[注释]

①内妹:妻子的妹妹。

②尚:承奉、奉事或仰攀之意。海阳哀侯:生平不详。

③安宁亭侯:封爵名,属于列侯中的亭侯。安宁亭,不详待考。亭,秦汉时乡以下、里以上的行政机构。

④黄初:魏文帝曹丕年号(220~226)。

⑤中子:排行居中的儿子。

⑥太和:魏明帝曹叡的年号(227~233)。

⑦关内侯:封爵名。汉代封爵二十级的第十九级,仅次于列侯,有俸

禄而无封地。

⑧正始：魏齐王曹芳年号（240～249）。讨蜀护军右将军：官名。三国魏设置的名号护军之一。

⑨曹爽：字昭伯（？～249），谯（今安徽亳州市）人，曹真长子。历官城门校尉、武卫将军，魏明帝曹叡病重，以他为大将军，与太尉司马懿共受遗诏，辅佐曹芳。正始十年（249），司马懿发动高平陵政变，逼曹爽交出兵权，被杀并夷三族。详见本书所选《曹爽传》。

⑩乐浪郡：西汉元封三年（前108）置，治所朝鲜县（今朝鲜平壤市大同江南岸土城洞），辖境相当于今朝鲜平安南道、黄海南、北道、江原道与咸镜南道地。裴注引《魏略》曰："霸字仲权。渊为蜀所害，故霸常切齿，欲有报蜀意。黄初中为偏将军。子午之役，霸召为前锋，进至兴势围，安营在曲谷中。蜀人望知其是霸也，指下兵攻之。霸手战鹿角间，赖救至，然后解。后为右将军，屯陇西，其养士和戎，并得其欢心。至正始中，代夏侯儒为征蜀护军，统属征西。时征西将军夏侯玄，于霸为从子，而玄于曹爽为外弟。及司马宣王诛曹爽，遂召玄，玄来东。霸闻曹爽被诛而玄又征，以为祸必转相及，心既内恐；又霸先与雍州刺史郭淮不和，而淮代玄为征西，霸尤不安，故遂奔蜀。南趋阴平而失道，入穷谷中，粮尽，杀马步行，足破，卧岩石下，使人求道，未知何之。蜀闻之，乃使人迎霸。初，建安五年，时霸从妹年十三四，在本郡，出行樵采，为张飞所得。飞知其良家女，遂以为妻，产息女，为刘禅皇后。故渊之初亡，飞妻请而葬之。及霸入蜀，禅与相见，释之曰：'卿父自遇害于行间耳，非我先人之手刃也。'指其儿子以示之曰：'此夏侯氏之甥也。'厚加爵宠。"

⑪兖州：西汉武帝时置，为十三刺史部之一，辖境相当于今山东西南部与河南东部地区，北至茌平、莱芜，东至沂水流域，东南至莒县、平邑、兖州、鱼台、单县，南至鹿邑、淮阳、扶沟等市县，西南至开封、濮

夏侯渊传 | 421

阳等地。东汉治所昌邑县（今山东巨野东南）。裴注引《世语》曰："咸字季权，任侠。贵历荆、兖二州刺史。子骏，并州刺史。次庄，淮南太守。庄子湛，字孝若，以才博文章，至南阳相、散骑常侍。庄，晋景阳皇后姊夫也。由此一门侈盛于时。"

⑫乐安太守：裴注引《文章叙录》曰："惠字稚权，幼以才学见称，善属奏议。历散骑黄门侍郎，与钟毓数有辩驳，事多见从。迁燕相、乐安太守。年三十七卒。"

⑬河南尹：官名。东汉将京都洛阳附近的二十一县合为一个行政区，称河南尹，相当于一郡。因其地属畿辅，故不称郡。管理这一地区的行政长官也称河南尹，地名与官名相同，秩二千石。三国时为第三品，较郡太守品级高。属官有丞、五官掾、功曹史等。裴注引《世语》曰："和字义权，清辩有才论。历河南尹、太常。渊第三子称，第五子荣。从孙湛为其序曰：'称字叔权。自孺子而好合聚童儿，为之渠帅，戏必为军旅战陈之事，有违者辄严以鞭捶，众莫敢逆。渊阴奇之，使读《项羽传》及兵书，不肯，曰："能则自为耳，安能学人？"年十六，渊与之田，见奔虎，称驱马逐之，禁之不可，一箭而倒。名闻太祖，太祖把其手喜曰："我得汝矣！"与文帝为布衣之交，每宴会，气陵一坐，辩士不能屈。世之高名者多从之游。年十八卒。弟荣，字幼权。幼聪惠，七岁能属文，诵书日千言，经目辄识之。文帝闻而请焉。宾客百餘人，人一奏刺，悉书其乡邑名氏，世所谓爵里刺也，客示之，一寓目，使之遍谈，不谬一人。帝深奇之。汉中之败，荣年十三，左右提之走，不肯，曰："君亲在难，焉所逃死！"乃奋剑而战，遂没陈。'"

⑭虎贲中郎将：官名。属光禄勋，郎官的首领之一，统率虎贲宿卫，负责皇帝的宿卫杂役，兼管宫禁内的办公机构及其官员的警卫，秩比二千石。

[译文]

夏侯渊字妙才，是夏侯惇的同族兄弟。曹操在乡里做平民时，曾有涉及官府的案件，夏侯渊代为承担其重罪之名，曹操又设法加以营救，得以免罪。曹操起兵以后，夏侯渊以别部司马、骑都尉的官职跟从，升迁为陈留、颍川太守。等到曹操与袁绍在官渡争战时，夏侯渊又暂领督军校尉。袁绍被打败，曹操又令夏侯渊督运兖州、豫州、徐州的军粮；当时军中缺乏粮食，夏侯渊传送粮饷相继不断，曹军得以重新振作起来。昌豨反叛，曹操派遣于禁征讨，没有攻克，就再派遣夏侯渊与于禁合力进攻昌豨，招降了他十几个驻军营垒，昌豨也求见于禁请降。夏侯渊还军，任典军校尉。济南国、乐安郡等地的黄巾军徐和、司马俱等攻打城池，杀害州县长官的辅佐，夏侯渊率领泰山郡、齐国与平原郡的军队一同出击，大破黄巾军，斩杀徐和，平定诸县，收缴这里的粮谷以供军用。建安十四年（209），曹操以夏侯渊为行领军。曹操征讨孙权回来，派夏侯渊指挥诸将进击庐江叛贼雷绪，雷绪被攻破后，又令夏侯渊代理征西护军，指挥徐晃攻击太原的叛贼，攻占二十几个驻军营垒，斩杀贼帅商曜，对所攻占的城池进行屠城。后又随从曹操征讨韩遂等，在渭南争战。又指挥朱灵平定隃糜县与汧地的氐族割据势力。与曹操在安定县会合，迫使杨秋投降。

建安十七年（212），曹操返回邺县，任命夏侯渊代理护军将军，指挥朱灵、路招等驻军长安县，击溃南山的贼寇刘雄，收降了他的部众。在鄠县围攻韩遂、马超的馀党梁兴，攻克，斩杀梁兴，因功进封博昌亭侯。马超在冀县围攻凉州刺史韦康，夏侯渊救援韦康，没有赶到，韦康城陷兵败。马超在离开冀县二百馀里处迎战夏侯渊，魏军接战失利。这时汧地的氐族再度叛变，夏侯渊只得撤军回归。建安十九年（214），赵衢、尹奉等谋划征讨马超，姜叙也从卤城起兵响应。赵衢等心怀诡诈地劝说马超出冀县城迎战姜叙，等马超一出城即将马超的妻子和孩子杀害。马超驰往汉中，又回师围攻祁山，姜叙等紧急向夏侯渊求援，诸将领议论认为必须由曹操亲自调度指挥。夏侯渊说："曹公在邺县，往复行程四千馀里，等到消息传到曹公那里，姜叙等必然失败，这就不是救急了。"于是当即决定出动救援，令张郃指挥步兵、骑兵五千人在前，从陈仓故道进军，夏侯渊亲自督运粮草在后跟进。张郃行军至渭河岸边，马超统率氐羌族军数千人众迎战张郃，未及开战，马超撤退，张郃进军收缴马超军队遗留的军械。夏侯渊军队赶到时，反叛诸县都已归降曹军。

韩遂驻扎显亲县，夏侯渊打算率军袭取，韩遂退走。夏侯渊收缴了韩遂的军粮，追击韩遂至略阳城，距离韩遂二十馀里，诸将领打算发起攻击，有人认为应当攻打兴国城的氐族叛乱势力。夏侯渊认为韩遂兵马精壮，兴国城坚固，进攻这两处都难以迅速攻克，不如攻击长离水一带的羌族部落。长离诸羌有许多人在韩遂的军队里，必然要回去救援他们的家人。韩遂若放走羌人独自坚守营垒，就势单力孤，如果他驰救长离，官兵就可与韩遂交战于旷野，就一定可以虏获他们。夏侯渊就留下督将看守随军运载的军用器械、粮秣等，步兵、骑兵轻装赶到长离，攻烧羌族人的营垒，斩首与俘虏很多人。那些在韩遂军中的各部羌人，都奔回各自的部落。韩遂果然救援长离，与夏侯渊的军队对阵。曹军诸将见韩遂兵马众多，产生畏惧情绪，打算先构筑军营并在其周围挖防护沟后再与韩遂争斗。夏侯渊说："我军转战千里，现在如果再行筑营挖防护沟，兵众就会更加疲劳，不能久战。贼兵虽多，其实并不难对付。"于是击鼓进军，将韩遂军打得大败，缴获了他们的帅旗，还师略阳，进军围攻兴国。氐王千万逃奔马超，其馀的兵众投降曹军。夏侯渊转而进攻高平县的屠各匈奴部落，敌军都四散逃亡，缴获他们的粮谷与牛马等。于是赐予夏侯渊"假节"的称号。

起初，枹罕县的宋建乘着凉州动乱，自号河首平汉王。曹操令夏侯渊率领诸将讨伐宋建。夏侯渊到后，围攻枹罕一个多月就攻破城池，斩杀宋建与他所设置的丞相以下的官员。夏侯渊另派遣张郃等去平定河关县，他们渡过黄河进入小湟中，河西诸羌部落也都投降了，陇右平定。曹操下令说："宋建发动叛乱三十多年，夏侯渊一举歼灭了他们，称雄于关西一带，所指向的地方，谁也阻挡不住。借用孔夫子赞美颜渊之语：'我与你都比不上他啊。'"建安二十年（215），增封夏侯渊食邑三百户，加上从前所封共八百户。夏侯渊回师后又至下辨县攻打盘踞武都郡的氐人与羌人的部落，收缴氐人部落的粮食十余万斛。曹操西征张鲁，夏侯渊等率领凉州诸将领与少数民族首领侯、王以下，在休亭与曹操会合。曹操每当接见羌胡首领时，都用夏侯渊来震慑他们。适逢张鲁投降，汉中平定，曹操任命夏侯渊代理都护将军，指挥张郃、徐晃等平定巴郡。曹操返回邺县，留夏侯渊镇守汉中郡，就拜夏侯渊为征西将军。建安二十三年（218），刘备进军阳平关，夏侯渊率领诸将领抵抗，双方互相对峙一年多。建安二十四年（219）正月，刘备夜间放火烧毁魏军营垒外用土石或树木等构成的防御设施以及鹿角等。夏侯渊令张郃保护大营东面防御设施，自己率领轻装部队保护大营南面防御设施。刘备军向张郃挑战，张郃军迎战失利。夏侯渊将自己所领精兵分拨一半去救援张郃，为刘备偷袭，夏侯渊于是战败身亡。死后赐予他谥号愍侯。

起初，夏侯渊虽然多次用兵取胜，曹操经常告诫他说："统兵为将也应当有胆小懦弱的时候，不可以只凭借勇力。为将应当以勇敢为根本，辅之以智慧计谋；如果只知道凭借勇力，不过是一个匹夫的对手而已。"

夏侯渊的妻子，是曹操妻子的妹妹。长子夏侯衡，娶了曹操弟海阳哀侯的女儿，所受恩宠非同寻常。夏侯衡继承了他父亲的爵位，后来转封安宁亭侯。魏文帝黄初（220~226）中，赐爵夏侯渊中子夏侯霸关内侯，魏明帝太和（227～233）中，赐爵夏侯霸四弟关内侯。魏齐王正始（240～249）中，夏侯霸任讨蜀护军右将军，进封博昌亭侯，平素为曹爽所厚待。夏侯霸得知曹爽被诛杀，内心不安，逃亡降蜀。魏国以夏侯渊以往的功勋赦免了夏侯霸的儿子，流放他到乐浪郡。夏侯霸的弟弟夏侯威，官至兖州刺史。夏侯威的弟弟夏侯惠，历官乐安太守。夏侯惠的弟弟夏侯和，历官河南尹。夏侯衡去世，其子夏侯绩继承了爵位，官虎贲中郎将。夏侯绩去世，其子夏侯褒继承了爵位。

曹爽传

[题解]

传见《三国志》卷九《魏书九》。曹爽（？~249），字昭伯，沛国谯县（今安徽亳州市）人，曹真长子。魏明帝临终托孤于曹爽，其少时有谨慎稳重的表现是原因之一，当然更重要的是曹魏政权出于自身安全的需要，选用自家人辅政总比让外姓人在朝中掌权来得放心。然而人算不如天算，曹爽并没有担此家国重任的充要条件。权力腐蚀人，大将军的威严令曹爽很快堕入花天酒地之中难以自拔；其"朋友圈"中人如何晏、邓飏、李胜之徒，皆成事不足，败事有馀。其身边即使有明智者，如其弟曹羲直言相谏，但终究不敌那些鼠目寸光的狐朋狗友的奉承阿谀。曹爽的能力特别是政治素养欠缺，高平陵政变发生后，他还要做"不失富家翁"的美梦，与董卓的郿坞之建、公孙瓒的易京筑楼何其相似！"肉食者鄙"，利令智昏，一至于此！当然，其对手司马懿的目光如炬、老奸巨猾，能玩曹爽于股掌之间，也是曹爽倒台不可忽视的重要原因。本卷之末，陈寿有评云："夏侯、曹氏，世为婚姻，故惇、渊、仁、洪、休、尚、真等并以亲旧肺腑，贵重于时，左右勋业，咸有效劳。爽德薄位尊，沉溺盈溢，此固《大易》所著，道家所忌也。"从持盈保泰的角度批评曹爽的失败，不为无见。如果说发生于汉献帝建安十三年（208）的赤壁之战奠定了三国鼎立的基础，那么四十年以后的高平陵政变则是天下三分归一统的嚆矢。《曹爽传》的认识价值也正在于此！

爽字昭伯，少以宗室谨重①，明帝在东宫②，甚亲爱之。及即位，为散骑侍郎③，累迁城门校尉④，加散骑常侍⑤，转武卫将军⑥，宠待有殊。帝寝疾⑦，乃引爽入卧内，拜大将军⑧，假节钺⑨，都督中外诸军事⑩，录尚书事⑪，与太尉司马宣王并受遗诏辅少主⑫。明帝崩，齐王即位⑬，加爽侍中⑭，改封武安侯⑮，邑万二千户，赐剑履上殿⑯，入朝不趋⑰，赞拜不名⑱。丁谧画策⑲，使爽白天子，发诏转宣王为太傅⑳，外以名号尊之，内欲令尚书奏事㉑，先来由己，得制其轻重也㉒。

[注释]

①宗室：特指与君主同宗族之人。犹言皇族。谨重：谨慎稳重。

②明帝：即曹叡（ruì 瑞，205~239），魏文帝曹丕长子，母甄氏。魏文帝黄初七年（226）即位，魏明帝景初三年（239）卒，在位十四年。庙号烈祖，谥号明皇帝，葬高平陵。《三国志》卷三有纪。东宫：太子所居之宫。

③散骑侍郎：官名。为皇帝左右的侍从官，掌备车驾，出入骑从等，魏晋六朝的六散骑之一。

④城门校尉：官名。东汉时所置五校尉之一，统中央禁卫军一营，负责守卫京师洛阳城的十二道城门，秩比二千石，三国时为第四品。

⑤散骑常侍：官名。三国时置，职掌奏章表文、诏书等事务，天子出入则充侍从。与侍中、黄门侍郎共平尚书奏事。位略次于侍中，后成为加官，秩比二千石，第三品。

⑥武卫将军：三国魏文帝所置，为掌禁卫军的高级武官。

⑦寝疾：卧病。《左传·昭公七年》："寡君寝疾，于今三月矣。"

⑧大将军：将军的最高称号，执掌统兵征伐。东汉大将军多由贵戚担任，是中央政府的实际掌权者，权位、俸禄皆超越三公。三国时为第一品。

⑨假节钺（yuè越）：谓授予符节（古代符信之一种，以金玉竹木等制成，上刻文字，分为两半，使用时以两半相合为验）与斧钺（用于仪礼的一种兵器）。古代授予将帅节钺，作为加重权力的标志。

⑩都督：总领，统领。

⑪录尚书事：又称"领尚书事""平尚书事"，即总领尚书台事务，在东汉三国，属于最高文职称号。

⑫太尉司马宣王：即司马懿（179～251），字仲达，河内温县（今河南温县西）人。曹操为丞相时辟为文学掾，转主簿。曹丕称帝后，任尚书右仆射，转抚军大将军。魏明帝时任大将军，迁太尉，晋太傅。正始十年（249）发动高平陵政变，诛杀曹爽等，专国政。卒后，魏元帝曹奂咸熙元年（264），其子司马昭进爵为晋王，追谥司马懿为宣王。其孙司马炎代魏，建立晋朝，追尊他为宣帝。《晋书》卷一有传。太尉，官名。秦至西汉设置，为全国军政首脑，与丞相、御史大夫并称三公。汉武帝时改称大司马。东汉时太尉与司徒、司空并称三公。

⑬齐王：即魏齐王曹芳（232～274），字兰卿，曹操曾孙，任城王曹楷之子，魏明帝曹叡养子。魏明帝景初三年（239）即皇帝位，魏齐王嘉平六年（254），被大将军司马师所废。晋武帝泰始十年（274）卒，谥号邵陵厉公。《三国志》卷四有传。

⑭侍中：官名。秦始置，两汉沿置，为正规官职外的加官之一。因侍从皇帝左右，出入宫廷，与闻朝政，逐渐变为亲信贵重之职。三国时秩比二千石，第三品。

⑮武安侯：封爵名，属列侯中的县侯，食邑武安县。武安县，秦置，

属邯郸郡，汉属魏郡，魏晋属广平郡，治所在今河北武安市西南五里店子古城。

⑯剑履上殿：经帝王特许，重臣上朝时可不解剑，不脱履，以示殊荣。

⑰入朝不趋：谓入朝不急步而行。封建时代人臣入朝必须趋步以示恭敬，入朝不趋是皇帝对大臣的一种殊遇。

⑱赞拜不名：臣子朝拜帝王时，赞礼的人不直呼其姓名，只称官职。这是帝王给予大臣的一种特殊礼遇。赞拜，古代举行朝拜、祭祀或婚礼仪式时由赞礼的人唱导行礼。

⑲丁谧（mì 密）：字彦靖（？～249），沛国（治今安徽濉溪西北）人，丁斐之子。曹爽的重要谋士，任尚书。魏正始十年（249），司马懿发动高平陵政变夺权，他以谋反罪被杀，并灭三族。《三国志》卷九有传。画策：谋画策略；筹划计策。

⑳太傅：官名。天子近臣，其职为善导天子，无具体政务，多为优遇大臣的一种荣典，一般以年高有德者任之。

㉑尚书：官名。始置于战国时，或称掌书，尚即执掌之义。秦为少府属官，汉武帝提高皇权，因尚书在皇帝左右办事，掌管文书奏章，地位逐渐重要。东汉时，尚书有官署在宫禁中，称尚书台，遂成为代表君主意志的近臣。尚书的首脑为尚书令，有尚书仆射二人、五曹尚书五人。

㉒制其轻重：意谓左右或控制事物。《韩非子·人主》："所谓威者，擅权势而轻重者也。"陈奇猷集释："轻重者，谓能左右其事，彼以为轻则轻，彼以为重则重也。"裴注引《魏书》曰："爽使弟羲为表曰：'臣亡父真，奉事三朝，入备冢宰，出为上将。先帝以臣肺腑遗绪，奖饬拔擢，典兵禁省，进无忠恪积累之行，退无羔羊自公之节。先帝圣体不豫，臣虽奔走，侍疾尝药，曾无精诚翼日之应，猥与太尉懿俱受遗诏，且惭且惧，

靡所底告。臣闻虞舜序贤，以稷、契为先，成汤褒功，以伊、吕为首，审选博举，优劣得所，斯诚辅世长民之大经，录勋报功之令典，自古以来，未之或阙。今臣虚阘，位冠朝首，顾惟越次，中心愧惕，敢竭愚情，陈写至实。夫天下之达道者三，谓德、爵、齿也。懿本以高明中正，处上司之位，名足镇众，义足率下，一也。包怀大略，允文允武，仍立征伐之勋，遐迩归功，二也。万里旋旆，亲受遗诏，翼亮皇家，内外所向，三也。加之耆艾，纪纲邦国，体练朝政；论德则过于吉甫、樊仲；课功则逾于方叔、召虎：凡此数者，懿实兼之。臣抱空名而处其右，天下之人将谓臣以宗室见私，知进而不知退。陛下岐嶷，克明克类，如有以察臣之言，臣以为宜以懿为太傅、大司马，上昭陛下进贤之明，中显懿身文武之实，下使愚臣免于谤诮。'于是帝使中书监刘放令孙资为诏曰：'昔吴汉佐光武，有征定四方之功，为大司马，名称于今。太尉体履正直，功盖海内，先帝本以前后欲更其位者辄不弥久，是以迟迟不施行耳。今大将军荐太尉宜为大司马，既合先帝本旨，又放推让，进德尚勋，乃欲明贤良、辩等列、顺长少也。虽旦、奭之属，宗师吕望，念在引领以处其下，何以过哉！朕甚嘉焉。朕惟先帝固知君子乐天知命，纤芥细疑，不足为忌，当顾柏人彭亡之文，故用低佪，有意未遂耳！斯亦先帝敬重大臣，恩爱深厚之至也。昔成王建保傅之官，近汉显宗以邓禹为太傅，皆所以优崇俊乂，必有尊也。其以太尉为太傅。'"

爽弟羲为中领军①，训武卫将军②，彦散骑常侍、侍讲③，其馀诸弟，皆以列侯侍从④，出入禁闼⑤，贵宠莫盛焉⑥。南阳何晏、邓飏、李胜⑦，沛国丁谧⑧，东平毕轨咸有声名⑨，进趣于时⑩，明帝以其浮华⑪，皆抑黜之⑫；及爽秉政，乃复进叙⑬，任为腹心。飏等欲令爽立威名于天下，劝使伐蜀，爽从其言，宣王止之不能禁。正始五年⑭，爽乃西至长安⑮，大发卒六七万人，从骆谷入⑯。是时，关中及氐、羌转输不能供⑰，牛马骡驴多死，民夷号泣道路⑱。入谷行数百里，贼因山为固⑲，兵不得进。爽参军杨伟为爽陈形势⑳，宜急还，不然将败㉑。飏与伟争于爽前，伟曰："飏、胜将败国家事，可斩也。"爽不悦，乃引军还㉒。

[注释]

①爽弟羲：即曹羲（？～249），曹真次子，曹爽之弟。齐王芳即位，以之为中领军，掌控禁军。魏正始十年（249），司马懿发动高平陵政变夺权，他以谋反罪被杀，并灭三族。中领军：官名。汉末三国时所设置军职，有前、后、左、右领军及领军等多种。职掌禁军，主宿卫营。资历深者为领军将军，资历浅者为中领军，出征则置行领军。

②训：即曹训（？～249），曹真第三子，曹爽之弟。齐王芳即位，以之为武卫将军，分掌禁军。魏正始十年（249），司马懿发动高平陵政变夺权，他以谋反罪被杀，并灭三族。

③彦：即曹彦（？～249），曹真第五子，曹爽之弟。齐王芳即位，以之为散骑常侍，出入宫禁。魏正始十年（249），司马懿发动高平陵政变夺权，他以谋反罪被杀，并灭三族。侍讲：官名。宋司马光《资治通鉴》卷七四"彦为散骑常侍、侍讲"，元胡三省注："以在少帝左右，令侍讲说。侍讲之官，起乎此也。"

④侍从：随侍帝王或尊长左右。

⑤禁闼（tà 踏）：宫廷门户。

⑥贵宠：显贵而受宠信。

⑦南阳：即南阳郡，战国秦昭襄王三十五年（前272）置，治所宛（yuān渊）县（今河南南阳市）。西汉辖境相当于今河南桐柏县以西，湖北丹江口市以东，河南鲁山县以南，河南邓州市及湖北广水市以北地。何晏：字平叔（190~249），南阳宛（今河南南阳）人，何进之孙，其母尹氏被曹操纳为夫人。长于宫省，又尚公主，以才秀知名，好老庄之言，善清谈，撰《道德论》，为魏晋玄学代表人物之一。为曹爽谋士，曹爽专权，以之为尚书，主选举。魏正始十年（249），司马懿发动高平陵政变夺权，他以谋反罪被杀。邓飏：字玄茂（？~249），南阳（今河南南阳）人。为曹爽谋士，曹爽专权，历任侍中、尚书。魏正始十年（249），司马懿发动高平陵政变夺权，他以谋反罪被杀，并灭三族。李胜：字公昭（？~249），南阳（今河南南阳）人。为曹爽谋士，曹爽专权，以之为河南尹。后出任荆州刺史，借向司马懿告辞，探其虚实，后者诈为病重，骗过李胜，也令曹爽放弃戒心。魏正始十年（249），司马懿发动高平陵政变夺权，他以谋反罪被杀，并灭三族。

⑧沛国：东汉建武二十年（44）改沛郡置，治所相县（今安徽淮北市西北相山区）。辖境相当于今安徽萧县、亳州、固镇、五河、灵璧、淮北、濉溪、宿州、宿县以及江苏沛县、丰县与河南永城等县市地。三国魏移治沛县（今属江苏）。

⑨东平：即东平国，西汉甘露二年（前52）改大河郡置，治所无盐县（今山东东平东南），辖境相当于今山东济宁市与汶上、东平等县地。东汉属兖州。毕轨：字昭先（？~249），东平（治今山东东平东南）人。为曹爽谋士，曹爽专权，以之为司隶校尉。魏正始十年（249），司马懿发动高平陵政变夺权，他以谋反罪被杀，并灭三族。

⑩进趣（qū趋）于时：意谓追求名利，并以时势为转移。

⑪浮华：讲究表面上的华丽或阔气，不务实际。

⑫抑黜（chù 触）：贬废，排斥。

⑬进叙：谓按等级次第以进职或奖功。

⑭正始五年：即公元244年。正始，魏齐王曹芳的第一个年号。

⑮长安：即长安县，西汉故都，为京兆尹治，治所在今陕西西安市西北。

⑯骆谷：在今陕西周至县西南，谷长四百余里，为关中与汉中之间的交通要道。

⑰关中：地区名，即今陕西关中盆地，因东有函谷关，南有武关，北有萧关，西有散关，地处四关之中，故称。转输：运输。

⑱民夷：犹民众，古代用于少数民族。

⑲因山为固：谓凭借山势加以固守。

⑳参军杨伟：字世英（生卒年不详），三国冯翊（今陕西大荔）人。三国魏官吏，直言敢谏，精通天文，曾参与修订历法。参军，官名。三国时，太尉、丞相、常设将军等所置属官，其职为参谋军事。

㉑不然将败：裴注引《世语》曰："伟字世英，冯翊人。明帝治宫室，伟谏曰：'今作宫室，斩伐生民墓上松柏，毁坏碑兽石柱，辜及亡人，伤孝子心，不可以为后世之法则。'"

㉒引军：率领军队。裴注引《汉晋春秋》曰："司马宣王谓夏侯玄曰：'春秋责大德重，昔武皇帝再入汉中，几至大败，君所知也。今兴平路势至险，蜀已先据；若进不获战，退见徼绝，覆军必矣。将何以任其责！'玄惧，言于爽，引军退。费祎进兵据三岭以截爽，爽争嶮苦战，仅乃得过。所发牛马运转者，死失略尽，羌胡怨叹，而关右悉虚耗矣。"

初，爽以宣王年德并高，恒父事之①，不敢专行②。及晏等进用，咸共推戴③，说爽以权重不宜委之于人。乃以晏、飏、谧为尚书，晏典选举，轨司隶校尉④，胜河南尹⑤，诸事希复由宣王⑥。宣王遂称疾避爽⑦。晏等专政，共分割洛阳、野王典农部桑田数百顷⑧，及坏汤沐地以为产业⑨，承势窃取官物，因缘求欲州郡⑩。有司望风⑪，莫敢忤旨⑫。晏等与廷尉卢毓素有不平⑬，因毓吏微过，深文致毓法⑭，使主者先收毓印绶⑮，然后奏闻。其作威如此⑯。爽饮食车服，拟于乘舆⑰；尚方珍玩⑱，充牣其家⑲；妻妾盈后庭，又私取先帝才人七八人⑳，及将吏、师工、鼓吹、良家子女三十三人㉑，皆以为伎乐㉒。诈作诏书㉓，发才人五十七人送邺台㉔，使先帝婕妤教习为伎㉕。擅取太乐乐器㉖，武库禁兵㉗。作窟室㉘，绮疏四周㉙，数与晏等会其中，饮酒作乐。羲深以为大忧，数谏止之。又著书三篇，陈骄淫盈溢之致祸败㉚，辞旨甚切㉛，不敢斥爽，托戒诸弟以示爽。爽知其为己发也，甚不悦。羲或时以谏喻不纳，涕泣而起。宣王密为之备。九年冬㉜，李胜出为荆州刺史㉝，往诣宣王。宣王称疾困笃㉞，示以羸形㉟。胜不能觉，谓之信然㊱。

[注释]

①恒父事之：谓长久以来对待司马懿如同父辈。

②专行：独断独行。

③咸：都。推戴：推举拥戴。

④司隶校尉：官名。负责维护京师治安，纠察京师除三公以外的百官违法者，并治理司隶州所辖各郡，统率一支人数达一千二百名的军队，秩比二千石。东汉时位尊权重，与御史中丞、尚书台并称"三独坐"。魏晋沿置。

⑤河南尹：西汉高帝二年（前205）改河南国置，治所洛阳县（今河

南洛阳市东北汉魏故城），辖境相当于今河南原阳、中牟二县以西，孟津、伊川二县以东，孟津至荥阳段黄河以南，汝阳、临汝、新密、新郑等县市以北地。东汉、三国魏建都于洛阳，置尹，故又称河南尹。

⑥希：少。

⑦称疾避爽：裴注云："初，宣王以爽魏之肺腑，每推先之，爽以宣王名重，亦引身卑下，当时称焉。丁谧、毕轨等既进用，数言于爽曰：'宣王有大志而甚得民心，不可以推诚委之。'由是爽恒猜防焉。礼貌虽存，而诸所兴造，皆不复由宣王。宣王力不能争，且惧其祸，故避之。"

⑧洛阳野王典农部：曹操曾在洛阳西南阳市邑（今河南洛宁东北）设置洛阳典农中郎将，又在河内郡野王县（今河南沁阳市）亦设置典农中郎将，管理上述地区的屯田事宜。

⑨汤沐地：即汤沐邑，指国君、皇后、公主等收取赋税的私邑。

⑩因缘：机会。

⑪有司：官吏。古代设官分职，各有专司，故称。望风：听到风声；见到动静、气势。

⑫忤旨：谓违背其欲望。

⑬廷尉卢毓：字子家（182~257），涿郡涿县（今河北涿州市）人，卢植之子。十岁而孤，以学行见称。仕魏，历官黄门侍郎、广平太守，入为侍中、廷尉，赐爵关内侯。曹爽专权，被免官。爽败，复为吏部尚书，官至司空，晋爵容城侯。魏高贵乡公甘露二年（257）卒，谥号成侯。《三国志》卷二二有传。廷尉，官名。九卿之一，职掌刑狱。东汉时曾更名大理。秩中二千石，三国时第三品。素有不平：向来不和。

⑭深文：谓援用法律条文苛细严峻。

⑮主者：谓主办官员。印绶：印信和系印信的丝带。古人印信上系有丝带，佩带在身。

⑯作威：谓利用威权滥施刑罚。

⑰乘舆：泛指皇帝用的器物。汉蔡邕《独断》："车马、衣服、器械、百物曰乘舆。"后用作皇帝的代称。

⑱尚方：古代制造帝王所用器物的官署。珍玩：珍贵的玩赏物。

⑲充牣（rèn 认）：犹充满。

⑳才人：宫中女官名，多为妃嫔的称号。

㉑将吏：当指宫廷中主管乐队的官吏。师工：古代宫廷所设乐师与讽诵箴言之盲人。鼓吹：演奏乐曲的乐队。良家子女：旧指出身良家的子女。

㉒伎乐（yuè 悦）：指歌舞女艺人。

㉓诏（zhào 照）书：皇帝颁发的命令。

㉔邺台：建安十五年（210），曹操为魏王时，在邺起冰井、铜雀、金虎三台，其中铜雀台最有名。三台故址位于今河北临漳城西南三台村。

㉕婕妤（jiéyú 洁鱼）：宫中女官名。汉武帝时始置，位视上卿，秩比列侯。自魏晋至明多沿设。

㉖太乐：官名。秦汉奉常（太常）属官有大乐令。东汉永平三年（60）改大乐为大予乐，凡国祭祀掌其奏乐及大飨之乐舞。历代因之。这里当以官名借代其官署"太常寺"，即汉魏掌管礼仪事务的机构。

㉗武库：储藏兵器的仓库。禁兵：帝王宫中御用的武器。《汉书·佞幸传·董贤》："下至贤家僮仆皆受上赐，及武库禁兵，上方珍宝。"

㉘窟室：地下室。《左传·襄公三十年》："郑伯有嗜酒，为窟室，而夜饮酒，击钟焉，朝至未已。"晋杜预注："窟室，地室。"

㉙绮疏：指雕刻成空心花纹的窗户。《后汉书·梁冀传》："窗牖皆有绮疏青琐，图以云气仙灵。"唐李贤注："绮疏谓镂为绮文。"

㉚骄淫：骄纵放荡。《尚书·周书·毕命》："骄淫矜侉，将由恶终。"

曹爽传 | 437

盈溢：谓放纵，无所顾忌。祸败：灾祸与失败。

㉛辞旨：文辞或话语所表达出的含义、感情色彩和风格。

㉜九年：即正始九年（248）。

㉝荆州：西汉元封五年（前106）所置十三刺史部之一，辖郡七、县一百一十七，治所汉寿县。汉末移治襄阳县（今湖北襄阳），辖境相当于今湖北、湖南大部以及河南、贵州、广东、广西等省区一小部分。三国时魏、吴均置荆州，辖境相当于原荆州。魏荆州治所新野（今属河南），吴荆州治所江陵（今属湖北）。

㉞困笃（dǔ赌）：病重，病危。

㉟羸（léi雷）形：形体瘦弱，瘦弱的形体。

㊱信然：确实如此。裴注引《魏末传》曰："爽等令胜辞宣王，并伺察焉。宣王见胜，胜自陈无他功劳，横蒙特恩，当为本州，诣阁拜辞，不悟加恩，得蒙引见。宣王令两婢侍边，持衣，衣落；复上指口，言渴求饮，婢进粥，宣王持杯饮粥，粥皆流出沾胸。胜愍然，为之涕泣，谓宣王曰：'今主上尚幼，天下恃赖明公。然众情谓明公方旧风疾发，何意尊体乃尔！'宣王徐更宽言，才令气息相属，说：'年老沉疾，死在旦夕。君当屈并州，并州近胡，好善为之，恐不复相见，如何！'胜曰：'当还忝本州，非并州也。'宣王乃复阳为昏谬，曰：'君方到并州，努力自爱！'错乱其辞，状如荒语。胜复曰：'当忝荆州，非并州也。'宣王乃若微悟者，谓胜曰：'懿年老，意荒忽，不解君言。今还为本州刺史，盛德壮烈，好建功勋。今当与君别，自顾气力转微，后必不更会，因欲自力，设薄主人，生死共别。令师、昭兄弟结君为友，不可相舍去，副懿区区之心。'因流涕哽咽。胜亦长叹，答曰：'辄当承教，须待敕命。'胜辞出，与爽等相见，说：'太傅语言错误，口不摄杯，指南为北。又云吾当作并州，吾答言当还为荆州，非并州也。徐徐与语，有识人时，乃知当还为荆州

耳。又欲设主人祖送。不可舍去，宜须待之。'更向爽等垂泪云：'太傅患不可复济，令人怆然。'"

十年正月①，车驾朝高平陵②，爽兄弟皆从③。宣王部勒兵马④，先据武库，遂出屯洛水浮桥⑤。奏爽曰："臣昔从辽东还⑥，先帝诏陛下、秦王及臣升御床⑦，把臣臂，深以后事为念。臣言'二祖亦属臣以后事⑧，此自陛下所见，无所忧苦；万一有不如意，臣当以死奉明诏⑨'。黄门令董箕等⑩，才人侍疾者，皆所闻知。今大将军爽背弃顾命⑪，败乱国典⑫，内则僭拟⑬，外专威权⑭；破坏诸营，尽据禁兵⑮，群官要职，皆置所亲；殿中宿卫⑯，历世旧人皆复斥出，欲置新人以树私计；根据槃互⑰，纵恣日甚⑱。外既如此，又以黄门张当为都监⑲，专共交关⑳，看察至尊，伺察神器㉑，离间二宫㉒，伤害骨肉。天下汹汹㉓，人怀危惧，陛下但为寄坐㉔，岂得久安！此非先帝诏陛下及臣升御床之本意也。臣虽朽迈㉕，敢忘往言？昔赵高极意，秦氏以灭㉖；吕、霍早断，汉祚永世㉗。此乃陛下之大鉴㉘，臣受命之时也㉙。太尉臣济、尚书令臣孚等㉚，皆以爽为有无君之心，兄弟不宜典兵宿卫，奏永宁宫㉛。皇太后令敕臣如奏施行。臣辄敕主者及黄门令罢爽、羲、训吏兵㉜，以侯就第，不得逗留以稽车驾㉝；敢有稽留，便以军法从事㉞。臣辄力疾㉟，将兵屯洛水浮桥，伺察非常㊱。"

[注释]

①十年：即正始十年（249）。

②车驾：帝王所乘的车。这里指代魏齐王曹芳。朝：谓朝拜祖先。这

里即指朝拜魏明帝曹叡的陵墓。高平陵：魏明帝曹叡的陵墓，故址位于今洛阳市汝阳县东北茹店村东南二里霸陵山（又称大石山）下。

③爽兄弟皆从：裴注引《世语》曰："爽兄弟先是数俱出游，桓范谓曰：'总万机，典禁兵，不宜并出，若有闭城门，谁复内入者？'爽曰：'谁敢尔邪！'由此不复并行。至是乃尽出也。"

④部勒：部署。

⑤洛水浮桥：故址位于洛阳城南宣阳门外四里洛水上。

⑥辽东：即辽东郡，战国燕置，治所襄平（今辽宁市老城），辖境相当今于辽宁大凌河以东、开原市以南，朝鲜清川江下游以北地区。

⑦先帝：指魏明帝曹叡。陛下：指魏齐王曹芳。秦王：即曹询（？~244），魏明帝曹叡养子，封秦王。御床：皇帝用的坐卧之具。

⑧二祖：谓魏武帝曹操与魏文帝曹丕。属（zhǔ嘱）：委托，嘱咐。

⑨明诏：英明的诏示。

⑩黄门令董箕：生平不详。黄门令，汉魏黄门诸官之一，由宦官充任，秩六百石。

⑪顾命：谓临终遗命，多用以称帝王遗诏。

⑫国典：国家的典章制度。

⑬僭（jiàn建）拟：越分妄比。谓在下者自比于尊者。

⑭威权：威势和权力。

⑮"破坏诸营"二句：指责曹爽为掌控京师兵权而裁并禁军中垒、中坚两营事。据《晋书·宣帝一》："（正始）六年秋八月，曹爽毁中垒、中坚营，以兵属其弟中领军羲，帝以先帝旧制禁之不可。"

⑯殿中宿卫：谓在宫禁中值宿担任警卫的禁兵。

⑰根据槃互：谓把持据守，互相勾结。

⑱纵恣：肆意放纵。

⑲黄门张当：生平不详。黄门，官名。由宦官充任。黄门原为宫廷中的禁门，后成为宦官的代称。负责侍从皇帝，传递文书，联系内外，跪拜赞礼，慰问公主、妃子等内廷事务。都监：三国魏官名。以宦官充任，掌监察宫廷事宜。

⑳交关：串通，勾结。

㉑神器：代表国家政权的实物，如玉玺、宝鼎之类。借指帝位、政权。

㉒二宫：谓郭太后与魏齐王曹芳。《晋书·宣帝一》："八年夏四月，夫人张氏薨。曹爽用何晏、邓扬、丁谧之谋，迁太后于永宁宫，专擅朝政，兄弟并典禁兵，多树亲党，屡改制度。"

㉓汹汹：骚乱不宁。

㉔寄坐：谓居客位。比喻地位不稳且无实权。

㉕朽迈：年老衰落。

㉖"昔赵高"二句：意谓因权臣赵高恣意妄为，致使秦朝覆亡。公元前210年，秦始皇巡游途中卒于沙丘，宦官赵高（前？～前207）与左丞相李斯共谋，矫诏令长子扶苏自杀，立少子胡亥即位，是为秦二世。随后赵高掌控秦廷大权，为中丞相，继杀李斯、秦二世，立子婴（胡亥侄）为秦王。最终赵高为子婴所杀，随即秦朝覆亡。事见《史记》卷六《秦本纪》。极意，犹恣意。

㉗"吕霍早断"二句：意谓西汉一百多年间，吕氏家族与霍氏家族等外戚势力的相继被清除，方令汉家天下延续至今。汉高祖刘邦死后，其妻吕后掌权，诸吕渐成气候，威胁到汉政权的稳定。吕后死后，太尉周勃、丞相陈平等合力诛杀诸吕，立刘邦第四子刘恒为帝，是为汉文帝，控制了局势。事见《史记》卷九《吕太后本纪》以及《汉书》卷三《高后纪》。霍光（前？～前68）是大司马霍去病的异母弟，汉武帝病危时任命

霍光为大将军，并颁遗诏托孤。霍光先后辅政汉昭帝、汉宣帝二十余年，不无功劳。但随着权力的膨胀，其子弟姻亲也逐渐把持大小权力，对皇室形成威胁。霍光死后不久，汉宣帝即清除掉霍氏势力，化解了政治危机。事见《汉书》卷六八《霍光传》。汉祚（zuò 坐），汉朝的君位与国统。永世：世世代代，永远。《尚书·周书·微子之命》："作宾于王家，与国咸休，永世无穷。"

㉘大鉴：重要的鉴戒。

㉙受命：特指受君主之命。《左传·襄公二十七年》："石恶将会宋之盟，受命而出。"

㉚太尉臣济：即蒋济（？～249），字子通，魏楚国平阿（今安徽怀远北）人。魏齐王曹芳时官至太尉，在高平陵政变中起过重要作用。《三国志》卷一四有传。太尉，官名。秦至西汉设置，为全国军政首脑，与丞相、御史大夫并称三公。汉武帝时改称大司马。东汉时太尉与司徒、司空并称三公。曹魏时已经无实际职权，不参与朝政。尚书令臣孚：即司马孚（180～272），字叔达，魏河内温县（今河南温县西）人，司马懿之弟。在魏历任尚书、尚书令，助力高平陵政变，升任司空，进太傅。司马炎代魏称帝，被封安平王。《晋书》卷三七有传。尚书令，官名。尚书台长官，属少府。东汉时独立，受命于皇帝或录尚书事的大臣，秩千石，三国时第三品。属官有尚书仆射、尚书等。

㉛永宁宫：以所居处指代郭太后。《三国志》卷五："明元郭皇后，西平人也，世河右大族。黄初中，本郡反叛，遂没入宫。明帝即位，甚见爱幸，拜为夫人。叔父立为骑都尉，从父芝为虎贲中郎将。帝疾困，遂立为皇后。齐王即位，尊后为皇太后，称永宁宫。"

㉜辄：擅自，专擅。宋司马光《资治通鉴》卷七五"臣辄力疾将兵屯洛水浮桥，伺察非常"，元胡三省注："辄，专也。懿虽挟太后以临爽，

而其奏自言辄者至再，以天子在爽所也。"

㉝稽：延误，延迟。

㉞军法从事：谓按军法处断。

㉟力疾：勉强支撑病体。

㊱伺察：侦视，观察。非常：突如其来的事变。裴注引《世语》曰："初，宣王勒兵从阙下趋武库，当爽门，人逼车住。爽妻刘怖，出至厅事，谓帐下守督曰：'公在外。今兵起，如何？'督曰：'夫人勿忧。'乃上门楼，引弩注箭欲发。将孙谦在后牵止之曰：'天下事未可知！'如此者三，宣王遂得过去。"

爽得宣王奏事，不通①，迫窘不知所为②。大司农沛国桓范闻兵起③，不应太后召，矫诏开平昌门④，拔取剑戟，略将门候⑤，南奔爽。宣王知，曰："范画策，爽必不能用范计。"范说爽使车驾幸许昌⑥，招外兵。爽兄弟犹豫未决，范重谓羲曰："当今日⑦，卿门户求贫贱复可得乎⑧？且匹夫持质一人⑨，尚欲望活，今卿与天子相随，令于天下，谁敢不应者？"羲犹不能纳。侍中许允、尚书陈泰说爽⑩，使早自归罪⑪。爽于是遣允、泰诣宣王，归罪请死，乃通宣王奏事⑫。遂免爽兄弟，以候还第⑬。

[注释]

①不通：谓不向魏齐王曹芳呈奏。

②迫窘：窘迫。裴注引干宝《晋纪》曰："爽留车驾宿伊水南，伐木为鹿角，发屯甲兵数千人以为卫。"又引《魏末传》曰："宣王语弟孚，陛下在外不可露宿，促送帐幔、太官食具诣行在所。"

③大司农沛国桓范：字元则（？～249），魏沛国（治今安徽濉溪西北）人。魏齐王曹芳时任大司农，颇多谋略，人称"智囊"，为曹爽所信任。高平陵政变，他矫诏称司马懿谋反，建议曹爽奉天子移驾许昌，召外兵讨伐司马懿。曹爽不能用，交出兵权后被捕，桓范亦被株连，与曹爽等人一同被杀，夷灭三族。《三国志》卷九有传。大司农，官名。九卿之一，主管全国财政经济，负责物资调拨、物价平衡、皇帝亲耕、国库等。秩中二千石，三国时为第三品。

④矫诏：假托诏令。平昌门：汉魏洛阳城十二座城门之一，即南面东来第二门。汉称平门、平城门，魏晋改称平昌门。

⑤略：夺取，掳掠。门候：守门之官。

⑥许昌：即许县，秦置，属颍川郡，治所在今河南许昌市东三十六里古城。三国魏黄初二年（221），改为许昌县。

⑦当今日：犹言在目前状态下。

⑧门户：犹门第。指家庭在社会上的地位等级。求贫贱：意谓放弃权势过普通百姓的日子。

⑨匹夫：古代指平民中的男子。亦泛指平民百姓。持质：劫持人质。

⑩侍中许允：字士宗（？～254），魏高阳（治今河北高阳东）人。历任侍中。后因曹魏内部斗争被徙乐浪，死于途中。尚书陈泰：字玄伯（？～260），魏颍川许昌（今河南许昌东）人，陈群之子。历官雍州刺史、征西将军、尚书仆射。

⑪归罪：自首认罪。

⑫乃通宣王奏事：意谓向魏齐王曹芳呈奏司马懿的奏事。裴注引干宝《晋书》曰："桓范出赴爽，宣王谓蒋济曰：'智囊往矣。'济曰：'范则智矣，驽马恋栈豆，爽必不能用也。'"又引《世语》曰："宣王使许允、陈泰解语爽，蒋济亦与书达宣王之旨，又使爽所信殿中校尉尹大目谓爽，唯

免官而已，以洛水为誓。爽信之，罢兵。"又引《魏氏春秋》曰："爽既罢兵，曰：'我不失作富家翁。'范哭曰：'曹子丹佳人，生汝兄弟，犊耳！何图今日坐汝等族灭矣！'"

⑬以侯还第：谓以侯的身份回归家中。裴注引《魏末传》曰："爽兄弟归家，敕洛阳县发民八百人，使尉部围爽第四角，角作高楼，令人在上望视爽兄弟举动。爽计穷愁闷，持弹到后园中，楼上人便唱言'故大将军东南行！'爽还厅事上，与兄弟共议，未知宣王意深浅，作书与宣王曰：'贱子爽哀惶恐怖，无状招祸，分受屠灭，前遣家人迎粮，于今未反，数日乏匮，当烦见饷，以继旦夕。'宣王得书大惊，即答书曰：'初不知乏粮，甚怀踧踖。令致米一百斛，并肉脯、盐豉、大豆。'寻送。爽兄弟不达变数，即便喜欢，自谓不死。"

初，张当私以所择才人张、何等与爽。疑其有奸，收当治罪。当陈"爽与晏等阴谋反逆①，并先习兵②，须三月中欲发③"，于是收晏等下狱。会公卿朝臣廷议④，以为"《春秋》之义⑤，'君亲无将，将而必诛'⑥。爽以支属⑦，世蒙殊宠⑧，亲受先帝握手遗诏，托以天下，而包藏祸心⑨，蔑弃顾命⑩，乃与晏、飏及当等谋图神器，范党同罪人，皆为大逆不道⑪"。于是收爽、羲、训、晏、飏、谧、轨、胜、范、当等，皆伏诛⑫，夷三族⑬。嘉平中⑭，绍功臣世⑮，封真族孙熙为新昌亭侯⑯，邑三百户，以奉真后⑰。

[注释]

①陈：供述。

②习兵：操演军事。

曹爽传 | 445

③须：等待。

④廷议：在朝廷上商议或发表议论。

⑤春秋：编年体史书名。相传孔子据鲁史修订而成。所记起于鲁隐公元年，止于鲁哀公十四年，凡二百四十二年。叙事极简，用字寓褒贬。为其作传者，以《左氏》《公羊》《穀梁》最著，是为《春秋》三传。

⑥"君亲无将"二句：语出《公羊传·庄公三十二年》与《公羊传·昭公元年》，大意是对于君主勿存叛逆篡弑之心，若有此心，必被诛杀。

⑦支属：即宗支，谓同宗族的支派。

⑧殊宠：特殊的恩宠。

⑨包藏祸心：暗藏着不可告人的坏心。语出《左传·昭公元年》。

⑩蔑弃：抛弃，轻视。

⑪大逆不道：即大逆无道，封建时代称犯上作乱等重大罪行，犯有此罪，即被诛杀三族。

⑫伏诛：被处死。

⑬夷：诛灭。三族：一般指父族、母族、妻族这三族。裴注引《魏略》曰："邓飏字玄茂，邓禹后也。少得士名于京师。明帝时为尚书郎，除洛阳令，坐事免，拜中郎，又入兼中书郎。初，飏与李胜等为浮华友，及在中书，浮华事发，被斥出，遂不复用。正始初，乃出为颍川太守，转大将军长史，迁侍中尚书。飏为人好货，前在内职，许臧艾授以显官，艾以父妾与飏，故京师为之语曰：'以官易妇邓玄茂。'每所荐达，多如此比。故何晏选举不得人，颇由飏之不公忠，遂同其罪，盖由交友非其才。丁谧，字彦靖。父斐，字文侯。初，斐随太祖，太祖以斐乡里，特饶爱之。斐性好货，数请求犯法，辄得原宥。为典军校尉，总摄内外，每所陈说，多见从之。建安末，从太祖征吴。斐随行，自以家牛羸困，乃私易官

牛，为人所白，被收送狱，夺官。其后太祖问斐曰：'文侯，印绶所在？'斐亦知见戏，对曰：'以易饼耳。'太祖笑，顾谓左右曰：'东曹毛掾数白此家，欲令我重治，我非不知此人不清，良有以也。我之有斐，譬如人家有盗狗而善捕鼠，盗虽有小损，而完我囊贮。'遂复斐官，听用如初。后数岁，病亡。谧少不肯交游，但博观书传。为人沉毅，颇有才略。太和中，常住邺，借人空屋，居其中。而诸王亦欲借之，不知谧已得，直开门入。谧望见王，交脚卧而不起，而呼其奴客曰：'此何等人？促呵使去。'王怒其无礼，还具上言。明帝收谧，系邺狱，以其功臣子，原出。后帝闻其有父风，召拜度支郎中。曹爽宿与相亲，时爽为武卫将军，数为帝称其可大用。会帝崩，爽辅政，乃拔谧为散骑常侍，遂转尚书。谧为人外似疏略，而内多忌。其在台阁，数有所弹驳，台中患之，事不得行。又其意轻贵，多所忽略，虽与何晏、邓飏等同位，而皆少之，唯以势屈于爽。爽亦敬之，言无不从。故于时谤书，谓'台中有三狗，二狗崖柴不可当，一狗凭默作疽囊。'三狗，谓何、邓、丁也。默者，爽小字也。其意言三狗皆欲啮人，而谧尤甚也。奏使郭太后出居别宫，及遣乐安王使北诣邺，又遣文钦令还淮南，皆谧之计。司马宣王由是特深恨之。毕轨，字昭先。父字子礼，建安中为典农校尉。轨以才能，少有名声。明帝在东宫时，轨在文学中。黄初末，出为长史。明帝即位，入为黄门郎，子尚公主，居处殷富。迁并州刺史。其在并州，名为骄豪。时杂虏数为暴，害吏民，轨辄出军击鲜卑轲比能，失利。中护军蒋济表曰：'毕轨前失，既往不咎，但恐是后难可以再。凡人材有长短，不可强成。轨文雅志意，自为美器。今失并州，换置他州，若入居显职，不毁其德，于国事实善。此安危之要，唯圣恩察之。'至正始中，入为中护军，转侍中尚书，迁司隶校尉。素与曹爽善，每言于爽，多见从之。李胜字公昭。父休字子朗，有智略。张鲁前为镇北将军，休为司马，家南郑。时汉中有甘露降，子朗见张鲁精兵数万人,有四塞之固,遂建言赤气久衰,黄家当兴,欲鲁举号,鲁不听。会鲁破,太祖以其劝鲁内附,赐爵关内侯,署散官骑从,诣邺。至黄初中,仕历上党、巨鹿二郡太守,后以年老还,拜议郎。胜少游京师,雅有才智,与曹爽善。明帝禁浮华,而人白胜堂有四窗八达,各有主名。用是被收,以其所连引者多,故得原,禁锢数岁。帝崩,曹爽辅政,胜为洛阳令。夏侯玄为征西将军,以胜为长史。玄亦宿与胜厚。骆谷之役,议从胜出,由是司马宣王不悦于胜。累迁荥阳太守、河南尹。胜前后所宰守,未尝不称职,为尹岁余,厅事前屠苏坏,令人更治之,小材一枚激堕,正挝受符吏石虎头,断之。后旬日,迁为荆州刺史,未及之官而败也。桓范字元则,世为冠族。建安末,入丞相府。延康中,为羽林左监。以有文学,与王象等典集《皇览》。明帝时为中领军尚书,迁征虏将军、东中郎将,使持节都督青、徐诸军事,治下邳。与徐州刺史郑岐争屋,引节欲斩岐,为岐所奏,不直,坐免还。复为兖州刺史,怏怏不得意。又闻当转为冀州牧。是时冀州统属镇北,而镇北将军吕昭才实仕进,本在范后。范谓其妻仲长曰:'我宁作诸卿,向三公长跪耳,不能为吕子展屈也。'其妻曰:'君前在东,坐欲擅斩徐州刺史,众人谓君难为作下,今复羞为吕屈,是复难为作上也。'范忿其言触实,乃以刀环撞其腹。妻时怀孕,遂堕胎死。范亦竟称疾,不赴冀州。正始中拜大司农。范前在台阁,号为晓事,及为司农,又以清省称。范尝抄撮《汉书》中诸杂事,自以意斟酌之,名曰《世要论》。蒋济为太尉,尝与范会社下,群卿列坐有数人,范怀其所撰,欲以示济,谓济当虚心观之。范出其书以示左右,左右传之示济,济不肯视,范心恨之。因论他事,乃发怒谓济曰:'我祖薄德,公辈何似邪?'济性虽强毅,亦知范刚毅,睌而不应,各罢。范于沛郡,仕次在曹真后。于时曹爽辅政,以范乡里老宿,于九卿中特敬之,然不甚亲也。及宣王起兵,闭城门,以范为晓事,乃指召之,欲使领中领军。范欲应召,而其子谏之，以为车驾在外，不如南出。范疑有顷，儿又促之。范欲去而司农丞吏皆止范。范不从，乃突出至平昌城门，城门已闭。门候司蕃，故范举吏也，范呼之，举手中版以示之，矫曰：'有诏召我，卿促开门！'蕃欲求见诏书，范呵之，言'卿非我故吏邪，何以敢尔？'乃开之。范出城，顾谓蕃曰：'太傅图逆，卿从我去！'蕃徒行不能及，遂避侧。范南见爽，劝爽兄弟以天子诣许昌，征四方以自辅。爽疑，羲又无言。范自谓羲曰：'事昭然，卿用读书何为邪！于今日卿等门户倒矣！'俱不言。范又谓羲曰：'卿别营近在阙南，洛阳典农治在城外，呼召如意。今诣许昌，不过中宿，许昌别库，足相被假；所忧当在谷食，而大司农印章在我身。'羲兄弟默然不从，中夜至五鼓，爽乃投刀于地，谓诸从驾群臣曰：'我度太傅意，亦不过欲令我兄弟向己也。我独有以不合于远近耳！'遂进谓帝曰：'陛下作诏免臣官，报皇太后令。'范知爽首免而己必坐唱义也。范乃曰：'老子今兹坐卿兄弟族矣！'爽等既免，帝还宫，遂令范随从。到洛水浮桥北，望见宣王，下车叩头而无言。宣王呼范姓曰：'桓大夫何为尔邪！'车驾入宫，有诏范还复位。范诣阙拜章谢，待报。会司蕃诣鸿胪自首，具说范前临出所道。宣王乃忿然曰：'诬人以反，于法何应？'主者曰：'科律，反受其罪。'乃收范于阙下。时人持范甚急，范谓部官曰：'徐之，我亦义士耳。'遂送廷尉。"又引《世语》曰："初，爽梦二虎衔雷公，雷公若二升碗，放著庭中。爽恶之，以问占者，灵台丞马训曰：'忧兵。'训退，告其妻曰：'爽将以兵亡，不出旬日。'"又引《汉晋春秋》曰："安定皇甫谧以九年冬梦至洛阳，自庙出，见车骑甚众，以物呈庙云：'诛大将军曹爽。'寤而以告其邑人，邑人曰：'君欲作曹人之梦乎！朝无公孙强如何？且爽兄弟典重兵，又权尚书事，谁敢谋之？'谧曰：'爽无叔振铎之请，苟失天机则离矣，何恃于强？昔汉之阎显，倚母后之尊，权国威命，可谓至重矣，阉人十九人一旦尸之，况爽兄弟乎？'"又引《世语》曰:"初,爽出,司马鲁芝留在府,闻有事,将营骑斫津门出赴爽。爽诛,擢为御史中丞。及爽解印绶,将出,主簿杨综止之曰:'公挟主握权,舍此以至东市乎?'爽不从。有司奏综导爽反,宣王曰:'各为其主也。'宥之,以为尚书郎。芝字世英,扶风人也。以后仕进至特进光禄大夫。综字初伯,后为安东将军司马文王长史。"又云:"臣松之案:夏侯湛为芝铭及干宝《晋纪》并云爽既诛,宣王即擢芝为并州刺史,以综为安东参军。与《世语》不同。"

⑭嘉平:魏齐王曹芳第二个年号(249~254)。

⑮绍功臣世:为断绝后代的功臣安排承继世系者。绍,承继。

⑯族孙熙:即曹熙,生平不详。族孙,同族兄弟的孙子。新昌亭侯:封爵名,属列侯中的亭侯,食邑新昌县某亭。新昌县,西汉置,属辽东郡,治所在今辽宁海城市东北三十馀里向阳寨。

⑰以奉真后:用以作为曹真的继承人。裴注引干宝《晋纪》曰:"蒋济以曹真之勋力,不宜绝祀,故以熙为后。济又病其言之失信于爽,发病卒。"

[译文]

曹爽字昭伯,年少时以自己为君主同宗族之人而谨慎稳重,魏明帝在东宫为太子时,对他很亲近爱重。及至魏明帝即位,任曹爽为散骑侍郎,不断提升至城门校尉,加散骑常侍,转为武卫将军,得到特殊的恩宠与优待。魏明帝卧病,召曹爽进入卧室内,任命他为大将军,假节钺,都督中外诸军事,录尚书事,与太尉司马懿同受诏辅佐幼主。魏明帝去世,幼主齐王曹芳即帝位,加曹爽侍中,改封武安侯,食邑一万二千户,赐予上朝时可不解剑、不脱履的殊荣,入朝时可以不急步而行,朝拜帝王时,赞礼的人不直呼其姓名,只称官职。丁谧为曹爽出谋划策,让曹爽上奏天子,发诏书转迁司马懿为太傅，表面上以名位尊崇他，实则尚书奏事须先经由曹爽，以便掌控左右事物。

曹爽的弟弟曹羲任中领军，曹训任武卫将军，曹彦任散骑常侍、侍讲，其馀诸弟，也都以列侯的身份侍奉幼主，出入于宫廷门户，没有谁家的显贵而受宠信能到他们一家的程度。南阳郡的何晏、邓飏、李胜，沛国的丁谧，东平国的毕轨皆有声名，他们追求名利，并以时势为转移，魏明帝认为这些人讲究表面上的华丽或阔气，不务实际，都加以贬废或排斥；及至曹爽执政，重新对他们按等级次第以进职或奖功，并把他们当成自己的心腹。邓飏等打算让曹爽在天下享有威名，劝导他讨伐蜀汉政权，曹爽听从了他，司马懿加以阻止无效。魏齐王正始五年（244），曹爽西行至长安县，征发士卒六七万人，从骆谷进击蜀汉。当时，关中地区以及氐族、羌族各部落的物资运输不能维持，牛马与骡驴大多病累而死，少数民族的民众在道路号哭。进入骆谷行进数百里，蜀汉军队凭借山势固守，魏军不得前行。曹爽的参军杨伟替曹爽陈述形势，认为应当急速撤军，否则就要遭受失败。邓飏与杨伟在曹爽面前争执，杨伟说："邓飏、李胜将要败坏国家大事，应当处死。"曹爽听后心中不快，于是率军撤回。

起初，曹爽认为司马懿年龄德行皆高，长久以来对待司马懿如同父辈，不敢专断独行。等到何晏等人被进用以后，都一致推举拥戴曹爽，劝说他重大的权力不能让他人分享。于是就任命何晏、邓飏、丁谧为尚书，由何晏把持选举官吏，任用毕轨为司隶校尉，任用李胜为河南尹，诸多国事很少再让司马懿插手了。司马懿于是称病避开曹爽。何晏等专擅朝政，一起瓜分了洛阳典农中郎将、河内郡野王县典农中郎将所辖桑田数百顷，又霸占国君、皇后、公主等收取赋税的私邑为己有，凭借权势盗取官家产业，寻求机会向州郡勒索财物。各级官吏听到风声行动，没有敢于违背其欲望的人。何晏等与廷尉卢毓向来不和，就抓住卢毓属下官吏的小过错，援用法律条文苛细严峻，将卢毓定罪，指使主办官员先行没收卢毓的印绶，然后再奏闻朝廷。他们利用威权滥施刑罚竟然到如此地步。曹爽的饮食、出行车马、服饰等，足可与皇帝用的器物比拟；制造帝王所用器物的尚方署中的珍贵玩赏物，充满在他的家中；曹爽后庭妻妾成群，又将魏明帝宫中女官七八人私自迎娶回家，把宫廷中主管乐队的官吏、乐师与讽诵箴言之盲人、演奏乐曲的乐队以及出身良家的子女三十三人，都转变为自家的歌舞女艺人。曹爽还伪造皇帝颁发的命令，将五十七名宫中女官送往邺城铜雀等台，让先帝的婕妤教她们演习歌舞用为歌舞女艺人。擅自取用掌管礼仪事务的太常寺中的乐器与朝廷储藏兵器仓库中的御用武器。又修筑地下室，在四周装饰有雕刻成空心花纹的窗户，多次与何晏等人在其中聚会，饮酒作乐。曹羲对此深感巨大的忧虑，多次进谏劝阻。又著书三篇，陈述骄纵放荡无所顾忌将导致灾祸与失败，话语所表达出的含义极为恳切，不敢直接斥责兄长曹爽，就假托教诲诸弟给曹爽看。曹爽晓得曹羲是针对自己而发，非常不高兴。曹羲有时因劝导兄长曹爽被拒绝，乃至痛哭流涕，起身而去。司马懿为对付曹爽也秘密地进行着准备。魏齐王正始九年（248）的冬天，李胜外任荆州刺史，临行前与司马懿道别。司马懿谎称自己病危，并摆出一副瘦弱不堪的样子。李胜没有察觉出其伪装，认为司马懿确实如此。

魏齐王正始十年（249）正月，魏齐王曹芳朝拜魏明帝曹叡的陵墓高平陵，曹爽兄弟都随从出洛阳城。司马懿部署兵马，先占据了武库，随后出洛阳城南驻扎，控制住洛水浮桥。司马懿上奏章给曹芳说："臣司马懿昔日刚从辽东回师，先帝就下诏令陛下、秦王曹询与臣同登御床，拉住臣的手臂，特别挂念其身后的事情。臣当时对先帝说：'太祖与文帝二祖曾向臣嘱托后事，这是陛下亲眼所见的事情，请陛下不要以后事担忧，万一有不如意的事情发生，臣将不惜自己的生命执行陛下英明的诏示。'这些事，黄门令董箕等人以及才人中侍候先帝者，都听说了。如今大将军曹爽背弃先帝临终遗命，败坏国家的典章制度，在内越分妄比于帝王，对外专擅威势和权力，为掌控京师兵权而裁并禁军中垒、中坚两营，将禁兵完全把持在自己手中，群官中重要的职务，也都由其亲信担任；宫禁中值宿担任警卫的禁兵，历朝的旧人都被排斥出宫，想用新人来树立其私党；把持据守，互相勾结，肆意放纵，日甚一日。对外已然如此嚣张，又任用宦官张当为都监，串通勾结，看守监视陛下，以伺机篡夺帝位，在皇太后与陛下之间挑拨是非，破坏母子的骨肉亲情。天下骚乱不宁，人人心怀忧虑恐惧，陛下仅居于客位，地位不稳且无实权，如此怎能长治久安？这绝非先帝诏令陛下与臣等同登御床的本意。臣虽然年老衰落，却怎敢忘却昔时的誓言？秦末的赵高恣意妄为，致使秦朝覆亡；西汉一百多年间，吕氏家族与霍氏家族等外戚势力的相继被清除，方令汉家天下延续至今。这对于陛下而言就是重要的鉴戒，也是臣受君主之命而动的时刻。太尉臣蒋济、尚书令臣司马孚等，都认为曹爽有无视陛下的野心，他的兄弟不宜再掌管禁兵守卫皇宫，已然上奏皇太后。皇太后敕令臣等依据奏章的请求施行。臣擅自传令宫中主事官员与黄门令罢去曹爽、曹羲、曹训兄弟的统兵权，以侯爵的身份回归其府邸，不得逗留在外以延误陛下的回宫，如若胆敢延迟，按军法处断。臣下勉强支撑病体驻军于洛水浮桥，以便侦视突如其来的事变。"

曹爽看到司马懿的奏章，没有上报呈奏幼主曹芳，窘迫中不知所措。大司农沛国人桓范得知政变消息，没有听从太后的召请，假托皇帝诏令打开洛阳城的平昌门，拔取剑戟，掳掠守门之官，向南奔赴至曹爽的住处。司马懿得知后说："桓范去为曹爽出谋划策，曹爽必不能用其计谋。"桓范劝说曹爽带领皇帝车驾同去许昌，召集各地兵马征讨司马懿。曹爽兄弟犹豫不决，桓范又对曹羲说："在目前状态下，以您这一家庭在社会上的地位等级，放弃权势过普通百姓的日子还有可能吗？况且平民百姓劫持一名人质，还有争得一线生机的企盼，现在您与天子在一起，向天下人发号施令，有谁敢不响应？"曹羲还是不能采纳桓范的建议。侍中许允、尚书陈泰劝说曹爽，希望他们兄弟早日归家待罪。曹爽于是派遣许允、陈泰拜见司马懿，自首认罪愿意接受惩罚，同时将司马懿的奏章呈送幼主曹芳，于是将曹爽兄弟的官职免去，仅以侯的身份回归自家府邸。

　　起初，张当私下里将所选择的张才人、何才人等送与曹爽。司马懿就怀疑其中有阴谋，将张当收捕准备治罪。审问中，张当陈述"曹爽与何晏等阴谋造反，并曾先行操演军事，等至三月中旬发难"，于是收捕何晏等下狱。大会公卿与朝臣在朝廷上商议或发表议论，一致认为"《春秋公羊传》早已阐明'对于君主勿存叛逆篡弑之心，若有此心，必被诛杀'的道理。曹爽作为皇族的支派，世代受到特殊的恩宠，曾亲自接受先帝拉着手颁赐的遗诏，将天下嘱托于他，曹爽却暗藏着不可告人的坏心，抛弃了先帝的顾命，与何晏、邓飏以及张当等图谋篡夺帝位，桓范勾结这些罪人，都属于犯上作乱的重大罪行"。于是收捕曹爽、曹羲、曹训、何晏、邓飏、丁谧、毕轨、李胜、桓范、张当等人，皆被处死，并诛灭三族。魏齐王嘉平（249～254）中，朝廷为断绝后代的功臣安排承继世系者，封曹真族孙曹熙为新昌亭侯，食邑三百户，作为奉祀曹真的继承人。

荀彧传

[题解]

传见《三国志》卷一〇《魏书十》。荀彧（yù玉），字文若（163~212），颍川郡颍阴县（今河南许昌）人。良禽择木而栖，起初他依附袁绍，知其难成大事后投奔曹操，被曹操视为"吾之子房"，遂成为其主要谋士，历官侍中、尚书令，参与军国重事。荀彧作为一位眼光敏锐的战略家，对曹操一生功业助力非同小可，无论"挟天子以令诸侯"的倡导，还是积极营建兖州根据地的建议，乃至对袁绍与曹操两者优劣的精到评判，都显示出这位有举足轻重作用谋士的不可或缺。难能可贵的是，荀彧以儒家"仁"为核心并始终忠于汉室的人生价值取向，没有在周围人的随波逐流中有丝毫的动摇，并且最终不惜以死明志（死是一种个人的解脱，也有保存家族延续的无奈）。抛开对儒家"仁义"主张的历史定位不谈，专制统治下的文人士大夫在实现治国平天下的抱负时，往往会产生道义与人身依附间的两难抉择，而人身依附乃至卖身投靠无疑是个人青云有路的绝佳选择。以荀彧过人的聪明才智，当然会预料到反对曹操进爵国公的后果，然而他还是义无反顾地前行，直至粉身碎骨！在本卷之末的总评中，陈寿对荀彧以"荀彧清秀通雅，有王佐之风，然机鉴先识，未能充其志也"四句为评，褒中寓贬。裴松之则提出不同看法："世之论者，多讥彧协规魏氏，以倾汉祚；君臣易位，实彧之由。虽晚节立异，无救运移；功既违义，识亦疚焉。陈氏此评，盖亦同乎世识。臣松之以为斯言之作，诚未得其远大者也。或岂不知魏武之志气，非衰汉之贞臣哉？良以于时王道既微，横流已极，雄豪虎视，人怀异心，不有拨乱之资，仗顺之略，则汉室之亡忽诸，黔首之类殄矣。夫欲翼赞时英，匡屯运，非斯人之与而谁与哉？是故经纶急病，若救身首，用能动于岭中，至于大亨，苍生蒙舟航之接，刘宗延二纪之祚，岂非荀生之本图，仁恕之远致乎？及至霸业既隆，翦汉迹著，然后亡身殉节，以申素情，全大正于当年，布诚心于百代，可谓任重道远，志行义立。谓之未充，其殆诬欤！"宋代史学家司马光评价荀彧说："荀彧佐魏武而兴之，举贤用能，训卒厉兵，决机发策，征伐四克，遂能以弱为强，化乱为治，十分天下而有其八，其功岂在管仲之后乎！管仲不死子纠而荀彧死汉室，其仁复居管仲之先矣！"（宋司马光《资治通鉴》卷六六）古人之评，至今读来仍觉不无道理。

荀彧字文若，颍川颍阴人也①。祖父淑②，字季和，朗陵令③。当汉顺、桓之间④，知名当世。有子八人，号曰八龙⑤。彧父绲⑥，济南相⑦。叔父爽⑧，司空⑨。

[注释]

①颍川：即颍川郡，秦始皇十七年（前230）置，治所阳翟县（今河南禹州市），西汉高帝五年（前202）改为韩国，翌年复为颍川郡。辖境相当于今河南登封、宝丰以东，尉氏、鄢城以西，新密以南，叶县、舞阳以北地。颍阴：即颍阴县，秦置，属颍川郡，治所在今河南许昌市。

②祖父淑：即荀淑（83~149），字季和，荀子十一世孙。少有高行，博学而不好章句，当世名贤李固、李膺等皆师宗之。历官郎中、当涂长、朗陵侯相，弃官归。《后汉书》卷六二有传。

③朗陵令：官名。《后汉书》谓"朗陵侯相"，未知孰是。朗陵，即朗陵县，西汉置，属汝南郡，因县西南有朗陵山而得名，治所在今河南确山县西南三十五里任店。

④顺桓之间：谓汉顺帝刘保（115~144）、汉桓帝刘志（132~167）。

⑤八龙：《后汉书》卷六二《荀淑传》："有子八人：俭、绲、靖、焘、汪、爽、肃、专，并有名称，时人谓之'八龙'。"

⑥彧父绲（gǔn滚）：即荀绲，荀淑次子。生平不详。

⑦济南相：官名。济南国的相，为东汉封国的最高行政长官，由中央委派。王国置相一人，职责、权位与郡太守同，秩二千石。济南，即济南国，西汉文帝十六年（前164）改济南郡为国，都东平陵（今山东章丘市西），辖境相当于今山东济南、泰安、长清、肥城、章丘、济阳、邹平等市县地。汉景帝三年（前154），国除为郡。东汉建武十五年（39），复改为国。

⑧叔父爽：即荀爽（128~190），一名谞，字慈明，荀淑第六子。历官郎中、司空。自幼聪敏好学，潜心经籍，刻苦勤奋，博通群经，一生对经学多有著述，是东汉著名的古文经学大师。著有《礼》《易传》《诗传》《尚书正经》《春秋条例》等。《后汉书》卷六二有传。

⑨司空：官名。三公之一。西汉时称大司空，与大司徒、大司马并称三公。东汉改称司空，掌监察、执法，兼掌重要文书图籍，第一品。设置府署，属官与太尉、司徒相同。三国时司空仍为三公，第一品，系虚衔。裴注引《续汉书》曰："淑有高才，王畅、李膺皆以为师，为朗陵侯相，号称神君。"又引张璠《汉纪》曰："淑博学有高行，与李固、李膺同志友善，拔李昭于小吏，友黄叔度于幼童，以贤良方正征，对策讥切梁氏，出补朗陵侯相，卒官。八子：俭、绲、靖、焘、诜、爽、肃、旉。爽字慈明，幼好学，年十二，通《春秋》《论语》，耽思经典，不应征命，积十

数年。董卓秉政,复征爽,爽欲遁去,吏持之急。诏下郡,即拜平原相。行至苑陵,又追拜光禄勋。视事三日,策拜司空。爽起自布衣,九十五日而至三公。淑旧居西豪里,县令苑康曰'昔高阳氏有才子八人',署其里为'高阳里'。靖字叔慈,亦有至德,名几亚爽,隐居终身。"又引皇甫谧《逸士传》:"或问许子将,靖与爽孰贤?子将曰:'二人皆玉也,慈明外朗,叔慈内润。'"

彧年少时,南阳何颙异之①,曰:"王佐才也②。"永汉元年③,举孝廉④,拜守宫令⑤。董卓之乱⑥,求出补吏⑦。除亢父令⑧,遂弃官归,谓父老曰:"颍川,四战之地也⑨,天下有变,常为兵冲⑩,宜亟去之⑪,无久留。"乡人多怀土犹豫⑫,会冀州牧同郡韩馥遣骑迎之⑬,莫有随者,彧独将宗族至冀州。而袁绍已夺馥位⑭,待彧以上宾之礼。彧弟谌及同郡辛评、郭图⑮,皆为绍所任。彧度绍终不能成大事⑯,时太祖为奋武将军⑰,在东郡⑱,初平二年⑲,彧去绍从太祖。太祖大悦曰:"吾之子房也⑳。"以为司马㉑,时年二十九。

[注释]

①南阳何颙(yóng 庸阳平):字伯求(?~190),东汉南阳襄乡(今湖北枣阳东北)人。曾因党锢之祸而亡匿,汉灵帝时官至司空,被董卓下狱,忧愤死。《后汉书》卷六七有传。南阳,即南阳郡,战国秦昭襄王三十五年(前272)置,治所宛(yuān 渊)县(今河南南阳市)。西汉辖境相当于今河南桐柏县以西,湖北丹江口市以东,河南鲁山县以南,河南邓州市及湖北广水市以北地。异之:特别重视他。《史记·张丞相列传》:

"君之史赵尧，年虽少，然奇才也，君必异之，是且代君之位。"

②王佐：王者的辅佐，佐君成王业的人。裴注引《典略》曰："中常侍唐衡欲以女妻汝南傅公明，公明不娶，转以与彧。父绲慕衡势，为彧娶之。彧为论者所讥。"又云："臣松之案：《汉纪》云唐衡以桓帝延熹七年死，计彧于时年始二岁，则彧婚之日，衡之没久矣。慕势之言为不然也。臣松之又以为绲八龙之一，必非苟得者也，将有逼而然，何云慕势哉？昔郑忽以违齐致讥，寯生以拒霍见美，致讥在于失援，见美嘉其虑远，并无交至之害，故得各全其志耳。至于阉竖用事，四海屏气；左悺、唐衡，杀生在口。故于时谚云'左回天，唐独坐'，言威权莫二也。顺之则六亲以安，忤违则大祸立至；斯诚以存易亡，蒙耻期全之日。昔蒋诩姻于王氏，无损清高之操，绲之此婚，庸何伤乎！"

③永汉元年：即公元189年。永汉，汉献帝的第一个年号，仅一年。

④举：两汉选拔官吏实行察举制，即由官吏荐举，经过考核，任以官职。孝廉：孝，谓孝悌者；廉，谓清廉之士。分别为始于汉代选拔人才的科目，在东汉尤为求仕者必由之途，后往往合为一科。亦指被推选的士人。

⑤守宫令：官名。职掌宫内物品如纸、笔、墨、砚等文书用品的官员，东汉始置，属少府，秩六百石。

⑥董卓：字仲颖（？~192），东汉陇西临洮（今甘肃岷县）人。历任中郎将、并州牧，汉少帝光熹元年（189），率兵入洛阳，废少帝，立献帝，受到曹操、袁绍等人起兵讨伐。于是焚烧洛阳宫室，挟献帝西迁长安，自为太师，暴虐专横。初平三年（192），为王允、吕布所杀。《三国志》卷六、《后汉书》卷七二皆有传。详见本书所选《董卓传》。

⑦补吏：谓官员调任至地方任职。

⑧亢父（gāngfǔ 刚甫）：即亢父县，秦置，属薛郡，西汉属东平国，

荀彧传 | 459

东汉属任城国，治所在今山东济宁市南四十馀里喻屯乡东南八里。

⑨四战之地：犹言地居要冲、四面受敌的平原地带。

⑩兵冲：军事要冲。

⑪亟（jí急）：疾速。与"缓慢"相对。

⑫怀土：安于所处之地。谓安土重迁。《论语·里仁》："君子怀德，小人怀土。"

⑬冀州牧同郡韩馥（fù富）：字文节（？～192），东汉颍川（今河南禹州）人。曾任冀州牧，因惧怕公孙瓒，以州牧让袁绍，投奔张邈，后又因恐惧而入厕自杀。冀州，西汉武帝时置，为十三刺史部之一，辖境相当于今河北中南部，山东西段及河南北端。东汉治所高邑县（今河北柏乡北），后又移治邺县（今河北临漳西南）。牧，即州牧，汉成帝时改刺史为州牧。后废置不常。东汉灵帝时，再设州牧，掌一州军政大权。同郡，谓韩馥与荀彧的家乡同属颍川郡。

⑭袁绍：字本初（？～202），东汉汝南汝阳（今河南商水西南）人。《后汉书》卷七四上有传，详见本书所选《袁绍传》。

⑮彧弟谌（chén臣）：即荀谌（生卒年不详），字友若，曹操谋士荀彧之弟。原为冀州牧韩馥谋士，后成为袁绍谋士。辛评：字仲治（？～204），东汉颍川阳翟（今河南禹州）人，辛毗之兄。原为冀州牧韩馥谋臣，后归袁绍。建安七年（202）袁绍死，其二子争权，辛评与郭图辅助袁谭，后被辅助袁尚的审配杀死。郭图：字公则（？～205），颍川（治今河南禹州）人。袁绍谋士，袁绍死后，辅佐袁谭，终被曹军所杀。

⑯度（duó夺）：考量，估计。

⑰太祖：即太祖武皇帝曹操，建安二十五年（220）曹丕代汉立国称帝，改元黄初，追谥其父曹操为武帝；曹丕子曹叡于景初元年（237）上其祖父庙号魏太祖。奋武将军：官名。东汉杂号将军。

⑱东郡：战国秦王政五年（前242）置，治所濮阳（今河南濮阳市西南十六里故县村）。西汉辖境相当于今山东东阿、梁山以西，山东郓城、河南范县以北，山东茌平、莘县及河南南乐、清丰、濮阳以南地。东汉时期辖境缩小。

⑲初平二年：即公元191年。初平，汉献帝的第三个年号。

⑳子房：即张良（约前250～前186），字子房，先世为战国时韩国人。他作为谋士，在辅佐刘邦统一天下的过程中起过重要作用。以功封留侯，惠帝六年（前186）卒，谥号文成侯。《史记》卷五五、《汉书》卷四〇皆有传。

㉑司马：即郡司马，东汉末郡太守的属官。郡本不设司马一职，东汉末因镇压农民军与征战之需要，遂加设。

是时，董卓威陵天下①，太祖以问彧，彧曰："卓暴虐已甚，必以乱终，无能为也②。"卓遣李傕等出关东③，所过虏略④，至颍川、陈留而还⑤。乡人留者多见杀略。明年，太祖领兖州牧⑥，后为镇东将军⑦，彧常以司马从。兴平元年⑧，太祖征陶谦⑨，任彧留事⑩。会张邈、陈宫以兖州反⑪，潜迎吕布⑫。布既至，邈乃使刘翊告彧曰⑬："吕将军来助曹使君击陶谦⑭，宜亟供其军食。"众疑惑。彧知邈为乱，即勒兵设备⑮，驰召东郡太守夏侯惇⑯，而兖州诸城皆应布矣。时太祖悉军攻谦，留守兵少，而督将大吏多与邈、宫通谋⑰。惇至，其夜诛谋叛者数十人，众乃定。豫州刺史郭贡帅众数万来至城下⑱，或言与吕布同谋，众甚惧。贡求见彧，彧将往。惇等曰："君，一州镇也⑲，往必危，不可。"彧曰："贡与邈等，分非素结也⑳，今来速，计必未定；及其未定说之，纵不为用，可使中立,若先疑之㉑,彼将怒而成计。"贡见彧无惧意,谓鄄城未易攻㉒,遂引兵去。又与程昱计㉓,使说范、东阿㉔,卒全三城㉕,以待太祖。太祖自徐州还击布濮阳㉖,布东走。二年夏㉗,太祖军乘氏㉘,大饥,人相食。

[注释]

①威陵:声威超越。

②无能为:不能做什么。语出《左传·隐公四年》:"卫国褊小,老夫耄矣,无能为也。"

③李傕(jué爵):字稚然(?~198),东汉北地(今宁夏吴忠西南)人。董卓部将,董卓被诛后,与郭汜等率兵攻入长安,杀王允,逼汉献帝封其为车骑将军、池阳侯,领司隶校尉,假节钺,与郭汜共擅朝政。又自称大司马,劫持汉献帝,纵兵掳掠长安。曹操率军迎献帝,李、郭兵败逃亡。建安三年(198)为段煨所杀。《三国志》卷六附于《董卓传》。关东:秦与西汉皆定都今陕西,故沿及东汉习惯称函谷关或潼关以东地区为关东。

④虏略:即掳掠。

⑤陈留:即陈留郡,西汉武帝元狩元年(前122)置,治所陈留县(今河南开封县东南陈留镇),辖境相当于今河南开封市及尉氏县以东,宁陵县以西,延津、长垣县以南,杞县、睢县以北地。

⑥兖州:西汉武帝时置,为十三刺史部之一,辖境相当于今山东西南部与河南东部地区,北至茌平、莱芜,东至沂水流域,东南至莒县、平邑、兖州、鱼台、单县,南至鹿邑、淮阳、扶沟等市县,西南至开封、濮阳等地。东汉治所昌邑县(今山东巨野东南)。

⑦镇东将军：东汉末所置"四镇"将军之一，职掌征战讨伐。三国时为第二品，开府治事，有属官。

⑧兴平元年：即公元194年。兴平，汉献帝的第四个年号（194~195）。

⑨陶谦：字恭祖（132~194），东汉丹阳（今安徽当涂东北）人。历官徐州刺史、徐州牧。因其部下都尉张闿劫杀曹操父亲曹嵩一家，曹操兵伐徐州，大败陶谦。汉献帝兴平元年（194）病死。《三国志》卷八有传。

⑩留事：指留守、留后一类的官职。《后汉书·荀彧传》："兴平元年，操东击陶谦，使彧守鄄城，任以留事。"

⑪张邈：字孟卓（？~195），东汉东平寿张（今山东阳谷与河南范县间）人。汉献帝时曾为陈留太守。兴平元年（194）迎吕布夺取兖州，次年，吕布为曹操所败，张邈投袁术求救，为部下所杀。《三国志》卷七有传。陈宫：字公台（？~198），东汉东郡（治今河南濮阳西南）人。初随曹操，兴平元年（194），弃曹操而随吕布。建安三年（198），曹操征讨吕布，陈宫被擒杀。事见《三国志》卷七《吕布传》。

⑫吕布：字奉先（？~198），东汉五原九原（今内蒙古包头市西北）人。初从并州刺史丁原入京，后为董卓利诱，杀原归卓，任骑都尉，迁中郎将，封都亭侯。董卓被诛后任奋武将军，进封温侯。一度投奔刘备，终为曹操所擒杀。《三国志》卷七、《后汉书》卷七五皆有传。详见本书所选《吕布传》。

⑬刘翊（yì义）：字子相（生卒年不详），颍川颍阴（今河南许昌）人。历官陈留太守。为人仗义疏财，乐于助人。一次在途中因救人困馁而杀牛，后竟一同饿死。事见《后汉书》卷八一《独行列传》。

⑭使君：汉代对州郡长官的尊称。时曹操官居兖州牧，故称。

⑮勒兵：这里谓指挥军队。设备：谓设防。

⑯夏侯惇（dūn 蹲）：字元让（？~220），谯（今安徽亳州市）人，东汉末随曹操起兵，作战勇猛，屡立战功，历任东郡太守、河南尹，拜前将军、大将军。《三国志》卷九有传。

⑰督将大吏：谓兖州的文武官员。

⑱豫州刺史郭贡：生平不详。豫州，西汉武帝时置，为十三刺史部之一，辖境相当于今淮河以北、伏牛山以东豫东、皖北地，东汉治所谯县（今安徽亳州市）。

⑲镇：安抚，安定。三国魏曹冏《六代论》："是以轻重足以相镇，亲疏足以相卫。"

⑳分（fèn 奋）非素结：意谓论情分并非老朋友。

㉑疑：使之产生疑虑。

㉒鄄（juàn 眷）城：即鄄城县，秦置，属东郡，汉属兖州刺史部的济阴郡，治所在今山东鄄城县北旧城镇。当时荀彧驻守鄄城。

㉓程昱（yù 玉）：字仲德（141~220），东郡东阿（今山东阳谷东北）人。曹操帐下重要谋士，建安六年（201）仓亭之战中，他向曹操献"十面埋伏"之计，大破袁绍军。曹丕代汉后，程昱任卫尉，封安乡侯。《三国志》卷一〇有传。

㉔范：即范县，西汉置，东汉属兖州刺史部的东郡，东汉末属东平国，治所在今山东梁山县西北范城。东阿（ē 俄阴平）：即东阿县，秦置，东汉属东郡，治所在今山东阳谷东北五十里阿城镇。

㉕三城：即鄄城、范县与东阿三县。

㉖徐州：汉武帝所置十三刺史部之一，辖境相当于今山东东南部与江苏长江以北地区，东汉时治所在郯县（今山东郯城）。三国魏移治于彭城（今江苏徐州）。濮阳：即濮阳县，秦置，为东郡治。治所在今河南濮阳西南十六里故县村。

㉗二年：即兴平二年（195）。兴平，汉献帝的第四个年号（194~195）。

㉘乘氏：即乘氏县，西汉置，属济阴郡，东汉和帝封梁商为乘氏侯，治所在今山东巨野西南五十里。

陶谦死，太祖欲遂取徐州①，还乃定布。或曰："昔高祖保关中②，光武据河内③，皆深根固本以制天下，进足以胜敌，退足以坚守，故虽有困败而终济大业。将军本以兖州首事④，平山东之难⑤，百姓无不归心悦服。且河、济⑥，天下之要地也，今虽残坏，犹易以自保，是亦将军之关中、河内也，不可以不先定。今以破李封、薛兰⑦，若分兵东击陈宫，宫必不敢西顾，以其间勒兵收熟麦，约食畜谷⑧，一举而布可破也。破布，然后南结扬州⑨，共讨袁术⑩，以临淮、泗⑪。若舍布而东，多留兵则不足用，少留兵则民皆保城，不得樵采。布乘虚寇暴⑫，民心益危⑬，唯鄄城、范、卫可全⑭，其馀非己之有，是无兖州也。若徐州不定，将军当安所归乎？且陶谦虽死，徐州未易亡也。彼惩往年之败，将惧而结亲⑮，相为表里⑯。今东方皆以收麦，必坚壁清野以待将军⑰，将军攻之不拔，略之无获，不出十日，则十万之众未战而自困耳⑱。前讨徐州，威罚实行⑲，其子弟念父兄之耻，必人自为守，无降心，就能破之⑳，尚不可有也。夫事固有弃此取彼者，以大易小可也，以安易危可也，权一时之势，不患本之不固可也㉑。今三者莫利，愿将军熟虑之。"太祖乃止。大收麦，复与布战，分兵平诸县。布败走，兖州遂平。

[注释]

①遂：前往。

②昔高祖保关中：汉高祖刘邦用萧何镇守关中，终于统一天下，后又欲以洛阳为都，留侯张良劝刘邦入都关中，刘邦于是定都长安。事见《史记》卷八。关中，地区名，即今陕西关中盆地，因东有函谷关，南有武关，北有萧关，西有散关，地处四关之中，故称。

③光武据河内：据《后汉书》卷一六《寇恂传》，汉光武帝刘秀南定河内后曾对寇恂说："河内完富，吾将因是而起。昔高祖留萧何镇关中，吾今委公以河内，坚守转运，给足军粮，率厉士马，防遏它兵，勿令北度而已。"河内，即河内郡，西汉高帝二年（前205）改殷国置，治所怀县（今河南武陟县西南），辖境相当于今河南黄河以北，京汉铁路（包括卫辉市）以西地区。

④首事：谓事业的创基处。

⑤平山东之难：谓鲍信等拥曹操领兖州牧，曹军攻破青州黄巾军事。山东，这里当指太行山以东地区，春秋时晋国地处太行山以西，故称太行山以东为山东。见《史记·晋世家》。

⑥河济：黄河与济水流域的交互地带，正是兖州刺史部之所在，故以河济指代兖州。

⑦以：同"已"。李封：吕布部将（？~195），生平不详。薛兰：吕布部将（？~195），生平不详。

⑧约食畜谷：谓节约食粮，积蓄谷物。畜，通"蓄"。

⑨结扬州：谓与扬州牧刘繇联合，当时被朝廷任命扬州刺史的刘繇躲避已经据有扬州治所寿春（今安徽寿县）的袁术，只得暂以曲阿（今江苏丹阳）为郡治。见《三国志》卷四九《刘繇传》。

⑩袁术：字公路（？~199），东汉汝南汝阳（今河南商水西南）人，

出身于四世三公的显宦家庭，为袁绍从弟。初为虎贲中郎将，助袁绍诛灭宦官。董卓进京专权，以他为后将军。他出奔南阳，与袁绍、曹操等同时起兵，共讨董卓。后又与袁绍对抗，为袁绍、曹操击败，遂奔九江，割据扬州。建安二年（197），袁术称帝于寿春，号仲家，荒淫奢侈，横征暴敛，民心丧尽，先后为吕布、曹操所破，呕血而死。《三国志》卷六、《后汉书》卷七五皆有传。

⑪淮泗：淮河与泗水流域的交互地带，正是扬州刺史部与部分徐州刺史部之所在，故以淮、泗指代扬州与徐州部分地区。

⑫寇暴：侵夺劫掠。

⑬危：忧惧，不安。

⑭卫：谓濮阳，古属卫国地。

⑮结亲：这里谓徐州诸郡县亲密结合起来。

⑯表里：谓呼应、补充。

⑰坚壁清野：作战时采用的一种策略。转移或隐藏人口和物资，清除野外可资敌的各种设施，使敌人毫无所得。

⑱自困：谓做事自陷困境。裴注云："臣松之以为于时徐州未平，兖州又叛，而云十万之众，虽是抑抗之言，要非寡弱之称。益知官渡之役，不得云兵不满万也。"

⑲威罚：刑罚。兴平元年（194），曹操为报杀父之仇，进攻徐州，"所过多所残戮"。详见本书所选《武帝纪》。裴注引《曹瞒传》云："自京师遭董卓之乱，人民流移东出，多依彭城间。遇太祖至，坑杀男女数万口于泗水，水为不流。陶谦帅其众军武原，太祖不得进。引军从泗南攻取虑、睢陵、夏丘诸县，皆屠之；鸡犬亦尽，墟邑无复行人。"

⑳就：即使。

㉑患：担忧。

建安元年①，太祖击破黄巾。汉献帝自河东还洛阳②。太祖议奉迎都许③，或以山东未平，韩暹、杨奉新将天子到洛阳④，北连张杨⑤，未可卒制⑥。彧劝太祖曰："昔晋文纳周襄王而诸侯景从⑦，高祖东伐为义帝缟素而天下归心⑧。自天子播越⑨，将军首唱义兵⑩，徒以山东扰乱，未能远赴关右⑪，然犹分遣将帅，蒙险通使⑫，虽御难于外⑬，乃心无不在王室⑭，是将军匡天下之素志也⑮。今车驾旋轸⑯，东京榛芜⑰，义士有存本之思⑱，百姓感旧而增哀⑲。诚因此时，奉主上以从民望，大顺也⑳；秉至公以服雄杰㉑，大略也㉒；扶弘义以致英俊㉓，大德也㉔。天下虽有逆节㉕，必不能为累㉖，明矣。韩暹、杨奉其敢为害！若不时定㉗，四方生心，后虽虑之，无及。"太祖遂至洛阳，奉迎天子都许。天子拜太祖大将军㉘，进彧为汉侍中㉙，守尚书令㉚。常居中持重㉛，太祖虽征伐在外，军国事皆与彧筹焉㉜。太祖问彧："谁能代卿为我谋者？"彧言"荀攸、钟繇"㉝。先是，彧言策谋士㉞，进戏志才㉟。志才卒，又进郭嘉㊱。太祖以彧为知人，诸所进达皆称职㊲，唯严象为扬州㊳，韦康为凉州㊴，后败亡㊵。

[注释]

①建安元年：即公元196年。建安，汉献帝的第五个年号（196~220）。

②汉献帝：即刘协（181~234），汉灵帝宠姬王美人所生，昭宁元年（189）即皇帝位，先后被董卓、李傕、郭汜控制，后又成为曹操手中傀儡。延康元年（220）被迫禅位曹丕，废为山阳公，汉亡。魏明帝青龙二

年（234）卒。《后汉书》卷九有传。河东：即河东郡，战国魏置，后属秦，治所安邑县（今山西夏县西北十五里禹王城）。战国、秦、汉谓今山西西南一带，因黄河自北向南流经本地区西境而得名。辖境相当于今山西沁水以西、霍山以南地区。洛阳：即洛阳县，西汉为河南郡治，东汉建武元年（25）建都于此，治所在今河南洛阳市东北三十里汉魏故城。

③许：即许县，秦置，属颍川郡，治所在今河南许昌市东三十六里古城。三国魏黄初二年（221），改为许昌县。

④韩暹（xiān 先）：原为东汉末白波农民军首领（？～197），曾救护汉献帝从长安返洛阳，封征东将军。后与杨奉投奔袁术，又一起暗通吕布，大败袁术，终为张宣所杀。杨奉：原为李傕部下骑都尉（？～197），兴平二年（195），与宋果合谋欲杀李傕，事泄出逃。曾领兵护送汉献帝从长安返洛阳，先后任兴义将军、车骑将军。建安元年（196），曹操欲迎献帝到许县，他与韩暹率军阻拦，败后投奔袁术。袁术称帝后，他又暗通吕布，大败袁术。终被刘备所诱杀。

⑤张杨：字稚叔（？～199），东汉云中（今山西原平西南）人。汉献帝时，曾任河内太守，初平元年（190）参加诸侯联军讨伐董卓。兴平二年（195），汉献帝自长安返洛阳，他于途中贡献粟帛，拜大司马。建安三年（198），曹操围困吕布于下邳，张杨出兵东市，欲救吕布，翌年为部将杨丑所杀。《三国志》卷八有传。

⑥卒（cù 促）制：迅速控制住。卒，通"猝"。

⑦"昔晋文"句：据《左传·僖公二十五年》，春秋时周襄王异母弟王子带（即太叔，又称叔带）欲夺其位，襄王被迫出奔郑，晋文公在其臣狐偃的劝导下，迎接襄王返回王城复位，并杀死王子带，于是成为诸侯的霸主。晋文，即春秋时晋文公重耳（前697～前628），晋献公之子，因骊姬之乱被迫流亡十九年，后在秦穆公支持下返回晋国，并成为春秋五霸

之一。周襄王，即姬郑（前？~前619），周惠王之子，在位三十二年。景（yǐng影）从，如影随形。比喻追随之紧或趋从之盛。景，"影"的古字。

⑧"高祖"句：据《汉书》卷一《高帝纪上》，刘邦抢先入关灭秦，项羽派人刺杀义帝，三老董公劝说刘邦为义帝服丧，于是刘邦缟素东伐项羽，首先在道义上完胜项羽，终于取得天下，建立了汉朝。义帝，即楚怀王熊心（前？~前205），起初，项羽尊之为"义帝"，以增强抗秦的号召力。缟（gǎo搞）素，白色丧服。归心，谓诚心归附。

⑨播越：逃亡，流离失所。

⑩唱：倡导，发起。后作"倡"。

⑪关右：即关西，汉、唐时泛指函谷关或潼关以西地区。

⑫蒙险：冒险。

⑬御难：谓阻止国家危难的蔓延。

⑭"乃心"句：谓其心中始终挂念汉廷的安危。语出《尚书·周书·康王之诰》："虽尔身在外，乃心罔不在王室。"

⑮匡天下：即"一匡天下"，谓使天下得到匡正。语出《论语·宪问》："管仲相桓公，霸诸侯，一匡天下。"三国魏何晏集解引马融曰："匡，正也。天子微弱，桓公帅诸侯以尊周室，一正天下。"素志：平素的志愿。

⑯车驾旋轸（zhěn枕）：谓汉献帝从长安返回中原。车驾，帝王所乘的车。这里指代汉献帝刘协。旋轸，还车，回车。轸，车后横木，指代车。

⑰东京：指洛阳（今河南洛阳市）。东汉都洛阳，因在西汉故都长安之东，故称"东京"。榛芜：草木丛杂，形容荒凉的景象。

⑱义士：恪守大义、笃行不苟的人。存本：指存续国家正统。

⑲感旧：怀念故旧。

⑳大顺：谓顺乎伦常天道。《礼记·礼运》："天子以德为车，以乐为御，诸侯以礼相与，大夫以法相序，士以信相考，百姓以睦相守，天下之肥也，是谓大顺。"

㉑至公：最公正，极公正。雄杰：指才智出众的人。

㉒大略：远大的谋略。

㉓弘义：大义，正道。英俊：才智出众的人。

㉔大德：大功德，大恩。《周易·系辞上》："天地之大德曰生。"

㉕逆节：叛逆的念头或行为。

㉖累：忧患。

㉗时定：谓及时而定天下。

㉘大将军：将军的最高称号，执掌统兵征伐。东汉大将军多由贵戚担任，是中央政府的实际掌权者，权位、俸禄皆超越三公。三国时为第一品。

㉙侍中：官名。秦始置，两汉沿置，为正规官职外的加官之一。因侍从皇帝左右，出入宫廷，与闻朝政，逐渐变为亲信贵重之职。三国时秩比二千石，第三品。

㉚守（shòu 受）：犹摄，谓暂时署理职务。多指官阶低而署理较高的官职。尚书令：官名。尚书台长官，属少府。东汉时独立，受命于皇帝或录尚书事的大臣，秩千石，三国时第三品。属官有尚书仆射、尚书等。

㉛居中：犹言适中，不偏不倚。《孔子家语·辩乐》："故君子之音，温柔居中，以养生育之气。"持重：担负重大任务。裴注引《典略》曰："彧折节下士，坐不累席。其在台阁，不以私欲挠意。或有群从一人，才行实薄，或谓彧：'以君当事，不可不以某为议郎邪？'彧笑曰：'官者所以表才也，若如来言，众人其谓我何邪！'其持心平正皆类此。"

荀彧传 | 471

㉜军国事：谓统军治国的大事。裴注引《典略》曰："彧为人伟美。"又引《平原祢衡传》曰："衡字正平，建安初，自荆州北游许都，恃才傲逸，臧否过差，见不如己者不与语，人皆以是憎之。唯少府孔融高贵其才，上书荐之曰：'淑质贞亮，英才卓荦。初涉艺文，升堂睹奥；目所一见，辄诵于口，耳所暂闻，不忘于心。性与道合，思若有神。弘羊心计，安世默识，以衡准之，诚不足怪。'衡时年二十四。是时许都虽新建，尚饶人士。衡尝书一刺怀之，字漫灭而无所适。或问之曰：'何不从陈长文、司马伯达乎？'衡曰：'卿欲使我从屠沽儿辈也！'又问曰：'当今许中，谁最可者？'衡曰：'大儿有孔文举，小儿有杨德祖。'又问：'曹公、荀令君、赵荡寇皆足盖世乎？'衡称曹公不甚多；又见荀有仪容，赵有腹尺，因答曰：'文若可借面吊丧，稚长可使监厨请客。'其意以为荀但有貌，赵健啖肉也。于是众人皆切齿。衡知众不悦，将南还荆州。装束临发，众人为祖道，先设供帐于城南，自共相诫曰：'衡数不逊，今因其后到，以不起报之。'及衡至，众人皆坐不起，衡乃号咷大哭。众人问其故，衡曰：'行尸柩之间，能不悲乎？'衡南见刘表，表甚礼之。将军黄祖屯夏口，祖子射与衡善，随到夏口。祖嘉其才，每在坐，席有异宾，介使与衡谈。后衡骄蹇，答祖言徘优饶言，祖以为骂己也，大怒，顾伍伯捉头出。左右遂扶以去，拉而杀之。"又云："臣松之以本传不称彧容貌，故载《典略》与《衡传》以见之。"又云："又潘勖为彧碑文，称彧'瑰姿奇表'。"又引张衡《文士传》曰："孔融数荐衡于太祖，欲与相见，而衡疾恶之，意常愤懑。因狂疾不肯往，而数有言论。太祖闻其名，图欲辱之，乃录为鼓史。后至八月朝，大宴，宾客并会。时鼓史击鼓过，皆当脱其故服，易着新衣。次衡，衡击为《渔阳参挝》，容态不常，音节殊妙。坐上宾客听之，莫不慷慨。过不易衣，吏呵之，衡乃当太祖前，以次脱衣，裸身而立，徐徐乃著裈帽毕，复击鼓参挝，而颜色不怍。太祖大笑，告四坐曰：

'本欲辱衡，衡反辱孤。'至今有《渔阳参挝》，自衡造也。融深责数衡，并宣太祖意，欲令与太祖相见。衡许之，曰：'当为卿往。'至十月朝，融先见太祖，说'衡欲求见'。至日晏，衡著布单衣，疏布履，坐太祖营门外，以杖捶地，数骂太祖。太祖敕外厩急具精马三匹，并骑二人，谓融曰：'祢衡竖子，乃敢尔！孤杀之无异于雀鼠，顾此人素有虚名，远近所闻，今日杀之，人将谓孤不能容。今送与刘表，视卒当何如？'乃令骑以衡置马上，两骑扶送至南阳。"又引《傅子》曰："衡辩于言而浅于论，见荆州牧刘表曰，所以自结于表者甚至，表悦之以为上宾。衡称表之美盈口，而论表左右不废绳墨。于是左右因形而谮之，曰：'衡称将军之仁，西伯不过也，唯以为不能断；终不济者，必由此也。'是言实指表智短，而非衡所言也。表不详察，遂疏衡而逐之。衡以交绝于刘表，智穷于黄祖，身死名灭，为天下笑者，谮之者有形也。"

㉝荀攸：字公达（157～214），汉末颍川颍阴（今河南许昌）人，荀彧侄子。曾于何进当权时任黄门侍郎，后归曹操，成为其帐下的重要谋士。下邳之战、官渡之战，屡次献计，令曹军大胜，任尚书令。建安十九年（214），从征孙权，卒于途中。《三国志》卷一〇有传。钟繇（yáo 瑶）：字元常（151～230），东汉颍川长社（今河南长葛东）人。东汉末为黄门侍郎，曹操执政后任侍中司隶校尉，持节督关中诸军。建安二十一年（216）曹操封魏王，以他为魏相国。曹丕代汉称帝，任廷尉，迁太尉。魏明帝时，迁太傅。古代著名书法家，是隶书向楷书转变时代的开先河人物，与晋王羲之并称"钟王"。《三国志》卷一三有传。

㉞言策：言论与谋略。

㉟戏志才：东汉颍川郡（今河南禹州）人，曾为曹操谋士，早卒。

㊱郭嘉：字奉孝（170～207），东汉颍川阳翟（今河南禹州）人。经同郡人荀彧推荐，归于曹操，以多谋善断深得曹操信任。在官渡之战与北

征乌丸谋划中都起过重要作用。身体多病，卒于从征乌丸途中，年仅三十八岁。《三国志》卷一〇有传。

㊲进达：谓进荐仕宦。语出《礼记·儒行》："儒有内称不辟亲，外举不辟怨，程功积事，推贤而进达之。"

㊳严象：字文则（163～200），东汉司州京兆（今陕西西安市）人。少聪博，有胆智。以督军、御史中丞诣扬州讨伐袁术，曹操表为扬州刺史。建安五年（200），为孙策手下庐江太守李术所杀，时年三十八。

㊴韦康：字元将（？～213），东汉司州京兆（今陕西西安市）人，韦诞之兄。十五岁时被辟为郡主簿，父亲被征为太仆后代为凉州刺史。建安十八年（213）八月马超攻凉州，援兵未至遂降，终被马超杀害。

㊵后败亡：裴注引《三辅决录注》曰："象字文则，京兆人。少聪博，有胆智。以督军御史中丞诣扬州讨袁术，会术病卒，因以为扬州刺史。建安五年，为孙策庐江太守李术所杀，时年三十八。象同郡赵岐作《三辅决录》，恐时人不尽其意，故隐其书，唯以示象。康字元将，亦京兆人。孔融与康父端书曰：'前日元将来，渊才亮茂，雅度弘毅，伟世之器也。昨日仲将又来，懿性贞实，文敏笃诚，保家之主也。不意双珠，近出老蚌，甚珍贵之。'端从凉州牧征为太仆，康代为凉州刺史，时人荣之。后为马超所围，坚守历时，救军不至，遂为超所杀。仲将名诞，见《刘邵传》。"

自太祖之迎天子也，袁绍内怀不服。绍既并河朔①，天下畏其强。太祖方东忧吕布，南拒张绣②，而绣败太祖军于宛③。绍益骄，与太祖书，其辞悖慢④。太祖大怒，出入动静变于常⑤，众皆谓以失利于张绣故也。钟繇以问彧，彧曰："公之聪明，必不追咎往事，殆有他虑⑥。"则见太祖问之，太祖乃以绍书示彧，曰："今将讨不义，而力不敌，何如？"彧曰："古之成败者，诚有其才，虽弱必强，苟非其人，虽强易弱，刘、项之存亡⑦，足以观矣。今与公争天下者，唯袁绍尔。绍貌外宽而内忌，任人而疑其心；公明达不拘⑧，唯才所宜，此度胜也⑨。绍迟重少决⑩，失在后机⑪；公能断大事，应变无方⑫，此谋胜也。绍御军宽缓⑬，法令不立，士卒虽众，其实难用；公法令既明，赏罚必行，士卒虽寡，皆争致死⑭，此武胜也。绍凭世资⑮，从容饰智⑯，以收名誉，故士之寡能好问者多归之⑰；公以至仁待人，推诚心不为虚美，行己谨俭⑱，而与有功者无所吝惜⑲，故天下忠正效实之士咸愿为用⑳，此德胜也。夫以四胜辅天子，扶义征伐，谁敢不从？绍之强其何能为！"太祖悦。或曰："不先取吕布，河北亦未易图也。"太祖曰："然。吾所惑者，又恐绍侵扰关中，乱羌、胡㉑，南诱蜀汉㉒，是我独以兖、豫抗天下六分之五也。为将奈何？"彧曰："关中将帅以十数，莫能相一，唯韩遂、马超最强㉓。彼见山东方争，必各拥众自保。今若抚以恩德，遣使连和，相持虽不能久安㉔，比公安定山东㉕，足以不动。钟繇可属以西事㉖。则公无忧矣。"

［注释］

①河朔：古代泛指黄河以北的地区。

②张绣：东汉武威祖厉（今甘肃靖远西南）人（？～207），张济侄子。张济死后，领其众屯兵宛城。建安二年（197），投降曹操。不久因曹操纳其婶母，袭败曹军。建安四年（199），再度降曹，任扬武将军。后因于官渡之战中立有战功，迁破羌将军。建安十二年（207），随曹操

进攻乌丸,死于途中。《三国志》卷八有传。

③宛(yuān 渊):即宛县,秦置,为南阳郡治,治所即今河南南阳市。

④悖(bèi 备)慢:违逆不敬,悖理傲慢。

⑤出入:劳逸,作息。动静:动作,举止。

⑥殆:大概。

⑦刘项:谓秦末刘邦与项羽。项羽兵强,刘邦力弱,但最后的胜利者是刘邦。

⑧明达:对事理有明确透彻的认识;通达。不拘:不拘泥;不计较。

⑨度:胸襟,器量。

⑩迟重:迟钝,不敏捷。少决:谓缺乏决断力。

⑪后机:谓处理事情错过机会。

⑫应(yìng 硬)变无方:谓应付事变,不拘一格。

⑬御军:治理军队。宽缓:宽大松弛。

⑭致死:同"效死",谓舍命报效。

⑮世资:世代的资望,先代的功业。

⑯从容:悠闲舒缓,不慌不忙。饰智:装作有智慧,弄巧欺人。

⑰寡能:谓能力欠缺者。好(hào 浩)问:谓追求虚名。问,通"闻",谓声誉。

⑱行己:谓立身行事。谨俭:谨慎俭约。

⑲吝惜:吝啬顾惜。

⑳忠正:忠诚正直。效实:犹效忠。咸:都。

㉑羌胡:指我国古代的羌族和匈奴族,亦用以泛称我国古代西北部的少数民族。

㉒蜀汉:蜀郡与汉中郡。蜀郡,周赧王元年(前314)秦惠王置,治

所成都县（今四川成都市），西汉辖境相当于今四川松潘以南、北川、彭县、洪雅以西，峨边、石棉以北，邛崃山、大渡河以东，以及大渡河与雅砻江之间、康定以南、冕宁以北地。东汉辖境缩小。汉中郡，战国秦惠王更元十三年（前312）置，治所南郑县（今陕西汉中市东），因水为名，辖境相当于今陕西秦岭以南、留坝、勉县以东，乾祐河流域以及湖北郧县、保康以西，米仓山、大巴山以北地。东汉末为张鲁所据，改为汉宁郡。建安二十年（215）复改汉中郡。两郡属益州刺史部，当时为刘璋据守。

㉓韩遂：字文约（？～215），东汉金城（治今青海民和县南古鄯镇北古城）人。兴平元年（194）与马腾攻李傕、郭汜等，兵败，退回凉州，割据一方。建安十六年（211）联合马超起兵反曹操，被曹反间计所败，逃亡凉州。建安二十年（215），被西平、金城诸将所杀，时年七十余。马超：字孟起（176～222），马腾之子，右扶风茂陵（今陕西兴平东北）人。东汉末随父起兵，勇猛善战。建安十六年（211）与韩遂等抗曹失败，乃奔汉中依张鲁，又因受谮，于建安十九年投奔刘备，官至左将军，成为蜀汉名将。《三国志》卷三六有传。

㉔相持：互相牵制。

㉕比：等到。山东：这里当指太行山以东地区，春秋时晋国地处太行山以西，故称太行山以东为山东。见《史记·晋世家》。

㉖属（zhǔ嘱）：通"嘱"，托付。

三年①，太祖既破张绣，东禽吕布，定徐州，遂与袁绍相拒。孔融谓彧曰②："绍地广兵强；田丰、许攸③，智计之士也，为之谋；审配、逢纪④，尽忠之臣也，任其事；颜良、文丑⑤，勇冠三军，统其兵：殆难克乎！"或曰："绍兵虽多而法不整。田丰刚而犯上，许攸贪而不治⑥。审配专而无谋，逢纪果而自用⑦，此二人留知后事⑧，若攸家犯其法，必不能纵也⑨，不纵，攸必为变。颜良、文丑，一夫之勇耳，可一战而禽也。"五年⑩，与绍连战。太祖保官渡⑪，绍围之。太祖军粮方尽，书与彧，议欲还许以引绍⑫。彧曰："今军食虽少，未若楚、汉在荥阳、成皋间也⑬。是时刘、项莫肯先退，先退者势屈也⑭。公以十分居一之众，画地而守之⑮，扼其喉而不得进⑯，已半年矣。情见势竭⑰，必将有变，此用奇之时⑱，不可失也。"太祖乃住。遂以奇兵袭绍别屯⑲，斩其将淳于琼等⑳，绍退走。审配以许攸家不法，收其妻子，攸怒叛绍；颜良、文丑临阵授首㉑；田丰以谏见诛：皆如彧所策㉒。

[注释]

①三年：即建安三年（198）。

②孔融：字文举（153～208），鲁国（治今山东曲阜）人，孔子二十世孙。以曾任北海相，时称孔北海。他是东汉末文学家，为"建安七子"之一。因性情刚直，对曹操屡有触犯，终于被曹操杀害。《三国志》卷一二、《后汉书》卷七〇皆有传。

③田丰：字元皓（？～200），东汉巨鹿（治今河北巨鹿）人，一说勃海（治今河北南皮）人。袁绍谋臣，与沮授齐名，建安五年（200）因进谏袁绍不可轻视曹操军力被下狱，官渡之战后，被袁绍处死。许攸：字子远（？～204），东汉南阳（今属河南）人。少时与曹操为友，后辅佐袁绍。官渡之战中，因袁绍不纳其分兵袭曹的建议，愤而投曹，并献袭击乌巢之计，令曹军大获全胜。后因居功自傲且不敬曹操，终为曹操所杀。

④审配：字正南（？～204），东汉魏郡（治今河北临漳西南）人。袁绍谋士，后辅佐袁尚，守邺城为其侄审荣所卖，被曹操擒杀。逢纪：字元图（？～202），袁绍谋臣，官渡战后，袁绍死，为其子袁谭所杀。

⑤颜良：袁绍部下大将（？～200），勇武善战，建安五年（200），进攻白马之战为袁军先锋，被关羽斩杀。文丑：袁绍部下大将（？～200），勇武善战，与颜良齐名。建安五年（200）在延津被曹军斩杀。

⑥不治：谓不能治理官事。

⑦果：谓有决断。自用：自行其是，不接受别人的意见。

⑧知：主持，执掌。后事：后方事宜。

⑨纵：释放。

⑩五年：即建安五年（200）。

⑪官渡：又作官度，在今河南中牟东北。

⑫引绍：引诱袁绍深入，是撤军的饰词。

⑬"未若"句：据《史记·项羽本纪》等记述，公元前206年，刘邦灭秦以后，与项羽争夺天下，两军在荥阳、成皋间相持许久，公元前203年，项羽与刘邦议和，以鸿沟（从荥阳以北，向东至今开封附近，折向南流，至今淮阳东南入颍水）为界，西属汉，东属楚。项羽东归彭城，刘邦在张良、陈平等的劝说下，乘机追击项羽，最终在垓下打败项羽，取得最后胜利。

⑭势屈：谓居于劣势地位。

⑮画地而守之：在地上画界限而坚守。语出《孙子·虚实》："我不欲战，画地而守之，敌不得与我战者，乖其所之也。"

⑯扼其喉：卡住咽喉，比喻控制要害部位。

⑰情见势竭：同"情见势屈"，意谓在军事上情况暴露而又屈居劣势地位。《史记·淮阴侯列传》："欲战恐久力不能拔，情见势屈，旷日

粮竭。"

⑱用奇：指军事上运用出人意料的策略。

⑲别屯：这里谓袁绍在乌巢（今河南延津东南）的屯粮之地。

⑳淳于琼：字仲简（？～200），汉灵帝中平五年（188）置西园八校尉，他为右校尉，与袁绍、曹操同列。后为袁绍部下大将，因性刚好酒，官渡之战中，他所镇守乌巢粮屯被曹操焚毁，停虏后被割鼻杀死。

㉑授首：被杀。

㉒策：测度。这里是预测的意思。

六年①，太祖就谷东平之安民②，粮少，不足与河北相支③，欲因绍新破，以其间击讨刘表④。或曰："今绍败，其众离心，宜乘其困，遂定之；而背兖、豫，远师江、汉⑤，若绍收其馀烬，承虚以出人后⑥，则公事去矣。"太祖复次于河上⑦。绍病死。太祖渡河，击绍子谭、尚⑧，而高干、郭援侵略河东⑨，关右震动⑩，钟繇帅马腾等击破之⑪。语在《繇传》⑫。八年⑬，太祖录彧前后功，表封彧为万岁亭侯⑭。九年，太祖拔邺⑮，领冀州牧⑯。或说太祖："宜复古置九州⑰，则冀州所制者广大，天下服矣。"太祖将从之，或言曰："若是，则冀州当得河东、冯翊、扶风、西河、幽、并之地⑱，所夺者众。前日公破袁尚⑲，禽审配，海内震骇，必人人自恐不得保其土地，守其兵众也；今使分属冀州，将皆动心⑳。且人多说关右诸将以闭关之计；今闻此，以为必以次见夺。一旦生变，虽有守善者㉑，转相胁为非㉒，则袁尚得宽其死㉓，而袁谭怀贰㉔，刘表遂保江、汉之间，天下未易图也。愿公急引兵先定河北，然后修复旧京㉕，南临荆州，责贡之不入㉖，则天下咸知公意，人人自安。天下大定，乃议古制㉗，此社稷长久之利也㉘。"太祖遂寝九州议㉙。

[注释]

①六年：即建安六年（201）。

②就谷：谓荒年到有收成的地方去就食。《周礼·地官·廪人》："若食不能人二鬴，则令邦移民就谷。"东平：即东平国，西汉甘露二年（前52）改大河郡置，治所无盐县（今山东东平东南），辖境相当今山东济宁市与汶上、东平等县地。东汉属兖州。安民：即安民亭，在今山东梁山县东北安民山（小安山）南。北魏郦道元《水经注·济水二》："济水西有安民亭，亭北对安民山，东临济水，水东即无盐县界也。"

③河北：代指袁绍冀州的军事力量。相支：相抗拒。

④间（jiàn建）：指空子，可乘的机会。刘表：字景升（142~208），东汉远支皇族，山阳高平（今山东邹城市西南）人。详见本书所选《刘表传》。

⑤远师江汉：谓率军进攻荆州。江、汉，以长江与汉水指代荆州一带。

⑥承虚：通"乘虚"，谓趁对方空虚无备。

⑦次：驻军。河上：谓黄河边。

⑧谭尚：袁谭与袁尚。袁谭，字显思（？~205），东汉汝南汝阳（今河南商水西南）人。袁绍长子，任青州刺史。后因与其弟袁尚相攻杀，向曹操求救，继而又叛曹，终被曹操所杀。《三国志》卷六有传。袁尚，字显甫（？~207），袁绍幼子，为绍所喜爱。袁绍死后，他由审配、逢纪辅佐继承父亲位置，被曹操打败。又与其兄袁谭相攻杀，逃往幽州投奔其兄袁熙，又一同投奔辽西乌丸。建安十二年（207），曹操北征乌丸，两兄弟又逃往辽东，被太守公孙康所诱杀。《三国志》卷六有传。

⑨高干：字元才（？～206），东汉陈留（治今河南开封东南）人，袁绍外甥。降曹后以并州刺史复叛，终为曹操所杀。郭援：沛国（治今安徽濉溪）人（？～202），钟繇之甥，袁尚部下，为河东郡太守。后为马超部将庞德斩杀。河东：即河东郡，战国魏置，后属秦，治所安邑县（今山西夏县西北十五里禹王城）。战国、秦、汉谓今山西西南一带，因黄河自北向南流经本地区西境而得名。辖境相当于今山西沁水以西、霍山以南地区。

⑩关右：即关西，汉、唐时泛指函谷关或潼关以西地区。

⑪马腾：字寿成（？～212），东汉右扶风（今陕西兴平东北）人，马超之父。早年曾割据凉州一带，后归朝廷，历任征西将军、卫尉。建安十六年（211），马超、韩遂反曹，次年马腾全家被杀。

⑫繇（yáo 瑶）传：即《钟繇传》，见《三国志》卷一三。

⑬八年：即建安八年（203）。

⑭表封：上表求赐封。万岁亭侯：封爵名，属于列侯中的亭侯。万岁亭，故址在今河南郑州市东。亭，秦汉时乡以下、里以上的行政机构。裴注引《彧别传》载太祖表曰："'臣闻虑为功首，谋为赏本，野绩不越庙堂，战多不逾国勋。是故曲阜之锡，不后营丘，萧何之土，先于平阳。珍策重计，古今所尚。侍中守尚书令彧，积德累行，少长无悔，遭世纷扰，怀忠念治。臣自始举义兵，周游征伐，与彧戮力同心，左右王略，发言授策，无施不效。彧之功业，臣由以济，用披浮云，显光日月。陛下幸许，彧左右机近，忠恪祗顺，如履薄冰，研精极锐，以抚庶事。天下之定，彧之功也。宜享高爵，以彰元勋。'彧固辞无野战之劳，不通太祖表。太祖与彧书曰：'与君共事已来，立朝廷，君之相为匡弼，君之相为举人，君之相为建计，君之相为密谋，亦以多矣。夫功未必皆野战也，愿君勿让。'彧乃受。"

⑮邺：即邺县，战国魏置，秦属邯郸郡，治所在今河北临漳西南邺镇。东汉末相继为冀州、相州治所。

⑯冀州：西汉武帝时置，为十三刺史部之一，辖境相当于今河北中南部、山东西段及河南北端。东汉治所高邑县（今河北柏乡北），后又移治邺县（今河北临漳西南）。

⑰九州：古代分中国为九州。说法不一。《尚书·虞夏书·禹贡》作冀、兖、青、徐、扬、荆、豫、梁、雍，《尔雅·释地》有幽、营州而无青、梁州；《周礼·夏官·职方》有幽、并州而无徐、梁州。

⑱河东：即河东郡。冯翊（píngyì 平易）：即左冯翊，西汉太初元年（前104）改左内史置，职掌相当于郡太守，辖区相当于一郡，因地属畿辅，故不称郡，为汉代"三辅"之一，治所长安城（今陕西西安市西北），东汉移治高陵县（今高陵县西南），三国魏去"左"字，改辖区为郡，辖境相当于今陕西渭河以北、泾河以东洛河中、下游地区。扶风：即右扶风，西汉太初元年（前104）改主爵都尉置，分右内史西半部为其辖区，职掌相当于郡太守，因地属畿辅，故不称郡，为三辅之一。治所长安县（今陕西西安市北），辖境相当于今陕西秦岭以北，户县、咸阳、旬邑以西地，东汉移治槐里县（今兴平市东南）。三国魏改称扶风郡。西河：即西河郡，西汉元朔四年（前125）置，治所平定县（今内蒙古伊金霍洛旗东南境），辖境相当于今内蒙古鄂尔多斯东部、山西吕梁山、芦芽山以西，石楼以北及陕西宜川以北黄河沿岸地带。东汉永和五年（140）移治离石县（今山西吕梁市离石区）。幽：即幽州，汉武帝置十三刺史部之一。东汉治所在蓟县（今北京市西南），辖境相当于今北京市、河北北部、辽宁大部、天津市海河以北以及朝鲜大同江流域。并：即并（bīng兵）州，西汉武帝时置，为十三刺史部之一。东汉治所太原郡（治今山西太原市西南晋源镇），辖境相当于今山西大部及内蒙古、河北的一部以

及陕西北部与河套一带地区。

⑲前日：前些日子，往日。

⑳动心：谓思想、感情引起波动。

㉑守善：坚守善道。

㉒转：副词，反而，反倒。

㉓宽其死：延缓其覆亡。

㉔怀贰：怀有二心，不忠。

㉕旧京：这里谓洛阳。

㉖责贡之不入：意谓找借口攻打刘表。语出《左传·僖公四年》："尔贡包茅不入，王祭不供，无以缩酒。"春秋时齐国伐楚，楚人以两国"风马牛不相及"为辞质问入侵者，齐国管仲即以上述言语回答，属于外交辞令掩饰下的强词夺理。包茅，古代祭祀时用以滤酒的菁茅，因以裹束菁茅置匦中，故称。

㉗古制：即古代所谓"九州"的行政区划。

㉘社稷：古代帝王、诸侯所祭的土神和谷神。社，土神；稷，谷神。常用为国家或政权的代称。

㉙寝：止息，废置。

是时荀攸常为谋主①。彧兄衍以监军校尉守邺②，都督河北事③。太祖之征袁尚也，高干密遣兵谋袭邺，衍逆觉④，尽诛之，以功封列侯⑤。太祖以女妻彧长子恽⑥，后称安阳公主。彧及攸并贵重，皆谦冲节俭⑦，禄赐散之宗族知旧⑧，家无馀财。十二年⑨，复增彧邑千户⑩，合二千户⑪。

[注释]

①谋主：出谋划策的主要人物。《左传·襄公二十六年》："析公奔晋，晋人寘诸戎车之殿，以为谋主。"

②彧兄衍：即荀衍（生卒年不详），字休若，荀彧第三兄。历官监军校尉，以功封列侯。监军校尉：官名。当系曹操临时设置的统兵高级将领，官阶次于将军。

③都督：总领，统领。

④逆觉：预先察觉。

⑤列侯：封爵名。爵是皇帝赐予臣民的一种称号，获得者在政治上、社会上具有特殊的地位与身份。秦汉时爵分二十个等级，其中，第一级公士至第八级公乘属于低爵，多赐予一般士民；第九级五大夫至第十九级关内侯为高爵，多赐予官吏或功臣；第二十级列侯为最高爵位，只有少数高级官吏与望族宗亲可以享有。列侯有封国，按封区户数所拥有的土地数量和产量征收地税，供其享用，称食邑。列侯在其封国无治民权，其封国大小不等。大者相当于一个县，称侯国；小者为一乡、一亭，以其封国食邑的大小分为县侯、乡侯、亭侯三等，并以其封地作为侯的名号。东汉实行两等封爵制，皇子封王，功臣封侯；赐爵也只有列侯与关内侯两级。列侯有世袭权。裴注引《荀氏家传》曰："衍字休若，彧第三兄。彧第四兄谌，字友若，事见《袁绍传》。陈群与孔融论汝、颍人物，群曰：'荀文若、公达、休若、友若、仲豫，当今并无对。'衍子绍，位至太仆。绍子融，字伯雅，与王弼、钟会俱知名，为洛阳令，参大将军军事，与弼、会论《易》《老》义，传于世。谌子闳，字仲茂，为太子文学掾。时有甲乙疑论，闳与钟繇、王朗、袁涣议各不同。文帝与繇书曰'袁、王国士，更为唇齿，荀闳劲悍，往来锐师，真君侯之勍敌，左右之深忧也。'终黄门侍郎。闳从孙辉，字景文，太子中庶子，亦知名。与贾充共定音律，又作

《易集解》。仲豫名悦，郎陵长俭之少子，或从父兄也。"又引张璠《汉纪》称："悦清虚沉静，善于著述。建安初为秘书监侍中，被诏删《汉书》作《汉纪》三十篇，因事以明臧否，致有典要；其书大行于世。"

⑥妻（qì弃）：嫁给。长子恽（yùn 韵）：即荀恽（生卒年不详），字长倩，荀彧长子。荀彧卒后嗣为侯，官至虎贲中郎将。因与曹植交好，受到曹丕排斥。早卒。

⑦谦冲：犹谦虚。曹操《报荀彧书》："前后谦冲，欲慕鲁连先生乎？"

⑧禄赐：即禄赏，俸给和奖赏。知旧：知交旧友。

⑨十二年：即建安十二年（207）。

⑩邑：即食邑，指古代君主赐予臣下作为世禄的封地。

⑪合二千户：裴注引《彧别传》曰："太祖又表曰：'昔袁绍侵入郊甸，战于官渡。时兵少粮尽，图欲还许，书与彧议，彧不听臣。建宜住之便，恢进讨之规，更起臣心，易其愚虑，遂摧大逆，覆取其众。此彧睹胜败之机，略不世出也。及绍破败，臣粮亦尽，以为河北未易图也，欲南讨刘表。彧复止臣，陈其得失，臣用反斾，遂吞凶族，克平四州。向使臣退于官渡，绍必鼓行而前，有倾覆之形，无克捷之势。后若南征，委弃兖、豫，利既难要，将失本据。彧之二策，以亡为存，以祸致福，谋殊功异，臣所不及也。是以先帝贵指纵之功，薄搏获之赏；古人尚帷幄之规，下攻拔之捷。前所赏录，未副彧巍巍之勋，乞重平议，畴其户邑。'彧深辞让，太祖报之曰：'君之策谋，非但所表二事。前后谦冲，欲慕鲁连先生乎？此圣人达节者所不贵也。昔介子推有言"窃人之财，犹谓之盗"。况君密谋安众，光显于孤者以百数乎！以二事相还而复辞之，何取谦亮之多邪！'太祖欲表彧为三公，彧使荀攸深让，至于十数，太祖乃止。"

太祖将伐刘表，问彧策安出，彧曰："今华夏已平①，南土知困矣②。可显出宛、叶而间行轻进③，以掩其不意④。"太祖遂行。会表病死，太祖直趋宛、叶如彧计，表子琮以州逆降⑤。

[注释]

①华夏：这里指我国中原地区。

②南土：南方地区，这里谓荆州一带。知困：谓意识到自己陷于困境。

③显出：公开行动。宛（yuān渊）：即宛县，秦置，为南阳郡治，治所即今河南南阳市。叶（shè射）：即叶县，西汉置，属南阳郡，治所在今河南叶县南二十八里旧县。间（jiàn建）行：潜行，微行。轻进：谓轻装进军。

④掩其不意：同"出其不意"，谓出兵攻击对方不防备的地方。

⑤表子琮（cóng从）：即刘琮（生卒年不详），荆州牧刘表的次子。刘表卒后，蔡夫人与蔡瑁等立之为嗣，一个月后即投降曹操，曾任荆州刺史，封列侯，迁谏议大夫。逆降：迎降。

十七年①，董昭等谓太祖宜进爵国公②，九锡备物③，以彰殊勋④，密以咨彧⑤。彧以为太祖本兴义兵以匡朝宁国⑥，秉忠贞之诚，守退让之实；君子爱人以德⑦，不宜如此。太祖由是心不能平⑧。会征孙权⑨，表请彧劳军于谯⑩，因辄留彧⑪，以侍中光禄大夫持节⑫，参丞相军事⑬。太祖军至濡须⑭，彧疾留寿春⑮，以忧薨⑯，时年五十。谥曰敬侯⑰。明年，太祖遂为魏公矣⑱。

[注释]

①十七年：即建安十七年（212）。

②董昭：字公仁（156~236），东汉济阴定陶（今山东定陶）人。曾为袁绍部下，进谒汉献帝，拜议郎。因建议曹操迁都于许县，渐得曹操信用，官至长史。建安十七年（212），他上表尊曹操为魏公，加九锡。曹丕称帝后，官至司徒。《三国志》卷一四有传。国公：这里谓诸侯王以下的最高封爵。

③九锡：古代天子赐给诸侯、大臣的九种器物，是一种最高礼遇。《公羊传·庄公元年》"锡者何？赐也。命者何？加我服也"汉何休注："礼有九锡：一曰车马，二曰衣服，三曰乐则，四曰朱户，五曰纳陛，六曰虎贲，七曰宫矢，八曰铁钺，九曰秬鬯。"备物：指仪卫、祭祀等所用的器物。

④殊勋：特出的功勋。

⑤咨：商议，征询。

⑥匡朝宁国：谓匡扶汉室，使国家安宁。

⑦爱人以德：按照道德标准去爱护和帮助他人。语出《礼记·檀弓上》："君子之爱人也以德，细人之爱人也以姑息。"细人，见识短浅之人、小人。

⑧心不能平：谓内心不满。

⑨会：副词，恰巧，适逢。孙权：字仲谋（182~252），孙坚次子，吴郡富春（今浙江富阳）人。吴国建立者，即吴大帝。详见本书所选《吴主传》。

⑩劳军：谓慰劳军队。谯（qiáo乔）：即谯县，秦改焦邑置，属泗水郡，治所在今安徽亳州市。西汉属沛郡，东汉属沛国，三国魏黄初元年（220）立为谯国。

⑪辄：擅自。为防止荀彧在朝中阻挠曹操晋封魏公，所以留他在军中。

⑫侍中：官名。秦始置，两汉沿置，为正规官职外的加官之一。因侍从皇帝左右，出入宫廷，与闻朝政，逐渐变为亲信贵重之职。三国时秩比二千石，第三品。光禄大夫：文散官名。两汉均置，无常事，仅备顾问、应对诏命。持节：古代使臣奉命出行，必执符节以为凭证。

⑬参丞相军事：东汉末，将军、三公统兵出征，多以他官参诸军府事，简称参军事，虽非正式官名，但职位颇重。曹操时为丞相，故以"参丞相军事"称之。此前，曹操曾任命裴潜为参丞相军事，宋司马光《资治通鉴》卷六五"潜参丞相军事"，元胡三省注云："时方用兵，故丞相府置参军事。《职官分纪》：汉三公府有参军事。盖亦谓此时所置耳。"

⑭濡（rú 如）须：即濡须坞，故址在今安徽含山县西南古濡须水口，亦称濡须城，建安十七年（212），孙权为抗拒曹操修筑。

⑮寿春：即寿春县，治所在今安徽寿县，秦汉为九江郡、淮南国治所，三国魏为扬州治所。

⑯以忧薨（hōng 轰）：因抑郁而死。薨，死的别称。自周代始，人之死亡，有尊卑之分，"薨"以称诸侯之死。《礼记·曲礼下》："天子死曰崩，诸侯曰薨，大夫曰卒，士曰不禄，庶人曰死。"陈寿以"薨"称荀彧之死，显示了史家对这位汉室忠正重臣的尊敬。宋司马光《资治通鉴》卷六六谓其"饮药而卒"。

⑰敬侯：《逸周书》卷六《谥法解》："夙夜警戒曰敬，夙夜恭事曰敬，象方益平曰敬，善合法典曰敬。"又曰："执应八方曰侯。"

⑱魏公：建安十八年（213），曹操被封魏公，三年以后晋封魏王。裴注引《魏氏春秋》曰："太祖馈彧食，发之乃空器也，于是饮药而卒。咸熙二年，赠彧太尉。"又引《彧别传》曰："彧自为尚书令，常以书陈

事，临薨，皆焚毁之，故奇策密谋不得尽闻也。是时征役草创，制度多所兴复，或尝言于太祖曰：'昔舜分命禹、稷、契、皋陶以揆庶绩，教化征伐，并时而用。及高祖之初，金革方殷，犹举民能善教训者，叔孙通习礼仪于戎旅之间，世祖有投戈讲艺、息马论道之事，君子无终食之间违仁。今公外定武功，内兴文学，使干戈戢睦，大道流行，国难方弭，六礼俱治，此姬旦宰周之所以速平也。既立德、立功，而又兼立言，诚仲尼述作之意；显制度于当时，扬名于后世，岂不盛哉！若须武事毕而后制作，以稽治化，于事未敏。宜集天下大才通儒，考论六经，刊定传记，存古今之学，除其烦重，以一圣真，并隆礼学，渐敦教化，则王道两济。'或从容与太祖论治道，如此之类甚众，太祖常嘉纳之。或德行周备，非正道不用心，名重天下，莫不以为仪表，海内英隽咸宗焉。司马宣王常称书传远事，吾自耳目所从闻见，逮百数十年间，贤才未有及荀令君者也。前后所举者，命世大才，邦邑则荀攸、钟繇、陈群，海内则司马宣王，及引致当世知名郗虑、华歆、王朗、荀悦、杜袭、辛毗、赵俨之俦，终为卿相，以十数人。取士不以一揆，戏志才、郭嘉等有负俗之讥，杜畿简傲少文，皆以智策举之，终各显名。荀攸后为魏尚书令，亦推贤进士。太祖曰：'二荀令之论人，久而益信，吾没世不忘。'钟繇以为颜子既没，能备九德，不贰其过，唯荀彧然。或问繇曰：'君雅重荀君，比之颜子，自以不及，可得闻乎？'曰：'夫明君师臣，其次友之。以太祖之聪明，每有大事，常先咨之荀君，是则古师友之义也。吾等受命而行，犹或不尽，相去顾不远邪！'"又引《献帝春秋》曰："董承之诛，伏后与父完书，言司空杀董承，帝方为报怨。完得书以示彧，彧恶之，久隐而不言。完以示妻弟樊普，普封以呈太祖，太祖阴为之备。彧后恐事觉，欲自发之，因求使至邺，劝太祖以女配帝。太祖曰：'今朝廷有伏后，吾女何得以配上，吾以微功见录，位为宰相，岂复赖女宠乎！'或曰：'伏后无子，性又凶邪，往常与父书,言辞丑恶,可因此废也。'太祖曰:'卿昔何不道之?'彧阳惊曰:'昔已尝为公言也。'太祖曰:'此岂小事而吾忘之!'彧又惊曰:'诚未语公邪!昔公在官渡与袁绍相持,恐增内顾之念,故不言尔。'太祖曰:'官渡事后何以不言?'彧无对,谢阙而已。太祖以此恨彧,而外含容之,故世莫得知。至董昭建立魏公之议,彧意不同,欲言之于太祖。及赍玺书犒军,饮飨礼毕,彧留请间。太祖知彧欲言封事,揖而遣之,彧遂不得言。彧卒于寿春,寿春亡者告孙权,言太祖使彧杀伏后,彧不从,故自杀。权以露布于蜀,刘备闻之,曰:'老贼不死,祸乱未已。'"又云:"臣松之案《献帝春秋》云彧欲发伏后事而求使至邺,而方诬太祖云'昔已尝言'。言既无征,回托以官渡之虞,俯仰之间,辞情顿屈,虽在庸人,犹不至此,何以玷累贤哲哉!凡诸云云,皆出自鄙俚,可谓以吾侪之言而厚诬君子者矣。袁暐虚罔之类,此最为甚也。"

[译文]

荀彧字文若,是颍川郡颍阴县人。他的祖父荀淑,字季和,曾任朗陵令。他生当汉顺帝与汉桓帝的时代,知名于当世。荀淑有儿子八人,号称八龙。荀彧的父亲荀绲,曾任济南国的相。叔父荀爽,曾任司空。

荀彧少年时,南阳人何颙特别重视他,说:"这是佐君成王业的人啊。"汉献帝永汉元年(189),荀彧被荐举为孝廉,任守宫令。董卓之乱中,荀彧请求调任至地方任职,被任命为亢父县的县令,于是弃官归里。荀彧对家乡父老说:"颍川,属于地居要冲、四面受敌的平原地带,天下若发生动乱,常常变为军事要冲,应当立即离开这里,不要迟延。"同乡人大多因安土重迁而犹豫不决,适逢同郡人冀州牧韩馥派遣车马来迎候荀彧,没有人愿意跟随他去冀州,荀彧就独自带领其宗族迁往冀州。到达冀州时,袁绍已经夺取了韩馥的职位,袁绍以上宾的礼遇接待荀彧。荀彧的弟弟荀谌以及同郡人辛评、郭图，也都为袁绍所任用。荀彧估计袁绍最终难成大业，当时曹操任奋武将军，驻守东郡。汉献帝初平二年（191），荀彧离开袁绍归顺曹操。曹操见到荀彧非常高兴地说："你就是我的张良啊。"就任命荀彧为郡司马，时年仅二十九岁。

　　当时，董卓声威超越天下，曹操就此请教荀彧，荀彧回答说："董卓暴虐到达极点，必定以乱亡告终，不能做什么。"董卓派遣李傕等出关东，所过之处大肆掳掠，行至颍川、陈留而还。荀彧的同乡人未离开的大多被杀害或劫掠。第二年，曹操兼任兖州牧，后又被封为镇东将军，荀彧经常以郡司马的身份随从。汉献帝兴平元年（194），曹操征讨陶谦，任命荀彧为留事。适逢张邈、陈宫以兖州反叛曹操，暗中迎接吕布来兖州。吕布到兖州后，张邈就令刘翊转告荀彧说："吕将军来帮助曹使君进攻陶谦，应当尽快供应其所部军粮。"众人疑惑难定。荀彧知道是张邈等作乱，随即指挥军队设防，派人疾驰召唤东郡太守夏侯惇，而兖州诸城都已经响应吕布了。当时曹操将军队悉数去攻打陶谦，留守兖州的兵马不多，而兖州的文武官员大多与张邈、陈宫串通合谋。夏侯惇至兖州后，当夜诛杀谋叛者数十人，军众于是安定下来。豫州刺史郭贡率军数万人来到兖州治所鄄城之下，有人认为郭贡是吕布的同谋者，军众极其恐惧。郭贡请求与荀彧会面，荀彧将要前往。夏侯惇等说："您，安定一州的统领者，前去必定有危险，不可行。"荀彧说："郭贡与张邈等，论情分并非老朋友，如今到来如此迅速，主意必然尚未拿定；在他的主意尚未确定之前去劝说他，纵然不能令他为我所用，至少可使他保持中立，如果我们先怀疑其用心，对方将因恼怒而倒向张邈。"郭贡见荀彧没有恐惧的意思，认为鄄城并不易被攻克，于是率军离去。荀彧又与程昱谋划，派程昱去说服范县、东阿县的守将，最终保全了鄄城、范县、东阿县三座城池，等待曹操归来。曹操从徐州回师，在濮阳攻击吕布，吕布向东逃走。汉献帝兴平二年

（195）的夏天，曹操驻军乘氏县，饥荒发生，乃至人吃人。

陶谦去世，曹操打算前往攻取徐州，然后再平定吕布。荀彧说："从前汉高祖刘邦保有关中，汉光武帝刘秀占据河内，都是先建立并巩固自己的根基再求掌控天下，如此进可以战胜敌人，退也足以坚守，因而虽有困难或败退的时候，但最终成就大业。将军您事业的创基处在兖州，鲍信等拥护您领兖州牧后攻破青州黄巾军，百姓没有不心悦诚服的。况且黄河与济水流域的交互地带，正是天下的紧要之地，如今虽然残破，但仍然易于自保，也可以认为是将军您的关中与河内，不可以不首先保定。现在已经攻破吕布部将李封、薛兰，如果再分兵东向攻击陈宫，陈宫必然不敢迎击，我们乘机领兵抢收已经成熟的麦子，节约食粮，积蓄谷物，吕布可被一举攻破。打败吕布后，然后向南与扬州牧刘繇联合，共同讨伐袁术，进而攻打淮河与泗水流域的交互地带。如果当下抛开吕布先去东征徐州，多留兵驻守则前方兵员不足，少留兵驻守则后方民众皆须保卫城池，维持日常生活的打柴人就难以出来了。吕布乘虚而入，侵夺劫掠，民心就更加忧惧不安，如果只有鄄城、范县、濮阳三城可以保全，其馀的地方全非我有，这样兖州就算失去了。如果徐州没有被平定，将军您将去往何处？况且陶谦虽死，徐州也并非可以轻易攻克。对方借鉴往年的失败，将因恐惧而令徐州诸郡县亲密结合起来，互相呼应补充。如今东方各地都已经完成麦收，对方必然转移或隐藏人口和物资，清除野外的各种设施，令将军您毫无所得，将军攻城攻不下，掳掠也无所获，无须超过十天，您的十万大军将不战而陷入困境。上一次讨伐徐州，您刑罚施行严厉，他们的子弟不忘其父兄上一次所遭受的耻辱，必定人人自动进行殊死的保卫战，不会有投降之心，即使能够攻破城池，对它保持占有也很困难。事物固然可以有弃此取彼的情况，以大易小，以安全置换危险，权衡一时的形势发展，暂不为根基牢固与否担忧，若三者情况有一种对我们有利，都是可以考虑的。但当今这三者无一有利于我们，希望将军您深思熟虑。"曹操于是中止进攻徐州的计划。令军众大举抢收麦子，再与吕布交战，分兵平定诸县。吕布败走，兖州全境于是平定。

汉献帝建安元年（196），曹操攻破黄巾军。汉献帝从河东郡回归洛阳。曹操与其谋士商议奉迎天子迁都许县的问题，有人认为太行山以东区域没有平定，韩暹、杨奉新近护送天子到达洛阳，他们北与张杨联合，恐怕难以迅速控制住他们。荀彧劝告曹操说："春秋时晋文公在其臣狐偃的劝导下，迎接周襄王返回王城复位，并杀死王子带，于是成为诸侯的霸主；秦末刘邦抢先入关灭秦，项羽派人刺杀义帝，三老董公劝说刘邦为义帝服丧，于是刘邦缟素东伐项羽，首先在道义上完胜项羽，终于取得天下，建立了汉朝。自从天子流离失所以来，将军您首先发起讨伐逆贼董卓的义兵，只是因为山东（太行山以东地区）连年战乱纷扰，不能远赴关西一带，然而仍不断分批派遣将帅，冒险与天子通使节，虽然在外阻止国家危难的蔓延，但您内心却时刻系心于王室，这正是将军您使天下得到匡正的平素的志愿。现在天子从西京长安返回中原，东京洛阳草木丛杂，一片荒凉，恪守大义、笃行不苟的人都怀有存续国家正统的心念，百姓因怀念故旧而悲哀丛生。若真能趁此时刻，奉迎天子以顺从民众的愿望，就是顺乎伦常天道的举动；秉持最公正的德行以感服才智出众的人，是有远大谋略的体现；扶持正道以招致英俊人才，是有大功德的行为。天下虽然有心怀叛逆念头的人，必不能成为忧患，这是明白无误的道理。韩暹、杨奉之流怎敢为害！如若不及时而定天下，四方必产生异心，以后即使再谋划此事，也来不及了。"曹操于是到达洛阳，奉迎天子到达许县定都。天子拜曹操为大将军，晋升荀彧为汉朝侍中的官职，暂时署理尚书令。荀彧处事不偏不倚，可担负重大任务，曹操虽然带兵征伐在外，但遇到统军治国的大事，都会与荀彧筹划商议。曹操曾问荀彧："有谁能代替您的位置为我谋划事情？"荀彧就以"荀攸、钟繇"两人为答。此前，荀彧谈及言论与谋略之士，曾经举荐戏志才。戏志才去世后，又举荐了郭嘉。曹操认为荀彧有知人之明，他所进荐仕宦的人都称职，只有严象任扬州刺史，韦康任凉州刺史，最终因作战失败被敌军杀死。

自从曹操迎接天子定都许县，袁绍心中不服气。袁绍已经兼并黄河以北的广大地区，天下人都畏惧他的强大。这时曹操正担忧东面的吕布势力，南面又要抗拒张绣的势力，而张绣在宛县正巧击败曹操的军队。这时袁绍更加骄横，在致曹操的书信中，言辞悖理傲慢。曹操因而大怒，作息与举止显得反常，其部下都以为是与张绣交战失利的缘故。钟繇因此询问荀彧，荀彧说："以曹公的聪明，必定不会对往事追究责怪，大概另有忧虑的事情。"于是荀彧求见曹操问候他，曹操就将袁绍的书信拿与荀彧观看，然后说："我将要征讨行不义之事的人，但力量又不足与其抗衡，怎么办？"荀彧回答说："考察古代的成功与失败者，如果真有才能，虽然弱小也必将变得强大，如果不具备相应的能力，纵然一时强大也会变为弱小，刘邦与项羽实力的强弱转化与最终的成败结果，就足以证明这一点。现在与您争夺天下者，只有袁绍罢了。袁绍外貌宽厚而内心忌刻，任用人才却又怀疑他们，而您则对事理有明确透彻的认识，不拘泥于小事，用人唯才，各得其宜，这是胸襟器量的优胜之处。袁绍迟钝不敏捷又缺乏决断力，其失在于处理事情往往错过机会，您则能果断处理好大事，应付事变，不拘一格，这是智谋的优胜之处。袁绍治理军队宽大松弛，法令的权威难以确立，其士卒虽然众多，其实难以使用，您则法令已然严明，赏罚必行，士卒虽然不多，却皆可以舍命报效，这是武备的优胜之处。袁绍凭借先代的功业，悠闲舒缓，不慌不忙，装作很有智慧，弄巧欺人，用以沽名钓誉，因而能力欠缺又追求虚名的士人大多归附到他的帐下，您则以大仁之心待人，推心置腹，摒弃华而不实的虚伪作风，立身行事，谨慎俭约，但赏赐有功之人却无所吝啬顾惜，因而天下忠诚正直而愿效忠的士人都乐意为您所用，这是道德的优胜之处。您以上述这四项优胜之处辅佐天子，扶持正义，征讨叛逆，哪一个敢不服从？袁绍的强大又能有什么作为！"曹操听后大喜。荀彧接着说："如果不先平定吕布势力，黄河以北的区域就难以归附。"曹操说："的确如此。我所疑惑不定的，就是害怕袁绍侵扰关中地区，引发羌族和匈奴族的动乱，又向南诱使蜀郡与汉中郡的军事力量与他联合，那么我就将独自以兖州、豫州之地与天下六分之五的地域相抗衡了。若如此该怎么办呢？"荀彧回答说："关中的将帅有十数位之多，没有人能统一号令他们，只有韩遂、马超的势力最为强盛。他们见山东（太行山以东地区）诸侯纷争不已，必定各自拥兵自保。如今若以恩德去安抚他们，派遣使者与他们修好，虽与他们互相牵制难以长期共处，但拖至您平定太行山以东地区的诸侯之前，足可以与他们相安无事。西方的军政事宜，您可以托付给钟繇。那么您就可以消除诸多忧虑了。"

汉献帝建安三年（198），曹操已经击溃张绣，又在东面擒杀了吕布，平定了徐州，于是就与袁绍短兵相接了。孔融对荀彧说："袁绍地广兵强，田丰、许攸，是足智多谋的人士，为袁绍设谋定策；审配、逢纪，是忠于袁绍的良臣，在其帐下为官；颜良、文丑，勇冠三军，为袁绍统率军队；恐怕难以取胜罢！"荀彧说："袁绍兵虽多但无严整的法令。田丰性格刚强而好犯上，许攸贪婪却不能治理官事。审配行事专断而缺少谋略，逢纪有决断，却常自行其是，不接受别人的意见，这两个人被留于冀州主持执掌后方事宜，如果许攸家人触犯法令，必不被两人宽容，不被宽容，许攸必然叛变。颜良、文丑，匹夫之勇而已，一战就可以擒获他们。"建安五年（200），曹操与袁绍连续交战。曹军固守官渡，袁军围攻。曹军军粮即将用尽，曹操致信荀彧，商议打算撤军还许县以引诱袁绍深入。荀或回复说:"如今军粮虽少,但还没有秦末楚、汉在荥阳、成皋间相持时那样紧张。那时刘邦、项羽没有一个肯先撤军,就是因为先撤退的一方必然处于劣势。您用仅为对方十分之一的兵力,在地上画界限而坚守,控制住要害部位使敌军不能前进,已经半年了。敌军在军事上情况暴露而又屈居劣势地位,情况必然发生变化,这正是军事上运用出人意料的策略之际,机会不可丧失。"曹操于是留了下来。就出奇兵袭击袁绍在乌巢的屯粮之地,斩杀了袁绍的部将淳于琼等,袁绍撤军而去。审配因许攸家人不法,收捕了许攸妻子和孩子,许攸一怒之下背叛袁绍归降了曹操;颜良、文丑在阵前被斩杀;田丰因进谏袁绍被诛杀:这一切都如荀彧事前所预料的那样。

建安六年(201),曹操因年荒就率军到东平国安民亭就食,但粮食缺乏,不足以与盘踞河北的袁绍军队相抗衡,就打算趁袁绍新败之际,钻空子去征讨刘表。荀彧说:"如今袁绍失败,他的军队离心,应当趁其困顿之际,进而平定他;而您要离开兖州、豫州,劳师远征江汉一带的荆州,如果袁绍收集起残余部队,乘虚而出现在您的身后面,您的大业就将丧失了。"曹操于是率军又驻扎在黄河岸边。袁绍病亡,曹操渡过黄河,进击袁绍的儿子袁谭、袁尚,而袁军高干、郭援乘机侵略河东郡,关西一带为之震动,钟繇率领马腾等击破了他们。有关经过记述在本书《钟繇传》中。建安八年(203),曹操根据荀彧前后所立功劳,上表求赐封荀彧万岁亭侯。建安九年(204),曹操攻克冀州治所邺县,兼任冀州牧。有人劝导曹操:"应当恢复古代划分九州的制度,那么冀州的领域更为广大,天下人就会服从您了。"曹操即将听从这一建议,荀彧对曹操说:"如果这样,那么冀州就应当再得到河东郡、左冯翊、右扶风、西河郡、幽州、并州这些地方的领土,这样被您所侵夺土地的人就多了。前些日子,您攻破袁尚,擒获了审配,天下人震动惊骇,必定人人自危,惧怕不能再保有他们的地盘，拥有自家的军队；如今将这些地方归属于冀州统辖，将会引起众人思想、感情的波动。况且很多人都在劝说关右诸将实行闭关自守的策略；如今闻知这个消息，认为他们的地盘将被依次剥夺。若一旦激发动乱，虽有坚守善道的人，反而相互胁迫为非作歹，那么袁尚就得以延缓其覆亡，而袁谭则怀有二心，刘表就可以继续保有江、汉之间的荆州之地，天下就难以平定了。希望您迅速率军首先平定黄河以北地区，然后修复旧京洛阳，向南兵临荆州，以不向朝廷进贡为借口攻打刘表，那么天下人就都知晓您兴复汉室的忠诚，人人安心。等到天下大定以后，再商议如何恢复九州古制，如此才具有对国家社稷长治久安的战略意义。"曹操于是搁置了恢复九州古制的建议。

这时荀攸也是为曹操出谋划策的主要人物。荀彧兄长荀衍以监军校尉驻守邺县，并统领河北的军队。曹操征讨袁尚时，高干密谋派兵袭取邺县，被荀衍预先察觉，将高干等尽皆诛杀，以功封为列侯。曹操将女儿许配荀彧的长子荀恽，即后来被称作安阳公主者。荀彧与荀攸的地位都尊贵荣显，又皆谦虚节俭，俸禄与赏赐所得都分赐宗族亲友与知交故旧，家中没有多馀的财产。建安十二年（207），又新增荀彧食邑一千户，连同以前的共达二千户。

曹操即将征讨刘表，向荀彧征询计谋，荀彧说："如今中原地区都已平定，割据荆州的刘表应当感到自己陷于困境了。您可以大张旗鼓地出兵宛县、叶县，而以主力从小道轻装潜行，出其不意地袭击刘表。"曹操于是领军出发。适逢刘表病亡，曹操依荀彧之计率军直趋宛县、叶县，刘表的次子刘琮献出荆州，迎降曹军。

建安十七年（212），董昭等人认为曹操应当进爵为国公，给予九锡的最高礼遇，并配备仪卫、祭祀等所用的器物，用来彰显曹操特殊的功勋。这些人就此事秘密征询荀彧的意见。荀彧认为曹操发起义兵的本心是匡扶汉室，使国家安宁，秉承忠贞的诚心，谨守谦让的行为；君子就应按照道德标准去爱护和帮助他人，因而不应当这样做。曹操因此内心不满。恰逢征讨孙权，曹操就上表请荀彧到谯县慰劳军队，借机擅自留下了荀彧，以侍中光禄大夫持节的身份，参丞相军事。曹操率军行至濡须坞，荀彧因病留驻寿春，最终抑郁而死，当时年纪五十岁。赐谥号为敬侯。第二年，曹操就晋爵为魏公了。

田畴传

[题解]

传见《三国志》卷一一《魏书十一》。田畴（169~214），字子泰，东汉右北平郡无终县（今天津蓟县）人。原系幽州牧刘虞旧部，刘虞被公孙瓒所杀后，曾聚众徐无山中，屡次拒绝袁绍的招揽。建安十二年（207），曹操北征乌丸，他自愿为向导，带领曹军从卢龙口潜行白檀，袭击柳城，大败乌丸，是为其一生的亮点，此后"卖卢龙"也成为古典文学中习用的掌故。陈寿在本卷之末以"矫俗"两字评价田畴，代表了魏晋士大夫对于这位颇存古道者的敬仰。田畴在徐无山中营建与世隔绝的"乌托邦"式城邑（百姓达五千家），颇似五六百年前古代希腊哲学家柏拉图"理想国"的构想。这在"出门无所见，白骨蔽平原"（三国魏王粲《七哀诗》）的乱世，无疑是呈现于人间世的一抹亮色，尽管其理想主义色彩太过浓厚。将道义的重要性置于功利及至生命之上，对一己价值观执着坚守，毫不动摇，这一类人物在历史长河中并不多见。此传今天读来，仍然有摇人心旌的力量。

田畴字子泰，右北平无终人也①。好读书，善击剑。初平元年②，义兵起③，董卓迁帝于长安④。幽州牧刘虞叹曰⑤："贼臣作乱，朝廷播荡⑥，四海俄然⑦，莫有固志⑧。身备宗室遗老⑨，不得自同于众。今欲奉使展效臣节⑩，安得不辱命之士乎⑪？"众议咸曰："田畴虽年少，多称其奇。"畴时年二十二矣。虞乃备礼请与相见，大悦之，遂署为从事⑫，具其车骑⑬。将行，畴曰："今道路阻绝，寇虏纵横⑭，称官奉使⑮，为众所指名。愿以私行⑯，期于得达而已。"虞从之。畴乃归，自选其家客与年少之勇壮慕从者二十骑俱往⑰。虞自出祖而遣之⑱。既取道，畴乃更上西关⑲，出塞⑳，傍北山㉑，直趣朔方㉒，循间径去㉓，遂至长安致命㉔。

[注释]

①右北平：即右北平郡，战国燕置，秦治所无终县（今天津蓟县），西汉移治平刚县（今辽宁凌源市西南），辖境相当于今河北承德、天津蓟县以东（长城南滦河流域及其以东除外），辽宁大凌河上游以南，六股河以西地区。东汉移治土垠县（今河北唐山市丰润区东南），北部辖境缩小，以今长城一线稍北为界。无终：即无终县，秦置，为右北平郡治，治所在今天津蓟县，汉属右北平郡，三国魏属北平郡。

②初平元年：即公元190年，初平，汉献帝第三个年号（190～193）。

③义兵起：初平元年（190）正月，关东州郡起兵讨董卓，推袁绍为盟主，曹操行奋武将军。义兵，犹义师，谓为正义而战的军队。

④董卓：字仲颖（？～192），东汉陇西临洮（今甘肃岷县）人。历任中郎将、并州牧，汉少帝光熹元年（189），率兵入洛阳，废少帝，立献帝，受到曹操、袁绍等人起兵讨伐。于是焚烧洛阳宫室，挟献帝西迁长安，自为太师，暴虐专横。初平三年（192），为王允、吕布所杀。《三国志》卷六、《后汉书》卷七二皆有传。详见本书所选《董卓传》。帝：即汉献帝刘协（181～234），汉灵帝宠姬王美人所生，昭宁元年（189）即皇帝位，先后被董卓、李傕、郭汜控制，后又成为曹操手中傀儡。延康元

年（220）被迫禅位曹丕，废为山阳公，汉亡。魏明帝青龙二年（234）卒。《后汉书》卷九有传。长安：即长安县，西汉故都，为京兆尹治，治所在今陕西西安市西北。

⑤幽州牧刘虞：字伯安（？～193），东海郯县（今山东郯城北）人，为东汉皇族。董卓秉政，曾以刘虞为大司马，进封襄贲侯。后因与公孙瓒不睦，举兵相攻，为公孙瓒所杀。《后汉书》卷七三有传。幽州，汉武帝置十三刺史部之一，东汉治所在蓟县（今北京市西南），辖境相当于今北京市、河北北部、辽宁大部、天津市海河以北以及朝鲜大同江流域。

⑥播荡：流离动荡。语出《左传·襄公二十五年》："夏氏之乱，成公播荡。"晋杜预注："播荡，流移失所。"

⑦俄然：倾侧貌。

⑧固志：指稳定的情绪、坚定的主张。

⑨宗室：与君主同宗族之人，犹言皇族。遗老：谓先帝（汉灵帝）旧臣。

⑩展效：出力报效。臣节：人臣的节操。

⑪辱命：辜负使命。

⑫署：委任，任命。从事：官名。汉以后三公及州郡长官皆自辟僚属，多以从事为称。

⑬具：供给。车骑（jūjì 居寄）：犹车马。

⑭寇虏：盗贼，敌人。

⑮称官奉使：谓以官方名义出使。

⑯私行：谓官吏以私事出行。

⑰家客：犹门客。慕从：仰慕而随从。《史记·高祖本纪》："汉王之国，项王使卒三万人从，楚与诸侯之慕从者数万人。"

⑱祖：出行时祭祀路神，引申为饯行。遣：发送。裴注引《先贤行

状》曰:"畴将行,引虞密与议。畴因说虞曰:'今帝主幼弱,奸臣擅命,表上须报,惧失事机。且公孙瓒阻兵安忍,不早图之,必有后悔。'虞不听。"

⑲西关:即居庸关,又名军都关、蓟门关,在今北京市昌平区西北三十里。宋司马光《资治通鉴》卷六〇"畴乃自选家客二十骑,俱上西关,出塞,傍北山,直趣朔方",元胡三省注:"西关,即居庸关。北山,即阴山。"

⑳出塞:出边塞。

㉑傍(bàng 棒):顺着,沿着。北山:当谓今北京市北燕山山脉(元胡三省谓阴山,见上,似有误),自潮白河河谷以东,历今玉田、丰润县东至山海关入海。东西走向,蜿蜒数百里,海拔400~1000米。

㉒趣(qū 趋):赴,前往。朔方:即朔方郡,西汉元朔二年(前127)置,治所朔方县(今内蒙古杭锦旗北什拉召一带),辖境相当于今内蒙古鄂尔多斯西北部及巴彦淖尔市后套地区,东汉时移治临戎县(今内蒙古磴口县东北布隆淖乡古城),永和五年(140)移治五原县(今乌拉特前旗东南)。建安二十年(215)废。

㉓间径:小道,僻路。

㉔致命:传达言辞、使命。

诏拜骑都尉①。畴以为天子方蒙尘未安②,不可以荷佩荣宠③,固辞不受。朝廷高其义。三府并辟④,皆不就。得报⑤,驰还,未至,虞已为公孙瓒所害⑥。畴至,谒祭虞墓⑦,陈发章表⑧,哭泣而去。瓒闻之大怒,购求获畴⑨,谓曰:"汝何自哭刘虞墓,而不送章报于我也?"畴答曰:"汉室衰颓⑩,人怀异心⑪,唯刘公不失忠节。

章报所言，于将军未美⑫，恐非所乐闻，故不进也。且将军方举大事以求所欲，既灭无罪之君⑬，又雠守义之臣⑭，诚行此事，则燕、赵之士将皆蹈东海而死耳⑮，岂忍有从将军者乎！"瓒壮其对⑯，释不诛也。拘之军下⑰，禁其故人莫得与通。或说瓒曰："田畴义士，君弗能礼，而又囚之，恐失众心。"瓒乃纵遣畴⑱。

[注释]

①骑都尉：官名。光禄勋属官，统率皇宫禁卫军中的羽林骑士，秩比二千石。

②蒙尘：古代多指帝王失位逃亡在外，蒙受风尘。

③荷（hè贺）佩：承受。荣宠：指君王的恩宠。

④三府：即三公府。东汉以太尉、司徒、司空为三公，各置一人，均可开府，即设办公机构，有权自行任用属吏，各有属官数十人。辟（bì必）：征召，荐举。

⑤报：特指皇帝对臣下所上条陈、奏章等的批复。

⑥公孙瓒：字伯珪（guī归，？~199），东汉辽西令支（今河北迁安西）人。汉献帝时曾任奋武将军，迁前将军，封易侯。与袁绍相攻伐，屡败。建安四年（199），被袁绍所逼，走投无路，自杀死。《三国志》卷八、《后汉书》卷七三皆有传。

⑦谒祭：谓禀告并祭奠。

⑧陈发：这里谓打开公之于众。章表：宋司马光《资治通鉴》卷六〇"畴谒祭虞墓，陈发章表"，元胡三省注："章表，当依下文作章报。"是。章报，即所上奏章与"报"（见上注⑤）的合称。

⑨购求：谓悬赏捕人。

⑩衰颓（tuí 推阳平）：衰落颓败。

⑪异心：二心，叛离的意图。

⑫未美：谓有不好听的言语。

⑬无罪之君：这里谓刘虞。君，古代大夫以上、据有土地的各级统治者的通称。

⑭雠（chóu 筹）：谓视为仇敌。守义之臣：田畴自谓。守义，谓坚守道义。

⑮燕（yān 烟）赵：指战国时燕、赵二国，后亦泛指其所在地区，即今河北省北部及山西省西部一带。这里主要指公孙瓒当时所占据的幽州一带。蹈东海：谓跳到海里自杀。语出《史记·鲁仲连邹阳列传》："彼秦者，弃礼义而上首功之国也，权使其士，虏使其民。彼即肆然而为帝，过而为政于天下，则连有蹈东海而死耳，吾不忍为之民也。"

⑯壮其对：认为田畴的回答气魄大且豪放不羁。

⑰军下：谓军营之内。

⑱纵遣：释放遣发。

畴得北归，率举宗族、他附从数百人①，扫地而盟曰②："君仇不报，吾不可以立于世！"遂入徐无山中③，营深险平敞地而居④，躬耕以养父母。百姓归之，数年间至五千馀家。畴谓其父老曰⑤："诸君不以畴不肖⑥，远来相就。众成都邑⑦，而莫相统一，恐非久安之道，愿推择其贤长者以为之主。"皆曰："善。"同佥推畴⑧。畴曰："今来在此，非苟安而已⑨，将图大事，复怨雪耻。窃恐未得其志，而轻薄之徒自相侵侮⑩，偷快一时⑪，无深计远虑。畴有愚计，愿与诸君共施之，可乎？"皆曰："可。"畴乃为约束相杀伤、犯盗、诤讼之法，法重者至死，其次抵罪⑫，二十馀条。又制为婚姻嫁娶之礼，兴举学校讲授之业，班行其众⑬，众皆便之，至道不拾遗。北边翕然服其威信⑭，乌丸、鲜卑并各遣译使致贡遗⑮，畴悉抚纳⑯，令不为寇。袁绍数遣使招命⑰，又即授将军印，因安辑所统⑱，畴皆拒不受。绍死，其子尚又辟焉⑲，畴终不行。

[注释]

①宗族：谓同宗同族之人。《尔雅·释亲》："父之党为宗族。"他：其他。附从：谓追随跟从者。

②扫地：比喻全部，尽数。

③徐无山：位于今河北遵化市东。东汉属右北平郡。

④深险：偏僻险要。平敞：平坦宽阔。

⑤父老：对老年人的尊称。

⑥不肖（xiào效）：不成材，不正派。

⑦都邑：城市。

⑧佥（qiān签）：都，皆。

⑨苟安：苟且偷安。

⑩自相侵侮：谓相互凌辱。

⑪偷快：苟求快乐。

⑫抵罪：因犯罪而受到相应的处罚。

⑬班行：犹颁行。

⑭翕（xī西）然：一致貌。威信：威望与信誉。

⑮乌丸：亦作"乌桓"，古时北方少数民族名。原是东胡族的一支，西汉初被匈奴击败，迁移到乌桓山，因以为名。汉建安十二年（207），

曹操破乌丸，徙万馀落至中原，其势遂衰。《三国志》卷三〇有《乌丸传》，《后汉书》卷九〇有《乌桓传》。鲜卑：我国古代少数民族名。游牧部落东胡族的一支。秦汉时曾居于辽东，附于匈奴。东汉时北匈奴西迁后进入匈奴故地，势力渐盛。汉桓帝时鲜卑首领已建立军事行政联合体，分东、中、西三部，各置大人统领。3世纪中叶，联合体瓦解，附属汉、魏。译使：负责传译的使者。贡遗（wèi 位）：进贡、馈赠的礼物。

⑯抚纳：安抚招纳。

⑰招命：犹招延。

⑱因：以。安辑：安抚。

⑲其子尚：即袁尚，字显甫（？~207），东汉汝南汝阳（今河南商水西南）人。袁绍幼子，为绍所喜爱。袁绍死后，他由审配、逢纪辅佐继承父亲位置，被曹操打败。又与其兄袁谭相攻杀，逃往幽州投奔其兄袁熙，又一同投奔辽西乌丸。建安十二年（207），曹操北征乌丸，两兄弟又逃往辽东，被太守公孙康所诱杀。《三国志》卷六有传。

畴常忿乌丸昔多贼杀其郡冠盖①，有欲讨之意而力未能。建安十二年②，太祖北征乌丸，未至，先遣使辟畴，又命田豫喻指③。畴戒其门下趣治严④。门人谓曰："昔袁公慕君，礼命五至⑤，君义不屈；今曹公使一来而君若恐弗及者⑥，何也？"畴笑而应之曰："此非君所识也。"遂随使者到军，署司空户曹掾⑦，引见咨议⑧。明日出令曰："田子泰非吾所宜吏者。"即举茂才⑨，拜为蓨令⑩，不之官，随军次无终⑪。时方夏水雨，而滨海洿下⑫，泞滞不通⑬，虏亦遮守蹊要⑭，军不得进。太祖患之，以问畴。畴曰："此道，秋夏每常有水，浅不通车马，深不载舟船，为难久矣。旧北平郡治在平冈⑮,道出卢龙⑯,达于柳城⑰;自建武以来⑱,陷坏断绝⑲,垂二百载,而尚有微径可从。今虏将以大军当由无终,不得进而退,懈弛无备⑳。若嘿回军㉑,从卢龙口越白檀之险㉒,出空虚之地,路近而便,掩其不备,蹋顿之首可不战而禽也㉓。"太祖曰:"善。"乃引军还,而署大木表于水侧路傍曰:"方今暑夏,道路不通,且俟秋冬,乃复进军。"虏候骑见之㉔,诚以为大军去也。太祖令畴将其众为乡导㉕,上徐无山,出卢龙,历平冈,登白狼堆㉖,去柳城二百馀里,虏乃惊觉。单于身自临陈,太祖与交战,遂大斩获㉗,追奔逐北㉘,至柳城。军还入塞,论功行封,封畴亭侯㉙,邑五百户㉚。畴自以始为居难㉛,率众遁逃,志义不立,反以为利,非本意也,固让。太祖知其至心㉜,许而不夺㉝。

[注释]

①贼杀:杀害。语出《周礼·夏官·大司马》:"贼杀其亲则正之,放弑其君则残之。"冠盖:犹冠族,即官宦之家。

②建安十二年:即公元207年。

③田豫:字国让(171~252),东汉渔阳雍奴(今天津武清东北)人。曾附公孙瓒为东州令,后归曹操,历任丞相军谋掾、弋阳太守等。入魏,历官乌丸校尉、汝南太守,拜太中大夫,食卿禄。《三国志》卷二六有传。喻指:又作"喻旨",谓喻示旨意。

④门下:门生,弟子。趣(cù促):督促,催促。治严:整理行装。汉代避明帝刘庄讳,以"装"与"庄"同声,改"庄"为"严",后沿用。

⑤礼命:指礼聘与任命。

⑥若恐弗及：意谓仿佛唯恐来不及。

⑦司空户曹掾（yuàn 院）：司空府的佐吏户曹掾，主民户、礼俗、祠祀、农桑诸事。

⑧引见：引导相见。咨议：咨询议论。

⑨茂才：即秀才，汉时开始与孝廉并为举士的科名。东汉时避光武帝讳改称"茂才"。

⑩蓨（tiáo 条）令：蓨县县令。蓨，即蓨县，故址在今河北景县南。

⑪次：谓行军至某处留驻三宿以上。《左传·庄公三年》："凡师一宿为舍，再宿为信，过信为次。"唐孔颖达疏："舍者，军行一日止而舍息也。信者，住经再宿得相信问也。《穀梁传》曰：'次，止也。'则次亦止舍之名。过信以上，虽多日，亦为次，不复别立名也。"

⑫洿（wū 屋）下：低洼。

⑬泞（nìng 佞）滞：谓泥水淤积难行。

⑭遮守：阻拦守卫。蹊要：犹险要。

⑮平冈：即平刚县，西汉置，为右北平郡治，治所在今内蒙古宁城县西南甸子乡黑城。东汉废。

⑯卢龙：即卢龙塞，位于今河北迁西以北喜峰口一带。古有塞道，自今蓟县东北经遵化县，循滦河河谷出塞，折东趋大凌河流域，为河北平原通向东北的交通要道。

⑰柳城：即柳城县，西汉置，属辽西郡，为西部都尉治，治所在今辽宁朝阳西南十二台营子。

⑱建武：东汉光武帝刘秀的第一个年号（25～56）。

⑲陷坏断绝：潘眉《三国志考证》卷四："平冈县后汉废，故云陷坏断绝。"

⑳懈弛：懈怠，松懈。

田畴传 | 509

㉑嘿（mò默）：用同"默"，不说话，不出声。

㉒白檀：即白檀县，西汉置，属渔阳郡，治所在今河北滦平东北小城子，县因白檀山而得名。东汉废，这里系用其旧县名。

㉓蹋顿（tādú他毒）：辽西乌丸首领名（？～207），汉献帝时，丘力居死，从子蹋顿有武略，代立为王。建安十二年（207）为曹操击败于柳城，斩之。见《后汉书·乌桓传》。

㉔候骑：担任侦察巡逻任务的骑兵。

㉕乡（xiàng向）导：即向导，带路的人。乡，通"向"。

㉖白狼堆：即白狼山，一名白鹿山，即今辽宁喀喇沁左翼蒙古族自治县南六十里大阳山。蒙古语称布祜图山。

㉗斩获：斩首与俘虏。

㉘逐北：追击败兵。

㉙亭侯：封爵名，即列侯中的亭侯。亭，秦汉时乡以下、里以上的行政机构。亭侯即以某县的一亭为其食邑。

㉚邑五百户：裴注引《先贤行状》载太祖表论畴功曰："文雅优备，忠武又著，和于抚下，慎于事上，量时度理，进退合义。幽州始扰，胡、汉交萃，荡析离居，靡所依怀。畴率宗人避难于无终山，北拒卢龙，南守要害，清静隐约，耕而后食，人民化从，咸共资奉。及袁绍父子威力加于朔野，远结乌丸，与为首尾，前后召畴，终不陷挠。后臣奉命，军次易县，畴长驱自到，陈讨胡之势，犹广武之建燕策，薛公之度淮南。又使部曲持臣露布，出诱胡众，汉民或因亡来，乌丸闻之震荡。王旅出塞，涂由山中九百馀里，畴帅兵五百，启导山谷，遂灭乌丸，荡平塞表。畴文武有效，节义可嘉，诚应宠赏，以旌其美。"

㉛居难：清钱大昕《二十二史考异》卷一五云："'居'，当作'君'。"若然，则"君难"当谓刘虞之死。

㉜至心：最诚挚之心、诚心。

㉝许而不夺：谓允许田畴辞让封爵，而不加强迫。裴注引《魏书》载太祖令曰："昔伯成弃国，夏后不夺，将欲使高尚之士，优贤之主，不止于一世也。其听畴所执。"

辽东斩送袁尚首①，令"三军敢有哭之者斩"。畴以尝为尚所辟，乃往吊祭②。太祖亦不问③。畴尽将其家属及宗人三百馀家居邺。太祖赐畴车马谷帛，皆散之宗族知旧④。从征荆州还，太祖追念畴功殊美，恨前听畴之让，曰："是成一人之志，而亏王法大制也⑤。"于是乃复以前爵封畴⑥。畴上疏陈诚⑦，以死自誓。太祖不听，欲引拜之，至于数四⑧，终不受。有司劾畴狷介违道⑨，苟立小节⑩，宜免官加刑。太祖重其事⑪，依违者久之⑫。乃下世子及大臣博议⑬，世子以畴同于子文辞禄⑭，申胥逃赏⑮，宜勿夺以优其节。尚书令荀彧、司隶校尉钟繇亦以为可听⑯。太祖犹欲侯之⑰。畴素与夏侯惇善⑱，太祖语惇曰："且往以情喻之，自从君所言，无告吾意也。"惇就畴宿，如太祖所戒⑲。畴揣知其指⑳，不复发言。惇临去，乃拊畴背曰㉑："田君，主意殷勤㉒，曾不能顾乎！"畴答曰："是何言之过也㉓！畴，负义逃窜之人耳，蒙恩全活，为幸多矣。岂可卖卢龙之塞，以易赏禄哉？纵国私畴㉔，畴独不愧于心乎？将军雅知畴者㉕，犹复如此，若必不得已，请愿效死刎首于前㉖。"言未卒，涕泣横流。惇具答太祖。太祖喟然知不可屈㉗，乃拜为议郎㉘。年四十六卒。子又早死。文帝践阼㉙，高畴德义，赐畴从孙续爵关内侯㉚，以奉其嗣。

[注释]

①辽东,即辽东郡,战国燕置,治所襄平(今辽阳市老城),辖境相当于今辽宁大凌河以东、开原市以南,朝鲜清川江下游以北地区。

②吊祭:祭奠、吊唁。

③太祖亦不问:裴注云:"臣松之以为田畴不应袁绍父子之命,以其非正也。故尽规魏祖,建卢龙之策。致使袁尚奔迸,授首辽东,皆畴之由也。既以明其为贼,胡为复吊祭其首乎?若以尝被辟命,义在其中,则不应为人设谋,使其至此也。畴此举止,良为进退无当,与王修哭袁谭,貌同而心异也。"

④知旧:知交旧友。

⑤王法大制:国家大法。

⑥复以前爵封畴:裴注引《先贤行状》载太祖命曰:"蓚令田畴,至节高尚,遭值州里戎夏交乱,引身深山,研精味道,百姓从之,以成都邑。袁贼之盛,命召不屈。慷慨守志,以徼真主。及孤奉诏征定河北,遂服幽都,将定胡寇,时加礼命。畴即受署,陈建攻胡蹊路所由,率齐山民,一时向化,开塞导送,供承使役,路近而便,令虏不意。斩蹋顿于白狼,遂长驱于柳城,畴有力焉。及军入塞,将图其功,表封亭侯,食邑五百,而畴恳恻,前后辞赏。出入三载,历年未赐,此为成一人之高,甚违王典,失之多矣。宜从表封,无久留吾过。"

⑦陈诚:表达出一片赤诚之心。

⑧数(shuò硕)四:犹言再三再四。多次。

⑨有司:官吏。古代设官分职,各有专司,故称。劾(hé合):揭发过失或罪行。狷介:孤高洁身。违道:违背正义。《尚书·虞夏书·大禹谟》:"罔违道以干百姓之誉。"孔传:"失道求名,古人贱之。"

⑩苟:贪求。小节:琐细微末的操守。

⑪重：慎重，谨慎。

⑫依违：谓模棱两可。

⑬世子：帝王和诸侯的嫡长子。这里即指曹丕。博议：全面详尽地讨论或评议。

⑭子文辞禄：春秋楚成王的辅政大臣斗穀於菟，即令尹子文（生卒年不详），为官廉洁奉公，甚至不取其俸禄。据《左传·庄公三十年》记述："斗穀於菟为令尹，自毁其家以纾楚国之难。"另据《国语》卷一八《楚语下》："成王每出子文之禄，必逃，王止而后复。人谓子文曰：'人生求富，而子逃之，何也？'对曰：'夫从政者，以庇民也。民多旷者，而我取富焉，是勤民以自封也，死无日矣。我逃死，非逃富也。'故庄王之世，灭若敖氏，唯子文之后在，至于今处郧，为楚良臣。是不先恤民而后己之富乎？"

⑮申胥逃赏：春秋楚人申包胥为救楚，入秦乞师，立于秦庭哭泣七天七夜，终于感动秦哀公，出兵击退吴国，使楚昭王返回郢都。据《左传·定公五年》记述楚王封赏有功之人："申包胥曰：'吾为君也，非为身也。君既定矣，又何求？且吾尤子旗，其又为诸？'遂逃赏。"

⑯尚书令荀彧（yù玉）：字文若（163～212），颍川颍阴（今河南许昌）人。初依附袁绍，后转投曹操，成为其帐下主要谋士。后因受曹操猜忌，服毒死。详见本书所选《荀彧传》。尚书令，官名。尚书台长官，属少府。东汉时独立，受命于皇帝或录尚书事的大臣，秩千石，三国时第三品。属官有尚书仆射、尚书等。司隶校尉钟繇（yáo瑶）：字元常（151～230），东汉颍川长社（今河南长葛东）人。东汉末为黄门侍郎，曹操执政后任侍中司隶校尉，持节督关中诸军。建安二十一年（216），曹操封魏王，以他为魏相国。曹丕代汉称帝，任廷尉，迁太尉。魏明帝时，迁太傅。古代著名书法家，是隶书向楷书转变时代的开先河人物，与晋王羲之

并称"钟王"。《三国志》卷一三有传。司隶校尉，官名。负责维护京师治安，纠察京师除三公以外的百官违法者，并治理司隶州所辖各郡，统率一支人数达一千二百名的军队，秩比二千石。东汉时位尊权重，与御史中丞、尚书台并称"三独坐"。魏晋沿置。裴注引《魏书》载世子议曰："昔蓬教逃禄，传载其美，所以激浊世，励贪夫，贤于尸禄素餐之人也。故可得而小，不可得而毁。至于田畴，方斯近矣。免官加刑，于法为重。"又引《魏略》载教曰："昔夷、齐弃爵而讥武王，可谓愚闇，孔子犹以为'求仁得仁'。畴之所守，虽不合道，但欲清高耳。使天下悉如畴志，即墨翟兼爱尚同之事，而老聃使民结绳之道也。外议虽善，为复使令司隶以决之。"又引《魏书》载荀彧议，以为"君子之道，或出或处，期于为善而已。故匹夫守志，圣人各因而成之"。钟繇以为"原思辞粟，仲尼不与，子路拒牛，谓之止善，虽可以激清励浊，犹不足多也。畴虽不合大义，有益推让之风，宜如世子议"。又云："臣松之案《吕氏春秋》：'鲁国之法，鲁人有为臣妾于诸侯，有能赎之者取其金于府。子贡赎人而辞不取金，孔子曰："赐失之矣。自今以来鲁人不赎矣。"子路拯溺者，其人拜之以牛，子路受之。孔子曰："鲁人必拯溺矣。"'案此语不与繇所引者相应，未详为繇之事误邪，而事将别有所出耳？"

⑰侯：用如动词，即使之为侯。

⑱夏侯惇（dūn 蹲）：字元让（？～220），谯（今安徽亳州市）人，东汉末随曹操起兵，作战勇猛，屡立战功，历任东郡太守、河南尹，拜前将军、大将军。《三国志》卷九有传。

⑲戒：命令。

⑳揣：探求，试探。指：意指，谓意之所在。这里指尊者的意向。

㉑拊（fǔ 府）：拍。

㉒主意：主上（曹操）的情意。殷勤：情意深厚。

㉓言之过：意谓说得如此过分。

㉔纵国私畴：意谓即使朝廷对我独加恩宠。

㉕雅：副词，素常，向来。

㉖效死：舍命报效。

㉗喟（kuì 溃）然：感叹、叹息貌。

㉘议郎：郎官中地位较高的一种，参与朝政，属于皇帝身边谏议政事得失的一种近臣，秩六百石。

㉙文帝：即曹丕（187～226），字子桓，曹操次子。建安十六年（211），拜五官中郎将，为丞相之副。建安二十二年（217），立为魏太子。建安二十五年（220）正月，曹操卒，嗣位为丞相、魏王。十月代汉称帝，国号魏。在位七年，选官实行九品中正制，意在维护士族门阀特权，欲统一中国而先死。史称魏文帝。中国文学史上著名诗人，文论有《典论·论文》传世。《三国志》卷二有纪。践阼（zuò 做）：即皇帝位。阼，大堂前东面的台阶。天子、诸侯、大夫、士皆以阼为主人之位。临朝觐、揖宾客、承祭祀，升降皆由此。故借指帝位。

㉚从孙：兄弟的孙子。关内侯：封爵名。汉代封爵二十级的第十九级，仅次于列侯，有俸禄而无封地。

[译文]

田畴字子泰，是右北平郡无终县人。他喜爱读书，善于击剑。汉献帝初平元年（190），关东州郡起兵讨董卓的义兵兴起，董卓将汉献帝迁徙至长安。幽州牧刘虞叹息说："贼臣制造叛乱，朝廷流离动荡，国内倾侧难安，没有稳定的情绪与坚定的主张。我是与君主同宗族之人，又是先帝汉灵帝的旧臣，不能自我等同于普通的民众。如今打算派遣使节到天子身边出力报效，以尽人臣的节操，到何处寻找到不辜负使命的人士呢？"众人经商议都说：“田畴虽然年轻，但人们大多称誉他是一位奇才。”田畴当时年纪二十二岁。刘虞于是备办礼品请田畴前来相见，一见之下，极为喜悦，就任命他为从事，供给他车马。临行，田畴说：“如今道路阻塞断绝，盗贼遍地，我若以官方名义出使，将会被众人指点哄传，希望作为以私事出行的官员行事，不过期盼将使命送达而已。”刘虞应允了。田畴于是归家，自己选择家中门客与年少勇壮仰慕而愿意随从者共计二十人，骑马前往长安。刘虞亲自为他饯行发送。取道上路以后，田畴就改从居庸关出边塞后，沿着燕山山脉，奔赴朔方郡，再从小道僻路行进，到达长安传达刘虞的使命。

天子下诏，拜田畴为骑都尉。田畴认为天子正失位逃亡在外，蒙受风尘，现在不是承受君王恩宠的时候，坚决辞让，不肯接受。朝廷中人认为田畴行为高尚。太尉、司徒、司空三公府一同征召田畴为官，都没有应允。得到天子对刘虞所上奏章的批复后，田畴即刻驰还幽州，还没有赶到，刘虞已经被公孙瓒杀害了。田畴回至幽州，就到刘虞墓前禀告并祭奠，打开代刘虞所上奏章与天子的批复并公之于众，然后哭泣着离开了。公孙瓒得知后大怒，通过悬赏捕获了田畴，对他说：“你为什么私自到刘虞墓前哭拜，却没有将天子的批复送到我这里？”田畴回答说：“汉室衰落颓败，人人都有叛离的意图，只有刘公没有丧失对汉室的忠节。天子批复的文字，对于将军您有不好听的言语，恐怕不是您所乐于闻知的，所以没有进奉。况且您正在举办大事以求得自己想要获得的东西，已经杀死了没有犯罪的刘虞，又将坚守道义的我视为仇敌，如果您真的如此行事，那么幽州一带的仁人义士都将如战国时的鲁仲连一样蹈东海而死，怎么还能有人跟随将军您呢！”公孙瓒认为田畴的回答气魄大且豪放不羁，就给田畴松绑没有诛杀他。把田畴拘禁在军营之内，禁止他的故交友人前来探望。有人劝导公孙瓒说：“田畴是位节义之士，您对他不加礼遇，又囚禁了他，恐怕会失去众人之心。"公孙瓒于是就释放遣发了田畴。

田畴得以北归故乡，就率领全宗族以及其他追随跟从者数百人，全部参与盟誓说："刘公的大仇不报，我就不愿再活于人世！"于是率领众人进入徐无山中，在偏僻险要又平坦宽阔的地段营造居处，亲自开荒种地来奉养父母。百姓都来归附他，数年之间发展到五千多家。田畴对归附而来的老人们说："诸位没有认为我田畴不成材，从远处聚集到这里。居民众多已逐渐形成城市，然而还没有统一的首领，恐怕这不是长治久安的办法，希望大家推选一位贤能的长者主持这里的事务。"大家都说："好。"于是都推举田畴。田畴说："如今我们来到此地，并非苟且偷安而已，而是要图谋大事，复仇雪耻。我暗中担心志愿未能实现时，会出现轻佻浮薄的人相互凌辱的状况，苟求快乐于一时，没有深谋远虑的规划。我有一个不成熟的计划，愿意与诸位共同实施，可以吗？"大家都回答："可以。"田畴于是制订出有关杀伤、盗窃、诉讼的规章法令，严重者可判死刑，其他的犯罪都要受到相应的处罚，一共有二十多条。又制订了有关婚姻嫁娶的礼仪，以及兴办学校讲授学问的规划，颁行于众人，大家都认为方便易行，山中的秩序已达到道不拾遗的程度。北方边境一带的百姓一致尊崇田畴的威望与信誉，乌丸、鲜卑部落也都派遣负责传译的使者到田畴那里进贡、馈赠礼物，田畴一概安抚招纳，劝导他们不要再侵扰抢掠。袁绍屡次派遣使节招延田畴归附，又当即授予田畴将军的印信，以安抚他所统领的部众，田畴全都拒不接受。袁绍死后，他的儿子袁尚继续征召田畴归附，田畴始终没有前往。

田畴常常痛恨乌丸部落以前多次杀害右北平郡的官宦之家，有打算征讨的心思却无力做到。建安十二年（207），曹操北征乌丸，大军未到之前，先派遣使节征召田畴，又命令田豫去喻示曹操的旨意。田畴告诫其门生弟子督促整理行装。有门生问他："以前袁公倾慕您，五次送来礼聘与任命，您因守义都没有顺从；如今曹公的使节一到，您仿佛唯恐来不及似的，这是为什么呢？"田畴笑着回答说："这不是你们所能理解的。"于是跟随使者到达曹操的军营，被任命为司空户曹掾，被引导与曹操相见，咨询议论。第二天曹操传下命令说："田子泰不是我所能役使为吏的人。"于是举田畴茂才，拜官蓚县县令，不到任，跟随曹操大军驻扎在无终县。当时正值夏季，雨水频多，而海滨一带地势低洼，泥水淤积难行，道路不通，敌方阻拦守卫在险要之处，曹军不能进军。曹操忧虑此事，就向田畴询问。田畴回答说："这条道路，秋夏两季常有雨水淤积，浅水处不能通过车马，深水处不能行驶舟船，这种难行的状况已经持续很久了。旧北平郡治所在平冈县，从那里出卢龙塞，可以到达柳城；自汉光武帝刘秀建武年间（25～56）以来，这条道路塌陷毁坏，已经断绝近二百年了，但还有小路可以通行。如今乌丸将领以为我军将取道无终，不能前行只得撤退，因而松懈没有防备。我军如果悄悄掉转回撤，从卢龙口跨越白檀县山地之险，穿行防守空虚之地，路途近且好走，出其不意发动进攻，辽西乌丸首领蹋顿的首级就会不战而获取。"曹操说："好。"于是率军撤回，而且在水侧路旁立一大木，上面题署云："方今暑夏，道路不通，且待秋冬，再次进军。"敌方担任侦察巡逻任务的骑兵见到后，真的认为曹军已经离开了。曹操就命令田畴率领其部众作为向导带路，攀上徐无山，出卢龙塞，历经平冈县，登上白狼堆，到达离乌丸部落所在柳城二百馀里的地方，敌军才发觉震惊。乌丸单于亲临战阵，曹操领兵与他交战，于是大获全胜，斩首与俘虏甚多，又追击溃败的敌人，一直到柳城。曹军从塞外回师，论功行赏，封田畴为亭侯，食邑五百户。田畴认为自己开始是因为上司刘虞遭难，因而率众遁逃徐无山，复仇志节没有实现，反而借此求取利禄，这不是本意，坚辞不受封赏。曹操知道田畴之心最为诚挚，就允许田畴辞让封爵，而不加强迫。

辽东郡斩杀袁尚并送来其首级，曹操下令说："三军中敢有哭祭袁尚的人，斩杀。"田畴因为曾经被袁尚所征辟，就前往祭奠、吊唁。曹操也没有追究。田畴将其家属以及族人三百多户都迁居到邺县。曹操赏赐田畴车马、粮谷、布帛，田畴都分送给族人与知交旧友。随从曹操征讨荆州回师后，曹操追念田畴的功劳很大，后悔此前听从了田畴的辞让，说："这是成全了一个人的志向，而令国家大法缺失了。"于是就再次以前时赐爵封赏田畴。田畴上疏表达出一片赤诚之心，并用死亡发誓表示绝不接受。曹操不应允，打算强制他受封，以至于再三再四，但终究没有接受。有关官吏弹劾田畴孤高洁身而违背正义，贪求琐细微末的操守，应当免其官职并处以刑罚。曹操慎重处理此事，很长时间模棱两可。于是将这件事转交世子曹丕与诸位大臣全面详尽地讨论评议，曹丕认为田畴的作为与春秋楚成王的辅政大臣令尹子文为官廉洁奉公，甚至不取其俸禄的做法相同，与春秋申包胥救楚后却逃避楚王的封赏也有类似处，应当不勉强田畴接受，以成全其志节。尚书令荀彧、司隶校尉钟繇也认为可以顺从田畴自己的意愿。曹操仍然打算为田畴封侯。田畴平素与夏侯惇交好，曹操对夏侯惇说："你姑且前往田畴那里用友情劝说他，他自然会听从你的话，但不要告诉他这是我的主意。"夏侯惇就到田畴家中寄宿，按照曹操的指示交谈。田畴经试探知道了夏侯惇意之所在，就不再交谈。夏侯惇临别，拍着田畴的背说："田君，主上的情意深厚，您就不能考虑一下吗？"田畴回答说："您的话说得如此过分！我田畴，不过是个忘恩负义逃窜于山野的小人，承蒙主上的恩惠保全活命，已经很幸运了，岂可以出卖卢龙要塞，换取封赏爵禄呢？即使朝廷对我独加恩宠，我田畴难道就不问心有愧吗？将军您素常是了解我的，还要如此说，倘若实在迫不得已，我愿舍命报效在您的面前自刎。"话没说完，已经伤心得痛哭流涕。夏侯惇将情况详细地报告给曹操。曹操喟然长叹，知道田畴的意志不可屈服，就任命田畴为议郎。田畴四十六岁病故。他的儿子也死得较早。魏文帝曹丕代汉称帝，认为田畴道德节义高尚，赐予田畴从孙田续为关内侯，让他当田畴的继承人。

家藏文库

三国志选注译 中

赵伯陶 注译

中州古籍出版社
·郑州·

崔琰传

[题解]

传见《三国志》卷一二《魏书十二》。崔琰（yǎn 演，？~216），字季珪，东汉清河国东武城（今山东武城西北）人。曾任袁绍部下骑都尉，以谏袁绍未从，谢病家居。曹操平定冀州，崔琰归顺，任别驾从事，后历任丞相府东、西曹掾，忠心辅佐。因细事被曹操忌恨，欲加之罪，何患无辞！因为一封无足轻重的书信惹来杀身之祸，专权者以文字罪人，在华夏大地颇有传统，崔琰当属中国文字狱的较早受害者。曹操虽为一代英雄，但也有其不可告人的微妙自卑心理。据南朝宋刘义庆《世说新语·容止》记述，曹操有一次将接见匈奴来使，自以为形陋不足以雄远国，就使令崔琰为代，自己则捉刀立床头，扮演侍者的角色。这一故事或谓子虚乌有，但曹操于强势中也自有其不够自信的阿喀琉斯之踵，并因此滥杀无辜，则是天下专制统治者的通病。清赵翼《廿二史札记》卷七云："盖操当初起时，方欲借众力以成事，故以此奔走天下，杨阜所谓曹公能用度外之人也。及其削平群雄，势位已定，则孔融、许攸、娄圭等皆以嫌忌杀之。荀彧素为操谋主，亦以其阻九锡而胁之死。甚至杨修素为操所赏拔者，以厚于陈思王而杀之。崔琰素为操所倚信者，亦以疑似之言杀之。然后知其雄猜之性，久而自露，而从前之度外用人，特出于矫伪以济一时之用，所谓以权术相驭也。"这一番议论为曹操画像，洞见症结，极为中肯。历史的荒谬常令人才的遭际莫测，从而悲情难诉。三国时崔琰的悲惨遭遇，可为千古一叹!

崔琰字季珪①,清河东武城人也②。少朴讷③,好击剑,尚武事④。年二十三,乡移为正⑤,始感激⑥,读《论语》《韩诗》⑦。至年二十九,乃结公孙方等就郑玄受学⑧。学未期⑨,徐州黄巾贼攻破北海⑩,玄与门人到不其山避难⑪。时谷籴县乏⑫,玄罢谢诸生⑬。琰既受遣,而寇盗充斥,西道不通⑭。于是周旋青、徐、兖、豫之郊⑮,东下寿春⑯,南望江、湖⑰。自去家四年乃归,以琴书自娱⑱。

[注释]

①珪(guī归):"圭"的古字,瑞玉。常作祭祀、朝聘之用。

②清河:即清河国,东汉桓帝时改清河郡置,治所甘陵县(今山东临清市东北),辖境相当于今河北清河及枣强、南宫各一部分,山东临清、夏津、武城及高唐、平原各一部分地,汉桓帝建和二年(148)改为甘陵国,三国魏改为清河郡。东武城:即东武城县,西汉置,属清河郡,东汉属清河国,治所在今河北清河县东北。

③朴讷(nè):质朴而不善言辞。

④武事:与军队或战争有关的事情。语出《左传·庄公四年》:"故临武事,将发大命,而荡王心焉。"

⑤乡移为正:意谓乡中发移文,令崔琰至京师为国家服一年徭役。移,即移文,指行于不相统属的官署间的公文。正,即正卒,汉代徭役名目之一。男子二十三岁至五十六岁,都得服役。每人每年在本郡或本县服役一个月,称为更卒。每人按一定次序轮流到京师服役一年,称为正卒。《汉书·食货志上》"又加月为更卒,已复为正"唐颜师古注:"更卒,谓

给郡县一月而更者也；正卒，谓给中都官者也。"或谓"乡移"，语出《礼记·王制》："命乡简不帅教者以告。耆老皆朝于庠，元日习射上功，习乡上齿，大司徒帅国之俊士与执事焉。不变，命国之右乡简不帅教者移之左，命国之左乡简不帅教者移之右，如初礼。不变，移之郊，如初礼。不变，移之遂，如初礼。不变，屏之远方，终身不齿。"若遵从此解，"乡移为正"可释为：乡中不遵循教诲者经过转移乡学而习礼，屡次不合格就要为国家服徭役。

⑥感激：谓感奋激发。汉代能说一经者为儒生（见东汉王充《论衡·超奇篇》），可以免除徭役。《后汉书》卷七六《循吏列传》："又造立校官，自掾史子孙，皆令诣学受业，复其徭役。章句既通。悉显拔荣进之。郡遂有儒雅之士。"复，谓免除徭役或赋税。

⑦论（lún伦）语：书名，为孔门弟子及其后学关于孔子言行思想的记录，二十篇。韩诗：《诗经》今文学派之一，指汉初燕人韩婴所传授的《诗经》。西汉初传《诗》者有鲁、齐、韩、毛四家。"韩诗"创立者韩婴，汉文帝时为博士官，推诗人之意而作《内外传》数万言。

⑧公孙方：崔琰之友，早卒，生平不详。郑玄：字康成（127~200），东汉高密（今属山东）人。尝师事扶风马融，聚徒讲学，遍注五经，今唯存《毛诗笺》。《后汉书》卷三五有传。《隋书·经籍志》著录《毛诗》二十卷，题"汉河间太傅毛苌传，郑氏笺"。

⑨期（jī基）：这里谓周年。

⑩徐州：汉武帝所置十三刺史部之一，辖境相当于今山东东南部与江苏长江以北地区，东汉时治所在郯县（今山东郯城）。三国魏移治于彭城（今江苏徐州）。黄巾贼：东汉末年张角所领导的农民军，因头包黄巾而得名。北海：即北海国，东汉改西汉北海郡置，治所剧县（今山东昌乐西十里），辖境相当于今山东潍坊、安丘、昌乐、寿光、昌邑等市县地。

⑪门人：弟子。不其（jī基）山：又作不期山，位于今山东青岛市城阳区东北。

⑫谷籴（dí迪）：买入谷物。县（xuán悬）乏：缺乏。

⑬罢谢：辞去。

⑭西道：谓向西回归故乡东武城县的道路。

⑮周旋：盘桓、辗转。青：即青州，西汉武帝所置十三刺史部之一，东汉治所临淄县（治今山东淄博市临淄北），辖境相当于今山东德州市、齐河县以东，马颊河以南，济南、临朐、安丘、高密、莱阳、栖霞、乳山等市县以北、以东与河北吴桥县地。徐：即徐州。兖：即兖州，西汉武帝时置，为十三刺史部之一，辖境相当于今山东西南部与河南东部地区，北至茌平、莱芜，东至沂水流域，东南至莒县、平邑、兖州、鱼台、单县，南至鹿邑、淮阳、扶沟等市县，西南至开封、濮阳等地。东汉治所昌邑县（今山东巨野东南）。豫：即豫州，西汉武帝时置，为十三刺史部之一，辖境相当于今淮河以北、伏牛山以东豫东、皖北地，东汉治所谯县（今安徽亳州市）。

⑯寿春：即寿春县，治所在今安徽寿县，秦汉为九江郡、淮南国治所，三国魏为扬州治所。

⑰望：即望祭，谓遥望而祭。语出《尚书·虞夏书·舜典》："望于山川，遍于群神。"江湖：长江与大湖。

⑱琴书：古琴和书籍，为古代文人雅士清高生涯常伴之物。

大将军袁绍闻而辟之①。时士卒横暴②，掘发丘陇③，琰谏曰："昔孙卿有言④：'士不素教，甲兵不利，虽汤武不能以战胜。'⑤今道路暴骨，民未见德，宜敕郡县掩骼埋胔⑥，示憯怛之爱⑦，追文王之仁⑧。"绍以为骑都尉⑨。后绍治兵黎阳⑩,次于延津⑪,琰复谏曰:"天子在许⑫,民望助顺⑬,不如守境述职⑭,以宁区宇⑮。"绍不听,遂败于官渡⑯。及绍卒,二子交争⑰,争欲得琰。琰称疾固辞,由是获罪,幽于囹圄⑱,赖阴夔、陈琳营救得免⑲。

[注释]

①大将军袁绍:字本初(?~202),东汉汝南汝阳(今河南商水西南)人。《后汉书》卷七四上有传,详见本书所选《袁绍传》。大将军,将军的最高称号,执掌统兵征伐。东汉大将军多由贵戚担任,是中央政府的实际掌权者,权位、俸禄皆超越三公。三国时为第一品。辟(bì必):征召。

②横(hèng 衡去声)暴:强横凶恶。

③丘陇:坟墓。

④孙卿:即战国时赵人荀况(前313?~前238),后世多称其荀子,又尊称其荀卿,汉人避西汉宣帝刘询讳,改称孙卿。其学以孔子为宗,主张人性皆恶,与孟子"性善说"相反。唐杨倞编其书为二十卷,并作注,即今通行本《荀子》。

⑤"士不素教"三句:不见于今本《荀子》。素教,谓平素的教化。甲兵,铠甲和兵械。泛指兵器。汤武,商汤与周武王的并称。《周易·革》:"汤武革命,顺乎天而应乎人。"

⑥敕(chì 赤):古时自上告下之词。汉时凡尊长告诫后辈或下属皆称敕。掩骼埋胔(zì 字):谓掩埋暴露的人之尸体。语出《礼记·月令》:"(孟春之月)掩骼埋胔。"汉郑玄注:"骨枯曰骼,肉腐曰胔。"

⑦憯怛(cǎndá 惨达):忧伤、悲痛、伤痛。《礼记·表记》:"中心

憎怛，爱人之仁也。"

⑧追文王之仁：语出《吕氏春秋·孟冬纪·异用》："周文王使人抇池，得死人之骸。吏以闻于文王，文王曰：'更葬之。'吏曰：'此无主矣。'文王曰：'有天下者，天下之主也；有一国者，一国之主也。今我非其主也？'遂令吏以衣棺更葬之。天下闻之曰：'文王贤矣！泽及髊骨，又况于人乎？'"文王，即周文王，姓姬名昌，周武王之父。殷商时诸侯，居于岐山之下，曾被纣王囚于羑里，释归后为西方诸侯之长，称西伯，迁都于丰。后其子武王起兵伐纣，建立周王朝。事见《史记·周本纪》。

⑨骑都尉：官名。光禄勋属官，统率皇宫禁卫军中的羽林骑士，秩比二千石。

⑩治兵：这里谓出兵作战。黎阳：即黎阳县，西汉置，属魏郡，治所在今河南浚县东。因古为九黎之地，故名。

⑪次：驻军。延津：津渡名，一名灵昌津。宋代以前黄河流经今河南延津县西北至滑县一段的重要渡口。

⑫天子：谓汉献帝。许：即许县，秦置，属颍川郡，治所在今河南许昌市东三十六里古城。三国魏黄初二年（221），改为许昌县。

⑬民望：民众的希望、心愿。顺：顺理，合乎事理。《后汉书·荀彧传》："诚因此时奉主上以从人望，大顺也。"

⑭守境：谓守住幽州境域。述职：指外任官员向朝廷陈述职守。

⑮区宇：境域。

⑯官渡：又作官度，在今河南中牟东北。

⑰二子交争：谓袁绍死后，其长子袁谭与幼子袁尚的互斗。

⑱囹圄（língyǔ 灵宇）：监狱。

⑲阴夔：袁绍所署豫州刺史，生平不详。陈琳：字孔璋（？~217），东汉广陵射阳（今江苏淮安东南）人。原为大将军何进主簿，后避难冀

州,袁绍用为纪室。建安五年(200),袁绍命他撰写讨伐曹操的檄文。四年以后曹操攻破冀州,陈琳被俘,曹操欣赏其才,未追究其不敬之词,用为从事。作为"建安七子"之一,陈琳以文学享誉后世。《三国志》卷二一有传。

太祖破袁氏,领冀州牧①,辟琰为别驾从事②,谓琰曰:"昨案户籍③,可得三十万众,故为大州也。"琰对曰:"今天下分崩,九州幅裂④,二袁兄弟亲寻干戈⑤,冀方蒸庶暴骨原野⑥。未闻王师仁声先路⑦,存问风俗⑧,救其涂炭⑨,而校计甲兵⑩,唯此为先,斯岂鄙州士女所望于明公哉⑪!"太祖改容谢之⑫。于时宾客皆伏失色⑬。

[注释]

①领:谓兼任。冀州:西汉武帝时置,为十三刺史部之一,辖境相当于今河北中南部,山东西段及河南北端。东汉治所高邑县(今河北柏乡北),后又移治邺县(今河北临漳西南)。

②别驾从事:又称别驾、别驾从事史,系州牧、刺史的属官。州牧、刺史巡行郡县,别驾别乘传车从行,故名。

③案:查考,考核。

④九州:一般指冀、豫、雍、荆、益、兖、青、徐、扬,凡九州。幅裂:谓如布幅的撕裂。汉应劭《风俗通序》:"今王室大坏,九州幅裂。"

⑤亲寻干戈:语出《左传·昭公元年》:"昔高辛氏有二子,伯曰阏伯,季曰实沈,居于旷林,不相能也。日寻干戈,以相征讨。"寻,用。干戈,干和戈是古代常用武器,因以"干戈"指战争。

⑥蒸庶：民众，百姓。

⑦王师：天子的军队，国家的军队。仁声：指施行仁德而赢得的声誉。先路：犹先行。

⑧存问：问候，探望。通常带有客气的意思。

⑨涂炭：比喻极困苦的境遇。《尚书·商书·仲虺之诰》："有夏昏德，民坠涂炭。"孔传："民之危险，若陷泥坠火。"

⑩校计：计算，核算。

⑪鄙州：崔琰的家乡清河东武城属于冀州刺史部，这里将"鄙"用在名词"州"前，用以谦称与自己有关的地域。明公：旧时对有名位者的尊称。

⑫改容：改变仪容，动容。谢：道歉，认错。

⑬伏：通"服"，佩服，服气。失色：这里谓因羞愧而改变神色。

太祖征并州①，留琰傅文帝于邺②。世子仍出田猎③，变易服乘④，志在驱逐。琰书谏曰："盖闻盘于游田⑤，《书》之所戒⑥，鲁隐观鱼，《春秋》讥之⑦，此周、孔之格言⑧，二经之明义⑨。殷鉴夏后，《诗》称不远⑩；子卯不乐，《礼》以为忌⑪。此又近者之得失，不可不深察也。袁族富强，公子宽放⑫，盘游滋侈⑬，义声不闻⑭。哲人君子，俄有色斯之志⑮；熊罴壮士，堕于吞噬之用⑯。固所以拥徒百万⑰，跨有河朔⑱，无所容足也。今邦国殄瘁⑲，惠康未洽⑳，士女企踵㉑，所思者德。况公亲御戎马㉒，上下劳惨㉓，世子宜遵大路㉔，慎以行正，思经国之高略㉕，内鉴近戒㉖，外扬远节㉗，深惟储副㉘，以身为宝。而猥袭虞旅之贱服㉙，忽驰骛而陵险㉚，志雉兔之小娱㉛，忘社稷之为重㉜，斯诚有识所以恻心也㉝。

唯世子燔翳捐褶㉞,以塞众望㉟,不令老臣获罪于天㊱。"世子报曰:"昨奉嘉命㊲,惠示雅数㊳,欲使燔翳捐褶,翳已坏矣,褶亦去焉。后有此比㊴,蒙复诲诸㊵。"

[注释]

①并(bīng 兵)州:西汉武帝时置,为十三刺史部之一。东汉治所太原郡(治今山西太原市西南晋源镇),辖境相当于今山西大部及内蒙古、河北的一部以及陕西北部与河套一带地区。

②傅:辅佐,教导。文帝:即曹丕(187~226),字子桓,曹操次子。建安十六年(211),拜五官中郎将,为丞相之副。建安二十二年(217),立为魏太子。建安二十五年(220)正月,曹操卒,嗣位为丞相、魏王。十月代汉称帝,国号魏。在位七年,选官实行九品中正制,意在维护士族门阀特权,欲统一中国而先死。史称魏文帝。中国文学史上著名诗人,文论有《典论·论文》传世。《三国志》卷二有纪。邺:即邺县,战国魏置,秦属邯郸郡,治所在今河北临漳西南邺镇。东汉末相继为冀州、相州治。

③世子:帝王和诸侯的嫡长子。这里即指曹丕。田猎:打猎。

④服乘(shèng 剩):指车马。

⑤盘于游田:意谓为娱乐而出游打猎。语出《尚书·周书·无逸》:"文王不敢盘于游田,以庶邦惟正之供。"盘,娱乐,欢乐。游田,出游打猎。

⑥书:即《尚书》,或简称《书》,为现存最早有关上古典章文献的汇编,儒家经典之一,相传为孔子编选。传世者有今文、古文之别。

⑦"鲁隐观鱼"二句:意谓鲁隐公到棠(今山东鱼台县西北)这个地方,使渔人陈设渔具,观其捕鱼。《左传》阐释《春秋》的记述,认为

这一做法"非礼也,且言远地也"。据《春秋·隐公五年》:"春,公矢鱼于棠。"晋杜预注:"(矢鱼)陈鱼,以示非礼也。"唐孔颖达疏:"陈鱼者,猎兽之类,谓使捕鱼之人陈设取鱼之备,观其取鱼,以为戏乐,非谓既取得鱼而陈列之也。"鲁隐,即鲁隐公(前?~前712),名息姑,鲁国第十四代国君,在位十一年。事见《史记》卷三三《鲁周公世家》。春秋,编年体史书名。相传孔子据鲁史修订而成。所记起于鲁隐公元年,止于鲁哀公十四年,凡二百四十二年。叙事极简,用字寓褒贬。为其作传者,以《左氏》《公羊》《穀梁》最著,是为《春秋》三传。

⑧周:即周公,周初政治家,名旦。为周文王之子,周武王之弟。因采邑在周(今陕西宝鸡东北),称为周公。文王死后二年,他和太公望、召公奭佐武王灭殷杀纣,建立周朝。武王死后,又辅佐武王子成王巩固了王权。据《尚书·周书·无逸》:"周公作《无逸》。"孔:即孔子。《春秋》传为孔子所修。格言:含有教育意义可为准则的话。

⑨二经:谓《尚书》与《春秋》。明义:犹要旨。

⑩"殷鉴夏后"二句:意谓前人失败的教训就在眼前,应该引以为戒,《诗经》早已指出。《诗经·大雅·荡》:"殷鉴不远,在夏后之世。"大意是:夏桀灭亡的教训,就是殷商人的一面镜子。夏后,即夏后氏,指禹受舜禅而建立的夏王朝。

⑪"子卯不乐(yuè越)"二句:意谓甲子日和乙卯日,古人以为是忌日,不能奏乐,《礼记》早有记述。据《礼记·檀弓下》,晋国大夫知悼子去世,尚未下葬,晋平公就饮酒并奏乐,掌管膳食的宰夫杜蒉进谏说:"甲子日和乙卯日不能奏乐,知悼子的灵柩还停在堂上,这时奏乐饮酒,要比甲子日与乙卯日奏乐的错误更严重。"据说,甲子为商纣灭亡之日,乙卯为夏桀亡日,后世帝王将这两位暴君引以为鉴,所以不在这两天举行娱乐活动。《左传·昭公九年》:"辰在子卯,谓之疾日。"晋杜预注:

"疾，恶也。纣以甲子丧，桀以乙卯亡，故国君以为忌日。"唐孔颖达疏："言王者恶此日，不以举吉事也。"礼，即《礼记》，书名，西汉戴圣采自先秦旧籍编定，共四十九篇。有汉郑玄《注》及唐孔颖达《正义》。因同时戴德别有《记》八十五篇，称《大戴礼记》，此书又称《小戴礼记》。

⑫宽放：谓少约束，放荡不羁。

⑬盘游：游乐。语出《尚书·虞夏书·五子之歌》："（太康）乃盘游无度，畋于有洛之表，十旬弗反。"孔传："盘乐游逸无法度。"滋侈：谓滋长奢侈。

⑭义声：德义的名声。

⑮"哲人君子"二句：意谓智慧卓越者以及有道德的君子目睹袁绍家族的为非作歹，顷刻间就想离开。哲人，智慧卓越的人。色斯，谓远遁以避世，语出《论语·乡党》："色斯举矣，翔而后集。"三国魏何晏《集解》引马融曰："见颜色不善则去之。"宋朱熹《集注》："言鸟见人之颜色不善，则飞去。"

⑯"熊罴（pí 皮）壮士"二句：意谓袁绍部下凶猛的武将，不肯为主子兼并天下卖力。熊罴，熊和罴，皆为猛兽，常用以喻勇士或雄师劲旅。堕，通"惰"，谓懈怠。吞噬（shì 式），犹吞并、兼并。

⑰拥徒百万：谓冀、青、幽、并四州之军民。

⑱河朔：古代泛指黄河以北的地区。

⑲邦国殄（tiǎn 舔）瘁：意谓国家困苦。语出《诗经·大雅·瞻卬》："人之云亡，邦国殄瘁。"

⑳惠康：谓加恩使之安乐。《尚书·周书·文侯之命》："柔远能迩，惠康小民。"洽：周遍，广博。《孟子·公孙丑上》："以文王之德，百年而后崩，犹未洽于天下。"

㉑士女：泛指人民、百姓。企踵：踮起脚跟，形容急切仰望之状。

㉒公：谓曹操。御：统领。戎马：借指军队。

㉓劳惨：劳苦忧心。语出《诗经·陈风·月出》："月出照兮，佼人燎兮，舒夭绍兮，劳心惨兮。"

㉔遵大路：沿着大道行走。语出《诗经·郑风·遵大路》："遵大路兮，掺执子之袪兮。"

㉕经国：治理国家。高略：重大的谋略。

㉖内鉴：犹内省。近戒：谓以近事为鉴戒。

㉗外扬：显现于外。远节：高远的气节。

㉘深惟：深思，深入考虑。储副：国之副君，指太子。

㉙猥袭：谓降低身份而随意穿着。虞旅：狩猎之军卒。贱服：卑贱的服用之物。

㉚驰骛：疾驰，奔腾。陵险：登越险阻。

㉛雉兔：这里谓猎取野鸡和兔子。语出《孟子·梁惠王下》："文王之囿方七十里，刍荛者往焉，雉兔者往焉，与民同之。"

㉜社稷：古代帝王、诸侯所祭的土神和谷神。社，土神；稷，谷神。常用为国家或政权的代称。

㉝有识：指有见识的人。恻心：忧伤，悲痛。

㉞燔（fán 凡）翳（yì 义）捐褶（xí 习）：意谓烧毁射猎的用具。燔，焚烧。翳，即古时盛放弓箭的器具。捐，放弃，舍弃。褶，裤褶服中的上衣，为左衽骑服。

㉟塞：犹满足。汉贾谊《过秦论》："塞万民之望，而以盛德与天下，天下息矣。"

㊱老臣：年老之臣的自称。获罪于天：谓得罪上天。语出《论语·八佾》："获罪于天，无所祷也。"

㊲嘉命：敬称别人的告语。

㊳雅数：高雅的道理。数，道理。

㊴此比：谓类似情况。

㊵诸：代词，相当于"之"，用作宾语。这里即代指"我"。

　　太祖为丞相①，琰复为东、西曹掾、属、征事②。初授东曹时，教曰③："君有伯夷之风④，史鱼之直⑤，贪夫慕名而清⑥，壮士尚称而厉⑦，斯可以率时者已⑧。故授东曹，往践厥职⑨。"魏国初建⑩，拜尚书⑪。时未立太子，临淄侯植有才而爱⑫。太祖狐疑⑬，以函令密访于外⑭。唯琰露板答曰⑮："盖闻《春秋》之义，立子以长⑯，加五官将仁孝聪明⑰，宜承正统。琰以死守之⑱。"植，琰之兄女婿也。太祖贵其公亮⑲，喟然叹息⑳，迁中尉㉑。

[注释]

①丞相：辅佐帝王，综理一国政务的最高行政长官。

②东西曹掾（yuàn院）属：东汉丞相的属官，有东、西曹之分，长官正职称掾，副职称属。西曹掾负责选拔推举丞相的吏员。东曹掾负责二千石长吏及军吏的升迁罢免。西曹位在东曹掾之上。征事：东曹或西曹的属官。崔琰当分别担任过东、西曹掾与征事等官吏。

③教：古代文体的一种，为官府或长上的告谕。这是曹操对崔琰的告谕。

④伯夷：为商孤竹君的长子，孤竹君遗命欲立次子叔齐为继承人，但两人相让，皆不愿即位，逃到周国。周武王伐纣，两人曾叩马进谏；武王灭商后，两人耻食周粟，逃到首阳山，采薇为食，最终饿死在山中。事见《史记》卷六一《伯夷列传》。古人将两人视为廉洁高尚守节的典型，唐

韩愈《伯夷颂》："若伯夷者，特立独行，穷天地、亘万世而不顾者也。"

⑤史鱼：名佗，字子鱼，也称史鳅。春秋时卫国大夫，卫灵公时任祝史，负责卫国对社稷神的祭祀，故又称祝佗。据《韩诗外传》卷七："卫大夫史鱼病且死，谓其子曰：'我数言蘧伯玉之贤而不能进，弥子瑕不肖而不能退。为人臣生不能进贤而退不肖，死不当治丧正堂，殡我于室足矣。'卫君问其故，子以父言闻，君造然召蘧伯玉而贵之，而退弥子瑕，从殡于正堂，成礼而后去。生以身谏，死以尸谏，可谓直矣。"《论语·卫灵公》："子曰：'直哉史鱼！邦有道如矢，邦无道如矢。'"

⑥慕名：犹好名，谓希望自己有好名声。

⑦尚称：崇尚声誉。厉：振奋。

⑧率时：为时人的表率。

⑨厥职：这个职务。

⑩魏国初建：建安十八年（213）五月，汉献帝封曹操为魏公，加九锡；秋七月，始建魏社稷宗庙。是为魏国建立之始。建安二十一年（216）五月，曹操晋爵魏王，当属后话。

⑪尚书：官名。始置于战国时，或称掌书，尚即执掌之义。秦为少府属官，汉武帝提高皇权，因尚书在皇帝左右办事，掌管文书奏章，地位逐渐重要。东汉时，尚书有官署在宫禁中，称尚书台，遂成为代表君主意志的近臣。尚书的首脑为尚书令，有尚书仆射二人、五曹尚书五人。

⑫临淄（zī资）侯植：即曹植（192~232），字子建，曹操与卞氏所生第三子。生前曾为陈王，卒后谥号思，因此又称陈思王。他是三国时期著名文学家，作为建安文学的代表人物之一与集大成者，在两晋南北朝时期，被推尊到文章典范的地位。其代表作有《洛神赋》《白马篇》《七哀诗》等。详见本书所选《陈思王植传》。临淄，即临淄县，属青州，治今山东淄博市临淄北。建安十九年（214），曹植从平原侯徙封临淄侯。

⑬狐疑：犹豫。

⑭函令：谓用信函下达命令。

⑮露板：指奏章。因其不缄封，故称。

⑯立子以长：谓帝王或诸侯的承嗣子以年长且贵优先。《春秋公羊传·隐公元年》："立適（嫡）以长不以贤，立子以贵不以长。"

⑰加：再说。五官将：即五官中郎将，谓曹丕。其官为秦置，属郎中令。汉代为光禄勋属官，秩比二千石。曹丕以五官中郎将"置官属，为丞相副"，其职权已经提高。

⑱守之：谓坚持此看法。

⑲公亮：公正诚信。

⑳喟（kuì 溃）然：感叹、叹息貌。裴注引《世语》曰："植妻衣绣，太祖登台见之，以违制命，还家赐死。"

㉑中尉：东汉诸王国属官。《后汉书·百官五》："中尉一人，比二千石。本注曰：职如郡都尉，主盗贼。"

琰声姿高畅①，眉目疏朗②，须长四尺，甚有威重③，朝士瞻望④，而太祖亦敬惮焉⑤。琰尝荐巨鹿杨训⑥，虽才好不足，而清贞守道⑦，太祖即礼辟之。后太祖为魏王，训发表称赞功伐⑧，褒述盛德⑨。时人或笑训希世浮伪⑩，谓琰为失所举。琰从训取表草视之，与训书曰："省表⑪，事佳耳⑫！时乎时乎，会当有变时⑬。"琰本意讥论者好谴呵而不寻情理也⑭。有白琰此书傲世怨谤者⑮，太祖怒曰："谚言'生女耳'，'耳'非佳语。'会当有变时'，意指不逊⑯。"于是罚琰为徒隶⑰，使人视之，辞色不挠。太祖令曰："琰虽见刑，而通宾客，门若市人，对宾客虬须直视⑱，若有所瞋⑲。"

遂赐琰死㉑。

[注释]

①声姿：声音姿态。高畅：响亮流畅。

②疏朗：开阔清亮，这里形容眉目清秀。

③威重：威严庄重。

④朝士：朝廷之士，泛称中央官员。瞻望：仰望，仰慕。

⑤敬惮（dàn旦）：犹敬畏。裴注引《先贤行状》曰："琰清忠高亮，雅识经远，推方直道，正色于朝。魏氏初载，委授铨衡，总齐清议，十有馀年。文武群才，多所明拔。朝廷归高，天下称平。"

⑥巨鹿杨训：巨鹿（治今河北平乡县西南平乡镇）人，生平不详。

⑦清贞：清白坚贞。守道：坚守某种道德规范。

⑧发表：上奏章给皇帝。功伐：功劳，功勋。

⑨褒述：谓记述其功德予以表彰。

⑩希世：迎合世俗。浮伪：虚伪。

⑪省（xǐng醒）：察看。

⑫耳：语气词。表示限止语气，与"而已""罢了"同义。这或许是引起曹操反感的原因。

⑬会当：该当，当须。含有将然的语气。

⑭谴呵：谴责呵斥。

⑮傲世：谓轻视世人。怨谤：怨恨非议。

⑯意指：通"意旨"，谓意之所在。不逊：傲慢无礼。

⑰徒隶：刑徒奴隶，服劳役的犯人。

⑱虬（qiú求）须：拳曲胡须。直视：谓目不他瞩。

⑲瞋（chēn琛）：生气，恼火。

⑳遂赐琰死：裴注引《魏略》曰："人得琰书，以裹愤笼，行都道中。时有与琰宿不平者，遥见琰名著愤笼，从而视之，遂白之。太祖以为琰腹诽心谤，乃收付狱，髡刑输徒。前所白琰者又复白之云：'琰为徒，虬须直视，心似不平。'时太祖亦以为然，遂欲杀之。乃使清公大吏往经营琰，敕吏曰：'三日期消息。'琰不悟，后数日，吏故白琰平安。公忿然曰：'崔琰必欲使孤行刀锯乎！'吏以是教告琰，琰谢吏曰：'我殊不宜，不知公意至此也！'遂自杀。"

始琰与司马朗善①，晋宣王方壮②，琰谓朗曰："子之弟，聪哲明允③，刚断英跱④，殆非子之所及也⑤。"朗以为不然，而琰每秉此论。琰从弟林⑥，少无名望，虽姻族犹多轻之⑦，而琰常曰："此所谓大器晚成者也⑧，终必远至⑨。"涿郡孙礼、卢毓始入军府⑩，琰又名之曰："孙疏亮亢烈⑪，刚简能断⑫；卢清警明理⑬，百炼不消⑭。皆公才也⑮。"后林、礼、毓咸至鼎辅⑯。及琰友人公孙方、宋阶早卒⑰，琰抚其遗孤，恩若己子。其鉴识笃义⑱，类皆如此⑲。

[注释]

①司马朗：字伯达（171～217），东汉河内温县（治今河南温县西）人，司马懿之兄。为曹操所辟，历任司空掾属、成皋令、丞相主簿、兖州刺史，有官声。《三国志》卷一五有传。

②司马宣王：即司马懿（179～251），字仲达，河内温县（今河南温县西）人。曹操为丞相时辟为文学掾，转主簿。曹丕称帝后，任尚书右仆射，转抚军大将军。魏明帝时任大将军，迁太尉，晋太傅。正始十年（249）发动高平陵政变，诛杀曹爽等，专国政。辛后，魏元帝曹奂咸熙

元年（264），其子司马昭进爵为晋王，追谥司马懿为宣王。其孙司马炎代魏，建立晋朝，追尊他为宣帝。《晋书》卷一有传。

③聪哲：聪慧明智。明允：明察而诚信。

④刚断：刚毅果断。英跱（zhì 志）：犹英峙，谓才智特出。

⑤所及也：裴注云："臣松之案：'跱'或作'特'，窃谓'英特'为是也。"

⑥从弟林：即崔琰的堂弟崔林（？～244），字德儒，东汉清河东武城（今山东武城西北）人。少时不知名，后为曹操所擢，历任冀州主簿、御史中丞。曹丕代汉，拜尚书，出为幽州刺史，迁大鸿胪，转司隶校尉。魏明帝景初三年（239）拜司空，封安阳乡侯。卒谥孝侯。《三国志》卷二四有传。

⑦姻族：谓有姻亲关系的各家族或其成员。

⑧大器晚成：谓贵重器物需要长时间才能完成。常比喻大才之人成就往往较晚。语出《老子》："大器晚成，大音希声。"

⑨远至：谓日后能大成。

⑩涿郡孙礼：字德达（？～250），涿郡容城（今河北容城）人。历任平原太守、冀州牧、司空，封大利亭侯。卒谥景侯。《三国志》卷二四有传。卢毓：字子家（182～257），涿郡涿县（今河北涿州市）人，卢植之子。十岁而孤，以学行见称。历任冀州主簿、黄门侍郎、广平太守。魏明帝青龙二年（234），入为侍中，转仆射，典选举。迁司空，进爵容城侯。卒谥成侯。《三国志》卷二二有传。军府：将帅的府署。

⑪疏亮：豁达直爽。亢（kàng 抗）烈：刚毅。

⑫刚简：刚强率略。能断：谓有决断力。

⑬清警：机智敏锐。明理：明察事理。

⑭百炼：多次锻炼，久经磨炼。

⑮公才:谓可担任三公的人才。三公,东汉以太尉、司徒、司空为三公,各置一人,均可开府,即设办公机构,有权自行任用属吏,各有属官数十人。

⑯咸:皆,都。鼎辅:执政的大臣。

⑰宋阶:崔琰之友,早卒,生平不详。

⑱鉴识:谓对人物识别的精审。笃(dǔ赌)义:重情义。

⑲类皆如此:意谓都如此类事例。裴注引《魏略》曰:"明帝时,崔林尝与司空陈群共论冀州人士,称琰为首。群以'智不存身'贬之。林曰:'大丈夫为有邂逅耳,即如卿诸人,良足贵乎!'"

初,太祖性忌①,有所不堪者②,鲁国孔融③,南阳许攸④,娄圭⑤,皆以恃旧不虔见诛⑥。而琰最为世所痛惜,至今冤之⑦。

[注释]

①忌:猜忌,嫉妒。

②不堪:忍受不了。

③鲁国孔融:字文举(153~208),鲁国(治今山东曲阜)人,孔子二十世孙。以曾任北海相,时称孔北海。他是东汉末文学家,为"建安七子"之一。因性情刚直,对曹操屡有触犯,终于被曹操杀害。《三国志》卷一二(见后裴注)、《后汉书》卷七〇皆有传。裴注云:"融字文举。"又引《续汉书》曰:"融,孔子二十世孙也。高祖父尚,巨鹿太守。父宙,太山都尉。融幼有异才。时河南尹李膺有重名,敕门下简通宾客,非当世英贤及通家子孙弗见也。融年十馀岁,欲观其为人,遂造膺门,语门者曰:'我,李君通家子孙也。'膺见融,问曰:'高明父祖,尝与仆周旋乎?'融曰:'然。先君孔子与君先人李老君,同德比义而相师友,则融

与君累世通家也。'众坐奇之,炜曰:'异童子也。'太中大夫陈炜后至,同坐以告炜,炜曰:'人小时了了者,大亦未必奇也。'融答曰:'即如所言,君之幼时,岂实慧乎!'膺大笑,顾谓曰:'高明长大,必为伟器。'山阳张俭,以中正为中常侍侯览所忿疾,览为刊章下州郡捕俭。俭与融兄褒有旧,亡投褒。遇褒出,时融年十六,俭以其少不告也。融知俭长者,有窘迫色,谓曰:'吾独不能为君主邪!'因留舍藏之。后事泄,国相以下密就掩捕,俭得脱走,登时收融及褒送狱。融曰:'保纳藏舍者融也,融当坐之。'褒曰:'彼来求我,罪我之由,非弟之过,我当坐之。'兄弟争死,郡县疑不能决,乃上谳,诏书令褒坐焉。融由是名震远近,与平原陶丘洪、陈留边让,并以俊秀,为后进冠盖。融持论经理不及让等,而逸才宏博过之。司徒大将军辟举高第,累迁北军中候、虎贲中郎将、北海相,时年三十八。承黄巾残破之后,修复城邑,崇学校,设庠序,举贤才,显儒士。以彭璆为方正,邴原为有道,王修为孝廉。告高密县为郑玄特立一乡,名为郑公乡。又国人无后,及四方游士有死亡者,皆为棺木而殡葬之。郡人甄子然孝行知名,早卒,融恨不及之,乃令配食县社。其礼贤如此。在郡六年,刘备表融领青州刺史。建安元年,征还为将作大匠,迁少府。每朝会访对,辄为议主,诸卿大夫寄名而已。"又引司马彪《九州春秋》曰:"融在北海,自以智能优赡,溢才命世,当时豪俊皆不能及。亦自许大志,且欲举军曜甲,与群贤要功,自于海岱结殖根本,不肯碌碌如平居郡守,事方伯、赴期会而已。然其所任用,好奇取异,皆轻剽之才。至于稽古之士,谬为恭敬,礼之虽备,不与论国事也。高密郑玄,称之郑公,执子孙礼。及高谈教令,盈溢官曹,辞气温雅,可玩而诵。论事考实,难可悉行。但能张磔网罗,其自理甚疏。租赋少稽,一朝杀五部督邮。奸民污吏,猾乱朝市,亦不能治。幽州精兵乱,至徐州,卒到城下,举国皆恐。融直出说之,令无异志。遂与别校谋夜覆幽州,幽州军败,悉有其众。无几时,还复叛亡。黄巾将至,融大饮醇酒,躬自上马,御之浼水之上。寇令上部与融相拒,两翼径涉水,直到所治城。城溃,融不得入,转至南县,左右稍叛。连年倾覆,事无所济,遂不能保郡四境,弃郡而去。后徙徐州,以北海相自还领青州刺史,治郡北陲。欲附山东,外接辽东,得戎马之利,建树根本,孤立一隅,不与共也。于时曹、袁、公孙共相首尾,战士不满数百,谷不至万斛。王子法、刘孔慈凶辩小才,信为腹心。左丞祖、刘义逊清隽之士,备在坐席而已,言此民望,不可失也。丞祖劝融自托强国,融不听而杀之。义逊弃去。遂为袁谭所攻,自春至夏,城小寇众,流矢雨集。然融凭几安坐,读书论议自若。城坏众亡,身奔山东,室家为谭所虏。"又引张璠《汉纪》曰:"融在郡八年,仅以身免。帝初都许,融以为宜略依旧制,定王畿,正司隶所部为千里之封,乃引公卿上书言其义。是时天下草创,曹、袁之权未分,融所建明,不识时务。又天性气爽,颇推平生之意,狎侮太祖。太祖制酒禁,而融书啁之曰:'天有酒旗之星,地列酒泉之郡,人有旨酒之德,故尧不饮千钟,无以成其圣。且桀纣以色亡国,今令不禁婚姻也。'太祖外虽宽容,而内不能平。御史大夫郗虑知旨,以法免融官。岁馀,拜太中大夫。虽居家失势,而宾客日满其门,爱才乐酒,常叹曰:'坐上客常满,樽中酒不空,吾无忧矣。'虎贲士有貌似蔡邕者,融每酒酣,辄引与同坐,曰:'虽无老成人,尚有典刑。'其好士如此。"又引《续汉书》曰:"太尉杨彪与袁术婚姻,术僭号,太祖与彪有隙,因是执彪,将杀焉。融闻之,不及朝服,往见太祖曰:'杨公累世清德,四叶重光,周书"父子兄弟,罪不相及",况以袁氏之罪乎?《易》称"积善馀庆",但欺人耳。'太祖曰:'国家之意也。'融曰:'假使成王欲杀召公,则周公可得言不知邪?今天下缨緌搢绅之士所以瞻仰明公者,以明公聪明仁智,辅相汉朝,举直措枉,致之雍熙耳。今横杀无辜,则海内观听,谁不解体?孔融鲁国男子,

崔琰传 | 541

明日便当褰衣而去，不复朝矣。'太祖意解，遂理出彪。"又引《魏氏春秋》曰："袁绍之败也，融与太祖书曰：'武王伐纣，以妲己赐周公。'太祖以融学博，谓书传所纪。后见，问之，对曰：'以今度之，想其当然耳！'十三年，融对孙权使，有讪谤之言，坐弃市。二子年八岁，时方弈棋，融被收，端坐不起。左右曰：'而父见执，不起何也？'二子曰：'安有巢毁而卵不破者乎！'遂俱见杀。融有高名清才，世多哀之。太祖惧远近之议也，乃令曰：'太中大夫孔融既伏其罪矣，然世人多采其虚名，少于核实，见融浮艳，好作变异，眩其诳诈，不复察其乱俗也。此州人说平原祢衡受传融论，以为父母与人无亲，譬若缶器，寄盛其中，又言若遭饥馑，而父不肖，宁赡活馀人。融违天反道，败伦乱理，虽肆市朝，犹恨其晚。更以此事列上，宣示诸军将校掾属，皆使闻见。'"又引《世语》曰："融二子，皆龆龀。融见收，顾谓二子曰：'何以不辞？'二子俱曰：'父尚如此，复何所辞！'以为必俱死也。"又云："臣松之以为《世语》云融二子不辞，知必俱死，犹差可安。如孙盛之言，诚所未譬。八岁小儿，能玄了祸福，聪明特达，卓然既远，则其忧乐之情，宜其有过成人，安有见父收执而曾无变容，弈棋不起，若在瑕豫者乎？昔申生就命，言不忘父，不以己身将死而废念父之情也。父安犹尚若兹，而况于颠沛哉？盛以此为美谈，无乃贼夫人之子与！盖由好奇情多，而不知言之伤理。"

④南阳许攸：字子远（？～204），东汉南阳（今属河南）人。少时与曹操为友，后辅佐袁绍。官渡之战中，因袁绍不纳其分兵袭曹的建议，愤而投曹，并献袭击乌巢之计，令曹军大获全胜。后因居功自傲且不敬曹操，终为曹操所杀。裴注引《魏略》曰："攸字子远，少与袁绍及太祖善。初平中随绍在冀州，尝在坐席言议。官渡之役，谏绍勿与太祖相攻，语在《绍传》。绍自以强盛，必欲极其兵势。攸知不可为谋，乃亡诣太祖。绍破走，及后得冀州，攸有功焉。攸自恃勋劳，时与太祖相戏，每在

席，不自限齐，至呼太祖小字，曰：'某甲，卿不得我，不得冀州也。'太祖笑曰：'汝言是也。'然内嫌之。其后从行出邺东门，顾谓左右曰：'此家非得我，则不得出入此门也。'人有白者，遂见收之。"

⑤娄圭：字子伯（生卒年不详），荆州南阳郡（治今河南南阳）人。少有猛志，东汉末群雄并起，先依附刘表，后投靠曹操，成为其重要谋士，参与军国大计。后因出言不逊，为曹操杀害。《三国志》卷一二有传（见后裴注）。

⑥恃旧：谓依仗老交情。不虔（qián前）：不敬。裴注引《魏略》曰："娄圭字子伯，少与太祖有旧。初平中在荆州北界合众，后诣太祖。太祖以为大将，不使典兵，常在坐席言议。及河北平定，随在冀州。其后太祖从诸子出游，子伯时亦随从。子伯顾谓左右曰：'此家父子，如今日为乐也。'人有白者，太祖以为有腹诽意，遂收治之。"又引《吴书》曰："子伯少有猛志，尝叹息曰：'男儿居世，会当得数万兵千匹骑著后耳！'侪辈笑之。后坐藏亡命，被系当死，得逾狱出，捕者追之急，子伯乃变衣服如助捕者，吏不能觉，遂以得免。会天下义兵起，子伯亦合众与刘表相依。后归曹公，遂为所用，军国大计常与焉。刘表亡，曹公向荆州。表子琮降，以节迎曹公，诸将皆疑诈，曹公以问子伯。子伯曰：'天下扰攘，各贪王命以自重，今以节来，是必至诚。'曹公曰：'大善。'遂进兵。宠秩子伯，家累千金，曰：'娄子伯富乐于孤，但势不如孤耳！'从破马超等，子伯功为多。曹公常叹曰：'子伯之计，孤不及也。'后与南郡习授同载，见曹公出，授曰：'父子如此，何其快耶！'子伯曰：'居世间，当自为之，而但观他人乎！'授乃白之，遂见诛。"又引鱼豢曰："古人有言曰：'得鸟者，罗之一目也，然张一目之罗，终不得鸟矣。鸟能远飞，远飞者，六翮之力也，然无众毛之助，则飞不远矣。'以此推之，大魏之作，虽有功臣，亦未必非兹辈胥附之由也。"

⑦至今冤之：裴注引《世语》曰："琰兄孙谅，字士文，以简素称，仕晋为尚书大鸿胪。"又引荀绰《冀州记》云："谅即琰之孙也。"

[译文]

崔琰字季珪，是清河国东武城县人。他少年时质朴而不善言辞，喜好击剑，崇尚与军队或战争有关的事情。二十三岁那年，乡中发移文，令崔琰至京师为国家服一年徭役，崔琰受刺激才开始发奋，攻读《论语》《韩诗》。到二十九岁时，就交结公孙方等到郑玄门下学习。不到一年，徐州黄巾军攻破北海国治所剧县，郑玄与其弟子一同到不其山避难。当时可以购买的谷物缺乏，郑玄只能辞去他的弟子。崔琰被遣散以后，由于寇盗遍地，向西回归故乡东武城县的道路不通。崔琰于是盘桓辗转在青州、徐州、兖州、豫州一带的郊野，又东下寿春县，向南对长江、大湖遥望而祭。自从离家四年以后才得以还家，以弹琴、读书自娱自乐。

大将军袁绍闻知后就征召崔琰。当时袁绍部下士卒强横凶恶，挖掘坟墓以求财，崔琰劝说袁绍说："战国时的荀子曾说：'士兵若平素的教化不严，铠甲和兵械不坚固与锋利，即使是商汤、周武那样的君王统御也不能打胜仗。'如今道路上尸骨暴露，百姓没有感受到您的恩德，应当下令各郡县掩埋暴露的人之尸体，以显示您忧伤悲痛的爱心，效法周文王泽及枯骨的仁政。"袁绍任命崔琰为骑都尉。此后袁绍至黎阳出兵作战，驻扎在延津，崔琰又进谏说："天子在许县，合乎事理地侍奉天子是民众的希望与心愿，我们不如守住幽州境域，向朝廷陈述职守，以求得境域内的安宁。"袁绍没有听从劝告，于是在官渡战败。等到袁绍去世，他的两个儿子相互争战，都想让崔琰归顺自己。崔琰称病坚决辞谢，因此获罪，被囚禁在监狱，依靠阴夔、陈琳的营救，才得以脱身。

曹操攻破袁氏，自己兼任冀州牧后，征召崔琰为别驾从事，对他说：

"昨天查考冀州的户籍，人口可达三十万，所以仍称得上是大州。"崔琰回答说："如今天下分崩离析，九州就如布幅的撕裂，袁谭、袁尚亲兄弟也相互征讨，冀州一方百姓的尸骨还暴露在原野上。如今没有听到天子的军队施行仁德而赢得声誉，问候当地的风俗人情，从极困苦的境遇中解救他们，而是计算甲兵的征求，将之作为首要的事情办，这难道是我的故乡冀州男男女女对于明公的期盼吗！"曹操改变仪容道歉。这一时刻，满座宾客都佩服崔琰的一席话，因羞愧而改变了神色。

曹操征讨并州，留下崔琰在邺城辅佐曹丕。世子曹丕仍旧出去打猎，改换车马，兴趣专注于驰马追逐猎物。崔琰上书进谏说："我听说为娱乐而出游打猎，《尚书》中就有告诫的文字，鲁隐公到棠这个地方，使渔人陈设渔具，观其捕鱼，《春秋》因此讽刺其非礼，这是周公、孔子留下的含有教育意义可为准则的话，是《尚书》与《春秋》的要旨所在。前人失败的教训就在眼前，应该引以为戒，《诗经》早已指出；甲子日和乙卯日，古人以为是忌日，不能奏乐，《礼记》早有记述。这又是较为切近的得失鉴戒，不能够不深思明察啊。袁氏家族富强，其公子少约束，放荡不羁，游乐滋长奢侈，没有听说他们有德义的名声。智慧卓越者以及有道德的君子目睹袁绍家族的为非作歹，顷刻间就想离开；袁绍部下凶猛的武将，不肯为主子兼并天下卖力。像他们起初虽拥有百万徒众，占据黄河以北的地区，最终竟无容足之地。如今国家困苦，加恩并使之安乐没有周遍，百姓都踮起脚跟，急切仰望仁德的施行。况且曹公亲自统领军队，官兵上上下下劳苦忧心，世子您要沿着大道行走，谨慎地端正自己的行为，思考治理国家的重大谋略，内省要以近事为鉴戒，令高远的气节显现于外，深入考虑自己国之副君的地位，爱惜自己的身体。降低身份而随意穿着狩猎军卒卑贱的服装，突然疾驰奔腾登越险阻，只知以猎取野鸡和兔子为娱乐，忘记江山社稷的重要，这正是有见识的人忧伤悲痛的事情。希望您烧毁射猎的用具，抛弃猎服，以满足众人的愿望，不要令老臣我得罪上天。"世子曹丕回答说："昨日得到您美善的告语，赐示高雅的道理，打算让我烧毁射猎的用具，抛弃猎服。如今猎具等已经损坏，猎装也抛弃了。以后再有类似情况，愿意再听到您的教诲。"

曹操做了丞相，崔琰先后被任用为丞相府东、西曹掾与征事等官职。开始授职于东曹时，曹操发出教令告谕崔琰说："您有伯夷廉洁高尚的风节，又具备史鱼那样的刚直性格，贪鄙的人因希望自己有好名声而变清廉，壮士因崇尚声誉而更为振奋，这真可以作为时代的表率了。所以授予您东曹掾的职务，去履行您的这个职事吧。"魏国初建时，任命崔琰为尚书。当时还没有确立太子，临淄侯曹植因有才气而受到曹操的宠爱。曹操犹豫不决，用函件秘密到外访求群臣的意见。只有崔琰用不缄封的奏章答复道："我闻说《春秋》上的大道理，帝王或诸侯的承嗣子以年长且贵优先，再说长子五官中郎将仁孝聪明，应当继承魏国大统。崔琰我即使死也坚持此看法。"曹植是崔琰兄长的女婿。曹操赞赏看重崔琰的公正诚信，喟然叹息，将崔琰升为中尉。

崔琰声音姿态响亮流畅，眉目清秀，胡须长四尺，显得威严庄重，受到朝廷之士的仰慕，曹操对崔琰也很敬畏，崔琰曾经推荐过巨鹿人杨训，此人虽才学有所不足，但清白坚贞，坚守某种道德规范，曹操即以礼任用了杨训。以后曹操晋升魏王，杨训上奏章给皇帝称赞曹操的功劳，述其盛德予以表彰。当时有人讥笑杨训迎合世俗的虚伪，认为崔琰推荐人失误。崔琰向杨训找来奏章的草稿观看，就写信给杨训说："我察看了你的奏章，魏王事迹好罢了！时势啊时势，当须有变化的机会。"崔琰本意是讥讽议论的人只是一味谴责呵斥，而不能推究其间情理。有人却禀报曹操说崔琰此信轻视世人，怨恨非议，曹操发怒说："谚语'生女罢了'，'罢了'不是好话。'当须有变化的机会'，意之所在，傲慢无礼。"于是惩罚崔琰为服劳役的犯人，令人察看他，见崔琰辞语、面色并无屈服的表示。曹操下令说："崔琰虽被判刑罚，却仍然会见宾客，门庭若市，面对宾客用手卷曲胡须，目不他瞩，仿佛有所愤恨的样子。"于是赐令崔琰自杀。

起初，崔琰与司马朗交好，司马懿还年轻，崔琰对司马朗说："您的弟弟，聪慧明智，明察而诚信，刚毅果断，才智特出，恐怕不是您所能够赶得上的。"司马朗不以为然，而崔琰却常常坚持这一论断。崔琰的堂弟崔林，年轻时没有什么名望，虽有姻亲关系的各家族成员也大都轻视他，但崔琰却常说："大才之人成就往往较晚，他日后必能大成。"涿郡人孙礼、卢毓刚开始进入将帅的府署时，崔琰又评议说："孙礼豁达直爽而性刚毅，刚强率略而有决断力；卢毓机智敏锐又明察事理，久经磨炼而不消沉。他们都是可担任三公的人才。"此后崔林、孙礼、卢毓都官至执政的大臣。崔琰的友人公孙方、宋阶早去世，崔琰抚养他们的遗孤，恩爱就像对待自己的儿子。他对人物识别的精审与看重情义，都如此类事例。

起初，曹操性格猜忌，他所忍受不了的，鲁国人孔融，南阳人许攸、娄圭，都因依仗老交情对曹操有所不恭敬而被诛杀。崔琰则最为世人所痛惜，至今仍觉得他冤屈。

陈思王植传

附萧怀王熊

[题解]

传见《三国志》卷一九《魏书十九》。曹植(192~232),曹操之妻卞夫人所生第三子,自幼天资颖悟,颇受曹操宠爱,但在与其兄曹丕争夺王储的斗争中失败。曹操过世,曹丕代汉称帝后,曹植备受打压,这种困窘状况在曹丕去世、曹叡登极后也没有改变,曹植一直属于被严加防范的对象。观本传中所载其上表文字及所作《责躬》《应诏》两诗,肉麻吹捧曹丕、痛贬自己,或许口是心非,但其间摇尾乞怜之态,则毫无友于兄弟之情,完全是天差地别的主奴关系,封建专制社会的荒唐可见一斑。曹植后半生曾被迁徙封地多次,最后封于陈国,卒谥思,故后人称之为"陈王"或"陈思王"。曹魏鉴于西汉吴楚七国之乱的教训,对于血浓于水的同姓诸王防范监督极其严密,隔绝他们互通声气的所有渠道,对于曹植的看管更甚于其他兄弟,形同软禁。尽管曹植一再上表自明心志,欲效命疆场,杀敌报国,但都无济于事。司马氏能最终夺取天下,与曹魏政权矫枉过正的"内防"心态不无关系,可见曹植的忧患意识并非皆出于其建功立业的自我价值的实现。他一生勤于著述,诗歌、散文与赋的创作,都取得了不朽的成就,作为建安文学的集大成者,影响深远。南朝钟嵘《诗品》有云:"陈思之于文章也,譬人伦之有周孔、鳞羽之有龙凤、音乐之有琴笙,女工之有黼黻。"评价甚高。曹植的赋作《洛神赋》与五言诗

《白马篇》等皆为名作。传世《曹子建集》十卷，有南宋刻本，今人则有《曹植集校注》。清王夫之《读通鉴论》卷一〇有云："故魏之亡，亡于孟德偏爱植而植思夺嫡之日。兄弟相猜，拱手以授之他人，非一旦一夕之故矣。"站在专制王朝家天下的立场上，从家族兄弟之间关系的角度分析曹魏最终败于司马氏的原因，总觉不够中肯。也许正是政治上的失意，玉成了曹植彪炳后世的文学成就，这可算是中国古代文学史的一件幸事吧，尽管它是以一代文人的困顿失意为代价的。

　　陈思王植字子建。年十岁馀，诵读《诗》《论》及辞赋数十万言①，善属文②。太祖尝视其文，谓植曰："汝倩人邪③？"植跪曰："言出为论，下笔成章，顾当面试④，奈何倩人？"时邺铜爵台新成⑤，太祖悉将诸子登台，使各为赋。植援笔立成⑥，可观，太祖甚异之⑦。性简易⑧，不治威仪⑨。舆马服饰，不尚华丽。每进见难问⑩，应声而对，特见宠爱。建安十六年⑪，封平原侯⑫。十九年，徙封临淄侯⑬。太祖征孙权⑭，使植留守邺，戒之曰："吾昔为顿丘令⑮，年二十三。思此时所行，无悔于今。今汝年亦二十三矣，可不勉与！"植既以才见异，而丁仪、丁廙、杨修等为之羽翼⑯。太祖狐疑⑰，几为太子者数矣⑱。而植任性而行，不自雕励⑲，饮酒不节。文帝御之以术⑳，矫情自饰㉑，宫人左右，并为之说，故遂定为嗣。二十二年㉒，增置邑五千㉓，并前万户。植尝乘车行驰道中㉔，开司马门出㉕。太祖大怒，公车令坐死㉖。由是重诸侯科禁㉗，而植宠日衰㉘。太祖既虑终始之变㉙，以杨修颇有才策㉚，而又袁氏之甥也㉛，于是以罪诛修。植益内不自安㉜。二十四年㉝，曹仁为关羽所围㉞。太祖以植为南中郎将㉟，行征虏将军㊱。欲遣救仁，呼有所敕戒㊱。植醉不能受命，于是悔而罢之㊳。

[注释]

①诵读：熟读，背诵。诗：即《诗经》，我国最早的诗歌总集，共收西周初至春秋中叶的民歌及朝庙乐章三百零五篇，分为风、小雅、大雅、颂四体。汉代传《诗》者有齐、鲁、韩（今文）与毛（古文）四家，以毛诗独传至今。论（lún 伦）：即《论语》：书名，为孔门弟子及其后学关于孔子言行思想的记录，二十篇。

②属（zhǔ 嘱）文：撰写文章。属，连缀的意思。

③倩（qìng 庆）人：谓请托别人。

④顾：乃。面试：当面考试。

⑤邺：即邺县，战国魏置，秦属邯郸郡，治所在今河北临漳西南邺镇。东汉末相继为冀州、相州治。铜爵台：即铜雀台，故址位于今河北临漳城西南三台村，为曹操建安十五年（210）所建。台高近百尺，有楼阁、殿宇百余间，千门万户，规模宏伟。楼阁最高处铸九尺多高的铜雀，非常壮观。明末为漳河水冲毁，现仅存台基。

⑥援笔：执笔。

⑦异：特别重视。裴注引阴澹《魏纪》载植赋曰："'从明后而嬉游兮，登层台以娱情。见太府之广开兮，观圣德之所营。建高门之嵯峨兮，浮双阙乎太清。立中天之华观兮，连飞阁乎西城。临漳水之长流兮，望园果之滋荣。仰春风之和穆兮，听百鸟之悲鸣。天云垣其既立兮，家愿得而获逞。扬仁化于宇内兮，尽肃恭于上京。惟桓文之为盛兮，岂足方乎圣明！休矣美矣！惠泽远扬。翼佐我皇家兮，宁彼四方。同天地之规量兮，齐日月之晖光。永贵尊而无极兮，等年寿于东王。'云云。太祖深异之。"

⑧简易：疏略平易。

⑨治：注重，讲究。威仪：指服饰仪表。

⑩难（nàn 南去声）问：提出疑问。

⑪建安十六年：即公元211年。

⑫平原侯：封爵名，属列侯中的县侯，食邑平原县。平原县，属济北郡，东汉为平原国治，治今山东平原西南二十五里张官店。

⑬临淄侯：封爵名，属列侯中的县侯，食邑临淄县。临淄县，属青州，治今山东淄博市临淄北。

⑭孙权：字仲谋（182～252），孙坚次子，吴郡富春（今浙江富阳）人。吴国建立者，即吴大帝。详见本书所选《吴主传》。

⑮顿丘令：即顿丘县县令，秩千石，掌管一县治安、刑讼及赋敛、徭役等事。汉制，万户以上县的长官称令，万户以下县的长官称长。顿丘，即顿丘县，西汉置，属东郡，治所在今河南清丰县西南。

⑯丁仪：字正礼（？～220），东汉沛国（治今安徽濉溪西北）人。博学多才，与曹植亲善。建安二十五年（220），曹操卒后，曹植兄曹丕继位魏王，丁仪与其弟丁廙一同被杀。《三国志》卷一九有传。丁廙（yì异）：字敬礼（？～220），东汉沛国（治今安徽濉溪西北）人，丁仪之弟。与其兄丁仪力劝曹操立曹植为嗣，为曹丕所忌恨，故同被杀。《三国志》卷一九有传。杨修：字德祖（175～219），弘农华阴（今属陕西）人，杨彪之子。为曹操谋士，历任仓曹属主簿。才思敏捷，博学能言，恃才傲物，又与曹植交好，终为曹操所忌，被杀害。《三国志》卷一九、《后汉书》卷五四皆有传。羽翼：指辅佐的人或力量。

⑰狐疑：犹豫。

⑱几（jī基）：将近，几乎。数（shuò朔）：屡次。

⑲雕励：谓砥砺言行。

⑳文帝：谓曹丕。御（yà押去声）：逢迎，迎合。《史记·汲郑列

传》:"好兴事,舞文法,内怀诈以御主心,外挟贼吏以为威重。"术:权术,计谋。

㉑矫情:掩饰真情。自饰:文饰或掩盖自己。

㉒二十二年:即建安二十二年(217)。

㉓邑:谓封邑,古时帝王赐给诸侯、功臣以领地或食邑。

㉔驰道:古代供君王行驶车马的道路。

㉕司马门:皇宫的外门。《史记·项羽本纪》:"章邯恐,使长史欣请事。至咸阳,留司马门三日,赵高不见,有不信之心。"南朝宋裴骃集解:"凡言司马门者,宫垣之内,兵卫所在,四面皆有司马,主武事。总言之,外门为司马门也。"这里的司马门指邺城魏王宫南面的正门。

㉖公车令:即公车司马令,秦汉卫尉属官。《汉书·百官公卿表》:"卫尉,秦官,掌宫门卫屯兵,有丞。景帝初更名大夫令,后元年复为卫尉。属官有公车司马、卫士、旅贲三令丞。"唐颜师古注云:"《汉官仪》云公车司马掌殿司马门,夜徼宫中,天下上事及阙下凡所征召皆总领之,令秩六百石。"东汉职掌略同。坐死:谓因罪被处死。

㉗科禁:戒律,禁令。

㉘植宠日衰:裴注引《魏武故事》载令曰:"始者谓子建,儿中最可定大事。"又令曰:"自临淄侯植私出,开司马门至金门,令吾异目视此儿矣。"又令曰:"诸侯长史及帐下吏,知吾出辄将诸侯行意否?从子建私开司马门来,吾都不复信诸侯也。恐吾适出,便复私出,故摄将行。不可恒使吾以谁为心腹也!"

㉙终始之变:谓事物发生演变的全过程,这里喻指后患。

㉚才策:才智和谋略。

㉛袁氏之甥:谓杨修为袁术的外甥,即杨修之母为袁术的姊妹。事见《后汉书》卷五四《杨震传》。

㉜自安：自安其心，自以为安定。裴注引《典略》曰："杨修字德祖，太尉彪子也。谦恭才博。建安中，举孝廉，除郎中，丞相请署仓曹属主簿。是时，军国多事，修总知外内，事皆称意。自魏太子已下，并争与交好。又是时临淄侯植以才捷爱幸，来意投修，数与修书，书曰：'数日不见，思子为劳；想同之也。仆少好词赋，迄至于今二十有五年矣。然今世作者，可略而言也。昔仲宣独步于汉南，孔璋鹰扬于河朔，伟长擅名于青土，公干振藻于海隅，德琏发迹于大魏，足下高视于上京。当此之时，人人自谓握灵蛇之珠，家家自谓抱荆山之玉也。吾王于是设天网以该之，顿八纮以掩之，今尽集兹国矣。然此数子，犹不能飞翰绝迹，一举千里也。以孔璋之才，不闲辞赋，而多自谓与司马长卿同风，譬画虎不成还为狗者也。前为书嘲之，反作论盛道仆赞其文。夫钟期不失听，于今称之。吾亦不敢妄叹者，畏后之嗤余也。世人著述，不能无病。仆常好人讥弹其文；有不善者，应时改定。昔丁敬礼尝作小文，使仆润饰之，仆自以才不能过若人，辞不为也。敬礼云："卿何所疑难乎！文之佳丽，吾自得之。后世谁相知定吾文者邪？"吾常叹此达言，以为美谈。昔尼父之文辞，与人通流；至于制《春秋》，游、夏之徒不能错一字。过此而言不病者，吾未之见也。盖有南威之容，乃可以论于淑媛；有龙渊之利，乃可以议于割断。刘季绪才不逮于作者，而好诋呵文章，掎摭利病。昔田巴毁五帝，罪三王，訾五伯于稷下，一旦而服千人，鲁连一说，使终身杜口。刘生之辩未若田氏，今之仲连求之不难，可无叹息乎！人各有所好尚。兰茝荪蕙之芳，众人之所好，而海畔有逐臭之夫；《咸池》《六英》之发，众人所乐，而墨翟有非之之论；岂可同哉！今往仆少小所著词赋一通相与。夫街谈巷说，必有可采，击辕之歌，有应风雅，匹夫之思，未易轻弃也。辞赋小道，固未足以揄扬大义，彰示来世也。昔扬子云，先朝执戟之臣耳，犹称"壮夫不为"也；吾虽薄德，位为藩侯，犹庶几戮力上国，流惠下民，建

永世之业，流金石之功，岂徒以翰墨为勋绩，辞颂为君子哉？若吾志不果，吾道不行，亦将采史官之实录，辩时俗之得失，定仁义之衷，成一家之言，虽未能藏之名山，将以传之同好，此要之白首，岂可以今日论乎！其言之不怍，恃惠子之知我也。明早相迎，书不尽怀。'修答曰：'不侍数日，若弥年载，岂独爱顾之隆，使系仰之情深邪！损辱来命，蔚矣其文。诵读反覆，虽《风》《雅》《颂》，不复过也。若仲宣之擅江表，陈氏之跨冀域，徐、刘之显青、豫，应生之发魏国，斯皆然矣。至如修者，听采风声，仰德不暇，目周章于省览，何惶骇于高视哉？伏惟君侯，少长贵盛，体旦、发之质，有圣善之教。远近观者，徒谓能宣昭懿德，光赞大业而已，不谓复能兼览传记，留思文章。今乃含王超陈，度越数子；观者骇视而拭目，听者倾首而耸耳；非夫体通性达，受之自然，其谁能至于此乎？又尝亲见执事握牍持笔，有所造作，若成诵在心，借书于手，曾不斯须少留思虑。仲尼日月，无得逾焉。修之仰望，殆如此矣。是以对《鹖》而辞，作《暑赋》弥日而不献，见西施之容，归憎其貌者也。伏想执事不知其然，猥受顾赐，教使刊定。《春秋》之成，莫能损益。《吕氏》《淮南》，字直千金；然而弟子钳口，市人拱手者，圣贤卓荦，固所以殊绝凡庸也。今之赋颂，古诗之流，不更孔公，《风》《雅》无别耳。修家子云，老不晓事，强著一书，悔其少作。若此，仲山、周旦之徒，则皆有愆乎！君侯忘圣贤之显迹，述鄙宗之过言，窃以为未之思也。若乃不忘经国之大美，流千载之英声，铭功景钟，书名竹帛，此自雅量素所蓄也，岂与文章相妨害哉？辄受所惠，窃备蒙瞍诵歌而已。敢忘惠施，以忝庄氏！季绪琐琐，何足以云。'其相往来，如此甚数。植后以骄纵见疏，而植故连缀修不止，修亦不敢自绝。至二十四年秋，公以修前后漏泄言教，交关诸侯，乃收杀之。修临死，谓故人曰：'我固自以死之晚也。'其意以为坐曹植也。修死后百馀日而太祖薨，太子立，遂有天下。初，修以所得王髦剑奉太子，太子常服之。及即尊位，在洛阳，从容出宫，追思修之过薄也，抚其剑，驻车顾左右曰：'此杨德祖昔所说王髦剑也。髦今焉在？'及召见之，赐髦谷帛。"又引挚虞《文章志》曰："刘季绪名修，刘表子。官至东安太守。著诗、赋、颂六篇。"又云："臣松之案《吕氏春秋》曰：'人有臭者，其兄弟妻子皆莫能与居，其人自苦而居海上。海上人有悦其臭者，昼夜随之而不能去。'此植所云'逐臭之夫'也。田巴事出《鲁连子》，亦见《皇览》，文多故不载。"又引《世语》曰："修年二十五，以名公子有才能，为太祖所器，与丁仪兄弟，皆欲以植为嗣。太子患之，以车载废簏，内朝歌长吴质与谋。修以白太祖，未及推验。太子惧，告质，质曰：'何患？明日复以簏受绢车内以惑之，修必复重白，重白必推，而无验，则彼受罪矣。'世子从之，修果白，而无人，太祖由是疑焉。修与贾逵、王凌并为主簿，而为植所友。每当就植，虑事有阙，忖度太祖意，豫作答教十馀条，敕门下，教出以次答。教裁出，答已入，太祖怪其捷，推问始泄。太祖遣太子及植各出邺城一门，密敕门不得出，以观其所为。太子至门，不得出而还。修先戒植：'若门不出侯，侯受王命，可斩守者。'植从之。故修遂以交构赐死。修子嚣，嚣子准，皆知名于晋世。嚣，泰始初为典军将军，受心膂之任，早卒。准字始丘，惠帝末为冀州刺史。"又引荀绰《冀州记》曰："准见王纲不振，遂纵酒，不以官事为意，逍遥卒岁而已。成都王知准治，犹以其为名士，惜而不责，召以为军谋祭酒。府散停家，关东诸侯议欲以准补三事，以示怀贤尚德之举。事未施行而卒。准子峤字国彦，髦字士彦，并为后出之俊。准与裴頠、乐广善，遣往见之。頠性弘方，爱峤之有高韵，谓准曰：'峤当及卿，然髦小减也。'广性清淳，爱髦之有神检，谓准曰：'峤自及卿，然髦尤精出。'准叹曰：'我二儿之优劣，乃裴、乐之优劣也。'评者以为峤虽有高韵，而神检不逮，广言为得。傅畅云：'峤似准而疏。'峤弟俊，字惠彦，最清出。峤、髦皆为二千石。俊，太傅掾。"

㉝二十四年：即建安二十四年（219）。

㉞曹仁：字子孝（168～223），曹操堂弟，谯（今安徽亳州市）人。从曹操征伐，屡立战功，曾以镇南将军镇守南郡，固守樊城。魏文帝时官至大将军，迁大司马。《三国志》卷九有传。关羽：字云长（？～219），东汉解县（治今山西临猗西南）人。详见本书所选《关羽传》。

㉟南中郎将：官名。光禄勋属官，郎官的首领之一，位次于将军，秩比二千石。

㊱行：代理。征虏将军：官名。东汉杂号将军名，汉光武帝时设置。

㊲敕（chì 赤）戒：警诫，教诫。

㊳悔而罢之：裴注引《魏氏春秋》曰："植将行，太子饮焉，偪而醉之。王召植，植不能受王命，故王怒也。"

文帝即王位，诛丁仪、丁廙并其男口①。植与诸侯并就国②。黄初二年③，监国谒者灌均希指④，奏"植醉酒悖慢⑤，劫胁使者⑥"。有司请治罪⑦，帝以太后故⑧，贬爵安乡侯⑨。其年改封鄄城侯⑩。三年⑪，立为鄄城王，邑二千五百户。

[注释]

①男口：男性佣人。裴注引《魏略》曰："丁仪字正礼，沛郡人也。父冲，宿与太祖亲善，时随乘舆。见国家未定，乃与太祖书曰：'足下平生常喟然有匡佐之志，今其时矣。'是时张杨适还河内，太祖得其书，乃引军迎天子东诣许，以冲为司隶校尉。后数来过诸将饮，酒美不能止，醉烂肠死。太祖以冲前见开导，常德之。闻仪为令士，虽未见，欲以爱女妻

之，以问五官将。五官将曰：'女人观貌，而正礼目不便，诚恐爱女未必悦也。以为不如与伏波子楙。'太祖从之。寻辟仪为掾，到与论议，嘉其才朗，曰：'丁掾，好士也，即使其两目盲，尚当与女，何况但眇？是吾儿误我。'时仪亦恨不得尚公主，而与临淄侯亲善，数称其奇才。太祖既有意欲立植，而仪又共赞之。及太子立，欲治仪罪，转仪为右刺奸掾，欲仪自裁而仪不能。乃对中领军夏侯尚叩头求哀，尚为涕泣而不能救。后遂因职事收付狱，杀之。"又云："廙字敬礼，仪之弟也。《文士传》曰：'廙少有才姿，博学洽闻。初辟公府，建安中为黄门侍郎。廙尝从容谓太祖曰："临淄侯天性仁孝，发于自然，而聪明智达，其殆庶几。至于博学渊识，文章绝伦。当今天下之贤才君子，不问少长，皆愿从其游而为之死，实天所以钟福于大魏，而永授无穷之祚也。"欲以劝动太祖。太祖答曰："植，吾爱之，安能若卿言！吾欲立之为嗣，何如？"廙曰："此国家之所以兴衰，天下之所以存亡，非愚劣琐贱者所敢与及。廙闻知臣莫若于君，知子莫若于父。至于君不论明暗，父不问贤愚，而能常知其臣子者何？盖由相知非一事一物，相尽非一旦一夕。况明公加之以圣哲，习之以人子。今发明达之命，吐永安之言，可谓上应天命，下合人心，得之于须臾，垂之于万世者也。廙不避斧钺之诛，敢不尽言！"太祖深纳之。'"

②就国：谓回归到自己的封地。

③黄初二年：即公元221年。黄初，魏文帝曹丕年号（220～226）。

④监国谒者灌均：三国魏官吏，生平不详。监国谒者，官名。汉制，王国置谒者，侯国则无。此官为魏文帝曹丕所特置，以监视宗室诸侯等。希指：又作"希旨"，谓迎合在上者的意旨。

⑤悖（bèi备）慢：违逆不敬，悖理傲慢。

⑥劫胁：威逼胁迫。使者：这里当指监国谒者。

⑦有司：官吏。古代设官分职，各有专司，故称。治罪：依据罪名，

陈思王植传 | 557

曹植有可能被判死刑。

⑧太后：谓皇太后卞氏，在其诸子中最疼爱曹植。

⑨安乡侯：封爵名，属于列侯中的乡侯。安乡，为某县下之乡名，故址不详。曹植由县侯改封乡侯，故曰"贬爵"。王巍《曹植集校注·谢初封安乡侯表》注云："安乡：今河北晋县东。"裴注引《魏书》载诏曰："植，朕之同母弟。朕于天下无所不容，而况植乎？骨肉之亲，舍而不诛，其改封植。"

⑩鄄（juàn眷）城侯：封爵名，属于列侯中的县侯。鄄城县，秦置，属东郡，汉属济阴郡，治所在今山东鄄城县北旧城镇。

⑪三年：即黄初三年（222）。

四年①，徙封雍丘王②。其年，朝京都③。上疏曰：

臣自抱衅归藩④，刻肌刻骨⑤，追思罪戾⑥，昼分而食⑦，夜分而寝⑧。诚以天罔不可重离⑨，圣恩难可再恃。窃感《相鼠》之篇"无礼""遄死"之义⑩，形影相吊⑪，五情愧赧⑫。以罪弃生，则违古贤"夕改"之劝⑬；忍活苟全，则犯诗人"胡颜"之讥⑭。伏惟陛下德象天地⑮，恩隆父母，施畅春风，泽如时雨。是以不别荆棘者，庆云之惠也⑯；七子均养者，尸鸠之仁也⑰；舍罪责功者⑱，明君之举也；矜愚爱能者⑲，慈父之恩也：是以愚臣徘徊于恩泽而不能自弃者也⑳。

[注释]

①四年：即黄初四年（223）。

②雍丘：即雍丘县，秦置，属砀郡，汉属陈留郡，治所在今河南

杞县。

③京都：指洛阳。《三国志·文帝纪》："（黄初元年）十二月，初营洛阳宫，戊午幸洛阳。"

④抱衅：负罪。归藩：回到自己的封地。此当谓鄄城。

⑤刻肌刻骨：即刻骨铭心，谓感受深切。

⑥罪戾：罪过。

⑦昼分：日正中之时，即中午。

⑧夜分：夜半。

⑨天罔：即天网，特指国家的法律。重离：谓再犯。离，通"罹（lí 离）"，遭受。

⑩感：犹想。相鼠：《诗经》篇名。无礼遄（chuán 船）死：语出《诗经·鄘风·相鼠》第三章："相鼠有体，人而无礼。人而无礼！胡不遄死？"遄死，速死。

⑪形影相吊：形容孤单无依。

⑫五情：谓喜、怒、哀、乐、怨五种情感。愧赧（nǎn 南上声）：因羞惭而面红耳赤。

⑬古贤：谓曾子。曾子（前505～前435），姒姓，曾氏，名参，字子舆，春秋鲁国南武城（今山东嘉祥）人。孔子晚年弟子之一，儒家学派的重要代表人物，后世尊为"宗圣"，成为配享孔庙的四配之一，仅次于"复圣"颜渊。撰有《孝经》《大学》。夕改：谓改过迅速。语出汉戴德《大戴礼记·曾子立事》："存往者，在来者，朝有过，夕改，则与之；夕有过，朝改，则与之。"

⑭胡颜：犹言有何面目，意谓愧极。语出《诗经·鄘风·相鼠》："人而无礼，胡不遄死。"《诗经·小雅·巧言》："巧言如簧，颜之厚矣。"所谓"胡颜"当系融合两诗诗意而成。

⑮伏惟：亦作"伏维"，为下对上的敬词，多用于奏疏或信函。谓念及，想到。陛下：谓魏文帝曹丕。

⑯"是以"二句：意谓瑞云庇荫万物，即使是荆棘也不厌弃。庆云，五色云，古人以为喜庆、吉祥之气。这里比喻君上。

⑰"七子"二句：意谓君上以仁德待下，对子民一视同仁。语出《诗经·曹风·鸤鸠》："鸤鸠在桑，其子七兮。淑人君子，其仪一兮。其仪一兮，心如结兮。"毛传："鸤鸠之养七子，朝从上下，暮从下上，平均如一。"汉郑玄注："兴者，喻人君之德当均一于下也。"尸鸠，又作"鸤鸠"，即布谷鸟。

⑱舍罪责功：谓既往不咎而责求事功。

⑲矜愚爱能：谓对愚者怜悯，对能者爱护。

⑳徘徊：流连，留恋。自弃：谓自我结束生命。

前奉诏书①，臣等绝朝②，心离志绝③，自分黄耇无复执圭之望④。不图圣诏猥垂齿召⑤，至止之日⑥，驰心辇毂⑦。僻处西馆⑧，未奉阙廷⑨，踊跃之怀⑩，瞻望反仄⑪。谨拜表献诗二篇。其辞曰："於穆显考⑫，时惟武皇⑬，受命于天，宁济四方⑭。朱旗所拂⑮，九土披攘⑯，玄化滂流⑰，荒服来王⑱。超商越周⑲，与唐比踪⑳。笃生我皇㉑，奕世载聪㉒，武则肃烈㉓，文则时雍㉔，受禅炎汉㉕，临君万邦㉖。万邦既化，率由旧则㉗；广命懿亲㉘，以藩王国㉙。帝曰尔侯㉚，君兹青土㉛，奄有海滨㉜，方周于鲁㉝，车服有辉㉞，旗章有叙㉟，济济隽乂㊱，我弼我辅㊲。伊予小子㊳，恃宠骄盈㊴，举挂时网㊵，动乱国经㊶。作藩作屏㊷，先轨是堕㊸，傲我皇使㊹，犯我朝仪㊺。国有典刑(46)，我削我绌(47)，将寘于理(48)，元凶是率(49)。明明天子(50)，时笃同类(51)，不忍我刑，暴之朝肆(52)，违彼执宪(53)，哀予小子。改封兖邑(54)，于河之滨，股肱弗置(55)，有君无臣，荒淫之阙(56)，谁弼予身？茕茕仆夫，于彼冀方(57)，嗟予小子，乃罹斯殃(58)。赫赫天子，恩不遗物，冠我玄冕(59)，要我朱绂(60)。朱绂光大，使我荣华，剖符授玉(61)，王爵是加。仰齿金玺(62)，俯执圣策(63)，皇恩过隆，祗承怵惕(64)。咨我小子，顽凶是婴(65)，逝惭陵墓(66)，存愧阙廷(67)。匪敢傲德，实恩是恃(68)，威灵改加，足以没齿(69)。昊天罔极，性命不图(70)，常惧颠沛，抱罪黄垆(71)。愿蒙矢石，建旗东岳(72)，庶立豪氂，微功自赎(73)。危躯授命，知足免戾(74)，甘赴江湘，奋戈吴越(75)。天启其衷，得会京畿(76)，迟奉圣颜，如渴如饥(77)。心之云慕，怆矣其悲(78)，天高听卑，皇肯照微(79)！”

[注释]

①诏书：皇帝颁发的命令。南朝梁刘勰《文心雕龙·诏策》：“汉初定仪则，则命有四品：一曰策书，二曰制书，三曰诏书，四曰戒敕。”《三国志·明帝纪》：“古者诸侯朝聘，所以敦睦亲亲协和万国也。先帝著令，不欲使诸王在京都者，谓幼主在位，母后摄政，防微以渐，关诸盛衰也。”

②臣等：当谓任城王曹彰、吴王曹彪等。绝朝：谓禁止朝会（诸侯朝见天子）。

③心离志绝：谓意志崩溃。

④自分（fèn 奋）：自料，自以为。黄耇（gǒu 苟）：年老。《诗经·小雅·南山有台》：“乐只君子，遐不黄耇。”毛传：“黄，黄发也；耇，

老。"曹植时年三十二岁，即使在汉魏间也不当言老，这里用其未来意，即至老也难以再封爵了。执圭（guī归）：以手持圭，这里谓封爵。圭，瑞玉。常作祭祀、朝聘之用。古代封爵授土时，赐圭以为信。

⑤猥：副词，犹辱、承。谦词。齿召：录用征召。

⑥至止：到达。

⑦辇毂（niǎngǔ碾谷）：皇帝的车舆。这里代指京城。

⑧西馆：位于洛阳城西，是招待来朝诸侯的馆舍。

⑨阙廷：亦作"阙庭"，谓朝廷。

⑩踊跃：欢欣鼓舞貌。

⑪瞻望：仰望。反仄（zè泽去声）：辗转不安。

⑫於（wū乌）穆显考：此四字及其以下至"又曰"，南朝梁萧统编《文选》题作《责躬诗》。於穆，对美好的赞叹。《诗经·周颂·维天之命》："维天之命，於穆不已。"显考，古代对亡父的美称。这里谓曹操。

⑬时：通"是"。惟：语助词。武皇：谓曹操。

⑭宁济：安定匡济。

⑮朱旗：红旗，这里指战旗。

⑯九土：九州的土地。披攘：犹披靡，喻军队溃败。

⑰玄化：圣德教化。滂流：广泛流布。

⑱荒服：古"五服"之一。称离京师二千到二千五百里的边远地方。亦泛指边远地区。《尚书·虞夏书·禹贡》："五百里荒服。"孔传："要服外之五百里，言荒又简略。"来王：朝见天子表示臣服。《诗经·商颂·殷武》："昔有成汤，自彼氐羌，莫不来享，莫敢不来王。"汉郑玄笺："世见曰王。"

⑲超商越周：谓超越殷商与周朝。

⑳与唐比踪：谓可与唐尧时代并列。

㉑笃（dǔ 赌）生：谓生而得天独厚。语出《诗经·大雅·大明》："笃生武王，保右命尔。"汉郑玄笺："天降气于大姒，厚生圣子武王。"我皇：谓魏文帝曹丕。

㉒奕世：累世，代代。载聪：谓积累聪慧。语仿《国语·周语上》："奕世载德，不忝前人。"

㉓肃烈：肃穆威烈。

㉔时雍：兴盛和乐。《尚书·虞夏书·尧典》："百姓昭明，协和万邦，黎民于变时雍。"孔传："时，是；雍，和也。"

㉕受禅（shàn 善）：王朝更迭，新皇帝承受旧帝让给的帝位。这里即指建安二十五年（220）冬，曹魏代汉。炎汉：汉自称以火德王，故称炎汉。

㉖临君：同"君临"，谓为君而主宰。语出《左传·襄公十三年》："赫赫楚国，而君临之。"万邦：所有诸侯封国。后引申为天下，全国。

㉗率由旧则：同"率由旧章"，谓完全依循旧规办事。《诗经·大雅·假乐》："不愆不忘，率由旧章。"旧则谓汉代皇子被封为诸侯王。

㉘懿亲：至亲。这里谓兄弟。《左传·僖公二十四年》："如是则兄弟虽有小忿，不废懿亲。"

㉙藩：篱笆，引申为屏障。王国：指同姓诸侯之国。

㉚尔侯：你这位诸侯。谓临淄侯曹植。建安十九年（214），曹植受封临淄侯。

㉛青土：齐国临淄属青州刺史部，故称。

㉜奄有：全部占有，多用于疆土。《诗经·商颂·玄鸟》："方命厥后，奄有九有。"海滨：语本《尚书·虞夏书·禹贡》："海岱惟青州。嵎夷既略，潍、淄其道。厥土白坟，海滨广斥。"

㉝方周于鲁：就如同周王朝对待鲁国一样。比喻临淄侯与魏国关系密

切。方，比拟，比喻。

㉞车服：车舆礼服。《尚书·虞夏书·舜典》："敷奏以言，明试以功，车服以庸。"唐孔颖达疏："人以车服为荣，故天子之赏诸侯，皆以车服赐之。"

㉟旗章：具有区别名分标志的旗帜。叙：按规定的等级次第授官职；按劳绩的大小给予奖励。

㊱济济（jǐ jǐ 挤挤）：众多貌。《诗经·大雅·文王》："济济多士，文王以宁。"隽乂（jùnyì 俊义）：才德超卓的人。

㊲我弼我辅：意谓国君以我为辅弼之臣。语出《尚书大传》卷二："古者天子必有四邻，前曰疑，后曰承，左曰辅，右曰弼。"

㊳伊：发语词，无义。予小子：古人对先辈、长者的自称。这里是曹植自称。

㊴恃宠骄盈：意谓自己凭借曹操的宠爱而骄傲自满。

㊵挂：触犯。时网：指法令。

㊶动乱：扰乱。国经：国家的纲纪。

㊷作藩作屏：意谓诸侯国是京师的屏障。《汉书·燕刺王刘旦传》："昔高皇帝王天下，建立子弟以藩屏社稷。"

㊸先轨：先王的法度。堕（huī 灰）：废弃。

㊹皇使：这里当指监国谒者。见前。

㊺朝仪：朝廷的礼仪。

㊻典刑：常刑。

㊼我削我绌（chù 触）：谓削减我的食邑，降低我的爵位（由县侯贬为乡侯）。

㊽寘（zhì 置）：处置，处理。理：治理狱讼的官。

㊾元凶是率：意谓与罪魁祸首同等类别。

㊿明明天子：颂扬魏文帝曹丕。明明，明智、明察貌。多用于歌颂帝王或神灵。语出《诗经·大雅·常武》："赫赫明明，王命卿士。"下文"赫赫天子"，与此句句义略同。

㈤笃（dǔ赌）：深厚。同类：谓同胞兄弟。

㈥暴（pù铺）之朝肆：古代诛杀罪犯在街头示众，表示民众共同鄙弃之，名曰"弃市"。暴，暴露。朝肆，犹朝市，谓朝廷和市肆。

㈦执宪：执法者。

㈧改封兖邑：谓改封曹植为鄄城侯。鄄城属兖州，临近黄河。

㈨股肱（gōng公）：大腿和胳膊。比喻左右辅佐之臣。

㈩阙：缺误，疏失。

㊄"茕茕（qióngqióng穷穷）仆夫"二句：据黄节《曹子建诗注》，曹植改封鄄城侯后，又为东郡太守王机所告，一度被魏文帝禁锢于邺城。邺城属冀州，故云"于彼冀方"。茕茕，孤零貌。仆夫，驾驭车马之人。这里当系曹植自喻。

㊈罹（lí离）：遭受。殃：祸患，灾难。

㊉玄冕：泛指黑色官冕。

㊅要（yāo腰）：同"腰"，用如动词。朱绂（fú服）：古代系佩玉或印章的红色丝带。

㊋剖符：犹剖竹。古代帝王分封诸侯、功臣时，以竹符为信证，剖分为二，君臣各执其一，后因以"剖符""剖竹"为分封、授官之称。授玉：给予玉圭。玉圭，即诸侯朝聘或祭祀时所持的玉器。

㊌齿：并列，在一起。金玺：金制成的印玺。《汉书·百官公卿表上》："诸侯王，高帝初置，金玺盩绶，掌治其国。"魏承汉制，亦以金玺赐予诸侯王。

㊍圣策：谓皇帝封诸侯王的策书。

㉔祗承：敬奉。怵惕：戒惧，惊惧。《尚书·周书·冏命》："怵惕惟厉，中夜以兴，思免厥愆。"孔传："言常悚惧惟危，夜半以起，思所以免其过悔。"

㉕顽凶：愚妄不顺。婴：纠缠，羁绊。

㉖逝惭陵墓：意谓死后羞见曹操于地下。

㉗存愧阙廷：意谓活着有愧于魏朝廷。阙廷，亦作"阙庭"，谓朝廷。

㉘"匪敢"二句：意谓不敢对兄长曹丕不敬，全凭兄长恩惠降于我身。匪，同"非"。不，不是。慠（ào 傲）德，谓傲视不敬兄长。慠，通"傲""敖"。汉贾谊《新书·道术》："弟敬爱兄谓之悌，反悌为敖。"

㉙"威灵"二句：意谓天子以显赫声威为我加封爵位，令我终生难忘。威灵，显赫的声威。没齿，终身。《论语·宪问》："夺伯氏骈邑三百，饭疏食，没齿无怨言。"

㉚"昊（hào 浩）天罔极"二句：意谓父母尊长养育恩德深广，欲报而无可报答，而自己的生命却难以预料。昊天罔极，语出《诗经·小雅·蓼莪》："父兮生我，母兮鞠我。抚我畜我，长我育我，顾我复我，出入腹我。欲报之德，昊天罔极！"昊天，广漠的天宇。

㉛"常惧颠沛"二句：意谓经常忧惧生命无常，到死也不能报答君主的恩惠。颠沛，死亡。待罪，等待处置。黄垆（lú 卢），犹黄泉，谓死亡。

㉜"愿蒙矢石"二句：意谓希望到战场一显身手，准备征讨东吴。矢石，箭和垒石，谓战争、打仗。建旗，谓竖立战旗。东岳，泰山。这里有居高临下的意思。

㉝"庶立豪氂"二句：意谓或许能够建立微小的功绩，用来为自己赎罪。豪氂，一毫一厘。形容极少的数量。豪，通"毫"；氂，通"厘

（厘）"。

⑭ "危躯授命"二句：意谓愿为国家献身乃至生命，能够免罪就知足了。危躯，犹献身。曹植《七启》："予闻君子乐奋节以显义，烈士甘危躯以成仁。"授命，献出生命。《论语·宪问》："见利思义，见危授命。"

⑮ "甘赴江湘"二句：意谓甘愿奔赴南方的战场，为国拼杀。江湘，指长江和湘江流域；吴越，指春秋时吴越故地（今江浙一带）。江湘与吴越，当时皆属东吴的统治区域。

⑯ "天启其衷"二句：意谓上天打开我们诸侯王的心扉，令兄弟得以在京师相会。京畿，国都及其行政官署所辖地区。

⑰ "迟（zhì置）奉圣颜"二句：意谓想望拜谒君主，迫不及待。迟，《文选·曹植〈责躬〉诗》唐李善注："迟，犹思也。"圣颜，谓魏文帝曹丕。

⑱ "心之云慕"二句：意谓我内心思慕君主，情怀悲伤无以复加。

⑲ "天高听卑"二句：意谓帝王圣明，能够察见我心中隐微。天高听卑，语出《史记·宋微子世家》，谓天帝高高在上，却能听到下面人世间的言语，而察知其善恶。

又曰①："肃承明诏，应会皇都②，星陈凤驾，秣马脂车③。命彼掌徒，肃我征旅④，朝发鸾台，夕宿兰渚⑤。芒芒原隰，祁祁士女⑥，经彼公田，乐我稷黍⑦。爰有樛木，重阴匪息⑧；虽有糇粮，饥不遑食⑨。望城不过，面邑匪游⑩，仆夫警策，平路是由⑪。玄驷蔼蔼，扬镳漂沫⑫；流风翼衡，轻云承盖⑬。涉涧之滨，缘山之隈⑭，遵彼河浒⑮，黄阪是阶⑯。西济关谷⑰，或降或升;骓骖倦路⑱,再寝再兴⑲。将朝圣皇⑳,匪敢晏宁㉑;弭节长骛,指日遄征㉒。前驱举燧㉓,后乘抗旌㉔;轮不辍运㉕,鸾无废声㉖。爰暨帝室㉗,税此西墉㉘;嘉诏未赐,朝觐莫从㉙。仰瞻城阈㉚,俯惟阙廷;长怀永慕㉛,忧心如酲㉜。"

帝嘉其辞义,优诏答勉之㉝。

[注释]

①又曰:此以下,南朝梁萧统编《文选》题作《应诏诗》。

②"肃承明诏"二句:意谓恭敬地承奉君主英明的诏示,前往京都朝会。肃,恭敬。明诏,英明的诏示。

③"星陈凤(sù素)驾"二句:意谓群星在空时,就为早早出行饲饱马并油涂车轴。星陈,谓星宿之陈列有序,喻指凌晨之际。凤驾,早早启行。语出《诗经·鄘风·定之方中》:"灵雨既零,命彼倌人,星言凤驾。"秣(mò墨)马,饲马。脂车,油涂车轴,以利运转。

④"命彼掌徒"二句:意谓下令掌管徒役者,做好旅途的各种准备。掌徒,谓掌管徒役的人。徒役,谓服劳役的人。肃,犹儆戒。征旅,出征的队伍。

⑤"朝发鸾台"二句:意谓从早到晚,经行各处。鸾台兰渚,并非实指某处某地。《文选·曹植〈应诏〉诗》唐李善注:"鸾台兰渚,以美言之。"

⑥"芒芒原隰(xí习)"二句:意谓沿途看见辽阔的原野、众多的士女。芒芒,广大辽阔貌。原隰,广平与低湿之地。这里泛指原野。祁祁,众多貌。士女:青年男女。

⑦"经彼公田"二句:意谓经过朝廷的官田,庄稼的长势令我欢喜。

公田，亦称"官田"，即封建官府控制的土地。曹植《籍田论》："夫营畴万亩，厥田上下……司农是掌，是为公田。"稷，高粱。黍，黄米。

⑧"爰有樛（jiū纠）木"二句：意谓虽有树木沿途遮阴，但因急于朝拜君主也无暇休息。爰，助词，无义。用在句首或句中，起调节语气的作用。《诗经·邶风·凯风》："爰有寒泉，在浚之下。"樛木，枝向下弯曲的树。《诗经·周南·樛木》："南有樛木，葛藟累之。"汉郑玄笺："木下曲曰樛。"重阴，犹浓阴。匪，同"非"，不。

⑨"虽有糇（hóu侯）粮"二句：意谓虽有干粮，但因赶路也无暇充饥。糇粮，干粮。不遑，无暇，没有闲暇。

⑩面邑匪游：谓不在村邑游息。

⑪"仆夫警策"二句：意谓车夫以鞭策马，选择平坦的道路行进。仆夫，驾驭车马之人。警策，谓以鞭策马。

⑫"玄驷蔼蔼"二句：意谓黑色四马精力充沛，提起马嚼子奔驰，马口吐白沫。玄驷，同驾一车的四匹黑马。这是当时诸侯王出行的规格。蔼蔼，精力充沛貌。扬镳（biāo标），提起马嚼子，谓驱马。镳，即马嚼子，与衔合用，衔在口中，镳在口旁。青铜制或铁制，也有用骨、角制的，上面可系銮铃。漂沫，谓马口泡沫飘飞。

⑬"流风翼衡"二句：意谓车行迅速，急风掠过车辕，浮云仿佛要托起车盖。翼，迅疾貌。衡，车辕前端的横木。盖，即车盖，古代车上遮雨蔽日的篷。状如伞，有柄。

⑭隈（wēi危）：山边。

⑮河浒（hǔ虎）：河边。

⑯黄阪（bǎn板）：黄土高坡。阶：升登。

⑰济：渡。关谷：西关和大谷的并称。《文选·曹植〈责躬〉诗》唐李善注引陆机《洛阳记》："洛阳有西关，南伊阙，谷，即大谷也。"

⑱骈骖（fēicān 非餐）：指拉车的四匹马中在辕外的两匹马。这里泛指拉车的四马。倦路：倦于行路。

⑲再寝再兴：谓两次睡下，两次起床。暗示两天的路程。

⑳圣皇：对皇帝的尊称，这里指魏文帝曹丕。

㉑晏宁：安宁，安然。

㉒"弭节长骛"二句：意谓停车后再向远方急驰，迅速赶路，到达目的地为期不远。弭节，驻节，停车。《楚辞·离骚》："吾令羲和弭节兮，望崦嵫而勿迫。"长骛，向远方急驰。指日，犹不日，谓为期不远。遄（chuán 船）征，急行，迅速赶路。

㉓前驱：犹前导。举燧：当是"举旞"之形讹。旞（suì 穗），古代导车所载旗杆上系有完整五彩鸟羽为装饰物的旗。《周礼·春官·司常》："全羽为旞，析羽为旌。"汉郑玄注："全羽、析羽皆五采，系之于旞、旌之上，所谓注旄于干首也。"原文"举燧"，则当释为举火夜行，不符合曹植诗意。

㉔后乘：从臣的车马，亦泛指随从在后面的车马。抗旌：举旗。

㉕辍（chuò 绰）运：停止前行。

㉖鸾（luán 栾）无废声：谓车铃一直在响。鸾，即銮铃，车铃的一种。

㉗爰暨帝室：谓到达皇都。爰，连词，于是，就。暨，至，到。帝室，皇室，皇族。这里当指京师洛阳。

㉘税：休止。西墉（yōng 庸）：西城。墉，城墙。此与前诗"僻处西馆"句照应。

㉙朝觐（jìn 晋）：谓臣子朝见君主。

㉚城阈（yù 域）：犹城门，代称城郭。

㉛永慕：长久思念。曹植《洛神赋》："超长吟以永慕兮，声哀厉而

弥长。"

㉜忧心如酲（chéng 程）：谓忧心如病酒一样。语出《诗经·小雅·节南山》："忧心如酲，谁秉国成。"酲，病酒，酒醉后神志不清。

㉝优诏：褒美嘉奖的诏书。裴注引《魏略》曰："初植未到关，自念有过，宜当谢帝。乃留其从官著关东，单将两三人微行，入见清河长公主，欲因主谢。而关吏以闻，帝使人逆之，不得见。太后以为自杀也，对帝泣。会植科头负铁锧，徒跣诣阙下，帝及太后乃喜。及见之，帝犹严颜色，不与语，又不使冠履。植伏地泣涕，太后为不乐。诏乃听复王服。"又引《魏氏春秋》曰："是时待遇诸国法峻。任城王暴薨。诸王既怀友于之痛。植及白马王彪还国，欲同路东归，以叙隔阔之思，而监国使者不听。植发愤告离而作诗曰：'谒帝承明庐，逝将归旧疆。清晨发皇邑，日夕过首阳。伊洛旷且深，欲济川无梁。泛舟越洪涛，怨彼东路长。回顾恋城阙，引领情内伤。大谷何寥廓，山树郁苍苍。霖雨泥我涂，流潦浩从横。中逵绝无轨，改辙登高冈。修阪造云日，我马玄以黄。玄黄犹能进，我思郁以纡。郁纡将何念？亲爱在离居。本图相与偕，中更不克俱。鸱枭鸣衡轭，豺狼当路衢；苍蝇间白黑，谗巧反亲疏。欲还绝无蹊，揽辔止踟蹰。踟蹰亦何留，相思无终极。秋风发微凉，寒蝉鸣我侧。原野何萧条，白日忽西匿。孤兽走索群，衔草不遑食。归鸟赴高林，翩翩厉羽翼。感物伤我怀，抚心长叹息。叹息亦何为，天命与我违。奈何念同生，一往形不归！孤魂翔故域，灵柩寄京师。存者勿复过，亡没身自衰。人生处一世，忽若朝露晞。年在桑榆间，影响不能追。自顾非金石，咄咤令心悲。心悲动我神，弃置莫复陈。丈夫志四海，万里犹比邻。恩爱苟不亏，在远分日亲。何必同衾帱，然后展殷勤。仓卒骨肉情，能不怀苦辛？苦辛何虑思，天命信可疑。虚无求列仙，松子久吾欺。变故在斯须，百年谁能持？离别永无会，执手将何时？王其爱玉体，俱享黄发期。收涕即长涂，援笔从

此辞。'"

六年①,帝东征②,还过雍丘,幸植宫③,增户五百。太和元年④,徙封浚仪⑤。二年,复还雍丘。植常自愤怨,抱利器而无所施⑥,上疏求自试曰⑦:

臣闻士之生世,入则事父,出则事君⑧;事父尚于荣亲⑨,事君贵于兴国。故慈父不能爱无益之子,仁君不能畜无用之臣。夫论德而授官者,成功之君也;量能而受爵者⑩,毕命之臣也⑪。故君无虚授,臣无虚受;虚授谓之谬举⑫,虚受谓之尸禄⑬,《诗》之"素餐"所由作也⑭。昔二虢不辞两国之任,其德厚也⑮;旦、奭不让燕、鲁之封,其功大也⑯。今臣蒙国重恩,三世于今矣⑰。正值陛下升平之际⑱,沐浴圣泽⑲,潜润德教⑳,可谓厚幸矣。而窃位东藩㉑,爵在上列㉒,身被轻暖,口厌百味,目极华靡,耳倦丝竹者㉓,爵重禄厚之所致也。退念古之授爵禄者,有异于此,皆以功勤济国,辅主惠民。今臣无德可述,无功可纪,若此终年无益国朝,将挂风人"彼其"之讥㉔。是以上惭玄冕,俯愧朱绂。

[注释]

①六年:即黄初六年(225)。

②帝东征:谓黄初六年八月,魏文帝曹丕进攻东吴,至广陵而还。

③幸:古代称帝王亲临。

④太和元年:即公元227年。太和,魏明帝曹叡的第一个年号(227~233)。

⑤浚仪：即浚仪县，西汉文帝时置，属梁国，西汉武帝建元初属陈留郡，治所在今河南开封市。北魏郦道元《水经注·渠水》："《陈留风俗传》曰：县北有浚水，像而仪之，故曰浚仪。"

⑥利器：喻杰出的才能。

⑦自试：自我尝试。《周易·乾》："或跃在渊，自试也。"

⑧"入则事父"二句：语出《论语·子罕》："子曰：'出则事公卿，入则事父兄。'"

⑨尚：尊崇，重视。荣亲：使父母光荣。

⑩量能：衡量才能。《荀子·君道》："论德而定次，量能而授官。"受爵：接受爵位。

⑪毕命：尽忠效命。

⑫谬举：妄事举用，妄加举荐。

⑬尸禄：谓空食俸禄而不尽其职，无所事事。

⑭素餐：谓不干事而白吃饭。语出《诗经·魏风·伐檀》："不狩不猎，胡瞻尔庭有县貆兮？彼君子兮，不素餐兮！"

⑮"昔二虢（guó 国）"二句：意谓周文王的两位弟弟虢仲、虢叔被封为东西二虢的国君而不推辞，缘于二人德业深厚。《左传·僖公五年》谓二虢："为文王卿士，勋在王室，藏于盟府。"

⑯"旦奭（shì 世）"二句：意谓周文王的两个儿子周公旦与召（shào 绍）公奭分别被封于鲁与燕，缘于他们辅佐周武王伐纣立下功劳。事见《史记·鲁周公世家》与《史记·燕召公世家》。

⑰三世：谓魏武帝曹操、魏文帝曹丕、魏明帝曹叡三代。

⑱升平：太平。

⑲圣泽：谓魏明帝的恩泽。

⑳潜润：深深沾惠。德教：道德教化。

㉑窃位：谓才德不称，窃取名位。东藩：雍丘王封地（今河南杞县）在洛阳以东，故称。

㉒上列：谓王爵。

㉓丝竹：弦乐器与竹管乐器之总称，这里泛指音乐。

㉔"将挂"句：意谓将如《诗经》中被讽刺的才德与其官服不相称的人。挂，触犯。风人，指古代采集民歌风俗等以观民风的官员。彼其（jī计），语出《诗经·曹风·候人》："彼其之子，不称其服。"其，助词，常用在"彼"之后。

方今天下一统，九州晏如①，而顾西有违命之蜀②，东有不臣之吴③，使边境未得脱甲，谋士未得高枕者，诚欲混同宇内以致太和也④。故启灭有扈而夏功昭⑤，成克商、奄而周德著⑥。今陛下以圣明统世⑦，将欲卒文、武之功⑧，继成、康之隆⑨，简贤授能⑩，以方叔、召虎之臣镇御四境⑪，为国爪牙者，可谓当矣。然而高鸟未挂于轻缴⑫，渊鱼未县于钩饵者⑬，恐钓射之术或未尽也。昔耿弇不俟光武，亟击张步，言不以贼遗于君父⑭。故车右伏剑于鸣毂，雍门刎首于齐境⑮，若此二士，岂恶生而尚死哉⑯？诚忿其慢主而陵君也⑰。夫君之宠臣，欲以除患兴利；臣之事君，必以杀身靖乱⑱，以功报主也。昔贾谊弱冠，求试属国，请系单于之颈而制其命⑲；终军以妙年使越，欲得长缨缨其王，羁致北阙⑳。此二臣，岂好为夸主而耀世哉㉑？志或郁结㉒，欲逞其才力，输能于明君也㉓。昔汉武为霍去病治第，辞曰："匈奴未灭，臣无以家为！"㉔夫忧国忘家，捐躯济难㉕，忠臣之志也。今臣居外，非不厚也，而寝不安席,食不遑味者㉖,伏以二方未克为念㉗。

[注释]

①九州:即冀、豫、雍、荆、益、兖、青、徐、扬,凡九州。晏如:安定。

②违命:指违背命令。蜀:魏文帝黄初二年(221)四月,刘备在蜀称帝,国号汉,史称蜀汉,是为蜀昭烈帝章武元年。

③不臣:不守臣节,不合臣道。吴:魏文帝黄初二年(221)八月,孙权向魏称臣,被封吴王,以次年为吴王黄武元年。黄初四年(223),蜀诸葛亮派遣邓芝至吴修好,孙权乃绝魏联蜀。

④混同:合一,统一。太和:谓太平。曹植《七启》:"吾子为太和之民,不欲仕陶唐之世乎。"

⑤"故启"句:意谓大禹之子启废禅让,继其父为夏朝君主,有扈氏部落反抗启而战败,于是天下皆朝夏。事见《史记·夏本纪》。

⑥"成克"句:意谓周武王之子周成王在周公旦的辅佐下,歼灭了商纣王之子武庚与奄(yǎn眼)国(今山东曲阜)的反叛联盟,使周朝势力东至于海。事见《史记·鲁周公世家》。

⑦圣明:英明圣哲,无所不知。古代称颂帝王之词。

⑧文武之功:指周文王与其子周武王前后相承、一统天下的功业。这里暗喻魏武帝曹操与魏文帝曹丕建立魏国的功业。

⑨成康之隆:指周成王与其子周康王相继令国家繁荣富强。《史记·周本纪》:"康王即位,遍告诸侯,宣告以文、武之业以申之,作《康诰》。故成、康之际,天下安宁,刑错四十馀年不用。"

⑩简贤授能:谓选用贤能。

⑪方叔:西周周宣王时卿士,曾率兵车三千辆南征荆楚,北伐玁狁,

为周室中兴一大功臣。《诗经·小雅·采芑》有记。召（shào 绍）虎：即召穆公。周宣王时，淮夷不服，宣王命召虎领兵出征，平定淮夷。《诗经·大雅·江汉》："江汉之浒，王命召虎：式辟四方，彻我疆土。"镇御：镇守防御。四境：谓四方边境地区。

⑫高鸟：比喻境内多山谷的蜀汉。缴（zhuó 灼）：系在箭上的生丝绳，用来射鸟。

⑬渊鱼：比喻境内多江湖的东吴。县（xuán 悬）：通"悬"。钩饵：钓钩与引鱼上钩的食物。

⑭"昔耿弇（yǎn 演）"三句：据《后汉书·耿弇传》，东汉光武帝的部将耿弇征讨张步，反被张步所围，光武帝亲率大军驰救，援军尚未到，耿弇即大举出击，并说："乘舆且到，臣子当击牛酾酒以待百官，反欲以贼虏遗君父邪！"结果获得大胜。耿弇（3～58），字伯昭，扶风茂陵（今陕西兴平市东北）人，东汉开国名将、军事家，云台二十八将第四位。卒谥愍侯。《后汉书》卷一九有传。光武，即刘秀（前5～57），字文叔，南阳郡蔡阳（今湖北枣阳市）人，汉高祖刘邦九世孙。在反抗新莽王朝的斗争中，刘秀与其兄刘縯组成舂陵军并与新市、平林、下江这三支绿林军中的最大的主力进行了联合，最终建立东汉王朝，即汉光武帝（25～57在位）。《后汉书》卷一有纪。张步，字文公（？～32），琅邪不其县（治今山东即墨市西南）人。王莽末年，天下大乱，乘机起兵，割据齐地十二郡。建武五年（29），刘秀派大将耿弇讨伐张步，张步兵败投降，建武八年（32），张步想乘刘秀西征隗嚣之机，东山再起，被琅邪太守陈俊捕杀。《后汉书》卷一二有传。

⑮"故车右"二句：意谓君主受辱，臣子须以死谢罪。据《说苑》卷四《立节》，越国进攻齐国，齐臣雍门子狄请求先死，齐王不解，雍门子狄解释说："从前齐王打猎，车左轴发出刺耳声音，在车右陪侍的卫士

欲自杀谢罪，齐王认为车鸣的责任在车匠，但车右却说，现在陪乘者是我，不是车匠，于是自刎而死。现在越军进攻我齐国，其严重程度远超车鸣一事，我应当为此而死。"雍门子狄也自刎而亡。越军听说此事，引军而归。车右，古时车乘位在御者右边的武士。古代战车，主将或尊者在左，御夫在中，有力之人在右，所以备非常。毂（gǔ古），车轮的中心部位，周围与车辐的一端相接，中有圆孔，用以插轴。

⑯恶（wù务）生：犹厌生，即乐于就死。尚死：谓情愿死亡。

⑰慢主：怠慢君主。陵君：欺凌君主。裴注引刘向《说苑》曰："越甲至齐，雍门狄请死之。齐王曰：'鼓铎之声未闻，矢石未交，长兵未接，子何务死？知为人臣之礼邪？'雍门狄对曰：'臣闻之，昔者王田于囿，左毂鸣，车右请死之，王曰："子何为死？"车右曰："为其鸣吾君也。"王曰："左毂鸣者，此工师之罪也。子何事之有焉？"车右对曰："吾不见工师之乘，而见其鸣吾君也。"遂刎颈而死。有是乎？'王曰：'有之。'雍门狄曰：'今越甲至，其鸣吾君，岂左毂之下哉？车右可以死左毂，而臣独不可以死越甲邪？'遂刎颈而死。是日，越人引军而退七十里，曰：'齐王有臣，钧如雍门狄，疑使越社稷不血食。'遂归。齐王葬雍门狄以上卿之礼。"

⑱靖乱：平定变乱。

⑲"昔贾谊"三句：意谓西汉的贾谊年轻时即立志为国建功立业。据《汉书·贾谊传》，贾谊曾上疏汉文帝："陛下何不试以臣为属国之官以主匈奴？行臣之计，请必系单于之颈而制其命，伏中行说而笞其背，举匈奴之众唯上之令。"贾谊（前200～前168），西汉洛阳（今河南洛阳东）人，著名政论家、文学家，世称贾生。贾谊少有才名，十八岁时，以善文为郡人所称。文帝时任博士，迁太中大夫，受大臣周勃、灌婴排挤，谪为长沙王太傅，故后世亦称贾长沙、贾太傅。三年后被召回长安，为梁

怀王太傅。梁怀王坠马而死，贾谊深自歉疚，抑郁而亡。《史记》卷八四、《汉书》卷四八皆有传。弱冠，古时以男子二十岁为成人，初加冠，因体犹未壮，故称弱冠。《礼记·曲礼上》："二十曰弱，冠。"属国，即典属国，官名。秦置，掌管少数民族归降朝贡事务的官员，汉沿置。单于（chányú 蝉于），汉时匈奴君长的称号。《史记·匈奴列传》："匈奴单于曰头曼。"南朝宋裴骃集解："单于者，广大之貌，言其象天单于然。"制其命，谓控制其生命。

⑳"终军"三句：意谓西汉的终军在汉武帝时出使南越，建立了功勋。据《汉书·终军传》："南越与汉和亲，乃遣军使南越，说其王，欲令入朝，比内诸侯。军自请：'愿受长缨，必羁南越王而致之阙下。'"终军，字子云（约前133～前112），西汉济南（今属山东）人。少好学。十八岁被选为博士弟子，受到汉武帝赏识，封谒者给事中，后擢升谏大夫。他成功说服南越王举国内属。元鼎五年（前112），南越发生内乱，年仅二十馀岁的终军被南越相吕嘉杀害。《汉书》卷六四下有传。妙年，指少壮之年。长缨，指捕缚敌人的长绳。北阙，古代宫殿北面的门楼，是臣子等候朝见或上书奏事之处。

㉑夸主：谓向君主自夸。燿（yào 耀）世：谓向世人夸耀。

㉒郁结：谓忧思国事而纠结不解。

㉓输能：谓贡献才能。明君：贤明的君主。

㉔"昔汉武"三句：意谓西汉霍去病因忧国而忘家。据《汉书·霍去病传》："上（汉武帝）为治第，令视之，对曰：'匈奴不灭，无以家为也。'由此上益重爱之。"霍去病（前140～前117），西汉河东平阳（今山西临汾西南）人。名将卫青外甥，大司马霍光兄长。善于骑射，勇猛果断。十七岁，拜骠姚校尉，追随大将军卫青，大破匈奴骑兵，拜骠骑将军，封为冠军侯。用兵灵活，注重方略，漠北之战后，封狼居胥，大捷而

归，拜大司马，与大将军卫青同掌军政。元狩六年（前117），因病去世，年仅二十四岁。《史记》卷一一一、《汉书》卷五五皆有传。治第，营建府邸。

㉕济难：解救危难。

㉖食不遑味：谓吃饭时连辨别味道的时间都没有。

㉗伏：敬词。古时臣对君奏言多用之。二方：谓吴、蜀两国。

　　伏见先武皇帝武臣宿将①，年耆即世者有闻矣②。虽贤不乏世，宿将旧卒，犹习战陈③，窃不自量，志在效命，庶立毛发之功，以报所受之恩。若使陛下出不世之诏④，效臣锥刀之用⑤：使得西属大将军⑥，当一校之队⑦；若东属大司马⑧，统偏舟之任⑨。必乘危蹈险，骋舟奋骊⑩，突刃触锋，为士卒先。虽未能禽权馘亮⑪，庶将虏其雄率⑫，歼其丑类⑬，必效须臾之捷⑭，以灭终身之愧，使名挂史笔⑮，事列朝策⑯。虽身分蜀境，首县吴阙，犹生之年也。如微才弗试，没世无闻⑰，徒荣其躯而丰其体，生无益于事，死无损于数，虚荷上位而忝重禄⑱，禽息鸟视⑲，终于白首，此徒圈牢之养物⑳，非臣之所志也。流闻东军失备㉑，师徒小衄㉒，辍食弃餐，奋袂攘衽㉓，抚剑东顾，而心已驰于吴会矣㉔。

[注释]

①宿将：久经战阵的将领。

②年耆（qí齐）：年老。古代年六十曰耆。即世：去世。

③战陈（zhèn阵）：通"战阵"，谓作战的阵法。

④不世：非一世所能有，罕有。多谓非凡。

⑤锥刀之用：喻微薄、微细的效用。曹植《求通亲亲表》："臣伏自惟省，无锥刀之用。"

⑥大将军：谓曹真（？~231），字子丹，谯（今安徽亳州市）人，曹操族子。魏文帝时任中军大将军。文帝卒，他与陈群、司马懿、曹休等受遗诏，辅佐魏明帝曹叡，进位大将军。魏太和二年（228）以后，屡与伐魏的蜀汉诸葛亮交战，后因病死于洛阳。《三国志》卷九有传。

⑦一校之队：即"校长"，军队中的小军官。

⑧大司马：谓曹休（？~228），字文烈，谯（今安徽亳州市）人，曹操族子。魏文帝时任镇南将军、征东大将军。文帝卒，他与陈群、司马懿、曹真等受遗诏，辅佐魏明帝曹叡，迁大司马，都督扬州。魏太和二年（228）以后，他与司马懿分兵攻吴，败归后卒。《三国志》卷九有传。

⑨偏舟之任：水军中的小军官。偏舟，单只船。

⑩骊（lí 离）：深黑色的马。这里泛指马。

⑪禽权馘（guó 国）亮：谓擒拿孙权，杀死诸葛亮。禽，通"擒"。馘，古代战争中割取所杀敌人或俘虏的左耳以计数献功。

⑫庶：副词，希望，但愿。雄率：勇猛的将帅。

⑬丑类：恶人，坏人。对敌人的蔑称。

⑭须臾：片刻，短时间。

⑮名挂史笔：犹言名垂青史。史笔，历史记载的代称。指史册。

⑯朝策：朝廷的策书。

⑰没世：死。《论语·卫灵公》："君子疾没世而名不称焉。"

⑱忝（tiǎn 舔）：有愧于。常用作谦词。

⑲禽息鸟视：比喻像被关起来的禽鸟那样生活。

⑳圈（juàn 卷）牢：关养家畜的地方。

㉑流闻:指传闻之事。东军失备:指太和二年(228)曹休进攻东吴在石亭溃败事。《三国志·曹休传》:"休督诸军向寻阳。贼将伪降,休深入,战不利,退还宿石亭。军夜惊,士卒乱,弃甲兵辎重甚多。"

㉒徒:副词,仅,只。小衄(nǜ女去声):小的挫折。这是对于魏军失利的委婉说法。

㉓奋袂(mèi妹)攘(rǎng壤)衽(rèn认):挥动衣袖,提起衣襟。形容奋发或激动的状态。

㉔吴会(kuài块):东汉分会稽郡为吴、会稽二郡,并称吴会。后亦泛称此两郡故地为吴会。

臣昔从先武皇帝南极赤岸①,东临沧海②,西望玉门③,北出玄塞④,伏见所以行军用兵之势,可谓神妙矣。故兵者不可豫言,临难而制变者也⑤。志欲自效于明时,立功于圣世。每览史籍,观古忠臣义士,出一朝之命⑥,以徇国家之难⑦,身虽屠裂,而功铭著于鼎钟⑧,名称垂于竹帛⑨,未尝不扪心而叹息也⑩。臣闻明主使臣,不废有罪。故奔北败军之将用,秦、鲁以成其功⑪;绝缨、盗马之臣赦,楚、赵以济其难⑫。臣窃感先帝早崩⑬,威王弃世⑭,臣独何人,以堪长久!常恐先朝露⑮,填沟壑⑯,坟土未干,而身名并灭。臣闻骐骥长鸣,则伯乐照其能⑰;卢狗悲号,则韩国知其才⑱。是以效之齐、楚之路,以逞千里之任⑲;试之狡兔之捷,以验搏噬之用⑳。今臣志狗马之微功,窃自惟度㉑,终无伯乐、韩国之举,是以於邑而窃自痛者也㉒。

[注释]

①赤岸：地名。有关说法不一，或谓指赤壁一带，或谓乃今湖北当阳市附近之沮水河岸，或谓在广陵一带。当系山名，又名红山，位于今江苏六合东南瓜埠山东五里。《舆地纪胜》卷三八《真州》：赤岸"其山岩与江岸数里土色皆赤"。建安十七年（212）十月，曹操南征孙权，曹植从行。

②沧海：我国古代对东海的别称。曹操《步出夏门行》："东临碣石，以观沧海。"建安十二年（207）夏，曹操北征乌丸，曹植从行。

③玉门：即玉门关，又名玉关。西汉武帝置，位于今甘肃敦煌市西北一百五十里小方盘城。因古代西域玉石皆经此输入，故名。与其南边的阳关，同为汉时通往西域的重要门户。建安十六年（211）七月，曹操西征马超等，曹植从行。

④玄塞：指长城。《文选·曹植〈求自试表〉》唐李善注："玄塞，长城也。北方色黑，故曰玄。"建安十年（205），曹操北征幽州，曹植从行。

⑤临难而制变：犹言随机应变。

⑥一朝之命：形容人短暂的生命。

⑦徇（xùn 讯）：通"殉"，为某种目的或理想而舍弃自己的生命。

⑧鼎钟：鼎与钟。古代钟鼎上刻铭文，以旌有功者。有时即借指功业。

⑨竹帛：竹简和白绢。古代初无纸，用竹帛书写文字。引申指书籍、史乘。

⑩拊（fǔ 府）心：拍胸。表示哀痛或悲愤。

⑪"故奔北"二句：意谓秦国与鲁国能启用败军之将，终于取得胜

利。据《史记·秦本纪》与《史记·晋世家》，秦穆公派孟明视、西乞术、白乙丙三将袭郑，回途中在殽受到晋军拦击，兵败被俘。三将逃回秦国后，秦穆公仍然用他们为将，终于打败晋国。又据《史记·刺客列传》，鲁将曹沫与齐国交战，三战三败，只得向齐割地求和。此后鲁庄公与齐桓公会盟于柯，曹沫挟持齐桓公，迫使他退还了鲁地。奔北，谓败逃。裴注云："臣松之案：秦用败军之将，事显，故不注。鲁连与燕将书曰：'曹子为鲁将，三战三北而亡地五百里，向使曹子计不反顾，义不旋踵，刎颈而死，则亦不免为败军之将矣。曹子弃三北之耻，而退与鲁君计。桓公朝天子，会诸侯，曹子以一剑之任，披桓公之心于坛坫之上，颜色不变，辞气不悖。三战之所亡，一朝而复之。天下震动，诸侯惊骇，威加吴、越。'若此二士者，非不能成小廉而行小节也。"

⑫"绝缨"二句：意谓楚庄公与秦穆公因胸怀宽广，终于得到报答。据《说苑》卷六《复恩》，春秋时楚庄王与群臣夜宴，烛灭，有人乘机牵庄王美人衣，美人绝其冠缨以告。庄王命令群臣皆摘下冠缨，然后举烛，尽欢而散。两年以后楚与晋战，牵美人衣者奋不顾身，多次出生入死，终于令楚国获胜。又据《吕氏春秋·仲秋纪·爱士》，秦穆公的骏马走失，为野人所食，穆公发现后不加责罚，反而赠酒给野人。此后秦与晋交战，穆公被围，有曾食骏马之肉的三百野人参战，令秦军反败为胜。赵，即指代秦。因在远古，秦国与赵国为同一祖先，行文为避免与"秦鲁"重复，故以"楚赵"替代"楚秦"。裴注云："臣松之案：楚庄掩绝缨之罪，事亦显，故不书。秦穆公有赦盗马事，赵则未闻。盖以秦亦赵姓，故互文以避上'秦'字也。"

⑬先帝：谓魏文帝曹丕。崩：古代称帝王、皇后之死。《礼记·曲礼下》："天子死曰崩。"

⑭威王：即曹彰（？~223），字子文，曹丕同母弟。长于骑射，勇

猛善战，封鄢陵侯。曹丕代汉称帝，曹彰晋封任城王，卒后谥威，故称威王。《三国志》卷一九有传。弃世：离开人世。人死的婉词。

⑮朝露：比喻存在时间短促，转喻人的生命短暂。《汉书·苏武传》："人生如朝露，何久自苦如此！"唐颜师古注："朝露见日则晞，人命短促亦如之。"

⑯填沟壑：谓填尸于沟壑，指死。多用作婉辞。

⑰"臣闻"二句：意谓有才能者总会遇到知己。据《战国策》卷一七《楚策四》，一匹骏马驾盐车上太行山，负辕不能上，善于相马的伯乐知为良马，为之痛哭，骐也昂首长鸣，以为终于遇到知己。骐骥（qí 其计），骏马。《战国策》仅以"骥"书之，义同。伯乐，春秋秦穆公时人，姓孙，名阳，以善相马著称。照，察知

⑱"卢狗"二句：意谓是人才就会被识者发现。《文选·曹植〈求自试表〉》唐刘良注："齐人韩国相狗于市，遂有狗号鸣而国知其善。"卢狗，即韩卢，又称韩子卢，战国时韩国良犬。韩国，相传为齐国善于相狗的人。

⑲"是以"二句：针对骐骥而言，意谓用遥远的路途可以验证骏马的耐力。齐楚之路，比喻路途遥远。古人有成语"风马牛不相及"，即谓齐楚两地相距甚远，马牛不会走失至对方地界。

⑳"试之"二句：针对卢狗而言，意谓以狡兔的敏捷可以测试卢狗的能力。《战国策》卷一○《齐策三》："韩子卢者，天下之疾犬也。东郭逡者，海内之狡兔也。韩子卢逐东郭逡，环山者三，腾山者五，兔极于前，犬废于后，犬兔俱罢，各死其处。"搏噬（shì 事），搏击吞噬。

㉑惟度（duó 夺）：思量。

㉒於（wū 乌）邑：忧郁烦闷。《楚辞·九章·悲回风》："伤太息之愍怜兮，气於邑而不可止。"汉王逸注："气逆愤懑，结不下也。"

夫临博而企竦①，闻乐而窃抃者②，或有赏音而识道也③。昔毛遂，赵之陪隶，犹假锥囊之喻，以寤主立功④，何况巍巍大魏多士之朝⑤，而无慷慨死难之臣乎⑥！夫自衒自媒者⑦，士女之丑行也。干时求进者⑧，道家之明忌也⑨。而臣敢陈闻于陛下者，诚与国分形同气⑩，忧患共之者也。冀以尘雾之微补益山海⑪，荧烛末光增辉日月⑫，是以敢冒其丑而献其忠⑬。

[注释]

①博：当谓弹棋博戏，《后汉书·梁冀传》唐李贤注引《艺经》曰："弹棋，两人对局，白黑棋各六枚，先列棋相当，更先弹之。其局以石为之。"至魏改用十六棋，南朝宋刘义庆《世说新语·巧艺》："弹棋始自魏宫内用妆奁戏。文帝于此戏特妙，用手巾角拂之，无不中。"企竦（sǒng 耸）：举踵而立，形容看得出神。

②抃（biàn 变）：拍手表示欢欣。《吕氏春秋·古乐》："帝喾乃令人抃。"汉高诱注："两手相击曰抃。"

③赏音：知音。识道：这里当谓弹棋中的行子线路。

④"昔毛遂"四句：意谓战国时的毛遂通过自荐为赵国立下功勋。据《史记·平原君传》，秦国围困赵国都城邯郸，赵王派平原君赵胜赴楚国求援。平原君欲在门客中挑选二十智勇者随行，但只选中十九人，于是毛遂自荐。发生如下一段对话："平原君曰：'先生处胜之门下几年于此矣？'毛遂曰：'三年于此矣。'平原君曰：'夫贤士之处世也，譬若锥之处囊中，其末立见。今先生处胜之门下三年于此矣，左右未有所称诵，胜未有所闻，是先生无所有也。先生不能，先生留。'毛遂曰：'臣乃今日

请处囊中耳。使遂早得处囊中，乃颖脱而出，非特其末见而已。'"平原君带毛遂赴楚，终于凭借毛遂之力，说服楚王出兵救赵。陪隶，犹陪台，即臣之臣，属于末等奴隶。这里用来形容毛遂地位低贱。寤（wù 务），谓使觉悟。

⑤巍巍：崇高伟大。多士：古指众多的贤士。《诗经·大雅·文王》："济济多士，文王以宁。"

⑥慷慨：情绪激昂。死难：为国家的危难或正义事业而付出生命。《史记·范雎蔡泽列传》："是故君子以义死难，视死如归。"

⑦自衒（xuàn 炫）：同"自炫"，谓炫耀自己、自我吹嘘。自媒：女子自择配偶，自荐。《管子·形势》："自媒之女，丑而不信。"

⑧干时：求合于当时。

⑨道家：中国古代以老子、庄子为代表的一种思想流派，崇尚自然，主张清静无为。

⑩分形同气：谓形体各别，气息相通。形容父母（魏国）与子女（曹植）的关系十分密切。语出《吕氏春秋·季秋纪·精通》："父母之于子也，子之于父母也，一体而两分，同气而异息。"

⑪冀：盼望。尘雾：尘土和烟雾，比喻渺小轻微之物。

⑫荧烛：微弱的烛光。

⑬冒其丑：谓甘冒丑行的误解。南朝梁萧统编《文选》录曹植《求自试表》于"献其忠"后有"必知为朝士所笑。圣主不以人废言，伏惟陛下少垂神听，臣则幸矣"一段文字。裴注引《魏略》曰："植虽上此表，犹疑不见用，故曰：'夫人贵生者，非贵其养体好服，终竟年寿也，贵在其代天而理物也。夫爵禄者，非虚张者也，有功德然后应之，当矣。无功而爵厚，无德而禄重，或人以为荣，而壮夫以为耻。故太上立德，其次立功，盖功德者所以垂名也。名者不灭，士之所利，故孔子有夕死之

论，孟轲有弃生之义。彼一圣一贤，岂不愿久生哉？志或有不展也。是用喟然求试，必立功也。呜呼！言之未用，欲使后之君子知吾意者也。'"

三年①，徙封东阿②。五年，复上疏求存问亲戚③，因致其意曰：

> 臣闻天称其高者，以无不覆；地称其广者，以无不载；日月称其明者，以无不照④；江海称其大者，以无不容⑤。故孔子曰："大哉尧之为君！惟天为大，惟尧则之。"⑥夫天德之于万物⑦，可谓弘广矣⑧。盖尧之为教，先亲后疏，自近及远。其《传》曰："克明峻德，以亲九族；九族既睦，平章百姓。"⑨及周之文王亦崇厥化⑩，其《诗》曰："刑于寡妻，至于兄弟，以御于家邦。"⑪是以雍雍穆穆⑫，风人咏之⑬。昔周公吊管、蔡之不咸，广封懿亲以藩屏王室⑭，《传》曰："周之宗盟，异姓为后。"⑮诚骨肉之恩爽而不离⑯，亲亲之义实在敦固⑰，未有义而后其君，仁而遗其亲者也⑱。

[注释]

①三年：即太和三年（229）。太和，魏明帝曹叡的第一个年号。

②东阿（ē俄阴平）：即东阿县，秦置，属东郡，治所在今山东阳谷东北五十里阿城镇。

③存问：问候，探望。此疏，南朝梁萧统编《文选》题为《求通亲亲表》。

④"臣闻"六句：儒家有所谓"三无私"说，语出《礼记·孔子闲居》："子夏曰：'敢问何谓三无私？'孔子曰：'天无私覆，地无私载，日

月无私照。奉斯三者以劳天下，此之谓三无私。'"

⑤"江海"二句：语出《管子·形势解》："海不辞水，故能成其大；山不辞土石，故能成其高；明主不厌人，故能成其众；士不厌学，故能成其圣。"

⑥"故孔子曰"四句：借孔子语赞美上古帝尧的伟大功绩。语出《论语·泰伯》："子曰：'大哉尧之为君也！巍巍乎！唯天为大，唯尧则之，荡荡乎，民无能名焉。'"尧，号放勋，属陶唐氏，故又称唐尧，中国上古时期方国联盟首领、"五帝"之一。常与舜并称，两者皆为儒家心目中的理想君主。则，仿效，效法。

⑦天德：天的恩德。

⑧弘广：宏大广博。

⑨"其传曰"五句：借经典颂扬帝尧的功德。语出《尚书·虞夏书·尧典》："克明俊德，以亲九族。九族既睦，平章百姓。"大意是：帝尧能发挥才智美德，令其家族亲密和睦，家族和睦后，又辨明百官的善恶。传，即指《尚书》中的《尧典》，是后代史官追述尧的事迹的史书。克明，能明。峻德，通"俊德"，谓大德，高尚的品德。九族，以自己为本位，上推至四世之高祖，下推至四世之玄孙为九族。平（pián 骈）章，辨别彰明。

⑩周之文王：即周文王，姓姬名昌，周武王之父。殷商时诸侯，居于岐山之下，曾被纣王囚于羑里，释归后为西方诸侯之长，称西伯，迁都于丰。后其子武王起兵伐纣，建立周王朝。事见《史记·周本纪》。崇：尊崇。厥化：谓帝尧"先亲后疏"的教化。

⑪"其诗曰"四句：用《诗经》诗句赞美周文王治理家族的智慧。语出《诗经·大雅·思齐》："刑于寡妻，至于兄弟，以御于家邦。"大意是周文王先给妻室做出榜样，从而影响到兄弟，用来治理家族和大邦。

刑，通"型"，示范的意思。寡妻，即寡德之妻，义同"寡人"，属于谦称。亦即嫡妻。御，治理。家邦，指家与国。

⑫雍雍：通"噰噰"，和乐貌，和洽貌。语出《诗经·周颂·雍》（周武王祭祀文王所唱的乐歌）："有来雍雍，至止肃肃。"穆穆：仪容或言语和美。语出《诗经·周颂·雍》："相维辟公，天子穆穆。"

⑬风人：这里谓诗人。

⑭"昔周公"二句：意谓西周分封同姓子弟为诸侯以捍卫周王室。语出《左传·僖公二十四年》："富辰谏曰：'不可。臣闻之，大上以德抚民，其次亲亲以相及也。昔周公吊二叔之不咸，故封建亲戚以蕃屏周。'"大意是：上圣之人用德行来安抚百姓，其次亲近亲人，由近到远。以前周公感伤管叔、蔡叔有异心，就将同姓伯叔子弟分封为诸侯以捍卫周王室。周公，周初政治家，名旦。为周文王之子，周武王之弟。因采邑在周（今陕西宝鸡东北），称为周公。文王死后二年，他和太公望、召公奭佐武王灭殷杀纣，建立周朝。武王死后，又辅佐武王子成王巩固了王权。吊，伤痛。二叔，即管叔鲜与蔡叔度，悉为周文王子、周武王弟。周武王死后，周公旦摄政，引来管叔、蔡叔、霍叔兄弟的猜疑，于是联合商纣王之子武庚发动叛乱，即所谓"三监之乱"。于是周公东征，诛武庚，杀管叔而放蔡叔，废霍叔为庶民，平定了叛乱。咸，和睦，同心。蕃屏，通"藩屏"，即捍卫。

⑮"传曰"三句：意谓诸侯中以是否同姓为关系亲疏的标志。语出《左传·隐公十一年》："周之宗盟，异姓为后。"大意是：周室的结盟制度规定，凡是不与主盟国同姓的诸侯皆居于下位。传，谓《左传》，又称《春秋左氏传》或《左氏春秋》，相传为春秋时鲁左丘明所撰，记自鲁隐公元年至鲁悼公四年间二百六十年史事。《春秋》《左传》原为二书，至晋杜预始以《左传》附于《春秋》，并为之作注。唐初编《五经音义》，

《左传》取杜预《注》、孔颖达《正义》，是为通行本，与《公羊传》《穀梁传》合称《春秋》三传。宗盟，天子与诸侯的盟会。隐公十一年，姬姓的滕侯与任姓的薛侯皆来朝，两侯对位次争执不下，鲁隐公就派人用"异姓为后"加以调解，于是与周天子异姓的薛侯终于应允排位于滕侯之后。

⑯爽：差失，不合。

⑰亲亲：爱自己的亲属。敦固：敦厚坚贞。

⑱"未有"二句：强调仁与义的重要性。语出《孟子·梁惠王上》："未有仁而遗其亲者也，未有义而后其君者也。"大意是：从来没有讲"仁"的人却遗弃其父母的，也没有讲"义"的人却对其君主怠慢的。

  伏惟陛下资帝唐钦明之德①，体文王翼翼之仁②，惠洽椒房③，恩昭九族④，群后百寮，番休递上⑤，执政不废于公朝⑥，下情得展于私室⑦，亲理之路通⑧，庆吊之情展⑨，诚可谓恕己治人⑩，推惠施恩者矣⑪。至于臣者，人道绝绪⑫，禁锢明时⑬，臣窃自伤也。不敢过望交气类⑭，修人事⑮，叙人伦⑯。近且婚媾不通⑰，兄弟乖绝⑱，吉凶之问塞，庆吊之礼废，恩纪之违⑲，甚于路人，隔阂之异，殊于胡越⑳。今臣以一切之制㉑，永无朝觐之望㉒，至于注心皇极㉓，结情紫闼㉔，神明知之矣㉕。然"天实为之，谓之何哉"㉖！退唯诸王常有戚戚具尔之心㉗，愿陛下沛然垂诏㉘，使诸国庆问㉙，四节得展㉚，以叙骨肉之欢恩。全怡怡之笃义㉛。妃妾之家，膏沐之遗㉜，岁得再通，齐义于贵宗㉝，等惠于百司㉞。如此，则古人之所叹㉟，《风》《雅》之所咏㊱，复存于圣世矣。

[注释]

①资：禀赋。帝唐：谓唐尧。钦明：敬肃明察。语出《尚书·虞夏书·尧典》："曰若稽古帝尧，曰放勋，钦明文思安安，允恭克让。"唐陆德明《释文》引马融曰："威仪表备谓之钦，照临四方谓之明。"后遂以"钦明"为对君主的颂词。

②体：取法，效法。文王翼翼：语出《诗经·大雅·大明》："大任有身，生此文王。维此文王，小心翼翼。"文王，周文王。翼翼，恭敬谨慎貌。

③惠洽椒房：谓恩惠遍及后宫。洽，周遍。椒房，泛指后妃居住的宫室。汉代皇后所居的宫殿称椒房殿，殿内以花椒子和泥涂壁，取温暖、芬芳、多子之义。

④恩昭（zhào照）九族：谓恩德照耀九族之亲。昭，照亮，照耀。

⑤"群后百寮"二句：意谓公卿百官轮流休息，依次入值朝廷。群后，泛指公卿。张衡《东京赋》："于是孟春元日，群后旁戾。"唐李善注："群后，公卿之徒也。"百寮，通"百僚"，即百官。番休：轮流休息。递，交替，轮流。

⑥执政：掌管国家政事。废：旷废，懈怠。公朝：古代官吏在朝廷的治事之所，借指朝廷。

⑦下情：指下级或百姓的情况或心意。展：申述，陈述。私室：私人的寝室，内房。

⑧亲理：亲属邻里。

⑨庆吊：庆贺与吊慰。亦指喜事与丧事。

⑩恕己治人：谓扩充自己的仁爱之心来统治他人。

⑪推惠施恩：谓推广仁爱，给人以恩惠。

⑫人道：犹言人伦，指社会的伦理等级关系。《礼记·丧服小记》："亲亲、尊尊、长长、男女之有别，人道之大者也。"绝绪：谓联系中断，没有往来。

⑬禁锢：谓禁止做官或参与政治活动。明时：指政治清明的时代。古时常用以称颂本朝。

⑭过望：超过自己原来的希望。气类：意气相投者。语本《周易·乾》："同声相应，同气相求……则各从其类也。"

⑮人事：人情事理。这里主要指宗亲之间的交往。

⑯人伦：谓儒家礼教所强调的人与人之间的关系。这里特指尊卑长幼之间的等级关系。

⑰婚媾（gòu 构）：婚姻，嫁娶。

⑱乖绝：分离，隔绝。

⑲恩纪：犹恩情。

⑳殊：断绝。胡越：胡地在北，越在南，比喻疏远隔绝。

㉑一切：权宜，临时。

㉒朝觐（jìn 晋）：谓臣子朝见君主。

㉓注心：集中心意，专心，关心。皇极：指皇帝，即魏明帝曹叡。

㉔紫闼（tà 踏）：指宫廷。闼，宫中小门。

㉕神明：天地间一切神灵的总称。

㉖"天实为之"二句：意谓内外交困中，只能听天由命。语出《诗经·邶风·北门》："出自北门，忧心殷殷。终窭且贫，莫知我艰。已焉哉！天实为之，谓之何哉！"

㉗唯：思，考虑。戚戚：相亲貌。具尔：具，犹俱；尔，通"迩"。意即都很亲近。语出《诗经·大雅·行苇》："戚戚兄弟，莫远具尔。"毛传："戚戚，内相亲也。"

㉘沛然：感动貌。《汉书·司马相如传下》："于是天子沛然改容曰：'俞乎，朕其试哉！'"唐颜师古注："沛然，感动之意也。"垂诏：谓下诏。

㉙庆问：庆贺聘问。

㉚四节：指四时的节日。展：存问。

㉛怡怡：特指兄弟和睦的样子。语本《论语·子路》："朋友切切偲偲，兄弟怡怡。"笃（dǔ赌）义：谓深厚的恩义。

㉜膏沐：古代妇女润发的油脂。遗（wèi位）：给予，馈赠。

㉝齐义：谓令仁义遍施。贵宗：谓贵戚及公卿之族。

㉞等惠：谓令恩惠均沾。百司：即百官。

㉟叹：赞叹。

㊱风雅：指《诗经》中的《国风》和《大雅》《小雅》。咏：歌咏。

臣伏自惟省①，无锥刀之用②。及观陛下之所拔授，若以臣为异姓，窃自料度③，不后于朝士矣④。若得辞远游⑤，戴武弁⑥，解朱组⑦，佩青绂⑧，驸马、奉车⑨，趣得一号⑩，安宅京室⑪，执鞭珥笔⑫，出从华盖⑬，入侍辇毂⑭，承答圣问，拾遗左右⑮，乃臣丹诚之至愿⑯，不离于梦想者也。远慕《鹿鸣》君臣之宴⑰，中咏《常棣》"匪他"之诫⑱，下思《伐木》"友生"之义⑲，终怀《蓼莪》"罔极"之哀⑳。每四节之会，块然独处㉑，左右惟仆隶㉒，所对惟妻子，高谈无所与陈，发义无所与展，未尝不闻乐而拊心㉓，临觞而叹息也㉔。臣伏以为犬马之诚不能动人，譬人之诚不能动天。崩城、陨霜㉕，臣初信之，以臣心况㉖，徒虚语耳㉗。若葵藿之倾叶，太阳虽不为之回光，然向之者诚也㉘。窃自比于葵藿，若降天地之施，垂三光之明者㉙，实在陛下。

[注释]

① 惟省（xǐng 醒）：谓思索反省。

② 锥刀：喻微薄，微细。

③ 料度（duó 夺）：估计，忖度。

④ 朝士：朝廷之士，泛称中央官员。

⑤ 辞远游：谓辞去诸王的爵位（曹植时为东阿王）。远游，即远游冠，古代冠名。秦汉以后历代沿用，至元代始废。《后汉书·舆服志下》："远游冠，制如通天，有展筒横之于前，无山述，诸王所服也。"

⑥ 武弁（biàn 变）：武冠。《后汉书·崔骃传》："钧（崔钧）时为虎贲中郎将，服武弁，戴鹖尾。"

⑦ 朱组：红色丝带。古代达官贵人用以系冠、佩玉、佩印之用，亦借指高官。

⑧ 青绂（fú 服）：青绶。佩系将军官印的青色丝带。

⑨ 驸马：即驸马都尉，官名。属光禄勋，为陪奉皇帝乘车的近臣，秩比二千石，三国时为第六品。奉车：即奉车都尉，官名。属光禄勋，职掌皇帝乘坐之车马，秩比二千石，三国时为第六品。

⑩ 趣得一号：谓求取驸马都尉与奉车都尉两个官职中的一个。趣，通"取"，谓求取。

⑪ 安宅：犹安居、安所。京室：谓王室，即朝廷。

⑫ 执鞭珥（ěr 耳）笔：谓随侍皇帝左右。执鞭，持鞭驾车。珥笔，古代史官、谏官上朝，常插笔冠侧，以便记录，谓之"珥笔"。

⑬ 华盖：谓皇帝的乘舆。

⑭辇毂（gǔ 古）：皇帝的车舆，代指皇帝。

⑮拾遗：补正朝政的缺点过失。《史记·汲郑列传》："臣愿为中郎，出入禁闼，补过拾遗，臣之愿也。"

⑯丹诚：赤诚的心。至愿：最大的愿望。

⑰鹿鸣：《诗经·小雅》篇名，属于周王宴群臣嘉宾的吟唱。

⑱常棣（dì 帝）：《诗经·小雅》篇名，属于周代贵族在家庭宴会上歌吟兄弟友爱的诗。匪他：谓都是兄弟而非他人，后用为兄弟的代称。语出《诗经·小雅·颀弁（kuǐbiàn 愧上声变）》："岂伊异人？兄弟匪他。"大意是：难道有外人来，宗兄宗弟是一家人。

⑲伐木：《诗经·小雅》篇名，属于周代贵族宴请亲友的乐歌，期盼亲友之间常来常往，相互帮助。友生：朋友。语出《伐木》："矧伊人矣，不求友生？"大意是：何况我们是人类，怎能不重朋友之情？

⑳蓼莪（lùé 录俄）：《诗经·小雅》篇名，属于哀悼父母的诗。罔极：谓父母恩德无穷。语出《蓼莪》："欲报之德，昊天罔极。"大意是：总想报答父母的恩德，只是老天不给机会，不知何以为报。当时曹植生母卞太后（160～223）已故。

㉑块然：孤独貌。

㉒仆隶：谓仆役人等。

㉓拊（fǔ 府）心：拍胸，表示哀痛或悲愤。

㉔临觞（shāng 商）：犹言面对着酒。觞，酒杯。

㉕崩城：春秋时关于杞梁妻哭夫的传说。据汉刘向《列女传》卷四《齐杞梁妻》："齐杞梁殖之妻也。庄公袭莒，殖战而死……杞梁之妻无子，内外皆无五属之亲。既无所归，乃就其夫之尸于城下而哭之……十日，而城为之崩。"陨霜：战国末关于邹衍蒙冤的传说。据汉王充《论衡》卷五《感虚篇》："邹衍无罪，见拘于燕，当夏五月，仰天而叹，天

陈思王植传 | 595

为陨霜。此与杞梁之妻哭而崩城,无以异也。"

㉖况:比,比较。

㉗虚语:假话,空话。

㉘"若葵藿"三句:意谓自己对朝廷无比忠诚。《文选·曹植〈求通亲亲表〉》唐李善注:"《淮南子》曰:圣人之于道,犹葵之与日,虽不能终始哉,其乡之者诚也。"葵藿,两种菜名,这里单指葵。葵性向日,古人多用以比喻下对上赤心趋向。倾叶,谓葵叶追随阳光倾斜。回光,谓阳光反转专照葵叶。

㉙"若降"二句:比喻皇帝的旨意如天地日月一般重要。三光,谓日、月、星。

　　臣闻《文子》曰:"不为福始,不为祸先。"①今之否隔②,友于同忧③,而臣独倡言者,窃不愿于圣世使有不蒙施之物④。有不蒙施之物,必有惨毒之怀⑤,故《柏舟》有"天只"之怨⑥,《谷风》有"弃予"之叹⑦。故伊尹耻其君不为尧舜⑧,孟子曰:"不以舜之所以事尧事其君者,不敬其君者也。"⑨臣之愚蔽⑩,固非虞、伊⑪,至于欲使陛下崇光被时雍之美⑫,宣缉熙章明之德者⑬,是臣慺慺之诚⑭,窃所独守,实怀鹤立企伫之心⑮。敢复陈闻者⑯,冀陛下傥发天聪而垂神听也⑰。

[注释]

①"臣闻"三句:意谓古人处事以道德为准则,对于招福或惹祸皆有所顾虑。语出春秋辛钘《文子》卷三《九守》:"与道为际,与德为邻,不为福始,不为祸先。"文子,即辛钘,号计然,春秋战国时陈国苦县

(今河南鹿邑）人，大约与孔子同时，为道家始祖老子的弟子，越大夫范蠡尊之为师。著有《文子》，或称《通玄真经》。

②否（pǐ痞）隔：隔绝不通。

③友于：借指兄弟。语出《尚书·周书·君陈》："惟孝友于兄弟。"

④蒙施：谓蒙受皇帝的恩惠。

⑤惨毒：悲痛怨愤。

⑥"柏舟"句：意谓父母若不体谅子女就会引来忧怨。天只，语出《诗经·鄘风·柏舟》："母也天只，不谅人只！"天，指父亲；只，表示感叹的语气助词。

⑦"谷风"句：意谓弃妇的哀叹有其原因。弃予，语出《诗经·小雅·谷风》："将安将乐，女转弃予。"大意是：到了安乐之时，你却抛弃了我。

⑧"故伊尹"句：意谓伊尹以不能辅佐商汤成为尧舜一样的君主而感到羞愧。语出《尚书·商书·说命下》："昔先正保衡作我先王，乃曰：'予弗克俾厥后惟尧舜，其心愧耻，若挞于市。'"大意是以前先王的辅佐伊尹令我们的君主兴起，曾说："我不能令我的君主成为尧舜，内心感到惭愧与羞耻，就如同在集市上挨了鞭子一样。"伊尹，商初大臣，名挚，尹是官名。传说伊尹出身奴隶，辅佐商汤攻灭夏桀，建立商朝，被商汤尊为"阿衡"（或称"保衡"，相当于宰相）。尧舜，古史传说中的两位圣明君主，远古部落联盟的首领。

⑨"孟子曰"三句：意谓服侍君主就应当如同舜对待尧的态度，方可称为恭敬。语出《孟子·离娄上》："不以舜之所以事尧事君，不敬其君者也；不以尧之所以治民治民，贼其民者也。"孟子，名轲（约前372～前289），字子舆，邹（今山东邹城市）人。孔子之孙孔伋（子思）的再传弟子，战国时期著名的思想家、教育家，儒家学派的代表人物。与孔子

并称"孔孟"。

⑩愚蔽：愚钝，不通事理。

⑪虞伊：谓虞舜与伊尹。舜之先封于虞，故称虞舜。

⑫崇：推崇。光被：遍及。语出《尚书·虞夏书·尧典》："光被四表，格于上下。"大意是：光辉普照四方，以至于上下。时雍：犹和熙。语出《尚书·虞夏书·尧典》："百姓昭明，协和万邦，黎民于变时雍。"孔传："时，是；雍，和也。"

⑬宣：周遍，普遍。缉熙：光明。语出《诗经·大雅·文王》："穆穆文王，於缉熙敬止。"毛传："缉熙，光明也。"章明：昭著，显扬。

⑭偻偻（lóulóu 楼楼）：勤恳貌，恭谨貌。

⑮鹤立：企望貌，盼望貌。企伫：踮起脚来等待，表示急切盼望。

⑯复：再。陈闻：谓陈述意见以让皇帝听到。

⑰冀：盼望。傥（tǎng 淌）：倘若，假如。表示假设。天聪：对天子听闻的美称。神听：英明的听察力。

诏报曰："盖教化所由①，各有隆弊②，非皆善始而恶终也，事使之然③。故夫忠厚仁极草木，则《行苇》之诗作④；恩泽衰薄，不亲九族，则《角弓》之章刺⑤。今令诸国兄弟，情理简怠⑥，妃妾之家，膏沐疏略⑦，朕纵不能敦而睦之⑧，王援古喻义备悉矣⑨，何言精诚不足以感通哉⑩？夫明贵贱，崇亲亲⑪，礼贤良，顺少长⑫，国之纲纪⑬，本无禁固诸国通问之诏也⑭，矫枉过正⑮，下吏惧谴，以至于此耳。已敕有司⑯，如王所诉。"

[注释]

①教化：政教风化。由：途径，办法。

②隆弊：兴废，盛衰。

③事使之然：谓事情发展使其如此。

④"故夫"二句：谓忠厚为治国之本。语出《诗经·大雅·行苇》之《毛诗序》："《行苇》，忠厚也。周家忠厚，仁及草木，故能内睦九族，外尊事黄耇，养老乞言，以成其福禄焉。"

⑤"恩泽衰薄"三句：谓骨肉为敌是败国之道。语出《诗经·小雅·角弓》之《毛诗序》："《角弓》，父兄刺幽王也。不亲九族而好谗佞，骨肉相怨，故作是诗也。"

⑥简怠：怠慢。

⑦疏略：疏忽，忽略。

⑧敦而睦之：即"敦睦"，指使亲厚和睦。

⑨援古：谓以古人事为例。喻义：通"谕义"，表明礼法道义。备悉：详尽。

⑩感通：谓此有所感而通于彼。意即一方的行为感动对方，从而导致相应的反应。语本《周易·系辞上》："《易》无思也，无：为也，寂然不动，感而遂通天下之故。"

⑪崇亲亲：谓推崇爱自己的亲属。

⑫顺少长（zhǎng掌）：使少长有序。

⑬纲纪：法度，纲常。

⑭禁固：通"禁锢"，禁止做官或参与政事。此与前文"人道绝绪，禁锢明时"照应。

⑮矫枉过正：指纠正偏差而超过应有的限度。

⑯敕（chì赤）：古时自上告下之词。汉魏凡尊长告诫后辈或下属皆

称敕。**有司**：官吏。古代设官分职，各有专司，故称。

植复上疏陈审举之义①，曰：

臣闻天地协气而万物生②，君臣合德而庶政成③；五帝之世非皆智④，三季之末非皆愚⑤，用与不用，知与不知也。既时有举贤之名，而无得贤之实，必各援其类而进矣⑥。谚曰："相门有相，将门有将。"⑦夫相者，文德昭者也⑧；将者，武功烈者也⑨。文德昭，则可以匡国朝⑩，致雍熙⑪，稷、契、夔、龙是也⑫；武功烈，则所以征不庭⑬，威四夷⑭，南仲、方叔是矣⑮。昔伊尹之为媵臣⑯，至贱也；吕尚之处屠钓⑰，至陋也。及其见举于汤武、周文⑱，诚道合志同⑲，玄谟神通⑳，岂复假近习之荐㉑，因左右之介哉。《书》曰："有不世之君，必能用不世之臣；用不世之臣，必能立不世之功。"㉒殷周二王是矣㉓。若夫龌龊近步㉔，遵常守故㉕，安足为陛下言哉？故阴阳不和㉖，三光不畅㉗，官旷无人㉘，庶政不整者，三司之责也㉙。疆埸骚动㉚，方隅内侵㉛，没军丧众，干戈不息者㉜，边将之忧也。岂可虚荷国宠而不称其任哉？故任益隆者负益重，位益高者责益深，《书》称"无旷庶官"㉝，《诗》有"职思其忧"㉞，此其义也。

[注释]

①**审举**：谓明察选拔人才。以下文，南朝梁萧统编《文选》题为《陈审举表》。

②**协气**：和气。古人认为天地间阴气与阳气交合而成之气。万物由此

"和气"而生。《老子》:"万物负阴而抱阳,冲气以为和。"

③合德:犹同德。汉王充《论衡》卷一四《谴告篇》:"天人同道,大人与天合德。"庶政:各种政务。

④五帝:上古传说中的五位帝王,说法不一,一般以黄帝(轩辕)、颛顼(高阳)、帝喾(高辛)、唐尧、虞舜为五帝。

⑤三季:指夏、商、周三代的末期。《国语·晋语一》:"虽当三季之王,不亦可乎?"三国吴韦昭注:"季,末也。三季王,桀、纣、幽王也。"

⑥援其类:谓举荐与自己志趣相合者。

⑦"谚曰"三句:语出《史记·孟尝君列传》:"文闻:将门必有将,相门必有相。"谚,即谚语,谓长期流传下来的寓意丰富、文词固定简练的古训、俗语。

⑧文德:指礼乐教化,与"武功"相对。《论语·季氏》:"故远人不服,则修文德以来之。"昭:明显,显著。

⑨武功:谓武力。烈:辉煌。

⑩匡:辅佐,辅助。国朝:国政,朝政。

⑪雍熙:谓和乐升平。

⑫稷契(xiè谢)夔(kuí葵)龙:辅佐虞舜的四位贤臣名。稷,即后稷,虞舜命为农官,教民耕稼,为周之先祖。契,为帝喾之子,虞舜时佐禹治水有功,任为司徒,封于商,赐姓子氏,传说中商之先祖。夔,相传为虞舜时的乐官,据说他正六律,和五声,以通八风,而天下大服。龙,传说中虞舜的谏官。

⑬不庭:谓不朝于王庭,即不服从某政权统治的人或族群。

⑭威:震慑,使知畏惧而服从。四夷:古代华夏族对四方少数民族的统称。含有轻蔑之意。《尚书·周书·毕命》:"四夷左衽,罔不咸赖。"

孔传："言东夷、西戎、南蛮、北狄，被发左衽之人，无不皆恃赖三君之德。"

⑮南仲：周宣王初年的军事统帅，受命到朔方筑城讨伐玁狁，获得胜利。《诗经·小雅·出车》即咏其事。方叔：见本传前注。

⑯媵（yìng映）臣：古代随嫁的臣仆。《史记·殷本纪》："伊尹名阿衡。阿衡欲奸汤而无由，乃为有莘氏媵臣，负鼎俎，以滋味说汤，致于王道。"

⑰吕尚：即商末周初人姜子牙，又称姜尚。他贫贱时曾屠牛于朝歌，又钓于渭水之滨，周文王求贤，就封他为太师，最终辅佐周武王建立周朝。《史记》卷三二有传。

⑱汤武：当为"武汤"的倒文，即指成汤，子姓，名履，另有汤、武汤、商汤、天乙、天乙汤等称谓，契的第十四代孙，商朝的开国君主。《诗经·商颂·玄鸟》："古帝命武汤，正域彼四方。"若作"汤武"，则通常为商汤与周武王的并称，与下文"周文"不相称。周文：即周文王，姓姬名昌，周武王之父。殷商时诸侯，居于岐山之下，曾被纣王囚于羑里，释归后为西方诸侯之长，称西伯，迁都于丰。后其子武王起兵伐纣，建立周王朝。事见《史记·周本纪》。

⑲道合志同：谓彼此的志趣理想一致。

⑳玄谟：深远的谋略。神通：谓通过神灵而感应沟通。

㉑近习：指君主宠爱亲信的人。

㉒"书曰"五句：未见于传本《尚书》等典籍。不世，非一世所能有，罕有。多谓非凡。

㉓殷周二王：谓商汤与周文王。殷，商王盘庚从奄（今山东曲阜）迁都殷（今河南安阳小屯村），后世因称商为殷。至纣亡国，共历八世十二王，二百七十三年。整个商代亦称为商殷或殷商。

㉔龌龊（wòchuò 卧辍）：器量局促，狭小。近步：距离小的步子。

㉕遵常守故：谓遵守旧规常例，不愿创新。

㉖阴阳：指天地间化生万物的二气。

㉗三光：谓日、月、星。

㉘官旷：谓官府事务荒废。

㉙三司：指三公，即太尉、司空、司徒。

㉚疆埸（yì 义）：边界，边境。骚动：特指动乱，变乱。

㉛方隅（yú 鱼）：四方和四隅。借指边疆。

㉜干戈：指战争。

㉝无旷庶官：意谓各种官职不要虚设。语出《尚书·虞夏书·皋陶谟》："无旷庶官，天工，人其代之。"意即不要虚设各种官职，老天命定之事，须由人完成。

㉞职思其忧：意谓居官须有忧患意识。语出《诗经·唐风·蟋蟀》："无已大（tài 太）康，职思其忧。"意即不要过于追求安乐，应当将忧患想清楚。

陛下体天真之淑圣①，登神机以继统②，冀闻"唐哉"之歌③，偃武行文之美④。而数年以来，水旱不时⑤，民困衣食，师徒之发，岁岁增调⑥，加东有覆败之军⑦，西有殄没之将⑧。至使蚌蛤浮翔于淮、泗⑨，鼲鼬欢哗于林木⑩。臣每念之，未尝不辍食而挥餐⑪，临觞而搤腕矣⑫。昔汉文发代，疑朝有变，宋昌曰："内有朱虚、东牟之亲，外有齐、楚、淮南、琅邪，此则磐石之宗，愿王勿疑。"⑬臣伏惟陛下远览姬文二虢之援⑭，中虑周成召、毕之辅⑮，下存宋昌磐石之固。昔骐骥之于吴阪，可谓困矣，及其伯乐相之，孙邮御之，形体不劳而坐取千里⑯。盖伯乐善御马，明君善御臣；伯乐驰千里，明君致太平；诚任贤使能之明效也。若朝司惟良⑰，万机内理⑱，武将行师，方难克弭⑲。陛下可得雍容都城⑳，何事劳动銮驾㉑，暴露于边境哉㉒？

[注释]

①体：谓生长成形。天真：谓事物的天然性质或本来面目。淑圣：犹言圣明贤达。

②登：成就。神机：神异的禀赋。继统：继承帝统。

③冀：期盼。康哉之歌：意谓国家安定。语出《尚书·虞夏书·益稷》："元首明哉，股肱良哉，庶事康哉。"大意是：君主贤明啊，大臣们勤于办事啊，国家各类事务安定啊。

④偃（yǎn 演）武行文：停息武备，修明文教。

⑤水旱不时：谓水灾与旱灾经常发生。

⑥"师徒之发"二句：意谓不断对西蜀、东吴发兵征讨，每年都增加调派。

⑦东有覆败之军：据《三国志·明帝纪》，魏明帝太和二年（228）秋九月，魏将曹休率军至皖，与吴将陆逊战于石亭，败归。

⑧西有殪（yì义）没之将：据《三国志·后主传》，蜀建兴六年（228）冬，蜀诸葛亮粮尽从陈仓撤军，魏将王双追击，被蜀军斩杀。据《三国志·张郃传》，魏明帝太和五年（231）二月，蜀诸葛亮出祁山，司马懿率张郃等拒战，蜀军粮尽退兵，张郃追击至木门，误中蜀军埋伏，被箭身亡。殪没，死亡。

⑨蚌蛤(gé隔)浮翔于淮泗：意谓东吴军队在淮河、泗水一带气焰嚣张。蚌蛤，皆为江湖中有介壳的软体动物，此处用来比喻擅长水战的东吴军队，有轻蔑义。淮泗，淮河与泗水流域的交互地带，正是扬州刺史部与部分徐州刺史部之所在，故以淮泗指代扬州与徐州部分地区。

⑩鼯鼬(húnyòu魂又)欢哗于林木：意谓西蜀军队在山地林木中出没叫喊。鼯鼬，灰鼠与黄鼠狼，此处用来比喻擅长山地作战的西蜀军队，有轻蔑义。欢哗，喧哗，大声说笑或叫喊。

⑪辍食挥餐：停止进餐，挥手拒绝摆饭。

⑫搤(è饿)腕：通"扼腕"。谓握住手腕，是表示激动、振奋、悲愤、惋惜等的动作。

⑬"昔汉文"八句：西汉高祖刘邦死后，吕后执政，诸吕弄权；吕后一死，诸吕作乱，太尉周勃、丞相陈平等人智平诸吕之乱，准备迎立刘邦之子刘恒进京登极。刘恒时封代王（治今山西平遥西南），代国官员怀疑朝中有诈，不同意刘恒前往，只有代国中尉宋昌分析形势后认为朝廷内外刘氏宗室势力强大，不必生疑。于是刘恒就从代出发到长安为帝，是为汉文帝。事见《史记》卷一〇《孝文本纪》。汉文，即汉文帝刘恒（前203~前157），刘邦第四子，汉惠帝刘盈弟，母为薄姬。在位二十四年（前180~前157），开创文景之治。卒谥孝文皇帝，葬霸陵。《汉书》卷四亦有传。朱虚，即朱虚侯刘章（前200~前177），刘邦之孙，齐悼惠王刘肥次子。吕后称制，被封朱虚侯，后又因平诸吕有功，封城阳王，卒谥景王。《史记》卷五二、《汉书》卷三八皆有传。东牟，即东牟侯刘兴居（前199~前177），刘邦之孙，齐悼惠王刘肥第三子，封东牟侯，后以平诸吕有功，封济北王。后因心怀不满，乘机叛乱，兵败被俘自杀。《史记》卷五二、《汉书》卷三八皆有传。齐，即齐王刘襄（前？~前179），刘邦长孙，齐悼惠王刘肥长子，公元前189年，刘肥去世，刘襄继齐王

位。吕后死后，刘襄乘机起兵西进入关诛杀诸吕，且谋帝位，被灌婴阻于荥阳，适值周勃等在朝中诛杀诸吕，罢兵归国，次年卒，谥号哀王。《史记》卷五二、《汉书》卷三八皆有传。楚，即楚王刘交（前？～前179），字游，刘太公第四子，刘邦异母弟。好读书，喜《诗经》。刘邦即位后封楚王。卒后谥号元。《史记》卷五〇、《汉书》卷三六皆有传。淮南，即淮南王刘长（前198～前174），刘邦少子，汉文帝刘恒异母弟，被封淮南王，力能扛鼎，文帝时骄纵跋扈，以图谋叛乱被废，谪徙蜀郡，途中不食而死，谥厉王。《史记》卷一一八、《汉书》卷四四皆有传。琅邪，即琅邪王刘泽（前？～前178），刘邦族兄弟，吕后执政时，以其妻为吕后妹吕须之女，封琅邪王。以拥立刘恒有功，汉文帝时改封燕王。卒谥敬王。《史记》卷五一、《汉书》卷三五皆有传。磐石之宗，厚而大的石头，比喻稳定坚固。旧喻分封的宗室。语出《史记·孝文本纪》："高帝封王子弟，地犬牙相制，此所谓磐石之宗也。"

⑭姬文：即周文王，以其姬姓，故称。二虢：谓周文王的两位弟弟虢仲、虢叔。

⑮周成：即周成王。召：即召（shào绍）公奭（shì世），姬姓，名奭，与周武王、周公旦是同辈兄弟，周武王灭商后，受封蓟地。毕：即毕公高，姬姓，名高，周文王姬昌子，周武王灭商后，受封毕地。

⑯"昔骐骥（qíjì其计）"五句：意谓驾盐车而疲劳不堪的千里马一经伯乐发现，并由善御者驾驭，就会轻而易举地发挥潜能到极致。事见《战国策》卷一七《楚策四》。骐骥，骏马。《战国策》仅以"骥"书之，义同。吴阪（bǎn板），吴地的斜坡，当系虚构的地名。《战国策》谓"上太行"。伯乐，春秋秦穆公时人，姓孙，名阳，以善相马著称。孙邮，据《左传·哀公二年》，赵简子的御手名邮无恤；另据《国语》卷一五《晋语九》，赵简子的御手名邮无正。曹植于孙阳、邮无恤两名中各取一

字为"孙邮"称善御者，当即指伯乐，以避免行文重复，而下文又云"伯乐善御马"，更是内证。坐，遂，乃。

⑰朝司：指中央分掌各部的官吏。

⑱万机：通"万几"，指帝王日常处理的纷繁政务。内理：通"内治"，指治理国政。

⑲方难（nàn 南去声）：指边境的祸患。克：能够。弭（mǐ 米）：止息。

⑳雍容：舒缓，从容不迫。

㉑銮驾：天子的车驾。天子车驾有銮铃，故称。

㉒暴（pù 铺）露：露在外面，无所遮蔽。

臣闻羊质虎皮，见草则悦，见豺则战，忘其皮之虎也①。今置将不良，有似于此。故语曰："患为之者不知，知之者不得为也。"昔乐毅奔赵，心不忘燕②；廉颇在楚，思为赵将③。臣生乎乱，长乎军④，又数承教于武皇帝⑤，伏见行师用兵之要⑥，不必取孙、吴而暗与之合⑦。窃揆之于心⑧，常愿得一奉朝觐⑨，排金门⑩，蹈玉陛⑪，列有职之臣，赐须臾之间，使臣得一散所怀，摅舒蕴积⑫，死不恨矣。

[注释]

①"臣闻"四句：意谓魏国边将外强中干，贪婪而不堪一击。语出汉扬雄《法言·吾子》："羊质虎皮，见草而悦，见豺而战，忘其皮之虎也。"晋李轨注："羊假虎皮，见豺则战；人假伪名，考实则穷。"羊质虎皮，比喻外强内弱，虚有其表。

②"昔乐（yuè 越）毅"二句：乐毅为战国名将，中山灵寿（今属河北）人，受燕昭王信任，率兵伐齐，攻下七十馀城，唯莒与即墨未下。昭王卒，子燕惠王立，信谗言不用乐毅，乐毅畏诛，西逃于赵国，被封于观津（今河北武邑东南），号望诸君。齐国乘机复国，燕惠王悔惧，使人慰问乐毅，乐毅报书自明心志，于是成为燕、赵两国的客卿。事见《史记》卷八〇《乐毅列传》。

③"廉颇在楚"二句：廉颇为战国末期赵国名将，攻齐抗秦，战功卓著。受封信平君，摄行相国职。赵悼襄王立，廉颇不得志，出奔魏都大梁（今河南开封）。赵国屡受秦军攻击，廉颇急欲回国效力，因权臣作梗，未能如愿。后居楚，也常思报效赵国，最后郁郁以终。事见《史记》卷八一《廉颇蔺相如列传》。

④"臣生乎乱"二句：曹植生于汉献帝初平三年（192），正值董卓被诛后，其部将李傕、郭汜为乱关中之际，豪强纷纷割据，社会动荡不安。其时青州黄巾军攻杀兖州刺史刘岱，后终被曹操打败。

⑤承教：言接受教诲。武皇帝：即曹操。

⑥伏：敬词。古时臣对君奏言多用之。

⑦孙吴：谓春秋时的孙武与战国时的吴起，两人为先秦著名的军事家。这里当指他们所著的兵书。暗：暗中。

⑧揆（kuí 葵）：度量，揣度。

⑨朝觐（jìn 晋）：谓臣子朝见君主。这里当指魏明帝曹叡。

⑩排：推开。金门：即金马门，原为汉代宫门名，为学士待诏之处。《史记·滑稽列传》："金马门者，宦（者）署门也。门傍有铜马，故谓之曰'金马门'。"这里泛指魏皇宫门。

⑪蹈：踏上。玉陛：帝王宫殿的台阶。

⑫摅（shū 疏）舒：发抒。蕴积：指郁结在心中的某种思想感情。

被鸿胪所下发士息书①，期会甚急②。又闻豹尾已建③，戎轩骛驾④，陛下将复劳玉躬⑤，扰挂神思⑥。臣诚悚息⑦，不遑宁处⑧。愿得策马执鞭，首当尘露⑨，撮《风后》之奇⑩，接孙、吴之要⑪，追慕卜商"起予"左右⑫，效命先驱⑬，毕命轮毂⑭，虽无大益，冀有小补。然天高听远⑮，情不上通，徒独望青云而拊心⑯，仰高天而叹息耳。屈平曰："国有骥而不知乘，焉皇皇而更索！"⑰昔管、蔡放诛，周、召作弼⑱；叔鱼陷刑，叔向匡国⑲。三监之衅⑳，臣自当之；二南之辅㉑，求必不远。华宗贵族㉒，藩王之中，必有应斯举者。故《传》曰："无周公之亲，不得行周公之事。"㉓唯陛下少留意焉㉔。

[注释]

①被：接受。鸿胪：即大鸿胪，九卿之一，掌管朝廷的礼宾事务。汉代，凡诸侯王和各少数民族君长，以及外国君主或使臣，被视为皇帝的宾客，与之有关的事务，多由大鸿胪掌管，秩中二千石。属官有丞、治礼郎等。发：征调。士息：魏晋时指士兵之子。魏晋时，职业士兵的家庭称为士家或兵家，这些人户家子弟世代为兵。

②期会：约期聚集。

③豹尾：古代将帅旌旗上的饰物。或悬以豹尾，或在旗上画豹文。

④戎轩：兵车。骛驾：疾速行进。

⑤玉躬：犹玉体。这里系尊称魏明帝曹叡。

⑥扰挂：烦扰牵挂。神思：精神，心绪。

⑦悚（sǒng 耸）息：谓因恐惧而屏息。

⑧不遑宁处：没有闲暇安居。

⑨首当尘露：谓不顾辛劳，冲到最前面。

⑩撮：摘取，摄取。风后：相传为黄帝臣之一，擅长兵法，《汉书·艺文志》著录《风后》十三篇，属阴阳家著述。

⑪接：通"辑"。敛，收聚。孙吴之要：谓春秋孙武与战国吴起的兵法要领。

⑫"追慕"句：意谓羡慕卜商能够发明孔子意旨。语出《论语·八佾》："子夏问曰：'"巧笑倩兮，美目盼兮，素以为绚兮"何谓也？'子曰：'绘事后素。'曰：'礼后乎？'子曰：'起予者商也，始可与言《诗》已矣。'"卜商（前507～前400），姬姓，卜氏，名商，字子夏，南阳温邑（今河南温县黄庄镇卜杨门村）人。春秋末期思想家、教育家，以"文学"著称，孔门十哲之一。《史记》卷六七有传。左右，不直称对方，而称其执事者，表示尊敬。曹植在这里即以卜商自喻，以孔子喻曹叡，较为得体地道出自己诚心追随曹叡的意愿。

⑬效命：舍命报效。先驱：前行开路。

⑭毕命：绝命，丧生。曹植《七启》："故田光伏剑于北燕，公叔毕命于西秦。"轮毂：车轮中心装轴的部分。这里代指战车。

⑮天高听远：谓君主难以听到远处的呼声。

⑯拊（fǔ府）心：拍打胸口。

⑰"屈平曰"三句：意谓若贤愚不分，就会彷徨无措。语出战国楚宋玉《九辩》："国有骥而不知乘兮，焉皇皇而更索。"屈平，即屈原，名平，字原，战国时期楚国政治家、诗人。《史记》卷八四有传。此为曹植误记，屈平，当作宋玉，字子渊，系屈原之后的楚国辞赋家，或谓为屈原弟子。皇皇，惶恐貌，彷徨不安貌。皇，通"惶"。

⑱"昔管蔡"二句：据《史记·周本纪》，周武王卒后，其子周成王

继位，周武王的弟弟管叔鲜、蔡叔度、霍叔处与纣王之子武庚联合举兵叛周，即所谓"三监之乱"。于是辅佐周成王的周公东征，诛武庚，杀管叔而放蔡叔，废霍叔为庶民，平定了叛乱。周公旦与召（shào 邵）公奭（shì 世）的辅佐作用巨大。弼（bì 必），纠正，辅佐。

⑲"叔鱼陷刑"二句：据《左传·昭公十四年》，晋国邢侯与雍子因争夺某处土地起纠纷，叔鱼作为代理官处理此事。罪过本在雍子一方，雍子就将女儿嫁与叔鱼，于是叔鱼反而判决邢侯有罪。一怒之下，邢侯在朝廷之上杀死叔鱼与雍子。韩宣子就让任职晋国大夫的叔向（叔鱼的异母兄）了断此案，叔向不私其亲，认为三人皆有罪，于是杀死邢侯，连同已死的叔鱼、雍子，将三人尸体在市上示众。匡国，匡正国家，这里有不徇私情、维护法律的意思。

⑳三监：管叔、蔡叔与霍叔三人皆为周武王之弟，周武王灭商后，将商都朝歌分为三处，分别由管叔、蔡叔与霍叔监管，称三监。衅，祸乱。这里即指三监叛周。

㉑二南之辅：谓周公旦与召（shào 邵）公奭（shì 世）。《诗经》中十五国风有《周南》《召南》，即称"二南"。《周南》是周公统治下地区的民歌汇集，《召南》是召公统治下地区的民歌汇集，这里故以"二南"指代周公与召公。

㉒华宗：犹贵族。

㉓"故传曰"三句：意谓没有周公那样的近亲关系，就难以创造周公的政治成就。传，今传本典籍无此两句话。

㉔留意：谓留心于诸王藩卫京都的历史经验。

  近者汉氏广建藩王①，丰则连城数十②，约则饘食祖祭而已③，未若姬周之树国④，五等之品制也⑤。若扶苏之谏始皇⑥，淳于越之难周青臣⑦,可谓知时变矣⑧。夫能使天下倾耳注目者⑨,当权者是矣,故谋能移主⑩,威能慑下⑪。豪右执政⑫,不在亲戚;权之所在,虽疏必重,势之所去,虽亲必轻。盖取齐者田族,非吕宗也⑬;分晋者赵、魏,非姬姓也⑭。唯陛下察之。苟吉专其位⑮,凶离其患者⑯,异姓之臣也。欲国之安,祈家之贵,存共其荣,没同其祸者,公族之臣也⑰。今反公族疏而异姓亲,臣窃惑焉。

[注释]

①汉氏:谓汉代刘氏政权。藩王:藩国之王,即同姓诸侯王。

②丰:谓封地较多。连城数十:语出《汉书·诸侯年表》:"藩国大者夸州兼郡,连城数十。"

③约:谓封地较少。飨食(sì四):举行飨礼与食礼之谓。飨礼,古代一种隆重的宴饮宾客之礼。食礼,古代宴请之礼的一种。祖祭:奉祖的祭祀。

④姬周:即周朝,姬姓,故称。树国:谓建立藩国。

⑤五等之品:即五等爵位。指公、侯、伯、子、男。《尚书·周书·武成》:"列爵惟五。"孔传:"爵五等,公、侯、伯、子、男。"

⑥"若扶苏"句:据《史记·秦始皇本纪》,秦始皇坑咸阳诸生四百六十餘人,其长子扶苏进谏说:"天下初定,远方黔首未集,诸生皆诵法孔子,今上皆重法绳之,臣恐天下不安。唯上察之。""始皇怒,使扶苏北监蒙恬于上郡。"扶苏(前?~前210),嬴姓,名扶苏,秦始皇长子,因进谏激怒始皇,被发往上郡抵御匈奴。秦始皇三十七年(前210),始皇死,中车府令赵高联合丞相李斯,拥立始皇第十八子胡亥即皇帝位,矫

诏逼令扶苏自尽，葬于上郡（今陕西省绥德县）。

⑦"淳于越"句：据《史记·秦始皇本纪》，秦仆射周青臣颂扬秦始皇统一全国的功绩，博士齐人淳于越进曰："臣闻殷周之王千馀岁，封子弟功臣，自为枝辅。今陛下有海内，而子弟为匹夫，卒有田常、六卿之臣，无辅拂，何以相救哉？事不师古而能长久者，非所闻也。今青臣又面谀以重陛下之过，非忠臣。"丞相李斯支持周青臣，并怂恿秦始皇焚书。难（nàn 南去声），责难，诘问。

⑧时变：谓时世变化的规律。

⑨倾耳注目：谓侧着耳朵静听，集中目光看。

⑩移主：谓影响并改变君主的意图。

⑪慑（shè 设）下：令属下恐惧。

⑫豪右：古代社会的富豪家族、世家大户。

⑬"盖取齐者"二句：齐国原为周初吕尚（姜太公）的封国，姜姓，吕氏。公元前481年，齐国田成子杀齐简公，田氏逐渐坐大。至公元前386年，齐相田和迁齐康公吕贷于海滨，通过魏文侯的帮助，得到周天子承认，列为诸侯，建立了田齐。

⑭"分晋者"二句：晋国原为周初唐叔的封国，姬姓。公元前403年，周威烈王命韩虔、赵籍、魏斯为诸侯。至公元前376年，魏武侯、韩哀侯、赵敬侯瓜分了晋国公室，史称三家分晋。赵，嬴姓赵氏；魏，姬姓魏氏；韩，姬姓韩氏。曹植谓魏非姬姓诸侯，当属误记。

⑮吉专其位：意谓情势顺利时就把持官位。

⑯凶离其患：意谓情势险恶时就逃离职责。

⑰公族：诸侯或君王的同族。

　　臣闻孟子曰："君子穷则独善其身，达则兼善天下。"①今臣与陛下践冰履炭②,登山浮涧③,寒温燥湿,高下共之④,岂得离陛下哉?不胜愤懑⑤,拜表陈情。若有不合,乞且藏之书府⑥,不便灭弃⑦,臣死之后,事或可思。若有豪厘少挂圣意者⑧,乞出之朝堂⑨,使夫博古之士⑩,纠臣表之不合义者⑪。如是,则臣愿足矣。

帝辄优文答报⑫。

[注释]

①"臣闻"三句:意谓不得志就加强自身的品德修养,显达后就以天下为己任,实现自己的抱负。语出《孟子·尽心上》:"古之人,得志,泽加于民;不得志,修身见于世。穷则独善其身,达则兼善天下。"穷,特指不得志,与"达"相对。达,显贵,显达。

②践冰履炭:比喻处于险境,经历艰难。

③登山浮涧:比喻历经上下坎坷的艰难。

④高下共之:谓休戚相关,安危与共。

⑤不胜(shēng 声):非常,十分。愤懑(mèn 闷):抑郁烦闷。

⑥书府:收藏文书图籍的府库。

⑦不便:不适宜。

⑧豪厘:通"毫厘"。比喻极微细。毫、厘均是微小的量度单位。少挂圣意:谓略微让君主牵念留意。

⑨朝堂:汉代正朝左右官议政之处。这里泛指朝廷。

⑩博古:通晓古代的事情。

⑪合义:谓以德义相亲。

⑫优文:褒奖的文告。裴注引《魏略》曰:"是后大发士息,及取诸

国士。植以近前诸国士息已见发,其遗孤稚弱,在者无几,而复被取,乃上书曰:'臣闻古者圣君,与日月齐其明,四时等其信,是以戮凶无重,赏善无轻,怒若惊霆,喜若时雨,恩不中绝,教无二可,以此临朝,则臣下知所死矣。受任在万里之外,审主之所授官,必己之所以投命,虽有构会之徒,泊然不以为惧者,盖君臣相信之明效也。昔章子为齐将,人有告之反者,威王曰:"不然。"左右曰:"王何以明之?"王曰:"闻章子改葬死母;彼尚不欺死父,顾当叛生君乎?"此君之信臣也。昔管仲亲射桓公,后幽囚从鲁槛车载,使少年挽而送齐。管仲知桓公之必用己,惧鲁之悔,谓少年曰:"吾为汝唱,汝为和,声和声,宜走。"于是管仲唱之,少年走而和之,日行数百里,宿昔而至。至则相齐,此臣之信君也。臣初受封,策书曰:"植受兹青社,封于东土,以屏翰皇家,为魏藩辅。"而所得兵百五十人,皆年在耳顺,或不逾矩,虎贲官骑及亲事凡二百馀人。正复不老,皆使年壮,备有不虞,检校乘城,顾不足以自救,况皆复耄耋罢曳乎?而名为魏东藩,使屏翰王室,臣窃自羞矣。就之诸国,国有士子,合不过五百人。伏以为三军益损,不复赖此。方外不定,必当须办者,臣愿将部曲倍道奔赴,夫妻负襁,子弟怀粮,蹈锋履刃,以徇国难,何但习业小儿哉?愚诚以挥涕增河,颢鼠饮海,于朝万无损益,于臣家计甚有废损。又臣士息前后三送,兼人已竭。惟尚有小儿,七八岁已上,十六七已还,三十馀人。今部曲皆年者,卧在床席,非糜不食,眼不能视,气息裁属者,凡三十七人;疲瘵风靡,疣盲聋聩者,二十三人。惟正须此小儿,大者可备宿卫,虽不足以御寇,粗可以警小盗;小者未堪大使,为可使耘锄秽草,驱护鸟雀。休侯人则一事废,一日猎则众业散,不亲自经营则功不摄;常自躬亲,不委下吏而已。陛下圣仁,恩诏三至,士子给国,长不复发。明诏之下,有若瞰日,保金石之恩,必明神之信,画然自固,如天如地。定习业者并复见送,晻若昼晦,怅然失图。伏以为陛下既爵臣百寮之右，居藩国之任，为置卿士，屋名为宫，冢名为陵，不使其危居独立，无异于凡庶。若柏成欣于野耕，子仲乐于灌园；蓬户茅牖，原宪之宅也；陋巷箪瓢，颜子之居也：臣才不见效用，常慨然执斯志焉。若陛下听臣悉还部曲，罢官属，省监官，使解玺释绂，追柏成、子仲之业，营颜渊、原宪之事，居子臧之庐，宅延陵之室。如此，虽进无成功，退有可守，身死之日，犹松、乔也。然伏度国朝终未肯听臣之若是，固当羁绊于世绳，维系于禄位，怀屑屑之小忧，执无已之百念，安得荡然肆志，逍遥于宇宙之外哉？此愿未从，陛下必欲崇亲亲，笃骨肉，润白骨而荣枯木者，惟遂仁德以副前恩诏．'皆遂还之。"

其年冬①，诏诸王朝六年正月②。其二月，以陈四县封植为陈王③，邑三千五百户。植每欲求别见独谈，论及时政，幸冀试用，终不能得。既还，怅然绝望。时法制④，待藩国既自峻迫⑤，寮属皆贾竖下才⑥，兵人给其残老，大数不过二百人。又植以前过⑦，事事复减半，十一年中而三徙都⑧，常汲汲无欢⑨，遂发疾薨⑩，时年四十一⑪。遗令薄葬⑫。以小子志⑬，保家之主也⑭，欲立之。初，植登鱼山⑮，临东阿，喟然有终焉之心⑯，遂营为墓⑰。子志嗣，徙封济北王⑱。景初中诏曰⑲："陈思王昔虽有过失，既克己慎行⑳，以补前阙㉑，且自少至终，篇籍不离于手，诚难能也。其收黄初中诸奏植罪状㉒，公卿已下议尚书、秘书、中书三府、大鸿胪者㉓，皆削除之。撰录植前后所著赋颂诗铭杂论凡百馀篇，副藏内外㉔。"志累增邑，并前九百九十户㉕。

[注释]

①其年冬：即魏明帝太和五年（231）。

②朝：即朝会。这里谓同姓诸侯王朝见天子。

③陈：即陈国，东汉章和二年（88）改淮阳国置，治所陈县（今河南淮阳县）。辖境相当于今河南周口市及淮阳、商水、西华、太康、柘城、鹿邑等县。汉献帝建安初国除为陈郡，三国魏太和六年（232）封曹植于此，复为陈国，次年又改陈郡。

④法制：法令制度。

⑤峻迫：严峻逼迫。

⑥寮属：僚属，属官。贾（gǔ 古）竖下才：谓文化修养不高的市井鄙俗之人。贾竖，旧时对商人的贱称。

⑦前过：谓以前所犯过失。

⑧三徙都：似当作"五徙都"，"三""五"，或系形讹。据本传，从魏文帝黄初三年（222）至魏明帝太和六年（232），十一年中，曹植先后被封鄄城王、雍丘王、浚仪王、雍丘王、东阿王、陈王，凡五次徙都。

⑨汲汲：忧惶不安貌。

⑩薨（hōng 轰）：死的别称。自周代始，人之死亡，有尊卑之分，"薨"以称诸侯之死。《礼记·曲礼下》："天子死曰崩，诸侯曰薨，大夫曰卒，士曰不禄，庶人曰死。"

⑪年四十一：裴注云："植常为琴瑟调歌，辞曰：'吁嗟此转蓬，居世何独然！长去本根逝，夙夜无休闲。东西经七陌，南北越九阡，卒遇回风起，吹我入云间。自谓终天路，忽焉下沉渊。惊飙接我出，故归彼中田。当南而更北，谓东而反西，宕宕当何依，忽亡而复存。飘飘周八泽，连翩历五山，流转无恒处，谁知吾苦艰？愿为中林草，秋随野火燔，糜灭岂不痛，愿与根荄连。'"又引孙盛曰："异哉，魏氏之封建也！不度先王

之典，不思藩屏之术，违敦睦之风，背维城之义。汉初之封，或权侔人主，虽云不度，时势然也。魏氏诸侯，陋同匹夫，虽惩七国，矫枉过也。且魏之代汉，非积德之由，风泽既微，六合未一，而彫翦枝干，委权异族，势同瘣木，危若巢幕，不嗣忽诸，非天丧也。五等之制，万世不易之典。六代兴亡，曹囧论之详矣。"

⑫遗令：临终前的告诫、嘱咐。

⑬小子志：即曹志（？～288），字允恭，曹植次子，庶出。以长子曹苗早卒，故立为嗣。嗣位后改封济北王。入晋，降封鄄城县公，任乐平太守，迁散骑常侍兼国子博士，后转博士祭酒。有才品，擅长骑马射箭。母卒后患精神疾病，卒谥定。《晋书》卷五〇有传。

⑭保家之主：谓可保住家族或家业者。语出《左传·襄公二十七年》："印段赋《蟋蟀》。赵孟曰：'善哉，保家之主也！吾有望矣。'"

⑮鱼山：一名吾山，位于今山东东阿县西南。

⑯喟（kuì溃）然：感叹、叹息貌。终焉之志：在此安身终老的想法。

⑰遂营为墓：曹植墓今存，位于今山东省聊城市东阿县鱼山镇鱼山村，依山而建，始建于三国魏太和七年（233）三月，为当时兖州刺史王昶奉调劳工二百人修筑。墓室分甬道、前室、后室三部分。1951年，山东省文物管理委员会曾清理出土文物132件，其中除玛瑙珠、玛瑙泡、青玉璜数件较精外，其他大部为陶制明器，象车、案、壶、盆、鸡、狗、鹅、鸭之类的文物。现为全国重点文物保护单位。

⑱济北：即济北国，东汉永元二年（90）分泰山郡置，都卢县（治今山东长清西南）。

⑲景初：魏明帝曹叡的第三个年号（237～239）。

⑳克己慎行：谓克制私欲，严以律己，行为谨慎检点。

㉑前阙：以前的缺误。

㉒黄初：魏文帝曹丕年号（220~226）。

㉓公卿已下议：清李慈铭校勘"议"下疑脱"藏"或"在"字，似是。公卿，三公九卿的简称。尚书：即尚书令，总理国家政务中枢尚书台的长官。秘书：即秘书监，掌管图书典籍的官员。中书：即中书令，官名。掌管朝廷机要文书的官员。大鸿胪：九卿之一，掌管朝廷礼宾事务的官员。

㉔副：谓制作复制本。内外：指朝廷和地方。

㉕九百九十户：裴注引《志别传》曰："志字允恭，好学有才行。晋武帝为中抚军，迎常道乡公于邺，志夜与帝相见，帝与语，从暮至旦，甚器之。及受禅，改封鄄城公。发诏以志为乐平太守，历章武、赵郡，迁散骑常侍、国子博士，后转博士祭酒。及齐王攸当之藩，下礼官议崇锡之典，志叹曰：'安有如此之才，如此之亲，而不得树本助化，而远出海隅者乎？'乃建议以谏，辞旨甚切。帝大怒，免志官。后复为散骑常侍。志遭母忧，居丧尽哀，因得疾病，喜怒失常，太康九年卒，谥曰定公。"

萧怀王熊①，早薨。黄初二年追封谥萧怀公②。太和三年③，又追封爵为王。青龙二年④，子哀王炳嗣⑤，食邑二千五百户。六年薨⑥，无子，国除。

[注释]

①萧怀王熊：即曹熊（生卒年不详），曹操之子，与曹丕、曹彰、曹植皆为卞夫人所生。早卒。

②黄初二年：即公元221年。黄初，魏文帝曹丕年号（220~226）。

陈思王植传 | 619

③太和三年：即公元229年。太和，魏明帝曹叡的第一个年号。

④青龙二年：即公元234年。青龙，魏明帝曹叡的第二个年号。

⑤哀王炳：即曹炳，曹操之孙，曹熊之子，生平不详。

⑥六年：当谓魏齐王曹芳正始六年（245）。

评曰：任城武艺壮猛①，有将领之气②。陈思文才富艳③，足以自通后叶④，然不能克让远防⑤，终致携隙⑥。《传》曰"楚则失之矣，而齐亦未为得也"⑦，其此之谓欤⑧！

[注释]

①任城：即任城王曹彰（？～223），字子文，曹操之子，曹丕同母弟。《三国志》卷一九有传，本书未入选。壮猛：壮盛，勇猛。

②将领之气：谓具有将军的威猛气概。

③富艳：美盛，华丽。

④后叶：犹后世。

⑤克让：能谦让。语出《尚书·虞夏书·尧典》："允恭克让。"远防：当谓计虑深远，防微杜渐。

⑥携隙：犹嫌隙。

⑦"传曰"二句：语出汉司马相如《上林赋》："楚则失矣，而齐亦未为得也。"大意是：楚人的自夸有误，齐人的炫耀也不正确。暗喻曹植固然有过失，但曹丕、曹叡的做法也不正确。

⑧其此之谓欤：裴注引鱼豢曰："谚言'贫不学俭，卑不学恭'，非人性分也，势使然耳。此实然之势，信不虚矣。假令太祖防遏植等，在于畴昔，此贤之心，何缘有窥望乎？彰之挟恨，尚无所至。至于植者，岂能

兴难？乃令杨修以倚注遇害，丁仪以希意族灭，哀夫！余每览植之华采，思若有神。以此推之，太祖之动心，亦良有以也。"

[译文]

陈思王曹植字子建。年纪十多岁时就能熟读或背诵《诗经》《论语》以及辞赋数十万言，善于撰写文章。曹操有一次看到曹植写的文章，曾问他说："是请托别人写的吗？"曹植跪下回答说："出口就可成议论，下笔就可写文章，乃可当面考试，怎能找人代作？"当时邺县的铜雀台刚落成，曹操带领诸子登上铜雀台，令他们各自写一篇赋。曹植执笔一挥而就，文采可观，引来曹操的特别重视。曹植性格疏略平易，不讲究服饰仪表。车马服饰，也不追求华丽。每次进见曹操被提出疑难问题，曹植应声即答，因而特别受曹操的宠爱。汉献帝建安十六年（211），曹植被封平原侯。建安十九年（214），改封临淄侯。曹操征讨孙权，命令曹植留守邺城，告诫他说："我从前任顿丘令，年二十三岁。回思当年所做事，至今无所悔恨。如今你年纪也二十三岁了，能不努力吗！"曹植已经以自身的才能为曹操所宠爱，而丁仪、丁廙、杨修等又成为辅佐他的人或力量。曹操在犹豫不定中，屡次几乎打算立曹植为太子。然而曹植行事任性，不注意砥砺言行，饮酒没有节制。其兄曹丕则以权术计谋奉迎其父，掩饰真情以掩盖自己内心，宫人与曹操左右的侍臣，都为曹丕说好话，所以曹丕最终被定为继承人。建安二十二年（217），为曹植增封邑五千户，加上以前所封者共达一万户。曹植曾经乘车在供君王行驶车马的道路中行驶，打开邺城魏王宫南面的正门司马门出行。曹操得知后大怒，公车司马令坐罪被处死。曹操从此加强了对诸侯王的禁令控制，对曹植的宠爱也逐渐减少了。曹操担心曹植势力过强引来后患无穷，认为杨修很有才智和谋略，又是袁术的外甥，于是假借罪名诛杀了杨修。曹植因此内心愈加不自安定。建安二十四年（219），曹仁被关羽围困。曹操任命曹植为南中郎将，代理征虏将军，打算派遣他去救曹仁，传呼他将有所教诫。曹植沉醉中不能受命前往，曹操于是后悔而取消了他的任务。

曹丕继承魏王之位后，诛杀了丁仪、丁廙及其家中的男性佣人。曹植与诸侯都回归到自己的封地。魏文帝曹丕黄初二年（221），监国谒者灌均迎合在上者的意旨，上奏"曹植因醉酒悖理傲慢，威逼胁迫监国谒者"。有关官吏请求治曹植之罪，曹丕因皇太后卞氏的缘故，贬曹植爵位为安乡侯。这一年又改封曹植为鄄城侯。黄初三年（222），立曹植为鄄城王，封邑二千五百户。

黄初四年（223），改封曹植雍丘王。这一年，曹植到京师洛阳朝见魏天子曹丕。上疏曰：

> 我自从负罪回到自己的封地鄄城，感受深切地追思自己的罪过，中午才进餐，半夜方入睡。确实认为不能再触犯国家的法律，难以再次凭借天子的恩宠得到赦免。私下里默诵《相鼠》的诗篇，感念人而无礼，为何不速死的道理，倍感孤单无依，喜、怒、哀、乐、怨五种情感涌上心头，因羞惭而面红耳赤。若因有罪就放弃生命，就违背了古代贤人曾子改过须迅速的教诲；若苟且偷生，又触犯《诗》人有何面目活下去的愧极之语。念及陛下恩德如同天地般宽大，恩情如同父母般深厚，施恩如同春风般和畅，润物如同及时的雨露。想那瑞云庇荫万物，即使是荆棘也不厌弃；君主以仁德待下，对子民一视同仁；既往不咎而责求事功，是贤明君主的作为；对愚者怜悯，对能者爱护，属于慈父般的情义：这是我之所以留恋天子的恩德而不能自我结束生命的原因。

> 以前接到诏书，臣等被禁止朝会，意志崩溃，自以为至老也再难以以手持圭朝见天子了。没料到承蒙圣上诏书录用征召，到达京城的

那一天，心早已飞驰到陛下的身边。身处洛阳城西偏僻的馆舍，不能到朝廷侍奉，欢欣鼓舞的心情，因仰望圣上反而辗转不安。恭敬地呈上表章并献诗二篇。诗的第一首云："我们美好显赫的先父，就是大魏武皇帝，承受了上天的意旨，安定匡济四方百姓。战旗所过的地方，九州土地上的军队溃败，圣德教化广泛流布，边远的人也来朝拜臣服。功德超越殷商与周朝，可与唐尧时代比肩。吾皇生而得天独厚，累世代代积累聪慧，武功肃穆威烈，文治兴盛和乐，接受炎汉让出的帝位，为君而主宰天下。天下人既已广被教化，完全依循旧规章办事；施恩于至亲兄弟，作屏障的就是同姓诸侯之国。天子说你这位临淄侯，到青州的一处为侯，占有海滨的领域，就如同周王朝对待鲁国一样，有被赐予车舆礼服的荣光，区别名分标志的旗帜也按规定等级授予，众多才德超卓的人，以我为辅弼之臣。我这小子，凭借先皇的宠爱而骄傲自满，行为触犯了法令，扰乱了国家的纲纪。诸侯国本是京师的屏障，先王的法度被我废弃，傲视监国谒者，违犯了朝廷的礼仪。国家都有常刑，削减我的食邑，降低我的爵位，将被治理狱讼的官处置，与罪魁祸首属同等类别。明智又明察的陛下，对同胞兄弟宽厚仁慈，不忍心加刑于我，如同诛杀罪犯在街头示众，没有顺从执法者的判决，哀怜我这小子。改封我到兖州的鄄城，就在黄河的岸边，身旁没有设置僚属，只有封君却无臣子，若有荒淫的疏失，谁来辅弼我。我就如同孤零零的仆夫，又被禁锢于冀州的邺城，可叹我这小子，又遭受这一祸患。功德显赫的陛下，恩情毫无遗漏，给我头戴黑色官冕，腰系可佩玉的红色丝带。红丝带光彩夺目，令我再享荣华，分封授官再授玉圭。我与佩带金制印玺的诸侯王并列，俯首手执皇帝封诸侯王的策书，皇恩过于浩荡，我当敬奉中心怀戒惧。我这小子，为愚妄不顺所羁绊，死后羞见先皇于地下，活着有愧于魏国朝廷。不敢对陛下不敬，全凭兄长恩惠降于我身，陛下以显赫声威为我加封爵位，令我终生难忘。父母尊长养育恩德深广，欲报而无可报答，而自己的生命却难以预料，经常忧惧生命无常，到死也不能报答陛下的恩惠。我希望到战场一显身手，准备征讨东吴，或许能够建立微小的功绩，用来为自己赎罪。愿为国家献身乃至生命，能够免罪就知足了，甘愿奔赴南方的战场，为国拼杀。上天打开我们诸侯王的心扉，令兄弟得以在京师相会，想望拜谒陛下，如饥似渴，迫不及待。我内心思慕陛下，情怀悲伤无以复加，陛下无比圣明，能够察见我心中隐微。"

诗的第二首云："恭敬地承奉陛下英明的诏示，前往京都朝会，群星在空时，就为早早出行饲饱马并油涂车轴。又下令掌管徒役者，做好旅途的各种准备，早上从鸾台出发，晚上就在兰渚住宿。沿途看见辽阔的原野、众多的士女，经过朝廷的官田，庄稼的长势令我好欢喜。虽有树木沿途遮阴，但因急于朝拜天子也无暇休息；虽有干粮，但因赶路也无暇用以充饥。望见城市不穿行，也不在村邑游息，车夫以鞭策马，选择平坦的道路行进。黑色四马精力充沛，提起马嚼子奔驰，马口吐白沫；车行迅速，急风掠过车辕，浮云仿佛要托起车盖。从水滨渡过溪涧，沿着山边前行，又顺着河边走过，爬上黄土高坡。向西跨越西关和大谷，有时向下有时朝上；拉车的四马已经倦于行路，两次睡下，两次起床已经过去两天。即将朝拜圣明天子，不敢途中安然；停车后再向远方急驰，迅速赶路，到达目的地已为期不远。前导车所载旗杆上系有完整五彩鸟羽为装饰物的旗，随从在后面的车马举旗相应；车轮不能停止运行，车铃铛一直在震响。于是到达京师洛阳，休止于城西偏僻的馆舍；陛下的诏书还没有下达，臣子朝见天子不知何时能进宫廷。仰首瞻仰宫城，低头向往朝廷；永远怀想，长久思念，忧心如病酒一样神志不清。"

魏文帝曹丕赞赏曹植的文辞与用心，下诏书褒美嘉奖，以资勉励。

黄初六年（225），魏文帝曹丕进攻东吴，至广陵而还，到达雍丘，亲临曹植的王宫，给他增加封邑五百户。魏明帝曹叡太和元年（227），改封曹植浚仪县，太和二年又迁回雍丘。曹植经常自我愤慨并抱怨，认为自己才能杰出却不能够有所施展，于是上疏曹叡请求自我尝试，即得到朝廷的任用。疏中说：

> 为臣我听说有志之士活在世上，在家就要侍奉父亲，出外就要尽忠君主；侍奉父亲就重视使他光荣，侍奉君主以振兴国家为贵。所以即使是慈父也不会去爱无用的儿子，仁义的君主也不能任用无功的大臣。根据一人的德行而授其官职，就是事业成功的君主；衡量自己的才能而接受爵位，是尽忠效命的臣子。所以君主不能凭空授官，臣子不能无功接受爵位；凭空授官就是妄事举用，无功接受爵位就是空食俸禄而不尽其职，《诗经》中《伐檀》一篇就是为不劳而食者所作。从前周文王的两位弟弟虢仲、虢叔被封为东西二虢的国君而不推辞，缘于二人德业深厚；周文王的两个儿子周公旦与召公奭分别被封于鲁与燕，缘于他们辅佐周武王伐纣立下大功劳。如今臣子我承受国家的大恩，已经历三代了。正值陛下太平的时代，沐浴在陛下的恩泽下，深深沾惠道德教化，可以说是莫大荣幸了。臣子我才德不称，窃取雍丘的封地，属于王的爵位，身上穿的是轻便暖和的衣装，口中所食珍馐美味已然厌倦，看惯了华丽奢靡的景象，听倦了美妙的音乐，这都是爵高禄厚所导致的。平居追想古代授人爵禄，与现在不同，都是因为多有功勋对国家做出有益的贡献，辅佐君主施惠于民。如今臣子我没有德行可以称述，也没有功劳可以记述，若如此下去终身对朝廷无所贡献，就将如《诗经》中《候人》篇所被讽刺的才德与其官服不

相称的人了。因而对上愧对自己所戴官帽,对下有惭于腰系的红色丝带。

如今天下趋于一统,九州走向安宁,然而向西看还有违背命令的西蜀势力,东面则有没被臣服的孙吴势力,这使边境的将士不能脱去盔甲,谋士们难以高枕无忧,确实是都想统一华夏以令天下太平啊。所以大禹之子启废禅让,继其父为夏朝君主,有扈氏部落反抗启而战败,于是天下皆朝夏;周武王之子周成王在周公旦的辅佐下,歼灭了商纣王之子武庚与奄国的反叛联盟,使周朝势力东至于海。如今陛下以英明圣哲、无所不知统治天下,准备完成周文王与其子周武王前后相承、一统天下的功业,继续周成王与其子周康王相继令国家繁荣富强的努力,选用贤能,任用像西周方叔、召虎那样的大臣镇守四方边境地区,成为国家的忠诚保卫者,就很允当了。然而境内多山谷的西蜀势力尚未归顺,境内多江湖的东吴也没有就范,恐怕是我们钓鱼、射鸟的技术还没有精熟完善。从前东汉光武帝的部将耿弇不待援军即征讨张步,声称不将敌人留给君主。因而君主受辱,臣子须以死谢罪,就像齐国战车中在御者右边的武士以及臣子雍门子狄一样,他们难道仅是因厌生而情愿死亡吗?实在是因为他们自以为怠慢君主或欺凌君主所致。作为君主的宠臣,都希望能够除害兴利;臣子侍奉君主,一定要以生命为代价平定变乱,用功劳报答君主。西汉的贾谊年轻时即立志为国建功立业,请求得到典属国的职务,用绳子系单于之颈而控制其生命;西汉的终军在少壮之年即请求汉武帝令自己出使南越,想用捕缚敌人的长绳将南越王系住送至宫殿北面的门楼下。这两位臣子难道是喜欢向君主自夸,向世人夸耀吗?不过是他们的心志或许因忧思国事而纠结不解,打算发挥自己的才力,贡献才能于贤明的君主而已。从前西汉霍去病以"匈奴不灭,无以家为也"谢绝了汉武帝欲为他治府第的关怀。忧国而忘家，为赴国难而舍弃生命，正是忠臣的志向。如今臣子我身居外藩，享受陛下的恩典并非不优厚，然而睡觉难以安枕，吃饭时连辨别味道的时间都没有，就是惦念东吴、西蜀还没有被攻克的缘故。

臣子我见到从前跟随武皇帝的武臣与久经战阵的将领，常有因年老而去世者。虽然如今世上不缺乏人才，久经战阵的将领与老兵，仍然熟悉作战的阵法，我私下里不自量力，立志舍命报效国家，或许可以立下微不足道的小功劳，用来报答朝廷的恩典。如果陛下能够下达非凡的诏书，使臣子我能够发挥微薄、微细的效用：令我到西面归属于大将军曹真，担任指挥一小队士兵的小军官；到东面归属于大司马曹休，担任水军中的小军官。我一定不避危险，或操舟或骑马，冲锋陷阵，身先士卒。即使不能擒拿孙权，斩首诸葛亮，或许可以俘获敌军勇猛的将帅，歼灭敌军，必在短时间内奏捷，用来洗刷我终身的羞辱，可以名垂青史，事迹记载于朝廷的策书。即使在蜀地身首异处，在东吴首级悬于其门楼，虽死犹生。如果我的微薄才能不能得到测试的机会，就将一生默默无闻，白白地养胖了身体，活着无益于国事，死了也无损于众生，羞愧地享有高官厚禄的奉养，像被关起来的禽鸟那样生活，一直到死为止，这不过是被豢养的家畜，并不是臣子我的志向所在。传闻得知东面的战事失利，我军遭遇了小的挫折，因此吃不下饭，挥动衣袖，提起衣襟，激动地按着宝剑向东远望，心早已飞向吴郡、会稽郡的地域。

臣子我以前跟从先父武皇帝出征，向南到达赤岸，向东面临东海，向西眺望玉门关，向北出征长城，见识到武皇帝行军用兵的战术，真可以说神妙无比。所以用兵不可以先行预言，随机应变方能克敌制胜。我的志向就是在圣明天子当政时为国家效力，建立功业。每当我阅览史书，看到古代忠臣义士毅然献出短暂的生命，用来解决国家的危难，身体虽被屠杀肢解，但功绩却被铭刻在鼎或钟上，英名永垂于史册上，未尝不悲愤地拍胸叹息。臣子我听说贤明的君主任用臣属，不因他有罪而放弃。春秋时秦国与鲁国能启用败军之将，终于取得胜利；楚庄公与秦穆公因胸怀宽广，也最终得到报答。臣子我私下里感伤先文帝早逝，威王曹彰也离开人世，臣子我是何等人，能够长久在世吗！经常忧患自己短暂的生命突然结束，填尸于沟壑，所覆土还没有干，而肉体与名字就一起消失了。臣子我听说骏马长嘶，善于相马的伯乐就能知道它的能力；卢狗悲吠，善于相狗的韩国就能了解它的本事。针对骐骥而言，用齐至楚遥远的路途可以验证骏马持久的耐力；针对卢狗而言，以狡兔的敏捷就可以测试卢狗搏击吞噬的能力。如今臣子我立志要如同狗马一样立下微不足道的功劳，私下里考量，始终没有伯乐、韩国的举荐，因此忧郁烦闷，不禁暗自悲伤。

　　瞧见弹棋博戏就举踵而立，看得出神，听到音乐就拍手表示欢欣，其中或许有知音人以及通晓弹棋中行子线路者。战国时地位低贱的毛遂通过自荐为赵国立下功勋，何况我崇高伟大的魏国是有众多贤士的朝廷，难道就没有情绪激昂能为国捐躯的臣子吗！炫耀自己以及女子自择配偶，属于士人或女子的丑陋行径。求合于当时以求进身的人，也是主张清静无为的道家所明确忌讳的。臣子我敢于向陛下请求试用的原因，实在是与魏国形体虽别而气息相通、忧患与共的缘故。期望尘土和烟雾这样渺小轻微之物能够对大山大海有所补益，微弱的烛光能令日月增加光辉，所以敢于甘冒丑行的误解而奉献上我的忠诚。

　　魏明帝曹叡太和三年（229），曹植改封东阿县。太和五年（231），曹植又上疏请求问候探望亲戚，向魏明帝表达自己的心意说：

臣子我听说上天之所以被称作高，是因为它无所不覆盖；地之所以被称为广，是因为它无所不载；日月之所以被称作明，是因为它无所不照耀；江海之所以被称为大，是因为它无所不容。所以孔子说："伟大啊，唐尧成为君主！只有上天最大，也只有唐尧能够效法上天。"上天对于万物的恩德，可以说宏大广博了。唐尧树立教化，先亲后疏，由近及远。《尚书》中的《尧典》说："帝尧能发挥才智美德，令其家族亲密和睦，家族和睦后，又辨明百官的善恶。"等到周文王的时代，也崇尚这一"先亲后疏"的教化，赞美周文王治理家族智慧的《诗经·思齐》有言："先给妻室做出榜样，从而影响到兄弟，再用来治理家族和大邦。"因而和乐中仪容或言语谐美，诗人借以歌咏其事。以前周公感伤管叔、蔡叔有异心，就将同姓伯叔子弟分封为诸侯以捍卫周王室。《左传》上说："周室的结盟制度规定，凡是不与主盟国同姓的诸侯皆居于下位。"确实是骨肉之间存在恩情，即使不合也不能分开，爱自己亲属的情义，确实应当敦厚坚贞，从来没有讲"义"的人却对其君主怠慢的，也没有讲"仁"的人却遗弃其父母的。

念及陛下禀赋唐尧敬肃明察的德行，效法周文王恭敬谨慎的仁义，恩惠遍及后宫，恩德照耀九族之亲，公卿百官轮流休息，依次入值朝廷，朝廷掌管国家政事从不懈息，下级或百姓的情况或心意得以陈述于私人的寝室，亲属邻里互通的道路通畅，可以在喜事与丧事中舒展情怀，实在可以说是扩充自己的仁爱之心来统治他人，推广仁爱，给人以恩惠了。至于臣子我，社会的伦理等级关系联络中断，没有往来，在政治清明的时代禁止做官或参与政治活动，臣子我私下里暗自悲伤。不敢超过自己原来的希望，与意气相投者结交，只希望能有宗亲之间的交往，恢复尊卑长幼之间的等级关系。近来婚姻嫁娶不能通问，兄弟也相互分离隔绝，问候吉凶的路被堵塞了，庆贺吊唁的礼仪也被废除，恩情的断绝，比路人还不如，隔绝的程度，疏远得比胡、越的距离还辽远。如今臣子我因为权宜的规定，将永远丧失臣子朝见陛下的希望，至于集中心意于陛下，系念情怀于宫廷，只有天地间的神灵知道了。然而在内外交困中，我只能听天由命了！退思诸王常怀有相互亲近的兄弟之情，盼望陛下感动中下达诏书，允许诸侯国之间庆贺聘问，四时的节日得以相互存问，用来叙说骨肉间欢乐的恩情，成全兄弟和睦的深厚恩义。妃妾家里，妇女润发油脂的馈赠，每年可以有两次通问，如同仁义遍施于贵戚及公卿之族，恩惠均沾如同百官的待遇。如果如此，那么古人所赞叹的，《诗经》中《国风》和《大雅》《小雅》所歌咏的，将在圣世重现了。

臣子我思索反省，没有微薄的用途。及至看到陛下所提拔与任命的官员，如果臣子我属于异姓的人，私下里忖度，仕进于朝廷将不会比其他官员差。如果能辞去诸王的爵位，换上武官的帽子，解下王侯所系的红色丝带，换上佩系将军官印的青色丝带，驸马都尉或奉车都尉，求取两个官职中的一个，安居于朝廷，持鞭驾车，插笔冠侧，随侍皇帝左右，出行跟随皇帝的乘舆，回朝侍奉皇帝的车舆，回答皇帝的询问，在皇帝左右补正朝政的缺点过失，就是臣子我赤诚之心的最大愿望，也是臣子的梦想。远的追慕《诗经》中《鹿鸣》篇描述周王欢宴群臣嘉宾的吟唱，其次歌咏《诗经》中《常棣》篇描述周代贵族在家庭宴会上称颂兄弟友爱的诗篇，再次思念《诗经》中《伐木》篇描述周代贵族宴请亲友的乐歌，期盼亲友之间常来常往，相互帮助。最终感怀《诗经》中《蓼莪》篇描述哀悼父母无以报恩的悲痛。每逢一年四季中的节日聚会，在孤独中自处，左右只有仆役人等，面对者无非妻子儿女，欲高谈阔论却没有听者，欲抒发胸臆也缺乏对象，未尝不听到音乐就拍胸悲愤，举起酒杯反而叹息不已。臣子我以为犬马的真诚并不能感动主人，就如同人的真诚也难以感动上天。春秋时杞梁妻哭夫致使城墙崩塌，战国时邹衍蒙冤令天为陨霜，臣子我起初相信这两个传说，如今与臣子的心境加以比较，都不过是假话而已。如同葵叶追随阳光倾斜，阳光虽然不能反转专照葵叶，但葵叶追随太阳却是出于真诚。臣子私下里将自己比作葵叶，但能够如天地一般施舍恩惠，能够发散日、月、星辰那样光辉的，确实只有陛下的恩惠才能做到。

臣子我曾见《文子》上说过："不要做最先享福的人，也不要成为最先遭祸的人。"如今兄弟之间隔绝不通，是我们共同的忧伤，而臣子我独自上书陈情，私下里不愿意看到圣世还有蒙受不到陛下恩惠的事物。有蒙受不到陛下恩惠的事物，就会产生悲痛怨愤的情怀，所以《诗经》中的《柏舟》咏叹父母若不体谅子女就会引来忧怨，《谷风》描述弃妇的哀叹也自有其原因。因而殷商时代伊尹以不能辅佐商汤成为尧舜一样的君主而感到羞愧，孟子说："服侍君主就应当如同舜对待尧的态度，方可称为恭敬。"臣子我愚钝不通事理，固然不能与虞舜、伊尹相比，至于打算令陛下推崇光辉普照四方，以至于上下的美意，使光明昭著的德行普遍天下，就是臣子我私下坚守的恭谨忠诚，踮起脚来急切盼望的心愿。敢于再次上书进言，就是寄希望于倘若陛下能以英明的听察力闻知臣子的心声。

魏明帝下诏回答说："实施政教风化的途径，各有兴盛与衰弱的时候，并非都是有好的开始而只能以坏结束，皆因情事发展使其如此。所以忠厚为治国之本，《诗经》中《行苇》一篇即为此而作；骨肉为敌是败国之道，《诗经》中《角弓》一篇的讽刺也有目标。如今致使分封藩国的兄弟，彼此情亲怠慢，妃妾之家，也疏忽了礼节性的关照，朕纵然不能使亲厚和睦，但你以古人事为例，讲述礼法道义详尽完备，怎能说精诚不足以感动对方，从而导致相应的反应呢？区别贵贱，崇爱自己的亲属，敬礼贤良，使少长有序，是国家的纲常所在，本没有禁止藩国做官或参与政事乃至相互通问的诏书，大概是因纠正偏差而超过应有的限度，下面的职事官员害怕受到惩罚，才令事情发展到如此地步。已经下令有关官吏，按照你所上书的意见办理。"

曹植又上疏陈述明察选拔人才的问题，内容说：

> 臣子我听说天地间阴气与阳气交合而成之气谓之"和气"，万物由此"和气"而生。君与臣同德能令各种政务通畅；上古传说中的五位帝王并非都是聪明的君主，夏、商、周三代的末期也并非都是愚蠢的君主，对于贤才用与不用，对于臣属了解与不了解是问题的关键。如果只有举贤才的虚名，而没有得到贤臣的实际，必然造成各自举荐与自己志趣相合者的结果。谚语说："宰相门里出宰相，将帅门中出将帅。"宰相，是礼乐教化昭著的人；将帅，是武力辉煌的人。礼乐教化昭著，才可以辅佐朝政，令天下和乐升平，后稷、契、夔、龙就是辅佐虞舜的四位贤臣；武力辉煌，就能够征伐不朝于王庭的人，令四夷知所畏惧而服从，南仲、方叔就是护卫周朝的良将。从前殷商的伊尹是随嫁的臣仆，地位低贱；商末周初的吕尚贫贱时曾屠牛于朝歌，又钓于渭水之滨，地位卑微。等到他们被成汤、周文王提拔，实在是缘于彼此的志趣理想一致，深远的谋略可通过神灵而感应沟通，难道还需要假手君主宠爱亲信的人的推荐，凭借君主左右随从的介绍吗！《尚书》上说："有非凡的君主，必然能用非凡的臣子；能用非凡的臣子，必然能立非凡的功绩。"商汤与周文王就是这样的两位君主。至于那些器量局促狭小又迈不开步子，守旧规常例不愿创新的君主，怎么值得对陛下提起呢？所以天地间化生万物的二气不相

合，日、月、星三光不显著，官府事务荒废没有贤人，各种政务混乱不堪，就是太尉、司空、司徒三公的责任。边境发生动乱，四方和四隅入侵，军队损兵折将，战争无休止，这是令边将心忧的事情。难道能够白白享受国家的宠任而不称其职吗？所以官位愈尊崇负担就愈重，地位愈高职责就愈大，《尚书·皋陶谟》称"不要虚设各种官职"，《诗经·蟋蟀》有"居官须有忧患意识"的吟诵，都是这个道理。

陛下圣明贤达是天然生成，成就神异的禀赋继承帝统，期盼听到令国家安定的"康哉"之歌唱响，获得停息武备、修明文教的美誉。然而数年以来，水灾、旱灾经常发生，百姓贫困，衣食缺乏，不断对西蜀、东吴发兵征讨，每年都增加调派，加之我军败于与东吴的石亭之战，与西蜀作战又丧失了两位将军。从而令东吴军队在淮河、泗水一带气焰嚣张，西蜀军队在山地林木中出没叫喊。臣子我一想到这些，未尝不停止进餐，挥手拒绝摆饭，面对酒杯悲愤惋惜地握住手腕。从前西汉诸吕之乱后，朝廷从代国迎立刘邦子刘恒至长安登极（即以后的汉文帝），刘恒怀疑朝中有变故，代国中尉宋昌分析说："朝廷内有朱虚侯刘章、东牟侯刘兴居这样的亲属，朝廷之外有齐王刘襄、楚王刘交、淮南王刘长、琅邪王刘泽这样的同姓诸侯国，这是如同磐石一般稳定坚固的分封宗室，请您不必怀疑。"臣子我企盼陛下首先向远处思索周文王有两位弟弟虢仲、虢叔的援手，其次考虑周成王也有召公奭、毕公高两位叔叔辅佐，最后记取宋昌以磐石之固比喻宗亲的话语。从前驾盐车而疲劳不堪的千里马处于困境中，但一经伯乐发现，并由善御者驾驭，就会轻而易举地发挥潜能到极致。伯乐善于驾驭骏马，英明的君主善于使用臣僚，伯乐以能够奔驰千里为目标，英明的君主以天下太平为目的，这正是须委任使用有才德人的明确证明。如果中央分掌各部的官吏都是贤良之才，帝王日常处理的纷繁政务得到治理，武将率领军队，边境的祸患就能够止息。陛下就可以在京师从容不迫治理天下，何必劳动陛下的车驾远征，暴露在无所遮蔽的边境呢？

臣子我听说披着虎皮的羊，看见鲜草就喜悦，看见豺狼就会战栗，忘记了它外表有虎皮的伪装。如今任命的将领无能，正如同那披着虎皮的羊。所以俗话说："就怕做事的人不了解情况，而了解情况的人又无机会实践。"从前战国名将乐毅因谗言从燕国逃往赵国，但内心从来没有忘记燕国；赵国名将廉颇晚年居楚，却常思报效赵国。臣子我生于乱世，成长在军中，又经常受到武皇帝的教诲，观察到行军用兵的关键，不必取自春秋时孙武与战国时吴起的谋略却暗中与他们相合。私下里在心中揣度，常期盼得到朝见陛下诏令，推开金马门，踏上陛下宫殿的台阶，位列于任职的臣属中，赐予臣子短暂的时间，令臣子畅叙衷言，道出积蕴于胸臆的话语，死了也没有遗憾了。

接到大鸿胪征调士兵之子的命令，约期聚集的时间紧迫。又闻知将帅旌旗已经树立，兵车疾速行进，陛下将再次劳动玉体，为出征烦扰牵挂精神。臣子我确实因恐惧而屏息，没有闲暇安居。但愿也能策马扬鞭，不顾辛劳，冲到最前面，摄取《风后》兵法上的奇策，承续春秋孙武与战国吴起的兵法要领，羡慕卜商能够发明孔子意旨的智慧，舍命报效陛下，前行开路，拼死于战车上，即使没有大的益处，也希望能有小的补益。然而陛下难以听到远处的呼声，下情不能上达，只能白白地仰望高天青云而拍打胸口，连声叹息了。屈原曾说："国内有骏马而不知骑乘，反而彷徨不安到处寻找。"从前西周"三监之乱"后，管叔鲜被诛杀，蔡叔度被流放，周公旦与召公奭的辅佐作用巨大；春秋时晋国的叔鱼因审案不公被邢侯杀死，叔鱼的兄长叔向为匡正国家,将叔鱼与邢侯等的尸体都在市上示众,维护律法公正,不徇私情。三监叛周的祸乱,就由臣子我来承担;周公旦与召公奭那样的辅佐,一定可以寻找到。宗室贵族与藩王之中,一定会有承担这一重任的人。所以古书上说:"没有周公那样的近亲关系,就难以创造周公的政治成就。"希望陛下稍微留心于诸王藩卫京都的历史经验。

近代汉朝刘氏政权广泛分封同姓诸侯王,大的封国有连片的城池几十座,小的封国只能举行飨礼与食礼奉祖的祭祀而已,不像周代的分封诸侯,有公、侯、伯、子、男五等爵位。如同扶苏进谏秦始皇,淳于越诘问周青臣,可以说是知晓时世变化规律了。能够令普天下之人侧着耳朵静听,集中目光看的,就是掌握权力的人了,所以他们的智谋能影响并改变君主的意图,威严能令属下恐惧。富豪家族、世家大户执掌朝政,不一定是同姓的亲族;权力掌握在谁的手中,即使与君主没有宗亲关系也有举足轻重的地位,一旦失去权势,就是宗室近亲也会被轻视。所以取代齐国政权的是田姓世族,并非吕尚一脉的姜氏宗亲;瓜分姬姓晋国的赵氏、魏氏家族,不属于周王室的宗亲。希望陛下明察。若情势顺利时就把持官位,情势险恶时就逃离职责,这就是异姓大臣的作为。打算令国家安定,企盼家族保持尊贵,掌权时同享荣华富贵,失去权力时也一起承受灾难,只有诸侯或君王的同族人啊。如今情况正相反,皇亲宗室被疏远而异姓大臣则受到亲近任用,这是臣子我困惑不解的。

臣子我听孟子说:"不得志就加强自身的品德修养,显达后就以天下为己任,实现自己的抱负。"如今臣子我与陛下行进于冰水、炭火之上,同处于险境,历经登山跨涧、上下坎坷的艰难,无论寒冷炎热、干燥湿润,皆休戚相关,安危与共,难道能够与陛下有不同的境遇吗？十分抑郁烦闷，上表陈述衷情。若有不妥的地方，乞求将此表收藏于文书图籍的府库，不适宜毁灭抛弃，臣子我死了以后，或许还有值得思念的地方。如果有极微细处能稍许让陛下牵念留意，就请求将它在朝廷中公布，令通晓古代事情的臣属纠正臣子我所上表中不以德义相亲的地方。如果这样，臣子我就心满意足了。

魏明帝就以褒奖的文告答复曹植。

太和五年（231）的冬天，魏明帝下诏令诸侯王在太和六年（232）的正月到京师朝见。这一年的二月，以陈地四县封曹植为陈王，封邑三千五百户。曹植几次请求魏明帝单独召见自己，谈论时政，希望能够得到任用，但始终不能如愿。归还到自己的封地后，心情惆怅乃至绝望。当时的法令制度，对待藩国极为严峻逼迫，藩国的属官都是文化修养不高的市井鄙俗之人，卫兵都是老弱病残者，最多不过二百人。曹植又因为以前的过失，各种待遇都要减半处理，十一年中被多次迁徙封地，经常在忧惶不安中闷闷不乐，于是得病去世，年纪四十一岁。临终前嘱咐薄葬。以其次子曹志，是可保住家族或家业者，打算立为继承人。当初，曹植登上鱼山，俯视东阿县，叹息中产生在此安身终老的想法，于是就在此营建坟墓。曹志继承王位，改封济北王。魏明帝景初（237～239）中下诏说：“陈思王以前虽有过失，此后克制私欲，严以律己，行为谨慎检点，改正以前的缺误，并且从小到死，文献典籍不离于手，实在难能可贵。要收回先皇黄初（220～226）年间那些告发曹植有罪的奏章，三公九卿以下所议藏于尚书令、秘书监、中书令、大鸿胪府署的文件一律毁除。将曹植前后所著的赋、颂、诗、铭、杂论共百馀篇加以整理，制作复制本分别藏于朝廷和地方。”给曹志多次增加封邑，连同以前所封者共九百九十户。

萧怀王曹熊，早死。魏文帝黄初二年（221）追封谥号为萧怀公。魏明帝太和三年（229），又追封爵为王。魏明帝青龙二年（234），其子哀王曹炳继承王位，食邑二千五百户。魏齐王曹芳正始六年（245）死，无子，封国取消。

评论说：任城王曹彰武艺壮盛勇猛，具有将军的威猛气概。陈思王曹植文才华丽，足以流传后世，然而不能谦让，缺少深远计虑，不能防微杜渐，终于引来嫌隙。汉司马相如《上林赋》说："楚人的自夸有误，齐人的炫耀也不正确。"大概所指就是曹植与曹丕兄弟间这一类事吧。

王粲传

[题解]

传见《三国志》卷二一《魏书二十一》。王粲（177~217），字仲宣，山阳郡高平县（今山东邹城市西南）人。少时即有文名，曾受到蔡邕的赏识，十七岁时即被辟为黄门侍郎，未就职。董卓被诛，其馀党李傕、郭汜作乱长安，王粲投奔荆州牧刘表，一住十六年，但未受重用。建安十三年（208）秋，曹操南征荆州，王粲劝刘表次子刘琮归降，曹操召授粲为丞相掾，赐爵关内侯，后又迁军师祭酒，拜侍中。建安二十一年（216）冬，随军征吴，次年春，在返回邺城途中病卒。他博闻强记，大约出于天赋。作为建安七子之一，王粲是唯一封侯的文学家，与曹丕、曹植兄弟的关系皆较好。其文学成就主要体现在四言、五言诗及骚体小赋的创作上。《七哀诗》首篇中"出门无所见，白骨蔽平原"的诗句属于悲怆千古的写实之作，每为研究东汉末社会历史者所引用。南朝梁钟嵘《诗品》卷上谓王粲诗作"方陈思不足，比魏文有馀"，是中肯之论。《登楼赋》是王粲客居荆州时所作，写景抒情，水乳交融，怀念故乡，忧时念乱，感慨良多。"王粲登楼"遂成为后世习用的文学掌故，诗词中多见化用，元人郑光祖《醉思乡王粲登楼》杂剧，也在中国戏曲发展史中留下了浓墨重彩的一笔。王粲为刘表所拟《为刘荆州谏袁谭书》和《为刘荆州与袁尚书》两篇文章，属于劝解袁绍二子袁谭与袁尚兄弟阋墙之作，动之以情，晓之以理，虽未见实效，但作为文学作品，文意纵横，千百年来脍炙人口。其著述散佚颇多，传世有明代张溥所辑《王侍中集》一卷，收入《汉魏六朝百三家集》。

王粲字仲宣，山阳高平人也①。曾祖父龚②，祖父畅③，皆为汉三公④。父谦⑤，为大将军何进长史⑥。进以谦名公之胄⑦，欲与为婚，见其二子⑧，使择焉。谦弗许。以疾免，卒于家。

[注释]

①山阳：即山阳郡，西汉武帝建元五年（前136）改山阳国为山阳郡，治所昌邑县（今山东巨野南六十里），辖境相当于今山东巨野以南，成武、曹县以东，单县以北，鱼台以西及邹城、兖州等市地。高平：即高平县，东汉章帝改橐县置，属山阳郡，治所在今山东邹城市西南，因高平山为名。

②曾祖父龚：即王龚（生卒年不详），字伯宗，山阳高平人，出身豪族。举孝廉，历官青州刺史、司隶校尉、汝南太守，入朝任太仆，升司空，擢太尉，位列三公之首。好才爱士，恭慎立朝，反对宦官专权。永和五年（140）以病免。《后汉书》卷五六有传。

③祖父畅：即王畅（？~169），字叔茂，王龚之子。举茂才，历官齐国相、司隶校尉、南阳太守，治理地方以简朴为率，受到下属官员的尊敬。汉灵帝建宁元年（168）升任司空，位居三公之列。数月后因水灾被免职，归家卒。《后汉书》卷五六有传。

④三公：东汉以太尉、司徒、司空为三公，各置一人，均可开府，即设办公机构，有权自行任用属吏，各有属官数十人。虽名位显贵，实权则由君主的内廷尚书台执掌，三公遂成虚衔。裴注引张璠《汉纪》曰："龚

字伯宗，有高名于天下。顺帝时为太尉。初，山阳太守薛勤丧妻不哭，将殡，临之曰：'幸不为夭，复何恨哉？'及龚妻卒，龚与诸子并杖行服，时人或两讥焉。畅字叔茂，名在八俊。灵帝时为司空，以水灾免，而李膺亦免归故郡，二人以直道不容当时。天下以畅、膺为高士，诸危言危行之徒皆推宗之，愿涉其流，惟恐不及。会连有灾异，而言事者皆言三公非其人，宜因其变，以畅、膺代之，则祯祥必至。由是宦竖深怨之，及膺诛死而畅遂废，终于家。"

⑤父谦：即王谦（生卒年不详），王畅之子。曾任大将军长史。

⑥大将军何进：字遂高（？～189），东汉宛县（今河南南阳）人。因妹贵宠而授官。光和七年（184）黄巾军起，拜为大将军，封慎侯。灵帝死，何进扶立少帝刘辩，欲诛灭宦官，为何太后所阻，又与袁绍谋招外兵入京，事泄，反为宦官所杀。《后汉书》卷六九有传。大将军，将军的最高称号，执掌统兵征伐。东汉大将军多由贵戚担任，是中央政府的实际掌权者，权位、俸禄皆超越三公。长（zhǎng掌）史，官名。东汉三国时，三公及常设将军等所置属官，其职责为总理各曹事务，辅佐三公及将军。

⑦名公之胄（zhòu宙）：有名望的贵族或达官的后代。胄，古代帝王或贵族的后嗣。

⑧见（xiàn现）其二子：令其二子出来相见。《论语·微子》："止子路宿，杀鸡为黍而食之，见其二子焉。"见，"现"的古字，显现，显露。

献帝西迁①，粲徙长安②，左中郎将蔡邕见而奇之③。时邕才学显著，贵重朝廷，常车骑填巷，宾客盈坐。闻粲在门，倒屣迎之④。粲至，年既幼弱，容状短小，一坐尽惊。邕曰："此王公孙也⑤，有异才⑥，吾不如也。吾家书籍文章，尽当与之⑦。"年十七，司徒辟⑧，诏除黄门侍郎⑨，以西京扰乱⑩，皆不就。乃之荆州依刘表⑪。表以粲貌寝而体弱通侻⑫，不甚重也⑬。表卒。粲劝表子琮⑭，令归太祖⑮。太祖辟为丞相掾⑯，赐爵关内侯⑰。太祖置酒汉滨⑱，粲奉觞贺曰⑲："方今袁绍起河北⑳，仗大众，志兼天下，然好贤而不能用，故奇士去之㉑。刘表雍容荆楚㉒，坐观时变，自以为西伯可规㉓。士之避乱荆州者，皆海内之俊杰也；表不知所任，故国危而无辅。明公定冀州之日㉔，下车即缮其甲卒㉕，收其豪杰而用之，以横行天下；及平江、汉㉖，引其贤俊而置之列位㉗，使海内回心㉘，望风而愿治㉙，文武并用，英雄毕力㉚，此三王之举也㉛。"后迁军谋祭酒㉜。魏国既建㉝，拜侍中㉞。博物多识，问无不对。时旧仪废弛㉟，兴造制度，粲恒典之㊱。

[注释]

①献帝西迁：汉少帝光熹元年（189），董卓率兵入洛阳，废少帝，立献帝，受到曹操、袁绍等人起兵讨伐。于是焚烧洛阳宫室，挟献帝西迁长安，自为太师，暴虐专横。献帝，即汉献帝刘协（181～234），汉灵帝宠姬王美人所生，昭宁元年（189）即皇帝位，先后被董卓、李傕、郭汜控制，后又成为曹操手中傀儡。延康元年（220）被迫禅位曹丕，废为山阳公，汉亡。魏明帝青龙二年（234）卒。《后汉书》卷九有传。

②长安：即长安县，西汉故都，为京兆尹治，治所在今陕西西安市西北。

③左中郎将蔡邕：字伯喈（132～192），东汉陈留圉（今河南杞县南）人。汉灵帝时任议郎，因指责宦官干政，被流放朔方，遇赦后流亡南

方十二年。董卓入京专权,被任命侍中,迁左中郎将。董卓被诛,蔡邕与王允言之叹息,被下狱死。博学多才,为东汉著名文学家、书法家。《后汉书》卷六〇下有传。左中郎将,官名。属光禄勋,统领左署郎,秩比二千石,三国时为第四品。

④倒屣（xǐ喜）：急于出迎,把鞋倒穿。形容热情迎客。屣,鞋。

⑤王公：谓王畅。公,对尊长的敬称。

⑥异才：特出的才能。

⑦"吾家书籍"二句：蔡邕有书近万卷赠予王粲事,《三国志》卷二八《钟会传》裴注引《博物志》有记述。本书已选,可参见。

⑧司徒：汉代三公之一。西汉哀帝时以丞相为大司徒,掌管国家土地、人民。东汉三公无实际任职,仍称司徒,主教化。辟（bì必）：征召。

⑨诏除：诏命拜官授职。黄门侍郎：官名。又称给事黄门侍郎、黄门郎,少府的属官。为皇帝身边侍从,出入宫禁内外通报传递；诸王在殿上朝见天子,引王就座,秩六百石,三国时为第五品。

⑩西京：长安。扰乱：混乱。

⑪荆州：西汉元封五年（前106）所置十三刺史部之一,辖郡七、县一百一十七,治所汉寿县。汉末移治襄阳县（今湖北襄阳）,辖境相当于今湖北、湖南大部以及河南、贵州、广东、广西等省区一小部分。三国时魏、吴均置荆州,辖境相当于原荆州。魏荆州治所新野（今属河南）,吴荆州治所江陵（今属湖北）。刘表：字景升（142~208）,东汉远支皇族,山阳高平（今山东邹城市西南）人。详见本书所选《刘表传》。

⑫貌寝：亦作"貌侵",谓状貌丑陋,或以为谓状貌不扬。通侻（tuō脱）：亦作"通脱",谓举止放达不拘小节。

⑬不甚重也：裴注云："臣松之曰：貌寝,谓貌负其实也。通侻者,

简易也。"

⑭表子琮（cóng 从）：即刘琮（生卒年不详），荆州牧刘表的次子。刘表卒后，蔡夫人与蔡瑁等立之为嗣，一个月后即投降曹操，曾任荆州刺史，封列侯，迁谏议大夫。

⑮太祖：即太祖武皇帝曹操，建安二十五年（220）曹丕代汉立国称帝，改元黄初，追谥其父曹操为武帝；曹丕子曹叡于景初元年（237）上其祖父庙号魏太祖。裴注引《文士传》载"粲说琮曰：'仆有愚计，愿进之于将军，可乎？'琮曰：'吾所愿闻也。'粲曰：'天下大乱，豪杰并起，在仓卒之际，强弱未分，故人各各有心耳。当此之时，家家欲为帝王，人人欲为公侯。观古今之成败，能先见事机者，则恒受其福。今将军自度，何如曹公邪？'琮不能对。粲复曰：'如粲所闻，曹公故人杰也。雄略冠时，智谋出世，摧袁氏于官渡，驱孙权于江外，逐刘备于陇右，破乌丸于白登，其馀蠢夷荡定者，往往如神，不可胜计。今日之事，去就可知也。将军能听粲计，卷甲倒戈，应天顺命，以归曹公，曹公必重德将军。保己全宗，长享福祚，垂之后嗣，此万全之策也。粲遭乱流离，托命此州，蒙将军父子重顾，敢不尽言！'琮纳其言。"又云："臣松之案：孙权自此以前，尚与中国和同，未尝交兵，何云'驱权于江外'乎？魏武以十三年征荆州，刘备却后数年方入蜀，备身未尝涉于关、陇。而于征荆州之年，便云逐备于陇右，既已乖错；又白登在平城，亦魏武所不经，北征乌丸，与白登永不相豫。以此知张骘假伪之辞，而不觉其虚之自露也。凡骘虚伪妄作，不可覆疏，如此类者，不可胜纪。"

⑯丞相掾（yuàn 院）：官名。丞相的属官，有东、西曹之分，长官正职称掾，副职称属。

⑰关内侯：封爵名。汉代封爵二十级的第十九级，仅次于列侯，有俸禄而无封地。

⑱汉滨：汉水之滨。汉水，又称汉江，长江支流。发源于今陕西南部，东南流至湖北襄阳，南流至武汉汇入长江。襄阳以下又称襄江。

⑲奉觞（shāng 商）：举杯敬酒。觞，盛满酒的杯。亦泛指酒器。

⑳袁绍：字本初（？~202），东汉汝南汝阳（今河南商水西南）人。《后汉书》卷七四上有传，详见本书所选《袁绍传》。河北：黄河以北，这里谓袁绍军事集团统治下的冀州一带。

㉑奇士：德行或才智出众的人。

㉒雍容：舒缓，从容不迫。荆楚：荆为楚之旧号，略当古荆州地区，在今湖北、湖南一带。

㉓西伯可规：意谓可以效法周文王暗自巩固自己的力量，不事张扬，蓄势待发。西伯，即周文王。《孟子·离娄上》："吾闻西伯善养老者。"清焦循正义："西伯，即文王也。纣命为西方诸侯之长，得专征伐，故称西伯。"规，效法。

㉔明公：旧时对有名位者的尊称。冀州：西汉武帝时置，为十三刺史部之一，辖境相当于今河北中南部、山东西段及河南北端。东汉治所为高邑县（今河北柏乡北），后又移治邺县（今河北临漳西南）。

㉕下车：古人称帝王初即位或官员初到任，语出《礼记·乐记》："武王克殷，反商，未及下车，而封黄帝之后于蓟。"缮：整治。甲卒：披甲的士卒，泛指士兵。

㉖江汉：指长江与汉水之间及其附近的一些地区，属古荆楚之地，在今湖北省境内。

㉗列位：谓爵号或官位。

㉘海内：国境之内，全国。古人谓我国疆土四面临海，故称。

㉙望风：远望，仰望。愿治：谓希望得到大治。语出《汉书·礼乐志》："故汉得天下以来，常欲善治……今临政而愿治七十余岁矣，不如

退而更化。"

㉚毕力：尽力，全力。《列子·汤问》："吾与汝毕力平险，指通豫南，达于汉阴，可乎？"

㉛三王：谓夏禹、商汤、周文王。《孟子·告子下》："五霸者，三王之罪人也。"汉赵岐注："三王，夏禹、商汤、周文王是也。"

㉜军谋祭酒：官名，即军师祭酒，晋人避司马师名讳，或改"军师"为"军谋"。当指参谋军事属官的首席。东汉三国时，三公及常设将军等所置属官，其中参谋军事者称军师，第五品，类似于后世的幕僚。古代宴飨时，推年高有德者先举酒以祭地，称祭酒。军师祭酒合称，意即谋士之长。

㉝魏国既建：建安十八年（213）五月，汉献帝封曹操为魏公，加九锡；秋七月，始建魏社稷宗庙。是为魏国建立之始。建安二十一年（216）五月，曹操晋爵魏王，当属后话。

㉞侍中：官名。秦始置，两汉沿置，为正规官职外的加官之一。因侍从皇帝左右，出入宫廷，与闻朝政，逐渐变为亲信贵重之职。三国时秩比二千石，第三品。

㉟旧仪：犹古礼。《汉书·郊祀志下》："元帝即位，遵旧仪，间岁正月，一幸甘泉郊泰畤，又东至河东祠后土，西至雍祠五畤。"

㊱恒：副词，经常，常常。典：掌管，主持。裴注引挚虞《决疑要注》曰："汉末丧乱，绝无玉珮。魏侍中王粲识旧珮，始复作之。今之玉珮，受法于粲也。"

初，粲与人共行，读道边碑，人问曰："卿能闇诵乎①？"曰："能。"因使背而诵之，不失一字。观人围棋，局坏②，粲为覆之③。

棋者不信，以帕盖局④，使更以他局为之。用相比校⑤，不误一道⑥。其强记默识如此。性善算，作算术，略尽其理。善属文⑦，举笔便成，无所改定，时人常以为宿构⑧；然正复精意覃思⑨，亦不能加也⑩。著诗、赋、论、议垂六十篇⑪。建安二十一年⑫，从征吴⑬。二十二年春，道病卒⑭，时年四十一。粲二子，为魏讽所引⑮，诛。后绝⑯。

[注释]

①闇（ān 安）诵：熟读成诵。闇，通"谙"，谓熟悉、了解。

②局坏：指在围棋盘上的布子形势被意外打乱。

③覆之：即围棋的"覆局"，谓棋局乱后，重行布棋如旧。

④帕（pà 怕）：巾帕。

⑤比校（jiào 叫）：比较、辨别两种以上同类事物的异同。

⑥道：围棋局上下子的交叉点。《文选·韦昭〈博弈论〉》"枯棋三百，孰与万人之将"唐李善注引三国魏邯郸淳《艺经》："棋局纵横各十七道，合二百八十九道，白黑棋子各一百五十枚。"此为唐以前围棋棋局之制，今围棋棋盘则纵横各十九道，合为三百六十一道。

⑦属（zhǔ 嘱）文：撰写文章。

⑧宿构：谓作诗撰文预先构思、草拟。

⑨精意：专心一意，诚意。覃（tán 谭）思：深思。

⑩亦不能加也：裴注引《典略》曰："粲才既高，辩论应机。钟繇、王朗等虽名为魏卿相，至于朝廷奏议，皆阁笔不能措手。"

⑪垂：将近。

⑫建安二十一年：即公元 216 年。

⑬征吴：建安二十一年（216）冬十一月，曹操南征孙权。

⑭道：谓途中。病卒：曹植《王仲宣诔并序》："维建安二十二年正月二十四日戊申，魏故侍中关内侯王君卒。"

⑮为魏讽所引：谓受魏讽叛乱一案的牵累。魏讽，字子京，沛人，有惑众之才，受钟繇举荐。建安二十四年（219）九月，曹操进军汉中未归，魏讽潜结徒党，又与长乐卫尉陈祎策划袭邺。未及期，陈祎惧祸，向曹丕告密，魏讽被诛杀，连坐死者数十人。

⑯后绝：谓绝后。裴注引《文章志》曰："太祖时征汉中，闻粲子死，叹曰：'孤若在，不使仲宣无后。'"

始文帝为五官将①，及平原侯植皆好文学②。粲与北海徐幹字伟长③，广陵陈琳字孔璋④，陈留阮瑀字元瑜⑤，汝南应玚字德琏⑥，东平刘桢字公幹⑦，并见友善。

[注释]

①文帝：即曹丕（187～226），字子桓，曹操次子。建安十六年（211），拜五官中郎将，为丞相之副。建安二十二年（217），立为魏太子。建安二十五年（220）正月，曹操卒，嗣位为丞相、魏王。十月代汉称帝，国号魏。在位七年，选官实行九品中正制，意在维护士族门阀特权，欲统一中国而先死。史称魏文帝。中国文学史上著名诗人，文论有《典论·论文》传世。五官将：即五官中郎将，官名。秦置，属郎中令。汉代为光禄勋属官，秩比二千石。曹丕以五官中郎将"置官属，为丞相副"，其职权已经提高。汉献帝建安十六年（211）春正月，曹丕被封五官中郎将。

②平原侯植：即曹植（192～232），字子建，曹操与卞氏所生第三子。详见本书所选《陈思王植传》。平原侯，汉献帝建安十六年（211），曹植被封平原侯，建安十九年（214），曹植从平原侯徙封临淄侯。

③北海徐幹：字伟长（170～217），东汉北海国剧县（治今山东昌乐县西十里）人。建安初，曹操召授司空军师祭酒掾属，又转五官将文学。后又授以上艾长，因病未就。建安二十二年（217）二月，瘟疫流行，徐幹染疾而亡。建安七子之一。著有《中论》二卷，另传世《徐伟长集》六卷。《三国志》卷二一有传。

④广陵陈琳：字孔璋（？～217），东汉广陵射阳（今江苏淮安东南）人。原为大将军何进主簿，后避难冀州，袁绍用为纪室。建安五年（200），袁绍命他撰写讨伐曹操的檄文。五年以后曹操攻破冀州，陈琳被俘，曹操欣赏其才，未追究其不敬之词，用为从事。建安二十二年（217）二月，瘟疫流行，陈琳染疾而亡。陈琳以文学享誉后世，建安七子之一。传世有《陈记室集》。《三国志》卷二一有传。

⑤陈留阮瑀（yǔ禹）：字元瑜（？～212），陈留尉氏（今属河南）人。少时曾受学于蔡邕，曹操召为司空军师祭酒，管记室，后徙为丞相仓曹掾史。擅长章表书记，与陈琳齐名，建安七子之一。明人辑有《阮元瑜集》。《三国志》卷二一有传。

⑥汝南应玚（yáng扬）：字德琏（177～217），东汉汝南南顿（今河南项城市南顿镇）人。与其弟应璩同被称为汝南才子，曾任曹丕将军府文学，建安二十二年（217）二月，瘟疫流行，应玚染疾而亡。长于赋写作，建安七子之一。明人辑有《应德琏集》。《三国志》卷二一有传。

⑦东平刘桢：字公幹（？～217），东平国宁阳（今山东宁阳西南）人。建安中被曹操召为丞相掾属，曾因在曹丕席上平视丕妻甄氏而被罚劳役。建安二十二年（217）二月，瘟疫流行，刘桢染疾而亡。擅长写五言

诗,建安七子之一。明人辑有《刘公斡集》。《三国志》卷二一有传。

[译文]

　　王粲字仲宣,是山阳郡高平县人。曾祖父王龚,祖父王畅,都做过汉代的三公。父亲王谦,曾任大将军何进的长史。何进因为王谦是有名望的贵族达官的后代,就想与王家结为姻亲,特意让自己的两个儿子与王谦见面,请他挑选一个做女婿。王谦没有应允。以后因病被免职,死于家中。

　　汉献帝西迁长安,王粲也徙居长安,左中郎将蔡邕见到他大为赏识。当时蔡邕的才学名声卓著,在朝廷中地位尊崇,他家门前经常挤满车马,家中宾客满堂。蔡邕听说王粲已在其门外,因急于出迎,竟然把鞋倒穿。王粲到后,宾客们见他年纪幼小,身材矮小,都很吃惊。蔡邕说:"这位就是司空王畅的孙子,有特出的才能,我不如他。我家里的书籍文章,以后会送与他。"王粲十七岁,司徒征召他为属官,朝廷下诏任命王粲为黄门侍郎,王粲以长安时局混乱,都没有就职。于是就到荆州投奔刘表。刘表见王粲状貌丑陋短小且举止放达不拘小节,对他不甚重视。刘表去世后,王粲劝刘表的次子刘琮归顺曹操。曹操征召王粲为丞相掾,赐爵关内侯。曹操在汉水之滨设宴,王粲举杯向曹操敬酒祝贺说:"如今袁绍崛起于河北,凭借人多势众,志在兼并天下,然而他虽喜好招揽贤能之士却又不能使用,因而德行或才智出众的人就离他而去。刘表割据荆州一带从容不迫,坐观时局的变化,自以为可以效法周文王暗自巩固自己的力量,不事张扬,蓄势待发。到荆州避乱的士人都是天下的俊杰,刘表却不知如何使用他们,因而在荆州面临危难之际就得不到有才能者的辅佐。明公您平定冀州的时候,初到任就整治披甲的士卒,网罗当地的豪杰并加以任用,以此来横行天下;及至平定荆楚之地,又招引当地的贤才赐予他们爵号或官位,使天下之人诚心归附,仰望明公希望得到大治,文武人才一同进用，英雄都愿意尽全力辅佐您，这是夏禹、商汤、周文王的事业啊。"王粲以后升任军谋祭酒。魏国建立以后，王粲官拜侍中。王粲博学多识，有问必答。当时古礼废弛，有关制度的重新制订，王粲经常参与主持。

起初，王粲与人同行路上，读道边的石碑，那人问他："您能熟读成诵上面的文字吗？"回答："能。"那人就请王粲转过身去背诵，一个字都不差。观看他人下围棋，围棋盘上的布子形势被意外打乱，王粲重行布棋如旧。下棋之人不相信，就用巾帕覆盖在棋盘上，请王粲在其他的棋盘上重新布子，结果两相比较，一枚子的位置都没有摆错。王粲有如此超强的记忆力。他善于计算，作算术，演算细致周密。善于撰写文章，举笔一挥而就，没有改动的地方，当时人认为王粲是预先构思、草拟所致；然而他人撰文即使专心一意，深思熟虑，也难以超越王粲。著有诗、赋、论、议将近六十篇。汉献帝建安二十一年（216）十一月，跟随曹操征讨孙权。第二年正月，病卒于路途中，时年四十一岁。王粲有两个儿子，因受魏讽叛乱一案的牵累，被诛杀，王粲绝后。

起初，曹丕任五官中郎将时，与其弟平原侯曹植都喜好文学。王粲与北海人徐幹（字伟长）、广陵人陈琳（字孔璋）、陈留人阮瑀（字元瑜）、汝南人应玚（字德琏）、东平人刘桢（字公幹）都受到曹丕的友善对待。

刘劭传

[题解]

传见《三国志》卷二一《魏书二十一》。刘劭（生卒年不详），字孔才，广平郡邯郸县（今属河北）人。清人《四库全书总目提要》卷一一七著录《人物志》三卷："魏刘邵撰。邵字孔才，邯郸人。"认为《三国志》作"刘劭"，其名"劭"与其字"孔才"不协，或作"刘邵"，亦不协，故当以"刘邵"为是。录以备考。在三国的历史中，刘劭与魏晋清谈之士如何晏、王弼等发言玄远不同，他在人才选举制度建设方面的贡献以及在有关律法制定方面的努力，具有学以致用的实学性质，在三国不计其数的英才中能够独树一帜，故而能引起后世人瞩目。汉代以察举征辟为选官制度，"伯乐"广泛存在于郡县之中，标准自然难以统一，弊窦丛生，与其初衷渐行渐远。魏文帝曹丕黄初元年（220）采纳吏部尚书陈群的建议，在各州、郡设立中正官，将各地士人按才能分别评为九等（九品），供朝廷按等选用，实际上就是有意将"伯乐"规范化的过程，令选官的权柄向"集中管理"靠拢。刘劭《人物志》在这一历史时期问世，堪称应运而生。至于以后"九品官人法"令社会族群对立逐渐尖锐的负面效应的产生，终于窒息了社会的生机，从而令隋唐科举制度破土而出，并延续至清末。此是后话。但在当时，刘劭在这方面的历史贡献还是应当予以肯定的，特别是对于人物"才性论"的有关探讨，在心理学史中也有一定的地位。至于刘劭参与制定的曹魏《新律》，虽然早已失传，但这部法典在中国法制史上的开创作用仍不容低估。

刘劭字孔才,广平邯郸人也①。建安中②,为计吏③,诣许④。太史上言⑤:"正旦当日蚀⑥。"劭时在尚书令荀彧所⑦,坐者数十人,或云当废朝⑧,或云宜却会⑨。劭曰:"梓慎、裨灶⑩,古之良史⑪,犹占水火,错失天时⑫。《礼记》曰⑬:'诸侯旅见天子,及门不得终礼'者四⑭,日蚀在一。然则圣人垂制⑮,不为变异豫废朝礼者⑯,或灾消异伏,或推术谬误也⑰。"或善其言。敕朝会如旧⑱,日亦不蚀⑲。

[注释]

①广平:即广平郡,西汉景帝中元元年(前149)分邯郸郡置,治所广平县(今河北鸡泽县东南),辖境相当于今河北任县、南和、鸡泽、曲周、永年及平乡县西北肥乡县东北一部分地。征和二年(前91)改为平干国,五凤二年(前56)改为广平国。三国魏黄初二年(221)复置广平郡,治所广平县,辖境扩大。邯郸:即邯郸县,秦置,为邯郸郡治,三国魏属广平郡,治所在今河北邯郸市。

②建安:汉献帝刘协的第五个年号(196~220)。

③计吏:古代州郡掌簿籍并负责上计的官员。

④许:即许县,秦置,属颍川郡,治所在今河南许昌市东三十六里古城。三国魏黄初二年(221),改为许昌县。

⑤太史:秦汉曰太史令,汉属太常,掌天时星历。

⑥正(zhēng争)旦:农历正月初一(古人称元旦)。日蚀:即"日食"。月球运行到地球和太阳的中间时,太阳的光被月球挡住,不能射到

地球上来，这种现象叫日食。太阳全部被月球挡住时叫日全食，部分被挡住时叫日偏食，中央部分被挡住时叫日环食。日食一般发生在农历初一。

⑦尚书令荀彧（yù 玉）：字文若（163～212），颍川颍阴（今河南许昌）人。初依附袁绍，后转投曹操，成为其帐下主要谋士。后因受曹操猜忌，服毒死。详见本书所选《荀彧传》。尚书令，官名。尚书台长官，属少府。东汉时独立，受命于皇帝或录尚书事的大臣，秩千石，三国时第三品。属官有尚书仆射、尚书等。

⑧废朝：谓停止朝会。朝会，这里指"朝正"，古代诸侯和臣属在正月朝见天子。汉以来通常在岁首元旦进行，也称大朝会。

⑨却会：谓将大朝会推后举行。却，推后。

⑩梓慎：春秋时鲁国的大夫，当时的阴阳家之一。据《左传·昭公二十四年》记述，这一年（前518）的五月初一发生日食，梓慎推测当年会发生水灾，结果却发生了旱灾。裨灶：春秋时郑国的大夫，当时的阴阳家之一。据《左传·昭公十八年》记述，这一年（前524）的夏五月，大火星（即心宿二）在黄昏时出现，初七日刮风，不久，宋、卫、陈、郑四国发生了火灾。此后，裨灶推测郑国还要发生火灾，郑相子产认为"天道远，人道迩"，裨灶怎能通晓天道，没有用其言，郑国也没有发生火灾。汉张衡《思玄赋》："慎灶显以言天兮，占水火而妄讯。"

⑪良史：优秀的史官。指能秉笔直书、记事信而有征者。

⑫错失天时：谓误判天道运行的规律。

⑬礼记：书名。西汉戴圣采自先秦旧籍编定，共四十九篇。有汉郑玄《注》及唐孔颖达《正义》。因同时戴德别有《记》八十五篇，称《大戴礼记》，故此书又称《小戴礼记》。

⑭"诸侯"二句：语出《礼记·曾子问》："曾子问曰：'诸侯旅见天子，入门，不得终礼，废者几？'孔子曰：'四。'请问之。曰：'大庙火，

日食，后之丧，雨沾服失容，则废。'"大意是：曾子问道："如果众诸侯会同觐见天子，进入宫门而不能完成觐见之礼，使中止的原因有几种？"孔子回答"四种"。曾子又请教哪四种，孔子回答："太庙失火，日食，天子夫人死，大雨淋湿朝服而失去仪容不能行礼，就要停止觐见之礼。"旅见，谓众人一同入觐。

⑮圣人：指品德最高尚、智慧最高超的人。《周易·乾》："圣人作而万物睹。"垂制：谓留传下制度。

⑯变异：怪异的现象，古代多用以称人们无法解释的自然现象。豫：预先；事先。朝礼：参拜，朝拜。

⑰推术：谓推算预测的方法。

⑱敕（chì 赤）：古时自上告下之词。汉时凡尊长告诫后辈或下属皆称敕。

⑲日亦不蚀：裴注云："晋永和中，廷尉王彪之与扬州刺史殷浩书曰：'太史上元日合朔，谈者或有疑，应却会与不？昔建元元年，亦元日合朔，庚车骑写刘孔才所论以示八座。于时朝议有谓孔才所论为不得礼议，苟令从之，是胜人之一失也。何者？《礼》云："诸侯旅见天子，入门不得终礼而废者四：太庙火，日蚀，后之丧，雨霑服失容。"寻此四事之指，自谓诸侯虽已入门而卒暴有之，则不得终礼。非为先存其事，而徼幸史官推术错谬，故不豫废朝礼也。夫三辰有灾，莫大日蚀，史官告谴，而无惧容，不修豫防之礼，而废消救之术，方大飨华夷，君臣相庆，岂是将处天灾罪己之谓？且检之事实，合朔之仪，至尊静躬殿堂，不听政事，冕服御坐门闼之制，与元会礼异。自不得兼行，则当权其事宜。合朔之礼，不轻于元会。元会有可却之准，合朔无可废之义。谓应依建元故事，却元会。'浩从之，竟却会。"

御史大夫郗虑辟劭①,会虑免,拜太子舍人②,迁秘书郎③。黄初中④,为尚书郎、散骑侍郎⑤。受诏集五经群书⑥,以类相从,作《皇览》⑦。明帝即位⑧,出为陈留太守⑨,敦崇教化⑩,百姓称之。征拜骑都尉⑪,与议郎庾嶷、荀诜等定科令⑫,作《新律》十八篇⑬,著《律略论》⑭。迁散骑常侍⑮。时闻公孙渊受孙权燕王之号⑯,议者欲留渊计吏,遣兵讨之,劭以为:"昔袁尚兄弟归渊父康⑰,康斩送其首,是渊先世之效忠也。又所闻虚实,未可审知。古者要荒未服⑱,修德而不征,重劳民也⑲。宜加宽贷⑳,使有以自新㉑。"后渊果斩送权使张弥等首㉒。劭尝作《赵都赋》㉓,明帝美之㉔,诏劭作《许都》《洛都赋》㉕。时外兴军旅,内营宫室,劭作二赋,皆讽谏焉㉖。

[注释]

①御史大夫郗(xī 希)虑:字鸿豫(生卒年不详),东汉山阳高平(今山东邹城市西南)人。汉献帝时任御史大夫,阿附曹操。御史大夫,秦汉时代的最高监察官,官位仅次于丞相。东汉末御史大夫官署称御史台,属官有御史中丞、侍御史等。辟(bì 必):征召。

②太子舍人:官名。秦置,汉因之,东宫官属,职比郎中,选良家子弟充任。

③秘书郎:官名。三国时置,秘书监、令的属吏。管理宫廷中图书经籍,负责校对补残。秩四百石,第六品。

④黄初:魏文帝曹丕年号(220~226)。

⑤尚书郎:官名。尚书令的属吏,初去尚书台任事者称尚书郎。每一尚书分管一曹,每曹下有尚书郎、侍郎六人,秩四百石。散骑侍郎:官

名。为皇帝左右的侍从官，掌备车驾，出入骑从等，魏晋六朝的六散骑之一。

⑥五经：五部儒家经典，即《诗》《书》《易》《礼》《春秋》。其称始于汉武帝建元五年。其中《礼》，汉时指《仪礼》，后世指《礼记》；《春秋》，后世并《左传》而言。

⑦皇览：书名。三国魏文帝时期由桓范、刘劭、王象、韦诞、缪袭等人奉敕所撰集的经传，分门别类，共分四十余部，共一千余篇，约八百余万字。因供皇帝阅读，故称"皇览"。其编撰原则是"随类相从"，开我国编纂大型类书的先河。此书至唐代已佚。

⑧明帝：即曹叡（ruì瑞，205～239），魏文帝曹丕长子，母甄氏。魏文帝黄初七年（226）即位，魏明帝景初三年（239）卒，在位十四年。庙号烈祖，谥号明皇帝，葬高平陵。《三国志》卷三有纪。

⑨陈留：即陈留郡，西汉武帝元狩元年（前122）置，治所陈留县（今河南开封县东南陈留镇），辖境相当于今河南开封市及尉氏县以东，宁陵县以西、延津、长垣县以南，杞县、睢县以北地。

⑩敦崇：崇尚。教化：政教风化。

⑪征拜：征召授官。骑都尉：官名。光禄勋属官，统率皇宫禁卫军中的羽林骑士，秩比二千石。

⑫议郎庾嶷（nì匿）：字邵然（生卒年不详），颍川鄢陵（今河南鄢陵北）人，曹魏初为议郎，正始中升太仆。议郎，郎官中地位较高的一种，参与朝政，属于皇帝身边谏议政事得失的一种近臣，秩六百石。荀诜（shēn深）：字曼倩（生卒年不详），颍川颍阴（今河南许昌）人，荀彧之子。官至大将军从事郎，早卒。科令：法令；律条。

⑬新律：我国历史上曹魏政权制定的法律。魏明帝时，鉴于汉朝律令繁杂，于魏明帝太和三年（229）下诏改定刑制，作《新律》十八篇，也

叫《魏律》《曹魏律》，是一部系统的法典。《晋书》卷三〇《刑法志》："天子又下诏改定刑制，命司空陈群、散骑常侍刘邵、给事黄门侍郎韩逊、议郎庾嶷、中郎黄休、荀诜等删约旧科，傍采汉律，定为魏法，制《新律》十八篇，《州郡令》四十五篇，以及《尚书官令》《军中令》，合百八十馀篇。"

⑭律略论：今不传。或谓即《法论》，当为《新律》的理论说明。

⑮散骑常侍：官名。三国时置，职掌奏章表文、诏书等事务，天子出入则充侍从。与侍中、黄门侍郎共平尚书奏事。位略次于侍中，后成为加官，秩比二千石，第三品。

⑯公孙渊：公孙度之孙（？～238），公孙康次子。魏明帝任之为扬烈将军、辽东太守，因斩吴主孙权使节，传首魏国，魏明帝又拜他为大司马，封乐浪公。景初元年（237），他自称燕王，翌年，司马懿进攻辽东，求降被拒，与其子公孙修皆被杀。《三国志》卷八有传。孙权：字仲谋（182～252），孙坚次子，吴郡富春（今浙江富阳）人。吴国建立者，即吴大帝。详见本书所选《吴主传》。

⑰袁尚兄弟：即袁尚与袁熙兄弟。袁尚（？～207），字显甫，东汉汝南汝阳（今河南商水西南）人。袁绍幼子，为绍所喜爱。袁绍死后，他由审配、逢纪辅佐继承父亲位置，被曹操打败。又与其兄袁谭相攻杀，逃往幽州投奔其兄袁熙，又一同投奔辽西乌丸。建安十二年（207），曹操北征乌丸，两兄弟又逃往辽东，被太守公孙康所诱杀。《三国志》卷六有传。袁熙（？～207），字显奕，袁绍次子，被袁绍任为幽州刺史。在袁谭与袁尚的自相残杀中，他与袁尚曾投奔乌丸，继而逃往辽东，终为太守公孙康所诱杀。康：即公孙康：东汉末辽东襄平（今辽宁辽阳）人，公孙度之子。建安九年（204），公孙度死后继任辽东太守，曹操北征乌丸，预料曹操无取辽东之意，诱杀袁熙、袁尚等，将首级传送曹操，封康

襄平侯，拜左将军。《三国志》卷八有传。

⑱要荒：要，要服；荒，荒服。古称王畿外极远之地。亦泛指远方之国。古代王畿外围，以五百里为一区划，由近及远分为侯服、甸服、绥服、要服、荒服，合称五服。服，服事天子之意。

⑲重（zhòng 众）：不轻易。劳民：使人民劳苦。

⑳宽贷：宽恕，赦免。

㉑自新：自己改正错误，重新做人。

㉒张弥：三国吴官吏（？～233），吴大帝嘉禾二年（233），时为太常，与执金吾许晏出使辽东，拜公孙渊为燕王，被公孙渊所斩，并传送其首级至魏。

㉓赵都赋：许劭所作"三都赋"，即《赵都赋》《许都赋》《洛都赋》之一，盛赞其故乡邯郸的壮丽景观与悠久的历史文化，将战国时这一赵国的都城风貌淋漓尽致地和盘托出。《艺文类聚》卷六一收录此赋。

㉔美之：即以之为美。形容词的意动用法。

㉕许都：即《许都赋》，原赋已佚。当为赋写许昌（治所在今河南许昌市东三十六里古城）之作。曹操挟天子以令诸侯，曾使汉献帝以许县为都，故称许都。三国魏黄初二年（221），改为许昌县。洛都赋：原赋已佚。当为赋写洛阳（今属河南）之作。洛阳县原为东汉都城，董卓之乱中遭焚毁，魏文帝黄初元年（220）十二月，曹丕以洛阳为京师，以长安、谯、许昌、邺城、洛阳为五都。

㉖讽谏：谓以婉言隐语相劝谏。

青龙中①，吴围合肥②，时东方吏士皆分休③，征东将军满宠表请中军兵④，并召休将士，须集击之⑤。劭议以为："贼众新至，心专气锐。宠以少人自战其地⑥，若便进击，不必能制⑦。宠求待兵，未有所失也。以为可先遣步兵五千，精骑三千，军前发⑧，扬声进道⑨，震曜形势⑩。骑到合肥，疏其行队，多其旌鼓，曜兵城下，引出贼后，拟其归路⑪，要其粮道⑫。贼闻大军来，骑断其后，必震怖遁走⑬，不战自破贼矣。"帝从之。兵比至合肥⑭，贼果退还。

[注释]

①青龙：魏明帝曹叡的第二个年号（233~237）。

②合肥：即合肥侯国，东汉改西汉所设合肥县置，属九江郡，治所在今安徽合肥市西。

③东方：谓位于曹魏都城洛阳东南的淮南一带。吏士：犹言官兵。分休：谓军队分批轮换进行休整。

④征东将军满宠：字伯宁（？~242），山阳昌邑（今山东巨野东南）人。仕曹为许都令、汝南太守，赐爵关内侯。曹丕称帝后拜前将军。明帝即位，进封昌邑侯，任征东将军，以火攻解救合肥之围。官至太尉，卒谥景侯。《三国志》卷二六有传。征东将军，东汉末年所置将军名。为征东、征西、征南、征北等"四征"将军之一。负责统兵征战讨伐，本系杂号将军，位在常设将军之下。三国时成为常设将军，与车骑将军并列，位次三公，秩二千石，第二品。中军：谓驻守京师的军队。

⑤须：等到。

⑥自战其地：卢弼《三国志集解》校勘云"战，应作'守'"。

⑦不必：没有一定，未必。

⑧军前发：谓在大军出发前先行。

⑨扬声进道：谓在张扬中上路出发。

⑩震曜（yào耀）：通"震耀"，谓震动，显耀。形势：气势，声势。

⑪拟：指向。

⑫要（yāo腰）：中途截断。

⑬震怖：惊恐或使惊恐。遁：逃亡，逃跑。

⑭比至：及至，到。

时诏书博求众贤。散骑侍郎夏侯惠荐劭曰①："伏见常侍刘劭②，深忠笃思③，体周于数④，凡所错综⑤，源流弘远⑥，是以群才大小⑦，咸取所同而斟酌焉⑧。故性实之士服其平和良正⑨，清静之人慕其玄虚退让⑩，文学之士嘉其推步详密⑪，法理之士明其分数精比⑫，意思之士知其沉深笃固⑬，文章之士爱其著论属辞⑭，制度之士贵其化略较要⑮，策谋之士赞其明思通微⑯。凡此诸论，皆取适己所长而举其支流者也。臣数听其清谈⑰，览其笃论⑱，渐渍历年⑲，服膺弥久⑳，实为朝廷奇其器量㉑。以为若此人者，宜辅翼机事㉒，纳谋帏幄㉓，当与国道俱隆㉔，非世俗所常有也。惟陛下垂优游之听㉕，使劭承清闲之欢㉖，得自尽于前㉗，则德音上通㉘，辉耀日新矣㉙。"

[注释]

①散骑侍郎夏侯惠：字稚权（生卒年不详），谯（今安徽亳州市）人，夏侯渊第六子。仕魏，历官黄门侍郎、乐安太守。卒年三十七岁。《三国志》卷九有传。散骑侍郎，官名。为皇帝左右的侍从官，掌备车驾，出入骑从等，魏晋六朝的六散骑之一。

②伏：敬词。古时臣对君奏言多用之。常侍："散骑常侍"的省称。

③深忠：谓忠心耿耿。笃（dǔ赌）思：认真思考。

④体周于数：谓禀性擅长于事理、预测。

⑤错综：交错综合。语出《周易·系辞上》："参伍以变，错综其数。"唐孔颖达疏："错谓交错，综谓总聚，交错总聚，其阴阳之数也。"

⑥弘远：广大深远。

⑦群才：谓有才能的人们。

⑧斟酌：倒酒不满曰斟，太过曰酌，贵适其中。故凡事反复考虑、择善而定，即称斟酌。

⑨性实之士：谓本性务实的人。平和：平正谐和。良正：善良正直。

⑩清静之人：谓心性纯正恬静的人。玄虚：谓道的玄远虚无。退让：谦逊，礼让。

⑪文学之士：泛指有学问的人。推步：推算天象历法。古人谓日月转运于天，犹如人之行步，可推算而知。详密：详细周密。

⑫法理之士：谓究心法律的人。分（fèn奋）数：法度，规范。精比：精细考校。

⑬意思之士：谓思想活跃的人。沉深：犹精深，深邃。笃（dǔ赌）固：坚定不移。

⑭文章之士：谓擅长著述与辞赋的人。著论：著述论说。属辞：指诗文。

⑮制度之士：谓制定法规的人。化略：简略贯通。较（jiào叫）要：明白而切要。

⑯策谋之士：谓出谋划策的人。明思：逻辑清晰。通微：通晓、洞察细微的事物。刘劭《人物志·九征》："色平而畅者，谓之通微，通微也者，智之原也。"

⑰数（shuò硕）：屡次。清谈：犹清议。谈论的内容以对人物、时事

的批评为主。

⑱笃（dǔ 赌）论：犹确论。确切的评论。

⑲渐渍（jiānzì 兼字）：浸润。引申为渍染、感化。历年：过去多年。

⑳服膺（yīng 英）：铭记在心，衷心信奉。弥久：长久。

㉑器量：器局，才识，度量。

㉒辅翼：辅佐，辅助。语出《礼记·文王世子》："保也者，慎其身以辅翼之，而归诸道者也。"唐孔颖达疏："辅，相也；翼，助也。谓护慎世子之身，辅相翼助，使世子而归于道。"机事：指国家枢机大事。

㉓帷幄（wò 握）：即"帷幄"。天子居处必设帷幄，借指天子近侧或朝廷。

㉔国道：犹国步，国运。

㉕垂优游之听：谓赏赐从容听取刘劭议论的一个机会。

㉖承清闲：谓臣属接受皇帝赐予在方便的时候谈话的机会。从皇帝角度而言则是"赐清闲"。清闲，清静悠闲。引申指暇时。《后汉书·襄楷传》："臣虽至贱，诚愿赐清闲，极尽所言。"

㉗自尽：谓详尽陈述自己的意见。《史记·苏秦列传》："虽然，奉阳君妒而君不任事，是以宾客游士莫敢自尽于前者。"

㉘德音：犹德言，指合乎仁德的言语。

㉙辉耀（huīyào 辉耀）：光辉照耀。日新：日日更新。语出《周易·系辞上》："富有之谓大业，日新之谓盛德。"唐孔颖达疏："其德日日增新。"裴注云："臣松之以为：凡相称荐，率多溢美之辞，能不违中者或寡矣。惠之称劭云'玄虚退让'及'明思通微'，近于过也。"

景初中①，受诏作《都官考课》②。劭上疏曰："百官考课，王政之大较③，然而历代弗务④，是以治典阙而未补⑤，能否混而相蒙⑥。陛下以上圣之宏略⑦，愍王纲之弛颓⑧，神虑内鉴⑨，明诏外发。臣奉恩旷然⑩，得以启蒙⑪，辄作《都官考课》七十二条，又作《说略》一篇⑫。臣学寡识浅，诚不足以宣畅圣旨⑬，著定典制⑭。"又以为宜制礼作乐，以移风俗，著《乐论》十四篇⑮，事成未上。会明帝崩，不施行。正始中⑯。执经讲学，赐爵关内侯⑰。凡所撰述，《法论》《人物志》之类百馀篇⑱。卒，追赠光禄勋⑲。子琳嗣⑳。

[注释]

①景初：魏明帝曹叡的第三个年号（237～239）。

②都官考课：刘劭所作，为三国魏都官尚书考察官吏的依据，七十二条，今不传。在某种程度上，七十二条是对陈群于黄初元年（220）所创立的"九品官人法"的补阙与完善。考课，按一定标准考核官吏优劣，分别等差，决定升降赏罚。

③王政：国君的政令。大较：大法，大体。

④弗务：未致力于此。

⑤治典：治国的法典。语出《周礼·天官·大宰》："一曰治典，以经邦国，以治官府，以纪万民。"

⑥能否：谓有才能与否。相蒙：互相欺骗，互相隐瞒。《左传·僖公二十四年》："上下相蒙，难与处矣。"

⑦上圣：犹至圣，指德智超群者。宏略：宏伟的谋略。

⑧愍（mǐn 闽）：忧伤。王纲：天子的纲纪。汉扬雄《剧秦美新》："帝典阙而不补，王纲弛而未张。"弛颓（tuí 推阳平）：松懈败落。

⑨神虑：指天子的心意，意图。内鉴：犹内省。

⑩旷然：形容豁然通晓。

⑪启蒙：谓开导蒙昧，使之明白事理。

⑫说略：刘劭所撰文章名，已佚。

⑬宣畅：宣扬，传布。圣旨：帝王的意旨和命令。

⑭典制：典章制度。

⑮乐论：刘劭有关音乐理论的著述。今不传。

⑯正始：魏齐王曹芳年号（240～249）。

⑰关内侯：封爵名。汉代封爵二十级的第十九级，仅次于列侯，有俸禄而无封地。

⑱法论：今不传。或谓即《律略论》，当为《新律》的理论说明。人物志：书名。今存，分三卷十二篇，讨论有关人才的问题，试图将才性论与观人术理论化与系统化，并开南北朝品评人物之先河，南朝宋刘义庆《世说新语》的撰写或受其影响。

⑲光禄勋：即光禄卿，九卿之一，宫内总管，统领皇帝的顾问参议、宿卫侍从，传达接待诸官，秩中二千石，三国时为第三品。属官有五官中郎将等。

⑳子琳：即刘琳，生平不详。

[译文]

刘劭字孔才，是广平郡邯郸县人。汉献帝建安（196～220）中，任职计吏，曾到许县。太史上书说："正月初一日会有日食发生。"刘劭当时在尚书令荀彧的处所，在座者有数十人，有人说应当停止大朝会，有人说将大朝会推后举行。刘劭说："梓慎、裨灶，是春秋时的优秀史官，然而占卜水灾、火灾，也有误判天道运行规律的时候。据《礼记·曾子问》记述，众诸侯会同觐见天子，进入宫门而不能完成觐见之礼，使中止的原因有四种,日食只是中止觐见之礼的原因之一。然而品德最高尚、智慧最高超的人留传下制度,不因怪异的现象而事先废除朝拜之礼的原因,是因为怪异的现象有时会自行消除,有时是因为推算预测的方法错谬所致。"荀彧认为刘劭的话有道理,就指令朝会依旧按时进行。结果当天日食并没有发生。

御史大夫郗虑征召刘劭,适逢郗虑被免职,刘劭被朝廷任命为太子舍人,后升任秘书郎。魏文帝黄初(220~226)年间,刘劭先后担任尚书郎、散骑侍郎。受诏汇集《诗》《书》《易》《礼》《春秋》五部儒家经典与其他相关典籍,分门别类,再行编辑,作大型类书《皇览》。魏明帝即位,刘劭到地方任陈留郡太守,崇尚政教风化,受到百姓的称颂。又被征召到中央授官骑都尉,与议郎庾嶷、荀诜等制订法令规章,编《新律》十八篇,撰著《律略论》。后升任散骑常侍。当时闻知公孙渊接受孙权授予他燕王的称号,议政的大臣打算扣留公孙渊派来的计吏,并派军队讨伐。刘劭认为:"以前袁尚兄弟归顺公孙渊的父亲公孙康,公孙康斩杀二人并传送他们的首级到朝廷,这是公孙渊先世效忠朝廷的证明。况且此事的真假虚实,还不能查明。古代远方地区不服从,君主就要内修德政而不急于征讨,不轻易使人民劳苦。应当对公孙渊有所宽恕,使他有机会自新。"此后公孙渊果然将孙权的使节张弥等人的首级斩送给朝廷。刘劭曾经撰写《赵都赋》,受到魏明帝的称赏,下诏再撰写《许都赋》《洛都赋》。当时朝廷对外用兵,在内营造宫室,刘劭撰写二赋,都有以婉言隐语相劝谏的意味。

魏明帝青龙(233~237)年间,东吴军队围攻合肥,当时驻守淮南一带的魏国官兵正分批轮换进行休整,征东将军满宠上表请求派遣驻守京师的军队支援,并召回休假的将士,等到军队集合完毕再出击。刘劭认为:"敌军刚刚来到,用心专一,士气旺盛。满宠率领不多的军队守住自己的阵地，如果立即进攻吴军，不一定能成功。满宠请求等待援军，没有什么可失去的。我以为可以先派遣五千步兵、精锐的骑兵三千，在大军出发前先行，在张扬中上路出发，令声势显耀。骑兵到达合肥后，令队伍稀疏排列，多设旗帜与战鼓，故意炫耀兵力行进至合肥城下，引诱出敌军后，指向他们的退路，再截断敌军的粮道。敌军听说大军到来，又有骑兵截断其归路，必然惊恐而逃亡，可不战而令敌军败归。"魏明帝听从了刘劭的建议。魏军一到合肥，吴军果然撤回。

当时朝廷下诏书广求贤才。散骑侍郎夏侯惠推荐刘劭说："臣下见散骑常侍刘劭，忠心耿耿，且勤于思考，禀性擅长于事理、预测，凡所占验交错综合，其源流广大深远，因而大大小小有才能的人，都会从他那里取得有价值的意见反复考虑、择善而定。所以本性务实的人服膺刘劭的平正谐和与善良正直，心性纯正恬静的人仰慕刘劭的玄远虚无与谦逊礼让，有学问的人佩服刘劭推算天象历法详细周密，究心法律的人推崇刘劭有关法度规范的精细考校，思想活跃的人了解刘劭的精深且坚定不移，擅长著述与辞赋的人喜好刘劭的著述论说与诗文，制订法规的人重视刘劭的简略贯通且明白切要，出谋划策的人赞赏刘劭逻辑清晰，可洞察细微。纵观以上人的评论，都是取其与自己相适合的优长处，却不是刘劭智慧的主要方面。臣下屡次聆听刘劭的清议，阅览他确切的评论，被渍染与感化多年，因而长久铭记在心，衷心信奉，实在为朝廷有如此器局与度量的人才而惊异。认为像他这样的人，应当辅佐国家枢机大事，献谋天子近侧，可以与国运一同兴隆，他不是世俗中所常见的人才。希望陛下赏赐从容听取刘劭议论的一个机会，使刘劭接受陛下赐予在方便的时候谈话的机会，能够详尽陈述自己的意见，那么合乎仁德的言语就会上通于陛下，陛下光辉照耀，且能日日更新了。"

魏明帝景初（237~239）年间，刘劭受诏制订《都官考课》。完成后,刘劭上疏说:"按一定标准考核百官优劣,分别等差,决定升降赏罚,是国君政令的大法,然而历代并未致力于此,所以治国的法典缺失又未能及时补订,致使人有才能与否混淆不清而互相欺骗,互相隐瞒。陛下以德智超群上圣的宏伟谋略,忧伤天子的纲纪松懈败落,心意经过内省,贤明的诏令终于发布。臣下承蒙皇恩豁然通晓,得以开导蒙昧,从而明白事理,于是制订《都官考课》七十二条,又作《说略》一篇。臣下学问不多,见识浅显,实在不足以宣扬陛下的意旨和命令,制订这样的典章制度。"刘劭还认为应当制订礼乐制度,用来移风易俗,著有《乐论》十四篇,完成后没有呈上。适逢魏明帝去世,《都官考课》就没有施行。魏齐王正始(240~249)年间,为天子讲授经学,赐爵关内侯。刘劭的撰述还有《法论》《人物志》一类,共百馀篇。去世后,追赠光禄勋。其子刘琳继承了他的爵位。

徐邈传

[题解]

传见《三国志》卷二七《魏书二十七》。徐邈（171～249），字景山，燕国蓟县（治今北京市）人。仕曹魏，历官丞相军谋掾、陇西太守、颍川典农中郎将、凉州刺史、司隶校尉，官至司空，封都亭侯。徐邈在凉州安抚当地少数民族，政绩卓著，为稳定西北边疆贡献颇多。特别是他一生清素，廉洁奉公，这种操守，在天下动荡、世局纷扰之际，尤为难能可贵。陈寿在本卷末有评云"徐邈清尚弘通"，又与胡质、王昶、王基三人并誉云："皆掌统方任，垂称著绩。可谓国之良臣，时之彦士矣。"评价不低，可见史家对这类清廉自守人物的极力推崇。本传中有关徐邈谓醉酒为"中圣人"的一段趣闻，备见其通脱不羁的性格，属于颊上三毫的点睛之笔，每为后世文人所喜引为掌故。酿酒需要粮食，因而一定程度的禁酒在生产力遭到极大破坏的乱世中就成为必须。《三国志·吕布传》中有所反映（本书已选），《三国志·简雍传》中更有传主与刘备的一段对话："时天旱禁酒，酿者有刑。吏于人家索得酿具，论者欲令与作酒者同罚。雍与先主游观，见一男女行道，谓先主曰：'彼人欲行淫，何以不缚？'先主曰：'卿何以知之？'雍对曰：'彼有其具，与欲酿者同。'先主大笑，而原欲酿者。"在专制统治下，适当幽默或巧妙谲谏，有时也不失为解决矛盾的妙法。

徐邈字景山，燕国蓟人也①。太祖平河朔②，召为丞相军谋掾③，试守奉高令④，入为东曹议令史⑤。魏国初建⑥，为尚书郎⑦。时科禁酒⑧，而邈私饮至于沉醉。校事赵达问以曹事⑨，邈曰："中圣人⑩。"达白之太祖，太祖甚怒。度辽将军鲜于辅进曰⑪："平日醉客谓酒清者为圣人⑫，浊者为贤人⑬，邈性修慎⑭，偶醉言耳。"竟坐得免刑⑮。后领陇西太守⑯，转为南安⑰。文帝践阼⑱，历谯相⑲、平阳、安平太守⑳，颍川典农中郎将㉑，所在著称㉒，赐爵关内侯㉓。车驾幸许昌㉔，问邈曰："颇复'中圣人'不？"邈对曰："昔子反毙于谷阳㉕，御叔罚于饮酒㉖。臣嗜同二子，不能自惩㉗，时复中之㉘。然宿瘤以丑见传㉙，而臣以醉见识㉚。"帝大笑，顾左右曰："名不虚立。"迁抚军大将军军师㉛。

[注释]

①燕国：秦亡后，项羽封臧荼置，都蓟（今北京城西南隅）。西汉昭帝元凤元年（前80）改为广阳郡，三国魏太和末又改为燕国。辖境相当于今北京市城区、大兴区、昌平区及河北安次等县地。蓟：即蓟县，故址在今北京城西南隅，自西周至战国，皆为燕国都城。秦置县。

②太祖：即曹操。河朔：古代泛指黄河以北的地区。从建安七年至十一年（202～206），曹操击溃袁谭、袁尚、高干势力，平定冀州、幽州、并州等地区。

③丞相军谋掾（yuàn院）：官名。曹操所置丞相府参与军事谋划的属官。

④试守：正式任命前试行代理某一职务。奉高：即奉高县，西汉置，治所在今山东泰安市东三十八里故县村。

⑤东曹议令史：丞相府属官，有东、西曹之分，长官正职称掾，副职称属。东曹掾负责选拔推举丞相的吏员。

⑥魏国初建：建安十八年（213）五月，汉献帝封曹操为魏公，加九锡；秋七月，始建魏社稷宗庙。是为魏国建立之始。建安二十一年（216）五月，曹操晋爵魏王，当属后话。

⑦尚书郎：官名。尚书令的属吏，初去尚书台任事者称尚书郎。每一尚书分管一曹，每曹下有尚书郎、侍郎六人，秩四百石。

⑧科禁：戒律，禁令。

⑨校事赵达：三国魏官吏，任校事。因执法多以爱憎，被曹操处死。校事，官名。亦称校官、校曹。三国时侦查刺探官，为皇帝或执政的耳目，掌刺探臣民言行。曹操始置，曹丕称帝后，权任增重，执法苛刻，为吏民之害。嘉平间（249～254）为黄门侍郎程晓奏废。曹事：谓本曹之公事。曹，尚书台下属机构。

⑩中（zhòng 众）圣人：谓被美酒所醉倒的隐语。圣人，原指品德最高尚、智慧最高超的人。这里为美酒的代称。

⑪度辽将军鲜于辅：东汉渔阳（治今北京密云西南）人（生卒年不详）。初为刘虞从事，刘虞死后归顺曹操，任建忠将军，督幽州六部。曹丕代汉称帝，拜虎牙将军，封县侯，迁辅国将军。度辽将军，西汉临时设置的军队将领名，三国魏成为杂号将军名。

⑫醉客：指好饮酒的人。清者：即"清酒"，谓清醇的酒，与"浊酒"相对。东汉与魏晋南北朝时，尚无法制出较高度数的蒸馏酒，普遍饮用者为酿造酒，即用糯米、黄米等粮食酿制的酒。经过过滤的酿造酒为清酒，未经过滤的酿造酒较混浊，即称浊酒。

⑬浊者：即"浊酒"。贤人：原指有才德的人，这里为浊酒的别名。

⑭修慎：谓注重修养，处世谨慎。

⑮坐：判罪。免刑：免除刑罚。

⑯陇西：即陇西郡，战国秦昭襄王二十八年（前279）置，治所狄道县（今甘肃临洮南），以在陇山之西而得名，辖境相当于今甘肃陇山以西、黄河以东、西汉水和白龙江上游以北、祖厉河与六盘山以南之地。东汉辖境逐渐缩小，三国魏移治襄武县（今甘肃陇西东南）。

⑰南安：即南安郡，东汉中平五年（188）分汉阳郡置，治所獂道县（今甘肃陇西东南三台乡），辖境相当于今甘肃陇西县东部及定西、武山二县地。

⑱文帝：即曹丕（187～226），字子桓，曹操次子。建安十六年（211），拜五官中郎将，为丞相之副。建安二十二年（217），立为魏太子。建安二十五年（220）正月，曹操卒，嗣位为丞相、魏王。十月代汉称帝，国号魏。在位七年，选官实行九品中正制，意在维护士族门阀特权，欲统一中国而先死。史称魏文帝。中国文学史上著名诗人，文论有《典论·论文》传世。《三国志》卷二有纪。践阼（zuò做）：即皇帝位。阼，大堂前东面的台阶。天子、诸侯、大夫、士皆以阼为主人之位。临朝觐、揖宾客、承祭祀，升降皆由此。借指帝位。

⑲谯（qiáo乔）相：谯国的执政者。谯，原为谯县，秦改焦邑置，属泗水郡，治所在今安徽亳州市。西汉属沛郡，东汉属沛国，三国魏黄初元年（220）立为谯国。相，古官名。汉时诸侯王国的实际执政者，地位相当于郡太守。

⑳平阳：即平阳郡，三国魏正始八年（247）分河东郡置，治所平阳县（今山西临汾市西南十八里金殿镇）。辖境相当于今山西霍州市以南的汾河流域及其以西地区。安平：即安平郡，三国魏改安平王国置，治所信都县（今河北冀州市）。辖境相当于今河北冀州、安平、饶阳、深州、武邑、衡水、枣强、新河、南宫等县市及武强、广宗县的一部分地。

㉑颍川：即颍川郡，秦始皇十七年（前230）置，治所阳翟县（今河南禹州市），西汉高帝五年（前202）改为韩国，翌年复为颍川郡。辖境相当于今河南登封、宝丰以东，尉氏、郾城以西，新密以南，叶县、舞阳以北地。典农中郎将：曹操实行屯田制时所置职官，主管屯田区的农业生产、民政与田赋等，秩比二千石，第六品。其权位与郡太守相当，但隶属大司农。颍川典农中郎将管理许下屯田。

㉒著称：著名，出名。

㉓关内侯：封爵名。汉代封爵二十级的第十九级，仅次于列侯，有俸禄而无封地。

㉔车驾：帝王所乘的车。这里指代魏文帝曹丕。许昌：即许县，秦置，属颍川郡，治所在今河南许昌市东三十六里古城。三国魏黄初二年（221），改为许昌县。

㉕"昔子反"句：据《左传·成公十六年》，春秋鲁成公十六年（前575），楚国与晋国战于鄢陵（今河南鄢陵西北），楚国主帅子反在决战之前喝酒大醉，贻误战机，导致楚军大败，子反因而羞愧自杀。谷阳，即子反的仆从谷阳竖，决战前取酒令子反喝醉者就是他。

㉖"御叔"句：据《左传·襄公二十二年》，春秋鲁襄公二十二年（前551）的春天，鲁国大夫臧武仲出使晋国，天下雨，就去探望鲁国御邑大夫御叔。御叔在他的封邑里，打算饮酒，就说："哪里用得着圣人（指臧武仲）！我要喝酒了，而他却冒雨出行，还要那些聪明做什么？"鲁国大夫穆叔闻知这一番话后，就说："御叔他不配出使，反而对使者臧武仲傲慢，是国家的蛀虫。"于是下令惩罚御叔，将其封邑的赋税增加一倍。

㉗自儆：谓自我警戒。

㉘时：副词，有时。中（zhòng 众）之：同前"中圣人"，谓被酒醉倒。

㉙"然宿瘤"句：据汉刘向《列女传》卷六《齐宿瘤女》，战国时齐国有一位脖子上生长一大瘤子的采桑女，奇丑无比，被称为"宿瘤"。齐闵王出游路遇采桑女，后者不改故常，且对答不卑不亢，终于引来齐闵王的青睐，被选为王后，接入宫中。

㉚见识：认识我。语出汉刘向《列女传》卷六《齐宿瘤女》："（闵王）使使者加金百镒，往聘迎之。父母惊惶，欲洗沐，加衣裳。女曰：'如是见王，则变容更服，不见识也，请死不往。'于是如故随使者。"

㉛抚军大将军军师：谓抚军大将军的军师。抚军大将军，官名。三国魏所设置的高级将军名，第二品，位在镇军大将军之后。开府治事，有属官。据《晋书·宣帝纪》，司马懿于魏文帝黄初五年（224）任抚军大将军。军师，官名。三国时，三公与常设将军等所置属官，其职为参谋军事，类似于幕僚，第五品。

明帝以凉州绝远①，南接蜀寇②，以邈为凉州刺史，使持节领护羌校尉③。至，值诸葛亮出祁山④，陇右三郡反⑤，邈辄遣参军及金城太守等击南安贼⑥，破之。河右少雨⑦，常苦乏谷，邈上修武威、酒泉盐池以收虏谷⑧，又广开水田，募贫民佃之⑨，家家丰足，仓库盈溢。乃支度州界军用之馀⑩，以市金帛犬马⑪，通供中国之费⑫。以渐收敛民间私仗⑬，藏之府库。然后率以仁义，立学明训⑭，禁厚葬，断淫祀⑮，进善黜恶⑯，风化大行⑰，百姓归心焉。西域流通⑱，荒戎入贡⑲，皆邈勋也。讨叛羌柯吾有功⑳，封都亭侯㉑，邑三百户，加建威将军㉒。邈与羌胡从事㉓，不问小过；若犯大罪，先告部帅㉔，使知，应死者乃斩以徇㉕，是以信服畏威㉖。赏赐皆散与将士，无入家者，妻子衣食不充；天子闻而嘉之，随时供给其家。弹邪绳枉㉗，州界肃清㉘。

[注释]

①明帝：即曹叡（ruì 瑞，205～239），魏文帝曹丕长子，母甄氏。魏文帝黄初七年（226）即位，魏明帝景初三年（239）卒，在位十四年。庙号烈祖，谥号明皇帝，葬高平陵。《三国志》卷三有纪。凉州：西汉武帝所置十三刺史部之一，东汉时治所陇县（今甘肃张家川回族自治县），辖境相当于今甘肃、宁夏、青海湟水流域，陕西定边、吴旗、凤县、略阳与内蒙古额济纳旗一带。三国魏黄初中移治姑臧县（今甘肃武威市）。绝远：谓极其辽远。

②蜀寇：谓蜀汉政权。《三国志》以曹魏为正统，故称。

③使持节：官名。魏晋以后有使持节、持节、假节、假使节等，其权大小有别，皆为刺史总军戎者。领：汉代以后，以地位较高的官员兼理较低的职务，谓之"领"，也称"录"。护羌校尉：官名。汉武帝时所置主管羌族事务的官员，秩比二千石，持节以护西羌。属官有长史、司马二人，皆六百石。东汉、曹魏沿置。

④诸葛亮：字孔明（181～234），琅邪阳都（今山东沂南南）人。蜀汉杰出的政治家、军事家。蜀汉章武元年（221），刘备称帝，以他为丞相。详见本书所选《诸葛亮传》。祁山：山脉名。位于今甘肃礼县东四十里祁山乡。

⑤陇右：古地区名，泛指陇山以西地区。古代以西为右，故称。相当于今甘肃陇山、六盘山以西，黄河以东一带。三郡：谓南安（治今甘肃陇西东南三台乡）、天水（治今甘肃通渭）、安定（治今甘肃镇原东南）三郡。

⑥参军：官名。三国时，太尉、丞相、常设将军等所置属官，其职为

参谋军事。金城：即金城郡，西汉昭帝始元六年（前81）置，治所允吾（qiānyá 铅牙，今青海民和县南古鄯镇北古城），辖境约为今甘肃兰州市以西，青海省青海湖以东的河、湟二水流域与大通河下游地区。东汉末西部辖境缩小，仅至今大通河下游以东。南安贼：谓叛归蜀汉政权的南安郡吏民。

⑦河右：即河西，古地区名，泛指黄河以西之地。春秋战国时指今山西、陕西两省黄河南段之西；汉、唐时指今甘肃、青海两省黄河以西，即河西走廊与湟水流域。

⑧武威：即武威郡，西汉元狩二年（前121）置，治所姑臧县（今甘肃武威市）。元鼎后辖境相当于今甘肃黄河以西、武威以东及大东河、大西河流域地区。酒泉：即酒泉郡，西汉元狩二年（前121）置，治所禄福县（西晋改称福禄县，今甘肃酒泉市）。辖境相当于今甘肃疏勒河以东、高台县以西地区。盐池：谓生产池盐的小水塘。古时垦地为畦，引含盐分的池水沃之，称作种盐，水耗则盐成，即为池盐。收：收购。虏谷：谓少数民族的粮食。虏，古时对北方外族或南人对北方人的蔑称。

⑨佃（diàn 店）：租种。

⑩支度：计算，筹算。

⑪金帛犬马：谓黄金、丝绸以及良马、名狗等玩好之物。

⑫中国：这里当指曹魏政权的京师洛阳。

⑬私仗：私藏的武器。

⑭立学明训：兴建学校，颁布明确的训诫。

⑮淫祀：不合礼制的祭祀，不当祭的祭祀，妄滥之祭。《礼记·曲礼下》："非其所祭而祭之，名曰淫祀。"

⑯进善黜恶：亦作"进善退恶"，谓进用贤善，黜退奸恶。语出《汉书·何武传》："刺史，古之方伯，上所委任，一州表率也，职在进善

退恶。"

⑰风（fēng奉）化：教育感化。《汉书·礼乐志》："宜兴辟雍，设庠序，陈礼乐，隆雅颂之声，盛揖攘之容，以风化天下。"

⑱西域：汉以来对玉门关、阳关以西地区的总称。狭义专指葱岭以东而言。后亦泛指我国西部地区。流通：特指商品、货币流转。

⑲荒戎：谓边远地区的少数民族族群。

⑳叛羌柯吾：三国时羌族首领，叛魏，被徐邈讨伐。其馀不详。

㉑都亭侯：封爵名，属于列侯中的亭侯。都亭，都邑中的传舍。亭，秦汉时乡以下、里以上的行政机构。此封爵即以都邑中一亭为其食邑。

㉒建威将军：三国时魏、吴所设置的将军名号，第四品。有属官。

㉓羌胡：指我国古代的羌族和匈奴族，亦用以泛称我国古代西北部的少数民族。

㉔部帅：谓部落首领。

㉕徇：宣示于众。

㉖信服：相信佩服。畏威：畏惧声威。

㉗弹邪绳枉：弹劾品行不端的人，惩处邪曲之人。

㉘肃清：犹清平。多指国家、社会安定太平，法纪严明。

正始元年①，还为大司农②。迁为司隶校尉③，百寮敬惮之④。公事去官⑤。后为光禄大夫⑥，数岁即拜司空⑦，邈叹曰："三公论道之官⑧，无其人则缺，岂可以老病忝之哉⑨？"遂固辞不受。嘉平元年⑩，年七十八，以大夫薨于家⑪，用公礼葬⑫，谥曰穆侯⑬。子武嗣⑭。

[注释]

①正始元年：即公元240年。正始，魏齐王曹芳的第一个年号（240～249）。

②大司农：官名。九卿之一，主管全国财政经济，负责物资调拨、物价平衡、皇帝亲耕、国库等。秩中二千石，三国时为第三品。

③司隶校尉：官名。负责维护京师治安，纠察京师除三公以外的百官违法者，并治理司隶州所辖各郡，统率一支人数达一千二百名的军队，秩比二千石。东汉时位尊权重，与御史中丞、尚书台并称"三独坐"。魏晋沿置。

④百寮：谓大小百官。寮，通"僚"。敬惮（dàn旦）：犹敬畏。

⑤去官：谓免除或辞去官职。

⑥光禄大夫：文散官名。两汉均置，无常事，仅备顾问、应对诏命。曹魏沿置。

⑦司空：官名。三公之一。西汉时称大司空，与大司徒、大司马并称三公。东汉改称司空，掌监察、执法，兼掌重要文书图籍，第一品。设置府署，属官与太尉、司徒相同。三国时司空仍为三公，第一品，系虚衔。

⑧三公：东汉以太尉、司徒、司空为三公，各置一人，均可开府，即设办公机构，有权自行任用属吏，各有属官数十人。虽名位显贵，但实权则由君主的内廷尚书台执掌，三公遂成虚衔。论道：谋虑治国的政令。语出《周礼·考工记序》："或坐而论道。"汉郑玄注："论道，谓谋虑治国之政令也。"

⑨忝：羞辱，有愧于。常用作谦词。

⑩嘉平元年：即公元249年。嘉平，魏齐王曹芳的第二个年号。

⑪薨（hōng轰）：死的别称。自周代始，人之死亡，有尊卑之分，"薨"以称诸侯之死。《礼记·曲礼下》："天子死曰崩，诸侯曰薨，大夫

曰卒，士曰不禄，庶人曰死。"

⑫公礼：谓三公的礼仪。

⑬穆侯：《逸周书》卷六《谥法解》："布德执以曰穆，中情见貌曰穆。"又曰："执应八方曰侯。"

⑭子武：即徐武，生平不详。

六年①，朝廷追思清节之士②，诏曰："夫显贤表德③，圣王所重④；举善而教，仲尼所美⑤。故司空徐邈、征东将军胡质、卫尉田豫皆服职前朝⑥，历事四世⑦，出统戎马，入赞庶政⑧，忠清在公⑨，忧国忘私，不营产业，身没之后，家无馀财，朕甚嘉之。其赐邈等家谷二千斛⑩，钱三十万，布告天下。"

[注释]

①六年：即嘉平六年（254）。嘉平，魏齐王曹芳的第二个年号（249~254）。

②清节：高洁的节操。

③显贤：使贤才显达。谓进用贤才。表德：表彰有德者。

④圣王：古指德才超群、达于至境之帝王。

⑤"举善"二句：意谓孔子崇尚提拔好人以教育他人。语出《论语·为政》："子曰：'临之以庄，则敬；孝慈，则忠；举善而教，不能则劝。'"后两句断句一般作："举善而教不能，则劝。"仲尼，孔子名丘，字仲尼。

⑥征东将军胡质：字文德（？~250），寿春（今安徽寿州）人。历官顿丘令、常山太守、东莞太守、荆州刺史，加振威将军，赐爵关内侯，

官至征东将军,假节都督青、徐诸军事。嘉平二年(250)卒,家无馀财,谥贞侯。《三国志》卷二七有传。征东将军,东汉末年所置将军名。为征东、征西、征南、征北等"四征"将军之一。负责统兵征战讨伐,本系杂号将军,位在常设将军之下。三国时成为常设将军,与车骑将军并列,位次三公,秩二千石,第二品。卫尉田豫:字国让(171~252),渔阳雍奴(今天津武清东北)人。历任曹操丞相军谋掾、弋阳太守、南阳太守、护乌丸校尉,威震沙漠。封长乐亭侯,征为卫尉。平生清俭约素,家常贫匮。《三国志》卷二六有传。卫尉,秦汉掌管宫门屯卫的官员,为九卿之一,秩中二千石。汉军制,中央禁军有南北军,卫尉为南军统帅。曹魏沿置。前朝:谓曹魏政权曹操、曹丕、曹叡三朝。

⑦四世:谓曹操、曹丕、曹叡与当朝皇帝曹芳。

⑧赞:辅佐。庶政:各种政务。

⑨忠清在公:忠诚廉正,一心为公。

⑩斛(hú 胡):量词,多用于量粮食。汉代一斛为十斗。

邈同郡韩观曼游①,有鉴识器干②,与邈齐名,而在孙礼、卢毓先③,为豫州刺史④,甚有治功⑤,卒官⑥。卢钦著书⑦,称邈曰:"徐公志高行洁⑧,才博气猛。其施之也,高而不狷⑨,洁而不介⑩,博而守约⑪,猛而能宽。圣人以清为难,而徐公之所易也。"或问钦:"徐公当武帝之时⑫,人以为通⑬,自在凉州及还京师,人以为介⑭,何也?"钦答曰:"往者毛孝先、崔季珪等用事⑮,贵清素之士⑯,于时皆变易车服以求名高,而徐公不改其常,故人以为通。比来天下奢靡⑰,转相仿效,而徐公雅尚自若⑱,不与俗同,故前日之通,乃今日之介也。是世人之无常,而徐公之有常也。"

[注释]

①韩观曼游：即韩观（生卒年不详），字曼游，燕国蓟（今北京市）人。历官豫州刺史，有政绩，与徐邈齐名。卒官。

②鉴识：审察辨识的能力，多指识别人才。器干：犹才干。

③孙礼：字德达（？～250），涿郡容城（今属河北）人。曹操平幽州，召为司空军谋掾，历任扬州刺史、冀州牧、司隶校尉，官至司空，封大利亭侯。卒谥景侯。《三国志》卷二四有传。卢毓：字子家（182～257），涿郡涿县（今河北涿州市）人，卢植之子。十岁而孤，以学行见称。仕曹魏，历官冀州主簿、吏部郎、黄门侍郎、谯郡太守，入为侍中、吏部尚书，迁司空，封容城侯。卒谥成侯。《三国志》卷二二有传。

④豫州：西汉武帝时置，为十三刺史部之一，辖境相当于今淮河以北、伏牛山以东豫东、皖北地，东汉治所谯县（今安徽亳州市），三国魏移治安城县（今河南正阳县东北南汝河西南岸）。

⑤治功：泛指治理国家的政绩。

⑥卒官：谓在官位上去世。裴注引《魏名臣奏》载黄门侍郎杜恕表，称："韩观、王昶，信有兼才，高官重任，不但三州。"

⑦卢钦：字子若（？～278），涿郡涿县（今属河北）人，卢毓之子。仕魏，任吏部尚书，封大梁侯。入晋，为尚书仆射，加侍中。著有诗、赋、论等数十篇，名曰《小道》。卒谥元。《晋书》卷四四有传。

⑧行洁：谓德行高洁。

⑨狷（juàn倦）：耿直，固执。

⑩介：孤傲特异。

⑪博而守约：谓博学而能撮其精要，回归简约。

⑫武帝：谓曹操。

⑬通：通脱，谓放达不拘小节。

⑭介：指独特的节操或行为。《孟子·尽心上》："柳下惠不以三公易其介。"

⑮毛孝先：即毛玠（jiè介），字孝先（？~216），东汉陈留平丘（今河南封丘东）人。曹操临兖州，辟为治中从事，后任东曹掾，与崔琰共典选举："其所举用，皆清正之士，虽于时有盛名而行不由本者，终莫得进。务以俭率人，由是天下之士莫不以廉节自励，虽贵宠之臣，舆服不敢过度。"官至尚书仆射。因崔琰被杀，内心不悦，为人诬告下狱，旋放归，卒于家中。《三国志》卷一二有传。崔季珪（guī归）：即崔琰（yǎn演），字季珪（？~216），东汉清河东武城（今山东武城西北）人。曹操平定冀州，崔琰任别驾从事，后历任丞相府东、西曹掾，忠心辅佐。因细事被曹操忌恨，终为其所杀害。《三国志》卷一二有传，本书已选，可参见。

⑯清素：清正廉洁。

⑰比来：近来，近时。奢靡：奢侈靡费。

⑱雅尚：风雅高尚。自若：一如既往，依然如故。

[译文]

徐邈字景山，是燕国蓟县人。曹操平定黄河以北的地区后，任命徐邈为丞相府军谋掾，试行代理奉高县令，又入朝中任丞相府东曹议令史。魏国刚建立时，任尚书郎。当时法令禁酒，而徐邈私下痛饮以至于沉醉。校事赵达询问徐邈本曹之公事，徐邈回答说："中了圣人。"赵达向曹操禀报，曹操大怒。度辽将军鲜于辅进言说："通常爱喝酒的人称酒清者为圣人，酒混浊者为贤人，徐邈性情平素注重修养，处世谨慎，不过是偶尔间的醉话而已。"徐邈竟因此得到免除刑罚的判处。此后兼任陇西郡太守，又转任南安郡太守。魏文帝曹丕即皇帝位后,徐邈历任谯国相,平阳、安平两郡的太守,颍川典农中郎将,所任职的地方都留有好名声,被赐予关内侯的爵位。魏文帝到许昌巡视,问徐邈说:"还常常'中圣人'吗?"徐邈回答说:"从前春秋时楚国主帅子反即因其仆从谷阳竖怂恿,在决战前饮酒大醉,失败自杀;春秋时鲁国御邑大夫御叔因饮酒对使者傲慢,受到增加赋税一倍的惩罚。臣下的嗜好与他们两人相同,不能自我警戒,有时仍要被酒醉倒。战国时齐国的宿瘤女因丑陋而被齐王选后,被史家记述,臣下则因醉酒而被陛下认识记住。"魏文帝听后大笑,对身边的人说:"果然是名不虚传。"升任徐邈为抚军大将军府的军师。

魏明帝曹叡因为凉州地区遥远,南面与西蜀接壤,任命徐邈为凉州刺史,使持节兼任护羌校尉。到任以后,正值诸葛亮率兵出祁山,陇右的南安、天水、安定三郡同时反叛,徐邈就派遣参军与金城太守等攻击叛归西蜀的南安郡吏民,打败了他们。河西一带少雨,经常被缺粮问题所困扰,徐邈在北面的武威、酒泉一带修筑盐池,以盐来换取当地少数民族的粮食,又广泛开发水田,招募贫民租种,从而令家家因丰收而富足,仓库中堆满粮食。于是计算凉州军粮用度的剩馀,用来购买黄金、丝绸以及良马名狗等玩好之物,作为向京师洛阳进贡的方物。逐步收缴民间私藏的武器,收藏于官府的库房中。然后用仁义劝导百姓,兴建学校,颁布明确的训诫,禁止厚葬,断绝不合礼制的祭祀,进用贤善,黜退奸恶,大力推广教育感化,百姓诚心归附。与西域互通商品,用货币流转,边远地区的少数民族族群也来进贡,这些都是徐邈的功劳。因讨伐叛魏的羌族首领柯吾有功,封都亭侯,食邑三百户,加封建威将军。徐邈与羌族和匈奴族人交往处事,不计较他们所犯的小过失;但若犯了大罪,就先通报部落首领,让他们知道所犯的罪行,应当处决者就被斩首并宣示于众,因此被相信佩服并且都畏惧其声威。所受朝廷赏赐都分赏给将士,不收入家中,自己的妻子儿女常常衣食不足；天子闻知后嘉许他的行为，随时送物品供给徐邈家用。徐邈弹劾品行不端的人，惩处邪曲之人，凉州境内社会安定太平、法纪严明。

魏齐王正始元年（240），徐邈还朝任大司农。升任司隶校尉，朝廷大小百官都敬畏他。因公事去职。后任光禄大夫，几年后就被拜请任职司空，徐邈叹息说："三公属于谋虑治国政令的官员，若无合适人选就应当空缺其位，怎么可以任用我这个既老又病的人充当呢？"于是坚决辞谢了这个任命。魏齐王嘉平元年（249），徐邈年纪七十八岁，以光禄大夫的官职在家中去世，用三公的礼仪下葬，赐谥号穆侯。其子徐武继承爵位。

嘉平六年（254），朝廷追怀有高洁节操的官员，下诏说："进用贤才，表彰有德者，是德才超群达于至境之帝王的追求；提拔好人以教育他人，为孔子所崇尚。已去世的司空徐邈、征东将军胡质、卫尉田豫都在前朝任官，前后侍奉了四代帝王，出征就统领军队，入朝就辅佐各种政务，忠诚廉正，一心为公，为国担忧，忘却自己，不经营产业，以致身死之后，家中没有多余的财物，朕非常赞赏他们。赐予徐邈等人的家属粮食二千斛，钱三十万，并向全国各地宣布。"

徐邈的同郡人韩观（字曼游），有审察辨识人才的能力与才干，与徐邈齐名，而在孙礼、卢毓之上，任职豫州刺史，很有治理的政绩，在官位上去世。卢钦著书，称赏徐邈说："徐公志气远大，德行高洁，才学广博，气概勇猛。他的所作所为，清高而不固执，廉洁而不孤傲特异，博学而能撮其精要，回归简约，勇猛而有宽容心。圣人认为做人达到'清'的境界很难，而徐公却能轻易做到。"有人问卢钦："徐公在武帝掌权的时代，人们认为他通脱，放达不拘小节，自从至凉州任刺史以及还朝入京师为官，人们又认为他有独特的节操与行为，为什么呢？"卢钦回答说："以前毛玠（字孝先）与崔琰（字季珪）等人主事，看重清正廉洁的品格，那时人都改换所乘车辆与服饰以追求高名,而徐公不改其常态,所以人们认为他放达不拘小节。近来天下人追求奢侈靡费,竞相仿效,而徐公风雅高尚,一如既往,不与世俗同流合污,所以以前的放达不拘小节,就成为今天独特的节操或行为了。这是世间之人变化无常,而徐公为人却始终如一啊。"

邓艾传

附 **州泰**

[题解]

传见《三国志》卷二八《魏书二十八》。邓艾（197～264），字士载，义阳郡棘阳县（今河南新野东北）人。曾为司马懿掾属，迁尚书郎。后任兖州刺史，参与镇压毌丘俭，迁安西将军，与蜀汉大将姜维相拒，屡获胜，升征西将军。后与钟会分兵伐蜀，邓艾从阴平小道偷袭成都，蜀后主刘禅投降，以功晋太尉。旋为钟会诬告谋反，邓艾与其子邓忠被槛车押送洛阳。适钟会反叛被杀，在局势混乱中，已被其旧部追赶释放的邓艾父子又被挟私仇并受人指使的田续在途中杀死。一代豪杰如此凋零，比秦代名将白起之死犹有未及，令后人唏嘘扼腕。陈寿于本卷之末有评云："邓艾矫然强壮，立功立事，然暗于防患，咎败旋至，岂远知乎诸葛恪而不能近自见，此盖古人所谓'目论'者也。"在三国的诸多将帅之中，邓艾不仅在随机应变的战术部署上高人一等，战略眼光也异常敏锐，审时度势能够高瞻远瞩。但他善于谋国而拙于谋身，未看清"路人皆知"的司马昭之心，邓氏父子的身败名裂未始不是司马氏为篡夺曹魏政权而扫清障碍、树立自家专制权威的一个阴谋。"七十老公，反欲何求！"段灼之辩白掷地有声，至今读来，仍觉思绪万千。唐诗人王维《夷门歌》是颂扬战国时期魏国大梁的守门人侯嬴的诗歌，末尾两句云"向风刎颈送公子，七十老翁何所求"。明代被视为"异端"的思想先行者李贽在通州大狱中以剃刀自刎，即以"七十老翁何所求"为辞，为维护人的尊严呐喊出声讨皇权专制统治的呼声。

邓艾字士载，义阳棘阳人也①。少孤②，太祖破荆州③，徙汝南④，为农民养犊。年十二，随母至颍川⑤，读故太丘长陈寔碑文⑥，言"文为世范，行为士则"⑦，艾遂自名范，字士则。后宗族有与同者⑧，故改焉。为都尉学士⑨，以口吃⑩，不得作干佐⑪。为稻田守丛草吏⑫。同郡吏父怜其家贫，资给甚厚，艾初不称谢⑬。每见高山大泽，辄规度指画军营处所⑭，时人多笑焉。后为典农纲纪⑮，上计吏⑯，因使见太尉司马宣王⑰。宣王奇之，辟之为掾⑱，迁尚书郎⑲。

[注释]

①义阳：即义阳郡，三国魏文帝时置，属荆州，治所安昌县（今湖北枣阳市南），后废。辖境相当于今河南信阳市与信阳、罗山二县和桐柏县东部及湖北随州、广水二市、大悟县部分地。棘阳：即棘阳县，西汉高帝七年（前200）封杜得臣为棘阳侯，元朔五年（前124）改为县，属南阳郡，治所在今河南南阳县南。西晋属义阳郡。

②少孤：谓小时候父亲死亡。

③太祖：即太祖武皇帝曹操，建安二十五年（220）曹丕代汉立国称帝，改元黄初，追谥其父曹操为武帝；曹丕子曹叡于景初元年（237）上其祖父庙号魏太祖。荆州：西汉元封五年（前106）所置十三刺史部之一，辖郡七、县一百一十七，治所汉寿县。汉末移治襄阳县（今湖北襄阳），辖境相当于今湖北、湖南大部以及河南、贵州、广东、广西等省区

一小部分。三国时魏、吴均置荆州，辖境相当于原荆州。魏荆州治所新野（今属河南），吴荆州治所江陵（今属湖北）。

④汝南：即汝南郡，西汉高帝四年（前203）置，治所上蔡县（今河南上蔡西南），辖境相当于今河南颍河、淮河之间，京广铁路西侧一线以东，安徽茨河、西淝河以西、淮河以北地区。东汉徙治平舆县（今河南平舆西北），三国魏徙治新息县（今河南息县）。

⑤颍川：即颍川郡，秦始皇十七年（前230）置，治所阳翟县（今河南禹州市），西汉高帝五年（前202）改为韩国，翌年复为颍川郡。辖境相当于今河南登封、宝丰以东，尉氏、郾城以西，新密以南，叶县、舞阳以北地。

⑥太丘长陈寔（shí 实）：字仲弓（104~187），汉蔡邕《陈寔碑》作仲弓，颍川许县（今河南许昌长葛市古桥乡陈故村）人。东汉时期官员，历任郡功曹、闻喜县令、太丘长。以清高有德行闻名于世。卒年八十四，谥文范先生。《后汉书》卷六二有传。太丘，东汉明帝改敬丘县置，属沛国，治今河南永城市北四十里太丘乡。西晋废。

⑦"文为世范"二句：清严可均校辑《全后汉文》卷七八收录蔡邕《陈寔碑》，两句作"文为德表，范为士则"。世范，世人的典范。士则，士大夫的楷模、榜样。

⑧宗族：谓同宗同族之人。《尔雅·释亲》："父之党为宗族。"

⑨都尉学士：三国魏典农都尉的属官。

⑩口吃：一种习惯性的言语缺陷，说话字音重复或词句中断。

⑪干（gàn 赣）佐：谓主管某项事务的辅佐官员。

⑫稻田守丛草吏：屯田吏。

⑬初：始终，全。

⑭规度（duó 夺）：规划测度。指画：指点，规划。

⑮典农纲纪：典农官的上佐。纲纪，功曹、司马的别称。

⑯上计吏：谓被派遣充当上计吏。上计，战国、秦、汉时地方官于年终将境内户口、赋税、盗贼、狱讼等项编造计簿，遣吏逐级上报，奏呈朝廷，借资考绩，谓之上计。

⑰太尉司马宣王：即司马懿（179～251），字仲达，河内温县（今河南温县西）人。曹操为丞相时辟为文学掾，转主簿。曹丕称帝后，任尚书右仆射，转抚军大将军。魏明帝时任大将军，迁太尉，晋太傅。正始十年（249）发动高平陵政变，诛杀曹爽等，专国政。卒后，魏元帝曹奂咸熙元年（264），其子司马昭进爵为晋王，追谥司马懿为宣王。其孙司马炎代魏，建立晋朝，追尊他为宣帝。《晋书》卷一有传。太尉，官名。秦至西汉设置，为全国军政首脑，与丞相、御史大夫并称三公。汉武帝时改称大司马。东汉时太尉与司徒、司空并称三公。曹魏时已无实际职权，不参与朝政。

⑱辟（bì必）：征召。掾（yuàn院）：即"掾属"，佐治的官吏。汉代自三公至郡县，都有掾属。人员由主官自选，不由朝廷任命。裴注引《世语》曰："邓艾少为襄城典农部民，与石苞皆年十二三。谒者阳翟郭玄信，武帝监军郭诞元奕之子。建安中，少府吉本起兵许都，玄信坐被刑在家，从典农司马求人御，以艾、苞与御，行十馀里，与语，悦之，谓二人皆当远至为佐相。艾后为典农功曹，奉使诣宣王，由此见知，遂被拔擢。"

⑲尚书郎：官名。尚书令的属吏，初去尚书台任事者称尚书郎。每一尚书分管一曹，每曹下有尚书郎、侍郎六人，秩四百石。

时欲广田畜谷①，为灭贼资，使艾行陈、项已东至寿春②。艾以为："田良水少，不足以尽地利，宜开河渠，可以引水浇溉，大积军粮，又通运漕之道③。"乃著《济河论》以喻其指④。又以为："昔破黄巾⑤，因为屯田⑥，积谷于许都以制四方⑦。今三隅已定⑧，事在淮南⑨，每大军征举，运兵过半⑩，功费巨亿⑪，以为大役。陈、蔡之间⑫，土下田良⑬，可省许昌左右诸稻田，并水东下。令淮北屯二万人⑭，淮南三万人，十二分休⑮，常有四万人，且田且守。水丰常收三倍于西⑯，计除众费，岁完五百万斛以为军资⑰。六七年间，可积三千万斛于淮上⑱，此则十万之众五年食也。以此乘吴⑲，无往而不克矣。"宣王善之，事皆施行。正始二年⑳，乃开广漕渠㉑，每东南有事，大军兴众，泛舟而下，达于江、淮，资食有储而无水害㉒，艾所建也。

[注释]

①广田：这里谓扩充屯田的规模。畜（xù 蓄）：通"蓄"，积聚，储藏。

②行：即"巡行"，谓出行巡察，巡视。陈：即陈县，春秋楚灭陈国置，秦为陈郡治，西汉为淮阳国治，东汉为陈郡治，即今河南淮阳县。项：即项县，秦置，属陈郡，西汉属汝南郡，治今河南沈丘县。寿春：即寿春县，治所在今安徽寿县，秦、汉为九江郡、淮南国治所，三国魏为扬州治所。

③运漕：谓由水路运粮。

④喻其指：谓表明自己的意图。

⑤黄巾：东汉末年张角所领导的农民军，因头包黄巾而得名。

⑥屯田：系利用戍卒或农民、商人垦殖荒地。汉以后历代政府多沿用此措施取得军饷和税粮，有军屯、民屯、商屯之分。

⑦许都：即许县，春秋许国，秦改置县。东汉末，曹操挟汉献帝都此，故称许都。故址在今河南许昌西南。

⑧三隅（yú鱼）：谓东北、北与西北三个方向。分别指辽东公孙渊势力已被歼灭，北方鲜卑与西北羌胡也趋于安定。

⑨淮南：即淮南国，西汉高帝五年（前202）以九江、衡山、庐江、豫章四郡置，治所六县（今安徽六安市北十里城北乡），十一年（前196）徙治寿春县（今安徽寿县）。辖境相当于今安徽霍山、潜山以东的淮南（除天长市外）地区，河南东南角、湖北东部一小部分及江西省。这里指代东吴政权。

⑩运兵：谓后勤运输的兵力。

⑪巨亿：数以亿计。极言其多。

⑫蔡：即上蔡县，战国韩置，治所在今河南上蔡县西南十里。秦属陈郡，西汉属汝南郡。

⑬土下田良：谓易于灌溉的肥沃田地。

⑭淮北：地区名，淮河北岸地，即今安徽凤台县至亳州市东南一带。

⑮十二分休：谓以十分之二的比例分批轮休。

⑯水丰：谓因灌溉充足而令稻谷丰收。与"水俭"（因水涝成灾而谷物歉收）相对。西：这里当指许昌一带。

⑰斛（hú胡）：量词，多用于量粮食。汉代一斛为十斗。

⑱淮上：谓今安徽淮河以北，当在今安徽凤台县境。

⑲乘：掩袭。吴：谓东吴政权。

⑳正始二年：即公元241年。正始，魏齐王曹芳的第一个年号。

㉑开广漕渠：谓开挖、加宽漕渠。《晋书·宣帝纪》："（正始）三年春……三月，奏穿广漕渠，引河入汴，溉东南诸陂，始大佃于淮北。""二年"与"三年"之异，反映了计划与开工的时间不同。漕渠，人工挖

掘或疏浚的主要用于漕运的河道。

㉒资食：资财和粮食。

出参征西军事①，迁南安太守②。嘉平元年③，与征西将军郭淮拒蜀偏将军姜维④。维退，淮因西击羌。艾曰："贼去未远，或能复还，宜分诸军以备不虞⑤。"于是留艾屯白水北⑥。三日，维遣廖化自白水南向艾结营⑦。艾谓诸将曰："维今卒还⑧，吾军人少，法当来渡而不作桥⑨。此维使化持吾⑩，令不得还。维必自东袭取洮城⑪。"洮城在水北，去艾屯六十里。艾即夜潜军径到⑫，维果来渡，而艾先至据城，得以不败。赐爵关内侯⑬，加讨寇将军⑭，后迁城阳太守⑮。

[注释]

①参：谓参与谋划。征西军事：谓讨伐西蜀的军事行动。

②南安：即南安郡，东汉中平五年（188）分汉阳郡置，治所獂道县（今甘肃陇西东南三台乡），辖境相当于今甘肃陇西县东部及定西、武山二县地。

③嘉平元年：即公元249年。嘉平，魏齐王曹芳的第二个年号。

④征西将军郭淮：字伯济（？~255），东汉太原阳曲（今山西太原）人。建安中举孝廉，历官雍州刺史、征西将军，封阳曲侯，迁车骑将军、仪同三司。魏高贵乡公正元二年（255）卒，追赠大将军，谥贞侯。《三国志》卷二六有传。征西将军，东汉末年所置将军名。为征东、征西、征南、征北等"四征"将军之一。负责统兵征战讨伐，本系杂号将军，位在常设将军之下。三国时成为常设将军，与车骑将军并列，位次三公，秩

二千石，第二品。偏将军姜维：字伯约（202~264），天水冀县（今甘肃甘谷东）人。原为魏国中郎，参天水郡军事，后降蜀，历任征西将军、辅汉将军、大将军，封平襄侯。蜀亡后，诈降魏将钟会，欲借机复国，事败被杀。详见本书所选《姜维传》。偏将军，东汉三国所置杂号将军名，主征伐，第五品。

⑤不虞：指意料不到的事。

⑥白水：即今甘肃南部之白龙江。白龙江，一名岷江，嘉陵江的支流，源出甘、川边境岷山北侧，东南流经甘肃舟曲、武都、文县，至四川广元市入嘉陵江。北魏郦道元《水经注·漾水丹水》："白水西北出于临洮县西南西倾山，水色白浊，东南流与黑水合。"

⑦廖化：本名淳，字元俭（？~264），襄阳（治今湖北襄阳）人。初为关羽主簿，羽败后归吴，不久逃归蜀汉，历任宜都太守、丞相参军。蜀亡后，徙洛阳途中病卒。《三国志》卷四五有传。

⑧卒（cù猝）：突然。后多作"猝"。

⑨法：谓依照兵法。

⑩持：牵制。

⑪洮城：当指洮阳城，故址在今甘肃临潭县附近。

⑫即夜：当夜。潜军：秘密出兵。

⑬关内侯：封爵名。汉代封爵二十级的第十九级，仅次于列侯，有俸禄而无封地。

⑭讨寇将军：官名。三国时魏、蜀所置杂号将军名。

⑮城阳：即城阳郡，西汉初置，治所莒县（今属山东），汉文帝二年（前178），改为城阳国。东汉建武十三年（37）并入琅邪国，建安三年（198）复置，三国魏移治东武县（今山东诸城市）。

是时并州右贤王刘豹并为一部①，艾上言曰："戎狄兽心②，不以义亲，强则侵暴③，弱则内附，故周宣有猃狁之寇④，汉祖有平城之围⑤。每匈奴一盛，为前代重患。自单于在外⑥，莫能牵制长卑⑦。诱而致之，使来入侍⑧。由是羌夷失统，合散无主⑨。以单于在内，万里顺轨⑩。今单于之尊日疏，外土之威浸重⑪，则胡虏不可不深备也。闻刘豹部有叛胡，可因叛割为二国，以分其势。去卑功显前朝⑫，而子不继业，宜加其子显号⑬，使居雁门⑭。离国弱寇⑮，追录旧勋，此御边长计也。"又陈："羌胡与民同处者，宜以渐出之⑯，使居民表⑰，崇廉耻之教，塞奸宄之路⑱。"大将军司马景王新辅政⑲，多纳用焉。迁汝南太守，至则寻求昔所厚己吏父，久已死，遣吏祭之，重遗其母⑳，举其子与计吏㉑。艾所在，荒野开辟，军民并丰。

[注释]

①并（bīng兵）州：西汉武帝时置，为十三刺史部之一。东汉治所太原郡（治今山西太原市西南晋源镇），辖境相当于今山西大部及内蒙古、河北的一部以及陕西北部与河套一带地区。右贤王刘豹：南匈奴单于于扶罗之子。宋司马光《资治通鉴》卷七五谓刘豹为"左贤王"："初，南匈奴自谓其先本汉室之甥，因冒姓刘氏。太祖留单于呼厨泉之邺，分其众为五部，居并州境内。左贤王豹，单于于扶罗之子也，为左部帅，部族最强。"《晋书》卷一〇一《刘元海载记》："于扶罗死，弟呼厨泉立，以于扶罗子豹为左贤王，即元海之父也。魏武分其众为五部，以豹为左部帅，其馀部帅皆以刘氏为之。太康中，改置都尉，左部居太原兹氏，右部居祁，南部居蒲子，北部居新兴，中部居大陵。刘氏虽分居五部，然皆居

于晋阳汾涧之滨。"右贤王，匈奴贵族的高级封号，"四角"之一。《后汉书·南匈奴传》："其大臣贵者左贤王，次左谷蠡王，次右贤王，次右谷蠡王，谓之四角。"并为一部：即将分居的五部匈奴统辖起来。

②戎狄：古民族名，西方曰戎，北方曰狄。这里当泛指西北少数民族如南匈奴、鲜卑、乌丸等。兽心：野兽之心，谓人居心极坏。这是古人对少数民族的错误认识。

③侵暴：侵犯暴掠。《庄子·盗跖》："横行天下，侵暴诸侯。"

④周宣：即周宣王（？～前783），姬姓，名静，一作靖，周厉王姬胡之子，西周第十一代君主，公元前828年至前783年在位。他在位期间玁狁南侵，宣王令尹吉甫迎击，获胜。周王朝一度呈现中兴局面。事见《史记·周本纪》。玁狁（xiǎnyǔn 显允）：即"猃狁"，我国古代北方少数民族。《诗经·小雅·采薇》："靡室靡家，玁狁之故。"毛传："玁狁，北狄也。"汉郑玄笺："北狄，今匈奴也。"

⑤汉祖：即汉高祖刘邦（前256～前195），字季，沛郡丰邑中阳里（今江苏徐州丰县中阳里街道）人。汉朝开国皇帝，公元前206年至前195年在位。平城之围：据《史记·匈奴列传》，汉高帝七年（前200），刘邦因判断失误，被匈奴四十万精兵围困于平城东北的白登，达七天之久，后用陈平之计，方得全身而退。平城，即平城县，秦置，属雁门郡，治所在今山西大同市东北八里古城村，东汉末移治今山西代县东北七里下平城村，属新兴郡。

⑥自：由于。外：谓塞外。

⑦长卑：当为匈奴某"名王"（指古代少数民族声名显赫的王）之名号，或谓即右贤王"去卑"之讹写。一说长（zhǎng 掌）卑，当谓匈奴中之老幼贵贱。

⑧入侍：谓南匈奴单于呼厨泉被曹操留居邺城，待以客礼，扣为人

质,仅放归右贤王去卑监国一事。详见本书所选《武帝纪》汉献帝建安二十一年(216)秋七月记事。

⑨ "羌夷失统"二句:汉代以后,西部羌人常受制于匈奴,故称。

⑩ 顺轨:遵从礼制法度,归顺正道。

⑪ "今单于"二句:意谓右贤王刘豹势力渐趋强盛。宋司马光《资治通鉴》卷七五"今单于之尊日疏而外土之威日重",元胡三省注:"谓南单于留邺,虽有尊名,日与部落疏;而左贤王豹居外,部族最强,其威日重也。"寖(jìn 晋),逐渐。

⑫ "去卑"句:汉献帝建安元年(196),匈奴右贤王去卑曾抗击李傕、郭汜,护送汉献帝回许都。事见《后汉书·南匈奴列传》。

⑬ 显号:显贵的名位。

⑭ 雁门:即雁门郡,战国赵武灵王置,秦与西汉治所在善无县(今山西右玉县南),辖境相当于今山西河曲、五寨、宁武等县以北,恒山以西,内蒙古黄旗海、岱海以南地。东汉移治阴馆县(今山西朔州市东南五十五里夏关城),三国魏移治广武县(今代县西南十里古城)。

⑮ 离国弱寇:谓分化匈奴部落,削弱其潜在的敌对倾向。宋司马光《资治通鉴》卷七五"离国弱寇",元胡三省注:"离国者,离匈奴刘豹之国为二也。"

⑯ 渐出之:谓令羌胡逐渐从汉民中剥离。

⑰ 民表:谓编民之外。编民,编入户籍的平民。

⑱ 奸宄(guǐ 诡):违法作乱的事情。《尚书·虞夏书·舜典》:"蛮夷猾夏,寇贼奸宄。"孔传:"在外曰奸,在内曰宄。"唐孔颖达疏:"又有强寇劫贼外奸内宄者为害甚大。"周秉钧《易解》:"此言中国受蛮夷之影响而发生强取财物、杀害人民、为乱于内外之事。"

⑲ 大将军司马景王:即司马师(208~255),字子元,河内温县(今

河南温县西）人，司马懿长子。魏齐王曹芳正始十年（249），参与诛杀曹爽集团，任卫将军。嘉平三年（251），司马懿死，任抚军大将军，录尚书事，次年为大将军，专国政。嘉平六年（254）废曹芳，立高贵乡公曹髦为帝。次年讨伐毌丘俭、文钦等反叛势力，回师途中目疾发作，卒于许昌。其侄司马炎代魏称帝，建立晋朝，追尊他为景帝。《晋书》卷二有传。大将军，将军的最高称号，执掌统兵征伐。东汉大将军多由贵戚担任，是中央政府的实际掌权者，权位、俸禄皆超越三公。三国时为第一品。辅政：辅佐治理政事。

⑳遗（wèi位）：给予，馈赠。

㉑与：卢弼《三国志集解》注云："与"字疑误。计吏：古代州郡掌簿籍并负责上计的官员。

诸葛恪围合肥新城①，不克，退归。艾言景王曰："孙权已没，大臣未附，吴名宗大族，皆有部曲②，阻兵仗势③，足以建命④。恪新秉国政，而内无其主，不念抚恤上下以立根基⑤，竞于外事⑥，虐用其民，悉国之众，顿于坚城⑦，死者万数，载祸而归，此恪获罪之日也。昔子胥、吴起、商鞅、乐毅皆见任时君⑧，主没而败。况恪才非四贤，而不虑大患，其亡可待也。"恪归，果见诛。迁兖州刺史⑨，加振威将军⑩。上言曰："国之所急，惟农与战，国富则兵强，兵强则战胜。然农者，胜之本也。孔子曰'足食足兵'⑪，食在兵前也。上无设爵之劝⑫，则下无财畜之功⑬。今使考绩之赏⑭，在于积粟富民，则交游之路绝，浮华之原塞矣⑮。"

[注释]

①诸葛恪（kè 客）：字元逊（203～253），琅邪阳都（今山东沂南南）人，诸葛瑾之子。自幼聪慧，孙权甚为赏识。后以大将军领太子太傅。吴神凤元年（252），孙权卒，他受遗诏辅立孙亮，迁太傅，专国政，晋封阳都侯，加荆州、扬州牧，督中外诸军事。后率大军攻魏，失利，被孙峻杀害。详见本书所选《诸葛恪传》。合肥新城：即合肥县，西汉置，属九江郡，治所在今安徽合肥市西二里。东汉为合肥国，三国魏复为合肥县，移治今合肥市西北，是为新城。

②部曲：古代豪门大族的私人军队，带有人身依附性质。

③阻兵：仗恃军队。《左传·隐公四年》："阻兵而安忍，阻兵，无众；安忍，无亲。"晋杜预注："恃兵则民残。"仗势：谓倚仗别人的势力。

④建命：似当作"违命"，指违背命令。"建""违"，形讹。

⑤抚恤（xù 续）：体恤，爱护。

⑥竞于外事：谓忙于对外用兵。

⑦顿于坚城：谓滞留在合肥新城下无计可施。

⑧子胥：即伍子胥（前？～前484），名员（yún 云），字子胥，楚人，父兄为楚平王杀害，只身逃到吴国，受到吴王阖闾重用，报了父兄之仇。阖闾死后，其子夫差即位，不听伍子胥忠告，并命他自杀。《史记》卷六六有传。吴起：姜姓，吴氏，名起（前440～前381），卫国左氏（今山东曹县）人，战国初期军事家、政治家、改革家。他曾仕楚悼王为令尹，大力实行改革，悼王死，宗室贵族作乱，攻杀吴起。《史记》卷六五有传。商鞅：姬姓，公孙氏（前？～前338），卫国（今河南省安阳市内黄县梁庄镇）人，卫国国君的后裔，故又称公孙鞅、卫鞅。战国时政治家、改革家、思想家，后因在河西之战中立功获封商於十五邑，号为商

君，故称之为商鞅。仕秦孝公为左庶长，实行变法。孝公死，子惠文王立，旧贵族诬告商鞅谋反，被车裂死。《史记》卷六八有传。乐（yuè越）毅：中山灵寿（今属河北）人（生卒年不详），战国名将，受燕昭王信任，率兵伐齐，攻下七十馀城，唯莒与即墨未下。昭王卒，子燕惠王立，信谗言不用乐毅，乐毅畏诛，西逃于赵国，被封于观津（今河北武邑东南），号望诸君。齐国乘机复国，燕惠王悔惧，使人慰问乐毅，乐毅报书自明心志，于是成为燕、赵两国的客卿。《史记》卷八〇有传。

⑨兖州：西汉武帝时置，为十三刺史部之一，辖境相当于今山东西南部与河南东部地区，北至茌平、莱芜，东至沂水流域，东南至莒县、平邑、兖州、鱼台、单县，南至鹿邑、淮阳、扶沟等市县，西南至开封、濮阳等地。东汉治所昌邑县（今山东巨野东南）。

⑩振威将军：西汉末更始帝所设杂号将军，三国魏沿置，第四品。

⑪孔子：名丘（前551～前479），字仲尼，儒家思想的开创者，被后世尊为圣人。足食足兵：语出《论语·颜渊》："子贡问政。子曰：'足食，足兵，民信之矣。'"

⑫劝：勉励。

⑬财畜（xù蓄）：通"财蓄"，指积聚的财物。

⑭考绩：按一定标准考核官吏的成绩。

⑮浮华：讲究表面上的华丽或阔气，不务实际。原："源"的古字。

高贵乡公即尊位①，进封方城亭侯②。毌丘俭作乱③，遣健步赍书④，欲疑惑大众⑤，艾斩之，兼道进军⑥，先趣乐嘉城⑦，作浮桥⑧。司马景王至，遂据之。文钦以后大军破败于城下⑨，艾追之至丘头⑩。钦奔吴。吴大将军孙峻等号十万众⑪，将渡江，镇东将军诸葛诞遣艾据肥阳⑫，艾以与贼势相远，非要害之地，辄移屯附亭⑬，遣泰山太守诸葛绪等于黎浆拒战⑭，遂走之。其年征拜长水校尉⑮。以破钦等功，进封方城乡侯⑯，行安西将军⑰。

[注释]

①高贵乡公：即曹髦（241~260），字彦士，谯（今安徽亳州市）人，曹丕之孙，东海定王曹霖之子。封高贵乡公。魏嘉平六年（254），魏主曹芳被废为齐王，司马师迎立曹髦为帝。甘露五年（260），因不满司马昭专权，亲率殿中宿卫苍头童仆讨昭，被杀。《三国志》卷四有传。尊位：指帝位。

②方城亭侯：封爵名，属于列侯中的亭侯。方城，县名，三国魏属范阳郡，治今河北固安县西南十七里方城村。亭，秦汉时乡以下、里以上的行政机构。此封爵即以方城县的一亭为其食邑。

③毌（guàn贯）丘俭：字仲恭（？~255），三国魏河东闻喜（今属山西）人。仕魏，历任幽州刺史、扬州都督、镇东将军。司马师废立魏主，毌丘俭与扬州刺史文钦起兵讨司马师，兵败被杀。毌丘，复姓。《三国志》卷二八有传。

④健步：指善于走路的人，常被派去送信或办理急事。赍（jī基）书：投送书信。

⑤疑惑大众：《三国志·毌丘俭传》："正元二年正月，有彗星数十丈，西北竟天，起于吴、楚之分。俭、钦喜，以为己祥。遂矫太后诏，罪状大将军司马景王，移诸郡国，举兵反。"

⑥兼道：犹兼程。即一天走两天的路，以加倍速度赶路。

⑦趣（qū趋）：赴，前往。乐嘉城：在今河南商水县东。

⑧浮桥：在并列的船、筏、浮箱或绳索上面铺木板而造成的桥。

邓艾传 | 699

⑨文钦：字仲若（？~257），三国魏谯郡（治今安徽亳州市）人，因与曹爽同乡，为所厚待。曹爽被诛，任扬州刺史。魏正元二年（255），与镇东将军毌丘俭在淮南起兵讨司马师，兵败降吴，任都护、幽州牧，封谯侯。后为降吴的诸葛诞所疑，被杀。后大军：谓文钦军队行进落后于司马师所统大军，丧失战机而败走。

⑩丘头：一名武丘，在今河南沈丘县东南四十里颍水北岸。

⑪大将军孙峻：字子远（219~256），吴郡富春（今浙江富阳）人，孙静曾孙，孙恭之子。孙权末年任侍中，与诸葛恪、滕胤等同受遗诏，辅佐孙亮，领武卫将军，封都乡侯。吴建兴二年（253），以宴会为名杀诸葛恪，任丞相、大将军，督中外诸军事，封富春侯，专国政。后因恐惧发病死，年三十八岁。《三国志》卷六四有传。

⑫镇东将军诸葛诞：字公休（？~258），琅邪阳都（今山东沂南南）人，诸葛亮族弟。仕魏，任扬州刺史、镇南将军，在镇压毌丘俭等反叛势力后，任征东大将军。后因抗命司马昭，曾向吴国求援，终被围困于寿春，突围时被杀。《三国志》卷二八有传。镇东将军，东汉末所置"四镇"将军之一，职掌征战讨伐。三国时为第二品，开府治事，有属官。肥阳：当指肥阳城，故址在今河南杞县东北肥阳集。

⑬附亭：亭名。故址在今安徽寿县西南。

⑭泰山太守诸葛绪：魏国将领（生卒年不详），历任泰山太守、雍州刺史。泰山，即泰山郡，楚汉之际刘邦改博阳郡置，治所博县（今山东泰安市东南三十里旧县），以境内泰山得名，后移治奉高县（今泰安市东北）。辖境相当于今山东长清、莱芜以南，肥城以东，宁阳、平邑以北，沂源、蒙阴以西地区。东汉以后辖境缩小。黎浆：即黎浆亭，故址在今安徽寿县东南，位于附亭以东十里。

⑮征拜：征召授官。长水校尉：官名。东汉时所置五校尉之一，官阶

次于将军，统领中央禁卫军中的胡骑兵，秩比二千石。三国时为第四品，有属官。

⑯方城乡侯：封爵名，属于列侯中的乡侯。方城乡，当属方城县下辖之一乡。方城县，西汉置，属广阳国，治所在今河北固安县西南十七里方城村。东汉属涿郡，三国魏属范阳郡。

⑰行：代理。安西将军：三国时设置的将军名，为安东、安西、安南、安北等"四安"将军之一。第三品，位次于"四征""四镇"将军，而在"四平"将军之前有属官长史、司马、参军、主簿、功曹、录事等。

解雍州刺史王经围于狄道①，姜维退驻钟提②，乃以艾为安西将军，假节、领护东羌校尉③。议者多以为维力已竭，未能更出。艾曰："洮西之败④，非小失也；破军杀将，仓廪空虚⑤，百姓流离，几于危亡。今以策言之⑥，彼有乘胜之势，我有虚弱之实。一也。彼上下相习⑦，五兵犀利⑧，我将易兵新⑨，器杖未复⑩。二也。彼以船行，吾以陆军，劳逸不同。三也。狄道、陇西、南安、祁山⑪，各当有守，彼专为一，我分为四。四也。从南安、陇西，因食羌谷，若趣祁山，熟麦千顷，为之县饵⑫。五也。贼有黠数⑬，其来必矣。"顷之，维果向祁山，闻艾已有备，乃回从董亭趣南安⑭，艾据武城山以相持⑮。维与艾争险，不克，其夜，渡渭东行⑯，缘山趣上邽⑰，艾与战于段谷⑱，大破之。甘露元年诏曰⑲："逆贼姜维连年狡黠⑳，民夷骚动，西土不宁。艾筹画有方，忠勇奋发，斩将十数，馘首千计㉑；国威震于巴、蜀㉒，武声扬于江、岷㉓。今以艾为镇西将军、都督陇右诸军事㉔，进封邓侯㉕。分五百户封子忠为亭侯㉖。"

[注释]

①雍州刺史王经：字彦纬（？～260），清河（治今山东临清东）人。仕魏，历任雍州刺史、司隶校尉、尚书。后因不满司马昭杀害高贵乡公曹髦，被杀。雍州，东汉兴平元年（194）分凉州河西四郡置，治所姑臧县（今甘肃武威市），建安十八年（213）移治长安县（今陕西西安市西北）。秦岭以北弘农以西诸郡系属雍州。三国魏时，辖境相当于今陕西关中平原、甘肃东南部、宁夏南部及青海黄河以南一部分地，以后逐渐缩小。狄道：即狄道县，秦置，为陇西郡治，治所即今甘肃临洮县。

②钟提：即钟提城，在今甘肃成县西北。

③假节：东汉末至三国，掌地方军政的官往往加使持节、持节或假节的称号。使持节得诛杀中级以下官吏，持节得杀无官职的人，假节得杀犯军令者。领：谓兼任。护东羌校尉：官名。魏置，主管雍州陇西诸郡羌族事务，秩比二千石。

④洮西之败：魏正元二年（255），蜀将姜维在洮水以西打败雍州刺史王经。《三国志》卷三三《后主传》："（延熙）十八年春，姜维还成都。夏，复率诸军出狄道，与魏雍州刺史王经战于洮西，大破之。经退保狄道城，维却住钟提。"

⑤仓廪（lǐn 凛）：贮藏米谷的仓库。

⑥策：谋略。这里谓兵法。

⑦相习：互相熟悉。

⑧五兵：五种兵器。所指不一。《汉书·吾丘寿王传》："古者作五兵。"唐颜师古注："五兵，谓矛、戟、弓、剑、戈。"这里泛指各种兵器。犀利：谓兵器坚固锐利。

⑨将易兵新：谓魏军更换主将王经，替换洮西败卒。

⑩器杖：通"器仗"，武器的总称。

⑪陇西：即陇西郡，战国秦昭襄王二十八年（前279）置，治所狄道县（今甘肃临洮南），以在陇山之西而得名，辖境相当于今甘肃陇山以西、黄河以东、西汉水和白龙江上游以北、祖厉河与六盘山以南之地。东汉辖境逐渐缩小，三国魏移治襄武县（今甘肃陇西东南）。南安：即南安郡，东汉中平五年（188）分汉阳郡置，治所豲道县（今甘肃陇西东南三台乡），辖境相当于今甘肃陇西县东部及定西、武山二县地。祁山：山脉名。位于今甘肃礼县东四十里祁山乡。

⑫县（xuán悬）饵：通"悬饵"，悬挂的食物，谓可轻易得到。

⑬黠（xiá侠）数：谓狡诈有计谋。

⑭董亭：地名，在今甘肃武山县南。《三国志·姜维传》记述蜀延熙十六年（253）夏："维率数万人出石营，经董亭，围南安，魏雍州刺史陈泰解围至洛门，维粮尽退还。"

⑮武城山：位于今甘肃武山县西南。

⑯渭：即渭水，又称渭河，黄河最大支流，流经今陕西中部。源出甘肃渭源县西南鸟鼠山，东流经陇西、武山、甘谷、天水诸县市，横贯陕西渭河北原，南纳斜、涝、丰、沪、灞诸水，北会泾水、洛水，在潼关县入黄河，长约1570里。

⑰上邽（guī规）：即上邽县，秦改邽县置，属陇西郡，治所即今甘肃天水市。东汉属汉阳郡。

⑱段谷：地名。在今甘肃天水市东南。

⑲甘露元年：即公元256年。甘露，魏高贵乡公曹髦的第二个年号。

⑳逆贼：对叛逆者的憎称。狡黠（xiá侠）：诡诈。

㉑馘（guó国）：古代战争中割取所杀敌人或俘虏的左耳以计数献功。

㉒巴蜀：秦汉设巴、蜀二郡，皆在今四川省。后用为四川的别称，这

里指代蜀汉政权。

㉓江岷：长江与岷山。岷山，在今四川省北部，绵延于今四川、甘肃两省边境。为长江与黄河分水岭，岷江、嘉陵江支流白龙江发源地。

㉔镇西将军：东汉末所置将军名，为镇东、镇西、镇南、镇北等"四镇"将军之一，职掌征战讨伐，属于杂号将军，位在左将军等常设将军之下。三国时成为常设将军，官位上升为第二品，次于"四征"将军。陇右：古地区名，泛指陇山以西地区。古代以西为右，故名。辖境相当于今甘肃陇山、六盘山以西，黄河以东一带。

㉕邓侯：封爵名，属列侯中的县侯，食邑邓县。邓县，秦置，治所在今湖北襄阳市西北邓城，汉为南阳郡都尉治。

㉖子忠：即邓忠（？～264），邓艾长子，随其父平蜀，功成后，与其父同时遇害。亭侯：据后文，即惠唐亭侯，封爵名，属列侯中的亭侯，食邑惠唐亭。惠唐亭，地址不详。

二年①，拒姜维于长城②，维退还。迁征西将军③，前后增邑凡六千六百户。景元三年④，又破维于侯和⑤，维却保沓中⑥。四年秋⑦，诏诸军征蜀，大将军司马文王皆指授节度⑧，使艾与维相缀连⑨；雍州刺史诸葛绪要维⑩，令不得归。艾遣天水太守王颀等直攻维营⑪，陇西太守牵弘等邀其前⑫，金城太守杨欣等诣甘松⑬。维闻钟会诸军已入汉中⑭，引退还⑮。欣等追蹑于强川口⑯，大战，维败走。闻雍州已塞道屯桥头⑰，从孔函谷入北道⑱，欲出雍州后。诸葛绪闻之，却还三十里⑲。维入北道三十馀里，闻绪军却，寻还，从桥头过，绪趣截维，较一日不及⑳。维遂东引，还守剑阁㉑。钟会攻维未能克。艾上言："今贼摧折㉒，宜遂乘之，从阴平由邪径经汉德阳亭趣涪㉓，出剑阁西百里，去成都三百馀里㉔，奇兵冲其腹心。剑阁之守必还赴涪，则会方轨而进㉕；剑阁之军不还，则应涪之兵寡矣。军志有之曰：'攻其无备，出其不意。'㉖今掩其空虚㉗，破之必矣。"

[注释]

①二年：即魏高贵乡公甘露二年（257）。

②长城：即长城戍，在今陕西周至县西南三十里。

③征西将军：官名。东汉末年所置将军名。为征东、征西、征南、征北等"四征"将军之一。负责统兵征战讨伐，本系杂号将军，位在常设将军之下。三国时成为常设将军，与车骑将军并列，位次三公，秩二千石，第二品。

④景元三年：即公元262年。景元，魏元帝曹奂的第一个年号（260~264）。

⑤侯和：地名。在今甘肃临潭县东南。

⑥沓中：地名。在今甘肃迭部县境。

⑦四年：即景元四年（263）。

⑧司马文王：即司马昭（211~265），字子上，河内温县（今河南温县西）人，司马懿次子。年轻时即随父征战，其兄司马师死，任大将军，录尚书事，杀魏主曹髦，立常道乡公曹奂为帝，发兵大举攻蜀，封晋公，进位相国。蜀亡后，进爵晋王。咸熙二年（265）八月卒，其子司马炎嗣位，同年十二月，司马炎代魏称帝，建立晋朝，追尊其父为文帝。《晋书》卷二有传。指授：犹指示。节度：调度，指挥。

⑨缀连：连属。这里是加以牵制的意思。

⑩要（yāo腰）："腰"的古字，拦阻，截击。

⑪天水太守王颀（qí齐）：字孔硕（生卒年不详），青州东莱（今山东莱州）人。仕魏，曾任裨将军、玄菟太守、带方太守、天水太守。入晋，任汝南太守。天水，即天水郡，西汉元鼎三年（前114）置，治所平襄县（今甘肃通渭县），辖境相当于今甘肃通渭、静宁、秦安、定西、清水、庄浪、甘谷、张家川等县及天水市西北部，陇西县东部，榆中县东北部地。东汉永平十七年（74）改为汉阳郡，并移治冀县（今甘肃甘谷县南）。三国魏仍改称天水郡。

⑫陇西太守牵弘：安平观津（今河北武邑县）人（？～271）。魏晋时期将领，雁门太守牵招次子。仕魏，任陇西太守、振威护军。入晋，先后任扬州刺史、凉州刺史。晋武帝泰始七年（271）在秦凉之变中，被河西鲜卑首领秃发树机能斩杀。其事迹略见《三国志》卷二六《牵招传》引王隐《晋书》。邀：阻拦；截击。

⑬金城太守杨欣：仕魏，任金城太守（？～278）。入晋，任凉州刺史。晋武帝咸宁四年（278），在与鲜卑部落交战中败亡。金城，即金城郡，西汉昭帝始元六年（前81）置，治所允吾（qiānyá铅牙，今青海民和县南古鄯镇北古城），辖境约为今甘肃兰州市以西，青海省青海湖以东的河、湟二水流域与大通河下游地区。东汉末西部辖境缩小，仅至今大通河下游以东。甘松：地名。故址在今甘肃迭部县一带。

⑭钟会：字士季（225～264），颍川长社（今河南长葛东）人，钟繇之子。魏齐王正始间（240～249），任秘书郎，迁中书侍郎。魏高贵乡公正元二年（255），从司马师往淮南讨伐毌丘俭、文钦，参与机密。后从司马昭讨伐诸葛诞，屡献计，得司马昭赏识。历任司隶校尉、镇西将军，蜀亡后，晋位司徒。诬陷邓艾谋反，致使邓父子被杀。随后自己谋反，被监军卫瓘攻杀。详见本书所选《钟会传》。汉中，即汉中郡，战国秦惠王

更元十三年（前312）置，治所南郑县（今陕西汉中市东），因水为名，辖境相当于今陕西秦岭以南，留坝、勉县以东，乾祐河流域以及湖北郧县、保康以西，米仓山、大巴山以北地。东汉末为张鲁所据，改为汉宁郡。建安二十年复改汉中郡。

⑮引退：退兵。

⑯追蹑（niè 聂）：跟踪追寻。强川口：即羌水之口，在今甘肃东南西倾山南白龙江沿岸。

⑰雍州：这里以地名指代雍州刺史诸葛绪。塞（sè 瑟）道：将道路堵塞。桥头：地名。在今甘肃文县东南白龙江畔。

⑱孔函谷：地名。在今甘肃舟曲县南。

⑲却还：退回。

⑳较一日：差一天。较，相差。

㉑剑阁：位于今四川剑阁县东北剑门镇剑门关。晋常璩《华阳国志》卷二《汉中志》："（汉德县）有剑阁道三十里，至险，有阁尉。"

㉒摧折：挫折，打击。

㉓阴平：即阴平县，三国魏改阴平道置，为阴平郡治，治所在今甘肃文县西北五里。邪径：比正道近便的小路。汉德阳亭：即旧德阳县，东汉置，属广汉郡，治所在今四川江油市东北雁门坝一带。东汉末徙治今遂宁市东南十八里龙凤场，遂改旧县为德阳亭。涪（fú 浮）：即涪县，西汉高帝六年（前201）置，属广汉郡，治所在今四川绵阳市涪江东岸。

㉔成都：即成都县，战国秦惠王二十七年（前311）于蜀国都城成都置，为蜀郡治，治所在今四川成都市。东汉时兼为益州治，三国蜀汉建都于此。

㉕方轨：车辆并行。《战国策·齐策一》："车不得方轨，马不得并行。"

㉖"军志"三句：语出春秋孙武《孙子·计篇》。军志，即指《孙子》。

㉗掩：突然袭击。

冬十月①，艾自阴平道行无人之地七百馀里，凿山通道，造作桥阁②。山高谷深，至为艰险，又粮运将匮③，频于危殆。艾以毡自裹，推转而下④。将士皆攀木缘崖，鱼贯而进⑤。先登至江由⑥，蜀守将马邈降⑦。蜀卫将军诸葛瞻自涪还绵竹⑧，列陈待艾⑨。艾遣子惠唐亭侯忠等出其右，司马师纂等出其左⑩。忠、纂战不利，并退还，曰："贼未可击。"艾怒曰："存亡之分⑪，在此一举，何不可之有？"乃叱忠、纂等，将斩之。忠、纂驰还更战，大破之，斩瞻及尚书张遵等首⑫，进军到雒⑬。刘禅遣使奉皇帝玺绶⑭，为笺诣艾请降⑮。

[注释]

①冬十月：即景元四年（263）冬十月。

②桥阁：栈道，阁道。在险绝处傍山架木而成的一种道路。

③匮（kuì 愧）：穷尽，空乏。

④推转：通过外力推动，使之滚动而下。

⑤鱼贯：游鱼先后接续。比喻一个挨一个地依序进行。

⑥先登：指先锋。江由：地名。即江由戍、江油关，在今四川平武县东南南坝镇旧州。

⑦马邈：蜀汉江由戍守将，邓艾偷渡阴平后，他不战而降，并为邓艾充当向导。

⑧卫将军诸葛瞻：字思远（227~263），琅邪阳都（今山东沂南南）人，诸葛亮之子。年十七，尚后主刘禅女，拜骑都尉，官至行都护、卫将军。被邓艾围困于绵竹，失利阵亡。《三国志》卷三五有传。卫将军，西汉文帝始置此官，位亚三司，在将军中，次于大将军、骠骑将军、车骑将军。绵竹：即绵竹县，西汉置，属广汉郡，治所在今四川德阳市北黄许镇。

⑨列陈（zhèn阵）：即"列阵"，布列阵势。

⑩司马师纂（zuǎn 钻上声）：魏国将领（？~264），原为司马昭主簿，后任司马，随邓艾征蜀，蜀亡，领益州刺史。后与邓艾父子一同遇害。司马，官名。东汉三国时，三公及常设将军等所置属官，为统兵官员。秩千石、比千石，三国时为第六品、第七品不等。

⑪分（fèn奋）：紧要关头。

⑫尚书张遵：幽州涿郡（今河北涿州市）人（？~263），张飞之孙，张苞之子，官拜尚书。后主刘禅景耀六年（263），他与诸葛瞻在抵御邓艾中战死。尚书，官名。始置于战国时，或称掌书，尚即执掌之义。秦为少府属官，汉武帝提高皇权，因尚书在皇帝左右办事，掌管文书奏章，地位逐渐重要。东汉时，尚书有官署在宫禁中，称尚书台，遂成为代表君主意志的近臣。尚书的首脑为尚书令，有尚书仆射二人、五曹尚书五人。

⑬雒（luò洛）：即雒县，西汉高帝时置，属广汉郡，治所在今四川广汉市。汉献帝初平中（190~192）徙益州治此（后徙治成都）。

⑭刘禅（shàn善）：字公嗣（207~271），小字阿斗，涿郡涿县（今河北涿州市）人，刘备子。蜀汉章武元年（221）刘备称帝后，立为太子。章武三年（223）四月，刘备卒，五月刘禅嗣位，由丞相诸葛亮辅政。亮卒，蒋琬、费祎相继辅政。在位后期，朝政日益腐败，蜀炎兴元年（263），魏大将邓艾进逼成都，刘禅出降，蜀汉亡。次年赴洛阳，被封安

乐公。《三国志》卷三三有传。玺绶（xǐshòu 喜受）：古代印玺上所系的彩色丝带。这里借指皇帝印玺。

⑮笺：谓降笺，即表示投降的文书。

艾至成都，禅率太子诸王及群臣六十馀人，面缚舆榇诣军门①，艾执节解缚焚榇②，受而宥之③。检御将士④，无所虏略⑤，绥纳降附⑥，使复旧业，蜀人称焉。辄依邓禹故事⑦，承制拜禅行骠骑将军⑧，太子奉车、诸王驸马都尉⑨。蜀群司各随高下拜为王官⑩，或领艾官属⑪。以师纂领益州刺史⑫，陇西太守牵弘等领蜀中诸郡。使于绵竹筑台以为京观⑬，用彰战功。士卒死事者，皆与蜀兵同共埋藏。艾深自矜伐⑭，谓蜀士大夫曰："诸君赖遭某，故得有今日耳。若遇吴汉之徒⑮，已殄灭矣⑯。"又曰："姜维自一时雄儿也⑰，与某相值⑱，故穷耳⑲。"有识者笑之⑳。

[注释]

①面缚：双手反绑于背而面向前。古代用以表示投降。舆榇（chèn 趁）：载棺以随。表示决死或有罪当死。《左传·僖公六年》："许男面缚衔璧，大夫衰绖，士舆榇。"军门：军营的门。

②执节：手执符节。符节为古代符信之一种，以金、玉、竹、木等制成，上刻文字，分为两半，使用时以两半相合为验。执节即代表魏国皇帝受降。焚榇：烧掉棺木。古代受降仪式，交战两国君之战败者舆榇乞降，表示接受诛杀；战胜者焚榇，表示宽大而赦免其死罪。

③宥（yòu 右）：宽恕，赦免。

④检御：督察驾驭。

⑤虏略：抢劫，掠夺。

⑥绥纳：安抚接纳。降附：投降归附者。

⑦邓禹故事：谓出征将帅代表帝王授予归顺者以官职。据《后汉书》卷一三《隗嚣传》记述，东汉光武帝建武二年（26），割据凉州、朔方的隗嚣帮助汉军攻击叛汉势力，大司徒邓禹"承制遣使持节命嚣为西州大将军，得专制凉州、朔方事"。邓禹（2~58），字仲华，南阳新野（今属河南）人，东汉初年著名军事家，协助刘秀建立东汉，刘秀称帝后，封邓禹为大司徒、酂侯。后改封高密侯，进位太傅。永平元年（58）去世，谥元侯。云台二十八将第一位。《后汉书》卷一六有传。

⑧承制：谓秉承皇帝旨意而便宜行事。行：代理。骠骑（piàojì 票寄）将军：东汉三国时常设的高级将军名，位次于丞相，与三公同。三国时为第二品。统领中央常备军，职掌征战讨伐。设置府署，属官有军师、长史、司马等。

⑨太子：谓太子刘璿，字文衡，刘禅长子。奉车：即奉车都尉，官名。属光禄勋，职掌皇帝乘坐之车马，秩比二千石，三国时为第六品。诸王：谓刘氏宗室诸王。驸马都尉：官名。属光禄勋，为陪奉皇帝乘车的近臣，秩比二千石，三国时为第六品。

⑩王官：指魏朝的官员。

⑪领：谓兼任。官属：主要官员的属吏。

⑫益州：西汉元封五年（前106）置，为十三刺史部之一。公孙述改为司隶校尉，东汉复为益州，治所雒县（今四川广汉市北），兴平中移治成都（今属四川），辖郡、国十二，县一百一十八。辖境相当于今四川、云南、贵州大部以及陕西、甘肃、湖北乃至越南的一小部分。建安十九年（214），刘备攻破雒城，进围成都，刘璋出降，刘备领益州牧。

⑬京观（guàn 贯）：古代战争中，胜者为了炫耀武功，收集敌人尸

首,封土而成的高冢。

⑭矜伐:恃才夸功,夸耀。

⑮吴汉:字子颜(?~44),南阳宛县(今河南南阳市)人。早年贩马为业,归顺刘秀后,协助他建立东汉,官至大司马,封广平侯。居云台二十八将之第二位。卒谥忠侯。《后汉书》卷一八有传。据《后汉书·公孙述传》记述,汉光武帝建武十二年(36)十一月,吴汉进攻蜀公孙述,兵临成都:"(延)岑降吴汉。乃夷述妻子,尽灭公孙氏,并族延岑。遂放兵大掠,焚述宫室。"这一杀降并劫掠成都的行径,受到光武帝刘秀的谴责。

⑯殄(tiǎn忝)灭:消灭,灭绝。

⑰雄儿:好男儿,好汉。

⑱相值:犹相遇。

⑲穷:困窘。

⑳识者:谓有见识的人。

十二月①,诏曰:"艾曜威奋武②,深入虏庭③,斩将搴旗④,枭其鲸鲵⑤,使僭号之主⑥,稽首系颈⑦,历世逋诛⑧,一朝而平。兵不逾时⑨,战不终日,云彻席卷⑩,荡定巴蜀⑪。虽白起破强楚⑫,韩信克劲赵⑬,吴汉禽子阳⑭,亚夫灭七国⑮,计功论美,不足比勋也。其以艾为太尉⑯,增邑二万户,封子二人亭侯,各食邑千户⑰。"艾言司马文王曰:"兵有先声而后实者,今因平蜀之势以乘吴,吴人震恐,席卷之时也。然大举之后,将士疲劳,不可便用,且徐缓之;留陇右兵二万人,蜀兵二万人,煮盐兴冶⑱,为军农要用,并作舟船,豫顺流之事⑲,然后发使告以利害,吴必归化⑳,

可不征而定也。今宜厚刘禅以致孙休㉑，安士民以来远人㉒，若便送禅于京都，吴以为流徙，则于向化之心不劝㉓。宜权停留，须来年秋冬㉔，比尔吴亦足平㉕。以为可封禅为扶风王㉖，锡其资财㉗，供其左右。郡有董卓坞㉘，为之宫舍。爵其子为公侯，食郡内县，以显归命之宠㉙。开广陵、城阳以待吴人㉚，则畏威怀德㉛，望风而从矣。"文王使监军卫瓘喻艾㉜："事当须报㉝，不宜辄行。"艾重言曰："衔命征行㉞，奉指授之策㉟，元恶既服；至于承制拜假㊱，以安初附，谓合权宜。今蜀举众归命，地尽南海㊲，东接吴会㊳，宜早镇定。若待国命，往复道途，延引日月。《春秋》之义，大夫出疆，有可以安社稷，利国家，专之可也㊴。今吴未宾㊵，势与蜀连，不可拘常以失事机㊶。兵法，进不求名，退不避罪㊷。艾虽无古人之节，终不自嫌以损于国也。"钟会、胡烈、师纂等皆白艾所作悖逆㊸，变衅以结㊹。诏书槛车征艾㊺。

[注释]

①十二月：即景元四年（263）十二月。

②曜（yào 耀）威：谓整饬军旅，炫耀武力。奋武：扬武，用武。

③虏庭：亦作"虏廷"。原为古时对少数民族所建政权的贬称，这里贬称蜀汉政权。

④斩将搴（qiān 牵）旗：砍杀敌将，拔取敌旗。形容勇猛善战。语出《史记·刘敬叔孙通列传》："汉王方蒙矢石争天下，诸生宁能斗乎？故先言斩将搴旗之士。"

⑤枭（xiāo 萧）：斩首悬以示众。鲸鲵（ní 尼）：即鲸。雄曰鲸，雌曰鲵。比喻凶恶的敌人。《左传·宣公十二年》："古者明王伐不敬，取其

鲸鲵而封之，以为大戮。"

⑥僭（jiàn 建）号：冒用帝王的称号。

⑦稽（qǐ 启）首系颈：谓后主刘禅降魏事。稽首，古时一种跪拜礼，叩头至地，是九拜中最恭敬者。系颈，系绳于颈，表示降服。

⑧历世：累世。谓经过几代。蜀汉从汉昭烈帝刘备传至后主刘禅，仅两代。逋（bū 部阴平）诛：逃避诛罚。

⑨时：季度。三个月为一时。魏元帝景元四年（263）八月，邓艾、钟会受命伐蜀，十月功成，历时不足三月。

⑩云彻席卷：谓如云消散一般迅速，如卷席一样轻而易举。

⑪荡定：犹荡平，谓扫荡平定。

⑫白起：战国时秦国名将，又称公孙起（前？～前257），郿（今陕西眉县东）人，受秦相魏冉举荐，历任左庶长、国尉、大良造。秦昭王二十九年（前278），白起攻破楚都郢，被封武安君，秦在江南置南郡。但一代名将下场可悲，最终受秦王之迫自杀身亡。《史记》卷七三有传。

⑬韩信：秦汉之际名将，秦末淮阴（今江苏清江西南）人（前？～前196），早年家贫，终于得到汉王刘邦重用，被拜为大将军。汉高帝三年（前204），韩信东下井陉击赵，背水为阵，以少胜多，擒获赵王歇，为刘邦建立汉朝奠定基础。《史记》卷九二、《汉书》卷三四皆有传。

⑭子阳：即公孙述（？～36），字子阳，扶风茂陵（今陕西兴平）人，东汉初年割据益州称帝。汉光武帝建武十二年（36）十一月，吴汉攻蜀，公孙述受创而亡，见前"吴汉"注。此言"禽（擒）子阳"，不准确。《后汉书》卷一三有传。

⑮亚夫：即周亚夫（前？～前143），沛县（今属江苏）人，周勃之子。官至太尉、丞相，封条侯。汉景帝前三年（前154），诸侯王不满朝廷削藩政策，爆发了以吴王刘濞为首的七王之乱。太尉周亚夫领兵东征，

以静待变，最终平定吴楚七国的叛乱，维护了汉王朝的统一。《史记》卷五七、《汉书》卷四〇皆有传。

⑯太尉：官名。秦至西汉设置，为全国军政首脑，与丞相、御史大夫并称三公。汉武帝时改称大司马。东汉时太尉与司徒、司空并称三公。曹魏时，已无实际职权，不参与朝政。

⑰各食邑千户：裴注引《袁子》曰："诸葛亮，重人也，而骤用蜀兵，此知小国弱民难以久存也。今国家一举而灭蜀，自征伐之功，未有如此之速者也。方邓艾以万人入江由之危险，钟会以二十万众留剑阁而不得进，三军之士已饥，艾虽战胜克将，使刘禅数日不降，则二将之军难以反矣。故功业如此之难也。国家前有寿春之役，后有灭蜀之劳，百姓贫而仓廪虚，故小国之虑，在于时立功以自存，大国之虑，在于既胜而力竭，成功之后，戒惧之时也。"

⑱煮盐：熬干含盐分的水，提取食盐。巴蜀盛产井盐，即从盐井汲取盐卤，设灶煎制而成。兴冶：谓兴办冶铁作坊，以制造兵器、农具等。

⑲豫：通"预"，谓事先准备。顺流之事：谓顺长江东下进攻东吴。

⑳归化：归顺，归附。

㉑孙休：字子烈（235～264），吴郡富春（今浙江富阳）人，孙权第六子。初封琅邪王，吴太平三年（258），大将军孙綝废吴主孙亮，迎立他为帝，是为吴景帝。即位不久即诛杀孙綝，但国势并未重振。吴永安七年（264）卒。《三国志》卷四八有传。

㉒来（lài 赖）远人：谓使远人归服。语出《论语·季氏》："故远人不服，则修文德以来之。"远人，远方的人；关系疏远的人。指外族人或外国人。

㉓向化：归服。劝：奖勉，鼓励。

㉔须：等到。

邓艾传 | 715

㉕比尔：谓到那时。

㉖扶风：即扶风郡，三国魏改右扶风置，属雍州，治所槐里县（今陕西兴平市东南十里）。辖境相当于今陕西麟县、乾县以西以及秦岭以北地区。

㉗锡：赐予。

㉘董卓坞：即郿坞（méiwù 眉务）：董卓所筑城堡名，故址在今陕西眉县东北。

㉙归命：归顺，投诚。

㉚广陵：即广陵郡，东汉建武十八年（42）改广陵国置，辖境相当于今江苏扬州、邗江、江都、高邮、宝应、金湖等市县地，治所广陵县（今江苏扬州市西北蜀冈上），东汉末移治射阳县（今江苏宝应东北射阳镇），三国魏移治淮阴县（今江苏淮阴西南甘罗城）。城阳：即城阳郡，西汉初置，治所莒县（今属山东），汉文帝二年（前178），改为城阳国。东汉建武十三年（37）并入琅邪国，建安三年（198）复置，三国魏移治东武县（今山东诸城市）。

㉛畏威怀德：畏惧声威，感念德惠。语出《国语·晋语八》："民畏其威，而怀其德，莫能勿从。"

㉜监军卫瓘（guàn 贯）：字伯玉（220～291），河东安邑（今山西夏县西北）人，卫觊之子。魏末任廷尉卿。魏景元四年（263），邓艾、钟会分兵攻蜀，他并监两军。蜀亡后，钟会诬告邓艾谋反，他奉诏逮捕邓艾父子；钟会谋反，他纠集诸将平定，又命田续追杀邓艾父子。晋武帝时，官至司空，进太保。晋惠帝时，与汝南王司马亮同辅政，旋被贾皇后杀害。《晋书》卷三六有传。监军，官名。古代多为临时差遣，事毕即罢。汉代有监军御史。喻：晓谕。

㉝须报：谓等待批复。

㉞衔命：遵奉命令。

㉟指授：犹指示。

㊱承制拜假：谓秉承皇帝旨意授予临时性的官职。

㊲尽：一直到。南海：古代指极南地区，或谓指南海郡。秦始皇三十三年（前214）置，治所番禺县（今广东广州市）。秦汉之际地入南越国，西汉元鼎六年（前111）灭南越国复置。辖境相当于今广东潖江、大罗山以南，珠江三角洲及绥江流域以东。其后渐缩小。

㊳吴会（kuài 块）：东汉分会稽郡为吴、会稽二郡，并称吴会。后亦泛称此两郡故地为吴会。这里指代东吴政权。

㊴"春秋之义"五句：意谓根据《春秋》的要旨之一，臣属在外处理事务，只要有利于国家，就可不经请示而果断执行。语出《公羊传·庄公十九年》："大夫受命不受辞，出竟有可以安社稷、利国家者，则专之可也。"又《汉书·终军传》："（徐）偃以为《春秋》之义，大夫出疆，有可以安社稷，存万民，专之可也。"春秋，编年体史书名。相传孔子据鲁史修订而成。所记起于鲁隐公元年，止于鲁哀公十四年，凡二百四十二年。叙事极简，用字寓褒贬之义，为后世所称道。为其传者，以《左氏》《公羊》《穀梁》最著，称《春秋》三传。

㊵宾：即宾服。谓归顺、服从。

㊶拘常：谓受常理支配。事机：行事的时机。

㊷"兵法"三句：意谓在军事行动中的进退，不必计较声誉与刑罚。语出《孙子·地形篇》："故进不求名，退不避罪，唯人是保，而利合于主，国之宝也。"

㊸胡烈：字玄武（220～270），安定临泾（今甘肃镇原东南）人，魏车骑将军胡遵之子，镇军大将军胡奋之弟。魏景元四年（263），随镇西将军钟会伐蜀，任护军。蜀亡后，胡烈在平定钟会谋反中曾起决定作用，

钟会即被胡烈子胡渊所攻杀。入晋，任秦州刺史，在秦凉之变中被杀。《晋书》卷五七有传。悖（bèi备）逆：抗命叛乱。

㊹变衅以结：谓发生变乱的事端或征兆已然形成。

㊺槛车：用栅栏封闭的车，用于囚禁犯人或装载猛兽。征：谓收捕。裴注引《魏氏春秋》曰："艾仰天叹曰：'艾忠臣也，一至此乎！白起之酷，复见于今日矣。'"

艾父子既囚，钟会至成都，先送艾，然后作乱①。会已死，艾本营将士追出艾槛车，迎还。瓘遣田续等讨艾②，遇于绵竹西，斩之。子忠与艾俱死，馀子在洛阳者悉诛，徙艾妻子及孙于西域③。

[注释]

①作乱：钟会谋反，事详《钟会传》，本书已选，可参见。

②田续：右北平无终（今河北玉田）人（生卒年不详），议郎田畴侄孙，以田畴无嗣，赐爵关内侯。魏景元四年（263），随征西将军邓艾伐蜀，任镇西护军。钟会谋反后，田续追杀已被旧部救出的邓艾父子。

③徙艾妻子：卢弼《三国志集解》认为"妻"下"子"衍，盖邓艾诸子皆已在洛阳被杀。是。西域：当作"西城"。"域""城"形讹。宋司马光《资治通鉴》卷七八作："邓艾馀子在洛阳者悉伏诛。徙其妻及孙于西城。"西城，即西城县，秦置，属汉中郡，治所在今陕西安康市西北四里汉水之北。东汉为西城郡治，三国魏黄初二年（221）为魏兴郡治。裴注引《汉晋春秋》曰："初艾之下江由也，以续不进，欲斩，既而舍之。及瓘遣续，谓曰：'可以报江由之辱矣。'杜预言于众曰：'伯玉其不免乎！身为名士，位望已高，既无德音，又不御下以正，是小人而乘君子之

器，将何以堪其责乎？'瓘闻之，不俟驾而谢。"又引《世语》曰："师纂亦与艾俱死。纂性急少恩，死之日体无完皮。"

初，艾当伐蜀，梦坐山上而有流水，以问殄虏护军爰邵①。邵曰："按《易》卦②，山上有水曰《蹇》③。《蹇》繇曰④：'《蹇》：利西南，不利东北。'孔子曰：'《蹇》，利西南，往有功也；不利东北，其道穷也。'⑤往必克蜀⑥，殆不还乎⑦！"艾怃然不乐⑧。

[注释]

①殄（tiǎn 舔）虏护军爰邵：魏国将领（生卒年不详），官至卫尉。殄虏护军，官名。曹操于建安十八年（213）始置护军，典禁兵，主武官选举，资历重者为护军将军，资轻者为护军，殄虏护军即其一，第六品。

②易：即《周易》，书名，古代卜筮之书。有《连山》《归藏》《周易》三种，合称三《易》，今仅存《周易》，简称《易》。

③蹇（jiǎn 简）：《周易》卦名。六十四卦之第三十九卦。艮下坎上。《周易·蹇》："象曰：山上有水，蹇。"三国魏王弼注："山上有水，蹇难之象。"

④繇（zhòu 宙）：通"籀"，古时占卜的文辞。

⑤"孔子曰"五句：意谓《蹇》卦，"利西南"，去那里能够建功；"不利东北"，它的路是走不通的。原文作："《蹇》，利西南，往得中也；不利东北，其道穷也。""往有功"与"往得中"义同。这是《蹇》卦的《彖》辞。彖（tuàn 湍去声），《周易》中断卦之辞称"彖"。《周易·乾》："《彖》曰：'大哉乾元，万物资始。'"唐孔颖达疏："夫子所作彖辞，统论一卦之义，或说其卦之德，或说其卦之义，或说其卦之名……案

褚氏、庄氏并云：'象，断也，断定一卦之义，所以名为《象》也。'"关于象辞的作者，历代学者断定为孔子所作，经研究，今人多认为是战国秦汉间学者所作。

⑥往必克蜀：蜀汉在魏都洛阳的西南方向，故称。

⑦殆不还乎：魏都洛阳在蜀汉的东北方向，故称。殆，大概，几乎。邓艾父子墓今存，在今四川广元市剑阁县北庙乡孤玉山下，墓侧有彰顺王庙。墓室20世纪60年代中曾遭破坏，1988年被设立为县第二批文物保护单位，2017年邓氏后裔捐资百万拟加修缮。此外，陕西渭南市蒲城县洛滨镇后阿村附近亦有邓艾墓。

⑧怃（wǔ 武）然：怅然失意貌。裴注引荀绰《冀州记》曰："邵起自干吏，位至卫尉。长子翰，河东太守。中子敞，大司农。少子倩，字君幼，宽厚有器局，勤于当世，历位冀州刺史、太子右卫率。翰子俞，字世都，清贞贵素，辩于论议，采公孙龙之辞以谈微理。少有能名，辟太尉府，稍历显位，至侍中中书令，迁为监。"又云："臣松之按：《蹇》象辞云'《蹇》，利西南，往得中也'，不云'有功'；下云'利见大人，往有功也'。"

泰始元年①，晋室践阼②，诏曰："昔太尉王凌谋废齐王③，而王竟不足以守位④。征西将军邓艾，矜功失节⑤，实应大辟⑥。然被书之日⑦，罢遣人众，束手受罪，比于求生遂为恶者⑧，诚复不同。今大赦得还⑨，若无子孙者听使立后，令祭祀不绝。"三年⑩，议郎段灼上疏理艾曰⑪："艾心怀至忠而荷反逆之名，平定巴蜀而受夷灭之诛，臣窃悼之。惜哉，言艾之反也！艾性刚急，轻犯雅俗⑫，不能协同朋类⑬，故莫肯理之。臣敢言艾不反之状。昔姜维有断陇右之志⑭，艾修治备守，积谷强兵。值岁凶旱，艾为区种⑮，身被乌衣⑯，手执耒耜⑰，以率将士。上下相感，莫不尽力。艾持节守边，所统万数，而不难仆虏之劳⑱，士民之役，非执节忠勤，孰能若此？故落门、段谷之战⑲，以少击多，摧破强贼。先帝知其可任⑳，委艾庙胜㉑，授以长策㉒。艾受命忘身，束马县车㉓，自投死地，勇气陵云㉔，士众乘势，使刘禅君臣面缚，叉手屈膝㉕。艾功名以成，当书之竹帛㉖，传祚万世㉗。七十老公，反欲何求！艾诚恃养育之恩，心不自疑，矫命承制㉘，权安社稷㉙；虽违常科㉚，有合古义㉛，原心定罪㉜，本在可论。钟会忌艾威名，构成其事。忠而受诛，信而见疑，头县马市㉝，诸子并斩，见之者垂泣，闻之者叹息。陛下龙兴㉞，阐弘大度㉟，释诸嫌忌，受诛之家，不拘叙用。昔秦民怜白起之无罪，吴人伤子胥之冤酷，皆为立祠。今天下民人为艾悼心痛恨㊱，亦犹是也。臣以为艾身首分离，捐弃草土，宜收尸丧，还其田宅。以平蜀之功，绍封其孙㊲，使阖棺定谥㊳，死无馀恨。赦冤魂于黄泉㊴，收信义于后世，葬一人而天下慕其行，埋一魂而天下归其义㊵，所为者寡而悦者众矣。"九年㊶，诏曰："艾有功勋，受罪不逃刑，而子孙为民隶㊷，朕常愍之㊸。其以嫡孙朗为郎中㊹。"

[注释]

①泰始元年：即公元265年，泰始，晋武帝司马炎的第一个年号。

②践阼（zuò做）：即皇帝位。阼，大堂前东面的台阶。天子、诸侯、大夫、士皆以阼为主人之位。临朝觐、揖宾客、承祭祀，升降皆由此。借指帝位。

③太尉王凌：字彦云（172～251），太原祁县（今属山西）人，东汉司徒王允之侄。举孝廉，历官中山太守、兖州刺史、征东将军，封南乡侯，拜司空，进太尉。魏齐王嘉平三年（251），因不满司马懿专权，联合兖州刺史令狐愚废齐王曹芳，另立曹操子楚王曹彪为帝，事泄自尽，被夷三族。《三国志》卷二八有传。齐王：即魏齐王曹芳（232～274），字兰卿，曹操曾孙，任城王曹楷之子，魏明帝曹叡养子。魏明帝景初三年（239）即皇帝位，魏齐王嘉平六年（254），被大将军司马师所废。晋武帝泰始十年（274）卒，谥号邵陵厉公。《三国志》卷四有传。

④守位：保持地位或职位。《周易·系辞下》："圣人之大宝曰位，何以守位？曰仁。"嘉平六年（254），司马师废黜魏帝曹芳，罪名即有"皇帝芳春秋已长，不亲万机，耽淫内宠，沉漫女德，日延倡优，纵其丑谑"等。事见《三国志》卷四《三少帝纪》。

⑤矜功：犹恃功。失节：丧失节操。

⑥大辟（pì 僻）：古五刑之一，谓死刑。

⑦被书：谓接到被捕的诏书。

⑧为恶：这里谓造反。

⑨大赦：对全国已判罪犯普遍赦免或减刑。古代皇帝即位或新朝建立，都实行大赦以收人心。得还：谓王凌与邓艾未被杀的家属从流放地得以返回中原。

⑩三年：晋武帝泰始三年（267）。

⑪议郎段灼：字休然（生卒年不详），敦煌（今甘肃敦煌市西）人。少仕州郡，稍迁邓艾镇西司马，从邓艾破蜀有功，封关内侯，累迁议郎。屡上疏晋武帝为邓艾鸣冤。官至明威将军、魏兴太守，封关内侯。卒官。《晋书》卷四八有传。议郎，郎官中地位较高的一种，参与朝政，属于皇帝身边谏议政事得失的一种近臣，秩六百石。理：申诉，辩白。

⑫轻犯：谓轻易触犯。雅俗：谓雅正士大夫与流俗之人。

⑬协同：指团结统一。朋类：犹同僚、朋辈。

⑭陇右：古地区名，泛指陇山以西地区。古代以西为右，故名。相当于今甘肃陇山、六盘山以西，黄河以东一带。

⑮区（ōu 欧）种：或称"区田"。西汉末期氾水（今山东曹县北）人氾胜之总结古代黄河流域农业生产经验，发明的一种耕作法，见于他所撰《氾胜之书》十八篇，是书被认为是中国最早的一部农书。区种，即指在田里按一定距离开沟挖穴，将种子播入其间的一种农作法。便于小范围内深耕细作，集中施肥灌水，可提高单位面积的农作物产量。

⑯乌衣：黑色衣，属于古代贫贱者之服。

⑰耒耜（lěisì 磊寺）：古代耕地翻土的农具。耒是耒耜的柄，耜是耒耜下端的起土部分。

⑱不难：谓不以……为难。仆虏：奴仆。古以俘虏为家奴，故亦谓奴仆为仆虏。

⑲落门：聚名，又作雒门。即今甘肃武山县东三十里洛门镇。段谷：见本传前注。

⑳先帝：指司马昭。其子司马炎代魏后追尊其父为文帝。

㉑庙胜：指朝廷预先制定的克敌制胜的谋略。

㉒长策：长的鞭。这里比喻统军的权力。

㉓束马县车：即"束马悬车"，包裹马足，挂牢车子，以防滑跌倾覆。形容路险难行。

㉔陵云：比喻志气高超。

㉕叉手：两手在胸前相交，表示恭敬。屈膝：下跪。

㉖竹帛：竹简和白绢。古代初无纸，用竹帛书写文字。引申指书籍、史乘。

㉗传祚(zuò坐)：谓流传后世。

㉘矫命：特指假托君命。承制：谓秉承皇帝旨意而便宜行事。

㉙社稷：古代帝王、诸侯所祭的土神和谷神。社，土神；稷，谷神。常用为国家或政权的代称。

㉚常科：通常的规矩。

㉛古义：见前邓艾所云之"《春秋》之义"。

㉜原心：推究本意。《汉书·薛宣传》："《春秋》之义，原心定罪。"唐颜师古注："原谓寻其本也。"

㉝马市：马匹贸易市场。这里谓古代"弃市"的死刑执行过程，受刑罚的人皆在街头示众，以表示民众共同鄙弃之。

㉞龙兴：龙飞腾上天，喻王者兴起。这里谓司马炎代魏称帝。

㉟阐弘大度：阐扬光大，胸怀开阔，气量宽宏。

㊱悼心：伤心。痛恨：谓沉痛地引为恨事。

㊲绍封：谓承继封典。

㊳定谥(shì事)：古人死后依其生前行迹而为之所立的称号。臣下的谥号由朝廷赐予。

㊴黄泉：指人死后埋葬的地方，阴间。

㊵埋：清何焯校：埋，当作"理"。理，申诉，辩白。

㊶九年：即晋武帝泰始九年(273)。

㊷民隶：指平民。

㊸愍(mǐn闽)：怜悯，哀怜。

㊹嫡孙朗：即邓朗，生平不详。郎中：官名。郎官的一种，属光禄勋，其职为执戟宿卫诸宫殿门户，皇帝外出时充车骑，秩比三百石。

艾在西时①，修治障塞②，筑起城坞③。泰始中④，羌虏大叛⑤，频杀刺史,凉州道断⑥。吏民安全者,皆保艾所筑坞焉⑦。

[注释]

①西:谓陇西。

②障塞:即"障堡",谓边塞险要处防御用的工事。

③城坞:可以作为屏障的小型城堡。

④泰始:晋武帝司马炎的第一个年号(265~274)。

⑤羌虏:对羌人地方武装的蔑称。

⑥凉州:西汉武帝所置十三刺史部之一,东汉时治所陇县(今甘肃张家川回族自治县),辖境相当于今甘肃、宁夏、青海湟水流域,陕西定边、吴旗、凤县、略阳与内蒙古额济纳旗一带。三国魏黄初中移治姑臧县(今甘肃武威市)。

⑦保:占有,拥有。裴注引《世语》曰:"咸宁中,积射将军樊震为西戎牙门,得见辞,武帝问震所由进,震自陈曾为邓艾伐蜀时帐下将,帝遂寻问艾,震具申艾之忠,言之流涕。先是以艾孙朗为丹水令,由此迁为定陵令。次孙千秋有时望,光禄大夫王戎辟为掾。永嘉中,朗为新都太守,未之官,在襄阳失火,朗及母妻子举室烧死,惟子韬、子行得免。千秋先卒,二子亦烧死。"

艾州里时辈南阳州泰①,亦好立功业,善用兵,官至征虏将军、假节都督江南诸军事②。景元二年薨③,追赠卫将军,谥曰壮侯④。

[注释]

①州:邓艾故乡义阳郡属荆州,这里即指荆州。时辈:谓当时有名的

人物。南阳州泰：南阳郡（今河南南阳）人（？~261），仕魏，深受司马懿赏识。历任新城太守、兖州刺史、豫州刺史，在讨伐东吴、平诸葛诞等战役中多有建树。当时南阳郡亦属荆州。

②征虏将军：官名。汉末三国时沿置的将军名，第三品。假节：东汉末至三国，掌地方军政的官往往加使持节、持节或假节的称号。使持节得诛杀中级以下官吏；持节得杀无官职的人；假节得杀犯军令者。

③景元二年：即公元261年。景元，魏元帝曹奂的第一个年号（260~264）。薨（hōng 轰）：死的别称。自周代始，人之死亡，有尊卑之分，"薨"以称诸侯之死。《礼记·曲礼下》："天子死曰崩，诸侯曰薨，大夫曰卒，士曰不禄，庶人曰死。"

④壮侯：《逸周书》卷六《谥法解》："执应八方曰侯。"裴注引《世语》曰："初，荆州刺史裴潜以泰为从事，司马宣王镇宛，潜数遣诣宣王，由此为宣王所知。及征孟达，泰又导军，遂辟泰。泰频丧考、妣、祖，九年居丧，宣王留缺待之，至三十六日，擢为新城太守。宣王为泰会，使尚书钟繇调泰：'君释褐登宰府，三十六日拥麾盖，守兵马郡；乞儿乘小车，一何驶乎？'泰曰：'诚有此。君，名公之子，少有文采，故守吏职；猕猴骑土牛，又何迟也！'众宾咸悦。后历兖、豫州刺史，所在有筹算绩效。"

[译文]

邓艾字士载，是义阳郡棘阳县人。自幼父亲死亡，曹操拿下荆州后，邓艾迁居至汝南郡，为当地农民放牛。年纪十二岁，跟随母亲到颍川郡，读到已故太丘县长陈寔的碑文，其中有"文章是世人的典范，行为是士大夫的楷模、榜样"两句话，邓艾于是给自己取名范，字士则。后同宗同族之人中已有叫这个名字的，所以又改今名。任都尉学士，因为口吃，不能做主管某项事务的辅佐官员，就任管理屯田的稻田守丛草吏。同郡一位吏员的父亲怜悯邓艾家贫，大力资助他，邓艾始终没有表示感谢。每当他见到高山大湖，就规划测度，指点驻扎军营的处所，当时人常常嘲笑他。后任典农纲纪，被派遣充当上计吏，因而得以见到太尉司马懿。司马懿认为邓艾不同寻常，就征召他为佐治的官吏掾属，后升任尚书郎。

当时打算扩充屯田的规模以积蓄粮食，作为歼灭敌对势力的军粮，派遣邓艾出行巡察陈县、项县以东地区直到寿春县。邓艾认为："这一区域土地肥沃，但水源短缺，不能够发挥土地的效益，应当开挖河渠，既可以引水灌溉田地，大量储备军粮，又可以打通运粮的水路。"于是著《济河论》以表明自己的意图。又认为："从前打败黄巾军，因为屯田的施行，在许都储藏粮食，以控制住四方。如今东北、北与西北三个方向的敌对势力已经平定，军事行动集中于东吴政权盘踞的淮南国一带，每逢大军出动征伐，后勤运输的兵力超过一半，人力费用的耗费数以亿计，成为百姓负担的巨大劳役。陈县与上蔡县之间，多属易于灌溉的肥沃田地，可以省去许昌周围的各处稻田，将水源集中引导东下。在淮北一带驻扎二万人，在淮南驻扎三万人，以十分之二的比例分批轮休，可经常保持四万人的兵力，一面种田一面对边境进行防守。因灌溉充足而令稻谷丰收，收成将三倍于许都地区，计算中扣除各项费用，每年可以将五百万斛粮食作为军粮。六七年间，可以在淮河一带积储三千万斛粮食，这足够十万兵士五年食用。用这一优势掩袭东吴政权，无往而不胜。"司马懿认为邓艾的建议很好，完全照办。魏齐王正始二年（241），开始开挖、加宽漕渠，每当东南一带有战事发生，魏国军队出征，乘舟而下，可直达于长江、淮河一带，资财和粮食皆有储备而无水患发生，应当归功于邓艾。

邓艾出京师参与谋划讨伐西蜀的军事行动，升任南安太守。魏齐王嘉平元年（249），与征西将军郭淮一同抵御西蜀偏将军姜维的进犯。姜维撤兵，郭淮向西攻击羌族军事势力。邓艾说："姜维的军队撤军没有远离，也许会卷土重来，应当分兵防守，以应付意料不到的事发生。"郭淮于是留邓艾驻守白水的北岸。三天后，姜维派遣廖化从白水南岸逼近邓艾的军队驻扎。邓艾对诸将说："姜维军队如今突然杀回，我军人少，依照兵法，他们应当直接渡过白水而不必建桥。这是姜维意图用廖化来牵制我们，使我们不能后撤。姜维必然从东面袭击洮城。"洮城位于白水以北，距离邓艾的驻军六十里。邓艾当夜秘密出兵直接到洮城，姜维果然渡过白水来偷袭，因邓艾先到据守，令姜维没有得手。邓艾被赐爵关内侯，加讨寇将军，以后升任城阳郡太守。

当时并州境内匈奴右贤王刘豹将分居的五部匈奴统辖了起来，邓艾上奏朝廷说："西北少数民族居心极坏，不能用道义令其亲附，强大时就侵犯暴掠，弱小时就归顺朝廷，所以周宣王在位期间有玁狁入侵，汉高祖刘邦曾被匈奴围困在平城。每当匈奴强盛之际，就造成前代王朝的重大灾难。由于匈奴的单于居于塞外，朝廷不能控制他们的老幼贵贱。诱使他们来中原，因而南匈奴单于呼厨泉被武皇帝曹操留居邺城，待以客礼，扣为人质，仅放归右贤王去卑监国。从此以后，西部羌人失去了匈奴的靠山，聚合分散就失去了统领。这正是因为匈奴的单于留居中原，才使得万里边境的少数民族族群遵从朝廷的礼制法度，归顺正道。如今留居邺城的匈奴单于的地位日益下降，而居于外的右贤王刘豹势力渐趋强盛，对于这些匈奴部落不能不严加防备。听说刘豹的部下有人反叛他，我们可趁机将他们分割为两国，用来削弱刘豹的势力。右贤王去卑曾抗击李傕、郭汜，护送汉献帝回许都，但其子未能继承他的权位，应当赐予他的儿子显贵的名位，令他驻守雁门郡。一面分化匈奴部落，削弱其潜在的敌对倾向，一面追录奖赏有关匈奴人的往日功勋，这才是掌控边疆的长久之计。"邓艾又上奏说："羌胡在内地与汉民杂居的，应当令羌胡逐渐从汉民中剥离，使居于编民之外,向编民推崇礼义廉耻的教化,以堵塞违法作乱者的途径。"大将军司马师刚刚辅佐治理政事,对于邓艾的建议多有采纳。升邓艾为汝南郡太守,一到郡中就寻求从前救济过自己的吏员之父,但去世已久,就派人祭祀,赠送厚礼给那位吏员的母亲,推举那位吏员当了计吏。邓艾在其所任职的地方,荒野得到开垦,军队与百姓都能过上丰足的日子。

东吴诸葛恪围攻合肥新城,没有取胜,撤军。邓艾就对司马师说:"孙权已去世,其文武群臣对新主孙亮还没有衷心拥护,东吴著名的世家大族都有人身依附性质的私人军队,仗恃军队的势力,足以违背其主的命令。诸葛恪新近职掌朝政,其内部没有权威的君主,他不体恤爱护上下以建立自己的根基,却忙于对外用兵,残酷地虐待、役使百姓,出动全国的兵力滞留在合肥新城下无计可施,死亡的人数以万计,携带祸患返回东吴,这正是诸葛恪获罪的时候。从前春秋时吴国的伍子胥、战国时楚国的吴起、秦国的商鞅、燕国的乐毅,都曾被其国当时的君主所信任重用,一旦君主离世,他们也就随之败亡或出走。况且诸葛恪的才干不能与上述的四位贤能之士相比,却无忧无虑,他的败亡已经指日可待了。"诸葛恪回归以后,果然被诛杀。邓艾升任兖州刺史,加振威将军。邓艾上奏章说:"国家最急迫的事情,就是农业生产与战备,国家富裕,军队才能强盛,军队强盛,作战才能打胜仗。所以农业是作战取胜的根本。孔子所说'粮食充足兵力充足',粮食的地位就排在兵力的前面。如果朝廷不以爵位作为对有功于粮食生产官员的勉励,那么下面的官员就不会有积累财富的动力。如今应当将考核官吏成绩的标准,集中于是否可以储存粮食以令百姓富裕方面,那么就能阻断人情请托的道路,塞住讲究表面上的华丽而不务实际的源头。"

高贵乡公曹髦即帝位,进封邓艾方城亭侯。毌丘俭举兵反抗司马师,派遣善于走路的人向邓艾投送书信，想要迷惑大众，邓艾斩杀了送书人，以加倍速度直趋乐嘉城，做好浮桥。司马师率军到达，得以先占据乐嘉城。文钦的军队行进落后于司马师所统大军，终因丧失战机而败走，邓艾追击他到丘头。文钦逃奔东吴。吴大将军孙峻等率领号称十万人之众的军队，即将渡过长江入侵，魏镇东将军诸葛诞派遣邓艾据守肥阳城，邓艾认为这里与东吴军队相距较远，并非要害之地，于是就移驻于附亭，又派遣泰山郡太守诸葛绪等至黎浆亭阻击吴军，打败了他们。这一年，邓艾被任命为长水校尉，又因为击败文钦等功劳，进封方城乡侯，代理安西将军。

雍州刺史王经在狄道为蜀军围困，邓艾前往援救解围，蜀将姜维退守钟提城，于是朝廷任命邓艾为安西将军，假节、兼任护东羌校尉。讨论朝政的人认为姜维的军力已近于衰竭，不能再发起进攻了。邓艾说："我军在洮水以西失利，并非小败；士兵逃散，将领被杀，仓库空虚，百姓流离失所，几乎到了危亡的边缘。如今据兵法而论，敌军有乘胜追击的气势，我军军力实在虚弱。这是第一点。敌军上下互相熟悉，所持各种兵器坚固锐利，我军刚刚更换主将王经，替换了洮西败卒，损坏的武器未能修复。这是第二点。敌军用舟船运兵，我军靠双脚行军，有劳苦与安逸的分别。这是第三点。狄道、陇西、南安、祁山共有四处，敌军可以集中兵力只攻击一地，我军则须将兵力分散四处据守。这是第四点。敌军进军南安郡、陇西郡，可以征用羌人粮食，如果进军祁山，那里有千顷麦子已成熟，如悬挂的食物可轻易得到。这是第五点。敌军狡诈有计谋，进犯我们成为必然。"没过多久，姜维果然进军祁山，闻知邓艾已有防备，就回师从董亭直趋南安郡，邓艾据守武城山与姜维军队相持。姜维与邓艾争夺险要地段，没有攻取，当夜渡过渭水向东进军，沿着山路奔赴上邽县，邓艾与姜维在段谷作战，将蜀军打得大败。魏高贵乡公甘露元年（256），朝廷下诏说："逆贼姜维连年诡诈，边境各族百姓动荡变乱，西部一带不得安宁。邓艾筹措谋划有方，忠诚勇敢，奋发有为，斩杀敌将十数人，歼敌以千计；令我大魏国威震撼巴、蜀二郡，武力强盛的美名播扬于长江与岷山。现在以邓艾为镇西将军、都督陇右诸军事，进封邓侯。从他的封邑中分拨五百户封其子邓忠为亭侯。"

甘露二年（257），邓艾在长城戍抵御姜维的军队，姜维退还。邓艾升任征西将军，前后增加其食邑共六千六百户。魏元帝景元三年（262），邓艾又在侯和打败姜维，姜维退保沓中。景元四年（263）的秋天，朝廷下诏各路兵马征讨西蜀，由大将军司马昭调度指挥，命令邓艾对姜维加以牵制；雍州刺史诸葛绪截击姜维，令姜维无法退回。邓艾又派遣天水郡太守王颀等直接攻击姜维的军营，令陇西郡太守牵弘等阻拦姜维前方的道路，令金城郡太守杨欣等率军到甘松。姜维闻知钟会诸军已经进入汉中，就率军撤回。杨欣等跟踪追寻至强川口，两军大战，姜维败走。他得知雍州刺史诸葛绪已经将其归路堵塞，在桥头驻军，于是从孔函谷走北道，准备从诸葛绪的后面退却。诸葛绪得到消息，将军队撤后三十里。姜维军进入北道三十馀里，得知诸葛绪的军队后撤，就掉头原路返回，从桥头经过，诸葛绪又赶回阻截，差一天没有追及。姜维于是领军东撤，退至剑阁驻守。钟会进攻姜维没能战胜。邓艾上奏说："如今敌军受重挫，应当乘胜追击，从阴平抄小路经汉德阳亭直趋涪县，出剑阁以西一百里，距离成都三百馀里，可派奇兵冲击蜀国的心腹之地。驻守剑阁的蜀军必退守涪县，那么钟会即可车辆并行进军；如果剑阁守军不回撤，那么救援涪城的蜀军就不多了。《孙子·计篇》有言：'攻其无备，出其不意。'如今突然袭击蜀人空虚处，打败敌军就必定无疑了。"

这一年的冬十月，邓艾从阴平道行军，跨越七百馀里的渺无人烟的山地，凿山通路，傍山架木，建造栈道。山高谷深，极其艰险，加之粮食运输即将穷尽，全军面临灭亡的危险。邓艾用毛毡裹住自己的身体，被士兵推行滚动而下。将士们都攀援树木，顺着悬崖，如游鱼一般先后接续而下。邓艾的先锋部队到达江油关，西蜀守将马邈投降魏军。蜀卫将军诸葛瞻自涪城退守绵竹，布列阵势阻击邓艾。邓艾派遣自己的儿子惠唐亭侯邓忠等率军攻击蜀军右侧，派遣司马师纂等率军攻击蜀军左侧。邓忠、师纂出战均告失利，一起退回，说："贼军难以击败。"邓艾发怒说："生死存亡的紧要关头，就在这一战，哪有不能击败敌军的道理？"于是叱责邓忠、师纂等，要将他们斩首示众。邓忠、师纂驰马再战，大破蜀军，斩下诸葛瞻与蜀尚书张遵等人的首级，进军到雒县。蜀后主刘禅派遣使节奉上皇帝印玺，写了表示投降的文书到邓艾那里请降。

邓艾到达成都。刘禅率领太子与诸王以及群臣六十馀人，双手反绑于背而面向前行，载棺以随，到邓艾军营的门前，邓艾手执符节，解开刘禅身上的绳索，烧掉棺木，接受后主的投降并加以宽恕赦免。督察驾驭魏军将士，不可抢劫百姓，安抚接纳投降归附者，令他们重操旧业，蜀人都称誉邓艾。于是依照东汉邓禹的受降事例，即出征将帅代表帝王授予归顺者以官职，秉承皇帝旨意而便宜行事，任命刘禅为骠骑将军，任命太子刘璿为奉车都尉，任命刘氏宗室诸王为驸马都尉。蜀各官署官员各随其原官职大小任命为魏朝的官员，有的还兼任邓艾的属官。委派师纂兼任益州刺史，陇西太守牵弘等兼任蜀中各郡太守。下令在绵竹收集敌人尸首，封土而成高冢作为京观，用来炫耀武功。魏国士兵阵亡者，都与蜀兵一同埋葬。邓艾极其自负，恃才夸功，对蜀国的士大夫说："诸位全因遇到我邓某人，所以才能有今日。如果遭遇东汉初期吴汉那样的杀降并劫掠成都者，你们已被灭绝了。"又说："姜维也是一代好男儿，只不过与我相遇，所以困窘失败。"有见识的人都讥笑他这一番话。

魏元帝景元四年（263）十二月，朝廷下诏说："邓艾整饬军旅，炫威扬武，深入敌境，砍杀敌将，拔取敌旗，对凶恶的敌人斩首悬以示众，令冒用帝王的称号的人跪拜叩头至地，系绳于颈，表示降服，使两代逃避诛罚的罪人，一个早晨就被平定。出兵历时不足三月，争战不到一整天，如云消散一般迅速，如卷席一样轻而易举，巴蜀就被扫荡平定。秦将白起攻破强大的楚国，秦末汉初的韩信攻克赵国，东汉初的吴汉攻杀公孙述，西汉的周亚夫平定吴楚七国的叛乱，如果计量功劳的大小，评定德行的完美，都不能与邓艾相比。要提升邓艾为太尉，增加食邑二万户，封邓艾两子皆为亭侯，各食邑千户。"邓艾致信司马昭说："用兵先要张扬声势，然后发起攻击才能奏效，如今乘平定西蜀的声势进攻东吴，吴人惊恐，正是我们全部占有江南的大好时机。然而大举用兵之后，将士们疲劳，不能立即出征，姑且先放一放再说；留下陇右士卒二万人，蜀兵士二万人，在巴蜀一带熬干含盐分的水，提取食盐，兴办冶铁作坊，以制造兵器、农具等，作为军事与农业之用，同时建造兵船，预备日后顺长江东下征伐东吴，然后再派遣使节告知东吴形势，晓以利害，东吴必定归顺，我们就可以不出兵而平定江南。如今应当厚待刘禅以便诱使孙休来降，安抚蜀地的士民而使江南人归服，如果立即将刘禅送往京师洛阳，吴人就会以为刘禅遭到迁徙流放，对于他们的归附就起不到奖勉鼓励的效用。应当暂且将刘禅留住蜀地，等到明年秋冬，到那时东吴也被完全平定了。我以为可以封刘禅为扶风王，赐予他资财，用以供养其左右侍从人等。扶风郡留有董卓的郿坞，可以用为刘禅的宫舍。进封刘禅的儿子为公侯，以扶风郡内的县作为封邑，用来彰显归顺投诚魏国所受到的恩宠。开放广陵郡与城阳郡以接待吴人的归顺，吴人就会畏惧声威，感念德惠，望风归顺了。"司马昭派监军卫瓘晓谕邓艾："事情应当等待批复，不应当擅自施行。"邓艾再次上书说："遵奉命令征讨，奉行您指示的谋略去做，敌军首领已经投降；至于秉承皇帝旨意授予他们临时性的官职，以安抚刚归顺的人，我以为是权宜之计。如今蜀地官兵全部归降，其疆域一直到达南海，东面与吴郡与会稽郡接壤，应当尽早安定局势。如果等待朝廷的诏命，传递命令路途往返，耗费时日。根据《春秋公羊传》的要旨之一，臣属在外处理事务，只要有利于国家，就可不经请示而果断执行。如今东吴尚未宾服，地势与西蜀相连，不可以受常理支配而丧失行事的时机。据《孙子·地形篇》，在军事行动中的进退，不必计较声誉与刑罚。邓艾我虽不具备古人的节操，但终究不会因可能招来嫌疑而损害国家的利益。"钟会、胡烈、师纂等人都禀报邓艾的作为属于抗命叛乱，发生变乱的事端或征兆已然形成。于是朝廷下诏书用栅栏封闭的车收捕邓艾。

邓艾父子被囚禁后，钟会进驻成都，先送走邓艾等的槛车，然后谋反。钟会不久被杀，邓艾部下将士追及槛车，放出邓艾，准备迎还成都。卫瓘派遣田续等讨伐邓艾，在绵竹以西相遇，将邓艾斩杀。邓艾之子邓忠与他父亲一同被斩，其他在洛阳的几个儿子也全被诛杀，流放邓艾妻与邓艾孙到汉中郡的西城县。

起初，邓艾将要出兵伐蜀，梦到自己坐在山上而有流水，就问凶吉于殄虏护军爰邵。爰邵说："按照《周易》的卦象，山上有水为《蹇》卦，《蹇》卦的卜辞说：'《蹇》卦利于西南，不利东北。'孔子说：'利西南，去那里能够建功；不利东北，它的路是走不通的。'这次征蜀必获成功，大概难以归还了！"邓艾怅然失意，闷闷不乐。

晋武帝司马炎泰始元年（265），晋朝建立，下诏说："从前太尉王凌密谋废黜魏齐王曹芳，而齐王最终也没有保住帝位。征西将军邓艾，自恃有功丧失节操，实在应当处死。然而接到被捕诏书的时候，遣散其部下，束手就擒，与那些贪图活命就造反的人，确实不同。如今王凌、邓艾的家属得到大赦可以从流放地返回中原，如果没有子孙可以允许他们选立继承人，使他们的祭祀不至于断绝。"泰始三年（267），议郎段灼上疏为邓艾申诉说："邓艾怀有至诚的忠心反而背负了反叛的名声，立下平定巴蜀的大功却父子多人皆被诛杀,臣下我私下里哀悼悲伤。可惜啊,说邓艾是反叛!邓艾性情刚烈急躁,常轻易触犯雅正士大夫与流俗之人,不能团结统一同僚朋辈,所以没有人肯为他申诉冤情。请听臣下我放胆陈述邓艾没有谋反的情状。从前姜维怀有攻占陇山以西地区的志向,邓艾修整兵械严加防守,积蓄粮草,训练军队。遇到大旱之年,邓艾推行区种的方法,亲自身披黑色衣,手执耕地翻土的农具,为将士做表率。将士上下深受鼓舞,没有不尽力的。邓艾持符节守卫边疆,统率上万的人马,而不以奴仆般的劳作为难事,从事士兵、百姓的差役,若不是秉持节义、忠勤为国的人,谁能如此?因而在落门、段谷的两次战役中,邓艾皆能以少胜多,击败强盛的敌人。先皇司马昭认为邓艾可以担当大事,将朝廷预先制定克敌制胜谋略的重任委托于他,并且授予他统军的权力。邓艾一接受军令就舍身忘己,于是包裹马足,挂牢车子,投身于生死未卜的巴蜀崇山之中,气概英勇,志气高超,统领将士们乘势强攻,令刘禅君臣上下双手反绑于背而面向前投降,两手在胸前相交以示恭敬地下跪。至此邓艾功成名就,应当记录在史书上,万世流传。他已经是七十岁的老翁了,谋反还想得到什么!邓艾确实凭借国家养育的恩情,毫无躲避嫌疑的用心,假托君命,秉承皇帝旨意而便宜行事,从国家的高度着眼,以便暂时安定局面;虽然有违于通常的规矩,但并没有违背《春秋》大义,推究本意而定罪,总有可以讨论的馀地。钟会妒忌邓艾的威名远扬,对邓艾捏造罪名加以迫害。邓艾因忠诚而遭受诛杀,因诚信反而受到怀疑,被斩首在街头示众,他的几个儿子也同被斩杀,看见的人无不流涕,听说的人也叹息连声。陛下代魏称帝,阐扬光大,胸怀开阔,气量宽宏,消除以前的诸多猜忌,即使被处死刑的家属,也不拘常例予以任用。从前秦国的百姓怜悯白起无罪被杀,春秋时的吴国人悲伤伍子胥蒙冤而死,都为他们立祠祭祀。如今天下的百姓都为邓艾伤心并沉痛地引为恨事,也如同上述情事。臣下我认为邓艾身首分开，被抛弃在荒野之中，应当为他收敛尸骨，归还他的田产与住宅给他的遗属，以邓艾平定西蜀的功劳，让他的孙子承继封典，盖棺论定并赐予谥号，邓艾就死而无憾了。赦免黄泉之下的冤魂，使后世人都感激陛下的信义，礼葬一人而令天下人仰慕他的德行，使一灵魂安息而令天下人归附正义，如此做并不费事却可以博取大众的欢心。"晋武帝泰始九年（273），司马炎下诏说："邓艾立下功勋，受处罚时并不逃避，其孙辈人成为平民，朕时常哀怜他们。现要任命他的嫡孙邓朗为郎中。"

邓艾在陇西时，在边塞险要处建造防御用的工事，修筑起作为屏障的小型城堡。晋武帝泰始（265~274）年间，羌人地方武装发动叛乱，屡次杀害刺史，凉州的交通断绝。那些得以安全存活的官兵、百姓，都仰仗邓艾所修筑的小型城堡。

邓艾故乡荆州当时有名的人物南阳郡人州泰，也有建功立业的志向，善于用兵打仗，官至征虏将军、假节都督江南诸军事。魏元帝景元二年（261）去世，追赠卫将军，谥号壮侯。

钟会传

附王弼

[题解]

传见《三国志》卷二八《魏书二十八》。钟会（225～264），字士季，颍川郡长社县（今河南长葛东）人，钟繇之子。自幼聪慧，颇有才干，且精通玄学。由于出身名门，因而仕途通畅，历官中书侍郎、黄门侍郎，在从大将军司马昭征讨诸葛诞的过程中，善于出谋划策，时人比之为西汉的张良，迁司隶校尉。景元四年（263），钟会以镇西将军统兵十馀万，与邓艾等分路征蜀，在剑阁遭到蜀将姜维的抵抗。幸亏邓艾取道阴平，袭击成都成功，蜀汉覆亡，主将姜维投降钟会。钟会因功进位司徒，却又妒忌邓艾之功，诬告其谋反，阴谋得逞后，即欲与姜维合力谋反，割据蜀地，无奈其部下不愿，发生兵变，钟会最终被乱兵所杀。"成王败寇"，后人评论钟会之败，有居功跋扈说、野心膨胀说、自我保护说、司马氏阴谋说、性格缺陷说，等等，不一而足。钟会何以反叛司马氏，《晋书·张华传》中冯紞与晋武帝司马炎的一次对话专门探讨了这一问题。冯紞认为"钟会之衅，颇由太祖（司马懿）"，原因是："钟会才见有限，而太祖夸奖太过，嘉其谋猷，盛其名器，居以重势，委以大兵，故使会自谓算无遗策，功在不赏，辀张跋扈，遂构凶逆耳。向令太祖录其小能，节以大礼，抑之以权势，纳之以轨则，则乱心无由而生，乱事无由而成矣。"平心而论，钟会聪明才智非同小可，居张良之位或可顺风顺水，一旦欲做刘邦则捉襟见肘了。况且他恃才傲物，不善交结，谗杀名士嵇康即为一例。心胸不够开阔，临事缺乏果断，安得不败？

钟会字士季，颍川长社人①，太傅繇小子也②。少敏惠夙成③。中护军蒋济著论④，谓："观其眸子⑤，足以知人。"会年五岁，繇遣见济，济甚异之，曰："非常人也。"及壮⑥，有才数技艺⑦，而博学精练名理⑧，以夜续昼，由是获声誉。正始中⑨，以为秘书郎⑩，迁尚书中书侍郎⑪。高贵乡公即尊位⑫，赐爵关内侯⑬。

[注释]

①颍川：即颍川郡，秦始皇十七年（前230）置，治所在阳翟县（今河南禹州市），西汉高帝五年（前202）改为韩国，翌年复为颍川郡。辖境相当于今河南登封、宝丰以东，尉氏、鄢城以西，新密以南，叶县、舞阳以北地。长社：即长社县，秦置，属颍川郡，治所在今河南长葛市东北。

②太傅繇（yáo 瑶）：即钟繇（151～230），字元常，东汉颍川长社（今河南长葛东）人。东汉末为黄门侍郎，曹操执政后任侍中司隶校尉，持节督关中诸军。建安二十一年（216）曹操封魏王，以他为魏相国。曹丕代汉称帝，任廷尉，迁太尉。魏明帝时，迁太傅。古代著名书法家，是隶书向楷书转变时代的开先河人物，与晋王羲之并称"钟王"。《三国志》卷一三有传。太傅，官名。天子近臣，其职为善导天子，无具体政务，多为优遇大臣的一种荣典，一般以年高有德者任之。

③敏惠：亦作"敏慧"，谓聪明。夙（sù 素）成：早成，早熟。裴注引会为其母传曰："夫人张氏，字昌蒲，太原兹氏人，太傅定陵成侯之

命妇也。世长吏二千石。夫人少丧父母，充成侯家，修身正行，非礼不动，为上下所称述。贵妾孙氏，摄嫡专家，心害其贤，数谮毁无所不至。孙氏辨博有智巧，言足以饰非成过，然竟不能伤也。及妊娠，愈更嫉妒，乃置药食中，夫人中食，觉而吐之，瞑眩者数日。或曰：'何不向公言之？'答曰：'嫡庶相害，破家危国，古今以为鉴诫。假如公信我，众谁能明其事？彼以心度我，谓我必言，固将先我；事由彼发，顾不快耶！'遂称疾不见。孙氏果谓成侯曰：'妾欲其得男，故饮以得男之药，反谓毒之！'成侯曰：'得男药佳事，暗于食中与人，非人情也。'遂讯侍者具服，孙氏由是得罪出。成侯问夫人何能不言，夫人言其故，成侯大惊，益以此贤之。黄初六年，生会，恩宠愈隆。成侯既出孙氏，更纳正嫡贾氏。"又云："臣松之按：钟繇于时老矣，而方纳正室。盖《礼》所云宗子虽七十无无主妇之义也。"又引《魏氏春秋》曰："会母见宠于繇，繇为之出其夫人。卞太后以为言，文帝诏繇复之。繇恚愤，将引鸩，弗获，餐椒致噤，帝乃止。"

④中护军蒋济：字子通（？～249），楚国平阿（今安徽怀远北）人。曹操秉政时任主簿，魏主曹芳时官至太尉。曾协助司马懿发动政变，后自以失信于曹爽，忧病而亡。《三国志》卷一四有传。中护军，官名。东汉即置中护军，曹操为丞相置护军，建安十二年（207）改中护军，执掌禁兵，地位略低于中领军。著论：谓著述或撰文。

⑤眸（móu谋）子：瞳人，亦泛指眼睛。《孟子·离娄上》："存乎人者，莫良于眸子，眸子不能掩其恶。"

⑥壮：男子三十为"壮"。即壮年。后泛指成年。《礼记·曲礼上》："人生十年曰幼学；二十曰弱冠；三十曰壮，有室。"

⑦才数：才略本领。技艺：富于技巧性的武艺、工艺或艺术等。

⑧精练：精研熟悉。名理：特指魏晋及其后清谈家辨析事物名和理的

是非同异，属于魏晋玄学范畴。

⑨正始：魏齐王曹芳年号（240～249）。

⑩秘书郎：官名。三国时置，秘书监、令的属吏。管理宫廷中图书经籍，负责校对补残。秩四百石，第六品。

⑪尚书中书侍郎：官名。尚书台中书侍郎，负责起草诏令、诰命等文书。裴注引《世语》曰："司马景王命中书令虞松作表，再呈辄不可意，命松更定。以经时，松思竭不能改，心苦之，形于颜色。会察其有忧，问松，松以实答。会取视，为定五字。松悦服，以呈景王，王曰：'不当尔邪，谁所定也？'松曰：'钟会。向亦欲启之，会公见问，不敢饕其能。'王曰：'如此，可大用，可令来。'会问松王所能，松曰：'博学明识，无所不贯。'会乃绝宾客，精思十日，平旦入见，至鼓二乃出。出后，王独拊手叹息曰：'此真王佐材也！'松字叔茂，陈留人，九江太守边让外孙。松弱冠有才，从司马宣王征辽东，宣王命作檄，及破贼，作露布。松从还，宣王辟为掾，时年二十四，迁中书郎，遂至太守。松子濬，字显弘，晋廷尉。"又云："臣松之以为：钟会名公之子，声誉夙著，弱冠登朝，已历显位，景王为相，何容不悉，而方于定虞松表然后乃蒙接引乎？设使先不相识，但见五字而便知可大用，虽圣人其犹病诸，而况景王哉！"

⑫高贵乡公：即曹髦（241～260），字彦士，谯（今安徽亳州市）人，曹丕之孙，东海定王曹霖之子。封高贵乡公。魏嘉平六年（254），魏主曹芳被废为齐王，司马师迎立曹髦为帝。甘露五年（260），因不满司马昭专权，亲率殿中宿卫苍头童仆讨昭，被杀。《三国志》卷四有传。尊位：指帝位。

⑬关内侯：封爵名。汉代封爵二十级的第十九级，仅次于列侯，有俸禄而无封地。

毌丘俭作乱①，大将军司马景王东征②，会从，典知密事③，卫将军司马文王为大军后继④。景王薨于许昌⑤，文王总统六军⑥，会谋谟帷幄⑦。时中诏敕尚书傅嘏⑧，以东南新定，权留卫将军屯许昌为内外之援⑨，令嘏率诸军还。会与嘏谋，使嘏表上，辄与卫将军俱发，还到洧水南屯住⑩。于是朝廷拜文王为大将军、辅政，会迁黄门侍郎⑪，封东武亭侯⑫，邑三百户。

[注释]

①毌（guàn 贯）丘俭：字仲恭（？~255），三国魏河东闻喜（今属山西）人。仕魏，历任幽州刺史、扬州都督、镇东将军。司马师废立魏主，毌丘俭与扬州刺史文钦起兵讨司马师，兵败被杀。毌丘，复姓。《三国志》卷二八有传。

②大将军司马景王：即司马师（208~255），字子元，河内温县（今河南温县西）人，司马懿长子。魏齐王曹芳正始十年（249），参与诛杀曹爽集团，任卫将军。嘉平三年（251），司马懿死，任抚军大将军，录尚书事，次年为大将军，专国政。嘉平六年（254）废曹芳，立高贵乡公曹髦为帝。次年讨伐毌丘俭、文钦等反叛势力，回师途中目疾发作，卒于许昌。其侄司马炎代魏称帝，建立晋朝，追尊他为景帝。《晋书》卷二有传。大将军，将军的最高称号，执掌统兵征伐。东汉大将军多由贵戚担任，是中央政府的实际掌权者，权位、俸禄皆超越三公。三国时为第一品。

③典：掌管，主持。

④卫将军司马文王：即司马昭（211~265），字子上，河内温县（今河南温县西）人，司马懿次子。年轻时即随父征战，其兄司马师死，任大

将军，录尚书事，杀魏主曹髦，立常道乡公曹奂为帝，发兵大举攻蜀，封晋公，进位相国。蜀亡后，进爵晋王。咸熙二年（265）八月卒，其子司马炎嗣位，同年十二月，司马炎代魏称帝，建立晋朝，追尊其父为文帝。《晋书》卷二有传。卫将军，西汉文帝始置此官，位亚三司，在将军中，次于大将军、骠骑将军、车骑将军。

⑤薨（hōng 轰）：死的别称。自周代始，人之死亡，有尊卑之分，"薨"以称诸侯之死。《礼记·曲礼下》："天子死曰崩，诸侯曰薨，大夫曰卒，士曰不禄，庶人曰死。"许昌：即许县，秦置，属颍川郡，治所在今河南许昌市东三十六里古城。三国魏黄初二年（221），改为许昌县。

⑥总统：总揽，总管。六军：天子所统领的军队。《周礼·夏官·序官》："凡制军，万有二千五百人为军。王六军，大国三军，次国二军，小国一军。"

⑦谋谟（mó 膜）：谋划，制定谋略。帷幄（wò 握）：谓将帅的幕府、军帐。

⑧中诏：宫中直接发出的帝王亲笔诏令。敕（chì 赤）：古时自上告下之词。汉时凡尊长告诫后辈或下属皆称敕。尚书傅嘏（jiǎ 假）：字兰石（209～255），北地泥阳（今甘肃宁县西南）人，傅巽之侄。历官黄门侍郎、从事中郎、尚书，守尚书仆射，封阳乡侯。卒谥元侯，追赠太常。《三国志》卷二一有传。尚书，官名。少府的属官，居宫禁之内，在皇帝身边主管诏令文书。东汉时，尚书成为代表君王意志的近臣，有官署在宫禁之内，称尚书台。尚书首脑为尚书令，秩千石。

⑨卫将军：指代司马昭。

⑩雒（luò 洛）水：即洛水，今河南洛河，黄河支流，流经洛阳南郊。钟会献计傅嘏不服从"中诏"而与司马昭一同回驻洛阳，意在迅速填补司马师去世后出现的中央权力真空，同时也为两人投靠司马昭表明了

心计。

⑪黄门侍郎：官名。又称给事黄门侍郎、黄门郎，少府的属官。为皇帝身边侍从，出入宫禁内外通报传递；诸王在殿上朝见天子，引王就座，秩六百石，三国时为第五品。

⑫东武亭侯：封爵名，属于列侯中的亭侯。东武，县名，三国魏属城阳郡（治今山东诸城市）。亭，秦汉时乡以下、里以上的行政机构。此封爵即以东武县的一亭为其食邑。

甘露二年①，征诸葛诞为司空②，时会丧宁在家③，策诞必不从命④，驰白文王。文王以事已施行，不复追改⑤。及诞反，车驾住项⑥，文王至寿春⑦，会复从行。

[注释]

①甘露二年：即公元257年。甘露，魏高贵乡公曹髦的第二个年号。

②征：征召，征聘。诸葛诞：字公休（？～258），琅邪阳都（今山东沂南南）人，诸葛亮族弟。仕魏，任扬州刺史、镇南将军，在镇压毌丘俭等反叛势力后，任征东大将军。后因抗命司马昭，曾向吴国求援，终被围困于寿春，突围时被杀。《三国志》卷二八有传。司空：官名。三公之一。西汉时称大司空，与大司徒、大司马并称三公。东汉改称司空，掌监察、执法，兼掌重要文书图籍，第一品。设置府署，属官与太尉、司徒相同。三国时司空仍为三公，第一品，系虚衔。

③丧宁：这里谓守其生母之丧。详下引裴注。《汉书·哀帝纪》："博士弟子父母死，予宁三年。"唐颜师古注："宁，谓处家持丧服。"

④策：测度。《孙子·虚实》："策之而知得失之计。"必不从命：诸

葛诞在反叛者王凌、毌丘俭被诛灭后，内不自安。《三国志·诸葛诞传》："朝廷微知诞有自疑心，以诞旧臣，欲入度之。二年五月，征为司空。诞被诏书，愈恐，遂反。"

⑤不复追改：裴注云："会时遭所生母丧。其母传曰：'夫人性矜严，明于教训，会虽童稚，勤见规诲。年四岁授《孝经》，七岁诵《论语》，八岁诵《诗》，十岁诵《尚书》，十一诵《易》，十二诵《春秋左氏传》《国语》，十三诵《周礼》《礼记》，十四诵成侯《易记》，十五使入太学问四方奇文异训。谓会曰："学猥则倦，倦则意怠；吾惧汝之意怠，故以渐训汝，今可以独学矣。"雅好书籍，涉历众书，特好《易》《老子》，每读《易》孔子说鸣鹤在阴、劳谦君子、籍用白茅、不出户庭之义，每使会反覆读之，曰："《易》三百馀爻，仲尼特说此者，以谦恭慎密，枢机之发，行己至要，荣身所由故也，顺斯术已往，足为君子矣。"正始八年，会为尚书郎，夫人执会手而诲之曰："汝弱冠见叙，人情不能不自足，则损在其中矣，勉思其戒！"是时大将军曹爽专朝政，日纵酒沉醉，会兄侍中毓宴还，言其事。夫人曰："乐则乐矣，然难久也。居上不骄，制节谨度，然后乃无危溢之患。今奢僭若此，非长守富贵之道。"嘉平元年，车驾朝高平陵，会为中书郎，从行。相国宣文侯始举兵，众人恐惧，而夫人自若。中书令刘放、侍郎卫瓘、夏侯和等家皆怪问："夫人一子在危难之中，何能无忧？"答曰："大将军奢僭无度，吾常疑其不安。太傅义不危国，必为大将军举耳。吾儿在帝侧何忧？闻且出兵无他重器，其势必不久战。"果如其言，一时称明。会历机密十馀年，颇豫政谋。夫人谓曰："昔范氏少子为赵简子设伐邯之计，事从民悦，可谓功矣。然其母以为乘伪作诈，末业鄙事，必不能久。其识本深远，非近人所言，吾常乐其为人。汝居心正，吾知免矣。但当修所志以辅益时化，不忝先人耳。常言人谁能皆体自然，但力行不倦，抑亦其次。虽接鄙贱，必以言信。取与之

间，分画分明。"或问："此无乃小乎?"答曰："君子之行，皆积小以致高大，若以小善为无益而弗为，此乃小人之事耳。希通慕大者，吾所不好。"会自幼少，衣不过青绀，亲营家事，自知恭俭。然见得思义，临财必让。会前后赐钱帛数百万计，悉送供公家之用，一无所取。年五十有九，甘露二年二月暴疾薨。比葬，天子有手诏，命大将军高都侯厚加赗赠，丧事无巨细，一皆供给。议者以为公侯有夫人，有世妇，有妻，有妾，所谓外命妇也。依《春秋》成风、定姒之义，宜崇典礼，不得总称妾名，于是称"成侯命妇"。殡葬之事，有取于古制，礼也。'"

⑥车驾：帝王所乘的车。这里指代魏高贵乡公曹髦。项：即项县，秦置，属陈郡，治所即今河南沈丘县，西汉属汝南郡。

⑦寿春：即寿春县，治所在今安徽寿县，秦汉为九江郡、淮南国治所，三国魏为扬州治所。

初，吴大将全琮①，孙权之婚亲重臣也②，琮子怿、孙静，从子端、翩、缉等③，皆将兵来救诞。怿兄子辉、仪留建业④，与其家内争讼⑤，携其母，将部曲数十家渡江⑥，自归文王。会建策⑦，密为辉、仪作书，使辉、仪所亲信赍入城告怿等⑧，说吴中怒怿等不能拔寿春⑨，欲尽诛诸将家，故逃来归命⑩。怿等恐惧，遂将所领开东城门出降⑪，皆蒙封宠⑫，城中由是乖离⑬。寿春之破，会谋居多，亲待日隆，时人谓之子房⑭。军还，迁为太仆⑮，固辞不就。以中郎在大将军府管记室事⑯，为腹心之任。以讨诸葛诞功，进爵陈侯⑰，屡让不受。诏曰："会典综军事⑱，参同计策⑲，料敌制胜⑳，有谋谟之勋，而推宠固让，辞指款实㉑，前后累重㉒，志不可夺。夫成功不处，古人所重，其听会所执，以成其美。"迁司隶校尉㉓。虽在外司㉔，时政损益㉕，当世与夺㉖，无不综典。嵇康等见诛㉗，皆会谋也。

[注释]

①吴大将全琮（cóng从）：字子璜（？～249），吴郡钱唐（今浙江杭州西）人。历任奋威校尉、绥南将军、假节领九江太守、卫将军，封钱唐侯，迁右大司马、左军师，尚公主。《三国志》卷六〇有传。

②婚亲：全琮于吴黄龙元年（229）娶孙权大女儿为妻，为督帅，养威持重。重臣：国家倚重的、有崇高声望的大臣。

③从（zòng纵）子：侄儿。

④建业：即建业县，东汉建安十七年（212），孙权改秣陵县置，为丹阳郡治，治所石头城（今江苏南京市清凉山）。三国吴黄龙元年（229），自武昌（今湖北鄂州市）迁都于此，形势胜于武昌。

⑤争讼：谓因争论而诉讼。

⑥部曲：这里谓古代豪门大族的私人军队，带有人身依附性质。江：长江。

⑦建策：出谋献策，制定策略。

⑧亲信：指亲近信任的人。赍（jī基）：携带。

⑨吴中：今江苏苏州市吴中区一带。亦泛指吴地。

⑩归命：归顺，投诚。

⑪所领：谓自己所统领的军队。

⑫封宠：封赏宠赐。

⑬乖离：背离。

⑭子房：即张良（约前250～前186），字子房，先世为战国时韩国人。他作为谋士，在辅佐刘邦统一天下的过程中，起过重要作用。以功封

留侯，卒谥文成侯。《史记》卷五五、《汉书》卷四〇皆有传。据《史记·高祖本纪》，刘邦曾说："运筹策帷帐之中，决胜于千里之外，吾不如子房。"

⑮太仆：官名。汉代九卿之一，主管皇帝的车辆、马匹；皇帝出行，太仆亲自为皇帝御车，兼管官府的畜牧业，秩中二千石。

⑯中郎：这里当谓从事中郎，官名。东汉三国时，三公及将军、州牧所置属官，其职为参谋政务军事，秩千石、六百石不等。三国时为第六品。记室：官名。诸王、三公及大将军的属官，职掌章表书记文檄。亦称记室令史、记室督、记室参军，第七品。

⑰陈侯：封爵名，属列侯中的县侯，食邑陈县。陈县，春秋楚灭陈国置，东汉为陈郡治，即今河南淮阳县。

⑱典综：犹总管。

⑲参同：共同参加。计策：谋划，策略。

⑳料敌制胜：准确判断敌情，采取相应的对策战胜之。

㉑辞指：即"辞旨"，文辞或话语所表达出的含义、感情色彩和风格。款实：真诚，朴实。

㉒累重：堆积繁多，厚重。

㉓司隶校尉：官名。负责维护京师治安，纠察京师除三公以外的百官违法者，并治理司隶州所辖各郡，统率一支人数达一千二百名的军队，秩比二千石。东汉末，位尊权重，与御史中丞、尚书台并称"三独坐"。魏晋沿置。

㉔外司：谓在朝廷以外的地方任职。

㉕损益：兴革。

㉖与夺：赐予和剥夺，奖励和惩罚。

㉗嵇康：字叔夜（224~263），谯国铚县（今安徽省濉溪县）人。三

国时期曹魏思想家、音乐家、文学家。身长七尺八寸，容止出众。娶魏武帝曹操曾孙女长乐亭主为妻，拜郎中，调中散大夫，世称"嵇中散"。后隐居不仕，屡拒为官。因得罪司隶校尉钟会，遭其构陷，而被大将军司马昭处死，时年四十岁。有《嵇康集》传世。《晋书》卷四九有传。

  文王以蜀大将姜维屡扰边陲①，料蜀国小民疲，资力单竭②，欲大举图蜀。惟会亦以为蜀可取，豫共筹度地形③，考论事势④。景元三年冬⑤，以会为镇西将军、假节都督关中诸军事⑥。文王敕青、徐、兖、豫、荆、扬诸州⑦，并使作船，又令唐咨作浮海大船⑧，外为将伐吴者⑨。四年秋，乃下诏使邓艾、诸葛绪各统诸军三万馀人⑩，艾趣甘松、沓中连缀维⑪，绪趣武街、桥头绝维归路⑫。会统十馀万众，分从斜谷、骆谷入⑬。先命牙门将许仪在前治道⑭，会在后行，而桥穿，马足陷，于是斩仪。仪者，许褚之子⑮，有功王室，犹不原贷⑯。诸军闻之，莫不震竦⑰。蜀令诸围皆不得战⑱，退还汉、乐二城守⑲。魏兴太守刘钦趣子午谷⑳，诸军数道平行，至汉中㉑。蜀监军王含守乐城㉒，护军蒋斌守汉城㉓，兵各五千。会使护军荀恺、前将军李辅各统万人㉔，恺围汉城，辅围乐城。会径过，西出阳安口㉕，遣人祭诸葛亮之墓㉖。使护军胡烈等行前㉗，攻破关城，得库藏积谷。姜维自沓中还，至阴平㉘，合集士众，欲赴关城。未到，闻其已破，退趣白水㉙，与蜀将张翼、廖化等合守剑阁拒会㉚。会移檄蜀将吏士民曰㉛：

[注释]

  ①边陲（chuí垂）：犹边境。

②资力:物力、财力或人力。单竭:罄尽。单,通"殚"。

③豫:通"与"。参与。筹度(duó夺):谋划,想办法。

④考论:考查论证。事势:情势,形势。

⑤景元三年:即公元262年。景元,魏元帝曹奂的第一个年号(260~264)。

⑥镇西将军:东汉末所置将军名,为镇东、镇西、镇南、镇北等"四镇"将军之一,职掌征战讨伐,属于杂号将军,位在左将军等常设将军之下。三国时成为常设将军,官位上升为第二品,次于"四征"将军。假节:东汉末至三国,掌地方军政的官往往加使持节、持节或假节的称号。使持节得诛杀中级以下官吏,持节得杀无官职的人,假节得杀犯军令者。都督:总领,统领。关中:地区名,即今陕西关中盆地,因东有函谷关,南有武关,北有萧关,西有散关,地处四关之中,故称。

⑦敕(chì赤):古时自上告下之词。汉魏凡尊长告诫后辈或下属皆称敕。青:即青州,西汉武帝所置十三刺史部之一,东汉治所临淄县(治今山东淄博市临淄北),辖境相当于今山东德州市、齐河县以东,马颊河以南,济南、临朐、安丘、高密、莱阳、栖霞、乳山等市县以北、以东与河北吴桥县地。徐:即徐州,汉武帝所置十三刺史部之一,辖境相当于今山东东南部与江苏长江以北地区,东汉时治所在郯县(今山东郯城)。三国魏移治于彭城(今江苏徐州)。兖:即兖州,西汉武帝时置,为十三刺史部之一,辖境相当于今山东西南部与河南东部地区,北至茌平、莱芜,东至沂水流域,东南至莒县、平邑、兖州、鱼台、单县,南至鹿邑、淮阳、扶沟等市县,西南至开封、濮阳等地。东汉治所昌邑县(今山东巨野东南)。豫:即豫州,西汉武帝时置,为十三刺史部之一,辖境相当于今淮河以北、伏牛山以东豫东、皖北地,东汉治所谯县(今安徽亳州市),三国魏移治安城县(今河南正阳县东北南汝河西南岸)。荆:即荆州,西

钟会传 | 749

汉元封五年（前106）所置十三刺史部之一，辖郡七、县一百一十七，治所汉寿县。汉末移治襄阳县（今湖北襄阳），辖境相当于今湖北、湖南大部以及河南、贵州、广东、广西等一小部分。三国时魏、吴均置荆州，辖境相当于原荆州。魏荆州治所新野（今属河南），吴荆州治所江陵（今属湖北）。扬：即扬州，西汉武帝置，为十三刺史部之一，辖境相当于今安徽淮水与江苏长江以南及江西、浙江、福建三省，湖北英山、黄梅、广济，河南固始、商城等县市地。东汉时治所历阳（今安徽和县），末年移治寿春（今安徽寿县）、合肥（今安徽合肥市西北）。

⑧唐咨：利城（今江苏赣榆西）人（生卒年不详），魏文帝黄初中，据郡起事，失败后逃往吴国，官至左将军，封侯，持节。后助诸葛诞拒魏，兵败降魏，拜安远将军。《三国志》卷二八有传。浮海大船：能够航海的大船。

⑨"外为"句：对外宣称将讨伐东吴。

⑩邓艾：字士载（197～264），义阳棘阳（今河南新野东北）人。历官征西将军，与钟会分兵伐蜀，邓艾从阴平小道偷袭成都，蜀后主刘禅投降，以功晋太尉。旋为钟会所诬告谋反，被杀，详见本书所选《邓艾传》。诸葛绪：魏国将领（生卒年不详），历任泰山太守、雍州刺史。

⑪甘松：地名。故址在今甘肃迭部县一带。沓中：地名。在今甘肃迭部县境。连缀：《邓艾传》作"缀连"，义同。谓连属。这里是加以牵制的意思。

⑫武街：地名，即汉下辨县。在今甘肃成县西北三十里。桥头：地名。在今甘肃文县东南白龙江畔。

⑬斜（yé爷）谷：山谷名。位于陕西省终南山。谷有二口，南曰褒，北曰斜，故亦称褒斜谷。全长四百七十里。两旁山势峻险。扼关陕而控川蜀，古来为兵家必争之地。骆谷：在今陕西周至县西南，谷长四百馀里，

为关中与汉中之间的交通要道。

⑭牙门将许仪：魏国将领（？～263），谯（今安徽亳州市）人，许褚之子。魏景元四年（263），在魏征讨西蜀中，被钟会所杀。牙门将，三国时设置的将军名，即牙门将军，第五品。

⑮许褚：字仲康（生卒年不详），谯（今安徽亳州市）人。随曹操转战南北，侍卫左右，作战勇猛，曾屡救曹操于危难。历官武卫中郎将、武卫将军，封牟乡侯。约卒于魏明帝时，谥壮侯。《三国志》卷一八有传。

⑯原贷：宽恕，免罪。

⑰震竦（sǒng 耸）：震惊，惊惧。

⑱围：在营垒外用土石或树木等构成的防御设施。

⑲汉：即汉城，在今陕西勉县东，西汉为沔阳县治。乐：即乐城，在今陕西城固县东八里，秦汉为成固县治。晋常璩《华阳国志》："蜀时以沔阳为汉城，城固为乐城。"

⑳魏兴太守刘钦：生平不详。魏兴，即魏兴郡，三国魏改西城郡置，属荆州，治所西城县（今陕西安康市西北四里汉水北岸），辖境相当于今陕西山阳、柞水、宁陕等县以南，石泉、紫阳二县以东，岚皋、平利、白河等县以北，湖北郧县、郧西县以西地。后移治洵口（今陕西旬阳县附近）。子午谷：位于今陕西西安市长安区南，北口有子午镇，为关中南通汉中之要道。子为北方，午为南方，此道通南北，故称"子午谷"。三国时为魏、蜀交争的重要通道。

㉑汉中：即汉中郡，战国秦惠王更元十三年（前312）置，治所南郑县（今陕西汉中市东），因水为名，辖境相当于今陕西秦岭以南，留坝、勉县以东，乾祐河流域以及湖北郧县、保康以西，米仓山、大巴山以北地。东汉末为张鲁所据，改为汉宁郡。建安二十年（215）复改汉中郡。

㉒蜀监军王含：生平不详。监军，官名。古代多为临时差遣，事毕即

钟会传 | 751

罢。汉代有监军御史。

㉓护军蒋斌：零陵湘乡（今属湖南）人（？～264），蜀大司马蒋琬长子。历官绥武将军、汉城护军，驻守汉城，因兵少降魏，随钟会至成都，为乱兵所杀。《三国志》卷四四有传。护军，官名，汉置，三国时诸要镇及将军领兵出征时亦置，称诸护军，第六品。

㉔护军荀恺：颍川颍阴（今河南许昌）人（生卒年不详），荀彧子荀恽之孙。历任护军。晋武帝时官侍中。前将军李辅：生平不详。前将军，东汉三国时常设的前、后、左、右四将军之一。位次九卿，三国时为第三品，开府治事，设属官。

㉕阳安口：即阳安关，位于今陕西宁强县西北阳平关镇。下文"关城"即指此。此城东西径二里，南倚鸡公山，北傍嘉陵江，形势险要。后世又称阳平关。

㉖诸葛亮之墓：又称武侯墓，在今陕西汉中市勉县定军山下，位于汉中盆地西端。蜀建兴十二年（234），蜀汉诸葛亮与魏司马懿对峙于渭河两岸，诸葛亮病逝于五丈原军中，即葬于此。北魏郦道元《水经注·沔水》："诸葛亮之死也，遗令葬于其山，因即地势，不起坟垄，惟深松茂柏，攒蔚川阜，莫知墓茔所在。"今武侯墓区，岗峦起伏，山环水抱，现存墓冢为后世起封，地面建筑为明清建筑。尚存明万历二十二年（1594）陕西按察使金陵赵健所立的"汉丞相诸葛忠武侯之墓"的墓碑。

㉗护军胡烈：字玄武（220～270），安定临泾（今甘肃镇原东南）人，魏车骑将军胡遵之子，镇军大将军胡奋之弟。魏景元四年（263），随镇西将军钟会伐蜀，任护军。蜀亡后，胡烈在平定钟会谋反中曾起决定作用，钟会即被胡烈子胡渊所攻杀。入晋，任秦州刺史，在秦凉之变中被杀。《晋书》卷五七有传。

㉘阴平：即阴平县，三国魏改阴平道置，为阴平郡治，治所在今甘肃

文县西北五里。

㉙白水:即白水县,西汉置,属广汉郡,治所在今四川青川县东北沙州镇。三国蜀属梓潼郡。

㉚张翼:字伯恭(?~264),犍为武阳(今四川彭山东)人。刘备为益州牧,举孝廉入仕,历官涪陵令、蜀郡太守、绥南中郎将、前领军、征西大将军、镇南大将军、左车骑将军,领冀州刺史,拜封都亭侯,后与姜维同降钟会,随入成都,为乱兵所杀。《三国志》卷四五有传。廖化:本名淳,字元俭(?~264),襄阳(治今湖北襄阳)人。初为关羽主簿,羽败后归吴,不久逃归蜀汉,历任宜都太守、丞相参军。蜀亡后,徙洛阳途中病卒。《三国志》卷四五有传。剑阁:位于今四川剑阁县东北剑门镇剑门关。晋常璩《华阳国志》卷二《汉中志》:"(汉德县)有剑阁道三十里,至险,有阁尉。"

㉛移檄(xí席):谓发布文告晓示。

往者汉祚衰微①,率土分崩②,生民之命,几于泯灭③。太祖武皇帝神武圣哲④,拨乱反正⑤,拯其将坠,造我区夏⑥。高祖文皇帝应天顺民⑦,受命践阼⑧。烈祖明皇帝奕世重光⑨,恢拓洪业⑩。然江山之外,异政殊俗⑪,率土齐民未蒙王化⑫,此三祖所以顾怀遗恨也⑬。今主上圣德钦明⑭,绍隆前绪⑮,宰辅忠肃明允⑯,劬劳王室⑰,布政垂惠而万邦协和⑱,施德百蛮而肃慎致贡⑲。悼彼巴蜀⑳,独为匪民㉑,愍此百姓㉒,劳役未已㉓。是以命授六师㉔,龚行天罚㉕,征西、雍州、镇西诸军㉖,五道并进㉗。古之行军,以仁为本,以义治之;王者之师,有征无战㉘;故虞舜舞干戚而服有苗㉙,周武有散财、发廪、表间之义㉚。今镇西奉辞衔命㉛，摄统戎重㉜，庶弘文告之训㉝，以济元元之命㉞，非欲穷武极战㉟，以快一朝之政㊱，故略陈安危之要，其敬听话言㊲。

[注释]

①汉祚（zuò 坐），汉朝的君位与国统。衰微：衰败，不兴旺。

②率土："率土之滨"之省。谓境域之内。

③泯（mǐn 敏）灭：灭绝，消失。

④太祖武皇帝：即曹操，建安二十五年（220）曹丕代汉立国称帝，改元黄初，追谥其父曹操为武帝；曹丕子曹叡于景初元年（237）上其祖父庙号魏太祖。神武：原谓以吉凶祸福威服天下而不用刑杀，语出《周易·系辞上》。后沿用为英明威武之意，多用以称颂帝王将相。圣哲：指超人的道德才智，亦指具有这种道德才智的人。多用以称帝王。

⑤拨乱反正：治理混乱的局面，使恢复正常。语本《公羊传·哀公十四年》："拨乱世，反诸正，莫近诸《春秋》。"

⑥造我区夏：谓在华夏行使权力。语出《尚书·周书·康诰》："用肇造我区夏。"孔传："始为政于我区域诸夏。"区夏，谓诸夏之地，指华夏、中国。

⑦高祖文皇帝：即曹丕，卒谥文皇帝，庙号高祖。故称。应天顺民：即应天顺人，语出《周易·革》："汤武革命，顺乎天而应乎人，革之时大矣哉。"后封建王朝或帝王更迭，常自称应天命、顺人心而习用此语。

⑧受命：受天之命。古帝王自称受命于天以巩固其统治。践阼（zuò 做）：即皇帝位。阼，大堂前东面的台阶。天子、诸侯、大夫、士皆以阼为主人之位。临朝觐、揖宾客、承祭祀，升降皆由此。故借指帝位。

⑨烈祖明皇帝：即曹叡，卒谥明皇帝，庙号烈祖。故称。奕世：累

世，代代。重光：比喻累世盛德，辉光相承。语出《尚书·周书·顾命》："昔君文王、武王，宣重光。"孔传："言昔先君文武，布其重光累圣之德。"

⑩恢拓：开拓扩展。洪业：大业。古时多指帝王之业。

⑪异政殊俗：谓各自为政，风俗、习俗不同。语出《诗大序》："至于王道衰，礼义废，政教失，国异政，家殊俗。"

⑫齐民：犹平民。王化：天子的教化。语出《诗大序》："《周南》《召南》，正始之道，王化之基。"

⑬三祖：谓魏太祖曹操、高祖曹丕、烈祖曹叡。顾怀：眷顾怀念。遗恨：到死还感到悔恨。

⑭圣德：犹言至高无上的道德。这里用以称帝德。钦明：敬肃明察。《尚书·虞夏书·尧典》："曰若稽古帝尧，曰放勋，钦明文思安安，允恭克让。"唐陆德明《释文》引马融曰："威仪表备谓之钦，照临四方谓之明。"后遂以"钦明"为对君主的颂词。

⑮绍隆前绪：继承发扬前人的事业。

⑯宰辅：辅政的大臣。这里指魏相国司马昭。忠肃：忠诚恭敬。明允：明察而诚信。

⑰劬（qú衢）劳：劳累，劳苦。王室：王朝，朝廷。

⑱布政：施政。万邦协和：谓所有诸侯封国和睦、融洽。语出《尚书·虞夏书·尧典》："百姓昭明，协和万邦。"

⑲百蛮：古代南方少数民族的总称，后也泛称其他少数民族。这里当指后者。肃慎：古民族名。古代居于我国东北地区。周武王、成王时曾以楛矢、石砮来贡。一般认为汉以后的挹娄、勿吉、靺鞨、女真都和它有渊源关系。致贡：即进贡，谓进献方物于帝王。

⑳悼：伤感，哀伤。巴蜀：秦汉设巴、蜀二郡，皆在今四川省。后用

为四川的别称，这里指代蜀汉政权。

㉑匪民：非人，谓不被当人看待。语出《诗经·小雅·何草不黄》："哀我征夫，独为匪民。"匪，同"非"。

㉒愍（mǐn 闽）：怜悯，哀怜。

㉓劳役：劳苦。

㉔六师：原谓周天子所统六军之师，周制一万二千五百人为师。后以为天子军队之称。

㉕龚行天罚：谓奉行上天的惩罚。语出《尚书·周书·牧誓》："今予发，惟恭行天之罚。"发，周武王姬发。龚，通"恭"，奉行。

㉖征西：谓征西将军邓艾。雍州：谓雍州刺史诸葛绪。镇西：谓镇西将军钟会。

㉗五道并进：谓邓艾趋甘松、沓中，诸葛绪趋武街、桥头，钟会从褒斜、骆谷进，刘钦从子午谷进。

㉘"王者之师"二句：谓天子征讨可令对方不战而降。语出《汉书》卷六四上所录淮南王刘安上书汉武帝："臣闻天子之兵有征而无战，言莫敢校也。"

㉙"故虞舜"句：传说虞舜通过舞干戚而令有苗来服。《淮南子》卷一一《齐俗训》："故当舜之时，有苗不服，于是舜修政偃兵，执干戚而舞之。"虞舜，五帝之一的舜先封于虞，故称虞舜。干戚，盾与斧，古代的两种兵器。亦为武舞所执的舞具。有苗，古国名，亦称三苗。尧、舜、禹时代我国南方较强大的部族，传说舜时被迁到三危。有，词头。

㉚"周武"句：据《史记·周本纪》，周武王灭殷后，至其都城朝歌采取一系列措施以争取殷民之心："已而命召公释箕子之囚。命毕公释百姓之囚，表商容之闾。命南宫括散鹿台之财，发巨桥之粟，以振贫弱萌隶。命南宫括、史佚展九鼎保玉。命闳夭封比干之墓。"散财，鹿台是殷

纣王贮藏珠玉钱帛的地方，故址在今河南汤阴朝歌镇南。周武王灭殷后将这里的财宝分发给百姓。发廪，巨桥是殷纣王储藏粮食的仓库，故仓址在今河北省曲周县东北。周武王灭殷后将这里的粮食分发给百姓。表闾，商容是殷纣王时的贤臣，殷亡后，没有接受周武王的封赠，周武王就在其居住闾巷设立标志以示表彰。

㉛奉辞衔命：谓遵照天子的诏命。

㉜摄统：总揽，总理。戎重：军事重任。

㉝庶：副词。希望，但愿。弘：光大。文告：以文德告谕。训：教诲，教导。

㉞元元：百姓，庶民。

㉟穷武：谓滥用武力。极战：苦战。

㊱一朝：一时，一旦。政（zhēng征）：征伐，征讨。政，通"征"。

㊲话言：美善之言，有道理的话。语出《诗经·大雅·抑》："其维哲人，告之话言，顺德之行。"毛传："话言，古之善言也。"

　　益州先主以命世英才①，兴兵朔野②，困踬冀、徐之郊③，制命绍、布之手④，太祖拯而济之⑤，与隆大好⑥。中更背违⑦，弃同即异⑧。诸葛孔明仍规秦川⑨，姜伯约屡出陇右⑩，劳动我边境⑪，侵扰我氐、羌⑫。方国家多故，未遑修九伐之征也⑬。今边境乂清⑭，方内无事⑮，畜力待时⑯，并兵一向⑰，而巴蜀一州之众，分张守备⑱，难以御天下之师。段谷、侯和沮伤之气⑲，难以敌堂堂之陈⑳。比年以来㉑，曾无宁岁，征夫勤瘁㉒，难以当"子来"之民㉓。此皆诸贤所亲见也。蜀相壮见禽于秦㉔，公孙述授首于汉㉕，九州之险，是非一姓㉖。此皆诸贤所备闻也。明者见危于无形，智者规祸于未萌㉒，是以微子去商，长为周宾㉘，陈平背项，立功于汉㉙。岂晏安酖毒㉚，怀禄而不变哉㉛？今国朝隆天覆之恩㉜，宰辅弘宽恕之德㉝，先惠后诛，好生恶杀。往者吴将孙壹举众内附㉞，位为上司㉟，宠秩殊异㊱。文钦、唐咨为国大害㊲，叛主仇贼㊳，还为戎首㊴。咨困逼禽获㊵，钦二子还降㊶，皆将军、封侯；咨与闻国事。壹等穷踧归命㊷，犹加盛宠，况巴蜀贤知见机而作者哉㊸！诚能深鉴成败㊹，邈然高蹈㊺，投迹微子之踪㊻，错身陈平之轨㊼，则福同古人，庆流来裔㊽。百姓士民，安堵旧业㊾，农不易亩，市不回肆㊿，去累卵之危㉑，就永安之福，岂不美与！若偷安旦夕㉒，迷而不反，大兵一发，玉石皆碎，虽欲悔之，亦无及已。其详择利害，自求多福㉓，各具宣布㉔，咸使闻知。

[注释]

①益州先主：谓刘备（161~223），字玄德，蜀汉昭烈帝，史称先主。详见本书所选《先主传》。益州，西汉元封五年（前106）置，为十三刺史部之一。公孙述改为司隶校尉，东汉复为益州，治所雒县（今四川广汉市北），兴平中移治成都（今属四川），辖郡、国十二，县一百一十八。辖境相当于今四川、云南、贵州大部以及陕西、甘肃、湖北乃至越南的一小部分。建安十九年（214），刘备攻破雒城，进围成都，刘璋出降，刘备领益州牧。命世：著名于当世。多用以称誉有治国之才者。

②朔野：谓北方。刘备系涿郡涿县（治今河北涿州市）人，并在故乡起兵。涿县属于北方，故称。

③困踬（zhì 至）冀徐：据本传，刘备以讨黄巾军有功，除冀州中山

国安喜县县尉，受到督邮刁难，愤而鞭打督邮后弃官亡命。此后领徐州牧，建安元年（196）为吕布所偷袭，刘备妻、子被虏获，讲和后，不得已投奔曹操。困蹶，受挫，颠沛窘迫。冀，即冀州，西汉武帝时置，为十三刺史部之一，辖境相当于今河北中南部、山东西段及河南北端。东汉治所在高邑县（今河北柏乡北），后又移治邺县（今河北临漳西南）。徐，即徐州，汉武帝所置十三刺史部之一，辖境相当于今山东东南部与江苏长江以北地区，东汉时治所在郯县（今山东郯城）。三国魏移治于彭城（今江苏徐州）。

④制命：掌握命运。绍：即袁绍（？~202），字本初，东汉汝南汝阳（今河南商水西南）人。建安五年（200），曹操亲征徐州，刘备大败，曾投奔袁绍。《后汉书》卷七四上有传，详见本书所选《袁绍传》。布：即吕布（？~198），字奉先东汉五原九原（今内蒙古包头市西北）人。一度投奔刘备，又背叛刘备，终为曹操所擒杀。《后汉书》卷七五有传，详见本书所选《吕布传》。

⑤拯而济之：即"拯济"，谓救助、救济。

⑥隆：尊崇，尊重。大好：谓友好，相善。

⑦背违：悖逆违反。董承受汉献帝衣带诏，密谋诛杀曹操，刘备曾参与此谋。事发后，刘备借故逃到徐州，与曹操决裂。

⑧弃同即异：谓抛弃同姓同族而亲近异姓异族。《左传·襄公二十九年》："吉也闻之，弃同即异，是谓离德。"杨伯峻注："此言弃同姓之国，而亲近异姓之国。"曹操挟天子以令诸侯，所以这里以刘备背弃曹操即为背弃汉室。

⑨仍：接续，连续。规：谋求，谋划。秦川：古地区名。泛指今陕西、甘肃的秦岭以北平原地带。因春秋、战国时地属秦国而得名。从蜀建兴六年至十二年（228~234），诸葛亮七年中五次北伐曹魏，其中两次兵

钟会传 | 759

出祁山，战场皆在今陕西、甘肃一带。

⑩姜伯约：即姜维（202~264），字伯约。陇右：古地区名，泛指陇山以西地区。古代以西为右，故名。相当于今甘肃陇山、六盘山以西，黄河以东一带。诸葛亮病逝后，姜维于蜀延熙十六年（253）后掌握兵权，曾连年在今甘肃一带与曹魏交战。

⑪劳动：使不安宁。

⑫氐羌：我国古代少数民族氐族与羌族。都居住在今西北一带。《诗经·商颂·殷武》："自彼氐、羌，莫敢不来享，莫敢不来王。"唐孔颖达疏："氐、羌之种，汉世仍存，其居在秦陇之西。"

⑬未遑：没有时间顾及，来不及。九伐：古代指对九种罪恶的讨伐。语出《周礼·夏官·大司马》："以九伐之法正邦国。"

⑭乂（yì义）清：安定平靖。

⑮方内：犹国内，域中。

⑯畜（xù蓄）力待时：谓积蓄力量以待时机。畜，通"蓄"。

⑰并兵一向：谓朝一个方向集中兵力进攻。语出《孙子·九地篇》："故为兵之事，在于顺详敌之意，并敌一向，千里杀将，是谓巧能成事也。"

⑱分张：分散，散布。守备：防守、防备。

⑲段谷：地名。在今甘肃天水市东南。侯和：地名。在今甘肃临潭县东南。沮（jǔ举）伤：挫伤，毁伤。邓艾先后在段谷与侯和两地击败蜀汉姜维的军队。详见本书所选《邓艾传》。

⑳堂堂之陈：即"堂堂之阵"，谓盛大的军队行列。《孙子·军争篇》："无邀正正之旗，勿击堂堂之阵，此治变者也。"

㉑比年：近年。

㉒征夫：从役之人，出征的士兵。勤瘁：辛苦劳累。

㉓子来：谓民心归附，如子女趋事父母，不召自来，竭诚效忠。语出《诗经·大雅·灵台》："经始灵台，经之营之。庶民攻之，不日成之。经始勿亟，庶民子来。"宋朱熹集传："文王之台，方其经度营表之际，而庶民已来作之，所以不终日而成也。虽文王心恐烦民，戒令勿亟，而民心乐之，如子趣父事，不召自来也。"

㉔蜀相壮：即陈壮（？～前309），战国时秦国附庸蜀国的国相，周赧王六年（前309），陈壮杀蜀侯通国，秦武王派甘茂、司马错等伐蜀，擒杀了陈壮等。事见晋常璩《华阳国志·蜀志》。

㉕公孙述：字子阳（？～36），扶风茂陵（今陕西兴平）人。建武元年（25），公孙述称帝于蜀，国号成家，年号龙兴。建武十二年（36）十一月，光武帝派遣吴汉攻蜀，斩杀了公孙述等。事见《后汉书·公孙述传》。授首：被杀。

㉖"九州之险"二句：意谓九州的险要地区，都不是某一姓的统治者所能长久占据的。语出《左传·昭公四年》："四岳、三涂、阳城、大室、荆山、中南，九州之险也，是不一姓。"九州，即冀、豫、雍、荆、益、兖、青、徐、扬，凡九州。

㉗规：通"窥"。窥察。

㉘"是以微子"二句：据《史记·宋微子世家》，微子，子姓，名启，殷纣王的庶兄，封于微（今山东梁山县西北）。因屡谏纣王不纳，出走。周武王伐纣，微子到军前投降，被周武王视为周的宾客，仍为卿士。周成王封微子于宋，都商丘（今河南商丘市睢阳区），建立宋国。

㉙"陈平背项"二句：据《史记·陈丞相世家》，陈平（前？～前178），阳武（今河南原阳东南）人。秦末追随项羽入关，任都尉，后背项羽归顺刘邦，为护军中尉，屡出奇谋，辅助刘邦建立汉朝，刘邦死后，傅教惠帝；吕后死后，陈平与太尉周勃合谋平定诸吕之乱，迎立代王为文

帝。官至丞相。

㉚晏安酖（zhèn 镇）毒：即"宴安鸩毒"。晏，通"宴"；酖，通"鸩"。比喻耽于逸乐而杀身。语出《左传·闵公元年》："宴安酖毒，不可怀也。"晋杜预注："以宴安比之酖毒。"鸩毒，即鸩酒，是毒酒。用鸩羽浸制，饮之立死。

㉛怀禄：谓留恋爵禄。

㉜国朝：指国家，朝廷。隆：多，丰厚。天覆：上天覆被万物。后用以称美帝王仁德广被。

㉝弘：廓大、光大。宽恕：宽大仁恕。

㉞吴将孙壹：吴郡富春（今浙江富阳）人（？～260），三国时吴宗室，孙奂之子，任征军将军，假节，夏口督，封沙羡侯，因惧孙綝加害，投魏，任车骑将军、交州牧，仪同三司，封吴侯。后为其部下所杀。内附：归附朝廷。

㉟上司：用为高级官职的通称。

㊱宠秩：谓宠爱而授以官秩。语出《左传·昭公八年》："子旗曰：'子胡然，彼孺子也。吾诲之，犹惧其不济，吾又宠秩之，其若先人何？'"殊异：不寻常。

㊲文钦：字仲若（？～257），三国魏谯郡（治今安徽亳州市）人，因与曹爽同乡，为所厚待。曹爽被诛，任扬州刺史。魏正元二年（255），与镇东将军毌丘俭在淮南起兵讨司马师，兵败降吴，任都护、幽州牧，封谯侯。后为降吴的诸葛诞所疑，被杀。

㊳叛主仇贼：背叛君主的仇敌。

㊴戎首：军队的主帅。

㊵禽获：谓被俘。唐咨为吴将军，兵败降魏，拜安远将军，并非被俘。

㊶钦二子：文钦被杀后，其两子文鸯、文虎降魏，被司马昭表为将军，赐爵关内侯。

㊷穷踧（cù 促）：窘迫，困厄。踧，通“蹙”。归命：归顺，投诚。

㊸贤知（zhì 智）：贤明多智的人。见机而作：同“见几而作”。谓事前明察事物细微的变化，抓住有利时机而有所动作。语出《周易·系辞下》：“君子见几而作，不俟终日。”唐孔颖达疏：“言君子既见事之几微，则须动作而应之。”

㊹深鉴：细加体察。

㊺邈然：高远貌。高蹈：隐居。这里有脱离西蜀政权的意思。

㊻投迹：举步前往，投身。

㊼错身：犹置身。错，通“措”。

㊽庆：福泽。《周易·坤》：“积善之家，必有馀庆；积不善之家，必有馀殃。”来裔：后世子孙。

㊾安堵：犹安居。

㊿回肆：变易店铺。

(51)累卵之危：如垒起的蛋那样危险。喻极其危险。

(52)偷安：只图目前的安逸，苟安。

(53)自求多福：自己去寻求更多的福祉。语出《诗经·大雅·文王》：“永言配命，自求多福。”

(54)各具：犹“条具”，分条开列，分条陈述。

邓艾追姜维到阴平[①]，简选精锐，欲从汉德阳入江由、左儋道诣绵竹[②]，趣成都[③]，与诸葛绪共行。绪以本受节度邀姜维[④]，西行非本诏[⑤]，遂进军前向白水，与会合。会遣将军田章等从剑阁西[⑥]，径出江由。未至百里,章先破蜀伏兵三校⑦,艾使章先登。遂长驱而前。会与绪军向剑阁,会欲专军势,密白绪畏懦不进,槛车征还⑧。军悉属会⑨,进攻剑阁,不克,引退,蜀军保险拒守。艾遂至绵竹,大战,斩诸葛瞻⑩。维等闻瞻已破,率其众东入于巴⑪。会乃进军至涪⑫,遣胡烈、田续、庞会等追维⑬。艾进军向成都,刘禅诣艾降⑭,遣使敕维等令降于会。维至广汉郪县⑮,令兵悉放器仗⑯,送节传于胡烈⑰,便从东道诣会降。

[注释]

①阴平:地名。即阴平县,三国魏改阴平道置,为阴平郡治,治所在今甘肃文县西北五里。

②汉德阳:地名。即德阳亭,为旧德阳县,东汉置,属广汉郡,治所在今四川江油市东北雁门坝一带。东汉末徙治今遂宁市东南十八里龙凤场,遂改旧县为德阳亭。江由:地名。即江由戍、江油关,在今四川平武县东南南坝镇旧州。左儋道:古道路名。位于江由沿涪江南下的江边,因道路狭窄,北来者右靠岩壁,只能以左肩担东西,故称。儋,通"担"。绵竹:即绵竹县,西汉置,属广汉郡,治所在今四川德阳市北黄许镇。

③成都:即成都县,战国秦惠王二十七年(前311)于蜀国都城成都置,为蜀郡治,治所在今四川成都市。东汉时兼为益州治,三国蜀汉建都于此。

④节度:调度,指挥。邀:阻拦,截击。

⑤本诏:谓原先接受的诏令。

⑥将军田章:魏将领。生平不详。

⑦校(jiào 叫):古代军队的一种建制。亦指军营。

⑧槛车：用栅栏封闭的车，用于囚禁犯人或装载猛兽。征：谓收捕。

⑨军悉属会：谓诸葛绪统领的军队全部归属于钟会。裴注云："按《百官名》：'绪入晋为太常、崇礼卫尉。子冲，廷尉。'"又引荀绰《兖州记》曰："冲子诠，字德林，玫字仁林，并知名显达。诠，兖州刺史。玫，侍中御史中丞。"

⑩诸葛瞻：字思远（227~263），琅邪阳都（今山东沂南南）人，诸葛亮之子。年十七，娶后主刘禅女，拜骑都尉，官至行都护、卫将军。被邓艾围困于绵竹，失利阵亡。《三国志》卷三五有传。

⑪巴：这里谓巴西郡。东汉建安六年（201）刘璋改巴郡置，属益州，治所阆中县（今四川阆中市），辖境相当于今四川阆中、武胜以东，广安、渠县以北，万源、开江以西地区。三国蜀汉章武元年（221）改为巴郡，不久复为巴西郡。晋常璩《华阳国志·刘后主志》："姜维未知后主降，谓且固城；素与执政者不平，欲使其知卫敌之难，而后逞志；乃回由巴西，出郪、五城。会被后主手令，乃投戈释甲，诣钟会降于涪。军士莫不奋激，以刃斫石。"

⑫涪（fú 浮）：即涪县，西汉高帝六年（前201）置，属广汉郡，治所在今四川绵阳市涪江东岸。

⑬胡烈：字玄武（220~270），安定临泾（今甘肃镇原东南）人，魏车骑将军胡遵之子，镇军大将军胡奋之弟。魏景元四年（263），随镇西将军钟会伐蜀，任护军。蜀亡后，胡烈在平定钟会谋反中曾起决定作用，钟会即被胡烈子胡渊所攻杀。入晋，任秦州刺史，在秦凉之变中被杀。《晋书》卷五七有传。田续：右北平无终（今河北玉田）人（生卒年不详），议郎田畴侄孙，以田畴无嗣，赐爵关内侯。魏景元四年（263），随征西将军邓艾伐蜀，任镇西护军。钟会谋反后，田续追杀已被旧部救出的邓艾父子。庞会：南安獂道（今甘肃陇西东南）人，魏立义将军庞德之

子。勇烈有父风,官至中尉将军,封列侯。

⑭刘禅(shàn善):字公嗣(207~271),小字阿斗,涿郡涿县(今河北涿州市)人,刘备子。蜀汉章武元年(221)刘备称帝后,立为太子。章武三年(223)四月,刘备卒,五月刘禅嗣位,由丞相诸葛亮辅政。亮卒,蒋琬、费祎相继辅政。在位后期,朝政日益腐败,蜀炎兴元年(263),魏大将邓艾进逼成都,刘禅出降,蜀汉亡。次年赴洛阳,被封安乐公。《三国志》卷三三有传。

⑮广汉:即东广汉郡,三国蜀建兴二年(224)分广汉郡置,属益州,治所广汉县(今四川射洪县南柳树镇),一说治所在郪县(今四川三台县东南)。辖境相当于今四川三台、射洪、中江、遂宁等市县地。郪县:西汉置,属广汉郡,治所在今四川三台县南九十里郪江镇,因郪江水为名。

⑯器仗:同"器杖"。武器的总称。

⑰节传(zhuàn篆):玺节与传信。《周礼·地官·司关》:"凡所达货贿者,则以节传出之。"汉郑玄注:"商或取货于民间,无玺节者至关,关为之玺节及传出之;其有玺节,亦为之传。传如今移过所文书。"玺节,古代准许通商的凭证,上有印章,故名。传信,乘驿站车马的凭证。

会上言曰:"贼姜维、张翼、廖化、董厥等逃死遁走①,欲趣成都。臣辄遣司马夏侯咸、护军胡烈等②,经从剑阁,出新都、大渡截其前③,参军爰彰、将军句安等蹑其后④,参军皇甫闿、将军王买等从涪南出冲其腹⑤,臣据涪县为东西势援。维等所统步骑四五万人,擐甲厉兵⑥,塞川填谷,数百里中首尾相继,凭恃其众,方轨而西⑦。臣敕咸、闿等令分兵据势,广张罗罔⑧,南杜走吴之道,西塞成都之路，北绝越逸之径⑨，四面云集，首尾并进，蹊路断绝⑩，走伏无地。臣又手书申喻，开示生路，群寇困逼，知命穷数尽，解甲投戈，面缚委质⑪，印绶万数⑫，资器山积⑬。昔舜舞干戚，有苗自服⑭；牧野之师，商旅倒戈⑮：有征无战，帝王之盛业。全国为上，破国次之；全军为上，破军次之⑯：用兵之令典⑰。陛下圣德，侔踪前代⑱，翼辅忠明⑲，齐轨公旦⑳，仁育群生，义征不谦㉑，殊俗向化㉒，无思不服㉓，师不逾时，兵不血刃㉔，万里同风㉕，九州共贯㉖。臣辄奉宣诏命，导扬恩化㉗，复其社稷㉘，安其闾伍㉙，舍其赋调㉚，弛其征役㉛，训之德礼以移其风㉜，示之轨仪以易其俗㉝，百姓欣欣㉞，人怀逸豫㉟，后来其苏㊱，义无以过。"会于是禁检士众不得钞略㊲，虚己诱纳㊳，以接蜀之群司㊴，与维情好欢甚㊵。十二月诏曰："会所向摧弊㊶，前无强敌，缄制众城㊷，罔罗迸逸㊸。蜀之豪帅㊹，面缚归命，谋无遗策㊺，举无废功㊻。凡所降诛，动以万计，全胜独克，有征无战。拓平西夏㊼，方隅清晏㊽。其以会为司徒㊾，进封县侯㊿，增邑万户。封子二人亭侯㊿¹，邑各千户。"

[注释]

①董厥：字龚袭（生卒年不详），义阳（今河南桐柏东）人。蜀汉大臣，官至辅汉大将军。蜀亡后，仕魏任相国参军，兼散骑常侍。《三国志》卷三五有传。

②司马夏侯咸：生平不详。司马，官名。东汉三国时，三公及常设将军等所置属官，为统兵官员。

③新都：即新都县，本战国时蜀国之新都，西汉置县，属广汉郡，治

所在今四川成都市新都区东二里。一说治所在今新都区西。大渡：即大渡亭，故址在今四川金堂县县城所在地赵镇。

④参军爰彰（jìng敬）：生平不详。参军：官名。三国时，太尉、丞相、常设将军等所置属官，其职为参谋军事。将军句（gōu勾）安：原为蜀汉姜维部将，后降魏，随钟会攻蜀。蹑（niè聂）：追击。

⑤参军皇甫闿（kǎi凯）：生平不详。将军王买：生平不详。出冲：利用一部分军队出击。腹：对方行军行列的中部。

⑥擐（huàn换）甲厉兵：穿上甲胄，磨砺兵器，使锋利。

⑦方轨：车辆并行。《战国策·齐策一》："车不得方轨，马不得并行。"

⑧罗罔：即"罗网"。罔，通"网"。

⑨越逸：逃跑，逃窜。

⑩蹊（xī西）路：狭路，小路。

⑪面缚：双手反绑于背而面向前。古代用以表示投降。委质：向君主献礼，表示献身。引申为臣服、归附。

⑫印绶：印信和系印信的丝带。古人印信上系有丝带，佩带在身。

⑬资器：谓物资和军械。

⑭"昔舜舞干戚"二句：参见前"故虞舜舞干戚而服有苗"一句注。

⑮"牧野之师"二句：据《史记·周本纪》，周武王伐纣，在牧野与纣王的军队交战，纣兵临阵倒戈，周武王大胜。牧野，故址在今河南淇县西南。

⑯"全国为上"四句：语出春秋孙武《孙子·谋攻篇》："孙子曰：凡用兵之法，全国为上，破国次之；全军为上，破军次之；全旅为上，破旅次之；全卒为上，破卒次之；全伍为上，破伍次之。是故百战百胜，非善之善者也；不战而屈人之兵，善之善者也。"

⑰令典:谓《孙子》乃垂范后世的典籍。

⑱侔(móu谋)踪前代:谓可以与前代帝王媲美。侔,齐等,相当。

⑲翼辅:辅佐。忠明:忠心显明。此句与下一句皆为赞美司马昭的谀辞。

⑳齐轨公旦:谓与辅佐周成王的周公旦不相上下。齐轨,并行,并驾齐驱。

㉑"仁育群生"二句:谓以仁德教化培育百姓,出于正义征讨不顺服者。语出《汉书·司马相如传》下:"于是大司马进曰:'陛下仁育群生,义征不譓,诸夏乐贡,百蛮执贽,德牟往初,功无与二。'"譓(huì惠),顺服。

㉒殊俗:指风俗不同的远方。向化:归服。

㉓无思不服:意谓没有不心悦诚服的。语出《诗经·大雅·文王有声》:"镐京辟雍,自西自东,自南自北,无思不服。"这是一首歌颂周文王、周武王迁都的诗篇。

㉔"师不逾时"二句:意谓出师不足三个月,就未经激战而取得胜利。时,季度。三个月为一时。魏元帝景元四年(263)八月,邓艾、钟会受命伐蜀,十月功成,历时不足三月。兵不血刃,兵器上没有沾血,谓战事顺利,未经交锋或激战而取得胜利。

㉕同风:谓同受天子之教化。

㉖共贯:贯通,连贯。

㉗导扬:引导宣扬。恩化:恩惠教化。

㉘社稷:古代帝王、诸侯所祭的土神和谷神。社,土神;稷,谷神。常用为国家或政权的代称。这里当指地方上的社稷祭祀活动。

㉙闾伍:均为古代民户编次的单位,后以"闾伍"指平民所居。语出《周礼·地官·族师》:"五家为比,十家为联;五人为伍,十人为联;

四闾为族,八闾为联:使之相保相受;刑罚庆赏相及相共,以受邦职,以役国事,以相葬埋。"

㉚赋调:赋税。调为古代税收的一种。

㉛征役:征召徒役。指徭役。

㉜德礼:道德与礼教。语本《论语·为政》:"道之以德,齐之以礼。"宋朱熹集注:"愚谓政者,为治之具。刑者,辅治之法。德礼则所以出治之本,而德又礼之本也。"

㉝轨仪:法则,仪制。

㉞欣欣:喜乐貌。

㉟逸豫:犹安乐。

㊱后来其苏:意谓蜀地百姓盼望贤明的君主拯救自己于水火之中。语出《尚书·商书·仲虺之诰》:"徯予后,后来其苏。"大意是:等待我们的君主,他(指商汤)来了,我们才能死里逃生。

㊲禁检:禁止,约束。钞略:抄掠抢夺。

㊳虚己:犹虚心。《韩诗外传》卷二:"君子盛德而卑,虚己以受人。"诱纳:招引接纳。

㊴群司:百官。

㊵与维情好欢甚:裴注引《世语》曰:"夏侯霸奔蜀,蜀朝问'司马公如何德?'霸曰:'自当作家门。''京师俊士?'曰:'有钟士季,其人管朝政,吴、蜀之忧也。'"又引《汉晋春秋》曰:"初,夏侯霸降蜀,姜维问之曰:'司马懿既得彼政,当复有征伐之志不?'霸曰:'彼方营立家门,未遑外事。有钟士季者,其人虽少,终为吴、蜀之忧,然非非常之人亦不能用也。'后十五年而会果灭蜀。"裴注云:"按习凿齿此言,非出他书,故采用《世语》而附益也。"

㊶摧弊:谓挫败疲敝的敌军。

㊷缄制：封锁控制。

㊸迸（bèng 泵）逸：指逃跑者。

㊹豪帅：犹首领。这里指蜀汉大将军姜维。

㊺遗策：失策，失算。

㊻废功：谓不成功。

㊼拓平：开辟平定。西夏：三国时，蜀汉在中原西南，这里即指代蜀汉政权。

㊽方隅：四方和四隅。借指边疆。清晏：清平安宁。

㊾司徒：汉代三公之一。西汉哀帝时以丞相为大司徒，掌管国家土地、人民。东汉三公无实际任职，仍称司徒，主教化。三国时属官增加，同太尉。

㊿县侯：两汉、三国封爵列侯中的最高一级，即以一县为其食邑。

(51)亭侯：两汉、三国封爵列侯中的最低一级，即以县与乡下之一亭为其食邑。亭，秦、汉、三国时乡以下、里以上的行政机构。

会内有异志①，因邓艾承制专事②，密白艾有反状③，于是诏书槛车征艾。司马文王惧艾或不从命，敕会并进军成都，监军卫瓘在会前行④，以文王手笔令宣喻艾军⑤，艾军皆释仗⑥，遂收艾入槛车。会所惮惟艾，艾既禽而会寻至，独统大众，威震西土。自谓功名盖世，不可复为人下，加猛将锐卒皆在己手，遂谋反。欲使姜维等皆将蜀兵出斜谷⑦，会自将大众随其后。既至长安⑧，令骑士从陆道，步兵从水道顺流浮渭入河⑨，以为五日可到孟津⑩，与骑会洛阳⑪，一旦天下可定也⑫。会得文王书云⑬：“恐邓艾或不就征，今遣中护军贾充将步骑万人径入斜谷⑭，屯乐城，吾自将十万屯长安,相见在近。"会得书,惊呼所亲语之曰:"但取邓艾,相国知我能独办之⑮;今来大重⑯,必觉我异矣,便当速发。事成,可得天下;不成,退保蜀汉,不失作刘备也。我自淮南以来,画无遗策⑰,四海所共知也⑱。我欲持此安归乎⑲!"

[注释]

①异志:二心、叛离之心。

②承制:谓秉承皇帝旨意而便宜行事。专事:谓独揽处置事务之权。

③密白:秘密禀告。裴注引《世语》曰:"会善效人书,于剑阁要艾章表白事,皆易其言,令辞指悖傲,多自矜伐。又毁文王报书,手作以疑之也。"

④监军卫瓘(guàn贯):字伯玉(220～291),河东安邑(今山西夏县西北)人,卫觊之子。魏末任廷尉卿。魏景元四年(263),邓艾、钟会分兵攻蜀,他并监两军。蜀亡后,钟会诬告邓艾谋反,他奉诏逮捕邓艾父子;钟会谋反,他纠集诸将平定,又命田续追杀邓艾父子。晋武帝时,官至司空,进太保。晋惠帝时,与汝南王亮同辅政,旋被贾皇后杀害。《晋书》卷三六有传。监军,官名。古代多为临时差遣,事毕即罢。汉代有监军御史。

⑤宣喻:宣示晓谕。

⑥释仗:放下兵器。

⑦斜(yé爷)谷:山谷名。在陕西终南山。谷有二口,南曰褒,北曰斜,故亦称褒斜谷。全长四百七十里。两旁山势峻险。扼关陕而控川蜀,古来为兵家必争之地。

⑧长安:即长安县,西汉故都,为京兆尹治,治所在今陕西西安市

西北。

⑨渭：渭水，即渭河，黄河最大支流，流经今陕西中部。源出甘肃渭源县西南鸟鼠山，东流经陇西、武山、甘谷、天水诸县市，横贯陕西渭河北原，南纳斜、涝、丰、沪、灞诸水，北会泾水、洛水，在潼关县入黄河，长约1570余里。河：即黄河。

⑩孟津：即孟津关，东汉灵帝中平元年（184）所置八关之一，位于今河南孟津县东北、孟州市西南。

⑪洛阳：即洛阳县，西汉为河南郡治，东汉建武元年（25）建都于此，治所在今河南洛阳市东北三十里汉魏故城。

⑫一旦：一天之间。《战国策·燕策二》："伯乐乃还而视之，去而顾之，一旦而马价十倍。"

⑬会：副词，恰巧，适逢。

⑭中护军贾充：字公闾（217~282），平阳襄陵（今山西襄汾东北）人，贾逵之子。曹魏时，曾任大将军长史，为司马昭亲信。司马炎代魏称帝，任车骑将军，迁司空，官至太尉。其女贾南风，即晋惠帝皇后，系西晋"八王之乱"的始作俑者。《晋书》卷四〇有传。

⑮相国：古官名。春秋战国时，除楚国外，各国都设相，称为相国、相邦或丞相，为百官之长。秦及汉初，其位尊于丞相。后遂为宰相的尊称。这里即指司马昭。

⑯大重：意谓聚集于这里的军队太多。大，通"太"。

⑰"我自淮南"二句：意谓魏高贵乡公正元二年（255），钟会随司马师征讨诸葛诞、文钦的叛乱，开始显露才能。淮南，即淮南国，西汉高帝五年（前202）以九江、衡山、庐江、豫章四郡置，治所六县（今安徽六安市北十里城北乡），十一年（前196）徙治寿春县（今安徽寿县）。辖境相当于今安徽霍山、潜山以东的淮南（除天长市外）地区，河南东

南角、湖北东部一小部分及江西省。画无遗策，谓出谋划策从来没有失算的时候。

⑱四海：犹言天下，全国各处。

⑲"我欲持此"句：意谓功劳太大反而受累，不知我的归宿在何处。

会以五年正月十五日至①，其明日，悉请护军、郡守、牙门骑督以上及蜀之故官②，为太后发丧于蜀朝堂③。矫太后遗诏④，使会起兵废文王，皆班示坐上人⑤，使下议讫⑥，书版署置⑦，更使所亲信代领诸军。所请群官，悉闭著益州诸曹屋中⑧，城门宫门皆闭，严兵围守。会帐下督丘建本属胡烈⑨，烈荐之文王，会请以自随，任爱之⑩。建愍烈独坐⑪，启会，使听内一亲兵出取饮食⑫，诸牙门随例各内一人⑬。烈绐语亲兵及疏与其子曰⑭："丘建密说消息，会已作大坑，白棓数千⑮，欲悉呼外兵入，人赐白帢⑯，拜为散将⑰，以次棓杀坑中。"诸牙门亲兵亦咸说此语，一夜传相告，皆遍。或谓会："可尽杀牙门骑督以上。"会犹豫未决。十八日日中，烈军兵与烈儿雷鼓出门⑱，诸军兵不期皆鼓噪出⑲，曾无督促之者，而争先赴城。时方给与姜维铠杖⑳，白外有匈匈声㉑，似失火，有顷㉒，白兵走向城。会惊，谓维曰："兵来似欲作恶㉓，当云何㉔？"维曰："但当击之耳。"会遣兵悉杀所闭诸牙门郡守，内人共举机以柱门㉕，兵斫门，不能破。斯须㉖，门外倚梯登城，或烧城屋，蚁附乱进㉗，矢下如雨，牙门、郡守各缘屋出，与其卒兵相得㉘。姜维率会左右战，手杀五六人，众既格斩维㉙，争赴杀会。会时年四十，将士死者数百人㉚。

[注释]

①五年：魏元帝景元五年正月十五日，即公元264年3月1日。至：谓到达成都。

②牙门骑督：随将帅巡行出征掌统骑兵的将领，三国魏置。蜀之故官：谓曾在蜀汉政权任职的官员。

③太后：指魏明帝曹叡的皇后郭氏（？～263），齐王曹芳即皇帝位，尊郭皇后为皇太后，称永宁宫。景元四年（263）十二月卒。《三国志》卷五有传。蜀朝堂：故蜀汉正朝左右官议政之处。

④矫太后遗诏：谓假托郭太后的遗诏。

⑤班示：犹颁示。谓颁布出来，使人知道。坐上人：谓当时在座的诸位官员。

⑥下议：交给下面讨论。《史记·韩长孺列传》："匈奴来请和亲，天子下议。"讫（qì弃）：完毕。《三国志·三少帝纪》："前逆臣钟会构造反乱，聚集征行将士，劫以兵威，始吐奸谋，发言桀逆，逼胁众人，皆使下议，仓卒之际，莫不惊愕。相国左司马夏侯和、骑士曹属朱抚时使在成都，中领军司马贾辅、郎中羊琇各参会军事；和、琇、抚皆抗节不挠，拒会凶言，临危不顾，词指正烈。"

⑦书版署置：谓将重新任命或升职的官员名姓书写于木板之上以取信于属下。署置，部署设置。常指选用官吏。

⑧闭著：这里是软禁的意思。益州诸曹：谓原蜀汉政权的各官署机构所在。益州治所在成都，蜀汉建都于此，故西晋史家陈寿以益州指代蜀汉政权，以显示西晋由曹魏而传续下来的正统地位。

⑨帐下督丘建：原系护军胡烈属下，后成为钟会的心腹。帐下督，即门下督，属于官府侍卫官。魏晋官制，骠骑将军以下以及诸大将军、诸郡守多置门下督一人。

⑩任爱：谓极其信任。

⑪独坐：当谓单独软禁。

⑫听：听凭。内（nà 纳）："纳"的古字。使进入，放入。亲兵：随身的卫兵。

⑬牙门：这里指武将。

⑭绐（dài 代）：欺诳。疏（shù 树）：分条记录。

⑮棓（bàng 棒）：通"棒"。棍棒。

⑯白帢（qià 恰）：即"白帢"，白色便帽。晋张华《博物志》卷九："汉中兴，士人皆冠葛巾。建安中，魏武帝造白帢，于是遂废。"

⑰散将：军队将领，其地位低于部曲将。

⑱雷鼓：即"擂鼓"，谓打鼓。雷，通"擂"。

⑲不期：未经约定。鼓噪：喧嚷，起哄。

⑳铠杖：铠甲和兵器。

㉑白：报告。匈匈：喧哗，吵嚷。

㉒有顷：不久，一会儿。

㉓作恶：作乱，为非作歹。

㉔云何：如何，怎么办。

㉕内人：谓被钟会软禁者。机：通"几"，谓用以搁置物件或倚靠的几案、小桌子等。柱（zhǔ 拄）：支撑，拄持。

㉖斯须：须臾，片刻。

㉗蚁附：像蚂蚁一样趋集缘附。

㉘相得：会合。

㉙格斩：击杀。

㉚死者数百人：裴注引《晋诸公赞》曰："胡烈儿名渊，字世元，遵之孙也。遵，安定人，以才兼文武，累居藩镇，至车骑将军。子奋，字玄

威，亦历方任。女为晋武帝贵人，有宠。太康中，以奋为尚书仆射，加镇军大将军、开府。弟广，字宣祖，少府。次烈，字玄武，秦州刺史。次岐，字玄嶷，并州刺史。广子喜，凉州刺史。渊小字䴗鸥，时年十八，既杀会救父，名震远近。后赵王伦篡位，三王兴义，伦使渊与张泓将兵御齐王，屡破齐军。会成都战克，渊乃归降伏法。"

初，艾为太尉①，会为司徒，皆持节、都督诸军如故，咸未受命而毙②。会兄毓③，以四年冬薨④，会竟未知问⑤。会兄子邕⑥，随会与俱死，会所养兄子毅及峻、辿等下狱⑦，当伏诛。司马文王表天子下诏曰："峻等祖父繇，三祖之世，极位台司⑧，佐命立勋⑨，飨食庙庭⑩。父毓，历职内外，干事有绩⑪。昔楚思子文之治，不灭斗氏之祀⑫。晋录成宣之忠，用存赵氏之后⑬。以会、邕之罪，而绝繇、毓之类⑭，吾有愍然⑮！峻、辿兄弟特原⑯，有官爵者如故。惟毅及邕息伏法⑰。"或曰，毓曾密启司马文王，言会挟术难保⑱，不可专任⑲，故宥峻等云⑳。

[注释]

①太尉：官名。秦至西汉设置，为全国军政首脑，与丞相、御史大夫并称三公。汉武帝时改称大司马。东汉时太尉与司徒、司空并称三公。

②受命：谓接受君主的正式任命。

③会兄毓：即钟毓（？～263），字稚叔，颍川长社（今河南长葛东）人，钟繇之子，钟会之兄。仕魏，历官黄门侍郎、御史中丞、廷尉、尚书，迁都督徐州诸军事，假节，又转都督荆州。卒赠车骑将军，谥惠侯。《三国志》卷一三有传。薨（hōng 轰）：死的别称。自周代始，人之死

亡,有尊卑之分,"薨"以称诸侯之死。《礼记·曲礼下》:"天子死曰崩,诸侯曰薨,大夫曰卒,士曰不禄,庶人曰死。"

④四年:即魏元帝景元四年(263)。

⑤问:音讯。

⑥兄子邕:即钟邕(?~264),钟会侄子,与钟会同死于乱军之中。其他不详。

⑦毅及峻辿(chān 搀):即钟毅(?~264),钟繇孙,为钟会所养,钟会谋叛被杀,其下狱被诛。钟峻(生卒年不详),钟繇孙,为钟会所养,钟会谋叛被杀,其下狱,蒙赦出;钟辿(生卒年不详),钟繇孙,为钟会所养,钟会谋叛被杀,其下狱,蒙赦出。

⑧"三祖之世"二句:意谓钟繇历经曹操、曹丕、曹叡三个时代,分别任职相国、太尉、太傅。极位,最高位置,这里谓最高官位。台司,指三公等宰辅大臣。

⑨佐命:古代帝王得天下,自称是上应天命,故称辅佐帝王创业为"佐命"。立勋:建立功勋。

⑩飨食庙庭:谓享受附于曹操庙庭祭祀的待遇。《三国志·三少帝纪》:"(正始)四年……秋七月,诏祀故大司马曹真、曹休、征南大将军夏侯尚、太常桓阶、司空陈群、太傅钟繇、车骑将军张郃、左将军徐晃、前将军张辽、右将军乐进、太尉华歆、司徒王朗、骠骑将军曹洪、征西将军夏侯渊、后将军朱灵、文聘、执金吾臧霸、破虏将军李典、立义将军庞德、武猛校尉典韦于太祖庙庭。"飨食,飨礼和食礼。庙庭,宗庙。

⑪干事有绩:办事有成效。干事,办事。《周易·乾》:"贞固足以干事。"唐孔颖达疏:"言君子能坚固贞正,令物得成,使事皆干济。"

⑫"昔楚"二句:据《左传·宣公四年》,春秋时楚国令尹子文,属斗氏,治楚有功。他死后,其侄越椒执政,谋反,被楚庄王杀死,斗氏家

族也被族灭。这时子文的孙子箴尹克黄出使齐国归，自我拘系以待罪，楚王思念其祖父子文功绩，认为"子文无后，何以劝善"，就赦免了克黄，仍让他任箴尹。祀，古代对神鬼、先祖所举行的祭礼。

⑬"晋录"二句：据《左传·成公八年》，春秋时晋国的赵成子赵衰（cuī崔）与赵宣子赵盾是父子关系，两人皆有功于晋朝。晋景公时，赵盾的兄弟被人诬告谋反，赵氏家族即将被族灭，韩厥就对晋景公说："成季之勋，宣孟之忠，而无后，为善者其惧矣。"于是晋景公就立赵盾的孙子赵武为赵氏之后，并将已经没收的田地归还赵武。

⑭类：即族类，谓同族。

⑮愍（mǐn闽）然：怜悯貌。

⑯特原：谓特意施恩赦免。

⑰息：子嗣，儿子。伏法：依法被处死刑。

⑱挟术：谓以权术行事。

⑲专任：一心信用。

⑳宥（yòu右）：宽恕，赦免。裴注引《汉晋春秋》曰："文王嘉其忠亮，笑答毓曰：'若如卿言，必不以及宗矣。'"

初，文王欲遣会伐蜀，西曹属邵悌求见曰①："今遣钟会率十馀万众伐蜀，愚谓会单身无重任②，不若使馀人行③。"文王笑曰："我宁当复不知此耶④？蜀为天下作患，使民不得安息，我今伐之如指掌耳⑤，而众人皆言蜀不可伐。夫人心豫怯则智勇并竭⑥，智勇并竭而强使之，适为敌禽耳。惟钟会与人意同⑦，今遣会伐蜀，必可灭蜀。灭蜀之后，就如卿所虑，当何所能一办耶⑧？凡败军之将不可以语勇，亡国之大夫不可与图存，心胆以破故也。若蜀以破，遗民震恐⑨，不足与图事；中国将士各自思归⑩，不肯与同也。若作恶，只自灭族耳。卿不须忧此，慎莫使人闻也。"及会白邓艾不轨，文王将西，悌复曰："钟会所统，五六倍于邓艾，但可敕会取艾，不足自行。"文王曰："卿忘前时所言邪，而更云可不须行乎？虽尔，此言不可宣也⑪。我要自当以信义待人⑫，但人不当负我，我岂可先人生心哉⑬！近日贾护军问我⑭，言：'颇疑钟会不⑮？'我答言：'如今遣卿行，宁可复疑卿邪？'贾亦无以易我语也⑯。我到长安，则自了矣⑰。"军至长安，会果已死，咸如所策⑱。

[注释]

①西曹属邵悌（tì替）：字元伯（生卒年不详），阳平（今河北大名）人。历任司马昭晋王府西曹属。西曹属，公府属官。汉公府有东曹、西曹，设掾、属各一人。三国魏末，西曹但置属一人，位在东曹之上，主二千石以上长吏的任命。

②单身无重任：意谓钟会伐蜀时，父母双亡，无子嗣，唯有养子。任，谓作为担保的人质。宋司马光撰《资治通鉴》卷七八"愚谓会单身无任"，元胡三省注云："魏制，凡遣将帅，皆留其家以为质任。会单身无子弟，故曰单身无任。"

③馀人：谓其他官员。

④"我宁（nìng佞）当"句：意谓我难道连这个道理都不懂吗？宁当，难道。

⑤指掌：比喻事情容易办。语出《礼记·仲尼燕居》："明乎郊社之义，尝禘之礼，治国其如指诸掌而已乎？"

⑥豫怯：谓事先胆怯。竭：穷尽。

⑦人意：人的意愿、情绪。这里谓司马昭自家的心意。

⑧"当何所"句：意谓钟会哪能一下子就随心所欲呢。宋司马光撰《资治通鉴》卷七八作"何忧其不能办邪！"元胡三省注云："言会若为乱，自能办之也。"可参考。

⑨遗民：亡国之民，前朝留下的老百姓。震恐：惊恐。

⑩中国：这里当指曹魏政权的京师洛阳。

⑪"虽尔"二句：意谓虽然如此，但这些话不可泄露出去。

⑫要：总之。自当：自然应当。

⑬先人：谓先于人的念头。生心：产生疑心。

⑭贾护军：即中护军贾充。见前注。

⑮不（fǒu否）：同"否"。

⑯易：更改。

⑰自了：自然地了结。

⑱策：测度，推断。裴注云："按《咸熙元年百官名》：'邵悌字元伯，阳平人。'"又引《汉晋春秋》曰："文王闻钟会功曹向雄之收葬会也，召而责之曰：'往者王经之死，卿哭于东市而我不问，今钟会躬为叛逆而又辄收葬，若复相容，其如王法何！'雄曰：'昔先王掩骼埋胔，仁流朽骨，当时岂先卜其功罪而后收葬哉？今王诛既加，于法已备，雄感义收葬，教亦无阙。法立于上，教弘于下，以此训物，雄曰可矣！何必使雄背死违生，以立于时。殿下雠对枯骨，捐之中野，百岁之后，为臧获所笑，岂仁贤所掩哉？'王悦，与宴谈而遣之。"又引习凿齿曰："向伯茂可谓勇于蹈义也，哭王经而哀感市人，葬钟会而义动明主，彼皆忠烈奋劲，知死而往，非存生也。况使经、会处世，或身在急难，而有不赴者乎？故寻其奉死之心，可以见事生之情，览其忠贞之节，足以愧背义之士矣。王加礼而遣，可谓明达。"

会尝论《易》无互体、才性同异①。及会死后,于会家得书二十篇,名曰《道论》,而实刑名家也②,其文似会。初,会弱冠与山阳王弼并知名③。弼好论儒道④,辞才逸辩⑤,注《易》及《老子》⑥,为尚书郎⑦,年二十馀卒⑧。

[注释]

①互体:《周易》中有八种具有象征意义的基本图形,每个图形用三个分别代表阳的"—"(阳爻)和代表阴的"--"(阴爻)组成。其名为乾、坤、震、巽、坎、离、艮、兑,即八卦。相传是伏羲所作。《易传》作者认为八卦主要象征天、地、雷、风、水、火、山、泽八种自然现象,并认为"乾""坤"两卦在八卦中占特别重要的地位,是自然界和人类社会一切现象的最初根源。八卦中,乾与坤、震与巽、坎与离、艮与兑是四个矛盾对立的形态。传说周文王将八卦互相组合,又得六十四卦,用来象征自然现象和社会现象的发展变化。如将《易》卦上下两体相互交错取象而成之新卦,即称"互体",又称"互卦"。如《观》为《坤》下《巽》上,取其二至四爻则为《艮》,取其三至五爻则为《坤》。以互体解卦,反映了汉代经学日益繁琐的趋势;魏晋经学则趋于简明,不承认互体的存在,钟会曾撰《周易无互体论》三卷,即是这一思潮的代表。《隋书·经籍志》著录,惜今已不传。才性同异:所谓"才性之学"是汉魏之际讨论、评论人物的标准和原则的学说。其代表人物有刘劭、钟会、傅嘏、王广、李丰等。所谓"才",一般是指人的才能,而"性"大体是指决定人的才能的内在品质。南朝宋刘义庆《世说新语·文学》:"钟会撰《四本论》,始毕,甚欲使嵇公一见。置怀中,既定,畏其难,怀不敢出,

于户外遥掷，便回急走。"梁刘孝标注引《魏志》曰："会论才性同异，传于世。四本者，言才性同，才性异，才性合，才性离也。尚书傅嘏论同，中书令李丰论异，侍郎钟会论合，屯骑校尉王广论离。文多不载。"才性问题讨论的是品评人物才性的抽象标准与原则问题，也是一种名理之学。这个学说直接影响了魏晋玄学。《四本论》早已失传。

②刑名家：战国时以申不害为代表的法家学派。主张循名责实，慎赏明罚。后人称为"刑名之学"，亦省作"刑名"或"形名"。

③弱冠：古时以男子二十岁为成人，初加冠，因体犹未壮，故称弱冠。《礼记·曲礼上》："二十曰弱，冠。"山阳王弼：字辅嗣（226~249），山阳高平（今山东金乡县西北）人，王粲族孙。三国魏玄学家，玄学贵无论的创始者之一。撰有《老子注》《周易注》，今传。今人有《王弼集校注》。《三国志》卷二八有传。

④儒道：谓儒家和道家的思想学说。

⑤逸辩：犹雄辩。

⑥易：即《周易》，书名，古代卜筮之书。有《连山》《归藏》《周易》三种，合称三《易》，今仅存《周易》，简称《易》。老子：即春秋思想家老子所著《道德经》五千言，亦名《老子》，为道家的经典著作。

⑦尚书郎：官名。尚书令的属吏，初去尚书台任事者称尚书郎。每一尚书分管一曹，每曹下有尚书郎、侍郎六人，秩四百石。

⑧年二十馀卒：裴注云："弼字辅嗣。何劭为其传曰：'弼幼而察慧，年十馀，好老氏，通辩能言。父业，为尚书郎。时裴徽为吏部郎，弼未弱冠，往造焉。徽一见而异之，问弼曰："夫无者诚万物之所资也，然圣人莫肯致言，而老子申之无已者何？"弼曰："圣人体无，无又不可以训，故不说也。老子是有者也，故恒言无所不足。"寻亦为傅嘏所知。于时何晏为吏部尚书，甚奇弼，叹之曰："仲尼称后生可畏，若斯人者，可与言

天人之际乎!"正始中,黄门侍郎累缺。晏既用贾充、裴秀、朱整,又议用弼。时丁谧与晏争衡,致高邑王黎于曹爽,爽用黎。于是以弼补台郎。初除,觐爽,请间,爽为屏左右,而弼与论道,移时无所他及,爽以此嗤之。时爽专朝政,党与共相进用,弼通俊不治名高。寻黎无几时病亡,爽用王沈代黎,弼遂不得在门下,晏为之叹恨。弼在台既浅,事功亦雅非所长,益不留意焉。淮南人刘陶,善论纵横,为当时所推。每与弼语,常屈弼。弼天才卓出,当其所得,莫能夺也。性和理,乐游宴,解音律,善投壶。其论道傅会文辞,不如何晏,自然有所拔得,多晏也,颇以所长笑人,故时为士君子所疾。弼与钟会善,会论议以校练为家,然每服弼之高致。何晏以为圣人无喜怒哀乐,其论甚精,钟会等述之。弼与不同,以为圣人茂于人者神明也,同于人者五情也,神明茂,故能体冲和以通无;五情同,故不能无哀乐以应物。然则圣人之情,应物而无累于物者也。今以其无累,便谓不复应物,失之多矣。弼注《易》,颍川人荀融难弼《大衍义》。弼答其意,白书以戏之曰:"夫明足以寻极幽微,而不能去自然之性。颜子之量,孔父之所预在,然遇之不能无乐,丧之不能无哀。又常狭斯人,以为未能以情从理者也,而今乃知自然之不可革。足下之量,虽已定乎胸怀之内,然而隔逾旬朔,何其相思之多乎?故知尼父之于颜子,可以无大过矣。"弼注《老子》,为之指略,致有理统。著《道略论》,注《易》,往往有高丽言。太原王济好谈,病《老》《庄》,常云:"见弼《易注》,所悟者多。"然弼为人浅而不识物情,初与王黎、荀融善,黎夺其黄门郎,于是恨黎,与融亦不终。正始十年,曹爽废,以公事免。其秋遇疠疾亡,时年二十四,无子绝嗣。弼之卒也,晋景王闻之,嗟叹者累日,其为高识所惜如此。'"又引孙盛曰:"《易》之为书,穷神知化,非天下之至精,其孰能与于此?世之注解,殆皆妄也。况弼以傅会之辨而欲笼统玄旨者乎?故其叙浮义则丽辞溢目,造阴阳则妙颐无闻,至于六爻变化，群象所效，日时岁月，五气相推，弥皆摈落，多所不关。虽有可观者焉，恐将泥夫大道。"又引《博物记》曰："初，王粲与族兄凯俱避地荆州，刘表欲以女妻粲，而嫌其形陋而用率，以凯有风貌，乃以妻凯。凯生业，业即刘表外孙也。蔡邕有书近万卷，末年载数车与粲，粲亡后，相国掾魏讽谋反，粲子与焉，既被诛，邕所与书悉入业。业字长绪，位至谒者仆射。子宏字正宗，司隶校尉。宏，弼之兄也。"又引《魏氏春秋》曰："文帝既诛粲二子，以业嗣粲。"

评曰：王凌风节格尚①，毌丘俭才识拔干②，诸葛诞严毅威重③，钟会精练策数④。咸以显名，致兹荣任⑤，而皆心大志迂⑥，不虑祸难⑦，变如发机⑧，宗族涂地⑨，岂不谬惑邪⑩！邓艾矫然强壮⑪，立功立事⑫，然暗于防患⑬，咎败旋至⑭。岂远知乎诸葛恪而不能近自见⑮，此盖古人所谓"目论"者也⑯。

[注释]

①王凌：字彦云（172~251），太原祁县（今属山西）人，东汉司徒王允之侄。举孝廉，历官中山太守、兖州刺史、征东将军，封南乡侯，拜司空，进太尉。魏齐王嘉平三年（251），因不满司马懿专权，联合兖州刺史令狐愚废齐王曹芳，另立曹操子楚王曹彪为帝，事泄自尽，被夷三族。《三国志》卷二八有传。风节：风骨节操。格尚：方正高尚。

②才识：才能识见。拔干：特出干练。

③严毅：严厉刚毅。威重：威严庄重。

④精练：精研熟悉。策数：卜筮术数。

⑤兹（zī淄）：增益，增加。荣任：谓担任要职。

⑥心大志迂：谓野心勃勃却迂腐，不合事理。

⑦祸难：祸害，灾难。

⑧变如发机：谓转变迅速。发机，拨动弩弓的发矢机。

⑨涂地：惨死，遭受残害。

⑩谬惑：荒谬迷乱。

⑪矫然：坚劲貌。

⑫立功立事：建树功绩，兴办事业。

⑬暗：蒙蔽，遮蔽。

⑭咎（jiù旧）败：灾祸和败亡。旋：不久，立刻。

⑮"岂远知"句：吴诸葛恪围攻魏合肥新城，失利而归。邓艾曾对司马师预言"其亡可待"。详见本书前选《邓艾传》。诸葛恪（kè客），字元逊（203～253），琅邪阳都（今山东沂南南）人，诸葛瑾之子。自幼聪慧，孙权甚为赏识。后以大将军领太子太傅。吴神凤元年（252），孙权卒，他受遗诏辅立孙亮，迁太傅，专国政，晋封阳都侯，加荆州、扬州牧，督中外诸军事。后率大军攻魏，失利，被孙峻杀害。详见本书所选《诸葛恪传》。

⑯目论：谓像眼睛一样只见毫毛不见睫毛之论。比喻不自见其过失，无自知之明。语出《史记·越王勾践世家》："吾不贵其用智之如目，见豪毛而不见其睫也。今王知晋之失计，而不自知越之过，是目论也。"唐司马贞索隐："言越王知晋之失，不自觉越之过，犹人眼能见豪毛而自不见其睫，故谓之'目论'也。"裴注引《史记》曰："越王无疆与中国争强，当楚威王时，越北伐齐，齐威王使人说越云，越王不纳。齐使者曰：'幸也，越之不亡也。吾不贵其用智之如目，目见毫毛而不自见其睫也。今王知晋之失计，不自知越之过，是目论也。'"

[译文]

钟会字士季，是颍川郡长社县人，太傅钟繇的小儿子。年少时聪明早熟。中护军蒋济曾撰文，认为："观察一个人的眼睛，就足以了解他是什么样的人了。"钟会五岁那年，其父钟繇让他去拜见蒋济，蒋济极为看重他，说："这个孩子非同寻常。"等到钟会三十岁壮年时，有才略本领与富于技巧性的武艺等，而且博学精研熟悉玄学理论，夜以继日加以钻研，因而获取了声誉。魏齐王正始（240～249）年间，被任命为秘书郎，升任尚书中书侍郎。高贵乡公曹髦即帝位，钟会被赐爵关内侯。

毌丘俭叛乱，大将军司马师东征，钟会随军从征，掌管文书机密事，卫将军司马昭率兵做大军后援。司马师在许昌去世，司马昭总揽六军，钟会在将帅的幕府制定谋略。当时宫中直接发出帝王亲笔诏令给尚书傅嘏，认为东南的叛乱刚刚平定，暂且留卫将军司马昭驻扎许昌，以作为兼顾中央与地方的稳定力量，令傅嘏率领各路军队返回洛阳。钟会与傅嘏谋划，由傅嘏上奏朝廷，于是与卫将军司马昭同时撤军，到流经洛阳南郊的洛水南岸驻军。于是朝廷只得提升司马昭为大将军并辅佐朝政，钟会升任黄门侍郎，进封东武亭侯，食邑三百户。

魏高贵乡公甘露二年（257），朝廷征召诸葛诞任司空，当时钟会在家中守其生母之丧，测度诸葛诞一定不会听命，就骑马禀告司马昭。司马昭认为事情已经施行，就没有追回任命。等到诸葛诞反叛，魏高贵乡公住于项县，司马昭率军到达寿春，钟会又从行。

起初，东吴大将全琮，是孙权的女婿，也是国家倚重的、有崇高声望的大臣，全琮之子全怿以及其孙全静、侄子全端、全翩、全缉等，都率兵前往救援诸葛诞。全怿哥哥的儿子全辉、全仪留在吴都建业，与其家中因争论而诉讼，就携带母亲，率领其私人军队几十家渡过长江，归降司马昭。钟会出谋献策，秘密以全辉、全仪的名义写信，令两人所亲近信任的人携带这封信进入寿春城中告全怿等，假说东吴朝廷对全怿等不能解除寿春之围很恼怒，准备将救援寿春的将领家属全部杀死，所以逃出来投诚魏国。全怿等人见信后很恐惧，就率领自己所统领的军队打开寿春县城东城门出降魏军，都得到优厚的封赏宠赐，从此城中守军产生背离心理。寿春被攻破，以钟会所出计谋居多，因而日益受到司马昭的宠信与厚待，当时人就将钟会比喻为西汉刘邦的著名谋士张良。魏军撤回后，升迁钟会为太仆，钟会坚辞不就位。以从事中郎的身份在大将军府职掌章表书记文檄的记室工作，属于司马昭的心腹。因讨伐诸葛诞立功，进爵钟会为陈侯，钟会多次辞让不接受。朝廷下诏说："钟会总管军务，共同参加谋划，准确判断敌情，采取相应的对策战胜之，有制定谋略的功勋，然而他推让恩宠，坚决辞谢官职，文辞话语真诚朴实，前后多次，意志坚定不移。居功不受其禄，为古人所敬重，可以听任钟会的志愿，以成全他为善的美名。"升任钟会为司隶校尉。虽然此官在朝廷以外的地方任职，但有关时政兴革、官职爵位的赐予和剥夺，钟会没有不参与其间的。嵇康等人的被杀，都是钟会计谋下的牺牲品。

司马昭因为西蜀大将姜维多次侵犯、骚扰西部边境，预料蜀国土地狭小，百姓疲劳，物力、财力或人力罄尽，意图大举进攻蜀国。朝中只有钟会认为蜀国可以攻取，于是与司马昭共同谋划有关地形，考查论证形势。魏元帝景元三年（262）的冬天，朝廷任命钟会为镇西将军、假节都督关中诸军事。司马昭下令青州、徐州、兖州、豫州、荆州、扬州各州都建造战船，又命令唐咨建造能够航海的大船，对外宣称将要征讨东吴的样子。景元四年（263）的秋天，朝廷下诏派遣邓艾、诸葛绪各统率三万多士兵，邓艾进军甘松、沓中以牵制姜维的西蜀军队，诸葛绪进军武街、桥头，以断绝姜维的退路。钟会统领十馀万士兵，分别从斜谷、骆谷进军。先令牙门将许仪在前修路，钟会跟随其后，过桥时桥面塌陷，马蹄陷入其中，于是下令将许仪斩首。许仪，是许褚的儿子，许褚曾为朝廷立有战功，也没有得到宽恕免罪。魏国各路军队闻知消息，没有不被震惊的。蜀军下令各营垒都不许交战，退至汉城、乐城固守。魏国魏兴郡太守刘钦进军子午谷，与各路军队平行进军，到达汉中。蜀监军王含驻守乐城，护军蒋斌驻守汉城，拥兵各有五千。钟会派遣护军荀恺、前将军李辅各统军万人，荀恺围攻汉城，李辅围攻乐城。钟会率大军取道而行，向西出阳安口，派人祭奠诸葛亮墓。派护军胡烈等先行，攻破关城，缴获仓库中所藏粮谷。姜维从沓中撤军，行至阴平，聚合兵力，打算奔赴关城。尚未到达，闻知关城已经陷落，于是向白水撤军，与蜀将张翼、廖化等一同退守剑阁抵御钟会。钟会发布文告晓示蜀国的官兵、百姓说：

> 往昔汉朝的君位与国统衰败，境域之内分崩离析，士民百姓的生命濒临灭绝。太祖武皇帝英明威武，有超人的道德才智，治理混乱的局面，使恢复正常，拯救国家于行将崩溃之际，在华夏行使权力。高祖文皇帝应天命、顺人心，受天之命即皇帝位。烈祖明皇帝累世盛德，辉光相承，开拓、扩展帝王之业。然而在魏国所统辖之外，仍然各自为政，风俗、习俗皆有不同，那里的平民百姓还没有受到天子的教化，这正是三位先帝眷顾怀念，到死还感到悔恨的事情。如今的天子具有至高无上的道德，敬肃明察，继承发扬前人的事业，辅政的大臣忠诚恭敬，明察而诚信，为朝廷大业不惧劳苦，施政惠民，所有诸侯封国和睦融洽，对少数民族都施行德政，东北的肃慎族人也贡献方物于帝王。哀伤那巴蜀百姓，独独不被当人看待，哀怜那里的民众，劳苦没有尽头。因而朝廷下令天子的军队，奉行上天的惩罚，征西将军邓艾、雍州刺史诸葛绪、镇西将军钟会等各支军队，分为五路一同进发。古代人用兵，主张以仁义为根本，用道义加以治理，天子征讨可令对方不战而降；所以虞舜通过舞干戚而令有苗来服，周武王灭殷

后，至其都城朝歌采取散财、发廪、表闾等一系列措施以争取殷民之心。如今镇西将军钟会我遵照天子的诏命，总揽军事重任，但愿光大以文德告谕的教诲，用来拯救庶民百姓的生命，并非要滥用武力，极力苦战，用征伐的手段获取一时的满足。所以这里大略陈述形势安危的关键之处，可要敬听我这番有道理的话。

益州的先主刘备以非凡才能著名于当世，在北方起兵，颠沛窘迫于冀州、徐州的郊野，一度被袁绍、吕布掌握了命运，太祖武皇帝施援手拯救刘备，相互尊重友好。中经悖逆违反，刘备抛弃同姓同族而亲近异姓异族。以后诸葛亮连续谋求秦川，姜维多次进攻陇山以西地区，令我边境不能安宁，侵夺我西北氐、羌少数民族族人。因正值国家变故频出之时，没有时间顾及对罪恶的征讨。如今边境安定平靖，国内无事，积蓄力量以待时机，朝一个方向集中兵力进攻，而巴蜀只有一个州的兵力，分散防守，难以抵御天下的军队。邓艾先后在段谷与侯和两地击败姜维的军队，已经被挫伤的军队，怎能再挡住盛大的军队行列。近年以来，你们没有安宁的岁月，出征的士兵辛苦劳累，难以与我们民心归附下竭诚效忠如子女趋事父母不召自来的民众相抗衡。这些状况都是诸位贤达亲眼所见。战国时的蜀相陈壮被秦国人擒杀，东汉初称帝于蜀的公孙述被光武帝的大将吴汉所杀，九州的险要地区，都不是某一姓的统治者所能长久占据的。这些史实都是诸位贤达亲耳所闻。眼明者能于危险尚未来临时看到它，明智的人能于祸患没有萌生时窥察到，所以殷纣王的庶兄微子因屡谏纣王不纳，归降于周，被周武王视为周的宾客，秦末陈平离开项羽，终于为汉朝建立立下大功。他们怎能因耽于逸乐而遭杀身之祸，又怎能因留恋爵禄而不知变通呢？如今魏国帝王仁德广被，执政的大臣弘传宽大仁恕的德行，先施加恩惠，不顺从再行诛灭，爱惜生命，厌恶屠杀。从前吴将孙壹归附朝廷，被任命高级官职，得到不寻常的恩宠并授以官秩。文钦、唐咨都是朝廷的大祸害，属于背叛君主的仇敌，但归顺仍可做军队的主帅。唐咨兵败后归降朝廷，文钦的两个儿子文鸯、文虎降魏，都成为领兵将军，并被封侯；唐咨还参与讨论国家大事。孙壹等于窘迫困厄中投诚朝廷，还能得到很大的恩宠，何况诸位是巴蜀贤明多智的人能够见机而作呢！如果确实能够细加体察成败的形势，脱离刘禅，远走高飞，举步追寻微子的足迹，置身于陈平的人生轨道，那么就会有古人一样的福报，且福泽将会延及后世子孙。蜀国百姓安居旧业，农民不必逃亡他处，市井也不会变易店铺，离开极其危险的境地，永远享受平安的福运，难道不是美事吗！如果只图目前的安逸，执迷不悟，大军一旦发起进攻，好坏必将同归于尽，到那时再后悔就晚了。请对去路仔细加以选择，自己去寻求更多的福祉，分条陈述加以宣布，让蜀地官兵与百姓都知道。

邓艾追击姜维到阴平，在此挑选精锐的战士，准备从德阳亭通过江由、左儋道到达绵竹县，再直赴成都，意欲与诸葛绪同行。诸葛绪以自己本受调度去截击姜维的军队，没有接到向西进发的诏令，于是就向白水进军，与钟会会师。钟会派遣将军田章等从剑阁以西直接向江由进军。在距离江由还有一百里的地方，田章率先攻破西蜀的三支伏兵，邓艾令田章先去攻占江由成。于是率军长驱直入。钟会与诸葛绪两支军队抵达剑阁，钟会打算独领军队，就密报诸葛绪胆怯软弱，不敢进击，朝廷命将诸葛绪用栅栏封闭的囚车押送回洛阳。两支军队归钟会统一指挥，进攻剑阁，不能取胜，后撤，蜀军凭借险要地势据守。邓艾于是进攻到绵竹，与蜀军大战，斩杀诸葛瞻。姜维等闻知诸葛瞻被打败，就弃守剑阁，率领军队向东转移至巴西郡。钟会于是进军到达涪县，派遣胡烈、田续、庞会等追击姜维。邓艾进军成都，后主刘禅向邓艾投降，又派遣使者命令姜维等向钟会投降。姜维至东广汉郡郪县，命令蜀军都放下武器，送准许通商的凭证"玺节"与乘驿站车马的凭证"传信"交予胡烈，就率部从东道向钟会投降。

钟会上奏朝廷说："贼将姜维、张翼、廖化、董厥等躲避致死的危险逃跑，准备奔赴成都。臣下我就派遣司马夏侯咸、护军胡烈等经由剑阁，赶往新都、大渡，以截断姜维的去路，派遣参军爰彰、将军句安等在后追击，派遣参军皇甫闿、将军王买等从涪县以南出击蜀军行军行列的中部，臣下我占据涪县作为东西两路军队的后援。姜维等所统领的步兵、骑兵四五万人，穿上甲胄，手执磨砺的兵器，布满山谷原野，绵延数百里，首尾相接，凭借人多势众，向西车辆并行而进。臣下我指示夏侯咸、皇甫闿等人，令他们分兵占据有利地势，张开一个大罗网，在南面堵住他们通往东吴的道路，在西面截断他们撤回成都的道路，在北面断绝他们逃窜的道路，四面包抄，前后围堵，小路断绝，令他们无处逃窜躲藏。臣下我又亲自书写文告引喻劝告，指出活命之路，敌寇被逼无奈，知道天命不保，气数已尽，脱下盔甲，扔掉兵器，双手反绑于背而面向前，向君主献礼，表示臣服，缴获敌军印信和系印信的丝带数以万计，物资和军械像山一样堆积。从前虞舜挥舞兵器，有苗部落自动降服；周武王伐商纣王，在牧野交战，纣兵临阵倒戈，周武王大胜：有征讨而无争斗杀伐，属于帝王的盛大功业。令敌人举国降服为上策，攻破敌国为下策；令敌军不战而整体归降是上策，通过武力降服敌军是下策：《孙子》就是垂范后世的典籍。陛下至高无上的道德，可以与前代帝王媲美，辅佐忠心显明，与辅佐周成王的周公旦不相上下，以仁德教化培育百姓，出于正义征讨不顺服者，风俗不同的远方归顺，没有不心悦诚服的，出师不足三个月，就未经激战而取得胜利，天下万里同受天子之教化，九州一统，连贯在一起。臣下我奉命宣布陛下的诏命，引导宣扬恩惠教化，恢复当地的社稷祭祀，安抚那里的平民百姓，免除赋税，减轻徭役，以道德与礼教教育他们，转移其风气，以法则与仪制展示给他们，变易其习俗，百姓欢心喜乐，人人都心怀安乐，《尚书·仲虺之诰》中所说'等待我们的君主，商汤来了，我们才能死里逃生'，用来比拟蜀地百姓的心情，并不为过。"钟会于是下令禁止魏军将士人等不得抄掠抢夺，虚心招引接纳蜀地的百官群僚，与姜维的关系极为友好融洽。景元四年（263）十二月，朝廷下诏说："钟会所指向的地方挫败疲敝的敌军，前方已经没有与之抗衡的军队，封锁控制蜀地各个城池，搜捕逃跑者。蜀地大将军姜维束手投降，归顺于我，计谋没有失算，行动没有不成功的。总计受降与诛杀人数，动辄数以万计，大获全胜，征伐而没有大动干戈。开辟平定巴蜀之地，令我边疆清平安宁。升任钟会为司徒，进封县侯，增加他的食邑一万户。封他的两个儿子为亭侯，各食邑千户。"

钟会怀有叛离之心，由于邓艾可秉承皇帝旨意而便宜行事，有独揽处置事务之权，就秘密禀告朝廷邓艾有谋反的迹象，于是朝廷下诏书用栅栏封闭的囚车押送邓艾回洛阳。司马昭担忧邓艾有可能抗命不从，就下令钟会率领军队进入成都，由监军卫瓘先行入城，用司马昭的手令宣示晓谕邓艾的部下，邓艾的军队都放下武器，于是将邓艾收入囚车。钟会所忌惮的只有邓艾，邓艾被收捕后，钟会随即到来，独自统率全军，威震蜀地。钟会自以为功名高出当代之上，不能再屈居于人下，加之猛将与精锐的士兵都掌握在自己手中，于是谋划反叛。钟会想让姜维等率领其原来所统蜀军从斜谷进发中原，自己率领大军随后出发。到达长安以后，再令骑兵走陆路，步兵走水路顺渭水入黄河，预计五天就可到达孟津，与骑兵会师洛阳，一天之内就可以夺取天下。恰巧这时钟会得到司马昭的书信说："我担心邓艾有可能不就范，如今派遣中护军贾充率领步兵、骑兵万人直接进入斜谷，驻军乐城，我自己率领十万军队驻扎长安，我们不久就会相见了。"钟会得到来书，震惊中呼唤其亲信对他们说："只收捕邓艾，相国知道我独自即可办到；现在聚集于这里的军队太多，必然已经觉察到我有反心了，应当迅速举事。大事告成，可得天下；不能成功，退回死守蜀汉故地，也可以如同刘备一样割据一方。我自随司马师到淮南国征讨诸葛诞、文钦的叛乱以来，出谋划策从来没有失算的时候，这是天下人都知道的事情。我因功劳太大反而受累，不知我的归宿在何处！"

钟会于魏元帝景元五年（264）正月十五日到达成都，第二天，召请所有护军、郡守、牙门骑督以上官员以及蜀汉的原有官员，在故蜀汉正朝左右官议政之处为刚去世不久的郭太后发丧。假托郭太后的遗诏，其内容是令钟会起兵废除司马昭，并将这一假的遗诏颁布给当时在座的诸位官员传览，令交给下面讨论，完毕后将重新任命或升职的官员名姓书写于木板之上以取信于属下，又指派自己的亲信带领各路军队。钟会所请来的群官，一律软禁在原蜀汉政权的各官署机构之中，城门与皇宫的大门都被关闭，部署军队加以围困守卫。钟会的帐下督丘建本为胡烈的下属，胡烈将他推荐给司马昭，钟会又请他做自己的随从，极其信任他。丘建哀怜胡烈被单独软禁，就禀报钟会，说服钟会听凭胡烈的一名亲兵为他送饭取水，于是其他武将也比照此例各有一名亲兵服侍。胡烈于是欺诳亲兵并分条记录交予他的儿子说："丘建告诉我一个秘密消息，钟会已经挖下一个大坑，准备了几千根光棍棒，准备召唤外面的军士进入，每人赐予一顶白色便帽，授职散将，将我等依次用棍棒打死推埋在大坑中。"各位武将的亲兵也都传说这番话，一夜之间散布开去，都知道了。有人对钟会说："可以将武将骑督以上官职的人全部斩杀。"钟会犹豫不决。正月十八日中午，胡烈的部下与胡烈之子擂鼓冲出营门，其他各营的士兵也不约而同地喧嚷而出，并没有受到任何人的督促指使，都争先恐后地涌向原蜀汉的宫城。当时钟会刚刚发放给姜维铠甲和兵器，就听到报告说外面有喧哗吵嚷声，仿佛失火了，过了不久，又听到报告说有士兵涌向宫城。钟会惊慌，对姜维说："这些兵来像似要作乱，怎么办？"姜维回答："只有迎击他们。"钟会派兵士去杀死所软禁的牙门骑督、郡守等，屋内被钟会软禁者就用搁置物件或倚靠的几案、小桌子等支撑住门，外面的士兵砍门，不能攻破。片刻后，宫城大门外有人架梯登上城墙，有人放火焚烧宫城边的房屋，哗变的士兵像蚂蚁一样趋集缘附，涌入城内，射箭如同下雨一般密集，牙门骑督、郡守等各自爬上屋顶跑了出来，与哗变的士兵会合。姜维率领钟会的侍从人等与哗变者交战，杀死五六人，乱兵击杀姜维以后，争抢去斩杀钟会。钟会当时年纪四十岁，同时死亡的将士有数百人。

起初，邓艾任太尉，钟会任司徒，皆持节，依旧统领诸军，都没有接受君主的正式任命就死于非命。钟会的哥哥钟毓，在景元四年（263）的冬天故去，在蜀的钟会竟然不知音讯。钟会的侄子钟邕，也与钟会一同被杀死。钟会所养侄子钟毅、钟峻、钟辿等被捕入狱，应当被处死。司马昭上表朝廷，天子下诏说："钟峻等的祖父钟繇历经太祖、高祖、烈祖三个时代，分别任职相国、太尉、太傅这些最高位置的宰辅大臣，辅佐帝王创业，建立功勋，享受附于曹操庙庭祭祀的待遇。他们的父亲钟毓，历任朝廷内外职务，办事有成效。从前春秋时楚国怀念令尹子文治楚有功，就赦免了他的孙子箴尹克黄，没有令其家族断绝祭祀。春秋时晋国铭记赵成子赵衰与赵宣子赵盾父子两人的忠诚，最终没有令赵氏一家绝后。因为钟会与钟邕的谋反之罪，而断绝钟繇、钟毓的同族后代，我感到怜悯！钟峻、钟辿兄弟特意施恩赦免，有官爵的依旧不变。只有钟毅与钟邕的子嗣应当依法被处死刑。"有人说，钟毓曾经向司马昭密报，认为钟会以权术行事难以保全，不可一心信用，所以赦免了钟毓的儿子钟峻兄弟。

起初，司马昭想派遣钟会征伐西蜀，西曹掾邵悌求见司马昭说："如今派遣钟会统领十馀万军队征讨西蜀，依我愚见，钟会父母双亡，无子嗣，唯有养子，不如派遣其他官员去。"司马昭笑着说："我难道连这个道理都不懂吗？西蜀为天下的一大祸患，令百姓不得安宁。我现在讨伐西蜀易如反掌，但众人都说西蜀不可以讨伐。人心如果事先胆怯，那么其智慧与勇气就一同穷尽了，智慧与勇气都没有却强迫这些人出征西蜀，只能被敌人擒杀。只有钟会与我的意愿、情绪相同，当今派他伐蜀，必可灭掉西蜀。灭掉西蜀以后，即使发生如你所顾虑的事情，他钟会哪能一下子就随心所欲呢？大凡败军之将不可与他讨论勇敢，亡国的臣属就不能与他谋划国家存亡大计，这源于胆量已经丧失的缘故。如果西蜀被攻灭以后，亡国之民惊恐万状，不足以与这些人图谋大事；中原的将士各自思归故乡，必不肯与钟会一同叛乱。如果作恶，只能招致灭族的下场。请你不必忧虑这些事，但要谨慎，不要将这些话传出去。"等到钟会密报邓艾图谋不轨，司马昭将率大军西行，邵悌又进言司马昭说："钟会所统率军队，数量是邓艾的五六倍，只要下令钟会收捕邓艾就可以了，不必您亲自前往。"司马昭回答："你难道忘记前时所说的话了吗，怎么又可以说我不必亲往了呢？虽然如此，但这些话不可泄露出去。我总之自然应当以信义对待他人，但是别人也不能背叛我，我岂能先于人的念头而产生疑心呢？近日中护军贾充问我，言：'您很怀疑钟会吗？'我回答说：'我若今天派遣你出征，难道我也怀疑你吗？'贾充也无法更改我的话。我到达长安，事情就自然地了结了。"司马昭率大军到达长安，钟会果然已经被杀死，一切都如司马昭的推断。

钟会曾经讨论《周易》的卦形没有"互体"，又曾探讨"才性"的同异问题。等到钟会死后，人们从他家里得到一部书，有二十篇，名为《道论》，实则为主张循名责实、慎赏明罚的刑名家的学说，从文风而论，像是钟会的手笔。起初，钟会二十岁时与山阳郡的王弼都知名于世。王弼喜好讨论儒家和道家的思想学说，文辞雄辩，注释《周易》与《老子》，曾任尚书郎，年纪二十多岁就去世了。

评论说：王凌风骨节操方正高尚，毌丘俭才能识见特出干练，诸葛诞严厉刚毅、威严庄重，钟会精研熟悉卜筮术数。他们都能凭借自身优势获得显赫的名声，以致有所增益并担任要职，但又都野心勃勃却迂腐、不合事理，又不去考虑祸害灾难，结果事态转变迅速，就如同拨动了弩弓的发矢机，导致全宗族遭受残害，岂不荒谬迷乱吗！邓艾坚劲强壮，能够建树功绩，兴办事业，然而不懂得防患于未然，结果灾祸和败亡不久就降临了。难道他能准确预料远在东吴的诸葛恪的灾祸，却不能发觉自己近在身边的危险，这就是古人所说的像眼睛一样只见毫毛却不见睫毛之论啊。

华佗传

附吴普、樊阿

[题解]

传见《三国志》卷二九《魏书二十九》。华（huà 化）佗（145？~208），一名旉，字元化，沛国谯县（今安徽亳州市）人。东汉末年的著名医学家。少时曾在外游学多年，钻研医术而不求仕进，其行医足迹遍及今安徽、山东、河南、江苏等地，声誉颇著，在医学上有多方面的成就。他精通内、外、妇、儿、针灸各科，对外科尤为擅长。他创制了麻沸散，令患者先饮之，通过全身麻醉开胸剖腹，进行外科手术，术毕缝合，再敷以膏药，通常四五日即可痊愈，一个月后平复。中国传统医学中的针灸之术在华佗手中发扬光大，《隋书·经籍志》记有《华佗枕中灸刺经》一卷，可惜不传。他还首创"五禽之戏"，即模仿虎、鹿、熊、猿、鸟五种动物的动作，以活动筋骨、疏通气血，达到强身健体、预防疾病的目的。后因不服曹操征召被杀，所著医书已佚，后世《中藏经》为托名华佗所作。《后汉书》卷八二亦有传。与华佗大约同时的张仲景（154？~219？），名机，字仲景，也是一代名医，精于内科，以撰有《伤寒杂病论》（后人析为《伤寒论》及《金匮要略》二书）驰名后世，向有"医圣"之誉。可惜《三国志》未为之立传，不无遗憾。

华佗字元化，沛国谯人也①，一名旉②。游学徐土③，兼通数经。沛相陈珪举孝廉④，太尉黄琬辟⑤，皆不就。晓养性之术⑥，时人以为年且百岁而貌有壮容。又精方药⑦，其疗疾，合汤不过数种，心解分剂⑧，不复称量，煮熟便饮，语其节度⑨，舍去辄愈⑩。若当灸⑪，不过一两处，每处不过七八壮⑫，病亦应除。若当针⑬，亦不过一两处，下针言"当引某许⑭，若至，语人"。病者言"已到"，应便拔针，病亦行差⑮。若病结积在内，针药所不能及，当须刳割者⑯，便饮其麻沸散⑰，须臾便如醉死无所知，因破取。病若在肠中，便断肠湔洗⑱，缝腹膏摩⑲，四五日差，不痛，人亦不自寤⑳，一月之间，即平复矣。

[注释]

①沛国：东汉建武二十年（44）改沛郡置，治所相县（今安徽淮北市西北相山区）。辖境相当于今安徽亳州、固镇、五河、淮北、濉溪、宿州以及江苏沛县、丰县与河南永城等县市地。《后汉书·百官五》："皇子封王，其郡为国，每置傅一人，相一人，皆二千石。"三国魏移治沛县（今属江苏）。谯（qiáo乔）：即谯县，秦改焦邑置，属泗水郡，治所在今安徽亳州市。西汉属沛郡，东汉属沛国，三国魏黄初元年（220）立为谯国。

②一名旉（fū肤）：旉，同"敷"。裴注云："臣松之案：古'敷'字与'专'相似，写书者多不能别。寻佗字元化，其名宜为'旉'也。"

③游学：旧时谓离开本乡到外地或外国求学。徐土：即徐州一带。徐州，汉武帝所置十三刺史部之一，辖境相当于今山东东南部与江苏长江以北地区，东汉时治所在郯县（今山东郯城）。三国魏移治于彭城（今江苏徐州）。

④沛相陈珪（guī归）：东汉下邳国淮浦县（今江苏涟水西）人，陈登之父，曾为沛相，劝阻吕布与袁术联姻。沛相，沛国的相，管理王国的行政，相当于郡太守。举：两汉选拔官吏实行察举制，即由官吏荐举，经过考核，任以官职。孝廉：孝，谓孝悌者；廉，谓清廉之士。分别为始于汉代选拔人才的科目，在东汉尤为求仕者必由之途，后往往合为一科。亦指被推选的士人。

⑤太尉黄琬：字子琰（141～192），江夏安陆（今湖北安陆北）人。汉献帝时任太尉，因反对董卓迁都，被罢为庶民，后任司隶校尉。董卓被诛杀，其部将李傕、郭汜将黄琬下狱死。《后汉书》卷六一有传。辟（bì必）：征召。

⑥养性：谓修养身心，涵养天性。语本《孟子·尽心上》："存其心，养其性，所以事天也。"

⑦方药：医方和药物。亦借指医道，医术。

⑧心解：心中领会。分（fèn奋）剂：分量。

⑨节度：方法，节制。

⑩舍去：谓按规定剂量服完药。

⑪灸（jiǔ久）：中医的一种疗法，即用燃烧的艾绒熏灼人体的穴位。

⑫壮：中医艾灸法术语，一灼称一"壮"。

⑬针：特指中医以针刺穴位以治疗疾病。

⑭当引某许：谓针刺引起的麻、酸、胀等感觉按经络传导至身体的某一部位。

⑮行：副词，辄，即。差（chài柴去声）：病除。

⑯刳（kū枯）割：剖开，割除。近似现代西医的开刀，动手术。

⑰麻沸散：华佗施行外科手术时所创用的麻醉药。《后汉书·方术传下·华佗》："若疾发结于内，针药所不能及者，乃令先以酒服麻沸散，

既醉无所觉,因刳破腹背,抽割积聚。若在肠胃,则断截湔洗,除去疾秽,既而缝合,傅以神膏,四五日创愈,一月之间皆平复。"有一种传说,麻沸散是由曼陀罗花(也叫闹羊花、万桃花、醉心花、狗核桃)1斤,生草乌、香白芷、当归、川芎各4钱,天南星1钱,共6味药组成。其主要成分即曼陀罗花,有剧毒。

⑱湔(jiān兼)洗:洗涤。《后汉书·方术传下·华佗》:"若在肠胃,则断截湔洗,除去疾秽,既而缝合,傅以神膏。"

⑲膏摩:谓用药膏涂抹缝合处。

⑳不自寤(wù务):谓自己无知觉。寤,觉醒。

故甘陵相夫人有娠六月①,腹痛不安,佗视脉②,曰:"胎已死矣。"使人手摸知所在,在左则男,在右则女。人云"在左",于是为汤下之,果下男形,即愈。

[注释]

①甘陵相:甘陵国的相,相当于郡太守。甘陵,即甘陵国,东汉建和二年(148)改清河国置,治所甘陵县(今山东临清市东北)。辖境相当于今河北清河及枣强、南宫各一部分,山东临清、夏津、武城及高唐、平原各一部分地。三国魏改清河郡。有娠(shēn身):怀孕。

②视脉:即诊脉,中医谓手按病人腕部脉搏以察病情。《史记·扁鹊仓公列传》:"(扁鹊)以此视病,尽见五脏症结,特以诊脉为名耳。"

县吏尹世苦四支烦①,口中干,不欲闻人声,小便不利②。佗曰:"试作热食,得汗则愈;不汗,后三日死。"即作热食而不汗出，佗曰："藏气已绝于内③，当啼泣而绝。"果如佗言。

[注释]

①四支：即"四肢"。烦：困乏，疲劳。

②不利：不通畅。

③藏（zàng葬）气：即中医所谓"五脏之气"。藏，通"脏"。五脏指心、肝、脾、肺、肾。有藏精气而不泻的功能，故名。《素问·五脏别论》："所谓五藏者，藏精气而不泻也。"精气一绝，则人必死。

府吏兒寻、李延共止①，俱头痛身热，所苦正同。佗曰："寻当下之②，延当发汗③。"或难其异④，佗曰："寻外实⑤，延内实，故治之宜殊。"即各与药，明旦并起。

[注释]

①府吏：指州郡长官的属吏。兒（ní倪）：姓氏。共止：谓一同至华佗处求医。

②下：即"导泻"，中医治疗疾病的一种方法。

③发汗：中医谓用药物等使身体出汗，属于治疗疾病的一种方法。

④难（nàn南去声）其异：诘问对两者施治方法不同的原因。

⑤实：中医用语，指邪气亢盛。《素问·玉机真藏论》："歧伯曰：脉盛、皮热、腹胀、前后不通、闷瞀，此谓五实。"唐王冰注："实谓邪气盛实。"中医运用阴阳、表里、寒热、虚实八纲，对病证进行分析归纳，从而为施治提供依据的辨证方法。"实"属于"虚实辨证"中的"实证"，即指邪气过盛，正气未衰，邪正斗争激烈的一类病证。所谓"外实"，即

感受外邪，往往发病急骤，以发热、吐泻、疼痛、脉实有力为主症，治以清热解毒、通里攻下为主。所谓"内实"，即因内脏功能失常，致使痰饮、水湿、瘀血、食积、虫积等病邪结聚，其表现则各有特点。治疗以攻邪为主，或化痰利水，或行气破血，或消食导滞、除虫积等。

盐渎严昕与数人共候佗①，适至，佗谓昕曰："君身中佳否？"昕曰："自如常。"佗曰："君有急病见于面②，莫多饮酒。"坐毕归，行数里，昕卒头眩堕车③，人扶将还④，载归家，中宿死⑤。

[注释]

①盐渎（dú 读）：即盐渎县，西汉置，属临淮郡，治所在今江苏盐城市。东汉属广陵郡。

②见（xiàn 现）：显现，显露。

③卒（cù 猝）：同"猝"。突然。

④扶将：搀扶，扶持。

⑤中宿：半夜。

故督邮顿子献得病已差①，诣佗视脉，曰："尚虚，未得复，勿为劳事②，御内即死③。临死，当吐舌数寸。"其妻闻其病除，从百馀里来省之，止宿交接④，中间三日发病⑤，一如佗言。

[注释]

①督邮：官名。汉代郡太守的属官，负责督察该郡属县，考核官吏政绩，管制地方奸猾豪强，兼管狱讼捕亡等。一郡分若干部，每部均置

督邮。

②劳事：劳动操作之事。

③御内：谓与妻子交合。

④止宿：住宿。交接：性交。

⑤中间（jiàn 建）三日：相隔三天。

督邮徐毅得病，佗往省之。毅谓佗曰："昨使医曹吏刘租针胃管讫①，便苦欬嗽，欲卧不安。"佗曰："刺不得胃管②，误中肝也，食当日减，五日不救。"遂如佗言。

[注释]

①医曹吏：郡佐吏名，掌医疗。胃管：即中脘（wǎn 晚）穴，为常用针灸穴位，属任脉。取穴在肚脐上方四寸。主治胃腹疼痛、呕逆反酸、泄泻、便秘、黄疸、脏燥等。讫（qì弃）：完毕。

②刺不得胃管：谓针刺没有找准中脘穴。

东阳陈叔山小男二岁得疾①，下利常先啼②，日以羸困③。问佗，佗曰："其母怀躯④，阳气内养⑤，乳中虚冷，儿得母寒，故令不时愈⑥。"佗与"四物女宛丸"⑦，十日即除。

[注释]

①东阳：即东阳县，秦置，属东海郡，治所在今江苏盱眙县东南东阳城。西汉属临淮郡，东汉属下邳国。

②下利：中医对"泄泻"与"痢疾"的统称。汉张仲景《金匮要

略·呕吐哕下利病》:"下利,手足厥冷,无脉者,灸之不温;若脉不还,反微喘者,死。"

③羸(léi雷)困:疲惫,瘦弱困乏。

④怀躯:谓怀孕。

⑤阳气:中医学名词。指具有温养组织脏器、维持生理功能和固卫体表等作用,并充盈于周身之气。因散布部位不同,其具体作用和名称亦各有异。《素问·生气通天论》:"阳气者,若天与日,失其所,则折寿而不彰。"内养:这里是没有发散的意思。

⑥不时:不及时。

⑦四物女宛丸:据何凌霞《"四物女宛丸"当作"四物女菀丸"》(载《中医药文化》2012年第6期)一文,当作"四物女菀丸",盖女宛功效为温肺化痰、镇咳平喘,女菀功效方为祛风除湿、止下消食,与小男所患对症。此丸为华佗创制,当由以女菀为主的四味中药煎制而成。据《新修本草·草部中品》著录:"女菀,味辛,温。主风寒洒洒,霍乱,泻痢,肠鸣游气上下无常,惊痫寒热百病。"

彭城夫人夜之厕①,虿螫其手②,呻呼无赖③。佗令温汤近热,渍手其中④,卒可得寐,但旁人数为易汤,汤令暖之,其旦即愈。

[注释]

①彭城,即彭城国,东汉章和二年(88)改楚国置,治所彭城县(今江苏徐州市)。夫人:当谓彭成国相之妻。

②虿(chài柴去声):蝎子一类的毒虫。螫(shì示):毒虫或蛇咬刺。

③无赖:无可奈何。

④渍(zì字):浸泡。

军吏梅平得病①,除名还家②,家居广陵③,未至二百里,止亲人舍。有顷,佗偶至主人许④,主人令佗视平,佗谓平曰:"君早见我,可不至此。今疾已结⑤,促去可得与家相见⑥,五日卒。"应时归⑦,如佗所刻⑧。

[注释]

①军吏:泛指军中的将帅官佐。

②除名:除去名籍,取消原有身份。

③广陵:即广陵县,秦置,属东海郡,治所在今江苏扬州市西北蜀冈上。西汉为广陵国治,东汉为广陵郡治。

④许:底本作"计",当系排版形讹。卢弼《三国志集解》卷二九作"许"。许,犹处,处所。南朝宋刘义庆《世说新语·文学》:"孙安国往殷中军许共论,往反精苦,客主无间。"

⑤结:聚合,凝聚。

⑥促:速,赶快。

⑦应时:即刻。

⑧刻:通"剋"。谓所限定的时日。

佗行道,见一人病咽塞①,嗜食而不得下,家人车载欲往就医。佗闻其呻吟,驻车往视,语之曰:"向来道边有卖饼家蒜齑大酢②,从取三升饮之,病自当去。"即如佗言,立吐蛇一枚③,县车边④,欲造佗⑤。佗尚未还,小儿戏门前,逆见⑥,自相谓曰:"似逢我公,车边病是也⑦。"疾者前入坐,见佗北壁县此蛇辈约以十数。

[注释]

①咽塞：病名。喉咙梗塞，呼吸不畅。

②蒜齑（jī基）：捣碎的蒜末。卢弼《三国志集解》引沈钦韩曰："陶弘景《药总诀》云：'饼店蒜齑，乃下蛇之药。'即是指此。"酢（cù醋）：同"醋"。

③蛇：蛇从人口钻入人腹中，实属罕见。此段后"县此蛇辈约以十数"，似非爬行动物，当谓人体寄生虫，如蛔虫、绦虫等。

④县（xuán悬）：挂。

⑤造：拜访。

⑥逆见：迎见。

⑦车边病：由车边悬挂之蛇状物，推测来人病因。

又有一郡守病①，佗以为其人盛怒则差，乃多受其货而不加治②，无何弃去③，留书骂之。郡守果大怒，令人追捉杀佗。郡守子知之，属使勿逐。守瞋恚既甚④，吐黑血数升而愈。

[注释]

①郡守：郡的长官，主一郡之政事。秦废封建设郡县，郡置守、丞、尉各一人。守治民，丞、尉为佐。汉唐因之。

②货：作为诊治费用的钱财。

③无何：不多时，不久。

④瞋恚（chēnhuì琛惠）：愤怒怨恨。

又有一士大夫不快①，佗云："君病深，当破腹取。然君寿亦不过十年，病不能杀君，忍病十岁，寿俱当尽，不足故自刳裂②。"士大夫不耐痛痒，必欲除之。佗遂下手，所患寻差，十年竟死。

[注释]

①士大夫：士族，士族中的人。不快：不舒服。

②不足故自刳（kū枯）裂：谓没必要特意接受剖腹手术。

广陵太守陈登得病①，胸中烦懑②，面赤不食。佗脉之曰③："府君胃中有虫数升，欲成内疽④，食腥物所为也。"即作汤二升，先服一升，斯须尽服之⑤。食顷⑥，吐出三升许虫，赤头皆动，半身是生鱼脍也⑦，所苦便愈。佗曰："此病后三期当发⑧，遇良医乃可济救。"依期果发动⑨，时佗不在，如言而死。

[注释]

①广陵太守陈登：字元龙（163～201），东汉下邳国淮浦县（今江苏涟水西）人，陈珪之子。历任广陵太守。详见本书所选《陈登传》。广陵，即广陵郡，东汉建武十八年（42）改广陵国置，辖境相当于今江苏扬州、邗江、江都、高邮、宝应、金湖等市县地，治所为广陵县（今江苏扬州市西北蜀冈上），东汉末移治射阳县（今江苏宝应东北射阳镇），三国魏移治淮阴县（今江苏淮阴西南甘罗城）。

②烦懑（mèn闷）：亦作"烦满"。中医谓内热郁结之症。《素问·评热病论》："汗出而身热者，风也；汗出而烦满不解者，厥也。病名曰风厥。"《史记·扁鹊仓公列传》："病使人烦懑，食不下，时呕沫。"

③脉：用如动词，谓切脉。即按脉，中医诊断病症方法"望、闻、问、切"之一。

④内疽（jū居）：体内脏器的毒性肿块。

⑤斯须：须臾，片刻。

⑥食顷：吃一顿饭的时间。多形容时间很短。

⑦鱼脍（kuài快）：细切的鱼肉。

⑧三期（jī基）：三年。期，时间周而复始，这里即指一周年。

⑨发动：谓疾病发作。

太祖闻而召佗①，佗常在左右。太祖苦头风②，每发，心乱目眩，佗针鬲③，随手而差④。

[注释]

①太祖：即太祖武皇帝曹操，建安二十五年（220）曹丕代汉立国称帝，改元黄初，追谥其父曹操为武帝；曹丕子曹叡于景初元年（237）上其祖父庙号魏太祖。

②头风：谓头痛。中医学病症名。

③鬲（gé隔）：针灸穴位名，即膈俞（shù树）穴，是足太阳膀胱经第十七穴，位于背部第七胸椎棘突下，正中线旁开1.5寸处，因本穴内应横膈，故名膈俞。此穴主治疾病：呕吐，呃逆，气喘，咳嗽，吐血，潮热，盗汗。此穴与治头风关系不大，或为陈寿误记。

④随手而差：裴注引《佗别传》曰："有人病两脚躄不能行，舆诣佗，佗望见云：'已饱针灸服药矣，不复须看脉。'便使解衣，点背数十处，相去或一寸，或五寸，纵邪不相当。言灸此各十壮，灸创愈即行。后灸处夹脊一寸，上下行端直均调，如引绳也。"

李将军妻病甚，呼佗视脉，曰："伤娠而胎不去①。"将军言："闻实伤娠，胎已去矣。"佗曰："案脉，胎未去也。"将军以为不然。佗舍去，妇稍小差。百馀日复动②，更呼佗，佗曰："此脉故事有胎③。前当生两儿，一儿先出，血出甚多，后儿不及生。母不自觉，旁人亦不寤④，不复迎⑤，遂不得生。胎死，血脉不复归，必燥著母脊⑥，故使多脊痛。今当与汤，并针一处，此死胎必出。"汤针既加，妇痛急如欲生者。佗曰："此死胎久枯，不能自出，宜使人探之。"果得一死男，手足完具，色黑，长可尺所⑦。

[注释]

①伤娠（shēn 身）：谓胎儿停止发育导致小产。

②复动：复发（当谓腹痛）。

③故事：谓依照脉象的先例。

④不寤（wù 务）：未醒悟。

⑤迎：接生。

⑥"血脉"二句：谓母体营养不再孕育胎儿，胎死后干枯并粘连于子宫内膜。妇女子宫疼痛常反应于脊背，古人隔膜于人体解剖，故谓"燥著母脊"。

⑦尺所：一尺左右。汉末三国时期一尺相当于今24厘米左右，比现代一尺（33.33厘米）短。所，不定数词，表示大概的数目。

佗之绝技，凡此类也。然本作士人①，以医见业②，意常自悔。后太祖亲理③，得病笃重④，使佗专视⑤。佗曰："此近难济⑥，恒事攻治⑦，可延岁月。"佗久远家思归，因曰："当得家书，方欲暂还耳。"到家，辞以妻病，数乞期不反⑧。太祖累书呼，又敕郡县发遣⑨。佗恃能厌食事⑩，犹不上道。太祖大怒，使人往检。若妻信病⑪，赐小豆四十斛⑫，宽假限日；若其虚诈，便收送之。于是传付许狱⑬，考验首服⑭。荀彧请曰⑮："佗术实工，人命所县，宜含宥之⑯。"太祖曰："不忧，天下当无此鼠辈耶⑰？"遂考竟佗⑱。佗临死，出一卷书与狱吏，曰："此可以活人。"吏畏法不受，佗亦不强，索火烧之。佗死后，太祖头风未除。太祖曰："佗能愈此。小人养吾病，欲以自重⑲，然吾不杀此子，亦终当不为我断此根原耳。"及后爱子仓舒病困⑳，太祖叹曰："吾悔杀华佗，令此儿强死也㉑。"

[注释]

①士人：士大夫，儒生。亦泛称知识阶层。

②以医见业：谓以行医作为职业。

③亲理：这里当是亲自处理朝廷政事的意思。

④笃（dǔ 赌）重：十分严重。

⑤专视：专门诊治。

⑥此近难济：谓此病近期之内难见疗效。

⑦恒事攻治：谓长期不断地进行治疗。

⑧乞期：请求续假。

⑨发遣：打发，使离去。

⑩恃能厌食事：谓依仗本事，厌恶为人所役使。食事，为事。

⑪信：确实。

华佗传 | 811

⑫斛(hú胡)：量词，多用于量粮食。汉代一斛为十斗。

⑬传付：谓押送交付。许狱：许都的监狱。许，许都，即许县，春秋许国，秦改置县。东汉末，曹操挟汉献帝都此，故称许都。故址在今河南许昌西南。

⑭考验：审讯验实。首服：犹言坦白服罪。

⑮荀彧(yù玉)：字文若(163~212)，颍川颍阴(今河南许昌)人。初依附袁绍，后转投曹操，成为其帐下主要谋士。后因受曹操猜忌，服毒死。详见本书所选《荀彧传》。

⑯含宥(yòu右)：犹宽恕，宽容。

⑰鼠辈：对他人的蔑称，意谓低微下贱的人。

⑱考竟：刑讯致死。

⑲自重：抬高自己的身价或地位。

⑳爱子仓舒：即曹冲(196~208)，字仓舒，少聪颖，为曹操所宠爱。年十三，不幸早夭，死后追封邓哀王。《三国志》卷二〇有传。病困：谓病势沉重。

㉑强死：谓人尚壮健而死于非命。

初，军吏李成苦欬嗽①，昼夜不寤②，时吐脓血，以问佗。佗言："君病肠臃③，欬之所吐，非从肺来也。与君散两钱④，当吐二升馀脓血讫，快自养，一月可小起，好自将爱⑤，一年便健。十八岁当一小发，服此散，亦行复差。若不得此药，故当死⑥。"复与两钱散。成得药，去五六岁⑦，亲中人有病如成者，谓成曰："卿今强健，我欲死，何忍无急去药⑧，以待不祥⑨？先持贷我⑩，我差，为卿从华佗更索。"成与之，已⑪。故到谯⑫，适值佗见收⑬，匆匆不忍从求⑭。后十八岁,成病竟发,无药可服,以至于死⑮。

[注释]

①欬(kài 凯去声)嗽:即咳嗽。

②不寤(wù 务):意谓昏昏沉沉,仿佛处于难以清醒的昏睡中。

③肠臃(yōng 雍):即"肠痈",《后汉书·方术传下·华佗》作"肠痈",中医指阑尾炎。汉张仲景《金匮要略·疮痈肠痈浸淫病脉证并治》:"肠痈之为病,其身甲错,腹皮急,按之濡如肿状。"

④散(sǎn 伞):中医谓粉末状药物。

⑤将爱:保养。

⑥故:副词,必定,一定。

⑦去:谓收藏。详下裴注。

⑧无急去药:谓身无病患而收藏此散。裴注云:"臣松之案:古语以藏为去。"

⑨不祥:谓肠痈复发。

⑩先持贷我:谓先将药粉借予我用。

⑪已:谓病愈。

⑫故到谯:谓特意到华佗的家乡谯县求药。

⑬见收:被捕。

⑭匆匆:仓促,急急忙忙。

⑮以至于死:裴注引《佗别传》曰:"人有在青龙中见山阳太守广陵刘景宗,景宗说中平日数见华佗,其治病手脉之候,其验若神。琅邪刘勋为河内太守,有女年几二十,左脚膝里上有疮,痒而不痛。疮愈数十日复发,如此七八年,迎佗使视,佗曰:'是易治之。当得稻糠黄色犬一头,好马二疋。'以绳系犬颈,使走马牵犬,马极辄易,计马走三十馀里,犬

华佗传 | 813

不能行，复令步人拖曳，计向五十里。乃以药饮女，女即安卧不知人。因取大刀断犬腹近后脚之前，以所断之处向疮口，令去二三寸。停之须臾，有若蛇者从疮中而出，便以铁椎横贯蛇头。蛇在皮中动摇良久，须臾不动，乃牵出，长三尺所，纯是蛇，但有眼处而无童子，又逆鳞耳。以膏散著疮中，七日愈。又有人苦头眩，头不得举，目不得视，积年。佗使悉解衣倒悬，令头去地一二寸，濡布拭身体，令周匝，候视诸脉，尽出五色。佗令弟子数人以铍刀决脉，五色血尽，视赤血，乃下，以膏摩被覆，汗自出周匝，饮以亭历犬血散，立愈。又有妇人长病经年，世谓寒热注病者。冬十一月中，佗令坐石槽中，平旦用寒水汲灌，云当满百。始七八灌，会战欲死，灌者惧，欲止。佗令满数。将至八十灌，热气乃蒸出，嚣嚣高二三尺。满百灌，佗乃使然火温床，厚覆，良久汗洽出，著粉，汗燥便愈。又有人病腹中半切痛，十馀日中，鬓眉堕落。佗曰："是脾半腐，可刳腹养治也。"使饮药令卧，破腹就视，脾果半腐坏。以刀断之，刮去恶肉，以膏傅疮，饮之以药，百日平复。"

广陵吴普、彭城樊阿皆从佗学①。普依准佗治②，多所全济③。佗语普曰："人体欲得劳动④，但不当使极尔⑤。动摇则谷气得消⑥，血脉流通⑦，病不得生，譬犹户枢不朽是也⑧。是以古之仙者为导引之事⑨，熊颈鸱顾⑩，引挽腰体⑪，动诸关节，以求难老⑫。吾有一术，名五禽之戏⑬，一曰虎，二曰鹿，三曰熊，四曰猿，五曰鸟⑭，亦以除疾，并利蹄足⑮，以当导引。体中不快，起作一禽之戏，沾濡汗出⑯，因上著粉⑰，身体轻便，腹中欲食。"普施行之，年九十馀，耳目聪明⑱，齿牙完坚。阿善针术。凡医咸言背及胸藏之间不可妄针⑲，针之不过四分，而阿针背入一二寸，巨阙胸藏针下五六寸⑳，而病辄皆廖㉑。阿从佗求可服食益于人者，佗授以漆叶青黏散㉒。漆叶屑一升，青黏屑十四两，以是为率，言久服去三虫㉓，利五藏㉔，轻体，使人头不白。阿从其言，寿百馀岁。漆叶处所而有㉕，青黏生于丰、沛、彭城及朝歌云㉖。

[注释]

①彭城：即彭城县，秦置，属泗水郡，治所在今江苏徐州市。西汉为楚国治，东汉为彭城国治，三国魏为徐州治。

②依准佗治：谓依照华佗的治疗法行医。

③全济：保全，救活。

④劳动：操作，活动。

⑤极：谓过度疲劳。

⑥谷气：中医名词，指胃气。《素问·阴阳应象大论》："谷气通于脾，雨气通于肾。"《医宗金鉴·张仲景〈伤寒论·太阳病下〉》："谷气下流。"注："谷气者，即胃气也。"胃气，中医指胃的生理功能及其精气。胃气充足，则脉搏运行正常，而全身各器官皆有活力。

⑦血脉：人体内血液运行的脉络。

⑧户枢不朽：经常转动的门轴不易被蛀蚀。比喻经常运动可以不受外物侵蚀而历久不坏。

⑨仙者：即仙人，神话传说中长生不老、有种种神通的人。导引：导气引体，是古医家、道家的养生术，实为呼吸和躯体运动相结合的体育疗法。近年出土的西汉帛画即有治疾的《导引图》。

⑩熊颈鸱（chī鸱）顾：古代一种导引养生之法，状如熊之攀枝，鸱之回顾。《后汉书·华佗传》作"熊经鸱顾"，唐李贤注："熊经，若熊之

攀枝自悬也。鸱顾,身不动而回顾也。"熊经,语出《庄子·刻意》:"吹呴呼吸,吐故纳新,熊经鸟申,为寿而已矣。"唐成玄英疏:"吹冷呼而吐故,呴暖吸而纳新,如熊攀树而自悬,类鸟飞空而伸脚。"

⑪引挽:犹伸展。

⑫难老:犹长寿。多用作祝寿之辞。语出《诗经·鲁颂·泮水》:"既饮旨酒,永锡难老。"

⑬禽:泛称鸟兽。

⑭鸟:有论者认为当谓鹤。

⑮利蹄足:谓行走轻便。蹄足,谓腿脚。

⑯沾濡(rú如):浸湿。

⑰因:副词,就,于是。著(zhuó拙)粉:谓敷上一层药粉。

⑱聪明:视听灵敏。语出《周易·鼎》:"巽而耳目聪明。"

⑲凡医:平庸的医生。胸藏(zàng葬):谓胸部与胃、肠、肝、脾等内脏器官。

⑳巨阙:中医针灸穴位名,属任脉,位于脐上六寸处。针刺此穴对于治疗胃肠疾病很有疗效。

㉑瘳(chōu抽):病愈。

㉒漆叶青黏散:关于这两种草药为何,今人说法不一。或谓漆叶并非有微毒的漆树叶,而是玉竹叶(以其叶表光滑油亮如漆);青黏则是黄精或黄芝。

㉓三虫:人体内的三种寄生虫,说法不一。一种说法即蛔虫、蛲虫与赤虫。

㉔五藏(zàng葬):即五脏。指心、肝、脾、肺、肾。中医谓"五脏"有藏精气而不泻的功能,故名。《素问·五脏别论》:"所谓五藏者,藏精气而不写也。"

㉕处所：停留或居住的地方。

㉖丰：即丰县，秦后期置，西汉属沛郡，东汉属沛国，治所在今江苏丰县。沛：即沛县，秦置，属泗水郡，西汉属沛郡，东汉属沛国，治所在今江苏沛县。朝（zhāo 昭）歌：即朝歌县，秦置，属河内郡，三国魏为朝歌郡治，治所在今河南淇县。裴注引《佗别传》曰："青黏者，一名地节，一名黄芝，主理五藏，益精气。本出于迷入山者，见仙人服之，以告佗。佗以为佳，辄语阿，阿又秘之。近者人见阿之寿而气力强盛，怪之，遂责阿所服，因醉乱误道之。法一施，人多服者，皆有大验。"又引文帝《典论》论郄俭等事曰："颍川郄俭能辟谷，饵伏苓。甘陵甘始亦善行气，老有少容。庐江左慈知补导之术。并为军吏。初，俭之至，市伏苓价暴数倍。议郎安平李覃学其辟谷，餐伏苓，饮寒水，中泄利，殆至陨命。后始来，众人无不鸱视狼顾，呼吸吐纳。军谋祭酒弘农董芬为之过差，气闭不通，良久乃苏。左慈到，又竞受其补导之术，至寺人严峻，往从问受。阉竖真无事于斯术也，人之逐声，乃至于是。光和中，北海王和平亦好道术，自以当仙。济南孙邕少事之，从至京师。会和平病死，邕因葬之东陶，有书百余卷，药数囊，悉以送之。后弟子夏荣言其尸解。邕至今恨不取其宝书仙药。刘向惑于《鸿宝》之说，君游眩于子政之言，古今愚谬，岂唯一人哉！"又引东阿王作《辩道论》曰："世有方士，吾王悉所招致，甘陵有甘始，庐江有左慈，阳城有郄俭。始能行气导引，慈晓房中之术，俭善辟谷，悉号三百岁。卒所以集之于魏国者，诚恐斯人之徒，接奸宄以欺众，行妖慝以惑民，岂复欲观神仙于瀛洲，求安期于海岛，释金辂而履云舆，弃六骥而美飞龙哉？自家王与太子及余兄弟咸以为调笑，不信之矣。然始等知上遇之有恒，奉不过于员吏，赏不加于无功，海岛难得而游，六骏难得而佩，终不敢进虚诞之言，出非常之语。余尝试郄俭绝谷百日，躬与之寝处，行步起居自若也。夫人不食七日则死，而俭乃如是。然

不必益寿，可以疗疾而不惮饥馑焉。左慈善修房内之术，差可终命，然自非有志至精，莫能行也。甘始者，老而有少容，自诸术士咸共归之。然始辞繁寡实，颇有怪言。余常辟左右，独与之谈，问其所行，温颜以诱之，美辞以导之，始语余：'吾本师姓韩字世雄，尝与师于南海作金，前后数四，投数万斤金于海。'又言：'诸梁时，西域胡来献香罽、腰带、割玉刀，时悔不取也。'又言：'车师之西国。儿生，擘背出脾，欲其食少而努行也。'又言：'取鲤鱼五寸一双，合其一煮药，俱投沸膏中，有药者奋尾鼓鳃，游行沉浮，有若处渊，其一者已熟而可啖。'余时问：'言率可试不？'言：'是药去此逾万里，当出塞；始不自行不能得也。'言不尽于此，颇难悉载，故粗举其巨怪者。始若遭秦始皇、汉武帝，则复为徐市、栾大之徒也。"

[译文]

华佗字元化，是沛国谯县人，又名旉。曾到徐州一带求学，兼通几部儒家的经典。沛国的国相陈珪举华佗为孝廉，太尉黄琬征召华佗，他都没有就任。华佗通晓修养身心、涵养天性之术，当时人以为他年近百岁却保有壮年的容貌。华佗精通医方和药物，他治疗疾病，所配置的汤剂所用药物不过数种，分量全凭心中领会，不必再称量，煎煮好就喝下，交代患者有关方法或节制要领，按规定剂量服完药就痊愈了。如果需要用艾灸的疗法，不过选一两处穴位，每处也不过七八灼，病即可痊愈。如果需要用针刺的疗法，也不过取一两处穴位，下针时对患者说："麻、酸、胀等感觉应当传至某处，如果传到，请告诉我。"患者若言"已到"，随即拔针，病也就随之消除了。如果病患集结在体内，针灸或药物难以治愈，必须通过开刀手术，就令患者先行饮用其自制的麻沸散，很快患者就如同醉倒死去一般，全无所知，于是再剖开割除。病患若结于肠中，华佗就切断患处加以洗涤，然后缝合，再用药膏涂抹缝合处，四五天就开始好转，不疼痛，患者自己无知觉，一个月左右，就康复如初了。

原甘陵国的国相夫人，怀孕已经六个月，腹部疼痛不得安宁，华佗为她诊脉，说："胎儿已经死了。"令人用手触摸胎儿的位置，若在左侧就是男胎，在右侧就是女胎。摸者回答"在左"，于是配药煎汤打胎，果然是男形胎儿，国相夫人立即痊愈。

县吏尹世患病四肢困乏，口中干燥，不愿意听到人声，小便不通畅。华佗说："做些热食吃下试试看，如果出汗就痊愈了；如果不出汗，三天以后会死。"尹世于是做热食吃下却没有出汗，华佗说："五脏之气已经断绝，会在哭泣中死亡。"结果正如华佗所料而死。

府吏兒寻、李延一同至华佗处求医，都患头疼与身体发烧，症状相同。华佗说："兒寻应当导泻，李延应当用药物等使身体出汗。"有人诘问对两者施治方法不同的原因，华佗说："兒寻感受外邪，李延内脏功能失常，因而治疗方法应当有所不同。"于是分别对症下药，第二天早晨，两人的病都治愈了。

盐渎严昕与几个人一同去拜访华佗，刚到，华佗就对严昕说："你身体还好吗？"严昕回答："与往常一样。"华佗说："你的面部显现出急病的征兆，不要多饮酒。"严昕等人交谈过后告辞回去，行走数里，严昕突然感到头眩晕，从车中坠下，被他人挽扶着乘车而归，半夜就死了。

前督邮顿子献患病已经痊愈，到华佗那里诊脉，华佗说："你的身体还虚弱，没有完全恢复，不要劳动操作，若与妻子交合就会死亡。临死之际，当会吐出舌头数寸长。"他的妻子听说督邮得病已痊愈，就从百里之外来探望他，住下的当晚与丈夫同房，隔了三天就发病而亡，其状况与华佗所预料的完全相同。

督邮徐毅得病，华佗前往看望。徐毅对华佗说："昨天晚间医曹吏刘租为我扎针中脘穴后,苦于咳嗽不止,想睡也睡不好。"华佗说:"扎针没有找准中脘穴,误伤肝脏,你的饭量会一天天减少,第五天以后就无法救治了。"此后病情发展果然如华佗所说。

东阳陈叔山的小儿子两岁时得病,经常在泄泻之前哭啼,一天比一天瘦弱困乏。向华佗请教病情,华佗说:"他的母亲怀胎时,阳气没有发散出来,乳汁寒冷,小儿哺乳受到母寒,所以不能及时痊愈。"华佗就开出自己创制的"四物女菀丸",服后十天,小儿病除。

彭成国国相的夫人夜间上厕所,手被蝎子一类的毒虫咬刺,呻吟不止,无可奈何。华佗令人将药汤烧热,请国相夫人在热药汤中泡手,终于可以入睡了,她身旁的人几次为她换药汤,并烧热保持温度,第二天早晨就痊愈了。

军中将帅的一位官佐梅平染病,被除名回家养疾,他的家在广陵县,走到离家还有二百里地时,在一位亲戚家中寄宿。不久,华佗偶然来到主人的家中,主人就请华佗为梅平诊病,华佗对梅平说:"你如果早遇到我,当不至于到此地步。如今病势已经凝聚,快些登程还能够与家人相见,五日以后病亡。"梅平即刻动身回家,结果一切如华佗所预料的那样。

华佗在路上行走,遇见一人喉咙梗塞,呼吸不畅,想进食却又咽不下去,家人用车拉着他准备前往就医。华佗听到那人的呻吟声,就停下来前去看视,对他说:"刚才来的道路边有一家卖饼店,内有用捣碎的蒜末调和的醋,可买来三升饮下,病自会痊愈。"病人家属按照华佗的嘱咐去做,病人当即吐出如蛇一样的寄生虫一条,就将它悬挂在车边,准备去拜访华佗。华佗尚未归,家中的小孩在门前游戏,迎见来人,就相互言道:"好像遇见了我家公公,车边所悬挂的就是明证。"那位病人进屋入座后,看见华佗家的北墙上悬挂着十数条蛇状寄生虫。

又有一位郡太守患病,华佗认为这位太守必须大怒之后才能痊愈,于是就多收作为诊治费用的钱财却又不予治疗，不多久就离开，并留下一封书信责骂郡太守。这位太守果然大怒，派人去追杀华佗。郡守的儿子知道此事内情，嘱咐其手下人不要去追。郡守极为忿怒怨恨，吐下黑血数升后痊愈了。

又有一位士族中的人身体不舒服，华佗说："你的病患在体内深处，应当剖开腹部切除。然而你的寿命也不出十年，病患暂时不能要你的命，忍耐十年，寿命也差不多到头了，没必要特意接受剖腹手术。"这位患者忍受不了痛苦，一定要除去病根。华佗就实施手术，病症消失，十年后，此人最终死去。

广陵郡太守陈登得病，属于内热郁结之症，面色发红，不想进食。华佗为他诊脉说："你的胃中有寄生虫数升，即将形成毒性肿块，这是你进食生腥之物过多招致的。"于是煎煮二升汤药，令陈登先服下一升，片刻后全部服下。吃一顿饭的时间后，陈登吐出寄生虫三升多，红头，躯体摆动，半身仍保持着细切的鱼肉形态，陈登的病随即痊愈。华佗说："这病三年以后还要复发，遇到良医才能得到解救。"三年后陈登果然旧病发作，当时华佗不在，陈登如华佗所言不治而亡。

曹操听说华佗的医术召见了他，让他经常在其身边服务。曹操患有头痛病，每次发作，心慌意迷，眼花缭乱，华佗取穴膈俞针刺，随手而痊愈。

李将军的妻子病得很厉害，请华佗前来诊脉，华佗说："胎儿停止发育导致小产，但死胎没有离开母体。"将军说："听说她确实小产了，但死胎已经离开母体。"华佗说："根据脉象，死胎并没有出来。"将军不以为然。华佗离开后，其妻也稍有好转。一百天以后，其妻旧病复发，再请华佗来，华佗说："依照脉象的先例仍有胎在腹中。此前应当生下两儿，一个胎儿先离母体，孕妇出血太多，致使另一个胎儿未能脱离母体。孕妇自己没有感觉到，旁人也没有醒悟过来，所以没有再行引产，后一个胎儿就未能离开母体。母体营养不再孕育胎儿，胎死后干枯并粘连腹中，疼痛常反应于脊背。现在应当给李妻饮汤药，并取穴一处扎针，这个死胎就一定打下。"饮汤药与扎针都已施治，李妻腹痛难忍仿佛要产子一样。华佗说："这个死胎因在腹内干枯时间太久，不能自行打下，应当令他人伸手入产门探出。"果然取出一个死了的男胎，手足齐全，颜色已变黑，长一尺左右。

华佗的医术绝技，皆诸如此类。然而他本是儒生，以行医为职业，常常因此后悔不已。后曹操亲自处理朝廷政事，患病十分严重，令华佗专门诊治。华佗说："此病近期之内难见疗效，长期不断地进行治疗，方可延长寿命。"华佗远离家乡，日久思归，因而对曹操说："刚刚接到家书，正想暂归家探视。"华佗到家后，以妻子患病为辞，屡次请求续假不愿回归。曹操多次致书信召唤，又下令郡县打发华佗离家上路。华佗依仗本事，厌恶为人所役使，仍然不动身。曹操大怒，令人前往检视，如果他的妻子确实患病，就赐予小豆四十斛，放宽动身的期限；如果属于扯谎欺骗，就收捕送回来。于是华佗被押送交付许都的监狱，经审讯验实，坦白服罪。荀彧为华佗求情说："华佗的医术的确高明，能解救人命，应当宽恕他。"曹操说："不必担忧，天下难道再也找不到这种低微下贱的人了吗？"于是将华佗刑讯致死。华佗临死之际，拿出一卷书交予狱吏，说："这可以救治人命。"狱吏畏惧犯法不敢接受，华佗也不勉强，索求火种将书焚毁了。华佗死后，曹操头疼病没有治愈。曹操说："华佗能够治愈此病，这家伙留着我的病根，想借此抬高自己的身价，但我即使不杀这家伙，他也终究不会为我去除病根。"此后曹操的爱子曹冲病势沉重，曹操叹息说："我后悔杀了华佗，让曹冲尚壮健而死于非命。"

起初，军吏李成咳嗽得非常痛苦，昼夜昏昏沉沉，仿佛处于难以清醒的昏睡中，还时常吐出脓血，就向华佗求治。华佗说："你的病患是肠痈（阑尾炎），所咳出的脓血，并非源于肺部。给你开出两钱药粉，服下会吐出二升脓血，自己抓紧调养，一个月后病患应当小有起色，自己好好保养，一年后即可康复。十八年后当会有轻微的发作，服用此药粉，也将再次康复。如果得不到此药粉，必定要死亡。"华佗又给予李成两钱药粉。李成得药，收藏了五六年，他的亲戚中也有人患了如同李成般症状的病，就对李成说："您现在身体强壮，我将要死去，怎能忍心身无病患而收藏此散，以等待肠痈复发？请您先将药粉借予我服用，我痊愈后，再为您到华佗那里去求索此药。"李成即将药粉送予了他。此人病愈后特意到华佗的家乡谯县求药，正好遭逢华佗被曹操收捕，仓促之中不忍向华佗开口求药。李成患病后的十八年，旧病果然复发，因为无药可以服用，结果死去了。

广陵县人吴普、彭城县人樊阿都追随华佗学医。吴普依照华佗的治疗法行医，保全、救活过许多人。华佗曾对吴普说："人体需要活动，但不应当疲劳过度罢了。活动就能令胃的生理功能及其精气充足，从而令全身各器官皆有活力，体内血液运行的脉络畅通，因而就不会生病了，这正如同经常转动的门轴不易被蛀蚀一样。所以古代长生不老、有种种神通的仙人都能导气引体，其动作如熊之攀枝，鸱之回顾，借以伸展腰身，活动全身的关节，以达到长寿的目的。我有一套长生之术，名为五禽戏，第一是虎戏，第二是鹿戏，第三是熊戏，第四是猿戏，第五是鸟戏，也能够用来消除疾病，而且可以令腿脚灵活轻快，即可当作导引之术。身体如感到不适，就可以做一套禽戏，全身浸湿汗出，就敷上一层药粉，身体立即轻便，并引起食欲。"吴普通过练习，活到九十馀岁，视听灵敏，牙齿完好坚固。樊阿擅长扎针，平庸的医生都说后背、胸部与胃、肠、肝、脾等内脏器官不可随便下针，即使下针也不能超过四分深，但樊阿在患者后背扎针可达一二寸的深度，针扎巨阙穴以及胸部与胃、肠、肝、脾等内脏器官，可深达五六寸，而病人都可获痊愈。樊阿向华佗求教平常可以食用且能有益于健康的方子，华佗传授给他漆叶青黏散。即用漆叶屑一升、青黏屑十四两，按照这一比例配方，说是常服此方，可以去除人体内的三种寄生虫，有利于心、肝、脾、肺、肾五脏的强壮，令身体轻捷，头发不会变白。樊阿听从了华佗的指教，活了一百多岁。漆叶到处都有，青黏生长在丰县、沛县、彭城以及朝歌等地。

蜀书

先主传

[题解]

传见《三国志》卷三二《蜀书二》。刘备(161~223),字玄德,蜀汉昭烈帝(221~223在位),史称先主,东汉幽州涿郡涿县(今河北涿州市)人。他少年时曾拜卢植为师,而后参与镇压黄巾军、讨伐董卓等活动,但为实力所限,在诸侯混战中屡遭失败,先后依附公孙瓒、陶谦、曹操、袁绍、刘表等军阀势力。其后在诸葛亮等人的辅佐下与东吴联合,于赤壁之战中战胜曹操,先后占据荆州一部分以及益州,终于建立了蜀汉政权。卒葬惠陵,庙号烈祖。陈寿对刘备的评价不低,认为他"弘毅宽厚,知人待士,盖有高祖之风,英雄之器"。西晋司马氏皇权源于曹魏政权,三国之中以曹魏为正统就成为必然。陈寿作为西晋史家,就必须遵循这一书写体例,只称曹氏为"纪",而称刘氏、孙氏为"传"。"纪"与"传"名义微别而已,实则并无本质不同。清初顾炎武《日知录》卷二四《主》云:"陈寿作《三国志》,创立先主、后主之名,常璩《蜀志》因之。以晋承魏统,义无两帝。今千载之后,而犹沿此称,殊为不当。况改汉为蜀,亦出寿笔。当时魏已篡汉,改称昭烈为蜀,使不得附汉统。"这反映了宋代以后史家尊刘贬曹倾向的彰显。然而即使同非正统,陈寿记述刘、孙两家也微有不同。清赵翼《廿二史札记》卷六有云:"然《吴志》孙权称帝后犹书其名,《蜀志》则不书名,而称先主、后主。陈寿曾仕蜀,故不忍书故主之名,以别于《吴志》之书权、亮、休、皓也。此又陈寿不忘旧国之微意也。"至于通俗小说《三国志演义》将刘备塑造成"好皇帝"的形象,与千百年来市井文化中的"清官意识"一样,只反映民间的企盼,与历史的关联就无多了。

先主姓刘,讳备,字玄德,涿郡涿县人①,汉景帝子中山靖王胜之后也②。胜子贞③,元狩六年封涿县陆城亭侯④。坐酎金失侯⑤,因家焉⑥。先主祖雄⑦,父弘⑧,世仕州郡⑨。雄举孝廉⑩,官至东郡范令⑪。

[注释]

①涿郡:西汉高帝置,治所涿县(今河北涿州市),取涿水以为名。汉成帝末辖境相当于今北京市房山以南,河北易县、清苑以东,安平、河间以北,霸州、任丘以西地区。三国魏黄初七年(226)改名范阳郡。涿县:秦置,属广阳郡,治所在今河北涿州市。西汉为涿郡治,三国魏为范阳郡治。

②汉景帝:即刘启(前188~前141),汉文帝刘恒嫡长子,在位十六年(前157~前141),卒谥孝景皇帝,葬阳陵。《史记》卷一一、《汉书》卷五皆有传。中山靖王胜:即刘胜(前165~前113),汉景帝刘启之子,汉武帝刘彻异母兄,前元三年(前154)受封中山王。乐酒好内,有儿子一百二十馀人。卒谥靖,史称中山靖王,葬地在今河北保定市满城区陵山上。《史记》卷五九、《汉书》卷五三皆有传。

③胜子贞:即刘贞(前139~前?),字正成。

④元狩六年:即公元前117年。元狩,汉武帝第四个年号。据《汉书》卷一五上《王子侯表》著录:"陆城侯贞,中山靖王子。(元朔二年)六月甲午封,十五年,元鼎五年,坐酎金免。"按元朔二年为公元前127年,元鼎五年为公元前112年,刘贞封侯之年早于本传所记者十年,"元狩六年"当有误。陆城亭侯:封爵名,属于列侯中的亭侯。陆城亭,汉代涿县下属亭名。亭,秦汉

时乡以下、里以上的行政机构。此封爵即以陆城亭为其食邑。潘眉《三国志考证》卷六认为"前汉无乡、亭之封",故刘贞封爵当为中山国之陆成县侯。据论者考证,西汉列侯中有县侯,也有乡侯、亭侯。

⑤酎(zhòu宙)金:汉代诸侯献给朝廷供祭祀之用的贡金。酎,反复多次酿成的醇酒。《史记·孝文本纪》:"高庙酎。"南朝宋裴骃集解引张晏曰:"正月旦作酒,八月成,名曰酎。酎之言纯也。"失侯:谓削夺列侯的爵位。元鼎五年(前112),汉武帝以列侯酎金斤两或成色不足为由,削夺了一百零六位列侯的爵位,此即西汉历史上著名的"酎金夺爵"事件。2011年4月,江西南昌市新建区大塘坪乡观西村对西汉废帝海昏侯刘贺墓的保护性发掘,出土了成色极纯的金饼285枚,每枚重约250克,其背面或书"臣贺酎黄金一斤"字样,是为今天所见汉代酎金的实物展示。

⑥因家焉:裴注引《典略》曰:"备本临邑侯枝属也。"

⑦祖雄:祖父刘雄(119~?),济川侯刘惠之子,历官东郡范县县令。

⑧父弘:父亲刘弘(生卒年不详),刘雄之子。

⑨州郡:州和郡的合称。亦泛指地方上。

⑩举:两汉选拔官吏实行察举制,即由官吏荐举,经过考核,任以官职。孝廉:孝,谓孝悌者;廉,谓清廉之士。分别为始于汉代选拔人才的科目,在东汉尤为求仕者必由之途,后往往合为一科。亦指被推选的士人。

⑪东郡:战国秦王政五年(前242)置,治所濮阳(今河南濮阳市西南十六里故县村)。西汉辖境相当于今山东东阿、梁山以西,山东鄄城、河南范县以北,山东茌平、莘县、河南南乐、清丰、濮阳以南地。东汉时期辖境缩小。范:即范县,西汉置,属东郡,东汉末属东平国,治所在今山东梁山县西北范城。

先主少孤,与母贩履织席为业①。舍东南角篱上有桑树生高五丈余,遥望见童童如小车盖②,往来者皆怪此树非凡,或谓当出贵人③。

先主少时，与宗中诸小儿于树下戏，言："吾必当乘此羽葆盖车④。"叔父子敬谓曰⑤："汝勿妄语，灭吾门也！"年十五，母使行学⑥，与同宗刘德然、辽西公孙瓒俱事故九江太守同郡卢植⑦。德然父元起常资给先主⑧，与德然等。元起妻曰："各自一家，何能常尔邪⑨！"起曰："吾宗中有此儿，非常人也。"而瓒深与先主相友。瓒年长，先主以兄事之。先主不甚乐读书，喜狗马、音乐、美衣服⑩。身长七尺五寸⑪，垂手下膝，顾自见其耳。少语言，善下人⑫，喜怒不形于色。好交结豪侠，年少争附之。中山大商张世平、苏双等赀累千金⑬，贩马周旋于涿郡，见而异之，乃多与之金财。先主由是得用合徒众。

[注释]

①贩履织席：谓打草鞋、织草席贩卖为生。

②童童：茂盛貌，重叠貌。车盖：古代车上遮雨蔽日的篷。状如伞，有柄。

③贵人：显贵的人。裴注引《汉晋春秋》曰："涿人李定云：'此家必出贵人。'"

④羽葆盖车：汉代天子的乘舆。羽葆，帝王仪仗中以鸟羽连缀为饰的华盖。

⑤叔父子敬：即刘珑（生卒年不详），字子敬，刘备叔父。

⑥行学：游学。

⑦同宗刘德然：刘备族兄弟，刘元起之子，生平不详。辽西公孙瓒：字伯珪（guī归，？~199），东汉辽西令支（今河北迁安西）人。汉献帝时曾任奋武将军，迁前将军，封易侯。与袁绍相攻伐，屡败。建安四年（199），被袁绍所逼，走投无路，自杀死。《三国志》卷八、《后汉书》卷七三皆有传。辽西，

即辽西郡,战国燕置,秦代治所阳乐县(今辽宁义县西),汉代辖境相当于今河北迁西、唐山市以东,辽宁医巫闾山、大凌河下游以西与长城以南地区。三国魏时与阳乐县同移治今河北卢龙东南。九江太守同郡卢植:字子干(?~192),涿郡涿县(今河北涿州市)人。少事马融,与郑玄同门相友。历任九江太守、侍中、北中郎将、尚书,以老病去官。他是东汉学者,著有《尚书章句》《礼记解诂》。《三国志》卷二二、《后汉书》卷六四皆有传。九江,即九江郡,秦置,治所寿春县(今安徽寿县),西汉武帝元狩初(前122)辖境相当于今安徽淮河以南,瓦埠湖以东,巢湖以北地区。三国魏黄初二年(221)改为淮南国。

⑧元起:即刘元起,刘备族叔。生平不详。资给(jǐ):资助,供给。

⑨常尔:经常如此。

⑩狗马:犬与马。供出游打猎之用。

⑪七尺五寸:汉末三国时期一尺相当于今24厘米左右,七尺五寸相当于今180厘米。

⑫下人:居于人之后,对人谦让有礼。《周易·系辞上》:"劳而不伐,有功而不德,厚之至也,语以其功下人者也。"唐孔颖达疏:"能以有功卑下于人者也。"

⑬中山大商张世平:东汉末贩马商人。生平不详。苏双:东汉末贩马商人。生平不详。中山,即中山国,西汉景帝改中山郡置,治所卢奴县(今河北定州市),辖境相当于今河北狼牙山以南,保定、安国二市以西,唐县、新乐以东及滹沱河以北地区。赀(zī资):通"资"。货物,钱财。

灵帝末①,黄巾起②,州郡各举义兵③,先主率其属从校尉邹靖讨黄巾贼有功④,除安喜尉⑤。督邮以公事到县⑥,先主求谒⑦,不通,直入缚督邮,杖二百,解绶系其颈着马柳⑧,弃官亡命⑨。顷之⑩,大将军何进遣都尉毌丘毅诣丹杨募兵⑪,先主与俱行,至下邳遇贼⑫,力战有功⑬,除为下密丞⑭。复去官。后为高唐尉⑮,迁为令⑯。为贼所破,往奔中郎将公孙瓒⑰,瓒表为别部司马⑱,使与青州刺史田楷以拒冀州牧袁绍⑲。数有战功,试守平原令⑳,后领平原相㉑。郡民刘平素轻先主,耻为之下,使客刺之。客不忍刺,语之而去㉒。其得人心如此㉓。

[注释]

① 灵帝:即汉灵帝刘宏(156~189),初袭父爵为解渎亭侯。永康元年(167),汉桓帝卒,无子,被窦太后及其父窦武迎立为帝。在位期间,宦官专权,制造第二次党锢之祸,纵情声色,朝政腐败,与汉桓帝同为著名昏君,史称"桓灵"。

② 黄巾:东汉末年张角所领导的农民军,因头包黄巾而得名。

③ 义兵:这里指地方豪强为保卫其利益而临时组织的武装。

④ 校尉邹靖:生平不详。校尉,汉代高级军职名称,官阶次于将军。

⑤ 除:拜官,授职。安喜尉:安喜县县尉。安喜,东汉末当作安熹,东汉章帝改安险县置,属中山国,治所在今河北定州市东南三十里。三国魏改为安喜县。县尉,与县丞同为县令或县长的佐官,职责为查禁盗贼,维护治安,秩二百石至四百石不等。裴注引《典略》曰:"平原刘子平知备有武勇,时张纯反叛,青州被诏,遣从事将兵讨纯,过平原,子平荐备于从事,遂与相随,遇贼于野,备中创阳死,贼去后,故人以车载之,得免。后以军功,为中山安喜尉。"

⑥ 督邮:官名。汉代郡太守的属官,负责督察该郡属县,考核官吏政绩,管制地方奸猾豪强,兼管狱讼捕亡等。一郡分若干部,每部均置督邮。

⑦求谒(yè页):请求谒见。谒,拜见。

⑧解绶:即"解印绶",解下印绶。谓辞免官职。这里即以印绶权当缚人的绳索。印绶,印信和系印信的丝带。古人印信上系有丝带,佩带在身。马枊(àng盎):拴马桩。

⑨亡命:谓逃亡,流亡。裴注引《典略》曰:"其后州郡被诏书,其有军功为长吏者,当沙汰之,备疑在遣中。督邮至县,当遣备,备素知之。闻督邮在传舍,备欲求见督邮,督邮称疾不肯见备,备恨之,因还治,将吏卒更诣传舍,突入门,言'我被府君密教收督邮'。遂就床缚之,将出到界,自解其绶以系督邮颈,缚之著树,鞭杖百馀下,欲杀之。督邮求哀,乃释去之。"

⑩顷之:不久。

⑪大将军何进:字遂高(?~189),东汉宛县(今河南南阳)人。因妹贵宠而授官。光和七年(184)黄巾军起,拜为大将军,封慎侯。灵帝死,何进扶立少帝刘辩,欲诛灭宦官,为何太后所阻,又与袁绍谋招外兵入京,事泄,反为宦官所杀。《后汉书》卷六九有传。大将军,将军的最高称号,执掌统兵征伐。东汉大将军多由贵戚担任,是中央政府的实际掌权者,权位、俸禄皆超越三公。都尉毌(guàn贯)丘毅:生平不详。毌丘,复姓。都尉,汉代地方武官名。西汉景帝时改郡尉名都尉,掌统郡兵,佐太守主一郡武事,防备盗贼,有治所、属官。边远郡与关隘要地之郡或置都尉多员,分驻各县或侯国。丹杨:即丹杨郡,或作丹阳郡,西汉元封二年(前109)改鄣郡置,治所宛陵县(今安徽宣州市),辖境相当于今安徽长江以南、江苏宁镇山南北和浙江天目山以西、新安江中上游南北之地。

⑫下邳(pī批):当指东汉下邳国治所下邳县(今江苏睢宁西北古邳镇东)。下邳国,东汉永平十五年(72)改临淮郡置,属徐州。建安十一年(206)改为郡。

⑬力战:谓努力作战。

⑭下密丞：下密县县丞。下密县，西汉置，属胶东国，治所在今山东昌邑市东南十五里密城。东汉初废，安帝复置，属北海国。县丞，县佐官。汉县丞号称长吏，兼署文书，主刑狱囚徒、仓廪诸事，多任用本郡人，三辅县得兼用他郡人，或有数员。

⑮高唐尉：高唐县县尉。高唐县，西汉置，属平原郡，治所在今山东禹城市西南四十里。

⑯迁为令：升为高唐县令。裴注引《英雄记》云："灵帝末年，备尝在京师，后与曹公俱还沛国，募召合众。会灵帝崩，天下大乱，备亦起军从讨董卓。"

⑰中郎将：官名。光禄勋属官，有五官、左、右、南、北、羽林、虎贲等中郎将之名称，位次于将军，秩比二千石。

⑱表：启奏，上奏章给皇帝。别部司马：东汉大将军领营五部之外的别部军官。《后汉书·百官一》："大将军营五部，部校尉一人，比二千石；军司马一人，比千石。部下有曲，曲有军候一人，比六百石。曲下有屯，屯长一人，比二百石。其不置校尉部，但军司马一人。又有军假司马、假候，皆为副贰。其别营领属为别部司马，其兵多少各随时宜。"

⑲青州刺史田楷：生平不详。青州，西汉武帝所置十三刺史部之一，东汉治所临淄县（治今山东淄博市临淄北），辖境相当于今山东德州市、齐河县以东，马颊河以南，济南、临朐、安丘、高密、莱阳、栖霞、乳山等市县以北、以东与河北吴桥县地。冀州牧袁绍：字本初（？～202），东汉汝南汝阳（今河南商水西南）人。《后汉书》卷七四上有传，详见本书所选《袁绍传》。冀州，西汉武帝时置，为十三刺史部之一，辖境相当于今河北中南部，山东西段及河南北端。东汉治所高邑县（今河北柏乡北），后又移治邺县（今河北临漳西南）。

⑳试守：正式任命前试行代理某一职务。平原：即平原县，秦置，属济北

郡,东汉为平原国治,治所在今山东平原西南二十五里张官店。

㉑领:谓兼任。平原相:平原国执政者。平原,即平原国。东汉永宁元年(120)改平原郡为平原国,治所平原县(治今山东平原西南二十五里张官店),辖境相当于今山东平原、陵县、禹城、齐河、临邑、商河、惠民、阳信等市县地。相,古官名。汉时诸侯王国的实际执政者,地位相当于郡太守。

㉒语之:即告知刘备。

㉓得人心如此:裴注引《魏书》曰:"刘平结客刺备,备不知而待客甚厚,客以状语之而去。是时人民饥馑,屯聚钞暴。备外御寇难,内丰财施,士之下者,必与同席而坐,同簋而食,无所简择。众多归焉。"

袁绍攻公孙瓒,先主与田楷东屯齐①。曹公征徐州②,徐州牧陶谦遣使告急于田楷③,楷与先主俱救之。时先主自有兵千馀人及幽州乌丸杂胡骑④,又略得饥民数千人⑤。既到,谦以丹杨兵四千益先主⑥,先主遂去楷归谦。谦表先主为豫州刺史⑦,屯小沛⑧。谦病笃⑨,谓别驾麋竺曰⑩:"非刘备不能安此州也。"谦死,竺率州人迎先主,先主未敢当。下邳陈登谓先主曰⑪:"今汉室陵迟⑫,海内倾覆⑬,立功立事⑭,在于今日。彼州殷富⑮,户口百万,欲屈使君抚临州事⑯。"先主曰:"袁公路近在寿春⑰,此君四世五公⑱,海内所归,君可以州与之。"登曰:"公路骄豪⑲,非治乱之主。今欲为使君合步骑十万,上可以匡主济民,成五霸之业⑳;下可以割地守境,书功于竹帛㉑。若使君不见听许,登亦未敢听使君也。"北海相孔融谓先主曰㉒:"袁公路岂忧国忘家者邪?冢中枯骨㉓,何足介意。今日之事,百姓与能㉔,天与不取,悔不可追。"先主遂领徐州㉕。袁术来攻先主,先主拒之于盱眙、淮阴㉖。曹公表先主为镇东将军㉗,封宜城亭侯㉘,是岁建安元年也㉙。

先主与术相持经月㉚,吕布乘虚袭下邳㉛。下邳守将曹豹反㉜,间迎布㉝。布虏先主妻子,先主转军海西㉞。杨奉、韩暹寇徐、扬间㉟,先主邀击㊱,尽斩之㊲。先主求和于吕布,布还其妻子。先主遣关羽守下邳㊳。

[注释]

①齐:即齐国,秦汉之际项羽封置,都临淄(今山东淄博市东北临淄北),辖境相当于今山东淄博、青州、临朐、广饶等市县地。西汉元封元年(前110)改为郡,东汉复为国,属青州。

②曹公:即曹操(155～220),字孟德,小字阿瞒,魏立国后追谥魏武帝,谯(今安徽亳州市)人。详见本书所选《武帝纪》。徐州:汉武帝所置十三刺史部之一,辖境相当于今山东东南部与江苏长江以北地区,东汉时治所在郯县(今山东郯城)。三国魏移治于彭城(今江苏徐州)。

③陶谦:字恭祖(132～194),东汉丹阳(今安徽当涂东北)人。历官徐州刺史、徐州牧。因其部下都尉张闿劫杀曹操父亲曹嵩一家,曹操兵伐徐州,大败陶谦。汉献帝兴平元年(194)病死。《三国志》卷八有传。

④幽州:汉武帝置十三刺史部之一。东汉治所在蓟县(今北京市西南),辖境相当于今北京市、河北北部、辽宁大部、天津市海河以北以及朝鲜大同江流域。乌丸:亦作"乌桓",古时北方少数民族名。原是东胡族的一支,西汉初被匈奴击败,迁移到乌桓山,因以为名。汉建安十二年(207)曹操破乌丸,徙万馀落至中原,其势遂衰。《三国志》卷三〇有《乌丸传》,《后汉书》卷九〇有《乌桓传》。

⑤略:夺取。

⑥益:补充。

⑦豫州:西汉武帝时置,为十三刺史部之一,辖境相当于今淮河以北、伏牛山以东豫东、皖北地,东汉治所谯县(今安徽亳州市),三国魏移治安城县(今河南正阳县东北南汝河西南岸)。

⑧小沛:即今江苏沛县。汉改泗水郡为沛郡,治相县(今安徽淮北市西北相山区),故以沛县为小沛。

⑨病笃(dǔ 赌):病势沉重。

⑩别驾麋竺:字子仲(生卒年不详),东海朐县(今江苏连云港西南)人。他原为徐州富商,后被徐州牧陶谦辟为别驾从事。陶谦病卒,奉其遗命迎接刘备,并与其弟麋芳拒绝曹操的任命。刘备入主益州,拜麋竺为安汉将军,位列刘备手下众臣之首。建安二十四年(219),吕蒙袭取荆州,麋芳举城降,导致关羽兵败身亡,麋竺面缚请罪,刘备对他待遇如初,但不久后他即因惭恨病死。《三国志》卷三八有传。别驾,即别驾从事,又称别驾从事史,系州牧、刺史的属官。州牧、刺史巡行郡县,别驾别乘传车从行,故名。

⑪下邳陈登:字元龙(163~201),东汉下邳国淮浦县(今江苏涟水西)人,陈珪之子。历任广陵太守。详见本书所选《陈登传》。

⑫陵迟:衰败。

⑬海内:国境之内,全国。古人谓我国疆土四面临海,故称。倾覆:颠覆,覆灭。

⑭立功立事:建树功绩,兴办事业。

⑮彼州:当作"鄙州"。"彼""鄙",音讹。清钱大昕《二十二史考异》卷一六云:"《华阳国志》作'鄙州'。登,下邳人;下邳属徐州,故云鄙州。彼字误。"殷富:繁盛,富足。

⑯使君:汉代对州郡长官的尊称。时刘备官居豫州刺史,故称。抚临:据有,统治。

⑰袁公路:即袁术(?~199),字公路,东汉汝南汝阳(今河南商水西

南)人,出身于四世三公的显宦家庭,为袁绍从弟。初为虎贲中郎将,助袁绍诛灭宦官。董卓进京专权,以他为后将军。他出奔南阳,与袁绍、曹操等同时起兵,共讨董卓。后又与袁绍对抗,为袁绍、曹操所击败,遂奔九江,割据扬州。建安二年(197),袁术称帝于寿春,号仲家,荒淫奢侈,横征暴敛,民心丧尽,先后为吕布、曹操所破,呕血而死。《三国志》卷六、《后汉书》卷七五皆有传。寿春:即寿春县,治所在今安徽寿县,秦汉为九江郡、淮南国治所,三国魏为扬州治所。

⑱四世五公:谓袁氏四世有五人官至"三公"的位置。据《后汉书·袁安传》,袁安之子袁敞为司空,袁安之孙袁汤历官司空、司徒、太尉,袁汤之子袁逢为司空,少子袁隗为太傅。三公,东汉以太尉、司徒、司空为三公,各置一人,均可开府,即设办公机构,有权自行任用属吏,各有属官数十人。虽名位显贵,实权则由君主的内廷尚书台执掌,三公遂成虚衔。

⑲骄豪:骄矜纵恣。

⑳五霸:即"五伯",说法至少有四种。通常认为是春秋时期先后称霸的五位诸侯,即齐桓公、晋文公、楚庄王、吴王阖闾、越王勾践。

㉑竹帛:竹简和白绢。古代初无纸,用竹帛书写文字。引申指书籍、史乘。

㉒北海相孔融:字文举(153~208),鲁国(治今山东曲阜)人,孔子二十世孙。以曾任北海相,时称孔北海。他是东汉末文学家,为"建安七子"之一。因性情刚直,对曹操屡有触犯,终于被曹操杀害。《三国志》卷一二、《后汉书》卷七〇皆有传。北海相,北海国执政者。北海国,东汉改西汉北海郡置,治所剧县(今山东昌乐西十里),辖境相当于今山东潍坊、安丘、昌乐、寿光、昌邑等市县地。

㉓冢中枯骨:犹言死人。用以讥讽志气卑下、没有作为的人。

㉔百姓与能:意谓百姓推荐有才能的人。与,通"举"。《周易·系辞

下》:"人谋鬼谋,百姓与能。"唐孔颖达疏:"天下百姓亲与能人,乐推为王也。"

㉕遂领徐州:裴注引《献帝春秋》曰:"陈登等遣使诣袁绍曰:'天降灾沴,祸臻鄙州,州将殂殒,生民无主,恐惧奸雄一旦承隙,以贻盟主日昃之忧,辄共奉故平原相刘备府君以为宗主,永使百姓知有依归。方今寇难纵横,不遑释甲,谨遣下吏奔告于执事。'绍答曰:'刘玄德弘雅有信义,今徐州乐戴之,诚副所望也。'"

㉖盱眙(xūyí 须移):即盱眙县,西汉改盱台县置,属临淮郡,为都尉治,治所在今江苏盱眙县东北二十五里盱眙山麓。东汉复改为盱台县,三国废。淮阴:即淮阴县,秦置,属东海郡,治所在今江苏淮安市淮阴区西南码头镇。西汉属临淮郡,东汉属下邳国,三国魏为广陵郡治。

㉗镇东将军:东汉末所置"四镇"将军之一,职掌征战讨伐。三国时为第二品,开府治事,有属官。

㉘宜城亭侯:封爵名,属于列侯中的亭侯。宜城亭,故址当在今湖北宜城市境内。亭,秦汉时乡以下、里以上的行政机构。

㉙建安元年:即公元196年。建安,汉献帝的第五个年号(196~220)。

㉚经月:指太阴历月亮经历一次朔望的标准时间,整月。

㉛吕布:字奉先(?~198),东汉五原九原(今内蒙古包头市西北)人。初从并州刺史丁原入京,后为董卓利诱,杀原归卓,任骑都尉,迁中郎将,封都亭侯。董卓被诛后任奋武将军,进封温侯。一度投奔刘备,终为曹操所擒杀。《三国志》卷七、《后汉书》卷七五皆有传。详见本书所选《吕布传》。

㉜曹豹:原为陶谦部将(?~196),后归刘备,任下邳相,与张飞相争,被杀。

㉝间(jiàn 建):私下。

㉞海西:即海西县,西汉置,属东海郡,治所在今江苏灌云县东南二十里。东汉属广陵郡。裴注引《英雄记》曰:"备留张飞守下邳,引兵与袁术战

于淮阴石亭,更有胜负。陶谦故将曹豹在下邳,张飞欲杀之。豹众坚营自守,使人招吕布。布取下邳,张飞败走。备闻之,引兵还,比至下邳,兵溃。收散卒东取广陵,与袁术战,又败。"

㉟杨奉:原为李傕部下骑都尉(？～197),兴平二年(195),与宋果合谋欲杀李傕,事泄出逃。曾领兵护送汉献帝从长安返洛阳,先后任兴义将军、车骑将军。建安元年(196),曹操欲迎献帝到许县,他与韩暹率军阻拦,败后投奔袁术。袁术称帝后,他又暗通吕布,大败袁术。终被刘备所诱杀。韩暹(xiān 先):原为东汉末白波农民军首领(？～197),曾救护汉献帝从长安返洛阳,封征东将军。后与杨奉投奔袁术,又一起暗通吕布,大败袁术,终为张宣所杀。徐:徐州。扬:扬州。

㊱邀击:拦击,截击。

㊲尽斩之:此记述不准确。杨奉死于刘备之手,韩暹死于张宣之手,且时间在后。详见本书所选《董卓传》裴注引《英雄记》。

㊳关羽:字云长(？～219),东汉解县(治今山西临猗西南)人。详见本书所选《关羽传》。守下邳:此三字当有误。此时下邳为吕布所占据,关羽无从据守。

先主还小沛①,复合兵得万馀人。吕布恶之②,自出兵攻先主,先主败走归曹公。曹公厚遇之,以为豫州牧。将至沛收散卒,给其军粮,益与兵使东击布。布遣高顺攻之③,曹公遣夏侯惇往④,不能救,为顺所败,复虏先主妻子送布。曹公自出东征⑤,助先主围布于下邳,生禽布。先主复得妻子,从曹公还许⑥。表先主为左将军⑦,礼之愈重,出则同舆,坐则同席。袁术欲经徐州北就袁绍⑧,曹公遣先主督朱灵、路招要击术⑨。未至,术病死⑩。

[注释]

①先主还小沛:裴注引《英雄记》曰:"备军在广陵,饥饿困踧,吏士大小,自相啖食。穷饿侵逼,欲还小沛,遂使吏请降布。布令备还州,并势击术。具刺史车马、童仆,发遣备妻子、部曲家属于泗水上,祖道相乐。"又引《魏书》曰:"诸将谓布曰:'备数反覆难养,宜早图之。'布不听,以状语备。备心不安而求自托,使人说布,求屯小沛,布乃遣之。"

②恶(wù务):畏惧。

③高顺:吕布部下大将(？~198),多有战功。建安三年(198),曹操围困吕布于下邳,吕布部下宋宪、魏续等缚布降曹,高顺被擒,不屈死。

④夏侯惇(dūn 蹲):字元让(？~220),谯(今安徽亳州市)人,东汉末随曹操起兵,作战勇猛,屡立战功,历任东郡太守、河南尹,拜前将军、大将军。《三国志》卷九有传。

⑤自出东征:裴注引《英雄记》曰:"建安三年春,布使人赍金欲诣河内买马,为备兵所钞。布由是遣中郎将高顺、北地太守张辽等攻备。九月,遂破沛城,备单身走,获其妻息。十月,曹公自征布,备于梁国界中与曹公相遇,遂随公俱东征。"

⑥许:即许县,秦置,属颍川郡,治所在今河南许昌市东三十六里古城。三国魏黄初二年(221),改为许昌县。

⑦左将军:东汉三国时常设的高级将军名,在前、后、左、右将军中位居首位,负责京师兵卫和边防屯警,讨伐四夷。位次于九卿,高于其他临时设置的杂号将军。

⑧袁绍:字本初(？~202),东汉汝南汝阳(今河南商水西南)人,为袁术从兄。《后汉书》卷七四上有传,详见本书所选《袁绍传》。

⑨朱灵:字文博(生卒年不详),东汉清河(今河北清河东南)人。原为袁绍部将,后归顺曹操,屡立战功,官至后将军,封高唐亭侯。卒谥威侯。路

招:曹操部将,生平不详。要(yāo 腰)击:中途截击。

⑩术病死:建安二年(197)袁术称帝于寿春,逐步陷入内外交困境地。建安四年(199)北行青州,欲将帝号送其从兄袁绍,并投奔其侄袁谭,六月病死于途中。

先主未出时,献帝舅车骑将军董承①,辞受帝衣带中密诏②,当诛曹公。先主未发③。是时曹公从容谓先主曰④:"今天下英雄,唯使君与操耳⑤。本初之徒⑥,不足数也⑦。"先主方食,失匕箸⑧。遂与承及长水校尉种辑、将军吴子兰、王子服等同谋⑨。会见使⑩,未发。事觉,承等皆伏诛⑪。

[注释]

①献帝:即汉献帝刘协(181~234),汉灵帝宠姬王美人所生,昭宁元年(189)即皇帝位,先后被董卓、李傕、郭汜控制,后又成为曹操手中傀儡。延康元年(220)被迫禅位曹丕,废为山阳公,汉亡。魏明帝青龙二年(234)卒。《后汉书》卷九有传。车骑(jūjì 居寄)将军董承:汉灵帝母董太后之侄(?~200),兴平二年(195)因护送汉献帝由长安返洛阳有功,任车骑将军,封列侯。建安四年(199),受献帝衣带诏,与王子服等谋诛曹操,事泄,全家被杀。车骑将军,东汉与三国时常设的高级将军名,统领中央常备军,职掌征战讨伐。位在三公之下,仅次于大将军、骠骑将军,第二品。裴注云:"臣松之案:董承,汉灵帝母董太后之侄,于献帝为丈人。盖古无丈人之名,故谓之舅也。"

②辞:卢弼《三国志集解》引刘咸炘说:"辞"字当删。或谓"辞"当释为"声称"(见方北辰《三国志全本今译注》卷三二)。衣带中密诏:藏在衣带里

面的密诏。衣带,古人束衣的带子。

③未发:谓没有见诸行动。

④从容:悠闲舒缓,不慌不忙。

⑤使君:指代刘备。以其官居豫州刺史故。

⑥本初:谓袁绍,字本初。

⑦数(shǔ 蜀):称道。《荀子·王霸》:"不足数于大君子之前。"清王先谦集解:"《仲尼》篇两云'彼固曷足称乎大君子之门哉'……称、数义同。"

⑧匕箸(zhù 助):食具,羹匙和筷子。裴注引《华阳国志》云:"于时正当雷震,备因谓操曰:'圣人云"迅雷风烈必变",良有以也。一震之威,乃可至于此也!'"

⑨长水校尉种(chóng 崇)辑:东汉末大臣(?~200),历任长水校尉,与董承谋诛曹操,事泄,被诛全家。长水校尉,官名。东汉时所置五校尉之一,官阶次于将军,统领中央禁卫军中的胡骑兵,秩比二千石。三国时为第四品,有属官。将军吴子兰:东汉末大臣(?~200),历任将军,与董承谋诛曹操,事泄,被诛全家。王子服:东汉末大臣(?~200),历任将军,与董承谋诛曹操,事泄,被诛全家。

⑩见使:谓建安四年(199),曹操派遣刘备东征袁术。

⑪伏诛:被处死。裴注引《献帝起居注》曰:"承等与备谋未发,而备出。承谓服曰:'郭多有数百兵,坏李傕数万人,但足下与我同不耳!昔吕不韦之门,须子楚而后高,今吾与子由是也。'服曰:'惶惧不敢当,且兵又少。'承曰:'举事讫,得曹公成兵,顾不足邪?'服曰:'今京师岂有所任乎?'承曰:'长水校尉种辑、议郎吴硕是我腹心办事者。'遂定计。"

先主据下邳。灵等还,先主乃杀徐州刺史车胄①,留关羽守下邳,而身还小沛②。东海昌豨反③,郡县多叛曹公为先主,众数万人,遣孙乾与袁绍连和④,曹公遣刘岱、王忠击之⑤,不克。五年⑥,曹公东征先主,先主败绩⑦。曹公尽收其众,虏先主妻子,并禽关羽以归。

[注释]

①徐州刺史车胄(zhòu 宙):汉献帝时车骑将军(？～199),建安三年(198),曹操灭吕布,以车胄为徐州刺史,翌年为刘备所杀。

②小沛:裴注引胡冲《吴历》曰:"曹公数遣亲近密觇诸将有宾客酒食者,辄因事害之。备时闭门,将人种芜菁,曹公使人阚门。既去,备谓张飞、关羽曰:'吾岂种菜者乎？曹公必有疑意,不可复留。'其夜开后栅,与飞等轻骑俱去,所得赐遗衣服,悉封留之,乃往小沛收合兵众。"又注:"臣松之案:魏武帝遣先主统诸将要击袁术,郭嘉等并谏,魏武不从,其事显然,非因种菜遁逃而去。如胡冲所云,何乖僻之甚乎！"

③东海昌霸:当即昌豨(xī 希),东汉末地方势力首领(？～206),曾与臧霸、孙观等聚众泰山,又与吕布结连,一度拒不降曹,后又屡降屡叛。建安十一年(206),复叛,曹操命于禁、夏侯渊共击之。他因与于禁为旧交,投降后被杀。本书所选《武帝纪》于建安五年(200)下记述:"昌豨叛为备,又攻破之。"东海,东海郡。

④孙乾:字公祐(？～214),东汉北海(治今山东昌乐西)人。从刘备,历任从事、秉忠将军。《三国志》卷三八有传。

⑤刘岱:字公山(生卒年不详),东汉沛国(今安徽濉溪西北)人。以司空长史从征有功,封列侯。王忠:东汉扶风(今陕西兴平东南)人(生卒年不详),曾任曹操部下中郎将。

⑥五年:即建安五年(200)。

⑦败绩:指军队溃败。《尚书·商书·汤誓》:"夏师败绩,汤遂从之。"孔传:"大崩曰败绩。"裴注引《魏书》曰:"是时,公方有急于官渡,乃分留诸

将屯官渡,自勒精兵征备。备初谓公与大敌连,不得东,而候骑卒至,言曹公自来。备大惊,然犹未信。自将数十骑出望公军,见麾旌,便弃众而走。"

先主走青州①。青州刺史袁谭②,先主故茂才也③,将步骑迎先主。先主随谭到平原④,谭驰使白绍。绍遣将道路奉迎,身去邺二百里⑤,与先主相见⑥。驻月馀日,所失亡士卒稍稍来集⑦。曹公与袁绍相拒于官渡⑧,汝南黄巾刘辟等叛曹公应绍⑨。绍遣先主将兵与辟等略许下⑩。关羽亡归先主。曹公遣曹仁将兵击先主⑪,先主还绍军,阴欲离绍,乃说绍南连荆州牧刘表⑫。绍遣先主将本兵复至汝南,与贼龚都等合⑬,众数千人。曹公遣蔡阳击之⑭,为先主所杀。

[注释]

①青州:西汉武帝所置十三刺史部之一,东汉治所临淄县(治今山东淄博市临淄北),辖境相当于今山东德州市、齐河县以东,马颊河以南,济南、临朐、安丘、高密、莱阳、栖霞、乳山等市县以北、以东与河北吴桥县地。

②袁谭:字显思(?~205),东汉汝南汝阳(今河南商水西南)人。袁绍长子,任青州刺史。后因与其弟袁尚相攻杀,向曹操求救,继而又叛曹,终被曹操所杀。《三国志》卷六有传。

③故茂才:谓刘备任职豫州牧时曾举荐袁谭为茂才。茂才,即秀才,汉时开始与孝廉并为举士的科名。东汉时避光武帝讳改称"茂才"。

④平原:即平原县,秦置,属济北郡,东汉为平原国治,治所在今山东平原西南二十五里张官店。

⑤身去邺:谓离开邺城出迎。邺,即邺县,战国魏置,秦属邯郸郡,治所在今河北临漳西南邺镇。东汉末相继为冀州、相州治。

⑥与先主相见：裴注引《魏书》曰："备归绍，绍父子倾心敬重。"

⑦稍稍：渐次，逐渐。

⑧官渡：又作官度，在今河南中牟东北。

⑨汝南：即汝南郡，西汉高帝四年（前203）置，治所上蔡县（今河南上蔡西南），辖境相当于今河南颍河、淮河之间，京广铁路西侧一线以东，安徽茨河、西淝河以西、淮河以北地区。东汉徙治平舆县（今河南平舆西北）。刘辟：黄巾军首领，先投降曹操，又投降刘备，终为曹军所杀。

⑩略：掳掠。许下：谓许县附近地区。

⑪曹仁：字子孝（168~223），曹操堂弟，谯（今安徽亳州市）人。从曹操征伐，屡立战功，曾以征南将军镇守南郡，固守樊城。魏文帝时官至大将军，迁大司马。《三国志》卷九有传。

⑫荆州牧刘表：字景升（142~208），东汉远支皇族，山阳高平（今山东邹城市西南）人。详见本书所选《刘表传》。荆州，西汉元封五年（前106）所置十三刺史部之一，辖郡七、县一百一十七，治所汉寿县。汉末移治襄阳县（今湖北襄阳），辖境相当于今湖北、湖南大部以及河南、贵州、广东、广西等省、自治区一小部分。三国时魏、吴均置荆州，辖境相当于原荆州。魏荆州治所新野（今属河南），吴荆州治所江陵（今属湖北）。

⑬龚都：即共都，东汉末活动于汝南一带的农民军首领。

⑭蔡阳：即蔡扬（？~201），曹操部将，建安六年（201）为刘备所杀。

　　曹公既破绍，自南击先主。先主遣麋竺、孙乾与刘表相闻①，表自郊迎②，以上宾礼待之③，益其兵，使屯新野④。荆州豪杰归先主者日益多，表疑其心，阴御之⑤。使拒夏侯惇、于禁等于博望⑥。久之，先主设伏兵，一旦自烧屯伪遁⑦，惇等追之，为伏兵所破。

[注释]

①相闻:互通信息,互相通报。

②郊迎:古代出郊迎宾,以示隆重、尊敬。《管子·小匡》:"初,桓公郊迎管仲而问焉。管仲辞让。"

③上宾:贵客,嘉宾。

④新野:即新野县,西汉置,属南阳郡,治所在今河南新野县,三国魏为荆州治。

⑤阴御:暗地里防范。裴注引《九州春秋》曰:"备住荆州数年,尝于表坐起至厕,见髀里肉生,慨然流涕。还坐,表怪问备,备曰:'吾常身不离鞍,髀肉皆消。今不复骑,髀里肉生。日月若驰,老将至矣,而功业不建,是以悲耳。'"又引《世语》曰:"备屯樊城,刘表礼焉,惮其为人,不甚信用。曾请备宴会,蒯越、蔡瑁欲因会取备,备觉之,伪如厕,潜遁出。所乘马名的卢,骑的卢走,堕襄阳城西檀溪水中,溺不得出。备急曰:'的卢:今日厄矣,可努力!'的卢乃一踊三丈,遂得过,乘桴渡河,中流而追者至,以表意谢之,曰:'何去之速乎!'"又引孙盛曰:"此不然之言。备时羁旅,客主势殊,若有此变,岂敢晏然终表之世而无衅故乎?此皆世俗妄说,非事实也。"

⑥夏侯惇(dūn 蹲):字元让(? ~220),谯(今安徽亳州市)人,东汉末随曹操起兵,作战勇猛,屡立战功,历任东郡太守、河南尹,拜前将军、大将军。《三国志》卷九有传。于禁:字文则(? ~221),泰山巨平(今山东泰安南)人。曹操占据兖州,于禁投奔曹军,任军司马,治军严整,封益寿亭侯,历任虎威将军、左将军。为解樊城之围,率七军增援曹仁,七军被水淹,投降关羽。孙权袭取荆州后,被遣还魏,为魏文帝所鄙视,恼羞而卒。《三国志》一七有传。博望:即博望县,西汉元朔六年(前123)置,属南阳郡,治所在今河南方城县西南五十六里博望镇。

⑦一旦:一天之间。《战国策·燕策二》:"伯乐乃还而视之,去而顾之,

一旦而马价十倍。"屯：营垒。

十二年①，曹公北征乌丸，先主说表袭许，表不能用②。曹公南征表，会表卒③，子琮代立④，遣使请降。先主屯樊⑤，不知曹公卒至⑥，至宛乃闻之⑦，遂将其众去。过襄阳⑧，诸葛亮说先主攻琮⑨，荆州可有。先主曰："吾不忍也⑩。"乃驻马呼琮，琮惧不能起。琮左右及荆州人多归先主⑪。比到当阳⑫，众十馀万，辎重数千两⑬，日行十馀里，别遣关羽乘船数百艘，使会江陵⑭。或谓先主曰："宜速行保江陵，今虽拥大众，被甲者少⑮，若曹公兵至，何以拒之？"先主曰："夫济大事必以人为本⑯，今人归吾，吾何忍弃去⑰！"

[注释]

①十二年：即建安十二年（207）。

②表不能用：裴注引《汉晋春秋》曰："曹公自柳城还，表谓备曰：'不用君言，故为失此大会。'备曰：'今天下分裂，日寻干戈，事会之来，岂有终极乎？若能应之于后者，则此未足为恨也。'"

③会表卒：刘表卒于建安十三年（208）八月。裴注引《英雄记》曰："表病，上备领荆州刺史。"又引《魏书》曰："表病笃，托国于备，顾谓曰：'我儿不才，而诸将并零落，我死之后，卿便摄荆州。'备曰：'诸子自贤，君其忧病。'或劝备宜从表言，备曰：'此人待我厚，今从其言，人必以我为薄，所不忍也。'"又云："臣松之以为表夫妻素爱琮，舍嫡立庶，情计久定，无缘临终举荆州以授备，此亦不然之言。"

④子琮(cóng 从)：即刘琮（生卒年不详），荆州牧刘表的次子。刘表卒后，蔡夫人与蔡瑁等立之为嗣，一个月后即投降曹操，曾任荆州刺史，封列

侯,迁谏议大夫。

⑤樊:即樊城,在今湖北襄阳市,与襄阳城隔汉水相望。自古为兵家必争之地。

⑥卒(cù 促):突然。后多作"猝"。

⑦宛(yuān 渊):即宛县,秦置,为南阳郡治,治所即今河南南阳市。

⑧襄阳:即襄阳县,西汉置,属南郡,治所在今湖北襄阳市汉水南襄阳城,以在襄水之北,故称。东汉建安十三年(208)为襄阳郡治。

⑨诸葛亮:字孔明(181~234),琅邪阳都(今山东沂南南)人。蜀汉杰出的政治家、军事家。蜀汉章武元年(221),刘备称帝,以他为丞相。详见本书所选《诸葛亮传》。

⑩吾不忍也:裴注引孔衍《汉魏春秋》曰:"刘琮乞降,不敢告备。备亦不知,久之乃觉,遣所亲问琮。琮令宋忠诣备宣旨。是时曹公在宛,备乃大惊骇,谓忠曰:'卿诸人作事如此,不早相语,今祸至方告我,不亦太剧乎!'引刀向忠曰:'今断卿头,不足以解忿,亦耻大丈夫临别复杀卿辈!'遣忠去,乃呼部曲议。或劝备劫将琮及荆州吏士径南到江陵,备答曰:'刘荆州临亡托我以孤遗,背信自济,吾所不为,死何面目以见刘荆州乎!'"

⑪多归先主:裴注引《典略》曰:"备过辞表墓,遂涕泣而去。"

⑫比:介词,待到,等到。当阳:即当阳县,西汉置,属南郡。治所在今湖北荆门市西南。

⑬辎(zī 滋)重:指随军运载的军用器械、粮秣等。两:通"辆"。

⑭江陵:即江陵县,秦置,为南郡治所。即今湖北荆州市荆州区旧江陵县。

⑮被(pī 披)甲者:谓穿戴铠甲的士兵。

⑯济:成就。以人为本:语出《管子·霸言》:"夫霸王之所始也,以人为本。本理则国固,本乱则国危。"

⑰吾何忍弃去：裴注引习凿齿曰："先主虽颠沛险难而信义愈明，势偪事危而言不失道。追景升之顾，则情感三军；恋赴义之士，则甘与同败。观其所以结物情者，岂徒投醪抚寒、含蓼问疾而已哉！其终济大业，不亦宜乎！"

曹公以江陵有军实①，恐先主据之，乃释辎重，轻军到襄阳。闻先主已过，曹公将精骑五千急追之，一日一夜行三百馀里，及于当阳之长坂②。先主弃妻子，与诸葛亮、张飞、赵云等数十骑走③，曹公大获其人众辎重。先主斜趋汉津④，适与羽船会，得济沔⑤，遇表长子江夏太守琦众万馀人⑥，与俱到夏口⑦。先主遣诸葛亮自结于孙权⑧，权遣周瑜、程普等水军数万⑨，与先主并力⑩，与曹公战于赤壁⑪，大破之，焚其舟船。先主与吴军水陆并进，追到南郡⑫，时又疾疫⑬，北军多死⑭，曹公引归⑮。

[注释]

①军实：军用器械和粮饷。《左传·宣公十二年》："在军，无日不讨军实而申儆之。"晋杜预注："军实，军器。"

②长坂：即长阪，故址在今湖北当阳市。

③张飞：字益德（？～221），涿郡（治今河北涿州）人。蜀汉大将。详见本书所选《张飞传》。赵云：字子龙（？～229），常山真定（今河北石家庄市东北）人。蜀汉大将。详见本书所选《赵云传》。

④汉津：渡口名，位于今湖北荆门市东九十里汉水津渡。

⑤沔（miǎn 免）：即沔水。北源出自今陕西留坝县西，一名沮水；西源出自今宁强县北。二源合流后通称汉水，故古代也作汉水的别称。又沔水

入江以后,今湖北武汉市以下的长江在古代亦通称沔水。故《水经》叙沔水下游一直到入海为止。《汉书·地理志下》:"东汉水受氐道水,一名沔,过江夏,谓之夏水,入江。"

⑥江夏太守琦:即刘琦(?~209),刘表长子,为继母蔡夫人难容,出为江夏太守。建安十三年(208),刘表死,次子刘琮嗣位后降曹,他与刘备合兵屯夏口,翌年病死。江夏,即江夏郡,西汉高帝六年(前201)置,治所西陵县(今湖北新洲西二里)。东汉建安初江夏太守黄祖徙治夏口城(今武汉汉口城区),建安十三年(208)初,孙权破城杀黄祖,江夏太守刘琦另筑夏口城(今武汉汉阳城区),年底,曹操任文聘为江夏太守驻此。赤壁战后,文聘徙治石阳(今湖北黄陂西)。

⑦夏口:地名。即今湖北汉口,为汉水入长江处。古代汉水在襄阳以下称夏水或襄江,故汉水入长江处称夏口。

⑧自结:主动攀附、缔交。孙权:字仲谋(182~252),孙坚次子,吴郡富春(今浙江富阳)人。吴国建立者,即吴大帝。详见本书所选《吴主传》。裴注引《江表传》曰:"孙权遣鲁肃吊刘表二子,并令与备相结。肃未至而曹公已济汉津。肃故进前,与备相遇于当阳。因宣权旨,论天下事势,致殷勤之意。且问备曰:'豫州今欲何至?'备曰:'与苍梧太守吴巨有旧,欲往投之。'肃曰:'孙讨虏聪明仁惠,敬贤礼士,江表英豪,咸归附之,已据有六郡,兵精粮多,足以立事。今为君计,莫若遣腹心使自结于东,崇连和之好,共济世业,而云欲投吴巨,巨是凡人,偏在远郡,行将为人所并,岂足托乎?'备大喜,进住鄂县,即遣诸葛亮随肃诣孙权,结同盟誓。"

⑨周瑜:字公瑾(175~210),庐江舒县(今安徽庐江西南)人。详见本书所选《周瑜传》。程普:字德谋(生卒年不详),右北平土垠(今河北丰润东)人。初从孙坚起兵,后随孙策经营江南,历任吴郡都督、荡寇中郎将,为孙氏宿将。赤壁之战中,与周瑜为左右督,共破曹军。《三国志》卷五五

先主传 | 851

有传。

⑩并力:合力,戮力。裴注引《江表传》曰:"备从鲁肃计,进住鄂县之樊口。诸葛亮诣吴未还,备闻曹公军下,恐惧,日遣逻吏于水次候望权军。吏望见瑜船,驰往白备,备曰:'何以知非青徐军邪?'吏对曰:'以船知之。'备遣人慰劳之。瑜曰:'有军任,不可得委署,傥能屈威,诚副其所望。'备谓关羽、张飞曰:'彼欲致我,我今自结托于东而不往,非同盟之意也。'乃乘单舸往见瑜,问曰:'今拒曹公,深为得计。战卒有几?'瑜曰:'三万人。'备曰:'恨少。'瑜曰:'此自足用,豫州但观瑜破之。'备欲呼鲁肃等共会语,瑜曰:'受命不得妄委署,若欲见子敬,可别过之。又孔明已俱来,不过三两日到也。'备虽深愧异瑜,而心未许之能必破北军也,故差池在后,将二千人与羽、飞俱,未肯系瑜,盖为进退之计也。"又引孙盛曰:"刘备雄才,处必亡之地,告急于吴,而获奔助,无缘复顾望江渚而怀后计。《江表传》之言,当是吴人欲专美之辞。"

⑪赤壁:位于今湖北赤壁市(原蒲圻市)西北赤壁镇北赤壁山,北对洪湖市东北乌林矶。唐李泰《括地志》:"鄂州蒲圻县有赤壁山,即曹公败处。"北魏郦道元《水经注·江水》以为赤壁乃今湖北武昌西赤矶山,似非。

⑫南郡:秦昭王二十九年(前278)置,治所郢(今湖北荆州市荆州区故江陵县城西北纪南城),后徙治江陵县(今荆州市荆州区故江陵县城),属荆州,三国时曾移治于公安(今属湖北)。西汉辖境相当于今湖北襄阳市、南漳县以南,松滋市、公安县以北,洪湖市以西,利川市及重庆巫山县以东地。

⑬疾疫:疫病。流行性的传染病。

⑭北军:谓曹操的军队。

⑮引归:率军退回。这里仅谓曹军主力撤回北方,曹操尚留征南将军曹仁、横野将军徐晃驻守江陵,折冲将军乐进驻守襄阳。裴注引《江表传》曰:"周瑜为南郡太守,分南岸地以给备。备别立营于油江口,改名为公安。刘

表吏士见从北军,多叛来投备。备以瑜所给地少,不足以安民,复从权借荆州数郡。"

先主表琦为荆州刺史,又南征四郡①。武陵太守金旋、长沙太守韩玄、桂阳太守赵范、零陵太守刘度皆降②。庐江雷绪率部曲数万口稽颡③。琦病死,群下推先主为荆州牧,治公安④。权稍畏之,进妹固好⑤。先主至京见权⑥,绸缪恩纪⑦。权遣使云欲共取蜀,或以为宜报听许⑧,吴终不能越荆有蜀,蜀地可为己有。荆州主簿殷观进曰⑨:"若为吴先驱⑩,进未能克蜀,退为吴所乘⑪,即事去矣。今但可然赞其伐蜀⑫,而自说新据诸郡,未可兴动⑬,吴必不敢越我而独取蜀。如此进退之计,可以收吴、蜀之利。"先主从之,权果辍计⑭。迁观为别驾从事⑮。

[注释]

①四郡:赤壁战后,刘备占据荆州江南四郡:武陵、长沙、零陵、桂阳。荆州中部的江夏郡与南郡为孙权所控制。荆州北部的南阳郡为曹操所据守。

②武陵太守金旋:字元机(? ~208),东汉京兆(今陕西西安市西北)人。历任武陵太守。武陵,即武陵郡,汉高帝改黔中郡置,治所义陵县(今湖南溆浦县南)。辖境相当于今湖南沅江流域以西,贵州东部及广西龙胜各族自治县,四川秀山土家族苗族自治县,湖北鹤峰、来凤、长阳土家族自治县、五峰土家族自治县等地。东汉移治临沅县(今湖南常德市)。长沙太守韩玄:生平不详。长沙,即长沙郡,战国秦置,治所临湘县(今湖南长沙市),辖境相当于今湖南东部、南部与广西全州、广东连州、阳山等地。西汉高帝五年(前202)改为长沙国,东汉复为郡,辖境缩小。桂阳太守赵范:生平不

详。桂阳，即桂阳郡，汉高帝置，治所郴县（今湖南郴州市），辖境约相当于今湖南耒阳市以南的耒水、舂陵水流域，北至洣水入湘处附近，南包广东英德以北的北江流域。三国吴以后辖境缩小。零陵太守刘度：生平不详。零陵，即零陵郡，西汉元鼎六年（前111）分桂阳郡置，治所零陵县（今广西全州西南），辖境相当于今湖南邵阳市、衡阳市以南，永州市、宁远县以西，武冈市和广西桂林市以东，阳朔县和湖南道县以北地，东汉移治泉陵县（今湖南永州市北二里）。三国后辖境缩小。裴注引《三辅决录注》曰："金旋字元机，京兆人，历位黄门郎、汉阳太守，征拜议郎，迁中郎将，领武陵太守，为备所攻劫死。子祎，事见《魏武本纪》。"

③庐江雷绪：生平不详。庐江，即庐江郡，楚汉之际分秦九江郡置，汉武帝后治所舒县（今安徽庐江县西南三十里城池乡），辖境相当于今安徽巢湖市、舒城、霍山县以南，长江以北，湖北英山、广济、黄梅与河南商城等县地。东汉末废。部曲：古代军队编制单位。这里借指军队。稽颡（qǐsǎng 启嗓）：古代一种跪拜礼，屈膝下拜，以额触地，表示极度的虔诚。

④公安：即公安县，三国蜀汉置，属南郡，治所在油口（今湖北公安西北十里）。后属吴。

⑤妹：孙权之妹，嫁刘备，《三国志》称"孙夫人"，见《法正传》，本书已选，可参见。固好：谓巩固孙刘两家联盟。

⑥京：即京口，东汉末、三国吴时称为京城，后称京口，即今江苏镇江市。

⑦绸缪（móu 谋）：情意殷切。恩纪：犹恩情。或谓此处与下文不相连属，疑有夺文。裴注引《山阳公载记》曰："备还，谓左右曰：'孙车骑长上短下，其难为下，吾不可以再见之。'乃昼夜兼行。"又云："臣松之案：《魏书》载刘备与孙权语，与《蜀志》述诸葛亮与权语正同。刘备未破魏军之前，尚未与孙权相见，不得有此说。故知《蜀志》为是。"

⑧听许：听而许之。

⑨荆州主簿殷观:字孔休(生卒年不详),历任主簿、别驾从事。主簿,官名。东汉三国时,中央与州郡长官所置属官,其职为主管文书簿籍及印鉴,协助处理事务。

⑩先驱:先锋,前导。

⑪乘:掩袭。

⑫但可:犹言只需。然赞:赞同。

⑬兴动:谓兴师动众。

⑭辍计:中止原计划。

⑮别驾从事:又称别驾、别驾从事史,系州牧、刺史的属官。州牧、刺史巡行郡县,别驾别乘传车从行,故名。裴注引《献帝春秋》曰:"孙权欲与备共取蜀,遣使报备曰:'米贼张鲁居王巴、汉,为曹操耳目,规图益州。刘璋不武,不能自守。若操得蜀,则荆州危矣。今欲先攻取璋,进讨张鲁,首尾相连,一统吴、楚,虽有十操,无所忧也。'备欲自图蜀,拒答不听,曰:'益州民富强,土地险阻,刘璋虽弱,足以自守。张鲁虚伪,未必尽忠于操。今暴师于蜀、汉,转运于万里,欲使战克攻取,举不失利,此吴起不能定其规,孙武不能善其事也。曹操虽有无君之心,而有奉主之名,议者见操失利于赤壁,谓其力屈,无复远志也。今操三分天下已有其二,将欲饮马于沧海,观兵于吴会,何肯守此坐须老乎?今同盟无故自相攻伐,借枢于操,使敌承其隙,非长计也。'权不听,遣孙瑜率水军住夏口。备不听军过,谓瑜曰:'汝欲取蜀,吾当被发入山,不失信于天下也。'使关羽屯江陵,张飞屯秭归,诸葛亮据南郡,备自住孱陵。权知备意,因召瑜还。"

十六年①,益州牧刘璋遥闻曹公将遣钟繇等向汉中讨张鲁②,内怀恐惧。别驾从事蜀郡张松说璋曰③:"曹公兵强无敌于天下,若因张鲁之资以取蜀土④,谁能御之者乎?"璋曰:"吾固忧之而未有计。"松曰:"刘豫州,使君之宗室而曹公之深仇也⑤,善用兵,若使之讨鲁,鲁必破。鲁破,则益州强,曹公虽来,无能为也。"璋然之,遣法正将四千人迎先主⑥,前后赂遗以巨亿计⑦。正因陈益州可取之策⑧。先主留诸葛亮、关羽等据荆州,将步卒数万人入益州。至涪⑨,璋自出迎,相见甚欢。张松令法正白先主,及谋臣庞统进说⑩,便可于会所袭璋⑪。先主曰:"此大事也,不可仓卒⑫。"璋推先主行大司马⑬,领司隶校尉⑭;先主亦推璋行镇西大将军⑮,领益州牧。璋增先主兵,使击张鲁,又令督白水军⑯。先主并军三万馀人,车甲器械资货甚盛。是岁,璋还成都。先主北到葭萌⑰,未即讨鲁,厚树恩德,以收众心。

[注释]

①十六年:即建安十六年(211)。

②益州牧刘璋:字季玉(?~219),东汉江夏竟陵(今湖北潜江西北)人,刘焉之子。兴平元年(194),刘焉病卒,刘璋继为监军使者,领益州牧。建安十六年(211)迎刘备入蜀,后反为刘备所制,刘备自领益州牧,迁刘璋于南郡公安,佩振威将军印绶。建安二十四年(219),孙权夺取荆州后,又以刘璋为益州牧,驻秭归,旋病卒。《三国志》卷三一有传。益州,西汉元封五年(前106)置,为十三刺史部之一。公孙述改为司隶校尉,东汉复为益州,治所雒县(今四川广汉市北),兴平中移治成都(今属四川),辖境相当于今四川大部以及甘肃、陕西、湖北、贵州、云南少部分。钟繇(yáo 瑶):字元常(151~230),东汉颍川长社(今河南长葛东)人。东汉末为黄门侍郎,曹操执政后任侍中司隶校尉,持节督关中诸军。建安二十一年(216)曹操封魏王,以他为魏相国。曹丕代汉称帝,任廷尉,迁太尉。魏明帝时,迁太傅。

古代著名书法家,是隶书向楷书转变时代的开先河人物,与晋王羲之并称"钟王"。《三国志》卷一三有传。汉中:即汉中郡,战国秦惠王更元十三年(前312)置,治所南郑县(今陕西汉中市东),因水为名,辖境相当于今陕西秦岭以南、留坝、勉县以东、乾祐河流域以及湖北郧县、保康以西、米仓山、大巴山以北地。东汉末为张鲁所据,改为汉宁郡。建安二十年(215)复改汉中郡。张鲁:字公祺(生卒年不详),东汉沛国丰县(今属江苏)人,张陵之孙,张衡之子。东汉末天师道(即"五斗米道")首领,东汉末占据汉中,在各地设"义舍",置"义米""义肉",过往之人可量腹取用,加之刑法宽和,令汉中成为当时的安定之区。朝廷任命他为镇民中郎将,领汉宁太守。建安二十年(215)曹操进攻汉中,张鲁归降,任镇南将军,封阆中侯。详见本书所选《张鲁传》。

③蜀郡张松:字子乔(?~212),蜀郡成都(今属四川)人。为益州牧刘璋的别驾从事。刘璋派遣他与曹操联络,遭冷遇,因劝刘璋结好刘备,并助刘备夺取益州,为其兄所举报,最终被刘璋所杀。蜀郡,周赧王元年(前314)秦惠王置,治所成都县(今四川成都市),西汉辖境相当于今四川松潘以南、北川、彭州、洪雅以西、峨边、石棉以北、邛崃山、大渡河以东,以及大渡河与雅砻江之间、康定以南、冕宁以北地。东汉辖境缩小。

④因:凭借。资:资财。

⑤深仇:谓有深仇大恨。

⑥法正:字孝直(176~220),右扶风郿县(今陕西眉县)人。初依附刘璋,后投靠刘备,历任蜀郡太守、尚书令、护军将军,为刘备的重要谋士。详见本书所选《法正传》。

⑦赂遗(wèi谓):以财物赠送或买通他人。巨亿:数以亿计。极言其多。

⑧可取之策:谓夺取益州的计划。裴注引《吴书》曰:"备前见张松,后

得法正,皆厚以恩意接纳,尽其殷勤之欢。因问蜀中阔狭,兵器府库人马众寡,及诸要害道里远近,松等具言之,又画地图山川处所,由是尽知益州虚实也。"

⑨涪(fú浮):即涪县,西汉高帝六年(前201)置,属广汉郡,治所在今四川绵阳市涪江东岸。

⑩庞统:字士元(179~214),襄阳(今湖北襄阳)人。历任耒阳令、军师中郎将,为刘备重要谋士。详见本书所选《庞统传》。

⑪会所:谓会面的处所。袭:出其不意发起攻击。

⑫仓卒(cù猝):亦作"仓猝"。匆忙急迫。

⑬行:代理。大司马:官名。汉武帝置,东汉初改称太尉。为全国最高军事长官。

⑭领:谓兼任。司隶校尉:官名。负责维护京师治安,纠察京师除三公以外的百官违法者,并治理司隶州所辖各郡,统率一支人数达一千二百名的军队,秩比二千石。东汉时位尊权重,与御史中丞、尚书台并称"三独坐"。魏晋沿置。

⑮镇西大将军:东汉三国将军称号,高于镇西将军。

⑯白水:即白水关,亦名关头,东汉置,属白水县,位于今四川青川县东北沙州镇北。晋常璩《华阳国志》卷二《汉中志》:"白水县有关尉,故州牧刘璋将杨怀、高沛守也。"

⑰葭(xiá侠)萌:即葭萌县,亦作葭明县,战国末秦于葭萌城置,属蜀郡,治所在今四川广元市西南昭化镇。西汉属广汉郡,东汉建安二十二年(217),刘备改为汉寿县。

明年①,曹公征孙权,权呼先主自救②。先主遣使告璋曰:"曹公征吴,吴忧危急。孙氏与孤本为唇齿③,又乐进在青泥与关羽相拒④,

今不往救羽,进必大克,转侵州界⑤,其忧有甚于鲁。鲁自守之贼,不足虑也。"乃从璋求万兵及资实⑥,欲以东行。璋但许兵四千,其馀皆给半⑦。张松书与先主及法正曰:"今大事垂可立,如何释此去乎!"松兄广汉太守肃⑧,惧祸逮己⑨,白璋发其谋。于是璋收斩松,嫌隙始构矣⑩。璋敕关戍诸将文书勿复关通先主⑪。先主大怒,召璋白水军督杨怀⑫,责以无礼,斩之。乃使黄忠、卓膺勒兵向璋⑬。先主径至关中⑭,质诸将并士卒妻子⑮,引兵与忠、膺等进到涪,据其城。璋遣刘璝、冷苞、张任、邓贤等拒先主于涪⑯,皆破败,退保绵竹⑰。璋复遣李严督绵竹诸军⑱,严率众降先主。先主军益强,分遣诸将平下属县⑲,诸葛亮、张飞、赵云等将兵溯流定白帝、江州、江阳⑳,惟关羽留镇荆州。先主进军围雒㉑,时璋子循守城㉒,被攻且一年㉓。

[注释]

①明年:即建安十七年(212)。

②自救:这里是救援自己(孙权)的意思。

③唇齿:比喻互相依存而有共同利益的双方。

④乐(yuè越)进:字文谦(? ~218),阳平卫国(今河南清丰)人。早年随曹操起兵,屡建功勋,历任游击将军、折冲将军,封广昌亭侯,官至右将军。卒谥威侯。《三国志》卷一七有传。青泥:地名。在今湖北钟祥市东。

⑤州界:谓益州边界。

⑥资实:军需物资。

⑦其馀皆给半:裴注引《魏书》曰:"备因激怒其众曰:'吾为益州征强敌,师徒勤瘁,不遑宁居;今积帑藏之财而吝于赏功,望士大夫为出死力战,其可得乎!'"

⑧广汉太守肃:即张肃,张松之兄。生平不详。广汉,即广汉郡,西汉高帝六年(前201)置,初治乘乡(亦作绳乡,在今四川金堂县东),后徙治梓潼县(今属四川)。辖境相当于今甘肃文县、陕西宁强以南,四川旺苍、剑阁、蓬溪以西,潼南、遂宁、新都以北,什邡、北川以东地区。公孙述改名子同郡,东汉复为广汉郡。永初二年(108)移治涪县(今四川绵阳东),又徙治雒县(今四川广汉市)。

⑨逮己:延及自身。

⑩嫌隙始构:谓刘璋与刘备开始产生恶感、仇怨。裴注引《益部耆旧杂记》曰:"张肃有威仪,容貌甚伟。松为人短小,放荡不治节操,然识达精果,有才干。刘璋遣诣曹公,曹公不甚礼;公主簿杨修深器之,白公辟松,公不纳。修以公所撰兵书示松,松宴饮之间一看便暗诵。修以此益异之。"

⑪关戍诸将:谓镇守白水关的刘璋手下将领。关通:禀报,传达。

⑫军督杨怀:刘璋部将(? ~212),与高沛同守白水关,被刘备诱杀。军督,当即督军,东汉末州官,掌监督州郡军事。

⑬黄忠:字汉升(? ~220),南阳(今属河南)人。初为刘表部下中郎将,后随刘备入蜀,勇冠三军,拜讨虏将军,迁征西将军、后将军,赐爵关内侯。卒谥刚侯。《三国志》卷三六有传。卓膺(yīng英):刘备部将,生平不详。勒兵:这里谓指挥军队。

⑭关中:这里谓白水关关内。

⑮"质诸将"句:意谓将原刘璋部下的将领与士卒的妻、子等作为人质管制起来。质,用如动词。

⑯刘璝(guī规):益州牧刘璋部将,生平不详。冷苞:益州牧刘璋部将,生平不详。张任:益州牧刘璋部将(? ~214),蜀郡(治今四川成都)人。建安十九年(214),与刘璋子刘循坚守雒城,被刘备擒杀。邓贤:益州牧刘璋部将,生平不详。裴注引《益部耆旧杂记》曰:"张任,蜀郡人,家世寒门。少

有胆勇,有志节,仕州为从事。"

⑰绵竹:即绵竹县,西汉置,属广汉郡,治所在今四川德阳市北黄许镇。

⑱李严:字正方(?~234),又名李平,南阳(今属河南)人。曾为益州牧刘璋之成都令,建安十九年(214)降刘备,历任犍为太守、兴业将军、辅汉将军、尚书令,与诸葛亮同受刘备遗诏辅佐刘禅,任中都护,位在诸葛亮之次。蜀后主建兴元年(223)封都乡侯,假节,加光禄勋,后转任前将军,迁骠骑将军。蜀后主建兴九年(231),诸葛亮北伐出祁山,李严因雨天督运军资不力,又谎报军情,致令诸葛亮退兵。李严因此被废为平民,徙梓潼郡,忧病死。《三国志》卷四〇有传。

⑲下属县:谓益州所辖各县。

⑳溯流:谓由长江逆流而上。白帝:即白帝城,东汉初公孙述筑,在今重庆奉节县瞿塘峡口长江北岸的白帝山顶,形势险要,三国时为蜀汉防吴之重镇。江州:即江州县,战国周慎王五年(前316)秦灭巴国后置,为巴郡治所,治今重庆市。江阳:即江阳县,西汉置,属犍为郡,治今四川泸州市。以县在长江之南,故名。东汉为枝江都尉治,建安十八年(213)为江阳郡治。

㉑雒(luò 洛):即雒县,西汉高帝时置,属广汉郡,治所在今四川广汉市。汉献帝初平中(190~192)徙益州治此(后徙治成都)。

㉒璋子循:即刘循(生卒年不详),益州牧刘璋长子。刘备定益州后,以之为奉车中郎将。

㉓且:将近。

　　十九年夏①,雒城破②,进围成都数十日,璋出降③。蜀中殷盛丰乐④,先主置酒大飨士卒⑤,取蜀城中金银分赐将士,还其谷帛⑥。先主复领益州牧⑦,诸葛亮为股肱⑧,法正为谋主⑨,关羽、张飞、马超为爪牙⑩,许靖、麋竺、简雍为宾友⑪。及董和、黄权、李严等本璋之所授用也⑫,吴壹、费观等又璋之婚亲也⑬,彭羕又璋之所排摈也⑭,刘巴者宿昔之所忌恨也⑮,皆处之显任⑯,尽其器能⑰。有志之士,无不竞劝⑱。

[注释]

①十九年:即建安十九年(214)。

②雒城破:裴注引《益部耆旧杂记》曰:"刘璋遣张任、刘璝率精兵拒捍先主于涪,为先主所破,退与璋子循守雒城。任勒兵出于雁桥,战复败。禽任。先主闻任之忠勇,令军降之,任厉声曰:'老臣终不复事二主矣。'乃杀之。先主叹惜焉。"

③璋出降:裴注引《傅子》曰:"初,刘备袭蜀,丞相掾赵戬曰:'刘备其不济乎?拙于用兵,每战则败,奔亡不暇,何以图人?蜀虽小区,险固四塞,独守之国,难卒并也。'征士傅干曰:'刘备宽仁有度,能得人死力。诸葛亮达治知变,正而有谋,而为之相;张飞、关羽勇而有义,皆万人之敌,而为之将:此三人者,皆人杰也。以备之略,三杰佐之,何为不济也?'"又引《典略》曰:"赵戬,字叔茂,京兆长陵人也。质而好学,言称《诗》《书》,爱恤于人,不论疏密。辟公府,入为尚书选部郎。董卓欲以所私并充台阁,戬拒不听。卓怒,召戬欲杀之,观者皆为戬惧,而戬自若。及见卓,引辞正色,陈说是非,卓虽凶戾,屈而谢之。迁平陵令。故将王允被害,莫敢近者,戬弃官收敛之。三辅乱,戬客荆州,刘表以为宾客。曹公平荆州,执戬手曰:'何相见之晚也!'遂辟为掾。后为五官将司马,相国钟繇长史,年六十馀卒。"

④殷盛:富裕。丰乐:丰饶安乐。

⑤飨(xiǎng响):以酒食犒劳、招待。

⑥"取蜀城"二句：宋司马光撰《资治通鉴》卷六七："取蜀城中金银，分赐将士，还其谷帛。"元胡三省注云："凡城中公私所有金银，悉取以分赐将士，至于谷帛，则各还所主也。"

⑦复领：又兼任。刘备此前已为荆州牧，故此时又兼任益州牧。

⑧股肱(gōng公)：大腿和胳膊。比喻左右辅佐之臣。《尚书·虞夏书·益稷》："臣作朕股肱耳目。"

⑨谋主：出谋划策的主要人物。《左传·襄公二十六年》："析公奔晋，晋人寘诸戎车之殿，以为谋主。"

⑩马超：字孟起(176～222)，马腾之子，右扶风茂陵(今陕西兴平东北)人。东汉末随父起兵，勇猛善战。建安十六年(211)与韩遂等抗曹失败，乃奔汉中依张鲁，又因受谮，于建安十九年投奔刘备，官至左将军，成为蜀汉名将。《三国志》卷三六有传。爪牙：喻勇士、卫士。《诗经·小雅·祈父》："祈父！予王之爪牙。"汉郑玄笺："此勇力之士。"

⑪许靖：字文休(？～222)，汝南平舆(今河南平舆西北)人，许劭从兄。曾任刘璋所署蜀郡太守，后归顺刘备，历任左将军长史、太傅、司徒。推贤进士，为人所敬。卒年逾七十。《三国志》卷三八有传。简雍：字宪和(生卒年不详)，东汉涿郡(治今河北涿州市)人，与刘备同乡。追随刘备，历任从事中郎、昭德将军。性格滑稽。《三国志》卷三八有传。宾友：宾客朋友。

⑫董和：字幼宰(生卒年不详)，东汉南郡枝江(今湖北枝江东北)人。曾任刘璋所署成都令、益州太守。刘备定蜀，征为掌军中郎将，"与军师将军诸葛亮并署左将军大司马府事，献可替否，共为欢交"。为官清廉，受到诸葛亮推崇。《三国志》卷三九有传。黄权：字公衡(？～240)，三国巴西阆中(今四川阆中)人。原任刘璋主簿，刘备定蜀，历任偏将军、治中从事、镇北将军。后因伐吴，道路隔绝，被迫降魏。历官镇南将军，封育阳侯，官至车骑将军，仪同三司。卒谥景侯。《三国志》卷四三有传。

⑬吴壹：字子远(？～237)，又作"吴懿"，东汉陈留(治今河南开封东南)人。以其妹嫁与刘璋之兄刘瑁，故为婚亲。后归顺刘备，官至车骑将军，假节，领幽州刺史，封济阳侯。费观：字宾伯(生卒年不详)，东汉江夏鄳县(今河南信阳东北)人。刘璋母亲为费观族姑，刘璋女嫁费观。故为婚亲。投降刘备后，历任巴郡太守、江州都督，封都亭侯，加振威将军。

⑭彭羕(yàng样)：字永年(生卒年不详)，东汉广汉(治今四川广汉北)人。曾为刘璋部下小吏，以忤璋，遭髡刑。刘备定蜀，历官治中从事，又因傲慢自大，被左迁江阳太守。终因怨恨刘备并策反马超被诛杀，年仅三十七。《三国志》卷四〇有传。排摈：排斥摈弃。

⑮刘巴：字子初(？～222)，零陵烝阳(今湖南衡阳西)人。曹操征荆州，刘巴未从刘备而北投曹操，引起刘备深恨。刘备定蜀，刘巴从交阯至蜀谢罪，历任左将军西曹掾、尚书，后代法正为尚书令，清正廉洁，不治产业。《三国志》卷三九有传。宿昔：从前，往日。

⑯显任：显要的职位。

⑰器能：犹才能。

⑱竞劝：争相劝勉。《左传·昭公元年》："去烦宥善，莫不竞劝，子其图之。"

二十年①，孙权以先主已得益州，使使报欲得荆州②。先主言："须得凉州③，当以荆州相与。"权忿之，乃遣吕蒙袭夺长沙、零陵、桂阳三郡④。先主引兵五万下公安，令关羽入益阳⑤。是岁，曹公定汉中，张鲁遁走巴西⑥。先主闻之，与权连和⑦，分荆州：江夏、长沙、桂阳东属⑧，南郡、零陵、武陵西属。引军还江州。遣黄权将兵迎张鲁，张鲁已降曹公。曹公使夏侯渊、张郃屯汉中⑨，数数犯暴巴界⑩。先主令张飞进兵宕渠⑪,与郃等战于瓦口⑫,破郃等,郃收兵还南郑⑬。先主亦还成都。

[注释]

①二十年:即建安二十年(215)。

②使使:谓派遣使臣。东吴所派使臣即诸葛亮之兄诸葛瑾。详见本书所选《吴主传》。荆州:这里即指南郡,秦昭王二十九年(前278)置,治所郢(今湖北荆州市荆州区故江陵县城西北纪南城),后徙治江陵县(今荆州市荆州区故江陵县城),属荆州,三国时曾移治于公安(今属湖北)。西汉辖境相当于今湖北襄阳市、南漳县以南,松滋市、公安县以北,洪湖市以西,利川市及重庆巫山县以东地。南郡是水路联系益州与荆州南部四郡的要冲,对于西蜀政权生存至关重要,故刘备千方百计推脱不还。

③须:等待。凉州:西汉武帝所置十三刺史部之一,东汉时治所陇县(今甘肃张家川回族自治县),辖境相当于今甘肃、宁夏、青海湟水流域,陕西定边、吴旗、凤县、略阳与内蒙古额济纳旗一带。三国魏黄初中移治姑臧县(今甘肃武威市)。

④吕蒙:字子明(178~219),汝南富陂(今安徽阜南东南)人。东吴大将,历任平北都尉、左护军、虎威将军、南郡太守,封孱陵侯。病卒。详见本书所选《吕蒙传》。

⑤益阳:即益阳县,西汉置,属长沙国,治所在今湖南益阳市东。东汉属长沙郡,三国吴属衡阳郡,移治今益阳市。

⑥巴西:即巴西郡,东汉建安六年(201)刘璋改巴郡置,属益州,治所阆中县(今四川阆中市),辖境相当于今四川阆中、武胜以东,广安、渠县以北,万源、开江以西地区。三国蜀汉章武元年(221)改为巴郡,不久复为巴西郡。

先主传 | 865

⑦连和:联合,交好。

⑧江夏:即江夏郡,西汉高帝六年(前201)置,治所西陵县(今湖北新洲西二里)。东汉建安初,江夏太守黄祖徙治夏口城(今武汉汉口城区),建安十三年(208)初,孙权破城杀黄祖,江夏太守刘琦另筑夏口城(今武汉汉阳城区),年底,曹操任文聘为江夏太守驻此。赤壁战后,文聘徙治石阳(今湖北黄陂西)。东属:谓属于东吴政权管辖。下文"西属",即谓属于西蜀政权管辖。

⑨夏侯渊:字妙才(?~219),东汉谯(今安徽亳州市)人。夏侯惇族弟。东汉末随曹操起兵,作战勇猛,任征西将军,镇守汉中,被刘备所斩。详见本书所选《夏侯渊传》。张郃(hé 禾):字儁义(?~231),河间鄚县(今河北任丘北)人。原为袁绍部将,官渡之战中投降曹操。能征善战,有勇有谋,颇得曹操信任。曹丕代汉称帝后,封鄚侯,拜征西车骑将军。魏太和五年(231),与诸葛亮祁山交战,飞矢中右膝,伤重卒,谥壮侯。《三国志》卷一七有传。

⑩数数(shuòshuò 硕硕):屡次,常常。犯暴:犹侵凌。巴界:谓与汉中郡接壤的巴西郡界。

⑪宕(dàng 荡)渠:即宕渠县,西汉置,属巴郡,治所在今四川渠县东北七十里土溪乡渠江南岸城坝古城。应劭曰:"石过水为宕,水所蓄为渠,故县以是名。"东汉建安末为宕渠郡治。

⑫瓦口:即蒙头荡石,在今四川渠县东北七里八蒙山。

⑬南郑:即南郑县,战国秦置,为汉中郡治,治所在今陕西汉中市东二里。

二十三年①,先主率诸将进兵汉中。分遣将军吴兰、雷铜等入武都②,皆为曹公军所没③。先主次于阳平关④,与渊、郃等相拒。

[注释]

①二十三年:即建安二十三年(218)。

②将军吴兰:原为刘璋部下(？~218),后归顺刘备。建安二十三年(218)与雷铜攻打武都时,为曹军斩杀。雷铜:原为刘璋部下(？~218),后归顺刘备。建安二十三年(218)与吴兰攻打武都时,为曹军斩杀。武都:即武都县,西汉置,为武都郡治,治所在今甘肃西和县南仇池山东麓。东汉改为武都道,东汉末氐族杨驹徙居于此。三国时复为武都县。

③没(mò墨):覆灭。

④次:驻军。阳平关:位于今陕西勉县西十里老城乡。

二十四年春①,自阳平南渡沔水,缘山稍前②,于定军、兴势作营③。渊将兵来争其地,先主命黄忠乘高鼓噪攻之④,大破渊军,斩渊及曹公所署益州刺史赵颙等⑤。曹公自长安举众南征⑥。先主遥策之曰⑦:"曹公虽来,无能为也,我必有汉川矣⑧。"及曹公至,先主敛众拒险⑨,终不交锋,积月不拔,亡者日多⑩。夏,曹公果引军还,先主遂有汉中。遣刘封、孟达、李平等攻申耽于上庸⑪。

[注释]

①二十四年:即建安二十四年(219)。

②缘山稍前:顺定军山麓逐渐向前推进。

③定军:即定军山,位于今陕西勉县南。山势为东西走向。兴势:即兴势山,位于今陕西洋县东北二十里。亦曰兴势阪。山形如盆,外甚险,中有大谷。卢弼《三国志集解》卷三二认为"定军兴势"当作"定军山","势"字

衍。兴势山在汉中郡东,与位于汉中郡西部的定军山有一定距离,当时为曹军所占据,刘备不可能到兴势山作营。《三国志·法正传》亦有"二十四年,先主自阳平南渡沔水,缘山稍前,于定军、兴势作营。渊将兵来争其地"。相同记述,录以备考。

④鼓噪:喧嚷呐喊,起哄。

⑤署:任命。赵颙(yóng 拥阳平):曹魏将领,生平不详。

⑥长安:即长安县,西汉故都,为京兆尹治,治所在今陕西西安市西北。

⑦遥策:预先推测。

⑧汉川:即汉中平原,位于汉中郡沔阳(今陕西勉县)至成固(今属陕西)一带。

⑨敛众:聚集众人。拒险:凭险而守。

⑩亡者:谓曹军中逃亡的士兵。

⑪刘封:刘备养子(?~220),原为罗侯寇氏之子。从荆州随刘备入蜀,又从取汉中。建安二十四年(219),与孟达攻取上庸,任副军将军。不久,东吴袭取荆州,关羽败走麦城,向刘封与孟达求援,两人以"山城初附,民心未定"为由,拒不驰援,关羽终被东吴所擒杀,刘备为此深恨刘封。后孟达降魏,刘封奉命讨伐,败归成都,被刘备赐死。《三国志》卷四〇有传。孟达:字子度(?~228),东汉扶风(今陕西兴平东南)人。原为刘璋部将,建安十六年(211),刘璋派遣他与法正迎刘备入蜀,遂归顺刘备,历官宜都太守。关羽被东吴擒杀后,因惧罪,投降曹丕,任散骑常侍、建武将军,封平阳侯,领新城太守。曹丕卒后,又欲归蜀,谋泄,为司马懿所攻杀。李平:生平不详。蜀汉李严于后主建兴八年(230)改名李平,在进攻上庸之战以后十一年,故此李平并非李严。有论者据此认为"李平"二字衍。申耽:原为上庸地方势力,后投降曹操,任上庸太守。刘备夺取汉中,申耽与其弟申仪复降刘备,领上庸太守员乡侯如故,加征北将军。关羽被杀后,孟达惧罪降

魏,申耽兄弟亦随后降魏,假耽怀集将军,徙居南阳。上庸:即上庸郡,东汉建安二十二年(217)置,属荆州,治所上庸县(今湖北竹山县西南四十里堵水北岸)。三国魏黄初元年(220)并入新城郡,太和二年(228)复置。

秋,群下上先主为汉中王①,表于汉帝曰②:

> 平西将军都亭侯臣马超③,左将军长史领镇军将军臣许靖④,营司马臣庞羲⑤,议曹从事中郎军议中郎将臣射援⑥,军师将军臣诸葛亮⑦,荡寇将军汉寿亭侯臣关羽⑧,征虏将军新亭侯臣张飞⑨,征西将军臣黄忠⑩,镇远将军臣赖恭⑪,扬武将军臣法正⑫,兴业将军臣李严等一百二十人上言曰⑬:昔唐尧至圣而四凶在朝⑭,周成仁贤而四国作难⑮,高后称制而诸吕窃命⑯,孝昭幼冲而上官逆谋⑰,皆冯世宠⑱,藉履国权⑲,穷凶极乱⑳,社稷几危㉑。非大舜、周公、朱虚、博陆㉒,则不能流放禽讨㉓,安危定倾㉔。

[注释]

①群下:泛指僚属或群臣。

②表:上奏章给皇帝。汉帝:谓汉献帝刘协。

③平西将军:东汉末年所置将军名,为平东、平西、平南、平北等"四平"将军之一,职掌征战讨伐。第三品,位列"四征""四镇""四安"将军之后,而高于前将军与杂号将军。有属官司马、参军、主簿、功曹、门下都督等。都亭侯:封爵名,属于列侯中的亭侯。都亭,都邑中的传舍。亭,秦汉时乡以下、里以上的行政机构。此封爵即以都邑中一亭为其食邑。

④左将军长史：谓刘备左将军府的长史。长(zhǎng掌)史，官名。东汉三国时，三公及常设将军等所置属官，其职责为总理各曹事务，辅佐三公及将军。领：谓兼任。镇军将军：官名。属杂号将军，主征伐。

⑤营司马臣庞羲：原为东汉议郎（生卒年不详），与益州牧刘焉为世交，董卓之乱后入蜀，后归顺刘备。营司马，官名。刘备左将军府属官。

⑥议曹从事中郎军议中郎将臣射援：东汉扶风（今陕西兴平东南）人（生卒年不详）。裴注引《三辅决录注》曰："援字文雄，扶风人也。其先本姓谢，与北地诸谢同族。始祖谢服为将军出征，天子以谢服非令名，改为射，子孙氏焉。兄坚，字文固，少有美名，辟公府为黄门侍郎。献帝之初，三辅饥乱，坚去官，与弟援南入蜀依刘璋，璋以坚为长史。刘备代璋，以坚为广汉、蜀郡太守。援亦少有名行，太尉皇甫嵩贤其才而以女妻之，丞相诸葛亮以援为祭酒，迁从事中郎，卒官。"议曹从事中郎，官名。刘备左将军府属官，职参谋议。军议中郎将，官名。与军师中郎将皆为刘备因军事之需所临时创制的官职，既参谋军事，又有兵权。

⑦军师将军：官名。阶位高于军师中郎将。宋司马光撰《资治通鉴》卷六五"备以诸葛亮为军师中郎将"，元胡三省注："军师，亦古将军号。曹操初置军师祭酒，而备置军师中郎将，皆以一时军事创置官名也。然军师祭酒止决军谋，中郎将则有兵柄。亮后又进军师将军。"

⑧荡寇将军：东汉末所置杂号将军名，主征伐。汉寿亭侯：封爵名，属于列侯中的亭侯。汉寿，县名，故址在今湖南常德市东北，属荆州武陵郡。亭，秦汉时乡以下、里以上的行政机构。此封爵即以汉寿县的一亭为其食邑。

⑨征虏将军：官名。东汉杂号将军名，汉光武帝时设置。新亭侯：封爵名，属于列侯中的亭侯。新亭，位置不详。

⑩征西将军：官名。东汉末年所置将军名。为征东、征西、征南、征北等"四征"将军之一。负责统兵征战讨伐，本系杂号将军，位在常设将军之下。

三国时成为常设将军,与车骑将军并列,位次三公,秩二千石,第二品。

⑪镇远将军臣赖恭:零陵(治今湖南零陵)人(生卒年不详)。原为刘表属下,后为蜀汉大臣,历任太常。镇远将军,官名。刘备所设置杂号将军。

⑫扬武将军:官名。东汉所置杂号将军,主征伐。

⑬兴业将军:官名。刘备所设置杂号将军。

⑭唐尧:即尧,号放勋,属陶唐氏,故又称唐尧,中国上古时期方国联盟首领、"五帝"之一。常与舜并称,两者皆为儒家心目中的理想君主。至圣:指道德智能最高的人。四凶:相传为尧舜时代四个恶名昭彰的部族首领。《左传·文公十八年》:"舜臣尧,宾于四门,流四凶族浑敦、穷奇、梼杌、饕餮,投诸四裔,以御魑魅。是以尧崩而天下如一,同心戴舜以为天子,以其举十六相,去四凶也。"

⑮周成:即周成王姬诵(前?~前1021),周武王之子,西周王朝的第二代君主,在位二十二年。初继位时年幼,由其叔父周公辅政。仁贤:即仁且贤。四国:谓周武王的三位弟弟管叔、蔡叔、霍叔与商纣王之子武庚。周武王死后,周公旦摄政,引来管叔、蔡叔、霍叔兄弟的猜疑,于是联合武庚发动叛乱,即所谓"三监之乱"。于是周公东征,诛武庚,杀管叔而放蔡叔,废霍叔为庶民,平定了叛乱。事见《史记·周本纪》。

⑯"高后"句:汉高祖刘邦死后,其妻子吕后掌权,诸吕渐成气候,威胁到汉政权的稳定。吕后死后,太尉周勃、丞相陈平等合力诛杀诸吕,立刘邦次子刘恒为帝,是为汉文帝,控制了局势。事见《史记》卷九《吕太后本纪》以及《汉书》卷三《高后纪》。高后,即吕雉(前241~前180),字娥姁(xū须),通称吕后,或称汉高后、吕太后,等等。砀郡单父县(今山东菏泽市单县)人。汉高祖刘邦(前202~前195在位)的皇后,高祖死后,被尊为皇太后(前195~前180),是中国历史上有记载的第一位皇后和皇太后。同时也是秦始皇统一中国,实行皇帝制度之后,第一个临朝称制的女性,被司马迁

列入记录帝王政事的本纪,后来班固作《汉书》仍然沿用。称制,代行皇帝的职权。诸吕,谓吕后的侄子吕禄、吕产等,皆身居高位,吕后死后,阴谋作乱。窃命,篡夺国柄。

⑰"孝昭"句:汉武帝死后,其幼子刘弗陵(前94~前74)八岁即位,即汉孝昭帝。受武帝遗诏,由左将军安阳侯上官桀与大将军博陆侯霍光辅政。此后上官桀与燕王刘旦合谋欲杀霍光,废昭帝,立刘旦为帝,由上官桀辅政。事觉,皆被杀。事见《汉书》卷九七上。幼冲,谓年龄幼小。上官,即上官桀(前140~前80),字少叔,陇西上邽(今甘肃天水市)人。历任羽林郎、侍中、太仆、左将军,为西汉外戚,汉昭帝皇后上官氏的祖父。终因与霍光争权,谋反被杀。逆谋,叛逆的阴谋。

⑱冯(píng凭):"凭"的古字,凭借,依恃。世宠:世代的恩宠。

⑲藉履:代帝王掌握。国权:谓国家权柄。

⑳穷凶极乱:同"穷凶极恶",谓极端凶恶。

㉑社稷:古代帝王、诸侯所祭的土神和谷神。社,土神;稷,谷神。常用为国家或政权的代称。几(jī基)危:犹隐微。指预兆。

㉒大舜:姚姓,有虞氏,名重华,字都君,轩辕黄帝九世孙,是中国上古时代父系氏族社会后期部落联盟首领。在尧之后放逐四凶。周公:周初政治家,名旦。为周文王之子,周武王之弟。因采邑在周(今陕西宝鸡东北),称为周公。文王死后二年,他和太公望、召公奭佐武王灭殷杀纣,建立周朝。武王死后,又辅佐武王子成王巩固了王权。朱虚:即朱虚侯刘章(前200~前177),刘邦之孙,齐悼惠王刘肥次子。吕后称制,被封朱虚侯,后又因平诸吕有功,封城阳王,卒谥景王。《史记》卷五二、《汉书》卷三八皆有传。博陆:即博陆侯霍光(前?~前68),字子孟,河东平阳(今山西临汾)人,西汉政治家,麒麟阁十一功臣之首,汉将霍去病异母弟,汉昭帝皇后上官氏外祖父,汉宣帝皇后霍成君之父。历任侍中、奉车都尉、光禄大夫。宿卫公正,勤

劳国家。汉武帝临终时,拜大将军、大司马,受命托孤辅政,封为博陆侯。辅佐汉昭帝,解除上官桀拥立刘旦阴谋,昭帝死后废立昌邑王刘贺,拥立汉宣帝即位,掌权摄政,权倾朝野。《汉书》卷六八有传。

㉓流放:把犯人放逐到边远地方。禽讨:捕捉诛戮。

㉔安危定倾:使危险的局势或即将倾覆的国家转为稳定。

  伏惟陛下诞姿圣德①,统理万邦②,而遭厄运不造之艰③。董卓首难④,荡覆京畿⑤,曹操阶祸⑥,窃执天衡⑦;皇后太子,鸩杀见害⑧,剥乱天下⑨,残毁民物⑩。久令陛下蒙尘忧厄⑪,幽处虚邑⑫。人神无主⑬,遏绝王命⑭,厌昧皇极⑮,欲盗神器⑯。左将军领司隶校尉豫、荆、益三州牧宜城亭侯备,受朝爵秩⑰,念在输力⑱,以殉国难⑲。睹其机兆⑳,赫然愤发㉑,与车骑将军董承同谋诛操㉒,将安国家,克宁旧都㉓。会承机事不密,令操游魂得遂长恶㉔,残泯海内㉕。臣等每惧王室大有阎乐之祸㉖,小有定安之变㉗,夙夜惴惴㉘,战栗累息㉙。

[注释]

①伏惟:亦作"伏维",为下对上的敬词,多用于奏疏或信函。谓念及,想到。陛下:谓汉献帝刘协。诞姿:犹雄才。圣德:犹言至高无上的道德。一般用于古之称圣人者。也用以称帝德。

②统理:统辖治理。《史记·郦生陆贾列传》:"继五帝三王之业,统理中国。"万邦:所有诸侯封国。后引申为天下,全国。《尚书·虞夏书·尧典》:"协和万邦,黎民于变时雍。"

③厄运:艰难困苦的遭遇。不造:不幸。语出《诗经·周颂·闵予小

子》:"闵予小子,遭家不造。"清马瑞辰通释:"不,为语词。造与戚一声之转,古通用。则《诗》云'遭家不造',犹云遭家戚,即后世所谓丁家艰也。"

④董卓:字仲颖(？~192),东汉陇西临洮(今甘肃岷县)人。历任中郎将、并州牧,汉少帝光熹元年(189),率兵入洛阳,废少帝,立献帝,受到曹操、袁绍等人起兵讨伐。于是焚烧洛阳宫室,挟献帝西迁长安,自为太师,暴虐专横。初平三年(192),为王允、吕布所杀。《三国志》卷六、《后汉书》卷七二皆有传。详见本书所选《董卓传》。首难(nàn 南去声):首先发难起事。《国语·晋语九》:"段规反,首难,而杀知伯于师。"三国吴韦昭注:"言段规首为策作难。"

⑤荡覆:毁坏,颠覆。语出《左传·襄公二十三年》:"盟叔孙氏也,曰:'毋或如叔孙侨如欲废国常,荡覆公室。'"京畿(jī基):国都及其行政官署所辖地区。这里谓洛阳。

⑥曹操:字孟德(155~220),小字阿瞒,魏立国后被追谥为魏武帝,谯(今安徽亳州市)人。详见本书所选《武帝纪》。阶祸:招致祸患,惹祸。

⑦天衡:天子的威权。诸葛亮《为后帝伐魏诏》:"曹操阶祸,窃执天衡,残剥海内,怀无君之心。"

⑧"皇后太子"二句:汉献帝建安十九年(214)十一月,汉献帝的伏皇后与其父伏完谋杀曹操,事泄,被杀害,所生两子亦被鸩杀。《后汉书·皇后纪第十下》:"董承女为贵人,操诛承而求贵人杀之。帝以贵人有妊,累为请,不能得。后自是怀惧,乃与父完书,言曹操残逼之状,令密图之。完不敢发,至十九年,事乃露泄。操追大怒,遂逼帝废后,假为策曰:'皇后寿,得由卑贱,登显尊极,自处椒房,二纪于兹。既无任、姒徽音之美,又乏谨身养己之福,而阴怀妒害,苞藏祸心,弗可以承天命,奉祖宗。今使御史大夫郗虑持节策诏,其上皇后玺绶,退避中宫,迁于它馆。呜呼伤哉!自寿取之,未致于理,为幸多焉。'又以尚书令华歆为郗虑副,勒兵入宫收后。闭户藏壁中,歆

就牵后出。时帝在外殿,引虑于坐。后被发徒跣行泣过诀曰:'不能复相活邪?'帝曰:'我亦不知命在何时!'顾谓虑曰:'郗公,天下宁有是邪?'遂将后下暴室,以幽崩。所生二皇子,皆鸩杀之。后在位二十年,兄弟及宗族死者百馀人,母盈等十九人徙涿郡。"详见本书所选《武帝纪》。鸩(zhèn 镇),传说中的一种毒鸟。以羽浸酒,饮之立死。

⑨剥乱:扰乱,离乱。语出《左传·昭公二十六年》:"今王室乱,单旗、刘狄剥乱天下,壹行不若。"

⑩残毁:摧残破坏。民物:泛指人民、万物。

⑪蒙尘:古代多指帝王失位逃亡在外,蒙受风尘。忧厄:忧愁困苦。

⑫幽处:谓如囚徒般困居。虚邑:谓名义上的京师。这里指许县。

⑬人神无主:谓没有宗庙可以安放先祖神灵的木主。

⑭遏绝:阻止禁绝。王命:帝王的命令、诏谕。

⑮厌(yā 压)昧:抑制蒙蔽。皇极:帝王统治天下的准则,即所谓大中至正之道。

⑯神器:代表国家政权的实物,如玉玺、宝鼎之类。借指帝位、政权。

⑰爵秩:犹爵禄,即官爵和俸禄。

⑱念:思考,考虑。输力:出力,贡献力量。《左传·襄公二十一年》:"昔陪臣书能输力于王室,王施惠焉。"晋杜预注:"输力,谓辅相晋国以翼戴天子。"

⑲殉国难:为拯救国家于危难之中而献出生命。

⑳机兆:先兆。这里谓曹操不臣之先兆。

㉑赫然:盛怒貌。愤发:奋发。

㉒车骑(jūjì 居寄)将军董承:汉灵帝母董太后之侄(?~200),兴平二年(195)因护送汉献帝由长安返洛阳有功,任车骑将军,封列侯。建安四年(199),受献帝衣带诏,与王子服等谋诛曹操,事泄,全家被杀。车骑将军,

东汉与三国时常设的高级将军名,统领中央常备军,职掌征战讨伐。位在三公之下,仅次于大将军、骠骑将军,第二品。

㉓克宁:安定,平定。旧都:指东都洛阳。

㉔游魂:谓曹操似鬼魂游动不定,比喻苟延残喘。长(zhǎng掌)恶:谓滋长罪恶。

㉕残泯(mǐn敏):残害灭绝。海内:国境之内,全国。古人谓我国疆土四面临海,故称。

㉖阎乐之祸:据《史记·秦始皇本纪》,秦末天下大乱,赵高惧祸,秦二世三年(前207),就指令自己的女婿咸阳令阎乐逼迫秦二世胡亥自杀,另立扶苏子子婴为秦王。

㉗定安之变:据《汉书·王莽传》,西汉元始五年(5),汉平帝刘衎(kàn看去声)被权臣王莽毒死,以其无子,翌年就拥立刘衎族侄年仅两岁的孺子刘婴为皇太子,王莽摄政。三年以后,王莽称帝,废刘婴为定安公,加以软禁。裴注云:"赵高使阎乐杀二世。王莽废孺子以为定安公。"

㉘夙(sù素)夜:朝夕,日夜。惴惴(zhuìzhuì缀缀):忧惧戒慎貌。语出《诗经·小雅·小宛》:"惴惴小心,如临于谷。"

㉙战栗:谓因恐惧、寒冷或激动而颤抖。累息:屏气。因恐惧而不敢喘息。

昔在《虞书》,"敦序九族"①,周监二代,封建同姓②,《诗》著其义,历载长久③。汉兴之初,割裂疆土,尊王子弟,是以卒折诸吕之难,而成太宗之基④。臣等以备肺腑枝叶⑤,宗子藩翰⑥,心存国家,念在弭乱⑦。自操破于汉中,海内英雄望风蚁附⑧,而爵号不显,九锡未加⑨,非所以镇卫社稷⑩,光昭万世也⑪。奉辞在外⑫,礼命断绝⑬。昔河西太守梁统等值汉中兴,限于山河,位同权均,不能相率,咸推窦融以为元帅,卒立效绩,摧破隗嚣⑭。今社稷之难,急于陇、蜀⑮。操外吞天下,内残群寮,朝廷有萧墙之危⑯,而御侮未建⑰,可为寒心。臣等辄依旧典⑱,封备汉中王,拜大司马,董齐六军⑲,纠合同盟⑳,扫灭凶逆。以汉中、巴、蜀、广汉、犍为为国㉑,所署置依汉初诸侯王故典㉒。夫权宜之制,苟利社稷㉓,专之可也。然后功成事立,臣等退伏矫罪㉔,虽死无恨。

遂于沔阳设坛场㉕,陈兵列众,群臣陪位㉖,读奏讫,御王冠于先主㉗。

[注释]

① "昔在"二句:意谓在《尚书·虞夏书·皋陶谟》中有"惇叙九族,庶明励翼,迩可远在兹"的记述。敦序九族,谓使九族亲厚而有序。《史记·夏本纪》作"敦序九族,众明高翼",与《尚书》文字小异。九族,以自己为本位,上推至四世之高祖,下推至四世之玄孙。

② "周监"二句:意谓周朝的礼仪制度是以夏、商两代为根据所制定,分封同姓族人。周监二代,语出《论语·八佾》:"子曰:'周监于二代,郁郁乎文哉!吾从周。'"封建同姓,《左传·昭公二十八年》:"昔武王克商,光有天下。其兄弟之国者十有五人,姬姓之国者四十人,皆举亲也。"封建,即封邦建国。古代帝王把爵位、土地分赐亲戚或功臣,使之在各该区域内建立邦国。相传黄帝为封建之始,至周制度始备。

③ "诗著其义"二句:意谓《诗经》对于同姓宗亲捍卫朝廷的意义说得极其透彻,经历了时间的考验。《诗经·大雅·板》:"价人维藩,大师维垣,大邦维屏,大宗维翰。怀德维宁,宗子维城。无俾城坏,无独斯畏。"大意是:军

队如同栅栏,百姓就是墙垣,大国好似屏障,嫡长子孙的大宗就是栋梁。有德就能得安宁,群宗之子是干城。不要将城拆毁,孤立无援最可怕。历载,谓经历的年代。

④"汉兴之初"五句:语出《汉书·诸侯王表第二》:"汉兴之初,海内新定,同姓寡少,惩戒亡秦孤立之败,于是剖裂疆土,立二等之爵。功臣侯者百有馀邑,尊王子弟,大启九国……虽然,高祖创业,日不暇给,孝惠享国又浅,高后女主摄位,而海内晏如,亡狂狡之忧,卒折诸吕之难,成太宗之业者,亦赖之于诸侯也。"割裂疆土,谓对国土加以划分。卒折,最终挫败。诸吕之难,见前"诸吕窃命"注。太宗,汉孝文帝刘恒庙号太宗。

⑤肺腑:同"肺附"。比喻帝王的宗室近亲。《史记·魏其武安侯列传》:"上初即位,富于春秋,蚡(田蚡)以肺腑为京师相。"唐司马贞索隐:"腑音府,肺音废,言如肝肺之相附。又云:柿,木札;附,木皮也。"枝叶:喻同宗的旁支。《左传·文公七年》:"公族,公室之枝叶也;若去之,则本根无所庇荫矣。"刘备为中山靖王刘胜之后裔,故云。

⑥宗子:古代宗法制度称大宗的嫡长子。这里即指汉王室。藩翰:比喻捍卫王室的重臣。

⑦弭乱:平息或制止变乱。

⑧望风:远望,仰望。蚁附:像蚂蚁一样趋集缘附。形容归附或趋附之人多。

⑨九锡:古代天子赐给诸侯、大臣的九种器物,是一种最高礼遇。《公羊传·庄公元年》"锡者何?赐也;命者何?加我服也",汉何休注:"礼有九锡:一曰车马,二曰衣服,三曰乐则,四曰朱户,五曰纳陛,六曰虎贲,七曰宫矢,八曰铁钺,九曰秬鬯。"

⑩镇卫:镇守捍卫。

⑪光昭:发扬光大。

⑫奉辞:谓奉君主之正辞。《国语》卷一六《郑语》:"君若以成周之众,奉辞伐罪,无不克矣。"

⑬礼命:指国家的礼籍和君王的策命。

⑭"昔河西太守"七句:据《后汉书·窦融传》,王莽篡汉以后,河西一带为自守计,酒泉太守梁统等共推张掖属国都尉窦融行河西五郡大将军事,统率各部,协助光武帝刘秀击溃隗嚣,平定河西。河西太守梁统,字仲宁(前5~62),安定乌氏(今甘肃平凉市西北)人。初为更始帝刘玄所署酒泉太守,刘玄失败后,与窦融等投靠光武帝刘秀,历任太中大夫、九江太守,定封陵乡侯。卒官。《后汉书》卷三四有传。河西,古地区名,泛指黄河以西之地,即河西走廊与湟水流域,包括酒泉、武威、张掖、敦煌、金城等郡。酒泉郡属河西地区,这里即以"河西太守"指代酒泉太守。汉中兴,西汉末年,王莽篡夺汉室政权,刘秀起兵,建立东汉,史称"中兴"。限于山河,谓阻隔于山河。位同权均,谓河西五郡的太守职权相同。窦融,字周公(前16~62),扶风平陵(今陕西咸阳西北)人。新莽时期西北地区军阀,后归顺刘秀,历大司空、将作大匠,封安丰侯,行卫尉事,云台三十二将之一。卒谥戴侯。《后汉书》卷二三有传。效绩,成效,功绩。摧破,摧陷攻克。隗嚣(wěi áo 委熬),字季孟(前?~33),天水成纪(今甘肃秦安)人。新莽末年陇右割据军阀,更始二年(24),归顺刘玄,封右将军,迁御史大夫,位列三公。后逃归天水,自称西州上将军;归顺刘秀后又怀二心,向蜀公孙述称臣,终为刘秀击败,忧病而死。《后汉书》卷一三有传。

⑮急于陇蜀:意谓建安末年的形势比隗嚣割据陇西、公孙述称帝益州的时代急迫危险。

⑯萧墙:古代宫室内作为屏障的矮墙。萧,通"肃"。这里谓曹操欲篡夺帝位。语出《论语·季氏》:"吾恐季孙之忧,不在颛臾,而在萧墙之内也。"三国魏何晏集解引郑玄曰:"萧之言肃也;墙谓屏也。君臣相见之礼,

先主传 | 879

至屏而加肃敬焉,是以谓之萧墙。"

⑰御侮未建:意谓汉室宗亲还没有同心协力地抗击曹操。御侮,抵御外侮。语出《诗经·小雅·常棣》:"兄弟阋于墙,外御其务。"谓兄弟相争于内,却能一致抵御外来的欺侮。

⑱旧典:旧时的制度、法则。

⑲董齐:统率,领导。六军:天子所统领的军队。《周礼·夏官·序官》:"凡制军,万有二千五百人为军。王六军,大国三军,次国二军,小国一军。"

⑳纠合:集合,聚集。《左传·僖公二十四年》:"召穆公思周德之不类,故纠合宗族于成周而作诗。"同盟:共结盟约者。

㉑广汉:即东广汉郡,三国蜀建兴二年(224)分广汉郡置,属益州,治所广汉县(今四川射洪县南柳树镇),一说治所在郪县(今四川三台县东南)。辖境相当于今四川三台、射洪、中江、遂宁等市县地。犍(qián 前)为:即犍为郡,西汉建元六年(前135)分广汉郡南部及夜郎国地置,属益州。治所屡有变迁,东汉永初元年(107)移治武阳县(今四川彭山县东),辖境初时较大,有今四川简阳、彭山等县以南,广西北部及贵州大部。元鼎六年(前111)平且兰后,辖境缩小,以今广西西北部、云南东部部分地区与贵州地区置牂柯郡。东汉永初初年又分西南境置犍为属国。

㉒署置:谓分封刘氏诸王的部署设置。故典:谓旧的规章制度等。

㉓苟利社稷:如果对汉室有利。语出《左传·昭公四年》:"苟利社稷,死生以之。"

㉔退伏矫罪:谓退而承担假托诏命之罪。

㉕沔(miǎn 免)阳:西汉置,属汉中郡,治所在今陕西勉县东旧州铺。坛场:古代设坛举行祭祀、继位、盟会、拜将等大典的场所。

㉖陪位:陪席,陪同。

㉗御:戴。

先主上言汉帝曰：

臣以具臣之才①，荷上将之任②，董督三军③，奉辞于外，不得扫除寇难，靖匡王室④，久使陛下圣教陵迟⑤，六合之内⑥，否而未泰⑦，惟忧反侧⑧，疢如疾首⑨。曩者董卓造为乱阶⑩，自是之后，群凶纵横，残剥海内⑪。赖陛下圣德威灵⑫，人神同应，或忠义奋讨⑬，或上天降罚，暴逆并殪⑭，以渐冰消。惟独曹操，久未枭除⑮，侵擅国权⑯，恣心极乱⑰。臣昔与车骑将军董承图谋讨操，机事不密，承见陷害，臣播越失据⑱，忠义不果。遂得使操穷凶极逆，主后戮杀⑲，皇子鸩害。虽纠合同盟，念在奋力，懦弱不武⑳，历年未效。常恐殒没，孤负国恩㉑，寤寐永叹㉒，夕惕若厉㉓。

[注释]

①具臣：备位充数之臣。语出《论语·先进》："今由与求也，可谓具臣矣。"宋朱熹集注："具臣，谓备臣数而已。"

②荷：担负。上将：主将，统帅。时刘备任左将军。

③董督：统率，监督。三军：周制，诸侯大国三军。中军最尊，上军次之，下军又次之。一军一万二千五百人，三军合三万七千五百人。

④靖匡：使安定和扶持。

⑤圣教：旧称尧、舜、文、武、周公、孔子的教导。这里是美誉汉献帝的教诲。陵迟：败坏，衰败。

⑥六合：天下，人世间。

⑦否(pǐ 痞)而未泰：意谓厄运持续，好运未到。否泰，《周易》的两个卦

名。天地交,万物通谓之"泰";不交闭塞谓之"否"。后常以指世事的盛衰,命运的顺逆。

⑧反侧:惶恐不安。

⑨疢(chèn 趁)如疾首:谓烦热得如患有头痛之疾。比喻忧伤到极点。语出《诗经·小雅·小弁》:"我心忧伤,惄焉如捣。假寐永叹,维忧用老。心之忧矣,疢如疾首。"疢,烦热,疾病。

⑩曩(nǎng 攮)者:先时,以前。乱阶:祸端,祸根。

⑪残剥:残害剥夺。

⑫威灵:谓显赫的声威。

⑬奋讨:奋起讨伐。

⑭暴逆:谓凶暴与忤逆的人。殪(yì 义):死亡,绝灭。

⑮枭(xiāo)除:消灭。

⑯侵擅:篡夺。国权:犹国柄。政府或国君的权力。

⑰恣心:随心,任情。

⑱播越:逃亡,流离失所。失据:失去凭依。

⑲主后:谓伏皇后。戮(lù 录)杀:杀害。

⑳不武:用作谦词,言无将帅之才。

㉑孤负:违背,对不住。

㉒寤(wù 务)寐:醒与睡。常用以指日夜。永叹:长久叹息。

㉓夕惕若厉:朝夕戒惧,如临危境,不敢稍懈。语本《周易·乾》:"九三:君子终日乾乾,夕惕若厉,无咎。"

今臣群寮以为在昔《虞书》"敦叙九族①,庶明励翼②",五帝损益③,此道不废。周监二代,并建诸姬④,实赖晋、郑夹辅之福⑤。高祖龙兴⑥,尊王子弟,大启九国⑦,卒斩诸吕,以安大宗⑧。今操恶直丑正,实繁有徒⑨,包藏祸心⑩,篡盗已显。既宗室微弱,帝族无位⑪,斟酌古式⑫,依假权宜⑬,上臣大司马汉中王。臣伏自三省⑭,受国厚恩,荷任一方,陈力未效⑮,所获已过,不宜复忝高位以重罪谤⑯。群寮见逼,迫臣以义。臣退惟寇贼不枭⑰,国难未已,宗庙倾危⑱,社稷将坠,成臣忧责碎首之负⑲。若应权通变⑳,以宁靖圣朝㉑,虽赴水火,所不得辞,敢虑常宜㉒,以防后悔。辄顺众议,拜受印玺㉓,以崇国威㉔。仰惟爵号,位高宠厚,俯思报效,忧深责重,惊怖累息㉕,如临于谷。尽力输诚㉖,奖厉六师㉗,率齐群义㉘,应天顺时㉙,扑讨凶逆,以宁社稷,以报万分㉚,谨拜章因驿上还所假左将军、宜城亭侯印绶㉛。

于是还治成都㉜。拔魏延为都督㉝,镇汉中㉞。时关羽攻曹公将曹仁,禽于禁于樊㉟。俄而孙权袭杀羽㊱,取荆州。

[注释]

①敦叙九族:同"敦序九族"。见前注。

②庶明励翼:意谓群贤勉力辅佐。裴注引郑玄注曰:"庶,众也;励,作也;叙,次序也。序九族而亲之,以众明作羽翼之臣也。"

③五帝:上古传说中的五位帝王,说法不一,一般以黄帝(轩辕)、颛顼(高阳)、帝喾(高辛)、唐尧、虞舜为五帝。损益:增减,盈亏。语出《周易·损》:"损刚益柔有时,损益盈虚,与时偕行。"《汉书·礼乐志》:"王者必因前王之礼,顺时施宜,有所损益,即民之心,稍稍制作,至太平而大备。"

④建:封立。诸姬:谓众姬姓之国。周朝姬姓,故分封姬姓诸国,以为

先主传 | 883

藩卫。

⑤"实赖"句：意谓周室的中兴，所依靠的就是同为姬姓的晋、郑两个诸侯国的辅佐。语出《左传·隐公六年》："我周之东迁，晋、郑焉依。"晋杜预注："周幽王为犬戎所杀，平王东徙，晋文侯、郑武公左右王室，故云晋、郑焉依也。"夹辅：辅佐。语出《左传·僖公四年》："五侯九伯，女实征之，以夹辅周室！"

⑥高祖：谓西汉开国皇帝刘邦（前256～前195），其庙号太祖，谥号高皇帝。后世习惯以"高祖"称之。龙兴：喻王者兴起。

⑦九国：刘邦晚年总结秦王朝迅速灭亡是因为没有同姓王国屏卫中央政权。于是在削弱和去除异姓诸侯王势力的同时，又大建同姓诸侯王国，以作为中央的藩护。在刘邦统治时期的最后阶段，刘邦子弟同姓为王者计有九人，即都于彭城（今江苏徐州）的楚王刘交，都于临淄（今山东淄博东）的齐王刘肥，都于邯郸（今河北邯郸）的赵王刘如意，都于晋阳（今山西太原西南）的代王刘恒，都于定陶（今山东定陶）的梁王刘恢，都于陈（今河南淮阳）的淮阳王刘友，都于寿春（今安徽寿县）的淮南王刘长，都于广陵（今江苏扬州）的吴王刘濞，都于蓟（今北京）的燕王刘建。

⑧大宗：宗法社会以嫡系长房为"大宗"，馀子为"小宗"。

⑨"今操"二句：意谓当今曹操嫉害正直的人，确实徒众不少。语出《左传·昭公二十八年》："恶直丑正，实蕃有徒。"恶（wù务）直丑正，杨伯峻注："恶、丑同义，直、正同义，恶直即丑正，同义复语。言嫉害正直者。"实蕃有徒，亦作"实繁有徒"，意谓确实有不少这样的人。一般用贬义。

⑩包藏祸心：暗藏着不可告人的坏心。语出《左传·昭公元年》："小国无罪，恃实其罪。将恃大国之安靖己，而无乃包藏祸心以图之。"

⑪无位：谓没有在重要位置的掌权者。

⑫斟酌：谓反复考虑、择善而定。古式：古时的典制、仪范。

⑬依假:谓暂时按照。权宜:谓暂时适宜的措施。

⑭伏自三省(xǐng醒):谓自己再三思量。伏,敬词。古时臣对君奏言多用之。

⑮陈力:贡献、施展才力。

⑯忝:羞辱,有愧于。常用作谦词。罪谤:罪责毁谤。

⑰惟:考虑。

⑱宗庙:古代帝王、诸侯祭祀祖宗的庙宇。倾危:倾侧危险。

⑲成:成全。忧责:负责,担负重任。碎首之负:谓碎裂头颅以死报国之责。

⑳应(yìng硬)权通变:谓顺应机宜,采取变通的措施。

㉑宁靖:安定,安静。圣朝:封建时代尊称本朝。

㉒敢虑常宜:意谓岂敢从常规角度考虑。

㉓印玺:印信。秦以后专用于皇帝。

㉔国威:国家的威势或威严。

㉕累息:屏气。因恐惧而不敢喘息。

㉖输诚:献纳诚心。

㉗奖厉:同"奖励",犹勉励。六师:周天子所统六军之师。后以为天子军队之称。

㉘率齐群义:率领齐整的诸多正义之士。

㉙应天顺时:顺应天命与时宜。

㉚万分:万分之一,谓极少。

㉛拜章:上给皇帝的奏章,上奏章。驿:传舍,驿站。为我国历代封建政府供官员往来和递送公文用的交通机构。宋司马光撰《资治通鉴》卷六八"上还所假左将军、宜城亭侯印绶",元胡三省注:"左将军及宜城亭侯,皆操所表授也。"

㉜成都：即成都县，战国秦惠文王二十七年（前311）于蜀国都城成都置，为蜀郡治，治所在今四川成都市。东汉时兼为益州治，三国蜀汉建都于此。

㉝魏延：字文长（？~234），义阳（治今河南桐柏东）人。原为荆州牧刘表部将，后归顺刘备，勇猛善战。刘备称汉中王，以魏延为汉中太守。刘备称帝后，拜镇北将军，仍守汉中，迁为前军师、征西大将军，假节，晋封南郑侯。蜀建兴十二年（234）诸葛亮死，因私怨与杨仪相攻，部众以其理屈，皆散，故被杀。详见本书所选《魏延传》。都督：官名。三国时所创置，亦称领军刺史，临时因军事需要而以统军将领或地方军政长官任之。将领督十军至二十军，才可称之为都督，第四品。

㉞镇汉中：裴注引《典略》曰："备于是起馆舍，筑亭障，从成都至白水关，四百馀区。"

㉟樊：即樊城，在今湖北襄阳市，与襄阳城隔汉水相望。自古为兵家必争之地。

㊱俄而：不久。建安二十四年（219）闰十月，孙权命吕蒙袭取荆州，擒杀关羽。

二十五年①，魏文帝称尊号②，改年曰黄初③。或传闻汉帝见害④，先主乃发丧制服⑤，追谥曰孝愍皇帝。是后在所并言众瑞⑥，日月相属⑦。故议郎阳泉侯刘豹⑧，青衣侯向举⑨，偏将军张裔、黄权⑩，大司马属殷纯⑪，益州别驾从事赵莋⑫，治中从事杨洪⑬，从事祭酒何宗⑭，议曹从事杜琼⑮，劝学从事张爽、尹默、谯周等上言⑯：

臣闻《河图》《洛书》⑰，五经谶纬⑱，孔子所甄⑲，验应自远⑳。谨案《洛书·甄曜度》曰㉑："赤三日德昌㉒，九世会备㉓，合为帝际㉔。"《洛书·宝号命》曰:"天度帝道备称皇㉕,以统握契㉖,百成不败。"《洛书·录运期》曰:"九侯七杰争命民炊骸㉗,道路籍籍履人头㉘,谁使主者玄且来㉙。"《孝经·钩命决录》曰㉚:"帝三建九会备㉛。"臣父群未亡时㉜,言西南数有黄气㉝,直立数丈,见来积年㉞,时时有景云祥风㉟,从璿玑下来应之㊱,此为异瑞。又二十二年中㊲,数有气如旗,从西竟东,中天而行,《图》《书》曰:"必有天子出其方。"㊳加是年太白、荧惑、填星㊴,常从岁星相追㊵。近汉初兴,五星从岁星谋㊶;岁星主义㊷,汉位在西,义之上方㊸,故汉法常以岁星候人主㊹。当有圣主起于此州,以致中兴。时许帝尚存㊺,故群下不敢漏言。顷者荧惑复追岁星㊻,见在胃昴毕㊼;昴毕为天纲㊽,《经》曰:"帝星处之,众邪消亡。"㊾圣讳豫睹㊿,推揆期验㉛,符合数至㉜,若此非一。臣闻圣王先天而天不违,后天而奉天时㉝,故应际而生㉞,与神合契。愿大王应天顺民,速即洪业㉟,以宁海内。

[注释]

①二十五年:即汉献帝建安二十五年(220)。

②魏文帝:即曹丕(187~226),字子桓,曹操次子。建安十六年(211),拜五官中郎将,为丞相之副。建安二十二年(217),立为魏太子。建安二十五年(220)正月,曹操卒,嗣位为丞相、魏王。十月代汉称帝,国号魏。在位七年,选官实行九品中正制,意在维护士族门阀特权,欲统一中国而先死。史称魏文帝。中国文学史上著名诗人,文论有《典论·论文》传世。《三国志》卷二有纪。称尊号:指即帝位。

③改年:改换年号。黄初:魏文帝曹丕年号(220~226)。

④汉帝:指汉献帝刘协。

⑤发丧(sāng桑):办理丧事。制服:准备丧服。

⑥在所:犹言所在地。瑞:祥瑞。古人认为自然界出现某些现象是吉祥之兆。汉王充《论衡·指瑞》:"王者受富贵之命,故其动出见吉祥异物,见则谓之瑞。"

⑦日月:每天每月。相属(zhǔ嘱):相继。

⑧议郎阳泉侯刘豹:蜀汉大臣,生平不详。议郎,官名。郎官中地位较高的一种,属光禄勋,参与朝政,是皇帝身边谏议政事得失的一种近臣,秩六百石。阳泉侯,封爵名,属列侯中的县侯,食邑阳泉县。阳泉县,西汉置,属六安国,治所在今安徽六安市霍邱县西北八十里临水镇。

⑨青衣侯向举:蜀汉大臣,生平不详。青衣侯,封爵名,属列侯中的县侯,食邑青衣县。青衣县,西汉高帝六年(前201)置,属蜀郡,治所在今四川芦山县,一说在今名山县北。东汉阳嘉二年(133)一度改为汉嘉县。

⑩偏将军张裔:字君嗣(?~230),蜀郡成都(今属四川)人。历任偏将军、长史,领丞相府事。治《公羊春秋》。《三国志》卷四一有传。偏将军,东汉杂号将军名,始于光武帝,三国时沿置,掌领兵征伐。

⑪大司马属殷纯:蜀汉大臣,生平不详。大司马属,大司马府的佐吏。

⑫益州别驾从事赵莋(zuó作):蜀汉大臣,生平不详。别驾从事,州佐吏名。汉代诸州刺史之属吏,秩百石。刺史行部,别乘专车侍从导引,主录众事,故名。

⑬治中从事杨洪:字季休(?~228),犍为武阳(今四川彭山东)人。原为刘璋属下官吏,后归顺刘备。历任蜀郡太守、益州治中从事,封关内侯,任越骑校尉,忠勤公事,为诸葛亮所器重。《三国志》卷四一有传。治中从事,官名。亦称治中、治中从事史,为东汉州牧、刺史的属官,居中治事,为首席佐吏,负责州郡的文书。

⑭从事祭酒何宗：字彦英(生卒年不详)，蜀郡郫(今四川郫县)人。刘备领益州牧，辟为从事祭酒，后迁大鸿胪。从事祭酒，州佐吏。汉末蜀益州、荆州皆设此职，或有数员，位颇尊显，为门下散员，多以位年高博学者。

⑮议曹从事杜琼：字伯瑜(？~250)，蜀郡成都(今属四川)人。刘备占据益州，任议曹从事，后主继位，任左中郎将、大鸿胪、太常。著《韩诗章句》十余万言。《三国志》卷四二有传。议曹从事，官名。州牧、刺史的属官，职责为参谋议事。

⑯劝学从事张爽：蜀汉大臣，生平不详。劝学从事，州佐吏名。汉末益州置劝学从事三人为属吏，蜀汉因之，主学校文教诸事，或与儒林祭酒、文学祭酒并置，位在其下。尹默：字思潜(生卒年不详)，梓潼涪县(今四川绵阳东)人。历任劝学从事、谏议大夫、军祭酒、太中大夫。通经史，尤精《左传》。《三国志》卷四二有传。谯周：字允南(201~270)，巴西西充(今四川阆中西南)人。刘备称汉中王，任劝学从事，后主继位，历任中散大夫、光禄大夫。入魏，封阳城亭侯。入晋，历任骑都尉、散骑常侍。通经学，善书札，知天文。著有《法训》《五经论》等。《三国志》卷四二有传。

⑰河图：儒家关于《周易》卦形来源的传说。《尚书·周书·顾命》："大玉、夷玉、天球、河图，在东序。"孔传："伏牺王天下，龙马出河，遂则其文以画八卦，谓之'河图'。"洛书：儒家关于《尚书·洪范》"九畴"创作过程的传说。《尚书·周书·洪范》："天乃锡禹洪范九畴，彝伦攸叙。"孔传："天与禹，洛出书。神龟负文而出，列于背，有数至于九。禹遂因而第之以成九类常道。"

⑱五经谶(chèn 趁)纬：这里指五种经书(《易》《书》《诗》《礼》《春秋》)的纬书。纬书，即汉代依托儒家经义宣扬符箓瑞应占验之书，相对于经书，故称。《易》《书》《诗》《礼》《乐》《春秋》及《孝经》均有纬书，称"七纬"。纬书内容附会人事吉凶，预言治乱兴废，颇多怪诞之谈；但对古代天

先主传 | 889

文、历法、地理等知识以及神话传说之类，均有所记录和保存。纬书兴于西汉末年，盛行于东汉，南朝宋时开始禁止，及隋禁之愈切。隋炀帝即位，搜天下书籍与谶纬相涉者皆焚之，其书遂散亡。纬书虽亡失殆尽，但散见于诸经注疏及为其他书籍所征引者不少，后代学者曾加以搜辑。谶，即预言吉凶的文字、图箓。

⑲孔子所甄：谓孔子所造就。这是汉代方士为抬高《河图》《洛书》以及五经谶、纬的地位的假托之言。甄，造就，化育。

⑳验应(yìng 硬)自远：谓自古以来，后来发生的事实与预先所言、所估计的相符。

㉑甄曜度：《甄曜度》与以下《宝号命》《录运期》《钩命决录》皆为纬书名目，前三种属《洛书》，后一种属《孝经》，其文字皆在可解与不可解之间。蜀汉臣属专取其中有关刘备名与字"备"与"玄"等字在纬书中寓意，以附会刘备即皇帝大位是上应天命。

㉒赤三日德昌：战国邹衍倡"五德"说，用金、木、水、火、土五行相克的原理揭示历史朝代更迭的规律，认为黄帝为土德，夏为木德，商为金德，周为火德，秦为水德，五德相克，改朝换代。汉代秦，即土克水，故汉武帝以汉为土德，但至东汉又以汉为火德，颜色尚赤。所谓"赤三日"，蜀汉臣属即当谓汉高祖刘邦、汉光武帝刘秀与刘备。

㉓九世会备：意谓东汉光武帝刘秀、明帝刘庄、章帝刘炟、和帝刘肇、安帝刘祜、顺帝刘保、桓帝刘志、灵帝刘宏、献帝刘协九位帝王，刘备当接续为帝。东汉有四帝即殇帝刘隆、冲帝刘炳、质帝刘缵、少帝刘辩，以在位时间短促，故不计。

㉔帝际：谓帝王的连续。

㉕度(duó 夺)：推测，估计。帝道：古指理想的帝王治国之道。

㉖握契：喻指获取帝位。

㉗九侯七杰:蜀汉臣属当以为是东汉末年群雄割据的寓意。炊骸:即"炊骨",烧人骨,极言凄惨。《史记·平原君虞卿列传》:"邯郸之民,炊骨易子而食,可谓急矣。"

㉘籍籍:纵横交错貌。履:踩踏。

㉙玄且来:蜀汉臣属当以为是刘玄德即将成为天子的预言。

㉚孝经:宣扬孝道与孝治思想的儒家经典,原有今文、古文两本。今通行之《十三经注疏》本,为唐玄宗注、宋邢昺疏。钩命决录:《孝经》的纬书。

㉛帝三建九会备:与前所附会"赤三日德昌""九世会备"义同。参见注㉒㉓。

㉜臣父群未亡时:清钱大昕《二十二史考异》卷一六云:"《华阳国志》云'周群父未亡时',似当从之。"若然,上文最末列名者"谯周"当为"周群"之讹。周群,字仲直(生卒年不详),东汉巴西阆中(今四川阆中)人。刘璋辟为师友从事,后归顺刘备,历任儒林校尉。善占候之术,即视天象变化以附会人事,预言吉凶。周群有子周巨,亦能传父业。《三国志》卷四二有传。方北辰译注《三国志全本今译注》认为:"周群有子周巨,当在上表人之中,或因官位低而未列名。"亦通。

㉝黄气:黄色云气。古代迷信以为天子之气。

㉞积年:多年,累年。

㉟景云:祥云,瑞云。《孝经·援神契》曰:"王者德至山陵则景云出。"祥风:预兆吉祥的风。《尚书大传》卷五:"王者德及皇天则祥风起。"

㊱璇玑(xuánjī 旋机):亦作"璇玑"。北斗七星的前四星,也叫魁。或谓指北极星。古人常用来喻权柄、帝位。

㊲二十二年:即汉献帝建安二十二年(217)。

㊳图书:谓《河图》与《洛书》。

㊴太白:星名,即金星。又名启明、长庚。荧惑:古指火星。因隐现不

定,令人迷惑,故名。填(zhèn镇)星:即土星。填,通"镇"。我国古代认为土星每二十八年运行一周天,岁镇二十八宿中的一宿,故名。

㊵岁星:即木星。古人认识到木星约十二年运行一周天,其轨道与黄道相近,因将周天分为十二分,称十二次。木星每年行经一次,即以其所在星次来纪年,故称岁星。

㊶"近汉初兴"二句:意谓接近汉代初兴时的天象。据《汉书·天文志》:"汉元年十月,五星聚于东井,以历推之,从岁星也。此高皇帝受命之符也。故客谓张耳曰:'东井秦地,汉王入秦,五星从岁星聚,当以义取天下。'"五星,指水、木、金、火、土五大行星,即东方岁星(木星)、南方荧惑(火星)、中央镇星(土星)、西方太白(金星)、北方辰星(水星)。《史记·天官书论》:"水、火、金、木、填星,此五星者,天之五佐。"东井,星宿名。即井宿,二十八宿之一。因在玉井之东,故称。《史记·张耳陈馀列传》:"汉王之入关,五星聚东井。东井者,秦分也,先至必霸。"谋,会合。

㊷岁星主义:谓岁星主道义。《史记·天官书》:"义失者,罚出岁星。"但《汉书·天文志》则云:"岁星曰东方,春,木;于人五常,仁也。""荧惑曰南方,夏,火;礼也。""太白曰西方,秋,金;义也。""辰星曰北方,冬,水,知(智)也。""填星曰中央,季,夏,土;信也。"

㊸"汉位在西"二句:古人以仁、义、礼、智、信五常与东、西、南、北、中五位相配,义与西方为配。汉高祖刘邦兴于汉中,汉中属益州,位于西方,故云"义之上方"。

㊹候:占验。人主:人君,君主。

㊺许帝:谓汉献帝,当时居许都,故称。

㊻顷(qǐng 青上声)者:近来。

㊼胃:即胃宿,二十八宿之一,西方白虎七宿的第三宿,有星三颗。昴(mǎo 卯):即昴宿,二十八宿之一,西方白虎七宿的第四宿,有星七颗。毕:

即毕宿,二十八宿之一,西方白虎七宿的第五宿,有星八颗。

㊽天纲:天的纲维。喻指帝位之统系,王朝之世系。

㊾"经曰"二句:出处不详。或谓即指《星经》。帝星,古星名。也称天帝,俗称紫微星,即小熊座β星。古代用来象征皇帝。

㊿圣讳豫睹:意谓在上述纬书中预先看到了刘备的名与字。

(51)推揆(kuí葵):推求。期验:预期应验。

(52)符合:谓与符命、符兆相合。数至:谓汉室中兴的运数已至。

(53)"臣闻"二句:意谓圣明帝王行事无论先于天时还是后于天时,都会有好的结果。语出《周易·乾卦·文言》:"夫大人者,与天地合其德;与日月合其明,与四时合其序,与鬼神合其吉凶,先天而天弗违,后天而奉天时。"唐孔颖达疏:"先天而天弗违者,若在天时之先行事,天乃在后不违,是天合大人也。"

(54)应际:顺应天时。

(55)洪业:大业。古时多指帝王之业。

太傅许靖[①],安汉将军麋竺[②],军师将军诸葛亮,太常赖恭[③],光禄勋黄柱[④],少府王谋等上言[⑤]:

曹丕篡弑[⑥],湮灭汉室[⑦],窃据神器[⑧],劫迫忠良,酷烈无道。人鬼忿毒[⑨],咸思刘氏。今上无天子,海内惶惶,靡所式仰[⑩]。群下前后上书者八百余人,咸称述符瑞[⑪],图、谶明征[⑫]。间黄龙见武阳赤水[⑬],九日乃去。《孝经·援神契》曰:"德至渊泉则黄龙见[⑭],龙者,君之象也[⑮]。"《易·乾》:"九五,飞龙在天。"[⑯]大王当龙升[⑰],登帝位也。又前关羽围樊、襄阳,襄阳男子张嘉、王休献玉玺⑱,玺潜汉水⑲,伏于渊泉,晖景烛燿⑳,灵光彻天㉑。夫"汉"者,高祖本所起定天下之国号也㉒,大王袭先帝轨迹㉓,亦兴于汉中也。今天子玉玺神光先见㉔,玺出襄阳,汉水之末,明大王承其下流,授与大王以天子之位,瑞命符应㉕,非人力所致。昔周有乌鱼之瑞㉖,咸曰休哉㉗。二祖受命㉘,《图》《书》先著㉙,以为征验㉚。今上天告祥㉛,群儒英俊㉜,并进《河》《洛》,孔子谶记㉝,咸悉具至。伏惟大王出自孝景皇帝中山靖王之胄㉞,本支百世㉟,乾祇降祚㊱,圣姿硕茂㊲,神武在躬㊳,仁覆积德㊴,爱人好士,是以四方归心焉。考省《灵图》㊵,启发谶纬㊶,神明之表㊷,名讳昭著。宜即帝位,以篡二祖㊸,绍嗣昭穆㊹,天下幸甚。臣等谨与博士许慈、议郎孟光㊺,建立礼仪㊻,择令辰㊼,上尊号㊽。

[注释]

①太傅:官名。天子近臣,其职为善导天子,无具体政务,多为优遇大臣的一种荣典,一般以年高有德者任之。

②安汉将军:官名。刘备所置杂号将军名。

③太常:官名。九卿之一,掌宗庙礼仪,兼选试博士。

④光禄勋黄柱:蜀汉大臣。南阳(今属河南)人(生卒年不详)。历任光禄勋。光禄勋,即光禄卿,九卿之一,宫内总管,统领皇帝的顾问参议、宿卫侍从,传达接待诸官,秩中二千石,三国时为第三品。属官有五官中郎将等。

⑤少府王谋:蜀汉大臣。字元泰(生卒年不详),汉嘉(今四川雅安)人。历任少府、太常,封关内侯。少府,官名。汉时九卿之一,东汉时掌管宫中御衣、宝货、珍膳等。

⑥篡弑:谓弑君篡位。曹丕废汉献帝为山阳公,并未杀害。

⑦湮(yān淹)灭:消灭,销毁。

⑧窃据:用不正当手段占据。神器:代表国家政权的实物,如玉玺、宝鼎之类。借指帝位、政权。

⑨忿毒:极其忿恨。

⑩靡所式仰:谓无所仰赖。

⑪符瑞:吉祥的征兆。多指帝王受命的征兆。

⑫明征:明显的征验,明证。

⑬间(jiān坚):近来。黄龙:古代传说中的动物名。谶纬家以为是帝王之瑞征。《吕氏春秋·知分》:"禹南省,方济乎江,黄龙负舟。"见(xiàn现):"现"的古字。显现,显露。武阳:即武阳县,战国末秦置,属蜀郡,治所在今四川彭山县东北十五里双河乡平获村与五一村交界处。西汉太初四年(前101)为犍为郡治。赤水:即今四川双流县东南黄龙溪,发源于今四川成都市东南长松镇。

⑭援神契:《孝经》的纬书之一种,汉人撰。今存明人辑佚本。渊泉:深泉。

⑮"龙者"二句:唐欧阳询《艺文类聚》卷九八《祥瑞部上》引《孝经·援神契》曰:"德至水泉,则黄龙见者,君之象也。"汉王充《论衡》卷二二《纪妖篇》:"祖,人之本;龙,人君之象也。"

⑯九五:《周易》卦爻位名。九,谓阳爻;五,第五爻,指卦象自下而上第五位。飞龙在天:比喻帝王在位。语本《周易·乾》:"九五,飞龙在天,利见大人。"唐孔颖达疏:"言九五,阳气盛至于天,故云'飞龙在天'。此自然之象,犹若圣人有龙德,飞腾而居天位……谓有圣德之人得居王位。"后因以"九五"指帝位。

⑰大王:古代对君主或诸侯王的敬称。龙升:指登帝位。

⑱玉玺：专指皇帝的玉印。始于秦。据汉蔡邕《独断》载："天子玺以玉螭虎纽。古者尊卑共之……秦以来，天子独以印称玺，又独以玉，群臣莫敢用也。"

⑲汉水：又称汉江，长江支流。发源于今陕西南部，东南流至湖北襄阳，南流至武汉汇入长江。襄阳以下又称襄江。

⑳晖景：日影。指白天。烛燿（yào耀）：照耀。

㉑灵光：神异的光辉。彻天：上达云天。形容盛大。

㉒"高祖"句：《史记·高祖本纪》："正月，项羽自立为西楚霸王，王梁、楚地九郡，都彭城。负约，更立沛公为汉王，王巴、蜀、汉中，都南郑。"国号，国家或朝代的名号。

㉓袭：重复，重叠。先帝：谓汉高祖刘邦。轨迹：犹故辙，往迹。

㉔神光：神异的灵光。

㉕瑞命：显示天命的瑞应。符应：上天显示的与人事相应的征兆。

㉖乌鱼之瑞：相传武王伐纣，渡河，有白鱼跃入舟，又有火化为乌。古人以为是周将代殷的祥瑞，《史记·周本纪》："武王渡河，中流，白鱼跃入王舟中，武王俯取以祭。既渡，有火自上复于下，至于王屋，流为乌，其色赤，其声魄云。"

㉗咸曰休哉：意谓都说是美善福禄。语出《尚书大传》卷二："太子发升于舟，中流，白鱼入于舟，王跪取出，俟以燎。群公咸曰休哉！"

㉘二祖：谓西汉高祖刘邦、东汉世祖刘秀。

㉙图书先著：意谓《河图》与《洛书》已经预先显示。《史记·高祖本纪》"左股有七十二黑子"，唐张守节《正义》："《河图》云：'帝刘季口角戴胜，斗胸，龟背，龙股，长七尺八寸。'《合诚图》云：'赤帝体为朱鸟，其表龙颜，多黑子。'"《后汉书·光武帝纪上》："谶记曰：'刘秀发兵捕不道，卯金修德为天子。'"唐李贤注："卯金，'刘'字也。"

㉚征验:应验,证实。

㉛告祥:显现吉祥之兆。

㉜群儒:众多术士。儒,周、秦、两汉用以称某些有专门知识、技艺的人。英俊:才智出众的人。

㉝孔子谶记:谓汉人伪托孔子所作五经纬书(见上文)与记载谶语的谶书等。汉王充《论衡·实知》:"孔子将死,遗谶书曰:'不知何一男子,自谓秦始皇,上我之堂,踞我之床,颠倒我衣裳,至沙丘而亡。'"

㉞伏惟:亦作"伏维",为下对上的敬词,多用于奏疏或信函。谓念及、想到。胄(zhòu宙):古代帝王或贵族的后嗣。

㉟本支百世:谓同一家族的嫡系和庶出子孙世世代代无穷。语出《诗经·大雅·文王》:"文王孙子,本支百世。"

㊱乾祇(qiánqí钱其):即天地。乾,《周易·说卦》:"乾,天也。"祇,地神。祚(zuò坐):福;福运。

㊲圣姿:这里称刘备的仪容。硕茂:高大魁伟。

㊳神武:英明威武,古人多用以称颂帝王将相。在躬:谓本身具有。

㊴仁覆积德:意谓广施仁义于天下,积累仁政或善行。

㊵考省(xǐng醒):考察。灵图:《周易》的纬书之一《坤灵图》。

㊶启发:阐明;发挥。

㊷神明:明智如神。《淮南子·兵略训》:"见人所不见谓之明,知人所不知谓之神。神明者,先胜者也。"表:标志。

㊸纂(zuǎn钻上声):继承。《礼记·祭统》:"子孙纂之,至于今不废。"

㊹绍嗣:继承君位。昭穆:古代宗法制度,宗庙或宗庙中神主的排列次序,始祖居中,以下父子(祖、父)递为昭穆,左为昭,右为穆。

㊺博士许慈:字仁笃(生卒年不详),南阳(治今河南南阳)人。仕蜀汉,历任博士、大长秋。善郑氏学,治《易》《尚书》《毛诗》《论语》与三《礼》。

《三国志》卷四二有传。博士,官名。太常卿的属官,专授经学与议定典礼,秩比六百石。议郎孟光:字孝裕(生卒年不详),洛阳(今属河南)人。仕蜀汉,历任议郎、符节郎、屯骑校尉、大司农等。后坐事免官,卒年九十馀。博物识古,无书不览,尤锐意三史,长于汉家旧典。《三国志》卷四二有传。议郎,郎官中地位较高的一种,参与朝政,属于皇帝身边谏议政事得失的一种近臣,秩六百石。

㊻礼仪:礼节和仪式。

㊼令辰:指吉日。

㊽尊号:尊崇帝后或其先王及宗庙等的称号。

即皇帝位于成都武担之南①。为文曰②:

惟建安二十六年四月丙午③,皇帝备敢用玄牡④,昭告皇天上帝、后土神祇⑤:汉有天下,历数无疆⑥。曩者王莽篡盗⑦,光武皇帝震怒致诛⑧,社稷复存。今曹操阻兵安忍⑨,戮杀主后,滔天泯夏⑩,罔顾天显⑪。操子丕,载其凶逆⑫,窃居神器。群臣将士以为社稷堕废,备宜修之⑬,嗣武二祖⑭,龚行天罚⑮。备惟否德⑯,惧忝帝位⑰。询于庶民⑱,外及蛮夷君长⑲,佥曰⑳:"天命不可以不答,祖业不可以久替㉑,四海不可以无主。"率土式望㉒,在备一人。备畏天明命㉓,又惧汉阼将湮于地㉔,谨择元日㉕,与百寮登坛,受皇帝玺绶㉖。修燔瘗㉗,告类于天神㉘,惟神飨祚于汉家㉙,永绥四海㉚!

[注释]

①武担:即武担山,亦名武都山,位于今四川成都市旧城西北隅,有蜀国开明朝蜀王妃之墓。裴注引《蜀本纪》曰:"武都有丈夫化为女子,颜色美好,盖山精也。蜀王娶以为妻,不习水土,疾病欲归国,蜀王留之,无几物故。蜀王发卒之武都担土,于成都郭中葬,盖地数亩,高十丈,号曰武担也。"又云:"臣松之案:武担,山名,在成都西北,盖以乾位在西北,故就之以即阼。"

②为文曰:此文为尚书令刘巴所撰。《三国志·刘巴传》:"先主称尊号,昭告于皇天上帝后土神祇,凡诸文诰策命,皆巴所作也。"

③惟:助词。也作"唯""维",用于句首。建安二十六年:即公元221年。汉献帝建安年号止于二十五年(220)二月,曹丕继曹操为魏王,即改年号建安为"延康",同年十月,曹丕受禅代汉称帝,改元黄初,称黄初元年(220)。刘备不承认曹魏政权,故沿用建安年号。四月丙午:夏历四月初六日(公元221年5月15日)。

④玄牡:指古代祭天地用的黑色公牛。《尚书·商书·汤诰》:"(汤)敢用玄牡,敢昭告于上天神后,请罪有夏。"

⑤皇天上帝:天帝,上帝。《吕氏春秋·季夏》:"令民无不咸出其力,以供皇天上帝名山大川四方之神,以祀宗庙社稷之灵,为民祈福。"后土神祇(qí其):指土神或地神。

⑥历数:指帝王继承的次序。古代迷信说法,认为帝位相承和天象运行次序相应。无疆:无穷,永远。

⑦王莽:字巨君(前45~23),魏郡元城委粟里(今河北邯郸大名县北沙窝庙村)人,西汉孝元皇后王政君侄,汉平帝时任大司马,号安国公。平帝死,篡夺皇位,改国号曰"新"(9~23在位)。托古改制,法令苛细,民不聊生,最终在各地农民军的抗击下被杀。《汉书》卷九九有传。篡盗:篡权盗位。《汉书·王莽传赞》:"莽既不仁而有佞邪之材,又乘四父历世之权,遭

汉中微,国统三绝,而太后寿考为之宗主,故得肆其奸慝,以成篡盗之祸。"

⑧光武皇帝:即刘秀(前5~57),汉高祖刘邦九世孙。在反抗新莽王朝的斗争中,刘秀与其兄刘縯组成舂陵军并与新市、平林、下江这三支绿林军中的最大的主力进行了联合,最终建立东汉王朝,即汉光武帝(25~57在位)。

⑨阻兵安忍:意谓仗恃军队,安于做残忍的事。语出《左传·隐公四年》:"夫州吁,阻兵而安忍,阻兵无众,安忍无亲。众叛亲离,难以济矣。"晋杜预注:"恃兵则民残。"

⑩滔天:比喻罪恶、灾祸或权势等极大。语出《尚书·虞夏书·尧典》:"静言庸违,象恭滔天。"孔传:"言共工……貌象恭敬而心傲很若漫天。"泯(mǐn 敏)夏:谓扰乱华夏。

⑪周顾:不顾。天显:指上天显示的意旨。

⑫载(zài 再):施行。凶逆:凶恶叛逆。

⑬修:整饬,有条不紊。

⑭嗣武二祖:意谓接续高祖刘邦与世祖刘秀的帝业。

⑮龚行天罚:亦作"恭行天罚"。谓奉天命而讨伐。语出《尚书·虞夏书·甘誓》:"予惟恭行天之罚。"

⑯惟:思考。否(pǐ 痞)德:鄙陋之德,微德。否,通"鄙"。

⑰忝:羞辱,有愧于。常用作谦词。

⑱庶民:众民,平民。

⑲蛮夷:古代对四方边远地区少数民族的泛称。亦专指南方少数民族。君长:古代少数民族部落之首长。

⑳佥(qiān 千):都,皆。

㉑替:废弃。

㉒率土:"率土之滨"之省。谓境域之内。式望:仰望,仰赖。

㉓明命:圣明的命令。

㉔汉阼(zuò坐):同"汉祚"。指汉朝的皇位和国统。湮(yān淹):埋没。

㉕元日:吉日。《吕氏春秋·仲春》:"择元日,命人社。"汉高诱注:"元,善也。"

㉖玺绶(xǐshòu喜受):古代印玺上所系的彩色丝带。这里借指皇帝印玺。

㉗修:设,置备。燔瘗(fányì凡义):这里指祭品。

㉘告类:祭告上天之礼。特指为皇帝即位或立皇太子等特殊重大事件而举行的非常之祭。

㉙飨祚(zuò坐):赐福。飨,通"享"。

㉚绥:安,安抚。四海:犹言天下,全国各处。裴注引《魏书》曰:"备闻曹公薨,遣掾韩冉奉书吊,并致赙赠之礼。文帝恶其因丧求好,敕荆州刺史斩冉,绝使命。"《典略》曰:"备遣军谋掾韩冉赍书吊,并贡锦布。冉称疾,住上庸。上庸致其书,适会受终,有诏报答以引致之。备得报书,遂称制。"

章武元年夏四月①,大赦,改年②。以诸葛亮为丞相③,许靖为司徒④。置百官,立宗庙,祫祭高皇帝以下⑤。五月,立皇后吴氏⑥,子禅为皇太子⑦。六月,以子永为鲁王⑧,理为梁王⑨。车骑将军张飞为其左右所害⑩。初,先主忿孙权之袭关羽,将东征,秋七月,遂帅诸军伐吴。孙权遣书请和,先主盛怒不许,吴将陆议、李异、刘阿等屯巫、秭归⑪;将军吴班、冯习自巫攻破异等⑫,军次秭归,武陵五溪蛮夷遣使请兵⑬。

[注释]

①章武元年:即公元221年。章武,汉昭烈帝刘备的年号(221～223)。

②改年:改换年号。

③丞相:辅佐帝王,综理一国政务的最高行政长官。

④司徒:汉代三公之一。西汉哀帝时以丞相为大司徒,掌管国家土地、人民。东汉三公无实际任职,仍称司徒,主教化。

⑤祫(xiá 侠)祭:古代天子、诸侯所举行的集合远近祖先神主于太祖庙的大合祭。裴注云:"臣松之以为先主虽云出自孝景,而世数悠远,昭穆难明,既绍汉祚,不知以何帝为元祖以立亲庙。于时英贤作辅,儒生在宫,宗庙制度,必有宪章,而载记阙略,良可恨哉!"

⑥吴氏:即穆皇后(?～245),三国陈留(治今河南开封市东南)人,车骑将军吴壹之妹。原为刘焉之子刘瑁妻,刘瑁死,寡居。刘备定益州,孙夫人还吴,于是纳吴氏为夫人。后主刘禅继位,尊为皇太后,称长乐宫。《三国志》卷三四有传。

⑦子禅(shàn 善):即刘禅(207～271),字公嗣,小字阿斗,涿郡涿县(今河北涿州市)人,刘备子。蜀汉章武元年(221)刘备称帝后,立为太子。章武三年(223)四月,刘备卒,五月刘禅嗣位,由丞相诸葛亮辅政。亮卒,蒋琬、费祎相继辅政。在位后期,朝政日益腐败,蜀炎兴元年(263),魏大将邓艾进逼成都,刘禅出降,蜀汉亡。次年赴洛阳,被封安乐公。《三国志》卷三三有传。

⑧子永:即刘永(生卒年不详),字公寿,刘禅庶母弟。章武元年(221)封鲁王,后主建兴八年(230)改封甘陵王。因宦官黄皓谗言,十馀年不得朝见后主。魏元帝咸熙元年(264)入洛阳,拜奉车都尉,封乡侯。《三国志》卷三四有传。

⑨理:即刘理(?～244),字奉孝,刘禅庶母弟,与永异母。章武元年

(221)封梁王,后主建兴八年(230)改封安平王。延熙七年(244)卒,谥悼王。《三国志》卷三四有传。

⑩"车骑(jūjì居寄)将军"句:汉昭烈帝章武元年(221),刘备准备进攻东吴,六月,张飞率兵万人从阆中至江州与刘备会师,出发时为部下张达、范强所暗杀。详见本书所选《张飞传》。

⑪陆议:即陆逊(183~245),原名议,字伯言,吴郡吴县华亭(今上海市松江)人,孙策女婿。东吴名将,历任右都督、镇西将军、大都督,拜辅国将军,封江陵侯,任丞相。后因屡被孙权责让,忧愤而死。详见本书所选《陆逊传》。李异:东吴大将,生平不详。刘阿:东吴大将,生平不详。巫:即巫县,战国秦昭襄王三十年(前277)改楚巫郡置,属南郡,治所在今重庆巫山县。三国蜀汉属巴东郡。秭(zǐ子)归:即秭归县,西汉置,属南郡,治所在今湖北秭归县(剪刀峪)西北归州镇。三国吴永安三年(260)属建平郡。

⑫吴班:字元雄(生卒年不详),东汉陈留(治今河南开封东南)人。原系何进部将吴匡之子,吴壹族弟。蜀后主时官至骠骑将军,假节,封绵竹侯。冯习:字休元(?~222),南郡(治今湖北荆州)人。蜀吴夷陵之战中任蜀汉大督,死于乱军之中。

⑬五溪:古辰州境五条水的总名,皆属于沅水支流。北魏郦道元《水经注·沅水》:"武陵有五溪,谓雄溪、樠溪、无溪、酉溪、辰溪其一焉。夹溪悉是蛮左所居,故谓此蛮五溪蛮也。"蛮夷:古代对四方边远地区少数民族的泛称。亦专指南方少数民族。请兵:谓请求派兵以便归顺。

二年春正月①,先主军还秭归,将军吴班、陈式水军屯夷陵②,夹江东西岸③。二月,先主自秭归率诸将进军,缘山截岭④,于夷道猇亭驻营⑤,自佷山通武陵⑥,遣侍中马良安慰五溪蛮夷⑦,咸相率响应。

镇北将军黄权督江北诸军⑧,与吴军相拒于夷陵道。夏六月,黄气见自秭归十馀里中,广数十丈。后十馀日,陆议大破先主军于猇亭,将军冯习、张南等皆没⑨。先主自猇亭还秭归,收合离散兵,遂弃船舫,由步道还鱼复⑩,改鱼复县曰永安。吴遣将军李异、刘阿等蹑踵先主军⑪,屯驻南山⑫。秋八月,收兵还巫。司徒许靖卒。冬十月,诏丞相亮营南北郊于成都⑬。孙权闻先主住白帝,甚惧,遣使请和⑭。先主许之,遣太中大夫宗玮报命⑮。冬十二月,汉嘉太守黄元闻先主疾不豫⑯,举兵拒守。

[注释]

①二年:汉昭烈帝章武二年(222)。

②陈式:三国蜀汉将领,生平不详。夷陵:即夷陵县,西汉置,属南郡,为都尉治,治所在今湖北宜昌市东南长江北岸。

③夹江东西岸:长江流经夷陵后,水道转由北向南,故有东西岸。

④缘山截岭:谓循山势设置防线。山,当指马鞍山,位于今湖北宜昌市西北。

⑤夷道:即夷道县,西汉置,属南郡,治所在今湖北枝城西。东汉建安十五年(210)为宜都郡治。北魏郦道元《水经注·江水二》:"夷道县,汉武帝伐西南夷,路由此出,故曰夷道矣。"猇(xiāo 消)亭:地名。在今湖北宜昌市东南长江北岸猇亭镇。

⑥佷(héng 横)山:即佷山县,西汉置,属武陵郡,治所在今湖北长阳土家族自治县西三十六里州衙坪。东汉属南郡,三国吴属宜都郡。

⑦侍中马良:字季常(187~222),襄阳宜城(今湖北宜城南)人。仕蜀汉,历任从事、左将军掾、侍中。曾奉命入武陵招纳五溪蛮夷,死于蜀吴夷陵

之战。详见本书所选《马良传》。侍中,官名。秦始置,两汉沿置,为正规官职外的加官之一。因侍从皇帝左右,出入宫廷,与闻朝政,逐渐变为亲信贵重之职。三国时秩比二千石,第三品。

⑧镇北将军:东汉末所置将军名,为镇东、镇西、镇南、镇北等"四镇"将军之一,职掌征战讨伐,属于杂号将军,位在左将军等常设将军之下。三国时成为常设将军,官位上升为第二品,次于"四征"将军。

⑨张南:字文进(?~222),自荆州从刘备入蜀,后随刘备攻吴任前部,死于夷陵之战。

⑩步道:只可步行不能通车的小路。鱼复:即鱼复县,秦置,属巴郡,治所在今重庆奉节县东十里白帝城。西汉为江关都尉治,东汉建安六年(201)为巴东郡治,三国蜀汉章武二年(222)改为永安县。

⑪踵蹑:相继,追踪。

⑫南山:位于今重庆市奉节县东北。

⑬营:营建。南北郊:即南郊与北郊。南郊,古代天子在京都南面的郊外筑圜丘以祭天的地方。《礼记·月令》:"(孟夏之月)立夏之日,天子亲帅三公、九卿、大夫,以迎夏于南郊。"北郊,古代帝王郊祀的处所之一,汉制在北门外四里筑泰折。夏至日于此以祭地,冬至日于此以迎冬。《吕氏春秋·孟冬》:"立冬之日,天子亲率三公、九卿、大夫,以迎冬于北郊。"《汉书·郊祀志下》:"帝王之事莫大乎承天之序,承天之序莫重于郊祀……祭天于南郊,就阳之义也;瘗地于北郊,即阴之象也。"

⑭遣使请和:这是对蜀汉一方有所讳饰的记述,实则为战败一方的刘备主动求和。参见方北辰《夷陵三战后蜀吴议和史事考》(载《四川大学学报》1989年第4期)。

⑮太中大夫宗玮(wěi伟):蜀汉官吏,生平不详。太中大夫,官名。光禄勋的属官,负责应对顾问,无具体事务;有诏令时,奉诏出使。为天子的高

级参谋。秩千石,三国时为第七品。报命:回复。

⑯汉嘉太守黄元:三国蜀汉官吏,历任汉嘉太守,因与诸葛亮不睦,刘备一死即举郡反,旋为将军陈曶、郑绰生擒,被斩杀。汉嘉,即汉嘉郡,三国蜀汉章武元年(221)改蜀郡属国都尉置,属益州,治所汉嘉县(今四川芦山县。一说在今名山县北)。辖境相当于今四川名山以西,宝兴以南,泸定以东,九龙、汉源以北地区。不豫:天子有病的讳称。

三年春二月①,丞相亮自成都到永安。三月,黄元进兵攻临邛县②。遣将军陈曶讨元③,元军败,顺流下江,为其亲兵所缚,生致成都,斩之。先主病笃④,托孤于丞相亮⑤,尚书令李严为副⑥。夏四月癸巳⑦,先主殂于永安宫⑧,时年六十三⑨。

[注释]

①三年:汉昭烈帝章武三年(223)。

②临邛(qióng 琼)县:战国时秦置,属蜀郡,治所在今四川邛崃市。

③陈曶(hū 乎):三国蜀汉将领,生平不详。

④病笃(dǔ 赌):病势沉重。

⑤托孤:以遗孤相托。这里即指托付嫡子刘禅。

⑥尚书令:官名。尚书台长官,属少府。东汉时独立,受命于皇帝或录尚书事的大臣,秩千石,三国时第三品。属官有尚书仆射、尚书等。

⑦四月癸巳:检陈垣《二十史朔闰表》,章武三年四月己未朔,是月无"癸巳"日。下文"今月二十四日奄忽升遐",则"四月癸巳"当为"四月壬午"之讹,壬午,四月二十四日。

⑧殂(cú 粗阳平):死亡。永安宫:宫殿名。三国时刘备伐吴战败后驻军

白帝城时所建,故址在今重庆市奉节县城内。20世纪末,因三峡大坝的修筑,已没于水位之下。刘备次年死于此。北魏郦道元《水经注·江水一》:"江水又东径南乡峡,东径永安宫南,刘备终于此,诸葛亮受遗处也。其间平地可二十许里,江山回阔,入峡所无。"

⑨时年六十三:裴注引《诸葛亮集》载先主遗诏敕后主曰:"'朕初疾但下痢耳,后转杂他病,殆不自济。人五十不称夭,年已六十有余,何所复恨,不复自伤,但以卿兄弟为念。射君到,说丞相叹卿智量,甚大增修,过于所望,审能如此,吾复何忧!勉之,勉之!勿以恶小而为之,勿以善小而不为。惟贤惟德,能服于人。汝父德薄,勿效之。可读《汉书》《礼记》,间暇历观诸子及《六韬》《商君书》,益人意智。闻丞相为写《申》《韩》《管子》《六韬》一通已毕,未送,道亡,可自更求闻达。'临终时,呼鲁王与语:'吾亡之后,汝兄弟父事丞相,令卿与丞相共事而已。'"

亮上言于后主曰:"伏惟大行皇帝迈仁树德①,覆焘无疆②,昊天不吊③,寝疾弥留④,今月二十四日奄忽升遐⑤,臣妾号咷⑥,若丧考妣⑦。乃顾遗诏⑧,事惟大宗,动容损益⑨:'百寮发哀,满三日除服⑩,到葬期复如礼⑪;其郡国太守、相、都尉、县令长⑫,三日便除服。'臣亮亲受敕戒⑬,震畏神灵⑭,不敢有违。臣请宣下奉行⑮。"五月,梓宫自永安还成都⑯,谥曰昭烈皇帝⑰。秋,八月,葬惠陵⑱。

[注释]

①伏惟:亦作"伏维",为下对上的敬词,多用于奏疏或信函。谓念及、想到。大行皇帝:对刚去世的皇帝的敬称。迈仁树德:勉力施行仁政与德政。

②覆焘:亦作"覆帱"。犹覆被。谓施恩,加惠。语出《礼记·中庸》:"辟如天地之无不持载,无不覆帱。"无疆:无穷,永远。

③昊(hào 浩)天不吊:谓苍天不怜悯保佑。语本《诗经·小雅·节南山》:"不吊昊天,不宜空我师"。宋朱熹集传:"吊,愍。"后因以"昊天不吊"为哀悼死者之辞。

④寝疾:卧病。《左传·昭公七年》:"寡君寝疾,于今三月矣。"弥留:久病不愈。

⑤奄忽:疾速,倏忽。升遐:帝王去世的婉辞。

⑥臣妾:古时对奴隶的称谓。男曰臣,女曰妾,后亦泛指统治者所役使的民众和藩属。号咷(táo 逃):啼哭呼喊,放声大哭。

⑦若丧考妣(bǐ 比):即"如丧考妣"。像死了父母一样。形容极度悲伤和着急。语出《尚书·虞夏书·舜典》:"二十有八载,帝乃殂落,百姓如丧考妣。"

⑧遗诏:皇帝临终时所发的诏书。

⑨"事惟大宗"二句:意谓丧事依据西汉文帝刘恒的规矩从简办理,举止仪容要有所变革。大宗,即"太宗",汉文帝刘恒的庙号。《史记·孝文本纪》:"高皇庙宜为帝者太祖之庙,孝文皇帝庙宜为帝者太宗之庙。"动容损益,谓丧事礼制的适当简化。据《史记·孝文本纪》,汉文帝临终遗诏有云:"其令天下吏民,令到出临三日,皆释服。毋禁取妇、嫁女、祠祀、饮酒、食肉者。"

⑩除服:谓脱去丧服,恢复正常生活。据封建礼制,百官臣民为已故君主须服丧三年(实为二十七个月)。

⑪葬期:谓棺椁下葬之日。复如礼:谓重穿丧服参加葬礼。

⑫相:古官名。汉时诸侯王国的实际执政者,地位相当于郡太守。都尉:这里当指属国都尉,汉武帝时在地方上设置的掌管少数民族事务的官

员。秦汉初中央有典属国,掌少数民族事务。汉武帝元狩三年(前120)为处置匈奴降者,于安定、天水、上郡、西河、五原等郡置五属国,由属国都尉统领,下有丞、候、千人,属官有九译令。汉宣帝神爵二年(前60)又置金城属国,以处降羌。凡属国均由都尉统领,秩中二千石,地位略与郡守相当。东汉亦于边郡置属国都尉,且逐渐分县治民,职如郡守。

⑬敕戒:警诫,教诫。

⑭震畏:惊惧或使惊惧。神灵:谓魂魄。

⑮宣下:向下级宣布诏令。

⑯梓宫:皇帝、皇后的棺材。据说以梓木为之,故称。

⑰昭烈:《逸周书》卷六《谥法解》:"昭德有劳曰昭,容仪恭美曰昭,圣闻周达曰昭。"又曰:"有功安民曰烈,秉德遵业曰烈。"

⑱惠陵:在今四川成都市南郊武侯祠内,今墓封土高12米,基墙周180米,有清乾隆五十三年(1788)所立"汉昭烈皇帝之陵"碑。陵东为昭烈庙。裴注引葛洪《神仙传》曰:"仙人李意其,蜀人也。传世见之,云是汉文帝时人。先主欲伐吴,遣人迎意其。意其到,先主礼敬之,问以吉凶。意其不答而求纸笔,画作兵马器仗数十纸已,便一一以手裂坏之,又画作一大人,掘地埋之,便径去。先主大不喜。而自出军征吴,大败还,忿耻发病死,众人乃知其意。其画作大人而埋之者,即是言先主死意。"

评曰:先主之弘毅宽厚①,知人待士,盖有高祖之风,英雄之器焉②。及其举国托孤于诸葛亮,而心神无贰③,诚君臣之至公,古今之盛轨也④。机权干略⑤,不逮魏武⑥,是以基宇亦狭⑦。然折而不挠,终不为下者,抑揆彼之量必不容己⑧,非唯竞利⑨,且以避害云尔。

[注释]

①弘毅:宽宏坚毅。谓抱负远大,意志坚强。语出《论语·泰伯》:"士不可以不弘毅,任重而道远。"

②器:度量、胸怀。

③心神:心思精力。无贰:谓没有二心。

④盛轨:美好的典范。

⑤机权:机智权谋。干略:指治事的才能与谋略。

⑥不逮魏武:谓比不上曹操。

⑦基宇:犹基业。

⑧抑:副词。表示语气。犹或许,或者。揆:度量,揣度。量:谓胸怀,度量。

⑨非唯:不只,不仅。竞利:谓争夺利益。

[译文]

先主姓刘,名备,字玄德,是涿郡涿县人,汉景帝的儿子中山靖王刘胜的后代。刘胜的儿子刘贞,在汉武帝元朔二年(前127)被封为涿县的陆城亭侯,因酎金缴纳不合规定,被削夺列侯的爵位,就在涿县定居下来。刘备的祖父刘雄,父亲刘弘,都曾出任州郡的官职。刘雄被举荐孝廉,官做到东郡范县县令。

刘备幼年丧父,与母亲依靠打草鞋、织草席贩卖为生。他家东南角的篱笆外生有一株五丈多高的桑树,远远望去枝叶茂盛重叠,犹如一把带柄的车盖,过往的人都认为这株树非同寻常,有人还说这一家应当出显贵的人。刘备小的时候,与同族的儿童在桑树下游戏,就对伙伴们说:"我将来一定要乘坐上这样有以鸟羽连缀为饰的华盖的车子。"刘备的叔父刘子敬对他说:"你不要乱说话,这是要灭我刘家九族啊!"刘备年十五岁,母亲令他去游学,就与同族刘德然、辽西郡公孙瓒一同到前九江郡太守涿郡人卢植门下求学。刘德然的父亲刘元起经常资助刘备,与其子刘德然的待遇等同。刘元起的妻子说:"各人有各人的家,怎能经常这样资助别人家的孩子!"刘元起回答:"我们刘氏宗族中有这样的孩子,可不是寻常之人。"公孙瓒与刘备相交非常友好,公孙瓒年长,刘备就以对待兄长之礼对待他。刘备不大喜欢读书,却爱骑马牵犬出游打猎,也喜欢音乐,穿华丽的衣服。他身高七尺五寸,双手下垂可以超过膝盖,眼睛可以看到自己的耳朵。言语不多,对人谦让有礼,喜怒不表现在脸色上。喜好交结行侠仗义的豪杰,年轻人都争相追随刘备。中山国的大商人张世平、苏双等人,家中积累千金资财,以贩卖马匹来往于涿郡,见到刘备后大为器重,送给他一笔钱财。刘备从此可以招集一大批支持者。

汉灵帝末年,黄巾军兴起,各州郡地方豪强为保卫其利益而临时组织的武装也纷纷建立,刘备率领他的手下人马跟随校尉邹靖征讨黄巾军有功,被朝廷任命为安喜县县尉。郡太守的属官督邮因公事到县里,刘备前往拜见,被拒绝,刘备径直闯入,将督邮绑缚,打了他两百杖,解下自己系印信的丝带拴住督邮的脖子捆绑在拴马桩上,抛弃官职逃亡在外。不久,大将军何进派遣都尉毌丘毅至丹杨招募兵马,刘备与毌丘毅一同前往,至下邳县时遇到强盗,努力作战立下战功,被朝廷任命为下密县县丞。但刘备又弃官而去。此后,刘备又被任职高唐县县尉,升任县令。高唐县被盗贼攻破,刘备逃奔中郎将公孙瓒处,公孙瓒上奏章给皇帝,朝廷任命刘备为别部司马,指派他与青州刺史田楷一同抵御冀州牧袁绍。刘备屡立战功,试行代理平原县县令,后兼任平原国国相。平原国中有一位叫刘平的人,平素瞧不起刘备,耻于在刘备治下为民,就派遣刺客去刺杀刘备。这位刺客不忍下手,将此事原委告诉了刘备才离去,刘备就是如此深得人心。

袁绍进攻公孙瓒,刘备与田楷向东驻军于齐国。曹操征讨徐州,徐州牧陶谦派遣使者向田楷告急，田楷与刘备一同前往救援。当时刘备自有兵一千多人以及幽州的乌丸少数民族骑兵，又夺取数千饥民相随。到达徐州后，陶谦补充丹杨郡士兵四千名给刘备，刘备于是离开田楷归顺了陶谦。陶谦上奏章给皇帝，朝廷任命刘备为豫州刺史，驻扎在小沛。陶谦病势沉重，对别驾从事糜竺说："除了刘备，谁也不能令徐州安定。"陶谦死后，糜竺率领徐州人士迎接刘备，刘备不敢承受此职。下邳郡人陈登对刘备说："如今汉室衰败，天下颠覆动荡，若欲建树功绩，兴办事业，正在今天。我们徐州繁盛富足，有人口百万，准备请您屈就这里的州长官。"刘备回答说："袁术驻军在徐州附近的寿春，袁氏家族中四代人有五人官至三公的位置，为天下人所仰慕，您可以将徐州交予他管理。"陈登说："袁术骄矜纵恣，不是能够治理乱世的雄主。如今打算为您聚集十万步兵与骑兵，头等的功业是扶助汉室天子救济百姓，成就春秋五霸的伟业；退而求其次，也可以割据一方，守住边境，在史乘中留下您的英名。倘若您不答应我们的请求，我陈登也就不能听从您的意见了。"北海国的国相孔融对刘备说："袁术岂是忧国忘家的人？不过如同坟墓中的死人一般，志气卑下、毫无作为，不必将这种人放在心上。以今天的形势而论，百姓推荐有才能的人，这是上天的安排，如果拒绝，日后后悔就来不及了。"刘备于是听从劝导，兼任了徐州牧。袁术前来攻打刘备，刘备在盱眙、淮阴一线阻击。曹操上奏天子，朝廷任命刘备为镇东将军，进封宜城亭侯，这一年是汉献帝建安元年（196）。刘备与袁术两军相持了一整月，吕布乘机袭击刘备在徐州的治所下邳城。下邳守将曹豹叛变，私下迎候吕布进城。吕布俘获了刘备的妻子儿女，刘备转移军队至海西县。杨奉、韩暹侵掠徐州、扬州一带，刘备出兵截击，将杨奉斩首。刘备向吕布求和，吕布放还了他的妻子儿女。刘备派遣关羽抵御下邳。

刘备撤军回到小沛，重新聚集起一万多兵众。吕布心生畏惧，亲自领兵攻打刘备，刘备败走归顺曹操。曹操对他待遇优厚，仍任他为豫州牧。刘备将至沛县收集散兵,曹操供给他军粮,还补充士兵令他向东攻打吕布。吕布派遣高顺进攻刘备,曹操派夏侯惇前往,不能救助,反被高顺打败,高顺又俘获了刘备的妻子儿女,送到吕布那里收押。曹操亲自率军东征,帮助刘备在下邳围攻吕布,将吕布生擒。刘备重新与妻子儿女团聚,随曹操回到许县。曹操上奏章给天子,朝廷任命刘备为左将军,曹操对刘备更加礼遇,外出同乘一辆车,入座同在一张席。袁术准备途经徐州向北投奔袁绍,曹操派刘备率领朱灵、路招去拦击袁术。刘备未至,袁术病死。

刘备出兵离开许县之前,汉献帝的岳父车骑将军董承,声称得到汉献帝藏在衣带里面的密诏,应当诛杀曹操。刘备参与其事但还没有见诸行动。那时曹操在一次饭间悠闲舒缓、不慌不忙地对刘备说:"当今天下的英雄,只有您与曹操我了。袁本初一类人物,不值一提啊。"当时刘备正在进食,听到此话,一惊之下,连羹匙和筷子都掉到了地上。于是刘备与董承以及长水校尉种辑、将军吴子兰、王子服等共同商议对策。适逢刘备被派去拦击袁术,没有付之于行动。事情被发觉后,董承等皆被诛杀。

刘备据守下邳。朱灵等回许县,刘备于是斩杀徐州刺史车胄,留下关羽据守下邳城,自己驻军小沛。东海郡昌霸造反,其附近郡县也大多背叛曹操归顺刘备,人数共达数万人,刘备派遣孙乾与袁绍连和,曹操派遣刘岱、王忠进攻刘备,没有战胜。汉献帝建安五年(200),曹操率军东征刘备,将刘备打败。曹操俘获了刘备的全部人马,收捕了刘备的妻子儿女,并且生擒关羽而归。

刘备败走青州。青州刺史袁谭,以前曾被刘备举荐为茂才,这时带领军队前来迎接。刘备随同袁谭到达平原县,袁谭派人骑马驰报其父袁绍。袁绍派遣手下将领沿道路迎接刘备,自己亲自离开邺城二百里,前往与刘备相见。在邺城驻留一个多月,逃散的士兵也逐渐回归刘备。曹操与袁绍在官渡相持,汝南郡的黄巾军刘辟等背叛曹操归顺袁绍。袁绍派遣刘备率军与刘辟等掳掠许县附近地区。关羽从曹操处逃出归于刘备。曹操派遣曹仁领兵进攻刘备，刘备返回袁绍的军队，暗中准备脱离袁绍，于是就劝说袁绍向南联合荆州牧刘表。袁绍派遣刘备统率本部人马再次前往汝南郡，与在那一带活动的农民军首领龚都等联合，已经拥众数千人。曹操派蔡阳进击刘备，被刘备斩杀。

曹操在官渡击败袁绍以后，向南去进攻刘备。刘备派遣糜竺、孙乾与刘表联络，刘表亲自出城迎接，以上宾的礼遇接待刘备，又补充兵力给刘备，让刘备驻军新野县。荆州一带的豪杰人士投奔刘备者日益增多，刘表怀疑刘备别有用心，暗中加以防范。令刘备到博望县去抗击曹操的部将夏侯惇、于禁等。两军相持已久，刘备设下埋伏，一天之间放火烧掉自家营垒伪装成逃跑的假象，夏侯惇等追击刘备，被刘备预先所设下的伏兵击败。

汉献帝建安十二年（207），曹操北出塞外去征讨乌丸，刘备劝说刘表乘机袭击许县，刘表没有采纳。曹操南征刘表，适逢刘表去世，刘表的次子刘琮继承刘表的权位，就派遣使节向曹操请降。刘备驻军于樊城，不知曹操的军队突然而至，直到曹军到达宛城才闻知其动向，于是率领其军队向南撤退。经过襄阳县时，诸葛亮劝说刘备攻击刘琮，即可占有荆州。刘备说："我不忍下手。"于是停下马来招呼刘琮，刘琮恐惧得站不起身来。刘琮左右下属以及荆州人有很多都归顺了刘备。等到刘备军抵达当阳县时，已经拥有十多万众，随军运载的军用器械、粮秣等车有数千辆，每日只能行军十馀里，另外派遣关羽率领数百艘船只，由汉水入长江航行至江陵。有人对刘备说："应当迅速行军占据江陵县，如今虽然拥有十馀万众，但能够披甲作战的士兵并不多，倘若曹军追及，我们用什么抵御他呢？"刘备说："要成就大事业就必须以人为本，如今这些人归顺于我，我怎能忍心抛弃他们呢！"

曹操认为江陵县有军用器械和粮饷，唯恐刘备占据那里，于是下令暂时搁置随军运载的军用器械、粮秣等，轻装进军到襄阳县。到达后得知刘备等已经经过此地,曹操就率领精锐骑兵五千人马急速追击,一日一夜行军三百余里,到达当阳县的长坂。刘备抛弃了妻子儿女,与诸葛亮、张飞、赵云等数十人骑马逃跑,曹操俘虏缴获了刘备的许多人众与物资。刘备一行斜插东南直至汉津渡口,正好与关羽的船队会合,得以渡过沔水,又遇到刘表长子江夏太守刘琦的万余人马,双方一同行至夏口。刘备派遣诸葛亮去东吴联络缔交孙权,孙权派遣周瑜、程普等率领水军数万,与刘备的军队合力抗曹,与曹操战于赤壁,曹军大败,舟船被焚烧。刘备与吴军水陆一同进发,追击曹军到南郡,当时流行性的传染病暴发,曹军士兵多有死亡,曹操的军队主力撤回北方。

刘备上奏章给朝廷,请封刘琦为荆州刺史,又出兵征讨荆州南部四郡。武陵郡太守金旋、长沙郡太守韩玄、桂阳郡太守赵范、零陵郡太守刘度全都投降。庐江郡雷绪率领所部数万人马以极其虔诚的态度归顺刘备。刘琦病死,其部下推举刘备为荆州牧,以公安县为治所。孙权逐渐畏惧刘备,将自己的妹妹嫁与刘备以巩固结盟。刘备到达京城会见孙权,情意殷切,恩情深厚。此后孙权又派使者联络刘备,准备一同攻取西面的益州,有人认为应当听而许之,东吴终究难以跨越荆州去占有益州,如此则益州仍可以为我所有。荆州主簿殷观向刘备进言说:"如果我们充当东吴军队的先驱部队,一旦进攻益州失利,后撤时就会被吴军偷袭,那么大业就告结束了。如今只需表面上赞同他们讨伐益州的建议,而以我们自己刚刚占据荆州数郡,难以兴师动众为辞,吴军必然不敢跨越我方地盘而单独进攻益州。如此就能进退裕如,我方可以在东吴与益州两方面获取利益。"刘备听取了这个建议,孙权果然中止了进攻益州的计划。因此,刘备提升殷观为别驾从事。

汉献帝建安十六年(211),益州牧刘璋风闻曹操将派遣钟繇等向汉中进军征讨张鲁,心中深感恐惧。别驾从事蜀郡人张松劝导刘璋说:"曹操有无敌于天下的强势军队,如果他利用张鲁的军事物资来攻取益州,有谁能抵御他呢?"刘璋说:"我正在忧虑这件事而没有应对的计策。"张松说:"豫州牧刘备,与您同为朝廷的宗室,他还与曹操有深仇大恨,刘备善于用兵,如果能够令他讨伐张鲁,张鲁必然被攻破。张鲁一旦被攻破,益州的力量就会强大,曹操即使来攻打,也不会有什么作为。"刘璋认同这一说法,就派遣法正率领四千人马去迎接刘备,前后赠送刘备的财物数以亿计。法正趁机向刘备陈述夺取益州的计划。刘备留下诸葛亮、关羽等据守荆州,亲自率领步兵数万人进入益州。刘备到达涪县,刘璋亲自出来迎接,两人相见后十分高兴。张松让法正禀告刘备,谋臣庞统也向刘备进言,设计可在会面的地方袭击刘璋。刘备说:"这是大事情,不可匆忙急迫。"刘璋推举刘备代理大司马,兼任司隶校尉;刘备也推举刘璋代理镇西大将军,兼任益州牧。刘璋为刘备增添人马,让他去攻打张鲁,又让他监督白水关的驻军。刘备将军队聚合起来已有三万馀人,车辆、铠甲、器械、物资、钱财极为充足。这一年,刘璋回归成都。刘备向北行军至葭萌县,并没有立即去讨伐张鲁,而是在当地广施恩德,以便收揽人心。

第二年,曹操进攻孙权,孙权请求刘备救援自己。刘备派遣使者告知刘璋说:"曹操征讨东吴,东吴忧虑,情况危急。孙权与我是互相依存而有共同利益的双方,此外曹操指派乐进在青泥一带与关羽相持,如今不去救援关羽,乐进必将大胜,如果转而入侵益州边界,他所造成的危难将远超过张鲁。张鲁不过是盘踞一方的贼寇,不足为虑。"刘备于是请求刘璋再增添一万人马与军需物资,准备向东进军。刘璋只应允拨给刘备四千人马,其馀的军需物资都发放一半。张松致书刘备与法正说:"如今大事即将获得成功,为什么要丢开益州而离去呢!"张松的哥哥广汉太守张肃,害怕灾祸降临到自己头上,就向刘璋禀告了张松等人勾结刘备的密谋。于是刘璋收捕张松处斩,他与刘备也开始产生恶感、仇怨。刘璋下令镇守关口的各位将领,不要再向刘备通报有关边务文书。刘备大怒,召唤刘璋委任的白水关守将杨怀,以

"无礼"为名斩杀了他。于是派遣黄忠、卓膺指挥军队向刘璋进兵。刘备领军直接抵达白水关内,将镇守白水关将领与士卒的妻室儿女全部扣为人质,又领军与黄忠、卓膺等行进到涪县,据有其县城池。刘璋派遣刘璝、冷苞、张任、邓贤等在涪县以南抗拒刘备,都被刘备攻破,四将退守绵竹县。刘璋又派遣李严监督驻扎于绵竹县的各部军队,李严率领其军投降刘备,刘备兵力更加强大了,分别派诸将领去平定益州下属各县,诸葛亮、张飞、赵云等领兵沿长江逆流而上平定白帝城、江州县、江阳县,只有关羽留镇荆州。刘备进军围困雒县;当时刘璋长子刘循据守雒县,被围攻已将近一年。

汉献帝建安十九年(214)夏天,雒县城被攻破,刘备又领兵围攻成都,数十日后,刘璋出降。益州富裕,丰饶安乐,刘备摆下酒宴,以犒劳、招待士兵,将成都库藏的金银分赏将士人等,将谷物与布帛等发还于百姓的原缴纳者。刘备又兼任益州牧,诸葛亮为左右辅佐之臣,法正为出谋划策的主要人物,关羽、张飞、马超为勇士、卫士,许靖、糜竺、简雍为宾客朋友。此外,董和、黄权、李严等本是刘璋所任用的部将,吴壹、费观等还与刘璋有姻亲关系,彭羕原为刘璋所排挤者,刘巴则是刘备过去所忌恨的人,至此,刘备全将他们安排至显要的官职上,让这些人能够充分发挥自己的才能。于是有志之士,无不争相劝勉奉侍刘备。

汉献帝建安二十年(215),孙权因刘备已经获取益州,就派使节通报刘备想收回荆州的南郡。刘备说:"等到我攻占凉州,就会将荆州归还。"孙权听后忿怒,于是派遣吕蒙去袭夺长沙、零陵、桂阳三郡。刘备率军五万顺长江而下到达公安县,命令关羽进入益阳县。这一年,曹操平定了汉中郡,张鲁逃往巴西郡。刘备得知消息后,就与孙权恢复交好,将荆州的江夏郡、长沙郡、桂阳郡划归东吴管辖;将荆州的南郡、零陵郡、武陵郡划归西蜀管辖。此后刘备领军返回江州。刘备派遣黄权率军去迎接张鲁,张鲁已经投降了曹操。曹操令夏侯渊、张郃镇守汉中郡,屡次侵凌与汉中郡接壤的巴西郡界。刘备命令张飞进军宕渠，与张郃等在瓦口交战，攻破张郃等，张郃收兵退回汉中郡治所南郑县。刘备也率军回到成都。

汉献帝建安二十三年（218），刘备率领众将领进军汉中郡。分遣将军吴兰、雷铜等人进入武都县，都被曹操的军队歼灭。刘备驻军于阳平关，与夏侯渊、张郃等相持。

汉献帝建安二十四年（219）的春天，刘备从阳平关向南渡过沔水，顺定军山麓逐渐向前推进，在定军山扎营驻军。夏侯渊领兵来争夺此地，刘备命令黄忠居高临下喧嚷呐喊进攻曹军，将夏侯渊打得大败，斩杀夏侯渊以及曹操所任命的益州刺史赵颙等。曹操从长安县率领大军南征。刘备预先推测说："曹操即使亲自到此，也不会有什么作为，我将拥有汉中平原了。"等到曹操率军到来，刘备聚集众人凭险而守，始终不与交战，曹军围攻一个多月也没有攻克，逃亡的士兵日益增多。入夏以后，曹操果然领军撤回，刘备于是占据了汉中郡。随后刘备又派遣刘封、孟达、李平等去进攻曹操所委任的上庸郡太守申耽。

这一年的秋天，群臣劝刘备进位汉中王，上奏章给汉献帝刘协说：

平西将军都亭侯臣马超，左将军长史领镇军将军臣许靖，营司马臣庞羲，议曹从事中郎军议中郎将臣射援，军师将军臣诸葛亮，荡寇将军汉寿亭侯臣关羽，征虏将军新亭侯臣张飞，征西将军臣黄忠，镇远将军臣赖恭，扬武将军臣法正，兴业将军臣李严等一百二十人上奏章说：从前唐尧是道德智能最高的人，而有四个恶名昭彰的部族首领"四凶"在朝中；周成王既仁且贤，而有管叔、蔡叔、霍叔与武庚四个诸侯国发动叛乱；我朝吕后代行皇帝的职权，而有吕氏家族阴谋作乱，篡夺国柄；孝昭皇帝年幼即位，而有上官桀图谋反叛。这些作乱的贼子都凭借世代的恩宠，代帝王掌握国家权柄，极端凶恶，预兆国家面临危险。如果不是有大舜、周公、朱虚侯刘章、博陆侯霍光，就不能将犯人放逐到边远地方或加以捕捉诛戮,从而使危险的局势或即将倾覆的国家转为稳定。

念及陛下雄才且有至高无上的道德,统辖治理所有诸侯封国,却遭受艰难困苦与家庭的不幸。董卓首先发难起事,毁坏洛阳一带,曹操又导致祸患,盗窃并职掌了天子的威权;皇后与太子也被他迫害,用毒酒致死,令天下扰乱,摧残破坏人民、万物。长久令陛下蒙受风尘,忧愁困苦,如囚徒般困居在许县。如今已没有宗庙可以安放先祖神灵的木主,帝王的命令、诏谕被阻止禁绝,帝王统治天下大中至正之道的准则被抑制蒙蔽,曹操企图窃据皇帝的宝座。左将军兼司隶校尉、豫州牧、荆州牧、益州牧,并封宜城亭侯刘备,接受朝廷的官爵和俸禄,考虑贡献自己的力量,甚至为拯救国家于危难之中而献出生命。看到曹操不臣的先兆,盛怒中奋发振作,与车骑将军董承一同谋划诛杀曹操,以安定国家,恢复安定东都洛阳。可惜董承行事不机密,致使曹操得以苟延残喘并得以滋长罪恶,残害天下。臣子等常常忧惧朝廷中大则会发生秦末贼臣阎乐逼杀秦二世那样的灾祸,小则会发生奸臣王莽废黜孺子刘婴为定安公那样的政变,日夜忧惧戒慎,因恐惧而颤抖乃至不敢喘息。

从前在《尚书·虞夏书·皋陶谟》中有"使九族亲厚而有序"的记述,周朝的礼仪制度是以夏、商两代为根据制定,分封同姓族人,《诗经》对于同姓宗亲捍卫朝廷的意义说得极其透彻,经历了时间的考验。我大汉建立之初,对国土加以划分,尊崇王室子弟建立诸侯国,因而最终挫败了诸吕篡权的阴谋,为孝文皇帝登极打下基础。臣子等认为刘备是帝王的宗室近亲,属于同宗的旁支,大宗的嫡长子就是捍卫汉王室的重臣,一心报效国家,念念不忘平息或制止变乱。自从刘备在汉中击败曹操,天下的英雄豪杰仰望其风采,像蚂蚁一样趋集缘附,然而他还没有显贵的爵位与称号,没有享受天子赐给诸侯、大臣九种器物的最高礼遇,这绝非镇守捍卫朝廷、彰明显扬于千秋万代的做法。臣子等奉君主之正辞,国家的礼籍和君王的策命却因路远而断绝。从前王莽篡汉以后,河西一带为自守计,酒泉太守梁统等共推张掖属国都尉窦融行河西五郡大将军事,统率各部,协助光武皇帝击溃隗嚣,平定河西。如今国家的形势比隗嚣割据陇西、公孙述称帝益州的时代更为急迫危险,曹操在外有吞并天下的野心,对内则残害文武百官,朝廷有被曹操篡夺帝位的危险,而如今汉室宗亲还没有同心协力地抗击曹操,真令人寒心。臣子等擅自依据旧时的制度法则,提请刘备进封汉中王,任大司马,率领天子所统御的六军,聚集共结盟约者,扫除歼灭凶恶悖逆的人。以汉中郡、巴郡、蜀郡、广汉郡、犍为郡作为封国,分封刘氏诸王的部署设置依照我大汉初封宗室诸侯王旧的规章制度。为应付当下特殊情况而采取的临时措施,如果对汉室有利,擅自专权也是可以的。以后大功告成,帝业恢复,臣子等退而承担假托诏命之罪,虽死也无遗憾。

于是在汉中郡的沔阳修筑举行祭祀、继位等大典的场所,军队与民众排列齐整,群臣陪席,宣读完毕上奏的表章,就将汉中王的冠冕为刘备戴上。

刘备随即又向汉献帝呈上表章说:

臣下我以备位充数之臣的才能,担负起主将统帅的重任,统率诸侯大国的三军,奉朝廷之命于外,不能够扫除贼寇叛逆,安定和扶持王室,长久令陛下的教诲衰败,难以弘扬,天下人世间,厄运持续,好运未到,只有忧虑与惶恐不安,烦热得如患有头痛之疾,忧伤已到极点。先时董卓制造祸端,从此以后,大批凶恶之人到处横行霸道,残害剥夺天下百姓。幸亏凭借陛下至高无上的道德与显赫的声威,人与神灵全来相助,凶恶势力有的遭到忠义之士的奋起讨伐,有的遭受上天降下的惩罚,凶暴与忤逆之人一同绝灭,逐渐瓦解冰消。惟独曹操,许久没有被消灭,他篡夺国君的权力,随心所欲地制造混乱,臣下我从前与车骑将军董承图谋诛杀曹操,可惜机密泄露,董承惨遭杀害,臣下我流离失所,失去凭依，令忠义之举没有实现。于是得以令曹操穷凶极恶，伏皇后被杀害，皇子也被毒死。臣下虽然召集同盟者，一心想奋力除暴，但懦弱无将帅之才，致使多年没见成效。常常恐惧自己死去，对不住朝廷的恩典，不分日夜，长久叹息，朝夕戒惧，如临危境，不敢稍懈。

如今臣的下属群臣以为从前《尚书·虞夏书·皋陶谟》中有"使九族亲厚而有序，群贤勉力辅佐"的记述，传至五帝时期，虽有所增减，但其中的道理一以贯之，并没有废弃。周朝的礼仪制度是以夏、商两代为根据所制定，众姬姓之国一同被封立，而周室的中兴，所依靠的正是同为姬姓的晋、郑两个诸侯国辅佐的福报。我大汉高祖兴起得天下，尊崇王室子弟，大封同姓为王者计有九国，最终依靠同姓诸侯王铲除了叛乱的诸吕势力，令汉室嫡系长房的帝位传承得以安定。如今曹操嫉害正直的人，确实有不少徒众，暗藏着不可告人的坏心，企图篡夺帝位的迹象已经很明显。既然大汉宗室衰微，皇族成员没有在重要位置的掌权者，因而臣的下属反复考虑古时的典制、仪范，择善而定，暂时按照适宜的措施，拥立臣下为大司马汉中王。臣下自己再三思量，承受国家优厚的恩典，受任治理一方，贡献、施展才力还没有取得成效，所获取的已经太多，不应当再有愧于高位以加重臣下的罪责。然而臣的下属用大义来逼迫臣就范。臣退下来考虑，寇贼不被消除，国难无休止，祭祀祖宗的庙宇倾侧危险，朝廷即将崩溃，正可成全臣下担负重任乃至碎裂头颅以死报国之责。如果顺应机宜，采取变通的措施，能够令本朝安定，那么臣下即使赴汤蹈火，也在所不辞，岂敢从常规角度考虑，以免将来心生悔恨。于是就顺从众人的建议，跪拜接受了印信，以令国家的威严无比崇高。昂首思考这官爵名号，位置高，宠遇优厚，低头考虑报效朝廷，忧虑深沉更感责任重大，因恐惧而不敢喘息，仿佛眼下有深谷一样。竭尽全力献纳诚心，勉励天子所统六军之师，率领齐整的诸多正义之士，

先主传 | 921

顺应天命与时宜，征讨歼灭凶恶的叛逆，用来安定朝廷，以报答陛下万分之一的恩泽。恭敬呈上给陛下的奏章，并通过驿站缴还臣下曾经接受的左将军与宜城亭侯的印信。

刘备于是从汉中回归，以成都为治所。提拔魏延为都督，镇守汉中郡。当时关羽进攻曹操部将曹仁，在樊城生擒于禁。不久孙权袭杀关羽，夺取了荆州的南郡。

汉献帝建安二十五年（220），魏文帝曹丕代汉称帝，改年号为黄初。有人传说汉朝皇帝刘协已被杀害，刘备于是办理丧事，准备丧服，追谥汉帝为孝愍皇帝。此后益州所在地都报告有各种祥瑞出现，每天每月，相续不断。前任议郎阳泉侯刘豹，青衣侯向举，偏将军张裔、黄权，大司马府属官殷纯，益州别驾从事赵莋，益州治中从事杨洪，益州从事祭酒何宗，益州议曹从事杜琼，益州劝学从事张爽、尹默、谯周等上书刘备说：

臣下听说《河图》《洛书》，以及五经的各种谶纬典籍，都是孔子所造就，自古以来，后来发生的事实与这些典籍预先所言、所估计的相符。恭敬地查考《洛书·甄曜度》有云："火德颜色尚赤，当有三位君主以仁德昌盛，历经九世后交会于'备'，应当就是帝王的连续。"《洛书·宝号命》有云："上天推测理想的帝王治国之道，'备'应当称皇，用来获取帝位，永获成功不失败。"《洛书·录运期》有云："群雄割据以烧人骨为炊，道路上纵横交错踩踏人头而行，有谁能为民做主，'玄'将要到来。"《孝经·钩命决录》有云："三位君主昌盛，历经九世后交会于'备'。"臣下之父周群未亡故时，曾说西南之地屡屡有黄色云气，直立达数丈高，出现已经多年，时常还有瑞云与预兆吉祥的风，从北斗七星的前四星下来护绕，这是一种不同寻常的祥瑞征兆。此外，建安二十二年（217）间，屡次出现如同旗帜一样的云气，从西横亘至东，在天空的中央移动，《河图》与《洛书》有云："必定有天子在那里出现。"加之这一年金星、火星、土星,经常追随木星运行。接近大汉初兴时的天象,水星、火星、金星、木星、土星这五星都靠近木星的轨道;木星体现道义,大汉兴起之地汉中方位在西,正与道义的方位相配,所以大汉常常根据木星的运行来预测君主的命途。黄色云气的出现即预示圣明的天子将出现于益州,令汉室中兴。当时许昌的皇帝刘协尚在世间,所以我等群臣上下不敢走漏风声。近来火星又在靠近木星,出现在二十八宿中的胃、昴、毕这三宿所在的星空区域,而昴与毕两星宿是天的纲维,喻指王朝之世系,《星经》上说:"象征帝王的紫微星处于昴与毕两星宿之间时,一切邪恶都将消亡。"在上述纬书中已经预先看到了大王您的名与字,推求预期应验,与符命、符兆正相符合,汉室中兴的运数已至,而且诸如此类的预兆不止一处。臣等听说圣明帝王行事无论先于天时还是后于天时,都会有好的结果。因而顺应天时,就是与神灵的意旨符合。请求大王上应天时,下顺民意,立即成就帝王之业,以安定天下。

太傅许靖、安汉将军麋竺、军师将军诸葛亮、太常赖恭、光禄勋黄柱、少府王谋等上书刘备说:

曹丕弑君篡位,消灭汉室,用不正当手段窃据帝位,劫持逼迫忠臣良将,残酷以极,暴虐无道。人与鬼都极其怨恨,皆怀念刘氏皇族。如今上无天子,天下人心惶惶,无所仰赖。群臣前后上书已有八百多人,都在称述帝王受命的征兆,以及图谶所传达的明显的征验。近来黄龙在武阳县赤水一带出现,九天后才离去。《孝经·援神契》有云:"善德能达到深泉中,黄龙就会出现。"龙,君主的象征。《周易·乾卦》有云:"九五,有圣德之人得居王位。"大王您应当登上帝位了。此外,以前关羽围攻樊城、襄阳,襄阳男子张嘉、王休献上一方玉玺,玉玺掉入汉水中,沉潜在深水之中,白天照耀,神异的光辉上达云天。"汉",乃是高祖兴起之地汉中,因而以之为国号,大王您重复高祖的往迹,也是从汉中兴起。如今天子玉玺神异的灵光预先出现,玉玺出自襄阳,在汉水的下游,表明大王您是承接高祖的后代子孙,特意传授大王您以天子的位置,显示天命的瑞应,与上天显示的与人事相应的征兆相呼应,绝不是人力所能做到的。从前周将代殷有白鱼入舟、火化为乌的瑞应,都说是美善福禄。大汉的高祖与世祖接受天命,《河图》与《洛书》已经预先显示,并得到证实。如今上天显现吉祥之兆,众多术士以及才智出众的人,破解《河图》《洛书》的预言以及五经的纬书与记载谶语的谶书等,都面面俱到、具体而微。念及大王您属于孝景皇帝之子中山靖王的后嗣,同一家族的嫡系和庶出子孙世世代代无穷,天地孕育福运,大王的仪容高大魁伟,英明威武更是大王本身所具有,广施仁义于天下,积累仁政或善行,爱惜天下人才,喜好儒者,因而受到四方百姓的拥戴。考察《周易·坤灵图》,阐明谶书与纬书明智如神的标志,记述大王的名讳显著。大王应当即皇帝位,以接续大汉高祖、世祖的大业,按照宗法制度继承君位,这是天下人的幸运。臣等恭敬地与博士许慈、议郎孟光制订礼节和仪式,选择吉日,为大王您奉上尊崇的皇帝称号。

刘备在成都武担山以南举行仪式即皇帝位。即位的文告说:

建安二十六年(221)四月初六日丙午,皇帝刘备放胆以祭天地用的黑色公牛为祭品,明白地告知天帝与土神:汉朝拥有天下,帝王继承的次序永远无穷。以前王莽篡权窃取皇帝大位,盛怒下的光武皇帝加以诛杀,使汉室天下依然存续。如今曹操仗恃军队,安于做残忍的事,杀害伏皇后,扰乱华夏罪恶滔天,完全不顾上天显示的意旨。曹操的儿子曹丕,施行其父的凶恶叛逆,窃据皇帝的位置。我的群臣与将士等认为天下崩溃,刘备我应当加以整饬,使有条不紊,接续高祖与世祖的帝业,奉天命而讨伐逆贼。刘备思考自己鄙陋之德,惧怕羞辱了皇帝的位置。于是就向众民乃至少数民族部落之酋长征询意见,他们都说:

"天命不能不加顺从,祖宗的基业不可长久废弃,天下不能没有君主。"境域之内仰望,在于刘备我一人。刘备畏惧上天圣明的命令,又害怕汉朝的皇位和国统被埋没在地下,恭敬地选择吉日,与文武百官登坛,接受皇帝的印玺。置备祭品,向天神行祭告上天之礼,请求天神赐福于我大汉皇室,以安抚天下!

汉昭烈帝章武元年(221)夏四月,宣布大赦,改换年号。任命诸葛亮为丞相,任命许靖为司徒。设置百官,建立宗庙,在宗庙中举行集合自高祖以下远近祖先神主的大合祭。五月,立吴氏为皇后,以皇子刘禅为皇太子。六月,封皇子刘永为鲁王,封皇子刘理为梁王。车骑将军张飞被他的部下所杀害。起初,刘备痛恨孙权袭杀关羽,即将东征,秋七月,就统率各路兵马征讨东吴。孙权致信刘备求和,刘备于震怒中加以拒绝,吴将陆逊、李异、刘阿等驻军于巫县、秭归县;蜀汉将军吴班、冯习在巫县攻破李异的军队,推进到秭归县,武陵郡五溪少数民族请求刘备派兵以便归顺。

汉昭烈帝章武二年(222)春正月,刘备率军回至秭归县,将军吴班、陈式率领水军驻扎夷陵县,在长江东、西两岸部署军队。二月,刘备从秭归统率诸将向东吴辖境进军,循山势设置防线,在夷道县猇亭安营扎寨,从佷山县打通前往武陵郡的道路,派遣侍中马良前去安抚五溪少数民族,那里的百姓都相继响应刘备。镇北将军黄权统领长江以北驻扎的各路军队,与东吴军队在夷陵一线相对峙。夏六月,有黄气出现在秭归的十馀里地段中,数十丈宽阔。此后十馀日,吴将陆逊在猇亭攻破刘备的军队,将军冯习、张南等都在此战役中阵亡。刘备从猇亭撤还秭归县,集合逃散的士兵,于是丢弃战船,由只可步行不能通车的小路到达鱼复县,改此县名称为永安县。东吴派遣将军李异、刘阿等追踪刘备的军队,行至南山一带驻扎。秋八月,东吴将军李异等收兵撤回巫山县。蜀汉司徒许靖去世。冬十月,刘备下诏令丞相诸葛亮在成都的南郊、北郊分别营建祭祀天的圜丘与祭祀地的泰折。孙权闻知刘备住于白帝城，非常害怕，就派遣使者求和。刘备应允，派太中大夫宗玮至东吴回复。十二月，蜀汉汉嘉郡太守黄元闻知刘备患病，就举兵抗拒刘备。

汉昭烈帝章武三年（223）春二月，蜀丞相诸葛亮从成都到达永安。三月，黄元率军进攻临邛县。蜀汉朝廷派遣将军陈曶征讨黄元，黄元兵败，顺长江而下逃跑，被他的亲兵绑缚，送至成都，被斩杀。刘备病势沉重，向丞相诸葛亮托付太子刘禅，由尚书令李严辅佐诸葛亮。夏四月二十四日壬午，刘备在白帝城的永安宫去世，终年六十三岁。

诸葛亮向后主刘禅上书说："念及刚升天的先皇帝勉力施行仁政与德政，加惠无穷，苍天不怜悯保佑，卧病久而不愈，本月二十四日疾速离世升天，群臣嫔妃等啼哭呼喊，极度悲伤和着急，像死了父母一样。于是恭读皇帝临终时所发的诏书，丧事依据汉文帝刘恒的规矩从简办理，举止仪容要有所变革；百官哭祭，满三天后就脱去丧服，恢复正常生活，至棺椁下葬之日，再重穿丧服参加葬礼；各地的郡太守、国相、都尉、县令、县长，哭祭满三天后就脱去丧服。臣下诸葛亮亲自接受了先皇帝的教诫，惊惧先皇帝的魂魄，不敢有所违背。臣下请求向天下宣布执行。"五月，先皇帝的棺材从永安宫运回成都，谥号为昭烈皇帝。秋八月，安葬于成都南郊的惠陵。

评论说：刘备抱负远大，意志坚强，处事宽厚，善于发现人才，礼贤下士，具有汉高祖的风范，表现出英雄的胸怀。至于他将整个国家以及辅佐太子的大事托付于诸葛亮，而心思精力没有二心，确实是君臣间极为公正的关系，堪称古往今来美好的典范。机智权谋与治事的才能与策略，比不上曹操，所以他开创的基业不大。然而他遭遇挫折却不屈不挠，始终不愿屈居于曹操之下的原因，或许是他揣度对手的胸怀度量必定不能容纳自己，这就不仅仅只为争夺利益，而且也是躲避灾祸啊。

诸葛亮传

附 诸葛乔、诸葛瞻、董厥、樊建

[题解]

传见《三国志》卷三五《蜀书五》。诸葛亮(181~234),字孔明,琅邪国阳都县(今山东沂南南)人。东汉末隐居邓县隆中(今湖北襄阳西),有"卧龙"之誉。建安十二年(207)开始辅佐刘备,为之制定三分天下、联孙抗曹的战略方针,从此成为刘备的主要谋士。作为三国时期一位著名的政治家与军事家,诸葛亮在后世民间几乎家喻户晓,获得了广泛的声誉。诸葛亮除了是智慧的化身外,还有"鞠躬尽瘁,死而后已"的忠良形象,在后世人的心目中也不可磨灭,久而久之,这位历史人物甚至具有了能掐会算、呼风唤雨的特异功能,还留下了《马前课》一类的预言书。这一"神化"的过程凸显了人民对这位"贤相"级历史人物的崇拜与景仰,如同历代百姓对于"好皇帝"刘备的企盼一样,向往政治清明、安居乐业是这种现象产生的社会基础。史家陈寿对于诸葛亮也推崇备至,从这篇传记的字里行间,读者可以明显地感到这一情感的无处不在。唐代诗圣杜甫《蜀相》一诗颈联"三顾频烦天下计,两朝开济老臣心",千百年来脍炙人口。清顾炎武《日知录》卷八《法制》有云:"诸葛孔明开诚心,布公道,而上下之交,人无间言,以蕞尔之蜀,犹得小康。魏操、吴权任法术,以御其臣,而篡逆相仍,略无宁岁。天下之事,固非法之所能防也。"政治人物的人格魅力,在历史研究中也是不可忽视的一环。清末四川盐茶道使赵藩曾为成都武侯祠题写过一副名联:"能攻心则反侧自消,从古知兵非好战;不审势即宽严皆误,后来治蜀要深思。"联语的撰写本为进谏四川巡抚岑春煊,却因总结诸葛亮治蜀经验洗练得体而名播后世,武侯九原可作,也当欣欣然!

诸葛亮字孔明,琅邪阳都人也①,汉司隶校尉诸葛丰后也②。父珪③,字君贡,汉末为太山郡丞④。亮早孤⑤,从父玄为袁术所署豫章太守⑥,玄将亮及亮弟均之官⑦。会汉朝更选朱皓代玄⑧,玄素与荆州牧刘表有旧⑨,往依之⑩。玄卒,亮躬耕陇亩⑪,好为《梁父吟》⑫。身长八尺⑬,每自比于管仲、乐毅⑭,时人莫之许也⑮。惟博陵崔州平、颍川徐庶元直与亮友善⑯,谓为信然⑰。

[注释]

①琅邪(lángyá 狼牙):即琅邪国,东汉建初五年(80)改琅邪郡置,治所开阳县(今山东临沂市北十五里)。辖境相当于今山东青岛、胶州、胶南、即墨、诸城、日照诸市及沂水、五莲、海阳、莒南及江苏赣榆县等地。阳都:即阳都县,西汉置,属城阳国,东汉属琅邪国,治所在今山东沂南县南四十里砖埠镇东二里孙家黄疃。

②司隶校尉诸葛丰:字少季(生卒年不详),西汉琅邪诸县(今山东诸城)人。汉元帝时任司隶校尉,迁光禄大夫,因直言敢谏,被降为城门校尉,又免为庶民,终老于家。《汉书》卷七七有传。司隶校尉,官名。负责维护京师治安,纠察京师除三公以外的百官违法者,并治理司隶州所辖各郡,统率一支人数达一千二百名的军队,秩比二千石。

③父珪:即诸葛珪(?~187),字君贡,东汉末任太山郡丞。

④太山郡丞:太山郡郡太守的首席属官,每郡一人,总理各种事物,可代

行郡守事。一般由中央政府任命。太山,即泰山郡,楚汉之际刘邦改博阳郡置,治所博县(今山东泰安东南三十里旧县),因境内泰山得名。后移治奉高县(今泰安市东北),辖境相当于今山东长清、莱芜以南,肥城以东,宁阳、平邑以北,沂源、蒙阴以西地区。东汉后辖境缩小。太,通"泰"。

⑤亮早孤:诸葛珪去世时,诸葛亮八岁。孤,幼年丧父或父母双亡。《孟子·梁惠王下》:"幼而无父曰孤。"

⑥从(zòng纵)父玄:即诸葛玄(? ~197),琅邪阳都(今山东沂南南)人,诸葛亮的叔父。曾为袁术属吏,官至豫章太守,后投靠荆州刘表,卒于荆州。从父,父亲的兄弟。即伯父或叔父。袁术:字公路(? ~199),东汉汝南汝阳(今河南商水西南)人,出身于四世三公的显宦家庭,为袁绍从弟。初为虎贲中郎将,助袁绍诛灭宦官。董卓进京专权,以他为后将军。他出奔南阳,与袁绍、曹操等同时起兵,共讨董卓。后又与袁绍对抗,为袁绍、曹操击败,遂奔九江,割据扬州。建安二年(197),袁术称帝于寿春,号仲家,荒淫奢侈,横征暴敛,民心丧尽,先后为吕布、曹操所破,呕血而死。《三国志》卷六、《后汉书》卷七五皆有传。豫章:即豫章郡,西汉高帝六年(前201)分九江郡置,治所南昌县(今江西南昌市东)。汉时辖境大致相当于今江西省地。三国魏以后辖境逐渐缩小。

⑦亮弟均:即诸葛均(生卒年不详),随兄诸葛亮仕蜀,任长水校尉。蜀汉覆亡,病卒于迁洛途中。

⑧朱皓:字文明(一作文渊,156? ~195),会稽上虞(今浙江绍兴上虞)人,大司农朱儁之子。汉豫章太守。汉兴平二年(195),被中郎将笮融所杀。

⑨荆州牧刘表:字景升(142~208),东汉远支皇族,山阳高平(今山东邹城市西南)人。详见本书所选《刘表传》。荆州,西汉元封五年(前106)所置十三刺史部之一,辖郡七、县一百一十七,治所汉寿县。汉末移治襄阳

县(今湖北襄阳),辖境相当于今湖北、湖南大部以及河南、贵州、广东、广西等一小部分。三国时魏、吴均置荆州,辖境相当于原荆州。魏荆州治所新野(今属河南),吴荆州治所江陵(今属湖北)。

⑩往依之:裴注引《献帝春秋》曰:"初,豫章太守周术病卒,刘表上诸葛玄为豫章太守,治南昌。汉朝闻周术死,遣朱皓代玄。皓从扬州刺史刘繇求兵击玄,玄退屯西城,皓入南昌。建安二年正月,西城民反,杀玄,送首诣繇。"又云:"此书所云,与本传不同。"

⑪躬耕:亲身从事农业生产。陇亩:田地。

⑫梁父吟:亦作《梁甫吟》。乐府楚调曲名。梁甫,即梁父,山名,在泰山下。《梁甫吟》,盖言人死葬此山,亦为葬歌。今传诸葛亮所作《梁父吟》辞(见宋郭茂倩《乐府诗集》卷四一),乃述春秋齐相晏婴二桃杀三士事。裴注引《汉晋春秋》曰:"亮家于南阳之邓县,在襄阳城西二十里,号曰隆中。"

⑬八尺:汉末三国时期一尺相当于今24厘米左右,八尺相当于今192厘米。

⑭管仲:名夷吾(约前719~前645),字仲,春秋时颍上(今属安徽)人。辅佐齐桓公建立霸业,是中国古代著名的经济学家、哲学家、政治家、军事家。《史记》卷六二有传。乐(yuè越)毅:中山灵寿(今属河北)人(生卒年不详),战国名将,受燕昭王信任,率兵伐齐,攻下七十馀城,唯莒与即墨未下。昭王卒,子燕惠王立,信谗言不用乐毅,乐毅畏诛,西逃于赵国,被封于观津(今河北武邑东南),号望诸君。齐国乘机复国,燕惠王悔惧,使人慰问乐毅,乐毅报书自明心志,于是成为燕、赵两国的客卿。《史记》卷八〇有传。

⑮莫之许:即"莫许之",宾语提前。意谓不以为然。

⑯博陵崔州平:即崔钧(生卒年不详),字州平,太尉崔烈之子,议郎崔均(字元平)之弟。东汉末历任虎贲中郎将、西河太守。博陵,即博陵县,治

所在今河北蠡县南十五里,为博陵郡治。颍川徐庶元直:即徐庶(生卒年不详),初从刘备,并推荐诸葛亮,后因其母被困曹营,于是辞备归曹,仕魏历任右中郎将、御史中丞。《三国志》卷三五有传。颍川,即颍川郡,秦始皇十七年(前230)置,治所阳翟县(今河南禹州市),西汉高帝五年(前202)改为韩国,翌年复为颍川郡。辖境相当于今河南登封、宝丰以东,尉氏、鄢陵以西,新密以南,叶县、舞阳以北地。

⑰信然:意谓确实如此。裴注云:"按《崔氏谱》:州平,太尉烈子,均之弟也。"又引《魏略》曰:"亮在荆州,以建安初与颍川石广元、徐元直、汝南孟公威等俱游学,三人务于精熟,而亮独观其大略。每晨夜从容,常抱膝长啸,而谓三人曰:'卿三人仕进可至刺史郡守也。'三人问其所至,亮但笑而不言。后公威思乡里,欲北归,亮谓之曰:'中国饶士大夫,遨游何必故乡邪!'"又云:"臣松之以为《魏略》此言,谓诸葛亮为公威计者可也,若谓兼为己言,可谓未达其心矣。老氏称'知人者智,自知者明';凡在贤达之流,固必兼而有焉。以诸葛亮之鉴识,岂不能自审其分乎?夫其高吟俟时,情见乎言,志气所存,既已定于其始矣。若使游步中华,骋其龙光,岂夫多士所能沉翳哉!委质魏氏,展其器能,诚非陈长文、司马仲达所能颉颃,而况于余哉!苟不患功业不就,道之不行,虽志恢宇宙而终不北向者,盖以权御已移,汉祚将倾,方将翊赞宗杰,以兴微继绝克复为己任故也。岂其区区利在边鄙而已乎!此相如所谓'鹍鹏已翔于辽廓,而罗者犹视于薮泽'者矣。"又云:"公威名建,在魏亦贵达。"

时先主屯新野①。徐庶见先主,先主器之②,谓先主曰:"诸葛孔明者,卧龙也③,将军岂愿见之乎④?"先主曰:"君与俱来。"庶曰:"此人可就见⑤,不可屈致也⑥。将军宜枉驾顾之⑦。"由是先主遂诣亮⑧,

凡三往，乃见。因屏人曰⑨："汉室倾颓⑩，奸臣窃命⑪，主上蒙尘⑫。孤不度德量力⑬，欲信大义于天下⑭，而智术浅短⑮，遂用猖獗⑯，至于今日。然志犹未已，君谓计将安出？"亮答曰："自董卓已来⑰，豪杰并起，跨州连郡者不可胜数⑱。曹操比于袁绍⑲，则名微而众寡，然操遂能克绍，以弱为强者，非惟天时⑳，抑亦人谋也㉑。今操已拥百万之众，挟天子而令诸侯㉒，此诚不可与争锋㉓。孙权据有江东㉔，已历三世㉕，国险而民附，贤能为之用，此可以为援而不可图也㉖。荆州北据汉、沔㉗，利尽南海㉘，东连吴会㉙，西通巴、蜀㉚，此用武之国㉛，而其主不能守，此殆天所以资将军，将军岂有意乎？益州险塞㉜，沃野千里，天府之土㉝，高祖因之以成帝业㉞。刘璋暗弱㉟，张鲁在北㊱，民殷国富而不知存恤㊲，智能之士思得明君。将军既帝室之胄㊳，信义著于四海，总揽英雄㊴，思贤如渴，若跨有荆、益，保其岩阻㊵，西和诸戎㊶，南抚夷越㊷，外结好孙权，内修政理㊸；天下有变，则命一上将将荆州之军以向宛、洛㊹，将军身率益州之众出于秦川㊺，百姓孰敢不箪食壶浆以迎将军者乎㊻？诚如是，则霸业可成㊼，汉室可兴矣。"先主曰："善！"于是与亮情好日密。关羽、张飞等不悦㊽，先主解之曰："孤之有孔明，犹鱼之有水也。愿诸君勿复言。"羽、飞乃止㊾。

[注释]

①新野：即新野县，西汉置，属南阳郡，治所在今河南新野县，三国魏为荆州治。

②器：器重，重视。

③卧龙：喻隐居或尚未崭露头角的杰出人才。

④岂：其。表示估计、推测。相当于也许、莫非。裴注引《襄阳记》曰：

"刘备访世事于司马德操。德操曰:'儒生俗士,岂识时务?识时务者在乎俊杰。此间自有伏龙、凤雏。'备问为谁,曰:'诸葛孔明、庞士元也。'"

⑤就见:谓前往拜见。

⑥屈致:委屈招致。

⑦枉驾:屈驾。称人来访或走访的敬辞。顾:探望,访问。

⑧诣(yì义):造访。

⑨屏(bǐng丙)人:谓令左右人退下。

⑩倾颓:衰亡,衰败。

⑪奸臣:指曹操。窃命:篡夺国柄。

⑫主上:谓汉献帝。蒙尘:古代多指帝王失位逃亡在外,蒙受风尘。当时汉献帝被曹操所控制,居于许县。

⑬孤:古代诸侯君王的自称。春秋时诸侯自称寡人,有凶事则称孤,后渐无区别。度(duó夺)德量力:估量自己的德行和能力。语出《左传·隐公十一年》:"度德而处之,量力而行之。"

⑭信(shēn伸):通"伸",伸张。大义:正道,大道理。

⑮智术:才智与计谋;智慧与权术。

⑯用:因而,因此。猖蹶:颠覆,失败。

⑰董卓:字仲颖(?~192),东汉陇西临洮(今甘肃岷县)人。历任中郎将、并州牧,汉少帝光熹元年(189),率兵入洛阳,废少帝,立献帝,受到曹操、袁绍等人起兵讨伐。于是楚烧洛阳宫室,挟献帝西迁长安,自为太师,暴虐专横。初平三年(192),为王允、吕布所杀。《三国志》卷六、《后汉书》卷七二皆有传。详见本书所选《董卓传》。

⑱跨州连郡者:谓东汉末年大小军阀割据势力。不可胜数:不计其数,极言其多。

⑲曹操:字孟德(155~220),小字阿瞒,魏立国后追谥魏武帝,谯(今安

徽亳州市)人。详见本书所选《武帝纪》。袁绍：字本初(？～202)，东汉汝南汝阳(今河南商水西南)人。《后汉书》卷七四上有传，详见本书所选《袁绍传》。

⑳非惟：不只，不仅。天时：犹天命，谓由天主宰的命运。

㉑抑：而且。表示承接。人谋：指人为的努力。

㉒挟天子而令诸侯：挟制天子，并用其名义号令诸侯。

㉓争锋：争胜，交兵作战。

㉔孙权：字仲谋(182～252)，孙坚次子，吴郡富春(今浙江富阳)人。吴国建立者，即吴大帝。详见本书所选《吴主传》。江东：地区名。长江自西向东流，至今安徽境内即偏北斜流，至今江苏镇江又东流而下。古代称这段江路东岸之地为江东，即今长江以南的江苏、浙江、安徽一带。

㉕三世：谓孙权的父亲孙坚、兄长孙策与孙权。

㉖图：谋取。

㉗汉沔(miǎn 免)：即汉水与沔水。沔水北源出自今陕西留坝县西，一名沮水；西源出自今宁强县北。二源合流后通称汉水，故古代也作汉水的别称。又沔水入江以后，今湖北武汉市以下的长江古代亦通称沔水。故《水经》叙沔水下游一直到入海为止。《汉书·地理志下》："东汉水受氐道水，一名沔，过江夏，谓之夏水，入江。"

㉘南海：古代指极南地区。或谓指南海郡，秦始皇三十三年(前214)置，治所番禺县(今广东广州市)。秦汉之际地入南越国，西汉元鼎六年(前111)灭南越国复置。辖境相当于今广东滃江、大罗山以南，珠江三角洲及绥江流域以东。其后渐缩小。

㉙吴会(kuài 块)：东汉分会稽郡为吴、会稽二郡，并称吴会。后亦泛称此两郡故地为吴会。

㉚巴蜀：秦汉设巴、蜀二郡，皆在今四川省。后用为四川的别称。

㉛用武之国：谓使用武力的兵家必争之地。语出《史记·留侯世家》："洛阳虽有此固，其中小，不过数百里，田地薄，四面受敌，此非用武之国也。"

㉜益州：西汉元封五年（前106）置，为十三刺史部之一。公孙述改为司隶校尉，东汉复为益州，治所雒县（今四川广汉市北），兴平中移治成都（今属四川），辖郡、国十二，县一百一十八。辖境相当于今四川、云南、贵州大部以及陕西、甘肃、湖北乃至越南的一小部分。险塞：谓道路崎岖阻塞。

㉝天府：谓土地肥沃、物产富饶之域。晋常璩《华阳国志》卷三："于是蜀沃野千里，号为'陆海'。旱则引水浸润，雨则杜塞水门，故记曰：水旱从人，不知饥馑，时无荒年，天下谓之'天府'也。"

㉞高祖：指西汉开国皇帝汉高帝刘邦。

㉟刘璋：字季玉（？～219），东汉江夏竟陵（今湖北潜江西北）人，刘焉之子。兴平元年（194），刘焉病卒，刘璋继为监军使者，领益州牧。建安十六年（211）迎刘备入蜀，后反为刘备所制，刘备自领益州牧，迁刘璋于南郡公安，佩振威将军印绶。建安二十四年（219），孙权夺取荆州后，又以刘璋为益州牧，驻秭归，旋病卒。《三国志》卷三一有传。闇（àn暗）弱：昏庸懦弱。

㊱张鲁：字公祺（生卒年不详），东汉沛国丰县（今属江苏）人，张陵之孙，张衡之子。东汉末天师道（即"五斗米道"）首领，东汉末占据汉中，在各地设"义舍"，置"义米""义肉"，过往之人可量腹取用，加之刑法宽和，令汉中成为当时的安定之区。朝廷任命他为镇民中郎将，领汉宁太守。建安二十年（215）曹操进攻汉中，张鲁归降，任镇南将军，封阆中侯。详见本书所选《张鲁传》。

㊲存恤（xù续）：慰抚，救济。

㊳胄（zhòu宙）：古代帝王或贵族的后嗣。

㊴总揽:亦作"总览""总擥"。谓广为延揽。《汉书·刑法志》:"汉兴,高祖躬神武之材,行宽仁之厚,总擥英雄,以诛秦项。"

㊵岩阻:指险阻之处。

㊶诸戎:古代称众少数民族。

㊷夷越:古代对长江中下游以南各族聚居地区之称。

㊸政理:谓有卓越的政绩。

㊹上将:泛指高级将领。宛(yuān渊)洛:宛县(今河南南阳市)与洛阳。是为曹魏政权腹地。

㊺秦川:古地区名。泛指今陕西、甘肃的秦岭以北平原地带。因春秋、战国时地属秦国而得名。

㊻箪食(dānsì单四)壶浆:用箪装着饭食,用壶盛着浆汤。语出《孟子·梁惠王下》:"以万乘之国伐万乘之国,箪食壶浆以迎王师,岂有他哉!避水火也。"后用为犒师拥军的典故。

㊼霸业:指称霸诸侯或维持霸权的事业。

㊽关羽:字云长(?~219),东汉解县(治今山西临猗西南)人。详见本书所选《关羽传》。张飞:字益德(?~221),涿郡(治今河北涿州)人。蜀汉大将。详见本书所选《张飞传》。

㊾羽飞乃止:裴注引《魏略》曰:"刘备屯于樊城。是时曹公方定河北,亮知荆州次当受敌,而刘表性缓,不晓军事。亮乃北行见备,备与亮非旧,又以其年少,以诸生意待之。坐集既毕,众宾皆去,而亮独留,备亦不问其所欲言。备性好结毦,时适有人以髦牛尾与备者,备因手自结之。亮乃进曰:'明将军当复有远志,但结毦而已邪!'备知亮非常人也,乃投毦而答曰:'是何言与!我聊以忘忧耳。'亮遂言曰:'将军度刘镇南孰与曹公邪?'备曰:'不及。'亮又曰:'将军自度何如也?'备曰:'亦不如。'曰:'今皆不及,而将军之众不过数千人,以此待敌,得无非计乎!'备曰:'我亦愁之,当若之何?'

亮曰：'今荆州非少人也，而著籍者寡，平居发调，则人心不悦；可语镇南，令国中凡有游户，皆使自实，因录以益众可也。'备从其计，故众遂强。备由此知亮有英略，乃以上客礼之。"又云："《九州春秋》所言亦如之。臣松之以为亮表云'先帝不以臣卑鄙，猥自枉屈，三顾臣于草庐之中，谘臣以当世之事'，则非亮先诣备，明矣。虽闻见异辞，各生彼此，然乖背至是，亦良为可怪。"

刘表长子琦①，亦深器亮。表受后妻之言②，爱少子琮③，不悦于琦。琦每欲与亮谋自安之术，亮辄拒塞④，未与处画⑤。琦乃将亮游观后园，共上高楼，饮宴之间，令人去梯，因谓亮曰："今日上不至天，下不至地，言出子口，入于吾耳，可以言未？"亮答曰："君不见申生在内而危，重耳在外而安乎⑥？"琦意感悟，阴规出计⑦。会黄祖死⑧，得出，遂为江夏太守⑨。俄而表卒，琮闻曹公来征，遣使请降。先主在樊闻之⑩，率其众南行，亮与徐庶并从，为曹公所追破，获庶母。庶辞先主而指其心曰："本欲与将军共图王霸之业者⑪，以此方寸之地也⑫。今已失老母，方寸乱矣，无益于事，请从此别。"遂诣曹公⑬。

[注释]

①刘表：字景升（142~208），东汉远支皇族，山阳高平（今山东邹城市西南）人。详见本书所选《刘表传》。长子琦：即刘琦（？~209），刘表长子，为继母蔡夫人所难容，出为江夏太守。建安十三年（208），刘表死，次子刘琮嗣位后降曹，他与刘备合兵屯夏口，翌年病死。

②后妻：即刘表续弦蔡夫人，东汉末襄阳（今湖北襄阳）人，蔡瑁之姐。据《后汉书·刘表传》："二子：琦、琮。表初以琦貌类于己，甚爱之，后为琮娶其

后妻蔡氏之侄,蔡氏遂爱琮而恶琦,毁誉之言日闻于表。表宠耽后妻,每信受焉。"可见刘琮非蔡夫人所生,他与其兄刘琦当俱为刘表前妻陈氏(？~203)所生。

③少子琮(cóng从):即刘琮(生卒年不详),荆州牧刘表的次子。刘表卒后,蔡夫人与蔡瑁等立之为嗣,一个月后即投降曹操,曾任荆州刺史,封列侯,迁谏议大夫。

④辄:副词,每每,总是。拒塞(sè涩):拒绝。

⑤处画:计议,谋划。

⑥"君不见"二句:晋国太子申生(前？~前656),是春秋时期晋献公与夫人齐姜所生之子,齐姜早卒,晋献公宠爱骊姬,与之生子奚齐。骊姬为使其子奚齐成为继承人,时常诋毁太子申生。太子申生最终在骊姬的阴谋陷害之下,于新城曲沃自缢而死。重耳是申生的异母弟,也被迫流亡在外达二十年,最终在秦国的支持下回国夺得君位,是为晋文公。事见《史记·晋世家》。

⑦阴规出计:谓私下里谋划出走。

⑧会:适逢。黄祖:荆州牧刘表所署江夏太守(？~208),屡败于东吴军队,以其部下曾射杀孙坚,故与孙家结下世仇。建安十三年(208),终为孙权部下所斩杀。

⑨江夏:即江夏郡,西汉高帝六年(前201)置,治所西陵县(治今湖北新洲西二里)。东汉建安初,刘表所署江夏太守黄祖徙治夏口城(今武汉汉口城区),建安十三年(208)初,孙权破城杀黄祖,江夏太守刘琦另筑夏口城(今武汉汉阳城区),年底,曹操任文聘为江夏太守驻此。赤壁战后,文聘徙治石阳(今湖北黄陂西)。

⑩樊:即樊城,在今湖北襄阳市,与襄阳城隔汉水相望。自古为兵家必争之地。

⑪王霸之业:谓王业与霸业。语本《孟子·滕文公下》:"大则以王,小则以霸。"

⑫方寸之地:指心。《列子·仲尼》:"嘻!吾见子之心矣,方寸之地虚矣。"

⑬诣(yì义):前往。曹公:谓曹操。裴注引《魏略》曰:"庶先名福,本单家子,少好任侠击剑。中平末,尝为人报雠,白垩突面,被发而走,为吏所得,问其姓字,闭口不言。吏乃于车上立柱维磔之,击鼓以令于市廛,莫敢识者,而其党伍共篡解之,得脱。于是感激,弃其刀戟,更疏巾单衣,折节学问。始诣精舍,诸生闻其前作贼,不肯与共止。福乃卑躬早起,常独扫除,动静先意,听习经业,义理精熟。遂与同郡石韬相亲爱。初平中,中州兵起,乃与韬南客荆州,到,又与诸葛亮特相善。及荆州内附,孔明与刘备相随去,福与韬俱来北。至黄初中,韬仕历郡守、典农校尉,福至右中郎将、御史中丞。逮大和中,诸葛亮出陇右,闻元直、广元仕财如此,叹曰:'魏殊多士邪!何彼二人不见用乎?'庶后数年病卒,有碑在彭城,今犹存焉。"

先主至于夏口①,亮曰:"事急矣,请奉命求救于孙将军②。"时权拥军在柴桑③,观望成败,亮说权曰④:"海内大乱,将军起兵据有江东,刘豫州亦收众汉南⑤,与曹操并争天下。今操芟夷大难⑥,略已平矣,遂破荆州,威震四海。英雄无所用武⑦,故豫州遁逃至此。将军量力而处之:若能以吴越之众与中国抗衡⑧,不如早与之绝;若不能当,何不案兵束甲⑨,北面而事之⑩!今将军外托服从之名,而内怀犹豫之计,事急而不断,祸至无日矣!"权曰:"苟如君言,刘豫州何不遂事之乎?"亮曰:"田横⑪,齐之壮士耳,犹守义不辱,况刘豫州王室之胄,英才盖世,众士慕仰,若水之归海,若事之不济⑫,此乃天也,安能复为之下乎!"权勃然曰⑬:"吾不能举全吴之地,十万之众,受制于人。吾计决矣!非刘豫州莫可以当曹操者,然豫州新败之后,安能抗此难乎?"亮曰:"豫州军虽败于长阪⑭,今战士还者及关羽水军精甲万人,刘琦合江夏战士亦不下万人。曹操之众,远来疲弊,闻追豫州,轻骑一日一夜行三百馀里,此所谓'强弩之末,势不能穿鲁缟'者也⑮。故兵法忌之,曰'必蹶上将军'⑯。且北方之人,不习水战;又荆州之民附操者,偪兵势耳⑰,非心服也。今将军诚能命猛将统兵数万,与豫州协规同力⑱,破操军必矣。操军破,必北还,如此则荆、吴之势强⑲,鼎足之形成矣⑳。成败之机,在于今日。"权大悦,即遣周瑜、程普、鲁肃等水军三万㉑,随亮诣先主,并力拒曹公㉒。曹公败于赤壁㉓,引军归邺㉔。先主遂收江南㉕,以亮为军师中郎将㉖,使督零陵、桂阳、长沙三郡㉗,调其赋税㉘,以充军实㉙。

[注释]

①夏口:地名。即今湖北汉口,为汉水入长江处。古代汉水在襄阳以下称夏水或襄江,故汉水入长江处称夏口。

②孙将军:谓孙权。时孙权任讨虏将军。

③拥军:谓驻军。柴桑:即柴桑县,西汉置,属豫章郡,治所在今江西九江县南三十六里荆林街。三国吴属江夏郡。

④说(shuì 税):劝说别人听从自己的意见。

⑤刘豫州:即刘备,以其曾任豫州牧,故称。汉南:当指汉南山一带,在今湖北武汉市汉阳城区西二十里汉水南。

⑥芟(shān 山)夷:铲除,削平。大难:谓袁术、吕布、袁绍等军阀割据势力。

⑦无所用武:难以与曹操抗衡的婉转说法。

⑧吴越之众:谓江东孙权所拥有的军事实力。吴越,指春秋吴国与越国故地(今江浙一带),当时为孙权的势力范围。中国:谓占据中原的曹操军事势力。

⑨案兵束甲:放下兵器,捆束铠甲。谓停止作战。

⑩北面:面向北。古礼,臣拜君,卑幼拜尊长,皆面向北行礼,因而居臣下、晚辈之位曰"北面"。这里谓臣服于人。

⑪田横:秦末起义首领(前?~前202),原为齐国贵族,在陈胜、吴广大泽乡起义后,田横与兄田儋、田荣也反秦自立,兄弟三人先后占据齐地为王。此后,汉高祖刘邦统一天下,田横不肯向汉称臣,率五百门客逃往海岛,刘邦派人招抚,声言:"田横来,大者王,小者乃侯耳;不来,且举兵加诛焉。"田横被迫赴洛,在途中距洛阳三十里地的偃师首阳山自杀。海岛五百士听说田横已死,也全部自杀。事见《史记·田儋列传》。

⑫不济:不成功。

⑬勃然:因愤怒或心情紧张而变色之貌。

⑭长阪:即长坂,故址在今湖北当阳市东北绿林山区西部的天柱山。

⑮"此所谓"二句:谓强弩发出的箭,到了末程,连鲁缟也穿不过。比喻衰微之势。语出《汉书·韩安国传》:"且臣闻之,冲风之衰,不能起毛羽;强弩之末,力不能入鲁缟。"鲁缟(gǎo 稿),古代鲁地出产的一种白色生绢。以薄细著称。《淮南子·说山训》:"矢之于十步贯兕甲,于三百步不能入鲁缟。"

⑯必蹶上将军:意谓军队长途奔袭敌军,领军者将遭遇失败。语出《孙子·军争篇》:"五十里而争利,则蹶上将军。"蹶,挫败,失败。

⑰偪(bī 逼)兵势:谓被曹军兵力所逼迫。偪,逼迫,威胁。

⑱协规同力:共同谋划,齐心协力。

⑲荆:指代刘备的军队。吴:指代孙权的军队。

⑳鼎足:鼎有三足,这里比喻曹、刘、孙三方并峙之势。

㉑周瑜:字公瑾(175~210),庐江舒县(今安徽庐江西南)人。详见本书所选《周瑜传》。程普:字德谋(生卒年不详),右北平土垠(今河北丰润东)人。初从孙坚起兵,后随孙策经营江南,历任吴郡都督、荡寇中郎将,为孙氏宿将。赤壁之战中,与周瑜为左右督,共破曹军。《三国志》卷五五有传。鲁肃:字子敬(172~217),临淮东城(今安徽定远东南)人。周瑜死后,代瑜领兵,拜汉昌太守、横江将军。详见本书所选《鲁肃传》。

㉒并力拒曹公:裴注引袁子曰:"张子布荐亮于孙权,亮不肯留。人问其故,曰:'孙将军可谓人主,然观其度,能贤亮而不能尽亮,吾是以不留。'"又云:"臣松之以为袁孝尼著文立论,甚重诸葛之为人,至如此言则失之殊远。观亮君臣相遇,可谓希世一时,终始以分,谁能间之?宁有中违断金,甫怀择主,设使权尽其量,便当翻然去就乎?葛生行己,岂其然哉!关羽为曹公所获,遇之甚厚,可谓能尽其用矣,犹义不背本,曾谓孔明之不若云长乎!"

㉓赤壁:位于今湖北赤壁市(原蒲圻市)西北赤壁镇北赤壁山,北对洪湖市东北乌林矶。唐李泰《括地志》:"鄂州蒲圻县有赤壁山,即曹公败处。"北魏郦道元《水经注·江水》以为赤壁乃今湖北武昌西赤矶山,似非。

㉔邺:即邺县,战国魏置,秦属邯郸郡,治所在今河北临漳西南邺镇。东汉末相继为冀州、相州治。

㉕江南:这里主要指刘备所占据荆州的江南四郡:武陵、长沙、零陵、桂阳。

㉖军师中郎将:官名。刘备所置。宋司马光撰《资治通鉴》卷六五"备以诸葛亮为军师中郎将",元胡三省注:"军师,亦古将军号。曹操初置军师祭酒,而备置军师中郎将,皆以一时军事创置官名也。然军师祭酒止决军谋,中郎将则有兵柄。亮后又进军师将军。"

㉗零陵:即零陵郡,西汉元鼎六年(前111)分桂阳郡置,治所零陵县(今广西全州西南),辖境相当于今湖南邵阳市、衡阳县以南,永州市、宁远县以西,武冈市和广西桂林市以东,阳朔县和湖南道县以北地,东汉移治泉陵县(今湖南永州市北二里)。三国后辖境缩小。桂阳:即桂阳郡,汉高帝置,治所郴县(今湖南郴州市),辖境约相当于今湖南耒阳市以南的耒水、舂陵水流域,北至洣水入湘处附近,南包广东英德以北的北江流域。三国吴以后辖境缩小。长沙:即长沙郡,战国秦置,治所临湘县(今湖南长沙市),辖境相当于今湖南东部、南部与广西全州、广东连州、阳山等地。西汉高帝五年(前202)改为长沙国,东汉复为郡,辖境缩小。

㉘调(diào掉):征调,征发。

㉙军实:军用器械和粮饷。裴注引《零陵先贤传》云:"亮时住临烝。"

建安十六年①,益州牧刘璋遣法正迎先主②,使击张鲁。亮与关羽镇荆州。先主自葭萌还攻璋③,亮与张飞、赵云等率众溯江④,分定郡县⑤,与先主共围成都⑥。成都平,以亮为军师将军⑦,署左将军府事⑧。先主外出,亮常镇守成都,足食足兵⑨。二十六年⑩,群下劝先主称尊号⑪,先主未许,亮说曰:"昔吴汉、耿弇等初劝世祖即帝位⑫,世祖辞让,前后数四,耿纯进言曰⑬:'天下英雄喁喁⑭,冀有所望⑮。如不从议者,士大夫各归求主⑯,无为从公也⑰。'世祖感纯言深至⑱,遂然诺之⑲。今曹氏篡汉,天下无主,大王刘氏苗族⑳,绍世而起㉑,今即帝位,乃其宜也。士大夫随大王久勤苦者,亦欲望尺寸之功如纯言耳㉒。"先主于是即帝位,策亮为丞相曰㉓:"朕遭家不造㉔,奉承大统㉕,兢兢业业㉖,不敢康宁㉗,思靖百姓㉘,惧未能绥㉙。於戏㉚!丞相亮其悉朕意,无怠辅朕之阙㉛,助宣重光㉜,以照明天下,君其勖哉㉝!"

亮以丞相录尚书事㉞,假节㉟。张飞卒后,领司隶校尉㊱。

[注释]

① 建安十六年:即公元211年。

② 法正:字孝直(176~220),右扶风郿县(今陕西眉县)人。初依附刘璋,后投靠刘备,历任蜀郡太守、尚书令、护军将军,为刘备的重要谋士。详见本书所选《法正传》。

③ 葭(xiá 侠)萌:即葭萌县,亦作葭明县,战国末秦于葭萌城置,属蜀郡,治所在今四川广元市西南昭化镇。西汉属广汉郡,东汉建安二十二年(217),刘备改为汉寿县。

④ 赵云:字子龙(?~229),常山真定(今河北石家庄市东北)人。蜀汉大将。详见本书所选《赵云传》。溯江:逆长江而上。

⑤ 分定:谓分头平定。

⑥ 成都:即成都县,战国秦惠王二十七年(前311)于蜀国都城成都置,为蜀郡治,治所在今四川成都市。东汉时兼为益州治,三国蜀汉建都于此。

⑦ 军师将军:官名。阶位高于军师中郎将。

⑧ 署:署理,即本任官出缺或外出,由别人暂时代理或兼摄。左将军:东汉三国时常设的高级将军名,在前、后、左、右将军中位居首位,负责京师兵卫和边防屯警,讨伐四夷。位次于九卿,高于其他临时设置的杂号将军。刘备时任左将军,外出,即以诸葛亮署理左将军府事。

⑨ 足食足兵:粮食、军备充足。语出《论语·颜渊》:"子贡问政。子曰:'足食,足兵,民信之矣。'"

⑩ 二十六年:谓建安二十六年,即公元221年。汉献帝建安年号止于二十五年(220)二月,曹丕继曹操为魏王,即改年号建安为"延康",同年十月,曹丕受禅代汉称帝,改元黄初,称黄初元年(220)。刘备不承认曹魏政权,

故沿用建安年号。

⑪称尊号:指即帝位。

⑫吴汉:字子颜(? ~44),南阳宛县(今河南南阳市)人。早年贩马为业,归顺刘秀后,协助他建立东汉,官至大司马,封广平侯。居云台二十八将之第二位。卒谥忠侯。《后汉书》卷一八有传。耿弇(yǎn演):字伯昭(3~58),扶风茂陵(治今陕西兴平市东北)人。辅佐刘秀历任偏将军、建威大将军,封好畤侯。居云台二十八将之第四位。卒谥愍侯。《后汉书》卷一九有传。世祖:即东汉刘秀(前5~57),字文叔,南阳郡蔡阳(今湖北枣阳市)人,汉高祖刘邦九世孙。在反抗新莽王朝的斗争中,刘秀与其兄刘縯组成舂陵军,并与新市、平林、下江这三支绿林军中的最大的主力进行了联合,最终建立东汉王朝,即汉光武帝(25~57在位),庙号世祖。《后汉书》卷一有纪。

⑬耿纯:字伯山(? ~37),巨鹿郡宋子县(今河北邢台市新河县)人,济南太守耿艾之子。先从更始帝刘玄,后归顺刘秀,力劝刘秀称帝。拜太中大夫、东郡太守,封东光侯。云台二十八将之第十三位。卒谥成侯。《后汉书》卷二一有传。

⑭喁喁(yóngyóng庸庸):仰望期待貌。

⑮冀有所望:意谓有所企盼。

⑯士大夫:这里谓将佐、将士。求主:谓寻找新的主公。

⑰无为从公:谓没必要追随您。《后汉书·光武帝纪》记述耿纯劝进之言:"天下士大夫捐亲戚,弃土壤,从大王于矢石之间者,其计固望其攀龙鳞,附凤翼,以成其所志耳。今功业即定,天人亦应,而大王留时逆众,不正号位,纯恐士大夫望绝计穷,则有去归之思,无为久自苦也。大众一散,难可复合。时不可留,众不可逆。"可参考。

⑱深至:深远。

⑲然诺:应允。

⑳苗族:后裔,子孙。

㉑绍世:继承世系。

㉒尺寸之功:微小的功劳。这属于对君主言事的谦辞。

㉓策:策命,即以策书封官授爵。

㉔朕(zhèn 镇):秦始皇二十六年起定为帝王自称之词,沿用至清。《史记·秦始皇本纪》:"臣等昧死上尊号,王为'泰皇',命为'制',令为'诏',天子自称曰'朕'。"遭家不造:意谓刘氏皇族家室遭遇不幸。语出《诗经·周颂·闵予小子》:"闵予小子,遭家不造。"

㉕奉承:继承。大统:帝业,帝位。

㉖兢兢业业:谨慎戒惧貌。语出《尚书·虞夏书·皋陶谟》:"兢兢业业,一日二日万几。"孔传:"兢兢,戒慎;业业,危惧。"

㉗康宁:安宁。《尚书·周书·多士》:"非我一人奉德不康宁。"孔传:"非我天子奉德不能使民安之。"

㉘靖:安定。

㉙绥(suí 随):安,安抚。

㉚於(wū 乌)戏:感叹词。同"呜呼"。

㉛无怠:不要懈怠。阙:过失。

㉜宣:昭示。重(chóng 崇)光:比喻累世盛德,辉光相承。语出《尚书·周书·顾命》:"昔君文王、武王,宣重光。"孔传:"言昔先君文武,布其重光累圣之德。"

㉝勖(xù 续):勉励。

㉞录尚书事:官名。又称领尚书事、平尚书事,意即总揽尚书台事务。属于东汉与三国的最高文职称号。

㉟假节:东汉末至三国,掌地方军政的官往往加使持节、持节或假节的称号。使持节得诛杀中级以下官吏,持节得杀无官职的人,假节得杀犯军

令者。

㊱司隶校尉：官名。负责维护京师治安，纠察京师除三公以外的百官违法者，并治理司隶州所辖各郡，统率一支人数达一千二百名的军队，秩比二千石。东汉时位尊权重，与御史中丞、尚书台并称"三独坐"。三国沿置。裴注引《蜀记》曰："晋初扶风王骏镇关中，司马高平刘宝、长史荥阳桓隰诸官属士大夫共论诸葛亮，于时谭者多讥亮托身非所，劳困蜀民，力小谋大，不能度德量力。金城郭冲以为亮权智英略，有逾管、晏，功业未济，论者惑焉，条亮五事隐没不闻于世者，宝等亦不能复难。扶风王慨然善冲之言。"又云："臣松之以为，亮之异美，诚所愿闻，然冲之所说，实皆可疑，谨随事难之如左：其一事曰：亮刑法峻急，刻剥百姓，自君子小人咸怀怨叹，法正谏曰：'昔高祖入关，约法三章，秦民知德，今君假借威力，跨据一州，初有其国，未垂惠抚；且客主之义，宜相降下，愿缓刑弛禁，以慰其望。'亮答曰：'君知其一，未知其二。秦以无道，政苛民怨，匹夫大呼，天下土崩，高祖因之，可以弘济。刘璋暗弱，自焉已来有累世之恩，文法羁縻，互相承奉，德政不举，威刑不肃。蜀土人士，专权自恣，君臣之道，渐以陵替；宠之以位，位极则贱，顺之以恩，恩竭则慢。所以致弊，实由于此。吾今威之以法，法行则知恩，限之以爵，爵加则知荣；荣恩并济，上下有节。为治之要，于斯而著。'难曰：案法正在刘主前死，今称法正谏，则刘主在也。诸葛职为股肱，事归元首，刘主之世，亮又未领益州，庆赏刑政，不出于己。寻冲所述亮答，专自有其能，有违人臣自处之宜。以亮谦顺之体，殆必不然。又云亮刑法峻急，刻剥百姓，未闻善政以刻剥为称。其二事曰：曹公遣刺客见刘备，方得交接，开论伐魏形势，甚合备计。稍欲亲近，刺者尚未得便会，既而亮入，魏客神色失措。亮因而察之，亦知非常人。须臾，客如厕，备谓亮曰：'向得奇士，足以助君补益。'亮问所在，备曰：'起者其人也。'亮徐叹曰：'观客色动而神惧，视低而忤数，奸形外漏，邪心内藏，必曹氏刺客也。'追之，已越墙而走。难曰：凡为

刺客，皆暴虎冯河，死而无悔者也。刘主有知人之鉴，而惑于此客，则此客必一时之奇士也。又语诸葛云'足以助君补益'，则亦诸葛之流亚也。凡如诸葛之俦，鲜有为人作刺客者矣。时主亦当惜其器用，必不投之死地也。且此人不死，要应显达为魏，竟是谁乎？何其寂蔑而无闻！"

章武三年春①，先主于永安病笃②，召亮于成都，属以后事③，谓亮曰："君才十倍曹丕④，必能安国，终定大事。若嗣子可辅⑤，辅之；如其不才，君可自取⑥。"亮涕泣曰："臣敢竭股肱之力，效忠贞之节，继之以死⑦！"先主又为诏敕后主曰⑧："汝与丞相从事⑨，事之如父⑩。"建兴元年⑪，封亮武乡侯⑫，开府治事⑬。顷之，又领益州牧。政事无巨细，咸决于亮。南中诸郡⑭，并皆叛乱，亮以新遭大丧，故未便加兵，且遣使聘吴⑮，因结和亲⑯，遂为与国⑰。

[注释]

①章武三年：即公元223年。章武，汉昭烈帝刘备的年号。

②永安：即永安县，三国蜀汉章武二年（222）改鱼复县置，治所在今重庆奉节县东十里白帝城。病笃（dǔ赌）：病势沉重。

③属（zhǔ嘱）：委托，嘱咐。

④曹丕：字子桓(187~226)，曹操次子。建安十六年（211），拜五官中郎将，为丞相之副。建安二十二年（217），立为魏太子。建安二十五年（220）正月，曹操卒，嗣位为丞相、魏王。十月代汉称帝，国号魏。在位七年，选官实行九品中正制，意在维护士族门阀特权，欲统一中国而先死。史称魏文帝。中国文学史上著名诗人，文论有《典论·论文》传世。《三国志》卷二有纪。

⑤嗣子:帝王或诸侯的承嗣子(多为嫡长子)。这里即指刘禅,即位后称"后主"。

⑥君可自取:意谓您可以自行选取代替刘禅的皇子为君。这一解释较刘备欲请诸葛亮自立为帝的说法更合情理。参见方北辰《刘备遗嘱"君自可取"句辨释》(载《魏晋南北朝史研究》,湖北人民出版社1996年版)、《刘备遗嘱问题再考察》(载《成都大学学报》2008年第6期)。另有论者认为这是刘备在并受遗诏的李严面前巩固诸葛亮的独特地位,预防旧人另有图谋。参见田余庆《蜀史四题》(载《秦汉魏晋史探微》,中华书局2011年版)。

⑦"臣敢"三句:语本《左传·僖公九年》有关晋献公临终托孤(奚齐)于荀息,荀息作答的言语:"臣竭其股肱之力,加之以忠贞。其济,君之灵也;不济,则以死继之。"敢,犹言"敢不"。股肱(gōng公),大腿和胳膊。比喻左右辅佐之臣。《尚书·虞夏书·益稷》:"臣作朕股肱耳目。"忠贞,忠诚坚贞。《国语·晋语二》:"昔君问臣事君于我,我对以忠贞,君曰:'何谓也?'我对曰:'可以利公室,力有所能,无不为,忠也;葬死者,养生者,死人复生不悔,生人不愧,贞也。'"

⑧敕(chì赤):诫饬,告诫。

⑨从事:行事,办事。

⑩事之如父:裴注引孙盛曰:"夫杖道扶义,体存信顺,然后能匡主济功,终定大业。语曰'弈者举棋不定,犹不胜其偶',况量君之才否而二三其节,可以摧服强邻囊括四海者乎?备之命亮,乱孰甚焉!世或有谓备欲以固委付之诚,且以一蜀人之志。君子曰:'不然!苟所寄忠贤,则不须若斯之诲;如非其人,不宜启篡逆之涂。'是以古之顾命,必贻话言;诡伪之辞,非托孤之谓。幸值刘禅暗弱,无猜险之性,诸葛威略,足以检卫异端,故使异同之心无由自起耳。不然,殆生疑隙不逞之衅。谓之为权,不亦惑哉!"

⑪建兴元年:即公元223年。建兴,蜀汉后主第一个年号(223~237)。

⑫武乡侯：封爵名。属列侯中的乡侯，食邑武乡。武乡，即今陕西汉中市东北武乡镇。潘眉《三国志考证》卷六认为武乡是琅邪郡的一个县。三国时的封爵制度，多以受封者本郡的县为封土，虽不在本国版图之内，也可遥领。诸葛亮是琅邪郡人，故以琅邪的武乡封他，犹如张飞涿郡人，封西乡侯，西乡是涿郡的县名，皆县侯，不是乡侯。可参考。但秦汉三国的琅邪郡并无武乡县，只有武乡侯国，西汉置，并非是县。

⑬开府：古代指高级官员（如三公、大将军、将军等）成立府署，选置僚属。诸葛亮是蜀汉丞相，故可开府。

⑭南中：指今川南与云贵一带，当时为各少数民族聚居地区。

⑮聘：聘问。专指天子与诸侯或诸侯与诸侯间的遣使通问。《礼记·曲礼下》："诸侯使大夫问于诸侯曰聘。"

⑯和亲：谓和睦相亲。

⑰与国：盟国，友邦。裴注引《亮集》曰："是岁，魏司徒华歆、司空王朗、尚书令陈群、太史令许芝、谒者仆射诸葛璋各有书与亮，陈天命人事，欲使举国称藩。亮遂不报书，作《正议》曰：'昔在项羽，起不由德，虽处华夏，秉帝者之势，卒就汤镬，为后永戒。魏不审鉴，今次之矣；免身为幸，戒在子孙。而二三子各以耆艾之齿，承伪指而进书，有若崇、𬇙称莽之功，亦将偏于元祸苟免者邪！昔世祖之创迹旧基，奋赢卒数千，摧莽强旅四十馀万于昆阳之郊。夫据道讨淫，不在众寡。及至孟德，以其谲胜之力，举数十万之师，救张郃于阳平，势穷虑悔，仅能自脱，辱其锋锐之众，遂丧汉中之地，深知神器不可妄获，旋还未至，感毒而死。子桓淫逸，继之以篡。纵使二三子多逞苏、张诡靡之说，奉进驩兜滔天之辞，欲以诬毁唐帝，讽解禹、稷，所谓徒丧文藻烦劳翰墨者矣。夫大人君子之所不为也。又军诫曰："万人必死，横行天下。"昔轩辕氏整卒数万，制四方，定海内，况以数十万之众，据正道而临有罪，可得干拟者哉！'"

三年春①,亮率众南征②,其秋悉平。军资所出③,国以富饶④,乃治戎讲武⑤,以俟大举⑥。五年,率诸军北驻汉中⑦,临发,上疏曰⑧:

先帝创业未半而中道崩殂⑨,今天下三分,益州疲弊⑩,此诚危急存亡之秋也⑪。然侍卫之臣不懈于内⑫,忠志之士忘身于外者⑬,盖追先帝之殊遇⑭,欲报之于陛下也。诚宜开张圣听⑮,以光先帝遗德,恢弘志士之气⑯,不宜妄自菲薄⑰,引喻失义⑱,以塞忠谏之路也⑲。宫中府中俱为一体⑳,陟罚臧否㉑,不宜异同㉒。若有作奸犯科及为忠善者㉓,宜付有司论其刑赏㉔,以昭陛下平明之理㉕,不宜偏私,使内外异法也。侍中、侍郎郭攸之、费祎、董允等㉖,此皆良实㉗,志虑忠纯㉘,是以先帝简拔以遗陛下㉙。愚以为宫中之事㉚,事无大小,悉以咨之㉛,然后施行,必能裨补阙漏㉜,有所广益。将军向宠㉝,性行淑均㉞,晓畅军事,试用于昔日,先帝称之曰能,是以众议举宠为督㉟。愚以为营中之事,悉以咨之,必能使行陈和睦㊱,优劣得所。亲贤臣,远小人,此先汉所以兴隆也㊲;亲小人,远贤臣,此后汉所以倾颓也㊳。先帝在时,每与臣论此事,未尝不叹息痛恨于桓、灵也㊴。侍中、尚书、长史、参军㊵,此悉贞良死节之臣㊶,愿陛下亲之信之,则汉室之隆,可计日而待也㊷。

[注释]

①三年:即蜀汉后主建兴三年(225)。

②南征:谓平定南中。裴注云:"诏赐亮金铁钺一具,曲盖一,前后羽葆

鼓吹各一部,虎贲六十人。事在《亮集》。"

③军资:指军用物资。晋常璩《华阳国志》卷四《南中志》:"亮收其俊杰建宁爨习、朱提孟琰及(孟)获为官属,习官至领军,琰辅汉将军,获御史中丞。出其金、银、丹、漆、耕牛、战马给军国之用。"

④国以富饶:裴注引《汉晋春秋》曰:"亮至南中,所在战捷。闻孟获者,为夷、汉所服,募生致之。既得,使观于营陈之间,问曰:'此军何如?'获对曰:'向者不知虚实,故败。今蒙赐观看营陈,若祇如此,即定易胜耳。'亮笑,纵使更战,七纵七禽,而亮犹遣获。获止不去,曰:'公,天威也,南人不复反矣。'遂至滇池。南中平,皆即其渠率而用之。或以谏亮,亮曰:'若留外人,则当留兵,兵留则无所食,一不易也;加夷新伤破,父兄死丧,留外人而无兵者,必成祸患,二不易也;又夷累有废杀之罪,自嫌衅重,若留外人,终不相信,三不易也;今吾欲使不留兵,不运粮,而纲纪粗定,夷、汉粗安故耳。'"

⑤治戎:治军。讲武:讲习武事。

⑥大举:谓大兴军旅。

⑦汉中:即汉中郡,战国秦惠王更元十三年(前312)置,治所南郑县(今陕西汉中市东),因水为名,辖境相当于今陕西秦岭以南,留坝、勉县以东,乾祐河流域以及湖北郧县、保康以西,米仓山、大巴山以北地。东汉末为张鲁所据,改为汉宁郡。建安二十年(215)复改汉中郡。

⑧上疏:此即诸葛亮《出师表》,南朝梁萧统编《文选》卷三七收录,文字小有不同。

⑨先帝:谓刘备。中道:中途。崩殂(cú促阳平):指帝王之死。

⑩益州疲弊:谓蜀汉国力穷困。疲弊,困苦穷乏。

⑪危急存亡:谓情势危险急迫,关系到生存或灭亡。秋:指某一时期、某一时刻。《文选〈出师表〉》唐李善注:"岁以秋为功毕,故以喻时之要也。"

⑫侍卫之臣:谓皇宫之内的侍从近臣。

⑬忠志之士:谓皇宫以外的忠诚臣僚。

⑭追:怀念。殊遇:特别的知遇。多指帝王的恩宠、信任。

⑮开张圣听:谓广泛听取群臣的意见,即广开言路。

⑯恢弘:发扬,扩大。志士:有远大志向的人。

⑰妄自菲薄:不知自重,毫无根据地看轻自己。

⑱引喻失义:谓称引比喻不合时宜。

⑲忠谏:忠心规劝。

⑳宫中:谓宫廷禁中。府中:主要指丞相府。

㉑陟(zhì 志)罚:谓提拔或惩罚。臧否(pǐ 痞):品评,褒贬。

㉒异同:不同,不一致。

㉓作奸犯科:为非作歹,干犯律条。

㉔有司:官吏。古代设官分职,各有专司,故称。

㉕平明:平正明察。

㉖侍中:官名。秦始置,两汉沿置,为正规官职外的加官之一。因侍从皇帝左右,出入宫廷,与闻朝政,逐渐变为亲信贵重之职。三国时秩比二千石,第三品。侍郎:这里谓黄门侍郎,官名。又称给事黄门侍郎、黄门郎,少府的属官。为皇帝身边侍从,出入宫禁内外通报传递;诸王在殿上朝见天子,引王就座,秩六百石,三国时为第五品。郭攸之:字演长(生卒年不详),南阳(今属河南)人。仕蜀汉,历任黄门侍郎、侍中。费祎(yī 伊):字文伟(?~253),江夏鄳县(治今河南信阳东北)人。初为太子舍人,迁黄门侍郎、侍中,后继蒋琬执政,任大将军,录尚书事。延熙十六年(253)正月,为魏降人郭修刺死。《三国志》卷四四有传。董允:字修昭(?~246),南郡枝江(治今湖北枝江东北)人,董和之子。仕蜀汉,历任黄门侍郎、侍中,守尚书令,为大将军费祎副贰。《三国志》卷三九有传。

㉗良实:忠良信实。

㉘志虑:精神,思想。忠纯:忠诚纯正。

㉙简拔:选拔,选择。遗(wèi位):留给。

㉚愚:自称之谦词。

㉛咨:征询,商议。

㉜裨(bì必)补:增加补益。阙(quē缺)漏:缺失遗漏。

㉝向宠:襄阳宜城(今湖北宜城南)人(？~240),向朗之侄。仕蜀汉,历任牙门将、中部督、典宿卫兵,封都亭侯,迁中领军。延熙三年(240),率兵进攻汉嘉郡少数民族,被杀。《三国志》卷四一有传。

㉞性行:本性与行为。淑均:善良公正。

㉟督:即中部督,官名。蜀汉负责宫廷守卫的长官。

㊱行陈(hángzhèn航阵):行伍。指军队。

㊲先汉:这里当指汉朝前期,包括后世人所谓"东汉"的前期。

㊳后汉:这里当指汉朝后期,主要指汉桓帝、汉灵帝以后的时代。倾颓:衰亡,衰败。

㊴桓:即汉桓帝刘志(132~167),在位期间(146~167)宦官专权,曾发生东汉第一次党锢之祸。灵:即汉灵帝刘宏(156~189),初袭父爵为解渎亭侯。永康元年(167),汉桓帝卒,无子,被窦太后及其父窦武迎立为帝。在位期间,宦官专权,制造第二次党锢之祸,纵情声色,朝政腐败,与汉桓帝同为著名昏君,史称"桓灵"。

㊵侍中:这里指郭攸之、费祎。尚书:这里指陈震(？~235),字孝起,南阳(今属河南)人。刘备领荆州牧,辟为从事。历任汶山太守、尚书、尚书令、卫尉,封城阳亭侯。建兴七年(229)出使东吴,贺孙权称尊号,诸葛亮与其兄诸葛瑾书云:"孝起忠纯之性,老而益笃,及其赞述东西,欢乐和合,有可贵者。"《三国志》卷三九有传。尚书,官名。始置于战国时,或称掌书,尚即执掌之义。秦为少府属官,汉武帝提高皇权,因尚书在皇帝左右办事,掌

管文书奏章,地位逐渐重要。东汉时,尚书有官署在宫禁中,称尚书台,遂成为代表君主意志的近臣。尚书的首脑为尚书令,有尚书仆射二人、五曹尚书五人。长(zhǎng掌)史:这里指张裔(?~230),字君嗣,蜀郡成都(今属四川)人。历任偏将军、长史,领丞相府事。治《公羊春秋》。《三国志》卷四一有传。长史,官名。东汉三国时,三公及常设将军等所置属官,其职责为总理各曹事务,辅佐三公及将军。参军:这里指蒋琬(?~246),字公琰,零陵湘乡(今属湖南)人。初为诸葛亮属下书记,后历任丞相参军、丞相长史。诸葛亮去世后,历任尚书令,迁大将军,录尚书事,加大司马。为人沉静稳重,治国有方。《三国志》卷四四有传。参军,官名。三国时,太尉、丞相、常设将军等所置属官,其职为参谋军事。

㊶贞良:忠良,忠正诚信。死节:为保全节操而死。

㊷计日而待:犹言为期不远。

　　臣本布衣①,躬耕于南阳②,苟全性命于乱世③,不求闻达于诸侯④。先帝不以臣卑鄙⑤,猥自枉屈⑥,三顾臣于草庐之中,咨臣以当世之事⑦,由是感激⑧,遂许先帝以驱驰⑨。后值倾覆⑩,受任于败军之际,奉命于危难之间⑪,尔来二十有一年矣⑫。先帝知臣谨慎,故临崩寄臣以大事也。受命以来,夙夜忧叹⑬,恐托付不效,以伤先帝之明,故五月渡泸⑭,深入不毛⑮。今南方已定,兵甲已足,当奖率三军⑯,北定中原⑰,庶竭驽钝⑱,攘除奸凶⑲,兴复汉室,还于旧都⑳。此臣所以报先帝,而忠陛下之职分也㉑。

[注释]

①布衣:借指平民。古代平民不能衣锦绣,故称。

②南阳:即南阳郡,战国秦昭襄王三十五年(前272)置,治所宛(yuān 渊)县(今河南南阳市)。西汉辖境相当于今河南桐柏县以西,湖北丹江口市以东,河南鲁山县以南,河南邓州市及湖北广水市以北地。诸葛亮躬耕于邓县隆中,当时属南阳郡,故称。

③苟全:苟且求全。性命:生命。

④闻(wèn 闻去声)达:有名望;显达。诸侯:喻指掌握军政大权的地方长官。

⑤卑鄙:低微鄙陋。

⑥猥(wěi 伟):副词。犹辱、承。谦词。枉屈:谓屈尊就卑。

⑦谘(zī 咨):商议,征询。

⑧感激:感奋激发。

⑨驱驰:策马快跑。喻奔走效力。

⑩倾覆:颠覆。建安十三年(208)七月,曹操南征,刘备败走当阳。

⑪"奉命"句:指诸葛亮受命到柴桑会见孙权,奠定了孙刘联合抗曹的基础,并导致赤壁之战曹军的失败。

⑫二十有一年:从汉建安十二年(207)诸葛亮辅佐刘备开始,至蜀汉建兴五年(227)诸葛亮上《出师表》,已历经二十一年。裴注云:"臣松之案:刘备以建安十三年败,遣亮使吴,亮以建兴五年抗表北伐,自倾覆至此整二十年。然则备始与亮相遇,在败军之前一年时也。"

⑬夙(sù 素)夜:朝夕,日夜。

⑭五月渡泸:蜀汉后主建兴三年(225)三月诸葛亮南征,五月渡过泸水。泸,泸水,即今雅砻江下流及与雅砻江合流后至云南巧家县一段的金沙江,流经四川、云南二省间。北魏郦道元《水经注》卷三六引《益州记》曰:"泸水源出曲罗巂下三百里,曰泸水。两峰有杀气,暑月旧不行,故武侯以夏渡为艰。"

⑮不毛:不生植物。指荒瘠。裴注引《汉书·地理志》曰:"泸惟水出牂
柯郡句町县。"

⑯奖率:谓奖励并率领。三军:这里是军队的通称。

⑰中原:地区名。广义指整个黄河流域,狭义指今河南一带。这里用其
狭义的河南一带,即指曹魏政权。

⑱庶:副词。希望,但愿。驽钝:指低下的才能。属于诸葛亮自谦的
比喻。

⑲攘(rǎng 嚷)除:驱除,铲除。奸凶:指奸诈凶恶的人。

⑳旧都:这里当指西汉京师长安。时魏明帝曹叡定都洛阳。

㉑职分(fèn 奋):这里谓丞相职务上应尽的本分。

至于斟酌损益①,进尽忠言②,则攸之、祎、允之任也。愿陛
下托臣以讨贼兴复之效;不效,则治臣之罪,以告先帝之灵。若
无兴德之言③,则责攸之、祎、允等之慢④,以彰其咎⑤。陛下亦宜
自谋⑥,以谘诹善道⑦,察纳雅言⑧,深追先帝遗诏。臣不胜受恩
感激,今当远离,临表涕零⑨,不知所言。

遂行,屯于沔阳⑩。

[注释]

①斟酌:意谓反复考虑、择善而定。损益:谓增减、兴革。

②进尽忠言:谓启奏竭尽忠诚的言语。

③兴德:发扬圣德。

④慢:轻率随便。

⑤彰：揭示，昭示。咎(jiù旧)：罪过，过失。

⑥自谋：自我谋划。

⑦谘诹(zōu邹)：征询，访问。善道：犹正道。

⑧察纳：谓考察采纳。雅言：指正确合理的言论。

⑨涕零：流泪，落泪。

⑩沔(miǎn免)阳：西汉置，属汉中郡，治所在今陕西勉县东旧州铺。裴注引郭冲三事曰："亮屯于阳平，遣魏延诸军并兵东下，亮惟留万人守城。晋宣帝率二十万众拒亮，而与延军错道，径至前，当亮六十里所，侦候白宣帝说亮在城中兵少力弱。亮亦知宣帝垂至，已与相偪，欲前赴延军，相去又远，回迹反追，势不相及，将士失色，莫知其计。亮意气自若，敕军中皆卧旗息鼓，不得妄出庵幔，又令大开四城门，扫地却洒。宣帝常谓亮持重，而猥见势弱，疑其有伏兵，于是引军北趣山。明日食时，亮谓参佐拊手大笑曰：'司马懿必谓吾怯，将有强伏，循山走矣。'候逻还白，如亮所言。宣帝后知，深以为恨。"又云："难曰：案阳平在汉中。亮初屯阳平，宣帝尚为荆州都督，镇宛城，至曹真死后，始与亮于关中相抗御耳。魏尝遣宣帝自宛由西城伐蜀，值霖雨，不果。此之前后，无复有于阳平交兵事。就如冲言，宣帝既举二十万众，已知亮兵少力弱，若疑其有伏兵，正可设防持重，何至便走乎？案《魏延传》云：'延每随亮出，辄欲请精兵万人，与亮异道会于潼关，亮制而不许；延常谓亮为怯，叹己才用之不尽也。'亮尚不以延为万人别统，岂得如冲言，顿使将重兵在前，而以轻弱自守乎？且冲与扶风王言，显彰宣帝之短，对子毁父，理所不容，而云'扶风王慨然善冲之言'，故知此书举引皆虚。"

六年春①，扬声由斜谷道取郿②，使赵云、邓芝为疑军③，据箕谷④，魏大将军曹真举众拒之⑤。亮身率诸军攻祁山⑥，戎陈整齐⑦，赏罚肃而号令明⑧,南安、天水、安定三郡叛魏应亮⑨,关中响震⑩。魏明帝西镇长安⑪,命张郃拒亮⑫,亮使马谡督诸军在前⑬,与郃战于街亭⑭。谡违亮节度⑮,举动失宜,大为郃所破。亮拔西县千馀家⑯,还于汉中⑰,戮谡以谢众⑱。上疏曰:"臣以弱才,叨窃非据⑲,亲秉旄钺以厉三军⑳,不能训章明法㉑,临事而惧㉒,至有街亭违命之阙㉓,箕谷不戒之失㉔,咎皆在臣授任无方㉕。臣明不知人㉖,恤事多暗㉗,《春秋》责帅㉘,臣职是当㉙。请自贬三等,以督厥咎㉚。"于是以亮为右将军㉛,行丞相事㉜,所总统如前㉝。

[注释]

①六年:即蜀汉建兴六年(228)。

②扬声:扬言。斜(yé爷)谷:山谷名。在陕西终南山。谷有二口,南曰褒,北曰斜,故亦称褒斜谷。全长四百七十里。两旁山势峻险。扼关陕而控川蜀,古来为兵家必争之地。郿:即郿县,战国秦置,属内史,治所在今陕西眉县东十五里渭河北岸。西汉属右扶风,右辅都尉驻此。三国魏属扶风郡。

③邓芝:字伯苗(? ~251),义阳新野(治今河南新野南)人,邓禹之后。刘备占据益州,历任郫令、广汉太守、尚书。刘备死后,为恢复吴蜀联盟贡献尤多。诸葛亮北伐,任中监军、扬武将军。亮卒,迁前军师、前将军,领兖州刺史,封阳武亭侯,迁车骑将军,假节。《三国志》卷四五有传。疑军:犹疑兵,谓迷惑敌军从而导致其误判的部署。

④箕谷:地名。方北辰译注《三国志全本今译注》:"箕谷:地名。通常认为在今陕西汉中市西北褒城镇北,即褒斜道的南口附近,这是不对的……箕谷的正确位置,应在今陕西太白县附近的褒河谷中。参见郭荣章《石门摩崖刻石研究》中《三国时的褒斜栈道》一文。"

⑤大将军曹真：字子丹(？～231)，谯(今安徽亳州市)人，曹操族子。魏文帝时任中军大将军。文帝卒，他与陈群、司马懿、曹休等受遗诏，辅佐魏明帝曹叡，进位大将军。魏太和二年(228)以后，屡与伐魏的蜀汉诸葛亮交战，后因病死于洛阳。《三国志》卷九有传。大将军，将军的最高称号，执掌统兵征伐。东汉大将军多由贵戚担任，是中央政府的实际掌权者，权位、俸禄皆超越三公。三国时为第一品。

⑥祁山：山脉名。位于今甘肃礼县东四十里祁山乡。

⑦戎陈(zhèn阵)：亦作"戎阵"，军伍，战阵。

⑧肃：严格。

⑨南安：即南安郡，东汉中平五年(188)分汉阳郡置，治所獂道县(今甘肃陇西东南三台乡)，辖境相当于今甘肃陇西县东部及定西、武山二县地。天水：即天水郡，西汉元鼎三年(前114)置，治所平襄县(今甘肃通渭县)，辖境相当于今甘肃通渭、静宁、秦安、定西、清水、庄浪、甘谷、张家川等县及天水市西北部，陇西县东部，榆中县东北部地。东汉永平十七年(74)改为汉阳郡，并移治冀县(今甘肃甘谷县南)。三国魏仍改称天水郡。安定：即安定郡，西汉元鼎三年(前114)置，治所高平县(今宁夏固原)，辖境相当于今甘肃景泰、靖远、会宁、平凉、泾川、镇原及宁夏中宁、中卫、同心、固原、彭阳等地。东汉属凉州，移治临泾县(今甘肃镇原东南)。

⑩关中：地区名，即今陕西关中盆地，因东有函谷关，南有武关，北有萧关，西有散关，地处四关之中，故称。响震：惊惧，骚乱。裴注引《魏略》曰："始，国家以蜀中惟有刘备。备既死，数岁寂然无声，是以略无备预；而卒闻亮出，朝野恐惧，陇右、祁山尤甚，故三郡同时应亮。"

⑪魏明帝：即曹叡(ruì瑞，205～239)，魏文帝曹丕长子，母甄氏。魏文帝黄初七年(226)即位，魏明帝景初三年(239)卒，在位十四年。庙号烈祖，谥号明皇帝，葬高平陵。《三国志》卷三有纪。长安：即长安县，西汉故都，

为京兆尹治,治所在今陕西西安市西北。

⑫张郃(hé 禾):字儁乂(? ~231),河间鄚县(今河北任丘北)人。原为袁绍部将,官渡之战中投降曹操。能征善战,有勇有谋,颇得曹操信任。曹丕代汉称帝后,封鄚侯,拜征西车骑将军。魏太和五年(231),与诸葛亮祁山交战,飞矢中右膝,伤重卒,谥壮侯。《三国志》卷一七有传。

⑬马谡(sù 素):字幼常(190~228),襄阳宜城(治今湖北宜城南)人,马良之弟。仕蜀汉,历任荆州从事、成都令、丞相参军。蜀汉建兴元年(228),诸葛亮首次北伐,镇守街亭失利,被斩首。详见本书所选《马良传》。

⑭街亭:又作"街泉亭",在今甘肃张家川回族自治县西北。或谓在今甘肃天水市东南的街子镇。

⑮节度:调度,指挥。

⑯西县:秦于故西犬丘地置,属陇西郡,治所在今甘肃天水市西南九十里。

⑰还于汉中:裴注引郭冲四事曰:"亮出祁山,陇西、南安二郡应时降,围天水,拔冀城,虏姜维,驱略士女数千人还蜀。人皆贺亮,亮颜色愀然有戚容,谢曰:'普天之下,莫非汉民,国家威力未举,使百姓困于豺狼之吻。一夫有死,皆亮之罪,以此相贺,能不为愧!'于是蜀人咸知亮有吞魏之志,非惟拓境而已。"又云:"难曰:亮有吞魏之志久矣,不始于此众人方知也,且于时师出无成,伤缺而反者众,三郡归降而不能有。姜维,天水之匹夫耳,获之则于魏何损?拔西县千家,不补街亭所丧,以何为功,而蜀人相贺乎?"

⑱戮(lù 录):杀。谢:道歉,认错。

⑲叨窃:自谦无才而据有其位。非据:才不称职的谦词。语出《周易·系辞下》:"非所据而据焉,身必危。"

⑳旄钺:白旄和黄钺。借指军权。语本《尚书·周书·牧誓》:"王左杖黄钺,右秉白旄以麾。"宋蔡沈集传:"钺,斧也,以黄金为饰……旄,军中指

麾,白则见远。"厉:操练,整饬。

㉑训章:谓训导法规。明法:谓严明法纪。

㉒临事而惧:谓遇事谨慎戒惧。语出《论语·述而》:"暴虎冯河,死而无悔者,吾不与也。必也临事而惧,好谋而成者也。"

㉓违命之阙:指马谡违背命令的疏失。

㉔箕谷不戒之失:指赵云、邓芝在箕谷以弱敌强,被曹真击败一事,以"不至大败",故曰"不戒之失"。详见本书所选《赵云传》。

㉕授任:授官任命。无方:不得法。

㉖明:明显的意思。

㉗恤事:谓考虑问题。暗:愚昧,昏乱。

㉘春秋责帅:意谓《春秋》记述战争中偏师失利,也要追究主帅的责任。据《左传·宣公十二年》,鲁宣公十二年(前579),晋军因为郑国与楚军交战,荀林父为晋国主帅,先縠为副帅,后者不听主帅指挥,以偏师作战失利。韩厥对荀林父说:"彘子(即先縠)以偏师陷,子罪大矣。子为元帅,师不用命,谁之罪也?"

㉙臣职是当:意谓我的职务当承担军事失利的责任。

㉚以督厥咎:意谓用来督促我正视自己的错误。

㉛右将军:东汉时常设的前、后、左、右四将军之一,位次九卿,开府治事,有属官。位次于左将军。

㉜行:代理。

㉝总统:总揽,总管。《汉书·百官公卿表上》:"太师、太傅、太保,是为三公,盖参天子,坐而议政,无不总统,故不以一职为官名。"裴注引《汉晋春秋》曰:"或劝亮更发兵者,亮曰:'大军在祁山、箕谷,皆多于贼,而不能破贼为贼所破者,则此病不在兵少也,在一人耳。今欲减兵省将,明罚思过,校变通之道于将来;若不能然者,虽兵多何益!自今已后,诸有忠虑于国,但勤攻

吾之阙,则事可定,贼可死,功可跷足而待矣。'于是考微劳,甄烈壮,引咎责躬,布所失于天下,厉兵讲武,以为后图,戎士简练,民忘其败矣。亮闻孙权破曹休,魏兵东下,关中虚弱。十一月,上言曰:'先帝虑汉、贼不两立,王业不偏安,故托臣以讨贼也。以先帝之明,量臣之才,故知臣伐贼才弱敌强也;然不伐贼,王业亦亡,惟坐待亡,孰与伐之?是故托臣而弗疑也。臣受命之日,寝不安席,食不甘味,思惟北征,宜先入南,故五月渡泸,深入不毛,并日而食。臣非不自惜也,顾王业不得偏全于蜀都,故冒危难以奉先帝之遗意也,而议者谓为非计。今贼适疲于西,又务于东,兵法乘劳,此进趋之时也。谨陈其事如左:高帝明并日月,谋臣渊深,然涉险被创,危然后安。今陛下未及高帝,谋臣不如良、平,而欲以长计取胜,坐定天下,此臣之未解一也。刘繇、王朗各据州郡,论安言计,动引圣人,群疑满腹,众难塞胸,今岁不战,明年不征,使孙策坐大,遂并江东,此臣之未解二也。曹操智计殊绝于人,其用兵也,仿佛孙、吴,然困于南阳,险于乌巢,危于祁连,偪于黎阳,几败北山,殆死潼关,然后伪定一时耳,况臣才弱,而欲以不危而定之,此臣之未解三也。曹操五攻昌霸不下,四越巢湖不成,任用李服而李服图之,委夏侯而夏侯败亡,先帝每称操为能,犹有此失,况臣驽下,何能必胜?此臣之未解四也。自臣到汉中,中间期年耳,然丧赵云、阳群、马玉、阎芝、丁立、白寿、刘郃、邓铜等及曲长屯将七十余人,突将无前。賨叟、青羌散骑、武骑一千余人,此皆数十年之内所纠合四方之精锐,非一州之所有,若复数年,则损三分之二也,当何以图敌?此臣之未解五也。今民穷兵疲,而事不可息,事不可息,则住与行劳费正等,而不及今图之,欲以一州之地与贼持久,此臣之未解六也。夫难平者,事也。昔先帝败军于楚,当此时,曹操拊手谓,天下以定。然后先帝东连吴、越,西取巴、蜀,举兵北征,夏侯授首,此操之失计而汉事将成也。然后吴更违盟,关羽毁败,秭归蹉跌,曹丕称帝。凡事如是,难可逆见。臣鞠躬尽力,死而后已,至于成败利钝,非臣之明所能逆睹也。'于是有散关之役。

此表,《亮集》所无,出张俨《默记》。"

冬,亮复出散关①,围陈仓②,曹真拒之,亮粮尽而还。魏将王双率骑追亮③,亮与战,破之,斩双。七年④,亮遣陈式攻武都、阴平⑤。魏雍州刺史郭淮率众欲击式⑥,亮自出至建威⑦,淮退还,遂平二郡。诏策亮曰:"街亭之役,咎由马谡,而君引愆⑧,深自贬抑⑨,重违君意⑩,听顺所守⑪。前年燿师⑫,馘斩王双⑬;今岁爰征⑭,郭淮遁走;降集氐、羌⑮,兴复二郡,威镇凶暴,功勋显然。方今天下骚扰,元恶未枭⑯,君受大任,干国之重⑰,而久自挹损⑱,非所以光扬洪烈矣⑲。今复君丞相,君其勿辞⑳。"

[注释]

①散关:唐以后称大散关,位于今陕西宝鸡市西南五十二里大散岭上,当秦岭孔道,扼川、陕交通咽喉,为古代军事要地。

②陈仓:即陈仓县,秦置,属内史,治所在今陕西宝鸡市东二十里渭水北岸。汉属右扶风,三国属扶风郡。

③王双:字子全(? ~228),陇西狄道(今甘肃临洮)人。历任虎威将军,蜀汉建兴六年(228),为曹真部下先锋,在追击蜀军时被斩杀。

④七年:即蜀汉建兴七年(229)。

⑤陈式:三国蜀汉将领,生平不详。武都:即武都郡,西汉元鼎六年(前111)置,治所武都县(今甘肃西和县南仇池山东麓),辖境相当于今甘肃武都、成县、徽县、西和、两当、康县及陕西凤县、略阳等县地。东汉移治下辨县(今成县西三十里)三国魏黄初中改置武都西部都尉,后入蜀。阴平:即阴平郡,三国魏置,治所阴平县(今甘肃文县西五里),辖境相当于今甘肃文

县、武都及四川平武等县地。后属蜀汉。

⑥雍州刺史郭淮:字伯济(？~255),东汉太原阳曲(今山西太原)人。建安中举孝廉,历官雍州刺史、征西将军,封阳曲侯,迁车骑将军、仪同三司。魏高贵乡公正元二年(255)卒,追赠大将军,谥贞侯。《三国志》卷二六有传。雍州,东汉兴平元年(194)分凉州河西四郡置,治所姑臧县(今甘肃武威市),建安十八年(213)移治长安县(今陕西西安市西北)。秦岭以北弘农以西诸郡系属雍州。三国魏时,辖境相当于今陕西关中平原、甘肃东南部、宁夏南部及青海黄河以南一部分地,以后逐渐缩小。

⑦建威:即建威城,在今甘肃成县西北,东汉末所置戍守处。

⑧引愆(qiān 千):承担罪过。

⑨贬抑:压低和抑制。

⑩重(zhòng 众)违:犹难违。

⑪听顺:犹顺从,听任。

⑫燿(yào 耀)师:谓显耀军威。

⑬馘(guó 国):古代战争中割取所杀敌人或俘虏的左耳以计数献功。

⑭爱征:谓变更出征路线。

⑮降(xiáng 详)集:降伏并收容。氐羌:我国古代少数民族氐族与羌族的并称。都居住在今西北一带。《诗经·商颂·殷武》:"自彼氐羌,莫敢不来享,莫敢不来王。"唐孔颖达疏:"氐羌之种,汉世仍存,其居在秦陇之西。"

⑯元恶:大恶之人,首恶。这里当指魏明帝曹叡。枭(xiāo 销):斩首悬以示众。

⑰干(gàn 赣)国:治理国家。《后汉书·史弼传》:"议郎何休又讼弼有干国之器,宜登台相。"

⑱抑(yì 义)损:压低和抑制。

⑲光扬:发扬光大,荣宠褒扬。洪烈:伟大的功业。《汉书·翟方进

传》:"此乃皇天上帝所以安我帝室,俾我成就洪烈也。"

⑳君其勿辞:裴注引《汉晋春秋》曰:"是岁,孙权称尊号,其群臣以并尊二帝来告。议者咸以为交之无益,而名体弗顺,宜显明正义,绝其盟好。亮曰:'权有僭逆之心久矣,国家所以略其衅情者,求掎角之援也。今若加显绝,仇我必深,便当移兵东伐,与之角力,须并其土,乃议中原。彼贤才尚多,将相缉穆,未可一朝定也。顿兵相持,坐而须老,使北贼得计,非算之上者。昔孝文卑辞匈奴,先帝优与吴盟,皆应权通变,弘思远益,非匹夫之为忿者也。今议者咸以权利在鼎足,不能并力,且志望以满,无上岸之情,推此,皆似是而非也。何者?其智力不侔,故限江自保;权之不能越江,犹魏贼之不能渡汉,非力有余而利不取也。若大军致讨,彼高当分裂其地以为后规,下当略民广境,示武于内,非端坐者也。若就其不动而睦于我,我之北伐,无东顾之忧,河南之众不得尽西,此之为利,亦已深矣。权僭之罪,未宜明也。'乃遣卫尉陈震庆权正号。"

九年①,亮复出祁山,以木牛运②,粮尽退军,与魏将张郃交战,射杀郃③。十二年春④,亮悉大众由斜谷出⑤,以流马运,据武功五丈原⑥,与司马宣王对于渭南⑦。亮每患粮不继,使己志不申,是以分兵屯田⑧,为久驻之基。耕者杂于渭滨居民之间,而百姓安堵⑨,军无私焉⑩。相持百余日。其年八月,亮疾病,卒于军,时年五十四⑪。及军退,宣王案行其营垒处所⑫,曰:"天下奇才也⑬!"

[注释]

①九年:即蜀汉建兴九年(231)。

②木牛:据范文澜《中国通史简编》修订本第二编,木牛即人力独轮车,

下文"流马"则是人力四轮车。按：四轮车的转向涉及"差速"机构的设计问题，当时不易解决，故"流马"似为双轮车（春秋战国时的战车皆为双轮车）。另见后裴注引《亮集》所载《作木牛流马法》。裴注引《汉晋春秋》曰："亮围祁山，招鲜卑轲比能，比能等至故北地石城以应亮。于是魏大司马曹真有疾，司马宣王自荆州入朝，魏明帝曰：'西方事重，非君莫可付者。'乃使西屯长安，督张郃、费曜、戴陵、郭淮等。宣王使曜、陵留精兵四千守上邽，馀众悉出，西救祁山。郃欲分兵驻雍、郿，宣王曰：'料前军能独当之者，将军言是也；若不能当而分为前后，此楚之三军所以为黥布禽也。'遂进。亮分兵留攻，自逆宣王于上邽。郭淮、费曜等徼亮，亮破之，因大芟刈其麦，与宣王遇于上邽之东，敛兵依险，军不得交，亮引而还。宣王寻亮至于卤城。张郃曰：'彼远来逆我，请战不得，谓我利在不战，欲以长计制之也。且祁山知大军以在近，人情自固，可止屯于此，分为奇兵，示出其后，不宜进前而不敢偪，坐失民望也。今亮县军食少，亦行去矣。'宣王不从，故寻亮。既至，又登山掘营，不肯战。贾栩、魏平数请战，因曰：'公畏蜀如虎，奈天下笑何！'宣王病之。诸将咸请战。五月辛巳，乃使张郃攻无当监何平于南围，自案中道向亮。亮使魏延、高翔、吴班赴拒，大破之，获甲首三千级，玄铠五千领，角弩三千一百张，宣王还保营。"

③射杀郃：据《三国志·张郃传》，魏明帝太和五年（231）二月，蜀诸葛亮出祁山，司马懿率张郃等拒战，蜀军粮尽退兵，张郃追击至木门，误中蜀军埋伏，被箭身亡。裴注引郭冲五事曰："魏明帝自征蜀，幸长安，遣宣王督张郃诸军，雍、凉劲卒三十馀万，潜军密进，规向剑阁。亮时在祁山，旌旗利器，守在险要，十二更下，在者八万。时魏军始陈，幡兵适交，参佐咸以贼众强盛，非力不制，宜权停下兵一月，以并声势。亮曰：'吾统武行师，以大信为本，得原失信，古人所惜；去者束装以待期，妻子鹤望而计日，虽临征难，义所不废。'皆催遣令去。于是去者感悦，愿留一战，住者愤踊，思致死命。相谓

曰:'诸葛公之恩,死犹不报也。'临战之日,莫不拔刃争先,以一当十,杀张郃,却宣王,一战大克,此信之由也。"又云:"难曰:臣松之案:亮前出祁山,魏明帝身至长安耳,此年不复自来。且亮大军在关、陇,魏人何由得越亮径向剑阁?亮既在战场,本无久住之规,而方休兵还蜀,皆非经通之言。孙盛、习凿齿搜求异同,罔有所遗,而并不载冲言,知其乖剌多矣。"

④十二年:即蜀汉后主建兴十二年(234)。

⑤悉:尽其所有。

⑥武功:当谓武功水,即斜水,在今陕西眉县西。发源于衙岭山北麓,流出斜谷,北经五丈原,注入渭水。北魏郦道元《水经注·渭水中》:"渭水于县,斜水自南来注之。水出县西南衙岭山,北历斜谷,径五丈原东。诸葛亮《与步骘书》曰:仆前军在五丈原,原在武功西十里馀。水出武功县,故亦谓之武功水也。"五丈原:在今陕西宝鸡市岐山县南渭河南,东与眉县接壤。为秦岭北麓黄土台原的一部分,海拔约750米,原上地势平坦,南北长约4千米,东西宽约1.8千米。南靠秦岭,北临渭水,东西皆深沟,形势险要。今原上有诸葛武侯祠。

⑦司马宣王:即司马懿(179～251),字仲达,河内温县(今河南温县西)人。曹操为丞相时辟为文学掾,转主簿。曹丕称帝后,任尚书右仆射,转抚军大将军。魏明帝时任大将军,迁太尉,晋太傅。正始十年(249)发动高平陵政变,诛杀曹爽等,专国政。卒后,魏元帝曹奂咸熙元年(264),其子司马昭进爵为晋王,追谥司马懿为宣王。其孙司马炎代魏,建立晋朝,追尊他为宣帝。《晋书》卷一有传。渭南:渭水南岸。渭水,即渭河,黄河最大支流,流经今陕西中部。源出甘肃渭源县西南鸟鼠山,东流经陇西、武山、甘谷、天水诸县市,横贯陕西渭河北原,南纳斜、涝、丰、沪、灞诸水,北会泾水、洛水,在潼关县入黄河,长约1570里。

⑧屯田:系利用戍卒或农民、商人垦殖荒地。汉以后历代政府多沿用此

措施取得军饷和税粮,有军屯、民屯、商屯之分。这里当指军屯。

⑨安堵:犹安居。

⑩无私:谓兵不扰民。裴注引《汉晋春秋》曰:"亮自至,数挑战。宣王亦表固请战。使卫尉辛毗持节以制之。姜维谓亮曰:'辛佐治仗节而到,贼不复出矣。'亮曰:'彼本无战情,所以固请战者,以示武于其众耳。将在军,君命有所不受,苟能制吾,岂千里而请战邪!'"又引《魏氏春秋》曰:"亮使至,问其寝食及其事之烦简,不问戎事。使对曰:'诸葛公夙兴夜寐,罚二十以上,皆亲揽焉;所啖食不至数升。'宣王曰:'亮将死矣。'"

⑪时年五十四:裴注引《魏书》曰:"亮粮尽势穷,忧恚欧血,一夕烧营遁走,入谷,道发病卒。"又引《汉晋春秋》曰:"亮卒于郭氏坞。"又引《晋阳秋》曰:"有星赤而芒角,自东北西南流,投于亮营,三投再还,往大还小。俄而亮卒。"又云:"臣松之以为亮在渭滨,魏人蹑迹,胜负之形,未可测量,而云欧血,盖因亮自亡而自夸大也。夫以孔明之略,岂为仲达欧血乎?及至刘琨丧师,与晋元帝笺亦云'亮军败欧血',此则引虚记以为言也。其云入谷而卒,缘蜀人入谷发丧故也。"

⑫案行:巡视。

⑬天下奇才也:裴注引《汉晋春秋》曰:"杨仪等整军而出,百姓奔告宣王,宣王追焉。姜维令仪反旗鸣鼓,若将向宣王者,宣王乃退,不敢偪。于是仪结陈而去,入谷然后发丧。宣王之退也,百姓为之谚曰:'死诸葛走生仲达。'或以告宣王,宣王曰:'吾能料生,不便料死也。'"

亮遗命葬汉中定军山①,因山为坟,冢足容棺,敛以时服②,不须器物。诏策曰:"惟君体资文武③,明睿笃诚④,受遗托孤,匡辅朕躬⑤,继绝兴微⑥,志存靖乱⑦;爰整六师⑧,无岁不征,神武赫然⑨,威镇八荒⑩,将建殊功于季汉⑪,参伊、周之巨勋⑫。如何不吊⑬,事临垂克⑭,遘疾陨丧⑮!朕用伤悼⑯,肝心若裂。夫崇德序功⑰,纪行命谥⑱,所以光昭将来⑲,刊载不朽⑳。今使使持节左中郎将杜琼㉑,赠君丞相武乡侯印绶㉒,谥君为忠武侯。魂而有灵,嘉兹宠荣㉓。呜呼哀哉㉔!呜呼哀哉!"

[注释]

①遗命:犹遗嘱。定军山:位于今陕西勉县南。山势为东西走向。

②敛(liǎn 脸):通"殓"。给死者穿衣,入棺。时服:当时通行的服装。《礼记·檀弓下》:"往而权其葬焉,其坎深不至于泉,其敛以时服。"汉郑玄注:"以时行之服,不改制节。"

③体资:天性,禀赋。汉蔡邕《汉太尉杨公碑》:"公体资明哲,长于知见。"文武:文才和武略。

④明睿(ruì 瑞):聪明有远见。笃(dǔ 赌)诚:切实忠诚。

⑤匡辅:匡正辅助。朕躬:我,我身。多用于天子自称。

⑥继绝:继绝世的略语。谓恢复已灭绝的宗祀,承续已断绝的后代。语出《论语·尧曰》:"兴灭国,继绝世。"兴微:令衰微者复兴。

⑦靖乱:平定变乱。

⑧爰:助词,无义。用在句首或句中,起调节语气的作用。六师:周天子所统六军之师。指代蜀汉军队。

⑨神武:意谓英明威武。赫然:奋发貌。

⑩八荒:八方荒远的地方。汉刘向《说苑》卷一八《辨物》:"八荒之内有四海,四海之内有九州。天子处中州而制八方耳。"

⑪殊功:特殊的功绩。季汉:即蜀汉,犹言汉之季世。

⑫参:罗列,并立。伊周:伊尹与周公。伊尹,商初大臣,名挚,尹是官名。传说伊尹出身奴隶,辅佐商汤攻灭夏桀,建立商朝,被商汤尊为"阿衡"(相当于宰相)。周公,周初政治家,名旦。为周文王之子,周武王之弟。因采邑在周(今陕西宝鸡东北),称为周公。文王死后二年,他和太公望、召公奭佐武王灭殷杀纣,建立周朝。武王死后,又辅佐武王子成王巩固了王权。巨勋:巨大的功勋。

⑬不吊:即"昊天不吊",谓苍天不怜悯保佑。语本《诗经·小雅·节南山》:"不吊昊天,不宜空我师。"宋朱熹集传:"吊,愍。"后因以"昊天不吊"为哀悼死者之辞。

⑭垂克:谓接近成功。

⑮遘(gòu够)疾:意谓遭遇恶疾。语出《尚书·周书·金縢》:"惟尔元孙某,遘厉虐疾。"唐陆德明释文:"遘,遇也。"陨丧:死亡。

⑯用:连词,因而,因此。

⑰崇德:推崇德行。序功:同"叙功"。谓评议功勋的大小。

⑱纪行命谥:依据平生行迹给予谥号。谥号,古人死后依其生前行迹而为之所立的称号。帝王的谥号一般由礼官议上;臣下的谥号由朝廷赐予。一般文人学士或隐士的谥号,则由其亲友、门生或故吏所加,称为私谥,与朝廷颁赐的不同。

⑲光昭:彰明显扬,发扬光大。

⑳刊载:谓刻于碑而载于史。不朽:不磨灭,永存。

㉑使持节左中郎将杜琼:字伯瑜(?~250),蜀郡成都(今属四川)人,刘备占据益州,任议曹从事。后主继位历任谏议大夫、左中郎将、大鸿胪、太常。系蜀汉学者,著《韩诗章句》十馀万言。卒年八十馀。《三国志》卷四二有传。使持节:三国时,掌地方军政的官往往加使持节的称号,给以诛杀中级以下官吏之权。次一等的称持节,得杀无官职的人。再次称假节,得杀犯

军令的人。左中郎将:官名。光禄勋属官的中郎将(五官、左、右、南、北、羽林、虎贲)之一,位次于将军,秩比二千石。

㉒印绶:印信和系印信的丝带。古人印信上系有丝带,佩带在身。

㉓嘉:乐,喜欢。语出《礼记·礼运》:"君与夫人交献,以嘉魂魄。"宠荣:犹尊荣。

㉔呜呼哀哉:表示悲痛之辞。常用以表示对死者的哀悼。

初,亮自表后主曰:"成都有桑八百株①,薄田十五顷②,子弟衣食,自有馀饶。至于臣在外任,无别调度③,随身衣食,悉仰于官④,不别治生⑤,以长尺寸⑥。若臣死之日⑦,不使内有馀帛,外有赢财⑧,以负陛下。"及卒,如其所言。

[注释]

①成都:谓诸葛亮在成都的自家私产。

②顷:土地面积单位之一。汉代有两说:百亩为顷,十二亩半为顷。

③调度:安排,调遣。

④仰:依赖,依靠。官:官府。

⑤治生:经营家业,谋生计。

⑥长(zhǎng 掌)尺寸:谓逐渐生利。

⑦若:至,到。

⑧赢财:馀财。

亮性长于巧思,损益连弩①,木牛流马,皆出其意;推演兵法,作八陈图②,咸得其要云③。亮言教书奏多可观④,别为一集⑤。

[注释]

①损益:增减。这里是改进的意思。连弩:装有机栝,可以同发数矢或连发数矢之弓。《汉书·李陵传》:"陵军步斗树木间,复杀数千人,因发连弩射单于。"唐颜师古注:"服虔曰:'三十弩共一弦也。'"

②八陈(zhèn阵)图:即"八阵图"。陈,通"阵"。八阵图当系晋代以前在平原作战,步兵专门对付骑兵冲击的一种阵法。北齐魏收《魏书》卷五四《高闾传》:"采诸葛亮八阵之法,为平地御寇之方,使其解兵革之宜,识旌旗之节。"此时八阵图或许已演变为步兵变换队形训练的方法,而非对付骑兵的战术了。三国时代,尚未出现金属马镫,骑兵的攻击力主要体现在群体出击的快捷迅猛的冲击力上,一旦丧失速度,则易为步兵所困,失去优势。八阵图以迎战一方步兵排阵的迅速变化为要领,具有"导向"性地有效分割对方骑兵的攻击队形为八段,分而击之,属于巧妙阻尼骑兵攻击以速度致胜的有效战术。据出土考察,西晋以后已经出现金属双马镫,骑兵双脚有了支点,其单兵回旋自如的作战能力大幅提高,这也是晋以后八阵图战术随即失传的原因。《晋书·桓温传》:"初,诸葛亮造八阵图于鱼腹平沙之下,垒石为八行,行相去二丈。温见之,谓'此常山蛇势也'。文武皆莫能识之。"关于八阵图战术的演示遗址,据《水经注》《太平寰宇记》《明一统志》等文献记述有三处:陕西勉县东南诸葛亮墓东、重庆原奉节县南江边、四川新都北三十里牟弥镇。

③咸得其要云:裴注引《魏氏春秋》曰:"亮作八务、七戒、六恐、五惧,皆有条章,以训厉臣子。又损益连弩,谓之元戎,以铁为矢,矢长八寸,一弩十矢俱发。"又云:"《亮集》载作木牛流马法曰:'木牛者,方腹曲头,一脚四足,头入领中,舌著于腹。载多而行少,宜可大用,不可小使;特行者数十里,群行者二十里也。曲者为牛头,双者为牛脚,横者为牛领,转者为牛足,覆者为牛背,方者为牛腹,垂者为牛舌,曲者为牛肋,刻者为牛齿,立者为牛角,细者

为牛鞅,摄者为牛鞦轴。牛仰双辕,人行六尺,牛行四步。载一岁粮,日行二十里,而人不大劳。流马尺寸之数,肋长三尺五寸,广三寸,厚二寸二分,左右同。前轴孔分墨去头四寸,径中二寸。前脚孔分墨二寸,去前轴孔四寸五分,广一寸。前杠孔去前脚孔分墨二寸七分,孔长二寸,广一寸。后轴孔去前杠分墨一尺五分,大小与前同。后脚孔分墨去后轴孔三寸五分,大小与前同。后杠孔去后脚孔分墨二寸七分,后载刻去后杠孔分墨四寸五分。前杠长一尺八寸,广二寸,厚一寸五分。后杠与等版方囊二枚,厚八分,长二尺七寸,高一尺六寸五分,广一尺六寸,每枚受米二斛三斗。从上杠孔去肋下七寸,前后同。上杠孔去下杠孔分墨一尺三寸,孔长一寸五分,广七分,八孔同。前后四脚,广二寸,厚一寸五分。形制如象,靬长四寸,径面四寸三分。孔径中三脚杠,长二尺一寸,广一寸五分,厚一寸四分,同杠耳。'"

④言教:指上对下的告谕。书奏:指书简、奏章等。

⑤别:另外。

　　景耀六年春①,诏为亮立庙于沔阳②。秋,魏镇西将军钟会征蜀③,至汉川④,祭亮之庙,令军士不得于亮墓所左右刍牧樵采⑤。亮弟均,官至长水校尉⑥。亮子瞻⑦,嗣爵⑧。

[注释]

①景耀六年:即公元263年。景耀,蜀汉后主刘禅第三个年号(258~263)。

②立庙于沔阳:今存者武侯祠为明、清建筑,位于今陕西汉中市勉县定军山下武侯坪,与武侯墓隔汉江相峙,相距十馀里。祠坐南向北,背临汉水,面对公路,南北长约200米,东西宽约120米,呈长方形。四周有围墙,地基

八十亩,共有七院五十四间房舍。规模宏大,建筑雄伟,亭台楼阁,遍布祠中。裴注引《襄阳记》曰:"亮初亡,所在各求为立庙,朝议以礼秩不听,百姓遂因时节私祭之于道陌上。言事者或以为可听立庙于成都者,后主不从。步兵校尉习隆、中书郎向充等共上表曰:'臣闻周人怀召伯之德,甘棠为之不伐;越王思范蠡之功,铸金以存其像。自汉兴以来,小善小德而图形立庙者多矣。况亮德范遐迩,勋盖季世,王室之不坏,实斯人是赖,而蒸尝止于私门,庙像阙而莫立,使百姓巷祭,戎夷野祀,非所以存德念功,述追在昔者也。今若尽顺民心,则渎而无典,建之京师,又偪宗庙,此圣怀所以惟疑也。臣愚以为宜因近其墓,立之于沔阳,使所亲属以时赐祭,凡其臣故吏欲奉祠者,皆限至庙。断其私祀,以崇正礼。'于是始从之。"

③镇西将军钟会:字士季(225~264),颍川长社(今河南长葛东)人,钟繇之子。魏齐王正始间(240~249),任秘书郎,迁中书侍郎。魏高贵乡公正元二年(255),从司马师往淮南讨伐毌丘俭、文钦,参与机密。后从司马昭讨伐诸葛诞,屡献计,得司马昭赏识。历任司隶校尉、镇西将军,蜀亡后,晋位司徒。诬陷邓艾谋反,致使邓父子被杀。随后自己谋反,被监军卫瓘攻杀。详见本书所选《钟会传》。镇西将军,东汉末所置将军名,为镇东、镇西、镇南、镇北等"四镇"将军之一,职掌征战讨伐,属于杂号将军,位在左将军等常设将军之下。三国时成为常设将军,官位上升为第二品,次于"四征"将军。

④汉川:这里指汉中沔阳(今陕西勉县)一带。

⑤刍牧:割草放牧。樵采:打柴。

⑥长水校尉:官名。东汉时所置五校尉之一,官阶次于将军,统领中央禁卫军中的胡骑兵,秩比二千石。三国时为第四品,有属官。

⑦亮子瞻:即诸葛瞻(227~263),字思远,琅邪阳都(今山东沂南南)人,诸葛亮之子。年十七,尚后主刘禅女,拜骑都尉,官至行都护、卫将军。被邓艾围困于绵竹,失利阵亡。详本传后。

⑧嗣爵:谓承袭武乡侯爵位。裴注引《襄阳记》曰:"黄承彦者,高爽开列,为沔南名士,谓诸葛孔明曰:'闻君择妇;身有丑女,黄头黑色,而才堪相配。'孔明许,即载送之。时人以为笑乐,乡里为之谚曰:'莫作孔明择妇,正得阿承丑女。'"

诸葛氏集目录

开府作牧第一　　权制第二

南征第三　　北出第四

计算第五　　训厉第六

综核上第七　　综核下第八

杂言上第九　　杂言下第十

贵和第十一　　兵要第十二

传运第十三　　与孙权书第十四

与诸葛瑾书第十五　　与孟达书第十六

废李平第十七　　法检上第十八

法检下第十九　　科令上第二十

科令下第二十一　　军令上第二十二

军令中第二十三　　军令下第二十四

右二十四篇,凡十万四千一百一十二字。

臣寿等言①:

臣前在著作郎②,侍中领中书监济北侯臣荀勖、中书令关内侯臣和峤奏③,使臣定故蜀丞相诸葛亮故事④。亮毗佐危国⑤,负阻不宾⑥,然犹存录其言,耻善有遗⑦,诚是大晋光明至德⑧,泽被无疆,自古以来,未之有伦也⑨。辄删除复重,随类相从⑩,凡为二十四篇,篇名如右。

[注释]

①臣寿:《三国志》撰者自称。陈寿(233~297),字承祚,蜀国巴西安汉(今四川南充北)人。仕蜀时为散骑黄门侍郎,入晋后曾任著作郎、治书侍御史。晋灭吴后,陈寿著《三国志》,受到大臣张华的称赞。《晋书》卷八二有传。

②著作郎:官名。三国魏明帝太和中(227~233)始置,设一人,隶中书省,晋惠帝元康二年(292)改隶秘书省,掌修国史与起居注。

③侍中领中书监济北侯臣荀勖(xù 续):字公曾(?~289),颍川颍阴(今河南许昌)人。司马炎代魏称帝,仕晋历任中书监,加侍中,后守尚书令,封济北侯。久典机密,为司马炎所信任。《晋书》卷三九有传。侍中,官名。秦始置,两汉沿置,为正规官职外的加官之一。因侍从皇帝左右,出入宫廷,与闻朝政,逐渐变为亲信贵重之职。三国时秩比二千石,第三品。魏晋以后,已相当于宰相。中书监,官名。中书省(监)的长官。三国魏文帝黄初初年,改秘书令为中书令,又置中书监,位在令之前,并掌机密。及明帝时,中书监、令号为专任,其权始重。晋因置,掌赞诏令,记会时事,典作文书。济北侯,封爵名。魏元帝末年,司马昭恢复五等爵,侯为第二等。济北,即济北国,东汉永元二年(90)分泰山郡置,都卢县(治今山东长清西南)。中书令关内侯臣和峤(qiáo 桥):字长舆(?~292),汝南西平(今属河南)人,曹魏太常和洽之孙、吏部尚书和逌之子。仕晋,历任给事黄门侍郎、中书令。卒于任上。《晋书》卷四五有传。中书令,官名。掌管朝廷机要文书的官员。关内侯,封爵名。汉代封爵二十级的第十九级,仅次于列侯,有俸禄而无封地。

④定:整理制定。故事:旧事,旧业。

⑤毗(pí 皮)佐:辅助。危国:谓局势不安宁、面临危急的国家。

⑥负阻:依恃险阻。不宾:不臣服,不归顺。

⑦耻善有遗:意谓以遗漏善言为耻辱。

⑧光明:昌明盛大。至德:最高的道德,盛德。

⑨未之有伦:谓没有可与相提并论的。

⑩随类相从:谓按类分编。

　　亮少有逸群之才①,英霸之器②,身长八尺,容貌甚伟,时人异焉。遭汉末扰乱,随叔父玄避难荆州,躬耕于野,不求闻达。时左将军刘备以亮有殊量③,乃三顾亮于草庐之中;亮深谓备雄姿杰出,遂解带写诚④,厚相结纳。及魏武帝南征荆州,刘琮举州委质⑤,而备失势众寡⑥,无立锥之地。亮时年二十七,乃建奇策,身使孙权⑦,求援吴会。权既宿服仰备⑧,又睹亮奇雅⑨,甚敬重之,即遣兵三万人以助备。备得用与武帝交战,大破其军,乘胜克捷⑩,江南悉平。后备又西取益州。益州既定,以亮为军师将军。备称尊号,拜亮为丞相,录尚书事。及备殂没,嗣子幼弱,事无巨细,亮皆专之。于是外连东吴,内平南越⑪,立法施度⑫,整理戎旅⑬,工械技巧,物究其极⑭,科教严明⑮,赏罚必信⑯,无恶不惩,无善不显,至于吏不容奸,人怀自厉⑰,道不拾遗,强不侵弱,风化肃然也⑱。

[注释]

①逸群:超群,出众。

②英霸之器:谓英气逼人的气度。

③殊量:非凡的器量。

④解带:解开衣带。表示熟不拘礼,或表示闲适。写诚:输诚,表达诚心。

⑤委质:向君主献礼,表示献身。引申为臣服、归附。

⑥失势:失去权势。众寡:兵少。

⑦身:亲自。

⑧宿:素常,一向。服仰:佩服,敬仰。

⑨奇雅:高雅不俗,不同寻常。

⑩克捷:克敌制胜。曹操《请爵荀彧表》:"守尚书令荀彧,自在臣营,参同计画,周旋征伐,每皆克捷,奇策密谋,悉皆共决。"

⑪南越:这里指南中少数民族势力。

⑫立法施度:谓确立法令制度。

⑬戎旅:军旅,兵事。

⑭物究其极:谓深入研究事物的原理。

⑮科教:法令,教命。

⑯信:讲求信用。

⑰自厉:慰勉警戒自己。

⑱风化:犹风教,风气。肃然:指安定平静,秩序良好。

  当此之时,亮之素志①,进欲龙骧虎视②,苞括四海③,退欲跨陵边疆④,震荡宇内。又自以为无身之日⑤,则未有能蹈涉中原、抗衡上国者⑥,是以用兵不戢⑦,屡耀其武。然亮才,于治戎为长⑧,奇谋为短⑨,理民之干⑩,优于将略⑪。而所与对敌,或值人杰⑫,加众寡不侔⑬,攻守异体⑭,故虽连年动众,未能有克。昔萧何荐韩信⑮,管仲举王子城父⑯,皆忖己之长⑰,未能兼有故也。亮之器能政理⑱,抑亦管、萧之亚匹也⑲,而时之名将无城父、韩信,故使功业陵迟⑳,大义不及邪㉑?盖天命有归㉒,不可以智力争也。

[注释]

①素志:平素的志愿。

②龙骧(xiāng 襄)虎视:喻气势威武,眼光远大。

③苞括:包举,包括。苞,通"包"。

④跨陵:陵越,超越。边疆:这里当指蜀汉与曹魏的界域。

⑤无身:谓身死。

⑥蹈涉:犹履涉。上国:春秋时称中原各诸侯国为上国,与吴楚诸国相对而言。这里即指曹魏政权。

⑦戢(jí 集):收藏兵器。引申指停止战争。

⑧治戎:作战,治军。

⑨奇谋:非凡的谋略。

⑩理民之干:治理百姓的才干。

⑪将略:用兵的谋略。

⑫人杰:人中之豪杰。这里谓司马懿。

⑬众寡不侔(móu 眸):谓国力大小与民众多少不相等。

⑭攻守异体:谓军事对立中攻方与守方的地位不同,古代军事理论认为攻方欲战胜守方,就需付出更大的代价。

⑮"昔萧何"句:据《史记·淮阴侯列传》,秦末,韩信投奔刘邦,不得重用,萧何认为韩信乃一国中才能最优秀的人物,特向刘邦推荐说:"诸将易

得耳。至如信者,国士无双。王必欲长王汉中,无所事信;必欲争天下,非信无所与计事者。"刘邦终于听从了萧何的建议,拜韩信为大将,并因此打败项羽,建立汉朝。

⑯"管仲"句:据《吕氏春秋·勿躬》,春秋时,管仲曾向齐桓公推荐五位在某方面才能高于自己的人才:"垦田大邑,辟土艺粟,尽地力之利,臣不若宁遬。请置以为大田……平原广城,车不结轨,士不旋踵,鼓之,三军之士视死如归,臣不若王子城父,请置以为大司马。"王子城父即是一位擅长领兵作战的军事人才。由于齐桓公接受了管仲所推荐的五人,终于九合诸侯,一匡天下,成为春秋五霸之一。

⑰忖(cǔn 村上声):思量,揣度。

⑱器能:犹才能。政理:谓有卓越的政绩。

⑲亚匹:同一流人物。

⑳陵迟:衰败。

㉑大义:正道,大道理。

㉒天命:古以君权为神授,统治者自称受命于天,谓之天命。

  青龙二年春①,亮帅众出武功,分兵屯田,为久驻之基。其秋病卒,黎庶追思②,以为口实③。至今梁、益之民④,咨述亮者⑤,言犹在耳,虽《甘棠》之咏召公⑥,郑人之歌子产⑦,无以远譬也⑧。孟轲有云:"以逸道使民,虽劳不怨;以生道杀人,虽死不怨。"⑨信矣!论者或怪亮文彩不艳⑩,而过于丁宁周至⑪。臣愚以为咎繇大贤也⑫,周公圣人也⑬,考之《尚书》⑭,咎繇之谟略而雅⑮,周公之诰烦而悉⑯。何则?咎繇与舜、禹共谈⑰,周公与群下矢誓故也⑱。亮所与言,尽众人凡士,故其文指不得及远也⑲。然其声教遗言[20],皆经事综物[21],公诚之心[22],形于文墨,足以知其人之意理[23],而有补于当世[24]。

[注释]

①青龙二年:即公元234年,蜀汉后主建兴十二年。青龙,魏明帝曹叡的第二个年号(233~237)。

②黎庶:黎民百姓。

③口实:谓经常议论、诵读的内容。

④梁益:梁州与益州。梁州,三国魏景元四年(263)分益州置,治所沔阳县(今陕西勉县东旧州铺),辖境相当于今陕西秦岭以南,大巴山以西,四川青川、江油、中江、遂宁、璧山、綦江等县市以东及贵州桐梓、正安等县地。其后治所屡有迁徙。

⑤咨述:赞叹述说,称道。

⑥甘棠:即《诗经·召南·甘棠》。据《史记·燕召公世家》:"周武王之灭纣,封召公于北燕……召公巡行乡邑,有棠树,决狱政事其下,自侯伯至庶人各得其所,无失职者。召公卒,而民人思召公之政,怀棠树不敢伐,哥咏之,作《甘棠》之诗。"后遂以"甘棠"称颂循吏的美政和遗爱。召(shào 邵)公:即姬奭(shì 世),西周宗室,与周武王、周公旦同辈。他辅佐周武王灭商后,受封于蓟(今北京),建立臣属西周的诸侯国燕国(北燕),但他派长子姬克管理燕国,自己仍留在镐京(今陕西长安)任职太保,辅佐朝廷。因采邑于召(今陕西岐山西南),故称召公,卒谥康,故又称召康公或邵康公。他辅佐周成王、周康王两代君主,开创"成康之治"。

⑦"郑人"句:子产(前?~前522),公孙氏,名侨,字子产,又字子美,谥成。他是郑穆公之孙,公元前554年为卿,公元前543年执政,先后辅佐郑简公、郑定公。子产是春秋时郑国的著名政治家,治理郑国有惠政,据《左

传·襄公三十年》:"从政一年,舆人诵之,曰:'取我衣冠而褚之,取我田畴而伍之。孰杀子产,吾其与之!'及三年,又诵之,曰;'我有子弟,子产诲之。我有田畴,子产殖之。子产而死,谁其嗣之?'"可见百姓对他的拥戴之情。

⑧无以远譬:不必到远处寻取比喻。意谓与召公、子产等不相上下。语出《诗经·大雅·抑》:"取譬不远,昊天不忒。"汉郑玄笺:"今我为王取譬喻不及远也,维近耳。"

⑨"孟轲有云"五句:语出《孟子·尽心上》:"孟子曰:'以佚道使民,虽劳不怨。以生道杀民,虽死不怨杀者。'"大意是:在力求百姓安逸的前提下役使百姓,他们即使劳苦也不生怨恨;在力求百姓生存的原则下杀人,那被杀者也不会怨恨杀他的人。孟轲,即孟子(前372?~前289),姬姓,孟氏,名轲,字子舆,战国时期邹国(今山东济宁邹城)人。先秦著名哲学家、思想家、政治家、教育家,儒家学派的代表人物之一,地位仅次于孔子,被尊为"亚圣"。他极力宣扬"仁政",最早提出"民贵君轻"的思想。《孟子》一书,属语录体散文集,是孟子的言论汇编,由孟子的弟子共同编写完成。《史记》卷七四有传。逸道,同"佚道",谓使百姓安乐之道。生道,使民生存之道。

⑩文彩:同"文采"。泛指文辞。艳:形容文辞华美。晋范宁《〈穀梁传〉序》:"左氏艳而富,其失也巫。"唐杨士勋疏:"艳者,文辞可美之称也。"

⑪丁宁:嘱咐,告诫。周至:周到。

⑫咎繇(gāoyáo 高尧):虞舜的贤臣咎繇,即皋陶(yáo 尧),上古舜时期伟大的政治家、思想家、教育家,被史学界和司法界公认为中国司法鼻祖。皋陶是与尧、舜、大禹齐名的"上古四圣"之一。

⑬周公:周初政治家,名旦。为周文王之子,周武王之弟。因采邑在周(今陕西宝鸡东北),称为周公。文王死后二年,他和太公望、召公奭佐武王灭殷杀纣,建立周朝。武王死后,又辅佐武王子成王巩固了王权。

⑭尚书:或称《书》,为现存最早有关上古典章文献的汇编,儒家经典之一,相传为孔子编选。传世者有今文、古文之别。

⑮咎繇之谟(mó 膜):《尚书·虞夏书》有《皋陶谟》一篇,记录了皋陶与舜、舜与禹讨论如何实行德政治理国家的问题,是我国最早、最完整的会议记录。谟,记述君臣谋议国事的一种文体。略而雅:谓简略而典雅。

⑯周公之诰:《尚书·周书》有《大诰》一篇,记录了周公率兵东征管叔、蔡叔等叛乱前,向各诸侯国与官员反复申述出师平叛的理由与必要性,文辞古奥,有极高的史料价值。诰,用于告诫或勉励的一种文体。烦而悉:谓烦琐而详尽。

⑰舜:姚姓,有虞氏,名重华,字都君,轩辕黄帝九世孙,是中国上古时代父系氏族社会后期部落联盟首领。在尧之后放逐四凶。禹:史称夏禹、大禹或帝禹,为夏后氏首领,夏朝开国君王。相传禹治理黄河有功,受舜禅让而继承帝位,是中国古代传说时代与尧、舜齐名的贤圣帝王。

⑱矢誓:立誓,盟誓。

⑲文指:同"文旨",谓文辞的意旨。

⑳声教:声威教化。遗言:流传下来的话。

㉑经事:治理世务。综物:治民。

㉒公诚:公正诚实。

㉓意理:犹义理,谓合于一定的伦理道德的行事准则。

㉔当世:指当权者,执政者。

伏惟陛下迈踪古圣①,荡然无忌②,故虽敌国诽谤之言,咸肆其辞而无所革讳③,所以明大通之道也④。谨录写上诣著作⑤。臣寿诚惶诚恐⑥,顿首顿首⑦,死罪死罪⑧。泰始十年二月一日癸巳⑨,平阳侯相臣陈寿上⑩。

[注释]

①伏惟:亦作"伏维",为下对上的敬词,多用于奏疏或信函。谓念及、想到。陛下:谓晋武帝司马炎。迈踪:谓继承、效法前人。古圣:古代圣贤。

②荡然:坦荡,宽大。无忌:不猜忌。

③肆其辞:谓使其文字展示出来。革讳:忌讳。

④大通:谓宽宏豁达。

⑤上诣:送呈。著作:三国魏、晋所置修史机构(晋后改称著作省)。晋初曾属中书省,后属秘书省,以著作郎、佐郎主局事。

⑥诚惶诚恐:封建时代奏章中的套话。表示惶恐不安。

⑦顿首顿首:书简表奏用语,表示致敬。常用于结尾。

⑧死罪死罪:用作表章、函牍中的套语。汉许冲《上〈说文解字〉表》:"臣冲诚惶诚恐,顿首顿首,死罪死罪。"

⑨泰始十年二月一日癸巳:即公元274年3月25日。泰始,晋武帝司马炎的第一个年号(265~274)。

⑩平阳:即平阳县,春秋晋顷公十二年(前514)置,治所在今山西临汾市西南十八里金殿镇。以在平水之北,故称。秦汉属河东郡,三国魏、晋属平阳郡。侯相:自汉以后,封国为县者,其地方长官称"相",相当于县令、县长。当时平阳为侯国的封地,地方长官故称"侯相"。

乔字伯松,亮兄瑾之第二子也①,本字仲慎。与兄元逊俱有名于时②,论者以为乔才不及兄,而性业过之③。初,亮未有子,求乔为嗣,瑾启孙权遣乔来西,亮以乔为已適子④,故易其字焉⑤。拜为驸马都尉⑥,随亮至汉中⑦。年二十五,建兴六年卒⑧。子攀,官至行护军翊武将军⑨,亦早卒。诸葛恪见诛于吴,子孙皆尽,而亮自有胄裔⑩,故攀还复为瑾后。

[注释]

①亮兄瑾:即诸葛瑾(174~241),字子瑜,琅邪阳都(今山东沂南南)人,诸葛亮之兄。汉末避乱江东,任孙权长史,历官南郡太守,迁左将军,封宛陵侯。孙权称帝后,拜大将军、左都护,领豫州牧。《三国志》卷五二有传。第二子:即诸葛乔(204~228)。

②元逊:即诸葛恪(kè客),字元逊(203~253),琅邪阳都(今山东沂南南)人,诸葛瑾之子。自幼聪慧,孙权甚为赏识。后以大将军领太子太傅。吴神凤元年(252),孙权卒,他受遗诏辅立孙亮,迁太傅,专国政,晋封阳都侯,加荆州、扬州牧,督中外诸军事。后率大军攻魏,失利,被孙峻杀害。详见本书所选《诸葛恪传》。

③性业:性情品行。

④適(dí嫡)子:古代正妻所生之子称"嫡子"。適,同"嫡"。

⑤易其字:古代兄弟行辈中长幼排行的次序,伯是老大,仲是第二,叔是第三,季最小。古时常用于表字或对人的敬称。诸葛乔原为诸葛瑾次子,故字仲慎,过继于诸葛亮后成为此房长子,故改字伯松。

⑥驸马都尉:官名。属光禄勋,为陪奉皇帝乘车的近臣,秩比二千石,三国时为第六品。

⑦至汉中:裴注引亮与兄瑾书曰:"乔本当还成都,今诸将子弟皆得传运,思惟宜同荣辱。今使乔督五六百兵,与诸子弟传于谷中。"又云:"书在《亮集》。"

⑧建兴六年:即公元228年。建兴,蜀汉后主第一个年号(223~237)。

⑨行:代理。护军:官名。东汉末、三国时设置,后改名中护军。职掌禁兵,主武官选举。第四品,有属官,同前护军。翊(yì义)武将军:官名。三国蜀汉所置杂号将军名。

⑩胄裔:子孙后代。

瞻字思远。建兴十二年①,亮出武功,与兄瑾书曰:"瞻今已八岁,聪慧可爱,嫌其早成②,恐不为重器耳③。"年十七,尚公主④,拜骑都尉⑤。其明年为羽林中郎将⑥,屡迁射声校尉、侍中、尚书仆射⑦,加军师将军。瞻工书画,强识念⑧,蜀人追思亮,咸爱其才敏。每朝廷有一善政佳事,虽非瞻所建倡,百姓皆传相告曰:"葛侯之所为也⑨。"是以美声溢誉⑩,有过其实。景耀四年⑪,为行都护卫将军⑫,与辅国大将军南乡侯董厥并平尚书事⑬。六年冬⑭,魏征西将军邓艾伐蜀⑮,自阴平由景谷道旁入⑯。瞻督诸军至涪停住⑰,前锋破,退还,住绵竹⑱。艾遗书诱瞻曰:"若降者必表为琅邪王⑲。"瞻怒,斩艾使。遂战,大败,临陈死,时年三十七。众皆离散,艾长驱至成都。瞻长子尚,与瞻俱没⑳。次子京及攀子显等,咸熙元年内移河东㉑。

[注释]

①建兴十二年:即公元234年。

②早成:指人的身心早熟。

③重器:犹大器。比喻能任大事的人。

④尚公主:娶公主为妻。因尊帝王之女,不敢言娶,故云。尚,承奉、奉事或仰攀之意。

⑤骑都尉:官名。光禄勋属官,统率皇宫禁卫军中的羽林骑士,秩比二

千石。

⑥羽林中郎将:汉、三国光禄勋属官,秩比二千石,主羽林郎。下有羽林左、右监各一人,秩六百石,分主左、右骑。

⑦射声校尉:汉代八校尉之一,汉武帝始置,秩二千石(东汉比二千石),掌宿卫,统待诏射声士。《汉书·百官公卿表上》"射声校尉掌待诏射声士",唐颜师古注引服虔曰:"工射者也。冥冥中闻声则中之,因以名也。"又引应劭曰:"须诏所命而射,故曰待诏射也。"尚书仆射(yè 业):尚书令的副职,与尚书令共同处理诏令的启封及钱谷等事务。东汉属少府。

⑧强识(zhì 志)念:谓记忆力超强。

⑨葛侯:诸葛瞻承袭诸葛亮武乡侯的列侯爵位,故称。

⑩美声:良好的声名。溢誉:过分的赞誉。

⑪景耀四年:即公元261年。景耀,蜀汉后主的第三个年号(258~263)。

⑫都护:即都护将军,东汉光武帝时始置,掌领兵征伐,事毕即罢。东汉末,有督护诸将之意,位在一般将军之上。卫将军:汉将军名,位次三司,掌宿卫。

⑬辅国大将军南乡侯董厥:字龚袭(生卒年不详),义阳(治今河南桐柏东)人。仕蜀汉,为诸葛亮所赏识,官至辅国大将军。蜀亡,诣洛阳,官相国参军兼散骑常侍。辅国大将军,三国时所置高级将军名,第二品,不常置。南乡侯,爵位名,属列侯中的县侯,食邑南乡县。南乡县,东汉建安中刘备分成固县置,属汉中郡,治所在今陕西西乡县南十五里。平尚书事:官名。又称录尚书事、领尚书事,意即总揽尚书台事务。属于东汉与三国的最高文职称号。资望较浅者称"平"。

⑭六年:即景耀六年(263)。

⑮征西将军邓艾:字士载(197~264),义阳棘阳(今河南新野东北)人。

历官征西将军,与钟会分兵伐蜀,邓艾从阴平小道偷袭成都,蜀后主刘禅投降,以功晋太尉。旋为钟会所诬告谋反,被杀,详见本书所选《邓艾传》。征西将军,官名。东汉末年所置将军名。为征东、征西、征南、征北等"四征"将军之一。负责统兵征战讨伐,本系杂号将军,位在常设将军之下。三国时成为常设将军,与车骑将军并列,位次三公,秩二千石,第二品。

⑯阴平:即阴平县,三国魏改阴平道置,为阴平郡治,治所在今甘肃文县西北五里。景谷道:古道路名。古代甘肃入四川的道路之一,以景谷(今青川河)而名。由甘肃文县顺白龙江而下,至四川青川县东北之白水镇,南下经广元市西南之宝轮院,南转至剑阁;或由白水镇向西溯青川河而上,由清溪镇转南至平武县。邓艾伐蜀所循路线为后者。

⑰涪(fú 浮):即涪县,西汉高帝六年(前201)置,属广汉郡,治所在今四川绵阳市涪江东岸。

⑱绵竹:即绵竹县,西汉置,属广汉郡,治所在今四川德阳市北黄许镇。

⑲琅邪王:诸葛一族为琅邪郡人,邓艾故以"琅邪王"为诱饵。

⑳与瞻俱没:裴注引干宝曰:"瞻虽智不足以扶危,勇不足以拒敌,而能外不负国,内不改父之志,忠孝存焉。"又引《华阳国志》曰:"尚叹曰:'父子荷国重恩,不早斩黄皓,以致倾败,用生何为!'乃驰赴魏军而死。"

㉑咸熙元年:即公元264年。咸熙,魏元帝曹奂的第二个年号(264~265)。河东:即河东郡,战国魏置,后属秦,治所安邑县(今山西夏县西北十五里禹王城)。战国、秦、汉谓今山西西南一带,因黄河自北向南流经本地区西境而得名。辖境相当于今山西沁水以西、霍山以南地区。裴注云:"案《诸葛氏谱》云:'京字行宗。'"又引《晋泰始起居注》载诏曰:"诸葛亮在蜀,尽其心力,其子瞻临难而死义,天下之善一也。"又云:"其孙京,随才署吏,后为郿令。"又引尚书仆射山涛《启事》曰:"郿令诸葛京,祖父亮,遇汉乱分隔,父子在蜀,虽不达天命,要为尽心所事。京治郿自复有称,臣以为宜以补

诸葛亮传 | 989

东宫舍人,以明事人之理,副梁、益之论。"又云:"京位至江州刺史。"

董厥者,丞相亮时为府令史①,亮称之曰:"董令史,良士也②。吾每与之言,思慎宜适③。"徙为主簿④。亮卒后,稍迁至尚书仆射⑤,代陈祗为尚书令⑥,迁大将军⑦,平台事⑧,而义阳樊建代焉⑨。延熙十四年⑩,以校尉使吴⑪,值孙权病笃⑫,不自见建。权问诸葛恪曰:"樊建何如宗预也⑬?"恪对曰:"才识不及预,而雅性过之⑭。"后为侍中,守尚书令。自瞻、厥、建统事⑮,姜维常征伐在外,宦人黄皓窃弄机柄⑯,咸共将护⑰,无能匡矫⑱,然建特不与皓和好往来。蜀破之明年春⑲,厥、建俱诣京都⑳,同为相国参军㉑,其秋并兼散骑常侍㉒,使蜀慰劳㉓。

[注释]

①府:谓丞相府。令史:汉代兰台尚书属官,居郎之下,掌文书事务。这里指丞相府的属官,位在掾属之下。

②良士:贤士。《尚书·周书·秦誓》:"番番良士,旅力既愆,我尚有之。"

③思慎宜适:谓思维谨慎而且恰当适中。

④徙:调任。主簿:官名。东汉三国时,中央与州郡长官所置属官,其职为主管文书簿籍及印鉴,协助处理事务。

⑤稍:逐渐。

⑥陈祗(zhī之):字奉宗(?~258),汝南(治今河南上蔡西南)人。精数术,仕蜀汉,以侍中守尚书令,加镇南将军,深受后主信爱,权重于姜维。卒谥忠侯。《三国志》卷三九有传。尚书令:官名。尚书台长官,属少府。东汉时独立,受命于皇帝或录尚书事的大臣,秩千石,三国时第三品。属官

有尚书仆射、尚书等。

⑦大将军:即辅国大将军。见前注。

⑧平台事:即"平尚书事",以东汉以来尚书官署称尚书台之故。见前注。

⑨义阳樊建:字长元(生卒年不详),义阳(治今河南桐柏东)人。仕蜀汉,历任侍中,守尚书令。蜀汉亡,与董厥同至洛阳,官相国参军兼散骑侍郎。裴注云:"案《晋百官表》:'董厥字龚袭,亦义阳人。建字长元。'"

⑩延熙十四年:即公元251年。延熙,蜀汉后主刘禅的第二个年号(238~257)。

⑪校尉:官名。秦末义军中已有此职,汉代始建为常职,其地位略次于将军,并各随其职务冠以各种名号。

⑫病笃(dǔ赌):病势沉重。

⑬宗预:字德艳(？~264),南阳安众(今河南镇平东南)人。建安中,随张飞入蜀。历任主簿、参军右中郎将,迁侍中,拜征西大将军,赐爵关内侯。后为镇军大将军,领兖州刺史。蜀汉亡,在迁徙洛阳途中病卒。诸葛亮卒后,宗预曾出使吴国,答言得体,受到孙权的敬重。《三国志》卷四五有传。

⑭雅性:素性,本性,固有的个性。

⑮统事:治理政事。

⑯宦人黄皓:蜀汉宦官(生卒年不详),为后主刘禅所宠信,奸险谄佞,于董允死后渐干预政事,历任黄门令、中常侍、奉车都尉。曾欲以右大将军阎宇取代姜维。宦人,即宦官,古代称阉割后失去男性功能之人在宫中侍奉皇帝者。窃弄:盗用,玩弄。机柄:权柄。

⑰将护:卫护,迁就。

⑱匡矫:纠正,矫正。裴注引孙盛《异同记》曰:"瞻、厥等以维好战无

功,国内疲弊,宜表后主,召还为益州刺史,夺其兵权;蜀长老犹有瞻表以阎宇代维故事。晋永和三年,蜀史常璩说蜀长老云:'陈寿尝为瞻吏,为瞻所辱,故因此事归恶黄皓,而云瞻不能匡矫也。'"

⑲蜀破之明年:即魏元帝咸熙元年(264)。

⑳京都:这里指曹魏都城洛阳。

㉑相国参军:司马昭相国府的属官,其职为参谋军事。

㉒散骑常侍:官名。三国时置,职掌奏章表文、诏书等事务,天子出入则充侍从。与侍中、黄门侍郎共平尚书奏事。位略次于侍中,后成为加官,秩比二千石,第三品。

㉓使:出使。裴注引《汉晋春秋》曰:"樊建为给事中,晋武帝问诸葛亮之治国,建对曰:'闻恶必改,而不矜过,赏罚之信,足感神明。'帝曰:'善哉!使我得此人以自辅,岂有今日之劳乎!'建稽首曰:'臣窃闻天下之论,皆谓邓艾见枉,陛下知而不理,此岂冯唐之所谓"虽得颇、牧而不能用"者乎!'帝笑曰:'吾方欲明之,卿言起我意。'于是发诏治艾焉。"

评曰:诸葛亮之为相国也,抚百姓①,示仪轨②,约官职③,从权制④,开诚心,布公道;尽忠益时者虽仇必赏⑤,犯法怠慢者虽亲必罚⑥,服罪输情者虽重必释⑦,游辞巧饰者虽轻必戮⑧;善无微而不赏,恶无纤而不贬;庶事精练⑨,物理其本⑩,循名责实⑪,虚伪不齿⑫;终于邦域之内,咸畏而爱之,刑政虽峻而无怨者,以其用心平而劝戒明也。可谓识治之良才,管、萧之亚匹矣⑬。然连年动众,未能成功,盖应变将略⑭,非其所长欤⑮!

[注释]

①抚：存恤，安抚。

②示：建立。仪轨：礼法规矩。

③约：精简。

④从：依从。权制：权宜之制，临时制订的措施。

⑤益时：谓有益于当时情况。

⑥怠慢：懈怠轻忽。

⑦输情：表达真情。

⑧游辞：浮而不实的话。戮(lù 录)：杀。

⑨庶事：众多事物。精练：精研熟悉。

⑩物理其本：意谓万事必从根本上加以治理。

⑪循名责实：按其名而求其实，要求名实相符。

⑫不齿：不与同列，不收录。表示鄙视。

⑬管萧：春秋齐国的贤相管仲与西汉的相国萧何，皆为历史上治国的良臣。亚匹：同一流人物。

⑭应(yìng 硬)变：顺应变化。将略：用兵的谋略。

⑮非其所长欤：裴注引《袁子》曰："或问诸葛亮何如人也，袁子曰：'张飞、关羽与刘备俱起，爪牙腹心之臣，而武人也。晚得诸葛亮，因以为佐相，而群臣悦服，刘备足信、亮足重故也。及其受六尺之孤，摄一国之政，事凡庸之君，专权而不失礼，行君事而国人不疑，如此即以为君臣百姓之心欣戴之矣。行法严而国人悦服，用民尽其力而下不怨。及其兵出入如宾，行不寇，刍荛者不猎，如在国中。其用兵也，止如山，进退如风，兵出之日，天下震动，而人心不忧。亮死至今数十年，国人歌思，如周人之思召公也，孔子曰"雍也可使南面"，诸葛亮有焉。'又问诸葛亮始出陇右，南安、天水、安定三郡人反应之，若亮速进，则三郡非中国之有也，而亮徐行不进；既而官兵上陇，三

郡复，亮无尺寸之功，失此机，何也？袁子曰：'蜀兵轻锐，良将少，亮始出，未知中国强弱，是以疑而尝之；且大会者不求近功，所以不进也。'曰：何以知其疑也？袁子曰：'初出迟重，屯营重复，后转降未进兵欲战，亮勇而能斗，三郡反而不速应，此其疑征也。'曰：何以知其勇而能斗也？袁子曰：'亮之在街亭也，前军大破，亮屯去数里，不救；官兵相接，又徐行，此其勇也。亮之行军，安静而坚重；安静则易动，坚重则可以进退。亮法令明，赏罚信，士卒用命，赴险而不顾，此所以能斗也。'曰：亮率数万之众，其所兴造，若数十万之功，是其奇者也。所至营垒、井灶、圊溷、藩篱、障塞皆应绳墨，一月之行，去之如始至，劳费而徒为饰好，何也？袁子曰：'蜀人轻脱，亮故坚用之。'曰：何以知其然也？袁子曰：'亮治实而不治名，志大而所欲远，非求近速者也。'曰：亮好治官府、次舍、桥梁、道路，此非急务，何也？袁子曰：'小国贤才少，故欲其尊严也。亮之治蜀，田畴辟，仓廪实，器械利，蓄积饶，朝会不华，路无醉人。夫本立故末治，有馀力而后及小事，此所以劝其功也。'曰：子之论诸葛亮，则有证也。以亮之才而少其功，何也？袁子曰：'亮，持本者也，其于应变，则非所长也，故不敢用其短。'曰：然则吾子美之，何也？袁子曰：'此固贤者之远矣，安可以备体责也。夫能知所短而不用，此贤者之大也；知所短则知所长矣。夫前识与言而不中，亮之所不用也，此吾之所谓可也。'"又引吴大鸿胪张俨作《默记》，其《述佐篇》论亮与司马宣王书曰："汉朝倾覆，天下崩坏，豪杰之士，竞希神器。魏氏跨中土，刘氏据益州，并称兵海内，为世霸主。诸葛、司马二相，遭值际会，托身明主，或收功于蜀汉，或册名于伊、洛。丕、备既没，后嗣继统，各受保阿之任，辅翼幼主，不负然诺之诚，亦一国之宗臣，霸王之贤佐也。历前世以观近事，二相优劣，可得而详也。孔明起巴、蜀之地，蹈一州之土，方之大国，其战士人民，盖有九分之一也，而以贡赞大吴，抗对北敌，至使耕战有伍，刑法整齐，提步卒数万，长驱祁山，慨然有饮马河、洛之志。仲达据天下十倍之地，仗兼并之众，据牢城，拥精锐，无禽敌之意，务自保全而已，使彼孔明自来自去。若此人不亡，终其志意，连年运思，刻日兴谋，则凉、雍不解甲，中国不释鞍，胜负之势，亦已决矣。昔子产治郑，诸侯不敢加兵，蜀相其近之矣。方之司马，不亦优乎！或曰，兵者凶器，战者危事也，有国者不务保安境内，绥静百姓，而好开辟土地，征伐天下，未为得计也。诸葛丞相诚有匡佐之才，然处孤绝之地，战士不满五万，自可闭关守险，君臣无事。空劳师旅，无岁不征，未能进咫尺之地，开帝王之基，而使国内受其荒残，西土苦其役调。魏司马懿才用兵众，未易可轻，量敌而进，兵家所慎；若丞相必有以策之，则未见坦然之勋，若无策以裁之，则非明哲之谓，海内归向之意也，余窃疑焉，请闻其说。答曰：盖闻汤以七十里、文王以百里之地而有天下，皆用征伐而定之。揖让而登王位者，惟舜、禹而已。今蜀、魏为敌战之国，势不俱王，自操、备时，强弱县殊，而备犹出兵阳平，禽夏侯渊。羽围襄阳，将降曹仁，生获于禁，当时北边大小忧惧，孟德身出南阳，乐进、徐晃等为救，围不即解，故蒋子通言彼时有徙许渡河之计，会国家袭取南郡，羽乃解军。玄德与操，智力多少，士众众寡，用兵行军之道，不可同年而语，犹能暂以取胜，是时又无大吴掎角之势也。今仲达之才，减于孔明，当时之势，异于曩日，玄德尚与抗衡，孔明何以不可出军而图敌邪？昔乐毅以弱燕之众，兼从五国之兵，长驱强齐，下七十馀城。今蜀汉之卒，不少燕军，君臣之接，信于乐毅，加以国家为唇齿之援，东西相应，首尾如蛇，形势重大，不比于五国之兵也，何惮于彼而不可哉？夫兵以奇胜，制敌以智，土地广狭，人马多少，未可偏恃也。余观彼治国之体，当时既肃整，遗教在后，及其辞意恳切，陈进取之图，忠谋謇謇，义形于主，虽古之管、晏，何以加之乎？"又引《蜀记》曰："晋永兴中，镇南将军刘弘至隆中，观亮故宅，立碣表间，命太傅掾犍为李兴为文曰：'天子命我，于沔之阳，听鼓鼙而永思，庶先哲之遗光，登隆山以远望，轼诸葛之故乡。盖神物应机，大器无方，通人靡滞，大德不常。故谷风发而驺虞啸，云雷升而潜鳞骧；挚解褐于三聘，尼得招而褰裳，管豹变于受命，贡感激以回庄，异徐生之摘宝，释卧龙于深藏，伟刘氏之倾盖，嘉吾子之周行。夫有知己之主，则有竭命之良，固所以三分我汉鼎，跨带我边荒，抗衡我北面，驰骋我魏疆者也。英哉吾子，独含天灵。岂神之祇，岂人之精？何思之深，何德之清！异世通梦，恨不同生。推子八陈，不在孙、吴，木牛之奇，则非般模，神弩之功，一何微妙！千井齐甃，又何秘要！昔在颠、夭，有名无迹，孰若吾侪，良筹妙画？臧文既没，以言见称，又未若子，言行并征。夷吾反坫，乐毅不终，奚比于尔，明哲守冲。临终受寄，让过许由，负扆莅事，民言不流。刑中于郑，教美于鲁，蜀民知耻，河、渭安堵。匪皋则伊，宁彼管、晏，岂徒圣宣，慷慨屡叹！昔尔之隐，卜惟此宅，仁智所处，能无规廓。日居月诸，时殒其夕，谁能不殁，贵有遗格。惟子之勋，移风来世，咏歌馀典，懦夫将厉。遐哉邈矣，厥规卓矣，凡若吾子，难可究已。畴昔之乖，万里殊涂；今我来思，觌尔故墟。汉高归魂于丰、沛，太公五世而反周，想罔两以仿佛，冀影响之有馀。魂而有灵，岂其识诸！'"又引王隐《晋书》云："李兴，密之子，一名安。"

[译文]

诸葛亮字孔明，是琅邪国阳都县人，汉朝司隶校尉诸葛丰的后代。他的父亲诸葛珪，字君贡，汉末任太山郡丞。诸葛亮幼年时，父亲就去世了，他的叔父诸葛玄被袁术任命为豫章太守，诸葛玄就带着诸葛亮与诸葛亮的弟弟诸葛均一起上任。正值汉朝廷又选任朱皓取代诸葛玄为豫章太守，诸葛玄素来与荆州牧刘表有交情，就带领全家前往荆州投靠刘表。诸葛玄去世后，诸葛亮在田地中亲身从事农业生产，喜欢吟诵《梁父吟》。他身高八尺，常常将自己比作春秋时的管仲与战国时的乐毅，当时的人都不以为然。只有博陵郡人崔州平、颍川郡人徐庶（字元直）两人与诸葛亮友好，认为确实如此。

当时刘备驻扎在新野县。徐庶去拜见刘备,刘备器重他,徐庶对刘备说:"诸葛孔明这个人,是条卧龙,将军您莫非愿意一见诸葛亮吗?"刘备说:"您与他一起来吧。"徐庶回答:"此人只能前往拜见,不可以委屈招致。将军您应当屈驾去探望诸葛先生。"因此刘备就去造访诸葛亮,总共去了三次,方才见到。刘备于是屏退左右人等,请教诸葛亮说:"汉室衰败,奸臣篡夺国柄,天子蒙受风尘逃亡在许县。我不估量自己的德行和能力,打算为天下伸张正道,才智与计谋却又短浅,因而遭到失败,一直到今天这个地步。然而我志向仍然不变,您说应当怎样走下去才好?"诸葛亮回答说:"自董卓乱政以来,各处豪杰纷纷崛起,大小军阀割据势力不计其数。曹操与袁绍相比较,初时曹操名气不大,人马无多,然而曹操之所以最终战胜袁绍,转弱为强,不仅是由天主宰的命运使然,而且是人为努力的结果。现在曹操已经拥有百万人的军队,挟制天子,并用其名义号令诸侯,目前的确难以与曹操交兵作战。孙权占据江东之地,已经历了三代人的经营,有长江天险,且百姓归附,一批贤能之士乐于为孙权效力,可以与他们联合而不能谋取他们。荆州之地,北面有汉水、沔水,可沿水路一直到达天下极南地区,东面与吴、会稽二郡连接,西面可通巴、蜀二郡,这正是可以使用武力的兵家必争之地,但他的所有者却不能保有守卫这块土地,此大概是上天有意用来资助将军的,将军您是否有意于此地呢?益州周边的道路崎岖阻塞,有灌溉之利的土地相连千里,是土地肥沃、物产富饶之域,我大汉高祖就是借助益州成就了帝王的大业。刘璋昏庸懦弱,张鲁在其北方又形成威胁,虽人口众多,地方富庶,刘璋却不知道慰抚救济百姓,有智慧才干的人都想找到一位贤明的君主来统治此地。将军您既是汉家皇室的后嗣,又以信义闻名于天下,广为延揽海内英雄,慕求贤人,如渴思饮,如果能够占据荆州、益州两州之地,保守住险阻之处,与西面的少数民族族群友好相处,安抚好南面的越人等少数民族族群,对外与孙权结好,对内治理有卓越的政绩;天下局势一旦有变化,就指令一员上将率领荆州的军队进军宛县与洛阳,将军您亲自率领益州的兵马出师秦川,那里的百姓有谁敢不用箪装着饭食,用壶盛着浆汤迎接将军的到来呢?确实能走到这一步,那就可以称霸诸侯,汉家王室就可以复兴了。"刘备听后说:"好!"于是与诸葛亮日益亲密友好。关羽、张飞等人因此不高兴,刘备加以开导说:"我得到孔明,就如同鱼有了水一样。希望诸位不要再说什么了。"关羽、张飞于是就闭口不言了。

刘表的长子刘琦,也非常器重诸葛亮。刘表听信续弦妻子蔡氏的话,喜爱次子刘琮,不喜欢刘琦。刘琦常常想请教诸葛亮以谋求自我保护的方法,诸葛亮总是拒绝,没有为他谋划。刘琦于是引导诸葛亮游览观赏他的后花园,一同登上高楼,饮宴时,刘琦令人撤去楼梯,乘机对诸葛亮说:"今日这里上不着天,下不着地,您说出的话,只我自己可以听到,可以说出使我避祸的方法了吗?"诸葛亮回答说:"您难道不知道春秋时晋国的太子申生留在国内终于被害,公子重耳流亡在外反而安全的故事吗?"刘琦听后领悟,就私下里谋划出走。适逢刘表所署江夏太守黄祖被东吴杀死,刘琦得到外出的机会,于是就被任命为江夏太守。不久,刘表病卒,刘琮闻知曹操来进攻荆州,就派遣使者前往请降。刘备在樊城听说刘琮投降了曹操,就率领他的部众向南撤退,诸葛亮与徐庶随行,被曹操追击打败,徐庶的母亲为曹军所俘获。徐庶指着自己的心向刘备告辞说:"原来准备与将军一起建立王业与霸业的原因,就在于此心尚能思考。如今我失去老母,心就乱了,不能再对您的事业有所助益,请求从此告别。"徐庶于是归顺了曹操。

刘备逃至夏口,诸葛亮说:"事情紧迫,请求奉将军之命向孙将军求救。"当时孙权在柴桑驻军,正观望曹、刘双方争战的成败。诸葛亮劝导孙权说:"天下大乱以来,将军您起兵已经占据了江东,刘豫州也正在汉水南岸的汉南山一带集结兵力,将与曹操一起争夺天下。如今曹操已经铲除袁术、吕布、袁绍等割据势力,北方大体平定,于是攻破荆州,声威震动天下。

英雄难以与曹操抗衡,所以刘豫州才逃避到此处。将军您可以预估自己的力量而进行抉择:如果您能以江东所拥有的军事实力与占据中原的曹操军事势力相抗衡,不如尽早与曹操断绝联系;如果抵挡不住曹军,为什么不放下兵器,捆束铠甲,面向北行礼,臣服于曹操!如今将军您表面上服从曹操,而内心却犹豫不决别有算计,事态如此紧张而不能作出决断,大祸就要临头了!"孙权说:"如果如您所说的那样,刘豫州为什么不臣服于曹操呢?"诸葛亮回答说:"秦末田横,不过是齐国的壮士,犹能坚守大义,宁死不屈,何况刘豫州乃是大汉王室的后裔,有盖世的英才,为众人所仰慕,就如同水归大海,如果事情不能成功,也是天意如此,怎能够去向曹操俯首称臣呢!"孙权因愤怒而脸色大变说:"我不能用整个东吴的土地与十万将士去接受他人的控制。我的主意已定,除了刘豫州,没有人可以与曹操抗衡,但刘豫州新败之后,怎能抵抗曹操的大军呢?"诸葛亮说:"刘豫州的军队虽然在长坂败却,但如今战士陆续归还者以及关羽的水军,还有精锐的甲兵一万人,刘琦在江夏招集的兵马也不下万人。曹操的军队,远道而至,人马疲惫,听说曹军追击刘豫州时,轻装的骑兵一天一夜行军三百馀里,这就是所谓'强弩发出的箭,到了末程,连鲁绢也穿不过'的状态。所以兵法上禁忌如此长途奔战的做法,认为'领军者将遭遇失败'。况且北方将士,不熟悉水战;另外荆州百姓归附曹操者,乃是被曹军兵力所逼迫,而非心服。如今将军您若确实能派遣猛将统领数万兵士,与刘豫州共同谋划,齐心协力,击败曹操就属必然。曹军被打败,必向北撤退,这样荆州、东吴的军力强盛,与曹操就形成天下鼎足三分的形势。成功与失败的关键,就在今天了。"孙权听后大为高兴,立即派遣周瑜、程普、鲁肃等统领水军三万,随诸葛亮去会见刘备,确定合力抵抗曹操。曹操在赤壁战败,领军归还邺县。刘备于是占据了荆州的武陵、长沙、零陵、桂阳这江南四郡,任命诸葛亮为军师中郎将,令他督领零陵、桂阳、长沙三郡的军队,征调三郡的赋税,用来充实军用器械和粮饷。

汉献帝建安十六年(211)，益州牧刘璋派遣法正去迎接刘备来益州，想请刘备去进攻张鲁。诸葛亮与关羽镇守荆州。此后刘备从葭萌县回军进攻刘璋，诸葛亮与张飞、赵云等率领军队溯长江而上，分别平定沿途的郡县，与刘备一起围攻成都。成都平定以后，任命诸葛亮为军师将军，代理刘备左将军府的公务。刘备外出，经常由诸葛亮镇守成都，使粮食供应与军备物资都很充足。建安二十六年(221)，西蜀群官劝刘备称帝，刘备未应允，诸葛亮劝导他说："从前吴汉、耿弇等初劝世祖即皇帝位，世祖辞让，前后达数次之多，耿纯进言说：'天下英雄仰望期待，有所企盼。如果您不听从众人的建议，将佐、将士即将去寻找新的主公，就没必要追随您了。'世祖感叹耿纯的一席话极为深远，就应允了大家的请求。如今曹丕篡夺汉帝的位置，天下没有君主，大王是刘氏的子孙，继承世系而兴起，如今即皇帝位，原本是应当的。将佐、将士长久追随大王不避勤劳刻苦的目的，也无非希望以微小的功劳获取耿纯所说的有所企盼而已。"刘备于是即皇帝位，以策书任命诸葛亮为丞相说："朕以刘氏皇族家室遭遇不幸，继承帝业，谨慎戒惧，不敢安宁，总想令百姓安定，唯恐他们得不到安抚。啊！丞相诸葛亮您须充分理解朕的用心，辅佐朕修正缺失不要有所懈怠，帮助朝廷昭示累世盛德，辉光相承，以照亮天下，您可要自我勉励啊！"诸葛亮以丞相的身份总揽尚书台事务，假节。张飞被部下所害后，诸葛亮又兼任司隶校尉。

汉昭烈帝章武三年(223)的春天，刘备在永安病势沉重，将诸葛亮从成都召来，向他托付后事，对诸葛亮说："您的才能十倍于曹丕，必定可以使国家安定，最终完成大业。如果继承朕帝位的刘禅可以辅佐，您就辅佐他；如果刘禅不成才，您就可以自行选取代替刘禅的皇子为君。"诸葛亮流着眼泪回答说："臣下敢不竭尽辅佐大臣的力量，报效忠诚坚贞的节操，直到献出自己的生命！"刘备又下诏书告诫刘禅说："你与丞相办事，侍奉他要如同对待父亲一样。"蜀汉后主建兴元年(223)，刘禅进封诸葛亮为武乡侯，可成立府署，选置僚属办理公事。不久，诸葛亮又兼任益州牧。政事无论大小，都取决于诸葛亮。各少数民族聚居的南中各郡，一起发动叛乱，诸葛亮因为刘备刚刚去世，因而没有立即出兵平叛，并且派遣使节通问东吴，因而和睦相亲，成为盟国友邦。

蜀汉后主建兴三年（225）的春天，诸葛亮率领军队南征，当年的秋天，南中一带全部平定。军用物资从这里征调，国家因此而富足，于是治军讲习武事，以等待大兴军旅之时。建兴五年（227），诸葛亮统率各路军马向北入驻汉中郡，临近出发，向后主刘禅上奏疏说：

先皇帝开创大业未完成一半而中途去世，如今天下三分，我蜀汉国力穷困，这确实是处于决定生死存亡的危急时刻。然而宫廷中侍卫陛下的臣属毫不懈怠，皇宫外忠诚志节的将士舍生忘死为国效力，这都是追念先皇帝特别的知遇之恩，准备报答于陛下的缘故。所以陛下确实应当广泛听取群臣的意见，将先皇帝遗留下来的美德发扬光大，扩大有远大志向的人的勇气，不应当毫无根据地看轻自己，称引比喻不合时宜，从而堵塞了忠心规劝的途径。宫廷禁中与丞相府本属于一体，提拔或惩罚以及品评褒贬，不应当有标准不一致的地方。如果有为非作歹、干犯律条者，或者尽忠为善者，都应当交付相关主管官吏加以惩办或奖励，用来昭示陛下治理天下的平正明察，不应当有所偏袒，令宫廷内外的执法产生差异。侍中、侍郎郭攸之、费祎、董允等，都是忠良信实的人，精神忠诚纯正，因而先皇帝选拔出来辅佐陛下。臣下以为皇宫中的事务，无论大事、小事，都应当向他们征询，然后再施行，必能增加补益决策的缺失遗漏，汲取有益的意见。将军向宠，本性与行为善良公正，精通军事，从前被试用时，先皇帝称赞他能干，因而众人评议推举向宠为中部督。臣下以为军营里的事情，也都要向他们征询，必能使军队和睦，德才无论高下都能在适当的位置发挥力量。亲近贤臣，疏远小人，这是汉皇朝前期所以能够兴隆的原因;亲近小人,疏远贤臣,这是汉皇朝后期所以衰败的原因。先皇帝在世时,每当与臣下讨论此事,对于桓帝、灵帝时代,没有不叹息遗憾的。侍中郭攸之、侍中费祎、尚书陈震、长史张裔、参军蒋琬,这些都是忠正诚信可为保全节操而死的臣子,希望陛下亲近、信任他们,那么汉室的兴盛,就为期不远了。

臣下我本是一介平民,在南阳郡亲自耕种土地,只想在乱世中苟且求全自己的生命,并不企盼在掌握军政大权的地方长官中享有名望。先皇帝没有介意臣下低微鄙陋,承蒙屈尊就卑,先后三次到草庐来看望臣下,向臣下征询对时局大事的看法,因此臣下感奋激发,于是应允为先皇帝奔走效力。后来遭逢先皇帝败走当阳,臣下在此际接受任命,危难之中奉使东吴联合抗曹,从开始辅佐先皇帝至今已经有二十一年了。先皇帝了解臣下处事谨慎,所以在临终之际将大事托付于臣下。臣下接受遗命以来,日夜忧心叹息,唯恐所受先皇帝的嘱托大任难以完成,从而令先皇帝的英明受到损伤,因而在五月间渡过泸水,深入荒瘠的南中一带。如今南方一带已经平定,兵器铠甲已经充足,应当奖励并率领军队,北上平定中原,但愿能够竭尽臣下低下的才能,铲除奸诈凶恶的人,复兴汉朝王室,回至以前的国都长安。这是臣下用来报答先皇帝,也是在丞相职务上忠于陛下应尽的本分。

至于对政事反复考虑、择善而定乃至增减、兴革,启奏竭尽忠诚的言语,那就是郭攸之、费祎、董允他们的职责了。希望陛下责成臣下去征讨奸贼并取得成效;如果没有取得好的结果,就惩治臣下的失职之罪,用以禀告先皇帝的神灵。如果没有发扬圣德的言论,那就责问郭攸之、费祎、董允等人的轻率随便,以昭示他们的罪责。陛下也应当自我谋划,用来征询正道,考察采纳正确合理的言论,深念先皇帝遗诏的旨意。臣下深受皇恩,不胜感激之情。现在就要远离陛下,面对表章,泪流满面,不知应该说些什么了。

诸葛亮于是率领军队出发,驻扎于沔阳。

蜀汉后主建兴六年(228)的春天,诸葛亮扬言要经由斜谷道夺取郿县,并指派赵云、邓芝作为迷惑敌军从而导致其误判的疑兵,占据箕谷,魏大将军曹真率军抵抗。诸葛亮亲自统率各路军队进攻祁山,战阵齐整,赏罚严格,号令分明,南安、天水、安定三郡都反叛曹魏而响应诸葛亮,关中地区惊惧。魏明帝曹叡亲自西行镇守长安,命令张郃迎战诸葛亮,诸葛亮派马谡指挥各路军队作为先锋,在街亭与张郃交战。马谡违背了诸葛亮的作战调度,战术不得当,被张郃打得大败。诸葛亮迁徙西县的百姓千馀家,撤退回汉中,依军法处死马谡,以向军众道歉。诸葛亮上奏疏给朝廷说:"臣下才能弱小,无才而据有其位,很不称职,亲自掌握军权操练三军,却不能训导法规,严明法纪,遇事不能谨慎戒惧,以致发生街亭马谡违背命令的疏失,箕谷戒备不严的小败,错误都是臣下授官任命不得法所致。臣下明显不能知人善任,考虑问题也多愚昧,《春秋》记述战争中偏师失利,也要追究主帅的责任,因而以我的职务而论,就应当承担军事失利的责任。请求将臣下的官职贬低三等,用来督促自己正视自己的错误。"朝廷于是将诸葛亮降职为右将军,代理丞相职务,所总揽各路军队的职权依旧如前。

当年的冬天,诸葛亮又从散关出兵,围攻陈仓县,魏曹真迎战,诸葛亮因粮尽而退兵。曹魏将领王双率领骑兵追击诸葛亮,诸葛亮与王双交战,打败了魏军,斩杀王双。蜀汉后主建兴七年(229),诸葛亮派遣陈式攻打武都郡、阴平郡。魏雍州刺史郭淮率领军队准备进攻陈式,诸葛亮亲自领兵到达建威城,郭淮撤回,武都、阴平二郡平定。朝廷下诏书给诸葛亮说:"街亭之战,失利的原因在于马谡,但您主动承担罪过,深深压低和抑制自己,朝廷难以违背您的意愿,顺从您的请求。前年出兵显耀军威,斩杀王双;今年变更出征路线,郭淮逃走;降伏并收容氐、羌少数族民众,收复重振武都、阴平二郡,以威力震慑凶恶残暴的敌人,功勋卓著。如今天下动乱不安定,大恶之人曹叡尚未斩首悬以示众,您接受这一重任,努力治理国家,却长期压低和抑制自己,这不是荣宠褒扬伟大的功业的办法。现在恢复您的丞相职务,请千万不要推辞。"

蜀汉后主建兴九年(231),诸葛亮再次出兵祁山,用木牛作为运输工具,终因粮尽而撤军,与魏将张郃交战,将他射死。建兴十二年(234)的春天,诸葛亮率领全军从斜谷道出兵,以流马作为运输工具,占据武功水侧的五丈原,与魏军主帅司马懿在渭水南岸对峙。诸葛亮常常忧虑军粮得不到保障,令自己挥师中原的大志难以实现,于是决定分兵实行屯田,用来作为长期驻扎的基础。从事耕作的士兵混杂于渭水岸边的当地民众之间,而百姓安居,兵不扰民。诸葛亮、司马懿两军相持一百多天。这一年的八月,诸葛亮患病,在军中去世,时年五十四岁。蜀汉军队撤退后,司马懿巡视蜀汉的营垒及其方位,感叹说:"诸葛亮真是天下的奇才啊!"

诸葛亮临终前遗嘱将自己埋葬于汉中郡的定军山麓,凭借山势建造坟墓,墓穴刚好能容纳一棺即可,用当时通行的服装入殓,不用殉葬的器物。朝廷下达诏书说:"您禀赋文才与武略,聪明有远见又切实忠诚,接受了先皇帝托孤的遗诏,匡正辅助朕身,承续已断绝的后代,令衰微者复兴,立志平定变乱;整顿军队,没有一年不出兵征伐,英明威武而奋发,威风震慑八方荒远的地方,即将在汉之季世建立特殊的功绩,与商初伊尹与周初周公并列,建树巨大的功勋。然而苍天不怜悯保佑,事业近于成功之际,遭遇恶疾而亡故!朕因而悲伤悼念,心肝如同被撕裂一样。推崇德行,评议功勋的大小,依据平生行迹给予谥号,就是要彰明显扬于将来,刻于碑而载于史,令其事迹永存而不磨灭。现在派遣使持节左中郎将杜琼,赠予诸葛亮丞相武乡侯的印绶,赐谥号为忠武侯。魂魄有知,将会喜欢这一尊荣。悲伤哀悼,悲伤哀悼!"

起初,诸葛亮曾上表蜀后主刘禅说:"臣下在成都有桑树八百株,薄田十五顷,诸葛家后代的衣食,已经有富馀。至于臣下在外任职,没有另外的调遣,随身吃穿用度,都依靠官家供给,不另外经营家业,逐渐生利。如果臣下一旦死亡,将不令家中有多馀的布帛,家外有多馀的财产,从而辜负陛下的恩宠。"等到诸葛亮去世,一切都如他所说的那样。

诸葛亮生性擅长于巧思,改进连弩,制造木牛流马,都出自于他的设计;对古代兵法推论演绎,创立八阵图的阵法,都能吸取古人有关想法的精要。诸葛亮以上对下的告谕以及书简、奏章等大多值得研读,已经另外编为一本文集。

蜀汉后主景耀六年(263)的春天,朝廷下诏为诸葛亮在沔阳建立神庙。当年的秋天,魏镇西将军钟会征蜀,到达汉川,曾到诸葛亮的神庙祭祀,并指令军士不得在诸葛亮墓地附近割草放牧与打柴。诸葛亮的弟弟诸葛均,官至长水校尉。诸葛亮儿子诸葛瞻,继承了父亲的爵位。

《诸葛氏集》目录

开府作牧第一	权制第二
南征第三	北出第四
计算第五	训厉第六
综覈上第七	综覈下第八
杂言上第九	杂言下第十
贵和第十一	兵要第十二
传运第十三	与孙权书第十四
与诸葛瑾书第十五	与孟达书第十六
废李平第十七	法检上第十八
法检下第十九	科令上第二十
科令下第二十一	军令上第二十二

军令中第二十三　　　　军令下第二十四

右二十四篇，凡十万四千一百一十二字。

臣陈寿等启奏：

　　臣下以前在著作郎任上，侍中领中书监济北侯臣荀勖、中书令关内侯臣和峤上奏朝廷，令臣下整理过去蜀国丞相诸葛亮旧事。诸葛亮辅助局势不安宁、面临危急的国家，依恃险阻不臣服归顺，然而仍旧保存著录他的言论，就是以遗漏善言为耻辱，这确实是大晋国昌明盛大的最高道德，令普天下的百姓都受到恩惠，从古代以来，没有可与之相提并论的。于是删除内容重复的文字，按类分编，总共辑成二十四篇，篇名如上。

　　诸葛亮从年轻时就表现出超群的才华，具备英气逼人的气度，身高八尺，容貌魁梧，当时人都认为他不同寻常。遭逢汉末动乱，跟随叔父诸葛玄到荆州避难，亲自在田间从事耕种，不企盼显身扬名。当时左将军刘备认为诸葛亮具有非凡的器量，于是到他居住的草庐拜访了三次；诸葛亮深感刘备有雄壮威武的姿态，是杰出的人物，于是如老相识一样熟不拘礼，表达诚心，相互结下深厚的情谊。等到曹操南征荆州，刘琮举州臣服归附，刘备失去权势且拥兵无多，乃至没有立足之地。诸葛亮当时二十七岁，就向刘备进献奇计，亲自出使孙权，到江东求援。孙权素常佩服刘备，又见诸葛亮高雅不俗，极为敬重他，随即派遣三万人马援助刘备。刘备得以与曹操交战，大获全胜，并乘机克敌制胜，平定了位于长江以南的荆州四郡。此后刘备又向西攻取益州。益州平定以后，任命诸葛亮为军师将军。刘备登帝位后，任命诸葛亮为丞相，录尚书事。等到刘备病故，继位的儿子刘禅幼弱，事情不分大小，都由诸葛亮处理。于是诸葛亮对外联合东吴，对内平定南中少数民族势力，确立法令制度，整顿军旅，武器及军用机械，皆深入研究事物的原理，法令严明,奖赏或惩罚讲求信用,没有罪恶不受惩罚,没有良善不受褒扬,以至于官吏中不容许奸邪人存身,人人都慰勉警戒自己,路不拾遗,强不欺弱,风气安定平静,秩序良好。

在这个时候,诸葛亮平素的志愿,进一步就要气势威武,眼光远大,全部占有全国,退一步也要超越蜀汉与曹魏的界域,令天下震动。诸葛亮自以为身死之后,蜀汉就没有能够攻陷中原、与曹魏相抗衡的人了,所以用兵不停止,常常炫耀武力。然而诸葛亮的才能,在治军方面优长,但缺乏非凡的谋略,治理百姓的才干,优于他用兵的谋略。而与诸葛亮对敌交战的人,有时会遇到人中之豪杰,加之国力大小与民众多少不相等,在军事对立中处于攻方的蜀汉要比守方付出更大的代价,所以诸葛亮连年兴师动众,没有取得最终的胜利。秦末的萧何向刘邦推荐韩信,春秋时的管仲向齐桓公推荐王子城父,都是他们揣度自己的长处,不能兼有多种才能的缘故。诸葛亮的才能与卓越的政绩,或许也可属于管仲、萧何同一流人物了,但当时蜀汉没有如同王子城父、韩信那样的名将,因而令其功业衰败,这难道是正道不在蜀汉吗?大概还是君权得自于天,不能够凭借才智与勇力去争取啊。

魏明帝曹叡青龙二年(234)的春天,诸葛亮率领军队至武功水,在五丈原分兵实行屯田,用来作为长期驻扎的基础。这一年的秋天,诸葛亮病故,黎民百姓追念他,将他作为经常议论的谈话内容。至今梁州与益州的百姓,赞叹述说诸葛亮事迹,那些话语仿佛仍在耳边回响,即使《诗经·召南·甘棠》一诗颂扬召公,春秋郑国人歌颂子产也不过如此,真可不必到远处寻取比喻。孟子曾说:"在力求百姓安逸的前提下役使百姓,他们即使劳苦也不生怨恨;在力求百姓生存的原则下杀人,那被杀者也不会怨恨杀他的人。"确实如此啊!议论者有的人批评诸葛亮的文章缺乏华美的文采,嘱咐告诫的言语又过于周到。臣下愚见认为皋陶是一位大贤人，周公是一位大圣人，查考《尚书》，其中《虞夏书·皋陶谟》一篇简略而典雅，《周书·大诰》一篇烦琐而详尽。何以如此？皋陶是与舜和禹一同谈话，而周公则是与他的下属盟誓啊。诸葛亮的谈话对象，都是普通的众人与将士等，所以其文章的文辞意旨就不能向深远发挥。然而诸葛亮的声威教化与流传下来的话，都属于治理世务与治民一类，公正诚实之心，在其文章的字里行间充分传达出来，足以令人通晓他合于一定的伦理道德的行事准则，对于当权者是会有所裨益的。

念及陛下继承、效法古代圣贤，坦荡而不猜忌，因而即使是敌对国家的诽谤言语，都能使其文字展示出来而无所忌讳，以此弘扬宽宏豁达的道理。恭敬地抄录誊写诸葛亮的文集呈送著作局。臣陈寿惶恐不安，致敬致敬，死罪死罪。泰始十年（274）二月一日癸巳，平阳县侯相臣陈寿上。

诸葛乔字伯松，诸葛亮哥哥诸葛瑾的第二个儿子，本来字仲慎。诸葛乔与其兄诸葛恪在当时都有名气，评论者认为他的才能赶不上诸葛恪，而性情品行超过其兄。起初，诸葛亮没有儿子，请求将诸葛乔作为养子，诸葛瑾启奏孙权后送诸葛乔到西蜀，诸葛亮就以诸葛乔作为自己的嫡子，因而将他的字改为伯松。诸葛乔被任命驸马都尉，跟随诸葛亮到达汉中。在蜀汉后主建兴六年（228）去世，卒年二十五岁。诸葛乔的儿子诸葛攀，任官至代理护军翊武将军，也早年故去。诸葛恪被东吴诛杀，子孙灭绝，而诸葛亮后来也有了自己的亲生后代，因此诸葛攀仍回归吴国又成为诸葛瑾的继承人。

诸葛瞻字思远。蜀汉后主建兴十二年（234），诸葛亮出兵至武功水，致书诸葛瑾说："瞻儿今年已经八岁，聪慧可爱，我忧虑他身心早熟，怕以后难成能任大事的人。"十七岁，仰攀公主为妻，任骑都尉。第二年升任羽林中郎将，此后数次迁官，任射声校尉、侍中、尚书仆射，加军师将军。诸葛瞻擅长书画,记忆力超强,蜀人追念诸葛亮,都喜欢诸葛瞻的才思敏捷。每当朝廷施行良好的政令或出现一件好事,即使不是诸葛瞻所建议或倡导的,百姓都口耳相传说:"这是葛侯的举措啊。"因而他所享有的良好声名以及对他的过分赞誉,都超过了事实。蜀汉后主景耀四年(261),诸葛瞻升任代理都护卫将军,与辅国大将军南乡侯董厥一同总揽尚书台事务。景耀六年(263)的冬天,魏征西将军邓艾讨伐蜀汉,从阴平县经过景谷道侧攻入蜀汉腹地。诸葛瞻统率各路军队至涪县迎战,其先锋被打败,撤军回,在绵竹县驻军。邓艾致书引诱诸葛瞻投降说:"你如若投降,我将上表魏天子进封你为琅邪王。"诸葛瞻大怒,斩杀邓艾的使节。于是交战,蜀军大败,诸葛瞻阵亡,时年三十七岁。其部下都溃后,邓艾挥师长驱直入占据成都。诸葛瞻的长子诸葛尚,与诸葛瞻一起阵亡。其次子诸葛京以及诸葛攀的儿子诸葛显等,于魏元帝曹奂咸熙元年(264)内迁至河东郡。

董厥,蜀丞相诸葛亮时任丞相府令史,诸葛亮称赞他说:"董令史,是位贤士啊。我每次与他谈话,思维谨慎而且恰当适中。"调任董厥任丞相府主簿。诸葛亮去世后,逐渐升官至尚书仆射,代陈祗任尚书令,升任大将军,平尚书事,由义阳郡人樊建代替董厥担任尚书令。蜀汉后主刘禅延熙十四年(251),樊建以校尉出使吴国,正值孙权病势沉重,不能亲自接见樊建。孙权问诸葛恪说:"樊建与上一次出使我国的宗预相比如何?"诸葛恪回答说:"才学见识比不上宗预,但固有的个性超过他。"以后樊建任侍中,又代理尚书令。自从诸葛瞻、董厥、樊建治理政事,姜维经常出兵在外征讨,宦官黄皓盗用权柄,他们三人都维护迁就黄皓,没有谁能矫正他,然而只有樊建不与黄皓交好往来。蜀汉被灭亡的第二年,即魏元帝咸熙元年(264)的春天,董厥、樊建都来到京城洛阳,一起担任相国参军,这一年的秋天,二人都兼任散骑常侍,并出使蜀地慰劳。

评论说:诸葛亮担任蜀汉的丞相,安抚百姓,建立礼法规矩,精简官职,依从临时制订的措施,推诚相待,坦白无私;能够尽忠朝廷,有益于当时情况的人,即使仇家也必定奖赏;触犯法律,懈怠、轻忽职责的人,即使亲近者也必定惩罚。承认罪行且表达悔改真情的人,即使其罪严重也必定释放;用浮而不实的话取巧掩饰罪行的人,即使其罪不重也必定诛杀。行善即使不多也要奖赏,作恶即使微小也要惩罚;众多事物都精研熟悉,万事必从根本上加以治理,循其名而求其实,不与虚伪者同列;最终在蜀汉的辖境之内,人们对诸葛亮都既敬畏又爱戴,刑法政令虽然严厉而并无怨恨的人,其原因就在于诸葛亮用心公平而劝导教育极为明确啊。诸葛亮堪称懂得治国的优秀人才,是与春秋时管仲、汉初时萧何属于同一流人物。然而他连年兴师动众,出兵北伐却未获成功,大概是顺应变化以及用兵的谋略,这不属于诸葛亮所擅长的方面吧!

关羽传

[题解]

传见《三国志》卷三六《蜀书六》。关羽(？~220)，原字长生，改字云长，河东郡解县(今山西临猗西南)人。东汉末与张飞追随刘备起兵，在兼并战争中以威猛刚毅著称，历任偏将军，封汉寿亭侯。刘备西取益州后，以关羽总督荆州事，镇守江陵。曾在樊城围攻曹操大将曹仁，大破于禁所领七军，一度威震华夏。吴主孙权乘机袭夺荆州，关羽败走麦城，与子关平在章乡俱为吴将所擒杀。关羽平生好读《左传》，勇冠三军，然而待下骄矜少恩，终至败亡。《三国志》本传末有评云："关羽、张飞皆称万人之敌，为世虎臣。羽报效曹公，飞义释严颜，并有国士之风。然羽刚而自矜，飞暴而无恩，以短取败，理数之常也。"隋朝以后，关羽地位逐渐上升，至《三国演义》被刻画为"义"的化身，受到民间乃至帝王的崇拜。南宋高宗建炎二年(1128)追赠关羽为"壮缪武安王"，元文宗天历元年(1328)封关羽为"显灵威勇武安英济王"，明万历四十二年(1614)加封关羽为"三界伏魔大帝神威远镇天尊关圣帝君"，清顺治九年(1652)再加封关羽为"忠义神武关圣大帝"。所谓文财神不论，关羽还是后人心目中的武财神，与莫须有的同为武财神的赵公明元帅一样，皆有保佑祭祀膜拜者发家致富的效验，从而受到华夏经商者的青睐。关帝庙一度遍布全国城乡并波及海外，形成关帝崇拜的一道独特风景线。清初毛宗岗作为《三国志通俗演义》的重要修订者，其《读三国志法》这样评述关羽："历稽载籍，名将如云，而绝伦超群者莫如云长。青史对青灯，则极其儒雅;赤心如赤面,则极其英灵。秉烛达旦,人传其大节;单刀赴会,世服其神威。独行千里,报主之志坚;义释华容,酬恩之谊重。作事如青天白日,待人如霁月光风。心则赵忭焚香告帝之心,而磊落过之;意则阮籍白眼傲物之意,而严正过之。是古今来名将中第一奇人。"正史中的关羽并没有多少传奇性,是民间传说一步步将关羽的形象神化的,这在中国文化史上的确是一个值得研究的奇特现象。

关羽字云长,本字长生,河东解人也①。亡命奔涿郡②。先主于乡里合徒众③,而羽与张飞为之御侮④。先主为平原相⑤,以羽、飞为别部司马⑥,分统部曲⑦。先主与二人寝则同床,恩若兄弟。而稠人广坐,侍立终日,随先主周旋⑧,不避艰险⑨。先主之袭杀徐州刺史车胄⑩,使羽守下邳城⑪,行太守事⑫,而身还小沛⑬。

[注释]

①河东:即河东郡,战国魏置,后属秦,治所安邑县(今山西夏县西北十五里禹王城)。战国、秦、汉谓今山西西南一带,因黄河自北向南流经本地区西境而得名。辖境相当于今山西沁水以西、霍山以南地区。解(xiè谢):即解县,战国魏地,西汉置解县,治所在今山西临猗西南。

②亡命:谓逃亡,流亡。涿郡:西汉高帝置,治所涿县(今河北涿州市),取涿水以为名。汉成帝末辖境相当于今北京市房山以南,河北易县、清苑以东,安平、河间以北,霸州、任丘以西地区。三国魏黄初七年(226)改名范阳郡。

③先主:即刘备(161~223),字玄德,蜀汉昭烈帝,史称先主。详见本书所选《先主传》。徒众:兵众。

④张飞:字益德(?~221),涿郡(治今河北涿州)人。蜀汉大将。详见本书所选《张飞传》。御侮:武臣。《诗经·大雅·緜》:"予曰有御侮。"毛传:"武臣折冲曰御侮。"唐孔颖达疏:"御侮者,有武力之臣,能折止敌人之冲突者,是能扞御侵侮,故曰御侮也。"

⑤平原相:平原国执政者。平原,即平原国。东汉永宁元年(120)改平原郡为平原国,治所平原县(治今山东平原西南二十五里张官店),辖境相当于今山东平原、陵县、禹城、齐河、临邑、商河、惠民、阳信等市县地。相,古官名。汉时诸侯王国的实际执政者,地位相当于郡太守。

⑥别部司马:东汉大将军领营五部之外的别部军官。《后汉书·百官一》:"大将军营五部,部校尉一人,比二千石;军司马一人,比千石。部下有曲,曲有军候一人,比六百石。曲下有屯,屯长一人,比二百石。其不置校尉部,但军司马一人。又有军假司马、假候,皆为副贰。其别营领属为别部司马,其兵多少各随时宜。"

⑦部曲:古代军队编制单位。这里借指军队。

⑧周旋:古代行礼时进退揖让的动作。这里谓交际应酬。

⑨不避艰险:裴注引《蜀记》曰:"曹公与刘备围吕布于下邳,关羽启公,布使秦宜禄行求救,乞娶其妻,公许之。临破,又屡启于公。公疑其有异色,先遣迎看,因自留之,羽心不自安。此与《魏氏春秋》所说无异也。"

⑩徐州刺史车胄(zhòu 宙):汉献帝时车骑将军(?~199),建安三年(198),曹操灭吕布,以车胄为徐州刺史,翌年为刘备所杀。徐州,汉武帝所置十三刺史部之一,辖境相当于今山东东南部与江苏长江以北地区,东汉时治所在郯县(今山东郯城)。三国魏移治于彭城(今江苏徐州)。刺史,古代官名。原为朝廷所派督察地方之官,后沿为地方官职名称。汉武帝时,分全国为十三部州,州置刺史。成帝改称州牧,哀帝时复称刺史。

⑪下邳(pī 批)城:东汉下邳国治所下邳县(今江苏睢宁西北古邳镇

东)。下邳国,东汉永平十五年(72)改临淮郡置,属徐州。建安十一年(206)改为郡。

⑫行太守事:谓代理下邳国的太守公事。行,汉代官缺未补,暂由他官代理称"行"。太守,郡长官名。汉代又称郡守,秩二千石。建安四年(199),下邳尚未改称郡,以太守为其行政长官,当属权宜之计。裴注引《魏书》云:"以羽领徐州。"

⑬小沛:即今江苏沛县。汉改泗水郡为沛郡,治相县(今安徽淮北市西北相山区),故以沛县为小沛。

建安五年①,曹公东征②,先主奔袁绍③。曹公禽羽以归④,拜为偏将军⑤,礼之甚厚。绍遣大将颜良攻东郡太守刘延于白马⑥,曹公使张辽及羽为先锋击之⑦。羽望见良麾盖⑧,策马刺良于万众之中⑨,斩其首还,绍诸将莫能当者,遂解白马围。曹公即表封羽为汉寿亭侯⑩。初,曹公壮羽为人⑪,而察其心神无久留之意⑫,谓张辽曰:"卿试以情问之。"既而辽以问羽,羽叹曰:"吾极知曹公待我厚,然吾受刘将军厚恩,誓以共死,不可背之。吾终不留,吾要当立效以报曹公乃去⑬。"辽以羽言报曹公,曹公义之⑭。及羽杀颜良,曹公知其必去,重加赏赐。羽尽封其所赐⑮,拜书告辞⑯,而奔先主于袁军⑰。左右欲追之,曹公曰:"彼各为其主,勿追也⑱。"

[注释]

①建安五年:即公元200年。建安,汉献帝刘协的第五个年号(196~220)。

②曹公:即曹操(155~220),字孟德,小字阿瞒,魏立国后追谥魏武帝,

谯(今安徽亳州市)人。详见本书所选《武帝纪》。东征:外戚董承等欲诛杀曹操事泄被杀,曹操征讨在徐州一带驻军的刘备。

③袁绍:字本初(？~202),东汉汝南汝阳(今河南商水西南)人。《后汉书》卷七四上有传,详见本书所选《袁绍传》。

④禽:"擒"的古字。俘获。

⑤拜:授官。偏将军:东汉杂号将军名,始于光武帝,三国时沿置,掌领兵征伐。

⑥颜良:袁绍部下大将(？~200),勇武善战,建安五年(200),进攻白马之战为袁军先锋,被关羽斩杀。东郡太守刘延:曹操属下(生卒年不详),曾任东郡太守。东郡,战国秦王政五年(前242)置,治所濮阳县(今河南濮阳西南十六里)。西汉辖境相当于今山东东阿、梁山以西,山东郓城、河南范县以北,山东茌平、莘县、河南南乐、清丰、濮阳以南地。东汉以后辖境缩小。白马:即白马县,秦置,属东郡,治所在今河南滑县东二十八里,取白马山为名。

⑦张辽:字文远(169~222),雁门马邑(今山西朔县)人。原为吕布部将,建安三年(198),吕布被曹操擒杀后降曹,屡建战功,历任荡寇将军。曹丕代汉后任前将军,黄初三年(222)随曹休率军攻吴,病死途中。《三国志》卷一七有传。

⑧麾盖:将帅用的旌旗伞盖。

⑨策马:驱马使行。

⑩表:上奏章给皇帝。汉寿亭侯:封爵名,属于列侯中的亭侯。汉寿,县名(故址在今湖南常德市东北崆巄城),属荆州武陵郡。亭,秦汉时乡以下、里以上的行政机构。此封爵即以汉寿县的一亭为其食邑。

⑪壮:推崇,赞许。

⑫心神:心情,精神状态。

⑬要(yào)当:自当,应当。立效:犹立功。

⑭曹公义之:裴注引《傅子》曰:"辽欲白太祖,恐太祖杀羽,不白,非事君之道,乃叹曰:'公,君父也;羽,兄弟耳。'遂白之。太祖曰:'事君不忘其本,天下义士也。度何时能去?'辽曰:'羽受公恩,必立效报公而后去也。'"

⑮封:谓包封标记。

⑯拜书:写信给别人的敬词。

⑰袁军:谓袁绍的军队。当时刘备投靠袁绍。

⑱勿追也:裴注云:"臣松之以为曹公知羽不留而心嘉其志,去不遣追以成其义,自非有王霸之度,孰能至于此乎?斯实曹公之休美。"

从先主就刘表①。表卒,曹公定荆州②,先主自樊将南渡江③,别遣羽乘船数百艘会江陵④。曹公追至当阳长阪⑤,先主斜趣汉津⑥,适与羽船相值⑦,共至夏口⑧。孙权遣兵佐先主拒曹公,曹公引军退归⑨。先主收江南诸郡⑩,乃封拜元勋⑪,以羽为襄阳太守、荡寇将军⑫,驻江北。先主西定益州⑬,拜羽董督荆州事⑭。羽闻马超来降⑮,旧非故人⑯,羽书与诸葛亮⑰,问超人才可谁比类。亮知羽护前⑱,乃答之曰:"孟起兼资文武,雄烈过人,一世之杰,黥、彭之徒⑲,当与益德并驱争先,犹未及髯之绝伦逸群也⑳。"羽美须髯,故亮谓之髯。羽省书大悦㉑,以示宾客。

[注释]

①刘表:字景升(142~208),东汉远支皇族,山阳高平(今山东邹城市西南)人。详见本书所选《刘表传》。

②荆州:西汉元封五年(前106)所置十三刺史部之一,辖郡七、县一百

一十七,治所汉寿县。汉末移治襄阳县(今湖北襄阳),辖境相当于今湖北、湖南大部以及河南、贵州、广东、广西等省区一小部分。三国时魏、吴均置荆州,辖境相当于原荆州。魏荆州治所新野(今属河南),吴荆州治所江陵(今属湖北)。

③樊:即樊城,在今湖北襄阳市,与襄阳城隔汉水相望。自古为兵家必争之地。江:谓长江。

④江陵:即江陵县,秦置,为南郡治所。即今湖北荆州市荆州区旧江陵县。

⑤当阳:即当阳县,西汉置,属南郡。治所在今湖北荆门市西南。长阪:即长坂,故址在今湖北当阳市东北绿林山区西部的天柱山。

⑥趣(qū趋):赴,前往。汉津:渡口名,位于今湖北荆门市东九十里汉水津渡。

⑦相值:犹相遇。

⑧夏口:地名。即今湖北汉口,为汉水入长江处。古代汉水在襄阳以下称夏水或襄江,故汉水入长江处称夏口。裴注引《蜀记》曰:"初,刘备在许,与曹公共猎。猎中,众散,羽劝备杀公,备不从。及在夏口,飘飖江渚,羽怒曰:'往日猎中,若从羽言,可无今日之困。'备曰:'是时亦为国家惜之耳;若天道辅正,安知此不为福邪!'"又云:"臣松之以为备后与董承等结谋,但事泄不克谐耳,若为国家惜曹公,其如此言何!羽若果有此劝而备不肯从者,将以曹公腹心亲戚,实繁有徒,事不宿构,非造次所行;曹虽可杀,身必不免,故以计而止,何惜之有乎!既往之事,故托为雅言耳。"

⑨"孙权"二句:建安十三年(208),曹操南征,孙权、刘备联合抗曹,在赤壁大破曹军,曹操狼狈北归。孙权,字仲谋(182~252),孙坚次子,吴郡富春(今浙江富阳)人。吴国建立者,即吴大帝。详见本书所选《吴主传》。

⑩江南诸郡:赤壁战后,刘备占据荆州江南四郡:武陵、长沙、零陵、

桂阳。

⑪元勋:这里谓有极大功绩的人。

⑫襄阳太守:当时关羽任襄阳太守属于"遥领"(即只担任职名,不亲往任职)。襄阳,原为县名,东汉末,曹操分南郡与南阳部分县置襄阳郡,治所襄阳(今湖北襄阳)。太守,官名。秦置郡守,汉景帝时改名太守,为一郡最高的行政长官。荡寇将军:东汉末所置杂号将军名,主征伐。

⑬益州:西汉元封五年(前106)置,为十三刺史部之一。公孙述改为司隶校尉,东汉复为益州,治所雒县(今四川广汉市北),兴平中移治成都(今属四川),辖郡、国十二,县一百一十八。辖境相当于今四川、云南、贵州大部以及陕西、甘肃、湖北乃至越南的一小部分。建安十九年(214),刘备攻破雒城,进围成都,刘璋出降,刘备领益州牧。

⑭董督:统率,监督。

⑮马超:字孟起(176~222),马腾之子,右扶风茂陵(今陕西兴平东北)人。东汉末随父起兵,勇猛善战。建安十六年(211)与韩遂等抗曹失败,乃奔汉中依张鲁,又因受谮,于建安十九年投奔刘备,官至左将军,成为蜀汉名将。《三国志》卷三六有传。

⑯旧:原来,本来。故人:旧交,老友。

⑰诸葛亮:字孔明(181~234),琅邪阳都(今山东沂南南)人。蜀汉杰出的政治家、军事家。蜀汉章武元年(221),刘备称帝,以他为丞相。详见本书所选《诸葛亮传》。

⑱护前:回护以前的错误,亦泛指护短。这里有耻居人下的自高自傲之意。《三国志·吴志·朱桓传》:"桓性护前,耻为人下。"

⑲黥彭之徒:西汉黥布(即英布,前?~前196)、彭越(前?~前196),皆为刘邦部下大将,善征战,佐刘邦定天下,被封为异姓王,后皆因谋反被诛杀。黥布,《史记》卷九一、《汉书》卷三四皆有传;彭越,《史记》卷九〇、《汉

书》卷三四皆有传。

⑳髯(rán 然):颊毛。亦泛指胡须。《庄子·列御寇》:"美髯长大,壮丽勇敢,八者俱过人也,因以是穷。"绝伦逸群:无与伦比,超群出众。

㉑省(xǐng 醒)书:谓观看书信。

羽尝为流矢所中①,贯其左臂,后创虽愈,每至阴雨,骨常疼痛,医曰:"矢镞有毒②,毒入于骨,当破臂作创③,刮骨去毒,然后此患乃除耳。"羽便伸臂令医劈之。时羽适请诸将饮食相对,臂血流离④,盈于盘器,而羽割炙引酒⑤,言笑自若。

[注释]

①流矢:乱飞的或无端飞来的箭。《礼记·檀弓上》:"圉人浴马,有流矢在白肉。"

②矢镞(zú 族):箭头。

③作创(chuāng 窗):谓割开皮肤。

④流离:犹淋漓。

⑤炙:烤熟的肉食。引酒:谓饮酒。

二十四年①,先主为汉中王②,拜羽为前将军③,假节钺④。是岁,羽率众攻曹仁于樊⑤。曹公遣于禁助仁⑥。秋,大霖雨⑦,汉水泛溢⑧,禁所督七军皆没。禁降羽,羽又斩将军庞德⑨。梁、郏、陆浑群盗或遥受羽印号⑩,为之支党⑪,羽威震华夏⑫。曹公议徙许都以避其锐⑬,司马宣王、蒋济以为关羽得志⑭,孙权必不愿也。可遣人劝权蹑其后⑮,许割江南以封权,则樊围自解。曹公从之。先是,权遣使为子索羽女,羽骂辱其使,不许婚,权大怒⑯。又南郡太守麋芳在江陵⑰,将军士仁屯公安⑱,素皆嫌羽轻己。自羽之出军,芳、仁供给军资,不悉相救⑲。羽言"还当治之",芳、仁咸怀惧不安。于是权阴诱芳、仁,芳、仁使人迎权。而曹公遣徐晃救曹仁⑳,羽不能克,引军退还。权已据江陵,尽虏羽士众妻子,羽军遂散。权遣将逆击羽㉑,斩羽及子平于临沮㉒。

[注释]

①二十四年:即汉献帝建安二十四年(219)。

②汉中王:建安二十四年(219)七月,刘备自称汉中王。封国汉中郡,属益州。

③前将军:东汉、三国时常设的前、后、左、右四将军之一。位次九卿,三国时为第三品,开府治事,设属官。

④假节钺(yuè 越):谓授予符节(古代符信之一种,以金、玉、竹、木等制成,上刻文字,分为两半,使用时以两半相合为验)与斧钺(用于仪礼的一种兵器)。古代授予将帅节钺,作为加重权力的标志。

⑤曹仁:字子孝(168~223),曹操堂弟,谯(今安徽亳州市)人。从曹操征伐,屡立战功,曾以镇南将军镇守南郡,固守樊城。魏文帝时官至大将军,迁大司马。《三国志》卷九有传。

⑥于禁:字文则(?~221),泰山巨平(今山东泰安南)人。曹操占据兖州,于禁投奔曹军,任军司马,治军严整,封益寿亭侯,历任虎威将军、左将军。为解樊城之围,率七军增援曹仁,七军被水淹,投降关羽。孙权袭取荆州后,被遣还魏,为魏文帝所鄙视,恼羞而卒。《三国志》一七有传。

⑦霖雨:连绵大雨。

⑧汉水:又称汉江,长江支流。发源于今陕西南部,东南流至湖北襄阳,南流至武汉汇入长江。襄阳以下又称襄江。

⑨"禁所督七军"三句:《三国志·于禁传》:"秋,大霖雨,汉水溢,平地水数丈,禁等七军皆没。禁与诸将登高望水,无所回避,羽乘大船就攻禁等,禁遂降,惟庞德不屈节而死。"七军,谓于禁所率七支军队。庞德,字令明(?~219),南安獂道(今甘肃陇西东南)人,原为马超部将,后随超入汉中投张鲁,又随张鲁降曹,拜立义将军,封关门亭侯,邑三百户。樊城之战中被关羽生擒,不屈死。文帝谥曰壮侯。《三国志》卷一八有传。

⑩梁:即梁县,秦置,属三川郡,治所在今河南汝州市西四十里汝水南岸石台村,西汉属河南郡。郏:即郏(jiá 颊)县,秦置,属颍川郡,治所即今河南郏县。陆浑:即陆浑县,西汉置,属弘农郡,治所在今河南嵩县东北陆浑北二十馀里。印号:官印和官号。

⑪支党:党羽。

⑫华夏:这里指我国中原地区。

⑬许都:即许县,春秋许国,秦改置县。东汉末,曹操挟汉献帝都此,故称许都。故址在今河南许昌西南。

⑭司马宣王:即司马懿(179~251),字仲达,河内温县(今河南温县西)人。曹操为丞相时辟为文学掾,转主簿。曹丕称帝后,任尚书右仆射,转抚军大将军。魏明帝时任大将军,迁太尉,晋太傅。正始十年(249)发动高平陵政变,诛杀曹爽等,专国政。卒后,魏元帝曹奂咸熙元年(264),其子司马昭进爵为晋王,追谥司马懿为宣王。其孙司马炎代魏,建立晋朝,追尊他为宣帝。《晋书》卷一有传。蒋济:字子通(?~249),楚国平阿(今安徽怀远北)人。曹操秉政时任主簿,魏主曹芳时官至太尉。曾协助司马懿政变,后自以失信于曹爽,忧病而亡。《三国志》卷一四有传。

⑮蹑(niè 聂):追击。这里有偷袭之意。

关羽传 | 1021

⑯权大怒：裴注引《典略》曰："羽围樊，权遣使求助之，敕使莫速进，又遣主簿先致命于羽。羽忿其淹迟，又自已得于禁等，乃骂曰：'狢子敢尔，如使樊城拔，吾不能灭汝邪！'权闻之，知其轻己，伪手书以谢羽，许以自往。"又云："臣松之以为荆、吴虽外睦，而内相猜防，故权之袭羽，潜师密发。按《吕蒙传》云：'伏精兵于䑽䑸之中，使白衣摇橹，作商贾服。'以此言之，羽不求助于权，权必不语羽当往也。若许相援助，何故匿其形迹乎？"

⑰南郡太守麋芳：字子方（生卒年不详），麋竺弟，东海朐县（今江苏连云港西南）人。世代商贾，初为彭城相，与其兄追随刘备入益州，拜南郡太守。后因与关羽有隙，叛归孙权，致令蜀失南郡。南郡，秦昭王二十九年（前278）置，治所郢（今湖北荆州市荆州区故江陵县城西北纪南城），后徙治江陵县（今荆州市荆州区故江陵县城），属荆州，三国时曾移治于公安（今属湖北）。西汉辖境相当于今湖北襄阳市、南漳县以南，松滋市、公安县以北，洪湖市以西，利川市及重庆巫山县以东地。

⑱士仁：据《三国志》卷四五所附杨戏著《季汉辅臣传》："士仁字君义，广阳人也，为将军，住公安，统属关羽；与羽有隙，叛迎孙权。"本传所称"傅士仁"，"傅"当为衍字。广阳，在今北京房山一带。公安：即公安县，三国蜀汉置，属南郡，治所在油口（今湖北公安西北十里）。后属吴。

⑲不悉相救：谓不尽相助，即军资供给不力。

⑳徐晃：字公明（？～227），河东杨（今山西洪洞东南）人。原为杨奉部将，后归附曹操，英勇善谋，官渡之战立有战功，樊城之战声东击西，大败关羽军。曹丕代汉，任右将军。《三国志》卷一七有传。裴注引《蜀记》曰："羽与晃宿相爱，遥共语，但说平生，不及军事。须臾，晃下马宣令：'得关云长头，赏金千斤。'羽惊怖，谓晃曰：'大兄，是何言邪！'晃曰：'此国之事耳。'"

㉑逆击：犹迎击。

㉒平：即关平（？～219），关羽之子，诸葛亮入蜀后，随关羽镇守荆州。

东吴袭取荆州后,随关羽退守麦城,突围中被擒杀。临沮(jū居):即临沮县,西汉置,属南郡,以临沮水为名。治所在今湖北远安西北。裴注引《蜀记》曰:"权遣将军击羽,获羽及子平。权欲活羽以敌刘、曹,左右曰:'狼子不可养,后必为害。曹公不即除之,自取大患,乃议徙都。今岂可生!'乃斩之。"又云:"臣松之按《吴书》:孙权遣将潘璋逆断羽走路,羽至即斩,且临沮去江陵二三百里,岂容不时杀羽,方议其生死乎?"又云:"'权欲活羽以敌刘、曹',此之不然,可以绝智者之口。"又引《吴历》曰:"权送羽首于曹公,以诸侯礼葬其尸骸。"

追谥羽曰壮缪侯①,子兴嗣②。兴字安国,少有令问③,丞相诸葛亮深器异之④。弱冠为侍中、中监军⑤,数岁卒。子统嗣⑥,尚公主⑦,官至虎贲中郎将⑧。卒,无子,以兴庶子彝续封⑨。

[注释]

①追谥(shì士):死后追加谥号。古人死后依其生前行迹而为之所立的称号称谥号。帝王的谥号一般由礼官议上;臣下的谥号由朝廷赐予。《三国志·后主传》:"(景耀)三年秋九月,追谥故将军关羽、张飞、马超、庞统、黄忠。"景耀三年,即公元260年。景耀,蜀汉后主刘禅年号(258~263)。缪(mù穆)侯:缪,通"穆",有诚信、顺从、和悦之意。《逸周书》卷六《谥法解》:"布德执以曰穆,中情见貌曰穆。"又曰:"执应八方曰侯。"裴注引《蜀记》曰:"羽初出军围樊,梦猪啮其足,语子平曰:'吾今年衰矣,然不得还!'"又引《江表传》曰:"羽好《左氏传》,讽诵略皆上口。"

②兴:即关兴(生卒年不详),字安国,关羽之子。嗣:这里谓官爵的继承人。

③令问:美好的声名。问,通"闻"。

④丞相:辅佐帝王,综理一国政务的最高行政长官。器异:犹器重;看重。

⑤弱冠:古时以男子二十岁为成人,初加冠,因体犹未壮,故称弱冠。《礼记·曲礼上》:"二十曰弱,冠。"侍中:官名。秦始置,两汉沿置,为正规官职外的加官之一。因侍从皇帝左右,出入宫廷,与闻朝政,逐渐变为亲信贵重之职。三国时秩比二千石,第三品。中监军:官名。三国时置,为本职官外的加官。若诸州不置都督,则置此官。

⑥统:即关统(生卒年不详)。

⑦尚公主:娶公主为妻。因尊帝王之女,不敢言娶,故云。尚,承奉、奉事或仰攀之意。

⑧虎贲(bēn 奔)中郎将:官名。属光禄勋,郎官首领之一,统率虎贲宿卫,负责皇帝的宿卫杂役,并兼管宫禁内的办公机构以及官员的警卫。秩比二千石,三国时为第五品。

⑨庶子彝:即关彝(?~264),关平的妾生子。裴注引《蜀记》曰:"庞德子会,随钟、邓伐蜀,蜀破,尽灭关氏家。"

[译文]

关羽字云长,原本字长生,河东郡解县人。逃亡到涿郡。刘备在家乡一带聚集兵众,而关羽和张飞就成为刘备的武臣。刘备就职平原相,任命关羽、张飞为别部司马,分别统领部众。刘备与关、张两人睡在一起,情谊如同亲兄弟。而在大庭广众之中,关、张两人整日站立在刘备身旁,陪同刘备一起交际应酬,遇有艰难险阻就迎身而上。刘备袭击徐州,斩杀刺史车胄,就令关羽驻守下邳,代理太守职务,自己到小沛驻扎。

建安五年(200),曹操东征,刘备投奔袁绍。关羽被曹操俘获而归,授职偏将军,对他礼遇极为优厚。袁绍派遣大将颜良在白马山进攻东郡太守刘延,曹操指令张辽与关羽为先锋迎击。关羽望见颜良的旌旗伞盖,就驱马向前在万军之中刺杀了颜良,并砍下其头颅而归,袁绍部下众多将领无人能够抵挡关羽,于是解除了白马之围。曹操立即上奏章给汉献帝,请封关羽为汉寿亭侯。起初,曹操钦佩关羽的为人,然而却发现他没有长期留下的打算,就对张辽说:"请凭借你们两人的交情试探一下。"不久,张辽询问关羽去向,关羽慨叹地说:"我深知曹公待我宽厚,然而我受刘将军的恩德更加深重,曾誓言同生死,所以不能背叛他。我最终难以留在这里,但要等立功报答曹公后才可离开。"张辽将关羽的这番话报告了曹操,曹操认为关羽讲义气。等到关羽斩杀颜良以后,曹操猜测他必然离去,就给予他丰厚的赏赐。关羽将曹操的赏赐全部封存,留下一封书信告别曹操,就向袁绍军中投奔刘备而去。曹操部下要去追回关羽,曹操说:"他也是各自效忠于自己的主人,就不要追了。"

关羽跟随刘备投奔刘表。刘表去世,曹操平定荆州,刘备率兵从樊城向南渡长江,另派遣关羽统领几百艘战船驶向江陵。曹操追兵至当阳长坂,刘备从近路直奔汉津,正好与关羽战船相遇,就一同到夏口。孙权派遣兵将帮助刘备抵抗曹军,曹操率军退回。刘备占取荆州江南数郡,封赏立有大功的部下,任命关羽遥领襄阳太守、荡寇将军,在江北驻守。刘备向西平定益州,任命关羽统率荆州事务。关羽听说马超投奔刘备,以前马超并非旧交,就致书诸葛亮,询问马超人品才干可与哪一类人相比。诸葛亮知关羽性情高傲,耻居人下,就回书说:"马超文武兼备,雄猛刚烈超过一般人,算是当代的杰出人才,与黥布、彭越是一类人,应当与张飞并驾齐驱一争高下,还没有达到美髯公你超群出众的气局。"关羽胡须美观,因而诸葛亮称他为美髯公。关羽阅读书信后极为高兴,交给宾客们传览。

关羽曾经被无端飞来的箭射中,左臂被穿透,以后伤口虽然愈合,但每遇阴雨天气，骨头常常作痛。医生说："箭头有毒，毒性渗入骨中，应当割开左臂上的旧伤口，刮去骨上的毒，然后才能去除病根。"关羽就伸出左臂让医生割开。当时他正请一些将领相对饮酒吃饭，臂上鲜血淋漓，将承接的器皿都装满了，而关羽割肉饮酒，如同平时一样有说有笑。

建安二十四年（219），刘备自称汉中王，任命关羽为前将军，授予符节与斧钺。这一年，关羽统率军队至樊城进攻曹仁。曹操派遣于禁援助曹仁。入秋后，大雨连绵不止，汉水泛滥，于禁所率七军全被大水所淹，于禁投降了关羽，关羽又斩杀了将军庞德。梁、郏、陆浑等处的反叛者有的就在远处接受了关羽的官印、官号，成为其党羽，关羽的名声威震中原。曹操与部下商议迁离许都以躲避关羽锋芒，司马懿、蒋济认为关羽若实现其志向，孙权必不情愿。可以派人劝说孙权袭击关羽后方，答应割取江南封赏孙权，那么樊城之围就自然解除了。曹操听从了他们的计策。此前，孙权曾经派遣使臣为自己儿子向关羽之女提亲，关羽辱骂其使臣，拒绝了婚事，孙权非常气愤。此外，南郡太守糜芳驻守江陵，将军士仁驻军公安，平素都抱怨关羽轻视自己。自从关羽出兵樊城，糜芳、士仁负责军资筹备，然而却供给不力，关羽留话"以后再整治你们"，糜芳、士仁内心都恐惧不安。在此时孙权暗中引诱糜芳、士仁，糜芳、士仁派人迎接孙权。曹操派遣徐晃救援曹仁，关羽不能取胜，就率军退回。孙权这时已占据江陵，将关羽及其部众的妻子儿女全部俘获，关羽的军队溃散。孙权派遣将领迎击关羽，在临沮斩杀了关羽和他的儿子关平。

后主刘禅为关羽追加谥号壮缪侯，其子关兴承袭爵位，关兴字安国，年少时就有美好的声名，丞相诸葛亮很器重他。二十岁官居侍中、中监军，几年以后去世。其子关统承袭爵位，娶公主为妻，官至虎贲中郎将。关统去世后，没有儿子，就以关兴的庶出子关彝承袭了封爵。

张飞传

[题解]

传见《三国志》卷三六《蜀书六》。张飞（？～221），字益德，涿郡（今河北涿州市）人。东汉末随刘备起兵，勇猛剽悍，屡立战功。刘备平定益州后，张飞打败魏将张郃，留镇巴西郡。东汉建安二十四年（219）七月，刘备自称汉中王，以张飞为右将军，假节。蜀汉章武元年（221）四月，刘备称帝，任命张飞为车骑将军，领司隶校尉，封西乡侯。蜀汉章武元年（221）七月，刘备为报关羽被擒杀之仇，率军东征伐吴。此前一月，张飞被其部下张达、范强杀害，谥桓侯。唐诗人殷尧藩有《张飞庙》一诗："威名垂万古，勇力冠当时。回首三分国，何人赋《黍离》。"似乎其威名远播，全凭一身勇力。后世有关张飞之评价，特别是明代及其以后，则多源于罗贯中《三国志通俗演义》的生动描写，黑脸"猛张飞"的形象深入人心。尽管其后世的名声远不如其二兄长关羽，但读书人对这位赳赳武夫的评价却越来越高，原因就在于他刚勇之馀不乏礼贤下士之风。本传关于"羽善待卒武而骄于士大夫，飞爱敬君子而不恤小人"的评价，当起过一定作用。史书这一涉及异姓兄弟二人作风的比较，彰显了张飞在后世士大夫心目中某种优势所在的原因。清龚炜《巢林笔谈》卷三："张桓侯礼服孟起，义释严颜，俱是大有学问人作用。其书法铭于刁斗，文集传于艺林，风雅又如此。此关、张之所以并称也。不然，明经好学如解州，肯与兄兄而弟弟耶？俗但知其瞋目横矛，写一时勇态，失却大贤本色矣。"清代文人士大夫对于张飞尤有好感，甚至认为其神灵在一定范围内能够阻遏张献忠农民军的屠川行径，清彭遵泗《蜀碧》卷二:"保宁有张桓侯庙,千年矣;初献攻城,夜出巡垒,见一黑大人踞城上,手持蛇矛,足浸江中,惊怖失声。如是者三夜。献询知为侯神,望空遥祭而去。一城获全。保宁数被兵,而城中人不至澌尽者,侯之庇也。"阆中的汉桓侯祠,俗称张飞庙,明代又称雄威庙,包括张飞的陵墓和祭祠。原祠于历代虽屡经兵火,但累毁累建,今存祠庙为清代建筑,位于古城保宁镇西街西端,属于国家级文物保护单位。清代蒲松龄《聊斋志异》有《于去恶》一篇,桓侯即成为维护读书人性命攸关的科举考试公平竞争的正义之神。至于其中《桓侯》一篇,更将张飞不恃强凌弱的可爱武夫性格刻画而出,很有感染力。

  张飞字益德,涿郡人也[①],少与关羽俱事先主[②]。羽年长数岁,飞兄事之。先主从曹公破吕布[③],随还许[④],曹公拜飞为中郎将[⑤]。先主背曹公依袁绍、刘表[⑥]。表卒,曹公入荆州[⑦],先主奔江南[⑧]。曹公追之,一日一夜,及于当阳之长阪[⑨]。先主闻曹公卒至[⑩],弃妻子走,使飞将二十骑拒后。飞据水断桥,瞋目横矛曰[⑪]:"身是张益德也[⑫],可来共决死[⑬]!"敌皆无敢近者,故遂得免。先主既定江南,以飞为宜都太守、征虏将军[⑭],封新亭侯[⑮],后转在南郡[⑯]。先主入益州[⑰],还攻刘璋[⑱],飞与诸葛亮等溯流而上[⑲],分定郡县。至江州[⑳],破璋将巴郡太守严颜[㉑],生获颜。飞呵颜曰:"大军至,何以不降而敢拒战?"颜答曰:"卿等无状[㉒],侵夺我州,我州但有断头将军,无有降将军也。"飞怒,令左右牵去斫头[㉓],颜色不变,曰:"斫头便斫头,何为怒邪!"飞壮而释之,引为宾客[㉔]。飞所过战克,与先主会于成都[㉕]。益州既平,赐诸葛亮、法正、飞及关羽金各五百斤[㉖],银千斤,钱五千万,锦千匹,其馀颁赐各有差[㉗],以飞领巴西太守[㉘]。

[注释]

①涿郡：西汉高帝置，治所涿县（今河北涿州市），汉成帝末辖境相当于今北京房山以南，河北易县、清苑以东，安平、河间以北，霸州、任丘以西地区。三国魏黄初七年（226）改称范阳郡。

②关羽：字云长（？～220），东汉解县（治今山西临猗西南）人。详见本书所选《关羽传》。事：侍奉。先主：谓刘备（161～223），字玄德，蜀汉昭烈帝，史称先主。详见本书所选《先主传》。

③曹公：即曹操（155～220），字孟德，小字阿瞒，魏立国后追谥魏武帝，谯（今安徽亳州市）人。详见本书所选《武帝纪》。吕布：字奉先（？～198），东汉五原九原（今内蒙古包头市西北）人。初从并州刺史丁原入京，后为董卓利诱，杀原归卓，任骑都尉，迁中郎将，封都亭侯。董卓被诛后任奋武将军，进封温侯。一度投奔刘备，终为曹操所擒杀。《三国志》卷七、《后汉书》卷七五皆有传。详见本书所选《吕布传》。

④许：即许县，秦置，属颍川郡，治所在今河南许昌市东三十六里古城。三国魏黄初二年（221），改为许昌县。

⑤中郎将：官名。光禄勋属官，有五官、左、右、南、北、羽林、虎贲等中郎将之名称，位次于将军，秩比二千石。

⑥袁绍：字本初（？～202），东汉汝南汝阳（今河南商水西南）人，出身于四世三公的显宦家庭。历官司隶校尉、渤海太守，官渡之战败于曹操，后病死。《后汉书》卷七四上有传，详见本书所选《袁绍传》。刘表：字景升（142～208），东汉远支皇族，山阳高平（今山东邹城市西南）人。官至镇南将军、荆州牧，拥兵自重。建安十三年（208）八月病卒，其子刘琮降曹。详见本书所选《刘表传》。

⑦荆州：西汉元封五年（前106）所置十三刺史部之一，辖境相当于今湖北、湖南大部省及河南、贵州、广西、广东等省区部分地，东汉治所汉寿县

(今湖南常德市东北)。初平元年(190)刘表徙治襄阳(今湖北襄阳市汉水南岸襄阳城)。

⑧江南:这里主要指刘备所占据荆州的江南四郡:武陵、长沙、零陵、桂阳。

⑨当阳:即当阳县,西汉置,属南郡。治所在今湖北荆门市西南。长阪(bǎn板):即长坂,故址在今湖北当阳市东北绿林山区西部的天柱山。

⑩卒(cù促):突然。后多作"猝"。

⑪瞋(chēn琛)目:睁大眼睛,瞪着眼睛。

⑫身:代词。第一人称,相当于"我"。《尔雅·释诂下》:"身,我也。"

⑬决死:决一死战。

⑭宜都:即宜都郡,东汉建安十四年(209)刘备改临江郡置,属荆州,治所夷陵县(今湖北宜昌市东南长江北岸)。征虏将军:官名。东汉杂号将军名,汉光武帝时设置。

⑮新亭侯:封爵名,属列侯中的亭侯。新亭,在今江苏省南京市江宁区南。

⑯南郡:秦昭王二十九年(前278)置,治所郢(今湖北荆州区故江陵县城西北纪南城),后徙治江陵县(今荆州市荆州区故江陵县城),属荆州,三国时曾移治于公安(今属湖北)。西汉辖境相当于今湖北襄阳市、南漳县以南,松滋市、公安县以北,洪湖市以西,利川市及重庆巫山县以东地。

⑰益州:西汉元封五年(前106)置,为十三刺史部之一。公孙述改为司隶校尉,东汉复为益州,治所雒县(今四川广汉市北),兴平中移治成都(今属四川),辖郡、国十二,县一百一十八。辖境相当于今四川、云南、贵州大部以及陕西、甘肃、湖北乃至越南的一小部分。

⑱刘璋:字季玉(? ~219),东汉江夏竟陵(今湖北潜江西北)人,刘焉之子。兴平元年(194),刘焉病卒,刘璋继为监军使者,领益州牧。建安十

六年(211)迎刘备入蜀,后反为刘备所制,刘备自领益州牧,迁刘璋于南郡公安,佩振威将军印绶。建安二十四年(219),孙权夺取荆州后,又以刘璋为益州牧,驻秭归,旋病卒。《三国志》卷三一有传。

⑲诸葛亮:字孔明(181~234),琅邪阳都(今山东沂南南)人。蜀汉杰出的政治家、军事家。蜀汉章武元年(221),刘备称帝,以他为丞相。详见本书所选《诸葛亮传》。

⑳江州:即江州县,战国周慎王五年(前316)秦灭巴国后置,为巴郡治所,治今重庆市。

㉑巴郡太守严颜:巴郡临江(今重庆忠县)人(生卒年不详),原为刘璋所署巴郡太守,后为张飞所擒,归降刘备。巴郡,战国周赧王元年(前314)秦置,治所江州县(今四川重庆市)。西汉辖境相当于今四川旺苍、西充、永川、綦江以东,大巴山以南,巫山以西地区。东汉时曾移治市北嘉陵江北岸。兴平元年(194)刘璋改为永宁郡,建安六年(201)复为巴郡,属益州。

㉒无状:没有根据,引申为无缘故。

㉓斫(zhuó拙)头:砍头。

㉔引为宾客:裴注引《华阳国志》曰:"初,先主入蜀,至巴郡,颜拊心叹曰:'此所谓独坐穷山,放虎自卫也!'"

㉕成都:即成都县,战国秦惠王二十七年(前311)于蜀国都城成都置,为蜀郡治,治所在今四川成都市。东汉时兼为益州治,三国蜀汉建都于此。

㉖法正:字孝直(176~220),右扶风郿县(今陕西眉县)人。初依附刘璋,后投靠刘备,历任蜀郡太守、尚书令、护军将军,为刘备的重要谋士。详见本书所选《法正传》。

㉗有差:不一,有区别。

㉘巴西:即巴西郡,东汉建安六年(201)刘璋改巴郡置,属益州,治所阆中县(今四川阆中市),辖境相当于今四川阆中、武胜以东,广安、渠县以北,

万源、开江以西地区。三国蜀汉章武元年(221)改为巴郡,不久复为巴西郡。

曹公破张鲁①,留夏侯渊、张郃守汉川②。郃别督诸军下巴西,欲徙其民于汉中③,进军宕渠蒙头荡石④,与飞相拒五十馀日。飞率精卒万馀人,从他道邀郃军交战,山道迮狭⑤,前后不得相救,飞遂破郃。郃弃马缘山,独与麾下十馀人从间道退⑥,引军还南郑⑦,巴土获安。先主为汉中王⑧,拜飞为右将军、假节⑨。章武元年⑩,迁车骑将军⑪,领司隶校尉⑫,进封西乡侯⑬,策曰⑭:"朕承天序⑮,嗣奉洪业⑯,除残靖乱⑰,未烛厥理⑱。今寇虏作害,民被荼毒⑲,思汉之士,延颈鹤望⑳。朕用怛然㉑,坐不安席,食不甘味,整军诰誓㉒,将行天罚㉓。以君忠毅,侔踪召虎㉔,名宣遐迩㉕,故特显命㉖,高墉进爵㉗,兼司于京㉘。其诞将天威㉙,柔服以德,伐叛以刑㉚,称朕意焉。《诗》不云乎,'匪疚匪棘,王国来极'㉛,'肇敏戎功,用锡尔祉'㉜。可不勉欤㉝!"

[注释]

①张鲁:字公祺(生卒年不详),东汉沛国丰县(今属江苏)人,张陵之孙,张衡之子。东汉末天师道(即"五斗米道")首领,东汉末占据汉中,在各地设"义舍",置"义米""义肉",过往之人可量腹取用,加之刑法宽和,令汉中成为当时的安定之区。朝廷任命他为镇民中郎将,领汉宁太守。建安二十年(215)曹操进攻汉中,张鲁归降,任镇南将军,封阆中侯。详见本书所选《张鲁传》。

②夏侯渊:字妙才(?~219),东汉谯(今安徽亳州市)人。夏侯惇族弟。东汉末随曹操起兵,作战勇猛,任征西将军,镇守汉中,被刘备所斩杀。

详见本书所选《夏侯渊传》。张郃(hé 禾):字儁乂(?~231),河间鄚县(今河北任丘北)人。原为袁绍部将,官渡之战中投降曹操。能征善战,有勇有谋,颇得曹操信任。曹丕代汉称帝后,封鄚侯,拜征西车骑将军。魏太和五年(231),与诸葛亮祁山交战,飞矢中右膝,伤重卒,谥壮侯。《三国志》卷一七有传。汉川:即汉中平原,位于汉中郡沔阳(今陕西勉县)至城固(今属陕西)一带。

③汉中:即汉中郡,战国秦惠王更元十三年(前312)置,治所在南郑县(今陕西汉中市东),因水为名,辖境相当于今陕西秦岭以南,留坝、勉县以东,乾祐河流域以及湖北郧县、保康以西,米仓山、大巴山以北地。东汉末为张鲁所据,改为汉宁郡。建安二十年(215)复改汉中郡。

④宕(dàng 荡)渠:即宕渠县,西汉置,属巴郡,治所在今四川渠县东北七十四里土溪乡渠江南岸城坝古城。东汉建安末为宕渠郡治。应劭曰:"石过水为宕,水所蓄为渠,故县以是名。"蒙头荡石:在今四川渠县东北七里八蒙山。今传拓本"汉将军飞率精卒万人大破贼首张郃于八蒙立马勒铭"二十二字,汉隶字体,据说即张飞所书,称"八蒙摩崖",又称"桓侯碑"。

⑤迮(zé 责)狭:狭窄。

⑥间(jiàn 建)道:偏僻的小路。

⑦南郑:即南郑县,战国秦置,为汉中郡治,治所在今陕西汉中市东二里。

⑧汉中王:建安二十四年(219)七月,刘备自称汉中王。封国汉中郡,属益州。

⑨右将军:东汉时常设的前、后、左、右四将军之一,位次九卿,开府治事,有属官。假节:东汉末至三国,掌地方军政的官往往加使持节、持节或假节的称号。使持节得诛杀中级以下官吏,持节得杀无官职的人,假节得杀犯军令者。

⑩章武元年:即公元221年。章武,汉昭烈帝刘备的年号(221~223)。

⑪车骑(jūjì居寄)将军:东汉与三国时常设的高级将军名,统领中央常备军,职掌征战讨伐。位在三公之下,仅次于大将军、骠骑将军,第二品。

⑫领:谓兼任。司隶校尉:官名。负责维护京师治安,纠察京师除三公以外的百官违法者,并治理司隶州所辖各郡,统率一支人数达一千二百名的军队,秩比二千石。东汉末,位尊权重,与御史中丞、尚书台并称"三独坐"。三国沿置。

⑬西乡侯:封爵名,当属列侯中的县侯,食邑"西乡",地址不详。或谓即涿郡的西乡侯国(故址在今北京市房山区西南长沟镇东侧土城),但此行政区划至东汉已废除。

⑭策:古代君主对臣下封土、授爵、免官或发布其他教令的文件。

⑮天序:帝王的世系。刘备系中山靖王刘胜之后,故称。

⑯嗣奉:谓继前人而敬受。洪业:大业。古时多指帝王之业。

⑰除残:除去凶残的人。《史记·张耳陈馀列传》:"将军瞋目张胆,出万死不顾一生之计,为天下除残也。"靖乱:平定变乱。

⑱未烛厥理:意谓尚未洞悉治理之法。烛,明察,洞悉。《汉书·宣帝纪》:"朕承宗庙,战战栗栗,惟万事统,未烛厥理。"

⑲荼(tú图)毒:毒害,残害。

⑳鹤望:企足引颈而望。

㉑用:因而。怛(dá达)然:忧伤貌。

㉒诰誓:古代君王训诫勉励民众的文告。

㉓天罚:上天的诛罚。旧时帝王自谓禀承天意行事,其诛罚不臣常以此为名。

㉔侔踪召(shào绍)虎:谓张飞事迹可与春秋时代的召虎相比。召虎,即召穆公姬虎,召公姬奭(召康公)的后人,世袭相传,为周宣王时期的重

臣。当时淮夷不服,宣王命召虎领兵出征,平定淮夷,占据淮河流域,此后,又向南逐寇,直至南海。《诗经·大雅·江汉》所咏即召虎事。

㉕名宣遐迩:谓名声远近传播。

㉖显命:对上天旨意或天子诏命的美称。语本《左传·僖公二十八年》:"晋侯三辞,从命,曰:'重耳敢再拜稽首,奉扬天子之丕显休命。'"

㉗高墉进爵:意谓在待机歼敌中加封爵位。高墉,即高墙,藏头"射隼",语本《周易·系辞下》:"易曰:'公用射隼于高墉之上,获之,无不利。'子曰:隼者禽也;弓矢者器也;射之者人也。君子藏器于身,待时而动。何不利之有。"后即以"射隼"为待机歼敌之喻。晋陆机《荐戴渊书》:"盖闻繁弱登御,然后高墉之功显。"繁弱,古良弓名。登御,举用。

㉘兼司于京:谓张飞兼任司隶校尉一职。京,这里指蜀汉都城成都。

㉙诞将天威:谓大力奉行天之惩罚。语本《尚书·周书·君奭》:"后暨武王诞将天威,咸刘厥敌。"唐孔颖达疏:"后四人与武王大行天之威罚。"

㉚"柔服以德"二句:谓用德政安抚顺服者,用刑法讨伐叛逆者。语出《左传·宣公十二年》:"伐叛,刑也。柔服,德也。"杨伯峻注:"对已服者用柔德安抚之。"

㉛"匪疚匪棘"二句:语出《诗经·大雅·江汉》:"江汉之浒,王命召虎:式辟四方,彻我疆土。匪疚匪棘,王国来极。"六句大意是:在长江、汉水的岸边,君王命令我召虎,率兵去开拓四方,治理疆土。不要伤害百姓,不要操之过急,一切以周王朝为准则。疚,祸害。棘,通"亟",急迫。

㉜"肇敏戎功"二句:语出《诗经·大雅·江汉》:"无曰予小子,召公是似。肇敏戎公,用锡尔祉。"四句大意是:别说我还年纪轻轻,先祖召公奭的事业由你来继承。赶紧谋划建立功业,福禄一定会赐予你。肇,谋划。敏,迅速。戎,大。公,通"功",功业。锡,赐。祉,福。

㉝勉:尽力,努力。

初，飞雄壮威猛，亚于关羽，魏谋臣程昱等①，咸称羽、飞万人之敌也②。羽善待卒伍而骄于士大夫③，飞爱敬君子而不恤小人④。先主常戒之曰："卿刑杀既过差⑤，又日鞭挝健儿⑥，而令在左右，此取祸之道也。"飞犹不悛⑦。先主伐吴⑧，飞当率兵万人，自阆中会江州⑨。临发，其帐下将张达、范强杀飞，持其首，顺流而奔孙权⑩。飞营都督表报先主⑪，先主闻飞都督之有表也，曰："噫！飞死矣⑫。"追谥飞曰桓侯⑬。长子苞，早夭。次子绍嗣⑭，官至侍中、尚书仆射⑮。苞子遵为尚书⑯，随诸葛瞻于绵竹⑰，与邓艾战⑱，死。

[注释]

①程昱(yù玉)：字仲德(141～220)，东郡东阿(今山东阳谷东北)人。曹操帐下重要谋士，建安六年(201)仓亭之战中，他向曹操献"十面埋伏"之计，大破袁绍军。曹丕代汉后，程昱任卫尉，封安乡侯。《三国志》卷一〇有传。

②万人之敌：指勇力可敌万人。《三国志·程昱传》："刘备有英名，关羽、张飞皆万人敌也，权必资之以御我。"

③卒伍：指士兵。士大夫：这里谓将佐、将士。

④君子：将佐等有一定地位者。恤(xù续)：体恤，怜悯。小人：士兵等地位低下者。

⑤过差：过分，失度。

⑥鞭挝(zhuā抓)：鞭打。健儿：军卒，士兵。

⑦不悛(quān泉阴平)：不悔改。《左传·哀公二十七年》："知伯不悛，赵襄子由是恧知伯，遂丧之。"

⑧先主伐吴:蜀汉昭烈帝章武元年(221)七月,刘备为报关羽被擒杀之仇,率军东征伐吴。张飞被其部下所杀则在此前一月。

⑨阆(làng浪)中:即阆中县,战国秦惠文王于巴国别都阆中置,属巴郡,治今四川阆中市。东汉建安六年(201)为巴西郡治。江州:即江州县,战国周慎王五年(前316)秦灭巴国后置,为巴郡治所,治今重庆市。

⑩顺流:谓顺长江向东而下。孙权:字仲谋(182~252),孙坚次子,吴郡富春(今浙江富阳)人。吴国建立者,即吴大帝。详见本书所选《吴主传》。

⑪营都督:官名。当指管理军事长官营帐事务的官员。表报:呈报向帝王奏事的表文。

⑫飞死矣:军中上奏帝王的表文当由主将签署,此由营都督越级上报,故刘备预知张飞已遭遇不测。

⑬桓侯:《逸周书》卷六《谥法解》:"辟屠服远曰桓,克敬勤民曰桓,辟土兼国曰桓。"又曰:"执应八方曰侯。"

⑭次子绍:即张绍(生卒年不详),张飞次子。蜀汉末期,官至侍中、尚书仆射。蜀汉后主炎兴元年(263),魏国大将邓艾进逼成都,后主刘禅决定投降,派遣张绍与光禄大夫谯周、驸马都尉邓良赍玉玺向邓艾请降。次年随刘禅迁徙洛阳,被封列侯。

⑮侍中:官名。秦始置,两汉沿置,为正规官职外的加官之一。因侍从皇帝左右,出入宫廷,与闻朝政,逐渐变为亲信贵重之职。汉末三国演变为实职。尚书仆射(yè业):尚书令的副职,与尚书令共同处理诏令的启封及钱谷等事务。东汉属少府。

⑯尚书:官名。始置于战国时,或称掌书,尚即执掌之义。秦为少府属官,汉武帝提高皇权,因尚书在皇帝左右办事,掌管文书奏章,地位逐渐重要。东汉时,尚书有官署在宫禁中,称尚书台,遂成为代表君主意志的近臣。

尚书的首脑为尚书令,有尚书仆射二人、五曹尚书五人。

⑰诸葛瞻:字思远(227~263),琅邪阳都(今山东沂南南)人,诸葛亮之子。年十七,尚后主刘禅女,拜骑都尉,官至行都护、卫将军。被邓艾围困于绵竹,失利阵亡。《三国志》卷三五有传。绵竹:即绵竹县,西汉置,属广汉郡,治所在今四川德阳市北黄许镇。

⑱邓艾:字士载(197~264),义阳棘阳(今河南新野东北)人。历官征西将军,与钟会分兵伐蜀,邓艾从阴平小道偷袭成都,蜀后主刘禅投降,以功晋太尉。旋为钟会所诬告谋反,被杀,详见本书所选《邓艾传》。

[译文]

　　张飞字益德,是涿郡人。从年轻时就与关羽共同侍奉刘备。关羽年长于张飞数岁,张飞就将关羽视同哥哥一样对待。刘备随同曹操打败吕布后,一同回至许县,曹操任张飞为中郎将。刘备背离曹操先后归附袁绍、刘表。刘表病故,曹操进入荆州,刘备逃至长江以南。曹操率骑兵追击,一日一夜后,追至当阳县的长阪。刘备闻知曹操突然来到,抛下妻子儿女逃走,令张飞带领二十骑兵在后面掩护。张飞据守在一条河的岸边并拆断桥梁,睁大眼睛,横持长矛大呼:"我是张益德,谁敢过来一决生死!"敌军竟无一人敢于靠近,刘备于是得以幸免。刘备平定长江以南的荆州四郡之后,任张飞为宜都太守、征虏将军,进封新亭侯,以后又转任南郡太守。刘备进入益州以后,转而进攻刘璋,张飞与诸葛亮等溯长江而上,分别平定沿途的郡县。进军至江州县,打败刘璋部将巴郡太守严颜,生擒严颜。张飞呵斥严颜说:"大军到来,为什么不投降还敢于抵抗?"严颜回答说:"是你们无缘无故侵夺我益州,我益州只有断头将军,没有投降将军。"张飞大怒,命令手下人拉下去砍头,严颜脸色不变,喊道:"砍头就砍头,为什么发怒啊!"张飞佩服严颜的勇气,就释放了他,将他作为宾客对待。张飞所到之处都取得胜利,与刘备在成都会合。益州平定以后,刘备赐予诸葛亮、法正、张飞以及关羽每人黄金五百斤,白银一千斤,钱五千万,锦一千匹,其馀将士也颁发各有区别的赏赐,任命张飞兼任巴西郡太守。

曹操打败张鲁,留夏侯渊、张郃驻守汉中平原。张郃另外率领几支军队南下巴西郡,打算将此郡百姓迁徙至汉中郡,进军到宕渠县的蒙头荡石,与张飞在此地对峙五十多天。张飞统率一万多精兵,从另外一条路前往截击张郃军并与之交战,山间道路狭窄,张郃军队前后不能相互救援,张飞于是打败张郃。张郃丢弃战马,沿山路攀登,独自与部下十馀人从偏僻的小路撤退,再领军回到南郑县,巴西郡终于获得安定。刘备做了汉中王,任命张飞为右将军,假节。汉昭烈帝刘备章武元年(221),刘备升迁张飞为车骑将军,兼任司隶校尉,进封西乡侯,下达授爵的文书说:"朕承续帝王的世系,继前人而敬受大业,除去凶残的人,平定变乱,尚未洞悉治理之法。如今盗贼敌人为害作乱,百姓遭到残害,思念汉室的人士,企足引颈而望大汉复兴。朕因而忧伤,坐在席上不觉安稳,吃饭感觉不香,整顿军队并发表训诫勉励民众的文告,准备行使上天的诛罚。因为您忠诚刚毅,事迹可与春秋时代的召虎相比,名声远近传播,所以特地下达天子诏命,在待机歼敌中加封您的爵位,兼任司隶校尉管理京师成都地区。命令您大力奉行天之惩罚,用德政安抚顺服者,用刑罚讨伐叛逆者就是刑罚,以符合朕的心意。《诗经·大雅·江汉》一诗不是这样说吗:'不要操之过急,一切以周王朝为准则。'又说:'赶紧谋划建立功业,福禄一定会赐予你。'您能够不尽心尽力吗!"

起初,张飞雄壮威猛,仅次于关羽,曹魏的谋臣程昱等人都称誉关羽、张飞的勇力可敌万人。关羽对待士兵关心爱护,却对将佐、将士傲慢无礼;张飞对待将佐等有一定地位者敬重爱护,却对士兵等地位低下者不加体恤怜悯。刘备经常告诫张飞说:"您的刑罚杀戮已经过分了,又天天鞭打军卒士兵,让他们在左右侍奉您,这可是招致祸患的做法。"张飞仍然不悔改。刘备讨伐东吴,张飞应当率领一万兵马,从阆中县进军到江州县与刘备会合。临出发前,张飞帐下部将张达、范强杀死张飞,拿着他的首级,顺长江而下投靠孙权。张飞的营都督呈报表文给刘备,刘备闻知是张飞营中都督呈上表文,就说:"哎呀!张飞死了。"此后追谥张飞为桓侯。张飞长子张苞,早亡故。次子张绍继承张飞的爵位,官至侍中尚书仆射。张苞的儿子张遵任职尚书,随从诸葛瞻到绵竹,与魏将邓艾交战,阵亡。

赵云传

[题解]

传见《三国志》卷三六《蜀书六》。赵云(？~229)，字子龙，常山郡真定县(今河北石家庄市东北)人。初为公孙瓒部将，后归顺刘备。刘备领益州牧，以赵云为翊军将军，后历任中护军、征南将军，封永昌亭侯，迁镇东将军。卒谥顺平侯。在历史上，其功业不如关羽、张飞等辉煌卓著，甚至比马超、黄忠、魏延等也稍逊一筹。《赵云传》的篇幅不长，可以称述的战绩无多，但由于后世小说《三国志通俗演义》成功塑造，其形象颇受读者的喜爱，遂成为三国时期一位赤胆忠心、义薄云天、公正无私、武艺高强且谨慎谦虚乃至完美无瑕的英俊儒将。"赵子龙一身是胆"也每为后人所津津乐道。至于其长坂坡救阿斗与甘夫人脱离险境，其后又截江从孙夫人手中夺回幼小的刘禅，两救幼主的事迹，更是戏曲舞台上常演不衰的剧目；尤其在京剧舞台上，赵云常被刘备亲切地呼为"四弟"，这都与《三国志通俗演义》中赵云形象的渲染刻画密不可分。清王复礼《季汉五志》有云："顺平真儒将哉！其律己也严，接人也慎，其见理也明，其去私也力。若夫当阳救主，奋不顾身，汉水立功，威还似虎。语云'胆欲大而心欲小，志欲圆而行欲方'，其顺平之谓乎！"堪称中肯之评。卢弼《三国志集解》卷三六有云："樊氏国色，且为寡居，而子龙不取，贤于关羽之乞娶秦宜禄妻者远矣。"是英雄而不好色，自古难得！这也应当是赵云名播后世的重要原因。

赵云字子龙,常山真定人也①。本属公孙瓒②,瓒遣先主为田楷拒袁绍③,云遂随从,为先主主骑④。及先主为曹公所追于当阳长阪⑤,弃妻子南走,云身抱弱子,即后主也⑥,保护甘夫人⑦,即后主母也,皆得免难。迁为牙门将军⑧。先主入蜀,云留荆州⑨。

[注释]

①常山:即常山郡,西汉文帝元年(前179),为避文帝刘恒讳,改恒山郡为常山郡,治所真定县(今河北石家庄市东北)。汉景帝五年(前152)改常山国,汉武帝元鼎三年(前114)复改为郡,四年移治元氏县(今河北元氏县西北十五里),辖境相当于今河北唐河以南,曲阳、栾城、赵县以西(正定、石家庄除外),内丘以北地区。东汉改为常山国,辖境略大。建安十一年(206)又改为常山郡。真定:即真定县,西汉高祖十一年(前196)改东垣县置,属常山郡,治所在今河北石家庄市东北。汉武帝元鼎四年(前113)为真定国治,东汉属常山国,三国魏、晋为常山郡治。

②公孙瓒:字伯珪(guī归,?~199),东汉辽西令支(今河北迁安西)人。汉献帝时曾任奋武将军,迁前将军,封易侯。与袁绍相攻伐,屡败。建安四年(199),被袁绍所逼,走投无路,自杀死。《三国志》卷八、《后汉书》卷七三皆有传。

③先主:谓刘备(161~223),字玄德,蜀汉昭烈帝,史称先主。详见本书所选《先主传》。田楷:曾任青州刺史。生平不详。袁绍:字本初(?~202),东汉汝南汝阳(今河南商水西南)人,出身于四世三公的显宦家庭。历官司隶校尉、渤海太守,官渡之战败于曹操,后病死。《后汉书》卷七四上有传,另详见本书所选《袁绍传》。

④为(wèi位):帮助。主骑:掌管骑兵。裴注引《云别传》曰:"云身长

八尺，姿颜雄伟，为本郡所举，将义从吏兵诣公孙瓒。时袁绍称冀州牧，瓒深忧州人之从绍也，善云来附，嘲云曰：'闻贵州人皆愿袁氏，君何独回心，迷而能反乎？'云答曰："天下讻讻，未知孰是，民有倒悬之厄，鄙州论议，从仁政所在，不为忽袁公私明将军也。'遂与瓒征讨。时先主亦依托瓒，每接纳云，云得深自结托。云以兄丧，辞瓒暂归，先主知其不反，捉手而别，云辞曰：'终不背德也。'先主就袁绍，云见于邺。先主与云同床眠卧，密遣云合募得数百人，皆称刘左将军部曲，绍不能知。遂随先主至荆州。"

⑤曹公：即曹操（155～220），字孟德，小字阿瞒，魏立国后追谥魏武帝，谯（今安徽亳州市）人。详见本书所选《武帝纪》。当阳：即当阳县，西汉置，属南郡。治所在今湖北荆门市西南。长阪：即长坂，故址在今湖北当阳市东北绿林山区西部的天柱山。

⑥后主：即刘禅（shàn 善），字公嗣（207～271），小字阿斗，涿郡涿县（今河北涿州市）人，刘备子。蜀汉章武元年（221）刘备称帝后，立为太子。章武三年（223）四月，刘备卒，五月刘禅嗣位，由丞相诸葛亮辅政。亮卒，蒋琬、费祎相继辅政。在位后期，朝政日益腐败，蜀炎兴元年（263），魏大将邓艾进逼成都，刘禅出降，蜀汉亡。次年赴洛阳，被封安乐公。《三国志》卷三三有传。

⑦甘夫人：名不详（生卒年不详），沛（治今安徽濉溪西北）人。原为刘备之妾，位居糜夫人之下，因生子刘禅，母以子贵。蜀汉章武二年（222），追谥皇思夫人，刘备死后，上尊号昭烈皇后，与刘备合葬成都。《三国志》卷三四有传。

⑧牙门将军：即牙门将，三国时设置的将军名，第五品。

⑨荆州：西汉元封五年（前106）所置十三刺史部之一，辖郡七、县一百一十七，治所汉寿县。汉末移治襄阳县（今湖北襄阳），辖境相当于今湖北、湖南大部以及河南、贵州、广东、广西等省区一小部分。三国时魏、吴均置荆

州,辖境相当于原荆州。魏荆州治所新野(今属河南),吴荆州治所江陵(今属湖北)。赵云留守驻地当在荆州之桂阳郡。裴注引《云别传》曰:"初,先主之败,有人言云已北去者,先主以手戟擿之曰:'子龙不弃我走也。'顷之,云至。从平江南,以为偏将军,领桂阳太守,代赵范。范寡嫂曰樊氏,有国色,范欲以配云。云辞曰:'相与同姓,卿兄犹我兄。'固辞不许。时有人劝云纳之,云曰:'范迫降耳,心未可测;天下女不少。'遂不取。范果逃走,云无纤介。先是,与夏侯惇战于博望,生获夏侯兰。兰是云乡里人,少小相知,云白先主活之,荐兰明于法律,以为军正。云不用自近,其慎虑类如此。先主入益州,云领留营司马。此时先主孙夫人以权妹骄豪,多将吴吏兵,纵横不法。先主以云严重,必能整齐,特任掌内事。权闻备西征,大遣舟船迎妹,而夫人内欲将后主还吴,云与张飞勒兵截江,乃得后主还。"

先主自葭萌还攻刘璋①,召诸葛亮②。亮率云与张飞等俱溯江西上③,平定郡县。至江州④,分遣云从外水上江阳⑤,与亮会于成都⑥。成都既定,以云为翊军将军⑦。建兴元年⑧,为中护军、征南将军⑨,封永昌亭侯⑩,迁镇东将军⑪。五年⑫,随诸葛亮驻汉中⑬。明年,亮出军,扬声由斜谷道⑭,曹真遣大众当之⑮。亮令云与邓芝往拒⑯,而身攻祁山⑰。云、芝兵弱敌强,失利于箕谷⑱,然敛众固守⑲,不至大败。军退,贬为镇军将军⑳。

[注释]

①葭(xiá侠)萌:即葭萌县,亦作葭明县,战国末秦于葭萌城置,属蜀郡,治所在今四川广元市西南昭化镇。西汉属广汉郡,东汉建安二十二年(217),刘备改为汉寿县。刘璋:字季玉(?~219),东汉江夏竟陵(今湖北

潜江西北)人,刘焉之子。兴平元年(194),刘焉病卒,刘璋继为监军使者,领益州牧。建安十六年(211)迎刘备入蜀,后反为刘备所制,刘备自领益州牧,迁刘璋于南郡公安,佩振威将军印绶。建安二十四年(219),孙权夺取荆州后,又以刘璋为益州牧,驻秭归,旋病卒。《三国志》卷三一有传。

②诸葛亮:字孔明(181~234),琅邪阳都(今山东沂南南)人。蜀汉杰出的政治家、军事家。蜀汉章武元年(221),刘备称帝,以他为丞相。详见本书所选《诸葛亮传》。

③张飞:字益德(?~221),涿郡(治今河北涿州)人。蜀汉大将。详见本书所选《张飞传》。

④江州:即江州县,战国周慎王五年(前316)秦灭巴国后置,为巴郡治所,治今重庆市。

⑤外水:即今四川成都市府河及其下游岷江。四川有内水与外水之分:内水即指今涪江,外水即指今岷江,亦曰蜀江。江阳:即江阳县,西汉置,属犍为郡,治今四川泸州市。以县在长江之南,故名。东汉为枝江都尉治,建安十八年(213)为江阳郡治。

⑥成都:即成都县,战国秦惠王二十七年(前311)于蜀国都城成都置,为蜀郡治,治所在今四川成都市。东汉时兼为益州治,三国蜀汉建都于此。

⑦翊(yì义)军将军:官名。三国蜀置,属杂号将军。裴注引《云别传》曰:"益州既定,时议欲以成都中屋舍及城外园地桑田分赐诸将。云驳之曰:'霍去病以匈奴未灭,无用家为,今国贼非但匈奴,未可求安也。须天下都定,各反桑梓,归耕本土,乃其宜耳。益州人民,初罹兵革,田宅皆可归还,今安居复业,然后可役调,得其欢心。'先主即从之。夏侯渊败,曹公争汉中地,运米北山下,数千万囊。黄忠以为可取,云兵随忠取米。忠过期不还,云将数十骑轻行出围,迎视忠等。值曹公扬兵大出,云为公前锋所击,方战,其大众至,势偪,遂前突其陈,且斗且却。公军败,已复合,云陷敌,还趣围。将

张著被创,云复驰马还营迎著。公军追至围,此时沔阳长张翼在云围内,翼欲闭门拒守,而云入营,更大开门,偃旗息鼓。公军疑云有伏兵,引去。云雷鼓震天,惟以戎弩于后射公军,公军惊骇,自相蹂践,堕汉水中死者甚多。先主明旦自来至云营围视昨战处,曰:'子龙一身都是胆也。'作乐饮宴至暝,军中号云为虎威将军。孙权袭荆州,先主大怒,欲讨权。云谏曰:'国贼是曹操,非孙权也,且先灭魏,则吴自服。操身虽毙,子丕篡盗,当因众心,早图关中,居河、渭上流以讨凶逆,关东义士必裹粮策马以迎王师。不应置魏,先与吴战;兵势一交,不得卒解也。'先主不听,遂东征,留云督江州。先主失利于秭归,云进兵至永安,吴军已退。"

⑧建兴元年:即公元223年。建兴,蜀汉后主第一个年号(223~237)。

⑨中护军:官名。东汉即置中护军,曹操曾为丞相置护军,建安十二年(207)改中护军,执掌禁兵,地位略低于中领军。征南将军:官名。东汉末年所置将军名。为征东、征西、征南、征北等"四征"将军之一。负责统兵征战讨伐,本系杂号将军,位在常设将军之下。三国时成为常设将军,与车骑将军并列,位次三公,秩二千石,第二品。

⑩永昌亭侯:封爵名,属列侯中的亭侯,食邑永昌亭。永昌亭,故址在今江苏南京市东。

⑪镇东将军:东汉末所置"四镇"将军之一,职掌征战讨伐。三国时为第二品,开府治事,有属官。

⑫五年:即建兴五年(227)。

⑬汉中:即汉中郡,战国秦惠王更元十三年(前312)置,治所南郑县(今陕西汉中市东),因水为名,辖境相当于今陕西秦岭以南,留坝、勉县以东,乾祐河流域以及湖北郧县、保康以西,米仓山、大巴山以北地。东汉末为张鲁所据,改为汉宁郡。建安二十年(215)复改汉中郡。

⑭扬声:扬言。斜(yé爷)谷:山谷名。在陕西终南山。谷有二口,南曰

褒,北曰斜,故亦称褒斜谷。全长四百七十里。两旁山势峻险。扼关陕而控川蜀,古来为兵家必争之地。

⑮曹真:字子丹(? ~231),谯(今安徽亳州市)人,曹操族子。魏文帝时任中军大将军。文帝卒,他与陈群、司马懿、曹休等受遗诏,辅佐魏明帝曹叡,进位大将军。魏太和二年(228)以后,屡与伐魏的蜀汉诸葛亮交战,后因病死于洛阳。《三国志》卷九有传。

⑯邓芝:字伯苗(? ~251),义阳新野(治今河南新野南)人,邓禹之后。刘备占据益州,历任郫令、广汉太守、尚书。刘备死后,为恢复吴蜀联盟贡献尤多。诸葛亮北伐,任中监军、扬武将军。亮卒,迁前军师前将军,领兖州刺史,封阳武亭侯,迁车骑将军,假节。《三国志》卷四五有传。

⑰身:亲自。祁山:山脉名。位于今甘肃礼县东四十里祁山乡。

⑱箕谷:地名。当在今陕西太白县附近的褒河谷中。

⑲敛众:聚集众人。

⑳镇军将军:官名。属杂号将军,主征伐。裴注引《云别传》曰:"亮曰:'街亭军退,兵将不复相录,箕谷军退,兵将初不相失,何故?'芝答曰:'云身自断后,军资什物,略无所弃,兵将无缘相失。'云有军资馀绢,亮使分赐将士,云曰:'军事无利,何为有赐?其物请悉入赤岸府库,须十月为冬赐。'亮大善之。"

七年卒①,追谥顺平侯②。

初,先主时,惟法正见谥③;后主时,诸葛亮功德盖世,蒋琬、费祎荷国之重④,亦见谥;陈祗宠待⑤,特加殊奖⑥;夏侯霸远来归国⑦,故复得谥;于是关羽、张飞、马超、庞统、黄忠及云乃追谥⑧,时论以为荣⑨。云子统嗣,官至虎贲中郎⑩,督行领军⑪。次子广,牙门将⑫,随姜维沓中⑬,临陈战死⑭。

[注释]

①七年:即建兴七年(229)。

②追谥:死后追加谥号。顺平侯:《逸周书》卷六《谥法解》:"慈和便服曰顺。"又曰:"治而无眚曰平,执事有制曰平,布纲治纪曰平。"又曰:"执应八方曰侯。"

③法正:字孝直(176~220),右扶风郿县(今陕西眉县)人。初依附刘璋,后投靠刘备,历任蜀郡太守、尚书令、护军将军,为刘备的重要谋士。详见本书所选《法正传》。见谥:即"赐谥",大臣死后,天子依其生前事迹评定褒贬给予称号。

④蒋琬:字公琰(?~246),零陵湘乡(今属湖南)人。初为诸葛亮属下书记,后历任丞相参军、丞相长史。诸葛亮去世后,历任尚书令,迁大将军,录尚书事,加大司马。为人沉静稳重,治国有方。详见本书所选《蒋琬传》。费祎(yī伊):字文伟(?~253),江夏鄳县(治今河南信阳东北)人。初为太子舍人,迁黄门侍郎、侍中,后继蒋琬执政,任大将军,录尚书事。延熙十六年(253)正月,为魏降人郭修刺死。《三国志》卷四四有传。荷(hè贺):承担;担负。汉张衡《东京赋》:"荷天下之重任。"

⑤陈祗(zhī之):字奉宗(?~258),汝南(治今河南上蔡西南)人。精数术,仕蜀汉,以侍中守尚书令,加镇南将军,深受后主信爱,权重于姜维。卒谥忠侯。《三国志》卷三九有传。宠待:指皇帝给予恩遇。

⑥殊奖:特别的奖掖。

⑦夏侯霸:字仲权(生卒年不详),三国谯(今安徽亳州市)人,夏侯渊次子。仕魏,官至右将军。魏齐王正始十年(247),司马懿发动高平陵政变,杀曹爽兄弟,夏侯霸逃至蜀,任车骑将军。归国:谓投降蜀汉。

⑧马超:字孟起(176~222),马腾之子,右扶风茂陵(今陕西兴平东北)人。东汉末随父起兵,勇猛善战。建安十六年(211)与韩遂等抗曹失败,乃奔汉中依张鲁,又因受谮,于建安十九年投奔刘备,官至左将军,成为蜀汉名将。《三国志》卷三六有传。庞统:字士元(179~214),襄阳(今湖北襄阳)人。历任耒阳令、军师中郎将,为刘备重要谋士。详见本书所选《庞统传》。黄忠:字汉升(?~220),南阳(今属河南)人。初为刘表部下中郎将,后随刘备入蜀,勇冠三军,拜讨虏将军,迁征西将军、后将军,赐爵关内侯。卒谥刚侯。《三国志》卷三六有传。

⑨时论:当时的舆论。裴注引《云别传》载后主诏曰:"'云昔从先帝,功积既著。朕以幼冲,涉涂艰难,赖恃忠顺,济于危险。夫谥所以叙元勋也,外议云宜谥。'大将军姜维等议,以为云昔从先帝,劳绩既著,经营天下,遵奉法度,功效可书。当阳之役,义贯金石,忠以卫上,君念其赏,礼以厚下,臣忘其死。死者有知,足以不朽;生者感恩,足以殒身。谨按谥法,柔贤慈惠曰顺,执事有班曰平,克定祸乱曰平,应谥云曰顺平侯。"

⑩虎贲中郎:即虎贲中郎将,官名。属光禄勋,郎官的首领之一,统率虎贲宿卫,负责皇帝的宿卫杂役,兼管宫禁内的办公机构及其官员的警卫,秩比二千石。

⑪行领军:官名。汉末三国时设置的军职"中领军"中之一种,中领军包括前、左、右、行领军以及领军等,职掌禁军,主宿卫营。资历深者为领军将军,资历浅者为中领军,出征则置行领军,第三品。属官有长史、司马等。

⑫牙门将:三国时设置的将军名,即牙门将军,第五品。

⑬姜维:字伯约(202~264),天水冀县(今甘肃甘谷东)人。原为魏国中郎,参天水郡军事,后降蜀,历任征西将军、辅汉将军、大将军,封平襄侯。蜀亡后,诈降魏将钟会,欲借机复国,事败被杀。详见本书所选《姜维传》。沓中:地名。在今甘肃迭部县境。

⑭临陈:同"临阵"。谓身临战阵。

评曰:关羽、张飞皆称万人之敌,为世虎臣①。羽报效曹公,飞义释严颜②,并有国士之风③。然羽刚而自矜④,飞暴而无恩,以短取败,理数之常也⑤。马超阻戎负勇⑥,以覆其族,惜哉!能因穷致泰⑦,不犹愈乎⑧!黄忠、赵云强挚壮猛⑨,并作爪牙⑩,其灌、滕之徒欤⑪?

[注释]

①虎臣:比喻勇武之臣。语出《诗经·鲁颂·泮水》:"矫矫虎臣,在泮献馘。"

②严颜:巴郡临江(今重庆忠县)人(生卒年不详),原为刘璋所署巴郡太守,后为张飞所擒,归降刘备。

③国士:一国中才能最优秀的人物。

④自矜:自负,自夸。

⑤理数:道理,事理。

⑥阻戎负勇:意谓仗恃军队,凭借勇力。

⑦因穷致泰:谓因陷于困境而致人生通畅(谓归顺刘备)。

⑧不犹愈乎:谓与关羽、张飞的结局相比,还是要强一些。

⑨强挚:同"强鸷",谓强暴凶狠。壮猛:壮盛,勇猛。

⑩爪牙:喻勇士,卫士。语出《诗经·小雅·祈父》:"祈父!予王之爪牙。"汉郑玄笺:"此勇力之士。"

⑪灌:即灌婴(前? ~前176),秦末睢阳(今河南商丘)人。辅佐刘邦打败项羽,建立汉朝;刘邦、吕后死后,又与周勃、陈平等参与平定诸吕之乱。官至太尉、丞相,封颍阴侯。《史记》卷九五、《汉书》卷四一有传。滕:滕公,

即夏侯婴(前？～前172),泗水沛县(今江苏沛县)人。以曾做过滕县令,故又称滕公。他作为刘邦同乡,追随刘邦南征北战,作战勇猛,战乱中曾救援刘邦的儿子刘盈脱险。官至太仆,封汝阴侯。《史记》卷九五、《汉书》卷四一有传。

[译文]

赵云字子龙,是常山郡真定县人。他本是公孙瓒的部将,公孙瓒派刘备帮助田楷抵御袁绍,赵云于是随从前往,帮助刘备掌管骑兵。刘备被曹操追击,在当阳县长阪,丢下妻子儿女向南逃走,赵云亲自怀抱刘备的幼子,即以后的后主刘禅,保护甘夫人,即刘禅的母亲,使他们都免受灾难。刘备升迁赵云为牙门将军。刘备入蜀,赵云留驻荆州。

刘备从葭萌县回转进攻刘璋,召诸葛亮进入益都。诸葛亮统率赵云与张飞等一起溯长江西上,分别平定沿途的郡县。到达江州后,又分派赵云沿岷江西上江阳县,与诸葛亮在成都会合。成都平定以后,刘备任命赵云为翊军将军。蜀汉后主建兴元年(223),赵云升任中护军、征南将军,进封永昌亭侯,又升任镇东将军。建兴五年(227),跟随诸葛亮驻守汉中郡。第二年,诸葛亮出兵,扬言要经过斜谷道进攻魏军,曹魏大将军曹真率领全军抵御。诸葛亮命令赵云与邓芝前往迎战,自己则亲自率军去进攻祁山。赵云、邓芝的兵力弱小而敌方兵力强大,于是在箕谷一战中失利,但由于聚集众人固守防线,没有大败亏输。赵云率领军队撤回后,被降为镇军将军。

蜀汉后主建兴七年(229),赵云去世,后来被追谥顺平侯。

当初,在先主刘备在世时,只有法正卒后被赐予谥号;后主刘禅时代,诸葛亮的功劳德行无与伦比,蒋琬、费祎曾担负国家重任,他们三人卒后也被赐予谥号;陈祗受到后主刘禅的信爱宠幸,其卒后被赐予谥号以示特别的奖掖;夏侯霸从曹魏远来归顺,所以卒后也得到谥号;这时,关羽、张飞、马超、庞统、黄忠以及赵云都一同被追加谥号,当时的舆论认为这是件荣耀的事情。赵云的长子赵统继承了爵位,官至虎贲中郎将,督行领军。赵云次子赵广,任牙门将,跟随姜维出征沓中,与魏军交战时阵亡。

评论说:关羽、张飞都称得上可与万人抗衡的战将,是勇武之臣。关羽报答曹操的恩典,张飞因义气而释放严颜,这些举措都具有一国中才能最优秀人物的风度。然而关羽刚烈而骄傲自负,张飞暴躁而不施恩惠,都因为他们性格的短处而招致失败,在事理上有其规律。马超仗恃军队,凭借勇力,终令自己的家族遭到覆灭,可惜啊!马超因陷于困境而致人生通畅,不是比关羽、张飞的结局强一些吗!黄忠、赵云强暴凶狠,壮盛勇猛,都是刘备的勇士强将,大概属于汉高祖刘邦帐下灌婴与夏侯婴一流的人物吧?

家藏文库

三国志选注译 下

赵伯陶 注译

中州古籍出版社
·郑州·

庞统传

[题解]

传见《三国志》卷三七《蜀书七》。庞统(179~214),字士元,襄阳县(今湖北襄阳)人。早年得颍川名士司马徽揄扬,又得荆州名士庞德公称誉,以诸葛亮为"卧龙",以庞统为"凤雏",将两者相提并论,可见其备受推重。后投靠刘备,任职耒阳令、治中从事,又与诸葛亮同任军师中郎将。此后辅佐刘备入蜀,出谋划策,夺取刘璋的益州。在进攻雒县时,丧命于流矢之下,出师未捷身先死。追封关内侯,谥靖侯。南朝宋刘义庆《世说新语·言语》:"南郡庞士元闻司马德操在颍川,故二千里候之。至,遇德操采桑,士元从车中谓曰:'吾闻丈夫处世,当带金佩紫,焉有屈洪流之量,而执丝妇之事?'德操曰:'子且下车,子适知邪径之速,不虑失道之迷。昔伯成耦耕,不慕诸侯之荣;原宪桑枢,不易有官之宅。何有坐则华屋,行则肥马,侍女数十,然后为奇。此乃许、父所以慷慨,夷、齐所以长叹。虽有窃秦之爵,千驷之富,不足贵也!'士元曰:'仆生出边垂,寡见大义。若不一叩洪钟,伐雷鼓,则不识其音响也。'"谨恭录此一则,以见本传中司马徽与庞统在桑树上下对话之逸趣,庞统年轻时虚心受教于名士司马徽之情景殊堪玩味。

庞统字士元,襄阳人也①。少时朴钝②,未有识者。颍川司马徽清雅有知人鉴③,统弱冠往见徽④,徽采桑于树上,坐统在树下,共语自昼至夜。徽甚异之,称统当南州士之冠冕⑤,由是渐显⑥。后郡命为功曹⑦。性好人伦⑧,勤于长养⑨。每所称述,多过其才,时人怪而问之,统答曰:"当今天下大乱,雅道陵迟⑩,善人少而恶人多。方欲兴风俗,长道业⑪,不美其谭即声名不足慕企⑫,不足慕企而为善者少矣。今拔十失五⑬,犹得其半,而可以崇迈世教⑭,使有志者自励,不亦可乎?"吴将周瑜助先主取荆州⑮,因领南郡太守⑯。瑜卒,统送丧至吴,吴人多闻其名。及当西还,并会昌门⑰,陆勣、顾劭、全琮皆往⑱。统曰:"陆子可谓驽马有逸足之力⑲,顾子可谓驽牛能负重致远也⑳。"谓全琮曰:"卿好施慕名㉑,有似汝南樊子昭㉒。虽智力不多,亦一时之佳也。"勣、劭谓统曰:"使天下太平,当与卿共料四海之士㉓。"深与统相结而还㉔。

[注释]

①襄阳:即襄阳县,西汉置,属南郡,治所在今湖北襄阳市汉水南襄阳城,以在襄水之北,故称。东汉建安十三年(208)为襄阳郡治。

②朴钝:朴实而不聪敏。

③颍川司马徽:字德操(?~208),颍川阳翟(今河南禹州市)人。以善于知人,人称"水镜先生"。避居荆州,与庞德公、庞统交好。颍川,即颍川郡,秦始皇十七年(前230)置,治所阳翟县(今河南禹州市),西汉高帝五年(前202)改为韩国,翌年复为颍川郡。辖境相当于今河南登封、宝丰以东,尉氏、鄢陵以西,新密以南,叶县、舞阳以北地。清雅:清高拔俗。知人鉴:即知人之明,识别人的品行和才能的眼力。鉴,指照察审辨的能力。晋袁宏《后汉纪·灵帝纪上》:"陈留人韩卓有知人之鉴。"

④弱冠:古时以男子二十岁为成人,初加冠,因体犹未壮,故称弱冠。《礼记·曲礼上》:"二十曰弱,冠。"后遂称男子二十岁或二十几岁的年龄为

弱冠。

⑤南州:谓荆州。以位于东汉都城洛阳之南,故称。冠冕:比喻首位。

⑥由是渐显:谓从此名声渐大。裴注引《襄阳记》曰:"诸葛孔明为'卧龙',庞士元为'凤雏',司马德操为'水镜',皆庞德公语也。德公,襄阳人。孔明每至其家,独拜床下,德公初不令止。德操尝造德公,值其渡沔,上祀先人墓,德操径入其室,呼德公妻子,使速作黍:'徐元直向云有客当来就我与庞公谭。'其妻子皆罗列拜于堂下,奔走供设。须臾,德公还,直入相就,不知何者是客也。德操年小德公十岁,兄事之,呼作庞公,故世人遂谓庞公是德公名,非也。德公子山民,亦有令名,娶诸葛孔明小姊,为魏黄门吏部郎,早卒。子涣,字世文,晋太康中为牂牁太守。统,德公从子也,少未有识者,惟德公重之,年十八,使往见德操。德操与语,既而叹曰:'德公诚知人,此实盛德也。'"

⑦功曹:官名。州郡县长官的属吏,有功曹掾、功曹史,简称功曹。职责为考查记录功劳,参与任免赏罚。此功曹当为刘表任荆州牧时所署之南郡功曹,周瑜任南郡太守后,留任,故周瑜去世后,庞统有送丧吴门之举。

⑧人伦:谓品评或选拔人才。《后汉书·郭太传》:"林宗(郭太字)虽善人伦,而不为危言覈论,故宦官擅政而不能伤也。"唐李贤注:"《礼记》曰:'拟人必于其伦。'"

⑨长(zhǎng掌)养:抚育培养。《荀子·非十二子》:"长养人民,兼利天下。"

⑩雅道:正道;忠厚之道。陵迟:败坏,衰败。《诗经·王风·大车序》:"《大车》,刺周大夫也。礼义陵迟,男女淫奔,故陈古以刺今。"

⑪道业:谓善行、美德。因其可以化导他人,故称。

⑫慕企:企慕,仰慕。

⑬拔十失五:谓选拔人才而失其半数。

⑭崇迈：谓崇尚，使前行。世教：指当世的正统思想、正统礼教。

⑮周瑜：字公瑾(175~210)，庐江舒县(今安徽庐江西南)人。详见本书所选《周瑜传》。荆州：这里主要指荆州的江南四郡。赤壁之战后，刘备占据荆州江南四郡：武陵、长沙、零陵、桂阳。荆州中部的江夏郡与南郡为孙权所控制。荆州北部的南阳郡为曹操所据守。

⑯南郡：秦昭王二十九年(前278)置，治所郢(今湖北荆州市荆州区故江陵县城西北纪南城)，后徙治江陵县(今荆州市荆州区故江陵县城)，属荆州，三国时曾移治于公安(今属湖北)。西汉辖境相当于今湖北襄阳市、南漳县以南，松滋市、公安县以北，洪湖市以西，利川市及重庆巫山县以东地。

⑰昌门：即阊门，春秋吴王阖闾时吴国的都城门名，即今江苏苏州市旧城西北门。

⑱陆勋(jī基)：即陆绩(187~219)，勋同"绩"。字公纪，吴郡吴县(今江苏苏州市)人。年少知名，仕吴，官至郁林太守，加偏将军。博学多识，著有《浑天图》，注《易》与《太玄经注》，为东吴学者。详见本书所选《陆绩传》。顾劭：字孝则(生卒年不详)，吴郡吴县(今江苏苏州市)人，吴丞相顾雍之子。博览群书，少与其舅陆绩齐名。仕吴，历官豫章太守，卒官。平生留心下士，有知人之誉。《三国志》卷五二有传。全琮(cóng从)：字子璜(？~249)，吴郡钱唐(今浙江杭州西)人。仕吴，历官绥南将军，迁卫将军、左将军、徐州牧、右大司马、左军师。尚公主，深受宠信。《三国志》卷六〇有传。

⑲驽马：劣马。这或许仅就陆绩的当下状况或其外在形貌而言。下一句比喻顾劭为"驽牛"(笨牛)，义同。逸足：犹疾足，谓足力健，奔跑快。

⑳负重致远：谓负载重物走远路。南朝宋刘义庆《世说新语·品藻》："陆子，所谓驽马，有逸足之用；顾子，所谓驽牛，可以负重致远。"裴注引张勃《吴录》曰："或问统曰：'如所目，陆子为胜乎？'统曰：'驽马虽精，所致一

人耳。驽牛一日行三百里,所致岂一人之重哉!'邵就统宿,语,因问:'卿名知人,吾与卿孰愈?'统曰:'陶冶世俗,甄综人物,吾不及卿;论帝王之秘策,揽倚伏之要最,吾似有一日之长。'邵安其言而亲之。"

㉑好施慕名:喜好施舍,希望自己有好名声。

㉒汝南樊子昭:初为小商贩,后为名士许劭所荐,得为官,时年六十。不详所终。汝南,即汝南郡,西汉高帝四年(前203)置,治所上蔡县(今河南上蔡西南),辖境相当于今河南颍河、淮河之间,京广铁路西侧一线以东,安徽茨河、西淝河以西、淮河以北地区。东汉徙治平舆县(今河南平舆西北)。裴注引蒋济《万机论》云:"许子将褒贬不平,以拔樊子昭而抑许文休。刘晔曰:'子昭拔自贾竖,年至耳顺,退能守静,进能不苟。'济答曰:'子昭诚自长幼完洁,然观其笃齿牙,树颊胲,吐唇吻,自非文休敌也。'"

㉓共料:一同品评。四海:犹言天下,全国各处。

㉔相结:相互结交。

先主领荆州,统以从事守耒阳令①,在县不治②,免官。吴将鲁肃遗先主书曰③:"庞士元非百里才也④,使处治中、别驾之任⑤,始当展其骥足耳⑥。"诸葛亮亦言之于先主⑦,先主见与善谭⑧,大器之⑨,以为治中从事⑩。亲待亚于诸葛亮⑪,遂与亮并为军师中郎将⑫。亮留镇荆州。统随从入蜀。

[注释]

①从事:官名。汉以后三公及州郡长官皆自辟僚属,多以从事为称。守:汉代官吏试用称"守"。汉时官吏任命,除极少数因皇帝宠幸,可不经试用,初拜即为实授者外,一般均须试用一年。称职者转正为真,不称职者他

调、左转或罢归原职。耒阳令：耒阳县令。耒阳，即耒阳县，秦置，属长沙郡，汉代属桂阳郡，治所即今湖南耒阳市。

②不治：不能治理。

③鲁肃：字子敬（172～217），临淮东城（今安徽定远东南）人。周瑜死后，代瑜领兵，拜汉昌太守、横江将军。详见本书所选《鲁肃传》。

④百里才：治理一县的人才。古时一县辖地约百里，因以百里为县的代称。

⑤治中：官名。即治中从事，又称治中从事史，系州牧、刺史的属官。居中治事，为首席佐吏，负责州郡的文书。别驾：即别驾从事，又称别驾从事史，系州牧、刺史的属官。州牧、刺史巡行郡县，别驾别乘传车从行，故名。

⑥骥足：骏马的脚力，比喻高才。

⑦诸葛亮：字孔明（181～234），琅邪阳都（今山东沂南南）人。蜀汉杰出的政治家、军事家。蜀汉章武元年（221），刘备称帝，以他为丞相。详见本书所选《诸葛亮传》。

⑧善谭：同"善谈"，犹言详谈。

⑨器：器重，重视。

⑩以为治中从事：裴注引《江表传》曰："先主与统从容宴语，问曰：'卿为周公瑾功曹，孤到吴，闻此人密有白事，劝仲谋相留，有之乎？在君为君，卿其无隐。'统对曰：'有之。'备叹息曰：'孤时危急，当有所求，故不得不往，殆不免周瑜之手！天下智谋之士，所见略同耳。时孔明谏孤莫行，其意独笃，亦虑此也。孤以仲谋所防在北，当赖孤为援，故决意不疑。此诚出于险涂，非万全之计也。'"

⑪亲待：亲近优待。

⑫军师中郎将：官名。刘备所置。宋司马光《资治通鉴》卷六五"备以诸葛亮为军师中郎将"，元胡三省注："军师，亦古将军号。曹操初置军师祭

酒，而备置军师中郎将，皆以一时军事创置官名也。然军师祭酒止决军谋，中郎将则有兵柄。亮后又进军师将军。"裴注引《九州春秋》曰："统说备曰：'荆州荒残，人物殚尽，东有吴孙，北有曹氏，鼎足之计，难以得志。今益州国富民强，户口百万，四部兵马，所出必具，宝货无求于外，今可权借以定大事。'备曰：'今指与吾为水火者，曹操也，操以急，吾以宽；操以暴，吾以仁；操以谲，吾以忠；每与操反，事乃可成耳。今以小故而失信义于天下者，吾所不取也。'统曰：'权变之时，固非一道所能定也。兼弱攻昧，五伯之事。逆取顺守，报之以义，事定之后，封以大国，何负于信？今日不取，终为人利耳。'备遂行。"

益州牧刘璋与先主会涪①，统进策曰："今因此会，便可执之，则将军无用兵之劳而坐定一州也。"先主曰："初入他国，恩信未著②，此不可也。"璋既还成都③，先主当为璋北征汉中④，统复说曰："阴选精兵，昼夜兼道，径袭成都；璋既不武⑤，又素无预备，大军卒至⑥，一举便定，此上计也。杨怀、高沛⑦，璋之名将，各仗强兵，据守关头⑧，闻数有笺谏璋，使发遣将军还荆州。将军未至，遣与相闻⑨，说荆州有急，欲还救之，并使装束⑩，外作归形；此二子既服将军英名，又喜将军之去，计必乘轻骑来见，将军因此执之，进取其兵，乃向成都，此中计也。退还白帝⑪，连引荆州⑫，徐还图之，此下计也。若沉吟不去⑬，将致大困，不可久矣。"先主然其中计，即斩怀、沛，还向成都，所过辄克。于涪大会，置酒作乐，谓统曰："今日之会，可谓乐矣。"统曰："伐人之国而以为欢，非仁者之兵也。"先主醉，怒曰："武王伐纣，前歌后舞⑭，非仁者邪？卿言不当，宜速起出！"于是统逡巡引退⑮。先主寻悔，请还。统复故位，初不顾谢⑯，饮食自若。先主谓曰："向者之论，阿谁为失⑰?"统对曰:"君臣俱失。"先主大笑,宴乐如初⑱。

[注释]

①益州牧刘璋:字季玉(?~219),东汉江夏竟陵(今湖北潜江西北)人,刘焉之子。兴平元年(194),刘焉病卒,刘璋继为监军使者,领益州牧。建安十六年(211)迎刘备入蜀,后反为刘备所制,刘备自领益州牧,迁刘璋于南郡公安,佩振威将军印绶。建安二十四年(219),孙权夺取荆州后,又以刘璋为益州牧,驻秭归,旋病卒。《三国志》卷三一有传。益州,西汉元封五年(前106)置,为十三刺史部之一。公孙述改为司隶校尉,东汉复为益州,治所雒县(今四川广汉市北),兴平中移治成都(今属四川),辖境相当于今四川大部以及甘肃、陕西、湖北、贵州、云南少部分。涪(fú浮):即涪县,西汉高帝六年(前201)置,属广汉郡,治所在今四川绵阳市涪江东岸。

②恩信:恩德信义。

③成都:即成都县,战国秦惠王二十七年(前311)于蜀国都城成都置,为蜀郡治,治所在今四川成都市。东汉时兼为益州治,三国蜀汉建都于此。

④汉中:即汉中郡,战国秦惠王更元十三年(前312)置,治所南郑县(今陕西汉中市东),因水为名,辖境相当于今陕西秦岭以南,留坝、勉县以东,乾祐河流域以及湖北郧县、保康以西,米仓山、大巴山以北地。东汉末为张鲁所据,改为汉宁郡。建安二十年(215)复改汉中郡。

⑤不武:算不上勇武。

⑥卒(cù促):突然。后多作"猝"。

⑦杨怀:刘璋部将(?~212),与高沛同守白水关,被刘备诱杀。高沛:刘璋部将(?~212),与杨怀同守白水关,被刘备诱杀。

⑧关头:即白水关,东汉置,属白水县,位于今四川青川县东北沙州镇北。晋常璩《华阳国志》卷二《汉中志》:"白水县有关尉,故州牧刘璋将杨

怀、高沛守也。"

⑨遣与相闻:谓派遣使者与杨怀、高沛联系。

⑩装束:束装,整理行装。

⑪白帝:即白帝城,东汉初公孙述筑,在今重庆奉节县瞿塘峡口长江北岸的白帝山顶,形势险要,三国时为蜀汉防吴之重镇。

⑫引:收敛,退避。

⑬沉吟:迟疑,犹豫。

⑭"武王伐纣"二句:语出《尚书大传》卷三:"师乃慆,前歌后舞。"意思是说武王伐纣,军中士气旺盛。后多用以颂美吊民伐罪之师。

⑮逡(qūn 群阴平)巡:却行,恭顺貌。《公羊传·宣公六年》:"赵盾逡巡北面再拜稽首,趋而出。"

⑯初:全,始终。顾谢:回首道歉、认错。

⑰阿(ā 啊)谁:疑问代词。犹言谁,何人。

⑱宴乐:宴饮欢乐。裴注引习凿齿曰:"夫霸王者,必体仁义以为本,仗信顺以为宗,一物不具,则其道乖矣。今刘备袭夺璋土,权以济业,负信违情,德义俱愆,虽功由是隆,宜大伤其败,譬断手全躯,何乐之有?庞统惧斯言之泄宣,知其君之必悟,故众中匡其失,而不修常谦之道,矫然太当,尽其謇谔之风。夫上失而能正,是有臣也,纳胜而无执,是从理也;有臣则陛隆堂高,从理则群策毕举;一言而三善兼明,暂谏而义彰百代,可谓达乎大体矣。若惜其小失而废其大益,矜此过言,自绝远说,能成业济务者,未之有也。"又云:"臣松之以为谋袭刘璋,计虽出于统,然违义成功,本由诡道,心既内疚,则欢情自戢,故闻备称乐之言,不觉率尔而对也。备宴酣失时,事同乐祸,自比武王,曾无愧色,此备有非而统无失,其云'君臣俱失',盖分谤之言耳。习氏所论,虽大旨无乖,然推演之辞,近为流宕也。"

进围雒县①,统率众攻城,为流矢所中②,卒,时年三十六。先主痛惜,言则流涕。拜统父议郎③,迁谏议大夫④,诸葛亮亲为之拜⑤。追赐统爵关内侯⑥,谥曰靖侯⑦。统子宏,字巨师,刚简有臧否⑧,轻傲尚书令陈祗⑨,为祗所抑,卒于涪陵太守⑩。统弟林,以荆州治中从事参镇北将军黄权征吴⑪,值军败,随权入魏,魏封列侯⑫,至巨鹿太守⑬。

[注释]

①雒(luò 洛)县:西汉高帝时置,属广汉郡,治所在今四川广汉市。汉献帝初平中(190~192)徙益州治于此(后徙治成都)。

②流矢:乱飞的或无端飞来的箭。

③议郎:郎官中地位较高的一种,参与朝政,属于皇帝身边谏议政事得失的一种近臣,秩六百石。

④谏议大夫:官名。光禄勋属官,在帝王身边行进谏、议论之事,秩比八百石,三国时为第七品。

⑤拜:授官。

⑥关内侯:封爵名。汉代封爵二十级的第十九级,仅次于列侯,有俸禄而无封地。

⑦靖侯:靖,通"静"。《逸周书》卷六《谥法解》:"柔德考众曰静,恭己鲜言曰静,宽乐令终曰静。"又曰:"执应八方曰侯。"

⑧刚简:刚强率略。臧否(pǐ 痞):善恶心。

⑨轻傲:轻慢倨傲。这里用如动词。尚书令陈祗(zhī 之):字奉宗(?~258),汝南(治今河南上蔡西南)人。精数术,仕蜀汉,以侍中守尚书令,加镇南将军,深受后主信爱,权重于姜维。卒谥忠侯。《三国志》卷三九

有传。尚书令：官名。尚书台长官，属少府。东汉时独立，受命于皇帝或录尚书事的大臣，秩千石，三国时第三品。属官有尚书仆射、尚书等。

⑩涪(fú浮)陵：即涪陵郡，东汉建安二十一年(216)刘备改巴东属国置，属益州，治所涪陵县(今重庆市彭水区)。辖境相当于今重庆彭水、武隆、石柱、黔江、酉阳等区县地。

⑪镇北将军黄权：字公衡(？～240)，三国巴西阆中(今四川阆中)人。原任刘璋主簿，刘备定蜀，历任偏将军、治中从事、镇北将军。后因伐吴，道路隔绝，被迫降魏。历官镇南将军，封育阳侯，官至车骑将军，仪同三司。卒谥景侯。《三国志》卷四三有传。镇北将军，东汉末所置将军名，为镇东、镇西、镇南、镇北等"四镇"将军之一，职掌征战讨伐，属于杂号将军，位在左将军等常设将军之下。三国时成为常设将军，官位上升为第二品，次于"四征"将军。

⑫列侯：封爵名。爵是皇帝赐予臣民的一种称号，获得者在政治上、社会上具有特殊的地位与身份。秦汉时爵分二十个等级，其中，第一级公士至第八级公乘属于低爵，多赐予一般士民；第九级五大夫至第十九级关内侯为高爵，多赐予官吏或功臣；第二十级列侯为最高爵位，只有少数高级官吏与望族宗亲可以享有。列侯有封国，按封区户数所拥有的土地数量和产量征收地税，供其享用，称食邑。列侯在其封国无治民权，其封国大小不等。大者相当于一个县，称侯国；小者为一乡、一亭，以其封国食邑的大小分为县侯、乡侯、亭侯三等，并以其封地作为侯的名号。东汉实行两等封爵制，皇子封王，功臣封侯；赐爵也只有列侯与关内侯两级。列侯有世袭权。

⑬巨鹿：即巨鹿郡，秦始皇二十五年(前222)置，治所巨鹿县，东汉移治廮陶县(今宁晋西南)，辖境相当于今滹沱河以南、平乡以北，柏乡以东，辛集、新河以西。裴注引《襄阳记》曰："林妇，同郡习祯妹。祯事在杨戏《辅臣赞》。曹公之破荆州，林妇与林分隔，守养弱女十有馀年，后林随黄权降魏，

始复集聚。魏文帝闻而贤之,赐床帐衣服,以显其义节。"

[译文]

庞统字士元,是荆州襄阳县人。他年轻时朴实而不聪敏,没有遇到赏识他的人。颍川郡的司马徽清高拔俗有知人之明,庞统二十岁时前往拜见司马徽,司马徽正在树上采桑叶,他就让庞统坐在树下,两人交谈从白天一直到夜晚。司马徽感觉庞统极不平凡,称誉庞统应当属于荆州人士中出类拔萃的人物,从此以后,庞统的名声渐大。以后南郡郡府任命庞统为功曹。庞统生性喜好品评人物,乐于抚育培养人才。每当他称誉别人时,往往超出其实际才能,当时人感到奇怪就去请教,庞统回答说:"如今天下大乱,忠厚之道衰败,行善的人少,作恶的人多。如果准备改善风俗,增长善行、美德,对人不过加誉美,其声名就不足以令人仰慕,不足以令人仰慕那么行善的人就少了。如今选拔人才而失其半数,还能得到另一半人才,由此而可以崇尚当世的正统思想、正统礼教,令有志于做善人者勉励自己,不也是可以的吗?"东吴将领周瑜帮助刘备攻占荆州的江南四郡后,兼任南郡太守。周瑜去世,庞统作为其下属送丧回归吴县,东吴人大多知道庞统之名。等到他西还荆州的时候,当地人士在昌门聚会为他送行,陆绩、顾劭、全琮都去了。庞统说:"陆先生可以说是劣马却有足力健、奔跑快的特性,顾先生可以说是笨牛却能负载重物走远路。"又对全琮说:"您喜好施舍,希望自己有好名声,就像汝南郡的樊子昭。虽然智力一般,也算是一时的优秀人物了。"陆绩、顾劭对庞统说:"假若天下太平了,应当与您一同品评全国的人士。"庞统与他们结下深厚的友谊以后回归荆州。

刘备兼任荆州牧后,庞统以荆州从事的身份试用为耒阳县令,主政不能治理县事,被免职。东吴将领鲁肃致书刘备说:"庞士元不是治理一县的人才,若让他担任治中从事史、别驾从事史,才能够施展出他是一匹骏马的脚力。"诸葛亮也如此向刘备进言,刘备于是会见庞统,一番详谈之后对庞统大为重视,任命他为治中从事史。刘备对于庞统的亲近优待仅次于诸葛亮;于是与诸葛亮都担任军师中郎将。诸葛亮留驻荆州,庞统随刘备进入益州。

益州牧刘璋与刘备在涪县相会,庞统向刘备献策说:"如今借着这次见面,就可抓捕刘璋,那么将军您可不劳用兵而稳稳当当平定一州之地。"刘备说:"初次进入别人的领域,恩德信义没有树立,这样干不可以。"刘璋回归成都以后,刘备应当替刘璋北征汉中郡的张鲁,庞统又向刘备进策说:"可暗中挑选精兵,昼夜兼程,直接奔袭成都;刘璋既算不上勇武,平素又无防备,大军突然而至,一举即可平定益州,这是上策。杨怀、高沛,是刘璋部下的名将,各自统领强兵,据守白水关,听说他们多次上书进谏刘璋,请刘璋打发将军您撤回荆州。将军您在未至白水关前,派人通报他们,就说荆州有急事,打算回去救援,并且令我军整理行装,做出欲回荆州的样子;这两人既佩服将军您的英名,又庆幸将军即将离去,预计两人必单骑来拜会,将军您就此加以拘捕,进而夺取他们的军队,再向成都进发,这是中策。我们退军归白帝城,收敛我军驻扎荆州的兵力,慢慢再图谋益州,这是下策。如若迟疑不决,按兵不动,将导致我军陷于极大的困境,无法长久坚持下去。"刘备采纳了庞统的中策,斩杀杨怀、高沛后,回师进军成都,所过之处全部战胜。攻占涪县后,刘备大会将士,置酒作乐,对庞统说:"今日的盛会,真可以说快乐无比了。"庞统说:"攻打至别人的辖境中而以为欢乐,算不上是仁者的军队。"刘备酒醉,发怒说:"周武王讨伐商纣王,吊民伐罪,军中前歌后舞,士气旺盛,难道不是仁者之师吗?您的话不得当,请立即起立退下!"庞统于是恭顺地退出。不一会儿,刘备又后悔了,就请庞统回来。庞统回归原来的席位上,始终没有回首道歉、认错,饮酒进食镇静自如,一如既往。刘备问庞统说:"刚才的谈论,谁有错误?"庞统回答说:"君臣双方都有错误。"刘备大笑,宴饮欢乐恢复到开始时的状态。

刘备进军围攻雒县，庞统率领众士兵攻城，被无端飞来的箭射中，阵亡，当时年仅三十六岁。刘备心痛惋惜，说起来就涕泪交流。刘备任命庞统的父亲为议郎，升迁谏议大夫，诸葛亮亲自为他授官。此后追封庞统关内侯爵位，赐谥号靖侯。庞统的儿子庞宏，字巨师，刚强率略，具有善恶心，对尚书令陈祗轻慢倨傲，因而受到陈祗的排挤。在涪陵太守任上去世。庞统的弟弟庞林，以荆州治中从事的身份，随从镇北将军黄权征讨东吴，蜀军战败，跟随黄权归顺魏国，魏国进封庞林为列侯，官至巨鹿太守。

法正传

[题解]

传见《三国志》卷三七《蜀书七》。法正(176~220),右扶风郿县(今陕西眉县)人。初依附刘璋,后投靠刘备,历任蜀郡太守、尚书令、护军将军,为刘备的重要谋士。良禽择木而栖,在军阀混战的东汉末年,君择臣,臣亦择君,法正背弃暗弱的刘璋,投奔有雄才大略的刘备,且协助后者降服刘璋,占据益州,进而献策,夺取汉中,为刘备蜀汉朝廷的建立厥功至伟。他足智多谋且有战略眼光,对刘备的辅佐与贡献决不在诸葛亮之下,这是刘备对其早逝"流涕者累日"的重要原因。然而从个人品德方面而论,其睚眦必报,不免有小人得志的猖狂;特别是其传世的《与刘璋笺》,其内容多处罔顾事实,颠倒黑白,书信中用语也强词夺理且摆出一副盛气凌人的架势,自我勾画出视弱肉强食为天经地义的蛮横嘴脸,实在不足取。法正虽具有超群的"奇画策算",但为人德行终究有亏,这或许是诸葛孔明也要让他三分的重要原因。

法正字孝直,扶风郿人也①。祖父真②,有清节高名③。建安初④,天下饥荒,正与同郡孟达俱入蜀依刘璋⑤,久之为新都令⑥,后召署军议校尉⑦。既不任用⑧,又为其州邑俱侨客者所谤无行⑨,志意不得⑩。益州别驾张松与正相善⑪,忖璋不足与有为⑫,常窃叹息。松于荆州见曹公还⑬,劝璋绝曹公而自结先主⑭。璋曰:"谁可使者?"松乃举正,正辞让,不得已而往。正既还,为松称说先主有雄略⑮,密谋协规⑯,愿共戴奉⑰,而未有缘。后因璋闻曹公欲遣将征张鲁之有惧心也⑱,松遂说璋宜迎先主,使之讨鲁,复令正衔命⑲。正既宣旨⑳,阴献策于先主曰:"以明将军之英才㉑,乘刘牧之懦弱㉒;张松,州之股肱㉓,以响应于内;然后资益州之殷富㉔,冯天府之险阻㉕,以此成业,犹反掌也㉖。"先主然之,溯江而西,与璋会涪㉗。北至葭萌㉘,南还取璋。

[注释]

①扶风:即右扶风,西汉太初元年(前104)改主爵都尉置,分右内史西半部为其辖区,职掌相当于郡太守,因地属畿辅,故不称郡,为三辅之一。治所长安县(今陕西西安市北),辖境相当于今陕西秦岭以北,户县、咸阳、旬邑以西地,东汉移治槐里县(今兴平市东南)。三国魏改称扶风郡。郿(méi眉):即郿县,春秋周邑,治今陕西眉县东北。

②祖父真:即法真(100~188),字高卿,别称玄德先生,东汉右扶风郿县(今陕西眉县)人,南郡太守法雄之子。于诸子百家经典以及谶纬之学皆有造诣,隐居不仕,以清高著称。《后汉书》卷八三有传。

③清节:清操。谓高洁的节操。裴注引《三辅决录注》曰:"真字高卿,少明五经,兼通谶纬,学无常师,名有高才。常幅巾见扶风守,守曰:'哀公虽不肖,犹臣仲尼,柳下惠不去父母之邦,欲相屈为功曹何如?'真曰:'以明府见待有礼,故四时朝觐,若欲吏使之,真将在北山之北南山之南矣。'扶风守遂不敢以为吏。初,真年未弱冠,父在南郡,步往候父,已欲去,父留之待正旦,使观朝吏会。会者数百人,真于窗中窥其与父语。毕,问真'孰贤'?真曰:'曹掾胡广有公卿之量。'其后广果历九卿三公之位,世以服真之知人。前后征辟,皆不就,友人郭正等美之,号曰玄德先生。年八十九,中平五

年卒。正父衍,字季谋,司徒掾、廷尉左监。"

④建安:汉献帝刘协的第四个年号(196~220)。

⑤孟达:字子度(? ~228),东汉扶风(今陕西兴平东南)人。原为刘璋部将,建安十六年(211),刘璋派遣他与法正迎刘备入蜀,遂归顺刘备,历官宜都太守。关羽被东吴擒杀后,因惧罪,投降曹丕,任散骑常侍、建武将军,封平阳侯,领新城太守。曹丕卒后,又欲归蜀,谋泄,为司马懿所攻杀。刘璋:字季玉(? ~219),东汉江夏竟陵(今湖北潜江西北)人,刘焉之子。兴平元年(194),刘焉病卒,刘璋继为监军使者,领益州牧。建安十六年(211)迎刘备入蜀,后反为刘备所制,刘备自领益州牧,迁刘璋于南郡公安,佩振威将军印绶。建安二十四年(219),孙权夺取荆州后,又以刘璋为益州牧,驻秭归,旋病卒。《三国志》卷三一有传。

⑥新都:即新都县,本战国时蜀国之新都,西汉置县,属广汉郡,治所在今四川新都县东二里。一说治所在今新都县西。

⑦军议校尉:官名。东汉末年蜀地割据者刘璋所置武官,当为军事谘议官。

⑧任用:信任重用。

⑨州邑:谓法正家乡司隶校尉部的相关州县。侨客者:这里谓侨寄客居于益州的家乡人。无行:没有善行,品行不端。

⑩志意不得:谓意愿得不到满足。

⑪益州别驾张松:字子乔(? ~212),蜀郡成都(今属四川)人。为益州牧刘璋的别驾从事。刘璋派遣他与曹操联络,遭冷遇,因劝刘璋结好刘备,并助刘备夺取益州,为其兄所举报,最终被刘璋所杀。益州,西汉元封五年(前106)置,为十三刺史部之一。公孙述改为司隶校尉,东汉复为益州,治所雒县(今四川广汉市北),兴平中移治成都(今属四川),辖郡、国十二,县一百一十八。辖境相当于今四川、云南、贵州大部以及陕西、甘肃、湖北乃至

越南的一小部分。建安十九年(214),刘备攻破雒城,进围成都,刘璋出降,刘备领益州牧。别驾,即别驾从事,又称别驾从事史,系州牧、刺史的属官。州牧、刺史巡行郡县,别驾别乘传车从行,故名。

⑫忖(cǔn 村上声):思量,揣度。不足与有为:谓不可能有所作为。

⑬荆州:西汉元封五年(前106)所置十三刺史部之一,辖郡七、县一百一十七,治所汉寿县。汉末移治襄阳县(今湖北襄阳),辖境相当于今湖北、湖南大部以及河南、贵州、广东、广西等省区一小部分。三国时魏、吴均置荆州,辖境相当于原荆州。魏荆州治所新野(今属河南),吴荆州治所江陵(今属湖北)。曹公:即曹操(155~220),字孟德,小字阿瞒,魏立国后追谥魏武帝,谯(今安徽亳州市)人。详见本书所选《武帝纪》。

⑭先主:谓刘备(161~223),字玄德,蜀汉昭烈帝,史称先主。详见本书所选《先主传》。

⑮雄略:非凡的谋略。

⑯协规:共同谋划。

⑰戴奉:拥戴尊奉。

⑱张鲁:字公祺(生卒年不详),东汉沛国丰县(今属江苏)人,张陵之孙,张衡之子。东汉末天师道(即"五斗米道")首领,东汉末占据汉中,在各地设"义舍",置"义米""义肉",过往之人可量腹取用,加之刑法宽和,令汉中成为当时的安定之区。朝廷任命他为镇民中郎将,领汉宁太守。建安二十年(215)曹操进攻汉中,张鲁归降,任镇南将军,封阆中侯。详见本书所选《张鲁传》。

⑲衔命:遵奉命令。

⑳宣旨:谓宣布刘璋的意旨。

㉑明将军:法正对任职左将军刘备的敬称。

㉒刘牧:谓益州牧刘璋。

㉓股肱(gōng 公):大腿和胳膊。比喻左右辅佐之臣。《尚书·虞夏书·益稷》:"臣作朕股肱耳目。"张松为益州别驾,属于州之上佐,故称。

㉔殷富:繁盛,富足。

㉕冯(píng 凭):"凭"的古字,凭借,依恃。天府:谓土地肥沃、物产富饶之域。晋常璩《华阳国志》卷三:"于是蜀沃野千里,号为'陆海'。旱则引水浸润,雨则杜塞水门,故记曰:水旱从人,不知饥馑,时无荒年,天下谓之'天府'也。"

㉖反(fān 翻)掌:犹反手。喻事之极易。

㉗涪(fú 浮):即涪县,西汉高帝六年(前201)置,属广汉郡,治所在今四川绵阳市涪江东岸。

㉘葭(xiá 侠)萌:即葭萌县,亦作葭明县,战国末秦于葭萌城置,属蜀郡,治所在今四川广元市西南昭化镇。西汉属广汉郡,东汉建安二十二年(217),刘备改为汉寿县。

郑度说璋曰①:"左将军县军袭我②,兵不满万,士众未附,野谷是资③,军无辎重④。其计莫若尽驱巴西、梓潼民内涪水以西⑤,其仓廪野谷⑥,一皆烧除,高垒深沟⑦,静以待之。彼至,请战,勿许,久无所资,不过百日,必将自走。走而击之,则必禽耳。"先主闻而恶之⑧,以问正。正曰:"终不能用,无可忧也。"璋果如正言,谓其群下曰:"吾闻拒敌以安民,未闻动民以避敌也。"于是黜度⑨,不用其计。

[注释]

①郑度:广汉(今四川广汉北)人(生卒年不详)。益州牧刘璋部下从事。曾建议刘璋坚壁清野以防刘备,未被采纳。裴注引《华阳国志》曰:

"度,广汉人,为州从事。"

②左将军:即刘备,时任左将军。县(xuán悬)军:深入敌方的孤军。县,通"悬"。

③野谷是资:意谓从当地民间筹集军粮。

④辎(zī滋)重:指随军运载的军用器械、粮秣等。

⑤巴西:即巴西郡,东汉建安六年(201)刘璋改巴郡置,属益州,治所阆中县(今四川阆中市),辖境相当于今四川阆中、武胜以东,广安、渠县以北,万源、开江以西地区。三国蜀汉章武元年(221)改为巴郡,不久复为巴西郡。梓潼:即梓潼县,西汉元鼎元年(前116)置,为广汉郡治。治所即今四川梓潼县。内(nà纳):"纳"的古字。使进入。涪(fú浮)水:即涪江,又名内水、垫江水,在今四川中部,为嘉陵江主要支流。源出松潘县东北之岷山,东南流经平武、江油、绵阳、三台、射洪、蓬溪、遂宁、潼南等市县,于重庆市合川区南注入嘉陵江。

⑥仓廪(lǐn凛):贮藏米谷的仓库。

⑦高垒深沟:谓筑起高的壁垒,掘下深的壕沟,用以固守。

⑧恶(wù务):畏惧。

⑨黜(chù触):贬降,罢退。

及军围雒城①,正笺与璋曰②:

正受性无术③,盟好违损④,惧左右不明本末⑤,必并归咎⑥,蒙耻没身⑦,辱及执事⑧,是以损身于外⑨,不敢反命⑩。恐圣听秽恶其声⑪,故中间不有笺敬⑫,顾念宿遇⑬,瞻望恨恨⑭。然惟前后披露腹心⑮,自从始初以至于终,实不藏情,有所不尽,但愚闇策薄⑯,精诚不感⑰,以致于此耳。今国事已危,祸害在速,虽捐放于外⑱,言足憎尤⑲,犹贪极所怀⑳,以尽馀忠。明将军本心㉑,正之所知也,实为区区不欲失左将军之意㉒,而卒至于是者㉓,左右不达英雄从事之道㉔,谓可违信黩誓㉕,而以意气相致㉖,日月相迁㉗,趋求顺耳悦目㉘,随阿遂指㉙,不图远虑为国深计故也。事变既成㉚,又不量强弱之势,以为左将军县远之众㉛,粮谷无储,欲得以多击少,旷日相持。而从关至此㉜,所历辄破,离宫别屯㉝,日自零落。雒下虽有万兵,皆坏陈之卒,破军之将,若欲争一旦之战㉞,则兵将势力,实不相当。各欲远期计粮者㉟,今此营守已固㊱,谷米已积,而明将军土地日削,百姓日困,敌对遂多,所供远旷㊲。愚意计之,谓必先竭㊳,将不复以持久也。空尔相守㊴,犹不相堪,今张益德数万之众㊵,已定巴东㊶,入犍为界㊷,分平资中、德阳㊸。三道并侵㊹,将何以御之?本为明将军计者,必谓此军县远无粮,馈运不及,兵少无继。今荆州道通,众数十倍,加孙车骑遣弟及李异、甘宁等为其后继㊺。若争客主之势㊻,以土地相胜者,今此全有巴东,广汉、犍为㊼,过半已定,巴西一郡,复非明将军之有也。计益州所仰惟蜀㊽,蜀亦破坏;三分亡二,吏民疲困,思为乱者十户而八;若敌远则百姓不能堪役㊾,敌近则一旦易主矣㊿。广汉诸县,是明比也㉛。又鱼复与关头实为益州福祸之门㉜,今二门悉开,坚城皆下,诸军并破,兵将俱尽。而敌家数道并进,已入心腹,坐守都、雒㉝,存亡之势,昭然可见。斯乃大略,其外较耳㉞;其馀屈曲㉟,难以辞极也。以正下愚,犹知此事不可复成㊱,况明将军左右明智用谋之士,岂当不见此数哉㊲?旦夕偷幸㊳,求容取媚㊴,不虑远图,莫肯尽心献良计耳。若事穷

法正传 | 1073

势迫,将各索生⁶⁰,求济门户⁶¹,展转反覆⁶²,与今计异⁶³,不为明将军尽死难也。而尊门犹当受其忧⁶⁴。正虽获不忠之谤,然心自谓不负圣德,顾惟分义⁶⁵,实窃痛心。左将军从本举来⁶⁶,旧心依依,实无薄意⁶⁷。愚以为可图变化⁶⁸,以保尊门。

[注释]

①雒(luò 洛)城:即雒县,西汉高帝时置,属广汉郡,治所在今四川广汉市。汉献帝初平中(190~192)徙益州治于此(后徙治成都)。

②笺(jiān 兼):书札。这里用如动词。

③受性:犹赋性,生性。卢弼《三国志集解》卷三七:"性,疑作'任'。"受任,接受委任。似较"受性"义胜。无术:缺乏办法。

④盟好违损:谓刘璋与刘备双方的友好盟誓遭到损毁。二刘结好,法正穿针引线,现在刘备进攻刘璋,法正负有责任,故曲为解释与辩解。

⑤左右:古人信札中常用以称呼对方。本末:始末,原委。

⑥归咎(jiù 旧):归罪。《左传·桓公十八年》:"礼成而不反,无所归咎。"

⑦蒙耻没身:谓终身蒙受耻辱。

⑧执事:对对方的敬称。

⑨损身:舍身。

⑩反命:复命。

⑪圣听:对对方听觉的敬称。秽恶:邪恶,污浊。

⑫笺敬:谓用信札致意。

⑬顾念:眷顾想念,念及。宿遇:旧相知,老相识。

⑭瞻望:远望,展望。悢悢(liàng liàng 亮亮):惆怅,悲伤。

⑮惟：考虑。披露：表白。腹心：犹言至诚之心。《左传·宣公十二年》："君之惠也，孤之愿也，非所敢望也。敢布腹心，君实图之。"

⑯愚闇：即"愚暗"。愚钝而不明事理。策薄：缺乏谋略。

⑰精诚：真诚。不感：谓不能产生感应。

⑱捐放：弃逐，抛弃。这是法正掩饰自己背离刘璋的说法。

⑲憎尤：憎恨怪罪。

⑳贪极所怀：意谓极力将心中所想说出。

㉑明将军：法正对任职振威将军刘璋的敬称。

㉒区区：犹方寸，形容人的心。引申谓真情挚意。

㉓卒：终于，最后。

㉔达：懂得，熟悉。从事：行事，办事。

㉕违信默（dú 读）誓：谓不履行诺言，不信守誓言。

㉖意气：馈送财礼。《三国志·刘二牧传》："璋资给先主，使讨张鲁，然后分别。"裴注引《吴书》曰："璋以米二十万斛，骑千匹，车千乘，缯絮锦帛，以资送刘备。"相致：谓招致、笼络。

㉗日月相迁：谓时间流逝。

㉘趋求：追求。顺耳悦目：谓合乎心意，听着舒服；愉悦眼目，看着怡情。

㉙随阿逶指：附和奉承，顺从迎合。

㉚事变既成：谓建安十七年（212），刘备诱杀刘璋白水关守将杨怀、高沛，并夺取涪城。详见本书所选《庞统传》。

㉛县（xuán 悬）远：谓距离遥远。

㉜从关至此：谓从白水关至雒城。白水关，东汉置，属白水县，位于今四川青川县东北沙州镇北。

㉝离宫：谓刘璋巡行益州的住所。别屯：谓刘璋在益州各地的营垒。

㉞一旦之战：谓短时间的速决战。

㉟各:卢弼《三国志集解》卷三七云:"'各'字,疑'若'字之误。"甚是。远期计粮:谓准备在两军相持时计算致胜关键的粮草多寡。

㊱此营守:谓刘备一方营垒。

㊲远旷:因路途遥远而匮乏不继。

㊳先竭:谓刘璋的军粮先尽。《三国志·刘二牧传》:"十九年,(刘备)进围成都数十日,城中尚有精兵三万人,谷帛支一年,吏民咸欲死战。"

㊴空尔相守:谓仅如此守城,相持不下。

㊵张益德:即张飞(?~221),字益德,涿郡(治今河北涿州)人。蜀汉大将。详见本书所选《张飞传》。

㊶巴东:即巴东郡,东汉建安六年(201)改固陵郡置,属益州,治所鱼复县(三国蜀汉改为永安,在今重庆奉节东十里白帝城)。二十一年(216)复改固陵郡,三国蜀汉章武元年(221)复为巴东郡。辖境相当于今重庆开县、万州区以东,大宁河中上游流域一带。这里地控三峡之险,三国时为蜀汉东部门户,有重兵屯守。

㊷犍(qián前)为:即犍为郡,西汉建元六年(前135)分广汉郡南部及夜郎国地置,属益州。治所屡有变迁,东汉永初元年(107)移治武阳县(今四川彭山县东),辖境初时较大,有今四川简阳、彭山等县以南,广西北部及贵州大部。元鼎六年(前111)平且兰后,辖境缩小,以今广西西北部、云南东部部分地区与贵州地区置牂柯郡。东汉永初初年又分西南境置犍为属国。

㊸资中:即资中县,西汉置,属犍为郡,治所在今四川资阳市。德阳:即德阳县,东汉置,属广汉郡,治所在今四川江油市东北雁门坝一带。东汉末徙治今遂宁市东南十八里龙凤场,改旧县为德阳亭。

㊹三道:即三条路线,谓张飞由巴西进军,赵云由江阳、犍为进军,诸葛亮居中,由江州、德阳进军,会师于成都。详见本书所选《张飞传》《赵云传》。

㊺孙车骑(jūjì 居寄):即孙权(182～252),字仲谋,孙坚次子,吴郡富春(今浙江富阳)人。吴国建立者,即吴大帝。详见本书所选《吴主传》。建安十四年(209),刘备表孙权行车骑将军,领徐州牧。李异:东吴大将,生平不详。甘宁:字兴霸(生卒年不详),巴郡临江(今重庆忠县)人。初依刘表,后归孙权,为陈军事方略,受到重用,屡立战功。拜西陵太守、折冲将军。《三国志》卷五五有传。

㊻争客主之势:谓计较战争双方的优劣形势。

㊼广汉:即广汉郡,西汉高帝六年(前201)置,初治乘乡(今四川金堂县东),后徙治梓潼县(今四川梓潼),辖境相当于今甘肃文县、陕西宁强以南,四川旺苍、剑阁、蓬溪以西,潼南、遂宁、新都以北,什邡、北川以东地区。公孙述改名子同郡,东汉复为广汉郡。永初二年(108)移治涪县(今四川绵阳市东),又徙治雒县(今四川广汉市)。广汉郡、蜀郡与犍为郡,古称三蜀。

㊽仰:仰仗。蜀:即蜀郡,周赧王元年(前314)秦惠王置,治所成都县(今四川成都市),西汉辖境相当于今四川松潘以南,北川、彭州、洪雅以西,峨边、石棉以北,邛崃山、大渡河以东,以及大渡河与雅砻江之间、康定以南、冕宁以北地。东汉辖境缩小。

㊾堪役:谓忍受劳役驱使。

㊿一旦:一天之间。形容迅速。易主:投降,谓归顺刘备。

(51)明比:明显的例证。这里指刘璋的部将李严等在广汉郡绵竹县投降刘备事。详见本书所选《先主传》。

(52)鱼复:即鱼复县,秦置,属巴郡,治所在今重庆原奉节县东十里白帝城。西汉为江关都尉治,东汉建安六年(201)为巴东郡治,三国蜀汉章武二年(222)改为永安县。鱼复为从东面进入益州的门户。关头:即白水关,为从北面进入益州的门户。

(53)都、雒:谓成都与雒城。

㊴外较:谓从外部所见之概况。

㊺屈曲:指事物的原委本末。

㊻此事:谓刘璋坚守成都,再重新控制益州全境。

㊼数:必然性。

㊽偷幸:苟且侥幸。

㊾求容取媚:谓取悦、讨好刘璋。

⑥索生:求得生路。

⑥济:保全。门户:家庭。

⑥展转反覆:谓变化无常,毫无操守。

⑥今计:谓为保刘璋而死守成都。

⑥尊门:谓刘璋一门老小。

⑥分(fèn奋)义:情分,情义。

⑥本举:谓刘备诱杀杨怀、高沛,又进攻成都一事。

⑥薄意:谓薄于情义。

⑥变化:指改变抵抗策略,即投降。

十九年①,进围成都,璋蜀郡太守许靖将逾城降②,事觉,不果。璋以危亡在近,故不诛靖。璋既稽服③,先主以此薄靖不用也④。正说曰:"天下有获虚誉而无其实者,许靖是也。然今主公始创大业,天下之人不可户说⑤,靖之浮称⑥,播流四海,若其不礼⑦,天下之人以是谓主公为贱贤也。宜加敬重,以眩远近⑧,追昔燕王之待郭隗⑨。"先主于是乃厚待靖⑩。以正为蜀郡太守、扬武将军⑪,外统都畿⑫,内为谋主。一餐之德,睚眦之怨,无不报复⑬,擅杀毁伤己者数人⑭。或谓诸葛亮曰:"法正于蜀郡太纵横⑮,将军宜启主公,抑其威福⑯。"亮答曰："主公之在公安也⑰,北畏曹公之强,东惮孙权之逼,近则惧孙夫人生变于肘腋之下⑱;当斯之时,进退狼跋⑲,法孝直为之辅翼⑳,令翻然翱翔㉑,不可复制㉒,如何禁止法正使不得行其意邪!"初,孙权以妹妻先主㉓,妹才捷刚猛,有诸兄之风,侍婢百馀人,皆亲执刀侍立,先主每入,衷心常凛凛㉔;亮又知先主雅爱信正㉕,故言如此㉖。

[注释]

①十九年:即汉献帝建安十九年(214)。

②许靖:字文休(?~222),汝南平舆(今河南平舆西北)人,许劭从兄。曾任刘璋所署蜀郡太守,后归顺刘备,历任左将军长史、太傅、司徒。推贤进士,为人所敬。卒年逾七十。《三国志》卷三八有传。逾城:谓翻越城墙。

③稽(qǐ起)服:拜服,敬服。

④薄:轻视;鄙薄。

⑤户说:挨家挨户地告谕、解说。语出《管子·水地》:"是以圣人之治于世也,不人告也,不户说也。"

⑥浮称:虚名。

⑦不礼:谓对许靖不加礼遇,即不加任用。

⑧眩:显示,夸耀。

⑨"追昔"句:据《史记·燕召公世家》,战国时期,燕国被齐国打败,燕昭王即位后,卑身厚币以招纳贤才,意图报仇雪耻。有一位叫郭隗的谋士对燕昭王说:"王必欲致士,先从隗始。况贤于隗者,岂远千里哉!"燕昭王听从了这一建议:"为隗改筑宫而师事之。乐毅自魏往,邹衍自齐往,剧辛自赵往,士争趋燕。"终于令燕国进入历史上最强盛的时期。

⑩乃厚待靖:裴注引孙盛曰:"夫礼贤崇德,为邦之要道,封墓式闾,先

王之令轨,故必以体行英邈,高义盖世,然后可以延视四海,振服群黎。苟非其人,道不虚行。靖处室则友于不穆,出身则受位非所,语信则夷险易心,论识则殆为虱首,安在其可宠先而有以感致者乎?若乃浮虚是崇,偷薄斯荣,则秉直仗义之士,将何以礼之?正务眩惑之术,违贵尚之风,譬之郭隗,非其伦矣。"又云:"臣松之以为郭隗非贤,犹以权计蒙宠,况文休名声风著,天下谓之英伟,虽末年有瑕,而事不彰彻,若不加礼,何以释远近之惑乎?法正以靖方隗,未为不当,而盛以封墓式闾为难,何其迂哉!然则燕昭亦非,岂唯刘翁?至于友于不穆,失由子将,寻蒋济之论,知非文休之尤。盛又讥其受位非所,将谓仕于董卓。卓初秉政,显擢贤俊,受其策爵者森然皆是。文休为选官。在卓未至之前,后迁中丞,不为超越。以此为贬,则荀爽、陈纪之俦皆应摈弃于世矣。"

⑪扬武将军:官名。东汉所置杂号将军,主征伐。

⑫都畿(jī基):国都及其行政官署所辖地区。这里谓成都。

⑬"一餐之德"三句:语出《史记·范雎列传》:"范雎于是散家财物,尽以报所尝困厄者。一饭之德必偿,睚眦之怨必报。"睚眦(yázì牙字),瞋目怒视;瞪眼看人。借指微小的怨恨。

⑭擅杀:未经批准而擅自诛杀。毁伤己者:即本传前文所谓"其州邑俱侨客者"。

⑮纵横:肆意横行,无所顾忌。

⑯威福:语出《尚书·周书·洪范》:"惟辟作福,惟辟作威。"唐孔颖达疏:"惟君作福得专赏人也,惟君作威得专罚人也。"原指统治者的赏罚之权,后多谓当权者妄自尊大,恃势弄权。

⑰公安:即公安县,三国蜀汉置,属南郡,治所在油口(今湖北公安西北十里)。后属吴。

⑱孙夫人:孙权之妹,嫁刘备,《三国志》称"孙夫人"。肘腋:胳膊肘与

胳肢窝,比喻切近之地。

⑲狼跋:比喻艰难窘迫。语出《诗经·豳风·狼跋》:"狼跋其胡,载疐其尾。"毛传:"跋,躐;疐,跲也。老狼有胡,进则躐其胡,退则跲其尾,进退有难,然而不失其猛。"

⑳辅翼:辅佐,辅助。

㉑翻然翱翔:喻指刘备迅速转变境况,自得自在。

㉒不可复制:谓刘备不再受制于人。

㉓妻(qì器):嫁给。

㉔衷心:内心,心中。凛凛(lǐnlǐn 廪廪):惊恐畏惧貌。

㉕雅:副词,素常,向来。爱信:喜爱信任。

㉖故言如此:裴注引孙盛曰:"夫威福自下,亡家害国之道,刑纵于宠,毁政乱理之源,安可以功臣而极其陵肆,嬖幸而藉其国柄者哉?故颠颉虽勤,不免违命之刑,杨干虽亲,犹加乱行之戮,夫岂不爱,王宪故也。诸葛氏之言,于是乎失政刑矣。"

二十二年①,正说先主曰:"曹操一举而降张鲁②,定汉中③,不因此势以图巴、蜀,而留夏侯渊、张郃屯守④,身遽北还⑤,此非其智不逮而力不足也,必将内有忧逼故耳⑥。今策渊、郃才略⑦,不胜国之将帅⑧,举众往讨,则必可克。克之之日,广农积谷,观衅伺隙⑨。上可以倾覆寇敌⑩,尊奖王室⑪;中可以蚕食雍、凉⑫,广拓境土;下可以固守要害,为持久之计。此盖天以与我,时不可失也。"先主善其策,乃率诸将进兵汉中,正亦从行。二十四年⑬,先主自阳平南渡沔水⑭,缘山稍前,于定军、兴势作营⑮。渊将兵来争其地。正曰:"可击矣。"先主命黄忠乘高鼓噪攻之⑯,大破渊军,渊等授首⑰。曹公西征⑱,闻正之策,曰:"吾故知玄德不办有此⑲,必为人所教也⑳。"

[注释]

①二十二年:即汉献帝建安二十二年(217)。

②降:降服,使驯服。

③汉中:即汉中郡,战国秦惠王更元十三年(前312)置,治所南郑县(今陕西汉中市东),因水为名,辖境相当于今陕西秦岭以南,留坝、勉县以东,乾祐河流域以及湖北郧县、保康以西,米仓山、大巴山以北地。东汉末为张鲁所据,改为汉宁郡。建安二十年(215)复改汉中郡。

④夏侯渊:字妙才(?~219),东汉谯(今安徽亳州市)人。夏侯惇族弟。东汉末随曹操起兵,作战勇猛,任征西将军,镇守汉中,被刘备所斩。详见本书所选《夏侯渊传》。张郃(hé禾):字儁乂(?~231),河间鄚县(今河北任丘北)人。原为袁绍部将,官渡之战中投降曹操。能征善战,有勇有谋,颇得曹操信任。曹丕代汉称帝后,封鄚侯,拜征西车骑将军。魏太和五年(231),与诸葛亮祁山交战,飞矢中右膝,伤重卒,谥壮侯。《三国志》卷一七有传。

⑤遽:仓促,匆忙。

⑥忧偪(bī逼):忧患侵迫。

⑦策:测度。才略:才能和谋略。

⑧不胜:无法承担,承受不了。

⑨观衅:窥伺敌人的间隙。《左传·宣公十二年》:"会闻用师,观衅而动。"唐陆德明释文引服虔曰:"衅,间也。"

⑩倾覆:颠覆,使灭亡。

⑪尊奖:尊崇辅助。王室:谓东汉朝廷。

⑫蚕食:蚕食桑叶,喻逐渐侵占。雍:即雍州,东汉兴平元年(194)分凉

州河西四郡置，治所姑臧县（今甘肃武威市），建安十八年（213），移治长安县（今陕西西安市西北），秦岭以北、弘农以西诸郡悉属雍州。三国魏时，辖境相当于今陕西关中平原、甘肃东南部、宁夏南部及青海黄河以南的一部分地。以后逐渐缩小。凉：即凉州，西汉武帝所置十三刺史部之一，东汉时治所陇县（今甘肃张家川回族自治县），辖境相当于今甘肃、宁夏、青海湟水流域，陕西定边、吴旗、凤县、略阳与内蒙古额济纳旗一带。三国魏黄初中移治姑臧县（今甘肃武威市）。

⑬二十四年：即汉献帝建安二十四年（219）。

⑭阳平：即阳平关，位于今陕西勉县西十里老城乡。沔（miǎn 免）水：北源出自今陕西留坝县西，一名沮水；西源出自今宁强县北。二源合流后通称汉水，故古代也作汉水的别称。

⑮定军：即定军山，位于今陕西勉县南。山势为东西走向。兴势：即兴势山，位于今陕西洋县东北二十里。亦曰兴势阪。山形如盆，外甚险，中有大谷。详见本书所选《先主传》。卢弼《三国志集解》卷三二认为"定军兴势"当作"定军山"，"势"字衍。兴势山在汉中郡东，与位于汉中郡西部的定军山有一定距离，当时为曹军所占据，刘备不可能到兴势山作营。

⑯黄忠：字汉升（？～220），南阳（今属河南）人。初为刘表部下中郎将，后随刘备入蜀，勇冠三军，拜讨虏将军，迁征西将军、后将军，赐爵关内侯。卒谥刚侯。《三国志》卷三六有传。鼓噪：喧嚷，起哄。

⑰授首：被杀。

⑱曹公西征：建安二十四年（219）三月，曹操率军西行至汉中，与刘备军相持月馀，退回长安。刘备遂据有汉中。

⑲不办：犹言不能。

⑳必为人所教也：裴注云："臣松之以为蜀与汉中，其由唇齿也。刘主之智，岂不及此？将计略未展，正先发之耳。夫听用嘉谋以成功业，霸王之

主,谁不皆然?魏武以为人所教,亦岂劣哉!此盖耻恨之馀辞,非测实之当言也。"

先主立为汉中王①,以正为尚书令、护军将军②。明年卒,时年四十五。先主为之流涕者累日。谥曰翼侯③。赐子邈爵关内侯④,官至奉车都尉、汉阳太守⑤。诸葛亮与正,虽好尚不同⑥,以公义相取⑦。亮每奇正智术。先主既即尊号⑧,将东征孙权以复关羽之耻⑨,群臣多谏,一不从⑩。章武二年⑪,大军败绩⑫,还住白帝⑬。亮叹曰:"法孝直若在,则能制主上,令不东行⑭;就复东行,必不倾危矣⑮。"

[注释]

①汉中王:汉献帝建安二十四年(219)七月,刘备自称汉中王。封国汉中郡,属益州。

②尚书令:官名。尚书台长官,属少府。东汉时独立,受命于皇帝或录尚书事的大臣,秩千石,三国时第三品。属官有尚书仆射、尚书等。护军将军:官名。西汉武帝元光二年(前133)置,属杂号将军;魏以后始为重号将军(两汉魏晋南北朝的常设高级将军),主武官选举。

③翼侯:《逸周书》卷六《谥法解》:"刚克为伐曰翼,思虑深远曰翼。"又曰:"执应八方曰侯。"

④关内侯:封爵名。汉代封爵二十级的第十九级,仅次于列侯,有俸禄而无封地。

⑤奉车都尉:官名。光禄勋属官,职掌皇帝乘坐之车马。秩比二千石,三国时为第六品。汉阳:即汉阳郡,东汉永平十七年(74)改天水郡置,治所冀县(今甘肃甘谷县东),辖境相当于今甘肃定西、陇西、礼县以东,静宁、庄

浪以西,黄河以南,嶓冢山以北地。清钱大昕《二十二史考异》卷一八:"汉阳即天水,三国属魏,更名天水,法邈盖遥领之。"

⑥好(hào 浩)尚:爱好和崇尚。

⑦公义:公正的义理。

⑧即尊号:蜀汉章武元年(221)四月,刘备在成都称帝,国号汉,史称蜀汉。

⑨关羽之耻:汉献帝建安二十四年(219)闰十月,孙权命吕蒙袭取荆州,关羽退保麦城,突围中被擒杀。

⑩一:副词,都,一概。

⑪章武二年:即公元222年。章武,蜀汉昭烈帝刘备的年号(221~223)。

⑫大军败绩:谓蜀汉军队溃败。

⑬白帝:即白帝城,东汉初公孙述筑,在今重庆奉节县瞿塘峡口长江北岸的白帝山顶,形势险要,三国时为蜀汉防吴之重镇。

⑭东行:谓刘备东征孙权。

⑮倾危:倾覆,倾侧危险。裴注云:"先主与曹公争,势有不便,宜退,而先主大怒不肯退,无敢谏者。矢下如雨,正乃往当先主前,先主云:'孝直避箭。'正曰:'明公亲当矢石,况小人乎?'先主乃曰:'孝直,吾与汝俱去。'遂退。"

评曰:庞统雅好人流①,经学思谋②,于时荆楚谓之高俊③。法正著见成败④,有奇画策算,然不以德素称也⑤。儗之魏臣⑥,统其荀彧之仲叔⑦,正其程、郭之俦俪邪⑧?

[注释]

①雅好:平素爱好。人流:谓评论人物。

②经学:以儒家经典为研究对象的学问。思谋:才思谋略。

③荆楚:荆为楚之旧号,略当古荆州地区,在今湖北、湖南一带。高俊:指才智过人者。

④著见:谓明确预见。

⑤德素:犹德性,德行。

⑥儗(nǐ 拟):比拟。

⑦荀彧(yù 玉):字文若(163~212),颍川颍阴(今河南许昌)人。初依附袁绍,后转投曹操,成为其帐下主要谋士。后因受曹操猜忌,服毒死。详见本书所选《荀彧传》。仲叔:犹伯仲。评论人的才能时,比喻不相上下。古人常以伯、仲、叔、季作为兄弟的排行。

⑧程:即程昱(yù 玉),字仲德(141~220),东郡东阿(今山东阳谷东北)人。曹操帐下重要谋士,建安六年(201)仓亭之战中,他向曹操献"十面埋伏"之计,大破袁绍军。曹丕代汉后,程昱任卫尉,封安乡侯。《三国志》卷一〇有传。郭:即郭嘉(170~207),字奉孝,东汉颍川阳翟(今河南禹州)人。经同郡人荀彧推荐,归于曹操,以多谋善断深得曹操信任。在官渡之战与北征乌丸谋划中都起过重要作用。身体多病,卒于从征乌丸途中,年仅三十八岁。《三国志》卷一〇有传。俦俪(chóulì 筹丽):同类的人物。

[译文]

法正字孝直,是右扶风郿县人。祖父法真,有高洁的节操与很好的名望。汉献帝建安(196~220)初年,天下发生大饥荒,法正与同郡人孟达一同入蜀投奔益州牧刘璋,很久以后被任命为新都县令,以后又被刘璋召回任军议校尉。法正既得不到信任重用,又遭到与他一起迁居益州的同乡人的毁谤,认为他品行不端,因而意愿得不到满足。益州别驾张松与法正交好,揣度刘璋不可能有所作为,经常暗自叹息。张松在荆州会见曹操后回益州,劝说刘璋与曹操断绝关系而主动与刘备结交。刘璋问:"谁可以充任使者?"张松于是举荐法正,法正推辞,最终迫不得已前往刘备处。法正返回益州后,对张松称誉刘备有非凡的谋略,秘密商议共同谋划,愿意一同拥戴尊奉刘备,苦于没有遇到机会。以后因刘璋听说曹操准备派遣将领征讨汉中郡的张鲁而心生恐惧,张松于是劝说刘璋应当迎接刘备入蜀,请他去讨伐张鲁,又指派法正遵奉命令前往。法正向刘备宣布刘璋的意旨后,私下向刘备献策说:"凭借将军您的英武之才,可以制服益州牧刘璋的懦弱;张松,是益州的左右辅佐之臣,可作为内应;然后凭借益州的繁盛富足,依恃土地肥沃、物产富饶之域,守住险要阻塞之地,用来成就帝王大业,易如反掌。"刘备赞成法正的建议,沿长江西上益州,与刘璋在涪县会见。此后刘备北至葭萌县,不久即南下进攻刘璋。

郑度向刘璋进言说:"左将军刘备孤军深入袭击我军,他的兵力不足万人,军心也不稳定,从当地民间筹集军粮,没有随军运载的军用器械、粮秣等。因此最适宜的办法是将巴西郡、梓潼郡的百姓全部迁徙至涪水以西一带,将两郡仓库中的粮食与物资以及田野中生长的庄稼,一律全部焚毁,筑起高的壁垒,掘下深的壕沟,用以固守,静待刘备军队的到来。他们来到后,如果求战,我们就坚守不迎战,他们长久得不到补给,不出百天,就必将自行撤兵。那时我军追击他们,就会将刘备擒杀。"刘备闻知后很畏惧,询问法正。法正说:"刘璋最终不会用此计策,没有什么可忧虑的。"刘璋果然如同法正所预料的那样,他对其手下说:"我只听说过抗击敌人以安定百姓,没有听说通过迁徙百姓以躲避敌军。"于是罢退了郑度,没有采纳他的计策。

等到刘备的军队围攻雒城,法正致信与刘璋说:

我法正接受委任又缺乏办法,令刘将军与您双方的友好盟誓遭到损毁,因惧怕您不明白事情的原委,必定全归罪于我,令我终身蒙受耻辱,也会使您受到影响,所以舍身在外,不敢回来复命。害怕您厌恶我的声音,因而这段时间也不敢写信向您致敬,眷顾想念旧时您对我的相知,我遥望成都不免惆怅悲伤。然而考虑事发前后都曾向您表白我的至诚之心,从始至终,不敢有所隐瞒,如果说心意表达不够充分,只怪我愚钝而不明事理又缺乏谋略,真诚之心不能产生感应,终于走到今天这一步。如今益州局势已然危险,灾祸就要降临,我虽然被弃逐在外,进言也将遭到憎恨怪罪,却仍然极力欲将心中所想说出,贡献我对于您最后的忠诚。将军您的本心,法正我是知晓的,确实是真情挚意不愿与刘将军失和啊,但最终造成这一结局的原因,或许是您不熟悉英雄行事的路数,以为可以不履行诺言,而用馈送财礼的办法即可招致、笼络英雄人物,在时间流逝中追求合乎心意,听着舒服以及愉悦眼目,看着怡情的生活,下属附和奉承,顺从迎合,没有深谋远虑地为益州前途打算。在白水关守将的变故发生以后,您又不衡量双方军力的强弱,认为刘将军从距离遥远之地孤军深入,粮草不足,打算以多击少,并且长期对抗。而刘将军从白水关至雒城,沿途的城池都被攻破,您巡行益州的住所以及在益州各地的营垒,已经逐渐衰败零落。您在雒城的守军虽有万人之多,但都是曾经吃过败仗的残兵剩将,如果想在短时间的速决战中取胜,那么以您的现有军力,确实难与刘将军抗衡。如果您准备在两军相持时计算致胜关键的粮草多寡,如今刘将军一方营垒已经巩固,粮草已经贮备充足,而将军您的地盘日益缩小,百姓日益困乏,所面对的敌人日渐增多,粮草也因路途遥远而匮乏不继。以愚下估算,将军您一方的粮草储备必先用光,将不能再持续下去了。如果仅如此守城,相持不下,您也难以忍受,况且如今张飞统率数万兵马已经平定巴东郡,已进军入犍为郡境,又分兵平定资中县与德阳县。张飞、赵云、诸葛亮三路大军并进,您将用什么方法抵御刘将军的进攻?原本为将军您出谋划策的人,必然以为刘将军孤军深入缺乏粮草,后方供给运输来不及,兵员减少而无后继。如今与荆州的道路已经打通,军力增长数十倍,加之车骑将军孙权派遣他的弟弟以及大将李异、甘宁等率领军队作为后援。如果计较战争双方的优劣形势,以所占据的地盘加以比较,如今刘将军一方已经完全攻占巴东郡,广汉、犍为两郡,攻占一半的大局已定,巴西一郡,也不再属于将军您所有了。算来您所仰仗的地盘只有蜀郡一地了,而蜀郡也遭到破坏,三分之二的土地已不属于将军您管辖,官吏、百姓都疲劳困乏,想作乱的十家中就有八家,如果敌军在远处,百姓就不能忍受劳役驱使,敌军出现在近处,百姓就会迅速归顺了。广汉郡各县的归降刘将军,就是明显的例证。此外,鱼复县与白水关,实际上就是关系到益州祸福命运的两道大门,如今这两道大门全被打开,坚固的城池皆被攻克,将军您的各路军队都已被击溃,士兵将领所剩无多,而刘将军的军队数路并进,已经进入益州心腹之地。将军您只坐守成都、雒城,生存还是覆灭的形势,已经十分明显可见。这还仅是从外部所见的大概情况,至于事物的原委本末,难以用言辞完全说清楚。以法正我如此愚昧之人,犹知道将军您坚守成都,想再重新控制益州全境的企图全无希望,何况将军您手下那些明智有谋略的人,难道还看不到此事结局的必然性吗?只不过他们从早到晚苟且侥幸,取悦讨好您,不考虑长远的大计,没有人肯于尽心献上好的计策而已。如果事情发展至尽头,情况紧迫,将领们各自求得生路,只为保全自己家庭,变化无常,毫无操守,与原本死守成都的计划背道而驰,不会不惜以死保卫将军您了,而将军您的一门老小就会大祸临头了。法正我虽然会受到不忠诚的诽谤,然而我内心认为并没有辜负将军您的恩德,不过从情义而言,实在私下里为您感到痛心。刘将军诱杀杨怀、高沛，又进攻成都以来，对于将军您仍保持原有的思慕怀念之心，确实并非薄于情义。下愚我认为您完全可以改变抵抗策略，以保全您的一家老小。

汉献帝建安十九年(214)，刘备进军包围成都，刘璋所署蜀郡太守许靖准备翻越城墙投降刘备，因事被发觉，没有成功。刘璋因为成都已处于危亡之际，就没有诛杀许靖。刘璋拜服刘备以后，刘备因此事鄙薄许靖的为人而不加任用。法正劝导刘备说："天下有徒得虚名而并无实际才能的人，许靖就是这样的人。然而如今主公您刚开始创立基业，天下之人不可以挨家挨户地告谕、解说，许靖的虚名，已经四海流传播扬，如果对他不加礼遇任用，天下人就会认为主公您不尊重贤才。应当对许靖敬重，以向远近人夸耀，追慕效法从前燕昭王厚待郭隗的办法。"刘备于是就厚待许靖。刘备任命法正为蜀郡太守、扬武将军，在外管理京城事务，在内仍充当刘备的主要谋臣。法正上任后，对于曾经给予自己点滴恩惠的人，对于与自己有微小怨恨的人，没有不分别进行报答与报复的，还擅自诛杀了几个曾经诋毁自己的人。有人对诸葛亮说："法正在蜀郡肆意横行，无所顾忌，将军您应当启奏主公，压制一下他妄自尊大、恃势弄权的威风。"诸葛亮回答说："主公驻守荆州的公安县时，北面畏惧曹操的强势军队，东面忌惮孙权势力的威逼，身边则害怕孙夫人在切近之地制造变故；在那个时候，主公艰难窘迫，进退两难，而法孝直作为主公的辅佐，令主公迅速转变境况，自得自在，不再受制于人了，如何能禁止法正令他不得任意行事呢！"起初，孙权将自己的妹妹嫁与刘备为妻，她才智敏捷，性格刚强勇猛，具有她几位兄长的风度，侍奉她的婢女有百馀人，都亲自执刀在旁侍立，刘备每次进入内室，内心常常惊恐畏惧；诸葛亮又知道刘备素常喜爱信任法正，所以这样回答。

汉献帝建安二十二年(217)，法正劝刘备说："曹操一举而降服张鲁，平定了汉中，却没有乘势进兵攻取巴郡、蜀郡，而是留下夏侯渊、张郃镇守汉中，自己仓促回归北方，这并不是曹操的智慧与力量不够，而是其内部发生忧患侵迫的缘故。如今测度夏侯渊与张郃的才能和谋略，无法承担一国将帅的重任，我们出动全军前往征讨，必然可以取胜。攻占汉中以后，扩大农耕，积蓄粮食，窥伺敌人的间隙，等待时机。上等结果可以使敌寇灭亡，尊崇辅助朝廷；中等结果可以逐渐侵占雍州、凉州地盘，开拓我们的疆土；下等结果可以固守险要之地，以作长远的打算。这是上天赐予我们的良机，千万不要错过。"刘备赞同法正的计策，于是率领诸多将领进军汉中，法正也跟随前往。建安二十四年（219），刘备从阳平关南渡沔水，沿着山势逐渐前行，在定军山扎营结寨。夏侯渊领兵来争夺其地。法正向刘备进言："可以出击了。"刘备命令黄忠居高临下在喧嚷中进攻，将魏军打得大败，夏侯渊被斩首。曹操亲自领兵西征汉中，闻知法正的计谋，说："我就知道刘备不会有这样的计谋，想必是他人的指教。"

刘备自立为汉中王，任命法正为尚书令、护军将军。第二年，法正去世，时年四十五岁。刘备为此一连几天痛哭流涕。赐法正谥号翼侯。赐其子法邈进爵关内侯，官至奉车都尉、汉阳太守。诸葛亮与法正，两人虽然爱好和崇尚有所不同，但都能以公正的义理相处。诸葛亮对于法正的才智与计谋很赏识。刘备即皇帝位后，即将东征孙权以报复关羽被东吴擒杀的耻辱，朝中群臣大多进谏劝阻，刘备一概不听。蜀汉昭烈帝章武二年（222），刘备的大军东征失败，退至白帝城。诸葛亮叹息说："如果法孝直在世，就能劝阻主上，不进行东征孙权，即使东征，也不会有倾侧危险。"

评论说：庞统平素爱好评论人物，所具有的以儒家经典为研究对象的学问以及才思谋略，在当时荆州一带属于才智过人者。法正能够明确预见事物的成败，有出奇制胜的计谋与策划，然而不能以德行著称于世。如果用曹魏的臣属来比拟,庞统与荀彧难分上下,法正就与程昱、郭嘉二人属于同类的人物了。

马良传

附马谡

[题解]

传见《三国志》卷三九《蜀书九》。马良(187~222),字季常,襄阳郡宜城县(治今湖北宜城市东南)人。马谡(190~228),字幼常,马良之弟。兄弟二人仕蜀,前者战死疆场,后者失败后被诛,皆未能寿终正寝,属于马氏家族的悲剧。马良文才卓著,陈寿特意将其《与诸葛亮书》《为诸葛亮与吴主书》载录于本传,并借此得以传世。两文皆不甚长,堪称短小精悍,但言简意赅,用典得体,皆非一蹴而就者。至于本传所引乡谚,"白眉"二字已成为后世文言习用词汇。但若从对后世的广泛影响而论,马谡的名声似更大一些,罗贯中《三国志通俗演义》中诸葛亮挥泪斩马谡的描写,动人心魄;京剧《失街亭》《空城计》《斩马谡》,所谓"失空斩"更加脍炙人口。马谡"言过其实"的夸夸其谈,同战国时期赵国将军赵括的"纸上谈兵"一样,皆成为后世人的反面教材。

马良字季常,襄阳宜城人也①。兄弟五人,并有才名,乡里为之谚曰:"马氏五常②,白眉最良。"良眉中有白毛,故以称之。先主领荆州③,辟为从事④。及先主入蜀,诸葛亮亦从后往⑤,良留荆州,与亮书曰:"闻雒城已拔⑥,此天祚也⑦。尊兄应期赞世⑧,配业光国⑨,魄兆见矣⑩。夫变用雅虑⑪,审贵垂明⑫,于以简才⑬,宜适其时⑭。若乃和光悦远⑮,迈德天壤⑯,使时闲于听⑰,世服于道⑱,齐高妙之音⑲,正郑、卫之声⑳,并利于事,无相夺伦㉑,此乃管弦之至㉒,牙、旷之调也㉓。虽非钟期,敢不击节㉔!"先主辟良为左将军掾㉕。

[注释]

① 襄阳:即襄阳郡,东汉建安十三年(208)置,治所襄阳县(今湖北襄阳市汉水南襄阳城),辖境相当于今湖北襄阳、襄阳、宜城、远安等市县地。宜城:即宜城县,西汉惠帝三年(前192)改鄢县置,属南郡,治所在今湖北宜城市东南十五里楚皇城遗址。东汉改为宜城侯国,三国魏复为宜城县,属襄阳郡。

② 五常:马氏兄弟五人,表字皆有"常"字,故称。

③ 先主:谓刘备(161~223),字玄德,蜀汉昭烈帝,史称先主。详见本书所选《先主传》。领:谓兼任。荆州:这里主要指荆州的江南四郡。赤壁战后,刘备占据荆州江南四郡:武陵、长沙、零陵、桂阳。荆州中部的江夏郡与南郡为孙权所控制。荆州北部的南阳郡为曹操所据守。

④ 辟(bì 必):征召。从事:官名。汉以后三公及州郡长官皆自辟僚属,多以从事为称。

⑤ 诸葛亮:字孔明(181~234),琅邪阳都(今山东沂南南)人。蜀汉杰出的政治家、军事家。蜀汉章武元年(221),刘备称帝,以他为丞相。详见本书所选《诸葛亮传》。

⑥ 雒(luò 洛)城:即雒县,西汉高帝时置,属广汉郡,治所在今四川广汉市。汉献帝初平中(190~192)徙益州治此(后徙治成都)。汉献帝建安十九年(214)夏,刘备攻占雒城,进围成都。

⑦ 天祚(zuò 坐):上天赐福。语出《左传·宣公三年》:"天祚明德,有所底止。"

⑧应(yìng硬)期:顺应时机。曹植《制命宗圣侯孔羡奉家祀碑》:"於赫四圣,运世应期。"赞世:辅佐治理天下。

⑨配业:谓与前贤功业相配。光国:谓为国争光。

⑩魄兆:征兆、先兆。语出《国语·晋语三》:"公子重耳其入乎,其魄兆于民矣。"三国吴韦昭注:"魄,形也。兆,见也。"裴注云:"臣松之以为良盖与亮结为兄弟,或相与有亲;亮年长,良故呼亮为尊兄耳。"

⑪变用雅虑:谓随机应变须有高明谋略。

⑫审贵垂明:谓审时度势就要观察入微。

⑬于以:因此,是以。简才:选择贤才。

⑭宜适其时:谓行事须切合时宜。

⑮和光:谓才华内蕴,不露锋芒。语出《老子》:"和其光,同其尘。"悦远:使远方悦服。语本《论语·子路》:"近者悦,远者来。"

⑯迈德:谓勉力树德。语出《尚书·虞夏书·大禹谟》:"皋陶迈种德。"天壤:天地,天地之间。

⑰时闲于听:谓时时以道德规范治理家国。闲,法度,界限。多指礼义道德规范。语本《论语·子张》:"大德不逾闲,小德出入可也。"三国魏何晏集解引孔安国曰:"闲,犹法也。"听,审察;断决;治理。《周礼·秋官·小司寇》:"以五声听狱讼,求民情:一曰辞听,二曰色听,三曰气听,四曰耳听,五曰目听。"

⑱世服于道:谓令世风以道德为本。

⑲齐:陈列,并排。

⑳郑卫之声:古人认为春秋时期郑国与卫国之俗轻靡淫逸,其音乐皆靡靡之音。《礼记·乐记》:"郑卫之音,乱世之音也"

㉑夺伦:失其伦次。《尚书·虞夏书·舜典》:"八音克谐,无相夺伦。"孔传:"伦,理也。八音能谐,理不错夺。"

马良传

㉒管弦之至:喻指音乐的最高境界。

㉓牙旷之调:喻指美妙的音乐。牙旷,伯牙和师旷的并称。二人皆春秋时著名音乐高手。

㉔"虽非钟期"二句:谓人生知音难遇。钟期,即钟子期,春秋时楚人,伯牙鼓琴,意在高山流水,钟子期听而知之。子期死,伯牙谓世无知音,乃破琴绝弦,终身不复鼓琴。事见《吕氏春秋·本味》《淮南子·修务训》。击节:打拍子。形容十分赞赏。

㉕左将军掾(yuàn 院):即刘备左将军府的"掾属",掾属即佐治的官吏。汉代自三公至郡县,都有掾属。人员由主官自选,不由朝廷任命。

后遣使吴,良谓亮曰:"今衔国命①,协穆二家②,幸为良介于孙将军③。"亮曰:"君试自为文。"良即为草曰:"寡君遣掾马良通聘继好④,以绍昆吾、豕韦之勋⑤。其人吉士⑥,荆楚之令⑦,鲜于造次之华⑧,而有克终之美⑨,愿降心存纳⑩,以慰将命⑪。"权敬待之。

[注释]

①衔:领受。国命:指朝廷命官。

②协穆:同"协睦",即和睦。二家:谓孙、刘两家政权。

③幸:希望,期望。介:居间沟通。孙将军:即孙权(182~252),字仲谋,孙坚次子,吴郡富春(今浙江富阳)人。吴国建立者,即吴大帝。时孙权任讨虏将军。详见本书所选《吴主传》。

④寡君:古代臣下对别国谦称本国国君。通聘:互相遣使交好。

⑤绍:承继。昆吾:夏商之间部落名,己姓。初封于濮阳(今河南濮阳市),夏衰,昆吾为夏伯,迁于旧许(今河南许昌),后为商汤所灭。豕韦:即

豕韦氏,古部落名,彭姓。为商汤所灭。故地在今河南滑县。勋:功勋;功劳。全句以辅佐夏朝的两个部落名称,喻指孙、刘两家势力辅助汉朝,使其免于覆亡,言简意赅,用典得体。

⑥吉士:犹贤人。

⑦荆楚之令:意谓荆州的精英。荆楚,荆为楚之旧号,略当古荆州地区,在今湖北、湖南一带。令,善,美好。

⑧鲜(xiǎn险)于造次之华:谓缺乏能言善辩的才华。鲜,少。造次,指善辩。

⑨克终之美:谓把事情最后阶段的工作做完做好。

⑩降心:平抑心气。存纳:容纳,接纳。

⑪将命:奉命。宋司马光《资治通鉴》卷一三九:"凡使人以和为贵,勿迭相矜夸,见于辞色,失将命之体也。"元胡三省注:"奉命而行,谓之将命。"

先主称尊号①,以良为侍中②。及东征吴③,遣良入武陵招纳五溪蛮夷④,蛮夷渠帅皆受印号⑤,咸如意指⑥。会先主败绩于夷陵⑦,良亦遇害。先主拜良子秉为骑都尉⑧。

[注释]

①先主称尊号:蜀汉章武元年(221)四月,刘备在成都称帝,国号汉,史称蜀汉。

②侍中:官名。秦始置,两汉沿置,为正规官职外的加官之一。因侍从皇帝左右,出入宫廷,与闻朝政,逐渐变为亲信贵重之职。汉末三国演变为实职。

③东征吴:蜀汉章武元年(221)七月,刘备为报关羽被东吴擒杀之恨,

率军东征孙权。

④武陵：即武陵郡，汉高帝改黔中郡置，治所义陵县（今湖南溆浦县南）。辖境相当于今湖南沅江流域以西，贵州东部及广西龙胜各族自治县，四川秀山土家族苗族自治县，湖北鹤峰、来凤、长阳土家族自治县、五峰土家族自治县等地。东汉移治临沅县（今湖南常德市）。五溪：古辰州境五条水的总名，皆属于沅水支流。北魏郦道元《水经注·沅水》："武陵有五溪，谓雄溪、樠溪、无溪、酉溪、辰溪其一焉。夹溪悉是蛮左所居，故谓此蛮五溪蛮也。"蛮夷：古代对四方边远地区少数民族的泛称。这里专指南方少数民族。

⑤渠帅：首领。旧时统治阶级称武装反抗者的首领或部落酋长。印号：官印和官号。

⑥意指：通"意旨"，谓意之所在。

⑦败绩：指军队溃败。《尚书·商书·汤誓》："夏师败绩，汤遂从之。"孔传："大崩曰败绩。"夷陵：即夷陵县，西汉置，属南郡，为都尉治，治所在今湖北宜昌市东南长江北岸。

⑧骑都尉：官名。光禄勋属官，统率皇宫禁卫军中的羽林骑士，秩比二千石。

良弟谡①，字幼常，以荆州从事随先主入蜀，除绵竹、成都令②，越嶲太守③。才器过人④，好论军计⑤，丞相诸葛亮深加器异⑥。先主临薨谓亮曰⑦："马谡言过其实，不可大用，君其察之！"亮犹谓不然，以谡为参军⑧，每引见谈论，自昼达夜⑨。

[注释]

①良弟谡（sù 素）：即马谡（190～228），字幼常，马良之弟。

②除:拜官,授职。绵竹:即绵竹县,西汉置,属广汉郡,治所在今四川德阳市北黄许镇。成都:即成都县,战国秦惠王二十七年(前311)于蜀国都城成都置,为蜀郡治,治所在今四川成都市。东汉时兼为益州治,三国蜀汉建都于此。

③越巂(xí席):即越巂郡,西汉元鼎六年(前111)以邛都国地置,治所邛都县(今四川西昌市东南五里)。辖境相当于今云南丽江纳西族自治县以东,金沙江以西,祥云、大姚以北和四川木里、石棉、甘洛、雷波以南地区。东汉末属益州。三国蜀汉建兴初寄治安上县(今四川屏山县西新乡镇),辖境缩小,不包括今云南部分。延熙二年(239)还治邛都县。

④才器:才能和器局。

⑤军计:军事计谋。

⑥器异:犹器重,看重。

⑦薨(hōng轰):死的别称。自周代始,人之死亡,有尊卑之分,"薨"以称诸侯之死。《礼记·曲礼下》:"天子死曰崩,诸侯曰薨,大夫曰卒,士曰不禄,庶人曰死。"陈寿仕晋,晋之天下由曹魏而来,故不能以蜀汉为正统,昭烈帝刘备卒于蜀汉章武三年(223)四月,其死不能称"崩",只能以诸侯之礼称"薨"。

⑧参军:官名。三国时,太尉、丞相、常设将军等所置属官,其职为参谋军事。

⑨自昼达夜:裴注引《襄阳记》曰:"建兴三年,亮征南中,谡送之数十里。亮曰:'虽共谋之历年,今可更惠良规。'谡对曰:'南中恃其险远,不服久矣,虽今日破之,明日复反耳。今公方倾国北伐以事强贼。彼知官势内虚,其叛亦速。若殄尽遗类以除后患,既非仁者之情,且又不可仓卒也。夫用兵之道,攻心为上,攻城为下,心战为上,兵战为下,愿公服其心而已。'亮纳其策,赦孟获以服南方。故终亮之世,南方不敢复反。"

建兴六年①,亮出军向祁山②,时有宿将魏延、吴壹等③,论者皆言以为宜令为先锋④,而亮违众拔谡⑤,统大众在前,与魏将张郃战于街亭⑥,为郃所破⑦,士卒离散。亮进无所据,退军还汉中⑧。谡下狱物故⑨,亮为之流涕。良死时年三十六,谡年三十九⑩。

[注释]

①建兴六年:即公元228年。建兴,蜀汉后主第一个年号(223~237)。

②祁山:山脉名。位于今甘肃礼县东四十里祁山乡。

③宿将:久经战阵的将领。魏延:字文长(?~234),义阳(治今河南桐柏东)人。原为荆州牧刘表部将,后归顺刘备,勇猛善战。刘备称汉中王,以魏延为汉中太守。刘备称帝后,拜镇北将军,仍守汉中,迁为前军师、征西大将军,假节,晋封南郑侯。蜀建兴十二年(234)诸葛亮死,因私怨与杨仪相攻,部众以其理屈,皆散,故被杀。详见本书所选《魏延传》。吴壹:字子远(?~237),又作"吴懿",东汉陈留(治今河南开封东南)人。以其妹嫁与刘璋之兄刘瑁,故为婚亲。后归顺刘备,官至车骑将军,假节,领幽州刺史,封济阳侯。

④先锋:战时率领先头部队迎敌的将领。

⑤违众:违背多数。

⑥张郃(hé禾):字儁乂(?~231),河间鄚县(今河北任丘北)人。原为袁绍部将,官渡之战中投降曹操。能征善战,有勇有谋,颇得曹操信任。曹丕代汉称帝后,封鄚侯,拜征西车骑将军。魏太和五年(231),与诸葛亮祁山交战,飞矢中右膝,伤重卒,谥壮侯。《三国志》卷一七有传。街亭:又作"街泉亭",在今甘肃张家川回族自治县西北。或谓在今甘肃天水市东南

的街子镇。

⑦为郃所破：《三国志·张郃传》："加郃位特进，遣督诸军，拒亮将马谡于街亭。谡依阻南山，不下据城。郃绝其汲道，击，大破之。"《三国志·王平传》："建兴六年，属参军马谡先锋。谡舍水上山，举措烦扰，平连规谏谡，谡不能用，大败于街亭。"

⑧汉中：即汉中郡，战国秦惠王更元十三年（前312）置，治所南郑县（今陕西汉中市东），因水为名，辖境相当于今陕西秦岭以南，留坝、勉县以东，乾祐河流域以及湖北郧县、保康以西，米仓山、大巴山以北地。东汉末为张鲁所据，改为汉宁郡。建安二十年（215）复改汉中郡。

⑨物故：死亡。《汉书·苏武传》："前以降及物故，凡随武还者九人。"唐颜师古注："物故谓死也，言其同于鬼物而故也。一说，不欲斥言，但云其所服用之物皆已故耳。"按《三国志·诸葛亮传》："亮拔西县千馀家，还于汉中，戮谡以谢众。"《三国志·王平传》："丞相亮既诛马谡及将军张休、李盛，夺将军黄袭等兵，平特见崇显，加拜参军。"显然，马谡被军法从事，本传言"物故"，记述龃龉，有违体例。

⑩谡年三十九：裴注引《襄阳记》曰："谡临终与亮书曰：'明公视谡犹子，谡视明公犹父，愿深惟殛鲧兴禹之义，使平生之交不亏于此，谡虽死无恨于黄壤也。'于时十万之众为之垂涕。亮自临祭，待其遗孤若平生。蒋琬后诣汉中，谓亮曰：'昔楚杀得臣，然后文公喜可知也。天下未定而戮智计之士，岂不惜乎！'亮流涕曰：'孙武所以能制胜于天下者，用法明也。是以杨干乱法，魏绛戮其仆。四海分裂，兵交方始，若复废法，何用讨贼邪！'"又引习凿齿曰："诸葛亮之不能兼上国也，岂不宜哉！夫晋人规林父之后济，故废法而收功；楚成闇得臣之益己，故杀之以重败。今蜀僻陋一方，才少上国，而杀其俊杰，退收驽下之用，明法胜才，不师三败之道，将以成业，不亦难乎！且先主诫谡之不可大用，岂不谓其非才也？亮受诫而不获奉承，明谡之难废

马良传 | 1101

也。为天下宰匠,欲大收物之力,而不量才节任,随器付业;知之大过,则违明主之诫,裁之失中,即杀有益之人,难乎其可与言智者也。"

[译文]

马良字季常,是襄阳郡宜城县人。马良兄弟共有五人,都以才学而著名,乡里人为他们编成谚语说:"马家五子表字皆带'常',白眉毛的更优良。"马良的眉毛中有白毛,所以人们用"白眉"称呼他。刘备兼任荆州牧,征召马良担任州府的从事。刘备进入益州,诸葛亮也随后入蜀,马良留驻荆州,致信诸葛亮说:"闻知雒城已经攻克,此乃上天赐福。尊兄您顺应时机辅佐治理天下,与前贤功业相配,为国争光,征兆已经显现了。随机应变须有高明谋略,审时度势就要观察入微,因此选择贤才,行事须切合时宜。如果才华内蕴,不露锋芒,并能使远方悦服,勉力树德于天地之间,时时以道德规范治理家国,令世风以道德为本,如同让高雅美妙的音乐一同奏响,对轻靡淫逸的靡靡之音加以纠正,促使各项政事顺利执行,并且彼此不失其伦次,这就如同达到了音乐的最高境界,是春秋时伯牙和师旷方能演奏出的美妙乐曲。我即使不是钟子期那样的知音,听此音乐也要击节赞赏不已!"刘备征召马良为左将军掾。

此后,马良被派遣出使东吴,就对诸葛亮说:"如今领受朝廷命官,以使刘、孙两家政权和睦相处,请您向孙将军介绍一下我马良。"诸葛亮说:"请您自行起草吧。"马良就以诸葛亮的口气写道:"本国国君派遣左将军掾马良与贵国互相遣使交好,以继承辅佐夏朝的两个部落昆吾与豕韦的功勋。此人为贤人,是荆州的精英,缺乏能言善辩的才华,却可以把事情最后阶段的工作做完做好,希望您平抑心气加以接纳,使其奉命而行得以完成。"孙权以恭敬的态度接待了马良。

刘备即帝位后,任命马良为侍中。及至征讨东吴时,派遣马良进入武陵郡去接纳居住在五溪的少数民族势力，他们的首领接受了蜀汉政权的官印和官号，一切都如刘备先前所预料的。适值刘备在夷陵溃败，马良也被杀害。刘备任命马良的儿子马秉为骑都尉。

马良的弟弟马谡，字幼常，以荆州从事的身份随从刘备入蜀，先后授职绵竹县与成都县县令、越巂郡太守。才能和器局超过常人，喜好议论军事计谋，丞相诸葛亮对他深为器重。刘备临终时曾对诸葛亮说："马谡此人言过其实，不可大用，您要仔细考察！"诸葛亮还认为马谡并非如此，任命马谡为参军，每次召见马谡谈论，从白天一直到深夜不休息。

蜀汉后主建兴六年(228)，诸葛亮率军出征祁山，当时有久经战阵的将领魏延、吴壹等，议论的人都认为应当从他们之中选任先锋，而诸葛亮却违背多数人的意见，提拔马谡为先锋，统领大军在前，与魏国的将领张郃在街亭交战，被张郃攻破，手下士卒逃散而去。诸葛亮进军失去了依据，就率军撤退回到汉中。马谡下狱后死亡，诸葛亮为此流泪。马良死时三十六岁，马谡死时三十九岁。

魏延传

[题解]

传见《三国志》卷四〇《蜀书十》。魏延(？～234)，义阳郡(治今河南信阳西北)人。原为刘备部曲，属于亲信将领，后跟随刘备入蜀，以战功历任牙门将军、镇远将军、汉中太守，进镇北将军，迁前军师征西大将军，假节，进封南郑侯。他为蜀汉政权立下汗马功劳，封爵县侯，比大名鼎鼎、生前仅拜亭侯的赵云的战功还要卓著。可惜因晚节有亏，致令死后还要被夷三族，下场悲惨，其有勇无谋且目空一切、骄矜自大的性格因素不能忽视。罗贯中的《三国志通俗演义》叙写诸葛亮早期即识其脑后有"反骨"，料定魏延日后必反，属于文学虚构手法的运用，与真实的历史相距较远，不足为据。杨仪作为蜀汉文职官员，其褊狭的性格也是酿成蜀汉政权这杯苦酒的重要因素，他最终也没有如愿以偿地在蜀汉执掌大权，而是以自杀谢幕，同属于一场悲剧。魏延在诸葛亮去世后，至少自认为其在蜀汉官场的上升空间可进一步得到开拓，若投降曹魏政权，并不能得到更好的位置，谓其生叛逆之心并无逻辑上的必然，20世纪80年代中已经有不少学者对这一问题进行过探讨，这里不再赘言。诸葛亮不听从魏延分兵出子午谷进袭长安之计，令后者郁郁不得志，也使魏延的偏激性格得到发展的空间，诸葛亮御将不得法，也自难以辞其咎。也许以"性格即命运"解释魏延的悲剧最能说明问题。

魏延字文长，义阳人也①。以部曲随先主入蜀②，数有战功，迁牙门将军③。先主为汉中王④,迁治成都⑤,当得重将以镇汉川⑥,众论以为必在张飞⑦,飞亦以心自许⑧。先主乃拔延为督汉中镇远将军⑨,领汉中太守,一军尽惊。先主大会群臣,问延曰:"今委卿以重任,卿居之欲云何⑩?"延对曰:"若曹操举天下而来⑪,请为大王拒之;偏将十万之众至⑫,请为大王吞之。"先主称善,众咸壮其言。先主践尊号⑬,进拜镇北将军⑭。建兴元年⑮,封都亭侯⑯。五年⑰,诸葛亮驻汉中⑱,更以延为督前部⑲,领丞相司马、凉州刺史⑳。八年㉑,使延西入羌中㉒,魏后将军费瑶、雍州刺史郭淮与延战于阳谿㉓,延大破淮等,迁为前军师、征西大将军㉔,假节㉕,进封南郑侯㉖。

[注释]

①义阳:即义阳县,三国魏文帝置,为义阳郡治,治所在今河南信阳西北。或谓即义阳郡,亦三国魏文帝置,属荆州,治所安昌县(今湖北枣阳市南)。陈寿当以三国魏乃至晋以后之行政区划替代东汉时期地名,故易生混淆。

②部曲:这里谓古代豪门大族的私人军队,带有人身依附性质。

③牙门将军:即牙门将,三国时设置的将军名,第五品。

④先主:谓刘备(161~223),字玄德,蜀汉昭烈帝,史称先主。详见本书所选《先主传》。汉中王:刘备封爵名。封国汉中郡,属益州。汉献帝建安二十四年(219)七月,刘备自称汉中王。

⑤成都:即成都县,战国秦惠王二十七年(前311)于蜀国都城成都置,为蜀郡治,治所在今四川成都市。东汉时兼为益州治,三国蜀汉建都于此。

⑥重将:主管辎重的将领。一说,持重的将领。《汉书·高惠高后文功臣表》:"(南安严侯宣虎)以重将破臧荼,侯,九百户。"唐颜师古注:"重将

者,主将领辎重也。一曰持重之将也。"汉川:即汉中平原,位于汉中郡沔阳(今陕西勉县)至城固(今属陕西)一带。

⑦张飞:字益德(?~221),涿郡(治今河北涿州)人。蜀汉大将。详见本书所选《张飞传》。

⑧自许:自夸,自我评价。

⑨汉中:即汉中郡,战国秦惠王更元十三年(前312)置,治所南郑县(今陕西汉中市东),因水为名,辖境相当于今陕西秦岭以南,留坝、勉县以东,乾祐河流域以及湖北郧县、保康以西,米仓山、大巴山以北地。东汉末为张鲁所据,改为汉宁郡。建安二十年(215)复改汉中郡。镇远将军:三国蜀汉临时因事所置杂号将军名。

⑩云何:如何,怎么办。

⑪曹操:字孟德(155~220),小字阿瞒,魏立国后追谥魏武帝,谯(今安徽亳州市)人。详见本书所选《武帝纪》。举天下而来:意谓全部出动。

⑫偏将:副将。《史记·郦生陆贾列传》:"使一偏将将十万众临越,则越杀王降汉,如反覆手耳。"

⑬践尊号:蜀汉章武元年(221)四月,刘备在成都称帝,国号汉,史称蜀汉。

⑭镇北将军:东汉末所置将军名,为镇东、镇西、镇南、镇北等"四镇"将军之一,职掌征战讨伐,属于杂号将军,位在左将军等常设将军之下。三国时成为常设将军,官位上升为第二品,次于"四征"将军。

⑮建兴元年:即公元223年。建兴,蜀汉后主第一个年号(223~237)。

⑯都亭侯:封爵名,属于列侯中的亭侯。都亭,都邑中的传舍。亭,秦汉时乡以下、里以上的行政机构。此封爵即以都邑中一亭为其食邑。

⑰五年:即建兴五年(227)。

⑱诸葛亮:字孔明(181~234),琅邪阳都(今山东沂南南)人。蜀汉杰

出的政治家、军事家。蜀汉章武元年(221),刘备称帝,以他为丞相。详见本书所选《诸葛亮传》。

⑲督前部:官名。蜀汉诸葛亮所设置军队的分部指挥官。诸葛亮《公文上尚书》,除著录"督前部"外,尚有"督后部""督左部"。

⑳丞相司马:官名。蜀汉诸葛亮丞相府负责军事的属官。宋司马光《资治通鉴》卷七一"丞相司马魏延曰",元胡三省注:"汉丞相有长史而无司马,是时用兵,故置司马。"凉州:西汉武帝所置十三刺史部之一,东汉时治所陇县(今甘肃张家川回族自治县),辖境相当于今甘肃、宁夏、青海湟水流域,陕西定边、吴旗、凤县、略阳与内蒙古额济纳旗一带。三国魏黄初中移治姑臧县(今甘肃武威市)。

㉑八年:即蜀汉后主建兴八年(230)。

㉒羌中:秦汉时指羌族居住的地区,即今青海、西藏及四川西北部、甘肃西南部地区。

㉓后将军费瑶:三国魏将领,生平不详。后将军:东汉时常设的前、后、左、右四将军之一,位次九卿,开府治事,有属官。雍州刺史郭淮:字伯济(?~255),东汉太原阳曲(今山西太原)人。建安中举孝廉,历官雍州刺史、征西将军,封阳曲侯,迁车骑将军、仪同三司。魏高贵乡公正元二年(255)卒,追赠大将军,谥贞侯。《三国志》卷二六有传。雍州,东汉兴平元年(194)分凉州河西四郡置,治所姑臧县(今甘肃武威市),建安十八年(213)移治长安县(今陕西西安市西北)。秦岭以北、弘农以西诸郡系属雍州。三国魏时,辖境相当于今陕西关中平原、甘肃东南部、宁夏南部及青海黄河以南一部分地,以后辖境逐渐缩小。

㉔阳谿:地名。在今甘肃渭源县东北。一说在武山县西南。

㉕前军师:官名。三国时,丞相府置中、前、后、左、右等多种称号的军师,以中军师居首,军师祭酒为尊。征西大将军:官名。汉末三国时所置将

军名,由征西将军中资历深且尊贵者担任。与征西将军品秩相同,均为二千石,第二品。

㉖假节:东汉末至三国,掌地方军政的官往往加使持节、持节或假节的称号。使持节得诛杀中级以下官吏;持节得杀无官职的人;假节得杀犯军令者。

㉗南郑侯:封爵名,属列侯中的县侯,食邑南郑县。南郑县,战国秦置,为汉中郡治,治所在今陕西汉中市东二里。

延每随亮出,辄欲请兵万人①,与亮异道会于潼关②,如韩信故事③,亮制而不许④。延常谓亮为怯⑤,叹恨己才用之不尽⑥。延既善养士卒⑦,勇猛过人,又性矜高⑧,当时皆避下之⑨。唯杨仪不假借延⑩,延以为至忿,有如水火。十二年⑪,亮出北谷口⑫,延为前锋。出亮营十里,延梦头上生角,以问占梦赵直⑬,直诈延曰⑭:"夫麒麟有角而不用⑮,此不战而贼欲自破之象也。"退而告人曰:"角之为字,刀下用也;头上用刀,其凶甚矣。"

[注释]

①辄:副词,每每,总是。

②异道:谓不同的路线。潼关:汉代所置关隘名,地属司隶州弘农郡华阴县,当今陕西、山西、河南三省交界处,为入关中之正道要隘处。故址在今陕西潼关县东北港口镇东南四里杨家庄附近。

③韩信故事:据《汉书·韩信传》,韩信被刘邦登坛拜将后,先安定河东,又派人请求刘邦分兵三万人,扫清北、东、南三面的敌对势力,再向西与刘邦会师荥阳,以定天下。刘邦接受了韩信的建议,最终打败项羽,建立了

汉朝。

④制：禁止。

⑤怯(qiè 窃)：胆小，懦弱。

⑥用之不尽：使用不完，形容非常丰富。裴注引《魏略》曰："夏侯楙为安西将军，镇长安，亮于南郑与群下计议，延曰：'闻夏侯楙少，主婿也，怯而无谋。今假延精兵五千，负粮五千，直从褒中出，循秦岭而东，当子午而北，不过十日可到长安。楙闻延奄至，必乘船逃走。长安中惟有御史、京兆太守耳，横门邸阁与散民之谷足周食也。比东方相合聚，尚二十许日，而公从斜谷来，必足以达。如此，则一举而咸阳以西可定矣。'亮以为此县危，不如安从坦道，可以平取陇右，十全必克而无虞，故不用延计。"

⑦养：役使。

⑧矜高：高傲自大。

⑨避下：躲避退让。

⑩杨仪：字威公(？~235)，襄阳(今湖北襄阳)人。建安中为荆州刺史傅群主簿，后投靠襄阳太守关羽，并受到刘备赏识，历任左将军兵曹掾、尚书、弘农太守。后随诸葛亮入汉中，历任长史，加绥军将军，显露才干，但性格狷狭。诸葛亮卒后，杨仪领军还成都，诛杀魏延。蒋琬后来居上，任尚书令、益州刺史，引起杨仪怨恨，最终被废为民，徙汉嘉郡，自杀而亡。《三国志》卷四○有传。假借：宽假，宽容。

⑪十二年：即蜀汉后主建兴十二年(234)。

⑫北谷口：即褒斜(yé 爷)道的北口，位于今陕西眉县西南。

⑬占梦：指以圆梦为职的人。《周礼·春官·占梦》："占梦掌其岁时，观天地之会，辨阴阳之气，以日月星辰占六梦之吉凶。"赵直：三国蜀汉占梦的术士。生平不详。

⑭诈：欺骗。

⑮麒麟:古代传说中的一种动物。形状像鹿,头上有角,全身有鳞甲,尾像牛尾。古人以为仁兽、瑞兽,拿它象征祥瑞。

秋,亮病困①,密与长史杨仪、司马费祎、护军姜维等②,作身殁之后退军节度③,令延断后④,姜维次之;若延或不从命,军便自发。亮适卒,秘不发丧⑤,仪令祎往揣延意指⑥。延曰:"丞相虽亡,吾自见在⑦。府亲官属便可将丧还葬⑧,吾自当率诸军击贼,云何以一人死废天下之事邪?且魏延何人,当为杨仪所部勒⑨,作断后将乎!"因与祎共作行留部分⑩,令祎手书与己连名,告下诸将。祎绐延曰⑪:"当为君还解杨长史⑫,长史文吏,稀更军事⑬,必不违命也。"祎出门驰马而去,延寻悔,追之已不及矣。延遣人觇仪等⑭,遂使欲案亮成规⑮,诸营相次引军还⑯。延大怒,搀仪未发⑰,率所领径先南归,所过烧绝阁道⑱。延、仪各相表叛逆⑲,一日之中,羽檄交至⑳。后主以问侍中董允、留府长史蒋琬㉑,琬、允咸保仪疑延。仪等槎山通道㉒,昼夜兼行,亦继延后。延先至,据南谷口㉓,遣兵逆击仪等㉔,仪等令何平在前御延㉕。平叱延先登曰㉖:"公亡,身尚未寒,汝辈何敢乃尔㉗!"延士众知曲在延㉘,莫为用命,军皆散。延独与其子数人逃亡,奔汉中。仪遣马岱追斩之㉙,致首于仪,仪起自踏之,曰:"庸奴㉚!复能作恶不?"遂夷延三族㉛。初,蒋琬率宿卫诸营赴难北行㉜,行数十里,延死问至㉝,乃旋。原延意不北降魏而南还者㉞,但欲除杀仪等。平日诸将素不同㉟,冀时论必当以代亮㊱。本指如此㊲。不便背叛㊳。

[注释]

①病困:犹言病笃,即病势沉重。

②长(zhǎng掌)史:官名。东汉三国时,三公及常设将军等所置属官,其职责为总理各曹事务,辅佐三公及将军。司马费祎(yī伊):字文伟(?~253),江夏鄳县(治今河南信阳东北)人。初为太子舍人,迁黄门侍郎、侍中,后继蒋琬执政,任大将军,录尚书事。延熙十六年(253)正月,为魏降人郭修刺死。司马,当谓丞相司马,诸葛亮丞相府负责军事的属官。护军姜维:字伯约(202~264),天水冀县(今甘肃甘谷东)人。原为魏国中郎,参天水郡军事,后降蜀,历任征西将军、辅汉将军、大将军,封平襄侯。蜀亡后,诈降魏将钟会,欲借机复国,事败被杀。详见本书所选《姜维传》。护军,官名。东汉末、三国时设置,后改名中护军。职掌禁兵,主武官选举。第四品,有属官,同前护军。

③节度:调度,指挥。

④断后:谓军队撤退时派一部分人在后面掩护。

⑤发丧(sāng桑):办理丧事。

⑥揣(chuǎi踹上声):探求,试探。意指:通"意旨",谓意之所在。

⑦见(xiàn现)在:尚存,现今存在。

⑧府亲官属:谓丞相府属官眷属等。

⑨部勒:部署,约束。

⑩行留:谓还师成都与驻留汉中者。部分:部署,安排。

⑪绐(dài代):欺诈。

⑫解:解释,讲解。

⑬稀更军事:谓较少经历有关军旅或战争之事。

⑭觇(chān搀):窥视,侦察。

⑮成规:前人制定的规章制度。亦指老规矩,老办法。

⑯相次:依为次第,相继。

⑰搀(chān产阴平):抢先。

⑱阁道:栈道。古代在险绝处傍山架木而成的一种道路。

⑲表叛逆:谓向后主刘禅上表诬告对方叛变。

⑳羽檄(xí席):古代军事文书,插鸟羽以示紧急,必须迅速传递。

㉑后主:即刘禅(shàn善),字公嗣(207~271),小字阿斗,涿郡涿县(今河北涿州市)人,刘备子。蜀汉章武元年(221)刘备称帝后,立为太子。章武三年(223)四月,刘备卒,五月刘禅嗣位,由丞相诸葛亮辅政。亮卒,蒋琬、费祎相继辅政。在位后期,朝政日益腐败,蜀炎兴元年(263),魏大将邓艾进逼成都,刘禅出降,蜀汉亡。次年赴洛阳,被封安乐公。《三国志》卷三三有传。侍中董允:字修昭(?~246),南郡枝江(治今湖北枝江东北)人,董和之子。仕蜀汉,历任黄门侍郎、侍中,守尚书令,为大将军费祎副贰。《三国志》卷三九有传。侍中,官名。秦始置,两汉沿置,为正规官职外的加官之一。因侍从皇帝左右,出入宫廷,与闻朝政,逐渐变为亲信贵重之职。汉末三国演变为实职。长史蒋琬:字公琰(?~246),零陵湘乡(今属湖南)人。初为诸葛亮属下书记,后历任丞相参军、丞相长史。诸葛亮去世后,历任尚书令,迁大将军,录尚书事,加大司马。为人沉静稳重,治国有方。详见本书所选《蒋琬传》。长(zhǎng掌)史,官名。东汉三国时,三公及常设将军等所置属官,其职责为总理各曹事务,辅佐三公及将军。蒋琬是留守丞相府的长史。

㉒槎(zhà诈)山:谓劈山开路。槎,斫,斜砍。

㉓南谷口:即褒谷南口,位于今陕西汉中市西北。

㉔逆击:犹迎击。

㉕何平:即王平(?~248),字子均,巴西宕渠(今四川渠县东北)人。初养于外家何氏,故初名何平,后复姓王。原为曹操部将,随征汉中时投降刘备,被任牙门将、禅将军,后屡立战功,进位讨寇将军,封亭侯,官至前监军、镇北大将军。《三国志》卷四三有传。御:抗拒,抵挡。

㉖先登:谓何平先于众人而登,即冲在前。

㉗乃尔:犹言如此。

㉘曲(qū屈):理屈,理亏。

㉙马岱:蜀汉将领(生卒年不详),右扶风茂陵(今陕西兴平东北)人,马超从弟。历任平北将军,封陈仓侯。事见《三国志》卷三六《马超传》。

㉚庸奴:见识浅陋之人。含有鄙夷之意。

㉛夷:诛灭。三族:一般指父族、母族、妻族这三族。

㉜赴难:谓前去解决因诸葛亮去世而产生的危机。

㉝死问:死亡的消息。

㉞原:推究,探讨。

㉟不同:不和。

㊱冀:企图,非分地谋求。时论:当时的舆论。

㊲本指:即"本旨",原意。

㊳不便:不适宜。裴注引《魏略》曰:"诸葛亮病,谓延等云:'我之死后,但谨自守,慎勿复来也。'令延摄行己事,密持丧去。延遂匿之,行至褒口,乃发丧。亮长史杨仪宿与延不和,见延摄行军事,惧为所害,乃张言延欲举众北附,遂率其众攻延。延本无此心,不战军走,追而杀之。"又云:"臣松之以为:此盖敌国传闻之言,不得与本传争审。"

[译文]

魏延字文长,是义阳郡人。以部曲的身份随刘备入蜀,多次立有战功,升迁为牙门将军。刘备自立为汉中王,将治所迁至成都,应当选择一员持重的将领镇守汉川,众人议论以为必选任张飞,张飞心中也认为是自己。刘备却提拔魏延为统领汉中军事的镇远将军,兼任汉中郡太守,全军对此项任命都感到惊讶。刘备召集群臣聚会,问魏延说:"如今委派你当此重任,你打算怎么办?"魏延回答说:"如果曹操统领天下的军队入侵汉中,我将为大王抵挡住他们;如果他的副将率领十万军队前来,我将为大王歼灭他们。"刘备听后加以赞赏,众人也都觉得魏延的话雄壮有力。刘备称帝,升迁魏延为镇北将军。蜀汉后主建兴元年(223),进封魏延为都亭侯。建兴五年(227),诸葛亮驻军汉中,进一步任命魏延为督前部,兼任丞相府司马、凉州刺史。建兴八年(230),指令魏延向西进军羌族居住的地区,魏后将军费瑶、雍州刺史郭淮与魏延在阳谿交战,魏延将郭淮等打得大败,被升迁为前军师征西大将军,假节,进封南郑侯。

魏延每次随从诸葛亮出征,总是请求单独领兵万人,与诸葛亮分别从不同路线进军至潼关会师,就如同从前韩信与高祖刘邦分兵再会师荥阳的故事,诸葛亮一向抑制他不加应允。魏延经常抱怨诸葛亮胆小懦弱,为自己的才能难以充分施展而感叹怅恨。魏延善于役使士卒,勇猛过人,加之高傲自大,当时的人都有意避让他。只有杨仪对魏延不加宽容,魏延对杨仪极为愤恨,两人关系如同水火一样不相容。建兴十二年(234),诸葛亮出兵褒斜道的北口,以魏延为先锋。魏延距离诸葛亮的大营十里,夜间梦到自己头上生角,就向占梦人赵直请教,赵直欺骗魏延说:"麒麟头上有角而不使用,这是敌军不战而自破的预兆。"但他退下之后又告诉他人说:"角这个字,上面是把刀,下面一个用字;头上用刀,可是特别凶险的兆头。"

这一年的秋天,诸葛亮病势沉重,秘密与长史杨仪、司马费祎、护军姜维等布置自己亡故之后的撤军调度安排,指令魏延在后面掩护大军,姜维领军在魏延的前方;如果魏延不服从命令,全军可自行出发向汉中后撤。诸葛亮去世后,全军封锁消息,不为诸葛亮办理丧事,杨仪就让费祎前往探询魏延的态度。魏延说:"丞相虽然病故,还有我魏延在。丞相府属官眷属等可护送丞相的灵柩回去安葬,我自己要统率诸军去进攻贼寇,怎能因为一人去世而影响征讨贼寇的天下大事呢?况且我魏延是何等人,怎么能听从杨仪的部署,当掩护大军撤退的将领呢!"随即与费祎一起商议全军还师成都与驻留汉中部署安排,并令费祎亲自书写结果并与自己共同署名,向下面的诸将宣布。费祎欺诳魏延说:"我应当回去为您向杨长史解释清楚,他是文官,较少经历有关军旅或战争之事,肯定不会违抗您的命令。"于是费祎出门骑马奔驰而去,不久,魏延就后悔了,追赶费祎已经来不及了。魏延派人侦察杨仪等的动向,得知杨仪等即将按照诸葛亮生前制定的规章制度,各营军队按次序相继撤还。魏延大怒,抢先在杨仪等未出发前,统率本部人马径直向南撤退,沿途将栈道完全焚毁。魏延、杨仪各自向后主刘禅上表诬告对方叛变,一天之内,插鸟羽以示紧急的军事文书交相传到朝廷。后主刘禅就此事询问侍中董允、丞相府的留守长史蒋琬,两人都保证杨仪忠诚朝廷而怀疑魏延有变。杨仪等劈山开路,昼夜不停地行军,紧跟在魏延的后面。魏延先到,占据控制了褒谷南口,派兵迎击杨仪等,杨仪等命令何平在前抵挡魏延。何平冲上前叱责魏延说:"丞相去世,尸骨未寒,你们怎么敢这样干!"魏延的部下士卒知道理亏的一方是魏延,没有人听从魏延的命令,军队士卒都逃散了。魏延独与他的儿子等数人逃往汉中。杨仪派遣马岱追上斩杀魏延,将其首级献上,杨仪起立亲自用脚踩踏魏延的头颅,说:"见识浅陋的奴才,还能再作恶吗!"于是诛灭了魏延的三族。起初,蒋琬统领京城的各营禁卫军北上解决因诸葛亮去世而产生的危机,行军数十里后,魏延已死的消息传来,于是回归。推究魏延的本意,他没有向北投降曹魏而是向南撤回,只不过想除掉杨仪等人而已。平日间各将领素来不和,魏延企图利用当时的舆论推举自己代替诸葛亮的位置。魏延原意就是如此,说他背叛蜀汉是不适宜的。

蒋琬传

附**蒋斌、蒋显、刘敏**

[题解]

传见《三国志》卷四四《蜀书十四》。蒋琬(？~246)，字公琰，零陵郡湘乡县(今湖南湘乡市)人。以荆州牧官署佐吏书佐的身份，跟随刘备入蜀，历任参军、长史，加抚军将军。诸葛亮卒后，历官尚书令，加行都护，假节，领益州刺史，迁大将军，录尚书事，封安阳亭侯。为人稳重，治事井井有条，是诸葛亮后稳定蜀汉政权的重要人物。三国时代的蜀汉政权，其疆域与曹魏政权无法相比，人才也远不如中原地带繁盛。诸葛亮"出师未捷身先死"，身后人才短缺，还发生了魏延与杨仪的内讧事件，堪称雪上加霜。清初王夫之《读通鉴论》卷一〇有云："曹操又能用人而尽其才，人争归之，蜀所得收罗以为己用者，江、湘、巴、蜀之士耳。楚之士轻，蜀之士躁，虽若费祎、蒋琬之誉动当时，而能如钟繇、杜畿、崔琰、陈群、高柔、贾逵、陈矫者，亡有也。"这一说法实事求是，自属不刊之论。蒋琬就是诸葛亮之后蜀汉政权的"压舱石"，他能够守住蜀汉基业十馀年，又顺利将权力过渡到费祎、姜维手中，也算是非同小可的政治家了，能享盛名于后世，绝非虚誉。

蒋琬字公琰，零陵湘乡人也①。弱冠与外弟泉陵刘敏俱知名②。琬以州书佐随先主入蜀③，除广都长④。先主尝因游观奄至广都⑤，见琬众事不理，时又沉醉，先主大怒，将加罪戮⑥。军师将军诸葛亮请曰⑦:"蒋琬,社稷之器⑧,非百里之才也⑨。其为政以安民为本,不以修饰为先⑩,愿主公重加察之⑪。"先主雅敬亮⑫,乃不加罪,仓卒但免官而已⑬。琬见推之后⑭,夜梦有一牛头在门前,流血滂沱⑮,意甚恶之⑯,呼问占梦赵直⑰。直曰:"夫见血者,事分明也。牛角及鼻,'公'字之象,君位必当至公⑱,大吉之征也。"顷之,为什邡令⑲。先主为汉中王⑳,琬入为尚书郎㉑。建兴元年㉒,丞相亮开府㉓,辟琬为东曹掾㉔。举茂才㉕,琬固让刘邕、阴化、庞延、廖淳㉖,亮教答曰㉗:"思惟背亲舍德㉘,以殄百姓㉙,众人既不隐于心㉚,实又使远近不解其义,是以君宜显其功举㉛,以明此选之清重也㉜。"迁为参军㉝。五年㉞,亮住汉中㉟,琬与长史张裔统留府事㊱。八年㊲,代裔为长史,加抚军将军㊳。亮数外出,琬常足食足兵以相供给。亮每言:"公琰托志忠雅㊴,当与吾共赞王业者也㊵。"密表后主曰㊶:"臣若不幸,后事宜以付琬。"

[注释]

①零陵:即零陵郡,西汉元鼎六年(前111)分桂阳郡置,治所零陵县(今广西全州西南),辖境相当于今湖南邵阳市、衡阳县以南,永州市、宁远县以西,武冈市和广西桂林市以东,阳朔县和湖南道县以北地,东汉移治泉陵县(今湖南永州市北二里)。三国后辖境缩小。湘乡:即湘乡县,本西汉长沙国湘南县湘乡,西汉哀帝建平四年(前3)封长沙王(鲁人)子昌为湘乡侯,改属零陵郡。东汉为县,仍属零陵郡,治所即今湖南湘乡市。三国吴属衡阳郡。

②弱冠:古时以男子二十岁为成人,初加冠,因体犹未壮,故称弱冠。《礼记·曲礼上》:"二十曰弱,冠。"后遂称男子二十岁或二十几岁的年龄为弱冠。外弟:表弟,亦通谓姑舅兄弟。泉陵刘敏:蜀汉将军(生卒年不详),

蒋琬传 | 1117

历任左护军、扬威将军,封云亭侯。本传后附小传。泉陵,即泉陵县,东汉改泉陵侯国为县,为零陵郡治,治所在今湖南永州市北二里。

③州书佐:荆州牧官署佐吏。书佐,州郡县及王府佐吏。汉制,公府阁下及诸曹置令史,郡县则置为书佐,分掌阁下及诸曹文书缮写起草诸事,多以通晓文墨律令者充任,或置数员,皆冠以曹名,省称书佐。司隶及诸州亦置都官书佐、功曹书佐、簿曹书佐、典郡书佐等,分别协助从事参掌文书。先主:谓刘备(161~223),字玄德,蜀汉昭烈帝,史称先主。详见本书所选《先主传》。蜀:即蜀郡,周赧王元年(前314)秦惠王置,治所成都县(今四川成都市),西汉辖境相当于今四川松潘以南,北川、彭县、洪雅以西、峨边、石棉以北,邛崃山、大渡河以东,以及大渡河与雅砻江之间、康定以南、冕宁以北地。东汉辖境缩小。

④除:拜官,授职。广都:即广都县,西汉元朔二年(前127)置,属蜀郡,治所在今四川双流县中东和镇。长:即县长,汉制,万户以上县的长官称县令,万户以下县的长官称县长。

⑤游观:犹游览。奄(yǎn 演):忽然,骤然。

⑥罪戮(lù 录):罪诛。

⑦军师将军诸葛亮:字孔明(181~234),琅邪阳都(今山东沂南南)人。蜀汉杰出的政治家、军事家。蜀汉章武元年(221),刘备称帝,以他为丞相。详见本书所选《诸葛亮传》。军师将军,官名。阶位高于军师中郎将。宋司马光撰《资治通鉴》卷六五"备以诸葛亮为军师中郎将",元胡三省注:"军师,亦古将军号。曹操初置军师祭酒,而备置军师中郎将,皆以一时军事创置官名也。然军师祭酒止决军谋,中郎将则有兵柄。亮后又进军师将军。"

⑧社稷之器:谓能够辅佐帝王之业的人才。社稷,古代帝王、诸侯所祭的土神和谷神。社,土神;稷,谷神。

⑨百里之才:即"百里才",谓治理一县的人才。古时一县辖地约百里,

因以百里为县的代称。

⑩修饰:这里谓讲究外表、形式。引申指矫饰造情以取悦于人。

⑪主公:臣下对君主的称呼。

⑫雅:副词,素常,向来。

⑬仓卒(cù cù):亦作"仓猝"。匆忙急迫。

⑭见推:谓被推究、追查。

⑮滂沱:这里形容血等流得多。

⑯恶(wù务):畏惧。

⑰占梦:指以圆梦为职的人。《周礼·春官·占梦》:"占梦掌其岁时,观天地之会,辨阴阳之气,以日月星辰占六梦之吉凶。"赵直:三国蜀汉占梦的术士。生平不详。

⑱公:古代的最高官阶,三公九卿的简称。

⑲什邡(fāng方):即什邡县,东汉改汁方县置,属广汉郡,治所在今四川什邡县。

⑳汉中王:建安二十四年(219)七月,刘备自称汉中王。封国汉中郡,属益州。

㉑尚书郎:官名。尚书令的属吏,初去尚书台任事者称尚书郎。每一尚书分管一曹,每曹下有尚书郎、侍郎六人,秩四百石。

㉒建兴元年:即公元223年。建兴,蜀汉后主第一个年号(223~237)。

㉓开府:古代指高级官员(如三公、大将军、将军等)成立府署,选置僚属。诸葛亮是蜀汉丞相,故可开府。

㉔辟(bì必):征召。东曹掾(yuàn院):官名。太尉、丞相的属官,有东、西曹之分,长官正职称掾,副职称属。东曹掾负责选拔推举丞相的吏员。

㉕茂才:即秀才,汉时开始与孝廉并为举士的科名。东汉时避光武帝讳改称"茂才"。

蒋琬传 | 1119

㉖刘邕:字南和(生卒年不详),义阳(今河南新野)人。随刘备入蜀,历官江阳太守。后主建兴间(223~237),累迁至监军后将军,封关内侯。阴化:蜀汉官吏,生平不详。庞延:蜀汉官吏,生平不详。廖淳:即廖化,本名淳,字元俭(?~264),襄阳(治今湖北襄阳)人。初为关羽主簿,羽败后归吴,不久逃归蜀汉,历任宜都太守、丞相参军。蜀亡后,徙洛阳途中病卒。《三国志》卷四五有传。

㉗教:文体的一种。为官府或长上的告谕。

㉘思惟:思量。背亲舍德:谓背离亲友,舍弃德行。

㉙殄(tiǎn 舔):疲敝。以上两句从反面说明选才重视人伦德行的重要性。"背亲舍德",或注为:"谓离去家乡故旧。"或注为:"背离亲近的,舍弃有德的。指不推举蒋琬。蒋琬是诸葛亮丞相府的下属,属于关系近的人。""殄",前者注为:"殄:通腆,善也。"后者则注为:"腆百姓,消除人们的闲话。"可参考。

㉚隐:即"隐心",审度,忖度。

㉛功举:谓因功而被举荐。

㉜清重:犹清贵。

㉝参军:官名。三国时,太尉、丞相、常设将军等所置属官,其职为参谋军事。

㉞五年:即蜀汉后主建兴五年(227)。

㉟汉中:即汉中郡,战国秦惠王更元十三年(前312)置,治所南郑县(今陕西汉中市东),因水为名,辖境相当于今陕西秦岭以南,留坝、勉县以东,乾祐河流域以及湖北郧县、保康以西,米仓山、大巴山以北地。东汉末为张鲁所据,改为汉宁郡。建安二十年(215)复改汉中郡。

㊱长(zhǎng 掌)史张裔:字君嗣(?~230),蜀郡成都(今属四川)人。历任偏将军、长史,领丞相府事。治《公羊春秋》。《三国志》卷四一有传。

长史,官名。东汉三国时,三公及常设将军等所置属官,其职责为总理各曹事务,辅佐三公及将军。统留府事:谓主持丞相府留守诸曹事务。

㊲八年:即蜀汉后主建兴八年(230)。

㊳抚军将军:官名。蜀汉设置杂号将军。

㊴托志:寄托情志。忠雅:忠正高雅。

㊵赞:辅助。

㊶后主:即刘禅(shàn善),字公嗣(207~271),小字阿斗,涿郡涿县(今河北涿州市)人,刘备子。蜀汉章武元年(221)刘备称帝后,立为太子。章武三年(223)四月,刘备卒,五月刘禅嗣位,由丞相诸葛亮辅政。亮卒,蒋琬、费祎相继辅政。在位后期,朝政日益腐败,蜀炎兴元年(263),魏大将邓艾进逼成都,刘禅出降,蜀汉亡。次年赴洛阳,被封安乐公。《三国志》卷三三有传。

亮卒,以琬为尚书令①,俄而加行都护②,假节③,领益州刺史④,迁大将军⑤,录尚书事⑥,封安阳亭侯⑦。时新丧元帅,远近危悚⑧。琬出类拔萃⑨,处群僚之右⑩,既无戚容⑪,又无喜色,神守举止⑫,有如平日,由是众望渐服,延熙元年⑬,诏琬曰:"寇难未弭⑭,曹叡骄凶⑮,辽东三郡苦其暴虐⑯,遂相纠结⑰,与之离隔。叡大兴众役,还相攻伐。曩秦之亡,胜、广首难⑱,今有此变,斯乃天时。君其治严⑲,总帅诸军屯住汉中,须吴举动⑳,东西掎角㉑,以乘其衅㉒。"又命琬开府,明年就加为大司马㉓。

[注释]

①尚书令:官名。尚书台长官,属少府。东汉时独立,受命于皇帝或录

尚书事的大臣,秩千石,三国时第三品。属官有尚书仆射、尚书等。

②行:代理。都护:即都护将军,东汉光武帝时始置,掌领兵征伐,事毕即罢。东汉末,有督护诸将之意,位在一般将军之上。

③假节:东汉末至三国,掌地方军政的官往往加使持节、持节或假节的称号。使持节得诛杀中级以下官吏,持节得杀无官职的人,假节得杀犯军令者。

④益州:西汉元封五年(前106)置,为十三刺史部之一。公孙述改为司隶校尉,东汉复为益州,治所雒县(今四川广汉市北),兴平中移治成都(今属四川),辖郡、国十二,县一百一十八。辖境相当于今四川、云南、贵州大部以及陕西、甘肃、湖北乃至越南的一小部分。

⑤大将军:将军的最高称号,执掌统兵征伐。东汉大将军多由贵戚担任,是中央政府的实际掌权者,权位、俸禄皆超越三公。三国时为第一品。

⑥录尚书事:官名。又称领尚书事、平尚书事,意即总揽尚书台事务。属于东汉与三国的最高文职称号。

⑦安阳亭侯:封爵名,属列侯中的亭侯,食邑安阳县下某亭。安阳县,西汉置,属汉中郡,治今陕西洋县北,三国魏移治今陕西石泉县东南。

⑧危悚(sǒng耸):谓忧虑恐惧。

⑨出类拔萃:谓卓越出众,不同一般。语出《孟子·公孙丑上》:"圣人之于民,亦类也。出于其类,拔乎其萃,自生民以来,未有盛于孔子也。"拔,超出;类,同类;萃,原为草丛生的样子,引申指同类丛聚。

⑩右:古代崇右,故以右为上,为贵,为高。

⑪戚容:忧伤的面色。

⑫神守:犹神情。

⑬延熙元年:即公元238年。延熙,蜀汉后主刘禅的第二个年号(238~257)。

⑭寇难:谓篡夺汉献帝地位的曹魏政权。弭(mǐ米):止息。

⑮曹叡(ruì瑞):魏文帝曹丕长子(205~239),母甄氏。魏文帝黄初七年(226)即位,魏明帝景初三年(239)卒,在位十四年。庙号烈祖,谥号明皇帝,葬高平陵。《三国志》卷三有纪。骄凶:傲慢凶狠。

⑯辽东三郡:谓辽东、乐浪、玄菟三郡,建安间,公孙康析乐浪郡南部为带方郡,故当时辽东实为四郡。据《三国志·公孙度传》,魏明帝太和二年(228)以后,四郡为辽东太守公孙渊所掌控。魏明帝景初元年(237),公孙渊起兵反魏,自立为燕王,设置百官有司。第二年八月为司马懿讨平。

⑰纠结:缠绕连结。这里谓辽东公孙氏与曹魏政权的妥协与冲突。

⑱"曩(nǎng囊上声)秦之亡"二句:意谓从前秦朝的覆亡,就是从陈胜、吴广的发难起事开始的。曩,从前。首难,首先发难起事。《史记·项羽本纪论》:"夫秦失其政,陈涉首难,豪杰蜂起,相与并争,不可胜数。"

⑲治严:整理行装。汉代避汉明帝刘庄讳,以"装"与"庄"同声,改"装"为"严",后世沿用。

⑳须:等待。举动:谓吴讨伐曹魏的军事行动。

㉑掎(jǐ挤)角:谓分兵牵制或夹击敌人。语本《左传·襄公十四年》:"譬如捕鹿,晋人角之,诸戎掎之,与晋踣之。"唐孔颖达疏:"角之谓执其角也;掎之言戾其足也。"

㉒乘衅:谓利用机会,趁空子。

㉓大司马:官名。汉武帝置,东汉初改称太尉。为全国最高军事长官。

东曹掾杨戏素性简略①,琬与言论,时不应答。或欲构戏于琬曰②:"公与戏语而不见应,戏之慢上,不亦甚乎!"琬曰:"人心不同,各如其面;面从后言③,古人之所诫也。戏欲赞吾是耶,则非其本心;

欲反吾言,则显吾之非。是以默然,是戏之快也④。"又督农杨敏曾毁琬曰⑤:"作事愦愦⑥,诚非及前人。"或以白琬,主者请推治敏⑦,琬曰:"吾实不如前人,无可推也。"主者重据⑧,听不推则乞问其愦愦之状⑨。琬曰:"苟其不如,则事不当理⑩,事不当理,则愦愦矣。复何问邪?"后敏坐事系狱⑪,众人犹惧其必死,琬心无适莫⑫,得免重罪。其好恶存道⑬,皆此类也。

[注释]

①杨戏:字文然(?~261),犍为郡武阳(今四川彭山)人,仕蜀汉,任督军从事、丞相府主簿。后受蒋琬器重,历官东曹掾、南中郎参军,领建宁太守、梓潼太守、射声校尉。为人疏阔简略,忠诚宽厚,因酒后对姜维不敬而被免为庶人。著有《季汉辅臣赞》。《三国志》卷四五有传。素性:本性。简略:疏阔。即粗略,不周密。

②构:诬陷。

③面从后言:谓当面表示赞同,背后又加非议。

④快:爽快。

⑤督农杨敏:蜀汉官吏,生平不详。督农,蜀汉官名。相当于曹魏或孙吴的典农校尉或典农都尉一类掌管屯田的农官。

⑥愦愦(kuìkuì 溃溃):昏庸,糊涂。

⑦主者:主管人。推治:审问治罪。

⑧重据:即"重引据",谓再次举证陈说。《晋书·何曾传》:"时步兵校尉阮籍负才放诞,居丧无礼。曾面质籍于文帝座曰:'卿纵情背礼,败俗之人,今忠贤执政,综核名实,若卿之曹,不可长也。'因言于帝曰:'公方以孝治天下,而听阮籍以重哀饮酒食肉于公座。宜摈四裔,无令污染华夏。'帝

曰:'此子羸病若此,君不能为吾忍邪!'曾重引据,辞理甚切。"

⑨乞:请求。

⑩当(dàng荡)理:合理。

⑪坐事:因事获罪。

⑫適(dí嫡)莫(mù慕):指用情的亲疏厚薄。语出《论语·里仁》:"子曰:'君子之于天下也,无適也,无莫也,义之与比。'"適,亲厚。莫,通"慕"。贪慕。

⑬好恶(hàowù浩务)存道:谓喜好与憎恶皆合乎情理。

琬以为昔诸葛亮数窥秦川①,道险运艰,竟不能克,不若乘水东下。乃多作舟船,欲由汉、沔袭魏兴、上庸②。会旧疾连动③,未时得行④。而众论咸谓如不克捷,还路甚难,非长策也⑤。于是遣尚书令费祎、中监军姜维等喻指⑥。琬承命上疏曰:"芟秽弭难⑦,臣职是掌。自臣奉辞汉中⑧,已经六年,臣既暗弱⑨,加婴疾疢⑩,规方无成⑪,夙夜忧惨⑫。今魏跨带九州⑬,根蒂滋蔓⑭,平除未易。若东西并力,首尾掎角,虽未能速得如志,且当分裂蚕食⑮,先摧其支党⑯。然吴期二三⑰,连不克果⑱,俯仰惟艰⑲,实忝寝食。辄与费祎等议⑳,以凉州胡塞之要㉑,进退有资㉒,贼之所惜;且羌胡乃心㉓,思汉如渴;又昔偏军入羌,郭淮破走㉔,算其长短㉕,以为事首㉖,宜以姜维为凉州刺史。若维征行㉗,衔持河右㉘,臣当帅军为维镇继㉙。今涪水陆四通㉚,惟急是应㉛,若东北有虞㉜,赴之不难。"由是琬遂还住涪。疾转增剧,至九年卒㉝,谥曰恭㉞。

[注释]

①窥(kuī亏):窥伺。谓暗中观望动静以等待机会。秦川:古地区名。泛指今陕西、甘肃的秦岭以北平原地带。因春秋、战国时地属秦国而得名。从蜀建兴六年至十二年(228~234),诸葛亮七年中五次北伐曹魏,其中两次兵出祁山,战场皆在今陕西、甘肃一带。

②汉沔(miǎn免):即汉水与沔水。沔水北源出自今陕西留坝县西,一名沮水;西源出自今宁强县北。二源合流后通称汉水,故古代也作汉水的别称。又沔水入江以后,今湖北武汉市以下的长江古代亦通称沔水。故《水经》叙沔水下游一直到入海为止。《汉书·地理志下》:"东汉水受氐道水,一名沔,过江夏,谓之夏水,入江。"魏兴:即魏兴郡,三国魏改西城郡置,属荆州,治所西城县(今陕西安康市西北四里汉水北岸),辖境相当今陕西山阳、柞水、宁陕等县以南,石泉、紫阳二县以东,岚皋、平利、白河等县以北,湖北郧县、郧西县以西地。后移治洵口(今陕西旬阳县附近)。上庸:即上庸郡,东汉建安二十二年(217)置,属荆州,治所上庸县(今湖北竹山县西南四十里堵水北岸)。三国魏黄初元年(220)并入新城郡,太和二年(228)复置。

③动:发作。

④未时得行:没来得及去做。

⑤长策:犹良计。《史记·平津侯主父列传》:"靡獘中国,快心匈奴,非长策也。"

⑥费祎(yī伊):字文伟(?~253),江夏鄳县(治今河南信阳东北)人。初为太子舍人,迁黄门侍郎、侍中,后继蒋琬执政,任大将军,录尚书事。延熙十六年(253)正月,为魏降人郭修刺死。《三国志》卷四四有传。中监军姜维:字伯约(202~264),天水冀县(今甘肃甘谷东)人。原为魏国中郎,参天水郡军事,后降蜀,历任征西将军、辅汉将军、大将军,封平襄侯。蜀亡后,诈降魏将钟会,欲借机复国,事败被杀。详见本书所选《姜维传》。中监军,

三国时置,为本职官外的加官。若诸州不置都督,则置此官。喻指:又作"喻旨",谓喻示旨意。

⑦芟(shān 删)秽:除去芜秽。弭(mǐ 米)难:消除灾难。

⑧奉辞:谓奉君主之正辞。

⑨暗弱:昏庸懦弱。

⑩婴疾疢(chèn 趁):谓患病。疢,疾病。

⑪规方:规划方略。

⑫夙(sù 素)夜:朝夕,日夜。忧惨:忧愁痛苦。

⑬跨带:跨越连带。意谓全部据有。九州:这里指兖州、青州、豫州、徐州、冀州、幽州、并州、凉州与司隶校尉部,时为曹魏政权所控制。

⑭根蒂:植物的根及瓜果的把儿。比喻事物的根基或基础。滋蔓:生长蔓延。常喻祸患的滋长扩大。

⑮蚕食:蚕食桑叶,喻逐渐侵占。

⑯支党:党羽。

⑰吴期二三:谓与东吴约定讨伐曹魏的时间一再更改。

⑱连不克果:谓一直不能实现。

⑲俯仰惟艰:意谓左右为难。

⑳辄:擅自,专擅。

㉑凉州:西汉武帝所置十三刺史部之一,东汉时治所陇县(今甘肃张家川回族自治县),辖境相当于今甘肃、宁夏、青海湟水流域,陕西定边、吴旗、凤县、略阳与内蒙古额济纳旗一带。三国魏黄初中移治姑臧县(今甘肃武威市)。胡塞:塞外的胡国。亦泛指西方和北方边地。

㉒资:凭借。

㉓羌胡:指我国古代的羌族和匈奴族,亦用以泛称我国古代西北部的少数民族。乃心:即"乃心王室",谓尽忠于朝廷。语出《尚书·周书·康诰》:

"虽尔身在外,乃心罔不在王室。"孔传:"汝心常当忠笃,无不在王室。"乃心:思念,怀念。

㉔"又昔"二句:谓蜀汉后主建兴八年(230),诸葛亮派遣魏延西入羌中,打败曹魏雍州刺史郭淮等。详见本书所选《魏延传》。偏军,指主力以外的部分军队。羌,即羌中,谓秦汉时指羌族居住的地区,即今青海、西藏及四川西北部、甘肃西南部地区。郭淮,字伯济(?~255),东汉太原阳曲(今山西太原)人。建安中举孝廉,历官雍州刺史、征西将军,封阳曲侯,迁车骑将军、仪同三司。魏高贵乡公正元二年(255)卒,追赠大将军,谥贞侯。《三国志》卷二六有传。

㉕长短:谓得与失。

㉖事首:首要的事情。

㉗征行:从军出征。

㉘衔持:相持;对持。河右:即河西,古地区名,泛指黄河以西之地。春秋战国时指今山西、陕西两省黄河南段之西;汉、唐时指今甘肃、青海两省黄河以西,即河西走廊与湟水流域。

㉙镇继:谓镇守以为后援。

㉚涪(fú浮):即涪县,西汉高帝六年(前201)置,属广汉郡,治所在今四川绵阳市涪江东岸。四通:谓与四方相通。

㉛惟急是应:谓应急的用场。

㉜虞:忧患。

㉝九年:即延熙九年(246)。延熙,蜀汉后主刘禅的第二个年号(238~257)。

㉞谥曰恭:卢弼《三国志集解》卷四四:"应作'谥曰恭侯'。"《逸周书》卷六《谥法解》:"敬事供上曰恭,尊贤贵义曰恭,尊贤敬让曰恭,既过能改曰恭,执事坚固曰恭,爱民长弟曰恭,执礼御宾曰恭,芘亲之阙曰恭,尊贤让善

曰恭,渊源流通曰恭。"又曰:"执应八方曰侯。"

子斌嗣①,为绥武将军、汉城护军②。魏大将军钟会至汉城③,与斌书曰:"巴蜀贤智文武之士多矣④。至于足下、诸葛思远⑤,譬诸草木,吾气类也⑥。桑梓之敬⑦,古今所敦⑧。西到,欲奉瞻尊大君公侯墓⑨,当洒扫坟茔⑩,奉祠致敬⑪。愿告其所在!"斌答书曰:"知惟臭味意眷之隆⑫,雅托通流⑬,未拒来谓也⑭。亡考昔遭疾疢⑮,亡于涪县,卜云其吉⑯,遂安厝之⑰。知君西迈⑱,乃欲屈驾修敬坟墓⑲。视予犹父,颜子之仁也⑳,闻命感怆㉑,以增情思㉒。"会得斌书报,嘉叹意义㉓,及至涪,如其书云。

[注释]

①子斌:即蒋斌(? ~264),蒋琬长子。嗣爵安阳亭侯。历官绥武将军、汉城护军,驻守汉城,因兵少降魏,随钟会至成都,为乱兵所杀。

②绥武将军:官名。蜀汉所置杂号将军。汉城:地名。在今陕西勉县东,西汉为沔阳县治。护军:官名。汉置,三国时诸要镇及将军领兵出征时亦置,称诸护军,第六品。

③大将军钟会:字士季(225~264),颍川长社(今河南长葛东)人,钟繇之子。魏齐王正始间(240~249),任秘书郎,迁中书侍郎。魏高贵乡公正元二年(255),从司马师往淮南讨伐毌丘俭、文钦,参与机密。后从司马昭讨伐诸葛诞,屡献计,得司马昭赏识。历任司隶校尉、镇西将军,蜀亡后,晋位司徒。诬陷邓艾谋反,致使邓父子被杀。随后自己谋反,被监军卫瓘攻杀。详见本书所选《钟会传》。大将军,此称谓有误。魏元帝景元四年(263),钟会以镇西将军领兵十馀万伐蜀,直至其谋反被杀,从未做到大

将军。

④巴蜀：秦汉设巴、蜀二郡，皆在今四川省。后用为四川的别称，这里指代蜀汉政权。贤智：谓有贤德有才智。

⑤足下：古代下称上或同辈相称的敬词。诸葛思远：即诸葛瞻（227～263），字思远，琅邪阳都（今山东沂南南）人，诸葛亮之子。年十七，尚后主刘禅女，拜骑都尉，官至行都护、卫将军。被邓艾围困于绵竹，失利阵亡。《三国志》卷三五有传。

⑥"譬诸草木"二句：钟会意谓自己与蒋斌等属于气味相投的同类人。语出《左传·襄公八年》："今譬于草木，寡君在君，君之臭味也。欢以承命，何时之有？"晋杜预注："言同类。"气类，谓意气相投者。语本《周易·乾》："同声相应，同气相求……则各从其类也。"

⑦桑梓之敬：谓对故乡或乡亲父老的敬意。桑梓，语出《诗经·小雅·小弁》："维桑与梓，必恭敬止。"宋朱熹集传："桑、梓二木。古者五亩之宅，树之墙下，以遗子孙给蚕食、具器用者也……桑梓父母所植。"东汉以来一直以"桑梓"借指故乡或乡亲父老。

⑧敦：崇尚，注重。

⑨奉瞻：瞻仰拜祭。尊大（tài 太）君：谓蒋斌的父亲蒋琬。大君，对别人父亲的尊称。公侯：泛指有爵位的贵族和官高位显的人。

⑩坟茔（yíng 营）：坟墓。

⑪奉祠：祭祀。《史记·封禅书》："杜主，故周之右将军，其在秦中，最小鬼之神者，各以岁时奉祠。"

⑫知惟：知道您想。书信中用于句首的客套语。臭（xiù 嗅）味：比喻同类。这是答复钟会来书中"譬诸草木，吾气类也"二句，参见注⑥。意眷：顾念；关注。

⑬雅托通流：意谓承蒙您的雅意，将我视作同气类者。

⑭未拒来谓:意谓不能拒绝您来信欲祭祀先父坟茔的美意。

⑮亡考:先父,去世的父亲。

⑯卜云其吉:意谓占卜者认为这个地方是吉地。

⑰安厝(cuò措):安葬。《孝经·丧亲》:"卜其宅兆而安厝之。"宋邢昺疏:"宅,墓穴也;兆,茔域也。葬事大,故卜之。"

⑱西迈:西行。这是对钟会入侵蜀汉的讳饰说法。

⑲屈驾:委屈大驾。敬辞,用以称人来临。修敬:表示敬意。

⑳"视予犹父"二句:意谓钟会如同颜回视孔子如父那样敬仰我的父亲蒋琬。语出《论语·先进》:"回也视予犹父也。"大意是孔子说,颜回看待我如同看待他的父亲。颜子,即颜回(前521~前490),又称颜渊,字子渊,春秋时鲁国人,孔子弟子,以德行著称,好学,安贫乐道,曾受到孔子的称赞:"一箪食,一瓢饮,在陋巷,人不堪其忧,回也不改其乐。贤哉回也!"(《论语·雍也》)《史记》卷六七《仲尼弟子传》有传。

㉑感怆(chuàng创去声):感慨悲伤。

㉒情思:情意。

㉓嘉叹:赞叹。意义:内容。

后主既降邓艾①,斌诣会于涪,待以交友之礼②。随会至成都③,为乱兵所杀。斌弟显④,为太子仆⑤。会亦爱其才学,与斌同时死。

[注释]

①邓艾:字士载(197~264),义阳棘阳(今河南新野东北)人。历官征西将军,与钟会分兵伐蜀,邓艾从阴平小道偷袭成都,蜀后主刘禅投降,以功晋太尉。旋为钟会所诬告谋反,被杀,详见本书所选《邓艾传》。

②交友:结交朋友。《礼记·儒行》:"其行本方立义,同而进,不同而

退,其交友有如此者。"

③成都:即成都县,战国秦惠王二十七年(前311)于蜀国都城成都置,为蜀郡治,治所在今四川成都市。东汉时兼为益州治,三国蜀汉建都于此。

④斌弟显:即蒋显(?~264),蒋琬次子。历任太子仆。蜀亡,蒋显赴剑阁传旨与大将军姜维。钟会爱其才,留于己边。翌年,会反,魏兵入,蒋斌与蒋显皆死于乱军中。

⑤太子仆:官名。东宫属官,掌管车马,职如太仆。

刘敏,左护军、扬威将军①,与镇北大将军王平俱镇汉中②。魏遣大将军曹爽袭蜀时③,议者或谓但可守城,不出拒敌,必自引退。敏以为男女布野,农谷栖亩④,若听敌入,则大事去矣。遂帅所领与平据兴势⑤,多张旗帜,弥亘百馀里⑥。会大将军费祎从成都至,魏军即退,敏以功封云亭侯⑦。

[注释]

①左护军:官名。汉末三国时设置,有前、后、左、右护军以及行护军、护军多种。职掌禁兵,主武官选举。扬威将军:官名。三国时所设置杂号将军,第四品。有属官长史、司马、参军、主簿等。

②镇北大将军王平:字子均(?~248),巴西宕渠(今四川渠县东北)人。初养于外家何氏,故初名何平,后复姓王。原为曹操部将,随征汉中时投降刘备,被任牙门将、裨将军,后屡立战功,进位讨寇将军,封亭侯,官至前监军、镇北大将军。《三国志》卷四三有传。镇北大将军,东汉三国将军称号,高于镇北将军。

③大将军曹爽:字昭伯(?~249),谯(今安徽亳州市)人,曹真长子。

历官城门校尉、武卫将军,魏明帝曹叡病重,以他为大将军,与太尉司马懿共受遗诏,辅佐曹芳。正始十年(249),司马懿发动高平陵政变,逼曹爽交出兵权,曹爽被杀并夷三族。详见本书所选《曹爽传》。蜀汉延熙七年(244)二月,曹爽大举攻蜀,受阻而退,伤亡甚重。

④栖亩:谓停放于田野。

⑤兴势:即兴势山,位于今陕西洋县东北二十里。亦曰兴势阪。山形如盆,外甚险,中有大谷。

⑥弥亘(gèn 艮):犹绵延。

⑦云亭侯:封爵名,当系列侯中的亭侯,食邑云亭,地址不详。

[译文]

蒋琬字公琰,是零陵郡湘乡县人。二十岁左右与表弟泉陵县人刘敏都已经知名于时。蒋琬以荆州牧官署佐吏书佐的身份跟随刘备入蜀,被授职广都县县长。刘备曾因游览忽然来到广都县,发觉各项事务蒋琬都未处理好,当时又在醉酒中,刘备大怒,将要以罪诛杀他。军师将军诸葛亮为他求情说:"蒋琬,是能够辅佐帝王之业者,并非治理一县的人才。他处理政务以安抚百姓为本,不以讲究外表、形式为先,希望主公重新对蒋琬进行考察。"刘备素常敬重诸葛亮,于是未加罪于蒋琬,匆忙急迫中只是罢免蒋琬官职而已。蒋琬被推究、追查以后,夜晚梦见有一牛头在门前,流血非常多,醒后心生畏惧,就向以圆梦为职的术士赵直请教。赵直说:"梦到了血,预兆着事情已经清楚。牛角与牛鼻子,构成'公'字的结构形象,将来您的官位必定至于三公,这是大吉的征兆。"不久,蒋琬被任命为什邡县令。刘备自立汉中王,蒋琬进入朝廷任尚书郎。蜀汉后主建兴元年(223),丞相诸葛亮成立府署,选置僚属,征召蒋琬为东曹掾。益州举荐蒋琬为茂才,蒋琬坚持转让与刘邕、阴化、庞延、廖淳,诸葛亮以文告谕说:"思量背离亲近的,舍弃有德的，用来消除百姓的闲话，众人既不加审度，实在又令远近之人不明白内情，因而您应当接受因功而被举荐一事，以彰显举荐茂才一事的清贵性质。"升迁蒋琬为参军。建兴五年（227），诸葛亮驻军汉中，蒋琬与长史张裔主持丞相府留守诸曹事务。建兴八年（230），蒋琬取代张裔为长史，加任抚军将军。诸葛亮多次出征在外，蒋琬在后方总是能保障军粮与军械的充足供给。诸葛亮经常说："公琰寄托情志，忠正高雅，应当是与我共同辅助帝王之事业的人。"他秘密上表后主刘禅说："臣下我若发生不幸，一应后事应当托付蒋琬处理。"

诸葛亮去世，朝廷任命蒋琬为尚书令，不久，又加代理都护将军，假节，兼任益州刺史，升迁大将军，录尚书事，进封安阳亭侯。当时因蜀汉刚刚丧失统帅，朝廷内外上下都忧虑恐惧。蒋琬卓越出众，不同一般，位在群臣之上，既无忧伤的面色，也不见喜悦之情，神情举止，如同平日一样，因此众人逐渐服膺了蒋琬。蜀后主延熙元年（238），朝廷下诏给蒋琬说："篡夺汉帝地位的曹魏政权没有止息，曹叡傲慢凶狠，辽东、乐浪、玄菟三郡百姓难以忍受他的凶狠残酷，于是和曹魏政权相互妥协与冲突不断，最终与之产生隔阂。曹叡大规模动员军队，前去进攻辽东三郡。从前秦朝的覆亡，就是从陈胜、吴广的发难起事开始的，如今辽东发生变乱，这真是天赐良机。您要下令军队整理行装，统领各支部队进驻汉中，等待东吴的军队行动，东侧与西侧相互呼应夹击敌人，利用机会进取中原。"又命令蒋琬成立府署，选置僚属，第二年即加任蒋琬为大司马。

大司马府的东曹掾杨戏本性粗略，办事不周密，蒋琬与他谈论事情，他时常不予回答。有的人就想在蒋琬面前诬陷杨戏，说："您与杨戏交谈却不见他回应，杨戏怠慢上司，不也太过分了吗！"蒋琬回答说："人的内心想法不同，就如同人的面目各不相同一样；当面表示赞同，背后又加非议，是古人所引以为戒的。杨戏如果赞同我的话是对的，又不是出于他的本心；如果说出反对的意见,就会暴露我的失误。所以他保持沉默,正是杨戏爽快的表现。"此外担任督农官职的杨敏曾经诋毁蒋琬说:"处理事务糊涂,实在不如前任的执政者。"有人禀告于蒋琬,主管人请求审问杨敏加以治罪,蒋琬说:"我确实不如前人诸葛丞相,没有什么可以追究的。"主管人再次举证陈说,以为可以不审问他,但请求追查杨敏所谓"糊涂"所指情状是什么。蒋琬说:"如果我不如前人,那就是办事情不合理,办事情不合理,那就是糊涂了,还有什么可追查的?"此后杨敏因事获罪,被监禁在狱中,众人担心杨敏必死无疑,蒋琬心中却没有用情的亲疏厚薄,杨敏得以免判重罪。蒋琬喜好与憎恶皆合乎情理,都如同这类事例一样。

蒋琬认为从前诸葛亮屡次对秦川一带暗中观望动静以等待机会,道路艰险,运输困难,致令始终未获成功,不如经由水路东下再行伐魏。于是就大量修造战船,打算经由汉水、沔水去袭击魏兴郡与上庸郡。适值蒋琬的旧疾连续发作,没有能够及时行动。然而众官员却都认为如果不能战胜敌军,退却就很难了,这并不是良好的计策。朝廷于是派遣尚书费祎、中监军姜维等喻示旨意。蒋琬受命上疏说:"除去羌狄,消除灾难,是臣下我的职责。自从臣下奉君主之正辞进驻汉中,已经六年,臣下既昏庸懦弱,加之身患疾病,规划方略,没有成效,日夜忧愁痛苦。如今曹魏全部据有九州之地,祸患不断滋长扩大,清除铲平很不容易。如果我国与东吴双方合力,首尾形成夹击的局面,虽然不能迅速如我所愿,但总可以分割并逐渐侵占敌方土地,也可以摧毁其党羽。然而与东吴约定讨伐曹魏的时间一再更改,一直不能实现,左右为难,确实令人废寝忘食。于是擅自与费祎等人商议,认为凉州是塞外胡国的要冲地带,进退都有凭借,是敌方看重这个地方的原因;而且羌族与匈奴族等少数民族尽忠于朝廷,他们思念汉朝就如同渴者想饮水一样,从前我军的非主力部队西入羌中,曾打败曹魏雍州刺史郭淮等,若计算得与失,牢固地占有凉州是首要事情,应当任用姜维为凉州刺史。如果姜维从军出征,与敌军相持于河西地区,臣下我应当统率军队镇守以为后援。如今涪县水陆交通四面通畅,是应急的用场,如果东北方向有忧患,驰往救援不困难。"于是蒋琬就返回驻军涪县。此后他的疾病转加严重,至蜀后主延熙九年(246)去世,赐谥号恭侯。

蒋琬的儿子蒋斌继承其爵位,任职绥武将军、汉城护军。魏大将军钟会征蜀进军到汉城,写信给蒋斌说:"巴蜀有贤德有才智的文武人才众多,至于您与诸葛瞻,若用草木为喻,我们都属于气味相投的同类人。外来者对当地乡亲父老的敬意,为古今人所崇尚。我西至此地,准备瞻仰拜祭令先尊公侯的墓地,应当洒扫坟墓,祭祀致敬。希望您赐示令先尊的墓地方位。"蒋斌回书说:"知道您想表达对同类人顾念的深厚情义,承蒙您的雅意,将我视作同气类者,不能拒绝您来信欲祭祀先父坟茔的美意。去世的父亲此前身染疾病,在涪县去世,占卜者认为这个地方是吉地,于是就安葬在这里。得知您西行到此,委屈大驾向先父墓地表示敬意。如同孔门弟子视孔子如父那样敬仰我的父亲蒋琬,这是颜渊才具有的仁德,得知您的意念不禁感慨悲伤,更增加了我对先父怀念的情意。"钟会得到蒋斌的回书,赞叹其信中的内容,等到抵达涪县,如信中所言瞻仰拜祭了蒋琬的墓地。

后主刘禅投降邓艾以后,蒋斌到涪县拜见钟会,钟会用结交朋友的礼节加以接待。蒋斌随从钟会到成都,被乱兵杀死。蒋斌的弟弟蒋显,在蜀汉任官太子仆,钟会也爱重他的才学,与其兄蒋斌同时遇害。

刘敏,担任蜀汉左护军、扬威将军,与镇北大将军王平一同镇守汉中。曹魏派遣大将军曹爽袭击西蜀时,议论者有人认为只可据守城池,不必出城迎战,敌军必定会自行撤退。刘敏认为自己一方的百姓男男女女都劳作在田野上,成熟的粮食也停放于田野上,如果听任敌军深入并抢掠,汉中就有可能失守了。于是他率领所部与王平一起据守兴势山,到处树立旗帜,绵延一百馀里。适逢大将军费祎从成都赶来救援,魏军随即退走,刘敏因功进封云亭侯。

姜维传

[题解]

传见《三国志》卷四四《蜀书十四》。姜维(202~264),字伯约,天水郡冀县(今甘肃甘谷东)人。原为魏国中郎,参天水郡军事,后降蜀,历任征西将军、辅汉将军、大将军,封平襄侯。蜀亡后,诈降魏将钟会,欲借机复国,事败被杀。魏、蜀、吴三国鼎立,若论综合国力,自以蜀汉为最弱。诸葛亮在刘备身后鞠躬尽瘁,死而后已,忠心耿耿,至于能否光复汉业,已经有知其不可而为之的无奈,故为后世所景仰。姜维继承了诸葛亮以攻为守的战略方针,继续屡出汉中进攻曹魏,连年争斗,劳而无功。其威信远逊于诸葛亮,自不必言,朝廷内部诸如黄皓之流的佞臣掣肘,且暗寓杀机,竟致使姜维不敢回成都述职。在蜀汉政权如此分崩离析的政治形势下,姜维讨伐中原欲求得胜之机,谈何容易!陈寿撰写《姜维传》,还是较为公允的,读者如果再结合裴松之注所引讥讽姜维行迹的材料加以研讨,所谓"不以成败论英雄",姜维作为失败的英雄,还是值得后人肯定的。唐诗人罗隐七律《筹笔驿》有云:"时来天地皆同力,运去英雄不自由。"古人所谓"时运"之论,不无道理。清初王夫之《读通鉴论》卷九有云:"且形势者,不可恃者也。荆州之兵利于水,一逾楚塞出宛、雒而气馁于平陆;益州之兵利于山,一逾剑阁出秦川而情摇于广野。恃形势,而形势之外无恃焉,得则仅保其疆域,失则只成乎坐困。以有恃而应无方,姜维之败,所必然也。"此论中肯,可供今天的读者评价姜维这位历史人物时参考。

姜维字伯约,天水冀人也①。少孤②,与母居。好郑氏学③。仕郡上计掾④,州辟为从事⑤。以父冏昔为郡功曹⑥,值羌戎叛乱⑦,身卫郡将⑧,没于战场,赐维官中郎⑨,参本郡军事。建兴六年⑩,丞相诸葛亮军向祁山⑪,时天水太守适出案行⑫,维及功曹梁绪、主簿尹赏、主记梁虔等从行⑬。太守闻蜀军垂至,而诸县响应,疑维等皆有异心,于是夜亡保上邽⑭。维等觉太守去,追迟,至城门,城门已闭,不纳。维等相率还冀,冀亦不入维。维等乃俱诣诸葛亮。会马谡败于街亭⑮,亮拔将西县千馀家及维等还⑯,故维遂与母相失⑰。亮辟维为仓曹掾⑱,加奉义将军⑲,封当阳亭侯⑳,时年二十七。亮与留府长史张裔、参军蒋琬书曰㉑:"姜伯约忠勤时事㉒,思虑精密,考其所有,永南、季常诸人不如也㉓。其人,凉州上士也㉔。"又曰:"须先教中虎步兵五六千人㉕。姜伯约甚敏于军事,既有胆义㉖,深解兵意。此人心存汉室,而才兼于人,毕教军事㉗,当遣诣宫,觐见主上㉘。"后迁中监军、征西将军㉙。

[注释]

①天水:即天水郡,西汉元鼎三年(前114)置,治所平襄县(今甘肃通渭县),辖境相当于今甘肃通渭、静宁、秦安、定西、清水、庄浪、甘谷、张家川等县及天水市西北部,陇西县东部、榆中县东北部地。东汉永平十七年(74)改为汉阳郡,并移治冀县(今甘肃甘谷县南)。三国魏仍改称天水郡。冀:即冀县,春秋秦武公十年(前688)置,治今甘肃甘谷县东,秦始皇时属陇西郡,西汉属天水郡,东汉移天水郡治于此,永平十七年(74)为汉阳郡治。

②少孤:谓小时候父亲死亡。

③郑氏学:即"郑学"。指经学中的东汉郑玄学派。清皮锡瑞《经学历

史·经学中衰时代》:"汉时经有数家,家有数说,学者莫知所从;郑君兼通今古文,沟合为一;于是经生皆从郑氏,不必更求各家。郑学之盛在此,汉学之衰亦在此。"裴注引《傅子》曰:"维为人好立功名,阴养死士,不修布衣之业。"

④上计掾(yuàn院):即"上计掾史",郡佐吏名。汉初郡国每年上计于朝廷,多以守丞长史为使者,下有上计掾史相从,省称计掾、计史,亦称计吏,佐奉计诸事。东汉郡国上计多遣计吏代行,岁末赴京,朝见三公或时君,奉上计簿,详奏郡内民政风土等事,兼及守令能否,参与朝会大典,聆受戒敕,备询政俗;或蒙皇帝赏识得拜郎除官。

⑤辟(bì必):征召。从事:官名。汉以后三公及州郡长官皆自辟僚属,多以从事为称。

⑥父囧(jiǒng窘):即姜囧(?~214),字仲奕,三国时期曹魏郡功曹,阵亡于羌戎叛乱。功曹:官名。州郡县长官的属吏,有功曹掾、功曹史,简称功曹。职责为考查记录功劳,参与任免赏罚。

⑦羌戎:泛指我国古代西北部的少数民族。

⑧郡将:郡守。郡守兼领武事,故称。

⑨中郎:这里当谓从事中郎,官名。东汉三国时,三公及将军、州牧所置属官,其职为参谋政务军事,秩千石、六百石不等。三国时为第六品。

⑩建兴六年:即公元228年。建兴,蜀汉后主第一个年号(223~237)。

⑪丞相诸葛亮:字孔明(181~234),琅邪阳都(今山东沂南南)人。蜀汉杰出的政治家、军事家。蜀汉章武元年(221),刘备称帝,以他为丞相。详见本书所选《诸葛亮传》。祁山:山脉名。位于今甘肃礼县东四十里祁山乡。

⑫天水太守:即马遵,生平不详。案行:巡视。

⑬功曹梁绪:梁虔之兄,原为曹魏天水郡功曹,与姜维交厚,后与姜维等

归降蜀汉,官至大鸿胪。主簿尹赏:原为曹魏天水郡主簿,与姜维交厚,后与姜维等归降蜀汉,官至执金吾。主簿,官名。东汉三国时,中央与州郡长官所置属官,其职为主管文书簿籍及印鉴,协助处理事务。梁虔:梁绪之弟,原为曹魏天水郡主记,后与姜维等归降蜀汉,官至大长秋。主记,官名。东汉三国时,中央与州郡长官所置属官,掌管文书记录的官员,亦称记室。

⑭上邽(guī 规):即上邽县,秦改邽县置,属陇西郡,治所即今甘肃天水市。东汉属汉阳郡。

⑮马谡(sù 素):字幼常(190~228),襄阳宜城(治今湖北宜城南)人,马良之弟。仕蜀汉,历任荆州从事、成都令、丞相参军。蜀汉建兴元年(228),诸葛亮首次北伐,镇守街亭失利,被斩首。详见本书所选《马良传》。街亭:又作"街泉亭",在今甘肃张家川回族自治县西北。或谓在今甘肃天水市东南的街子镇。

⑯西县:秦于故西犬丘地置,属陇西郡,治所在今甘肃天水市西南九十里。

⑰与母相失:裴注引《魏略》曰:"天水太守马遵将维及诸官属随雍州刺史郭淮偶自西至洛门案行,会闻亮已到祁山,淮顾遵曰:'是欲不善!'遂驱东还上邽。遵念所治冀县界在西偏,又恐吏民乐乱,遂亦随淮去。时维谓遵曰:'明府当还冀。'遵谓维等曰:'卿诸人巨复信,皆贼也。'各自行。维亦无如遵何,而家在冀,遂与郡吏上官子修等还冀。冀中吏民见维等大喜,便推令见亮。二人不获已,乃共诣亮。亮见,大悦。未及遣迎冀中人,会亮前锋为张郃、费繇等所破,遂将维等却缩。维不得还,遂入蜀。诸军攻冀,皆得维母妻子,亦以维本无去意,故不没其家,但系保官以延之。"又云:"此语与本传不同。"

⑱仓曹掾:官名。司空的属官,曹操创置,主管仓廪粮谷。蜀汉亦置,秩比二百石,第七品。

⑲奉义将军：官名。三国蜀汉所置杂号将军。

⑳当阳亭侯：封爵名，属于列侯中的亭侯，食邑当阳县某亭。当阳县，西汉置，属南郡。治所在今湖北荆门市西南。当时当阳为东吴所占据，姜维属遥领。

㉑长史张裔：字君嗣（？～230），蜀郡成都（今属四川）人。历任偏将军、长史，领丞相府事。治《公羊春秋》。《三国志》卷四一有传。长（zhǎng）史，官名。东汉三国时，三公及常设将军等所置属官，其职责为总理各曹事务，辅佐三公及将军。蒋琬是留守丞相府的长史。参军蒋琬：字公琰（？～246），零陵湘乡（今属湖南）人。初为诸葛亮属下书记，后历任丞相参军、丞相长史。诸葛亮去世后，历任尚书令，迁大将军，录尚书事，加大司马。为人沉静稳重，治国有方。详见本书所选《蒋琬传》。参军，官名。三国时，太尉、丞相、常设将军等所置属官，其职为参谋军事。

㉒忠勤：忠心勤劳。时事：指合于时节而应做的事，即职事。

㉓永南：即李邵（生卒年不详），字永南，广汉郡郪县（治今四川三台县南九十里郪江镇）人，刘备定蜀后为州书佐部从事，建兴元年（223），诸葛亮辟为西曹掾，南征时，留李邵为治中从事，卒于任上。季常：即马良（187～222），字季常，襄阳宜城（今湖北宜城南）人。仕蜀汉，历任从事、左将军掾、侍中。曾奉命入武陵招纳五溪蛮夷，死于蜀吴夷陵之战。详见本书所选《马良传》。

㉔凉州：西汉武帝所置十三刺史部之一，东汉时治所陇县（今甘肃张家川回族自治县），辖境相当于今甘肃、宁夏、青海湟水流域，陕西定边、吴旗、凤县、略阳与内蒙古额济纳旗一带。三国魏黄初中移治姑臧县（今甘肃武威市）。上士：道德高尚的人。

㉕中虎步兵：谓虎步监中营。蜀汉有虎步监三营，系精锐步兵。卢弼《三国志集解》卷四四引清梁章钜曰："《水经·渭水注》云：'诸葛亮表曰：臣

遣虎步监孟琰据武功水东。'案蜀官有虎步监,盖羽林监之比,有中、左、右三营。"

㉖胆义:谓有胆识而明义理。

㉗毕教军事:谓完成军事训练事宜。

㉘觐(jìn 晋)见:朝见帝王。主上:指蜀汉后主刘禅。裴注引孙盛《杂记》曰:"初,姜维诣亮,与母相失,复得母书,令求当归。维曰:'良田百顷,不在一亩,但有远志,不在当归也。'"

㉙中监军:官名。三国时置,为本职官外的加官。若诸州不置都督,则置此官。征西将军:官名。东汉末年所置将军名。为征东、征西、征南、征北等"四征"将军之一。负责统兵征战讨伐,本系杂号将军,位在常设将军之下。三国时成为常设将军,与车骑将军并列,位次三公,秩二千石,第二品。

十二年①,亮卒,维还成都,为右监军、辅汉将军②,统诸军,进封平襄侯③。延熙元年④,随大将军蒋琬住汉中⑤。琬既迁大司马⑥,以维为司马⑦,数率偏军西入⑧。六年⑨,迁镇西大将军⑩,领凉州刺史。十年⑪,迁卫将军⑫,与大将军费祎共录尚书事⑬。是岁,汶山平康夷反⑭,维率众讨定之。又出陇西、南安、金城界⑮,与魏大将军郭淮、夏侯霸等战于洮西⑯。胡王治无戴等举部落降⑰,维将还安处之⑱。十二年⑲,假维节⑳,复出西平㉑,不克而还。维自以练西方风俗㉒,兼负其才武,欲诱诸羌、胡以为羽翼㉓,谓自陇以西可断而有也㉔。每欲兴军大举,费祎常裁制不从㉕,与其兵不过万人㉖。

[注释]

①十二年:即建兴十二年(234)。

②右监军:官名。三国时置,为本职官外的加官。辅汉将军:官名。汉末三国所置杂号将军。

③平襄侯:封爵名,属于列侯中的县侯,食邑平襄县。平襄县,西汉置,为天水郡治,治今甘肃通渭县。东汉属汉阳郡。

④延熙元年:即公元238年。延熙,蜀汉后主刘禅的第二个年号(238~257)。

⑤大将军蒋琬:字公琰(?~246),零陵湘乡(今属湖南)人。初为诸葛亮属下书记,后历任丞相参军、丞相长史。诸葛亮去世后,历任尚书令,迁大将军,录尚书事,加大司马。为人沉静稳重,治国有方。详见本书所选《蒋琬传》。大将军,将军的最高称号,执掌统兵征伐。东汉大将军多由贵戚担任,是中央政府的实际掌权者,权位、俸禄皆超越三公。三国时为第一品。汉中:即汉中郡,战国秦惠王更元十三年(前312)置,治所南郑县(今陕西汉中市东),因水为名,辖境相当于今陕西秦岭以南,留坝、勉县以东,乾祐河流域以及湖北郧县、保康以西,米仓山、大巴山以北地。东汉末为张鲁所据,改为汉宁郡。建安二十年(215)复改汉中郡。

⑥大司马:官名。汉武帝置,东汉初改称太尉。为全国最高军事长官。蜀汉延熙二年(239),蒋琬就任大司马。

⑦司马:即郡司马,东汉末郡太守的属官。郡本不设司马一职,东汉末因镇压农民军与征战之需要,遂加设。

⑧偏军:指主力以外的部分军队。

⑨六年:即蜀汉延熙六年(243)。

⑩镇西大将军:东汉三国将军称号,高于镇西将军。

⑪十年:即蜀汉延熙十年(247)。

⑫卫将军:汉将军名,位次三司,掌宿卫。

⑬大将军费祎(yī伊):字文伟(?~253),江夏鄳县(治今河南信阳东

姜维传 | 1143

北)人。初为太子舍人,迁黄门侍郎、侍中,后继蒋琬执政,任大将军,录尚书事。延熙十六年(253)正月,为魏降人郭修刺死。《三国志》卷四四有传。录尚书事:官名。又称领尚书事、平尚书事,意即总揽尚书台事务。属于东汉与三国的最高文职称号。

⑭汶(wèn 问)山:即汶山郡,西汉元鼎六年(前111)置,治所汶江县(今四川茂县北),辖境相当于今四川黑水县、邛崃山以东,岷山以南,北川、都江堰市以西地区。地节三年(前67)并入蜀郡,东汉建安末刘备复置,治所绵虒县(今四川汶川县西南绵虒镇)。平康:即平康县,三国蜀汉置,属汶山郡,治所在今四川黑水县东北。

⑮陇西:即陇西郡,战国秦昭襄王二十八年(前279)置,治所狄道县(今甘肃临洮南),以在陇山之西而得名,辖境相当于今甘肃陇山以西、黄河以东、西汉水和白龙江上游以北、祖厉河与六盘山以南之地。东汉辖境逐渐缩小,三国魏移治襄武县(今甘肃陇西东南)。南安:即南安郡,东汉中平五年(188)分汉阳郡置,治所豲道县(今甘肃陇西东南三台乡),辖境相当于今甘肃陇西县东部及定西、武山二县地。金城:即金城郡,西汉昭帝始元六年(前81)置,治所允吾(qiānyá 铅牙,今青海民和县南古鄯镇北古城),辖境约为今甘肃兰州市以西,青海省青海湖以东的河、湟二水流域与大通河下游地区。东汉末西部辖境缩小,仅至今大通河下游以东。

⑯大将军郭淮:字伯济(?~255),东汉太原阳曲(今山西太原)人。建安中举孝廉,历官雍州刺史、征西将军,封阳曲侯,迁车骑将军、仪同三司。魏高贵乡公正元二年(255)卒,追赠大将军,谥贞侯。《三国志》卷二六有传。这里称其为大将军,系其卒后所追赠者。卢弼《三国志集解》卷四四:"'大'字衍,或衍'军'字。"夏侯霸:字仲权(生卒年不详),三国谯(今安徽亳州市)人,夏侯渊次子。仕魏,官至右将军。魏齐王正始十年(247),司马懿发动高平陵政变,杀曹爽兄弟,夏侯霸逃至蜀,任车骑将军。洮(táo 陶)

西:约在今甘肃临夏回族自治州一带。宋司马光《资治通鉴》卷七五"是岁,雍、凉羌胡叛降汉,汉姜维将兵出陇右以应之,与雍州刺史郭淮、讨蜀护军夏侯霸战于洮西"元胡三省注引《水经注》:"洮水与蜀白水俱出西倾山,山南即白水源,山东即洮水源。洮水东流径吐谷浑中,又东径临洮、安故、狄道,又北至枹罕,入于河。诸县皆在洮东,若洮西则羌虏所居也。"

⑰胡王:少数民族头领。治无戴:人名,生平不详。

⑱安处:安置,安排。

⑲十二年:即延熙十二年(249)。

⑳假维节:即加姜维假节的称号。假节,东汉末至三国,掌地方军政的官往往加使持节、持节或假节的称号。使持节得诛杀中级以下官吏;持节得杀无官职的人;假节得杀犯军令者。

㉑西平:即西平郡,东汉建安中分金城郡置,治所西都县(今青海西宁市),辖境相当于今青海湟源、乐都两县间湟水流域。

㉒练:熟悉。

㉓羌胡:指我国古代的羌族和匈奴族,亦用以泛称我国古代西北部的少数民族。

㉔陇以西:即陇山以西一带,相当陇西郡。参见注⑮。

㉕裁制:制止,抑止。

㉖"与其兵"句:裴注引《汉晋春秋》曰:"费祎谓维曰:'吾等不如丞相亦已远矣;丞相犹不能定中夏,况吾等乎!且不如保国治民,敬守社稷,如其功业,以俟能者,无以为希冀徼幸而决成败于一举。若不如志,悔之无及。'"

十六年春①,祎卒。夏,维率数万人出石营②,经董亭③,围南安,魏雍州刺史陈泰解围至洛门④,维粮尽退还。明年,加督中外军事⑤。

复出陇西,守狄道长李简举城降⑥。进围襄武⑦,与魏将徐质交锋⑧,斩首破敌,魏军败退。维乘胜多所降下,拔河关、狄道、临洮三县民还⑨,后十八年⑩,复与车骑将军夏侯霸等俱出狄道⑪,大破魏雍州刺史王经于洮西⑫,经众死者数万人。经退保狄道城,维围之。魏征西将军陈泰进兵解围,维却住钟题⑬。

[注释]

①十六年:即蜀汉后主延熙十六年(253)。

②石营:地名。在今甘肃西和县北石堡乡。

③董亭:地名,在今甘肃武山县南。

④雍州刺史陈泰:字玄伯(?~260),魏颍川许昌(今河南许昌东)人,陈群之子。历官雍州刺史、征西将军、尚书仆射。雍州,东汉兴平元年(194)分凉州河西四郡置,治所姑臧县(今甘肃武威市),建安十八年(213)移治长安县(今陕西西安市西北)。秦岭以北弘农以西诸郡系属雍州。三国魏时,辖境相当于今陕西关中平原、甘肃东南部、宁夏南部及青海黄河以南一部分地,以后逐渐缩小。洛门:即"落门",聚名,又作雒门,即今甘肃武山县东三十里洛门镇。宋司马光《资治通鉴》卷七六:"陈泰进至洛门。"元胡三省注:"即天水冀县落门聚。"

⑤督中外军事:蜀汉对将军所加名号,即可指挥京城内外所有军队。

⑥狄道长李简:曹魏官员,生平不详。狄道,即狄道县,秦置,为陇西郡治,治所即今甘肃临洮县。

⑦襄武:即襄武县,西汉置,属陇西郡,治所在今甘肃陇西县东南五里。东汉移陇西郡治此。

⑧徐质:曹魏将领(?~254),被姜维斩杀。生平不详。

⑨河关:即河关县,西汉神爵二年(前60)置,属金城郡,治所在今甘肃积石山保安族东乡族撒拉族自治县西北长宁驿古城。北魏郦道元《水经注·河水》:"(河关县)盖取河之关塞也。"临洮(táo 陶):即临洮县,秦置,属陇西郡,治所在今甘肃岷县,以临洮水得名。

⑩十八年:即蜀汉后主延熙十八年(255)。

⑪车骑(jūqí 居寄)将军:东汉与三国时常设的高级将军名,统领中央常备军,职掌征战讨伐。位在三公之下,仅次于大将军、骠骑将军,第二品。

⑫雍州刺史王经:字彦纬(？~260),清河(治今山东临清东)人。仕魏,历任雍州刺史、司隶校尉、尚书。后因不满司马昭杀害高贵乡公曹髦,被杀。

⑬却住:退却驻扎。钟题:地名。在今甘肃临洮县西南。

十九年春①,就迁维为大将军②。更整勒戎马③,与镇西大将军胡济期会上邽④,济失誓不至⑤,故维为魏大将邓艾所破于段谷⑥,星散流离⑦,死者甚众。众庶由是怨讟⑧,而陇已西亦骚动不宁,维谢过引负⑨,求自贬削⑩。为后将军⑪,行大将军事⑫。

[注释]

①十九年:即蜀汉后主延熙十九年(256)。

②就迁:谓后主刘禅派人至姜维驻军处升职他为大将军。就,赴;到。

③整勒:操练。戎马:军队。

④镇西大将军胡济:字伟度(生卒年不详),义阳(治今河南桐柏东)人。曾任诸葛亮丞相府主簿,忠直敢谏。诸葛亮卒后,历任中监军、前将军,封城阳亭侯,官至右骠骑将军。卢弼《三国志集解》卷四四引清何焯曰:"此胡济

又一人,非胡伟度。"可参考。

⑤誓:军中发布有关告诫、约束将士的号令。

⑥邓艾:字士载(197~264),义阳棘阳(今河南新野东北)人。历官征西将军,与钟会分兵伐蜀,邓艾从阴平小道偷袭成都,蜀后主刘禅投降,以功晋太尉。旋为钟会所诬告谋反,被杀,详见本书所选《邓艾传》。段谷:地名。在今甘肃天水市东南。

⑦星散流离:形容蜀汉士兵四散,流转分离。

⑧众庶:众民,百姓。怨讟(dú读):怨恨诽谤。

⑨谢过:谢罪。引负:谓引咎自责。

⑩求自贬削:自我请求贬官削爵。

⑪后将军:东汉时常设的前、后、左、右四将军之一,位次九卿,开府治事,有属官。

⑫行:代理。

二十年①,魏征东大将军诸葛诞反于淮南②,分关中兵东下③。维欲乘虚向秦川④,复率数万人出骆谷⑤,径至沈岭⑥。时长城积谷甚多而守兵乃少⑦,闻维方到⑧,众皆惶惧。魏大将军司马望拒之⑨,邓艾亦自陇右⑩,皆军于长城。维前住芒水⑪,皆倚山为营⑫。望、艾傍渭坚围⑬,维数下挑战,望、艾不应。景耀元年⑭,维闻诞破败⑮,乃还成都。复拜大将军。

[注释]

①二十年:即蜀汉后主延熙二十年(257)。

②征东大将军诸葛诞:字公休(?~258),琅邪阳都(今山东沂南南)

人,诸葛亮族弟。仕魏,任扬州刺史、镇南将军,在镇压毌丘俭等反叛势力后,任征东大将军。后因抗命司马昭,曾向吴国求援,终被围困于寿春,突围时被杀。《三国志》卷二八有传。征东大将军,三国时设置的高级将军名,秩二千石,第二品。初置时,位次于三公,后列于抚军大将军之后。开府治事,有属官军师、长史、司马等。淮南:即淮南国,西汉高帝五年(前202)以九江、衡山、庐江、豫章四郡置,治所六县(今安徽六安市北十里城北乡),十一年(前196)徙治寿春县(今安徽寿县)。辖境相当于今安徽霍山、潜山以东的淮南(除天长县外)地区,河南东南角、湖北东部一小部分及江西省。

③关中:地区名,即今陕西关中盆地,因东有函谷关,南有武关,北有萧关,西有散关,地处四关之中,故称。

④秦川:古地区名。泛指今陕西、甘肃的秦岭以北平原地带。因春秋、战国时地属秦国而得名。从蜀建兴六年至十二年(228~234),诸葛亮七年中五次北伐曹魏,其中两次兵出祁山,战场皆在今陕西、甘肃一带。

⑤骆谷:在今陕西周至县西南,谷长四百馀里,为关中与汉中之间的交通要道。

⑥沈岭:亦名姜维岭,在今陕西周至县南五十里。

⑦长城:即长城戍,在今陕西周至县西南三十里。

⑧方:副词,将,将要。表未来。

⑨大将军司马望:字子初(205~271),河内郡温县(今河南温县)人,司马懿之侄。仕曹魏,为征西将军,持节,都督雍、凉二州诸军事,抵御姜维,有功于魏,封顺阳侯。历任卫将军、骠骑将军,迁司徒。入晋,封义阳王,邑万户,拜大司马。《晋书》卷三七有传。大将军,当作征西将军。

⑩陇右:古地区名,泛指陇山以西地区。古代以西为右,故名。相当于今甘肃陇山、六盘山以西,黄河以东一带。当时魏镇西将军邓艾都督陇右诸军事,驻兵于此。

⑪芒水:即今陕西周至县南之黑水。因水源于南山芒谷,汇入渭水,故称。

⑫皆:卢弼《三国志集解》卷四四云:"'皆'字疑衍。"是。

⑬傍渭坚围:凭借渭水,坚守营寨不出应战。渭,即渭水,或称渭河,黄河最大支流,流经今陕西中部。源出甘肃渭源县西南鸟鼠山,东流经陇西、武山、甘谷、天水诸县市,横贯陕西渭河北原,南纳斜、涝、丰、沪、灞诸水,北会泾水、洛水,在潼关县入黄河,长约1570里。

⑭景耀元年:即公元258年。景耀,蜀汉后主刘禅第三个年号(258~263)。

⑮诞破败:魏高贵乡公甘露三年(258)二月,寿春城被魏军攻破,诸葛诞被杀。

初,先主留魏延镇汉中①,皆实兵诸围以御外敌②,敌若来攻,使不得入。及兴势之役,王平捍拒曹爽,皆承此制③。维建议,以为错守诸围④,虽合《周易》"重门"之义⑤,然适可御敌⑥,不获大利。不若使闻敌至,诸围皆敛兵聚谷⑦,退就汉、乐二城⑧,使敌不得入平⑨,且重关镇守以捍之。有事之日,令游军并进以伺其虚⑩。敌攻关不克,野无散谷,千里县粮⑪,自然疲乏。引退之日,然后诸城并出,与游军并力搏之,此殄敌之术也⑫。于是令督汉中胡济却住汉寿⑬,监军王含守乐城⑭,护军蒋斌守汉城⑮,又于西安、建威、武卫、石门、武城、建昌、临远皆立围守⑯。

[注释]

①先主:谓刘备(161~223),字玄德,蜀汉昭烈帝,史称先主。详见本

书所选《先主传》。魏延:字文长(? ~234),义阳(治今河南桐柏东)人。原为荆州牧刘表部将,后归顺刘备,勇猛善战。刘备称汉中王,以魏延为汉中太守。刘备称帝后,拜镇北将军,仍守汉中,迁为前军师、征西大将军,假节,晋封南郑侯。蜀建兴十二年(234)诸葛亮死,因私怨与杨仪相攻,部众以其理屈,皆散,故被杀。详见本书所选《魏延传》。

②实兵诸围:谓在蜀汉边境构筑营垒并派兵驻守。

③"及兴势之役"三句:据《三国志·王平传》,蜀汉延熙七年(244),魏大将军曹爽率兵十馀万进攻汉中,蜀将王平采取正确的防守策略,先派兵据守兴势山营垒,王平作为后据,等待涪城蜀兵来援,终于逼退魏军。兴势,即兴势山,位于今陕西洋县东北二十里。亦曰兴势阪。山形如盆,外甚险,中有大谷。王平,字子均(? ~248),巴西宕渠(今四川渠县东北)人。初养于外家何氏,故初名何平,后复姓王。原为曹操部将,随征汉中时投降刘备,被任牙门将、裨将军,后屡立战功,进位讨寇将军,封亭侯,官至前监军、镇北大将军。《三国志》卷四三有传。捍拒,抗拒。曹爽,字昭伯(? ~249),谯(今安徽亳州市)人,曹真长子。历官城门校尉、武卫将军,魏明帝曹叡病重,以他为大将军,与太尉司马懿共受遗诏,辅佐曹芳。正始十年(249),司马懿发动高平陵政变,逼曹爽交出兵权,被杀并夷三族。详见本书所选《曹爽传》。蜀汉延熙七年(244)二月,曹爽大举攻蜀,受阻而退,伤亡甚重。

④错守:谓交错防守。

⑤周易:即《易经》,古代占卜书,儒家重要经典。内容包括经、传两部分,有六十四卦、三百八十四爻。西汉经传别行,以后合一,唐孔颖达有《周易正义》。重(chóng 崇)门:谓层层设门。语出《周易·系辞下》:"重门击柝,以待暴客,盖取诸《豫》。"

⑥适可:只能,仅仅可以。

⑦敛兵:收缩兵力。聚谷:集聚军粮。

⑧汉:即汉城,地名。在今陕西勉县东,西汉为沔阳县治。乐:即乐城,在今陕西城固县东八里,秦汉为成固县治。晋常璩《华阳国志》:"蜀时以沔阳为汉城,城固为乐城。"

⑨入平:谓进入平阔地带。

⑩游军:流动作战的军队。伺:窥伺。

⑪县(xuán悬):通"悬"。空虚,匮乏。《三国志·王肃传》:"粮县而难继,实行军者之大忌也。"

⑫殄(tiǎn舔)敌:歼敌。

⑬汉寿:即葭萌县,亦作葭明县,战国末秦于葭萌城置,属蜀郡,治所在今四川广元市西南昭化镇。西汉属广汉郡,东汉建安二十二年(217),刘备改为汉寿县。

⑭监军王含:生平不详。监军,官名。古代多为临时差遣,事毕即罢。汉代有监军御史。

⑮护军蒋斌:零陵湘乡(今属湖南)人(?~264),蜀大司马蒋琬长子。历官绥武将军、汉城护军,驻守汉城因兵少降魏,随钟会至成都,为乱兵所杀。《三国志》卷四四有传。护军,官名,汉置,三国时诸要镇及将军领兵出征时亦置,称诸护军,第六品。

⑯西安:地名。故址不详。建威:即建威城,在今甘肃成县西北,东汉末所置戍守处。武卫:地名。在今甘肃成县境。石门:地名。故址不详。武城:即武城山,位于今甘肃武山县西南。建昌:地名。故址不详。临远:地名。故址不详。卢弼《三国志集解》卷四四引赵一清曰:"诸城在今阶、成、凤、沔间。"围守:设围防守。宋司马光《资治通鉴》卷七四"十二月,汉费祎至汉中,行围守。"元胡三省注:"魏延镇汉中,实兵诸围以御敌,所谓围守也。"

五年①，维率众出汉、侯和②，为邓艾所破，还住沓中③。维本羁旅托国④，累年攻战，功绩不立⑤，而宦官黄皓等弄权于内⑥，右大将军阎宇与皓协比⑦，而皓阴欲废维树宇。维亦疑之。故自危惧，不复还成都⑧。六年⑨，维表后主⑩："闻钟会治兵关中⑪，欲规进取⑫，宜并遣张翼、廖化督诸军分护阳安关口、阴平桥头⑬，以防未然。"皓征信鬼巫⑭，谓敌终不自致，启后主寝其事⑮，而群臣不知。及钟会将向骆谷，邓艾将入沓中，然后乃遣右车骑廖化诣沓中为维援⑯，左车骑张翼、辅国大将军董厥等诣阳安关口以为诸围外助⑰。比至阴平⑱，闻魏将诸葛绪向建威⑲，故住待之。月馀，维为邓艾所摧，还住阴平。钟会攻围汉、乐二城，遣别将进攻关口⑳，蒋舒开城出降㉑，傅佥格斗而死㉒。会攻乐城，不能克，闻关口已下，长驱而前。翼、厥甫至汉寿㉓，维、化亦舍阴平而退，适与翼、厥合，皆退保剑阁以拒会㉔。会与维书曰："公侯以文武之德㉕，怀迈世之略㉖，功济巴汉㉗，声畅华夏㉘，远近莫不归名㉙。每惟畴昔，尝同大化㉚，吴札、郑乔㉛，能喻斯好㉜。"维不答书，列营守险。会不能克，粮运县远，将议还归。

[注释]

①五年：即景耀五年(262)。

②汉：此字疑衍。侯和：地名。在今甘肃临潭县东南。

③沓中：地名。在今甘肃迭部县境。

④羁旅：寄居异乡。托国：受国事付托。

⑤功绩：功业与劳绩。

⑥宦官：古代以阉割后失去男性功能之人在宫中侍奉皇帝及其家族，称为宦官。史书上也称阉（奄）人、奄寺、阉宦、宦者、中官、内官、内臣、内侍、

姜维传 | 1153

内监等。宦官本为内廷执役的奴仆,不能干预外政,但因与皇室接近而关系密切,故历史上常造成阉宦专权的局面。黄皓:蜀汉宦官(生卒年不详),为后主刘禅所宠信,奸险谄佞,于董允死后渐干预政事,历任黄门令、中常侍、奉车都尉。曾欲以右大将军阎宇取代姜维。弄权:凭借职位,滥用权力。

⑦右大将军阎宇:字文平(生卒年不详),荆州南郡(治今湖北省荆州市)人。蜀汉将领,素有才干,处事勤勉,历任庲降都督、永安都督,官至右大将军。右大将军,蜀汉后期,黄皓专为阎宇而设置,欲以此牵制大将军姜维并伺机取而代之。协比:勾结;依附。

⑧不复还成都:裴注引《华阳国志》曰:"维恶黄皓恣擅,启后主欲杀之。后主曰:'皓趋走小臣耳,往董允切齿,吾常恨之,君何足介意!'维见皓枝附叶连,惧于失言,逊辞而出。后主敕皓诣维陈谢。维说皓求沓中种麦,以避内逼耳。"

⑨六年:即景耀六年(263)。

⑩表:启奏,上奏章给皇帝。

⑪钟会:字士季(225~264),颍川长社(今河南长葛东)人,钟繇之子。魏齐王正始间(240~249),任秘书郎,迁中书侍郎。魏高贵乡公正元二年(255),从司马师往淮南讨伐毌丘俭、文钦,参与机密。后从司马昭讨伐诸葛诞,屡献计,得司马昭赏识。历任司隶校尉、镇西将军,蜀亡后,晋位司徒。诬陷邓艾谋反,致使邓父子被杀。随后自己谋反,被监军卫瓘攻杀。详见本书所选《钟会传》。

⑫规:图谋。

⑬张翼:字伯恭(?~264),犍为武阳(今四川彭山东)人。刘备为益州牧,举孝廉入仕,历官涪陵令、蜀郡太守、绥南中郎将、前领军、征西大将军、镇南大将军,左车骑将军,领冀州刺史,拜封都亭侯,后与姜维同降钟会,随入城都,为乱兵所杀。《三国志》卷四五有传。廖化:本名淳,字元俭(?~

264),襄阳(治今湖北襄阳)人。初为关羽主簿,羽败后归吴,不久逃归蜀汉,历任宜都太守、丞相参军。蜀亡后,徙洛阳途中病卒。《三国志》卷四五有传。阳安关口:即阳安关,位于今陕西宁强县西北阳平关镇。阴平桥头:即阴平桥,位于今甘肃文县南门外白水江上。

⑭征信:取信,凭信。鬼巫:装神弄鬼的巫觋。

⑮寝:止息。

⑯右车骑(jūjì居寄):即右车骑将军,官名。蜀汉创置,将车骑将军分左、右,其阶位当低于车骑将军。

⑰辅国大将军董厥:字龚袭(生卒年不详),义阳(今河南桐柏东)人。蜀汉大臣,官至辅汉大将军。蜀亡后,仕魏任相国参军,兼散骑常侍。《三国志》卷三五有传。辅国大将军,三国时所置高级将军名,第二品,不常置。

⑱阴平:即阴平县,三国魏改阴平道置,为阴平郡治,治所在今甘肃文县西北五里。

⑲诸葛绪:魏国将领(生卒年不详),历任泰山太守、雍州刺史。

⑳关口:即阳安关口。

㉑蒋舒:蜀汉将领,生平不详。

㉒傅佥(qiān千):蜀汉将领(?~263),义阳(治今河南桐柏东)人,傅肜之子。在镇守阳安关副将蒋舒降魏后,与魏军力战而亡。裴注引《汉晋春秋》曰:"蒋舒将出降,乃诡谓傅佥曰:'今贼至不击而闭城自守,非良图也。'佥曰:'受命保城,惟全为功,今违命出战,若丧师负国,死无益矣。'舒曰:'子以保城获全为功,我以出战克敌为功,请各行其志。'遂率众出。佥谓其战也,至阴平,以降胡烈。烈乘虚袭城,佥格斗而死,魏人义之。"又引《蜀记》曰:"蒋舒为武兴督,在事无称。蜀命人代之,因留舒助汉中守。舒恨,故开城出降。"

㉓甫:刚刚。

姜维传 | 1155

㉔剑阁：位于今四川剑阁县东北剑门镇剑门关。晋常璩《华阳国志》卷二《汉中志》："（汉德县）有剑阁道三十里，至险，有阁尉。"

㉕公侯：泛指有爵位的贵族和官高位显的人。

㉖迈世：超越世俗。略：谋略。

㉗功济巴汉：谓功业成就于巴汉。济，成功；成就。巴汉，古巴郡、汉中地区。在今川东、陕南、鄂西北一带。这里指代蜀汉政权所控制的疆域。

㉘声畅华夏：谓声名显扬于中原大地。畅，通达。华夏，这里当指我国中原一带，即曹魏控制的区域。

㉙归名：谓倾心仰慕。

㉚"每惟"二句：意谓每每想起往日我们一同在魏为官的岁月。惟，想。畴昔，往日。大化，广远深入的教化。语出《尚书·周书·大诰》："肆予大化诱我友邦君。"唐孔颖达疏："故我大为教化，劝诱我所友国君，共伐叛逆。"这里即含蓄地代表曹魏政权。

㉛吴札：即季札（前576～前484），春秋吴国吴王寿梦第四子，封于延陵（今江苏常州），后封州来，故又称公子札、延陵季子、延州来季子、季子，传说他屡次辞让王位继承。事见《史记·吴太伯世家》。郑乔：即子产（前？～前522），公孙氏，名侨，字子产，又字子美，谥成。他是郑穆公之孙，公元前554年为卿，公元前543年执政，先后辅佐郑简公、郑定公。故"郑乔"当作"郑侨"。郑侨是春秋时郑国的著名政治家，治理郑国有惠政。事见《史记·循吏列传》。另据《左传·襄公二十九年》，春秋时，吴公子季札以使者身份"聘于郑，见子产，如旧相识，与之缟带，子产献纻衣焉"。两人一见如故并互赠礼品，建立起友好关系。

㉜能喻斯好：意即季札与子产的友谊可以比喻我们两人的关系。

而邓艾自阴平由景谷道傍入①，遂破诸葛瞻于绵竹②。后主请降于艾,艾前据成都。维等初闻瞻破,或闻后主欲固守成都③,或闻欲东入吴,或闻欲南入建宁④,于是引军由广汉、郪道以审虚实⑤。寻被后主敕令⑥,乃投戈放甲⑦,诣会于涪军前,将士咸怒,拔刀砍石⑧。

[注释]

①景谷道:古道路名。古代甘肃入四川的道路之一,以景谷(今青川河)而名。由甘肃文县顺白龙江而下,至四川青川县东北之白水镇,南下经广元市西南之宝轮院,南转至剑阁;或由白水镇向西溯青川河而上,由清溪镇转南至平武县。邓艾伐蜀所循路线为后者。

②诸葛瞻:字思远(227~263),琅邪阳都(今山东沂南南)人,诸葛亮之子。年十七,尚后主刘禅女,拜骑都尉,官至行都护、卫将军。被邓艾围困于绵竹,失利阵亡。《三国志》卷三五有传。绵竹:即绵竹县,西汉置,属广汉郡,治所在今四川德阳市北黄许镇。

③或闻:有人传闻。

④建宁:即建宁郡,蜀汉建兴三年(225)改益州郡置,属庲降都督,治所在味县(今云南曲靖市西北十五里三岔)。辖境约相当于今滇东与滇中,西南至哀牢山以东的双柏、新平。

⑤广汉:即广汉县,西汉高帝六年(前201)置,属广汉郡,三国蜀为东广汉郡治。治所在今四川射洪县南六十里柳树镇。郪:即郪县,西汉置,属广汉郡,三国蜀属东广汉郡。治所在今四川三台县南九十里郪江镇,因郪江水为名。审:查明。

⑥敕(chì 赤)令:诫令,命令。

⑦投戈放甲:谓放下武器。

⑧拔刀砍石:形容愤怒以极。裴注引干宝《晋纪》云:"会谓维曰:'来何迟也?'维正色流涕曰:'今日见此为速矣!'会甚奇之。"

姜维传 | 1157

会厚待维等,皆权还其印号节盖①。会与维出则同舆,坐则同席,谓长史杜预曰②:"以伯约比中土名士,公休、太初不能胜也③。"会既构邓艾④,艾槛车征⑤,因将维等诣成都,自称益州牧以叛⑥。欲授维兵五万人,使为前驱⑦。魏将士愤怒,杀会及维,维妻子皆伏诛⑧。

[注释]

①权:暂且。印号:官印和官号。节盖:古代持符节的大将所使用的伞盖。

②长史杜预:字元凯(222~284),京兆杜陵(今陕西西安东南)人,魏散骑常侍杜恕之子。仕曹魏,起家拜尚书郎,参相府军事、镇西长史。入晋,任河南尹、度支尚书,拜镇南大将军、都督荆州诸军事,是晋灭吴的军事统帅之一。杜预是魏晋时期著名政治家、军事家与学者,博学多才,有"杜武库"之誉,撰有《春秋左氏经传集解》《春秋释例》《春秋长历》等,其中《集解》为《左传》注解流传至今最早的一种。《晋书》卷三四有传。长(zhǎng掌)史,官名。东汉三国时,三公及常设将军等所置属官,其职责为总理各曹事务,辅佐三公及将军。

③公休:即诸葛诞(?~258),字公休。见本传前注。太初:即夏侯玄(209~254),字太初,谯(今安徽亳州市)人,夏侯尚之子,曹爽表弟。仕魏,任征西将军、假节,都督雍、凉州诸军事。因魏齐王曹芳密诏事被司马师处死。他是魏晋时期著名清谈家。《三国志》卷九有传。裴注引《世语》曰:"时蜀官属皆天下英俊,无出维右。"

④构:诬陷。

⑤槛车:用栅栏封闭的车,用于囚禁犯人或装载猛兽。征:谓收捕。

⑥自称益州牧以叛：裴注引《汉晋春秋》曰："会阴怀异图，维见而知其心，谓可构成扰乱以图克复也，乃诡说会曰：'闻君自淮南已来，算无遗策，晋道克昌，皆君之力。今复定蜀，威德振世，民高其功，主畏其谋，欲以此安归乎！夫韩信不背汉于扰攘，以见疑于既平，大夫种不从范蠡于五湖，卒伏剑而妄死，彼岂闇主愚臣哉？利害使之然也。今君大功既立，大德已著，何不法陶朱公泛舟绝迹，全功保身，登峨嵋之岭，而从赤松游乎？'会曰：'君言远矣，我不能行，且为今之道，或未尽于此也。'维曰：'其他则君智力之所能，无烦于老夫矣。'由是情好欢甚。"又引《华阳国志》曰："维教会诛北来诸将，既死，徐欲杀会，尽坑魏兵，还复蜀祚，密书与后主曰：'愿陛下忍数日之辱，臣欲使社稷危而复安，日月幽而复明。'"又引孙盛《晋阳秋》曰："盛以永和初从安西将军平蜀，见诸故老，及姜维既降之后密与刘禅表疏，说欲伪服事钟会，因杀之以复蜀土，会事不捷，遂至泯灭，蜀人于今伤之。盛以为古人云，非所困而困焉名必辱，非所据而据焉身必危，既辱且危，死其将至，其姜维之谓乎！邓艾之入江由，士众鲜少，维进不能奋节绵竹之下，退不能总帅五将，拥卫蜀主，思后图之计，而乃反覆于逆顺之间，希违情于难冀之会，以衰弱之国，而屡观兵于三秦，已灭之邦，冀理外之奇举，不亦闇哉！"又云："臣松之以为盛之讥维，又为不当。于时钟会大众既造剑阁，维与诸将列营守险，会不得进，已议还计，全蜀之功，几乎立矣。但邓艾诡道傍入，出于其后，诸葛瞻既败，成都自溃。维若回军救内，则会乘其背。当时之势，焉得两济？而责维不能奋节绵竹，拥卫蜀主，非其理也。会欲尽坑魏将以举大事，授维重兵，使为前驱。若令魏将皆死，兵事在维手，杀会复蜀，不为难矣。夫功成理外，然后为奇，不可以事有差牙，而抑谓不然。设使田单之计，邂逅不会，复可谓之愚闇哉！"

⑦前驱：先头部队，先锋。

⑧伏诛：被处死。裴注引《世语》曰："维死时见剖，胆如升大。"

姜维传 | 1159

郤正著论论维曰①:"姜伯约据上将之重②,处群臣之右③,宅舍弊薄④,资财无馀,侧室无妾媵之亵⑤,后庭无声乐之娱⑥,衣服取供⑦,舆马取备⑧,饮食节制,不奢不约⑨,官给费用,随手消尽;察其所以然者,非以激贪厉浊⑩,抑情自割也⑪,直谓如是为足⑫,不在多求。凡人之谈,常誉成毁败⑬,扶高抑下⑭,咸以姜维投厝无所⑮,身死宗灭,以是贬削⑯,不复料摘⑰,异乎《春秋》褒贬之义矣⑱。如姜维之乐学不倦⑲,清素节约⑳,自一时之仪表也㉑。"

维昔所俱至蜀,梁绪官至大鸿胪㉒,尹赏执金吾㉓,梁虔大长秋㉔,皆先蜀亡没。

[注释]

①郤(xì 悉)正:字令先(？~278),河南偃师(今属河南)人。自幼父死母嫁,安贫好学,因淡于荣利而免于忧患,博览群籍,为蜀汉学者,官至秘书令。蜀汉景耀六年(263),后主从谯周之计请降邓艾,降书即郤正所撰。后又舍妻子单身随侍后主赴洛阳,受到当时人称赏。赐爵关内侯。入晋,除安阳令,迁巴西太守。《三国志》卷四二有传。

②上将:主将,统帅。姜维任蜀汉大将军,故称。

③右:古代崇右,故以右为上,为贵,为高。

④弊薄:破败。

⑤侧室:燕寝旁侧之室。妾媵(yìng 映):古代诸侯贵族女子出嫁,以侄娣从嫁,称媵。后因以"妾媵"泛指侍妾。亵(xiè 谢):亲近。

⑥后庭:这里谓屋舍后院。

⑦取供:谓仅求够用。

⑧取备:谓只求必须。

⑨约:谓过分简朴。

⑩激贪:谓抑制贪婪。厉浊:谓令污浊者自厉。

⑪抑情自割:谓抑制情欲而限制自己。

⑫直谓:只不过以为。

⑬誉成毁败:谓赞誉成功者,诋毁失败者。类似于"成王败寇"。

⑭扶高抑下:谓对高势位者愈加扶持,对低势位者进行压抑。

⑮投厝(cuò 错)无所:谓投身之地没有选择对。这里指投身蜀汉政权。

⑯贬削:这里是贬低、否定的意思。

⑰料擿(tī 踢):估量、剖析。这里有进一步探求的意思。

⑱春秋:编年体史书名。相传孔子据鲁史修订而成。所记起于鲁隐公元年,止于鲁哀公十四年,凡二百四十二年。叙事极简,用字寓褒贬之义,为后世所称道。为其作传者,以《左氏》《公羊》《穀梁》最著,是为《春秋》三传。

⑲乐学:好学,乐于学习。语出《礼记·学记》:"不学杂服,不能安礼;不兴其艺,不能乐学。"唐孔颖达疏:"不歆喜其杂艺,则不能耽翫乐于所学之正道。"

⑳清素:清正廉洁。节约:节制约束。

㉑仪表:楷模。裴注引孙盛曰:"异哉郤氏之论也!夫士虽百行,操业万殊,至于忠孝义节,百行之冠冕也。姜维策名魏室,而外奔蜀朝,违君徇利,不可谓忠;捐亲苟免,不可谓孝;害加旧邦,不可谓义;败不死难,不可谓节;且德政未敷而疲民以逞,居御侮之任而致敌丧守,于夫智勇,莫可云也:凡斯六者,维无一焉。实有魏之逋臣,亡国之乱相,而云人之仪表,斯亦惑矣。纵维好书而微自藻洁,岂异夫盗者分财之义,而程郑降阶之善也?"又云:"臣松之以为郤正此论,取其可称,不谓维始终行事皆可准则也。所云

'一时仪表',止在好学与俭素耳。本传及《魏略》皆云维本无叛心,以急逼归蜀。盛相讥贬,惟可责其背母。馀既过苦,又非所以难邻正也。"

㉒大鸿胪:九卿之一,掌管朝廷的礼宾事务。汉代,凡诸侯王和各少数民族君长,以及外国君主或使臣,被视为皇帝的宾客,与之有关的事务,多由大鸿胪掌管,秩中二千石。属官有丞、治礼郎等。

㉓执金吾(yú鱼):官名。其职为统领禁军中的北军,负责宫外的警戒,维护皇宫周围的治安及防止水火之灾等非常事故,皇帝出行任仪仗护卫,秩中二千石。

㉔大长秋:官名。汉置,为皇后近侍,多由宦官充任。其职掌为宣达皇后旨意,管理宫中事宜。

评曰:蒋琬方整有威重①,费祎宽济而博爱②,咸承诸葛之成规③,因循而不革④,是以边境无虞⑤,邦家和一⑥,然犹未尽治小之宜⑦,居静之理也⑧。姜维粗有文武,志立功名,而玩众黩旅⑨,明断不周⑩,终致陨毙⑪。《老子》有云:"治大国者犹烹小鲜⑫。"况于区区蕞尔⑬,而可屡扰乎哉⑭?

[注释]

①方整:形容人品性方正,举止端庄。威重:威严庄重。

②宽济:宽怀大度。博爱:谓广泛地爱一切人。

③成规:前人制定的规章制度。亦指老规矩,老办法。

④因循:沿袭、承袭、继承。《汉书·百官公卿表上》:"秦兼天下,建皇帝之号。立百官之职。汉因循而不革,明简易,随时宜也。"

⑤无虞:没有忧患,太平无事。语出《尚书·周书·毕命》:"四方无虞,

予一人以宁。"

⑥邦家：国家。和一：亦作"和壹"。和合一致；和睦同心。语出《尚书·商书·咸有一德》："其难其慎,惟和惟一。"

⑦治小：谓治理小国。

⑧居静：谓使安定。裴注云："臣松之以为蒋、费为相,克遵画一,未尝徇功妄动,有所亏丧,外却骆谷之师,内保宁缉之实,治小之宜,居静之理,何以过于此哉！今讥其未尽而不著其事,故使览者不知所谓也。"

⑨玩众：轻慢士卒。黩（dú 读）旅：滥用武力。

⑩明断：清明而果断。

⑪陨（yǔn 允）毙：死亡。

⑫"治大国"句：语出《老子》第六十章,河上公注："鲜,鱼。烹小鱼,不去肠,不去鳞,不敢挠,恐其糜也。治国烦则下乱。"后用来比喻治国便民之道。

⑬区区：小,少。形容微不足道。语出《左传·襄公十七年》："宋国区区,而有诅有祝,祸之本也。"蕞（zuì 最）尔：形容小。语出《左传·昭公七年》："郑虽无腆,抑谚曰'蕞尔国',而三世执其政柄。"

⑭扰：搅扰。裴注引干宝曰："姜维为蜀相,国亡主辱弗之死,而死于钟会之乱,惜哉！非死之难,处死之难也。是以古之烈士,见危授命,投节如归,非不爱死也,固知命之不长而惧不得其所也。"

[译文]

姜维字伯约,是天水郡冀县人。年幼时父亲就去世了,与母亲一起生活。喜好经学中的郑玄学派。在本郡担任上计掾史,被凉州州府征召为从事。因为姜维的父亲姜冏曾任郡功曹,适值西北少数民族叛乱,为保卫郡守,在战场上阵亡,朝廷就赐予姜维从事中郎的官职,参与管理本郡的军事。

蜀汉后主建兴六年(228),丞相诸葛亮统率蜀军进攻祁山,当时天水郡太守外出巡视,姜维与功曹梁绪、主簿尹赏、主记梁虔等随同。太守闻知蜀军即将至此,郡中各县响应蜀军,怀疑姜维等都有叛魏之心,于是连夜逃至上邽县城以求自保。姜维等发觉太守已去,前往追赶不及,到达上邽县城城门,城门关闭,拒不接纳。姜维等相继回至天水郡治所冀县,冀县也不接纳姜维等人。姜维等就一同去求见诸葛亮。适值马谡在街亭被打败,诸葛亮迁徙西县的一千馀家以及姜维等回师汉中,因而姜维就与他的母亲失散了。诸葛亮征召姜维担任仓曹掾,并加奉义将军,封当阳亭侯,这一年姜维二十七岁。诸葛亮致书留府长史张裔、参军蒋琬说:"姜伯约对于合于时节而应做的事忠心勤劳,思考问题周到精细,考察他所具备的才干,李邵、马良等人比不上。这个人,是凉州道德高尚的人。"又说:"必须先让他训练虎步监中营步兵五六千名。姜伯约很擅长于军事,有胆识、明义理,很懂得用兵之道。此人内心怀念汉室,才能倍于他人,等他完成训练军队的任务后,应当派他前往成都皇宫,朝见陛下。"此后姜维升迁为中监军、征西将军。

蜀汉后主建兴十二年(234),诸葛亮去世,姜维回成都,任右监军、辅汉将军,统领各路兵马,进封平襄侯。蜀汉后主延熙元年(238),随大将军蒋琬驻军汉中郡。蒋琬升任大司马以后,任命姜维为郡司马,姜维屡次率领主力以外的部分军队向西攻入敌境。延熙六年(243),姜维升迁镇西大将军,兼任凉州刺史。延熙十年(247),姜维升任卫将军,与大将军费祎一同总揽尚书台事务。这一年,汶山郡平康县少数民族反叛,姜维领兵讨伐平定。他又出征陇西、南安、金城三郡地界,与魏大将军郭淮、夏侯霸等在洮西交战。少数民族头领治无戴等带领其部落归降,姜维将他们带回安置。延熙十二年(249),朝廷加姜维假节的称号,再次出征西平郡,没有取胜而归。姜维自认为熟悉西部地区的民风习俗,加之自负有军事才干,准备诱使羌族、匈奴族的部落作为自己的辅助力量,认为陇山以西一带可以据为己有。他每每打算大举出兵陇山以西，费祎则常常加以抑止不同意，给他的人马不超过一万人。

蜀汉后主延熙十六年（253）的春天，费祎去世。这一年夏天，姜维率军队数万人由石营出发，经过董亭，围攻南安，魏雍州刺史陈泰前来解围到达洛门，姜维因军粮不继而撤回。第二年，朝廷加授姜维督中外军事。姜维再次出兵陇西郡，魏国狄道的代理县长李简献出城池投降。姜维进军围攻襄武县，与魏国将领徐质交战，将徐质斩杀，大破魏军，魏军败退。姜维乘胜攻城受降，占据多地，迁徙河关、狄道、临洮三县百姓而归。延熙十八年（255），又与车骑将军夏侯霸等一起出征狄道县，在洮西将魏雍州刺史王经打得大败，王经部下死者数万人。王经退守狄道县城，姜维围攻。魏征西将军陈泰率军前来解围，姜维退却驻扎钟题。

蜀汉后主延熙十九年（256）的春天，后主刘禅派人至姜维驻军处升职他为大将军。姜维进一步操练军队，与镇西大将军胡济约定时间到上邽会师，胡济失约没有赶到，因而姜维被魏国大将邓艾在段谷打败，蜀汉士兵四散，流转分离，死亡很多。部众与百姓因此怨恨诽谤，陇山以西一带也骚乱不安宁。姜维向朝廷谢罪并引咎自责，自我请求贬官削爵。降职后将军，代理大将军职务。

蜀汉后主延熙二十年（257），魏征东大将军诸葛诞在淮南国反叛，魏国调动关中一部分军队东下平叛。姜维打算乘关中空虚出兵秦川，就再次率领数万人马从骆谷出征，一直到达沈岭。当时长城戍储存军粮很多而防守军队不多，闻知姜维军队将要到来，魏国军众都很惶恐不安。魏大将军司马望据守，邓艾也从陇西赶来，都驻军于长城戍。姜维进军至芒水，倚山建立营垒。司马望、邓艾凭借渭水，坚守营寨不出应战，姜维屡次向魏军挑战，司马望、邓艾坚守不应战。蜀汉后主景耀元年（258），姜维闻知诸葛诞被攻灭，于是撤军回成都。朝廷再次任命姜维为大将军。

起初，先主刘备留魏延镇守汉中，他在蜀汉边境都构筑营垒并派兵驻守以抵御外敌，如果有外敌来攻，令进犯者不得入境。延熙七年（244）的兴势山之战，蜀将王平在抵御魏将曹爽的进攻中，都是沿用了这一策略。姜维建议，以为交错防守，虽与《周易》中"层层设门以防备强盗"的含义相合，然而这仅仅可以防御敌人，不能获取歼敌的大利益。不如在闻知敌军来攻时，各营垒都收缩兵力，集聚军粮，退守于汉城、乐城两座城池，令敌军不得进入平阔地带，再设置多重关卡驻军镇守以加强防护。发生战事的时候，令流动作战的军队一同出行，窥伺探寻敌军虚弱之处。敌军进攻关卡不能取胜，田野中又没有散落的粮食，军粮远隔千里，敌军自然疲惫不堪。等到敌军撤退的时候，各城守军一起出动，与流动作战的军队齐心合力攻击敌人，这就是歼敌的策略。于是命令督守汉中的胡济退至汉寿县驻守，监军王含驻守乐城，护军蒋斌驻守汉城，又在西安、建威城、武卫、石门、武城山、建昌、临远各地都设围防守。

蜀汉后主景耀五年（262），姜维率领军队出师侯和，被邓艾打败，退驻沓中。姜维本属寄居异乡而受国事付托，连年进行攻战，却没有建立功绩，而宦官黄皓等在朝廷内凭借职位，滥用权力，右大将军阎宇与黄皓相勾结，黄皓暗中准备废黜姜维而扶持阎宇替代。姜维也心生怀疑，为自己的安全担忧害怕，不再返回成都。景耀六年（263），姜维上奏章给后主刘禅："闻知钟会在关中训练军队，正图谋进攻我国，应当同时派遣张翼、廖化统率各路军队分别守护阳安关口与阴平桥头，以防患于未然。"黄皓取信于装神弄鬼的巫觋，认为敌军终究不会自己到来，禀告后主止息此建议，而朝中群臣并不知此事。等到钟会即将进入骆谷，邓艾即将进入沓中，朝廷才派遣右车骑将军廖化前往沓中去援助姜维，派遣左车骑将军张翼、辅国大将军董厥等前往阳安关口，作为各个防守营垒的外援力量。等到他们行军至阴平县，听说魏国将领诸葛绪已经进军建威，因而原地驻守以待敌军。一个月后，姜维被邓艾击溃,退回至阴平县。钟会围攻汉城、乐城,派遣配合主力军作战的部将进攻阳安关口,蜀将蒋舒开城出降,另一蜀将傅佥与魏军格斗而阵亡。钟会围攻乐城,不能攻克,闻知阳安关口已被攻占,就率领主力军队长驱直入。张翼、董厥刚刚到达汉寿县,姜维、廖化也放弃阴平县撤退,正好与张翼、董厥的军队会合,就一同退保剑阁以抗拒钟会。钟会致书姜维说:"公侯您凭借文武全才,胸怀超越世俗的谋略,功业成就于巴汉,声名显扬于中原大地,远近之人没有不倾心仰慕的。每每想起往日我们一同在魏为官的岁月,春秋时吴公子季札与郑子产的交好,可以用来比喻我们之间的友谊。"姜维没有回书,排列开阵营,坚守险要处。钟会不能攻克,加之军粮的运输距离遥远,商议将撤军回归。

邓艾从阴平经景谷道旁侧进入益州腹地,于是在绵竹县击溃诸葛瞻的守军。蜀后主刘禅向邓艾请降,邓艾进军占据成都。姜维等起初得知诸葛瞻被攻破,有人听说后主准备固守成都,有人听说后主打算投奔东吴,有人听说后主想南下建宁郡,姜维于是领兵经由广汉县、郪县南下,以便查明真假。不久,姜维等接到后主的命令,于是放下武器,前往涪县钟会的驻军处投降,蜀军将士都异常愤怒,拔出刀砍石头泄愤。

钟会优待姜维等人,还暂且将他们的官印和官号以及持符节的大将所使用的伞盖发还。钟会与姜维出外同乘一辆车,入内同坐一张席,钟会对长史杜预说:"以姜伯约与中原的名士相比较,诸葛诞与夏侯玄都难以超越。"钟会诬陷邓艾造反以后,邓艾被用栅栏封闭的车收捕押往洛阳,钟会就带领姜维等前往成都,自称益州牧反叛魏国。他打算授予姜维五万兵马,用为先头部队。魏国将士愤怒,斩杀钟会与姜维,姜维的妻子儿女都被杀死。

郤正撰写文章评论姜维说:"姜伯约占据蜀汉统帅的重要地位,处于群臣之首,住宅破败,没有富馀的资财,燕寝旁侧之室没有侍妾的亲近,屋舍后院没有乐队侍候的娱乐,衣服仅求够用,车马只求必须,饮食很有节制,不奢侈也不过分简朴,官府所发费用,随手花完;考察姜维之所以如此的原因,并不是抑制贪婪,令污浊者自厉,也不是用抑制情欲而限制自己,只不过以为这样就很满足了,不需要再有更多的追求。一般人议论事情,经常赞誉成功者,诋毁失败者;对高势位者愈加扶持,对低势位者进行压抑。都以为姜维投身之地没有选择对,自身被杀还连累到宗族的覆亡,因而贬低、否定姜维,对此不必再进一步探求了,尽管这与《春秋》所秉持的褒贬原则不相适应。像姜维这样好学不倦,清正廉洁,节制约束,自然是一个时代的楷模。"

当初与姜维一同到蜀汉的人,梁绪官至大鸿胪,尹赏官至执金吾,梁虔官至大长秋,都在蜀汉灭亡前去世。

评论说:蒋琬品性方正,威严庄重;费祎宽怀大度,能广泛地爱一切人。他们都能承续诸葛亮制定的规章制度,沿袭下来而无革除,因而边境没有忧患,可太平无事,国家和睦同心,然而仍没有通晓治理小国的合适方法以及使安定的道理。姜维具有大致的文才武略,立志建立功名,而轻慢士卒,滥用武力,在清明而果断的方面不能周全,最终导致灭亡。《老子》中有这样的话:"治理大国如同烹饪小鱼小虾一样不能频繁搅动。"何况蜀汉乃微不足道的小国,难道可以不断地扰动吗?

吴书

吴主传

[题解]

传见《三国志》卷四七《吴书二》。孙权(182～252),字仲谋,孙坚次子,吴郡富春县(今浙江富阳)人。吴国建立者,即吴大帝。与曹操、刘备自创基业相比,孙权继承父兄开辟的天地,无辗转流离之苦,似乎因人成事,无足深论。实则巩固江南,开发岭南,遣航夷洲,特别是其早期知人善任,能够令周瑜、鲁肃、吕蒙、陆逊等不世出之英杰人尽其才,亦属一代英主,堪作曹、刘之敌手。据《三国志》卷四六《孙破虏讨逆传》记述,孙策被人刺伤,临终前,将弟弟孙权托付于张昭,并对孙权说:"举江东之众,决机于两陈之间,与天下争衡,卿不如我;举贤任能,各尽其心,以保江东,我不如卿。"作为兄长的孙策对于孙权的判断是准确的。孙权为政善度大局,屈伸自如,或尊魏,或联蜀,能够与魏、蜀三分天下,绝非轻而易举之事。特别是本传记述孙权亲临战场厮杀的文字不多,仿佛只凭调兵遣将,就能运筹帷幄、克敌制胜,且没有遭受过重大挫折,堪称福大命大造化大。也许顺风顺水的人生经历逐渐培养了孙权刚愎自用、自以为是乃至唯我独尊的性格。孙权不听群臣进谏,"经略"辽东,结果大败亏输。其统治晚期所暴露出的"性多嫌忌"与"果于杀戮"的斑斑劣迹,甚至连自己的儿子也不放过,痛下杀手,刻薄寡恩,毫无骨肉亲情,凸显了他冷酷无情的极端残暴性格。上有所好,下必甚焉,江南各地屡见"嘉瑞"之象,"异兆"纷呈,乌烟瘴气,未始不是奉承阿谀小人装神弄鬼、投其所好的反映。《礼记·中庸》所谓"国家将兴,必有祯祥;国家将亡,必有妖孽",信非虚语。孙权死后二十八年,"王濬楼船下益州",令金陵王气黯然失色,三分终归于一统,孙权九原可作,徒呼奈何而已!如果用"早年英明,晚年糊涂"八字概括孙权一生,未免大而化之,失之笼统。孙权之所以晚年有失,普遍存在的人性弱点而外,《战国策·燕策一》中所谓"帝者与师处,王者与友处,霸者与臣处,亡国与役处"之论,也许更能准确地解释孙权的人生发展历程。性格专横的封建专制帝王,只要活得足够长,也大率如此。

孙权字仲谋。兄策既定诸郡①,时权年十五,以为阳羡长②。郡察孝廉③,州举茂才④,行奉义校尉⑤。汉以策远修职贡⑥,遣使者刘琬加锡命⑦。琬语人曰⑧:"吾观孙氏兄弟虽各才秀明达⑨,然皆禄祚不终⑩,惟中弟孝廉,形貌奇伟,骨体不恒⑪,有大贵之表,年又最寿,尔试识之⑫。"

[注释]

①兄策:即孙策(175~200),字伯符,东汉吴郡富春(今浙江富阳)人,孙坚长子。曾随孙坚攻刘表,孙坚死,领其馀部依附袁术。兴平二年(195)离开袁术,率军渡江,占据吴、会稽、庐江、豫章等六郡,建立孙氏政权,威震江东,人称"小霸王"。建安二年(197),曹操表其为讨逆将军,封吴侯。建安五年(200),被原吴郡太守许贡家客行刺,伤重而亡。后其弟孙权称帝,追谥孙策为长沙桓王。《三国志》卷四六有传。

②阳羡:即阳羡县,属会稽郡,治所在今江苏宜兴市南五里荆溪南。东汉属吴郡,三国吴属义兴郡,移治今宜兴市。长:即县长,一县之行政长官。秦汉时人口万户以上的称县令,万户以下的称县长。裴注引《江表传》曰:

"坚为下邳丞时,权生,方颐大口,目有精光,坚异之,以为有贵象。及坚亡,策起事江东,权常随从。性度弘朗,仁而多断,好侠养士,始有知名,侔于父兄矣。每参同计谋,策甚奇之,自以为不及也。每请会宾客,常顾权曰:'此诸君,汝之将也。'"

③察:两汉选拔官吏实行察举制,即由官吏荐举,经过考核,任以官职。孝廉:孝,谓孝悌者;廉,谓清廉之士。分别为始于汉代选拔人才的科目,在东汉尤为求仕者必由之途,后往往合为一科。亦指被推选的士人。

④举:同"察"。茂才:即秀才,汉时开始与孝廉并为举士的科名。东汉时避光武帝讳改称"茂才"。

⑤行:代理。奉义校尉:汉末三国因军事需要而临时设置的武职名,位次于将军。

⑥修:实行,从事某种活动。职贡:古代称藩属或外国对于朝廷按时的贡纳。

⑦刘琬:东汉末官员,曾供职汉献帝。生平不详。锡命:天子有所赐予的诏命。

⑧语(yù 玉):告诉。

⑨才秀:犹才俊,谓才能出众。明达:对事理有明确透彻的认识;通达。

⑩禄祚:犹福禄。不终:不得善终,不能终其天年。

⑪骨体:骨架躯体。不恒:不平常。

⑫尔:代词,你们。识(zhì):记住。

建安四年①,从策征庐江太守刘勋②。勋破,进讨黄祖于沙羡③。

五年④,策薨⑤,以事授权,权哭未及息。策长史张昭谓权曰⑥:"孝廉,此宁哭时邪⑦?且周公立法而伯禽不师⑧,非欲违父,时不得行也⑨。况今奸宄竞逐⑩，豺狼满道⑪，乃欲哀亲戚⑫，顾礼制，是犹开门而揖盗⑬，未可以为仁也。"乃改易权服⑭，扶令上马，使出巡军⑮。是时惟有会稽、吴郡、丹杨、豫章、庐陵⑯，然深险之地犹未尽从，而天下英豪布在州郡⑰，宾旅寄寓之士以安危去就为意⑱，未有君臣之固。张昭、周瑜等谓权可与共成大业⑲，故委心而服事焉⑳。曹公表权为讨虏将军㉑，领会稽太守㉒，屯吴㉓，使丞之郡行文书事㉔。待张昭以师傅之礼㉕，而周瑜、程普、吕范等为将率㉖。招延俊秀㉗，聘求名士，鲁肃、诸葛瑾等始为宾客㉘。分部诸将㉙，镇抚山越㉚，讨不从命㉛。

[注释]

①建安四年：即公元199年。建安，汉献帝第五个年号(196～220)。

②策：即孙策(175～200)。庐江太守刘勋：字子台(生卒年不详)，琅邪(今山东临沂北)人。原为袁术故吏，任庐江太守，袁术死后，孙策袭夺庐江，刘勋投奔曹操，拜征虏将军，封列侯。庐江：即庐江郡，楚汉之际分秦九江郡置，汉武帝后治所舒县(今安徽庐江县西南三十里城池乡)，辖境相当于今安徽巢湖市、舒城、霍山县以南，长江以北，湖北英山、广济、黄梅与河南商城等县地。东汉末废。

③黄祖：荆州牧刘表所署江夏太守(？～208)，屡败于东吴军队，以其部下曾射杀孙坚，故与孙家结下世仇。建安十三年(208)，终为孙权部下所斩杀。沙羡：即沙羡县，西汉置，属江夏郡，治所在今湖北武汉市武昌西金口镇。三国吴太平元年(256)废。

④五年：即建安五年(200)。

⑤薨(hōng轰)：死的别称。自周代始，人之死亡，有尊卑之分，"薨"以称诸侯之死。《礼记·曲礼下》："天子死曰崩，诸侯曰薨，大夫曰卒，士曰不

禄,庶人曰死。"建安二年(197),孙策被封吴侯,故其死称"薨"。

⑥长史张昭:字子布(156~236),彭城(今江苏徐州)人。东汉末避乱江东,从孙策创业,被命为长史、抚军中郎将。孙策临终以孙权托付,孙权待以师父之礼。历任军师、绥远将军、辅吴将军,班亚三司,封娄侯,食邑万户。卒谥文侯。屡直言进谏孙权,孙权敬惮之。博览群书,著有《春秋左氏传解》《论语注》。详见本书所选《张昭传》。长(zhǎng掌)史,官名。东汉三国时,三公及常设将军等所置属官,其职责为总理各曹事务,辅佐三公及将军。

⑦宁:岂,难道。

⑧周公:周初政治家,名旦。为周文王之子,周武王之弟。因采邑在周(今陕西宝鸡东北),称为周公。文王死后二年,他和太公望、召公奭佐武王灭殷杀纣,建立周朝。武王死后,又辅佐武王子成王巩固了王权。据说周朝的政治、礼乐制度,即为周公所订。伯禽:姬姓,名禽,伯是其排行,尊称禽父,周文王姬昌之孙,周公旦长子,周武王姬发之侄,周朝诸侯国鲁国第一任国君。据说伯禽母亲死,因徐戎作乱,伯禽于百日祭"卒哭"后即领兵前往征讨,因急于王事,就没有遵循周礼孝子须服丧三年的规定。不师:不效法。

⑨时:时势。裴注云:"臣松之按《礼记·曾子问》子夏曰:'三年之丧,金革之事无避也者,礼与?初有司与?'孔子曰:'吾闻诸老聃曰,昔者鲁公伯禽有为为之也。'郑玄注曰:'周人卒哭而致事。时有徐戎作难,伯禽卒哭而征之,急王事也。'昭所云'伯禽不师',盖谓此也。"

⑩奸宄(guǐ轨):指违法作乱的人。

⑪豺狼:比喻凶残的恶人。

⑫亲戚:与自己有血缘或婚姻关系的人。这里谓兄长。

⑬开门而揖盗:即"开门揖盗"。谓在危难之时还讲求礼节,比喻不识时宜。揖盗,向盗贼行礼作揖。

⑭改易权服:谓令孙权脱去丧服,改换常服。

⑮巡军:巡视军队。

⑯会(kuài块)稽:即会稽郡,秦始皇二十五年(前222)置,治所吴县(今江苏苏州市),辖境相当于今江苏长江以南,上海市、浙江天台山、大盘山、仙霞岭以北及皖南一角。西汉时南扩至浙江、福建全省。东汉永建四年(129)徙治山阴县(今浙江绍兴市)。东汉末属扬州。吴郡:东汉永建四年(129)分会稽郡置,治所在吴县(今江苏苏州市),辖境相当今江苏省、上海市长江以南,大茅山以东,浙江长兴、吴兴、天目山以东,与建德市以下的钱塘江两岸。三国以后逐渐缩小。丹杨:即丹杨郡,或作丹阳郡,西汉元封二年(前109)改鄣郡置,治所宛陵县(今安徽宣州市),辖境相当于今安徽长江以南、江苏宁镇山南北和浙江天目山以西、新安江中上游南北之地。豫章:即豫章郡,西汉高帝六年(前201)分九江郡置,治所南昌县(今江西南昌市东)。汉时辖境大致相当于今江西省地。三国魏以后辖境逐渐缩小。庐陵:即庐陵郡,东汉兴平二年(195)孙策分豫章郡置,属扬州,治所石阳县(今江西吉安市东北)。三国吴移治高昌县(今江西泰和县西北三里),辖境相当于今江西永新、峡江、乐安、石城以南地区。

⑰天下英豪:主要指江东顾、陆、朱、张、虞、贺等世家大族子弟,他们世代为官,有一定影响力。

⑱宾旅:羁旅之人。寄寓:借住或暂居者。

⑲周瑜:字公瑾(175~210),庐江舒县(今安徽庐江西南)人。详见本书所选《周瑜传》。大业:谓帝业。

⑳委心:犹倾心。服事:犹服侍。

㉑曹公:即曹操(155~220),字孟德,小字阿瞒,魏立国后追谥魏武帝,谯(今安徽亳州市)人。详见本书所选《武帝纪》。表:启奏,上奏章给皇帝。讨虏将军:东汉始置,杂号将军名。

㉒领:谓兼任。

㉓屯:驻守。吴:即吴郡治所吴县,在今江苏苏州市。

㉔丞:官名,即郡丞。郡太守的首席属官,每郡一人,总理各种事物,可代行郡守事。一般由中央政府任命。之郡:谓到会稽郡治所山阴县(今浙江绍兴市)。行文书事:谓代理太守职务。《三国志·顾雍传》:"顾雍字元叹,吴郡吴人也……孙权领会稽太守,不之郡,以雍为丞,行太守事,讨除寇贼,郡界宁静,吏民归服。"

㉕师傅:老师的通称。《史记·太史公自序》:"孔氏述文,弟子兴业,咸为师傅,崇仁厉义。"

㉖程普:字德谋(生卒年不详),右北平土垠(今河北丰润东)人。初从孙坚起兵,后随孙策经营江南,历任吴郡都督、荡寇中郎将,为孙氏宿将。赤壁之战中,与周瑜为左右督,共破曹军。《三国志》卷五五有传。吕范:字子衡(?~228),汝南细阳(今安徽太和东)人。原为袁术谋士,后助孙策经略江东。赤壁之战后,辅佐孙权,历任偏将军、建威将军、前将军,封南昌侯,拜大司马。《三国志》卷五六有传。将率:同"将帅"。

㉗俊秀:才智杰出的人。

㉘鲁肃:字子敬(172~217),临淮东城(今安徽定远东南)人。周瑜死后,代瑜领兵,拜汉昌太守、横江将军。详见本书所选《鲁肃传》。诸葛瑾:字子瑜(174~241),琅邪阳都(今山东沂南南)人,诸葛亮之兄。汉末避乱江东,任孙权长史,历官南郡太守,迁左将军,封宛陵侯。孙权称帝后,拜大将军、左都护,领豫州牧。《三国志》卷五二有传。宾客:指贵族的门客、策士等。

㉙分部:谓部署,分派。

㉚山越:古代对南方山区少数民族的通称。清王鸣盛《十七史商榷·三国志四·山越》:"山越者,自周秦以来,南蛮总称百越,伏处深山,故名

山越。"

㉛讨不从命：谓征讨违抗命令或背叛者。裴注引《江表传》曰："初策表用李术为庐江太守，策亡之后，术不肯事权，而多纳其亡叛。权移书求索，术报曰：'有德见归，无德见叛，不应复还。'权大怒，乃以状白曹公曰：'严刺史昔为公所用，又是州举将，而李术凶恶，轻犯汉制，残害州司，肆其无道，宜速诛灭，以惩丑类。今欲讨之，进为国朝扫除鲸鲵，退为举将报塞怨仇，此天下达义，夙夜所甘心。术必惧诛，复诡说求救。明公所居，阿衡之任，海内所瞻，愿敕执事，勿复听受。'是岁举兵攻术于皖城。术闭门自守，求救于曹公。曹公不救。粮食乏尽，妇女或丸泥而吞之。遂屠其城，枭术首，徙其部曲三万馀人。"

七年①，权母吴氏薨②。

八年③，权西伐黄祖，破其舟军，惟城未克，而山寇复动④。还过豫章，使吕范平鄱阳⑤，程普讨乐安⑥，太史慈领海昏⑦，韩当、周泰、吕蒙等为剧县令长⑧。

九年⑨，权弟丹杨太守翊为左右所害⑩，以从兄瑜代翊⑪。

十年⑫，权使贺齐讨上饶⑬，分为建平县⑭。

十二年⑮，西征黄祖，虏其人民而还。

[注释]

①七年：即建安七年（202）。

②吴氏：即孙坚夫人（？～207），吴郡（今江苏苏州市）人。生四男一女，孙权即其次子。吴夫人对孙权助治甚有补益。《三国志》卷五〇有传。裴注引《志林》据会稽贡举簿云："建安十二年到十三年阙，无举者，云府君

遭忧,此则吴后以十二年薨也。八年、九年皆有贡举,斯甚分明。"若然,则吴夫人当卒于建安十二年(207)。

③八年:即建安八年(203)。

④山寇:指代山越。

⑤鄱(pó婆)阳:即鄱阳县,西汉以番阳县改名,属豫章郡,治所在今江西鄱阳县东北古县渡镇。东汉建安十五年(210)孙权于此置鄱阳郡。三国吴赤乌八年(245)徙治吴芮故城(今鄱阳县)。

⑥乐安:东汉灵帝分馀汗县置,属豫章郡,治所在今江西德兴市东北新建乡银城坂。

⑦太史慈:字子义(166~206),东汉东莱黄县(今山东黄县东)人。骁勇善战,曾救援北海相孔融,后从扬州刺史刘繇,又归顺孙策,任建昌都尉。《三国志》卷四九有传。海昏:即海昏县,西汉置,属豫章郡,治所在今江西永修县西北艾城东三里。后为废帝昌邑王刘贺封国。东汉亦为侯国,后移治今永修县西北艾城。建安中,孙策以太史慈为建昌都尉,治海昏。

⑧韩当:字义公(?~227),辽西令支(今河北迁安西)人。初从孙坚起兵,任别部司马,孙权统事,任中郎将,迁偏将军、昭武将军,封石城侯。《三国志》卷五五有传。周泰:字幼平(生卒年不详),九江下蔡(今安徽凤台)人。孙策经略江东时,与蒋钦归顺。仕东吴,历任平虏将军、汉中太守、奋威将军,封陵阳侯。《三国志》卷五五有传。吕蒙:字子明(178~219),汝南富陂(今安徽阜南东南)人。东吴大将,历任平北都尉、左护军、虎威将军、南郡太守,封孱陵侯。病卒。详见本书所选《吕蒙传》。剧县:政务繁重的县分。汉时有剧县、平县之称。是时韩当任乐安长,周泰任宜春长,吕蒙任广德长。三县地当山越要冲,故称剧县。

⑨九年:即建安九年(204)。

⑩丹杨太守翊(yì义):即孙翊(184~204),字叔弼,孙坚第三子。骁悍

果烈,有其兄孙策之风。建安八年(203),以偏将军领丹杨太守,翌年为部下边鸿杀害。《三国志》卷五一有传。丹杨,即丹杨郡,或作丹阳郡,西汉元封二年(前109)改鄣郡置,治所宛陵县(今安徽宣州市),辖境相当于今安徽长江以南、江苏宁镇山南北和浙江天目山以西、新安江中上游南北之地。

⑪从兄瑜:即孙瑜(177~215),字仲异,孙坚季弟孙静次子。初任恭义校尉,后领丹杨太守,加绥远将军,官至奋威将军。《三国志》卷五一有传。从(zòng纵)兄,即堂兄。裴注引《吴录》曰:"是时权大会官寮,沈友有所是非,令人扶出,谓曰:'人言卿欲反。'友知不得脱,乃曰:'主上在许,有无君之心者,可谓非反乎?'遂杀之。友字子正,吴郡人。年十一,华歆行风俗,见而异之,因呼曰:'沈郎,可登车语乎?'友逡巡却曰:'君子讲好,会宴以礼,今仁义陵迟,圣道渐坏,先生衔命,将以禆补先王之教,整齐风俗,而轻脱威仪,犹负薪救火,无乃更崇其炽乎!'歆惭曰:'自桓、灵以来,虽多英彦,未有幼童若此者。'弱冠博学,多所贯综,善属文辞。兼好武事,注《孙子兵法》。又辩于口,每所至,众人皆默然,莫与为对,咸言其笔之妙、舌之妙、刀之妙,三者皆过绝于人。权以礼聘,既至,论王霸之略,当时之务,权敛容敬焉。陈荆州宜并之计,纳之。正色立朝,清议峻厉,为庸臣所谮,诬以谋反。权亦以终不为己用,故害之,时年二十九。"

⑫十年:即建安十年(205)。

⑬贺齐:字公苗(?~227),会稽山阴(今浙江绍兴)人。少为郡吏,有威名。建安元年(196),孙策察贺齐孝廉,任永宁长,迁威武中郎将、奋武将军、安东将军,封山阴侯,迁后将军,假节,领徐州牧。《三国志》卷六〇有传。上饶:即上饶县,三国吴分馀汗县治,属鄱阳郡,治所在今江西上饶市西北天津桥。

⑭建平县:东汉建安十年(205)置,属建安郡,治所在今福建建阳市东南,建溪东岸。

⑮十二年:即建安十二年(207)。

十三年春①,权复征黄祖,祖先遣舟兵拒军,都尉吕蒙破其前锋②,而凌统、董袭等尽锐攻之③,遂屠其城④。祖挺身亡走⑤,骑士冯则追枭其首⑥,虏其男女数万口。是岁,使贺齐讨黟、歙⑦,分歙为始新、新定、犁阳、休阳县⑧,以六县为新都郡⑨。荆州牧刘表死⑩,鲁肃乞奉命吊表二子⑪,且以观变。肃未到,而曹公已临其境,表子琮举众以降⑫。刘备欲南济江⑬,肃与相见,因传权旨⑭,为陈成败。备进住夏口⑮,使诸葛亮诣权⑯,权遣周瑜、程普等行。是时曹公新得表众,形势甚盛,诸议者皆望风畏惧⑰,多劝权迎之⑱。惟瑜、肃执拒之议,意与权同。瑜、普为左右督⑲,各领万人,与备俱进,遇于赤壁⑳,大破曹公军。公烧其馀船引退,士卒饥疫㉑,死者大半。备、瑜等复追至南郡㉒,曹公遂北还,留曹仁、徐晃于江陵㉓,使乐进守襄阳㉔。时甘宁在夷陵㉕,为仁党所围㉖,用吕蒙计,留凌统以拒仁,以其半救宁,军以胜反㉗。权自率众围合肥㉘,使张昭攻九江之当涂㉙。昭兵不利,权攻城逾月不能下。曹公自荆州还,遣张喜将骑赴合肥㉚。未至,权退。

[注释]

①十三年:即建安十三年(208)。

②都尉:东汉领兵武官,位在将军、校尉之下,每郡设一人或两人,秩比二千石。

③凌统:字公绩(189~237),吴郡馀杭(今浙江馀杭)人,凌操之子。随其父凌操归孙策,轻财重义,为孙权所信任。历任别部司马、荡寇中郎将、右都督,官至偏将军。《三国志》卷五五有传。董袭:字元代(?~215),会稽

馀姚(今浙江余姚)人。武力过人,仕东吴,历任别部司马、杨武都尉,迁偏将军。《三国志》卷五五有传。锐攻:强攻。

④屠其城:即"屠城",谓破城时杀尽其民。

⑤挺身:独自脱身。《汉书·刘屈氂传》:"屈氂挺身逃,亡其印绶。"唐颜师古注:"挺,引也。独引身而逃难。"亡走:逃跑。

⑥骑士冯则:生平不详。骑士,骑兵。枭(xiāo 销)其首:即"枭首",斩首并悬挂示众。

⑦黟(yī 伊):即黟县,一作黝县。秦置,属鄣郡,治所在今安徽黟县东五里。西汉元封二年(前109)属丹阳郡。鸿嘉二年(前19)改置广德王国,东汉复为黟县。建安十三年(208)属新都郡。歙(shè 摄):即歙县,秦置,属鄣郡,治所在今安徽歙县(徽城镇)。西汉元封二年(前109)属丹阳郡,郡都尉驻此。东汉建安十三年(208),分属新都郡。

⑧始新:即始新县,东汉建安十三年(208)分歙县置,为新都郡治,治所在今浙江淳安县(排岭镇)西北五十余里千岛湖威坪岛附近。新定:即新定县,东汉建安十三年(208)孙权分歙县置,属新都郡,治所在今浙江淳安县(排岭镇)西南仙居村附近。裴注引《吴录》曰:"晋改新定为遂安。"犁阳:即犁阳县,三国吴置,属新都郡,治所在今安徽屯溪市西。休阳:即休阳县,东汉建安十三年(208)孙权置,属新都郡,治所在鵂山(即今安徽休宁县西二里凤凰山),以地居鵂山之阳而得名。吴永安元年(258)改名海阳县。裴注引《吴录》曰:"晋改休阳为海宁。"

⑨新都郡:东汉建安十三年(208)孙吴置,属扬州,治所始新县(今浙江淳安县西北新安江北岸,现已没入千岛湖)。辖境相当于今安徽歙县、休宁、黟县、祁门、绩溪、黄山市大部及江西婺源、浙江淳安等县地。

⑩荆州牧刘表:字景升(142~208),东汉远支皇族,山阳高平(今山东邹城市西南)人。官至镇南将军、荆州牧,拥兵自重。建安十三年(208)八

月病卒,其子刘琮降曹。详见本书所选《刘表传》。荆州,西汉元封五年(前106)所置十三刺史部之一,辖境相当于今湖北、湖南二省及河南、贵州、广西、广东等省区部分地,东汉治所汉寿县(今湖南常德市东北)。初平元年(190)刘表徙治襄阳(今湖北襄阳市汉水南岸襄阳城)。

⑪乞:请求。吊:祭奠死者或对遭丧事及不幸者给予慰问。表二子:谓刘表长子刘琦、次子刘琮。

⑫表子琮(cóng 从):即刘琮(生卒年不详),荆州牧刘表的次子。刘表卒后,蔡夫人与蔡瑁等立之为嗣,一个月后即投降曹操,曾任荆州刺史,封列侯,迁谏议大夫。

⑬刘备:字玄德(161~223),蜀汉昭烈帝,史称先主。详见本书所选《先主传》。江:长江。

⑭旨:意旨。

⑮夏口:地名。即今湖北汉口,为汉水入长江处。古代汉水在襄阳以下称夏水或襄江,故汉水入长江处称夏口。

⑯诸葛亮:字孔明(181~234),琅邪阳都(今山东沂南南)人。蜀汉杰出的政治家、军事家。蜀汉章武元年(221),刘备称帝,以他为丞相。详见本书所选《诸葛亮传》。诣(yì 义):造访。

⑰议者:谓孙权所召集部下议政的主要文武官员。望风:听到风声;见到动静、气势。

⑱迎:迎降。裴注引《江表传》载曹公与权书曰:"'近者奉辞伐罪,旄麾南指,刘琮束手。今治水军八十万众,方与将军会猎于吴。'权得书以示群臣,莫不向震失色。"

⑲左右督:即左督、右督,为东吴军队出征所置左、右两部的领军统帅。

⑳赤壁:位于今湖北赤壁市(原蒲圻市)西北赤壁镇北赤壁山,北对洪湖市东北乌林矶。唐李泰《括地志》:"鄂州蒲圻县有赤壁山,即曹公败处。"

北魏郦道元《水经注·江水》以为赤壁乃今湖北武昌西赤矶山,似非。

㉑饥疫:饥饿无粮并患疫病。疫病,指军中流行的急性传染病。《三国志·郭嘉传》作"疾疫":"后太祖征荆州还,于巴丘遇疾疫,烧船,叹曰:'郭奉孝在,不使孤至此。'"

㉒南郡:秦昭王二十九年(前278)置,治所郢(今湖北荆州市荆州区故江陵县城西北纪南城),后徙治江陵县(今荆州市荆州区故江陵县城),属荆州,三国时曾移治于公安(今属湖北)。西汉辖境相当于今湖北襄阳市、南漳县以南,松滋市、公安县以北,洪湖市以西,利川市及重庆巫山县以东地。

㉓曹仁:字子孝(168~223),曹操堂弟,谯(今安徽亳州市)人。从曹操征伐,屡立战功,曾以镇南将军镇守南郡,固守樊城。魏文帝时官至大将军,迁大司马。《三国志》卷九有传。徐晃:字公明(?~227),河东杨(今山西洪洞东南)人。原为杨奉部将,后归曹操,有勇有谋,屡立战功,颇得信用。曹丕代汉称帝后,任右将军。《三国志》卷一七有传。江陵:即江陵县,秦置,为南郡治,治所在今湖北荆州市荆州区旧江陵县。

㉔乐(yuè 岳)进:字文谦(?~218),东汉阳平卫国(今河南清丰)人。随曹操在陈留起兵,征战多年,屡建功绩,封广昌亭侯,官至右将军。《三国志》卷一七有传。襄阳:即襄阳县,西汉置,属南郡,治所在今湖北襄阳市汉水南襄阳城,以在襄水之北,故称。东汉建安十三年(208)为襄阳郡治。

㉕甘宁:字兴霸(生卒年不详),巴郡临江(今重庆忠县)人。初依刘表,后归孙权,为陈军事方略,受到重用,屡立战功。拜西陵太守、折冲将军。《三国志》卷五五有传。夷陵:即夷陵县,西汉置,属南郡,为都尉治,治所在今湖北宜昌市东南长江北岸。

㉖仁党:谓曹仁的军队。

㉗反:同"返"。

㉘合肥:即合肥侯国,东汉改西汉所设合肥县置,属九江郡,治所在今安

徽合肥市西。

㉙九江：即九江郡，秦置，治所寿春县（今安徽寿县），西汉武帝元狩初（前122）辖境相当于今安徽淮河以南，瓦埠湖以东，巢湖以北地区。三国魏黄初二年（221）改为淮南国。当涂：即当涂县，东汉改当涂侯国置，属九江郡，治所在今安徽怀远县南马头城乡。三国魏废。

㉚张喜：或作"张憙（xǐ喜）"。汉献帝初平四年（193），曾由卫尉迁司空，建安元年（196）罢。其馀不详。

十四年①，瑜、仁相守岁馀②，所杀伤甚众。仁委城走③。权以瑜为南郡太守。刘备表权行车骑将军④，领徐州牧⑤。备领荆州牧，屯公安⑥。

十五年⑦，分豫章为鄱阳郡⑧；分长沙为汉昌郡⑨，以鲁肃为太守，屯陆口⑩。

十六年⑪，权徙治秣陵⑫。明年，城石头⑬，改秣陵为建业⑭。闻曹公将来侵，作濡须坞⑮。

十八年正月⑯，曹公攻濡须，权与相拒月馀。曹公望权军，叹其齐肃⑰，乃退⑱。初，曹公恐江滨郡县为权所略⑲，征令内移⑳。民转相惊，自庐江、九江、蕲春、广陵户十馀万皆东渡江㉑，江西遂虚㉒，合肥以南惟有皖城㉓。

[注释]

①十四年：即建安十四年（209）。

②相守：相持不下。

③委：舍弃，丢弃。

④行车骑(jūjì居寄)将军：谓代理车骑将军职务。行，汉代官缺未补，暂由他官代理称"行"。车骑将军，东汉与三国时常设的高级将军名，统领中央常备军，职掌征战讨伐。位在三公之下，仅次于大将军、骠骑将军，第二品。

⑤徐州：汉武帝所置十三刺史部之一，辖境相当于今山东东南部与江苏长江以北地区，东汉时治所在郯县(今山东郯城)。三国魏移治于彭城(今江苏徐州)。

⑥公安：即公安县，三国蜀汉置，属南郡，治所在油口(今湖北公安西北十里)。后属吴。

⑦十五年：即建安十五年(210)。

⑧鄱(pó婆)阳郡：东汉建安十五年(210)孙权分豫章郡置，治所鄱阳县(今江西鄱阳县东北古县渡镇)。三国吴赤乌八年(245)移治吴芮故城(今鄱阳县)。辖境相当于今江西鄱阳湖东岸、进贤县以东及信江、乐安江流域(婺源县除外)。

⑨汉昌郡：东汉建安十五年(210)孙权分长沙郡置，治所汉昌县(今湖南平江县东南)。三国吴废。

⑩陆口：又作蒲圻口、蒲矶口、陆溪口，即今湖北嘉鱼县西南四十八里陆溪镇。东汉末及三国时为军事要地。

⑪十六年：即建安十六年(211)。

⑫秣(mò末)陵：即秣陵县，秦始皇三十七年(前210)改金陵邑置，属会稽郡，治所即今江苏江宁县南五十里秣陵镇。西汉属丹杨郡，东汉建安十七年(212)孙权自京口(今江苏镇江市)徙治于此，改名建业，即今南京市。

⑬城：用如动词，谓筑城。石头：即石头城，简称石头。又名石首城、石城，俗称鬼脸城。故址在今江苏南京市西清凉山上。本战国楚金陵城，东汉建安十七年(212)，孙权筑石头城，故改称。

⑭建业:即建业县,东汉建安十七年(212),孙权改秣陵县置,为丹阳郡治,治所石头城(今江苏南京市清凉山)。三国吴黄龙元年(229),自武昌(今湖北鄂州市)迁都于此,形势胜于武昌。

⑮濡(rú如)须坞:即濡须,亦称濡须城,故址在今安徽含山县西南古濡须水口,建安十七年(212),孙权为抗拒曹操修筑。

⑯十八年:即建安十八年(213)。

⑰齐肃:整齐严肃。

⑱乃退:裴注引《吴历》曰:"曹公出濡须,作油船,夜渡洲上。权以水军围取,得三千馀人,其没溺者亦数千人。权数挑战,公坚守不出。权乃自来,乘轻船,从濡须口入公军。诸将皆以为是挑战者,欲击之。公曰:'此必孙权欲身见吾军部伍也。'敕军中皆精严,弓弩不得妄发。权行五六里,回还作鼓吹。公见舟船器仗军伍整肃,喟然叹曰:'生子当如孙仲谋,刘景升儿子若豚犬耳!'权为笺与曹公,说:'春水方生,公宜速去。'别纸言:'足下不死,孤不得安。'曹公语诸将曰:'孙权不欺孤。'乃彻军还。"又引《魏略》曰:"权乘大船来观军,公使弓弩乱发,箭著其船,船偏重将覆,权因回船,复以一面受箭,箭均船平,乃还。"

⑲略:掳掠。

⑳征令:征召及施令。内移:谓向中原方向转移。

㉑蕲(qí其)春:即蕲春郡,三国魏置,治所蕲春县(今湖北蕲春县西南蕲水东岸土门)。辖境相当于今湖北蕲春、浠水、罗田、英山、黄梅、武穴等县市地。广陵:即广陵郡,东汉建武十八年(42)改广陵国置,辖境相当于今江苏扬州、邗江、江都、高邮、宝应、金湖等市县地,治所广陵县(今江苏扬州市西北蜀冈上),东汉末移治射阳县(今江苏宝应东北射阳镇),三国魏移治淮阴县(今江苏淮阴西南甘罗城)。

㉒江西:隋唐以前,对长江下游北岸淮水以南地区的惯称。

㉓皖城：即皖县，西汉置，属庐江郡，治所在今安徽潜山县。东汉建安末为庐江郡治。

十九年五月①，权征皖城。闰月②，克之，获庐江太守朱光及参军董和③，男女数万口。是岁刘备定蜀④。权以备已得益州⑤，令诸葛瑾从求荆州诸郡。备不许，曰："吾方图凉州⑥，凉州定，乃尽以荆州与吴耳。"权曰："此假而不反⑦，而欲以虚辞引岁⑧。"遂置南三郡长吏⑨，关羽尽逐之⑩。权大怒，乃遣吕蒙督鲜于丹、徐忠、孙规等兵二万取长沙、零陵、桂阳三郡⑪，使鲁肃以万人屯巴丘以御关羽⑫。权住陆口，为诸军节度⑬。蒙到，二郡皆服，惟零陵太守郝普未下⑭。会备到公安，使关羽将三万兵至益阳⑮，权乃召蒙等使还助肃。蒙使人诱普，普降，尽得三郡将守，因引军还，与孙皎、潘璋并鲁肃兵并进⑯，拒羽于益阳。未战，会曹公入汉中⑰，备惧失益州，使使求和。权令诸葛瑾报⑱，更寻盟好⑲，遂分荆州长沙、江夏、桂阳以东属权⑳，南郡、零陵、武陵以西属备㉑。备归，而曹公已还。权反自陆口，遂征合肥。合肥未下，彻军还㉒。兵皆就路，权与凌统、甘宁等在津北为魏将张辽所袭㉓，统等以死捍权㉔，权乘骏马越津桥得去㉕。

[注释]

①十九年：即建安十九年(214)。

②闰月：据陈垣《二十史朔闰表》，建安十九年闰四月，故不当列于"五月"之后，疑有误。

③庐江太守朱光：曹操部将，曾任庐江太守，建安十九年(214)为孙权所擒获，建安二十四年(219)，孙权擒杀关羽后将朱光放还曹魏。参军董

和:东汉末官吏,生平不详。参军,官名。三国时,太尉、丞相、常设将军等所置属官,其职为参谋军事。

④定:平定。蜀:地区名。秦汉时对古蜀国地之通称,在今四川盆地西部地区。秦灭蜀国后,置蜀郡。三国时,刘备建蜀国。

⑤益州:西汉元封五年(前106)置,为十三刺史部之一。公孙述改为司隶校尉,东汉复为益州,治所雒县(今四川广汉市北),兴平中移治成都(今属四川),辖郡、国十二,县一百一十八。辖境相当于今四川、云南、贵州大部以及陕西、甘肃、湖北乃至越南的一小部分。建安十九年(214),刘备攻破雒城,进围成都,刘璋出降,刘备领益州牧。

⑥凉州:西汉武帝所置十三刺史部之一,东汉时治所陇县(今甘肃张家川回族自治县),辖境相当于今甘肃、宁夏、青海湟水流域,陕西定边、吴旗、凤县、略阳与内蒙古额济纳旗一带。三国魏黄初中移治姑臧县(今甘肃武威市)。

⑦假而不反:谓借而不还。

⑧虚辞引岁:谓以虚假的空话拖延时间。

⑨南三郡:谓荆州江南四郡中的长沙、零陵、桂阳三郡。长吏:指州县长官的辅佐。《汉书·百官公卿表》:"(县)有丞、尉,秩四百石至二百石,是为长吏。百石以下有斗食、佐史之秩,是为少吏。"

⑩关羽:字云长(?~219),东汉解县(治今山西临猗西南)人。详见本书所选《关羽传》。

⑪鲜于丹:东吴将领,生平不详。徐忠:东吴将领,生平不详。孙规:东吴将领,生平不详。零陵:即零陵郡,西汉元鼎六年(前111)分桂阳郡置,治所零陵县(今广西全州西南),辖境相当于今湖南邵阳市、衡阳县以南,永州市、宁远县以西,武冈市和广西桂林市以东,阳朔县和湖南道县以北地,东汉移治泉陵县(今湖南永州市北二里)。三国后辖境缩小。桂阳:即桂阳郡,

汉高帝置，治所郴县（今湖南郴州市），辖境约相当于今湖南耒阳市以南的耒水、舂陵水流域，北至洣水入湘处附近，南包广东英德以北的北江流域。三国吴以后辖境缩小。

⑫屯：拥兵驻守。巴丘：谓巴丘山，即巴陵山，位于今湖南岳阳市西南隅。裴注云："巴丘今日巴陵。"

⑬节度：调度，指挥。

⑭零陵太守郝普：字子太（？～231），义阳（治今湖北枣阳东南）人。曾为刘备所署零陵太守，为东吴吕蒙所智取，降吴，旋归蜀。后吕蒙擒杀关羽，郝普再降吴，官至廷尉。后因与隐蕃亲善，隐蕃谋叛事败，郝普自杀。

⑮益阳：即益阳县，西汉置，属长沙国，治所在今湖南益阳市东。东汉属长沙郡，三国吴属衡阳郡，移治今益阳市。

⑯孙皎：字叔朗（？～219），孙静之子，孙权堂弟。勇锐善战，历任护军校尉、都护、征虏将军。擒杀关羽、平定荆州皆有功，旋卒。《三国志》卷五一有传。潘璋：字文珪（？～234），东郡（治今河南濮阳西南）人。孙权经营江东时归顺，屡有战功，因擒获关羽父子，拜固陵太守、振威将军，封溧阳侯。夷陵之战又立功，拜平北将军、襄阳太守。孙权称帝，迁右将军。《三国志》卷五五有传。

⑰汉中：即汉中郡，战国秦惠王更元十三年（前312）置，治所南郑县（今陕西汉中市东），因水为名，辖境相当于今陕西秦岭以南，留坝、勉县以东，乾祐河流域以及湖北郧县、保康以西，米仓山、大巴山以北地。东汉末为张鲁所据，改为汉宁郡。建安二十年（215）复改汉中郡。

⑱报：酬答。

⑲盟好：同盟友好。

⑳江夏：即江夏郡，西汉高帝六年（前201）置，治所西陵县（今湖北新洲西二里）。东汉建安初，刘表所署江夏太守黄祖徙治夏口城（今武汉汉口城

区),建安十三年(208)初,孙权破城杀黄祖,江夏太守刘琦另筑夏口城(今武汉汉阳城区),年底,曹操任文聘为江夏太守驻此。赤壁战后,文聘徙治石阳(今湖北黄陂西)。

㉑武陵:即武陵郡,汉高帝改黔中郡置,治所义陵县(今湖南溆浦县南)。辖境相当于今湖南沅江流域以西,贵州东部及广西龙胜各族自治县,四川秀山土家族苗族自治县,湖北鹤峰、来凤、长阳土家族自治县、五峰土家族自治县等地。东汉移治临沅县(今湖南常德市)。

㉒彻军:撤军。彻,通"撤"。

㉓津:即逍遥津,位于今安徽合肥市东北隅。古为淝水上渡口。《三国志·甘宁传》:"建安二十年,从攻合肥,会疫疾,军旅皆已引出,唯车下虎士千馀人,并吕蒙、蒋钦、凌统及宁,从权逍遥津北。张辽觇望知之,即将步骑奄至。宁引弓射敌,与统等死战。"张辽:字文远(169～222),雁门马邑(今山西朔州)人。原为吕布部将,建安三年(198),吕布被曹操擒杀后降曹,屡建战功,历任荡寇将军。曹丕代汉后任前将军,黄初三年(222)随曹休率军攻吴,病死途中。《三国志》卷一七有传。

㉔扞(hàn汗):保护,保卫。

㉕越津桥得去:裴注引《献帝春秋》曰:"张辽问吴降人:'向有紫髯将军,长上短下,便马善射,是谁?'降人答曰:'是孙会稽。'辽及乐进相遇,言不早知之,急追自得,举军叹恨。"又引《江表传》曰:"权乘骏马上津桥,桥南已见彻,丈馀无版。谷利在马后,使权持鞍缓控,利于后著鞭,以助马势,遂得超度。权既得免,即拜利都亭侯。谷利者,本左右给使也,以谨直为亲近监,性忠果亮烈,言不苟且,权爱信之。"

二十一年冬①,曹公次于居巢②,遂攻濡须。

二十二年春③,权令都尉徐详诣曹公请降④,公报使修好,誓重结婚⑤。

二十三年十月⑥,权将如吴⑦,亲乘马射虎于庱亭⑧。马为虎所伤,权投以双戟,虎却废⑨,常从张世击以戈⑩,获之。

[注释]

①二十一年:即建安二十一年(216)。

②次:驻军。居巢:即居巢县,秦置,属九江郡,治所在今安徽巢湖市东北,西汉属庐江郡,东汉改为居巢侯国,后复为县。

③二十二年:即建安二十二年(217)

④都尉徐详:一作徐祥,字子明(？~234？),吴郡乌程(今浙江吴兴南)人。仕吴,历任都尉、侍中、偏将军,典掌军粮,封亭侯。

⑤誓重(chóng 崇)结婚:谓立誓欲与孙权再缔结婚姻关系。据《三国志·孙策传》,曹操为安抚江东的孙策,曾以弟女嫁与孙策弟孙匡,又为儿子曹章娶孙策堂兄孙贲之女。

⑥二十三年:即建安二十三年(218)。

⑦如吴:谓到吴县(今江苏苏州市)去。

⑧庱(chěng 撑)亭:即庱亭垒,故址在今江苏武进县西北五十里与今丹阳市接界处。

⑨却废:因受伤而后退。

⑩常从张世:生平不详。常从,侍从,随员。

二十四年①,关羽围曹仁于襄阳,曹公遣左将军于禁救之②。会汉水暴起③,羽以舟兵尽虏禁等步骑三万送江陵,惟城未拔④。权内惮羽,外欲以为己功,笺与曹公⑤,乞以讨羽自效⑥。曹公且欲使羽与权相持以斗之,驿传权书⑦,使曹仁以弩射示羽。羽犹豫不能去。闰月⑧,权征羽,先遣吕蒙袭公安,获将军士仁⑨。蒙到南郡,南郡太守麋芳以城降⑩。蒙据江陵,抚其老弱,释于禁之囚。陆逊别取宜都⑪,获秭归、枝江、夷道⑫,还屯夷陵,守峡口以备蜀⑬。关羽还当阳⑭,西保麦城⑮。权使诱之,羽伪降,立幡旗为象人于城上⑯,因遁走,兵皆解散,尚十馀骑。权先使朱然、潘璋断其径路⑰。十二月,璋司马马忠获羽及其子平、都督赵累等于章乡⑱,遂定荆州。是岁大疫⑲,尽除荆州民租税。曹公表权为骠骑将军⑳,假节㉑,领荆州牧㉒,封南昌侯㉓。权遣校尉梁寓奉贡于汉㉔,及令王惇市马㉕,又遣朱光等归㉖。

[注释]

①二十四年:即建安二十四年(219)。

②左将军于禁:字文则(？~221),东汉泰山巨平(今山东泰安南)人。曹操占据兖州,于禁投奔曹军,任军司马,治军严整,封益寿亭侯,历任虎威将军、左将军。为解樊城之围,率七军增援曹仁,七军被水淹,投降关羽。孙权袭取荆州后,被遣还魏,为魏文帝所鄙视,恼羞而卒。《三国志》卷一七有传。左将军,东汉三国时常设的高级将军名,在前、后、左、右将军中位居首位,负责京师兵卫和边防屯警,讨伐四夷。位次于九卿,高于其他临时设置的杂号将军。

③汉水:又称汉江,长江支流。发源于今陕西南部,东南流至湖北襄阳,南流至武汉汇入长江。襄阳以下又称襄江。

④拔:攻占。

⑤笺(jiān兼):书札。这里用如动词。

⑥自效:愿为别人或集团贡献自己的力量或生命。

吴主传 | 1193

⑦驿传:传舍,驿站。为我国历代封建政府供官员往来和递送公文用的交通机构。

⑧闰月:据陈垣《二十史朔闰表》,建安二十四年(219)闰十月。

⑨将军士仁:字君义(生卒年不详),广阳(今北京房山区)人。蜀汉将领,驻守公安,因与关羽有隙,叛迎孙权。

⑩糜芳:字子方(生卒年不详),糜竺弟,东海朐县(今江苏连云港西南)人。世代商贾,初为彭城相,与其兄追随刘备入益州,拜南郡太守。后因与关羽有隙,叛归孙权,致令蜀失南郡。

⑪陆逊:原名议,字伯言(183~245),吴郡吴县华亭(今上海市松江区)人,孙策女婿。东吴名将,历任右都督、镇西将军、大都督,拜辅国将军,封江陵侯,任丞相。后因护持太子孙和,屡被孙权责让,忧愤而死。详见本书所选《陆逊传》。宜都:即宜都郡,东汉建安十四年(209)刘备改临江郡置,属荆州,治所夷陵县(今湖北宜昌市东南长江北岸)。

⑫秭(zǐ子)归:即秭归县,西汉置,属南郡,治所在今湖北秭归县(剪刀峪)西北归州镇。三国吴永安三年(260)属建平郡。枝江:即枝江市,西汉置,属南郡,治所在今湖北枝江市东北。东汉改为枝江侯国,三国魏复为枝江市。夷道:即夷道县,西汉置,属南郡,治所在今湖北枝城西一里。东汉建安十五年(210)为宜都郡治。北魏郦道元《水经注·江水二》:"夷道县,汉武帝伐西南夷,路由此出,故曰夷道矣。"

⑬峡口:指三峡的西陵峡口,位于今湖北宜昌市夷陵区西二十五里,为长江出蜀的险隘。

⑭当阳:即当阳县,西汉置,属南郡。治所在今湖北荆门市西南。

⑮麦城:故址在今湖北当阳市东南四十四里两河乡东北麦城村。

⑯幡旗:旗帜。象人:木偶人,泥人。《周礼·春官·冢人》:"及葬,言鸾车象人。"林尹注:"象人,以木刻为人而能跳踊者,以其象人,故名。用以

送葬。"

⑰朱然:字义封(182~249),丹阳故鄣(今浙江安吉西北)人。曾与孙权同学书,历任馀姚长、山阴令、临川太守、偏将军,拜征北将军,封当阳侯,拜车骑将军、右护军,官至左大司马、右军师。《三国志》卷五六有传。径路:小路。《周易·说卦传》:"艮为山,为径路。"唐孔颖达疏:"为径路,取其山虽高,有涧道也。"

⑱司马马忠:潘璋部将,生平不详。司马,即郡司马,东汉末郡太守的属官。郡本不设司马一职,东汉末因镇压农民军与征战之需要,遂加设。平:即关平(?~219),关羽之子,诸葛亮入蜀后,随关羽镇守荆州。东吴袭取荆州后,随关羽退守麦城,突围中被擒杀。都督赵累:关羽部下都督(?~219),生平不详。都督,官名。三国时所创置,亦称领军刺史,临时因军事需要而以统军将领或地方军政长官任之。将领督十军至二十军,才可称之为都督,第四品。章乡:一作漳乡,在今湖北当阳市东北漳水北岸。北魏郦道元《水经注·漳水》:"漳水又南历临沮县之漳乡南。昔关羽保麦城,诈降而遁,潘璋斩之于此。"

⑲大疫:谓瘟疫流行。

⑳表:启奏,上奏章给皇帝。骠骑(piàojì 票寄)将军:东汉时常设的高级将军名,位次于丞相,与三公同。统领中央常备军,职掌征战讨伐,设置府署,属官有军师、长史、司马。

㉑假节:东汉末至三国,掌地方军政的官往往加使持节、持节或假节的称号。使持节得诛杀中级以下官吏;持节得杀无官职的人;假节得杀犯军令者。

㉒领:谓兼任。

㉓南昌侯:封爵名,属列侯中的县侯,食邑南昌县。南昌县,西汉高帝六年(前201)置,为豫章郡治,治所在今江西南昌市东。

㉔校尉梁寓：字孔儒（生卒年不详），吴郡（今江苏苏州）人。校尉，汉代高级军职名称，官阶次于将军。奉贡于汉：谓向在许昌的汉献帝纳贡。

㉕王惇（dūn 蹲）：三国吴将领（？～256），吴太平元年（256），与孙宪合谋杀侍中、武卫将军孙綝，事觉，为孙綝所杀。市：购买。

㉖归：谓归还曹魏。裴注引《魏略》曰："梁寓字孔儒，吴人也。权遣寓观望曹公，曹公因以为掾，寻遣还南。"

二十五年春正月①，曹公薨，太子丕代为丞相、魏王②，改年为延康③。秋，魏将梅敷使张俭求见抚纳④。南阳阴、酂、筑阳、山都、中卢五县民五千家来附⑤。冬，魏嗣王称尊号⑥，改元为黄初⑦。二年四月⑧，刘备称帝于蜀⑨。权自公安都鄂⑩，改名武昌，以武昌、下雉、寻阳、阳新、柴桑、沙羡六县为武昌郡⑪。五月，建业言甘露降⑫。八月，城武昌，下令诸将曰："夫存不忘亡，安必虑危，古之善教⑬。昔隽不疑汉之名臣，于安平之世而刀剑不离于身⑭，盖君子之于武备，不可以已。况今处身疆畔⑮，豺狼交接⑯，而可轻忽不思变难哉⑰？顷闻诸将出入⑱，各尚谦约⑲，不从人兵⑳，甚非备虑爱身之谓㉑。夫保己遗名㉒，以安君亲㉓，孰与危辱㉔？宜深警戒，务崇其大，副孤意焉㉕。"自魏文帝践阼㉖，权使命称藩㉗，及遣于禁等还。

[注释]

①二十五年：即建安二十五年（220）。

②太子丕：即曹丕（187～226），字子桓，曹操次子。建安十六年（211），拜五官中郎将，为丞相之副。建安二十二年（217），立为魏太子。建安二十五年（220）正月，曹操卒，嗣位为丞相、魏王。十月代汉称帝，国号魏。在位

七年,选官实行九品中正制,意在维护士族门阀特权,欲统一中国而先死。史称魏文帝。中国文学史上著名诗人,文论有《典论·论文》传世。《三国志》卷二有纪。丞相:辅佐帝王,综理一国政务的最高行政长官。

③延康:汉献帝刘协的第六个也是最后一个年号(220)。

④魏将梅敷:三国时夷王,率部曲万馀家屯于中卢、宜城西山鄢、沔二谷中,后为魏将。张俭:梅敷部属,生平不详。抚纳:安抚招纳。

⑤南阳:即南阳郡,战国秦昭襄王三十五年(前272)置,治所宛(yuān渊)县(今河南南阳市)。西汉辖境相当于今河南桐柏县以西,湖北丹江口市以东,河南鲁山县以南,河南邓州市及湖北广水市以北地。阴:即阴县,西汉置,属南阳郡,治所在今湖北老河口市西北西集街。三国魏属南乡郡。酂(zàn赞):即酂县,秦置,属南阳郡,治所在今湖北老河口市西北西集街北。西汉改为酂侯国,东汉复为酂县。筑(zhú竹)阳:即筑阳县,秦置,属南阳郡,治所在今湖北谷城县东北四里,以在筑水之阳而名。东汉为筑阳侯国,三国魏复为筑阳县,属南乡郡。山都:即山都县,秦置,属南阳郡,治所在今湖北襄阳市西北,东汉移治今湖北谷城县东南。中卢:即中卢县,亦作中庐县,西汉置,属南郡,治所在今湖北襄阳市西南。一说在南漳县东北。三国魏属襄阳郡。当时南阳郡此五县属曹魏占据。

⑥嗣王:继位之王,谓曹丕。称尊号:指即帝位。

⑦黄初:魏文帝曹丕年号(220~226)。

⑧二年:即黄初二年(221)。孙权于是年八月向曹魏称臣,这里系提前奉其正朔。

⑨称帝于蜀:裴注引《魏略》曰:"权闻魏文帝受禅而刘备称帝,乃呼问知星者,己分野中星气何如,遂有僭意。而以位次尚少,无以威众,又欲先卑而后踞之,为卑则可以假宠,后踞则必致讨,致讨然后可以怒众,众怒然后可以自大,故深绝蜀而专事魏。"

⑩鄂:即鄂县,秦置,属江夏郡,治所在今湖北鄂州市。三国魏黄初二年(221),孙权自公安迁都于此,改名武昌县。

⑪下雉:即下雉县,西汉置,属江夏郡,治所在今湖北阳新县东南。三国吴属武昌郡。寻阳:即寻阳县,西汉置,属庐江郡,治所在今湖北黄梅县西南。三国吴属蕲春郡。阳新:即阳新县,三国吴置,属武昌郡,治所在今湖北阳新县西南六十里。柴桑:即柴桑县,西汉置,属豫章郡,治所今江西九江县南三十六里荆林街。三国吴属江夏郡。武昌郡:三国魏黄初二年(221)孙权置,属荆州,治所武昌县(今湖北鄂州市),不久改为江夏郡。辖境相当于今湖北东部长江以南,嘉鱼、通山等县以东和江西九江、瑞昌等市县地。

⑫甘露:甘美的露水。古人认为甘露降,是太平瑞征。

⑬善教:宝贵的训诫。

⑭"昔隽(juàn倦)不疑"二句:据《汉书·隽不疑传》,汉武帝末,郡国盗贼群起,直指使者暴胜之巡行至勃海郡,早听说郡内隽不疑为贤者,请与之相见。"不疑冠进贤冠,带櫑具剑,佩环玦,褒衣博带,盛服至门上谒。门下欲使解剑,不疑曰:'剑者,君子武备,所以卫身,不可解。请退。'吏白胜之。胜之开阁延请。"隽不疑(生卒年不详),字曼倩,西汉勃海郡(治今河北沧县东)人。初为郡文学。汉武帝末年,经暴胜之上表举荐,被汉武帝征召任命为青州刺史,历官京兆尹。因为官干练,在朝中名声大振。后因病辞官,卒于家中。

⑮疆畔:边界,边境。

⑯豺狼:比喻凶残的恶人。交接:互相接触。

⑰轻忽:轻率随便。变难:变乱。

⑱顷:近来。

⑲谦约:谦慎检束。

⑳人兵:士兵。

㉑备虑:谓思虑周备。

㉒遗名:谓留传名声。《三国志·吕凯传》:"上以报国家,下不负先人,书功竹帛,遗名千载。"

㉓君亲:君王与父母。

㉔孰与危辱:意谓与遭受危险屈辱相比如何。

㉕副:相称,符合。

㉖践阼(zuò 做):即皇帝位。阼,大堂前东面的台阶。天子、诸侯、大夫、士皆以阼为主人之位。临朝觐、揖宾客、承祭祀,升降皆由此。故借指帝位。

㉗称藩:自称藩属。向大国或宗主国承认自己的附庸地位。

十一月,策命权曰①:

盖圣王之法②,以德设爵,以功制禄;劳大者禄厚,德盛者礼丰。故叔旦有夹辅之勋③,太公有鹰扬之功④,并启土宇⑤,并受备物⑥,所以表章元功⑦,殊异贤哲也⑧。近汉高祖受命之初,分裂膏腴以王八姓⑨,斯则前世之懿事⑩,后王之元龟也⑪。朕以不德⑫,承运革命⑬,君临万国⑭,秉统天机⑮,思齐先代⑯,坐而待旦⑰。惟君天资忠亮⑱,命世作佐⑲,深睹历数⑳,达见废兴㉑,远遣行人㉒,浮于潜汉㉓。望风影附㉔,抗疏称藩㉕,兼纳纤缔南方之贡㉖,普遣诸将来还本朝㉗,忠肃内发㉘,款诚外昭㉙,信著金石㉚,义盖山河,朕甚嘉焉。今封君为吴王,使使持节太常高平侯贞㉛,授君玺绶策书、金虎符第一至第五、左竹使符第一至第十㉜,以大将军使持节督交州㉝,领荆州牧事,锡君青土㉞,苴以白茅㉟,对扬朕命[36]，以尹东夏[37]。其上故骠骑将军南昌侯印绶符策[38]。今又加君九锡[39]，其敬听后命[40]。以君绥安东南[41]，纲纪江外[42]，民夷安业[43]，无或携贰[44]，是用锡君大辂、戎辂各一[45]，玄牡二驷[46]。君务财劝农，仓库盈积，是用锡君衮冕之服[47]，赤舄副焉[48]。君化民以德，礼教兴行，是用锡君轩县之乐[49]。君宣导休风[50]，怀柔百越[51]，是用锡君朱户以居[52]。君运其才谋，官方任贤，是用锡君纳陛以登[53]。君忠勇并奋，清除奸慝[54]，是用锡君虎贲之士百人[55]。君振威陵迈[56]，宣力荆南[57]，枭灭凶丑[58]，罪人斯得[59]，是用锡君𫓧钺各一[60]。君文和于内，武信于外，是用锡君彤弓一、彤矢百、玈弓十、玈矢千[61]。君以忠肃为基，恭俭为德，是用锡君秬鬯一卣[62]，圭瓒副焉[63]。钦哉[64]！敬敷训典[65]，以服朕命，以勖相我国家[66]，永终尔显烈[67]。

[注释]

①策命：以策书封官授爵。

②圣王：古指德才超群达于至境之帝王。

③“故叔旦”句：意谓周公旦对周成王有辅佐的功绩。叔旦，即姬旦，又称周公旦，周初政治家，为周文王之子，周武王之弟，周成王的叔父。因采邑在周（今陕西宝鸡东北），故称周公。文王死后二年，他和太公望、召公奭佐武王灭殷杀纣，建立周朝。武王死后，又辅佐武王子成王巩固了王权。夹辅，辅佐。《左传·僖公四年》：“五侯九伯，女实征之，以夹辅周室！”

④“太公”句：意谓姜太公吕尚对周王室大展雄才，功勋卓著。太公，即商末周初人姜子牙，又称吕尚、尚父、吕望。他贫贱时曾屠牛于朝歌，又钓于渭水之滨，周文王求贤，就封他为太师，最终辅佐周武王建立周朝。《史记》

卷三二有传。鹰扬,威武貌。语出《诗经·大雅·大明》:"维师尚父,时维鹰扬。"毛传:"鹰扬,如鹰之飞扬也。"

⑤并启土宇:意谓周公旦与姜太公都接受了封地,建立了诸侯国。土宇,疆土,国土。

⑥并受备物:意谓周公旦与姜太公都接受了诸侯当用的礼仪用品。备物,指仪卫、祭祀等所用的器物。

⑦表章:同"表彰"。《汉书·武帝纪赞》:"卓然罢黜百家,表章《六经》。"元功:大功,首功。

⑧殊异:谓不相同的优待。贤哲:贤明睿智的人。

⑨"近汉高祖"二句:据《史记·高祖本纪》,刘邦初即帝位,封八位功臣为异姓王,即封韩信为楚王,彭越为梁王,英布为淮南王,吴芮为长沙王,张敖为赵王,韩信(非楚王韩信)为韩王,臧荼为燕王,臧荼因反汉被杀,继封卢绾为燕王。汉高祖,即刘邦(前256~前195),字季,秦末泗水郡沛县(今江苏沛县)人,西汉王朝的开国皇帝。公元前202年称帝,在位八年,谥号高皇帝,庙号高祖。《史记》卷八、《汉书》卷一皆有纪。受命,受天之命。古帝王自称受命于天以巩固其统治。语出《尚书·周书·召诰》:"惟王受命,无疆惟休,亦无疆惟恤。"膏腴(yú鱼):谓(土地)肥沃。王(wàng旺),使之王,封为王爵。名词的使动用法。

⑩懿(yì义)事:美事。

⑪元龟:大龟,古代用于占卜。比喻可资借鉴的往事。

⑫朕(zhèn振):秦始皇二十六年起定为帝王自称之词,沿用至清。不德:谦词。帝王自称。又:不自以为有德。语出《老子》:"上德不德,是以有德;下德不失德,是以无德。"

⑬承运:秉受天命。革命:谓实施变革以应天命。古代认为王者受命于天,改朝换代是天命变更,因称"革命"。语出《周易·革》:"天地革而四时

成,汤武革命,顺乎天而应乎人。"唐孔颖达疏:"夏桀、殷纣,凶狂无度,天既震怒,人亦叛主,殷汤、周武,聪明睿智,上顺天命,下应人心,放桀鸣条,诛纣牧野,革其王命,改其恶俗,故曰汤武革命,顺乎天而应乎人。"

⑭君临:为君而主宰。万国:万邦;天下。

⑮秉统:执掌统驭。天机:国家的机要事宜。

⑯思齐:思与之齐。《论语·里仁》:"见贤思齐,见不贤而内自省也。"先代:先世,古代。

⑰坐而待旦:即"坐以待旦",坐着等待天亮。常用以表示勤谨。语出《尚书·商书·太甲上》:"先王昧爽丕显,坐以待旦,旁求俊彦,启迪后人,无越厥命以自覆。"

⑱天资:天赋,资质。忠亮:忠诚坚贞。

⑲命世:著名于当世。多用以称誉有治国之才者。作佐:谓成为帝王的辅佐。

⑳历数:古代谓帝王代天理民的顺序。《论语·尧曰》:"咨,尔舜,天之历数在尔躬。"

㉑达见:明白透彻地预见。废兴:盛衰,兴亡。

㉒行人:官名。掌管朝觐聘问的官。《周礼·秋官》有行人。春秋、战国时各国都有设置。汉代大鸿胪属官有行人,后改称大行令。

㉓潜汉:谓潜水与汉水,指代吴地。潜水,据《尚书·虞夏书·禹贡》,荆州有"潜",但荆州潜水不见于古地志,《禹贡锥指》以为即今湖北潜江芦洑河。汉水,又称汉江,长江支流。发源于今陕西南部,东南流至湖北襄阳,南流至武汉汇入长江。襄阳以下又称襄江。裴注引《禹贡》曰:"沱、潜既道,注曰:'水自江出为沱,汉为潜。'"

㉔望风:听到风声,见到动静、气势。影附:谓如影附形。比喻依附,附随。

㉕抗疏:谓向皇帝上书直言。

㉖纤絺(chī 痴):细葛布。

㉗诸将:谓于禁等被关羽俘获又被转移至东吴的曹魏将领。

㉘忠肃:忠诚恭敬。

㉙款诚:忠诚,真诚。

㉚信著金石:谓信义犹如镌刻于金石般牢固。

㉛使持节:三国时,掌地方军政的官往往加使持节的称号,给以诛杀中级以下官吏之权。次一等的称持节,得杀无官职的人。再次称假节,得杀犯军令的人。太常高平侯贞:即邢贞,曹魏大臣,历任中尉、太常,封高平侯。生平不详。太常,官名。九卿之一,掌宗庙礼仪,兼选试博士。高平侯,封爵名,列侯中的县侯,食邑高平县。高平县,三国魏改高平侯国置,属山阳郡,治所在今山东微山县西北一百四里两城乡。

㉜玺绶(xǐshòu 喜受):古代印玺上所系的彩色丝带。这里借指王的印玺。策书:指古代书写帝王任免官员等命令的简策。金虎符:古代发兵或表明身份的凭证,金或铜制,背有铭文,分为两半,相合成虎形。右半留中,左半授予统兵将帅或地方诸侯。左右两者相合,命令即生效。竹使符:汉时竹制的信符。右留京师,左与郡国。凡发兵用铜虎符,其馀征调用竹使符。《汉书·文帝纪》:"初与郡守为铜虎符、竹使符。"唐颜师古注引应劭曰:"竹使符皆以竹箭五枚,长五寸,镌刻篆书,第一至第五。"亦省称"竹使"。

㉝大将军:将军的最高称号,执掌统兵征伐。东汉大将军多由贵戚担任,是中央政府的实际掌权者,权位、俸禄皆超越三公。三国时为第一品。交州:东汉建安八年(203)改交州刺史部置,治所广信县(今广西梧州市)。十五年(210)移治番禺县(今广东广州市)。辖境相当于今广东、广西的大部,越南承天以北诸省。

㉞锡:赏赐。青土:指天子封东方诸侯"授茅土"时用的青色泥土。古

代天子用五色(青、赤、白、黑、黄)土封五方诸侯。封于东方者取青土,封于南方者取赤土,封于西方者取白土,封于北方者取黑土,封于上方者取黄土。汉班固《白虎通·社稷》:"东方色青……故将封东方诸侯青土,苴以白茅。"

㉟苴(jū 居):包裹。苴茅,古代帝王分封诸侯时,用该方颜色的泥土,覆以黄土,包以白茅,授予受封者,作为分封土地的象征。白茅:亦作"白茆",植物名。多年生草本,花穗上密生白色柔毛,故名。古代常用以包裹祭品及分封诸侯,象征土地所在方位之土。

㊱对扬:古代常语,屡见于金文。凡臣受君赐时多用之,兼有答谢、颂扬之意。《尚书·商书·说命下》:"敢对扬天子之休命。"孔传:"对,答也。答受美命而称扬之。"

㊲尹:治理。东夏:古代泛指中国东部。《尚书·周书·微子之命》:"上帝时歆,下民祗协,庸建尔于上公,尹兹东夏。"孔传:"正此东方华夏之国。宋在京师东。"

㊳其:副词,表示祈使,犹当,可。上:上缴。故:原。

㊴九锡:古代天子赐给诸侯、大臣的九种器物,是一种最高礼遇。《公羊传·庄公元年》"锡者何?赐也;命者何?加我服也"汉何休注:"礼有九锡:一曰车马,二曰衣服,三曰乐则,四曰朱户,五曰纳陛,六曰虎贲,七曰宫矢,八曰鈇钺,九曰秬鬯。"

㊵后命:指续发的命令。语出《左传·僖公九年》:"齐侯将下拜,孔曰:'且有后命。'"

㊶绥安:安定。

㊷纲纪:治理,管理。语出《诗经·大雅·棫朴》:"勉勉我王,纲纪四方。"江外:江南。从中原人看来,地在长江之外,故称。

㊸民夷:犹民众。古代用于少数民族。

㊹携贰:离心,有二心。

㊺大辂(lù 路):即玉辂,古时天子所乘之车。戎辂(lù 路):古代帝王军中所乘的车。

㊻玄牡:黑色公马。驷:古代一车套四马,因以称驾一车之四马或四马所驾之车。

㊼是用:因此。衮(gǔn 滚)冕:衮衣和冕。古代帝王与上公的礼服和礼冠。《周礼·春官·司服》:"王之吉服,祀昊天上帝则大裘而冕;祀五帝亦如之;享先王则衮冕……公之服,自衮冕而下,如王之服。"

㊽赤舄(xì 细):古代一种红色以木为复底的鞋。副:相称。

㊾轩县(xuán 悬):古代诸侯陈列乐器三面悬挂。《周礼·春官·小胥》:"正乐县之位,王宫县,诸侯轩县。"汉郑玄注:"郑司农云:'宫县,四面县。轩县,去其一面……'玄谓轩县去南面辟王也。"

㊿休风:美好的风格、风气。

(51)怀柔:谓笼络安抚外国或国内少数民族等。语本《礼记·中庸》:"送往迎来,嘉善而矜不能,所以柔远人也。继绝世,举废国,治乱持危,朝聘以时,厚往以薄来,所以怀诸侯也。"百越:我国古代南方越人的总称。分布在今浙、闽、粤、桂等地,因部落众多,故总称百越。

(52)朱户:古代帝王赏赐诸侯或有功大臣的朱红色的大门,古为"九锡"之一种。《韩诗外传》卷八:"诸侯之有德,天子锡之。一锡车马,再锡衣服,三锡虎贲。四锡乐器。五锡纳陛。六锡朱户。七锡弓矢。八锡鈇钺。九锡秬鬯。"

(53)纳陛:古代帝王赐给有殊勋的诸侯或大臣的"九锡"之一。凿殿基为登升的陛级,纳之于檐下,不使尊者露而升,故名。

(54)奸慝(tè 特):指奸恶的人。

(55)虎贲(bēn 奔),勇士之称,贲,通"奔"。《尚书·周书·牧誓序》:"武王戎车三百两,虎贲三百人,与受战于牧野。"孔传:"勇士称也。若虎贲兽,言其猛也。皆百夫长。”

(56)振威:显扬威风。陵迈:超越。

(57)宣力:效力,尽力。荆南:谓荆州一带。

(58)枭(xiāo 萧)灭:诛灭。凶丑:凶恶不善之人。这里谓关羽。

(59)罪人斯得:谓捕获有罪之人。

(60)𫓧钺(fūyuè 肤越):指帝王赐予的专征专杀之权。《礼记·王制》:“诸侯赐弓矢,然后征。赐𫓧钺,然后杀。”唐孔颖达疏:“赐𫓧钺者,谓上公九命得赐𫓧钺,然后邻国臣弑君、子杀父者,得专讨之。”

(61)彤弓彤矢:即朱漆弓与朱漆箭,古代天子用以赐有功的诸侯或大臣使专征伐。《尚书·周书·文侯之命》:“用赉尔秬鬯一卣,彤弓一,彤矢百。”孔传:“诸侯有大功,赐弓矢,然后专征伐。彤弓以讲德习射,藏示子孙。”玈(lú 卢)弓玈(lú 卢)矢:黑色弓与黑色箭。

(62)秬鬯(jùchàng 剧畅):古代以黑黍和郁金香草酿造的酒,用于祭祀降神及赏赐有功的诸侯。卣(yǒu 有):古代一种中型酒樽,青铜制,一般为椭圆形,大腹,敛口,圈足,有盖与提梁,多用作礼器,盛行于商和西周。这里用为量词。

(63)珪瓒(guīzàn 归赞):玉柄的酒器。《逸周书·王会》:“祝淮氏、荣氏次之,珪瓒次之,皆西面。”朱右曾校释:“瓒,盛鬯酒之器,以珪为柄。”

(64)钦哉:谨慎,戒慎。

(65)敷(fū):施行。训典:指先王典制之书。后泛指奉为典则的书籍。《左传·文公六年》:“告之训典,教之防利。”晋杜预注:“训典,先王之书。”

(66)勖相(xùxiàng 蓄向):勉励辅佐。

(67)显烈:昭著的功业。裴注引《江表传》曰:“权群臣议,以为宜称上将军九州伯,不应受魏封。权曰:‘九州伯,于古未闻也。昔沛公亦受项羽拜为汉王,此盖时宜耳,复何损邪?’遂受之。”又引孙盛曰:“昔伯夷、叔齐不屈有周,鲁仲连不为秦民。夫以匹夫之志,犹义不辱,况列国之君三分天下,而可二三其节,或臣或否乎?余观吴、蜀,咸称奉汉,至于汉代,莫能固秉臣节,君子是以知其不能克昌厥后,卒见吞于大国也。向使权从群臣之议,终身称汉将,岂不义悲六合,仁感百世哉!"

是岁,刘备帅军来伐,至巫山、秭归①,使使诱导武陵蛮夷②,假与印传③,许之封赏。于是诸县及五溪民皆反为蜀④。权以陆逊为督,督朱然、潘璋等以拒之。遣都尉赵咨使魏⑤。魏帝问曰:"吴王何等主也?"咨对曰:"聪明仁智,雄略之主也⑥。"帝问其状⑦,咨曰:"纳鲁肃于凡品⑧,是其聪也;拔吕蒙于行陈⑨,是其明也;获于禁而不害,是其仁也;取荆州而兵不血刃⑩,是其智也;据三州虎视于天下⑪,是其雄也;屈身于陛下⑫,是其略也⑬。"帝欲封权子登⑭,权以登年幼,上书辞封⑮,重遣西曹掾沈珩陈谢⑯,并献方物⑰。立登为王太子⑱。

[注释]

①巫山:即巫县(巫县至隋始改名巫山县,"山"字当衍),战国秦昭襄王三十年(前277)改楚巫郡置,属南郡,治所在今重庆巫山县。三国蜀汉属巴东郡。秭(zǐ子)归:即秭归县,西汉置,属南郡,治所在今湖北秭归县(剪刀峪)西北归州镇。三国吴永安三年(260)属建平郡。

②武陵:即武陵郡,汉高帝改黔中郡置,治所义陵县(今湖南溆浦县南)。辖境相当于今湖南沅江流域以西,贵州东部及广西龙胜各族自治县,四川秀山土家族苗族自治县,湖北鹤峰、来凤、长阳土家族自治县、五峰土家族自治县等地。东汉移治临沅县(今湖南常德市)。蛮夷:古代对四方边远地区少数民族的泛称。亦专指南方少数民族。

③假与印传(zhuàn篆):授予印信与任官的凭证。

④五溪:古辰州境五条水的总名,皆属于沅水支流。北魏郦道元《水经注·沅水》:"武陵有五溪,谓雄溪、樠溪、无溪、酉溪、辰溪其一焉。夹溪悉是蛮左所居,故谓此蛮五溪蛮也。"为(wèi未):帮助。详见本书所选《马良传》。

⑤都尉赵咨:字德度(生卒年不详),南阳(治今河南南阳)人。仕吴,历任中大夫、骑都尉。都尉,当作骑都尉,官名。光禄勋属官,统率皇宫禁卫军中的羽林骑士,秩比二千石。

⑥雄略:非凡的谋略。

⑦状:情状,情由。

⑧凡品:平庸的人。汉王符《潜夫论·交际》:"凡品则不然,论人不恕己,动作不思心……行己若此,难以称仁矣。"《三国志·鲁肃传》:"张昭非肃谦下不足,颇訾毁之,云肃年少粗疏,未可用。权不以介意,益贵重之,赐肃母衣服帏帐,居处杂物,富拟其旧。"详见本书所选《鲁肃传》。

⑨行陈(hángzhèn航阵):行伍。旧指军队。陈,同"阵"。

⑩兵不血刃:兵器上没有沾血,谓战事顺利,未经交锋或激战而取得胜利。

⑪三州:谓扬州、荆州与交州。当时孙权占据前两州之大部与交州之全部。虎视:谓如虎之雄视,有伺机攫取之意。

⑫陛下:指魏文帝曹丕。

⑬略:谋略。裴注引《吴书》曰:"咨字德度,南阳人,博闻多识,应对辩捷,权为吴王,擢中大夫,使魏。魏文帝善之,嘲咨曰:'吴王颇知学乎?'咨曰:'吴王浮江万艘,带甲百万,任贤使能,志存经略,虽有馀间,博览书传历史,藉采奇异,不效诸生寻章摘句而已。'帝曰:'吴可征不?'咨对曰:'大国有征伐之兵,小国有备御之固。'又曰:'吴难魏不?'咨曰:'带甲百万,江、汉

为池,何难之有?'又曰:'吴如大夫者几人?'咨曰:'聪明特达者八九十人,如臣之比,车载斗量,不可胜数。'咨频载使北,魏人敬异。权闻而嘉之,拜骑都尉。咨言曰:'观北方终不能守盟,今日之计,朝廷承汉四百之际,应东南之运,宜改年号,正服色,以应天顺民。'权纳之。"

⑭权子登:即孙登(209~241),字子高,孙权长子。魏黄初二年(221),孙权封吴王,以之为太子。吴黄龙元年(229),孙权称帝,又以之为皇太子。为人谦和谨重,有贤名。病卒。谥宣太子。《三国志》卷五九有传。

⑮上书辞封:《三国志·孙登传》:"魏黄初二年,以权为吴王,拜登东中郎将,封万户侯,登辞疾不受。是岁,立登为太子。"

⑯西曹掾(yuàn掾)沈珩(héng衡):字仲山(生卒年不详),吴郡(今江苏苏州市)人。有智谋,出使曹魏,应对裕如。官至少府,封永安乡侯。西曹掾,官名。太尉、丞相的属官,位在东曹掾之上,负责二千石长吏的升迁罢免,秩比四百石。

⑰方物:本地产物,土产。《尚书·周书·旅獒》:"无有远迩,毕献方物。"宋蔡沈集传:"方物,方土所生之物。"裴注引《吴书》曰:"珩字仲山,吴郡人,少综经艺,尤善《春秋》内、外传。权以珩有智谋,能专对,乃使至魏。魏文帝问曰:'吴嫌魏东向乎?'珩曰:'不嫌。'曰:'何以?'曰:'信恃旧盟,言归于好,是以不嫌。若魏渝盟,自有豫备。'又问:'闻太子当来,宁然乎?'珩曰:'臣在东朝,朝不坐,宴不与,若此之议,无所闻也。'文帝善之,乃引珩自近,谈语终日。珩随事响应,无所屈服。珩还言曰:'臣密参侍中刘晔,数为贼设奸计,终不久戢。臣闻兵家旧论,不恃敌之不我犯,恃我之不可犯,今为朝廷虑之。且当省息他役,惟务农桑以广军资;修缮舟车,增作战具,令皆兼盈;抚养兵民,使各得其所;揽延英俊,奖励将士,则天下可图矣。'以奉使有称,封永安乡侯,官至少府。"

⑱太子:封建时代君主的儿子中被预定继承君位的人。裴注引《江表

传》曰:"是岁魏文帝遣使求雀头香、大贝、明珠、象牙、犀角、玳瑁、孔雀、翡翠、斗鸭、长鸣鸡。群臣奏曰:'荆、扬二州,贡有常典,魏所求珍玩之物非礼也,宜勿与。'权曰:'昔惠施尊齐为王,客难之曰:"公之学去尊,今王齐,何其倒也?"惠子曰:"有人于此,欲击其爱子之头,而石可以代之,子头所重而石所轻也,以轻代重,何为不可乎?"方有事于西北,江表元元,恃主为命,非我爱子邪?彼所求者,于我瓦石耳,孤何惜焉?彼在谅闇之中,而所求若此,宁可与言礼哉!'皆具以与之。"

黄武元年春正月①,陆逊部将军宋谦等攻蜀五屯②,皆破之,斩其将。三月,鄱阳言黄龙见③。蜀军分据险地,前后五十馀营④,逊随轻重以兵应拒⑤,自正月至闰月⑥,大破之,临陈所斩及投兵降首数万人⑦。刘备奔走,仅以身免⑧。

[注释]

①黄武元年:即公元222年。黄武,吴王孙权的第一个年号(222~229)。

②部:总领,统率。将军宋谦:早年即与韩当、黄盖追随孙策,后又随陆逊破蜀军于夷陵,其馀不详。屯:驻军营垒。

③黄龙:古代传说中的动物名。谶纬家以为是帝王之瑞征。《吕氏春秋·知分》:"禹南省,方济乎江,黄龙负舟。"

④"蜀军"二句:《三国志·先主传》:"先主自秭归率诸将进军,缘山截岭,于夷道猇亭驻营。"详见本书所选《先主传》。

⑤轻重:指蜀军各营垒军力的强弱多寡。

⑥闰月:据陈垣《二十史朔闰表》,魏黄初三年(222)闰六月。这一年十

月,吴主孙权改元黄武。

⑦投兵:放下武器。降(xiáng详)首:投降的首领。犹降将。

⑧仅以身免:谓只身逃脱。裴注引《吴历》曰:"权以使聘魏,具上破备获印绶及首级、所得土地,并表将吏功勤宜加爵赏之意。文帝报使,致鼲子裘、明光铠、騑马,又以素书所作《典论》及诗赋与权。"又引《魏书》载诏答曰:"老虏边窟,越险深入,旷日持久,内迫罢弊,外困智力,故见身于鸡头,分兵拟西陵,其计不过谓可转足前迹以摇动江东。根未著地,摧折其支,虽未刳备五脏,使身首分离,其所降诛,亦足使虏部众凶惧。昔吴汉先烧荆门,后发夷陵,而子阳无所逃其死;来歙始袭略阳,文叔喜之,而知隗嚣无所施其巧。今讨此虏,正似其事,将军勉建方略,务全独克。"

初,权外托事魏,而诚心不款①。魏欲遣侍中辛毗、尚书桓阶往与盟誓②,并征任子③,权辞让不受。秋九月,魏乃命曹休、张辽、臧霸出洞口④,曹仁出濡须,曹真、夏侯尚、张郃、徐晃围南郡⑤。权遣吕范等督五军,以舟军拒休等,诸葛瑾、潘璋、杨粲救南郡⑥,朱桓以濡须督拒仁⑦。时扬、越蛮夷多未平集⑧,内难未弭⑨,故权卑辞上书,求自改厉⑩:"若罪在难除,必不见置⑪,当奉还土地民人,乞寄命交州⑫,以终馀年。"

[注释]

①诚心不款:谓非真心诚意交好。

②侍中辛毗(pí皮):字佐治(生卒年不详),颍川阳翟(今河南禹州)人。原为袁绍部下,后跟随袁谭,又归顺曹操,任丞相长史。曹丕嗣魏王后,他与华歆等奏请汉献帝禅位曹丕,任侍中,封颍乡侯。魏明帝时任卫尉,卒谥肃

侯。《三国志》卷二五有传。侍中，官名。秦始置，两汉沿置，为正规官职外的加官之一。因侍从皇帝左右，出入宫廷，与闻朝政，逐渐变为亲信贵重之职。汉末三国演变为实职。尚书桓阶：字伯绪（？～221），长沙临湘（今湖南长沙）人。仕曹魏，历任丞相掾主簿、赵郡太守。魏文帝即位，迁尚书令，拜安乐乡侯，卒谥贞侯。《三国志》二二卷有传。尚书，当作尚书令，官名。尚书台长官，属少府。东汉时独立，受命于皇帝或录尚书事的大臣，秩千石，三国时第三品。属官有尚书仆射、尚书等。盟誓：结盟立誓。

③任子：人质，指为取信对方而用作抵押的人，多以亲子为质，故称。这里谓要求孙权将其太子孙登送至魏国京师洛阳去做人质。

④曹休：字文烈（？～228），谯（今安徽亳州市）人，曹操族子。历任骑都尉、中领军。文帝即位，历任领军将军、镇南将军、征东大将军、扬州牧，进封长平侯，屡立战功，迁大司马。魏太和二年（228），他与司马懿分兵攻吴，被伪降之吴将周鲂诱至石亭，大败而归，损失惨重。惶愧病卒，谥壮侯。《三国志》卷九有传。张辽：字文远（169～222），雁门马邑（今山西朔州）人。原为吕布部将，建安三年（198），吕布被曹操擒杀后降曹，屡建战功，历任荡寇将军。曹丕代汉后任前将军，魏黄初三年（222）随曹休率军攻吴，病死途中。《三国志》卷一七有传。臧霸：字宣高（生卒年不详），汉末泰山（今山东泰安东北）人，以勇壮闻名。汉末大乱，与孙观、吴敦、尹礼等聚众泰山，屯于开阳，自为帅，曾助吕布攻曹操。建安三年（198），曹操擒杀吕布，他归降曹操并招降孙观等，曹操任其为琅邪相，与孙观等镇守青州、徐州沿海一带。后封都亭侯，拜扬威将军。曹丕代汉称帝，迁镇东将军，进爵良成侯，都督青州诸军事。卒谥威侯。《三国志》卷一八有传。洞口：地名。在今安徽和县西南临江处。

⑤曹真：字子丹（？～231），谯（今安徽亳州市）人，曹操族子。魏文帝时任中军大将军。文帝卒，他与陈群、司马懿、曹休等受遗诏，辅佐魏明帝曹

叡,进位大将军。魏太和二年(228)以后,屡与伐魏的蜀汉诸葛亮交战,后因病死于洛阳。《三国志》卷九有传。张郃(hé禾):字儁乂(?~231),河间鄚县(今河北任丘北)人。原为袁绍部将,官渡之战中投降曹操。能征善战,有勇有谋,颇得曹操信任。曹丕代汉称帝后,封鄚侯,拜征西车骑将军。魏太和五年(231),与诸葛亮祁山交战,飞矢中右膝,伤重卒,谥壮侯。《三国志》卷一七有传。

⑥杨粲:三国吴将领,生平不详。

⑦朱桓:字休穆(177~238),吴郡吴县(今江苏苏州市)人。曾给事孙权将军幕府,历任馀姚长、荡寇校尉,封嘉兴侯,迁奋武将军,拜前将军,领青州牧,假节。以疾卒。《三国志》卷五六有传。濡须督:官名。东吴驻守濡须坞(今安徽含山县西南古濡须水口)的军事长官。

⑧扬:谓扬州。越:指以会稽(今浙江绍兴)为中心的今浙江一带。平集:平定安顺。

⑨弭(mǐ米):止息。

⑩改厉:亦作"改励",谓改过自勉。

⑪置:赦免。

⑫寄命:犹寄身,托身。

文帝报曰:

　　君生于扰攘之际①,本有从横之志②,降身奉国③,以享兹祚④。自君策名已来⑤,贡献盈路。讨备之功,国朝仰成⑥。埋而掘之,古人之所耻⑦。朕之与君,大义已定⑧,岂乐劳师远临江汉⑨?廊庙之议⑩,王者所不得专;三公上君过失⑪,皆有本末⑫。

朕以不明,虽有曾母投杼之疑⑬,犹冀言者不信⑭,以为国福。故先遣使者犒劳,又遣尚书、侍中践修前言,以定任子。君遂设辞,不欲使进,议者怪之⑮。又前都尉浩周劝君遣子⑯,乃实朝臣交谋⑰,以此卜君⑱,君果有辞,外引隗嚣遣子不终⑲,内喻窦融守忠而已⑳。世殊时异,人各有心。浩周之还,口陈指麾㉑,益令议者发明众嫌㉒,终始之本,无所据仗,故遂俯仰从群臣议㉓。今省上事㉔,款诚深至,心用慨然㉕,凄怆动容㉖。即日下诏,敕诸军但深沟高垒㉗,不得妄进。若君必效忠节,以解疑议,登身朝到,夕召兵还。此言之诚,有如大江㉘!

[注释]

①扰攘:混乱,骚乱。

②从(zòng 纵)横:谓横行天下。

③降身奉国:谓降低身份,接受魏国的封号。

④祚(zuò 坐):福禄,福分。

⑤策名:即"策名委质",意谓因仕宦而献身于朝廷之事。语出《左传·僖公二十三年》:"策名委质,贰乃辟也。"晋杜预注:"名书于所臣之策。"唐孔颖达疏:"古之仕者于所臣之人书已名于策,以明系属之也。"

⑥国朝:这里指国家,朝廷。仰成:谓依赖东吴取得成功。

⑦"埋而掘之"二句:意谓曹魏已经封孙权为吴王,就不愿意再取消封号,消灭吴国,如此狐疑不定,是古人所耻笑的。语本《国语》卷一九《吴语》:"夫谚曰:'狐埋之而狐搰之,是以无成功。'今天王既封植越国,以明闻于天下,而又刈亡之,是天王之无成劳也。"裴注引《国语》曰:"狸埋之,狸掘之,是以无成功。"

⑧大义已定:谓曹魏与孙吴君臣名分的确立。大义,正道。

⑨劳师:使军队劳累。语出《左传·僖公三十二年》:"蹇叔曰:'劳师以袭远,非所闻也。'"江汉:指长江与汉水之间及其附近的一些地区,属古荆楚之地,在今湖北省境内。这里代指东吴。

⑩廊庙之议:谓朝廷群臣对于军国大政的决议。廊庙,殿下屋和太庙,指朝廷。

⑪三公:古代朝廷中最为尊显的三个官职的合称,共同负责最高国务。东汉以太尉、司徒、司空为三公,各置一人,自行开府。建安十八年(213),曹操罢除三公,自为丞相。三国魏重置三公,改太尉为大司马,协助皇帝总领全国军事。

⑫本末:始末,原委。

⑬曾母投杼(zhù柱)之疑:意谓即使是谣言,一经广泛传播也会令智者迷惑。委婉地表明有关孙权破坏魏与吴君臣名分的传言,已经动摇了我对你的信任。事本《战国策·秦策二》:"昔者曾子处费,费人有曾参者,与曾子同名族,杀人。人告曾子之母曰:'曾参杀人。'曾子之母曰:'吾子不杀人也。'织自若。有顷,人又曰:'曾参杀人。'其母尚织自若。顷之,一人又告之曰:'曾参杀人。'其母惧,投杼逾墙而走。夫以曾子之贤,与母之信,而三人疑之,虽慈母不能信也。"后以"投杼"比喻谣言众多,动摇了对最亲近者的信心。杼,织机的梭子。

⑭冀:盼望。不信:不确实。

⑮议者:谓参与议论朝政的诸大臣。裴注引《魏略》载魏三公奏曰:"臣闻枝大者披心,尾大者不掉,有国有家之所慎也。昔汉承秦弊,天下新定,大国之王,臣节未尽,以萧、张之谋不备录之,至使六王前后反叛,已而伐之,戎车不辍。又文、景守成,忘战戢役,骄纵吴、楚,养虺成蛇,既为社稷大忧,盖前事之不忘,后事之师也。吴王孙权,幼竖小子,无尺寸之功,遭遇兵乱,因

父兄之绪,少蒙翼卵煦伏之恩,长含鸱枭反逆之性,背弃天施,罪恶积大。复与关羽更相觇伺,逐利见便,挟为卑辞。先帝知权奸以求用,时以于禁败于水灾,等当讨羽,因以委权。先帝委裘下席,权不尽心,诚在恻怛,欲因大丧,寡弱王室,希托董桃传先帝令,乘未得报许,擅取襄阳,及见驱逐,乃更折节。邪辟之态,巧言如流,虽重驿累使,发遣禁等,内包隐匿顾望之奸,外欲缓诛,支仰蜀贼。圣朝含弘,既加不忍,优而赦之,与之更始,猥乃割地王之,使南面称孤,兼官累位,礼备九命,名马百驷,以成其势,光宠显赫,古今无二。权为犬羊之姿,横被虎豹之文,不思靖力致死之节,以报无量不世之恩。臣每见所下权前后章表,又以愚意采察权旨,自以阻带江湖,负固不服,狃忕累世,诈伪成功,上有尉佗、英布之计,下诵伍被屈强之辞,终非不侵不叛之臣。以为晁错不发削弱王侯之谋,则七国同衡,祸久而大;蒯通不决袭历下之策,则田横自虑,罪深变重。臣谨考之《周礼》九伐之法,平权凶恶,逆节萌生,见罪十五。昔九黎乱德,黄帝加诛;项羽罪十,汉祖不舍。权所犯罪衅明白,非仁恩所养,宇宙所容。臣请免权官,鸿胪削爵土,捕治罪。敢有不从,移兵进讨,以明国典好恶之常,以静三州元元之苦。"又云:"其十五条,文多不载。"

⑯都尉浩周:字孔异(生卒年不详),上党(今山西长治北)人。三国时魏将领。建安中为萧令,迁徐州刺史。因未能说服孙权送太子孙登至洛阳为曹魏人质,终被疏远。

⑰朝臣交谋:谓任子取信一事为朝臣所共同谋划议定。

⑱卜君:谓测试您的真实态度。

⑲隗嚣(wěi áo 委熬):字季孟(前?~33),天水成纪(今甘肃秦安)人。新莽末年陇右割据军阀,更始二年(24),归顺刘玄,封右将军,迁御史大夫,位列三公。后逃归天水,自称西州上将军;后为归顺刘秀,遣长子隗恂至洛阳为刘秀的人质,旋又怀二心,向蜀公孙述称臣,刘秀终于杀隗恂又击败隗

嚣,隗嚣忧病而死。《后汉书》卷一三有传。

⑳窦融:字周公(前16～62),扶风平陵(今陕西咸阳西北)人。新莽末至东汉时期军阀、名臣。先事王莽,后归附光武帝,历官大司空、将作大匠,行卫尉事,封安丰侯,一门显贵,画图云台。《后汉书》卷二三有传。

㉑口陈指麾:谓浩周口头陈说并辅以手指挥动讲说你期盼臣服的情态。

㉒发明:证明,表明。众嫌:各种怀疑。

㉓俯仰:周旋,应付。群臣议:指前述征讨东吴的军事行动。

㉔省(xǐng醒):观看,阅览。上事:指前文所述孙权"卑辞上书,求自改厉"的文书。

㉕心用:谓内心。慨然:感慨貌。

㉖凄怆(chuàng创去声):悲伤凄惨。动容:脸上出现受感动的表情。

㉗深沟高垒:谓掘下深的壕沟,筑起高的壁垒,用以固守。

㉘有如大江:指着长江发誓,表示郑重其事,意志坚定。裴注引《魏略》曰:"浩周字孔异,上党人。建安中仕为萧令,至徐州刺史。后领护于禁军,军没,为关羽所得。权袭羽,并得周,甚礼之。及文帝即王位,权乃遣周,为笺魏王曰:'昔讨关羽,获于将军,即白先王,当发遣之。此乃奉款之心,不言而发。先王未深留意,而谓权中间复有异图,愚情悾悾,用未果决。遂值先王委离国祚,殿下承统,下情始通。公私契阔,未获备举,是令本誓未即昭显。梁寓传命,委曲周至,深知殿下以为意望。权之赤心,不敢有他,愿垂明恕,保权所执。谨遣浩周、东里衮,至情至实,皆周等所具。'又曰:'权本性空薄,文武不昭,昔承父兄成军之绪,得为先王所见奖饰,遂因国恩,抚绥东土。而中间寡虑,庶事不明,畏威忘德,以取重戾。先王恩仁,不忍遐弃,既释其宿罪,且开明信。虽致命房廷,枭获关羽,功效浅薄,未报万一。事业未究,先王即世。殿下践阼,威仁流迈,私惧情愿未蒙昭察。梁寓来到,具知殿下不遂疏远,必欲抚录,追本先绪。权之得此,欣然踊跃,心开目明,不胜其

庆。权世受宠遇,分义深笃,今日之事,永执一心,惟察悾悾,重垂含覆。"又曰:"先王以权推诚已验,军当引还,故除合肥之守,著南北之信,令权长驱不复后顾。近得守将周泰、全琮等白事,过月六日,有马步七百,径到横江,又督将马和复将四百人进到居巢,琮等闻有兵马渡江,视之,为兵马所击,临时交锋,大相杀伤。卒得此问,情用恐惧。权实在远,不豫闻知,约敕无素,敢谢其罪。又闻张征东、朱横海今复还合肥,先王盟要,由来未久,且权自度未获罪衅,不审今者何以发起,牵军远次?事业未讫,甫当为国讨除贼备,重闻斯问,深使失图。凡远人所恃,在于明信,愿殿下克卒前分,开示坦然,使权誓命,得卒本规。凡所愿言,周等所当传也。'初东里衮为于禁军司马,前与周俱没,又俱还到,有诏皆见之。帝问周等,周以为权必臣服,而东里衮谓其不可必服。帝悦周言,以为有以知之。是岁冬,魏王受汉禅,遣使以权为吴王,诏使周与使者俱往。周既致诏命,时与权私宴,谓权曰:'陛下未信王遣子入侍也,周以阖门百口明之。'权因字谓周曰:'浩孔异,卿乃以举家百口保我,我当何言邪?'遂流涕沾襟。及与周别,又指天为誓。周还之后,权不遣子而设辞,帝乃久留其使。到八月,权上书谢,又与周书曰:'自道路开通,不忘修意。既新奉国命加知起居,假归河北,故使情问不获果至。望想之劳,曷云其已。孤以空闇,分信不昭,中间招罪,以取弃绝,幸蒙国恩,复见赦宥,喜乎与君克卒本图。传不云乎,虽不能始,善终可也。'又曰:'昔君之来,欲令遣子入侍,于时倾心欢以承命,徒以登年幼,欲假年岁之间耳。而赤情未蒙昭信,遂见讨责,常用惭怖。自顷国恩,复加开导,忘其前怨,取其后效,喜得因此寻竟本誓。前已有表具说遣子之意,想君假还,已知之也。'又曰:'今子当入侍,而未有妃耦,昔君念之,以为可上连缀宗室若夏侯氏,虽中间自弃,常奉戢在心。当垂宿念,为之先后,使获攀龙附骥,永自固定。其为分惠,岂有量哉!如是欲遣孙长绪与小儿俱入,奉行礼聘,成之在君。'又曰:'小儿年弱,加教训不足,念当与别,为之缅然,父子恩情,岂有已邪!又欲遣张子布追辅护之。孤性无馀,凡所欲为,今尽宣露。惟恐赤心不先畅达,是以具为君说之,宜明所以。'于是诏曰:'权前对浩周,自陈不敢自远,乐委质长为外臣,又前后辞旨,头尾击地,此鼠子自知不能保尔许地也。又今与周书,请以十二月遣子,复欲遣孙长绪、张子布随子俱来,彼二人皆权股肱心腹也。又欲为子于京师求妇,此权无异心之明效也。'帝既信权甘言,且谓周为得其真,而权但华伪,竟无遣子意。自是之后,帝既彰权罪,周亦见疏远,终身不用。"

权遂改年①,临江拒守。冬十一月,大风,范等兵溺死者数千,馀军还江南。曹休使臧霸以轻船五百、敢死万人袭攻徐陵②,烧攻城车③,杀略数千人④。将军全琮、徐盛追斩魏将尹卢⑤,杀获数百。十二月,权使太中大夫郑泉聘刘备于白帝⑥,始复通也⑦。然犹与魏文帝相往来,至后年乃绝。是岁改夷陵为西陵⑧。

[注释]

①权遂改年:谓吴王孙权自立年号"黄武",不再使用曹魏的"黄初"年号,公开与曹魏脱离君臣关系。

②轻船:小船。敢死:指敢死士。徐陵:谓徐陵亭,即今江苏镇江市。徐陵为京口的别称。《太平寰宇记》卷八九润州丹徒县:"《南徐州记》云:京口北为徐陵,其地盖丹徒县之西乡京口里也。"

③攻城车:一种古代的攻城武器,又名冲车,依靠其中的攻城槌的速度和动能来撞开、撞破城门或毁坏城墙。一般为木制,总体结构就像一个尖顶木屋形,异常坚固,下面装有四轮或六轮;外蒙牛皮或羊皮。

④杀略:杀戮掳掠。

吴主传 | 1219

⑤全琮(cóng从)：字子璜(～249)，吴郡钱唐(今浙江杭州西)人。仕吴，尚公主，深受宠信。历任绥南将军、卫将军、徐州牧，迁左大司马、左军师，封钱唐侯。《三国志》卷六〇有传。徐盛：字文向(生卒年不详)，琅邪莒(今山东莒县)人。仕吴，屡建战功，历任芜湖令、中郎将、建武将军、安东将军，封芜湖侯。《三国志》卷五五有传。尹卢：三国魏将领，生平不详。

⑥太中大夫郑泉：字文渊(生卒年不详)，陈郡(今河南淮阳)人。博学。仕吴，历任郎中、太中大夫。太中大夫，官名。光禄勋的属官，负责应对顾问，无具体事务；有诏令时，奉诏出使。为天子的高级参谋。秩千石，三国时为第七品。聘：聘问。专指天子与诸侯或诸侯与诸侯间的遣使通问。《礼记·曲礼下》："诸侯使大夫问于诸侯曰聘。"白帝：即白帝城，东汉初公孙述筑，在今重庆奉节县瞿塘峡口长江北岸的白帝山顶，形势险要，三国时为蜀汉防吴之重镇。

⑦始复通也：裴注引《江表传》曰："权云：'近得玄德书，已深引咎，求复旧好。前所以名西为蜀者，以汉帝尚存故耳，今汉已废，自可名为汉中王也。'"又引《吴书》曰："郑泉字文渊，陈郡人。博学有奇志，而性嗜酒，其闲居每曰：'愿得美酒满五百斛船，以四时甘脆置两头，反覆没饮之，愈即住而啖肴膳。酒有斗升减，随即益之，不亦快乎！'权以为郎中。尝与之言：'卿好于众中面谏，或失礼敬，宁畏龙鳞乎？'对曰：'臣闻君明臣直，今值朝廷上下无讳，实恃洪恩，不畏龙鳞。'后侍宴，权乃怖之，使提出付有司促治罪。泉临出屡顾，权呼还，笑曰：'卿言不畏龙鳞，何以临出而顾乎？'对曰：'实侍恩覆，知无死忧，至当出阁，感惟威灵，不能不顾耳。'使蜀，刘备问曰：'吴王何以不答吾书，得无以吾正名不宜乎？'泉曰：'曹操父子陵轹汉室，终夺其位。殿下既为宗室，有维城之责，不荷戈执殳为海内率先，而于是自名，未合天下之议，是以寡君未复书耳。'备甚惭恧。泉临卒，谓同类曰：'必葬我陶家之侧，庶百岁之后化而成土，幸见取为酒壶，实获我心矣。'"

⑧西陵:即西陵县,三国吴王黄武元年(222)改夷陵县置,为宜都郡治,治所在今湖北宜昌市东南长江北岸。西晋太康元年(280)复为夷陵县。

二年春正月①,曹真分军据江陵中州②。是月,城江夏山③。改《四分》④,用《乾象历》⑤。三月,曹仁遣将军常彫等⑥,以兵五千,乘油船⑦,晨渡濡须中州⑧。仁子泰因引军急攻朱桓⑨,桓兵拒之,遣将军严圭等击破彫等⑩。是月,魏军皆退。夏四月,权群臣劝即尊号⑪,权不许⑫。刘备薨于白帝⑬。五月,曲阿言甘露降⑭。先是戏口守将晋宗杀将王直⑮,以众叛如魏,魏以为蕲春太守,数犯边境⑯。六月,权令将军贺齐督糜芳、刘邵等袭蕲春⑰,邵等生虏宗⑱。冬十一月,蜀使中郎将邓芝来聘⑲。

[注释]

①二年:即吴王黄武二年(223)。

②江陵中州:当即中洲,又称百里洲。在今湖北枝江市南部长江与松滋河之间。北魏郦道元《水经注江水》:"(枝江县)左右有数十洲,槃布江中,其百里洲最为大也。中有桑田甘果,映江依洲。"

③城:修筑城垒。用如动词。江夏山:当指今湖北武汉市武昌城区蛇山,吴王黄武二年(223),孙权在此修筑夏口城。

④四分:即《四分历》,这里当指《后汉四分历》,东汉章帝元和二年(85)改用。编欣、李梵等创制。规定一个回归年为365又1/4日,一个朔望月为29又499/940日,19个太阴年插入7个闰月,其数据比汉武帝太初元年(前104)所使用的《太初历》精密。

⑤乾象历:中国东汉末年天文学家刘洪所创制。刘洪(生卒年不详),

字元卓,蒙阴(治今山东蒙阴东南十里公家城)人。汉桓帝延熹年间(158～167)应太史征召到洛阳,拜为郎中,参与天文历法工作。卒于山阳太守任上。所创《乾象历》,是第一部传世的引进月球运动不均匀性的历法。其所定回归年长度与朔望月长度都比前代历法精密。《乾象历》约从吴王黄武元年(222)起在三国吴行用,直至吴亡(280)。裴注引《江表传》曰:"权推五德之运,以为土行用未祖辰腊。"又引《志林》曰:"土行以辰腊,得其数矣。土盛于戌,而以未祖,其义非也。土生于未,故未为坤初。是以《月令》:建未之月,祀黄精于郊,祖用其盛。今祖用其始,岂应运乎?"

⑥常彫(diāo 雕):曹仁部下大将(?～223),生平不详。

⑦油船:涂上油的牛皮船,可提高抗击刀枪与箭矢进攻的效能。

⑧濡须中州:谓在濡须口附近的江中小洲。

⑨仁子泰:即曹泰(生卒年不详),曹仁之子。曹仁卒后袭爵,官至镇东将军,假节,转封宁陵侯。

⑩严圭:三国吴将领,生平不详。

⑪即尊号:谓称帝。

⑫权不许:裴注引《江表传》曰:"权辞让曰:'汉家堙替,不能存救,亦何心而竞乎?'群臣称天命符瑞,固重以请。权未之许,而谓将相曰:'往年孤以玄德方向西鄙,故先命陆逊选众以待之。闻北部分,欲以助孤,孤内嫌其有挟,若不受其拜,是相折辱而趣其速发,便当与西俱至,二处受敌,于孤为剧,故自抑按,就其封王。低屈之趣,诸君似未之尽,今故以此相解耳。'"

⑬刘备薨于白帝:裴注引《吴书》曰:"权遣立信都尉冯熙聘于蜀,吊备丧也。熙字子柔,颍川人,冯异之后也。权之为车骑,熙历东曹掾,使蜀还,为中大夫。后使于魏,文帝问曰:'吴王若欲修宿好,宜当厉兵江关,县旌巴蜀,而闻复遣修好,必有变故。'熙曰:'臣闻西使直报问,且以观衅,非有谋也。'又曰:'闻吴国比年灾旱,人物彫损,以大夫之明,观之何如?'熙对曰:

'吴王体量聪明,善于任使,赋政施役,每事必咨,教养宾旅,亲贤爱士,赏不择怨仇,而罚必加有罪,臣下皆感恩怀德,惟忠与义。带甲百万,谷帛如山,稻田沃野,民无饥岁,所谓金城汤池,强富之国也。以臣观之,轻重之分,未可量也。'帝不悦,以陈群与熙同郡,使群诱之,啖以重利。熙不为回。送至摩陂,欲困苦之。后又召还,未至,熙惧见迫不从,必危身辱命,乃引刀自刺。御者觉之,不得死。权闻之,垂涕曰:'此与苏武何异?'竟死于魏。"

⑭曲阿:即曲阿县,秦置,属会稽郡,治所在今江苏丹阳市。东汉属吴郡。三国吴嘉禾三年(234)改为云阳县。《元和志》卷二五润州丹阳县:"秦时望气者云有王气,故凿之以败其势,截其直道,使之阿曲,故曰曲阿。"

⑮戏口:地名。故址不详。晋宗:三国吴将领。生平不详。王直:三国吴将领(?～223)。生平不详。

⑯数(shuò朔):屡次。

⑰糜芳:似当作"麋芳"。见前注。刘邵:三国吴将领。生平不详。

⑱生虏:生擒。

⑲中郎将邓芝:字伯苗(?～251),义阳新野(治今河南新野南)人,邓禹之后。刘备占据益州,历任郫令、广汉太守、尚书。刘备死后,为恢复吴蜀联盟贡献尤多。诸葛亮北伐,任中监军、扬武将军。亮卒,迁前军师前将军,领兖州刺史,封阳武亭侯,迁车骑将军,假节。《三国志》卷四五有传。中郎将,疑有误。据《三国志·后主传》《三国志·邓芝传》,当时邓芝任尚书郎。裴注引《吴历》曰:"蜀致马二百匹,锦千端,及方物。自是之后,聘使往来以为常。吴亦致方土所出,以答其厚意焉。"聘:聘问。古代专指天子与诸侯或诸侯与诸侯间的遣使通问。《礼记·曲礼下》:"诸侯使大夫问于诸侯曰聘。"

三年夏①,遣辅义中郎将张温聘于蜀②。秋八月,赦死罪。九月,魏文帝出广陵③,望大江,曰"彼有人焉,未可图也④",乃还⑤。

四年夏五月⑥,丞相孙邵卒⑦。六月,以太常顾雍为丞相⑧。皖口言木连理⑨。冬十二月,鄱阳贼彭绮自称将军⑩,攻没诸县⑪,众数万人。是岁地连震⑫。

[注释]

①三年:即吴王黄武三年(224)。

②辅义中郎将张温:字惠恕(193~232),吴郡吴(今江苏苏州市)人。仕吴,历任议郎、选曹尚书、辅义中郎将。因其名声在吴甚盛,为孙权所忌,终被借故罢斥。《三国志》卷五七有传。辅义中郎将,官名。三国吴所置名号中郎将,位次于将军。

③广陵:即广陵县,秦置,属东海郡,治所在今江苏扬州市西北蜀冈上。西汉为广陵国治,东汉为广陵郡治。

④图:谋取。

⑤乃还:裴注引干宝《晋纪》曰:"魏文帝之在广陵,吴人大骇,乃临江为疑城,自石头至于江乘,车以木桓,衣以苇席,加采饰焉,一夕而成。魏人自江西望,甚惮之,遂退军。权令赵达算之,曰:'曹丕走矣,虽然,吴衰庚子岁。'权曰:'几何?'达屈指而计之,曰:'五十八年。'权曰:'今日之忧,不暇及远,此子孙事也。'"又引《吴录》曰:"是岁蜀主又遣邓芝来聘,重结盟好。权谓芝曰:'山民作乱,江边守兵多彻,虑曹丕乘空弄态,而反求和。议者以为内有不暇,幸来求和,于我有利,宜当与通,以自辨定。恐西州不能明孤赤心,用致嫌疑。孤土地边外,间隙万端,而长江巨海,皆当防守。丕观衅而动,惟不见便,宁得忘此,复有他图。'"

⑥四年:即吴王黄武四年(225)。

⑦丞相孙邵:字长绪(163~225),青州北海国(今山东潍坊市昌乐西)人。原为北海相孔融的功曹,被孔融称赞为可任朝廷要职的人才。后随刘繇到达江东,继而辅佐孙权。孙权称吴王后,孙邵成为吴国首任丞相,拜威远将军,封阳羡侯。丞相,辅佐帝王,综理一国政务的最高行政长官。裴注引《吴录》曰:"邵字长绪,北海人,长八尺。为孔融功曹,融称曰'廊庙才也'。从刘繇于江东。及权统事,数陈便宜,以为应纳贡聘,权即从之。拜庐江太守,迁车骑长史。黄武初为丞相,威远将军,封阳羡侯。张温、暨艳奏其事,邵辞位请罪,权释令复职,年六十三卒。"又引《志林》曰:"吴之创基,邵为首相,史无其传,窃常怪之。尝问刘声叔。声叔,博物君子也,云:'推其名位,自应立传。项峻、丁孚时已有注记,此云与张惠恕不能。后韦氏作史,盖惠恕之党,故不见书。'"

⑧太常顾雍:字元叹(168~243),吴郡吴县(今江苏苏州市)人。曾师从蔡邕,为人清正。仕吴,历任会稽郡丞,行太守事,入为左司马,领尚书令,任丞相,封醴陵侯。《三国志》卷五二有传。太常,官名。九卿之一,掌宗庙礼仪,兼选试博士。裴注引《吴书》曰:"以尚书令陈化为太常。化字元耀,汝南人,博览众书,气干刚毅,长七尺九寸,雅有威容。为郎中令使魏,魏文帝因酒酣,嘲问曰:'吴、魏峙立,谁将平一海内者乎?'化对曰:'《易》称帝出乎震,加闻先哲知命,旧说紫盖黄旗,运在东南。'帝曰:'昔文王以西伯王天下,岂复在东乎?'化曰:'周之初基,太伯在东,是以文王能兴于西。'帝笑,无以难,心奇其辞。使毕当还,礼送甚厚。权以化奉命光国,拜犍为太守,置官属。顷之,迁太常,兼尚书令。正色立朝,敕子弟废田业,绝治产,仰官廪禄,不与百姓争利。妻早亡,化以古事为鉴,乃不复娶。权闻而贵之,以其年壮,敕宗正妻以宗室女,化固辞以疾,权不违其志。年出七十,乃上疏乞骸骨,遂爱居章安,卒于家。长子炽,字公熙,少有志操,能计算。卫将军全琮表称炽任大将军,赴召,道卒。"

⑨皖口:亦名南皖口,在今安徽怀宁县东六十里山口乡,当皖河入长江之口,为长江沿岸军事要地。木连理:不同根的树,其上部枝干连生在一起。旧时视为祥瑞。

⑩彭绮:三国吴扬州鄱阳郡(今江西鄱阳)山越宗帅。吴王黄武间自称将军,攻破数县,历时年馀,后为太守周鲂、解烦督胡综所擒。

⑪攻没:犹攻陷。

⑫地连震:谓连续发生地震。裴注引《吴录》曰:"是冬魏文帝至广陵,临江观兵,兵有十馀万,旌旗弥数百里,有渡江之志。权严设固守。时大寒冰,舟不得入江。帝见波涛汹涌,叹曰:'嗟乎!固天所以隔南北也!'遂归。孙韶又遣将高寿等率敢死之士五百人于径路夜要之,帝大惊,寿等获副车羽盖以还。"

五年春①,令曰②:"军兴日久③,民离农畔④,父子夫妇,不听相恤⑤,孤甚愍之⑥。今北虏缩窜⑦,方外无事⑧,其下州郡,有以宽息⑨。"是时陆逊以所在少谷⑩,表令诸将增广农亩⑪。权报曰:"甚善。今孤父子亲自受田⑫,车中八牛以为四耦⑬,虽未及古人⑭,亦欲与众均等其劳也。"秋七月,权闻魏文帝崩,征江夏,围石阳⑮,不克而还。苍梧言凤皇见⑯。分三郡恶地十县置东安郡⑰,以全琮为太守,平讨山越⑱。

[注释]

①五年:即吴王黄武五年(226)。

②令:特指皇后、太子或诸王的命令,以别于皇帝的诏命。当时孙权尚未称帝,故称"令"。

③军兴:军事行动的开始。

④农畔:田界。借指田间。语本《左传·襄公二十五年》:"朝夕而行之,行无越思,如农之有畔。"

⑤不听相恤(xù 续):谓不能相互顾及。

⑥孤:古代诸侯君王的自称。春秋时诸侯自称寡人,有凶事则称孤,后渐无区别。愍(mǐn 闽):忧伤。

⑦北虏:蔑称曹魏政权。缩窜:退缩逃窜。

⑧方外:谓吴所统治的区域、范围之外。

⑨宽息:谓宽松而得到休养生息。

⑩所在:陆逊时任荆州牧,此当谓其治所江陵一带。

⑪表:启奏,上奏章给吴王。

⑫受田:谓得到田地耕作。古代有授给人民田地的制度,民年二十后可受公家分与的田地,六十归还。

⑬车中八牛:谓自己所乘犊车的八头牛。犊车即牛车,汉诸侯贫者乘之,后转为贵者乘用。《宋书·礼志五》:"犊车,軿车之流也。汉诸侯贫者乃乘之,其后转见贵。孙权云'车中八牛',即犊车也。"耦(ǒu 偶):二人并肩而耕。这里喻指两牛共拉一犁。

⑭未及古人:古代帝王为劝农耕,有"籍田"之说,即古代天子、诸侯征用民力耕种的田。相传天子籍田千亩,诸侯百亩。每逢春耕前,由天子、诸侯执耒耜在籍田上三推或一拨,称为"籍礼",以示对农业的重视。亦指天子示范性的耕作。《诗经·周颂·载芟序》:"载芟,春籍田而祈社稷也。"汉郑玄笺:"籍田,甸师氏所掌,王载耒耜所耕之田。天子千亩,诸侯百亩。籍之言借也,借民力治之,故谓之籍田。"

⑮石阳:即石阳县,三国吴置,属江夏郡,治所在今湖北汉川市西北。

⑯苍梧:即苍梧郡,西汉元鼎六年(前111)置,治所广信县(今广西梧州

市)。辖境相当于今广西都庞岭、大瑶山以东,广东肇庆、罗定以西,湖南江永、江华以南,广西藤县、广东信宜以北地。凤皇:即"凤凰",古代传说中的百鸟之王。雄的叫凤,雌的叫凰。通称为凤或凤凰。羽毛五色,声如箫乐。常用来象征瑞应。

⑰"分三郡"句:据《三国志·全琮传》:"是时丹杨、吴、会山民复为寇贼,攻没属县,权分三郡险地为东安郡,琮领太守。至,明赏罚,招诱降附,数年中,得万馀人。权召琮还牛渚,罢东安郡。"三郡,即丹杨郡、吴郡、会稽郡。恶地,谓荒山贫瘠之地。东安郡,三国吴王黄武五年(226)分三郡置,属扬州,治所在今浙江富阳市北十八里。辖境相当于今浙江西北部山区。黄武七年(228)废。裴注引《吴录》曰:"郡治富春也。"

⑱平讨:讨伐平定。

冬十月,陆逊陈便宜①,劝以施德缓刑②,宽赋息调③。又云:"忠说之言④,不能极陈⑤;求容小臣⑥,数以利闻⑦。"权报曰:"夫法令之设,欲以遏恶防邪,儆戒未然也⑧,焉得不有刑罚以威小人乎?此为先令后诛⑨,不欲使有犯者耳。君以为太重者,孤亦何利其然,但不得已而为之耳。今承来意,当重谘谋⑩,务从其可⑪。且近臣有尽规之谏,亲戚有补察之箴⑫,所以匡君正主明忠信也⑬。《书》载'予违汝弼,汝无面从'⑭,孤岂不乐忠言以自裨补邪⑮?而云'不敢极陈',何得为忠说哉?若小臣之中,有可纳用者,宁得以人废言而不采择乎⑯?但谄媚取容⑰,虽闇亦所明识也⑱。至于发调者⑲,徒以天下未定⑳,事以众济㉑。若徒守江东,修崇宽政㉒,兵自足用,复用多为㉓?顾坐自守可陋耳㉔。若不豫调㉕,恐临时未可便用也。又孤与君分义特异㉖,荣戚实同㉗,来表云不敢随众容身苟免㉘,此实甘心所望于君也㉙。"于是令有司尽写科条㉚,使郎中褚逢赍以就逊及诸葛瑾㉛,意所不安,令损益之㉜。是岁,分交州置广州㉝,俄复旧㉞。

[注释]

①便宜:指有利国家、合乎时宜之事。

②缓刑:放宽刑罚。语出《周礼·地官·大司徒》:"以荒政十有二,聚万民:一曰散利,二曰薄征,三曰缓刑。"唐贾公彦疏:"三曰缓刑者,谓凶年犯刑缓纵之。"

③宽赋息调:谓放宽征收赋税的额度,暂停对兵员的征调。

④忠谠(dǎng 党):忠诚正直。

⑤不能:清钱大昭《三国志辨疑》卷三云:"'不能'疑是'不敢',寻下文可见。"甚是。极陈:尽力上言。

⑥求容:谓取悦。《左传·定公九年》:"夫阳虎有宠于季氏,而将杀季孙,以不利鲁国,而求容焉。"杨伯峻注:"求容谓博取喜悦。"小臣:春秋以后指卑微的小吏。

⑦数以利闻:谓不断讲中听的话给您听。

⑧儆(jǐng 警)戒:警戒,戒备。未然:还没有成为事实。

⑨先令后诛:谓先申明法令,再按律惩罚。

⑩重(chóng 崇):再。谘谋:商议谋划。

⑪可:适宜,相宜。

⑫"且近臣"二句:意谓常在左右的臣属为君主竭力谋划,内外亲属要弥补、监察君主的过失。谏,谏诤,规劝。箴,规谏,告诫。语出《国语》卷一《周语上》:"故天子听政,使公卿至于列士献诗,瞽献曲,史献书,师箴,瞍赋,矇诵,百工谏,庶人传语,近臣尽规,亲戚补察,瞽、史教诲,耆、艾修之,而后王斟酌焉,是以事行而不悖。"

⑬匡君:匡辅君主。正主:匡正君主。忠信:忠诚信实。语出《周易·乾》:"君子进德修业,忠信所以进德也。"

⑭"书载"二句:语出《尚书·虞夏书·益稷》,是舜帝教导禹的一段话:"予违,汝弼,汝无面从,退有后言。"大意是:若我有过失,你们就辅佐我,不要当面顺从,背后又加非议。违,过失。弼,辅佐。

⑮裨(bì 必)补:增加补益。

⑯以人废言:由于人不好,对其言论也加以否定。《论语·卫灵公》:"子曰:'君子不以言举人,不以人废言。'"

⑰谄媚:奉承讨好。取容:讨好别人以求自己安身。

⑱闇(àn 暗):愚昧,昏乱。明识:透彻了解。

⑲发调:征调兵员或物资。

⑳徒:副词,但,仅,只。

㉑事以众济:谓人多才能将事情办成功。

㉒修崇:向往实行。宽政:谓为政宽大,不苛刻。

㉓复用多为:意谓还用得着多加征调吗。

㉔顾:但是。坐:因为,由于。自守:自保。陋:目光短浅;见识不广。

㉕豫:预先,事先。

㉖分(fèn 奋)义:情分;情义。特异:特殊,不同一般。据《三国志·陆逊传》"权以兄策女配逊",可见两人除君臣关系外,还是姻亲,故如是说。

㉗荣戚:喜乐与忧虑。

㉘容身:保全自身。喻指苟且偷安。苟免:苟且免于损害。

㉙甘心:愿意。

㉚有司:官吏。古代设官分职,各有专司,故称。科条:条例,章程。

㉛郎中诸葛:三国吴官吏,生平不详。郎中,官名。郎官的一种,属光禄勋,其职为执戟宿卫诸宫殿门户,皇帝外出时充车骑,秩比三百石。赍(jī

基):携带。

㉜损益:增减。

㉝广州:三国吴王黄武五年(226)分交州置,治所广信县(今广西梧州市),不久废。吴永安七年(264)复置,治所番禺县(今广东广州市),辖境相当于今广东、广西两省区除广东廉江以西、海南岛、广西桂江中上游、容县、北流以南、宜州西北以外的大部分地区。

㉞俄:不久。裴注引《江表传》曰:"权于武昌新装大船,名为长安,试泛之钓台圻。时风大盛,谷利令柂工取樊口。权曰:'当张头取罗州。'利拔刀向柂工曰:'不取樊口者斩。'工即转柂入樊口,风遂猛不可行,乃还。权曰:'阿利畏水何怯也?'利跪曰:'大王万乘之主,轻于不测之渊,戏于猛浪之中,船楼装高,邂逅颠危,奈社稷何?是以利辄敢以死争。'权于是贵重之,自此后不复名之,常呼曰谷。"

六年春正月①,诸将获彭绮。闰月②,韩当子综以其众降魏③。

七年春三月④,封子虑为建昌侯⑤。罢东安郡。夏五月,鄱阳太守周鲂伪叛⑥,诱魏将曹休。秋八月,权至皖口,使将军陆逊督诸将大破休于石亭⑦。大司马吕范卒⑧。是岁,改合浦为珠官郡⑨。

[注释]

①六年:即吴王黄武六年(227)。

②闰月:据陈垣《二十史朔闰表》,吴王黄武六年(227)闰十二月。

③韩当子综:即韩综(?~252),辽西令支(今河北迁安西)人,韩当之子。据《三国志·韩当传》,吴王黄武六年(227),韩当病卒后:"子综袭侯领兵。其年,权征石阳,以综有忧,使守武昌,而综淫乱不轨。权虽以父故不

问,综内怀惧,载父丧,将母家属部曲男女数千人奔魏。魏以为将军,封广阳侯。数犯边境,杀害人民,权常切齿。东兴之役,综为前锋,军败身死,诸葛恪斩送其首,以白权庙。"

④七年:即吴王黄武七年(228)。

⑤子虑:即孙虑(213～232),字子智,太子孙登之弟。少敏慧有才智,吴王黄武七年(228)封侯。后为镇军大将军,假节开府,治半州,遵奉法度。卒年二十。《三国志》卷五九有传。建昌侯:封爵名,列侯中的县侯,食邑建昌县。建昌县,东汉永元十六年(104)分海昏县置,属豫章郡,治所在今江西奉新县西一百四十里,潦河南。以其户口昌盛,因以为名。

⑥周鲂(fáng防):字子鱼(生卒年不详),吴郡阳羡(今江苏宜兴南)人。仕吴,历任宁国长、鄱阳太守。因诈降曹休,斩获魏军万计,加裨将军,赐爵关内侯。《三国志》卷六〇有传。

⑦石亭:地名。在今安徽潜山县东北。

⑧大司马:官名。汉武帝置,东汉初改称太尉。为全国最高军事长官。

⑨合浦:即合浦郡,西汉元鼎六年(前111)置,治所徐闻县(今广东徐闻县南),辖境相当于今广东新兴、开平以西南,广西容县、玉林、横县以南地区。东汉移治合浦县(今广西浦北县南旧州村)。三国吴王黄武七年(228)改为珠官郡,孙亮时复为合浦郡。珠官郡:三国吴王黄武七年(228)改合浦郡置,属交州,治所在合浦县(今广西浦北县南旧州村),辖境相当于今广西容县、玉林、横县以西南地及广东廉江市地。裴注引《江表传》曰:"是岁将军翟丹叛如魏。权恐诸将畏罪而亡,乃下令曰:'自今诸将有重罪三,然后议。'"

黄龙元年春①,公卿百司皆劝权正尊号②。夏四月,夏口、武昌并言黄龙、凤凰见③。丙申④,南郊即皇帝位⑤,是日大赦,改年。追尊父破虏将军坚为武烈皇帝⑥,母吴氏为武烈皇后,兄讨逆将军策为长沙桓王⑦。吴王太子登为皇太子。将吏皆进爵加赏。初,兴平中⑧,吴中童谣曰⑨:"黄金车⑩,班兰耳⑪,闿昌门⑫,出天子⑬。"五月,使校尉张刚、管笃之辽东⑭。六月,蜀遣卫尉陈震庆权践位⑮。权乃参分天下⑯,豫、青、徐、幽属吴⑰,兖、冀、并、凉属蜀⑱。其司州之土⑲,以函谷关为界⑳。

[注释]

①黄龙元年:即公元229年。黄龙,吴大帝孙权的第二个年号(229~231),系其称帝后所改。

②公卿:三公九卿的简称。这里泛指高官。百司:即百官。

③武昌:即武昌县,三国魏黄初二年(221),吴孙权改鄂县置,为武昌郡治,治所即今湖北鄂州市,并从公安迁都于此。

④丙申:四月十三日,即公元229年5月23日。

⑤南郊:指吴都城武昌县(今湖北鄂州市)南郊。是年九月,孙权迁都建康。裴注引《吴录》载权告天文曰:"皇帝臣权敢用玄牡昭告于皇皇后帝:汉享国二十有四世,历年四百二十有四,行气数终,禄祚运尽,普天弛绝,率土分崩。孽臣曹丕遂夺神器,丕子叡继世作慝,淫名乱制。权生于东南,遭值期运,承乾秉戎,志在平世,奉辞行罚,举足为民。群臣将相,州郡百城,执事之人,咸以为天意已去于汉,汉氏已绝祀于天,皇帝位虚,郊祀无主。休征嘉瑞,前后杂沓,历数在躬,不得不受。权畏天命,不敢不从,谨择元日,登坛燎祭,即皇帝位。惟尔有神飨之,左右有吴,永终天禄。"

⑥追尊:为死者追加尊号。破虏将军坚:即孙坚(155~192),字文台,东汉吴郡富春(今浙江富阳)人,从郡县吏起家,镇压黄巾军有功,拜别部司

马,任长沙太守,封乌程侯,以作战勇猛,为行破虏将军,领豫州刺史。在率军攻击刘表中,为刘表部将黄祖军士射杀。《三国志》卷四六有传。破虏将军,官名。东汉末三国所设杂号将军名,主征伐,第五品。武烈:《逸周书》卷六《谥法解》:"刚强理直曰武,威强澼德曰武,克定祸乱曰武,刑民克服曰武,夸志多穷曰武。"又曰:"有功安民曰烈,秉德遵业曰烈。"

⑦讨逆将军策:即孙策。讨逆将军,官名。东汉末三国所设杂号将军名,主征伐,第五品。长沙桓王:长沙郡王,谥曰桓。《逸周书》卷六《谥法解》:"辟屠服远曰桓,克敬勤民曰桓,辟土兼国曰桓。"

⑧兴平:汉献帝的第四个年号(194~195)。

⑨吴中:今江苏苏州一带。亦泛指吴地。东吴早期的政治中心在吴中一带。童谣:儿童传唱的歌谣。旧时认为能预示世运或人事。

⑩黄金车:用黄金装饰的车。这里当指以黄金为饰的金根车,为帝王所乘。汉蔡邕《独断》卷下:"上所乘曰金根车,驾六马,有五色安车、五色立车各一,皆驾四马,是为五时副车。"

⑪班兰:色彩错杂灿烂貌。班,通"斑"。耳:即"车耳",车两旁反出如耳的部分,用以遮挡尘泥。一说指车的屏障,用以遮蔽车厢。唐孙元晏《吴·黄金车》诗:"黄金车与斑斓耳,早个须知入谶来。"

⑫阊(kǎi 凯):开启。昌门:即"阊门",吴县(今江苏苏州市)县城西门。

⑬出天子:裴注云:"昌门,吴西郭门,夫差所作。"

⑭校尉张刚:三国吴校尉。生平不详。校尉,官名。秦末义军中已有此职,汉代始建为常职,其地位略次于将军,并各随其职务冠以各种名号。管笃(dǔ 赌):三国吴校尉。生平不详。辽东:即辽东郡,战国燕置,治所襄平(今辽阳市老城),辖境相当于今辽宁大凌河以东、开原市以南,朝鲜清川江下游以北地区。当时辽东一带为公孙渊割据。

⑮卫尉陈震:字孝起(?~235),东汉南阳(今属河南)人。刘备领荆州

牧,辟为从事。蜀既定,为蜀郡北部都尉,入拜尚书,迁尚书令。使吴,与孙权歃血为盟,交分天下。还蜀,封城阳亭侯。《三国志》卷三九有传。卫尉,官名。秦汉三国掌管宫门屯卫的官员,为九卿之一,秩中二千石。

⑯参(cān 餐)分天下:意谓将天下疆土斟酌划定。卢弼《三国志集解》卷四七引潘眉云:"参分者,参酌以分天下,与世所称'三分'异。《蜀志》谓之'交分天下'也。"

⑰豫:即豫州,西汉武帝时置,为十三刺史部之一,辖境相当于今淮河以北、伏牛山以东豫东、皖北地,东汉治所谯县(今安徽亳州市)。青:即青州,西汉武帝所置十三刺史部之一,东汉治所临淄县(治今山东淄博市临淄北),辖境相当于今山东德州市、齐河县以东,马颊河以南,济南、临朐、安丘、高密、莱阳、栖霞、乳山等市县以北、以东与河北吴桥县地。徐:即徐州,汉武帝所置十三刺史部之一,辖境相当于今山东东南部与江苏长江以北地区,东汉时治所在郯县(今山东郯城)。三国魏移治于彭城(今江苏徐州)。幽:即幽州,汉武帝置十三刺史部之一。东汉治所在蓟县(今北京市西南),辖境相当于今北京市、河北北部、辽宁大部、天津市海河以北以及朝鲜大同江流域。

⑱兖:即兖州,西汉武帝时置,为十三刺史部之一,辖境相当于今山东西南部与河南东部地区,北至茌平、莱芜,东至沂水流域,东南至莒县、平邑、兖州、鱼台、单县,南至鹿邑、淮阳、扶沟等市县,西南至开封、濮阳等地。东汉治所昌邑县(今山东巨野东南)。冀:即冀州,西汉武帝时置,为十三刺史部之一,辖境相当于今河北中南部,山东西段及河南北端。东汉治所高邑县(今河北柏乡北),后又移治邺县(今河北临漳西南)。并:即并(bīng 兵)州,西汉武帝时置,为十三刺史部之一。东汉治所太原郡(治今山西太原市西南晋源镇),辖境相当于今山西大部及内蒙古、河北的一部以及陕西北部与河套一带地区。凉:即凉州,西汉武帝所置十三刺史部之一,东汉时治所

陇县(今甘肃张家川回族自治县),辖境相当于今甘肃、宁夏、青海湟水流域,陕西定边、吴旗、凤县、略阳与内蒙古额济纳旗一带。三国魏黄初中移治姑臧县(今甘肃武威市)。

⑲司州:即司隶校尉部,简称"司隶"。西汉征和四年(前89)置。掌京畿七郡,捕督奸猾,察举百官以下犯法者。无固定治所,辖境相当于今陕西秦岭以北,陇县、彬县、黄陵、洛川、宜川以南,山西永和、汾西以南,霍州、沁水、阳城以西与河南安阳、新乡、中牟以西,新郑、汝阳、西峡以北地区。东汉建武十一年(35),降司隶校尉部为十三部之一,成为一级行政区,治所雒阳县(今河南洛阳市东北)。西晋改为司州。

⑳函谷关:位于今河南新安县东一里,汉武帝自灵宝移此,故又称新关。

造为盟曰:

天降丧乱①,皇纲失叙②,逆臣乘衅③,劫夺国柄④,始于董卓⑤,终于曹操⑥,穷凶极恶⑦,以覆四海⑧,至令九州幅裂⑨,普天无统,民神痛怨,靡所戾止⑩。及操子丕,桀逆遗丑⑪,荐作奸回⑫,偷取天位⑬,而叡么麽⑭,寻丕凶迹,阻兵盗土⑮,未伏厥诛⑯。昔共工乱象而高辛行师⑰,三苗干度而虞舜征焉⑱。今日灭叡,禽其徒党,非汉与吴,将复谁任?夫讨恶翦暴⑲,必声其罪⑳,宜先分裂㉑,夺其土地,使士民之心,各知所归。是以《春秋》晋侯伐卫,先分其田以畀宋人。斯其义也㉒。且古建大事,必先盟誓,故《周礼》有司盟之官㉓,《尚书》有告誓之文㉔,汉之与吴,虽信由中㉕,然分土裂境,宜有盟约。诸葛丞相德威远著㉖,翼戴本国㉗,典戎在外㉘,信感阴阳㉙,诚动天地,重复结盟,广诚约誓,使东西士民咸共闻知。故立坛杀牲,昭告神明[30],再歃加书[31],副之天府[32]。天高听下[33],灵威棐谌[34],司慎司盟[35],群神群祀[36],莫不临之。自今日汉、吴既盟之后,戮力一心[37],同讨魏贼,救危恤患[38],分灾共庆[39],好恶齐之,无或携贰[40]。若有害汉,则吴伐之;若有害吴,则汉伐之。各守分土,无相侵犯。传之后叶[41],克终若始[42]。凡百之约[43],皆如载书[44]。信言不艳[45],实居于好。有渝此盟,创祸先乱;违贰不协[46],慆慢天命[47]。明神上帝,是讨是督;山川百神,是纠是殛[48]。俾坠其师[49],无克祚国[50]。于尔大神[51],其明鉴之!

[注释]

①天降丧乱:意谓上天带来死亡祸乱。后多以形容时势或政局动乱。语本《诗经·大雅·云汉》:"天降丧乱,饥馑荐臻。"

②皇纲:朝廷的纲纪。晋陆机《答贾长渊》诗:"在汉之季,皇纲幅裂。"

③逆臣:叛逆之臣。乘衅:利用机会,趁空子。衅,缝隙,裂痕。

④国柄:国家权柄。三国魏曹操《薤露》诗:"贼臣持国柄,杀主灭宇京。"

⑤董卓:字仲颖(?~192),东汉陇西临洮(今甘肃岷县)人。历任中郎将、并州牧,汉少帝光熹元年(189),率兵入洛阳,废少帝,立献帝,受到曹操、袁绍等人起兵讨伐。于是焚烧洛阳宫室,挟献帝西迁长安,自为太师,暴虐专横。初平三年(192),为王允、吕布所杀。《三国志》卷六、《后汉书》卷七二皆有传。详见本书所选《董卓传》。

⑥曹操:字孟德(155~220),小字阿瞒,魏立国后追谥魏武帝,谯(今安徽亳州市)人。详见本书所选《武帝纪》。

⑦穷凶极恶:极端凶恶。《汉书·王莽传下》:"乃始恣睢,奋其威诈,滔天虐民,穷凶极恶。"

⑧四海:犹言天下,全国各处。

⑨九州:一种说法即冀、豫、雍、荆、益、兖、青、徐、扬,凡九州。这里泛指全国。幅裂:谓如布幅的撕裂。

⑩靡所戾止:意谓没有安定止息的迹象。戾,安定,止息。

⑪桀逆:凶暴忤逆。遗丑:残余的丑类。

⑫荐:通"洊",接连。奸回:奸恶邪僻。

⑬天位:天子之位,帝位。

⑭叡(ruì瑞):即曹叡(205～239),魏文帝曹丕长子,母甄氏。魏文帝黄初七年(226)即位,魏明帝景初三年(239)卒,在位十四年。庙号烈祖,谥号明皇帝,葬高平陵。《三国志》卷三有纪。幺麽(yāomó妖魔):即"幺麽",微不足道的人,小人。

⑮阻兵:仗恃军队。《左传·隐公四年》:"阻兵而安忍,阻兵,无众;安忍,无亲。"晋杜预注:"恃兵则民残。"盗土:窃据国土。

⑯未伏厥诛:谓尚未被处死。

⑰"昔共(gōng宫)工"句:据传说,古代部落首领共工,为炎帝之后,侵凌其他部落,与高辛氏争夺领袖地位,最终被后者所灭。事见《国语》卷三《周语下》韦昭注引贾侍中语。乱象,谓扰乱社会秩序。高辛,即帝喾,传说中的五帝之一。黄帝子玄嚣后裔。初受封于辛,后即帝位,号高辛氏。行师,用兵;出兵。语出《周易·豫》:"豫,利建侯行师。"

⑱"三苗"句:据《史记·五帝本纪》,三苗在江淮、荆州一带屡次为乱,终于被虞舜迁徙到西方边远地区。三苗,即有苗,古国名。尧、舜、禹时代我国南方较强大的部族,传说舜时被迁到三危(古代西部边疆山名)。干度,违反法度。虞舜,五帝之一的舜先封于虞,故称虞舜。姚姓,有虞氏,名重

华,字都君,轩辕黄帝九世孙,是中国上古时代父系氏族社会后期部落联盟首领。在尧之后放逐四凶。

⑲讨恶翦暴:征讨和剪除凶恶残暴的势力。

⑳声:宣布。

㉑分裂:分割,割裂,使整体的事物分开。

㉒"是以"三句:据《左传·僖公二十八年》,在晋、楚之战中,晋国为孤立楚国并促使齐、秦两国对楚作战,就先将楚国盟国曹、卫的一部分土地分与宋国,再让宋国交好齐、秦两国,终于达到目的。春秋,编年体史书名。相传孔子据鲁史修订而成。所记起于鲁隐公元年,止于鲁哀公十四年,凡二百四十二年。叙事极简,用字寓褒贬。为其作传者,以《左氏》《公羊》《穀梁》最著,是为《春秋》三传。晋侯,即晋文公重耳。畀(bì必),赐予。

㉓周礼:原名《周官》,或称《周官经》,为叙述周代各部门的大小官吏及其职掌等的书,大约撰写于战国时期,西汉末列为经而属于礼,故称《周礼》。分《天官》《地官》《春官》《夏官》《秋官》《冬官》六篇,后缺冬官,补以《考工记》。今传本四十二卷,有汉郑玄《注》、唐贾公彦《疏》。司盟:官名。《周礼》秋官之属,掌盟约之辞及其礼仪。见于《周礼·秋官·司盟》。

㉔尚书:或简称《书》,为现存最早有关上古典章文献的汇编,儒家经典之一,相传为孔子编选。传世者有今文、古文之别。告誓:即"诰誓"。古代君王训诫勉励民众的文告。《尚书·虞夏书》有《甘誓》;《尚书·商书》有《汤誓》,《仲虺之诰》《汤诰》;《尚书·周书》有《泰誓》《牧誓》《费誓》《秦誓》,《大诰》《康诰》《酒诰》《召诰》《洛诰》。是为"六誓七诰"。

㉕由中:犹由衷。语出《左传·隐公三年》:"信不由中,质无益也。"

㉖德威:谓以德行威。《尚书·周书·吕刑》:"德威惟畏。"唐孔颖达疏:"以德行其威罚,则民畏之而不敢为非。"

㉗翼戴:辅佐拥戴。

㉘典戎:统率军队。

㉙阴阳:天地,日月。

㉚昭告:明白地告知。神明:天地间一切神灵的总称。

㉛再歃(shà 煞)加书:杨伯峻《春秋左传注》于《春秋·隐公元年》"三月,公及邾仪父盟于蔑"注"盟法"云:"先凿地为坎(穴、洞),以牛、羊或马为牲,杀于其上,割牲左耳,以盘盛之,取其血,以敦(音对,容器)盛之。读盟约(古谓之载书,亦省称载或书)以告神,然后参加盟会者一一微饮血,古人谓之歃血。歃血毕,加盟约正本于牲上埋之,副本则与盟者各持归藏之。《文物》一九七二年第四期有《侯马东周盟誓遗址》一文,可参阅。"歃,即"歃血"。古代盟会中的一种仪式。盟约宣读后,参加者用口微吸所杀牲之血,以示诚意。一说,以指蘸血,涂于口旁。

㉜副:即副本,文件正本以外的复制本。这里用如动词。天府:原为周官名,掌祖庙之守藏,后因称朝廷藏物之府库为天府。语出《周礼·春官·天府》:"天府,掌祖庙之守藏与其禁令。"

㉝天高听下:即"天高听卑",谓天帝高高在上,却能听到下面人世间的言语,而察知其善恶。三国魏曹植《责躬诗》:"天高听卑,皇肯照微。"

㉞灵威:即"威灵",谓神灵。棐谌(fěichén 非上声陈):同"棐忱"。谌,通"忱"。谓辅助诚信的人。语出《尚书·周书·康诰》:"天畏棐忱。"孔传:"天德可畏,以其辅诚。"

㉟司(sì 伺)慎:古代传说诸侯结盟时伺察不敬者之神。司,通"伺"。司(sì 伺)盟:古代传说诸侯结盟时伺察盟者之神。司,通"伺"。

㊱群神:指主山川的众神。《尚书·虞夏书·舜典》:"望于山川,遍于群神。"孔传:"九州名山大川五岳四渎之属,皆一时望祭之。群神谓丘陵坟衍,古之圣贤皆祭之。"群祀:古代大祀、中祀以下列在祀典的祭祀。《左传·襄公十一年》:"名山名川,群神群祀。"晋杜预注:"群祀,在祀典者。"

㊲戮(lù 录)力一心:同“戮力同心”。谓齐心协力。

㊳救危恤患:谓救济人于危险患难之中。

㊴分灾共庆:意谓有难同当,有福同享。

㊵无或携贰:不要离心或有二心。

㊶后叶:犹后世。

㊷克终若始:即善始善终的意思。

㊸凡百:一切,一应。

㊹载(zǎi 宰)书:盟书,会盟时所订的誓约文件。

㊺信言不艳:谓真实的话不必用浮华的言辞表达。《老子》:“信言不美,美言不信。”

㊻违贰:背离,有二心。不协:不一致,不和。

㊼慆(tāo 滔)慢:怠慢,怠惰。天命:上天之意旨;由天主宰的命运。

㊽纠:惩治。殛(jí 集):诛杀。

㊾俾坠其师:令他丧失民众。师,民众,徒众。《诗经·大雅·文王》:“殷之未丧师,克配上帝。”汉郑玄笺:“师,众也。”

㊿无克祚(zuò 坐)国:谓其国不能受到上天的佑助。祚,赐,赐福,佑助。

(51)于:助词。用于句首或句中,无义。大神:尊神,伟大的神。《左传·僖公二十八年》:“不协之故,用昭乞盟于尔大神以诱天衷。”

秋九月,权迁都建业,因故府不改馆①,征上大将军陆逊辅太子登②,掌武昌留事③。

二年春正月④,魏作合肥新城⑤。诏立都讲祭酒⑥,以教学诸子。遣将军卫温、诸葛直将甲士万人浮海求夷洲及亶洲⑦。亶洲在海中,长老传言秦始皇帝遣方士徐福将童男童女数千人入海⑧,求蓬莱神山及仙药⑨,止此洲不还。世相承有数万家,其上人民,时有至会稽货布⑩,会稽东县人海行⑪,亦有遭风流移至亶洲者。所在绝远,卒不可得至⑫,但得夷洲数千人还。

[注释]

①故府:建安十六年(211),孙权任讨虏将军,曾在建业建将军府,是为故府。不改馆:谓不重建新宫。

②征:征聘。上大将军:三国魏、吴皆设置,位在大将军之上。

③留事:指留守、留后一类的事务。

④二年:即吴大帝黄龙二年(230)。

⑤合肥新城:即合肥县,西汉置,属九江郡,治所在今安徽合肥市西二里。东汉为合肥国,三国魏复为合肥县,移治今合肥市西北,是为新城。

⑥都讲祭酒:官名。三国吴所置,为孙权儿子的儒学教官。

⑦将军卫温:吴国将领(?~231),黄龙二年(230)与诸葛直奉孙权命航海至夷洲,翌年还,以"违诏无功"被杀。诸葛直:吴国将领(?~231),黄龙二年(230)与卫温奉孙权命航海至夷洲,翌年还,以"违诏无功"被杀。夷洲:即今台湾省。或谓乃琉球群岛,见史为乐主编《中国历史地名大辞典》。亶(dǎn 胆)洲:岛名。在东海中。或以为即今之日本国。

⑧长(zhǎng 掌)老:老年人。秦始皇帝:即嬴政(前259~前210),13岁登王位,39岁统一中国。中国历史上第一位使用"皇帝"称号的君主,以郡县制替代分封制,书同文,车同轨,统一度量衡,修筑长城、灵渠。统治后期求仙,梦想长生,苛政虐民。死于邢台沙丘的巡行途中。《史记》卷六有纪。方士徐福:即徐市,秦方士,齐人。《史记·秦始皇本纪》:"齐人徐市等

上书,言海中有三神山,名曰蓬莱、方丈、瀛洲,仙人居之。请得斋戒,与童男女求之。于是遣徐市发童男女数千人,入海求仙人。"方士,方术之士。古代自称能访仙炼丹以求长生不老的人。

⑨蓬莱神山:古代传说中的神山名。亦常泛指仙境。《史记·封禅书》:"自威、宣、燕昭使人入海求蓬莱、方丈、瀛洲,此三神山者,其傅在勃海中,去人不远;患且至,则船风引而去。"

⑩货布:谓购买布匹。

⑪东县:谓会稽以东县地。

⑫卒:最终。

三年春二月①,遣太常潘濬率众五万讨武陵蛮夷②。卫温、诸葛直皆以违诏无功,下狱诛。夏,有野蚕成茧,大如卵。由拳野稻自生③,改为禾兴县。中郎将孙布诈降以诱魏将王凌④,凌以军迎布。冬十月,权以大兵潜伏于阜陵俟之⑤,凌觉而走。会稽南始平言嘉禾生⑥。十二月丁卯⑦,大赦,改明年元也。

[注释]

①三年:即黄龙三年(231)。

②太常潘濬(jùn 俊):字承明(?~239),三国武陵汉寿(今湖南常德东北)人。先追随刘表、刘备,后归顺孙权,历任辅军中郎将,迁奋威将军,拜少府,进封浏阳侯,迁太常。颇见信用。《三国志》卷六一有传。太常,官名。九卿之一,掌宗庙礼仪,兼选试博士。

③由拳:一作由卷县。秦始皇三十七年(前210)改长水县置,属会稽郡,治所在今浙江桐乡市东北二十里,后徙治浙江嘉兴市南。东汉属吴郡,

三国吴黄龙三年(231)改禾兴县。

④中郎将孙布:三国吴将领,生平不详。中郎将,官名。光禄勋属官,有五官、左、右、南、北、羽林、虎贲等中郎将之名称,位次于将军,秩比二千石。王凌:字彦云(172~251),太原祁县(今属山西)人,东汉司徒王允之侄。举孝廉,历官中山太守、兖州刺史、征东将军,封南乡侯,拜司空,进太尉。魏齐王嘉平三年(251),因不满司马懿专权,联合兖州刺史令狐愚废齐王曹芳,另立曹操子楚王曹彪为帝,事泄自尽,被夷三族。《三国志》卷二八有传。

⑤阜陵:即阜陵县,西汉置,属九江郡,治所在今安徽和县西。东汉明帝时沦为麻湖,移治今安徽全椒县东十五里百子楼。三国时废。

⑥南始平:即南始平县,或称始平县,三国吴置,在今浙江天台县。嘉禾:生长奇异的禾,古人以之为吉祥的征兆。汉王充《论衡·讲瑞》:"嘉禾生于禾中,与禾中异穗,谓之嘉禾。"

⑦十二月丁卯:即夏历十二月二十九日。

嘉禾元年春正月①,建昌侯虑卒。三月,遣将军周贺、校尉裴潜乘海之辽东②。秋九月,魏将田豫要击③,斩贺于成山④。冬十月,魏辽东太守公孙渊遣校尉宿舒、阆中令孙综称藩于权⑤,并献貂、马⑥。权大悦,加渊爵位⑦。

[注释]

①嘉禾元年:即公元232年。嘉禾,吴大帝孙权的第三个年号(232~238)。

②将军周贺:三国吴将领(?~232),生平不详。校尉裴潜:三国吴校尉,生平不详。

③田豫：字国让(171～252)，东汉渔阳雍奴(今天津武清东北)人。曾附公孙瓒为东州令，后归曹操，历任丞相军谋掾、弋阳太守等。入魏，历官乌丸校尉、汝南太守，拜太中大夫，食卿禄。《三国志》卷二六有传。要(yāo腰)击：中途截击。

④成山：山名。在今山东荣成市东北。

⑤辽东太守公孙渊：公孙度之孙(？～238)，公孙康次子。魏明帝任之为扬烈将军、辽东太守，因斩吴主孙权使节，传首魏国，魏明帝又拜他为大司马，封乐浪公。景初元年(237)，他自称燕王，翌年，司马懿进攻辽东，求降被拒，与其子公孙修皆被杀。《三国志》卷八有传。辽东，即辽东郡，战国燕置，治所襄平(今辽阳市老城)，辖境相当于今辽宁大凌河以东、开原市以南，朝鲜清川江下游以北地区。校尉宿舒：三国时公孙渊属官，任郡校尉。生平不详。阆中令孙综：三国时公孙渊属官，生平不详。阆中令，《三国志·公孙度传》裴注引《魏略载公孙渊所上表》谓"郎中令孙综"，当是。宋司马光《资治通鉴》卷七二"郎中令孙综"，元胡三省注云："《晋志》：'王国置郎中令，渊未封王，僭置之也。'"称藩：自称藩属。向大国或宗主国承认自己的附庸地位。

⑥貂(diāo雕)：哺乳动物。形似鼬，身体细长，四肢短，尾粗，毛长，呈黄色或紫黑色。其毛皮极珍贵，可制衣裘，御寒性能极好。

⑦加渊爵位：谓赐予公孙渊燕王的爵位。此后，公孙渊杀害孙权使节，至魏景初元年(237)，公孙渊又自称燕王。裴注引《江表传》曰："是冬，群臣以权未郊祀，奏议曰：'顷者嘉瑞屡臻，远国慕义，天意人事，前后备集，宜修郊祀，以承天意。'权曰：'郊祀当于土中，今非其所，于何施此？'重奏曰：'普天之下，莫非王土；王者以天下为家。昔周文、武郊于酆、镐，非必土中。'权曰：'武王伐纣，即祚于镐京，而郊其所也。文王未为天子，立郊于酆，见何经典？'复书曰：'伏见《汉书·郊祀志》，匡衡奏徙甘泉河东，郊于长安，言文

王郊于鄷。'权曰：'文王性谦让，处诸侯之位，明未郊也。经传无明文，匡衡俗儒意说，非典籍正义，不可用也。'"又引《志林》曰："吴王纠驳郊祀之奏，追贬匡衡，谓之俗儒。凡在见者，莫不慨然以为统尽物理，达于事宜。至于稽之典籍，乃更不通。毛氏之说云：'尧见天因邰而生后稷，故国之于邰，命使事天。'故《诗》曰：'后稷肇祀，庶无罪悔，以迄于今。'言自后稷以来皆得祭天，犹鲁人郊祀也。是以棫朴之作，有积燎之薪。文王郊鄷，经有明文，匡衡岂俗，而枉之哉？文王虽未为天子，然三分天下而有其二，伐崇戡黎，祖伊奔告。天既弃殷，乃眷西顾，太伯三让，以有天下。文王为王，于义何疑？然则匡衡之奏，有所未尽。按世宗立甘泉、汾阴之祠，皆出方士之言，非据经典者也。方士以甘泉、汾阴黄帝祭天地之处，故孝武因之，遂立二畤。汉治长安，而甘泉在北，谓就乾位，而衡云'武帝居甘泉，祭于南宫'，此既误矣。祭汾阴在水之脽，呼为泽中，而衡云"东之少阳"，失其本意。此自吴事，于传无非，恨无辨正之辞，故矫之云。脽，音谁，见《汉书音义》。"

二年春正月①，诏曰："朕以不德，肇受元命②，夙夜兢兢③，不遑假寝④。思平世难⑤，救济黎庶⑥，上答神祇⑦，下慰民望。是以眷眷⑧，勤求俊杰，将与戮力，共定海内，苟在同心⑨，与之偕老。今使持节督幽州领青州牧辽东太守燕王，久胁贼虏⑩，隔在一方，虽乃心于国，其路靡缘⑪。今因天命⑫，远遣二使，款诚显露⑬，章表殷勤，朕之得此，何喜如之！虽汤遇伊尹⑭，周获吕望⑮，世祖未定而得河右⑯，方之今日，岂复是过？普天一统⑰，于是定矣。《书》不云乎⑱：'一人有庆，兆民赖之⑲。'其大赦天下，与之更始⑳，其明下州郡，咸使闻知。特下燕国，奉宣诏恩㉑，令普天率土备闻斯庆㉒。"三月，遣舒、综还，使太常张弥、执金吾许晏、将军贺达等将兵万人㉓，金宝珍货，九锡备物㉔，乘海授渊㉕。举朝大臣,自丞相雍已下皆谏㉖,以为渊未可信,而宠待太厚,但可遣吏兵数百护送舒、综,权终不听㉗。渊果斩弥等,送其首于魏,没其兵资㉘。权大怒,欲自征渊㉙,尚书仆射薛综等切谏乃止㉚。是岁,权向合肥新城,遣将军全琮征六安㉛,皆不克还。

[注释]

①二年:即嘉禾二年(233)。

②肇:开始,创始。元命:天之大命。语出《尚书·周书·多士》。

③夙夜:朝夕,日夜。兢兢:小心谨慎貌。《诗经·小雅·小旻》:"战战兢兢,如临深渊,如履薄冰。"

④不遑:无暇,没有闲暇。假寐:犹假寐。谓和衣打盹。

⑤世难(nàn 南去声):当世的灾难、祸乱。

⑥黎庶:民众,百姓。

⑦神祇(qí 其):天神与地神。

⑧眷眷:意志专一貌。

⑨苟在同心:如果齐心。《周易·系辞上》:"二人同心,其利断金。"

⑩久胁贼虏:谓长期被曹魏政权所威胁。贼虏,蔑称曹魏。

⑪靡缘:谓无路可通。

⑫天命:上天之意旨;由天主宰的命运。

⑬款诚:忠诚,真诚。

⑭汤遇伊尹:伊尹为商初大臣,名挚,尹是官名。传说伊尹出身奴隶,辅佐商汤攻灭夏桀,建立商朝,被商汤尊为"阿衡"(相当于宰相)。

⑮周获吕望:吕望即姜太公,又称吕尚、姜尚,他被周文王发现,后辅佐周武王灭商。参见本传前注。

⑯"世祖"句：东汉开国皇帝即汉光武帝刘秀即帝位后的建武五年(29)，割据河西一带的窦融派遣长史刘钧奉书献马，意图归顺，刘秀高兴万分，赐融玺书并黄金二百斤。事见《后汉书·窦融传》。世祖，即刘秀(前5～57)，字文叔，南阳郡蔡阳(今湖北枣阳市)人，汉高祖刘邦九世孙。在反抗新莽王朝的斗争中，刘秀与其兄刘縯组成舂陵军并与新市、平林、下江这三支绿林军中的最大的主力进行了联合，最终建立东汉王朝。刘秀即汉光武帝(25～57在位)。卒后庙号世祖。《后汉书》卷一有纪。河右，即河西，古地区名，泛指黄河以西之地。春秋战国时指今山西、陕西两省黄河南段之西；汉、唐时指今甘肃、青海两省黄河以西，即河西走廊与湟水流域。王莽篡汉以后，河西一带军阀曾共同推举窦融行河西五郡大将军事。

⑰普天一统：指全国统一于一个政权。《史记·秦始皇本纪》："海内为郡县，法令由一统。"

⑱书：即《尚书》，或简称《书》，为现存最早有关上古典章文献的汇编，儒家经典之一，相传为孔子编选。传世者有今文、古文之别。

⑲"一人有庆"二句：语出《尚书·周书·吕刑》，大意是：一人做了好事，万民皆受益。庆，善，善事。兆民，古称天子之民，后泛指众民，百姓。赖，得益，受益。

⑳更始：重新开始，除旧布新。

㉑奉宣：宣布帝王的命令。诏恩：天子赐予的恩惠。

㉒普天率土：整个天下，四海之内。犹全国。语出《孟子·万章上》："《诗》云：'普天之下，莫非王土；率土之滨，莫非王臣。'"

㉓太常张弥：三国吴官吏(？～233)，生平不详。执金吾(yú 鱼)许晏：三国吴官吏(？～233)，生平不详。执金吾，官名。其职为统领禁军中的北军，负责宫外的警戒，维护皇宫周围的治安及防止水火之灾等非常事故，皇帝出行任仪仗护卫，秩中二千石。将军贺达：三国吴将领(？～233)，会稽

山阴(今浙江绍兴)人,嘉禾二年(233),奉吴主孙权命至辽东封公孙渊为燕王,被公孙渊所袭杀。

㉔备物:指仪卫、祭祀等所用的器物。

㉕乘海授渊:裴注引《江表传》载权诏曰:"故魏使持节车骑将军辽东太守平乐侯:天地失序,皇极不建,元恶大憝,作害于民,海内分崩,群生堙灭,虽周馀黎民,靡有孑遗,方之今日,乱有甚焉。朕受历数,君临万国,夙夜战战,念在弭难,若涉渊水,罔知攸济。是以把旄仗钺,翦除凶虐,自东徂西,靡遑宁处,苟力所及,民无灾害。虽贼虏遗种,未伏辜诛,犹系囚枯木,待时而毙。惟将军天姿特达,兼包文武,观时睹变,审于去就,逾越险阻,显致赤心,肇建大计,为天下先,元勋巨绩,侔于古人。虽昔窦融背弃陇右,卒占河西,以定光武,休名美实,岂复是过?钦嘉雅尚,朕实欣之。自古圣帝明王,建化垂统,以爵褒德,以禄报功;功大者禄厚,德盛者礼崇。故周公有夹辅之劳,太师有鹰扬之功,并启土宇,兼受备物。今将军规万年之计,建不世之略,绝僭逆之虏,顺天人之肃,济成洪业,功无与比,齐鲁之事,奚足言哉!《诗》不云乎:'无言不雠,无德不报。'今以幽、青二州十七郡百七十县,封君为燕王,使持节守太常张弥授君玺绶策书、金虎符第一至第五、竹使符第一至第十。锡君玄土,苴以白茅,爰契尔龟,用锡冢社。方有戎事,典统兵马,以大将军曲盖麾幢,督幽州、青州牧辽东太守如故。今加君九锡,其敬听后命。以君三世相承,保绥一方,宁集四郡,训及异俗,民夷安业,无或携贰,是用锡君大辂、戎辂、玄牡二驷。君务在劝农,啬人成功,仓库盈积,官民俱丰,是用锡君衮冕之服,赤舄副焉。君正化以德,敬下以礼,敦义崇谦,内外咸和,是用锡君轩县之乐。君宣导休风,怀保边远,远人回面,莫不影附,是用锡君朱户以居,君运其才略,官方任贤,显直错枉,群善必举,是用锡君虎贲之士百人。君戎马整齐,威震遐方,纠虔天刑,彰厥有罪,是用锡君鈇钺各一。君文和于内,武信于外,禽讨逆节,折冲掩难,是用锡君彤弓一、彤矢百、旅弓十、

镞矢千。君忠勤有效,温恭为德,明允笃诚,感于朕心,是用锡君秬鬯一卣,珪瓒副焉。钦哉!敬兹训典,寅亮天工,相我国家,永终尔休。"

㉖丞相雍:即顾雍(168~243)。

㉗权终不听:裴注云:"臣松之以为权愎谏违众,信渊意了,非有攻伐之规,重复之虑。宣达锡命,乃用万人,是何不爱其民,昏虐之甚乎?此役也,非惟闇塞,实为无道。"

㉘兵资:指军需物资。

㉙欲自征渊:裴注引《江表传》载权怒曰:"朕年六十,世事难易,靡所不尝,近为鼠子所前却,令人气涌如山。不自载鼠子头以掷于海,无颜复临万国。就令颠沛,不以为恨。"

㉚尚书仆射(yè 业)薛综:字敬文(?~243),沛郡竹邑(今安徽宿县北)人。少依族人避地交州,从刘熙学,后附孙权,历任五官中郎将、交阯太守、尚书仆射、选曹尚书、太子少傅。博学多识,著《私载》等书,为吴国学者之一。《三国志》卷五三有传。尚书仆射,尚书令的副职,与尚书令共同处理诏令的启封及钱谷等事务。东汉属少府。切(qiè 窃)谏:直言极谏。

㉛六(lù 路)安:即六安县,三国魏改六安侯国置,为庐江郡治,治所在今安徽六安市北十里城北乡。

㉜皆不克还:裴注引《吴书》曰:"初,张弥、许晏等俱到襄平,官属从者四百许人。渊欲图弥、晏,先分其人众,置辽东诸县,以中使秦旦、张群、杜德、黄疆等及吏兵六十人,置玄菟郡。玄菟郡在辽东北,相去二百里,太守王赞领户二百,兼重可三四百人。旦等皆舍于民家,仰其饮食。积四十许日,旦与疆等议曰:'吾人远辱国命,自弃于此,与死亡何异?今观此郡,形势甚弱。若一旦同心,焚烧城郭,杀其长吏,为国报耻,然后伏死,足以无恨。孰与偷生苟活长为囚虏乎?'疆等然之。于是阴相约结,当用八月十九日夜发。其日中时,为部中张松所告,赞便会士众闭城门。旦、群、德、疆等皆逾

城得走。时群病疽创著膝,不及辈旅,德常扶接与俱,崎岖山谷。行六七百里,创益困,不复能前,卧草中,相守悲泣。群曰:'吾不幸创甚,死亡无日,卿诸人宜速进道,冀有所达。空相守,俱死于穷谷之中,何益也?'德曰:'万里流离,死生共之,不忍相委。'于是推旦、疆使前,德独留守群,捕菜果食之。旦、疆别数日,得达句骊,因宣诏于句骊王宫及其主簿,诏言有赐为辽东所攻夺。宫等大喜,即受诏,命使人随旦还迎群、德。其年,宫遣皂衣二十五人送旦等还,奉表称臣,贡貂皮千枚,鹖鸡皮十具。旦等见权,悲喜不能自胜。权义之,皆拜校尉。间一年,遣使者谢宏、中书陈恂拜宫为单于,加赐衣物珍宝。恂等到安平口,先遣校尉陈奉前见宫,而宫受魏幽州刺史讽旨,令以吴使自效。奉闻之,倒还。宫遣主簿笮咨、带固等出安平,与宏相见。宏即缚得三十馀人质之,宫于是谢罪,上马数百匹。宏乃遣咨、固奉诏书赐物与宫。是时宏船小,载马八十匹而还。"

三年春正月①,诏曰:"兵久不辍②,民困于役,岁或不登③。其宽诸逋④,勿复督课⑤。"夏五月,权遣陆逊、诸葛瑾等屯江夏、沔口⑥,孙韶、张承等向广陵、淮阳⑦,权率大众围合肥新城。是时蜀相诸葛亮出武功⑧,权谓魏明帝不能远出⑨,而帝遣兵助司马宣王拒亮⑩,自率水军东征。未至寿春⑪,权退还,孙韶亦罢。秋八月,以诸葛恪为丹杨太守⑫,讨山越。九月朔⑬,陨霜伤谷。冬十一月,太常潘濬平武陵蛮夷,事毕,还武昌。诏复曲阿为云阳,丹徒为武进⑭。庐陵贼李桓、罗厉等为乱⑮。

[注释]

①三年:即嘉禾三年(234)。

②辍(chuò绰):中断。

③岁:年景,一年的农业收获。不登:歉收。《礼记·曲礼下》:"岁凶,年谷不登。"

④逋(bū部阴平):指所欠赋税债物。

⑤督课:督察考核。

⑥沔(miǎn免)口:又作夏口,即今湖北武汉市汉口,为汉江入长江之口。

⑦孙韶:字公礼(188~241),孙河从子,吴国宗室。历任承烈校尉、镇北将军,领幽州牧,假节,封建德侯。《三国志》卷五一有传。张承:字仲嗣(178~244),彭城(今江苏徐州)人,张昭长子。少以才学知名,与诸葛瑾、步骘、严畯相友善。历任濡须都督、奋威将军,封都乡侯。《三国志》卷五二有传。淮阳:当为"淮阴"之讹,宋司马光《资治通鉴》卷七二即作:"将军孙韶、张承入淮,向广陵、淮阴。"淮阴,即淮阴县,秦置,属东海郡,治所即江苏淮阴县西南码头镇。东汉属下邳国,三国魏为广陵郡治。

⑧武功:即武功县,战国秦孝公置,治所在今陕西眉县东四十里渭水南岸。秦属内史,西汉属右扶风,东汉永平八年(65)移治故斄城(今陕西咸阳市西南杨林区永安村)。

⑨魏明帝:即曹叡(ruì瑞,205~239),魏文帝曹丕长子,母甄氏。魏文帝黄初七年(226)即位,魏明帝景初三年(239)卒,在位十四年。庙号烈祖,谥号明皇帝,葬高平陵。《三国志》卷三有纪。

⑩司马宣王:即司马懿(179~251),字仲达,河内温县(今河南温县西)人。曹操为丞相时辟为文学掾,转主簿。曹丕称帝后,任尚书右仆射,转抚军大将军。魏明帝时任大将军,迁太尉,晋太傅。正始十年(249)发动高平陵政变,诛杀曹爽等,专国政。卒后,魏元帝曹奂咸熙元年(264),其子司马昭进爵为晋王,追谥司马懿为宣王。其孙司马炎代魏,建立晋朝,追尊他为

宣帝。《晋书》卷一有传。

⑪寿春：即寿春县，治所在今安徽寿县，秦汉为九江郡、淮南国治所，三国魏为扬州治所。

⑫诸葛恪（kè客）：字元逊（203～253），琅邪阳都（今山东沂南南）人，诸葛瑾之子。自幼聪慧，孙权甚为赏识。后以大将军领太子太傅。吴神凤元年（252），孙权卒，他受遗诏辅立孙亮，迁太傅，专国政，晋封阳都侯，加荆州、扬州牧，督中外诸军事。后率大军攻魏，失利，被孙峻杀害。详见本书所选《诸葛恪传》。

⑬朔：夏历每月初一。

⑭丹徒：即丹徒县，秦置，属会稽郡，治所在今江苏镇江市丹徒区东南十八里丹徒镇。东汉属吴郡，三国吴嘉禾三年（234）改为武进县。

⑮李桓：三国吴庐陵（治今江西吉安西南）人（？～236），吴嘉禾三年（234）在庐陵起事，五年为中郎将吾粲擒杀。罗厉：三国吴南海（今广东广州市）人（？～236），吴嘉禾三年（234）在南海起事，五年为吕岱部将唐咨擒杀。原文"罗厉"前当夺"南海"二字，以致与李桓籍贯混淆。

四年夏①，遣吕岱讨桓等②。秋七月，有雹。魏使以马求易珠玑、翡翠、玳瑁③，权曰："此皆孤所不用，而可得马，何苦而不听其交易？"

五年春④，铸大钱⑤，一当五百⑥。诏使吏民输铜⑦，计铜畀直⑧。设盗铸之科⑨。二月，武昌言甘露降于礼宾殿⑩。辅吴将军张昭卒⑪。中郎将吾粲获李桓⑫，将军唐咨获罗厉等⑬。自十月不雨，至于夏。冬十月，彗星见于东方⑭。鄱阳贼彭旦等为乱⑮。

[注释]

①四年:即嘉禾四年(235)。

②吕岱:字定公(161~256),广陵海陵(今江苏泰州)人。吴国大臣,历任督军校尉、昭信中郎将、交州刺史、镇南将军、上大将军,孙亮即位,拜大司马。忠勤奉公,老当益壮。《三国志》卷六〇有传。

③易:交换。珠玑:珠宝,珠玉。翡翠:即硬玉。色彩鲜艳的天然矿石,主要用作装饰品和工艺美术品。玳瑁(dàimào 代茂):爬行动物,形似龟。甲壳黄褐色,有黑斑和光泽,可做装饰品。

④五年:即嘉禾五年(236)。

⑤大钱:面值大的钱币。

⑥一当五百:谓一钱值五百。

⑦输:交出,献纳。

⑧畀(bì 必)直:付与价钱。

⑨盗铸之科:谓惩治私铸钱币的法令。

⑩礼宾殿:吴国接待宾客的宫殿名。

⑪辅吴将军:三国吴置,班亚三司,地位隆崇,不常置。

⑫中郎将吾粲:字孔休(?~245),吴郡乌程(今浙江吴兴南)人。仕吴,历任山阴令、会稽太守、少府、太子太傅。为鲁王霸等所谮害,下狱死。《三国志》卷五七有传。

⑬唐咨:利城(今江苏赣榆西)人(生卒年不详),魏文帝黄初中,据郡起事,失败后逃往吴国,官至左将军,封侯,持节。后助诸葛诞拒魏,兵败降魏,拜安远将军。《三国志》卷二八有传。

⑭彗星:又称孛星,以极扁椭圆形轨道绕太阳运行的一种星体。接近太阳时因光压导致其内部物质蒸发而后曳长尾,呈云雾状。俗称扫帚星。旧谓彗星主除旧布新,其出现又为重大灾难的预兆。

⑮彭旦:三国吴鄱阳(今属江西)人(?~237)。吴嘉禾五年(236)聚众起事,第二年被陆逊讨平。

六年春正月①,诏曰:"夫三年之丧②,天下之达制③,人情之极痛也;贤者割哀以从礼④,不肖者勉而致之⑤。世治道泰⑥,上下无事,君子不夺人情⑦,故三年不逮孝子之门⑧。至于有事,则杀礼以从宜⑨,要经而处事⑩。故圣人制法,有礼无时则不行⑪。遭丧不奔非古也⑫,盖随时之宜,以义断恩也⑬。前故设科⑭,长吏在官⑮,当须交代⑯,而故犯之⑰,虽随纠坐⑱,犹已废旷⑲。方事之殷⑳,国家多难,凡在官司㉑,宜各尽节,先公后私,而不恭承㉒,甚非谓也㉓。中外群僚,其更平议㉔,务令得中㉕,详为节度㉖。"

[注释]

①六年:即嘉禾六年(237)。

②三年之丧:古代丧制中最重的一种。臣为君、子为父、妻为夫等要服丧三年(实际为二十七月,或称二十五月)。为封建社会的基本丧制。参见清赵翼《陔馀丛考》卷三。

③达制:通行的制度。

④割哀:节哀,抑制哀伤。

⑤不肖:谓不成材、不正派的小人。勉而致之:谓勉强守丧三年。

⑥世治:时代太平;社会安定。道泰:世道通畅。

⑦君子:这里谓统治者。不夺人情:谓不应当减少孝子居丧期间的哀痛之情。

⑧逮:及,到。

⑨杀礼以从宜：意谓消减礼仪的规制以顺从时宜。

⑩要绖（yāodié 腰碟）而处事：意谓身着丧服办公。要绖，即腰束麻带。《公羊传·宣公元年》："闵子要绖而服事。"绖，古代丧服所用的麻带。扎在头上的称首绖，缠在腰间的称腰绖。

⑪有礼无时：谓虽有礼法约束，实践的时机却不适宜。

⑫遭丧不奔：谓不为父母奔丧。古代凡闻君、亲、尊长之丧，从外地赶往吊唁或料理丧事均称"奔丧"。

⑬以义断恩：意谓因君臣大义而舍弃父子或母子私情。

⑭故：副词，特意，特地。设科：制订法令。

⑮长（zhǎng 掌）吏：旧称地位较高的官员。在官：这里特指在任期间丧父或丧母的官员。

⑯交代：指前后任相接替，移交。

⑰故：副词，仍然。

⑱纠坐：督责判罪。

⑲废旷：谓公务废弛，荒废。

⑳方事之殷：义同多事之秋。

㉑官司：官府。

㉒恭承：即敬奉。谓恭敬地奉事尽职。

㉓非谓：无谓，没有意义，不合道理。

㉔平议：公平论断。

㉕得中：适当，适宜。

㉖节度：这里谓制订规则。

顾谭议①，以为："奔丧立科②，轻则不足以禁孝子之情，重则本非应死之罪，虽严刑益设③，违夺必少④。若偶有犯者，加其刑则恩所不忍，有减则法废不行。愚以为长吏在远，苟不告语，势不得知。比选代之间⑤，若有传者⑥，必加大辟⑦，则长吏无废职之负⑧，孝子无犯重之刑⑨。"将军胡综议⑩，以为："丧纪之礼，虽有典制，苟无其时，所不得行。方今戎事⑪，军国异容⑫，而长吏遭丧，知有科禁，公敢干突⑬，苟念闻忧不奔之耻⑭，不计为臣犯禁之罪，此由科防本轻所致。忠节在国，孝道立家，出身为臣⑮，焉得兼之？故为忠臣不得为孝子。宜定科文，示以大辟，若故违犯，有罪无赦。以杀止杀，行之一人，其后必绝。"丞相雍奏⑯，从大辟。其后吴令孟宗丧母奔赴⑰，已而自拘于武昌以听刑⑱。陆逊陈其素行，因为之请，权乃减宗一等⑲，后不得以为比，因此遂绝。二月，陆逊讨彭旦等，其年，皆破之。冬十月，遣卫将军全琮袭六安⑳，不克。诸葛恪平山越事毕，北屯庐江。

[注释]

①顾谭：字子默(205~246)，吴郡吴县(今江苏苏州市)人，三国吴太常顾劭之子，丞相顾雍之孙。历任中庶子、太常，平尚书事。后被鲁王孙霸宾客全寄等诬陷，徙交阯，卒。著有《新言》二十篇。《三国志》卷五二有传。

②奔丧立科：谓为官吏奔丧事设立法令。

③益设：谓增设。

④违夺：违反有关夺情法令的官员。

⑤比：介词，待到，等到。选代：谓选择官员替代。

⑥传：当谓传播官员父母去世消息者。或谓因亲丧而迅急(如同乘坐驿站车、马)离开职守的官员，与上文"苟不告语，势不得知"无逻辑关系，似非。

⑦大辟(pì僻)：古五刑之一，谓死刑。

⑧负：忧虑。

⑨犯重:谓触犯重罪的法令。

⑩胡综:字伟则(183~243),汝南固始(今安徽临泉)人。三国时东吴官员,擅作辞赋。少年避难江东,仕吴,历任建武中郎将、侍中,进封都乡侯,拜偏将军,兼左执法,领辞讼。孙权接手江东后的很多诰文、册封任命文书和致邻国的书函都是出自胡综之手。《三国志》卷六二有传。

⑪戎事:谓战争期间。

⑫军国异容:谓统军与治国,情况不同。

⑬干突:唐突,冲犯。

⑭苟念:只考虑。

⑮出身:献身。

⑯丞相雍:即顾雍(168~243)。详见本传前注。

⑰吴令孟宗:即孟仁(?~271),字恭武,江夏(治今湖北黄陂西)人,本名宗,后避吴主孙皓字,易名为仁。少从南阳李肃学。素仁孝,传世"二十四孝"之一的"哭竹生笋",即讲孟仁在寒冬为其母求笋的故事。仕吴,历任吴县令、光禄勋,官至司空。传见《三国志》卷四八裴注引《吴录》。

⑱听刑:等待刑罚。

⑲减宗一等:谓减免死刑。所执行者当为髡刑,即古代一种剃去罪人须发的刑罚。

⑳卫将军:汉将军名,位次三司,掌宿卫。

赤乌元年春①,铸当千大钱②。夏,吕岱讨庐陵贼,毕,还陆口。秋八月,武昌言麒麟见③。有司奏言麒麟者太平之应,宜改年号。诏曰:"间者赤乌集于殿前④,朕所亲见,若神灵以为嘉祥者⑤,改年宜以赤乌为元。"群臣奏曰:"昔武王伐纣,有赤乌之祥⑥,君臣观之,遂有天下。圣人书策载述最详者⑦,以为近事既嘉,亲见又明也。"于是改年。步夫人卒⑧,追赠皇后。初,权信任校事吕壹⑨,壹性苛惨⑩,用法深刻⑪。太子登数谏,权不纳,大臣由是莫敢言。后壹奸罪发露伏诛,权引咎责躬⑫,乃使中书郎袁礼告谢诸大将⑬,因问时事所当损益⑭。礼还,复有诏责数诸葛瑾、步骘、朱然、吕岱等曰⑮:"袁礼还,云与子瑜、子山、义封、定公相见,并以时事当有所先后,各自以不掌民事,不肯便有所陈,悉推之伯言、承明⑯。伯言、承明见礼,泣涕恳恻⑰,辞旨辛苦⑱,至乃怀执危怖⑲,有不自安之心。闻此怅然⑳,深自刻怪㉑。何者?夫惟圣人能无过行,明者能自见耳。人之举措,何能悉中㉒,独当已有以伤拒众意㉓,忽不自觉,故诸君有嫌难耳㉔;不尔,何缘乃至于此乎?自孤兴军五十年,所役赋凡百皆出于民。天下未定,孽类犹存㉕,士民勤苦,诚所贯知㉖。然劳百姓,事不得已耳。与诸君从事㉗,自少至长,发有二色㉘,以谓表里足以明露,公私分计,足用相保㉙。尽言直谏,所望诸君;拾遗补阙㉚,孤亦望之。昔卫武公年过志壮,勤求辅弼,每独叹责㉛。且布衣韦带㉜,相与交结,分成好合㉝,尚污垢不异㉞。今日诸君与孤从事,虽君臣义存,犹谓骨肉不复是过㉟。荣福喜戚,相与共之。忠不匿情,智无遗计,事统是非㊱,诸君岂得从容而已哉㊲!同船济水,将谁与易㊳?齐桓诸侯之霸者耳㊴,有善管子未尝不叹㊵,有过未尝不谏,谏而不得,终谏不止。今孤自省无桓公之德㊶,而诸君谏诤未出于口,仍执嫌难。以此言之,孤于齐桓良优㊷,未知诸君于管子何如耳?久不相见,因事当笑。共定大业㊸,整齐天下㊹,当复有谁?凡百事要所当损益㊺,乐闻异计㊻,匡所不逮㊼。"

[注释]

①赤乌元年:即公元238年。赤乌,吴大帝孙权的第四个年号(238~251)。

②当(dàng荡)千大钱:古代钱币名。币值以一当千。三国吴赤乌元年(238)始造。《晋书·食货志》:"孙权嘉禾五年,铸大钱一当五百。赤乌元年,又铸当千钱。"

③麒麟:古代传说中的一种动物。形状像鹿,头上有角,全身有鳞甲,尾像牛尾。古人以为仁兽、瑞兽,拿它象征祥瑞。

④间(jiān兼)者:近来。赤乌:古代传说中的瑞鸟。《吕氏春秋·有始》:"赤乌衔丹书集于周社。"

⑤嘉祥:犹祥瑞。

⑥"武王伐纣(zhòu宙)"二句:《尚书大传》卷二:"武王伐纣,观兵于孟津,有火流于王屋,化为赤乌,三足。"武王,即周武王,姓姬,名发,周文王之子。他率军在牧野(今河南淇县南)打败商纣王,建立西周。事见《史记·周本纪》。纣,商代最后一个君主的谥号。一作受,亦称帝辛。相传是个暴君。历代著作中多以其为暴君的典型。事见《史记·殷本纪》

⑦书策:书册,书籍。载(zǎi宰)述:记叙,记述。

⑧步夫人:临淮淮阴(今江苏淮阴西南)人(?~238)。在庐江以貌美得幸于孙权,生二女。性不嫉妒,受孙权宠爱,生前未正位皇后,卒后始追正名号。《三国志》卷五〇有传。

⑨校事吕壹:三国吴官吏(?~238),曾为孙权心腹,任中书典校郎,监察中央和地方州郡文书事。为人险狠,曾经诬陷宰相顾雍、左将军朱据等人。后因诬告事发,被斩首。校事,亦称校官、校曹,三国时侦查刺探官,为皇帝或执政的耳目,掌刺探臣民言行。曹操始置,深为吏民之害,东吴尤甚。清俞正燮《癸巳存稿》卷七《校事》:"魏吴有校事官,似北魏之候官、明之厂

卫。吴之校事则尤横。或谓之典校(《顾雍传》《步骘传》《朱据传》),或谓之校曹(《陆凯传》),或谓之校郎(《是仪传》),或谓之校官(《诸葛恪传》)。"

⑩苛惨:暴虐,残酷。

⑪用法:泛指运用刑法。深刻:严峻苛刻。

⑫引咎责躬:承认过错,责备自己。

⑬中书郎袁礼:三国吴官员,生平不详。中书郎,官名。即中书侍郎,中书监、令的属官。告谢:犹请罪。

⑭损益:兴革。

⑮责数(shǔ 蜀):责备数说。诸葛瑾:字子瑜(174～241),琅邪阳都(今山东沂南南)人,诸葛亮之兄。汉末避乱江东,任孙权长史,历官南郡太守,迁左将军,封宛陵侯。孙权称帝后,拜大将军、左都护,领豫州牧。《三国志》卷五二有传。步骘(zhì 至):字子山(？～247),临淮淮阴(今江苏淮阴西南)人。孙权为讨虏将军,召为主记,历任车骑将军东曹掾、交州刺史,迁右将军、左护军,封临湘侯,拜骠骑将军,领冀州牧。赤乌九年(246),继陆逊为丞相。《三国志》卷五二有传。朱然:字义封(182～249)。吕岱:字定公(161～256)。

⑯伯言:即陆逊(183～245),字伯言。承明:即潘濬(jùn 俊)(？～239),字承明。

⑰恳恻:诚恳痛切。

⑱辞旨:文辞或话语所表达出的含义、感情色彩和风格。辛苦:辛酸悲苦。

⑲危怖:谓恐惧不安。

⑳怅然:失意不乐貌。

㉑刻怪:责备。

㉒中(zhōng钟):合适,恰当。

㉓"独当(dàng荡)己"句:意谓仅仅认为自己正确而拒绝他人的意见。

㉔嫌难:谓因有避忌而为难。

㉕孽类:犹丑类,这里喻指曹魏政权。

㉖贯知:习知,熟知。

㉗从事:办事,行事。

㉘发有二色:头发斑白。

㉙"公私分(fēn奋)计"二句:意谓从公与私的情分而论,足以相互依存。

㉚拾遗补阙:补正别人的缺点过失。

㉛"昔卫武公"三句:据《国语·楚语上》,卫武公九十五岁时仍然对臣属说:"自卿以下至于师长士,苟在朝者,无谓我老耄而舍我必恭恪于朝,朝夕以交戒我;闻一二之言,必诵志而纳之,以训导我。"卫武公,姬姓,卫氏,名和(前852?～前758),西周时卫釐侯之子,卫共伯之弟。卫国第十一任国君,公元前812年至公元前758年在位。在位时期,施行康叔政令,使百姓和睦安定。后因勤王有功,升为公爵。事见《史记·卫世家》。年过志壮,谓年纪超过壮盛之年(古人称三四十岁为壮年)。辅弼(bì必),辅佐;辅助。裴注引《江表传》曰:"权又云:'天下无粹白之狐,而有粹白之裘,众之所积也。夫能以驳致纯,不惟积乎?故能用众力,则无敌于天下矣;能用众智,则无畏于圣人矣。'"

㉜布衣韦带:贫寒之士的服饰。借指贫寒的或没有做官的文士。

㉝分成好合:谓背离或情投意合。

㉞污垢不异:地位卑下却能不变心。污垢,比喻卑下的地位。

㉟不复是过:谓不会超过这一关系。

㊱事统是非:意谓判断一切事物,君与臣应当有一致的是非观念。

㊲从(cōng 聪)容:悠闲舒缓,不慌不忙。这里有不闻不问的意思。

㊳“同船济水”二句:意谓同舟共济,命运一致,他人无法替代。

㊴齐桓:即齐桓公(前? ~前643),姓姜,名小白,公元前685至前643在位,期间重用管仲等,强军富民,九盟诸侯,遂成为春秋五霸之首。《史记》卷三二有传。

㊵管仲:名夷吾(约前719~前645),字仲,颍上(今属安徽)人。辅佐齐桓公建立霸业,是中国古代著名的经济学家、哲学家、政治家、军事家。《史记》卷六二有传。叹:赞叹,称誉。

㊶自省(xǐng 醒):自行省察,自我反省。语出《论语·里仁》:“子曰:‘见贤思齐焉,见不贤而内自省也。’”

㊷良优:谓更好一些。此处语带调侃。

㊸大业:谓帝业。

㊹整齐天下:谓整治天下,使有秩序。

㊺凡百:一切,一应。事要:谓重要的事情。

㊻异计:这里谓见解独到的计议。

㊼匡:纠正,扶正。不逮:不足之处,过错。

二年春三月[①],遣使者羊衜、郑胄、将军孙怡之辽东[②],击魏守将张持、高虑等[③],虏得男女[④]。零陵言甘露降。夏五月,城沙羡。冬十月,将军蒋秘南讨夷贼[⑤]。秘所领都督廖式杀临贺太守严纲等[⑥],自称平南将军,与弟潜共攻零陵、桂阳,及摇动交州、苍梧、郁林诸郡[⑦],众数万人。遣将军吕岱、唐咨讨之,岁馀皆破。

[注释]

①二年：即吴赤乌二年（239）。裴注引《江表传》载权正月诏曰："郎吏者，宿卫之臣，古之命士也。间者所用颇非其人。自今选三署皆依四科，不得以虚辞相饰。"

②使者羊衜（dào 道）：南阳（今属河南）人（生卒年不详），才博辩捷，初为吴国太子孙登宾客，任中庶子。孙登卒后，任督军使者，官至始兴太守。使者，受命出使的人，常因事而置。这里当谓督军使者。郑胄：字敬先（生卒年不详），沛国（今安徽宿县西北）人。举贤良，累迁建安太守、宣信校尉、执金吾。传见《三国志》卷四七裴注引《文士传》。将军孙怡：三国吴将领，东州（今址不详）人。生平不详。

③张持：三国魏辽东守将，生平不详。高虑：三国魏辽东守将，生平不详。

④虏得男女：裴注引《文士传》曰："胄字敬先，沛国人。父札，才学博达，权为骠骑将军，以札为从事中郎，与张昭、孙邵共定朝仪。胄其少子，有文武姿局，少知名，举贤良，稍迁建安太守。吕壹宾客于郡犯法，胄收付狱，考竟。壹怀恨，后密谮胄。权大怒，召胄还，潘濬、陈表并为请，得释。后拜宣信校尉，往救公孙渊，已为魏所破，还迁执金吾。子丰，字曼季，有文学操行，与陆云善，与云诗相往反。司空张华辟，未就，卒。"又云："臣松之闻孙怡者，东州人，非权之宗也。"

⑤将军蒋秘：三国吴将领，生平不详。夷贼：对南方少数民族反抗者的蔑称。

⑥廖式：三国吴将领，生平不详。临贺太守严纲：三国吴官员（？～239），任临贺太守，为叛将廖式所杀。临贺，即临贺郡，三国吴王黄武五年（226）置，属荆州，治所临贺县（今广西贺州八步区东南贺街镇）。辖境相当于今广西贺州八步区、钟川、富川三县，湖南江永、江华瑶族自治县等地。

⑦摇动:摇之使动,动摇。郁林:即郁林郡,西汉元鼎六年(前111)置,治所布山县(今广西桂平市西南古城)。辖境相当于今广西三江、鹿寨、桂平以西,邕宁、上思、宁明以北,贵州榕江及越南高平一带。三国吴永安六年(263)属广州,辖境逐渐缩小。

三年春正月①,诏曰:"盖君非民不立,民非谷不生。顷者以来②,民多征役,岁又水旱,年谷有损,而吏或不良,侵夺民时,以致饥困。自今以来,督军郡守③,其谨察非法,当农桑时,以役事扰民者,举正以闻④。"夏四月,大赦,诏诸郡县治城郭,起谯楼⑤,穿堑发渠⑥,以备盗贼。冬十一月,民饥,诏开仓廪以赈贫穷⑦。

[注释]

①三年:即吴赤乌三年(240)。

②顷(qǐng 青上声)者:近来。

③督军:东汉末州官,掌监督州郡军事。三国沿置。郡守:郡的长官,主一郡之政事。秦废封建设郡县,郡置守、丞、尉各一人。守治民,丞、尉为佐。汉唐因之。

④举正以闻:列举其罪上报。

⑤谯(qiáo 乔)楼:建于城门上的瞭望楼。

⑥穿堑发渠:挖通壕沟,疏浚护城河。

⑦廪(lǐn 凛):粮仓。赈(zhèn 振):救济。

四年春正月①,大雪,平地深三尺,鸟兽死者大半。夏四月,遣卫将军全琮略淮南②,决芍陂③,烧安城邸阁④,收其人民。威北将军诸葛恪攻六安⑤。琮与魏将王凌战于芍陂,中郎将秦晃等十馀人战死⑥。车骑将军朱然围樊⑦,大将军诸葛瑾取柤中⑧。五月,太子登卒。是月,魏太傅司马宣王救樊⑨。六月,军还。闰月⑩,大将军瑾卒。秋八月,陆逊城邾⑪。

[注释]

①四年:即吴赤乌四年(241)。

②略:夺取。淮南:即淮南郡,三国魏黄初四年(223)改淮南国置,治所寿春县(今安徽寿县)。辖境相当于今安徽淮河以南,巢湖、肥西以北,塘河以东,凤阳、滁州市以西地区。

③芍陂(quèbēi 确杯):又名龙泉陂、期思陂。古代淮水流域最著名的水利工程,位于今安徽寿县南。最早见于《汉书·地理志》,北魏郦道元《水经注·肥水》:"断神水又东北径神迹亭东,又北谓之豪水,虽广异名,事实一水。又东北径白芍亭东,积而为湖,谓之芍陂。陂周一百二十许里,在寿春县南八十里,言楚相孙叔敖所造。"

④安城:地名。在今安徽寿县西南。邸阁:古代官府所设储存粮食等物资的仓库。

⑤威北将军:三国吴所置杂号将军名。

⑥中郎将秦晃:三国吴将领,生平不详。

⑦樊:即樊城,在今湖北襄阳市,与襄阳城隔汉水相望。自古为兵家必争之地。

⑧柤(zǔ 组)中:地区名,一作"沮中"。在今湖北南漳县西蛮河流域。一说指今湖北沮河上游地区。裴注引《汉晋春秋》曰:"零陵太守殷礼言于权曰:'今天弃曹氏,丧诛累见,虎争之际而幼童莅事。陛下身自御戎,取乱

侮亡,宜涤荆、扬之地,举强羸之数,使强者执戟,羸者转运,西命益州军于陇右,授诸葛瑾、朱然大众,指事襄阳陆逊、朱桓别征寿春,大驾入淮阳,历青、徐。襄阳、寿春因于受敌,长安以西务对蜀军,许、洛之众势必分离;掎角瓦解,民必内应,将帅对向,或失便宜;一军败绩,则三军离心,便当秣马脂车,陵蹈城邑,乘胜逐北,以定华夏。若不悉军动众,循前轻举,则不足大用,易于屡退。民疲威消,时往力竭,非出兵之策也。'权弗能用之。"

⑨太傅司马宣王:即司马懿(179~251),字仲达,河内温县(今河南温县西)人。曹操为丞相时辟为文学掾,转主簿。曹丕称帝后,任尚书右仆射,转抚军大将军。魏明帝时任大将军,迁太尉,晋太傅。正始十年(249)发动高平陵政变,诛杀曹爽等,专国政。卒后,魏元帝曹奂咸熙元年(264),其子司马昭进爵为晋王,追谥司马懿为宣王。其孙司马炎代魏,建立晋朝,追尊他为宣帝。《晋书》卷一有传。太傅,官名。天子近臣,其职为善导天子,无具体政务,多为优遇大臣的一种荣典,一般以年高有德者任之。

⑩闰月:据陈垣《二十史朔闰表》,吴赤乌四年(241)闰六月。

⑪城:修筑城池。用如动词。邾(zhū朱):即邾县,秦置,为衡山郡治,治所在今湖北黄冈市黄冈区北十里禹王城。西汉属江夏郡,三国吴属蕲春郡。

五年春正月①,立子和为太子②,大赦,改禾兴为嘉兴③。百官奏立皇后及四王,诏曰:"今天下未定,民物劳瘁④,且有功者或未录,饥寒者尚未恤,猥割土壤以丰子弟⑤,崇爵位以宠妃妾,孤甚不取。其释此议。"三月,海盐县言黄龙见⑥。夏四月,禁进献御⑦,减太官膳⑧。秋七月,遣将军聂友、校尉陆凯以兵三万讨珠崖、儋耳⑨。是岁大疫,有司又奏立后及诸王。八月,立子霸为鲁王⑩。

[注释]

①五年:即吴赤乌五年(242)。

②子和:即孙和(224~253),字子孝,孙权第三子。赤乌四年(241)五月,太子孙登卒,翌年正月立孙和为太子。因与全公主不睦,其宠渐衰,其弟鲁王孙霸觊觎太子之位,谮之不已,大臣亦分为两派。孙权乃于赤乌十三年(250)废和,杀鲁王孙霸。太元二年(252),封孙和为南阳王,徙居长沙。翌年,孙峻杀诸葛恪,专朝政,逼孙和自杀。《三国志》卷五九有传。

③禾兴:即禾兴县,三国吴黄龙三年(231)改由拳县置,属吴郡,治所在今浙江嘉兴市南。赤乌五年(242)以避太子孙和名讳,改为嘉兴县。

④民物:泛指人民、万物。劳瘁:辛苦劳累。

⑤猥:副词,苟,随便。

⑥海盐县:秦置,属会稽郡,治所在今上海市金山县(朱泾镇)东南三十一里张堰镇南。西汉末县城沦于柘湖,徙治武原乡(今浙江平湖市东)。东汉永建二年(127)又陷为当湖,徙治故邑城(今平湖市乍浦镇东南海中)。永建四年(129)改属吴郡。

⑦献御:指进献食物给皇上。

⑧太官:官名。秦有太官令、丞,属少府。两汉因之。掌皇帝膳食及燕享之事。

⑨将军聂友:字文悌(193~251),或谓字辅仁,豫章新淦(今江西樟树市)人。仕吴,历任郡功曹、将军,拜丹杨太守。因与诸葛恪交好而为孙峻所忌。《三国志》卷六四有传。校尉陆凯:字敬风(198~269),吴县华亭(今上海松江)人,陆逊族子。仕吴,历任建武校尉、征北将军、镇西大将军,领荆州牧,封嘉兴侯,迁左丞相。《三国志》卷六一有传。珠崖:指西汉珠崖郡一带。珠崖郡,亦作朱厓郡,西汉元鼎六年(前111)置,治所瞫都县(今海南省琼山区东南三十里)。辖境相当于今海南省海南岛东北部地。初元三年

(前46)废。这里沿用之以为地域名。儋(dān丹)耳:指西汉儋耳郡一带。儋耳郡,西汉元封元年(前110)置,治所儋耳县(今海南省儋州市西北南滩),辖境相当于今海南省海南岛西部地区。始元五年(前82)并入珠崖郡。

⑩子霸:即孙霸(?~250),字子威,孙权第四子,太子孙和同母弟。赤乌五年(242)封鲁王,图危太子,谮毁既行,太子被废,孙霸被赐死,终酿家庭悲剧。《三国志》卷五九有传。

六年春正月①,新都言白虎见②。诸葛恪征六安,破魏将谢顺营③,收其民人。冬十一月,丞相顾雍卒。十二月,扶南王范旃遣使献乐人及方物④。是岁,司马宣王率军入舒⑤,诸葛恪自皖迁于柴桑⑥。

[注释]

①六年:即吴赤乌六年(243)。

②新都:即新都郡,治所始新县(今浙江淳安县西北新安江北岸,现已没入千岛湖)。详见本传前注。白虎:虎因基因突变引发的白化症,旧时星命迷信认为属凶神。

③谢顺:三国魏将领,生平不详。

④扶南王范旃(zhān瞻):高棉族,扶南王范蔓的外甥,后篡位自立。生平不详。扶南,意为"山地之王",即今柬埔寨,公元1世纪建国。乐人:歌舞演奏艺人的泛称。

⑤舒:地名。即西汉所置舒县,为庐江郡治,治所在今安徽庐江县西南三十里城池乡。三国时废。

⑥皖:即皖城,又称皖县,西汉置,属庐江郡,治所在今安徽潜山县。东汉建安末为庐江郡治。

七年春正月①,以上大将军陆逊为丞相。秋,宛陵言嘉禾生②。是岁,步骘、朱然等各上疏云:"自蜀还者,咸言欲背盟与魏交通③,多作舟船,缮治城郭④。又蒋琬守汉中⑤,闻司马懿南向,不出兵乘虚以掎角之⑥,反委汉中,还近成都⑦。事已彰灼⑧,无所复疑,宜为之备。"权揆其不然⑨,曰:"吾待蜀不薄,聘享盟誓⑩,无所负之,何以致此?又司马懿前来入舒,旬日便退,蜀在万里,何知缓急而便出兵乎⑪?昔魏欲入汉川⑫,此间始严⑬,亦未举动,会闻魏还而止,蜀宁可复以有疑邪?又人家治国⑭,舟船城郭,何得不护?今此间治军,宁复欲以御蜀邪?人言苦不可信,朕为诸君破家保之⑮。"蜀竟自无谋,如权所筹⑯。

[注释]

①七年:即吴赤乌七年(244)。

②宛陵:即宛陵县,西汉初置,属鄣郡,元封二年(前109)为丹阳郡治,治所在今安徽宣州市。

③交通:交往,往来。

④缮治:整理,修补。

⑤蒋琬:字公琰(?~246),零陵湘乡(今属湖南)人。初为诸葛亮属下书记,后历任丞相参军、丞相长史。诸葛亮去世后,历任尚书令,迁大将军,录尚书事,加大司马。为人沉静稳重,治国有方。详见本书所选《蒋琬传》。

⑥掎(jǐ挤)角:谓分兵牵制或夹击敌人。语本《左传·襄公十四年》:"譬如捕鹿,晋人角之,诸戎掎之,与晋踣之。"唐孔颖达疏:"角之谓执其角也;掎之言戾其足也。"

⑦还近成都:当时蒋琬因病从汉中撤回至离成都不远的涪县驻扎。详

见本书所选《蒋琬传》。成都,即成都县,战国秦惠王二十七年(前311)于蜀国都城成都置,为蜀郡治,治所在今四川成都市。东汉时兼为益州治,三国蜀汉建都于此。

⑧彰灼:昭著,显明。

⑨揆(kuí葵):度量,揣度。

⑩聘享:聘问献纳。聘问必有宴享,故聘、享连文。

⑪缓急:指危急之事或发生变故之时。

⑫汉川:即汉中平原,位于汉中郡沔阳(今陕西勉县)至城固(今属陕西)一带。

⑬严:这里谓准备动用军队。

⑭人家:别人,他人。

⑮破家保之:意谓力保蜀汉绝无偷袭东吴之心。破家,耗尽家产。

⑯如权所筹:谓如孙权所预料。裴注引《江表传》载权诏曰:"督将亡叛而杀其妻子,是使妻去夫,子弃父,甚伤义教,自今勿杀也。"

八年春二月①,丞相陆逊卒。夏,雷霆犯宫门柱②,又击南津大桥楹③。茶陵县鸿水溢出④,流漂居民二百馀家。秋七月,将军马茂等图逆⑤,夷三族⑥。八月,大赦。遣校尉陈勋将屯田及作士三万人凿句容中道⑦,自小其至云阳西城⑧,通会市⑨,作邸阁。

[注释]

①八年:即吴赤乌八年(245)。

②雷霆:震雷,霹雳。犯:击。

③南津大桥:即朱雀桁,亦称朱雀航。为建业(今江苏南京市)南城门

朱雀门外的浮桥,横跨秦淮河上。三国吴时称南津桥,晋改名朱雀桁。桁为连船而成,长九十步,广六丈。因在台城南,又称"南航"。秦淮河上二十四航,此为最大,又称"大航"。《江南通志》卷三〇:"朱雀航在江宁县,晋置,即吴之南津桥也。桥在宫城朱雀门南,亦谓之南航,又曰大航,以秦淮诸航此为之最也。"楹:柱。

④茶陵县:西汉武帝封长沙王子刘䜣为侯国,后改为县,属长沙国,治所在今湖南茶陵县东七十里古城营。东汉属长沙郡,三国吴属湘东郡。鸿水:洪水;大水。

⑤马茂:初为魏淮南钟离县长,后投吴,任征西将军、九江太守、外部督,封侯,领千兵。赤乌八年(245),与朱贞、虞钦等密谋,欲俟孙权射猎时击杀之,再占据宫廷与石头坞以投魏。事泄被族诛。图逆:谋叛。

⑥夷:诛灭。三族:一般指父族、母族、妻族这三族。裴注引《吴历》曰:"茂本淮南钟离长,而为王凌所失,叛归吴,吴以为征西将军、九江太守、外部督,封侯,领千兵。权数出苑中,与公卿诸将射。茂与兼符节令朱贞、无难督虞钦、牙门将朱志等合计,伺权在苑中,公卿诸将在门未入,令贞持节称诏,悉收缚之;茂引兵入苑击权,分据宫中及石头坞,遣人报魏。事觉,皆族之。"

⑦校尉陈勋:三国吴将领,生平不详。屯田:谓从事屯田的士兵。作(zuō 左阴平)士:称从事劳作的工匠人等。句(gōu 勾,今读 jù 巨)容:即句容县,西汉置,属丹阳郡,治所即今江苏句容市。中道:即破岗渎,属梯级运河,从今春城小溪村向东经何庄、毕墟、鼍龙庙、城盖、吕坊寺到南塘庄入宝堰通济河,全长三十馀里,共分十三段,筑十四道土埭,保持各段水位,连接起秦淮河与通济河。

⑧小其:地名。在今江苏句容县东南。三国吴孙权在此凿运河即破岗渎,以通漕运。云阳西城:地名。在今江苏丹阳市延陵镇西。

⑨会市:集市,古代定期聚会交易的市场。

九年春二月①,车骑将军朱然征魏柤中,斩获千馀。夏四月,武昌言甘露降。秋九月,以骠骑将军步骘为丞相,车骑将军朱然为左大司马②,卫将军全琮为右大司马,镇南将军吕岱为上大将军③,威北将军诸葛恪为大将军④。

[注释]

①九年:即吴赤乌九年(246)。

②左大司马:官名。与右大司马皆为三国吴设置,皆位于大将军之上。

③镇南将军:东汉末年所置"四镇"将军之一,主征伐。

④大将军:裴注引《江表传》曰:"是岁,权诏曰:'谢宏往日陈铸大钱,云以广货,故听之。今闻民意不以为便,其省息之,铸为器物,官勿复出也。私家有者,敕以输藏,计畀其直,勿有所枉也。'"

十年春正月①,右大司马全琮卒②。二月,权适南宫③。三月,改作太初宫④,诸将及州郡皆义作⑤。夏五月,丞相步骘卒⑥。冬十月,赦死罪。

[注释]

①十年:即吴赤乌十年(247)。

②全琮卒:裴注引《江表传》曰:"是岁权遣诸葛壹伪叛以诱诸葛诞,诞以步骑一万迎壹于高山。权出涂中,遂至高山,潜军以待之。诞觉而退。"

③适:到。南宫:据唐许嵩《建康实录》卷二记述,南宫原为三国吴太

子宫。

④太初宫:三国吴建业皇宫主体建筑,改造自长沙王孙策故府,故址位于今江苏南京市内,呈正方形,占地广大。唐许嵩《建康实录》卷二:"太初宫成,周回五百丈,正殿曰神龙。南面开五门:正中曰公车门,东曰升贤门、左掖门,西曰明扬门、右掖门,正东曰苍龙门,正西曰白虎门,正北曰玄武门。起临海等殿。"晋平吴后,石冰作乱,太初宫被焚烧殆尽。

⑤义作:旧指无偿劳役。裴注引《江表传》载权诏曰:"'建业宫乃朕从京来所作将军府寺耳,材柱率细,皆以腐朽,常恐损坏。今未复西,可徙武昌宫材瓦,更缮治之。'有司奏言曰:'武昌宫已二十八岁,恐不堪用,宜下所在通更伐致。'权曰:'大禹以卑宫为美,今军事未已,所在多赋,若更通伐,妨损农桑。徙武昌材瓦,自可用也。'"

⑥步骘卒:《三国志》卷五二本传谓步骘"(赤乌)十一年卒"。"一"当衍。

十一年春正月①,朱然城江陵。二月,地仍震②。三月,宫成③。夏四月,雨雹,云阳言黄龙见。五月,鄱阳言白虎仁④。诏曰:"古者圣王积行累善,修身行道,以有天下,故符瑞应之⑤,所以表德也。朕以不明,何以臻兹⑥?《书》云'虽休勿休'⑦,公卿百司⑧,其勉修所职⑨,以匡不逮⑩。"

[注释]

①十一年:即吴赤乌十一年(248)。

②仍:频繁。裴注引《江表传》载权诏曰:"朕以寡德,过奉先祀,荏事不聪,获谴灵祇,夙夜祗戒,若不终日。群僚其各厉精,思朕过失,勿有所讳。"

③宫:即前文所言太初宫。

④白虎仁:谓白虎不伤人畜,故称"仁"。患白化症的虎已经罕见,不伤人畜更加传奇。吴人故以祥瑞上报。裴注引《瑞应图》曰:"白虎仁者,王者不暴虐,则仁虎不害也。"

⑤符瑞:吉祥的征兆。多指帝王受命的征兆。

⑥臻兹:聚集于此。

⑦虽休勿休:语出《尚书·周书·吕刑》:"虽畏勿畏,虽休勿休。"大意是:虽然遭遇可怕的事情也不要畏惧,虽然可以休息了也不要懈怠。

⑧公卿:三公九卿的简称。这里泛指高官。百司:即百官。

⑨勉修所职:谓尽力将本职工作做好。

⑩以匡不逮:谓纠正失误。

十二年春三月①,左大司马朱然卒。四月,有两乌衔鹊堕东馆②。丙寅③,骠骑将军朱据领丞相④,燎鹊以祭⑤。

[注释]

①十二年:即吴赤乌十二年(249)。

②乌:乌鸦。鹊:喜鹊。东馆:即东宫,通常为太子居处。两乌所衔鹊坠于此,当预示太子与其弟有厄。

③丙寅:夏历四月初九日。

④骠骑将军朱据:字子范(194~250),吴郡吴县(今江苏苏州市)人,前将军、青州牧朱桓从弟,大都督朱异的堂叔。仕吴,历任侍御史。孙权称帝,将女儿孙鲁育嫁朱据,并任命他为左将军,封云阳侯,迁骠骑将军,兼任丞相。因涉及太子孙和与鲁王孙霸的两宫争斗,被中书令孙弘伪造诏书赐死,时年五十七岁。《三国志》卷五七有传。领:谓兼任。

⑤燎鹊以祭:《晋书·五行中》:"吴孙权赤乌十二年四月,有两乌衔鹊堕东馆,权使领丞相朱据燎鹊以祭。案刘歆说,此羽虫之孽,又黑祥也。视不明、听不聪之罚也。是时权意溢德衰,信谗好杀,二子将危,将相俱殆,睹妖不悟,加之以燎,昧道之甚者也。明年,太子和废,鲁王霸赐死,朱据左迁,陆议忧卒,是其应也。东馆,典教之府;鹊堕东馆,又天意乎?"裴注引《吴录》曰:"六月戊戌,宝鼎出临平湖。八月癸丑,白鸠见于章安。"

十三年夏五月①,日至②,荧惑入南斗③,秋七月,犯魁第二星而东④。八月,丹杨、句容及故鄣、宁国诸山崩⑤,鸿水溢。诏原逋责⑥,给贷种食⑦。废太子和,处故鄣。鲁王霸赐死。冬十月,魏将文钦伪叛以诱朱异⑧,权遣吕据就异以迎钦⑨。异等持重⑩,钦不敢进。十一月,立子亮为太子⑪。遣军十万,作堂邑涂塘以淹北道⑫。十二月,魏大将军王昶围南郡⑬,荆州刺史王基攻西陵⑭,遣将军戴烈、陆凯往拒之⑮,皆引还⑯。是岁,神人授书⑰,告以改年、立后。

[注释]

①十三年:即吴赤乌十三年(250)。

②日至:指夏至或冬至。这里谓夏至,二十四节气之一。在公历六月二十一日或二十二日。这一天北半球昼最长,夜最短;南半球则相反。至,指阳气至极,阴气始至和日行北至。

③荧惑:古指火星。因隐现不定,令人迷惑,故名。南斗:星名。即斗宿,有星六颗。在北斗星以南,形似斗,故称。汉王充《论衡》卷二二《订鬼篇》:"荧惑火星,火有毒荧。故当荧惑守宿,国有祸败。"

④犯:古代天文术语。原指行星运行进入某一恒星范围,与恒星相距三

分以内称"凌",一度以内称"犯",同度称"掩"。后亦泛指两星光芒相触及。魁:北斗七星第一星至第四星称"魁",即天枢、天璇、天玑、天权四星。魁第二星即天璇。

⑤丹杨:即丹杨县,又作丹阳县,在今安徽当涂县东北五十里丹杨镇。故鄣:即故鄣县,西汉元狩二年(前121)改鄣县置,属丹阳郡,治所在今浙江安吉县北安城镇古城。三国吴宝鼎元年(266)属吴兴郡。宁国:即宁国县,东汉建安十三年(208)东吴分宛陵南乡置,属丹阳郡,治所今安徽宁国县南十三里独山。山崩:悬崖、陡坡上岩石和砂土突然破裂、崩落的现象,即滑坡。

⑥原:免除。逋(bū 部阴平)责(zhài 债):又作"逋债",即欠债。责,"债"的古字。

⑦给贷:借给。种食:谷种和粮食。

⑧文钦:字仲若(？~257),三国魏谯郡(治今安徽亳州市)人,因与曹爽同乡,为所厚待。曹爽被诛,任扬州刺史。魏正元二年(255),与镇东将军毌丘俭在淮南起兵讨司马师,兵败降吴,任都护、幽州牧,封谯侯。后为降吴的诸葛诞所疑,被杀。朱异:字季文(？~257),吴郡吴县(今江苏苏州市)人,朱桓之子。仕吴,历任骑都尉、偏将军,迁扬武将军。假节,任大都督。因未解寿春之围,为孙綝借故杀害。《三国志》卷五六有传。

⑨吕据:字世议(？~256),汝南细阳(今安徽太和东)人,吕范之子。仕吴,历任安军中郎将、右将军、骠骑将军。因不满孙綝执政,怒欲攻之,孙綝以诏命文钦、唐咨等讨之,自杀死。《三国志》卷五六有传。

⑩持重:稳重,谨慎。

⑪子亮:即孙亮(243~260),字子明,孙权少子。赤乌十三年(250)立为太子,神凤元年(252)于孙权死后即帝位,初由诸葛恪辅政,后由孙峻、孙綝相继专权。太平三年(258),孙亮欲诛孙綝,反为后者所废为会稽王。永

安三年(260)又被吴景帝孙休贬为候官侯,于赴封地途中自杀。《三国志》卷四八有传。

⑫堂邑:即堂邑县,秦置,属东海郡,治所在今江苏南京六合区北。西汉初为侯国,后仍为县,属临淮郡,东汉属广陵郡。涂(chú厨)塘:即瓦梁堰。孙权为保卫建业不受魏军侵扰,令十万吴军在涂水下游即将汇入长江处(今江苏南京六合区西)构筑堤堰蓄水,以淹没长江以北的沿江地区,达到阻遏魏军南下的目的。

⑬王昶(chǎng 厂):字文舒(?~259),太原晋阳(今山西太原)人。仕魏,历任太子文学、中庶子、散骑侍郎、扬烈将军,迁征南大将军,仪同三司,进封京陵侯,进位骠骑将军,迁司空。著有《治论》。卒谥穆侯。《三国志》卷二七有传。

⑭荆州刺史王基:字伯舆(190~261),东莱曲城(今山东招远)人。仕魏,历任中书侍郎、荆州刺史、扬烈将军,迁镇南将军,都督扬、豫诸军事,进封东武侯。卒谥景侯。《三国志》卷二七有传。荆州,东汉末曾为魏、吴、蜀分治,汉献帝建安二十四年(219),东吴袭杀关羽后,西蜀势力退出,荆州由魏、吴分治,魏在荆州的治所即今河南新野县。

⑮将军戴烈:广陵(今江苏扬州西北)人。仕吴,历任左将军。其馀不详。

⑯皆引还:魏军全部撤回。裴注引庾阐《扬都赋》注曰:"烽火以炬置孤山头,皆缘江相望,或百里,或五十、三十里,寇至则举以相告,一夕可行万里。孙权时合暮举火于西陵,鼓三竟,达吴郡南沙。"

⑰神人:犹神仙。古代道教和方士理想中所谓修真得道而长生不死的人。这是吴人投孙权之所好,故意造假所致。

太元元年夏五月①,立皇后潘氏②,大赦,改年。初临海罗阳县有神③,自称王表。周旋民间④,语言饮食,与人无异,然不见其形。又有一婢,名纺绩。是月,遣中书郎李崇赍辅国将军罗阳王印绶迎表⑤。表随崇俱出,与崇及所在郡守令长谈论,崇等无以易⑥。所历山川,辄遣婢与其神相闻。秋七月,崇与表至,权于苍龙门外为立第舍⑦,数使近臣赍酒食往。表说水旱小事,往往有验⑧。秋八月朔,大风,江海涌溢,平地深八尺,吴高陵松柏斯拔⑨,郡城南门飞落⑩。冬十一月,大赦。权祭南郊还⑪,寝疾⑫。十二月,驿征大将军恪⑬,拜为太子太傅⑭。诏省徭役⑮,减征赋,除民所患苦。

[注释]

①太元元年:即公元251年。太元,吴大帝孙权的第五个年号(251~252)。

②潘氏:会稽句章(今浙江馀姚东南)人(？~252),父为吏,坐法死,与其姊皆输织室,被孙权收入后宫,生孙亮。孙亮为太子后的第二年,被立为皇后。为人险妒容媚,孙权病重时,她欲仿西汉吕后故事,被宫人伺机缢死。《三国志》卷五〇有传。

③临海:即临海郡,三国吴太平二年(257)分会稽郡置,属扬州,治所临海县(今浙江临海市)。辖境相当于今浙江灵江、瓯江、飞云江流域全部市县。罗阳县:三国吴分永宁县置,属会稽郡,治所在今浙江瑞安市。三国吴太平二年(257)属临海郡。裴注引《吴录》曰:"罗阳今安固县。"

④周旋:交往,交际应酬。

⑤中书郎李崇:三国吴官吏,生平不详。赍(jī):携带。辅国将军:三国时所置将军名,第三品。印绶:印信和系印信的丝带。古人印信上系有丝带,佩带在身。

⑥无以易:谓难以对王表的议论提出异议。

⑦苍龙门:建业吴太初宫的正东宫门。第舍:宅第,住宅。

⑧往往有验:裴注引孙盛曰:"盛闻国将兴,听于民;国将亡,听于神。权年老志衰,谗臣在侧,废嫡立庶,以妾为妻,可谓多凉德矣。而伪设符命,求福妖邪,将亡之兆,不亦显乎!"

⑨吴:谓吴郡。高陵:孙权父亲孙坚的坟墓,位于今江苏丹阳市西。斯:副词,皆,尽。

⑩郡城:指吴郡治所吴县县城。

⑪南郊:古代天子在京都南面的郊外筑圜丘以祭天的地方。这里即指建业之南郊。

⑫寝疾:卧病。《左传·昭公七年》:"寡君寝疾,于今三月矣。"裴注引《吴录》曰:"权得风疾。"

⑬驿征:谓通过驿站紧急征召。驿站,古时供传递文书、官员来往及运输等中途暂息、住宿的地方;旅店。

⑭太子太傅:官名。东宫官,掌以道德教导太子。

⑮徭役:古代官方规定的平民(主要是农民)成年男子在一定时期内或特殊情况下所承担的一定数量的无偿社会劳动。一般有力役、军役和杂役。历代以来,繁多而苛严。

二年春正月①,立故太子和为南阳王,居长沙②;子奋为齐王③,居武昌;子休为琅邪王④,居虎林⑤。二月,大赦,改元为神凤⑥。皇后潘氏薨。诸将吏数诣王表请福⑦,表亡去。夏四月,权薨⑧,时年七十一,谥曰大皇帝。秋七月,葬蒋陵⑨。

[注释]

①二年:即吴大帝太元二年(252)。

②长沙:这里当指长沙郡治所临湘县(今湖南长沙市)。

③子奋:即孙奋(？~270),字子扬,孙权第五子,母仲姬。吴太元二年(252)封齐王。孙权死后,诸葛恪掌权,迁徙孙奋至豫章郡。吴建兴二年(253)因擅杀被废为庶人,吴太平三年(258),吴会稽王孙亮复封孙奋为章安侯。吴建衡二年(270),因吴末帝孙皓猜忌,诛杀孙奋及其五子。《三国志》卷五九有传。

④子休:即吴景帝孙休(235~264),字子烈,孙权第六子。初封琅琊王。吴太平三年(258),大将军孙綝废吴主孙亮,迎立孙休为帝。即位不久诛孙綝,但国势仍然不振。吴永安七年(264)卒。《三国志》卷四八有传。

⑤虎林:即虎林城,一名武林城,在今安徽池州市贵池区东北二十五里,属于东吴江滨要地。

⑥神凤:吴大帝孙权的最后一个年号(252)。

⑦请福:祈求天神降福。

⑧权薨:据《三国志·诸葛恪传》载录诸葛恪与其弟诸葛融书云:"今月十六日乙未,大行皇帝委弃万国,群下大小,莫不伤悼。"则孙权卒于神凤元年(252)四月十六日乙未。考陈垣《二十史朔闰表》,神凤元年(252)四月乙未,当为四月二十六日。详见本书所选《诸葛恪传》。

⑨蒋陵:位于今江苏南京市钟山(蒋山)南麓之梅花山上,在明孝陵正南300米处。遗址今仅存一个石碑、一座石桥、一个注释牌、一座石像。裴注引《傅子》曰:"孙策为人明果独断,勇盖天下,以父坚战死,少而合其兵将以报雠,转斗千里,尽有江南之地,诛其名豪,威行邻国。及权继其业,有张子布以为腹心,有陆议、诸葛瑾、步骘以为股肱,有吕范、朱然以为爪牙,分任授职,乘间伺隙,兵不妄动,故战少败而江南安。"

评曰:孙权屈身忍辱①,任才尚计②,有句践之奇③,英人之杰矣④。故能自擅江表⑤,成鼎峙之业⑥。然性多嫌忌⑦,果于杀戮⑧,暨臻末年⑨,弥以滋甚⑩。至于谗说殄行⑪,胤嗣废毙⑫,岂所谓"贻厥孙谋,以燕翼子"者哉⑬?其后叶陵迟⑭,遂致覆国,未必不由此也⑮。

[注释]

①屈身忍辱:汉献帝建安二十五年(220)十月,曹丕代汉,改元黄初。黄初二年(221)八月,孙权向魏称臣,被封吴王。

②任才尚计:谓任用贤能,崇尚计谋。

③句(gōu 勾)践:春秋末越国国君(前520?~前465),夏禹后裔,姒姓。公元前496~前465在位。公元前494年被吴国打败,俯首称臣。后发愤图强,卧薪尝胆,终于在公元前473年攻破吴都,迫使吴王夫差自尽,称霸诸侯。事见《史记·越王句践世家》。

④英人之杰:智慧和才能超群的人。《淮南子》卷二〇《泰族训》:"智过万人者谓之英,千人者谓之俊,百人者谓之豪,十人者谓之杰。"

⑤自擅:独自行动。江表:江外。指长江以南的地区。

⑥鼎峙之业:谓如鼎三足并峙,指吴与魏、蜀三国并峙。

⑦嫌忌:猜忌。

⑧果:果敢,有决断。

⑨暨臻:到达。

⑩弥以滋甚:谓程度更趋严重。

⑪谗说殄(tiǎn 忝)行:语出《尚书·虞夏书·舜典》:"朕堲谗说殄行,震惊朕师。"这是舜帝对乐官夔所说的一段话,大意是:我厌恶谗毁的言论

与不端的行为,因为这会使我的民众震惊。谗说,谗言。殄行,不正派的行为。

⑫胤嗣:后嗣,后代。裴注引马融注《尚书》曰:"殄,绝也,绝君子之行。"

⑬贻厥孙谋以燕翼子:语出《诗经·大雅·文王有声》:"诒厥孙谋,以燕翼子。"大意是:以安敬之谋留给其子孙。贻,通"诒",遗留、赠送的意思。燕翼,谓善为子孙后代谋划。

⑭后叶:犹后世。陵迟:衰败。

⑮不由此也:裴注云:"臣松之以为孙权横废无罪之子,虽为兆乱,然国之倾覆,自由暴皓。若权不废和,皓为世嫡,终至灭亡,有何异哉?此则丧国由于昏虐,不在于废黜也。设使亮保国祚,休不早死,则皓不得立。皓不得立,则吴不亡矣。"

[译文]

孙权字仲谋。他的哥哥孙策平定江东六郡后,当时孙权十五岁,就担任了阳羡县县长。吴郡举荐孙权为孝廉,扬州举荐孙权为茂才,于是代理奉义校尉的职务。汉室因为孙策从远方按时贡纳于朝廷,就派遣使者刘琬到江东宣布天子有所赐予的诏命。刘琬告诉人说:"我观察孙氏兄弟虽各自才能出众,都对事理有明确透彻的认识,然而福禄不能终其天年,只有孙策的二弟孙权孝廉,形貌奇特壮美,骨架躯体也不平常,具有大贵的外表,而且寿命最长,您要记住并加以检验。"

汉献帝建安四年(199),孙权跟随孙策征讨庐江太守刘勋。刘勋被打败,又到沙羡征讨黄祖。

建安五年(200),孙策去世,将军政大事托付于孙权,孙权哭泣不止。孙策的长史张昭对孙权说:"孝廉啊,这难道是哀哭的时候吗?西周初期周公制订礼乐制度,但其子伯禽并没有因母亲去世而按规定服丧三年,这并非有意违背父亲,而是因徐戎作乱而不得已领兵出征。况且如今违法作乱的人竞争追逐,众多豺狼盘踞于道路,这种时候您为失去兄长而哀哭,顾及丧礼的传统,就如同开门揖盗一样不识时宜,在危难之际还讲求礼节,实在算不上是仁爱之心的体现。"于是将孙权的丧服换下,穿上常服,扶他上马,请他出去巡视军队。当时孙氏的地盘只有会稽、吴、丹杨、豫章、庐陵五郡之地,其间深远险要地区的百姓还没有完全归顺,而分布于江东各州郡的世家大族子弟,借住或暂居于江东的羁旅之人以当地的形势安危决定自己的去留,所有这些人与孙氏政权还没有形成稳固的君臣关系。张昭、周瑜等人认为孙权是可以与他成就帝业的领袖人物,因而倾心服侍孙权。曹操向朝廷上表推举孙权为讨虏将军,兼任会稽郡太守,驻守于吴县,而指派郡丞顾雍到会稽郡治所山阴县代理执行太守的职务。孙权用尊崇老师的礼遇对待张昭,任用周瑜、程普、吕范等人为将帅。招用延揽才智杰出的人,访求聘请名望高的知名之士,鲁肃、诸葛瑾等人开始成为孙权的门客、策士。部署分派诸位将领,去安抚南方山区少数族人山越,征讨违抗命令者或背叛者。

建安七年(202),孙权母亲吴氏去世。

建安八年(203),孙权率领军队征讨西面的黄祖,打败他的水军,只有城池没有攻破,自己境内的山越人又发动叛乱。孙权撤军经过豫章郡,派吕范平定鄱阳县,派程普讨伐乐安县,任太史慈兼任海昏县县令,任韩当、周泰、吕范等人任政务繁重的县分的县令或县长。

建安九年(204),孙权的弟弟丹杨太守孙翊被其部下杀害,孙权任命其堂兄孙瑜替补孙翊的职务。

建安十年(205),孙权派贺齐征讨上饶县,分置建平县。

建安十二年(207),孙权再次率领军队征讨西面的黄祖,虏获他治下的一部分百姓而还。

建安十三年(208)的春天,孙权第三次征讨黄祖,黄祖先派遣水军迎战,都尉吕蒙打败其水军的先头部队,随后凌统、董袭等将领一起强攻其城池,破城时杀尽其百姓。黄祖独自脱身逃走,骑兵冯则追赶上黄祖,斩其首并悬挂示众,俘获其男女百姓数万人。这一年,孙权派贺齐征讨黟县、歙县,从歙县划分出始新县、新定县、犁阳县、休阳县,并以上述六县为新都郡。荆州牧刘表去世,鲁肃请求孙权派他去荆州祭奠以向刘表的两个儿子表示慰问,并且观察荆州事态的变化。鲁肃尚未到,曹操已经率军到达荆州,刘表次子刘琮率其全体部众投降。刘备准备向南渡过长江,鲁肃与刘备相见,乘机向他传达孙权的意旨,并为他陈说成功与失败的取向问题。刘备进驻夏口,派诸葛亮去拜会孙权,孙权派遣周瑜、程普等率领军队迎战曹操。当时曹操刚刚接收了刘表的部众,势力极其强盛,参与议论的文武官员都闻风丧胆,大多数人劝孙权迎降曹操。只有周瑜、鲁肃秉持抗拒曹军的主张,与孙权的意见相同。孙权任命周瑜、程普为左督、右督,各自率领万人的军队,与刘备的人马一同进军,在赤壁与曹操交战,将曹军打得大败。曹操放火烧毁残馀的船只后撤兵北归,他的士卒饥饿无粮并患疫病,一大半人死亡。刘备、周瑜等率军又追击曹军至南郡,曹操于是北归,留下曹仁、徐晃驻守江陵,令乐进驻守襄阳。当时吴将甘宁驻守夷陵县,被曹仁的部众围攻,周瑜采纳吕蒙的计策,留下凌统抗拒曹仁,自己率领一半人马前往救援甘宁,最终取胜而还。孙权自己率军围攻合肥,令张昭进攻九江郡的当涂县。张昭作战失利,孙权攻打合肥城一个多月也没有攻克。曹操从荆州撤回后,派遣张喜统率骑兵去救援合肥。张喜还没有赶到,孙权撤兵而归。

建安十四年(209),周瑜与曹仁在江陵相持不下一年多,杀伤曹军很多。曹仁舍弃城池败走。孙权任命周瑜为南郡太守。刘备向朝廷上表,推举孙权代理车骑将军,兼任徐州牧。刘备自己兼任荆州牧,驻军公安县。

建安十五年(210),孙权划分豫章郡一部分设置鄱阳郡;划分长沙郡的一部分设置汉昌郡,任命鲁肃为汉昌郡太守,驻军陆口。

建安十六年(211),孙权将其治所迁移至秣陵县。第二年,在秣陵县修筑石头城,改秣陵为建业。闻知曹操将要南侵,修筑濡须坞。

建安十八年(213)正月,曹操进攻濡须,孙权与曹军在这里相持一个多月。曹操望见孙权的军队,赞叹其整齐严肃,于是撤兵。起初,曹操担心濒临长江北岸的各郡县百姓遭受孙权掳掠,征召及施令当地百姓向中原方向转移。不料民众反而自相惊扰,庐江、九江、蕲春、广陵诸郡的十多万户居民都东渡长江而去,长江下游北岸淮水以南地区于是空虚,合肥以南只剩下皖县一座城池为曹军占据。

建安十九年(214)五月,孙权征讨皖城。这一年的闰月,皖城被攻破,孙权俘获庐江郡太守朱光与参军董和,掳掠男女数万人。这一年刘备平定蜀地。孙权因刘备已获取益州,就令诸葛瑾向刘备讨还荆州各郡。刘备不应允,说:"我正在谋取凉州,等到凉州平定以后,我就将荆州全部归还东吴。"孙权说:"这是借而不还,而以虚假的空话拖延时间。"于是设置了长江以南的荆州三郡的州县长官,却被关羽尽皆赶走。孙权大怒,于是派遣吕蒙指挥鲜于丹、徐忠、孙规等领兵二万攻取长沙、零陵、桂阳三郡,令鲁肃率军万人驻守巴丘以抵御关羽。孙权驻守陆口,调度指挥各路军队。吕蒙领军一到,长沙、桂阳二郡都归降,只有零陵太守郝普不投降。正值刘备从益州抵达公安县,派关羽统率三万人马前往益阳,孙权于是召吕蒙等去援助鲁肃。吕蒙派人去劝诱郝普,郝普归降,吕蒙全部降服了三郡的太守与将领,因而领兵北归,与孙皎、潘璋会师鲁肃军队一同前行,在益阳抗衡关羽。双方未交战,适逢曹操率军进入汉中,刘备担忧丢失益州,就派使节向孙权求和。孙权派诸葛瑾酬答刘备,并重新恢复同盟友好,于是划分荆州的长沙、江夏、桂阳三郡以东属孙权管辖,南郡、零陵、武陵三郡以西属刘备管辖。刘备回至益州,曹操已经离开汉中。孙权从陆口东还,于是去攻打合肥。合肥没有攻克，撤军回归。士兵都已上路后，孙权与凌统、甘宁等在逍遥津以北遭受魏将张辽的袭击，凌统等拼死护卫孙权，孙权骑一匹骏马越过逍遥津的桥而脱险。

建安二十一年（216）的冬天，曹操率军驻扎于居巢，于是攻打濡须。

建安二十二年（217）的春天，孙权派遣都尉徐详去向曹操求降，曹操派使者回访结成友好关系，立誓欲与孙权再缔结婚姻关系。

建安二十三年（218）十月，孙权将到吴县，亲自骑马在庱亭垒射虎。所骑马被虎所伤，孙权向虎投掷双戟，虎因受伤而后退，侍从张世用戈击虎，终于将虎猎获。

建安二十四年（219），关羽在襄阳围攻曹仁，曹操派遣左将军于禁前往救援。正值汉水暴涨，关羽出动水军，将于禁等三万步骑兵俘获并送往江陵，只有襄阳县城没有攻克。孙权内心忌惮关羽，对外又想向曹操表功，就写信给曹操，请求以讨伐关羽来贡献自己的力量。曹操则打算令关羽与孙权相持并且争斗，通过驿站将孙权的书信传递至关羽军营前，令曹仁用弩箭发射至关羽军中让他看。关羽看信之后犹豫不决没有撤军。这一年的闰十月，孙权出征关羽，首先派遣吕蒙袭击公安县，俘获将军士仁。吕蒙进军至南郡治所江陵县，南郡太守糜芳献江陵城投降。吕蒙占据江陵后，安抚城中百姓老幼，将被关羽囚禁的于禁释放。陆逊另外领兵进攻宜都郡，攻取秭归、枝江、夷道三县后，还军驻守益都郡治所夷陵县，扼守西陵峡口以防备蜀军来攻。关羽撤兵至当阳县，又向西退保麦城。孙权派人诱降，关羽假意投降，在麦城城头树立旗帜与假人迷惑敌军，自己乘机逃走，手下士兵逃散，只有十多名骑兵跟随。孙权预先指派朱然、潘璋二将截断了关羽的归路。这一年十二月，潘璋部将郡司马马忠在章乡擒获关羽与他的儿子关平、都督赵累等，孙权于是平定荆州。这一年瘟疫大流行，孙权下令免除荆州百姓租税。曹操上奏章给朝廷举荐孙权为骠骑将军，假节，兼任荆州牧，进封南昌

吴主传 | 1287

侯。孙权派遣校尉梁寓向汉室进贡，又派将领王惇去购买马匹，遣送原来俘虏的将领朱光归还曹魏。

建安二十五年(220)春正月，曹操去世，魏太子曹丕接任丞相，承袭魏王，汉献帝改年号为延康。当年的秋天，魏将领梅敷派遣张俭求见孙权请求安抚招纳。南阳郡阴、酂、筑阳、山都、中卢五县百姓五千户前来归附孙权。这一年的冬天，承袭曹操职位不久的魏王曹丕即帝位，改元为黄初。魏文帝黄初二年(221)四月，刘备在益州称帝。孙权从公安县迁至江夏郡鄂县建立都城，改名武昌县，以武昌、下雉、寻阳、阳新、柴桑、沙羡六县为武昌郡。这一年的五月，建业县报称甘美的露水降下。八月，修筑武昌县城池，向诸位将领下达指示说："生存不忘记覆亡，安定时要考虑危险，这是古人宝贵的训诫。从前汉武帝时的名臣隽不疑，在天下太平的时候也随身携带刀剑，可见君子对于军事装备，不可以放松掌控。何况如今我们身处魏、蜀交错的边界地带，与豺狼一般凶残的敌人互相接触，难道可以轻率随便，不考虑发生变乱吗？近来听说各位将领出入时，各自崇尚谦慎检束，不带随从的士兵，这绝非思虑周备爱惜自身的表现。保全自己，留传名声于后世，用以安慰君王与父母，与遭受危险屈辱相比如何？应当深加警戒，务必从大局着眼，以与我的用心符合。"自从魏国曹丕即皇帝位后，孙权派使节向魏国自称藩属，随后将于禁等放还。

魏文帝黄初二年(221)十一月，曹丕以策书对孙权封官授爵说：

德才超群达于至境之帝王，根据臣子的道德高下设立爵位，依据他们的功劳确定俸禄的多寡；功劳大的人享受的俸禄丰厚，道德高尚者所受礼遇就隆重。周公旦对周成王有辅佐的功绩，姜太公吕尚辅佐周王大展雄才，也功勋卓著，所以周公旦与姜太公都接受了封地，建立了诸侯国，并都接受了诸侯当用的礼仪用品，这就是表彰大功臣，给予贤明睿智的人以不同于一般人的优待。近世汉高祖受天之命称帝之初，封八位功臣为异姓王,赐予他们肥沃的土地,这乃是前朝的美谈,后代帝王可资借鉴的往事。朕不自以为有德,秉受天命实施变革汉室的皇统,为君而主宰天下,执掌统驭国家的机要事宜,很想与古人看齐,为此勤谨操劳,常常坐着等待天亮。想到您资质忠诚坚贞,著名于当世,可成为帝王的辅佐,能够深深体悟帝王代天理民的顺序,明白透彻地预见王朝的盛衰与兴亡,特从远方派来掌管朝觐聘问的官员,由潜水与汉水流经的吴地北上到此。东吴听到风声即如影附形,向我魏国皇帝上书直言,承认自己的附庸地位,同时以细葛布等南方的方物来朝进贡,还将于禁等被关羽俘获又被转移至东吴的曹魏将领送还本朝,忠贞恭敬从内心产生,真诚之意彰显于外,信义犹如镌刻于金石般牢固,善良的行为能够覆盖高山大河,朕极为赏识称许。现在朕进封您为吴王,指派使持节太常高平侯邢贞授予您王的印玺、任职的简策文书以及金虎符第一至第五枚共五件、竹使符第一至第十枚共十件,任命您为大将军,使持节,监督交州事务,兼任荆州牧,赏赐您青色泥土,用白茅草包裹,您要答受美命而称扬朕的意旨,以治理国家的东部。您要上缴先前所得骠骑将军南昌侯的印绶以及封爵文书等。现在还要赐给您享受诸侯最高礼遇的九种器物,请您恭敬地听候续发的命令。因为您安定东南一带,治理江南地区,百姓与少数民族安于本业,没有人怀有二心,因此赐予您礼仪所用的大辂与作战所用的戎辂各一辆,黑色公马两套八匹。因为您精心理财,鼓励农耕,仓库中粮食与物资充盈,因此赐予您古代帝王与上公的礼服和礼冠,以一种红色以木为复底的鞋相配。因为您能用道德教化百姓,使礼教兴盛流行,因此赐予您三面悬挂陈列的乐器一套。因为您宣扬倡导美好的风气,笼络安抚百越的少数民族百姓,因此赐予您有朱红色大门的屋子居住。因为您能运用才智与谋略,任用方正与贤良的人才为官,因此赐予您登升殿堂的"纳陛"以便于理事。

因为您忠诚与勇敢并行奋发，清除奸恶的人，因此赐予您一百名虎贲之士。因为您能显扬威风超越地域，效力于荆州一带，诛灭凶恶不善之辈，捕获了有罪之人，因此赐予您铁、钺各一件，可行使专征专杀之权。因为您对内以文治和睦上下，对外以威武示信于人，因此赐予您朱漆弓一张与朱漆箭一百支、黑色弓十张与黑色箭一千支。因为您以忠诚恭敬为根本，以恭谨谦逊为德行，因此赐予您以黑黍和郁金香草酿造的酒装于中型酒樽中，配以玉柄的酒器。戒慎啊！恭敬地施行先王典制之书，服从朕的命令，用以勉励辅佐我的国家，永远创造昭著的功业。

这一年，刘备统率大军进攻东吴，到达巫县、秭归县一带，派遣使者引诱武陵郡的南方少数民族群，授予印信与任官的凭证，许诺给予他们封赏。于是武陵郡各县以及五溪一带的少数民族百姓皆反叛东吴转而归降西蜀。孙权任命陆逊为都督，指挥朱然、潘璋等迎战刘备。派遣都尉赵咨出使魏国。魏文帝曹丕问他说："吴王是什么样的君主啊？"赵咨回答说："聪明仁义有智慧，是有非凡谋略的君主。"曹丕进一步询问吴王的具体情状，赵咨说："从普通人中提拔鲁肃，是他聪慧的体现；从行伍中提拔吕蒙，是他英明的体现；俘获了于禁却不杀害，是他仁爱的体现；兵不血刃而夺取了荆州，是他明智的体现；占据扬州、荆州与交州三州，如虎之雄视天下，是他雄壮的体现；对于陛下屈首称臣，是他谋略的体现。"魏文帝曹丕打算进封孙权的长子孙登以爵位，孙权以孙登年幼为辞，上书推脱，又派遣西曹掾沈珩去向曹丕致谢，并贡献本地产物。孙权随即立孙登为王太子。

吴王孙权黄武元年（222）春正月，陆逊统率将军宋谦等进攻西蜀的五座驻军营垒，都攻破并斩杀对方守将。这一年三月，鄱阳郡报告有黄龙出现。西蜀军队分别据守长江沿岸的险要之地，构筑五十馀座营垒，陆逊根据蜀军各营垒军力的强弱多寡布置兵力抗衡，从正月至闰六月，大破西蜀军队，在战场上斩杀以及放下武器投降东吴的将士总共有数万人。刘备奔走而去,只身逃脱。

起初,孙权外表假意服从曹魏,却并非真心诚意交好。魏国准备派遣侍中辛毗、尚书桓阶前往东吴与孙权结盟立誓,并要求孙权将其太子孙登送至魏国京师洛阳去做人质,孙权推辞没有应允辛、桓两人的到来。吴王黄武元年(222)秋九月,魏文帝曹丕命令曹休、张辽、臧霸出兵洞口,曹仁出兵濡须,曹真、夏侯尚、张郃、徐晃围攻南郡。孙权派遣吕范等指挥五支军队,以水军迎战曹休等,诸葛瑾、潘璋、杨粲去救援南郡,朱桓以濡须督身份抵御曹仁。当时扬州以及会稽郡一带的少数民族势力大多没有平定安顺,内部动乱没有止息,因而孙权以谦卑的言辞上书魏文帝曹丕,请求改过自勉:"如果我的罪责难被原谅,一定不被赦免,就应当将土地与百姓奉还于魏国朝廷,自己请求到交州寄身,用来度过馀下的人生。"

魏文帝曹丕答复说:

您生在混乱不堪的时代,原本有横行天下的志向,而降低身份,接受魏国的封号,用来享受当下的福分。自从您因仕宦而献身于朝廷以来,前来进贡的使者布满道路中。征讨刘备的功劳,是朝廷依赖东吴取得了成功。朝廷已经封孙权为吴王,就不愿意再取消封号,消灭吴国,如此狐疑不定,是古人所耻笑的。朕与您的关系,属于君臣的名分已经确立,难道乐意令军队劳累去讨伐东吴吗?朝廷群臣对于军国大政的决议,连帝王也难以专擅否定;如今大司马、司徒、司空这三位高官上书禀报了您所犯过失,都有始末原委。朕因为不明智,认为即使是曾母投杼一类的谣言,一经广泛传播也会令智者迷惑,但仍然盼望大臣间的传言不确实,认为如此才是朝廷的福分。所以就先派遣使者犒劳您的军队,又派遣尚书辛毗、侍中桓阶前往落实先前议定好的盟约,将孙登送来朝廷一事确定下来。您于是借故托词,不打算令辛、桓二人前往,致令参与议论朝政的诸大臣感到疑惑不解。此外前都尉浩周劝导您派遣儿子来洛阳,任子取信一事实在是朝臣所共同谋划议定,要用此来测试您的真实态度,您果然借口推辞,外引隗嚣遣子为人质而终背叛光武帝为例,内引窦融没有儿子为人质却忠于光武帝以自喻。时代与形势皆已不同,每个人都有自己的打算。浩周还朝以后,口头陈说并辅以手指挥动讲说你期盼臣服的情态,更令议政群臣产生各种怀疑,您所表示出的始终忠于朝廷的本心,找不出任何依据,所以为应付群臣,只好听从他们征讨江南的建言。如今阅览您所上书,真诚深厚,内心慨然,悲伤凄惨,脸上不禁出现受感动的表情。当日即下诏书,指令各路军队掘下深的壕沟,筑起高的壁垒,不得妄自进军江南。如果您真心诚意效忠朝廷,有意消除朝廷对您有所疑虑的议论,您的儿子孙登早晨到达洛阳,当天晚间即可召回进军江南的各路人马。朕这番言语的诚恳,有如长江的永恒!

孙权于是改用自己的年号黄武,沿长江布置军队防备曹魏的进攻。黄武元年(222)的冬十一月,刮起大风,吕范的水军淹死几千人,剩馀的士兵撤回长江南岸。魏将曹休派臧霸率领小船五百艘、敢死士万人袭击徐陵亭,焚毁东吴的攻城车,杀戮掳掠数千人。东吴将军全琮、徐盛追击杀死魏将尹卢,斩杀俘获数百人。十二月,孙权派遣太中大夫郑泉前往白帝城通问刘备,孙、刘两家重新往来通使。然而孙权与魏文帝曹丕仍然互相往还,直至后一年才断绝关系。这一年,孙权改夷陵县为西陵县。

吴王孙权黄武二年(223)春正月,魏将曹真分出部分军队占据了江陵县长江中的百里洲。这一月,孙权在江夏山修筑夏口城。孙权废止使用《四分历》,改用《乾象历》。这一年三月,魏将曹仁派遣将军常彫等,领兵五千,乘坐涂上油的牛皮船,早晨渡过在濡须口附近的江中小洲。曹仁的儿子曹泰趁机领兵急攻朱桓,朱桓领兵抵抗,并派遣将军严圭等攻破常彫等的军队。这一月,魏军全都撤退了回去。这一年夏四月,孙权属下臣僚劝他称帝,孙权没有应允。刘备在白帝城病故。五月,吴郡曲阿县上报天降甘露。此前,戏口的守将晋宗杀害将军王直,率部下叛逃到魏国,魏国任命晋宗为蕲春太守,屡次侵犯东吴边境。六月,孙权令将军贺齐指挥糜芳、刘邵等袭击蕲春,刘邵等将晋宗生擒。冬十一月,西蜀派遣中郎将邓芝通问东吴。

吴王黄武三年(224)的夏天,孙权派遣辅义中郎将张温出使回访西蜀。秋八月,赦免死刑犯。九月,魏文帝曹丕率军南下广陵县,远眺长江说:"东吴有能人啊,难以谋取。"于是撤军而还。

吴王黄武四年(225)夏五月,东吴丞相孙邵去世。六月,孙权任命太常顾雍为丞相。皖口上报不同根的树其上部枝干连生在一起的祥瑞。冬十二月,鄱阳山越宗帅彭绮自称将军,攻陷各县,拥有数万部众。这一年,连续发生地震。

吴王黄武五年(226)的春天,孙权下令说:"军事行动开始已经有很长一段时间了,百姓离开田间,父子以及夫妇,不能相互顾及,孤非常怜悯百姓。如今北方曹魏军队退缩逃窜,吴所统治的区域、范围之外没有战事,要下令各州郡县,使百姓得到宽松而休养生息。"当时陆逊以其所在的荆州江陵一带缺乏粮食,上奏章给孙权请求令众将领在当地开垦农田。孙权回答说:"建言很好。如今孤父子也得到田地耕作,用自己所乘犊车的八头牛分别拉四张犁下田耕种,虽然赶不上古代帝王为劝农耕的籍田之举,但也打算与百姓平均分担劳作之苦。"这一年的秋七月,孙权得知魏文帝曹丕病故,出兵征讨江夏郡,围攻石阳县,没有攻克而撤军。苍梧郡上报有凤凰出现。孙权划出丹杨郡、吴郡、会稽郡荒山贫瘠的十个县设置东安郡,任命全琮为太守,讨伐平定山越诸部落。

吴王黄武五年(226)冬十月,陆逊陈述有利国家并合乎时宜之事,劝导孙权施行德政,放宽刑罚,放宽征收赋税的额度,暂停对兵员的征调。又说:"忠诚正直的言论,不敢尽力上言;卑微的小吏为博取主上喜悦,不断讲中听的话给主上听。"孙权答复说:"法令的制定设置,就是想遏制凶恶与防备奸邪,戒备还没有成为事实的事情发生,怎么可以免除对于小人有威慑作用的刑罚呢?这就是先申明法令,再按律惩罚诛杀,不想让人去违反法令啊。您以为如今刑罚太重一事,孤又何尝认为是好事呢,只不过是不得已而为之罢了。现在就您所上建议,应当再商议谋划,务必找到适宜的办法。况且常在左右的臣属为君主竭力谋划,内外亲属要弥补、监察君主的过失,这就是匡辅匡正君主以表明忠诚信实。《尚书·虞夏书·益稷》上说'若我有过失,你们就辅佐我,不要当面顺从,背后又加非议',孤难道不喜听忠言以增加补益自己吗?而您所说'不敢尽力上言',怎能算得上'忠诚正直'呢?如果卑微的小吏的言语,有可以采纳的内容,难道就由于人不好,而对其言论也加以否定并不采纳吗?如果只是奉承讨好以求自己安身的言语,孤虽愚昧也能透彻了解。至于对兵员的征调,只不过因为天下未定,人多才能将事情办成功。如果只求守住江东地区,向往实行为政宽大、不苛刻,兵员自然已经够用,还用得着多加征调吗?只是坐守江东而不求进取就是目光短浅了。如果不预先征调兵员,恐怕临时征用就不会顺利进行了。此外孤与您情义特殊,不同一般,喜乐与忧虑是相同的,所上奏章内云不敢随从众人保全自身,苟且免于损害,这正是孤愿意并希望您做到的事情啊。"于是命令有关官吏将所有条例写出,派郎中褚逢携带送与陆逊与诸葛瑾,如觉得有不妥的地方,就让他们加以增减。这一年,孙权下令划分出交州一部分设置广州,不久又复旧。

吴王黄武六年(227)春正月,诸将捕获鄱阳郡彭绮。闰十二月,韩当的儿子韩综率领部众投降魏国。

黄武七年(228)春三月,孙权封儿子孙虑为建昌侯。撤销东安郡。夏五月,鄱阳太守周鲂假意背叛东吴,用来诱使魏将曹休。秋八月,孙权亲自至皖口,派遣将军陆逊指挥各将领在石亭将曹休打得大败。大司马吕范去世。这一年,孙权改合浦郡为珠官郡。

吴大帝黄龙元年(229)的春天,三公九卿与百官都劝孙权即皇帝位。夏四月,夏口与武昌都上报有黄龙、凤凰出现。四月十三日丙申,孙权在吴都城武昌县南郊即皇帝位,这一天宣布大赦,改变年号。孙权又追尊自己的父亲破虏将军孙坚为武烈皇帝,母亲吴氏为武烈皇后,哥哥讨逆将军孙策为长沙桓王。以吴王太子孙登为皇太子。文官武将都进封爵位、赐予奖赏。起初,在汉献帝兴平(194~195)年间,吴地儿童传唱的歌谣说:"以黄金为饰的金根车,色彩错杂灿烂的挡泥板,开启了阊门,走出来天子。"这一年五月,派遣校尉张刚、管笃前往辽东郡。六月,西蜀派遣卫尉陈震前往东吴祝贺孙权即帝位。孙权于是将天下疆土斟酌划定,豫州、青州、徐州、幽州属于东吴,兖州、冀州、并州、凉州属于西蜀。司隶校尉部的土地,以函谷关为疆界划分。

东吴、西蜀为此订立盟约说:

> 上天带来死亡祸乱,汉室朝廷的纲纪失去正常的秩序,叛逆之臣利用机会,夺取国家权柄,开始于董卓,终止于曹操,极端凶恶,颠覆了天下,以致令全国土地如布幅的撕裂,普天之下分裂割据,不得正统,百姓与神灵痛苦怨恨,没有安定止息的迹象。及至曹操的儿子曹丕,凶暴忤逆属于残馀的丑类,接连干出奸恶邪僻的事情,偷取天子之位。曹叡更是微不足道的小人,追步曹丕的恶迹,仗恃军队,窃据国土,尚未被处死。上古部落首领共工扰乱社会秩序,高辛氏出兵平息;三苗在江淮、荆州一带屡次为乱,终于被虞舜讨伐并迁徙到西方边远地区。现在要消灭曹叡,捕获他的同党,除去蜀汉与东吴两国,又有谁能承担此任?征讨和剪除凶恶残暴的势力,必须首要宣布他的罪状,应当先割裂他的领土,将他的土地全部夺回,令士人与百姓的人心所向,知道何所依归。因而《春秋》记述晋国为孤立楚国并促使齐、秦两国对楚作战,就先将

楚国盟国曹、卫的一部分土地分与宋国,再让宋国交好齐、秦两国,终于达到目的。这就是土地占有的意义所在。况且古来建立大功业者,必须先结盟立誓,因而《周礼·秋官》有掌盟约之辞及其礼仪的司盟之官,《尚书》有君王训诫勉励民众的文告即诰誓,蜀汉与东吴两国,虽然信义发自内心,然而分割疆土的大事,应当立下盟约。蜀丞相诸葛亮以德行威的名声传播远方,辅佐拥戴本国,统率军队在外,信义与忠诚感动天地日月,两国重新结盟,推广诚意,立誓遵守,以便令东西两国的士人与百姓都知道。因此在这里筑坛并宰杀牲畜,明白地告知天地间一切神灵,双方歃血为盟后再将盟书正本放置于土穴中牲畜身上掩埋,盟书副本分别收藏于两国朝廷藏物之府库。天帝高高在上,却能听到下面人世间的言语,而察知其善恶,神灵辅助诚信的人,司慎、司盟的天神,主山川的众神以及列在祀典者,都要降临在神坛。从今日蜀汉、东吴两国订立盟约之后,要齐心协力,共同讨伐曹魏贼子,救济百姓于危险患难之中,有难同当,有福同享,喜好与厌恶,取向同一,不要离心或有二心。如果有人侵犯蜀汉,吴国就出兵征讨;如果有人危害吴国,蜀汉就出兵征讨。各自守卫自己的疆土,不要相互侵犯。这一友好同盟还要传于后世,善始善终。盟约一应内容,皆见于会盟时所订的誓约文件。真实的话不必用浮华的言辞表达,实际的内容基于双方的友好。如果有一方背叛了盟誓,就会首先给自己招致灾祸,若有二心或不一致,急慢了上天的意旨,那么神灵与上帝就要讨伐、督责他,众多的山神与河神也要惩治乃至诛杀他,令他丧失民众,其国也不能受到上天的佑助。伟大的神灵啊,请明察吧!

这一年的秋九月,孙权将都城从武昌迁移到建业,就以讨虏将军故府为皇宫,不重建新宫。征聘上大将军陆逊辅佐太子孙登,并职掌武昌留守一类的事务。

吴大帝黄龙二年(230)春正月,魏国修建合肥新城。孙权下诏设立都讲祭酒的官职,用来教导自己的儿子学习儒学。派遣将军卫温、诸葛直统率武装的士兵万人航海去寻找夷洲、亶洲。亶洲在大海中,老年人传说秦始皇派遣方士徐福带领数千童男童女入海,寻求蓬莱神山与仙药,在亶洲生存下来不再返回。此后世代相承,已经繁衍数万家,岛上的百姓,有时会到会稽郡购买布匹,会稽郡以东诸县有人航海,也有遭遇大风被吹至亶洲的。亶洲之地极为遥远,卫温等最终没能到达其处,只俘获了夷洲数千人返还。

黄龙三年(231)春二月,孙权派遣太常潘濬统率五万军队去讨伐武陵郡的少数民族。卫温、诸葛直都以违背诏令、劳而无功的罪名,被下狱诛杀。当年夏天,有野蚕作茧,如同鸡蛋大小。吴郡的由拳县有野稻自然生长,改县名为禾兴县。中郎将孙布通过诈降来引诱魏国将领王凌,王凌率领军队迎接孙布。这一年的冬十月,孙权指挥大军在阜陵县埋伏以等待王凌,王凌觉察后逃走。会稽郡南始平县上报发现生长奇异的禾。十二月二十九日丁卯,孙权宣布大赦,明年即改换年号为嘉禾。

吴大帝嘉禾元年(232)春正月,孙权之子建昌侯孙虑去世。三月,孙权派遣将军周贺、校尉裴潜渡海前往辽东郡。秋九月,魏国将领田豫于中途截击东吴军队,在成山斩杀周贺。冬十月,魏辽东太守公孙渊派遣校尉宿舒、阆中令孙综向孙权承认自己的附庸地位,并进贡貂皮与马匹。孙权大喜,赐予公孙渊燕王的爵位。

吴大帝嘉禾二年(233)春正月,孙权下诏书说:

> 朕本无德行,开始接受天之大命,日夜小心谨慎,没有闲暇和衣打盹。想平定当世的灾难、祸乱,救济民众百姓,对上报答天神与地神,对下满足百姓的期望。因此意志专一,努力地求访才智杰出的人,将要与他们并力,一同平定天下。如果齐心,朕将与他们奋斗终生。现在使持节指挥幽州各路军队,兼任青州牧、辽东太守燕王公孙渊,长期被曹魏

政权所威胁，与江南远隔一方，虽然心向吴国，却无路可通。如今凭借上天的意旨，从远方派遣两位使者前来归附，显露出一片真诚，所呈上的表章情辞恳切，朕得到所有这些，心中喜悦无比！即使是商汤遇到伊尹，周文王遇到姜太公，汉光武帝得到河西窦融的献马归顺，与今日情况相比，又怎能超越呢？全国统一于一个政权的局面，从此就确定了。《尚书·周书·吕刑》不是说过吗："一人做了好事，万民皆受益。"现在要宣布大赦天下，让被赦免者重新开始，要公开下达公文至州郡，使各地百姓都知道。还要专门下令至燕国，宣布朕的诏令，享受天子赐予的恩惠，使整个天下百姓都知晓这件事情。

这一年的三月，孙权遣送宿舒、孙综两人返回辽东，同时派遣太常张弥、执金吾许晏、将军贺达等统领万名士兵以及黄金、珠宝、珍奇物品，还有天子赐给诸侯、大臣的九种器物，仪卫、祭祀等所用的器物，一起航海授予公孙渊。当时满朝的大臣，从丞相顾雍以下都向孙权进谏，认为公孙渊不足以信赖，却受到过于优厚的待遇，只可以派遣数百名官兵护送宿舒、孙综二人返回辽东就行了，孙权最终没有听从。公孙渊果然杀死张弥等东吴派去的使臣，并将首级传送于魏国，全部没收了东吴的兵马与军需物资。孙权闻知消息后大怒，打算亲自率兵征讨公孙渊，尚书仆射薛综等向孙权直言极谏，最终打消了北上计划。这一年，孙权率军进攻合肥新城，又派遣将军全琮征讨六安县，都没有获胜而返回。

吴大帝嘉禾三年(234)春正月，孙权下诏书说："战事许久没有中断，百姓深受劳役的苦痛，年景有时歉收。要放宽征收百姓所欠赋税债务的期限，不要再督察考核。"夏五月，孙权派遣陆逊、诸葛瑾等进驻江夏、沔口，命令孙韶、张承等进军广陵、淮阳，孙权亲率大军围攻合肥新城。这时蜀汉丞相诸葛亮出兵武功县，孙权认为魏明帝曹叡不能远征江南，不料曹叡派兵援助司马懿抵御诸葛亮，他亲自率领水军东征。曹叡尚未到达寿春县，孙权撤军还,孙韶也罢兵回归。秋八月,孙权任命诸葛恪为丹杨太守,讨伐山越。九月初一日,出现霜冻,损坏了庄稼。冬十一月,太常潘濬平定武陵郡少数民族,事毕后,回归武昌。孙权下诏恢复曲阿县旧名云阳县,改丹徒县为武进县。庐陵郡李桓、南海郡罗厉等反叛作乱。

嘉禾四年(235)的夏天,孙权派遣吕岱讨伐李桓等。秋七月,发生雹灾。魏国派遣使节要求用马匹来交换珠玑、翡翠、玳瑁,孙权说:"这些物品都是孤所不用的,还可以换来马匹,为什么不听凭他们来交易呢?"

嘉禾五年(236)的春天,铸造面值大的钱币,一枚钱值五百枚。孙权下诏令官吏、百姓献纳铜,根据铜的重量与质量付与价钱。颁布惩治私铸钱币的法令。二月,武昌上报有甘露降在礼宾殿。辅吴将军张昭去世。中郎将吾粲擒获李桓,将军唐咨擒获罗厉等。从上一年的十月直到当年夏天,天旱无雨。冬十月,有彗星出现在东方的天空。鄱阳郡的彭旦等反叛作乱。

嘉禾六年(237)春正月,孙权下诏说:"为君、父、夫服丧三年,是天下通行的制度,也是人的情感最为苦痛之际;贤德的人可抑制哀伤服从礼制,不成材、不正派的小人勉强守丧三年。社会安定,世道通畅,上下安定,人主就不应当减少孝子居丧期间的哀痛之情,因而三年中不会到居丧的孝子家拜访。然而一旦国家有事,就要消减礼仪的规制以顺从时宜,以至身着丧服办公。所以圣人制订法令,虽有礼法约束,实践的时机若不适宜就可不遵行。遭遇丧亲而不为父母奔丧不符合古制,但因特殊情况而加以变通,服从君臣大义而舍弃父子或母子私情,此前特意制订法令,地位较高的官员在任期间丧父或丧母,应当在前后任相接替移交后离开,而仍然违反这一规定,虽然随即被督责判罪,但公务已然废弛。如今乃多事之秋,国家灾难频发,凡在官府任职的人,应当各自尽忠,先公后私,如若不恭敬地奉事尽职,就非常不合道理了。朝廷内外的百官,须再公平论断,务必令此法令适当,制订出详细的规则。"

顾谭议论,认为:"为官吏奔丧事设立法令,立法太轻,就不能禁止孝子奔丧的私情;立法太重,奔丧又不是应当处死的罪行。即使增设了严刑惩治的条款,违反有关夺情法令的官员必然减少。但如果偶有触犯者,加重刑罚于情理就有所不忍,减轻处罚就会令法令废弛不行。愚下之见以为地位较高的官员在远方任职,如果有丧事而不告知他们,势必不会知道。待到选择官员替代之前,若有传播官员父母去世消息者,必处以死刑,那么这些官员就不会有擅离职守的忧虑,孝子也不会因触犯重罪的法令而受刑。"将军胡综议论,认为:"丧事的礼仪,即使有典章制度,如果时机不对应,也难以执行。如今在战争期间,统军与治国,情况不同,地位较高的官员遭遇丧事,明知有禁令,还公然敢于冲犯,只考虑闻知父母亡故而不奔丧是耻辱,而不考虑作为臣属违反禁令的罪责,这完全是用禁令刑律加以防范的刑罚太轻所导致。为国家尽忠尽节,以孝道治理家庭,献身于朝廷为臣子,怎能忠与孝两相兼顾?所以欲当忠臣就不能成为孝子。应当制订法令条文,违反者就处以死刑,如果故意违反,就严加惩治而不赦免。用死刑来抑制更多的杀戮,只要对一个违反者执行死刑,以后就没有人敢于触犯此法令了。"丞相顾雍上奏同意对违反者执行死刑的建言。此后吴县县令孟宗因丧母而回家奔丧,丧事办完以后就到武昌自我拘禁等候死刑的刑罚。陆逊向孙权陈述孟宗高尚纯洁的品行,为他求情,孙权于是减轻惩罚孟宗的罪行一等,免于死刑,但下不为例,从此杜绝了违反禁令的事件。嘉禾六年(237)二月,陆逊领兵讨伐彭旦等,在当年全部击溃了他们。冬十月,孙权派遣卫将军全琮袭击六安,没有取胜。诸葛恪完成平定山越的军事行动,向北驻军于庐江郡。

吴大帝赤乌元年(238)的春天,铸造面值一枚值一千枚的大铜钱。夏天,吕岱率军讨伐庐陵郡的反叛势力,行动结束后,还军驻于陆口。秋八月,武昌县上报出现麒麟。相关官员上奏认为麒麟出现是天下太平的证验,应当改换年号。孙权下诏说:"近来有红色的乌鸦聚集在宫殿前面,为朕亲眼所见,仿佛是神灵显示的祥瑞,若改年号应当就用'赤乌'纪元。"群臣上奏说:"从前周武王讨伐商纣王时,就有红色的乌鸦出现的祥瑞,君臣都看到了,于是周武王取得了天下。这是圣人书写于书册并且记述最为详细的。臣等以为近来红色乌鸦出现不仅吉祥,而且为圣上所亲见就更明显了。"于是宣布改年号为"赤乌"。孙权的步夫人去世,被追赠为皇后。起初,孙权信任校事吕壹,吕壹生性暴虐残酷,运用刑法严峻苛刻。太子孙登为此屡次进谏孙权,孙权不予采纳,大臣从此就没人敢进言了。以后吕壹奸恶的罪行暴露被诛杀,孙权承认过错,责备自己,就派遣中书郎袁礼向各位大将请罪,并借机询问他们对于政事兴革的意见。袁礼返回后,孙权下诏书责备数说诸葛瑾、步骘、朱然、吕岱等说:"袁礼返回后,说与你们四位大臣见面,并且向你们咨询执行政事孰先孰后的问题,你们各自以不掌管民事为由,不肯即时陈述自己的意见,全都推托到陆逊与潘濬身上。陆逊与潘濬二位见到袁礼后,伤心流泪,诚恳痛切,话语所表达出的含义辛酸悲苦,以至于心怀恐惧,有不自安的表现。朕听到后失意不乐,深深自我责备。为什么如此呢?世间只有圣人才能行为没有过失,聪明者无非自己能够发现过失所在而已。人的所有举动,哪里能够都恰当呢?仅仅认为自己正确而拒绝他人的意见,倘若自己没有觉察到,致令诸君因有避忌而为难;若非如此,为什么事情会发展到如此地步呢?自从朕起兵五十年以来,一应劳役、赋税都取之于百姓。如今天下没有平定,曹魏等丑类仍然存在,士人与百姓的勤劳辛苦,是朕所熟知的。然而劳累百姓,也是迫不得已的事情。朕与诸君行事,从年轻到年长,头发已经斑白,以为君臣之间从里到外都可以公开表露,从公与私的情分而论,足以相互依存。对君主知无不言,直言规谏,是朕所期望于诸君的;补正君主的缺点过失,也是朕的企盼。从前春秋时的卫武公年纪超过壮盛之年,还努力寻求辅佐自己的人才,常常独自感叹督促自己。况且贫寒的或没有做官的文士,相互间结交,背离或情投意合,地位卑下却能不变心。现在诸君与朕共事,虽有君臣间的名分大义,但可以说骨肉亲情也不会超过这一关系。荣华幸福,喜庆忧愁,都共同享受或分担。忠诚就不会隐瞒内心所想,贡献智慧就不会有所保留,判断一切事物,君与臣应当有一致的是非观念,诸君难道能够悠闲舒缓、不闻不问吗!君臣同舟共济,命运一致,还有谁能替代诸君吗?齐桓公是春秋时诸侯的霸主,辅佐他的管仲对他的优点一定赞叹,对于他的过失就一定劝谏,进谏得不到采纳,就始终不停地劝谏。如今朕反省自身没有齐桓公那样的德行,而诸君的直言规劝也听不到,仍然怀有顾忌猜疑的情绪。由此说来,朕比齐桓公似乎更好一些,却不知诸君与管仲相比又如何呢?许久没有见面,想起这些事未免好笑。君臣一起经营帝业,整治天下,使有秩序,如今还能依靠谁人呢?一应重要的事情都要有所创建或革除,朕乐于听到你们见解独到的计议,用来纠正不足之处。"

吴大帝赤乌二年(239)春三月,孙权派遣使者羊衜、郑胄、将军孙怡前往辽东,进攻魏国守将张持、高虑等,俘获百姓男女人口。零陵郡上报有甘露降下。夏五月,修筑沙羡县县城。冬十月,将军蒋秘率军征讨南方少数民族的反叛者。蒋秘的部属都督廖式杀死临贺太守严纲等,自称平南将军,与弟弟廖潜一起进攻零陵郡、桂阳郡,乃至动摇了交州、苍梧、郁林诸郡军民,拥有兵众数万人。孙权派遣将军吕岱、唐咨前往讨伐,一年多就全部平定。

吴大帝赤乌三年(240)春正月,孙权下诏说:"君主没有百姓就站不住脚,百姓没有粮食就难以生存。近年以来,百姓纳税与劳役负担太重,又遭遇水灾、旱灾,粮食收获减少,而有些官吏不称职,耽误侵占农时,造成百姓受饥受穷。从今以后,督军与郡守,要从严察处非法事件,当农耕蚕桑时节,如果用劳役等侵扰百姓,要列举其罪上报。"夏四月,宣布大赦,下诏各地郡县修筑城郭,城门上要建瞭望楼,挖通壕沟,疏浚护城河,以防备盗贼侵扰。冬十一月,民间发生饥荒,孙权下诏打开仓库以救济贫苦百姓。

吴大帝赤乌四年（241）春正月，降下大雪，平地雪深三尺，鸟兽死亡一大半。夏四月，孙权派遣卫将军全琮夺取魏国淮南郡，挖开芍陂，烧毁安城储存粮食等物资的仓库，俘获当地百姓。威北将军诸葛恪进攻六安县。全琮与魏将王凌在芍陂交战，吴国中郎将秦晃等十多人阵亡。吴车骑将军朱然围攻樊城，大将军诸葛瑾攻取柤中。五月，吴太子孙登去世。这一月，魏太傅司马懿率军救援樊城。六月，孙权撤军返回。闰六月，大将军诸葛瑾去世。秋八月，陆逊修筑邾县城池。

吴大帝赤乌五年（242）春正月，孙权立第三子孙和为太子，宣布大赦，改禾兴县为嘉兴县。百官上奏请求立皇后并封四位皇子为王，孙权下诏说："如今天下尚未平定，庶民百姓都辛苦劳累，而且立功的将士有的还没有封赏，饥寒交迫的百姓还没有得到抚恤，这时随便分割土地令自己的儿子富裕，册立皇后用来宠幸自己的后妃，朕很不赞同如此。要放弃这个建议。"三月，海盐县上报黄龙出现。夏四月，孙权下令禁止进献食物给皇上，并减少皇帝膳食及燕享之事。秋七月，孙权派遣将军聂友、校尉陆凯领兵三万进攻珠崖、儋耳一带。这一年瘟疫流行，相关官员又上奏册立皇后并封四位皇子为王。八月，孙权立其子孙霸为鲁王。

吴大帝赤乌六年（243）春正月，新都郡上报白虎出现。诸葛恪率军征讨六安，攻破魏将谢顺的营垒，俘获当地百姓。冬十一月，吴丞相顾雍去世。十二月，扶南王范旃派遣使节进献歌舞演奏艺人与地方特产。这一年，魏司马懿率军进入舒县，诸葛恪从皖城转移至柴桑县驻扎。

吴大帝赤乌七年（244）春正月，孙权任命大将军陆逊为丞相。秋天，宛陵县上报有嘉禾长出。这一年，步骘、朱然等各自上疏说："从蜀国回来的人，都说蜀国想背弃盟约与魏国交往，并且制造兵船，修补城郭。此外蒋琬驻守汉中，听说司马懿率军南下，不协同我们乘虚分兵夹击魏军，反而撤离汉中，回至临近成都的涪县驻军。事态已经很明显，没有什么可怀疑的了，应当加强防备。"孙权揣度事态认为不是这样,说:"吴国对待蜀国不薄,聘问献纳结盟立誓,没有对不起他们的地方,为什么会变成这样呢?再说司马懿此前进军舒县,十天左右就撤军了,蜀国在万里之遥,如何得知事态发生变故而即刻出兵呢?从前魏国想进入汉川,吴国刚准备动用军队,还没有行动,闻知魏军撤回也随即停止出兵,蜀国难道可以又因此怀疑吴国吗?况且他人治理自己的国家,船只与城郭,为什么不能制造或修缮呢?如今吴国也在训练军队,难道又是想抵御蜀国吗?人们传说的话很不可信,朕即使耗尽家产也为诸君力保蜀汉绝无偷袭东吴之心。"最终发现蜀国确实没有任何阴谋,如孙权所预料的一样。

吴大帝赤乌八年(245)春二月,丞相陆逊去世。夏天,吴宫殿门柱遭到雷击,又击中秦淮河上南津大桥的桥柱。茶陵县发生洪水,冲走当地居民二百多家。秋七月,将军马茂等谋叛,被诛杀三族。八月,宣布大赦。孙权派遣校尉陈勋带领从事屯田的士兵与从事劳作的工匠等三万人,去开凿句容县的水运航道,从小其通至云阳西城,开放定期聚会交易的市场,修建储物的仓库。

吴大帝赤乌九年(246)春二月,车骑将军朱然率军征讨魏国的柤中,斩首俘获一千多人。夏四月,武昌县上报有甘露降下。秋九月,孙权任命骠骑将军步骘为丞相,任命车骑将军朱然为左大司马,任命卫将军全琮为右大司马,任命镇南将军吕岱为上大将军,任命威北将军诸葛恪为大将军。

吴大帝赤乌十年(247)春正月,右大司马全琮去世。二月,孙权迁移到南宫居住。三月,改建太初宫,诸将领与各州郡官员都应招无偿劳役。夏五月,丞相步骘去世。冬十月,宣布赦免死罪。

吴大帝赤乌十一年(248)春正月,朱然修筑江陵县城池。二月,地震频繁发生。三月,太初宫改建完成。夏四月,发生雹灾,云阳县上报出现黄龙。五月,鄱阳县上报出现不伤人畜的白虎。孙权为此下诏说:"古代的圣明帝王积累善行，修养自身以行仁义之道，从而获得天下，因而吉祥的征兆出现，用来表彰他的德行。朕以不贤明，何以会有吉兆聚集于此？《尚书·周书·吕刑》上说'虽然可以休息了也不要懈怠'，三公九卿与百官，可要尽力将本职工作做好，帮助朕纠正失误。"

吴大帝赤乌十二年（249）春三月，左大司马朱然去世。四月，有两只乌鸦口衔一只死喜鹊坠落于太子所居的东宫中。四月初九日丙寅，骠骑将军朱据兼任丞相，焚烧这只死喜鹊以祭告神灵。

吴大帝赤乌十三年（250）夏五月，夏至这一天的夜晚，火星运行于斗宿星区，秋七月，火星运行至北斗七星的魁四星中第二星即天璇的星区，而后向东运行。八月，丹杨县、句容县以及故鄣县、宁国县等地发生山崩，洪水泛滥成灾。孙权下诏免除百姓租税欠债，借与百姓谷种和粮食。宣布废黜太子孙和，将他流放到故鄣县。赐死鲁王孙霸。冬十月，魏国将领文钦以诈降诱骗朱异，孙权派遣吕据与朱异会合去迎候文钦。朱异等人行事稳重谨慎，文钦不敢前进。十一月孙权立其少子孙亮为太子。孙权派遣十万大军，修筑堂邑县的涂塘以淹没长江以北的沿江地区，达到阻遏魏军南下的目的。十二月，魏国大将军王昶围攻南郡，魏荆州刺史王基进攻西陵县，孙权派遣将军戴烈、陆凯前往拒敌，魏军全部撤回。这一年，有神仙授予孙权天书，告知他须改换年号，册立皇后。

吴大帝太元元年（251）夏五月，孙权册立皇后潘氏，宣布大赦，改换年号为太元。起初，临海郡罗阳县出现神人，自称王表。与民间交际应酬，语言饮食，与常人没有区别，但看不到他的形体。他有一名婢女，名纺绩。这一月，孙权派遣中书郎李崇携带辅国将军罗阳王的印绶前往迎接王表。王表随同李崇一起出来，与李崇以及所在郡的郡守、县令、县长们交谈议论，李崇等人难以对王表的议论提出异议。所经历的高山大川，就令其婢女纺绩与山神或河神沟通。秋七月，李崇与王表到达京城建业，孙权在吴太初宫的正东宫门苍龙门外为王表建立宅第,屡次指令宫中的侍臣携带酒食前往慰问。王表预言的水旱灾害一类的事情,往往有应验。秋八月初一日,刮起大风,江海水位暴涨,平地水深八尺,吴郡孙坚的陵墓高陵的松柏树木尽皆被连根拔起,吴郡治所吴县县城的南城门被狂风吹落。冬十一月,宣布大赦。孙权前往京城建业的南郊祭天归来,卧病在床。十二月,用驿站的车辆征召大将军诸葛恪进京,任命他为太子太傅。孙权下诏减轻徭役,降低赋税,免除百姓所忧心苦痛的法令。

吴大帝太元二年(252)春正月,立原来的太子孙和为南阳王,居于长沙郡治所临湘县;任命儿子孙奋为齐王,居于武昌;任命儿子孙休为琅邪王,居于虎林城。二月,宣布大赦,改年号为神凤。皇后潘氏去世。各将领与官吏等屡次前往王表居处为孙权祈福,王表逃走了。夏四月,孙权病故,时年七十一岁,谥号大皇帝。秋七月,孙权遗体被安葬于蒋陵。

评论说:孙权屈身忍辱向魏称臣,被封吴王,任用贤能,崇尚计谋,具有春秋时越王句践的奇才,属于智慧和才能超群的人。所以他能在长江以南的地域独自行动,完成魏、蜀、吴三国鼎立的大业。然而孙权生性多有猜忌,杀人有决断,到了他的晚年,程度更趋严重。至于听信谗言,行为不端,后代不是被废黜就是处死,难道是《诗经·大雅·文王有声》所谓以安敬之谋留给其子孙吗?孙权的后世衰败,最终导致国家覆亡,未必不是由此造成的。

张昭传

[题解]

传见《三国志》卷五二《吴书七》。张昭(156～236),字子布,彭城国(今江苏徐州市)人。汉末避乱江东,结识孙策,助其创业,历任长史、抚军中郎将,为孙策所敬重。据《三国志》卷四六《孙破虏讨逆传》记述,孙策被人行刺受重伤,临终前,将弟弟孙权托付于张昭等:"中国方乱,夫以吴、越之众,三江之固,足以观成败。公等善相吾弟!"可见孙策对这位有通家之谊朋友的倚重之情。作为东吴老臣,张昭也没有辜负孙策的临终嘱托,鞠躬尽瘁,忠心辅佐孙权,敢于犯颜直谏,甚至不惜以死抗争,东吴之大,一人而已!赤壁之战前,抗曹还是降曹,对于孙氏政权演变为一个生死抉择的问题。张昭与众多文臣属于"投降派",其主张在当时的严峻形势下虽不无道理,但终究是弱者的无奈选择,故而为孙权所否定。孙权大胆放权于周瑜等武官,并联合刘备势力积极抗曹,赤壁一战,奠定了三国鼎立的基础。如果说张昭失策于赤壁,对于其一生英名有所损伤的话,那么力劝执意派遣使者出使辽东的孙权收回成命,就显示了张昭的睿智与忠诚。孙权最终在此次行动中大败亏输,也证明了张昭的先见之明。张昭性格执拗顽强,宁折不弯,因而错过了升迁丞相的机会,最终以辅吴将军并封爵娄侯达到仕途顶点,也算是君臣际遇的佳话了。本卷之末有陈寿之评曰:"张昭受遗辅佐,功勋克举,忠謇方直,动不为己;而以严见惮,以高见外,既不处宰相,又不登师保,从容间巷,养老而已,以此明权之不及策也。"此论虽洞若观火,却又不无偏颇之处。读者可参考。

张昭字子布,彭城人也①。少好学,善隶书②,从白侯子安受《左氏春秋》③,博览众书,与琅邪赵昱、东海王朗俱发名友善④。弱冠察孝廉⑤,不就,与朗共论旧君讳事⑥,州里才士陈琳等皆称善之⑦。刺史陶谦举茂才⑧,不应,谦以为轻己,遂见拘执⑨。昱倾身营救⑩,方以得免。汉末大乱,徐方士民多避难扬土⑪,昭皆南渡江。孙策创业⑫,命昭为长史、抚军中郎将⑬,升堂拜母⑭,如比肩之旧⑮,文武之事,一以委昭⑯。昭每得北方士大夫书疏⑰,专归美于昭,昭欲嘿而不宣则惧有私⑱,宣之则恐非宜,进退不安。策闻之,欢笑曰:"昔管仲相齐,一则仲父,二则仲父,而桓公为霸者宗⑲。今子布贤,我能用之,其功名独不在我乎!"

[注释]

①彭城,即彭城国,东汉章和二年(88)改楚国置,治所彭城县(今江苏徐州市)。

②隶书:汉字字体名。也叫佐书、史书。由篆书简化演变而成。把篆书圆转的笔画变成方折,改象形为笔画化,以便书写。始于秦代,普遍使用于汉魏。秦人程邈将这种书写体加以搜集整理,后世遂有程邈创隶书之说。

③白侯子安:生平不详。白侯,复姓。《左氏春秋》:即《左传》,又称《春秋左氏传》或《左氏春秋》,相传为春秋时鲁左丘明所撰,记自鲁隐公元年至鲁悼公四年间二百六十年史事。《春秋》《左传》原为二书,至晋杜预始以《左传》附于《春秋》,并为之作注。唐初编《五经音义》,《左传》取杜预《注》、孔颖达《正义》,是为通行本,与《公羊传》《穀梁传》合称《春秋》三传。

④琅邪(lángyá狼牙)赵昱(yù玉):字元达(生卒年不详),琅邪(治今山东临沂市北十五里)人。少年以孝称,举孝廉,除莒长。徐州牧陶谦初辟别驾从事,未就,迁广陵太守,为笮融所杀。东海王朗:字景兴(?~228),东海郯(今山东郯城北)人。以通经,拜郎中,除菑丘长。后为徐州刺史陶谦举荐,任会稽太守,为孙策所败。又归曹操,先后任谏议大夫、参司空军事。入魏,拜司空,迁司徒,卒谥成侯。《三国志》卷一三有传。发名:出名;扬名。

⑤弱冠:古时以男子二十岁为成人,初加冠,因体犹未壮,故称弱冠。《礼记·曲礼上》:"二十曰弱,冠。"后遂称男子二十岁或二十几岁的年龄为弱冠。察:两汉选拔官吏实行察举制,即由官吏荐举,经过考核,任以官职。孝廉:孝,谓孝悌者;廉,谓清廉之士。分别为始于汉代选拔人才的科目,在东汉尤为求仕者必由之途,后往往合为一科。亦指被推选的士人。

⑥旧君讳事:谓对以往君主名讳的避忌问题。详下引裴注。

⑦州里:古代二千五百家为州,二十五家为里。本为行政建制,后泛指乡里或本土。《论语·卫灵公》:"言忠信,行笃敬,虽蛮貊之邦行矣;言不忠信,行不笃敬,虽州里行乎哉?"才士:有才德之士。陈琳:字孔璋(?~217),东汉广陵射阳(今江苏淮安东南)人。原为大将军何进主簿,后避难冀州,袁绍用为纪室。建安四年(199),袁绍命他撰写讨伐曹操的檄文。五年以后曹操攻破冀州,陈琳被俘,曹操欣赏其才,未追究其不敬之词,用为从事。作为"建安七子"之一,陈琳以文学享誉后世。《三国志》卷二一有传。彭城、广陵皆辖于徐州,故称州里。裴注云:"时汝南主簿应劭议宜为旧君讳,论者皆互有异同,事在《风俗通》。昭著论曰:'客有见大国之议,士君子之论,云起元建武已来,旧君名讳五十六人,以为后生不得协也。取乎经论,譬诸行事,义高辞丽,甚可嘉美。愚意褊浅,窃有疑焉。盖乾坤剖分,万物定形,肇有父子君臣之经。故圣人顺天之性,制礼尚敬,在三之义,君实食之,

在丧之哀,君亲临之,厚莫重焉,恩莫大焉,诚臣子所尊仰,万夫所天恃,焉得而同之哉?然亲亲有衰,尊尊有杀,故《礼》服上不尽高祖,下不尽玄孙。又《传》记四世而缌麻,服之穷也;五世袒免,降杀同姓也;六世而亲属竭矣。又《曲礼》有不逮事之义则不讳,不讳者,盖名之谓,属绝之义,不拘于协,况乃古君五十六哉!邾子会盟,季友来归,不称其名,咸书字者,是时鲁人嘉之也。何解臣子为君父讳乎?周穆王讳满,至定王时有王孙满者,其为大夫,是臣协君也。又厉王讳胡,及庄王之子名胡,其比众多。夫类事建议,经有明据,传有征案,然后进攻退守,万无奔北,垂示百世,永无咎失。今应劭虽上尊旧君之名,而下无所断齐,犹归之疑云。《曲礼》之篇,疑事无质,观省上下,阙义自证,文辞可为,倡而不法,将来何观?言声一放,犹拾渖也,过辞在前,悔其何追!'"

⑧刺史陶谦:字恭祖(132~194),东汉丹阳(今安徽当涂东北)人。历官徐州刺史、徐州牧。因其部下都尉张闿劫杀曹操父亲曹嵩一家,曹操兵伐徐州,大败陶谦。汉献帝兴平元年(194)病死。《三国志》卷八有传。刺史,古代官名。原为朝廷所派督察地方之官,后沿为地方官职名称。汉武帝时,分全国为十三部(州),部置刺史。成帝改称州牧,哀帝时复称刺史。茂才:即秀才,汉时开始与孝廉并为举士的科名。东汉时避光武帝讳改称"茂才"。

⑨拘执:拘捕。

⑩倾身:竭尽全力。

⑪徐方:谓徐州,西汉武帝置,为十三刺史部之一,辖境相当于今山东东南部与江苏长江以北地区,东汉时治所在郯县(今山东郯城)。三国魏移治于彭城(今江苏徐州)。扬土:谓扬州,西汉武帝置,为十三刺史部之一,辖境相当于今安徽淮水与江苏长江以南及江西、浙江、福建三省,湖北英山、黄梅、广济、河南固始、商城等县市地。东汉时治所历阳(今安徽和县),末年

移治寿春(今安徽寿县)、合肥(今安徽合肥市西北)。

⑫孙策:字伯符(175~200),东汉吴郡富春(今浙江富阳)人,孙坚长子。曾随孙坚攻刘表,孙坚死,领其馀部依附袁术。兴平二年(195)离开袁术,率军渡江,占据吴、会稽、庐江、豫章等六郡,建立孙氏政权,威震江东,人称"小霸王"。建安二年(197),曹操表其为讨逆将军,封吴侯。建安五年(200),被原吴郡太守许贡家客行刺,伤重而亡。后其弟孙权称帝,追谥孙策为长沙桓王。《三国志》卷四六有传。

⑬长(zhǎng掌)史:官名。东汉三国时,三公及常设将军等所置属官,其职责为总理各曹事务,辅佐三公及将军。抚军中郎将:东汉末三国魏、吴临时因人因事所置官名。中郎将,在三国时常属低于将军的职官,武将与政务官皆可以此为名。秩比二千石,第四品。

⑭升堂拜母:古代挚友相访,行登堂拜母礼,结通家之好,表示友谊的笃厚。据《太平御览》卷四〇七引三国吴谢承《后汉书》,汉范式与张劭为友。二人并告归乡里,式谓劭曰:"日后二年当还,将过拜尊亲见孺子焉。"乃共约定日期,至日,式果到,升堂拜母。饮尽欢而别。

⑮比肩:比喻地位同等之人。

⑯一以委昭:裴注引《吴书》曰:"策得昭甚悦,谓曰:'吾方有事四方,以士人贤者上,吾于子不得轻矣。'乃上为校尉,待以师友之礼。"

⑰士大夫:士族,士族中的人。书疏:信札。

⑱嘿(mò默):用同"默",不说话,不出声。

⑲"昔管仲"四句:事见《吕氏春秋·审分览》:"有司请事于齐桓公,桓公曰:'以告仲父。'有司又请,公曰:'告仲父。'若是三。习者曰:'一则仲父,二则仲父,易哉为君!'桓公曰:'吾未得仲父则难,已得仲父之后,曷为其不易也?'"仲父,春秋时齐桓公尊管仲为仲父。《荀子·仲尼》:"(齐桓公)倓然见管仲之能足以托国也……遂立以为仲父。"唐杨倞注:"仲者,夷

吾之字；父者，事之如父。"后因用以称管仲。管仲（约前719～前645），名夷吾，字仲，颍上（今属安徽）人。辅佐齐桓公建立霸业，是中国古代著名的经济学家、哲学家、政治家、军事家。《史记》卷六二有传。桓公，即齐桓公（前？～前643），姓姜，名小白，公元前685至前643在位期间重用管仲等，强军富民，九盟诸侯，遂成为春秋五霸之首。《史记》卷三二有传。宗，指某一类事物中有统领楷模作用或为首者。

策临亡，以弟权托昭①，昭率群僚立而辅之②。上表汉室③，下移属城④，中外将校⑤，各令奉职。权悲感未视事⑥，昭谓权曰："夫为人后者，贵能负荷先轨⑦，克昌堂构⑧，以成勋业也⑨。方今天下鼎沸⑩，群盗满山，孝廉何得寝伏哀戚⑪，肆匹夫之情哉⑫？"乃身自扶权上马，陈兵而出⑬，然后众心知有所归。昭复为权长史，授任如前⑭。后刘备表权行车骑将军⑮，昭为军师⑯。权每田猎，常乘马射虎，虎常突前攀持马鞍⑰。昭变色而前曰："将军何有当尔⑱？夫为人君者，谓能驾御英雄，驱使群贤，岂谓驰逐于原野，校勇于猛兽者乎⑲？如有一旦之患，奈天下笑何⑳？"权谢昭曰："年少虑事不远，以此惭君。"然犹不能已，乃作射虎车，为方目㉑，闲不置盖㉒，一人为御，自于中射之。时有逸群之兽㉓，辄复犯车㉔，而权每手击以为乐。昭虽谏争，常笑而不答。

[注释]

①弟权：即孙权，字仲谋，孙坚次子，吴郡富春（今浙江富阳）人。吴国建立者，即吴大帝。详见本书所选《吴主传》。

②立而辅之：裴注引《吴历》曰："策谓昭曰：'若仲谋不任事者，君便自

取之。正复不克捷,缓步西归,亦无所虑。'"

③表:启奏,上奏章给皇帝。

④移:古文体之一。与牒相类,多用于不相统属的官署之间。当时孙权尚未正式继承孙策的职位,所以张昭等只能以个人名义向江东诸郡县通报孙权继承兄长职位一事。

⑤中外:谓吴侯官府内外。将校:军官的通称。

⑥悲感:悲痛伤感。视事:就职治事。多指政事言。

⑦负荷:背负肩担。这里是继承的意思。先轨:先王的法度。

⑧克昌:谓子孙昌大。语出《诗经·周颂·雝》:"燕及皇天,克昌厥后。"汉郑玄笺:"文王之德安及皇天……又能昌大其子孙。"堂构:比喻继承祖先的遗业。语出《尚书·周书·大诰》:"若考作室,既底法,厥子乃弗肯堂,矧肯构。"孔传:"以作室喻治政也。父已致法,子乃不肯为堂基,况肯构立屋乎?"意谓父亲要盖房子,并已确定房子的盖法,而儿子却不肯去筑堂基,盖房子。

⑨勋业:功业。

⑩鼎沸:水涌流翻腾的样子。比喻形势纷扰动乱。

⑪孝廉:称谓孙权。当时孙权尚未正式就职,而他曾被举孝廉,故权用此称谓之。寝伏:卧伏。哀戚:悲痛,悲伤。《孝经·丧亲》:"孝子之丧亲也,哭不偯……食旨不甘,此哀戚之情也。"

⑫肆:不受拘束,纵恣。匹夫:这里指平常的人。

⑬陈兵:陈列士兵。

⑭授任如前:裴注引《吴书》曰:"是时天下分裂,擅命者众。孙策莅事日浅,恩泽未洽,一旦倾陨,士民狼狈,颇有同异。及昭辅权,绥抚百姓,诸侯宾旅寄寓之士,得用自安。权每出征,留昭镇守,领幕府事。后黄巾贼起,昭讨平之。权征合肥,命昭别讨匡琦,又督领诸将,攻破豫章贼率周凤等于南

城。自此希复将帅,常在左右,为谋谟臣。权以昭旧臣,待遇尤重。"

⑮刘备:字玄德(161～223),蜀汉昭烈帝,史称先主。详见本书所选《先主传》。行车骑(jūjì 居寄)将军:谓代理车骑将军职务。行,汉代官缺未补,暂由他官代理称"行"。车骑将军,东汉与三国时常设的高级将军名,统领中央常备军,职掌征战讨伐。位在三公之下,仅次于大将军、骠骑将军,第二品。

⑯军师:官名。三国时,三公与常设将军等所置属官,其职为参谋军事,类似于幕僚,第五品。

⑰常:通"尝",曾经。

⑱何有当尔:意谓何必要这样做。

⑲校(jiào 叫)勇:较量勇力。

⑳奈天下笑何:即"天下笑,奈何?"意谓若惹天下人耻笑,怎么办?

㉑方目:方孔。

㉒闲不置盖:谓车厢空阔宽大而不置顶。闲,空阔宽大。《楚辞·招魂》:"像设君室,静闲安些。"汉王逸注:"空宽曰闲。"

㉓逸群之兽:当谓离群腾跳的野兽。

㉔辄:副词,每每,总是。犯车:这里是侵入射虎车车厢内的意思。

魏黄初二年①,遣使者邢贞拜权为吴王②。贞入门,不下车。昭谓贞曰:"夫礼无不敬,故法无不行。而君敢自尊大,岂以江南寡弱,无方寸之刃故乎!"贞即遽下车③。拜昭为绥远将军④,封由拳侯⑤。权于武昌⑥,临钓台⑦,饮酒大醉。权使人以水洒群臣曰:"今日酣饮,惟醉堕台中,乃当止耳。"昭正色不言,出外车中坐。权遣人呼昭还,谓曰:"为共作乐耳,公何为怒乎?"昭对曰:"昔纣为糟丘酒池长夜之饮⑧,当时亦以为乐,不以为恶也。"权默然,有惭色,遂罢酒。初,权当置丞相⑨,众议归昭。权曰:"方今多事,职统者责重⑩,非所以优之也⑪。"后孙邵卒⑫,百寮复举昭⑬,权曰:"孤岂为子布有爱乎⑭?领丞相事烦,而此公性刚,所言不从,怨咎将兴⑮,非所以益之也。"乃用顾雍⑯。

[注释]

①魏黄初二年:即公元221年。黄初,魏文帝曹丕年号(220~226)。

②使者邢贞:曹魏大臣(生卒年不详),历任中尉、太常,封高平侯。使者,当时邢贞的官职是太常,属九卿之一,掌宗庙礼仪,兼选试博士。

③遽(jù据):赶快,疾速。

④绥远将军:东汉末所置杂号将军名。

⑤由拳侯:封爵名,属列侯中的县侯,食邑由拳县。由拳县,三国吴黄龙三年(231)改禾兴县,赤乌五年(242)改名嘉兴县。治今浙江嘉兴市南。裴注引《吴录》曰:"昭与孙绍、滕胤、郑礼等,采周、汉,撰定朝仪。"

⑥武昌:即武昌县,三国魏黄初二年(221),吴孙权改鄂县置,为武昌郡治,治所即今湖北鄂州市,并从公安迁都于此。

⑦钓台:在今湖北鄂州市长江滨。《寰宇记》卷一一二鄂州武昌县:"钓台在武昌城下,有石折,临江悬峙,四眺极目。《武昌记》:钓台在城南。"

⑧"昔纣"句:据《史记·殷本纪》记述,"好酒淫乐,嬖于妇人"的纣王:"大聚乐戏于沙丘,以酒为池,县肉为林,使男女倮相逐其间,为长夜之饮。"纣,商代最后一个君主的谥号。一作受,亦称帝辛。相传是个暴君。历代著作中多以为暴君的典型。糟丘,积糟成丘。极言酿酒之多,沉湎之甚。

⑨丞相:辅佐帝王,综理一国政务的最高行政长官。

⑩职统:犹言主管官。

⑪优之:谓优待某人。

⑫孙邵:字长绪(163～225),青州北海国(今山东潍坊市昌乐西)人。原为北海相孔融的功曹,被孔融称赞为可任朝廷要职的人才。后随刘繇到达江东,继而辅佐孙权,历任庐江太守、车骑长史。孙权称吴王后,孙邵成为吴国首任丞相,拜威远将军,封阳羡侯。吴王黄武四年(225)病卒,谥曰肃。传见《三国志》卷四七裴注引《吴录》。

⑬百寮:通"百僚",即百官。

⑭爱:舍不得,吝惜。

⑮怨咎:埋怨,责备。《左传·昭公八年》:"小人之言,僭而无征,故怨咎及之。"

⑯顾雍:字元叹(168～243),吴郡吴县(今江苏苏州市)人。曾师从蔡邕,为人清正。仕吴,历任会稽郡丞、行太守事,入为左司马,领尚书令,任丞相,封醴陵侯。《三国志》卷五二有传。

权既称尊号①,昭以老病,上还官位及所统领②。更拜辅吴将军③,班亚三司④,改封娄侯⑤,食邑万户⑥。在里宅无事,乃著《春秋左氏传解》及《论语注》⑦。权尝问卫尉严畯⑧:"宁念小时所闇书不⑨?"畯因诵《孝经》"仲尼居"⑩。昭曰:"严畯鄙生⑪,臣请为陛下诵之。"乃诵"君子之事上"⑫,咸以昭为知所诵。

[注释]

①称尊号:指即帝位。孙权于吴黄龙元年(229)在武昌(今湖北鄂州市)即皇帝位,九月迁都建业(今江苏南京市)。

②统领:谓统率的军队。裴注引《江表传》曰:"权既即尊位,请会百官,归功周瑜。昭举笏欲褒赞功德,未及言,权曰:'如张公之计,今已乞食矣。'昭大惭,伏地流汗。昭忠謇亮直,有大臣节,权敬重之,然所以不相昭者,盖以昔驳周瑜、鲁肃等议为非也。"又云:"臣松之以为张昭劝迎曹公,所存岂不远乎? 夫其扬休正色,委质孙氏,诚以厄运初遘,涂炭方始,自策及权,才略足辅,是以尽诚匡弼,以成其业,上藩汉室,下保民物;鼎峙之计,本非其志也。曹公仗顺而起,功以义立,冀以清一诸华,拓平荆郢,大定之机,在于此会。若使昭议获从,则六合为一,岂有兵连祸结,遂为战国之弊哉! 虽无功于孙氏,有大当于天下矣。昔窦融归汉,与国升降;张鲁降魏,赏延于世。况权举全吴,望风顺服,宠灵之厚,其可测量哉! 然则昭为人谋,岂不忠且正乎!"

③辅吴将军:官名。三国吴专为张昭设置,地位隆崇,无实权。

④班:分等列序,即位次。三司:指三公,即太尉、司空、司徒。

⑤娄侯:封爵名,列侯中的县侯,食邑娄县。娄县,秦置,属会稽郡,治所在今江苏昆山市东北三里。东汉属吴郡。

⑥食邑:指古代君主赐予臣下作为世禄的封地。

⑦春秋左氏传解:已佚。论语注:已佚。

⑧卫尉严畯(jùn俊):字曼才(生卒年不详),彭城(今江苏徐州市)人。三国吴学者。年少耽学,通晓《诗》《书》与三《礼》,又好《说文》。东汉末年避乱江东,与诸葛瑾、步骘齐名友善。张昭推荐于孙权,历任骑都尉、从事中郎、卫尉,官至尚书令。著有《孝经传》《潮水论》。卒年七十八。《三国志》卷五三有传。卫尉,官名。秦汉掌管宫门屯卫的官员,为九卿之一,秩中二千石。汉军制中央禁军有南北军,卫尉为南军统帅。

⑨宁(nìng佞):语气助词。无实义。念:诵读。闇(ān安):通"谙"。熟悉。

⑩孝经:宣扬孝道与孝治思想的儒家经典,原有今文、古文两本。今通行之《十三经注疏》本,为唐玄宗注、宋邢昺疏。仲尼居:《孝经·开宗明义章第一》:"仲尼居,曾子侍。子曰:'先王有至德要道,以顺天下,民用和睦,上下无怨。汝知之乎?'……"

⑪鄙生:乡野儒生。

⑫君子之事上:《孝经·事君章第十七》:"子曰:'君子之事上也,进思尽忠,退思补过,将顺其美,匡救其恶,故上下能相亲也。《诗》云:"心乎爱矣,遐不谓矣,中心藏之,何日忘之。"'"严畯诵《孝经》第一章,不过一般性阐明儒家治国理念,并无深义;张昭令诵《孝经》第十七章,则表明君臣关系中,臣事君须忠诚而外,犯颜极谏也很重要,借题发挥地道出自己的心迹。

昭每朝见,辞气壮厉①,义形于色②,曾以直言逆旨③,中不进见④。后蜀使来,称蜀德美,而群臣莫拒,权叹曰:"使张公在坐,彼不折则废⑤,安复自夸乎?"明日,遣中使劳问⑥,因请见昭。昭避席谢⑦,权跪止之⑧。昭坐定,仰曰:"昔太后、桓王不以老臣属陛下⑨,而以陛下属老臣,是以思尽臣节,以报厚恩,使泯没之后⑩,有可称述,而意虑浅短,违逆盛旨⑪,自分幽沦⑫,长弃沟壑⑬,不图复蒙引见⑭,得奉帷幄⑮。然臣愚心所以事国,志在忠益⑯,毕命而已⑰。若乃变心易虑,以偷荣取容⑱,此臣所不能也。"权辞谢焉⑲。

[注释]

①壮厉:刚直毅烈。

②义形于色:正义之色现于颜面。《公羊传·桓公二年》:"孔父正色而立于朝,则人莫敢过而致难于其君者,孔父可谓义形于色矣。"汉何休注:

"内有其义而外形见于颜色。"

③逆旨:谓违反孙权旨意。

④中不进见:谓一度不朝见孙权。

⑤不折则废:意谓不被折服也会丧气失去常态。

⑥中使:宫中派出的使者。多指宦官。劳(lào 涝)问:慰问。

⑦避席:古人席地而坐,离席起立,以示敬意。谢:道歉;认错。

⑧跪:这里谓长跪,即直身而跪。古时席地而坐,坐时两膝据地,以臀部著足跟。跪则伸直腰股,以示庄敬。

⑨太后:即孙权之母吴夫人(? ~207),吴郡(今江苏苏州市)人。生四男一女,孙权即其次子。吴夫人对孙权助治甚有补益。《三国志》卷五〇有传。桓王:即孙权之兄孙策(175~200),孙权称帝后,追谥孙策为长沙桓王。《三国志》卷四六有传。老臣:张昭自称。属(zhǔ 嘱):通"嘱",谓托付。

⑩泯(mǐn 敏)没:死的婉称。

⑪盛旨:亦作"盛指"。犹盛情。

⑫自分(fèn 奋):自料,自以为。幽沦:沉沦,陷没。

⑬沟壑:山沟。借指野死之处或困厄之境。

⑭不图:不料。引见:引导入见。旧指皇帝接见臣下或宾客时由有关大臣引导入见。

⑮帷幄(wò 握):天子居处必设帷幄,借指天子近侧或朝廷。

⑯忠益:犹忠效,即尽忠效力。

⑰毕命:绝命,丧生。

⑱偷荣:窃取荣禄。取容:讨好别人以求自己安身。

⑲辞谢:致歉。

权以公孙渊称藩①,遣张弥、许晏至辽东拜渊为燕王②,昭谏曰:"渊背魏惧讨,远来求援,非本志也③。若渊改图,欲自明于魏,两使不反,不亦取笑于天下乎?"权与相反覆④,昭意弥切⑤。权不能堪⑥,案刀而怒曰⑦:"吴国士人入宫则拜孤,出宫则拜君,孤之敬君,亦为至矣⑧,而数于众中折孤⑨,孤尝恐失计⑩。"昭熟视权曰⑪:"臣虽知言不用,每竭愚忠者⑫,诚以太后临崩⑬,呼老臣于床下,遗诏顾命之言故在耳⑭。"因涕泣横流。权掷刀致地,与昭对泣。然卒遣弥、晏往⑮。昭忿言之不用,称疾不朝。权恨之,土塞其门,昭又于内以土封之。渊果杀弥、晏。权数慰谢昭,昭固不起⑯,权因出过其门呼昭,昭辞疾笃⑰。权烧其门,欲以恐之,昭更闭户。权使人灭火,住门良久,昭诸子共扶昭起,权载以还宫,深自克责⑱。昭不得已,然后朝会⑲。

[注释]

①公孙渊:公孙度之孙(?~238),公孙康次子。魏明帝任之为扬烈将军、辽东太守,因斩吴主孙权使节,传首魏国,魏明帝又拜他为大司马,封乐浪公。景初元年(237),他自称燕王,翌年,司马懿进攻辽东,求降被拒,与其子公孙修皆被杀。《三国志》卷八有传。称藩:自称藩属。向大国或宗主国承认自己的附庸地位。

②张弥:三国吴官吏(?~233),吴大帝嘉禾二年(233),时为太常,与执金吾许晏出使辽东拜公孙渊为燕王,两人被公孙渊所斩,并传送首级至魏。许晏:三国吴官吏(?~233),生平不详。辽东:即辽东郡,战国燕置,治所襄平(今辽阳市老城),辖境相当于今辽宁大凌河以东、开原市以南,朝鲜清川江下游以北地区。

③本志:历来的意愿或志向。

④反覆:再三考虑,再三研究。

⑤昭意弥切:意谓张昭愈发坚持自己的意见。

⑥堪:忍受。

⑦案:通"按"。抚,用手或指头压。

⑧至:达到极点。

⑨折:责难,指出别人的错误或缺点。

⑩失计:谓做出非理性的决断,意即处死张昭。

⑪熟视:注目细看。

⑫愚忠:愚戆的忠心。

⑬崩:古代称帝王、皇后之死。《礼记·曲礼下》:"天子死曰崩。"

⑭顾命:临终遗命,多用以称帝王遗诏。语出《尚书·周书·顾命》:"成王将崩,命召公、毕公率诸侯相康王,作《顾命》。"孔传:"临终之命曰顾命。"唐孔颖达疏:"顾是将去之意,此言临终之命曰顾命,言临将死去回顾而为语也。"

⑮卒:最终。

⑯固不起:坚持不出。

⑰疾笃(dǔ赌):病重,病危。

⑱深自克责:谓深深地责备自己。

⑲朝(cháo潮)会:谓臣属朝见吴大帝孙权。裴注引习凿齿曰:"张昭于是乎不臣矣!夫臣人者,三谏不从则奉身而退,身苟不绝,何怼怨之有?且秦穆违谏,卒霸西戎,晋文暂怒,终成大业。遗誓以悔过见录,狐偃无怨绝之辞,君臣道泰,上下俱荣。今权悔往之非而求昭,后益回虑降心,不远而复,是其善也。昭为人臣,不度权得道,匡其后失,夙夜匪懈,以延来誉,乃追忿不用,归罪于君,闭户拒命,坐待焚灭,岂不悖哉!"

昭容貌矜严①,有威风②。权常曰:"孤与张公言,不敢妄也。"举邦惮之③。年八十一,嘉禾五年卒④。遗令幅巾素棺⑤,敛以时服⑥。权素服临吊⑦,谥曰文侯⑧。长子承已自封侯⑨,少子休袭爵⑩。

[注释]

①矜(jīn今)严:庄重严肃。

②威风:使人敬畏的声势气派。

③举邦:谓东吴全国。惮(dàn旦):畏惧。

④嘉禾五年:即公元236年。嘉禾,吴大帝孙权的第三个年号(232~238)。

⑤遗令:临终前的告诫、嘱咐。幅巾:古代男子以全幅细绢裹头的头巾。后裁出脚即称幞头。晋傅玄《傅子》:"汉末王公,多委王服,以幅巾为雅。"素棺:谓简朴的棺木。

⑥敛(liǎn脸):通"殓",给死者穿衣,入棺。时服:当时通行的服装。《礼记·檀弓下》:"往而权其葬焉,其坎深不至于泉,其敛以时服。"汉郑玄注:"以时行之服,不改制节。"

⑦临(lìn吝)吊:谓临丧哭吊。

⑧文侯:《逸周书》卷六《谥法解》:"经纬天地曰文,道德博闻曰文,学勤好问曰文,慈惠爱民曰文,愍民惠礼曰文。锡民爵位曰文。"又曰:"执应八方曰侯。"裴注引《典略》曰:"余曩闻刘荆州尝自作书欲与孙伯符,以示祢正平,正平蚩之,言:'如是为欲使孙策帐下儿读之邪,将使张子布见乎?'如正平言,以为子布之才高乎?虽然,犹自蕴藉典雅,不可谓之无笔迹也。加闻吴中称谓之仲父,如此,其人信一时之良干,恨其不干嵩岳等资,而乃播殖于会稽。"

⑨长子承:即张承(178~244),字仲嗣,彭城(今江苏徐州市)人,张昭

长子。少以才学知名,与诸葛瑾、步骘、严畯相友善。历任濡须都督、奋威将军,封都乡侯。《三国志》卷五二有传。

⑩少子休:即张休(205~245),字叔嗣,张昭少子。弱冠,与诸葛恪等为太子孙登僚友,历任中庶子、右弼都尉、侍中,拜羽林都尉,迁扬武将军。后为鲁王孙霸党羽所谮,徙交州;复为中书令孙弘所谮,被赐死,时年四十一岁。《三国志》卷五二有传。

[译文]

张昭字子布,是彭城国人。他自幼好学,擅长写隶书。曾师从白侯子安学习《春秋左氏传》,博览群书,与琅邪郡人赵昱、东海郡人王朗一同在年轻时出名,并且相互友善。张昭在二十岁左右被举荐为孝廉,没有就任,与王朗一同讨论对以往君主名讳的避忌问题,乡里有才德之士陈琳等都称誉赞扬他。徐州刺史陶谦举荐张昭为茂才,他没有应召,陶谦认为张昭轻视自己,于是将他拘捕。赵昱竭尽全力加以营救,才使张昭免于灾难。汉末天下大乱,徐州境内的士人与百姓大多到扬州一带避难,张昭也一同向南渡过长江到达江东。孙策在江东创立基业,任命张昭为长史、抚军中郎将,行登堂拜母礼,结通家之好,如同地位同等之老朋友,文事与武事,都委托张昭处理。张昭每每收到北方士族中人的信札,他们将治理江东的功绩全部归美于张昭,张昭打算保持沉默不出声,又害怕他人误认为内有私情,宣扬出去又担心其中内容不合时宜,进退两难中内心不安。孙策闻知后,高兴地笑着说:"从前春秋时的管仲辅佐齐桓公为相,官员们有事向齐桓公请示,齐桓公总是以'去问仲父'作答,而齐桓公却是诸侯中具有统领楷模作用的霸主。如今子布有贤明的声誉,我能使用他,他的功名难道不属于我吗!"

孙策临亡之际,将弟弟孙权托付于张昭,张昭率领群僚拥立孙权为继承人并辅佐他。张昭即时上奏章给汉室朝廷，又以个人名义向江东诸郡县通报孙权继承兄长职位一事，命令吴侯官府内外的军官，各自奉行职守。孙权悲痛伤感，不能就职治事，张昭对孙权说："要充当继承人，重要的是能继承先王的法度，子孙昌大以继承祖先的遗业，从而完成功业。如今天下形势纷扰动乱，盗贼漫山遍野，孝廉您怎么能卧伏悲伤，不受拘束地发泄平常人的情感呢？"于是张昭亲自将孙权扶上马背，陈列士兵而出，众人之心终于有了归属感。张昭又担任孙权的长史，授予的职权与孙策时相同。此后刘备上表朝廷推举孙权为代理车骑将军，孙权任命张昭为军师。孙权每次外出打猎，经常在马上射虎，虎曾经冲上前来，用前爪抓住孙权的马鞍。张昭见到脸色大变，上前进言："将军您何必要这样做？作为君主，在于能够驾驭英雄，驱使众多贤才听命于自己，难道是在原野中奔驰，与猛兽较量勇力吗？假设一旦发生意外，引来天下人耻笑，怎么办？"孙权向张昭表示歉意说："我年轻，考虑事情不周全深远，在您面前甚感惭愧。"然而孙权的猎虎兴趣难以消减，于是打造出箱式射虎车，上面开有方孔，车厢空阔宽大而不置顶盖，一人驾车驱马，孙权在车厢中射虎。时常有离群腾跳的野兽，总是侵入射虎车车厢之内，而孙权每每以亲手击杀它们以为乐。张昭虽然进谏相争，孙权微笑而不作答。

魏文帝黄初二年（221），曹丕派遣使者邢贞前往江东封孙权为吴王。邢贞的车辆来至宫殿大门没有下车。张昭对邢贞说："礼仪没有不恭敬这一条，刑法也没有不能惩治的行为。而您在此妄自尊大，难道是因为江南一带人少力薄，连一把小刀都没有吗！"邢贞听后赶快下了车。孙权任命张昭为绥远将军，进封由拳侯。孙权在武昌，登临长江沿岸的钓台，与群僚饮酒大醉。孙权命令侍者用凉水泼洒在座的醉酒者，并说："今天畅饮，只有大家全醉倒在台上，才可以休止。"张昭神色庄重、态度严肃而不说话，到外面的车中坐下。孙权派人招呼张昭回来，对他说："不过是一起取乐而已，张公为什么要发怒呢?"张昭回答说:"从前商纣王造糟丘酒池,彻夜痛饮,当时也以为取乐,而不认为是坏事。"孙权沉默,面露惭愧的神色,于是宣布罢宴。起初,孙权准备设置丞相,群臣议论都以为张昭当出任。孙权说:"如今天下多事,主管官员责任重大,丞相并非优待臣属的职位。"后来首任丞相孙邵去世,百官又推举张昭担任,孙权说:"孤难道对于子布还有什么舍不得割爱的吗?只不过丞相事务繁杂,而张公性情刚直,若有人不听从他,埋怨与责备就会随之而生,这就不是对他有益处的职位了。"于是任命顾雍为丞相。

孙权称帝以后,张昭以年老有病为由,向朝廷退还官位以及所统领的兵马。孙权重新任命张昭为辅吴将军,位次仅在三公之下,改封为娄侯,食邑一万户。他在家闲居无事,于是撰写《春秋左氏传解》与《论语注》。孙权曾经问卫尉严畯:"你还记得小时候所诵读熟悉的书吗?"严畯就背诵了《孝经》中"仲尼居"一章。张昭在旁,就说:"看来严畯仅是一位乡野儒生,臣下请为陛下诵读一章。"于是背诵《孝经》中"君子之事上"一章,当时在座者都认为张昭懂得该向君主诵读什么内容的经典。

张昭每次朝见,言辞神色刚直毅烈,正义之色现于颜面,曾经因为直言进谏违反孙权旨意,一度不朝见孙权。此后蜀国使节来吴国,称誉本国德行高尚,而吴国群臣没有一位能够抗衡蜀国使节的词锋,孙权叹息说:"假使张公在座,蜀国使节不被折服也会丧气失去常态,又怎么敢于自夸呢?"第二天,孙权派宫中的使者去慰问张昭,并请张昭前来与自己见面。在召见时,张昭离席起立准备向孙权道歉,孙权庄敬地直身而跪加以制止。张昭坐定以后,抬起头说:"从前太后、桓王不是将老臣我托付于陛下,而是将陛下托付于老臣我,因而我总想竭尽臣下的忠节,来报答厚恩,待老臣我离开人世之后,也有可以被称述的事迹留传下来。可惜老臣我思虑短浅,违逆陛下的盛情,自以为因此沉沦,长久被抛弃处于困厄之境,不料又得到引导入见,得以奉侍于天子近侧。然而臣下愚心在于为国服务,立志尽忠效力,直到臣下生命的结束。至于改变初衷别作思考,用来窃取荣禄,讨好别人以求自己安身,这是臣下所不能做到的。"孙权于是致歉。

孙权因为辽东郡的公孙渊前来自称藩属,请求归附,就派遣张弥、许晏前往辽东封公孙渊为燕王,张昭进谏说:"公孙渊背叛魏国害怕被征讨,远道跑来求援,并非他历来的意愿或志向。如果公孙渊改变主意,想向魏国自明心迹,我国的两位使臣不能返国,不是要招来天下人的耻笑吗?"孙权与张昭再三考虑研究,张昭愈发坚持自己的意见。孙权不能忍受,用手按握刀把大怒说:"吴国士大夫,进入皇宫向朕跪拜,离开皇宫就向您跪拜,朕对您的尊重,也算到达极点了,而您却屡次当众责难朕,朕常担心自己做出非理性的决断。"张昭注目细看着孙权说:"臣下尽管知道自己的进言不会被采纳,然而仍竭尽愚懋的忠心直言相谏的原因,确实就在于太后离世之前,呼唤老臣到病床侧,临终遗命的托付言语始终难以忘怀呀。"说完老泪纵横。孙权将手中的刀投掷于地,与张昭对面哭泣。然而孙权最终仍然派遣张弥、许晏前往辽东郡。张昭恨自己的话不被孙权采纳,从此称病不再上朝议事。孙权痛恨张昭的行为,就派人用土堵塞住张昭家的大门,张昭又从内将门堵塞。此后公孙渊果然斩杀了张弥与许晏二人。孙权多次派人去慰问张昭并致以歉意,张昭坚持不走出家门,孙权借故路过张昭的家门,隔门呼喊张昭,张昭声称身患重病不起。孙权焚烧张昭的家门,想用恐吓逼他就范,不料张昭更加闭门不出。孙权令人将火熄灭,在大门边停留了许久,张昭的几个儿子一起搀扶他起床,孙权用车载张昭一同回到皇宫,深深地责备自己。张昭迫不得已,从此以后恢复了上朝议事。

张昭容貌庄重严肃,具有使人敬畏的声势气派。孙权曾说:"朕与张公谈话,从来不敢乱说。"东吴全国之人都畏惧张昭。他年纪八十一岁,吴大帝嘉禾五年(236)去世。临终前的告诫、嘱咐家人,头上戴全幅细绢制作的头巾，使用简朴的棺木，入殓用当时通行的服装。孙权穿上白色的丧服临丧哭吊，赐谥号为文侯。长子张承已经有列侯的爵位，张昭的爵位就由他的少子张休继承。

周瑜传

[题解]

传见《三国志》卷五四《吴书九》。周瑜(175~210),字公瑾,庐江郡舒县(治今安徽庐江西南)人。少与孙策为友,辅佐其在江东创立基业,后又与张昭共同辅助孙权。在曹操率军南下威逼江东的危急情况下,正是周瑜力主抗曹,并在鲁肃的支持下,大破曹军于赤壁,巩固了东吴政权,奠定了天下三分的基础。历官偏将军,领南郡太守。周瑜颇具战略思维,并非仅是一员战将,赤壁战后即欲西取益州入蜀,可惜英年早逝,魂断巴丘山,卒年三十六岁。后世罗贯中《三国志通俗演义》将周瑜描绘成一名气量狭小的武将,以致有"孔明三气周公瑾"的描写,无非是为渲染诸葛亮的神机妙算而加以文学想象的虚构笔法。历史上的周瑜性情气概,宽宏大度,且雅量高致,是一位"壮有姿貌"的儒将。宋洪迈《容斋随笔》卷一三《孙吴四英将》有云:"孙吴奄有江左,亢衡中州,固本于策、权之雄略,然一时英杰,如周瑜、鲁肃、吕蒙、陆逊四人者,真所谓社稷心膂,与国为存亡之臣也。自古将帅,未尝不矜能自贤,疾胜己者,此诸贤则不然。孙权初掌事,肃欲北还,瑜止之,而荐之于权曰:'肃才宜佐时,当广求其比,以成功业。'后瑜临终与权笺曰:'鲁肃忠烈,临事不苟,若以代瑜,死不朽矣!'肃遂代瑜典兵。"后世文学之士对于周瑜也颇多向往之情。宋苏轼《念奴娇·赤壁怀古》一词千百年来脍炙人口,其下片"遥想公瑾当年,小乔初嫁了,雄姿英发。羽扇纶巾,谈笑间,强虏灰飞烟灭。故国神游,多情应笑我,早生华发"数句,属于全词点题之笔。其中"多情应笑我"五字,一般解释为"应笑我多情"的倒置,似乎是词人的自嘲,多年以来几乎牢不可破。启功先生则认为,"多情"乃是"曲有误,周郎顾"的周瑜的代称,所谓"故国神游",正是周瑜之魂来游楚地之故国。苏轼谪居黄州写此词,时年已四十七岁,而周瑜大破曹军于赤壁,年仅三十四岁,如此解释周瑜笑词人"早生华发"也就顺理成章了。如此一解释,苏轼艳羡周瑜,自叹功业未建的惆怅心态就灼然可见了!

周瑜字公瑾,庐江舒人也①。从祖父景②,景子忠③,皆为汉太尉④。父异⑤,洛阳令⑥。

[注释]

①庐江:即庐江郡,楚汉之际分秦九江郡置,汉武帝后治所舒县,辖境相当于今安徽巢湖市、舒城、霍山县以南,长江以北,湖北英山、广济、黄梅与河南商城等县地。东汉末废。舒:即舒县,西汉置,为庐江郡治,治所在今安徽庐江县西南三十里城池乡。三国时废。

②从祖父景:即周景(?~168),字仲飨,东汉庐江舒县(治今安徽庐江西南)人,山阳太守周荣之孙,尚书郎周兴之子。历任豫州刺史、河内太守、将作大匠,免官后再起,复拜尚书令,迁太仆、卫尉,升司空,与太尉杨秉举奏诸奸猾,自将军牧守以下,免者五十馀人。官至太尉。卒后,以策立汉灵帝功,追封安阳乡侯。《后汉书》卷四五有传。从(zōng纵)祖父,祖父的兄弟。

③景子忠:即周忠(生卒年不详),字嘉谋,周景次子。历官大司农、太尉,录尚书事,以灾异免,复为卫尉。从汉献帝东归洛阳。《后汉书》卷四五有传。

④太尉:官名。秦至西汉设置,为全国军政首脑,与丞相、御史大夫并称

三公。汉武帝时改称大司马。东汉时太尉与司徒、司空并称三公。裴注引谢承《后汉书》曰:"景字仲向,少以廉能见称,以明学察孝廉,辟公府。后为豫州刺史,辟汝南陈蕃为别驾,颍川李膺、荀绲、杜密、沛国朱㝢为从事,皆天下英俊之士也。稍迁至尚书令,遂登太尉。"又引张璠《汉纪》曰:"景父荣,章、和世为尚书令。初景历位牧守,好善爱士,每岁举孝廉,延请入,上后堂,与家人宴会,如此者数四。及赠送既备,又选用其子弟,常称曰:'移臣作子,于政何有?'先是,司徒韩缜为河内太守,在公无私,所举一辞而已,后亦不及其门户,曰:'我举若可矣,不令恩偏称一家也。'当时论者,或两讥焉。"

⑤父异:即周异,东汉末曾任洛阳令。生平不详。

⑥洛阳:即洛阳县,西汉为河南郡治,东汉建武元年(25)建都于此,治所在今河南洛阳市东北三十里汉魏故城。

瑜长壮有姿貌①。初,孙坚兴义兵讨董卓②,徙家于舒。坚子策与瑜同年③,独相友善,瑜推道南大宅以舍策④,升堂拜母⑤,有无通共。瑜从父尚为丹杨太守⑥,瑜往省之⑦。会策将东渡,到历阳⑧,驰书报瑜⑨,瑜将兵迎策。策大喜曰:"吾得卿,谐也⑩。"遂从攻横江、当利⑪,皆拔之⑫。乃渡江击秣陵⑬,破笮融、薛礼⑭,转下湖孰、江乘⑮,进入曲阿⑯,刘繇奔走⑰,而策之众已数万矣。

[注释]

①长(cháng 常)壮:高大而强壮。姿貌:指美好的容貌。

②孙坚:字文台(155~192),东汉吴郡富春(今浙江富阳)人,从郡县吏起家,镇压黄巾军有功,拜别部司马,任长沙太守,封乌程侯,以作战勇猛,为行破虏将军,领豫州刺史。在率军攻击刘表中,为刘表部将黄祖军士射杀。

《三国志》卷四六有传。义兵:这里指地方豪强为保卫其利益而临时组织的武装。董卓:字仲颖(?~192),东汉陇西临洮(今甘肃岷县)人。历任中郎将、并州牧,汉少帝光熹元年(189),率兵入洛阳,废少帝,立献帝,受到曹操、袁绍等人起兵讨伐。于是楚烧洛阳宫室,挟献帝西迁长安,自为太师,暴虐专横。初平三年(192),为王允、吕布所杀。《三国志》卷六、《后汉书》卷七二皆有传。详见本书所选《董卓传》。

③坚子策:即孙策,字伯符(175~200),东汉吴郡富春(今浙江富阳)人,孙坚长子。曾随孙坚攻刘表,孙坚死,领其馀部依附袁术。兴平二年(195)离开袁术,率军渡江,占据吴、会稽、庐江、豫章等六郡,建立孙氏政权,威震江东,人称"小霸王"。建安二年(197),曹操表其为讨逆将军,封吴侯。建安五年(200),被原吴郡太守许贡家客行刺,伤重而亡。后其弟孙权称帝,追谥孙策为长沙桓王。《三国志》卷四六有传。

④推:让与。舍(shè 设)策:谓给孙策居住。舍,用如动词。

⑤升堂拜母:古代挚友相访,行登堂拜母礼,结通家之好,表示友谊的笃厚。据《太平御览》卷四〇七引三国吴谢承《后汉书》,汉范式与张劭为友。二人并告归乡里,式谓劭曰:"日后二年当还,将过拜尊亲见孺子焉。"乃共约定日期,至日,式果到,升堂拜母。饮尽欢而别。

⑥从(zòng 纵)父尚:即周尚,东汉末官员,生平不详。从父,伯父或叔父。丹杨:即丹杨郡,或作丹阳郡,西汉元封二年(前109)改鄣郡置,治所宛陵县(今安徽宣州市),辖境相当于今安徽长江以南、江苏宁镇山南北和浙江天目山以西、新安江中上游南北之地。太守:官名。秦置郡守,汉景帝时改名太守,为一郡最高的行政长官。

⑦省(xǐng 醒):探望,问候。

⑧历阳:即历阳县,秦置,属九江郡,治所在今安徽和县。西汉为九江都尉治,东汉为扬州刺史治。

⑨驰书：急速送信。

⑩谐：办妥，办成。

⑪横江：即横江津，亦名横江浦，在今安徽和县东南二十五里，东对采石矶，为横渡长江津要处。当利：即当利口，在今安徽和县东南，为当利水入江入口。

⑫拔：攻占。

⑬秣(mò 末)陵：即秣陵县，秦始皇三十七年(前210)改金陵邑置，属会稽郡，治所即今江苏江宁县南五十里秣陵镇。西汉属丹杨郡，东汉建安十七年(212)孙权自京口(今江苏镇江市)徙治于此，改名建业，移治今南京市。

⑭笮(zé 泽)融：东汉末丹阳(今安徽当涂东北)人(？~195)。初依徐州牧陶谦，任下邳相，放纵擅杀却笃信佛教。曹操进攻陶谦，笮融先后投奔广陵太守赵昱、彭城相薛礼，又将他们杀害。后投靠扬州刺史刘繇，又擅杀豫章太守朱皓，于是刘繇大怒，转而进攻笮融并击溃之，笮融败走入山，为民众所杀。《三国志》卷四九、《后汉书》卷七三皆有传。薛礼：东汉末彭城相(？~195)，曾与笮融同奉刘繇为盟主，后反为笮融所杀害。

⑮湖孰：即湖孰县，或作湖熟县，东汉改胡孰国置，属丹阳郡，治所在今江苏南京市江宁区东南湖熟镇。三国吴改为湖熟典农都尉。江乘：即江乘县，秦置，属鄣郡，治所在今江苏句容县北六十里。西汉属丹阳郡，三国吴省为典农都尉治。

⑯曲阿：即曲阿县，秦置，属会稽郡，治所在今江苏丹阳市。东汉属吴郡。三国吴嘉禾三年(234)改为云阳县。《元和志》卷二五润州丹阳县："秦时望气者云有王气，故凿之以败其势，截其直道，使之阿曲，故曰曲阿。"

⑰刘繇(yáo 瑶)：字正礼(156~197)，东汉东莱牟平(今山东福山西北)人，刘岱之弟。举孝廉，为郎中，除下邑长，后历任扬州牧、振武将军，先

后与袁术、孙策交战,退保丹徒,旋病卒。《三国志》卷四九有传。

因谓瑜曰:"吾以此众取吴会、平山越已足①。卿还镇丹杨。"瑜还。顷之,袁术遣从弟胤代尚为太守②,而瑜与尚俱还寿春③。术欲以瑜为将,瑜观术终无所成,故求为居巢长④,欲假涂东归⑤,术听之⑥。遂自居巢还吴⑦。是岁,建安三年也⑧。策亲自迎瑜,授建威中郎将⑨,即与兵二千人,骑五十匹⑩。瑜时年二十四,吴中皆呼为周郎⑪。以瑜恩信著于庐江⑫,出备牛渚⑬,后领春谷长⑭。顷之⑮,策欲取荆州⑯,以瑜为中护军⑰,领江夏太守⑱,从攻皖⑲,拔之。时得桥公两女⑳,皆国色也㉑。策自纳大桥,瑜纳小桥㉒。复进寻阳㉓,破刘勋㉔,讨江夏,还定豫章、庐陵㉕,留镇巴丘㉖。

[注释]

①吴会(kuài 块):东汉分会稽郡为吴、会稽二郡,并称吴会。后亦泛称此两郡故地为吴会。山越:古代对南方山区少数民族的通称。清王鸣盛《十七史商榷·三国志四·山越》:"山越者,自周秦以来,南蛮总称百越,伏处深山,故名山越。"

②袁术:字公路(?~199),东汉汝南汝阳(今河南商水西南)人,出身于四世三公的显宦家庭,为袁绍从弟。初为虎贲中郎将,助袁绍诛灭宦官。董卓进京专权,以他为后将军。他出奔南阳,与袁绍、曹操等同时起兵,共讨董卓。后又与袁绍对抗,为袁绍、曹操击败,遂奔九江,割据扬州。建安二年(197),袁术称帝于寿春,号仲家,荒淫奢侈,横征暴敛,民心丧尽,先后为吕布、曹操所破,呕血而死。《三国志》卷六、《后汉书》卷七五皆有传。从弟胤:即袁胤,东汉汝南汝阳(今河南商水西南)人,袁术堂弟。为袁术部将,

袁术死后,领馀众投刘勋。

③寿春:即寿春县,治所在今安徽寿县,秦汉为九江郡、淮南国治所,三国魏为扬州治所。

④居巢:即居巢县,秦置,属九江郡,治所在今安徽巢湖市东北,西汉属庐江郡,东汉改为居巢侯国,后复为县。

⑤假涂:亦作"假途"。谓借路。

⑥听:听凭。

⑦吴:即吴郡治所吴县,在今江苏苏州市。

⑧建安三年:即公元198年。建安,汉献帝第五个年号(196~220)。

⑨建威中郎将:孙策所置名号中郎将,位次于将军。

⑩"即与"二句:步兵两千配以骑兵五十,是孙策配置一支独立作战部队的标准。《三国志·程普传》:"普皆有功,增兵二千,骑五十四。"《三国志·吕范传》:"策定秣陵、曲阿,收笮融、刘繇馀众,增范兵二千,骑五十四。"裴注引《江表传》曰:"策又给瑜鼓吹,为治馆舍,赠赐莫与为比。策令曰:'周公瑾英俊异才,与孤有总角之好,骨肉之分。如前在丹杨,发众及船粮以济大事,论德酬功,此未足以报者也。'"

⑪吴中:今江苏苏州一带。亦泛指吴地。

⑫恩信:恩德信义。

⑬牛渚(zhǔ主):即牛渚山,一名牛渚矶,又名采石山,即今安徽马鞍山市西南采石山。为当时长江下游的重要渡口与军事要地。

⑭领:谓兼任。春谷:即春谷县,西汉置,初属鄣郡,元封二年(前109)属丹阳郡,治所在今安徽繁昌县西北。

⑮顷(qǐng青上声)之:不久。

⑯荆州:西汉元封五年(前106)所置十三刺史部之一,辖郡七、县一百一十七,治所汉寿县。汉末移治襄阳县(今湖北襄阳),辖境相当于今湖北、

湖南大部以及河南、贵州、广东、广西等省区一小部分。三国时魏、吴均置荆州，辖境相当于原荆州。魏荆州治所新野（今属河南），吴荆州治所江陵（今属湖北）。

⑰中护军：官名。东汉即置中护军，曹操曾为丞相置护军，建安十二年（207）改中护军，执掌禁兵，地位略低于中领军。

⑱江夏：即江夏郡，西汉高帝六年（前201）置，治所西陵县（今湖北新洲西二里）。东汉建安初，刘表所署江夏太守黄祖徙治夏口城（今武汉汉口城区），建安十三年（208）初，孙权破城杀黄祖，江夏太守刘琦另筑夏口城（今武汉汉阳城区），年底，曹操任文聘为江夏太守驻此。赤壁战后，文聘徙治石阳（今湖北黄陂西）。

⑲皖：即皖城，又称皖县，西汉置，属庐江郡，治所在今安徽潜山县。东汉建安末为庐江郡治。

⑳桥公：生平不详。其家世当是庐江郡皖城一带的望族。

㉑国色：旧指姿容极美的女子。赞其容貌冠绝一国，故云。

㉒瑜纳小桥：裴注引《江表传》曰："策从容戏瑜曰：'桥公二女虽流离，得吾二人作婿，亦足为欢。'"

㉓寻阳：即寻阳县，西汉置，属庐江郡，治所在今湖北黄梅县西南。三国吴属蕲春郡。

㉔刘勋：字子台（生卒年不详），琅邪（今山东临沂北）人。原为袁术故吏，任庐江太守，袁术死后，孙策袭夺庐江，刘勋投奔曹操，拜征虏将军，封列侯。

㉕豫章：即豫章郡，西汉高帝六年（前201）分九江郡置，治所南昌县（今江西南昌市东）。汉时辖境大致相当于今江西省地。三国魏以后辖境逐渐缩小。庐陵：即庐陵郡，东汉兴平二年（195）孙策分豫章郡置，属扬州，治所石阳县（今江西吉安市东北）。三国吴移治高昌县（今江西泰和县西北三

里),辖境相当于今江西永新、峡江、乐安、石城以南地区。

㉖巴丘:即巴丘县,三国吴分新淦、石阳两县置,属庐陵郡,治所在今江西峡江县西南巴邱镇北里许。裴注云:"臣松之案:孙策于时始得豫章、庐陵,尚未能得定江夏。瑜之所镇,应在今巴丘县也,与后所卒巴丘处不同。"

五年①,策薨②,权统事③。瑜将兵赴丧,遂留吴,以中护军与长史张昭共掌众事④。十一年⑤,督孙瑜等讨麻、保二屯⑥,枭其渠帅⑦,囚俘万馀口,还备宫亭⑧。江夏太守黄祖遣将邓龙将兵数千人入柴桑⑨,瑜追讨击,生虏龙送吴。十三年春⑩,权讨江夏,瑜为前部大督⑪。

[注释]

①五年:即汉献帝建安五年(200)。

②薨(hōng 轰):死的别称。自周代始,人之死亡,有尊卑之分,"薨"以称诸侯之死。《礼记·曲礼下》:"天子死曰崩,诸侯曰薨,大夫曰卒,士曰不禄,庶人曰死。"

③统事:治理政事。

④长史张昭:字子布(156~236),彭城(今江苏徐州)人。东汉末避乱江东,从孙策创业,被命为长史、抚军中郎将。孙策临终以孙权托付,孙权待之以师傅之礼。历任军师、绥远将军、辅吴将军,班亚三司,封娄侯,食邑万户。卒谥文侯。屡直言进谏孙权,孙权敬惮之。博览群书,著有《春秋左氏传解》《论语注》。详见本书所选《张昭传》。长(zhǎng 掌)史,官名。东汉三国时,三公及常设将军等所置属官,其职责为总理各曹事务,辅佐三公及将军。众事:众多的政务。亦泛指各种事情。裴注引《江表传》曰:"曹公新

破袁绍,兵威日盛,建安七年,下书责权质任子。权召群臣会议,张昭、秦松等犹豫不能决,权意不欲遣质,乃独将瑜诣母前定议,瑜曰:'昔楚国初封于荆山之侧,不满百里之地,继嗣贤能,广土开境,立基于郢,遂据荆扬,至于南海,传业延祚,九百余年。今将军承父兄余资,兼六郡之众,兵精粮多,将士用命,铸山为铜,煮海为盐,境内富饶,人不思乱,泛舟举帆,朝发夕到,士风劲勇,所向无敌,有何偪迫,而欲送质?质一入,不得不与曹氏相首尾,与相首尾,则命召不得不往,便见制于人也。极不过一侯印,仆从十余人,车数乘,马数匹,岂与南面称孤同哉?不如勿遣,徐观其变。若曹氏能率义以正天下,将军事之未晚。若图为暴乱,兵犹火也,不戢将自焚。将军韬勇抗威,以待天命,何送质之有!'权母曰:'公瑾议是也。公瑾与伯符同年,小一月耳,我视之如子也,汝其兄事之。'遂不送质。"

⑤十一年:即汉献帝建安十一年(206)。

⑥孙瑜:字仲异(177~215),孙坚季弟孙静次子。初任恭义校尉,后领丹杨太守,加绥远将军,官至奋威将军。《三国志》卷五一有传。麻:即麻屯口,在今湖北嘉鱼县南。北魏郦道元《水经注·江水三》:"江水左得中阳水口,又东得白沙口,一名沙屯,即麻屯口也。本名蔑默口,江浦矣。南直蒲圻洲,水北入百余里,吴所屯也。"保:即保屯,在今湖北赤壁市(原蒲圻县)北。

⑦枭(xiāo销):即"枭首",斩首并悬挂示众。渠帅:首领。旧时统治阶级称武装反抗者的首领或部落酋长。

⑧宫亭:即宫亭湖,原为古彭蠡湖的别名,后转指今江西星子县、南昌市之间的鄱阳湖。

⑨黄祖:荆州牧刘表所署江夏太守(?~208),屡败于东吴军队,以其部下曾射杀孙坚,故与孙家结下世仇。建安十三年(208),终为孙权部下所斩杀。邓龙:黄祖部将,生平不详。柴桑:即柴桑县,西汉置,属豫章郡,治所在今江西九江县南三十六里荆林街。三国吴属江夏郡。

⑩十三年:即汉献帝建安十三年(208)。

⑪前部大督:三国吴战时所设置的前锋部队的统帅。

其年九月,曹公入荆州①,刘琮举众降②,曹公得其水军,船步兵数十万,将士闻之皆恐。权延见群下③,问以计策。议者咸曰:"曹公豺虎也④,然托名汉相⑤,挟天子以征四方⑥,动以朝廷为辞⑦,今日拒之,事更不顺。且将军大势,可以拒操者,长江也。今操得荆州,奄有其地⑧,刘表治水军⑨,蒙冲斗舰⑩,乃以千数,操悉浮以沿江,兼有步兵,水陆俱下,此为长江之险,已与我共之矣。而势力众寡,又不可论⑪。愚谓大计不如迎之⑫。"瑜曰:"不然。操虽托名汉相,其实汉贼也。将军以神武雄才⑬,兼仗父兄之烈⑭,割据江东,地方数千里,兵精足用⑮,英雄乐业⑯,尚当横行天下,为汉家除残去秽⑰。况操自送死,而可迎之邪?请为将军筹之:今使北土已安⑱,操无内忧,能旷日持久⑲,来争疆场⑳,又能与我校胜负于船楫间乎㉑?今北土既未平安,加马超、韩遂尚在关西㉒,为操后患。且舍鞍马,仗舟楫,与吴越争衡㉓,本非中国所长㉔。又今盛寒,马无藁草㉕,驱中国士众远涉江湖之间,不习水土,必生疾病。此数四者㉖,用兵之患也,而操皆冒行之㉗。将军禽操㉘,宜在今日。瑜请得精兵三万人,进住夏口㉙,保为将军破之。"权曰:"老贼欲废汉自立久矣㉚,徒忌二袁、吕布、刘表与孤耳㉛。今数雄已灭,惟孤尚存,孤与老贼,势不两立。君言当击,甚与孤合,此天以君授孤也㉜。"

[注释]

①曹公:即曹操(155~220),字孟德,小字阿瞒,魏立国后追谥魏武帝,

谯(今安徽亳州市)人。详见本书所选《武帝纪》。

②刘琮(cóng从):荆州牧刘表的次子(生卒年不详)。刘表卒后,蔡夫人与蔡瑁等立之为嗣,一个月后即投降曹操,曾任荆州刺史,封列侯,迁谏议大夫。

③延见:召见。群下:泛指僚属或群臣。

④豺虎:豺与虎。比喻曹操凶暴无情。

⑤托名:假借名义。

⑥挟(xié协):胁持,挟制。

⑦动:动辄。意即动不动就。

⑧奄有:全部占有。多用于疆土。

⑨刘表:字景升(142~208),东汉远支皇族,山阳高平(今山东邹城市西南)人。官至镇南将军、荆州牧,拥兵自重。建安十三年(208)八月病卒,其子刘琮降曹。详见本书所选《刘表传》。

⑩蒙冲:古代战船名。以生牛皮蒙船覆背,两厢开掣棹孔,左右有弩窗、矛穴。《后汉书·文苑传下·祢衡》:"黄祖在蒙冲船上,大会宾客。"唐李贤注引《释名》:"外狭而长曰蒙冲,以冲突敌船。"斗舰:战船。宋司马光《资治通鉴》卷六五"刘表治水军,蒙冲斗舰乃以千数",元胡三省注云:"斗舰,船上设女墙,可高三尺,墙下开掣棹孔。船内五尺,又建棚,与女墙齐。棚上又建女墙,重列战敌。上无覆背,前后左右树牙旗、帜幡、金鼓,此战船也。"

⑪不可论:谓不能相提并论。

⑫大计:重大的谋略或计划。迎之:婉言投降。

⑬神武:英明威武之意,旧时多用以称颂帝王将相。雄才:出众的才能。

⑭仗:凭借。父兄:谓孙权父孙坚与孙权兄孙策。烈:功业。

⑮足用:财用富足。

⑯乐业:谓愉快地从事本业。

⑰除残去秽：扫除残馀，荡涤污秽。喻指彻底革新。

⑱使：假使。

⑲旷日持久：耗费时日，拖延很久。

⑳疆场（yì 义）：边界，边境。《左传·桓公十七年》："疆场之事，慎守其一，而备其不虞。"唐孔颖达疏："疆场，谓界畔也。"杨伯峻注："场音易，边境也。疆场为同义连绵词。"

㉑校（jiào 叫）：抗衡，较量。船楫：船和桨。一般泛指船只，这里指代水军。

㉒马超：字孟起（176～222），马腾之子，右扶风茂陵（今陕西兴平东北）人。东汉末随父起兵，勇猛善战。建安十六年（211）与韩遂等抗曹失败，乃奔汉中依张鲁，又因受谮，于建安十九年投奔刘备，官至左将军，成为蜀汉名将。《三国志》卷三六有传。韩遂：字文约（？～215），东汉金城（治今青海民和县南古鄯镇北古城）人。兴平元年（194）与马腾攻李傕、郭汜等，兵败，退回凉州，割据一方。建安十六年（211）联合马超起兵反曹操，被曹反间计所败，逃亡凉州。建安二十年（215），被西平、金城诸将所杀，时年七十馀。关西：汉、唐时，泛指函谷关或潼关以西的地区。《后汉书·虞诩传》："关西出将，关东出相。"

㉓吴越：谓江东。吴国与越国为先秦国名，江东为吴越故地。争衡：较量轻重；比试高低。

㉔中国：谓占据中原的曹操军事势力。

㉕藁（gǎo 稿）草：草料。藁，稻、麦等的秆。

㉖数（shuò 硕）四：犹言再三再四。

㉗冒行：贸然行动，贸然实行。

㉘禽："擒"的古字，即俘获。

㉙夏口：地名。即今湖北汉口，为汉水入长江处。古代汉水在襄阳以下

称夏水或襄江,故汉水入长江处称夏口。

㉚老贼:詈词。这里指曹操。当时曹操五十四岁,孙权二十七岁。《论语·宪问》:"老而不死,是为贼。"

㉛徒忌:只不过畏惧。二袁:谓袁绍、袁术。袁绍,字本初(？~202),东汉汝南汝阳(今河南商水西南)人,出身于四世三公的显宦家庭。历官司隶校尉、渤海太守,官渡之战败于曹操,后病死。《后汉书》卷七四上有传。详见本书所选《袁绍传》。袁术,字公路(？~199),东汉汝南汝阳(今河南商水西南)人,出身于四世三公的显宦家庭,为袁绍从弟。初为虎贲中郎将,助袁绍诛灭宦官。董卓进京专权,以他为后将军。他出奔南阳,与袁绍、曹操等同时起兵,共讨董卓。后又与袁绍对抗,为袁绍、曹操击败,遂奔九江,割据扬州。建安二年(197),袁术称帝于寿春,号仲家,荒淫奢侈,横征暴敛,民心丧尽,先后为吕布、曹操所破,呕血而死。《三国志》卷六、《后汉书》卷七五皆有传。吕布:字奉先(？~198),东汉五原九原(今内蒙古包头市西北)人。初从并州刺史丁原入京,后为董卓利诱,杀原归卓,任骑都尉,迁中郎将,封都亭侯。董卓被诛后任奋武将军,进封温侯。一度投奔刘备,终为曹操所擒杀。《三国志》卷七、《后汉书》卷七五皆有传。详见本书所选《吕布传》。

㉜以君授孤也:裴注引《江表传》曰:"权拔刀斫前奏案曰:'诸将吏敢复有言当迎操者,与此案同!'及会罢之夜,瑜请见曰:'诸人徒见操书,言水步八十万,而各恐慑,不复料其虚实,便开此议,甚无谓也。今以实校之,彼所将中国人,不过十五六万,且军已久疲,所得表众,亦极七八万耳,尚怀狐疑。夫以疲病之卒,御狐疑之众,众数虽多,甚未足畏。得精兵五万,自足制之,愿将军勿虑。'权抚背曰:'公瑾,卿言至此,甚合孤心。子布、文表诸人,各顾妻子,挟持私虑,深失所望,独卿与子敬与孤同耳,此天以卿二人赞孤也。五万兵难卒合,已选三万人,船粮战具俱办,卿与子敬、程公便在前发,孤当

续发人众,多载资粮,为卿后援。卿能办之者诚快,邂逅不如意,便还就孤,孤当与孟德决之。'"又云:"臣松之以为建计拒曹公,实始鲁肃。于时周瑜使鄱阳,肃劝权呼瑜,瑜使鄱阳还,但与肃闇同,故能共成大勋。本传直云,权延见群下,问以计策,瑜摆拨众人之议,独言抗拒之计,了不云肃先有谋,殆为攘肃之善也。"

时刘备为曹公所破①,欲引南渡江②,与鲁肃遇于当阳③,遂共图计④,因进住夏口,遣诸葛亮诣权⑤,权遂遣瑜及程普等与备并力逆曹公⑥,遇于赤壁⑦。时曹公军众已有疾病,初一交战,公军败退,引次江北⑧。瑜等在南岸。瑜部将黄盖曰⑨:"今寇众我寡,难与持久。然观操军船舰首尾相接,可烧而走也。"乃取蒙冲斗舰数十艘,实以薪草⑩,膏油灌其中⑪,裹以帷幕,上建牙旗⑫。先书报曹公,欺以欲降⑬。又豫备走舸⑭,各系大船后,因引次俱前⑮。曹公军吏士皆延颈观望,指言盖降。盖放诸船,同时发火。时风盛猛,悉延烧岸上营落⑯。顷之⑰,烟炎张天⑱,人马烧溺死者甚众,军遂败退,还保南郡⑲。备与瑜等复共追。曹公留曹仁等守江陵城⑳,径自北归㉑。

[注释]

①刘备:字玄德(161~223),蜀汉昭烈帝,史称先主。详见本书所选《先主传》。

②引南:向南撤退。

③鲁肃:字子敬(172~217),临淮东城(今安徽定远东南)人。周瑜死后,代瑜领兵,拜汉昌太守、横江将军。详见本书所选《鲁肃传》。当阳:即当阳县,西汉置,属南郡。治所在今湖北荆门市西南。

④图计:谋划,措置。

⑤诸葛亮:字孔明(181~234),琅邪阳都(今山东沂南南)人。蜀汉杰出的政治家、军事家。蜀汉章武元年(221),刘备称帝,以他为丞相。详见本书所选《诸葛亮传》。诣(yì 义):造访。

⑥程普:字德谋(生卒年不详),右北平土垠(今河北丰润东)人。初从孙坚起兵,后随孙策经营江南,历任吴郡都督、荡寇中郎将,为孙氏宿将。赤壁之战中,与周瑜为左右督,共破曹军。《三国志》卷五五有传。逆:迎敌。

⑦赤壁:位于今湖北赤壁市(原蒲圻市)西北赤壁镇北赤壁山,北对洪湖市东北乌林矶。唐李泰《括地志》:"鄂州蒲圻县有赤壁山,即曹公败处。"北魏郦道元《水经注·江水》以为赤壁乃今湖北武昌西赤矶山,似非。

⑧引次:退驻。

⑨黄盖:字公覆(生卒年不详),零陵泉陵(今湖南零陵)人。初从孙坚起兵,后随孙策经营江南,善抚士卒,屡立战功。历任别部司马、丹阳都尉,因赤壁火攻破曹之功,拜武锋中郎将,领武陵太守,官至偏将军。卒官。《三国志》卷五五有传。

⑩实:装满。

⑪膏油:油脂。

⑫建:树立。牙旗:旗杆上饰有象牙的大旗。多为主将主帅所建,亦用作仪仗。《文选·张衡〈东京赋〉》:"戈矛若林,牙旗缤纷。"三国吴薛综注:"兵书曰,牙旗者,将军之旌。谓古者天子出,建大牙旗,竿上以象牙饰之,故云牙旗。"

⑬欺以欲降:裴注引《江表传》载盖书曰:"'盖受孙氏厚恩,常为将帅,见遇不薄。然顾天下事有大势,用江东六郡山越之人,以当中国百万之众,众寡不敌,海内所共见也。东方将吏,无有愚智,皆知其不可,惟周瑜、鲁肃偏怀浅戆,意未解耳。今日归命,是其实计。瑜所督领,自易摧破。交锋之

日,盖为前部,当因事变化,效命在近。'曹公特见行人,密问之,口敕曰:'但恐汝诈耳。盖若信实,当授爵赏,超于前后也。'"

⑭走舸(gě 葛):轻便快速的战船。宋司马光《资治通鉴》卷六五"上建旌旗,预备走舸",元胡三省注云:"杜佑曰:走舸,舷上立女墙,置棹夫多,战卒少,皆选勇力精锐者,往返如飞鸥,乘人之所不及。金鼓旗帜,列之于上,此战船也。"

⑮引次:依照次序。

⑯悉:尽、全。营落:营寨。

⑰顷之:不久。

⑱张天:布满天空。

⑲南郡:秦昭王二十九年(前278)置,治所郢(今湖北荆州区故江陵县城西北纪南城),后徙治江陵县(今荆州市荆州区故江陵县城),属荆州,三国时曾移治于公安(今属湖北)。西汉辖境相当于今湖北襄阳市、南漳县以南,松滋市、公安县以北,洪湖市以西,利川市及重庆巫山县以东地。裴注引《江表传》曰:"至战日,盖先取轻利舰十舫,载燥荻枯柴积其中,灌以鱼膏,赤幔覆之,建旌旗龙幡于舰上。时东南风急,因以十舰最著前,中江举帆,盖举火白诸校,使众兵齐声大叫曰:'降焉!'操军人皆出营立观。去北军二里馀,同时发火,火烈风猛,往船如箭,飞埃绝烂,烧尽北船,延及岸边营柴。瑜等率轻锐寻继其后,雷鼓大进,北军大坏,曹公退走。"

⑳曹仁:字子孝(168~223),曹操堂弟,谯(今安徽亳州市)人。从曹操征伐,屡立战功,曾以镇南将军镇守南郡,固守樊城。魏文帝时官至大将军,迁大司马。《三国志》卷九有传。江陵城:即江陵县城,秦置,为南郡治,治所在今湖北荆州市荆州区旧江陵县。

㉑径自:表示自己直接行动。

瑜与程普又进南郡,与仁相对,各隔大江。兵未交锋①,瑜即遣甘宁前据夷陵②。仁分兵骑别攻围宁。宁告急于瑜。瑜用吕蒙计③,留凌统以守其后④,身与蒙上救宁⑤。宁围既解,乃渡屯北岸,克期大战⑥。瑜亲跨马擽陈⑦,会流矢中右胁⑧,疮甚⑨,便还。后仁闻瑜卧未起,勒兵就陈⑩。瑜乃自兴⑪,案行军营⑫,激扬吏士,仁由是遂退。

[注释]

①兵未交锋:裴注引《吴录》曰:"备谓瑜云:'仁守江陵城,城中粮多,足为疾害。使张益德将千人随卿,卿分二千人追我,相为从夏水入截仁后,仁闻吾入必走。'瑜以二千人益之。"

②甘宁:字兴霸(生卒年不详),巴郡临江(今重庆忠县)人。初依刘表,后归孙权,为陈军事方略,受到重用,屡立战功。拜西陵太守、折冲将军。《三国志》卷五五有传。夷陵:即夷陵县,西汉置,属南郡,为都尉治,治所在今湖北宜昌市东南长江北岸。

③吕蒙:字子明(178～219),汝南富陂(今安徽阜南东南)人。东吴大将,历任平北都尉、左护军、虎威将军、南郡太守,封孱陵侯。病卒。详见本书所选《吕蒙传》。

④凌统:字公绩(189～237),吴郡馀杭(今浙江杭州)人,凌操之子。凌操辅佐孙权战死,凌统年十五即拜别部司马,历任承烈都尉、荡寇中郎将,亲贤接士,曾拼死救护孙权,迁偏将军。病卒。《三国志》卷五五有传。

⑤身:亲自。这里指代周瑜。

⑥克期:约定日期。

⑦擽陈(lüèzhèn 略阵):犹掠阵。即压阵。

⑧会:恰巧。流矢:乱飞的或无端飞来的箭。

⑨疮(chuāng窗)甚:谓伤重。

⑩勒兵:犹陈兵。

⑪自兴:自己起身。

⑫案行:巡视。

权拜瑜偏将军①,领南郡太守。以下隽、汉昌、刘阳、州陵为奉邑②,屯据江陵。刘备以左将军领荆州牧③,治公安④。备诣京见权⑤,瑜上疏曰:"刘备以枭雄之姿⑥,而有关羽、张飞熊虎之将⑦,必非久屈为人用者。愚谓大计,宜徙备置吴,盛为筑宫室,多其美女玩好,以娱其耳目,分此二人⑧,各置一方,使如瑜者得挟与攻战,大事可定也。今猥割土地以资业之⑨,聚此三人,俱在疆场,恐蛟龙得云雨⑩,终非池中物也⑪。"权以曹公在北方,当广揽英雄,又恐备难卒制⑫,故不纳。

[注释]

①偏将军:东汉杂号将军名,始于光武帝,三国时沿置,掌领兵征伐。

②下隽(jùn俊):即下隽县,西汉置,属长沙国,治所在今湖北通城县西北,因隽水得名。东汉属长沙郡。汉昌:即汉昌县,东汉末析罗县东境置,为汉昌郡治,治所在今湖南平江县东南三十里金铺观。三国吴改吴昌县。刘阳:即刘阳县,东汉建安中置,属长沙郡,治所在今湖南浏阳市东北七十五里官渡。以浏阳水为名。州陵:即州陵县,西汉置,属南郡,治所在今湖北洪湖市东北。三国吴废。奉邑:以收取赋税作为俸禄以及所领兵众军需的封地。奉,通"俸"。三国吴所实行的奉邑制与其领兵制密切相关,奉邑即给予相关将领取得征赋以供应其领兵军需的资源。参见刘汉东《东吴领兵、复客、

奉邑三制关系之研究》(载《许昌师专学报》1994年第1期)

③左将军：东汉三国时常设的高级将军名，在前、后、左、右将军中位居首位，负责京师兵卫和边防屯警，讨伐四夷。位次于九卿，高于其他临时设置的杂号将军。

④治公安：谓荆州治所设在公安县。公安县，三国蜀汉置，属南郡，治所在油口（今湖北公安西北十里）。后属吴。

⑤京：即京口，东汉末、三国吴时称为京城，后称京口，即今江苏镇江市。

⑥枭(xiāo销)雄：骁勇雄豪。

⑦关羽：字云长(？～219)，东汉解县(治今山西临猗西南)人。详见本书所选《关羽传》。张飞：字益德(？～221)，涿郡(治今河北涿州)人。蜀汉大将。详见本书所选《张飞传》。熊虎：比喻凶猛，勇猛。

⑧二人：谓关羽与张飞。

⑨猥(wěi委)：副词，苟，随便。资业：谓以钱财、物资资助。

⑩蛟龙：古代传说的两种动物，居深水中。相传蛟能发洪水，龙能兴云雨。

⑪池中物：比喻蛰居无为的人。

⑫卒(cù猝)制：谓一下子制服。

是时刘璋为益州牧①，外有张鲁寇侵②。瑜乃诣京见权曰："今曹操新折衄③，方忧在腹心④，未能与将军连兵相事也⑤。乞与奋威俱进取蜀⑥，得蜀而并张鲁，因留奋威固守其地，好与马超结援。瑜还与将军据襄阳以蹙操⑦，北方可图也。"权许之。瑜还江陵，为行装，而道于巴丘病卒⑧，时年三十六。权素服举哀，感动左右。丧当还吴，又迎之芜湖⑨，众事费度⑩，一为供给⑪。后著令曰："故将军周瑜、程普，其有人客⑫,皆不得问。"初瑜见友于策,太妃又使权以兄奉之⑬。是时权位为将军,诸将宾客为礼尚简,而瑜独先尽敬⑭,便执臣节⑮。性度恢廓⑯,大率为得人⑰,惟与程普不睦⑱。

[注释]

①刘璋:字季玉(？~219),东汉江夏竟陵(今湖北潜江西北)人,刘焉之子。兴平元年(194),刘焉病卒,刘璋继为监军使者,领益州牧。建安十六年(211)迎刘备入蜀,后反为刘备所制,刘备自领益州牧,迁刘璋于南郡公安,佩振威将军印绶。建安二十四年(219),孙权夺取荆州后,又以刘璋为益州牧,驻秭归,旋病卒。《三国志》卷三一有传。益州:西汉元封五年(前106)置,为十三刺史部之一。公孙述改为司隶校尉,东汉复为益州,治所雒县(今四川广汉市北),兴平中移治成都(今属四川),辖境相当于今四川大部以及甘肃、陕西、湖北、贵州、云南少部分。

②张鲁:字公祺(生卒年不详),东汉沛国丰县(今属江苏)人,张陵之孙,张衡之子。东汉末天师道(即"五斗米道")首领,东汉末占据汉中,在各地设"义舍",置"义米""义肉",过往之人可量腹取用,加之刑法宽和,令汉中成为当时的安定之区。朝廷任命他为镇民中郎将,领汉宁太守。建安二十年(215)曹操进攻汉中,张鲁归降,任镇南将军,封阆中侯。详见本书所选《张鲁传》。

③折衄(nǜ女去声):挫败。

④腹心:比喻近中心的重要地区。

⑤相事:相与从事战争。

⑥奋威:即孙瑜(177~215),孙坚季弟孙静次子。时任奋威将军,故称。

⑦襄阳:即襄阳郡,东汉建安十三年(208)置,治所襄阳县(今湖北襄阳市汉水南襄阳城),辖境相当今湖北襄阳、宜城、远安等市县地。蹙(cù促):

逼迫。

⑧巴丘:谓巴丘山,即巴陵山,位于今湖南岳阳市西南隅。裴注云:"臣松之案,瑜欲取蜀,还江陵治严,所卒之处,应在今之巴陵,与前所镇巴丘,名同处异也。"

⑨芜湖:即芜湖县,西汉初置,属鄣郡,元封二年(前109)属丹杨郡,治所在今安徽芜湖县北咸保圩水阳江畔。三国吴王黄武元年(222)移治今芜湖市。

⑩费度:费用。

⑪一:副词,都,一概。表示总括。

⑫人客:谓三国吴所实行复客制下的佃农。这些"人客"不再担负政府的赋税与徭役,其所缴田赋除供给领主家庭消费外,还是三国吴领兵制下的相关将领在世时,所需军饷的来源之一。据胡宝国《对复客制与世袭领兵制的再探讨》(载《中国史研究》1991年第4期),复客制主要针对江北出身的东吴战功卓著的将领实行,以补偿其家族经济尚未充分发展的不足。

⑬太妃:即孙坚夫人吴氏(?~207),孙权的母亲。

⑭尽敬:竭尽敬意。汉王充《论衡·非韩》:"孟贲怒而童子修礼尽敬,孟贲不忍犯也。"

⑮执臣节:谓以臣属的礼节侍奉孙权。

⑯性度:性情气度。恢廓:宽宏,宽阔。

⑰大率:大抵,大致。得人:谓得人心。

⑱与程普不睦:裴注引《江表传》曰:"普颇以年长,数陵侮瑜。瑜折节容下,终不与校。普后自敬服而亲重之,乃告人曰:'与周公瑾交,若饮醇醪,不觉自醉。'时人以其谦让服人如此。初曹公闻瑜年少有美才,谓可游说动也,乃密下扬州,遣九江蒋干往见瑜。干有仪容,以才辩见称,独步江、淮之间,莫与为对。乃布衣葛巾,自托私行诣瑜。瑜出迎之,立谓干曰:'子

翼良苦,远涉江湖为曹氏作说客邪?'干曰:'吾与足下州里,中间别隔,遥闻芳烈,故来叙阔,并观雅规,而云说客,无乃逆诈乎?'瑜曰:'吾虽不及夔、旷,闻弦赏音,足知雅曲也。'因延干入,为设酒食。毕,遣之曰:'适吾有密事,且出就馆,事了,别自相请。'后三日,瑜请干与周观营中,行视仓库军资器仗讫,还宴饮,示之侍者服饰珍玩之物,因谓干曰:'丈夫处世,遇知己之主,外托君臣之义,内结骨肉之恩,言行计从,祸福共之,假使苏、张更生,郦叟复出,犹抚其背而折其辞,岂足下幼生所能移乎?'干但笑,终无所言。干还,称瑜雅量高致,非言辞所间。中州之士,亦以此多之。刘备之自京还也,权乘飞云大船,与张昭、秦松、鲁肃等十馀人共追送之,大宴会叙别。昭、肃等先出,权独与备留语,因言次,叹瑜曰:'公瑾文武筹略,万人之英,顾其器量广大,恐不久为人臣耳。'瑜之破魏军也,曹公曰:'孤不羞走。'后书与权曰:'赤壁之役,值有疾病,孤烧船自退,横使周瑜虚获此名。'瑜威声远著,故曹公、刘备咸欲疑谮之。及卒,权流涕曰:'公瑾有王佐之资,今忽短命,孤何赖哉!'后权称尊号,谓公卿曰:'孤非周公瑾,不帝矣。'"

瑜少精意于音乐①,虽三爵之后②,其有阙误,瑜必知之,知之必顾③,故时人谣曰:"曲有误,周郎顾。"

[注释]

①精意:专心一意。

②三爵:三杯酒。爵,雀形酒杯。《左传·宣公二年》:"臣侍君宴,过三爵,非礼也。"

③顾:回首,回视。

瑜两男一女。女配太子登①。男循尚公主②,拜骑都尉③,有瑜风,早卒。循弟胤④,初拜兴业都尉⑤,妻以宗女⑥,授兵千人,屯公安。黄龙元年⑦,封都乡侯⑧,后以罪徙庐陵郡。赤乌二年⑨,诸葛瑾、步骘连名上疏曰⑩:

故将军周瑜子胤,昔蒙粉饰⑪,受封为将,不能养之以福,思立功效,至纵情欲,招速罪辟⑫。臣窃以瑜昔见宠任,入作心膂⑬,出为爪牙⑭,衔命出征⑮,身当矢石,尽节用命,视死如归,故能摧曹操于乌林⑯,走曹仁于郢都⑰,扬国威德⑱,华夏是震⑲,蠢尔蛮荆⑳,莫不宾服㉑。虽周之方叔㉒,汉之信、布㉓,诚无以尚也㉔。夫折冲捍难之臣㉕,自古帝王莫不贵重,故汉高帝封爵之誓曰:"使黄河如带,太山如砺,国以永存,爰及苗裔。"㉖申以丹书,重以盟诅㉗,藏于宗庙㉘,传于无穷,欲使功臣之后,世世相踵㉙,非徒子孙,乃关苗裔,报德明功㉚,勤勤恳恳㉛,如此之至,欲以劝戒后人,用命之臣㉜,死而无悔也。况于瑜身没未久,而其子胤降为匹夫㉝,益可悼伤。窃惟陛下钦明稽古㉞,隆于兴继㉟。为胤归诉㊱,乞匄馀罪㊲,还兵复爵,使失旦之鸡㊳,复得一鸣,抱罪之臣,展其后效㊴。

[注释]

①太子登:即孙登(209~241),字子高,孙权长子。魏黄初二年(221),孙权封吴王,以之为太子。吴黄龙元年(229),孙权称帝,又以之为皇太子。为人谦和谨重,有贤名。病卒。谥宣太子。《三国志》卷五九有传。

②男循:即周循(生卒年不详),周瑜长子。仕吴,拜骑都尉。早卒。尚

公主:娶公主为妻。因尊帝王之女,不敢言娶,故云。尚,承奉、奉事或仰攀之意。

③骑都尉:官名。光禄勋属官,统率皇宫禁卫军中的羽林骑士,秩比二千石。

④循弟胤:即周胤(?~239),周瑜次子。仕吴,初任兴业都尉,娶宗室女为妻。驻守公安,封都乡侯。因罪免官,徙庐陵郡。吴赤乌二年(239),诸葛瑾、步骘等上疏求情,被赦免并恢复爵位,适病卒。

⑤兴业都尉:官名。名号都尉,领兵武官,位在将军、校尉之下。

⑥宗女:君主同宗的女儿。即宗室之女。

⑦黄龙元年:即公元229年。黄龙,吴大帝孙权的第二个年号(229~231),系其称帝后所改。

⑧都乡侯:封爵名,属列侯中的乡侯。都乡,谓城内及附城近地。

⑨赤乌二年:即公元239年。赤乌,吴大帝孙权的第四个年号(238~251)。

⑩诸葛瑾:字子瑜(174~241),琅邪阳都(今山东沂南南)人,诸葛亮之兄。汉末避乱江东,任孙权长史,历官南郡太守,迁左将军,封宛陵侯。孙权称帝后,拜大将军、左都护,领豫州牧。《三国志》卷五二有传。步骘(zhì至):字子山(?~247),临淮淮阴(今江苏淮阴西南)人。孙权为讨虏将军,召为主记,历任车骑将军东曹掾、交州刺史,迁右将军、左护军,封临湘侯,拜骠骑将军,领冀州牧。赤乌九年(246),继陆逊为丞相。《三国志》卷五二有传。

⑪粉饰:傅粉妆饰。这里是褒扬或奖誉的意思。

⑫招速:招致。罪辟(pì僻):刑罪。

⑬心膂(lǚ旅):喻主要的辅佐人员。亦以喻亲信得力之人。语出《尚书·周书·君牙》:"今命尔予翼,作股肱心膂。"

⑭爪牙:喻勇士,卫士。《诗经·小雅·祈父》:"祈父!予王之爪牙。"汉郑玄笺:"此勇力之士。"

⑮衔命:接受使命。

⑯"故能"句:汉献帝建安十三年(208)冬,东吴军队火烧赤壁,大败曹军。《三国志·吕蒙传》:"是岁,又与周瑜、程普等西破曹公于乌林,围曹仁于南郡。"摧,挫败。乌林,即今湖北洪湖市东北长江北岸乌林矶,位于长江北岸,与赤壁隔江相望。

⑰"走曹仁"句:赤壁之战后,曹操遣曹仁拒守江陵,周瑜进攻江陵,与曹仁相持,并于建安十四年(209)攻占江陵。郢(yǐng影)都,春秋战国时楚国都城,在今湖北荆州市荆州区(故江陵县城)西北十里纪南城,楚文王定都于此。这里即以古地名指代江陵。

⑱威德:声威与德行。

⑲华夏:这里当指我国中原地区。

⑳蠢尔蛮荆:语出《诗经·小雅·采芑》:"蠢尔蛮荆,大邦为雠。"大意是:蠢动无知的蛮荆,以我周国为仇敌。蠢尔,无知蠢动貌。蛮荆,古代称长江流域中部荆州地区,即春秋楚国的地方。亦指这一地区的人。宋朱熹集传:"蛮荆,荆州之蛮也。"

㉑宾服:归顺,服从。《管子·小匡》:"故东夷、西戎、南蛮、北狄,中诸侯国,莫不宾服。"

㉒方叔:西周周宣王时卿士,曾率兵车三千辆南征荆楚,北伐猃狁,为周室中兴一大功臣。上揭《诗经·小雅·采芑》即为赞扬方叔领兵征伐楚国的战争纪功诗。

㉓信:即韩信(前? ~前196),秦末淮阴(今江苏清江西南)人。秦汉之际名将。早年家贫,终于得到汉王刘邦重用,被拜为大将军。汉高帝三年(前204),韩信东下井陉击赵,背水为阵,以少胜多,擒获赵王歇,为刘邦建

立汉朝奠定基础。《史记》卷九二、《汉书》卷三四皆有传。布：即英布（前？~前195），又称黥布，秦末六安国六县（今安徽六安市东北）人。为刘邦部下大将，善征战，佐刘邦定天下，被封为异姓王，后因谋反被诛杀。《史记》卷九一、《汉书》卷三四皆有传。

㉔无以尚：无法超过、胜过。语出《论语·里仁》："好仁者无以尚之。"

㉕折冲：使敌人的战车后撤，即制敌取胜。冲，冲车，为战车的一种。捍难：抵御外侮。

㉖"故汉高帝"四句：即汉高祖刘邦的封爵誓词，见于《汉书·高惠高后文功臣表序》，唐颜师古引应劭注曰："封爵之誓，国家欲使功臣传祚无穷也。带，衣带也。厉，砥厉石也。河当何时如衣带，山当何时如厉石，言如带厉，国犹永存，以及后世之子孙也。"汉高帝，即刘邦（前256~前195），字季，秦末泗水郡沛县（今江苏沛县）人，西汉王朝的开国皇帝。公元前202年称帝，在位八年，谥号高皇帝，庙号高祖。厉，"砺"的古字，谓粗磨石。爰，助词，无义。用在句首或句中，起调节语气的作用。苗裔，子孙后代。

㉗"申以丹书"二句：语出《汉书·高惠高后文功臣表序》："于是申以丹书之信，重以白马之盟，又作十八侯之位次。"丹书，古代帝王赐给功臣世袭的享有免罪等特权的证件，因以丹（朱砂）书写，故称。重（zhòng众），慎重；谨慎。盟诅，结盟立誓。《周礼·春官·诅祝》："作盟诅之载辞，以叙国之信用，以质邦国之剂信。"汉郑玄注："盟诅主于要誓。"西汉赐予功臣丹书时，要杀白马歃血为盟。

㉘宗庙：古代帝王、诸侯祭祀祖宗的庙宇。

㉙相踵（zhǒng肿）：谓足踵相接，相继。踵，脚后跟。

㉚报德：报答别人的恩德。明功：明确功臣的业绩。

㉛勤勤恳恳：恳切至诚，诚挚殷切。

㉜用命：效命，奋不顾身地工作或战斗。

㉝匹夫:古代指平民中的男子。亦泛指平民百姓。

㉞窃惟:私下里思考。钦明:敬肃明察。语出《尚书·虞夏书·尧典》:"曰若稽古帝尧,曰放勋,钦明文思安安,允恭克让。"唐陆德明释文引马融曰:"威仪表备谓之钦,照临四方谓之明。"后遂以"钦明"为对君主的颂词。稽古:考察古事。《尚书·虞夏书·尧典》:"曰若稽古。帝尧曰放勋。"

㉟隆:尊崇,尊重。兴继:即"兴灭继绝"的缩略语,谓使灭绝了的重新振兴起来,延续下去。语出《论语·尧曰》:"兴灭国,继绝世。"

㊱归诉:最终申述。

㊲乞匃(gài 概):谓乞求宽免。匃,同"丐",犹言免除,宽免。

㊳失旦之鸡:谓鸡误报晓。比喻工作失职。

㊴后效:指日后的成效或功绩。

权答曰:"腹心旧勋①,与孤协事②,公瑾有之,诚所不忘。昔胤年少,初无功劳③,横受精兵④,爵以侯将⑤,盖念公瑾以及于胤也。而胤恃此,酗淫自恣⑥,前后告喻⑦,曾无悛改⑧。孤于公瑾,义犹二君⑨,乐胤成就,岂有已哉?迫胤罪恶,未宜便还,且欲苦之,使自知耳。今二君勤勤援引汉高河山之誓,孤用恧然⑩。虽德非其畴⑪,犹欲庶几⑫,事亦如尔,故未顺旨⑬。以公瑾之子,而二君在中间,苟使能改,亦何患乎!"瑾、骘表比上⑭,朱然及全琮亦俱陈乞⑮,权乃许之。会胤病死⑯。

[注释]

①腹心旧勋:谓亲信昔日的功勋。

②协事:同心合力地办事。

周瑜传 | 1355

③初:本,本来。《诗·豳风·东山》:"勿士行枚"汉郑玄笺:"初无行陈衔枚之事。"唐孔颖达疏:"初无犹本无。"

④横(hèng 衡去声):意外,突然。精兵:精锐的士卒。

⑤爵以侯将:谓封侯拜将。爵:授爵或授官。用如动词。

⑥酗(xù 续)淫:酗酒淫乐。自恣:放纵自己,不受约束。

⑦告喻:犹晓喻,告诉。

⑧曾:副词,乃,竟。悛(quān 全阴平)改:悔改。

⑨二君:谓诸葛瑾与步骘。

⑩用:连词,因而,因此。忿(nǜ 女去声)然:惭愧貌。

⑪畴:种类,同类。后作"俦"。

⑫庶几(jī 基):差不多,近似。

⑬顺旨:亦作"顺指"。谓曲意逢迎。

⑭比:及至。

⑮朱然:字义封(182~249),丹阳故鄣(今浙江安吉西北)人。曾与孙权同学书,历任馀姚长、山阴令、临川太守、偏将军,拜征北将军,封当阳侯,拜车骑将军、右护军,官至左大司马、右军师。《三国志》卷五六有传。全琮(cóng 从):字子璜(?~249),吴郡钱唐(今浙江杭州西)人。历任奋威校尉、绥南将军、假节领九江太守、卫将军,封钱唐侯,迁右大司马、左军师,尚公主。《三国志》卷六〇有传。陈乞:陈述请求。

⑯会:副词,恰巧,适逢。

瑜兄子峻①,亦以瑜元功为偏将军②,领吏士千人。峻卒,全琮表峻子护为将③。权曰:"昔走曹操④,拓有荆州,皆是公瑾,常不忘之。初闻峻亡,仍欲用护,闻护性行危险⑤,用之适为作祸,故便止之。孤念公瑾,岂有已乎?"

[注释]

①兄子峻:即周峻,周瑜之侄。生平不详。

②元功:大功,首功。《汉书·景武昭宣元成功臣表序》"续元功次云",唐颜师古注云:"元功,谓佐兴其帝业者也。"

③峻子护:即周护,周瑜侄孙。生平不详。

④走:使逃走。

⑤性行:本性与行为。危险:险恶。

[译文]

周瑜字公瑾,是庐江郡舒县人。他祖父的兄弟周景,周景的儿子周忠,都曾担任过汉朝的太尉。他的父亲周异,曾经官居洛阳令。

周瑜身材高大而强壮,有美好的容貌。起初,孙坚组织义军讨伐董卓,将家迁徙到舒县。孙坚的儿子孙策与周瑜同岁,两人极为友好,周瑜将自己在道南的大宅让与孙策居住,并行登堂拜母礼,结通家之好,互通有无。周瑜的从父周尚任丹杨太守,周瑜前往探望。适值孙策将要东渡,到达历阳县,派人骑马送信给周瑜,周瑜率领兵马迎接孙策。孙策高兴地说:"我得到您相助,事情就成功了。"于是周瑜随从孙策进攻横江津、当利口,全部攻取。就渡过长江进攻秣陵县,击败笮融、薛礼,转而攻下湖孰县、江乘县,进入曲阿县,刘繇败走,这时孙策已经拥有几万人马了。

孙策就对周瑜说:"我用这些兵力攻取吴郡、会稽郡以及平定那里的山越势力已经足够了。请您回转去镇守丹杨郡。"周瑜遵令回军。不久,袁术派遣堂弟袁胤接替周尚担任丹杨太守,周瑜就与周尚一同回到寿春县。袁术想用周瑜为将领,周瑜观察袁术最终难以成就大业,因而请求去当居巢县长,准备借路回江东,袁术听凭周瑜所为。周瑜于是从居巢回到了吴县。这一年,是汉献帝建安三年(198)。孙策亲自迎接周瑜,任命他为建威中郎将,即刻给予他步兵二千人,骑兵五十人。周瑜当时年纪二十四岁,吴县一带的人都称呼他为周郎。因为周瑜在庐江有恩德信义,孙策就派他到牛渚山驻军,后又兼任春谷县长。不久,孙策打算攻取荆州,任命周瑜为中护军,兼任江夏郡太守,周瑜随从孙策进攻皖县,攻克其城池。当时得到了桥公的两个女儿,都是姿容极美的女子。孙策自己娶了大桥,周瑜娶了小桥。又去进攻寻阳县,击败刘勋,征讨江夏郡,回军途中平定豫章郡、庐陵郡,留下周瑜镇守巴丘县。

汉献帝建安五年(200),孙策去世,孙权接任统领东吴事务。周瑜领兵前去奔丧,于是留在吴县,以中护军的身份与长史张昭一同掌管军政大事。建安十一年(206),周瑜指挥孙瑜等征讨麻屯口、保屯,将他们的首领斩首示众,俘获一万多人,回至宫亭湖驻扎。江夏太守黄祖派遣部将邓龙率领数千兵马进入柴桑县,周瑜追讨进击,生擒邓龙送回吴县。汉献帝建安十三年(208)的春天,孙权征讨江夏郡,任命周瑜为前锋部队的统帅。

这一年的九月,曹操率军南下荆州,刘琮带领部众投降,曹操得到荆州的水军、船只以及步兵数十万众,孙权部下将士闻知后都很惊恐。孙权召见自己的僚属,向他们询问计策。议论者都说:"曹操如豺与虎凶暴无情,然而他假借汉朝丞相的名义,胁持汉天子征讨四方,动不动就以朝廷的名义发声,当下若抗拒他,事情发展会更加不顺利。况且以将军所处形势而论,可以抗拒曹操的,就是长江天险。如今曹操得到荆州,全部占有这一领域,当初刘表训练水军,蒙冲斗舰,数以千计,曹操全部布置于长江沿线,加之还有大量的步兵配合,水陆两部一齐沿江东下,长江天险,曹操一方已经与我方共同享有了。而在双方军力的多寡上,更不能相提并论。我等愚昧的意见认为从重大的谋略而论,不如迎接曹军的到来。"周瑜说:"并非如此。曹操虽然名义上是汉朝的丞相，其实乃是汉朝的奸贼。将军您具有英明威武的出众才能，又有父兄开创的功业可以凭借，割据江东，拥有纵横数千里的土地，兵力强盛，财用富足，英雄人物愉快地从事本业，正应当横扫天下，为汉室扫除残馀，荡涤污秽。况且曹操自来送死，怎么可以迎接他呢？请求允许我为将军筹划：如今假使曹操在北方的局面已经安定，无内顾之忧，能够耗费时日，拖延很久，来与我们在边境一带相争高下，又能够与我们在长江水战中一决胜负吗？如今曹操的后方并不安定，加之马超、韩遂的势力还在关西一带，成为曹操的后患。何况舍去陆战的优势，凭借舟船水军，与我江东一争高下，原本就不是中原军队所擅长的。再说当下天气寒冷，曹军战马缺乏草料，驱赶中原的将士远道跋涉在江湖水乡之间，水土不服，必然会染上疾病。如此再三再四的劣势，都属于用兵的祸患啊，对于曹操而言都属于贸然行动。将军您擒杀曹操，应当就在今日。我周瑜请求率领精兵三万众，进军驻扎于夏口，保证为将军击破曹操。"孙权说："曹操这个老奸贼想废除汉室自立为帝已经很久了，只不过畏惧袁绍、袁术、吕布、刘表与孤罢了。如今上述群雄已经破灭，只有孤还割据一方，孤与老贼，势不两立。您说应当抗击曹军，与孤的心意极为符合，这乃是上天将您送与孤啊。"

当时刘备刚为曹操所击败，打算渡过长江向南撤退，与鲁肃在当阳县相遇，于是共同谋划对策，因而进驻夏口，刘备派遣诸葛亮前去拜会孙权。孙权于是派遣周瑜及程普等与刘备合力迎战曹操，两军在赤壁相遇。当时曹操军队已经有瘟疫流行，刚一交战，曹军就败走，退驻于长江以北。周瑜等驻军南岸。周瑜部将黄盖说："如今敌众我寡，难与曹军打持久战。然而我观察曹军的船舰首尾相接，可以用火攻击溃他们。"于是周瑜令黄盖选用蒙冲斗舰数十艘，装满柴草，再将油脂灌满其中，外用帷幕遮掩住，上面树立旗杆上饰有象牙的大旗。黄盖预先写了信给曹操，以将投降曹军欺骗他。黄盖另准备了一些轻便快速的战船，各个连接在蒙冲斗舰之后，依照次序向曹军水营进发。曹军中的将士都伸长了脖子观望,指指点点传言黄盖带领部下前来投降。黄盖放开前行的蒙冲斗舰,同时点燃船上的柴草。当时江风猛烈,大火尽皆延烧至岸上的曹营。没过多久,浓烟火光就布满天空,曹军人马被烧死、淹死的非常多,于是曹军大败,退守南郡。刘备与周瑜等又一同追击。曹操留下曹仁等驻守江陵城,自己径直回归北方。

周瑜与程普又进军南郡,与曹仁对峙,中间隔着长江。两军没有交战,周瑜就派遣甘宁进军占据夷陵县。曹仁分出一部分步兵、骑兵去围攻甘宁。甘宁向周瑜告急。周瑜采用吕蒙的计策,留下凌统驻守后方,自己与吕蒙沿江西上救援甘宁。甘宁被解围以后,周瑜就渡江驻军于北岸,约定日期与曹仁决战。周瑜亲自跨马压阵,恰巧一支无端飞来的箭射中周瑜的右肋,伤势严重,于是回营。此后曹仁闻知周瑜卧床不起,就陈兵布阵准备进攻。周瑜自己起身,巡视军营,激励鼓舞将士,曹仁于是撤兵。

孙权任命周瑜为偏将军,兼任南郡太守。将下隽、汉昌、刘阳、州陵四县赐予周瑜作为奉邑,派他驻守江陵。刘备以左将军兼任荆州牧,以公安县为治所。刘备至京口会见孙权,周瑜上疏说:"刘备有骁勇雄豪的体魄,又有关羽、张飞那样的凶猛勇将,必定不是长久屈居人下为人所用的人。愚下之见认为从大局着眼,应当迁徙刘备到吴县居住,为他大力修建宫室,供给大批的美女与供玩赏的宝物,令他享受声色之娱,将关羽与张飞两人分开,各置一方,让如同臣下一样的将领指挥他们进攻作战,大事就可以安定下来了。如今随便分割土地以钱财、物资资助刘备,让他们三人聚集在一处,都在我们的西部边境一带,恐怕如同蛟龙得到云雨一样,终究不是蛰居无为的人。"孙权以曹操雄踞北方,应当大范围地招揽英雄,也害怕一下子难以制服刘备,所以没有采纳。

当时刘璋为益州牧,他的北方有张鲁势力的侵扰。周瑜于是到京口拜见孙权说:"如今曹操遭受新的挫败,正担心他的内部发生问题,因而不能与将军您交兵作战。请求与奋威将军孙瑜一同去攻取益州,得到蜀地以后再去吞并张鲁,留下奋威将军在当地固守,好与西凉的马超结为援手。我周瑜再回军与将军您据守襄阳郡以逼迫曹操,北方就可以得到了。"孙权应允了。周瑜回归江陵,以准备军队出征的行装,而在途中的巴丘山病故,卒年三十六岁。孙权穿戴白色的丧服为周瑜举哀,感动了左右的人。周瑜的灵柩应当返回吴县安葬,孙权亲自到芜湖迎接,丧事的一切费用,一概由公款支出。此后,孙权又下令说:"已故将军周瑜、程普,他们家中的佃农等,都不许查问。"起初,周瑜被孙策视为好友,孙策的母亲吴太妃又令孙权将周瑜当作兄长一般尊重。当时孙权尚在将军的职位上,其部下的将领与宾客奉侍孙权的礼节较为简易,而周瑜却先行竭尽敬意,以臣属的礼节侍奉孙权。周瑜性情气度宽宏,大致能得人心,只是与程普不和睦。

周瑜自幼就专心一意研究音乐,即使饮酒三杯以后,乐队所奏音乐出现错误,他也能察觉,察觉以后必回头相顾,因而当时人有歌谣说:"曲有误,周郎顾。"

周瑜有两男一女。女儿许配与太子孙登。长子周循娶孙权的大女儿为妻,被任命为骑都尉,具有父亲周瑜的风范,早年去世。周循的弟弟周胤,最初任职兴业都尉,娶孙氏宗室之女为妻,领兵千人,驻守公安县。吴大帝黄龙元年(229),进封都乡侯,后因罪迁徙庐陵郡。吴大帝赤乌二年(239),诸葛瑾、步骘连名上疏说:

> 已故将军周瑜的儿子周胤,从前蒙受奖誉,被封为将,不能修养惜福,设法建立功业,反而放纵情欲,招致刑罪。臣等私下以为周瑜从前受到宠任,在朝中成为主要的辅佐人员,在外就是统兵的勇士,接受使命出征,冒着敌军的箭和垒石,奋不顾身,尽守为臣之忠节,视死如归,所以能在乌林挫败曹操,在江陵击退曹仁,显扬吴国的声威与德行,震动了中原,荆州一带的百姓,莫不归顺服从。即使是西周周宣王时卿士

方叔,汉初的韩信、英布,确实也无法超过。制敌取胜、抵御外侮的臣子,自古以来,帝王没有不尊重他们的,所以汉高祖在封赏功臣爵位时的誓言中说:"即使黄河变成衣带一般狭窄,泰山变成粗磨石一般微小,你们的封国也永远存在,而且要传给子孙后代。"朝廷赐给功臣世袭的享有免罪等特权的证件丹书,慎重地结盟立誓,将有关文书藏于宗庙之中,永远流传,就是要使功臣的后代,世世代代足踵相接,不仅传子传孙,还要顾及后代,用以报答他人的恩德,明确功臣的业绩,其用意恳切至诚,如此周到细致,就是想以此劝戒后人,令奋不顾身的有功之臣,死而无悔。何况在周瑜去世不久,他的儿子周胤就被降为平民百姓,更令人感到悲悼伤心。私下里思考陛下敬肃明察,考察古事,尊崇使灭绝了的重新振兴起来,延续下去。臣等为周胤最终申述,乞求宽免他馀下的刑罚,退还他原来统领的兵马,恢复他原来的爵位,令耽误报晓的雄鸡,再给予一次打鸣的机会,令抱罪之臣,得以在日后立下功劳。

孙权答复说:"亲信之臣昔日的功勋,与朕同心合力地办事,公瑾正是如此,朕真是难以忘怀。从前周胤年轻的时候,本来没有功劳,意外中被授以精锐的士卒,封侯拜将,就是因思念公瑾而施恩于周胤。但周胤却依仗这一层关系,酗酒淫乐,放纵自己,朕先后几次加以晓喻,竟不知悔改。朕与公瑾的情义,就如同你们两位一样,乐于看到周胤有所成就,难道有什么终止的时候吗?只是由于周胤的罪过,不适合让他在短时间内恢复以前的爵位职务,也想让他受一些磨难,以便令他有自知之明。现在你们两位诚恳地援引汉高祖为功臣封爵时的誓言,令朕因此而生惭愧之心。朕德行虽然不能与汉高祖相比,但仍然想做到与汉高祖差不多的程度,事情就是如此,所以没能曲意逢迎两位的意旨。周胤作为公瑾的儿子,又有两位在中间相助,如果能令他悔改,还有什么可担忧的呢!"及至诸葛瑾、步骘的奏疏呈上,朱然与全琮也都为周胤求情,孙权于是应允照办。恰巧这时周胤病故了。

周瑜哥哥的儿子周峻,也因为周瑜的大功被任命为偏将军,统领将士一千人。周峻去世,全琮上表举荐周峻的儿子周护为将。孙权说:"从前令曹操逃走,开拓荆州,都是公瑾的功劳,时常难以忘怀。当初听说周峻去世,就想任用周护,但听说他本性与行为险恶,如果使用他反而会给他带来灾祸,因而随即打消了这个念头。朕怀念公瑾,哪里会有止境呢?"

鲁肃传

[题解]

传见《三国志》卷五四《吴书九》。鲁肃(172~217),字子敬,临淮郡东城县(今安徽定远县东南)人。早年与周瑜交好,被推荐于孙权,屡陈联刘抗曹大计与建国方略。曹操南征,鲁肃与周瑜坚决主战,奠定了孙吴鼎峙东南的基础。历任赞军校尉、奋武校尉,拜汉昌太守、偏将军,转横江将军。清王夫之《读通鉴论》卷九有云:"欲合孙氏于昭烈以共图中原者,鲁肃也;欲合昭烈于孙氏以共拒曹操者,诸葛孔明也;二子者守之终身而不易。子敬以借荆资先主,被仲谋之责而不辞;诸葛欲谏先主之东伐,难于尽谏,而叹法正之死。"在孙刘联合共同抗曹的大战略方针下,鲁肃与诸葛亮皆能以大局为重,显示了他们作为政治家的高瞻远瞩。在《三国志通俗演义》中,罗贯中将鲁肃塑造成一位忠厚长者的形象,而在后世的戏曲演出中,鲁肃的形象甚至有一些呆头呆脑,这与本传对鲁肃刻画稍欠有关。裴松之注引《吴书》对鲁肃形象有了鲜明的正面描述,所谓"治军整顿,禁令必行,虽在军陈,手不释卷",分明是儒将的风采。刘备向东吴借荆州一事,无论正史还是民间传说,似乎都与鲁肃脱不开干系。据《三国志·吕蒙传》记述,有一次孙权与陆逊论及鲁肃,也有"后虽劝吾借玄德地,是其一短,不足以损其二长也"的判断,似乎更坐实了"借荆州"说的牢不可破。清赵翼《廿二史札记》卷七《借荆州之非》认为:"借荆州之说,出自吴人事后之论,而非当日情事也。"实则"荆州"七郡一百二十七县,赤壁之战后,刘备占有荆州的江南四郡,周瑜占据南郡(包括治所江陵)、江夏郡大部分地区,曹操则保有南阳郡以及南郡、江夏郡的一部分地区。但江陵战略位置重要,作为荆州牧的刘备向东吴所"借"者,只包括江陵在内的南郡一部分而已,并非南郡全部,更非整个荆州。以点带面概念的偷换,终于混淆了问题的本质;加之罗贯中撰写小说时地理概念有所不清,使其后民间所传关羽"大意失荆州",也偏离了历史真相。总之,鲁肃主张借南郡给刘备,是为当时联刘抗曹的战略需要,对东吴政权是有利的。

鲁肃字子敬,临淮东城人也①。生而失父,与祖母居。家富于财,性好施与。尔时天下已乱,肃不治家事,大散财货,摽卖田地②,以赈穷弊结士为务③,甚得乡邑欢心④。

[注释]

①临淮:即临淮郡,西汉置,治所在徐县(今江苏泗洪县南大徐台子),辖境相当于今江苏盱眙、泗洪、睢宁、宿迁、淮安、涟水、洪泽、建湖、阜宁、盐城、兴化、东台、泰州、姜堰、泰兴、海安、六合及安徽天长、明光等市县地。东汉永平中改为下邳国。西晋复置,治所盱眙县(今江苏盱眙县东北)。陈寿所用"临淮"之名系承袭西晋复置后之称谓。东城:即东城县,秦置,属九江郡,治所在今安徽定远县东南大桥乡三官集。东汉属下邳国。

②摽(biāo 标)卖:标价出卖。摽,通"标"。

③赈(zhèn 振):救济。穷弊:指贫困的人。结士:结交士人。务:事业。

④乡邑:秦汉以后多指县以下的小镇。

周瑜为居巢长①,将数百人故过候肃,并求资粮②。肃家有两囷米③,各三千斛④,肃乃指一囷与周瑜,瑜益知其奇也,遂相亲结⑤,定侨、札之分⑥。袁术闻其名⑦,就署东城长。肃见术无纲纪⑧,不足与立事⑨,乃携老弱将轻侠少年百馀人⑩,南到居巢就瑜。瑜之东渡,因与同行⑪,留家曲阿⑫。会祖母亡,还葬东城。

[注释]

①周瑜:字公瑾(175～210),庐江舒县(今安徽庐江西南)人。详见本书所选《周瑜传》。居巢:即居巢县,秦置,属九江郡,治所在今安徽巢湖市东北,西汉属庐江郡,东汉改为居巢侯国,后复为县。

②资粮:粮食。

③囷(qūn 群阴平):圆形谷仓。

④斛(hú 胡):量词,多用于量粮食。汉代一斛为十斗。

⑤亲结:亲近结交。

⑥侨札之分(fèn 奋):谓如同春秋郑国公孙侨(子产)与吴国公子季札的交情。据《左传·襄公二十九年》记述,季札至郑与子产一见如故,互赠缟带纻衣订交。

⑦袁术:字公路(?～199),东汉汝南汝阳(今河南商水西南)人,出身于四世三公的显宦家庭,为袁绍从弟。初为虎贲中郎将,助袁绍诛灭宦官。董卓进京专权,以他为后将军。他出奔南阳,与袁绍、曹操等同时起兵,共讨董卓。后又与袁绍对抗,为袁绍、曹操击败,遂奔九江,割据扬州。建安二年(197),袁术称帝于寿春,号仲家,荒淫奢侈,横征暴敛,民心丧尽,先后为吕布、曹操所破,呕血而死。《三国志》卷六、《后汉书》卷七五皆有传。

⑧纲纪:法度,纲常。

⑨立事:建功立业。

⑩轻侠少年:指轻生重义而勇于急人之难的年轻人。

⑪因与同行:裴注引《吴书》曰:"肃体貌魁奇,少有壮节,好为奇计。天下将乱,乃学击剑骑射,招聚少年,给其衣食,往来南山中射猎,阴相部勒,讲武习兵。父老咸曰:'鲁氏世衰,乃生此狂儿!'后雄杰并起,中州扰乱,肃乃命其属曰:'中国失纲,寇贼横暴,淮、泗间非遗种之地,吾闻江东沃野万里,民富兵强,可以避害,宁肯相随俱至乐土,以观时变乎?'其属皆从命。乃使细弱在前,强壮在后,男女三百馀人行。州追骑至,肃等徐行,勒兵持满,谓之曰:'卿等丈夫,当解大数。今日天下兵乱,有功弗赏,不追无罚,何为相逼乎?'又自植盾,引弓射之,矢皆洞贯。骑既嘉肃言,且度不能制,乃相率还。肃渡江往见策,策亦雅奇之。"

⑫曲阿:即曲阿县,秦置,属会稽郡,治所在今江苏丹阳市。东汉属吴郡。三国吴嘉禾三年(234)改为云阳县。《元和志》卷二五润州丹阳县:"秦时望气者云有王气,故凿之以败其势,截其直道,使之阿曲,故曰曲阿。"

刘子扬与肃友善①,遗肃书曰:"方今天下豪杰并起,吾子姿才②,尤宜今日。急还迎老母,无事滞于东城③。近郑宝者④,今在巢湖⑤,拥众万馀,处地肥饶,庐江闲人多依就之⑥,况吾徒乎⑦?观其形势,又可博集,时不可失,足下速之。"肃答然其计⑧。葬毕还曲阿,欲北行。会瑜已徙肃母到吴⑨,肃具以状语瑜⑩。时孙策已薨⑪,权尚住吴,瑜谓肃曰:"昔马援答光武云'当今之世,非但君择臣,臣亦择君'⑫。今主人亲贤贵士,纳奇录异⑬,且吾闻先哲秘论⑭,承运代刘氏者⑮,必兴于东南,推步事势⑯,当其历数⑰。终构帝基⑱,以协天符⑲,是烈士攀龙附凤驰骛之秋⑳。吾方达此,足下不须以子扬之言介意也㉑。"肃从其言。瑜因荐肃才宜佐时㉒,当广求其比㉓,以成功业,不可令去也。

[注释]

①刘子扬:即刘晔(？~234),字子扬,淮南成德(治今安徽寿县东南)人,为汉光武帝刘秀之子阜陵王刘延后裔。年少知名,人称有佐世之才。扬州豪侠郑宝欲招致刘晔,反为刘晔所杀。后仕魏,是曹魏的三朝元老,历任侍中、太中大夫、大鸿胪,封东亭侯。卒谥景侯。《三国志》卷一四有传。

②吾子:对对方的敬爱之称。一般用于男子之间。姿才:资质、禀赋。

③无事:无须,没有必要。滞:滞留。

④郑宝:东汉末扬州大姓豪强,才力过人,为一方所惮。因威逼名士刘晔同趋江南,反为后者所杀。卢弼《三国志集解》卷五四引梁章钜曰:"子扬即刘晔之字。据《晔传》,晔为郑宝驱逼,欲赴江表,晔谋杀之,是晔本非郑宝党与,岂有劝鲁肃从宝之事,宜为温公所不取也。"

⑤巢湖:一作潩湖,又名焦湖,即今安徽中部巢湖,在合肥、巢湖、庐江、肥东、肥西诸市县间。这里即指这一带地区。

⑥庐江:即庐江郡,楚汉之际分秦九江郡置,汉武帝后治所舒县(今安徽庐江县西南三十里城池乡),辖境相当于今安徽巢湖市、舒城、霍山县以南,长江以北,湖北英山、广济、黄梅与河南商城等县地。东汉末废。闲人:谓不相干的人。

⑦吾徒:犹我辈。

⑧答然其计:以同意他的意见作答。

⑨吴:即吴郡治所吴县,在今江苏苏州市。

⑩具:通"俱",都,全。状:情况。语(yù玉):告诉。

⑪薨(hōng轰):死的别称。自周代始,人之死亡,有尊卑之分,"薨"以称诸侯之死。《礼记·曲礼下》:"天子死曰崩,诸侯曰薨,大夫曰卒,士曰不

禄,庶人曰死。"

⑫"昔马援"三句:据《后汉书·马援传》,马援曾对汉光武帝刘秀说:"当今之世,非独君择臣也,臣亦择君矣。"马援,字文渊(前14~49),东汉扶风茂陵(今陕西兴平西北)人。先仕王莽,又投靠陇西军阀隗嚣,最终辅佐汉光武帝刘秀,历陇西太守,拜伏波将军,封新息侯。他曾对故人说:"男儿要当死于边野,以马革裹尸还葬耳,何能卧床上在儿女子手中邪!"马援六十馀岁尚带军出征,病卒于军旅,死后又一度受到猜疑。《后汉书》卷二四有传。光武:即刘秀(前5~57),字文叔,南阳郡蔡阳(今湖北枣阳市)人,汉高祖刘邦九世孙。在反抗新莽王朝的斗争中,刘秀与其兄刘縯组成舂陵军并与新市、平林、下江这三支绿林军中的最大的主力进行了联合,最终建立东汉王朝,刘秀即汉光武帝(25~57在位)。卒后庙号世祖。《后汉书》卷一有纪。

⑬纳奇录异:谓接纳录用有奇才异能的杰出人才。

⑭先哲:先世的贤人。

⑮承运:秉受天命。

⑯推步:推算天象历法。古人谓日月转运于天,犹如人之行步,可推算而知。事势:情势,形势,情况。

⑰历数:古谓帝王代天理民的顺序。《论语·尧曰》:"咨,尔舜,天之历数在尔躬。"三国魏何晏集解:"历数谓列次也。"宋邢昺疏:"孔注《尚书》云:谓天道。谓天历运之数。帝王易姓而兴,故言历数谓天道。"

⑱拘(gòu 构):营造。帝基:帝王基业。

⑲天符:天的符命。

⑳烈士:有节气、有壮志的人。《韩非子·诡使》:"而好名义不仕进者,世谓之烈士。"攀龙附凤:喻依附帝王以成就功业或扬威。语本汉扬雄《法言·渊骞》:"攀龙鳞,附凤翼,巽以扬之,勃勃乎其不可及也。"驰骛(wù

务):奔走;奔竞。秋:指某一时期、某一时刻。

㉑足下:古代下称上或同辈相称的敬词。

㉒佐时:谓辅佐当世之君治理国家。

㉓比:同类者。

权即见肃,与语甚悦之。众宾罢退,肃亦辞出,乃独引肃还,合榻对饮①。因密议曰:"今汉室倾危,四方云扰②,孤承父兄馀业,思有桓文之功③。君既惠顾,何以佐之?"肃对曰:"昔高帝区区欲尊事义帝而不获者,以项羽为害也④。今之曹操⑤,犹昔项羽,将军何由得为桓文乎?肃窃料之⑥,汉室不可复兴,曹操不可卒除⑦。为将军计,惟有鼎足江东⑧,以观天下之衅⑨。规模如此,亦自无嫌⑩。何者?北方诚多务也⑪。因其多务,剿除黄祖⑫,进伐刘表⑬,竟长江所极⑭,据而有之,然后建号帝王以图天下,此高帝之业也。"权曰:"今尽力一方,冀以辅汉耳,此言非所及也。"张昭非肃谦下不足⑮,颇訾毁之⑯,云肃年少粗疏⑰,未可用。权不以介意,益贵重之,赐肃母衣服帏帐,居处杂物,富拟其旧⑱。

[注释]

①合榻:犹言同桌共食。宋司马光《资治通鉴》卷六三"宾退,独引肃合榻对饮",元胡三省注云:"榻,床也。有坐榻,有卧榻。今江南又呼几案之属为卓床。卓,高也;以其比坐榻、卧榻为高也。合榻,犹言合卓也。"

②云扰:像云一样的纷乱。比喻动荡不安。

③桓文之功:谓建立春秋时齐桓公与晋文公扶助周天子那样显赫的功业。齐桓公(前?～前643),姓姜,名小白,公元前685年至前643年在位

期间重用管仲等,强军富民,九盟诸侯,遂成为春秋五霸之首。《史记》卷三二有传。晋文公(前697~前628),姬姓,名重耳,是中国春秋时期晋国的第二十二任君主,公元前636年至前628年在位,文治武功卓著,是春秋五霸中第二位霸主,也是先秦五霸之一,与齐桓公并称"齐桓晋文"。

④"昔高帝"二句:秦末,抗秦势力各地纷起,项梁立楚怀王的孙子熊心(前?~前205)为怀王以作抗秦旗帜;灭秦后,项羽又尊怀王为义帝,旋杀之。据《史记·高祖本纪》,刘邦得知义帝被杀害,就以此为契机组织反抗项羽的联盟:"遂为义帝发丧,临三日。发使者告诸侯曰:'天下共立义帝,北面事之。今项羽放杀义帝于江南,大逆无道。寡人亲为发丧,诸侯皆缟素。悉发关内兵,收三河士,南浮江汉以下,愿从诸侯王击楚之杀义帝者。'"高帝,即刘邦(前256~前195),字季,秦末泗水郡沛县(今江苏沛县)人,西汉王朝的开国皇帝。公元前202年称帝,在位八年,谥号高皇帝,庙号高祖。《史记》卷八、《汉书》卷一皆有纪。区区,形容一心一意。项羽,名籍(前232~前202),字羽,下相(今江苏宿迁西南)人。楚国将门之后,秦汉之际反秦义军首领,自立为西楚霸王,但因谋略欠缺,加之不善用人,终于在中原逐鹿中败于刘邦。《史记》卷七、《汉书》卷三一皆有传。

⑤曹操:字孟德(155~220),小字阿瞒,魏立国后追谥魏武帝,谯(今安徽亳州市)人。详见本书所选《武帝纪》。

⑥窃:私下里。料:料想,揣度。

⑦卒(cù促)除:谓迅速除掉。卒,通"猝"。

⑧鼎足:原意为三方并峙,但当时尚未形成魏、蜀、吴三分天下的局面。这里是割据一方的意思。

⑨衅:缝隙,裂痕。《左传·宣公十二年》:"会闻用师,观衅而动。"唐孔颖达疏:"衅是间隙之名。今人谓瓦裂龟裂皆为衅。"

⑩无嫌:犹无妨。

⑪多务:谓事务繁多。这里是变故丛生的意思。

⑫黄祖:荆州牧刘表所署江夏太守(? ~208),屡败于东吴军队,以其部下曾射杀孙坚,故与孙家结下世仇。建安十三年(208),终为孙权部下所斩杀。

⑬刘表:字景升(142~208),东汉远支皇族,山阳高平(今山东邹城市西南)人。官至镇南将军、荆州牧,拥兵自重。建安十三年(208)八月病卒,其子刘琮降曹。详见本书所选《刘表传》。

⑭长江所极:谓长江流域的广阔地区,当包括江南、荆州与巴蜀一带。

⑮张昭:字子布(156~236),彭城(今江苏徐州)人。东汉末避乱江东,从孙策创业,被命为长史、抚军中郎将。孙策临终以孙权托付,孙权待之以师父之礼。历任军师、绥远将军、辅吴将军,班亚三司,封娄侯,食邑万户。卒谥文侯。屡直言进谏孙权,孙权敬惮之。博览群书,著有《春秋左氏传解》《论语注》。详见本书所选《张昭传》。非:非议。谦下:谦逊,屈己待人。

⑯訾(zǐ紫)毁:诋毁,非议。

⑰粗疏:疏略,不精细。

⑱拟:比拟,类似。

刘表死。肃进说曰:"夫荆楚与国邻接①,水流顺北,外带江汉②,内阻山陵,有金城之固③,沃野万里,士民殷富④,若据而有之,此帝王之资也。今表新亡,二子素不辑睦⑤,军中诸将,各有彼此。加刘备天下枭雄⑥,与操有隙⑦,寄寓于表,表恶其能而不能用也。若备与彼协心,上下齐同⑧,则宜抚安⑨,与结盟好;如有离违⑩,宜别图之,以济大事。肃请得奉命吊表二子⑪,并慰劳其军中用事者⑫,及说备使抚表众,同心一意,共治曹操⑬,备必喜而从命。如其克谐⑭,天下可定也。

今不速往,恐为操所先。"权即遣肃行。到夏口⑮,闻曹公已向荆州⑯,晨夜兼道⑰。比至南郡⑱,而表子琮已降曹公,备惶遽奔走⑲,欲南渡江。肃径迎之,到当阳长阪⑳,与备会,宣腾权旨㉑,及陈江东强固㉒,劝备与权并力。备甚欢悦。时诸葛亮与备相随㉓,肃谓亮曰:"我子瑜友也㉔。"即共定交㉕。备遂到夏口,遣亮使权,肃亦反命㉖。

[注释]

①荆楚:荆为楚之旧号,略相当于古荆州地区,在今湖北、湖南一带。国:谓当时孙权占据的江东。

②外带:谓外面环绕。江汉:指长江与汉水之间及其附近的一些地区,属古荆楚之地,在今湖北省境内。

③金城:指坚固的城。《后汉书·班固传上》:"建金城其万雉,呀周池而成渊。"唐李贤注:"金城,言坚固也。"

④殷富:繁盛,富足。

⑤二子:谓刘表长子刘琦(?~209)与少子刘琮(生卒年不详)。辑睦:和睦。

⑥刘备:字玄德(161~223),蜀汉昭烈帝,史称先主。详见本书所选《先主传》。枭(xiāo 销)雄:骁勇雄豪。

⑦隙:谓嫌隙,因猜疑或不满而产生的恶感、仇怨。

⑧齐同:统一,相一致。

⑨抚安:安顿抚慰。

⑩离违:不和睦,不团结。

⑪吊:祭奠死者或对遭丧事及不幸者给予慰问。

⑫用事者:谓当权的将领。

⑬ 敌:较量,匹敌。

⑭ 克谐:能协同。

⑮ 夏口:地名。即今湖北汉口,为汉水入长江处。古代汉水在襄阳以下称夏水或襄江,故汉水入长江处称夏口。

⑯ 荆州:西汉元封五年(前106)所置十三刺史部之一,辖郡七、县一百一十七,治所汉寿县。汉末移治襄阳县(今湖北襄阳),辖境相当于今湖北、湖南大部以及河南、贵州、广东、广西等省区一小部分。三国时魏、吴均置荆州,辖境相当于原荆州。魏荆州治所新野(今属河南),吴荆州治所江陵(今属湖北)。

⑰ 兼道:犹兼程。即一天走两天的路,以加倍速度赶路。

⑱ 南郡:秦昭王二十九年(前278)置,治所郢(今湖北荆州市荆州区故江陵县城西北纪南城),后徙治江陵县(今荆州市荆州区故江陵县城),属荆州,三国时曾移治于公安(今属湖北)。西汉辖境相当于今湖北襄阳市、南漳县以南,松滋市、公安县以北,洪湖市以西,利川市及重庆巫山县以东地。

⑲ 惶遽:亦作"惶懅"。恐惧慌张。奔走:逃走。

⑳ 当阳:即当阳县,西汉置,属南郡。治所在今湖北荆门市西南。长阪(bǎn板):即长坂,故址在今湖北当阳市东北绿林山区西部的天柱山。

㉑ 宣腾:宣示传达。旨:意旨。

㉒ 江东:长江在芜湖、南京间作西南南、东北北流向,隋唐以前,是南北往来主要渡口所在,习惯上称自此以下的长江南岸地区为江东。三国时孙权建都于建康,故又称孙吴统治下的全部地区为江东。

㉓ 诸葛亮:字孔明(181~234),琅邪阳都(今山东沂南南)人。蜀汉杰出的政治家、军事家。蜀汉章武元年(221),刘备称帝,以他为丞相。详见本书所选《诸葛亮传》。

㉔ 子瑜:即诸葛瑾(174~241),字子瑜,琅邪阳都(今山东沂南南)人,

诸葛亮之兄。汉末避乱江东,任孙权长史,历官南郡太守,迁左将军,封宛陵侯。孙权称帝后,拜大将军、左都护,领豫州牧。《三国志》卷五二有传。

㉕定交:结为朋友。

㉖反命:复命。裴注云:"臣松之案:刘备与权并力,共拒中国,皆肃之本谋。又语诸葛亮曰'我子瑜友也',则亮已亟闻肃言矣。而《蜀书·亮传》曰:'亮以连横之略说权,权乃大喜。'如似此计始出于亮。若二国史官,各记所闻,竞欲称扬本国容美,各取其功。今此二书,同出一人,而舛互若此,非载述之体也。"

会权得曹公欲东之问①,与诸将议,皆劝权迎之,而肃独不言。权起更衣②,肃追于宇下③,权知其意,执肃手曰:"卿欲何言?"肃对曰:"向察众人之议,专欲误将军,不足与图大事。今肃可迎操耳,如将军,不可也。何以言之?今肃迎操,操当以肃还付乡党④,品其名位⑤,犹不失下曹从事⑥,乘犊车⑦,从吏卒,交游士林⑧,累官故不失州郡也⑨。将军迎操,欲安所归⑩?愿早定大计,莫用众人之议也。"权叹息曰:"此诸人持议,甚失孤望;今卿廓开大计⑪,正与孤同,此天以卿赐我也⑫。"

[注释]

①问:音讯。

②更衣:古时大小便的婉辞。汉王充《论衡·四讳》:"夫更衣之室,可谓臭矣;鲍鱼之肉,可谓腐矣。然而,有甘之更衣之室,不以为忌;肴食腐鱼之肉,不以为讳。"

③宇下:屋檐下。

④乡党：泛称家乡。周制，一万二千五百家为乡，五百家为党。

⑤品：与两汉选拔官吏的察举制相配合，乡里间的人物品评占有重要位置。《后汉书·许劭传》："初，劭与靖俱有高名，好共覈论乡党人物，每月辄更其品题，故汝南俗有'月旦评'焉。"名位：名誉与地位。

⑥下曹从事：古代分科办事的官署或部门称曹，诸曹属官称从事或从事史。这里指诸曹从事之最下者。

⑦犊车：牛车，为东汉末年官员从上至下所常乘者。宋司马光《资治通鉴》卷六五"犹不失下曹从事，乘犊车"，元胡三省注云："《晋志》曰：犊车，牛车也。古之贵者不乘牛车。汉武帝推恩之末，诸侯寡弱，贫者至乘牛车。其后稍贵之。自灵、献以来，天子至士，遂为常乘。"

⑧士林：指文人士大夫阶层。宋司马光《资治通鉴》卷六五"交游士林"，元胡三省注云："士林，多士之林；谓京邑大都，四方贤士所聚也。"

⑨累官：谓积功升官。

⑩欲安所归：意谓欲得到何种结局呢。归，结局，归宿。

⑪廓(kuò扩)开：阐扬，阐明。

⑫以卿赐我也：裴注引《魏书》及《九州春秋》曰："曹公征荆州，孙权大惧，鲁肃实欲劝权拒曹公，乃激说权曰：'彼曹公者，实严敌也，新并袁绍，兵马甚精，乘战胜之威，伐丧乱之国，克可必也。不如遣兵助之，且送将军家诣邺；不然，将危。'权大怒，欲斩肃，肃因曰：'今事已急，即有他图，何不遣兵助刘备，而欲斩我乎？'权然之，乃遣周瑜助备。"又引孙盛曰："《吴书》及《江表传》，鲁肃一见孙权便说拒曹公而论帝王之略，刘表之死也，又请使观变，无缘方复激说劝迎曹公也。又是时劝迎者众，而云独欲斩肃，非其论也。"

时周瑜受使至鄱阳①，肃劝追召瑜还。遂任瑜以行事②，以肃为赞军校尉③，助画方略④。曹公破走，肃即先还，权大请诸将迎肃。肃将入阁拜⑤,权起礼之,因谓曰:"子敬,孤持鞍下马相迎⑥,足以显卿未⑦?"肃趋进曰⑧:"未也。"众人闻之,无不愕然⑨。就坐,徐举鞭言曰:"愿至尊威德加乎四海⑩,总括九州⑪,克成帝业⑫,更以安车软轮征肃⑬,始当显耳。"权抚掌欢笑⑭。后备诣京见权⑮,求都督荆州⑯,惟肃劝权借之,共拒曹公⑰。曹公闻权以土地业备⑱,方作书⑲,落笔于地。

[注释]

①鄱(pó 婆)阳:即鄱阳县,西汉以番阳县改名,属豫章郡,治所在今江西鄱阳县东北古县渡镇。东汉建安十五年(210)孙权于此置鄱阳郡。三国吴赤乌八年(245)徙治吴芮故城(今鄱阳县)。

②行事:往事,成事。《汉书·翟方进传》:"时庆有章劾,自道行事以赎论。"宋刘敞刊误:"汉时人言行事成事,皆谓已行已成事也。"《三国志·吴主传》:"瑜、普为左右督,各领万人,与备俱进,遇于赤壁,大破曹公军。"宋司马光《资治通鉴》卷六五:"遂以周瑜、程普为左右督,将兵与备并力逆操;以鲁肃为赞军校尉,助画方略。"所谓"行事"当谓其"左督"之职,属临时设置,非正式官名,难与其下"赞军校尉"的正式官名并称,故云。

③赞军校尉:东汉末所置参赞军务的官名。宋司马光《资治通鉴》卷六五"以鲁肃为赞军校尉"。元胡三省注:"使之赞军谋,因以为官称。"

④方略:指挥。

⑤入阁:进入房室。阁,我国旧时的一种楼房。

⑥持鞍下马:谓一手抓住马鞍,另一手协助骑者下马。这在尚未出现马镫的东汉三国时代,通常乃侍卫或亲兵所为。由尊者实施则是一种崇高的礼遇。

⑦显:表扬,彰显。形容词使动用法。

⑧趋进:小步疾行而前,表示敬意的一种动作。《论语·乡党》:"没阶,趋进,翼如也。"宋邢昺疏:"谓疾趋而出,张拱端好,为鸟之张翼也。"

⑨愕然:惊讶貌。

⑩至尊:至高无上的地位,古代用为皇帝的代称。此与以下三句皆是鲁肃精心设计的预想之辞,因而能够博得当时仅仅割据江东的孙权的欢心。威德:声威与德行。四海:犹言天下,全国各处。

⑪总括:汇聚,包括。九州:即冀、豫、雍、荆、益、兖、青、徐、扬,凡九州,见于《尚书·虞夏书·禹贡》。这里泛指全国。

⑫克成:完成,实现。帝业:帝王的事业。

⑬安车:古代可以坐乘的小车。古车立乘,此为坐乘,故称安车。供年老的高级官员及贵妇人乘用。高官告老还乡或征召有重望的人,往往赐乘安车。安车多用一马,礼尊者则用四马。软轮:谓用蒲包裹的车轮,取其柔软不致颠簸。《后汉书·明帝纪》:"尊事三老,兄事五更,安车软轮,供绥执授。"唐李贤注:"软轮,以蒲裹轮。"征:征召,征聘。多指君召臣。

⑭抚掌:拍手。多表示高兴、得意。

⑮京:即京口,东汉末、三国吴时称为京城,后称京口,即今江苏镇江市。

⑯都督荆州:赤壁之战后,刘备占据荆州江南诸郡中的武陵、零陵、长沙、桂阳四郡;周瑜则攻占以江陵为治所的南郡。南郡为入蜀的门户,又是北进中原的跳板,有极高的战略价值。当时身为左将军兼荆州牧的刘备驻守公安(今湖北公安西北),觊觎南郡江陵已久,故以"都督荆州"为名,向孙权一方求得南郡的控制权,故下文鲁肃特以"借"为辞。

⑰共拒曹公:裴注引《汉晋春秋》曰:"吕范劝留备,肃曰:'不可。将军虽神武命世,然曹公威力实重,初临荆州,恩信未洽,宜以借备,使抚安之。多操之敌,而自为树党,计之上也。'权即从之。"

⑱业备:谓资助刘备。

⑲作书:谓写作。

周瑜病困①,上疏曰:"当今天下,方有事役②,是瑜乃心夙夜所忧③,愿至尊先虑未然,然后康乐④。今既与曹操为敌,刘备近在公安⑤,边境密迩⑥,百姓未附,宜得良将以镇抚之。鲁肃智略足任⑦,乞以代瑜。瑜陨踣之日⑧,所怀尽矣⑨。"即拜肃奋武校尉⑩,代瑜领兵。瑜士众四千馀人,奉邑四县⑪,皆属焉。令程普领南郡太守⑫。肃初住江陵,后下屯陆口⑬,威恩大行,众增万馀人,拜汉昌太守、偏将军⑭。十九年⑮,从权破皖城⑯,转横江将军⑰。

[注释]

①病困:谓病势沉重。

②方:副词。表示某种状态正在持续或某种动作正在进行。犹正。事役:指战事。

③乃心:思念。夙(sù素)夜:朝夕,日夜。

④康乐:安乐。

⑤公安:即公安县,三国蜀汉置,属南郡,治所在油口(今湖北公安西北十里)。后属吴。

⑥密迩:贴近,靠近。公安县位于江陵县以南,两地相邻。

⑦智略:才智与谋略。

⑧陨踣(yǔnbó允勃):死亡的婉称。

⑨所怀尽矣:裴注引《江表传》载:"初瑜疾困,与权笺曰:'瑜以凡才,昔受讨逆殊特之遇,委以腹心,遂荷荣任,统御兵马,志执鞭弭,自效戎行。规

定巴蜀，次取襄阳，凭赖威灵，谓若在握。至以不谨，道遇暴疾，昨自医疗，日加无损。人生有死，修短命矣，诚不足惜，但恨微志未展，不复奉教命耳。方今曹公在北，疆场未静，刘备寄寓，有似养虎，天下之事，未知终始，此朝士旰食之秋，至尊垂虑之日也。鲁肃忠烈，临事不苟，可以代瑜。人之将死，其言也善，傥或可采，瑜死不朽矣。'"又云："案此笺与本传所载，意旨虽同，其辞乖异耳。"

⑩奋武校尉：官名。三国吴所置，位次于将军。

⑪奉邑：以收取赋税作为俸禄以及所领兵众军需的封地。奉，通"俸"。四县：即下隽、汉昌、刘阳、州陵四县。详见本书所选《周瑜传》。

⑫程普：字德谋（生卒年不详），右北平土垠（今河北丰润东）人。初从孙坚起兵，后随孙策经营江南，历任吴郡都督、荡寇中郎将，为孙氏宿将。赤壁之战中，与周瑜为左、右督，共破曹军。《三国志》卷五五有传。

⑬陆口：又作蒲圻口、蒲矶口、陆溪口，即今湖北嘉鱼县西南四十八里陆溪镇。东汉末及三国时为军事要地。陆口处于江陵县的长江下游，故曰下屯。鲁肃借南郡给刘备，故移驻陆口。

⑭汉昌：即汉昌郡，东汉末置，治所汉昌县（今湖南平江县东南），三国吴废。偏将军：东汉杂号将军名，始于光武帝，三国时沿置，掌领兵征伐。

⑮十九年：即建安十九年（214）。

⑯皖城：即皖县，西汉置，属庐江郡，治所在今安徽潜山县。东汉建安末为庐江郡治。

⑰转：迁职。横江将军：官名。三国吴所置杂号将军名。

先是，益州牧刘璋纲维颓弛①，周瑜、甘宁并劝权取蜀②，权以咨备，备内欲自规③，仍伪报曰："备与璋托为宗室④，冀凭英灵⑤，以匡汉朝。今璋得罪左右⑥，备独竦惧⑦，非所敢闻，愿加宽贷。若不获请，备当放发归于山林⑧。"后备西图璋⑨，留关羽守⑩，权曰："猾虏乃敢挟诈⑪！"及羽与肃邻界，数生狐疑⑫，疆场纷错⑬，肃常以欢好抚之。备既定益州，权求长沙、零、桂⑭，备不承旨⑮，权遣吕蒙率众进取⑯。备闻，自还公安，遣羽争三郡。肃住益阳⑰，与羽相拒。肃邀羽相见，各驻兵马百步上⑱，但请将军单刀俱会⑲。肃因责数羽曰⑳："国家区区本以土地借卿家者㉑，卿家军败远来，无以为资故也。今已得益州，既无奉还之意，但求三郡，又不从命。"语未究竟㉒，坐有一人曰："夫土地者，惟德所在耳㉓，何常之有！"肃厉声呵之㉔，辞色甚切㉕。羽操刀起谓曰："此自国家事，是人何知！"目使之去㉖。备遂割湘水为界㉗，于是罢军。

[注释]

①益州牧刘璋：字季玉（？～219），东汉江夏竟陵（今湖北潜江西北）人，刘焉之子。兴平元年（194），刘焉病卒，刘璋继为监军使者，领益州牧。建安十六年（211）迎刘备入蜀，后反为刘备所制，刘备自领益州牧，迁刘璋于南郡公安，佩振威将军印绶。建安二十四年（219），孙权夺取荆州后，又以刘璋为益州牧，驻秭归，旋病卒。《三国志》卷三一有传。益州，西汉元封五年（前106）置，为十三刺史部之一。公孙述改为司隶校尉，东汉复为益州，治所雒县（今四川广汉市北），兴平中移治成都（今属四川），辖境相当于今四川大部以及甘肃、陕西、湖北、贵州、云南少部分。纲维：总纲和四维。比喻法度。颓弛：犹废弛。

②甘宁：字兴霸（生卒年不详），巴郡临江（今重庆忠县）人。初依刘表，后归孙权，为陈军事方略，受到重用，屡立战功。拜西陵太守、折冲将军。

《三国志》卷五五有传。

③自规:替自己打算,即自己希图占有益州。

④宗室:特指与君主同宗族之人。犹言皇族。

⑤冀:盼望。英灵:谓汉朝历代帝王的神灵。

⑥左右:不直称对方,而称其执事者,表示尊敬。

⑦竦(sǒng耸)惧:肃立惶恐。

⑧放发:披散头发。即辞官。归于山林:谓归隐。

⑨备西图璋:建安十六年(211),刘璋迎刘备入蜀,欲使其攻汉中张鲁。建安十九年(214),刘璋投降刘备,刘备领益州牧。详见本书所选《先主传》。

⑩关羽:字云长(? ~219),东汉解县(治今山西临猗西南)人。详见本书所选《关羽传》。

⑪猾虏:奸狡的贼寇。对敌方的蔑称。挟诈:谓心藏诈术。

⑫狐疑:猜疑,怀疑。

⑬疆埸(yì义):边界,边境。纷错:纷繁杂乱。

⑭长沙:即长沙郡,战国秦置,治所临湘县(今湖南长沙市),辖境相当于今湖南东部、南部与广西全州、广东连州、阳山等地。西汉高帝五年(前202)改为长沙国,东汉复为郡,辖境缩小。零:即零陵郡,西汉元鼎六年(前111)分桂阳郡置,治所零陵县(今广西全州西南),辖境相当于今湖南邵阳市、衡阳市以南,永州市、宁远县以西,武冈市和广西桂林市以东,阳朔县和湖南道县以北地,东汉移治泉陵县(今湖南永州市北二里)。三国后辖境缩小。桂:即桂阳郡,汉高帝置,治所郴县(今湖南郴州市),辖境约相当于今湖南耒阳市以南的耒水、舂陵水流域,北至洣水入湘处附近,南包广东英德以北的北江流域。三国吴以后辖境缩小。

⑮承旨:亦作"承指"。逢迎意旨。

⑯吕蒙:字子明(178~219),汝南富陂(今安徽阜南东南)人。东吴大将,历任平北都尉、左护军、虎威将军、南郡太守,封孱陵侯。病卒。详见本书所选《吕蒙传》。

⑰益阳:即益阳县,西汉置,属长沙国,治所在今湖南益阳市东。东汉属长沙郡,三国吴属衡阳郡,移治今益阳市。

⑱上:用在名词后。表示一定的处所或范围。

⑲单刀俱会:谓只携带佩刀相会。俱,偕同。

⑳责数(shǔ蜀):责备数说。

㉑国家:犹言"官家",这里即指孙权。区区:犹方寸,形容人的心。这里引申谓真情挚意。卿家:你家。

㉒究竟:结束,完毕。

㉓惟德所在:意谓土地属于有德者。

㉔呵:喝斥阻止。

㉕切:激烈。

㉖目:谓用眼色表态示意。裴注引《吴书》曰:"肃欲与羽会语,诸将疑恐有变,议不可往。肃曰:'今日之事,宜相开譬。刘备负国,是非未决,羽亦何敢重欲干命!'乃趋就羽。羽曰:'乌林之役,左将军身在行间,寝不脱介,戮力破魏,岂得徒劳,无一块壤,而足下来欲收地邪?'肃曰:'不然。始与豫州观于长阪,豫州之众不当一校,计穷虑极,志势摧弱,图欲远窜,望不及此。主上矜愍豫州之身,无有处所,不爱土地士人之力,使有所庇荫以济其患,而豫州私独饰情,愆德隳好。今已藉手于西州矣,又欲剪并荆州之土,斯盖凡夫所不忍行,而况整领人物之主乎!肃闻贪而弃义,必为祸阶。吾子属当重任,曾不能明道处分,以义辅时,而负恃弱众以图力争,师曲为老,将何获济?'羽无以答。"

㉗湘水:在今江西会昌县南。《方舆纪要》卷八八赣州府会昌县:"(湘

水)在县南。源出广东程乡县界,西北过龙石,会绵江。"《三国志·吴主传》:"会曹公入汉中,备惧失益州,使使求和。权令诸葛瑾报,更寻盟好,遂分荆州长沙、江夏、桂阳以东属权,南郡、零陵、武陵以西属备。"

肃年四十六,建安二十二年卒①。权为举哀②,又临其葬③。诸葛亮亦为发哀④。权称尊号⑤,临坛⑥,顾谓公卿曰:"昔鲁子敬尝道此,可谓明于事势矣。"

[注释]

①建安二十二年:即公元217年。建安,汉献帝的第五个年号(196~220)。

②举哀:指高声号哭以哀悼。

③临丧:谓亲临丧礼。

④发哀:举行哀悼仪式。裴注引《吴书》曰:"肃为人方严,寡于玩饰,内外节俭,不务俗好。治军整顿,禁令必行,虽在军陈,手不释卷。又善谈论,能属文辞,思度弘远,有过人之明。周瑜之后,肃为之冠。"

⑤称尊号:指即帝位。魏明帝太和三年(229)四月,孙权即帝位,改元黄龙,是为吴大帝。

⑥坛:高台。古代祭祀天地、帝王、远祖或举行朝会、盟誓及拜将的场所,多用土石等建成。

肃遗腹子淑既壮①,濡须督张承谓终当到至②。永安中③,为昭武将军、都亭侯、武昌督④。建衡中⑤,假节⑥,迁夏口督。所在严整⑦,有方干⑧。凤皇三年卒⑨。子睦袭爵⑩,领兵马。

[注释]

①遗腹子淑：即鲁淑（217～274），鲁肃之子。遗腹子，指怀孕妇人于丈夫死后所生的孩子。壮：男子三十为"壮"，即壮年。后泛指成年。《礼记·曲礼上》："人生十年曰幼学；二十曰弱冠；三十曰壮，有室。"

②濡（rú 如）须督张承：字仲嗣（178～244），彭城（今江苏徐州）人，张昭长子。少以才学知名，与诸葛瑾、步骘、严畯相友善。历任濡须都督、奋威将军，封都乡侯。《三国志》卷五二有传。濡须督，三国吴所置镇守濡须的统军督帅。濡须，即濡须坞，故址在今安徽含山县西南古濡须水口，亦称濡须城，建安十七年（212），孙权为抗拒曹操修筑。到至：意谓当成大器。卢弼《三国志集解》卷五四云："'到'上疑脱一'远'字。"如此，则"至"当下属。可参考。

③永安：吴景帝孙休的年号（258～264）。

④昭武将军：官名。三国所置杂号将军，第五品。都亭侯：封爵名，属于列侯中的亭侯。都亭，都邑中的传舍。亭，秦汉时乡以下、里以上的行政机构。此封爵即以都邑中一亭为其食邑。武昌：即武昌县，三国魏黄初二年（221），吴孙权改鄂县置，为武昌郡治，治所即今湖北鄂州市，并从公安迁都于此。

⑤建衡：吴末帝孙皓的第四个年号（269～271）。

⑥假节：东汉末至三国，掌地方军政的官往往加使持节、持节或假节的称号。使持节得诛杀中级以下官吏；持节得杀无官职的人；假节得杀犯军令者。

⑦严整：谓部伍严明整齐。

⑧方干：方略才干。

⑨凤皇三年：即公元274年。凤皇，吴末帝孙皓的第五个年号（272～274）。

⑩子睦：即鲁睦，鲁肃之孙。生平不详。袭爵：封建时代，子孙承袭先代的爵位。

[译文]

鲁肃字子敬，是临淮郡东城县人。生下来就失去了父亲，与祖母一起生活。鲁家富有财产，鲁肃生性喜欢施舍。当时天下已然大乱，鲁肃不经营家产，大量散发家中钱财，标价出卖自家田地，以救济贫困的人与结交士人为事业，很得本乡人的欢心。

周瑜任居巢县长，带领数百人特意前来拜访鲁肃，并请求他资助粮食。鲁肃家有两座圆形谷仓储藏米，各有三千斛，鲁肃于是手指一谷仓米送与周瑜，周瑜更加相信鲁肃为人非同一般，于是相亲近结交，就如同春秋郑国公孙侨（子产）与吴国公子季札的交情。袁术闻知鲁肃的名声，就委任他为东城县长，鲁肃察觉袁术治事无法度，不能够与他建立功业，就携带家中老幼并率领轻生重义而勇于急人之难的百馀名年轻人，向南到居巢县投奔周瑜。周瑜渡江至江东，鲁肃与他一同前往，将家属留在曲阿县。正值鲁肃的祖母去世，鲁肃护送祖母灵柩回东城县安葬。

刘子扬与鲁肃友善，致鲁肃书信说："如今天下豪杰并起，以您的资质才能，特别适宜在今天施展。请您火速回去迎接老母，没有必要在东城县久留。近来有个叫郑宝的人，如今在巢湖，拥有一万人众，所处地域肥沃富饶，庐江郡不相干的人有许多去依附他，何况我辈人呢？考察他现在形势的发展，还可以广泛集聚人才，时机不可错失，足下要迅速行动。"鲁肃以同意他的意见作答。安葬好祖母，鲁肃回到曲阿县，准备北行。适逢周瑜已经将鲁肃的母亲迎接到吴县，鲁肃就将巢湖的情况都告诉了周瑜。当时孙策已经故去，孙权还住于吴县，周瑜对鲁肃说："从前马援回答光武帝刘秀说：'当今的时代，不只是君主要选择臣属，臣属也要选择君主。'如今此处的主人孙权亲近贤能，尊重读书人，接纳录用有奇才异能的杰出人才，况且我听说先世的贤人秘密议论，秉受天命替代刘氏皇室的人，必定在东南方向出现，推算天象历法预测情事，正与帝王代天理民的顺序相应，终究可营造帝王基业，顺应天的符命，也正是有节气有壮志的人依附帝王以成就功业而相逐奔竞的时刻。我刚解悟到这一层，足下不必将刘子扬的话记挂在心。"鲁肃听从了周瑜的劝导。周瑜乘便向孙权推荐鲁肃的才能适合于辅佐当世之君治理国家，应当广泛寻求鲁肃这样的人才，以建立功业，不能听任他离去。

孙权即时召见鲁肃，与他谈话后大为高兴。众宾客告退之后，鲁肃也告辞出去，孙权又单独将鲁肃请回，在一起同桌共食。孙权乘便与鲁肃秘密商议说："如今汉室倾侧危险，四方像云一样的纷乱，动荡不安，孤继承父兄留下来的基业，很想建立春秋时齐桓公、晋文公扶助周天子那样显赫的功业。您既然光临江东，能用什么方法来帮助孤呢？"鲁肃回答说："从前汉高祖一心一意想将义帝作为君主侍奉的愿望落空，原因就在于项羽杀害了义帝。如今的曹操，犹如昔日的项羽，将军您又怎会成为齐桓公、晋文公呢？我私下里揣度，汉室已难以复兴，曹操也难以迅速被清除。为将军您考虑，只有割据江东，观望天下大势变化中的缝隙。如此筹谋，也无大的妨碍。为什么如此？因为北方确实变故丛生。趁北方多事之际，我们剿灭黄祖，进而讨伐刘表，将长江流域的广阔地区全部据为己有，然后建立国号即皇帝位以夺取天下，这正是汉高祖的功业啊。"孙权说："如今尽力经营一方，希望以此辅佐汉室，您的一番话不是孤所能做到的。"张昭非议鲁肃不够谦逊，对他大加诋毁，认为鲁肃年轻疏略，不能任用。孙权毫不介意，对鲁肃更加尊重，赐予鲁肃母亲衣服帷帐，以及居家所用各种杂物，令他们的富裕程度与先前生活类似。

刘表去世，鲁肃进言说："荆楚与我江东邻接，水流向北，外部有长江、汉水环绕，内部山陵交错，如同一座坚固的城池，又有沃野万里，士人百姓生活殷实富足,如果占据并拥有这块土地,就是建立帝王大业的凭借。如今刘表新近故去,两个儿子平素就不和睦,其军中的诸位将领,分别依附于这两位公子。加之刘备乃天下骁勇雄豪之辈,与曹操结下仇怨,依附寓居于刘表处,刘表妒忌刘备的才能而不能使用他。如果刘备如今与刘氏兄弟同心,上下相一致,当以安顿抚慰为宜,与他们结为友好同盟;如果他们之间不和睦,就应当另想办法,以成就大事。我请求得到您的指派去向刘表的两位儿子吊唁,并对他们军队中掌权的将领加以慰问,以及说服刘备请他安抚刘表的部众,与我们同心协力,共同与曹操较量,刘备必然高兴从命。如果双方能协同一致,天下就可以平定了。现在若不迅速前往,恐怕就要被曹操占先了。"孙权立即派遣鲁肃前往。行至夏口,闻知曹操已经向荆州进发,就日夜不停地一天走两天的路。等到行至南郡,刘表的幼子刘琮已经投降了曹操,刘备恐惧慌张地逃走,打算向南渡过长江。鲁肃径直迎候刘备,到达当阳县长阪一带,与刘备会面,宣示传达了孙权的意旨,并陈述江东强大坚固,劝导刘备与孙权合力抵御曹操。刘备大为欢悦。当时诸葛亮与刘备相随,鲁肃对诸葛亮说:"我是令兄子瑜的朋友。"于是结为朋友。刘备于是到达夏口,派遣诸葛亮以使者身份拜见孙权,鲁肃也返回江东复命。

适逢孙权得知曹操打算进军东吴的音讯,就与各位将领商议对策,都力劝孙权迎接曹操的大军,唯独鲁肃一言不发。孙权起立去解手,鲁肃追孙权至于屋檐下,孙权领会了鲁肃的意思,拉着鲁肃的手说:"您想要说什么?"鲁肃回答说:"刚才我思考众人的议论,完全是想断送将军您的事业,不足与他们商讨大事。如今我鲁肃可以迎降曹操,然而如将军您,就不能这样做。为什么这样说呢?如今鲁肃迎降曹操,曹操应当将鲁肃送回家乡,经过品评给予名誉与地位,总不会失去官署中诸曹从事之最下的职位,出乘牛车,有小吏与士兵跟随,与文人士大夫阶层交游,积功升官,可以做到州郡长官。将军您若迎降曹操,欲得到何种结局呢?希望您尽早决定大计,不用理会众人的议论。"孙权叹息说:"这些人所持议论,真是令孤大失所望;如今经您阐明大计,与孤的想法正好相同,这是上天将您赐予孤啊。"

当时周瑜已接受孙权使命前往鄱阳县,鲁肃劝孙权急召周瑜返回。孙权于是任命周瑜为主持军务的左督,任命鲁肃为赞军校尉,协助周瑜谋划指挥。曹操被击败逃走,鲁肃先行返回,孙权请诸位将领摆大场面迎接鲁肃。鲁肃即将进入房室拜见孙权,孙权起身出来施礼,乘便对鲁肃说:"子敬,孤抓住马鞍扶您下马以相迎,足以彰显给予您的荣耀了吗?"鲁肃小步疾行而前回答说:"还没有。"众人听到后,没有不惊讶的。就座之后,鲁肃慢慢举起马鞭说:"但愿至高无上的主公声威与德行传布四海,统一天下,完成帝王的事业,然后再以安车软轮征召鲁肃我,到那时才荣耀啊。"孙权听后拍手欢笑。

此后刘备到京口会见孙权,请求得到荆州南郡的管辖权,只有鲁肃劝导孙权将南郡借与刘备,以便一同抗拒曹操。曹操闻知孙权以土地资助刘备,正在写作,惊恐地将笔都失落在地上。

周瑜病情危重之际,上奏疏给孙权说:"当今天下,正是战事频仍的时候,这是周瑜我日夜思念担忧的事情,但愿至高无上的主公先要防患于未然,然后再图安乐。如今已经与曹操为敌,刘备又近在公安县,双方的边境靠近,百姓还没有归附,应当选用良将去镇守安抚那里。鲁肃才智与谋略足以承担此任,就请求派他代替我。周瑜辞世之时,就心无牵挂了。"孙权即刻任命鲁肃为奋武校尉,替代周瑜领兵。周瑜部下的四千多人马、四个县的奉邑,都划归鲁肃。任命程普兼任南郡太守。鲁肃最初驻守江陵县,后迁移到下游的陆口驻守,恩威并施,部下兵众增加一万多人,孙权任命鲁肃为汉昌太守、偏将军。汉献帝建安十九年(214),鲁肃跟随孙权攻破皖城,转任横江将军。

此前,益州牧刘璋法度废弛,周瑜、甘宁都劝孙权攻取益州。孙权向刘备征询意见,刘备内心希图自己占有益州,就假意回答说:"刘备我与刘璋同为汉室宗族之人,盼望凭借大汉历代帝王的神灵,匡扶汉朝。如今刘璋得罪了您,刘备我也独自感到肃立惶恐,攻取益州一事实在不敢听闻,希望您能够宽恕他。如果得不到您的应允,刘备我就应当辞官而披散头发归隐山林。"以后刘备西进益州攻打刘璋,留下关羽驻守荆州,孙权说:"奸狡的贼寇,竟敢心藏诈术!"及至关羽与鲁肃双方辖境相邻,关羽屡次产生猜疑,边境上纷繁杂乱,鲁肃常常以友好的交往安抚关羽。刘备平定益州以后,孙权向刘备提出索取长沙、零陵、桂阳三郡的要求,刘备不逢迎意旨,孙权就派遣吕蒙率领兵众进取三郡。刘备闻知后,从益州前往公安县驻守,派遣关羽去争夺三郡。鲁肃驻守益阳,与关羽相抗拒。鲁肃邀请关羽相会,各自将兵马排列于一百步远的距离外,各位将军只是携带自己的佩刀相会于阵前。鲁肃责备数说关羽说:"我们主公真情挚意将土地借与你家,是因为你家兵败于曹军,远道而来没有地盘驻军的缘故。如今你家已经得到益州,既没有归还所借土地的意思,我们只求得到长沙、零陵、桂阳三郡,你们又不同意。"他的话还没有说完,关羽队列中在座的一人说:"土地的归属,属于有德者,哪能有长久不变的道理!"鲁肃高声喝斥阻止此人,言辞与神色都非常严厉。关羽持刀站起来说:"这是我家主公思考的事情,你这个人懂得什么!"说着就用眼色示意让那人离去。刘备于是与孙权一方约定以湘水为界划分荆州数郡,双方撤兵。

鲁肃年纪四十六岁,汉献帝建安二十二年(217)去世。孙权为鲁肃之死高声号哭以哀悼,又亲临丧礼。诸葛亮也为鲁肃举行哀悼仪式。孙权称帝,登临祭告天地的高台,回顾众高官说:"以前鲁子敬曾经说过即帝位的盛事,可以说是明察天下大事的走势了。"

鲁肃的遗腹子鲁淑成年后,镇守濡须的统军督帅张承认为他最终当成大器。吴景帝孙休永安(258～264)中,朝廷任命鲁淑为昭武将军,进封都亭侯,任武昌督。吴末帝孙皓建衡(269~271)中,假节,升任夏口督。鲁淑任职有方略才干,其部伍严明整齐。鲁淑于吴末帝孙皓凤皇三年(274)去世。鲁淑儿子鲁睦承袭爵位,为将统领兵马。

吕蒙传

[题解]

传见《三国志》卷五四《吴书九》。吕蒙(178~219),字子明,汝南郡富陂县(治今安徽阜南县东南)人。年少即有胆量,杀人后受到孙策的青睐。孙权掌事后,历任别部司马、平北都尉,随孙权征讨江夏黄祖,斩其先锋陈就,迁横野中郎将。从周瑜大破曹军于赤壁,攻取南郡,有勇有谋,屡建战功,深受孙权赏识。鲁肃卒后,他以左护军、虎威将军继镇陆口,与关羽周旋。汉献帝建安二十四年(219),趁关羽进攻曹魏樊城之际,吕蒙率吴军袭取南郡江陵并擒杀关羽,书写了他人生浓墨重彩的一笔。从此东吴势力控制长江流域,实力大增,吕蒙被任命南郡太守,封孱陵侯,走到其人生的顶点。此后不久,吕蒙病卒,致令孙权大为悲痛。后世《三国志通俗演义》出于"尊刘"的宗旨,将吕蒙之死渲染成关羽魂灵的报复,小说家言,大谬史实,不足为据。吕蒙虽然四十出头即撒手人寰,但他从无学任性到好学深思,用短暂的人生旅途为后世树立起一座励志的丰碑,的确非同凡响!裴松之为《三国志》作注引《江表传》中"非复吴下阿蒙",以及"士别三日,即更刮目相待"等语,至今仍然活跃于人们的文章或口语中,即为明证。宋洪迈《容斋随笔》卷一三《孙吴四英将》有云:"孙吴奄有江左,亢衡中州,固本于策、权之雄略,然一时英杰,如周瑜、鲁肃、吕蒙、陆逊四人者,真所谓社稷心膂,与国为存亡之臣也……四人相继,居西边三四十年,为威名将,曹操、刘备、关羽皆为所挫,虽更相汲引,而孙权委心听之,吴之所以为吴,非偶然也。"此论极其中肯。

吕蒙字子明,汝南富陂人也①。少南渡,依姊夫邓当②。当为孙策将③,数讨山越④。蒙年十五六,窃随当击贼⑤,当顾见大惊,呵叱不能禁止⑥。归以告蒙母,母恚欲罚之⑦,蒙曰:"贫贱难可居,脱误有功⑧,富贵可致。且不探虎穴,安得虎子⑨?"母哀而舍之⑩。时当职吏以蒙年小轻之⑪,曰:"彼竖子何能为⑫?此欲以肉喂虎耳⑬。"他日与蒙会,又蚩辱之⑭。蒙大怒,引刀杀吏⑮,出走,逃邑子郑长家⑯。出因校尉袁雄自首⑰,承间为言⑱,策召见奇之⑲,引置左右。

[注释]

①汝南:即汝南郡,西汉高帝四年(前203)置,治所上蔡县(今河南上蔡西南),辖境相当于今河南颍河、淮河之间,京广铁路西侧一线以东,安徽茨河、西淝河以西、淮河以北地区。东汉徙治平舆县(今河南平舆西北)。富陂(pō坡):即富陂县,又称富波县,在今安徽阜南县东南王化镇附近。

②邓当:孙策部将,生平不详。

③孙策:字伯符(175~200),东汉吴郡富春(今浙江富阳)人,孙坚长子。曾随孙坚攻刘表,孙坚死,领其馀部依附袁术。兴平二年(195)离开袁术,率军渡江,占据吴、会稽、庐江、豫章等六郡,建立孙氏政权,威震江东,人称"小霸王"。建安二年(197),曹操表其为讨逆将军,封吴侯。建安五年(200),被原吴郡太守许贡家客行刺,伤重而亡。后其弟孙权称帝,追谥孙策为长沙桓王。《三国志》卷四六有传。

④山越:古代对南方山区少数民族的通称。清王鸣盛《十七史商榷·三国志四·山越》:"山越者,自周秦以来,南蛮总称百越,伏处深山,故名

山越。"

⑤窃:副词,偷偷地,暗地里。

⑥呵叱:大声斥责。

⑦恚(huì 惠):愤怒。

⑧脱误:假如,或许。系当时口语。

⑨"不探虎穴"二句:同"不入虎穴,焉得虎子"。比喻不冒风险,就不能取得大的成功。

⑩舍之:放过他。

⑪职吏:旧指地位低下的官吏。《后汉书·卓茂传》:"(茂)以病免归郡,常为门下掾祭酒,不肯作职吏。"

⑫竖子:对人的鄙称。犹今言"小子"。何能为:意谓能干什么。

⑬餧(wèi 喂):同"喂"。

⑭蚩(chī 痴)辱:侮辱,欺压。

⑮引刀:拔刀。

⑯邑子:同县的人。郑长:人名。

⑰校尉袁雄:东汉末孙策部将,生平不详。校尉,官名。秦末义军中已有此职,汉代始设为常职,其地位略次于将军,并各随其职务冠以各种名号。

⑱承间为言:谓(为吕蒙)趁机会(向孙策)说情。

⑲奇之:认为吕蒙不凡。奇,形容词意动用法。

数岁,邓当死,张昭荐蒙代当①,拜别部司马②。权统事③,料诸小将兵少而用薄者④,欲并合之。蒙阴赊贳⑤,为兵作绛衣行縢⑥,及简日⑦,陈列赫然⑧,兵人练习⑨,权见之大悦,增其兵。从讨丹杨⑩,所向有功,拜平北都尉⑪,领广德长⑫。

[注释]

①张昭：字子布(156~236)，彭城(今江苏徐州)人。东汉末避乱江东，从孙策创业，被命为长史、抚军中郎将。孙策临终以孙权托付，孙权待之以师父之礼。历任军师、绥远将军、辅吴将军，班亚三司，封娄侯，食邑万户。卒谥文侯。屡直言进谏孙权，孙权敬惮之。博览群书，著有《春秋左氏传解》《论语注》。详见本书所选《张昭传》。

②别部司马：东汉大将军领营五部之外的别部军官。《后汉书·百官一》："大将军营五部，部校尉一人，比二千石；军司马一人，比千石。部下有曲，曲有军候一人，比六百石。曲下有屯，屯长一人，比二百石。其不置校尉部，但军司马一人。又有军假司马、假候，皆为副贰。其别营领属为别部司马，其兵多少各随时宜。"

③统事：治理政事。汉献帝建安五年(200)，孙策遇刺身亡，其弟孙权领其众，为讨虏将军，领会稽太守。

④料：清查。用薄：谓作用不大。

⑤阴：暗中。赊贳(shēshì 奢世)：借贷。

⑥绛衣：深红色衣服。古代军服常用绛色。行縢(téng 藤)：绑腿布。《诗经·小雅·采菽》"邪幅在下"，汉郑玄笺："邪幅，如今行縢也。偪束其胫，自足至膝，故曰在下。"

⑦简：检阅，视察。

⑧赫然：光彩鲜明貌。多指红色。

⑨练习：谓训练有素。

⑩丹杨：即丹杨郡，或作丹阳郡，西汉元封二年(前109)改鄣郡置，治所宛陵县(今安徽宣州市)，辖境相当于今安徽长江以南、江苏宁镇山南北和浙江天目山以西、新安江中上游南北之地。

⑪平北都尉：官名。三国吴临时因事而设置的武官，仅吕蒙一人任之。

⑫领:谓兼任。广德:即广德县,东汉末吴分故鄣县置,属丹阳郡,治所在今安徽广德县西南,以西汉鸿嘉二年(前19)在黟县所置广德王国为名。

从征黄祖①,祖令都督陈就逆以水军出战②。蒙勒前锋③,亲枭就首④,将士乘胜,进攻其城。祖闻就死,委城走⑤,兵追禽之⑥。权曰:"事之克,由陈就先获也。"以蒙为横野中郎将⑦,赐钱千万。

[注释]

①黄祖:荆州牧刘表所署江夏太守(?~208),屡败于东吴军队,以其部下曾射杀孙坚,故与孙家结下世仇。建安十三年(208),终为孙权部下所斩杀。

②都督陈就:黄祖部将(?~208),生平不详。都督,官名。三国时所创置,亦称领军刺史,临时因军事需要而以统军将领或地方军政长官任之。将领督十军至二十军,才可称之为都督,第四品。逆:迎击。

③勒:统率。前锋:先锋,先头部队。

④枭(xiāo 销):即"枭首",斩首并悬挂示众。

⑤委:舍弃,丢弃。

⑥禽:通"擒"。

⑦横野中郎将:官名。三国吴所置,位次于横野将军。

是岁①,又与周瑜、程普等西破曹公于乌林②,围曹仁于南郡③。益州将袭肃举军来附④,瑜表以肃兵益蒙,蒙盛称肃有胆用⑤,且慕化远来⑥,于义宜益不宜夺也⑦。权善其言⑧,还肃兵。瑜使甘宁前据夷陵⑨,曹仁分众攻宁,宁困急,使使请救⑩。诸将以兵少不足分,蒙谓瑜、普曰："留凌公绩⑪,蒙与君行,解围释急,势亦不久,蒙保公绩能十日守也。"又说瑜分遣三百人柴断险道⑫,贼走可得其马。瑜从之。军到夷陵,即日交战,所杀过半。敌夜遁去,行遇柴道⑬,骑皆舍马步走。兵追蹙击⑭,获马三百匹,方船载还⑮。于是将士形势自倍⑯,乃渡江立屯⑰,与相攻击,曹仁退走,遂据南郡,抚定荆州⑱。还,拜偏将军⑲,领寻阳令⑳。

[注释]

①是岁:即汉献帝建安十三年(208)。

②周瑜:字公瑾(175～210),庐江舒县(今安徽庐江西南)人。详见本书所选《周瑜传》。程普:字德谋(生卒年不详),右北平土垠(今河北丰润东)人。初从孙坚起兵,后随孙策经营江南,历任吴郡都督、荡寇中郎将,为孙氏宿将。赤壁之战中,与周瑜为左右督,共破曹军。《三国志》卷五五有传。曹公:即曹操(155～220),字孟德,小字阿瞒,魏立国后追谥魏武帝,谯(今安徽亳州市)人。详见本书所选《武帝纪》。乌林:即今湖北洪湖市东北长江北岸乌林矶,位于长江北岸,与赤壁隔江相望。

③曹仁:字子孝(168～223),曹操堂弟,谯(今安徽亳州市)人。从曹操征伐,屡立战功,曾以镇南将军镇守南郡,固守樊城。魏文帝时官至大将军,迁大司马。《三国志》卷九有传。南郡:秦昭王二十九年(前278)置,治所郢(今湖北荆州市荆州区故江陵县城西北纪南城),后徙治江陵县(今荆州市荆州区故江陵县城),属荆州,三国时曾移治于公安(今属湖北)。西汉辖境相当于今湖北襄阳市、南漳县以南,松滋市、公安县以北,洪湖市以西,利川市及重庆巫山县以东地。

④益州将袭肃:东汉末益州牧刘璋部将。生平不详。益州,西汉元封五

年(前106)置,为十三刺史部之一。公孙述改为司隶校尉,东汉复为益州,治所雒县(今四川广汉市北),兴平中移治成都(今属四川),辖郡、国十二,县一百一十八。辖境相当于今四川、云南、贵州大部以及陕西、甘肃、湖北乃至越南的一小部分。建安十九年(214),刘备攻破雒城,进围成都,刘璋出降,刘备领益州牧。附:谓归降。

⑤胆用:谓胆识与才干。

⑥慕化:向慕归化。

⑦于义:谓就道义而言。宜益不宜夺:意谓当增加其兵力而不是夺其统军权。

⑧善其言:以其言为妥当。善,形容词的意动用法。

⑨甘宁:字兴霸(生卒年不详),巴郡临江(今重庆忠县)人。初依刘表,后归孙权,为陈军事方略,受到重用,屡立战功。拜西陵太守、折冲将军。《三国志》卷五五有传。夷陵:即夷陵县,西汉置,属南郡,为都尉治,治所在今湖北宜昌市东南长江北岸。

⑩使使:谓派遣使者。

⑪凌公绩:即凌统(189~237),字公绩,吴郡馀杭(今浙江馀杭)人,凌操之子。随其父凌操归孙策,轻财重义,为孙权所信任。历任别部司马、荡寇中郎将、右都督,官至偏将军。《三国志》卷五五有传。

⑫柴(zhài 钗去声)断:堵塞隔断。

⑬柴(zhài 钗去声)道:被阻塞的道路。

⑭麈(cù 促)击:迫击,追击。

⑮方船:并船。这里泛指大船。

⑯形势:气势,声势。

⑰立屯:建立营垒驻军。

⑱抚定:安抚平定。

⑲偏将军:东汉杂号将军名,始于光武帝,三国时沿置,掌领兵征伐。

⑳寻阳:即寻阳县,西汉置,属庐江郡,治所在今湖北黄梅县西南。三国吴属蕲春郡。

鲁肃代周瑜①,当之陆口②,过蒙屯下。肃意尚轻蒙,或说肃曰:"吕将军功名日显,不可以故意待也③,君宜顾之④。"遂往诣蒙。酒酣⑤,蒙问肃曰:"君受重任,与关羽为邻⑥,将何计略⑦,以备不虞⑧?"肃造次应曰⑨:"临时施宜⑩。"蒙曰:"今东西虽为一家⑪,而关羽实熊虎也⑫,计安可不豫定⑬?"因为肃画五策⑭。肃于是越席就之⑮,拊其背曰⑯:"吕子明,吾不知卿才略所及乃至于此也⑰。"遂拜蒙母⑱,结友而别⑲。

[注释]

①鲁肃:字子敬(172～217),临淮东城(今安徽定远东南)人。周瑜死后,代瑜领兵,拜汉昌太守、横江将军。详见本书所选《鲁肃传》。

②陆口:又作蒲圻口、蒲矶口、陆溪口,即今湖北嘉鱼县西南四十八里陆溪镇。东汉末及三国时为军事要地。

③故意:谓旧日的眼光。

④顾:探望,访问。

⑤酒酣:谓酒喝得尽兴、畅快。

⑥关羽:字云长(?～219),东汉解县(治今山西临猗西南)人。详见本书所选《关羽传》。当时关羽驻扎南郡江陵,鲁肃驻扎陆口。

⑦计略:谋略。

⑧不虞:指意料不到的事。

⑨造次:仓促,匆忙。

吕蒙传 | 1399

⑩临时施宜:犹随机应变,但有消极应付的无奈意。

⑪东西:谓东吴与西蜀。当时孙刘两家因抗曹而联合。

⑫熊虎:比喻凶猛,勇猛。

⑬豫定:事先决定。汉刘向《说苑·谈丛》:"兵不豫定,无以待敌。"

⑭画:谋划。

⑮越席:离开席位。古人席地而坐,越席须起立。《孔子家语·颜回》:"公闻之,越席而起。"

⑯拊(fǔ抚):拍,击。

⑰才略:才能和谋略。

⑱遂拜蒙母:古人交往,行登堂拜母礼,结通家之好,是友谊笃厚的表示。据《太平御览》卷四〇七引三国吴谢承《后汉书》,汉范式与张劭为友。二人并告归乡里,式谓劭曰:"日后二年当还,将过拜尊亲见孺子焉。"乃共约定日期,至日,式果到,升堂拜母。饮尽欢而别。

⑲结友而别:裴注引《江表传》曰:"初,权谓蒙及蒋钦曰:'卿今并当涂掌事,宜学问以自开益。'蒙曰:'在军中常苦多务,恐不容复读书。'权曰:'孤岂欲卿治经为博士邪?但当令涉猎见往事耳。卿言多务孰若孤,孤少时历《诗》《书》《礼记》《左传》《国语》,惟不读《易》。至统事以来,省三史、诸家兵书,自以为大有所益。如卿二人,意性朗悟,学必得之,宁当不为乎?宜急读《孙子》《六韬》《左传》《国语》及三史。孔子言"终日不食,终夜不寝以思,无益,不如学也"。光武当兵马之务,手不释卷。孟德亦自谓老而好学。卿何独不自勉勖邪?'蒙始就学,笃志不倦,其所览见,旧儒不胜。后鲁肃上代周瑜,过蒙言议,常欲受屈。肃拊蒙背曰:'吾谓大弟但有武略耳,至于今者,学识英博,非复吴下阿蒙。'蒙曰:'士别三日,即更刮目相待。大兄今论,何一称穰侯乎。兄今代公瑾,既难为继,且与关羽为邻。斯人长而好学,读《左传》略皆上口,梗亮有雄气,然性颇自负,好陵人。今与为对,当有

单复以乡待之。'密为肃陈三策,肃敬受之,秘而不宣。权常叹曰:'人长而进益,如吕蒙、蒋钦,盖不可及也。富贵荣显,更能折节好学,耽悦书传,轻财尚义,所行可迹,并作国士,不亦休乎!'"

时蒙与成当、宋定、徐顾屯次比近①,三将死,子弟幼弱,权悉以兵并蒙。蒙固辞,陈启顾等皆勤劳国事,子弟虽小,不可废也②。书三上,权乃听。蒙于是又为择师,使辅导之,其操心率如此③。

[注释]

①成当:东汉末孙权部将,生平不详。宋定:东汉末孙权部将,生平不详。徐顾:东汉末孙权部将,生平不详。屯次:指军队驻扎之处。比近:靠近。

②废:谓废除领兵权利。在孙权称吴王之前,东吴将领的领兵权世袭,实行父死子承制,但若子弟幼小,其原所辖兵马就须转给他人统领。

③操心:所执持的心志。《史记·傅靳蒯成列传论》:"蒯成侯周緤操心坚正,身不见疑。"率(shuài 帅):一概;都。

魏使庐江谢奇为蕲春典农①,屯皖田乡②,数为边寇③。蒙使人诱之,不从,则伺隙袭击④,奇遂缩退,其部伍孙子才、宋豪等⑤,皆携负老弱,诣蒙降。后从权拒曹公于濡须⑥,数进奇计,又劝权夹水口立坞⑦,所以备御甚精⑧,曹公不能下而退。

[注释]

①庐江谢奇:三国魏官吏,庐江(治今安徽庐江县西南三十里城池乡)

人。曾为蕲春典农,其馀不详。蕲(qí 其)春:即蕲春郡,三国魏置,治所蕲春县(今湖北蕲春县西南蕲水东岸土门)。辖境相当于今湖北蕲春、浠水、罗田、英山、黄梅、武穴等县市地。典农:曹操实行屯田制所置职官有典农中郎将、典农校尉以及典农都尉等,管理民屯事宜,隶属大司农,不听命于郡县。前两者品秩略与郡守相当,后者则与县令略同。

②皖:即皖城,又称皖县,西汉置,属庐江郡,治所在今安徽潜山县。东汉建安末为庐江郡治。

③边寇:侵犯边疆的敌寇。

④伺隙:谓侦候可乘之机。

⑤部伍:部属,部下。孙子才:三国魏将领,后降吴。生平不详。宋豪:三国魏将领,后降吴。生平不详。

⑥濡(rú 如)须:即濡须口,位于今安徽含山西南六十里濡须山与无为县西北五十里七宝山之间,两山夹峙,濡须水从中流过,古称濡须水口。

⑦坞:即濡(rú 如)须坞,故址在今安徽含山县西南古濡须水口,亦称濡须城,建安十七年(212),孙权为抗拒曹操修筑。

⑧备御:防备。裴注引《吴录》曰:"权欲作坞,诸将皆曰:'上岸击贼,洗足入船,何用坞为?'吕蒙曰:'兵有利钝,战无百胜,如有邂逅,敌步骑蹙人,不暇及水,其得入船乎?'权曰:'善。'遂作之。"

曹公遣朱光为庐江太守①,屯皖,大开稻田,又令间人招诱鄱阳贼帅②,使作内应。蒙曰:"皖田肥美,若一收孰③,彼众必增,如是数岁,操态见矣,宜早除之。"乃具陈其状。于是权亲征皖,引见诸将,问以计策④。蒙乃荐甘宁为升城督⑤,督攻在前,蒙以精锐继之。侵晨进攻⑥,蒙手执枹鼓⑦,士卒皆腾踊自升⑧,食时破之⑨。既而张辽至夹石⑩,闻城已拔,乃退。权嘉其功,即拜庐江太守,所得人马皆分与之,别赐寻阳屯田六百人⑪,官属三十人。蒙还寻阳,未期而庐陵贼起⑫,诸将讨击不能禽,权曰:"鸷鸟累百,不如一鹗⑬。"复令蒙讨之。蒙至,诛其首恶,馀皆释放,复为平民。

[注释]

①朱光:曹操部将,曾任庐江太守,建安十九年(214)为孙权所擒获,建安二十四年(219),孙权擒杀关羽后将朱光放还曹魏。

②间(jiàn 建)人:指潜入敌方,侦察情况,刺探情报,进行颠覆活动的人。鄱(pó 婆)阳:即鄱阳县,西汉以番阳县改名,属豫章郡,治所在今江西鄱阳县东北古县渡镇。东汉建安十五年(210)孙权于此置鄱阳郡。三国吴赤乌八年(245)徙治吴芮故城(今鄱阳县)。

③收孰:谓谷物成熟而收获之。孰,通"熟"。

④问以计策:裴注引《吴书》曰:"诸将皆劝作土山,添攻具,蒙趋进曰:'治攻具及土山,必历日乃成,城备既修,外救必至,不可图也。且乘雨水以入,若留经日,水必向尽,还道艰难,蒙窃危之。今观此城,不能甚固,以三军锐气,四面并攻,不移时可拔,及水以归,全胜之道也。'权从之。"

⑤甘宁:字兴霸(生卒年不详),巴郡临江(今重庆忠县)人。初依刘表,后归孙权,为陈军事方略,受到重用,屡立战功。拜西陵太守、折冲将军。《三国志》卷五五有传。升城督:官名。三国吴临时设置的攻城长官。

⑥侵晨:天快亮时,拂晓。

⑦枹(fú 伏)鼓:指战鼓。

⑧腾踊:犹腾跃。

⑨食时:即古人以地支命名的辰时,属于"朝食"(吃早饭)之时,相当于

现代计时7～9时。清赵翼《陔馀丛考》卷三四《一日十二时始于汉》："其以一日分十二时，而以干支为纪，盖自太初改正朔之后，历家之术益精，故定此法。如《五行志》日加辰巳之类，皆汉法也。杜预注《左传》'卜楚丘十时'之语，则曰夜半，曰鸡鸣，曰平旦，曰日出，曰食时，曰隅中，曰日中，曰日昳，曰晡时，曰日入，曰黄昏，曰人定。是虽不立十二支之目，亦已分十二时而非十时矣。"

⑩既而：时间副词，犹不久。张辽：字文远（169～222），雁门马邑（今山西朔县）人。原为吕布部将，建安三年（198），吕布被曹操擒杀后降曹，屡建战功，历任荡寇将军。曹丕代汉后任前将军，魏黄初三年（222）随曹休率军攻吴，病死途中。《三国志》卷一七有传。夹石：即北硖山，位于今安徽桐城市北六十里，与舒城县接界。

⑪屯田：指代屯田的农民，即三国吴所实行复客制下的"人客"。详见本书所选《周瑜传》。

⑫期（jī基）：时间周而复始。这里当指一周年。

⑬"鸷（zhì至）鸟累百"二句：原意为诸侯百人不如天子一人，语出《汉书·邹阳传》。这里意谓人数众多的常人比不上一位精明强干者。鸷，一种凶猛的鸟。鹗，一种性情更加凶猛的雕类。

是时刘备令关羽镇守，专有荆土，权命蒙西取长沙、零、桂三郡①。蒙移书二郡②，望风归服③，惟零陵太守郝普城守不降④。而备自蜀亲至公安⑤，遣羽争三郡。权时住陆口，使鲁肃将万人屯益阳拒羽，而飞书召蒙⑥，使舍零陵，急还助肃。初，蒙既定长沙，当之零陵，过酃⑦，载南阳邓玄之⑧，玄之者郝普之旧也，欲令诱普。及被书当还，蒙秘之，夜召诸将，授以方略⑨，晨当攻城，顾谓玄之曰："郝子太闻世间有忠义事，亦欲为之，而不知时也。左将军在汉中⑩，为夏侯渊所围⑪。关羽在南郡，今至尊身自临之⑫。近者破樊本屯，救酃，逆为孙规所破⑬。此皆目前之事，君所亲见也。彼方首尾倒悬⑭，救死不给⑮，岂有馀力复营此哉？今吾士卒精锐，人思致命⑯，至尊遣兵，相继于道。今子太以旦夕之命⑰，待不可望之救，犹牛蹄中鱼，冀赖江汉⑱，其不可恃亦明矣。若子太必能一士卒之心，保孤城之守，尚能稽延旦夕⑲，以待所归者，可也。今吾计力度虑⑳，而以攻此，曾不移日㉑，而城必破，城破之后，身死何益于事，而令百岁老母，戴白受诛㉒，岂不痛哉？度此家不得外问㉓，谓援可恃，故至于此耳。君可见之，为陈祸福。"玄之见普，具宣蒙意，普惧而听之。玄之先出报蒙，普寻后当至。蒙豫敕四将㉔，各选百人，普出，便入守城门。须臾普出㉕，蒙迎执其手，与俱下船。语毕，出书示之，因拊手大笑，普见书，知备在公安，而羽在益阳，惭恨入地。蒙留孙皎，委以后事。即日引军赴益阳。刘备请盟，权乃归普等㉖，割湘水㉗，以零陵还之。以寻阳、阳新为蒙奉邑㉘。

[注释]

①长沙：即长沙郡，战国秦置，治所临湘县(今湖南长沙市)，辖境相当于今湖南东部、南部与广西全州、广东连州、阳山等地。西汉高帝五年(前202)改为长沙国，东汉复为郡，辖境缩小。零：即零陵郡，西汉元鼎六年(前111)分桂阳郡置，治所零陵县(今广西全州西南)，辖境相当于今湖南邵阳市、衡阳市以南，永州市、宁远县以西，武冈市和广西桂林市以东，阳朔县和湖南道县以北地，东汉移治泉陵县(今湖南永州市北二里)。三国后辖境缩小。桂：即桂阳郡，汉高帝置，治所郴县(今湖南郴州市)，辖境约相当于今湖南耒阳市以南的耒水、舂陵水流域，北至洣水入湘处附近，南包广东英德

以北的北江流域。三国吴以后辖境缩小。

②移书:致书。二郡:指长沙、桂阳二郡。

③望风:听到风声,见到动静、气势。

④郝普:字子太(？~231),义阳(治今湖北枣阳东南)人。曾为刘备所署零陵太守,为东吴吕蒙所智取,降吴,旋归蜀。后吕蒙擒杀关羽,郝普再降吴,官至廷尉。后因与隐蕃亲善,隐蕃谋叛事败,郝普自杀。

⑤公安:即公安县,三国蜀汉置,属南郡,治所在油口(今湖北公安西北十里)。后属吴。

⑥飞书:指疾速传送文书。

⑦酃(líng 零):即酃县,西汉置,属长沙国,治所在今湖南衡阳市东十馀里酃湖侧,东汉属长沙郡。

⑧南阳邓玄之:三国时南阳处士,与郝普友善。生平不详。南阳,即南阳郡,战国秦昭襄王三十五年(前272)置,治所宛(yuān 渊)县(今河南南阳市)。西汉辖境相当于今河南桐柏县以西,湖北丹江口市以东,河南鲁山县以南,河南邓州市及湖北广水市以北地。

⑨方略:计划。

⑩左将军:东汉三国时常设的高级将军名,在前、后、左、右将军中位居首位,负责京师兵卫和边防屯警,讨伐四夷。位次于九卿,高于其他临时设置的杂号将军。这里谓刘备。汉中:即汉中郡,战国秦惠王更元十三年(前312)置,治所南郑县(今陕西汉中市东),因水为名,辖境相当于今陕西秦岭以南,留坝、勉县以东,乾祐河流域以及湖北郧县、保康以西,米仓山、大巴山以北地。东汉末为张鲁所据,改为汉宁郡。建安二十年(215)复改汉中郡。

⑪夏侯渊:字妙才(？~219),东汉谯(今安徽亳州市)人。夏侯惇族弟。东汉末随曹操起兵,作战勇猛,任征西将军,镇守汉中,被刘备所斩。详见本书所选《夏侯渊传》。

⑫至尊:至高无上的地位,古代用为皇帝的代称。这里指孙权。

⑬"近者"三句:卢弼《三国志集解》卷五四云:"或曰此语不可解,疑有脱误。"樊,即樊城,在今湖北襄阳市,与襄阳城隔汉水相望。自古为兵家必争之地。本屯,谓曹军驻守樊城的营垒。孙规,东吴将领,生平不详。《三国志·吴主传》:"(孙权)遂置南三郡长吏,关羽尽逐之。权大怒,乃遣吕蒙督鲜于丹、徐忠、孙规等兵二万取长沙、零陵、桂阳三郡,使鲁肃以万人屯巴丘以御关羽。"

⑭首尾倒悬:以某种动物之倒挂比喻处境极其困苦或危急。

⑮不给(jǐ挤):犹言不暇,来不及。

⑯致命:犹捐躯。

⑰旦夕之命:谓短时间内生命难保。

⑱"犹牛蹄中鱼"二句:意谓仅凭少水存活的鱼,盼望大江大河拯救自身,是不切实际的幻想。牛蹄中鱼,语本《淮南子·氾论训》:"夫牛蹄之涔,不能生鱣鲔。"汉高诱注:"涔,雨水也。满牛蹄中,言其小也,故不能生鱣鲔也。"江汉,长江与汉水。比喻大量的水资源。

⑲稽延:迟延,拖延。

⑳计力度(duó夺)虑:谓衡量敌我力量并加估量。

㉑曾(zēng增):副词,则,表示相承。移日:移动日影。谓不到一天的时间。

㉒戴白:满头白发,形容人老。亦代称老人。

㉓度(duó夺):推测。此家:犹言此人。这里指郝普。外问:谓外间的消息。

㉔豫敕(chì赤):预先告诫。敕,古时自上告下之词。汉时凡尊长告诫后辈或下属皆称敕。

㉕须臾:片刻,短时间。

㉖权乃归普等：卢弼《三国志集解》卷五四引赵一清云："郝普入吴，仕至廷尉，以隐蓄事见责，自杀。见《胡综传》。而《杨戏传》以糜芳、士仁、郝普、潘濬四叛同赞，其不归蜀可知矣，此云'权归普等'，恐未实也。"可参考。

㉗湘水：在今江西会昌县南。《方舆纪要》卷八八赣州府会昌县："（湘水）在县南。源出广东程乡县界，西北过龙石，会绵江。"《三国志·吴主传》："会曹公入汉中，备惧失益州，使使求和。权令诸葛瑾报，更寻盟好，遂分荆州长沙、江夏、桂阳以东属权，南郡、零陵、武陵以西属备。"

㉘阳新：即阳新县，三国吴置，属武昌郡，治所在今湖北阳新县西南六十里。奉邑：以收取赋税作为俸禄以及所领兵众军需的封地。奉，通"俸"。三国吴所实行的奉邑制与其领兵制密切相关，奉邑即给予相关将领取得征赋以供应其领兵军需的资源。参见刘汉东《东吴领兵、复客、奉邑三制关系之研究》（载《许昌师专学报》1994年第1期）

师还，遂征合肥①，既彻兵②，为张辽等所袭③，蒙与凌统以死捍卫。后曹公又大出濡须，权以蒙为督，据前所立坞，置强弩万张于其上，以拒曹公。曹公前锋屯未就，蒙攻破之，曹公引退。拜蒙左护军、虎威将军④。

[注释]

①合肥：即合肥侯国，东汉改西汉所设合肥县置，属九江郡，治所在今安徽合肥市西。

②彻兵：即"撤兵"。彻，通"撤"。

③张辽：字文远（169～222），雁门马邑（今山西朔县）人。原为吕布部将，建安三年（198），吕布被曹操擒杀后降曹，屡建战功，历任荡寇将军。曹

丕代汉后任前将军,魏黄初三年(222)随曹休率军攻吴,病死途中。《三国志》卷一七有传。

④左护军:官名。汉末三国时设置,有前、后、左、右护军以及行护军、护军多种。职掌禁兵,主武官选举。虎威将军:官名。东汉末所置杂号将军。

鲁肃卒,蒙西屯陆口,肃军人马万馀尽以属蒙。又拜汉昌太守①,食下隽、刘阳、汉昌、州陵②。与关羽分土接境,知羽骁雄③,有并兼心,且居国上流④,其势难久。初,鲁肃等以为曹公尚存,祸难始构⑤,宜相辅协⑥,与之同仇⑦,不可失也⑧。蒙乃密陈计策曰:"令征虏守南郡⑨,潘璋住白帝⑩,蒋钦将游兵万人⑪,循江上下,应敌所在,蒙为国家前据襄阳。如此,何忧于操,何赖于羽?且羽君臣,矜其诈力⑫,所在反覆,不可以腹心待也⑬。今羽所以未便东向者,以至尊圣明⑭,蒙等尚存也。今不于强壮时图之,一旦僵仆⑮,欲复陈力⑯,其可得邪?"权深纳其策,又聊复与论取徐州意⑰,蒙对曰:"今操远在河北,新破诸袁,抚集幽、冀,未暇东顾⑱。徐土守兵,闻不足言,往自可克。然地势陆通,骁骑所骋⑲,至尊今日得徐州,操后旬必来争,虽以七八万人守之,犹当怀忧。不如取羽,全据长江,形势益张。"权尤以此言为当。及蒙代肃,初至陆口,外倍修恩厚⑳,与羽结好。

[注释]

①汉昌:即汉昌县,东汉末析罗县东境置,为汉昌郡治,治所在今湖南平江县东南三十里金铺观。三国吴改吴昌县。

②下隽(jùn俊):即下隽县,西汉置,属长沙国,治所在今湖北通城县西北,因隽水得名。东汉属长沙郡。刘阳:即刘阳县,东汉建安中置,属长沙

郡,治所在今湖南浏阳市东北七十五里官渡。以浏阳水为名。州陵:即州陵县,西汉置,属南郡,治所在今湖北洪湖市东北。三国吴废。

③骁(xiāo 萧)雄:勇猛威武。

④上流:河流的上游。

⑤拘(gòu 构):造成,结成。

⑥辅协:互助合作。

⑦与之同仇:谓共同赴敌,对敌人表示共同的愤慨。《诗经·秦风·无衣》:"修我戈矛,与子同仇。"

⑧不可失也:谓不能丢弃孙刘联合。

⑨征虏:即征虏将军孙皎(?~219)。

⑩潘璋:字文珪(?~234),东郡(治今河南濮阳西南)人。孙权经营江东时归顺,屡有战功,因擒获关羽父子,拜固陵太守、振威将军,封溧阳侯。夷陵之战又立功,拜平北将军、襄阳太守。孙权称帝,迁右将军。《三国志》卷五五有传。白帝:即白帝城,东汉初公孙述筑,在今重庆奉节县瞿塘峡口长江北岸的白帝山顶,形势险要,三国时为蜀汉防吴之重镇。

⑪蒋钦:字公奕(?~219),九江寿春(今安徽寿县)人。早年追随孙策,历任别部司马、西部都尉。后辅助孙权,屡立战功,任荡寇将军,领濡须督,拜右护军。《三国志》卷五五有传。游兵:流动作战的军队。

⑫矜其诈力:谓以欺诈与暴力自负。

⑬腹心:犹言至诚之心。

⑭至尊:常用为皇帝的代称。这里即指孙权。圣明:英明圣哲,无所不知。封建时代称颂帝、后之词。

⑮僵仆:死亡。

⑯陈力:贡献、施展才力。

⑰聊复:姑且,顺便。徐州:汉武帝所置十三刺史部之一,辖境相当于今

山东东南部与江苏长江以北地区，东汉时治所在郯县（今山东郯城）。三国魏移治于彭城（今江苏徐州）。

⑱"今操"四句：卢弼《三国志集解》卷五四引何焯曰："尚、熙之死在建安十二年，鲁肃殁于十年之后，而此方云新破诸袁，抚集幽、冀，不乖错乎！即蒙陈此计在代肃之先，曹公亦不得远在河北。甚矣，作史之难也！"又引周寿昌曰："操之破袁距此已前十年，何云新破？此时操方驻军居巢，何云远在河北？纵敌国传闻不实，而幽、冀早定，天下皆知，何'抚集'之有？不知陈氏何忽有此误语。"可参考。河北，谓黄河以北的冀州一带。诸袁，谓袁绍之子袁谭、袁熙等。抚集：安抚聚集。幽，即幽州，汉武帝置十三刺史部之一。东汉治所在蓟县（今北京市西南），辖境相当于今北京市、河北北部、辽宁大部、天津市海河以北以及朝鲜大同江流域。冀，即冀州，西汉武帝时置，为十三刺史部之一，辖境相当于今河北中南部，山东西段及河南北端。东汉治所高邑县（今河北柏乡北），后又移治邺县（今河北临漳西南）。

⑲骁骑（xiāojì 萧寄）：勇猛的骑兵。

⑳恩厚：仁爱纯厚。

后羽讨樊[1]，留兵将备公安、南郡[2]。蒙上疏曰："羽讨樊而多留备兵，必恐蒙图其后故也。蒙常有病，乞分士众还建业[3]，以治疾为名。羽闻之，必撤备兵，尽赴襄阳[4]。大军浮江，昼夜驰上，袭其空虚，则南郡可下，而羽可禽也。"遂称病笃[5]，权乃露檄召蒙还[6]，阴与图计。羽果信之，稍撤兵以赴樊[7]。魏使于禁救樊[8]，羽尽禽禁等，人马数万，托以粮乏[9]，擅取湘关米[10]。权闻之，遂行，先遣蒙在前。蒙至寻阳，尽伏其精兵䑸䑺中[11]，使白衣摇橹[12]，作商贾人服，昼夜兼行，至羽所置江边屯候[13]，尽收缚之，是故羽不闻知。遂到南郡，士仁、麋芳皆降⑭。蒙入据城,尽得羽及将士家属,皆抚慰,约令军中不得干历人家⑮,有所求取。蒙麾下士⑯,是汝南人⑰,取民家一笠⑱,以覆官铠⑲,官铠虽公,蒙犹以为犯军令,不可以乡里故而废法,遂垂涕斩之。于是军中震栗⑳,道不拾遗。蒙旦暮使亲近存恤耆老㉑,问所不足,疾病者给医药,饥寒者赐衣粮。羽府藏财宝㉒,皆封闭以待权至。羽还,在道路,数使人与蒙相闻㉓,蒙辄厚遇其使,周游城中,家家致问,或手书示信。羽人还,私相参讯㉔,咸知家门无恙㉕,见待过于平时,故羽吏士无斗心。会权寻至㉖,羽自知孤穷,乃走麦城㉗,西至漳乡㉘,众皆委羽而降㉙。权使朱然、潘璋断其径路㉚,即父子俱获,荆州遂定。

[注释]

①樊:即樊城,在今湖北襄阳市,与襄阳城隔汉水相望。自古为兵家必争之地。汉献帝建安二十四年(219),关羽北上进攻驻守樊城的曹魏守将曹仁,擒于禁,斩庞德,威震华夏。

②南郡:这里指南郡郡治江陵。

③建业:即建业县,东汉建安十七年(212),孙权改秣陵县置,为丹阳郡治,治所石头城(今江苏南京市清凉山)。三国吴黄龙元年(229),自武昌(今湖北鄂州市)迁都于此,形势胜于武昌。

④襄阳:即襄阳郡,东汉建安十三年(208)置,治所襄阳县(今湖北襄阳市汉水南襄阳城),辖境相当于今湖北襄阳、宜城、远安等市县地。

⑤病笃(dǔ 赌):病势沉重。

⑥露檄(xí 席):发布公告。

⑦稍:逐渐。

⑧于禁:字文则(?~221),东汉泰山巨平(今山东泰安南)人。曹操占

据兖州,于禁投奔曹军,任军司马,治军严整,封益寿亭侯,历任虎威将军、左将军。为解樊城之围,率七军增援曹仁,七军被水淹,投降关羽。孙权袭取荆州后,被遣还魏,为魏文帝所鄙视,恼羞而卒。《三国志》卷一七有传。

⑨托:借口。

⑩湘关:位于今湖南永州市北,时为孙权所控制。司马光《资治通鉴》卷六八"羽得于禁等人马数万,粮食乏绝,擅取权湘关米",元胡三省注:"吴与蜀分荆州,以湘水为界,故置关。"

⑪艚䑠(gōulù 沟鹿):古代吴地的一种大船。

⑫白衣:古代平民服。橹:比桨长大的划船工具,安在船尾或船旁。

⑬屯候:犹斥候,哨兵。

⑭士仁:据《三国志》卷四五所附杨戏著《季汉辅臣传》:"士仁字君义,广阳人也,为将军,住公安,统属关羽;与羽有隙,叛迎孙权。"麋芳:字子方(生卒年不详),麋竺弟,东海朐县(今江苏连云港西南)人。世代商贾,初为彭城相,与其兄追随刘备入益州,拜南郡太守。后因与关羽有隙,叛归孙权,致令蜀失南郡。裴注引《吴书》曰:"将军士仁在公安拒守,蒙令虞翻说之。翻至城门,谓守者曰:'吾欲与汝将军语。'仁不肯相见。乃为书曰:'明者防祸于未萌,智者图患于将来,知得知失,可与为人,知存知亡,足别吉凶。大军之行,斥候不及施,烽火不及举,此非天命,必有内应。将军不先见时,时至又不应之,独守萦带之城而不降,死战则毁宗灭祀,为天下讥笑。吕虎威欲径到南郡,断绝陆道,生路一塞,案其地形,将军为在箕舌上耳,奔走不得免,降则失义,窃为将军不安,幸熟思焉。'仁得书,流涕而降。翻谓蒙曰:'此谲兵也,当将仁行,留兵备城。'遂将仁至南郡。南郡太守麋芳城守,蒙以仁示之,遂降。"又引《吴录》曰:"初,南郡城中失火,颇焚烧军器。羽以责芳,芳内畏惧,权闻而诱之,芳潜相和。及蒙攻之,乃以牛酒出降。"

⑮干历:骚扰。

⑯麾(huī挥)下：即部下。

⑰汝南：即汝南郡。吕蒙是汝南富陂人。下文言"乡里"，当是同郡乡亲。

⑱笠：笠帽，用竹篾、箬叶或棕皮等编成，可以御暑，亦可御雨。

⑲铠(kǎi凯)：古代作战时护身的服装，金属制成。皮甲亦可称铠。

⑳震栗：惊惧、战栗。

㉑旦暮：朝夕。谓整日。存恤(xù续)：慰抚，救济。耆(qí齐)老：老年人。

㉒府藏(zàng葬)：旧时国家储存文书、财物之所。

㉓相闻：互通信息，互相通报。

㉔参讯：问候讯问。

㉕无恙(yàng样)：没有疾病；没有忧患。多作问候语。

㉖会：适逢。寻：不久。

㉗麦城：故址在今湖北当阳市东南四十四里两河乡东北麦城村。

㉘漳乡：一作章乡，在今湖北当阳市东北漳水北岸。北魏郦道元《水经注·漳水》："漳水又南历临沮县之漳乡南。昔关羽保麦城，诈降而遁，潘璋斩之于此。"

㉙委：舍弃，丢弃。

㉚朱然：字义封(182～249)，丹阳故鄣(今浙江安吉西北)人。曾与孙权同学书，历任馀姚长、山阴令、临川太守、偏将军，拜征北将军，封当阳侯，拜车骑将军、右护军，官至左大司马、右军师。《三国志》卷五六有传。径路：小路。《周易·说卦传》："艮为山，为径路。"唐孔颖达疏："为径路，取其山虽高，有涧道也。"

以蒙为南郡太守，封孱陵侯①，赐钱一亿，黄金五百斤。蒙固辞金钱,权不许。封爵未下,会蒙疾发,权时在公安,迎置内殿②,所以治护者万方③,募封内有能愈蒙疾者④,赐千金。时有针加⑤,权为之惨戚⑥,欲数见其颜色,又恐劳动⑦,常穿壁瞻之,见小能下食则喜,顾左右言笑,不然则咄唶⑧,夜不能寐。病中瘳⑨,为下赦令⑩,群臣毕贺。后更增笃⑪,权自临视⑫,命道士于星辰下为之请命⑬。年四十二,遂卒于内殿。时权哀痛甚,为之降损⑭。蒙未死时,所得金宝诸赐尽付府藏,敕主者命绝之日皆上还⑮,丧事务约⑯。权闻之,益以悲感⑰。

[注释]

①孱(zhàn 战)陵侯:封爵名,列侯中的县侯,食邑孱陵县。孱陵县,西汉置,属武陵郡,治所在今湖北公安县西。裴注引《江表传》曰:"权于公安大会,吕蒙以疾辞,权笑曰:'禽羽之功,子明谋也,今大功已捷,庆赏未行,岂邑邑邪?'乃增给步骑鼓吹,敕选虎威将军官属,并南郡、庐江二郡威仪。拜毕还营,兵马导从,前后鼓吹,光耀于路。"

②内殿:皇帝召见大臣和处理国事之处。因在皇宫内进,故称。

③所以:用以,用来。万方:多种方法。

④封内:泛指吴国国内或辖境之内。

⑤针加:谓针刺治疗。

⑥惨戚:悲伤凄切。

⑦劳动:这里谓见君主须起身致敬一类的烦劳。

⑧咄唶(duōjiè 多借):叹息。

⑨中瘳(chōu 抽):谓中间病情好转。

⑩赦令:旧时君主发布的减免罪刑或赋役的命令。

⑪增笃(dǔ 赌):谓病情加重。

⑫临视:亲临省视。

⑬请命:请求保全生命或解除困苦。

⑭降(jiàng绛)损:意谓消减包括膳食、音乐等生活享乐等。

⑮敕(chì赤):古时自上告下之词。汉时凡尊长告诫后辈或下属皆称敕。主者:谓主管府藏的官员。

⑯务约:务必简约。

⑰悲感:悲痛伤感。

蒙少不修书传①,每陈大事,常口占为笺疏②。常以部曲事为江夏太守蔡遗所白③,蒙无恨意。及豫章太守顾劭卒④,权问所用,蒙因荐遗奉职佳吏⑤,权笑曰:"君欲为祁奚耶⑥?"于是用之。甘宁粗暴好杀⑦,既常失蒙意,又时违权令,权怒之,蒙辄陈请⑧:"天下未定,斗将如宁难得⑨,宜容忍之。"权遂厚宁,卒得其用。

[注释]

①修:学习。书传:著作,典籍。

②口占:谓口授其辞。笺疏:章奏,书信。

③常:通"尝",曾经。部曲:这里谓古代豪门大族的私人军队,带有人身依附性质。江夏太守蔡遗:三国吴官吏,历任江夏太守、豫章太守。江夏,即江夏郡,西汉高帝六年(前201)置,治所西陵县(今湖北新洲西二里)。东汉建安初,刘表所署江夏太守黄祖徙治夏口城(今武汉汉口城区),建安十三年(208)初,孙权破城杀黄祖,江夏太守刘琦另筑夏口城(今武汉汉阳城区),年底,曹操任文聘为江夏太守驻此。赤壁之战后,文聘徙治石阳(今湖北黄陂西)。白:禀报。

④豫章太守顾劭：字孝则（生卒年不详），吴郡吴县（今江苏苏州市）人，吴丞相顾雍长子。博览书传，自幼与其舅陆绩齐名，孙权将孙策女嫁与他。年二十七，起家为豫章太守，礼贤下士，知人善任。在郡五年卒官。《三国志》卷五二有传。豫章，即豫章郡，西汉高帝六年（前201）分九江郡置，治所南昌县（今江西南昌市东）。汉时辖境大致相当于今江西省地。三国魏以后辖境逐渐缩小。

⑤奉职：谓奉行职事。《史记·循吏列传序》："奉职循理，亦可以为治，何必威严哉？"

⑥祁奚：字黄羊（前620～前545），春秋时晋国（今山西祁县）人。周简王十四年（前572），晋悼公即位，祁奚被任为中军尉。据《左传·襄公三年》记述，祁奚请老，晋侯问他谁可以继承他的职位，祁奚就举荐了他的仇人解狐，从而留下"外举不避仇"的美谈。

⑦粗暴好杀：《三国志·甘宁传》："宁虽粗猛好杀，然开爽有计略，轻财敬士，能厚养健儿，健儿亦乐为用命。"

⑧陈请：陈述理由以请求。

⑨斗将：骁勇善战的将领。

蒙子霸袭爵①，与守冢三百家②，复田五十顷③。霸卒，兄琮袭侯④。琮卒，弟睦嗣⑤。

[注释]

①蒙子霸：即吕霸，吕蒙的嫡子。生平不详。袭爵：谓承袭吕蒙的孱陵侯爵位。下文"袭侯"义同。

②守冢：谓守墓民户。

③复田：当谓三国吴所实行复客制下的"复客"所租种的田地。这些

"复客"不再担负政府的赋税与徭役,其所缴田赋除供给领主家庭消费外,还是三国吴领兵制下的相关将领在世时,所需军饷的来源之一。顷:土地面积单位之一。汉代有两说:百亩为顷;十二亩半为顷。

④兄琮(cóng 从):即吕琮,吕蒙的庶长子。生平不详。

⑤弟睦:即吕睦,吕蒙庶子。生平不详。嗣:继承。

孙权与陆逊论周瑜、鲁肃及蒙曰①:"公瑾雄烈②,胆略兼人③,遂破孟德④,开拓荆州,邈焉难继⑤,君今继之。公瑾昔要子敬来东⑥,致达于孤⑦,孤与宴语⑧,便及大略帝王之业⑨。此一快也⑩。后孟德因获刘琮之势⑪,张言方率数十万众水步俱下⑫。孤普请诸将,咨问所宜,无适先对⑬,至子布、文表⑭,俱言宜遣使修檄迎之⑮,子敬即驳言不可,劝孤急呼公瑾,付任以众⑯,逆而击之。此二快也。且其决计策,意出张、苏远矣⑰;后虽劝吾借玄德地⑱,是其一短,不足以损其二长也。周公不求备于一人⑲,故孤忘其短而贵其长,常以比方邓禹也⑳。又子明少时,孤谓不辞剧易㉑,果敢有胆而已;及身长大,学问开益㉒,筹略奇至㉓,可以次于公瑾,但言议英发不及之耳㉔。图取关羽,胜于子敬。子敬答孤书云:'帝王之起,皆有驱除㉕,羽不足忌。'此子敬内不能办㉖,外为大言耳,孤亦恕之,不苟责也㉗。然其作军,屯营不失㉘,令行禁止㉙,部界无废负㉚,路无拾遗,其法亦美也。"

[注释]

①陆逊:原名议,字伯言(183~245),吴郡吴县华亭(今上海市松江区)人,孙策女婿。东吴名将,历任右都督、镇西将军、大都督,拜辅国将军,封江陵侯,任丞相。后因护持太子孙和,屡被孙权责让,忧愤而死。详见本书所

选《陆逊传》。

②公瑾:周瑜字公瑾。雄烈:勇武刚烈。

③胆略:胆识和才略。兼人:胜过他人;能力倍于他人。《论语·先进》:"求也退,故进之;由也兼人,故退之。"宋朱熹集注:"兼人,谓胜人也。"

④孟德:即曹操(155~220),字孟德,小字阿瞒,魏立国后追谥魏武帝,谯(今安徽亳州市)人。详见本书所选《武帝纪》。

⑤邈(miǎo 秒):久远。指时间长。

⑥要(yāo 邀):同"邀"。子敬:鲁肃字子敬。

⑦致达:推荐。《礼记·儒行》:"儒有内称不辟亲,外举不辟怨,程功积事,推贤而进达之。"

⑧宴语:闲谈。

⑨大略:远大的谋略。帝王之业:谓五帝三王的事业。

⑩快:即快事,谓令人感到痛快的事。

⑪刘琮(cóng 从):荆州牧刘表的次子(生卒年不详)。刘表卒后,蔡夫人与蔡瑁等立之为嗣,一个月后即投降曹操,曾任荆州刺史,封列侯,迁谏议大夫。

⑫张言:犹扬言,夸口。

⑬无适(dí 敌)先对:谓没有谁拿出确定意见先行回答。适,专主,做主。

⑭子布:即张昭(156~236),字子布。文表:即秦松(生卒年不详),字文表,广陵(今江苏扬州西北)人。孙权谋士,早卒。汉献帝建安十三年(208)七月,曹操南征,张昭与秦松皆力主降曹。

⑮修檄:撰写公告。

⑯付任:把事情交给别人去做。这里即指将军事决策权交给周瑜。

⑰张苏:即张仪、苏秦。张仪(前?~前309),姬姓,张氏,名仪,魏国安

邑(今山西万荣县王显乡张仪村)人,魏国贵族后裔。曾到齐国受业于鬼谷先生,战国时期首创"连横"的外交策略,受到秦惠王赏识,封相国。出使列国,以"横"破"纵",促使亲善秦国。受封武信君。秦武王继位后失宠,逃于魏国,任相国,翌年卒。《史记》卷七〇有传。苏秦(前? ~前284),己姓,苏氏,名秦,字季子,东周雒阳(今河南洛阳市)人。曾到齐国受业于鬼谷先生,与张仪为同学。后到燕国去见燕文侯,文侯接受了他的"合纵"主张,并资助他车马金帛,使他能到赵、韩、魏、齐、楚几国去游说。六国经过他的劝说而联合起来,苏秦成为纵约长,"并相六国",被赵国封为武安君。后至齐国,因众大夫争宠被刺杀。《史记》卷六九有传。

⑱借玄德地:谓赤壁之战后,鲁肃主张将荆州的南郡江陵暂借刘备一事。

⑲周公:西周初政治家,名旦。为周文王之子,周武王之弟。因采邑在周(今陕西宝鸡东北),称为周公。文王死后二年,他和太公望、召公奭佐武王灭殷杀纣,建立周朝。武王死后,又辅佐武王子成王巩固了王权。不求备于一人:谓对人不要求完美无缺。语出《尚书·周书·君陈》:"尔无忿疾于顽,无求备于一夫。"又《论语·微子》:"故旧无大过,则不弃也。无求备于一人。"

⑳比方:比较,对照。邓禹:字仲华(2~58),南阳新野(今属河南)人,东汉初年著名军事家,协助刘秀建立东汉,刘秀称帝后,封邓禹为大司徒、酂侯。后改封高密侯,进位太傅。永平元年(58)去世,谥元侯。云台二十八将第一位。邓禹向刘秀最先提出建国称帝的主张,出力甚多,但在进攻关中赤眉军时亦曾失利。《后汉书》卷一六有传。

㉑剧易:艰难。唐马总《意林》卷一引《太公六韬》:"知人饥渴,习人剧易,此万人之将。"

㉒开益:启发,增益。

㉓筹略:谋略。奇至:独到完善。

㉔英发:才华显露,神采焕发。

㉕"帝王之起"二句:意谓帝王兴起,都有看似敌对,实则替自己扫清道路的势力存在。这里即将关羽视为抗击曹魏从而有利于东吴的军事存在。语出《史记·秦楚之际月表序》:"向秦之禁,适足以资贤者为驱除难耳。"唐司马贞索隐:"言驱除患难耳。"

㉖办:办理,治理。

㉗苛责:谓随意责难。

㉘屯营:安营扎寨。

㉙令行禁止:有令即行,有禁即止。形容法令或纪律严明。

㉚部界:区域;界域。废负:谓旷废职守之过。

评曰:曹公乘汉相之资①,挟天子而扫群桀②,新荡荆城③,仗威东夏④,于时议者莫不疑贰⑤。周瑜、鲁肃建独断之明,出众人之表,实奇才也。吕蒙勇而有谋断,识军计,谲郝普⑥,禽关羽,最其妙者。初虽轻果妄杀⑦,终于克己⑧,有国士之量⑨,岂徒武将而已乎!孙权之论,优劣允当⑩,故载录焉。

[注释]

①乘:凭借。

②桀:杰出的人才。《诗经·卫风·伯兮》:"伯兮朅兮,邦之桀兮。"毛传:"桀,特立也。"汉郑玄笺:"桀,英桀,言贤也。"

③荆城:泛指荆州地域。

④仗威:武力威胁。东夏:古代泛指中国东部。这里即谓东吴。

⑤疑贰:因猜忌而生异心。

⑥谲(jué决):欺诈。

⑦轻果:轻捷果敢。妄杀:滥杀,乱杀。

⑧克己:谓克制私欲,严以律己。

⑨国士:一国中才能最优秀的人物。

⑩允当:平允适当。

[译文]

吕蒙字子明,是汝南郡富陂县人。他小的时候南渡长江,投奔其姐夫邓当。邓当是孙策的部将,屡次领兵讨伐山越。吕蒙年纪十五六,就偷偷地跟随邓当去攻击敌人,邓当回头看见吕蒙大吃一惊,大声斥责他也无济于事。归来后告知吕蒙的母亲,其母愤怒要惩罚他,吕蒙说:"贫贱生活难以忍耐,或许立了功,富贵就到手了。况且不冒一定风险,难道可以取得大的成功吗?"母亲在哀怜中宽恕了他。当时邓当部下一位地位低下的官吏认为吕蒙年纪小就轻视他,说:"那小子能干什么?这是想用自己身上的肉喂老虎罢了。"另有一天此人与吕蒙相遇,又侮辱了他。吕蒙大怒,拔刀将此人杀死,出走后,逃到同县的人郑长家中躲藏起来。后通过校尉袁雄出来自首,袁雄趁机会为吕蒙向孙策说情,孙策召见吕蒙认为此人不凡,就让他留在身边侍奉。

几年以后,邓当去世,张昭推举吕蒙取代邓当,被任为别部司马。孙权治理政事,清查诸多兵少而作用不大的小将领,加以精简合并。吕蒙暗中借贷,为部下士兵制作深红色衣服与绑腿布,等到检阅的那一天,吕蒙统领下的队列服装齐整,光彩鲜明,士兵训练有素,孙权看后非常高兴,为吕蒙增加了兵员。吕蒙随从大军征讨丹杨郡,所到之处都立下了战功,被任命为平北都尉,兼任广德县长。

吕蒙参与征讨黄祖,黄祖指令都督陈就以水军迎战。吕蒙统率先头部队,亲自砍下陈就的首级,将士乘胜追击,进攻至其城下。黄祖闻知陈就阵亡,弃城而走,被东吴兵追上擒杀。孙权说:"战事获胜,取决于陈就先被斩杀。"就任命吕蒙为横野中郎将,赐钱一千万。

汉献帝建安十三年(208)这一年,吕蒙又与周瑜、程普等在西面的乌林击溃曹操的军队,进而在南郡围攻曹仁。益州牧刘璋的部将袭肃领其部众归降东吴,周瑜上表孙权建议将袭肃的兵马转由吕蒙统领,吕蒙极力称誉袭肃有胆识与才干,况且远道而来向慕归化,就道义而言,当增加其兵力而不是夺其统军权。孙权认为吕蒙的建议很妥当,就将人马交还袭肃统领。周瑜派甘宁前往占据夷陵县,驻守江陵的曹仁分兵围攻甘宁,甘宁情势危急,派遣使者向周瑜求救。各将领认为兵员少不足以分,吕蒙对周瑜、程普说:"留下凌统镇守,我吕蒙与你们同行前往,为甘宁解围救急,用时不会太久,吕蒙保证凌统能够坚守十天。"他又劝说周瑜再派遣三百人堵塞隔断险要道路,敌人逃跑时可以缴获他们的马匹。周瑜听从了他的建议。援军赶至夷陵,当天即与曹军交战,斩杀过半,敌军连夜逃走,途中经行被阻塞的道路,骑兵都舍弃战马而步行逃亡。东吴兵迫击曹军,缴获战马三百匹,用大船装载而还。于是周瑜部下的将士们气势倍增,就北渡长江建立营垒,与曹军交锋,曹仁败退,周瑜于是占领南郡,安抚平定了荆州。吕蒙回来后,升任偏将军,兼任寻阳令。

鲁肃替代去世的周瑜后,驻军要迁移至陆口,途中将经过吕蒙的营垒。当时鲁肃内心还轻视吕蒙,有人劝导鲁肃说:"吕将军的功名日益显赫,不可以用旧日的眼光看待他了,您应当去看望一下他。"鲁肃于是前往拜会吕蒙。两人饮酒酣畅之际,吕蒙问鲁肃说:"您身受重任,与关羽驻军临近,将用何种谋略,以预防意料不到的事发生?"鲁肃仓促中回答说:"随机应变。"吕蒙说:"如今东吴、西蜀虽结为同盟,而关羽实如熊虎一般凶猛,策略怎么能不预先确定呢？"于是为鲁肃策划了五种办法。鲁肃离开席位靠近吕蒙，拍打他的后背说："吕子明，我不知您的才能和谋略竟然能够达到如此程度啊。"于是又去拜见吕蒙的母亲，两人结为好友才作别。

当时吕蒙与成当、宋定、徐顾所驻扎的营垒邻近，三位将领去世后，子弟幼弱，孙权准备将他们所统领的兵马全部划归吕蒙。吕蒙坚决推辞，上书陈说徐顾等将领生前为国事殷勤操劳，子弟虽然幼小，不可以废除他们领兵的权利。吕蒙连续三次上书，孙权终于听从了这一建议。吕蒙于是又为这些亡故将领的子弟选择老师，加以辅导教诲，吕蒙所执持的心志一概如此。

魏国派遣庐江郡人谢奇为蕲春郡的典农官员，在皖城的乡村进行屯田，多次侵扰东吴边境。吕蒙派人诱使谢奇投降，不肯顺从，就侦候可乘之机袭击谢奇，谢奇于是退缩。他的部下孙子才、宋豪等人，都扶老携幼，向吕蒙请降。此后吕蒙又随从孙权到濡须口抗拒曹操，多次进献奇计妙策，又劝孙权在濡须水口建筑濡须坞，防备措施皆精心策划，曹操不能攻克，只得退军。

曹操派遣朱光为庐江郡太守，驻守皖城，大力开垦稻田，又令间谍前往鄱阳县引诱那里的贼人头领，让他们充当内应。吕蒙说："皖城一带土地肥沃，如若获取一年的好收成，他们的兵力必然增加，像这样连续几年下来，曹操的强势姿态就会显露出来，应当尽早除去他们。"于是向孙权详细陈述了皖城的状况。孙权准备亲自率军征讨皖城，召见各将领，向他们征求计策。吕蒙就推荐甘宁为攻城的长官，在前面指挥攻城，吕蒙率领精锐兵马跟进。天快亮时发起攻城，吕蒙手摇战鼓，士卒都争先恐后腾跃登城，早饭一个时辰的工夫就攻取了皖城。不久曹军将领张辽率领救援军队行至夹石地界，闻知皖城已破，就撤退了。孙权称许吕蒙的功劳，即时升任吕蒙为庐江郡太守，所俘获的敌军人马都分与了他，另外赐予他寻阳县屯田农民六百人，下属官员三十人。吕蒙回至寻阳驻地，不到一年，庐陵郡发生叛乱，各将领前往征讨都不能获胜，孙权说："人数众多的常人，比不上一位精明强干者。"

又下令吕蒙前往征讨。吕蒙到达以后，诛杀了叛乱的首领，其余的随从者都予以释放，重新成为平民。

当时刘备命令关羽镇守江陵，掌控荆州的土地，孙权命令吕蒙向西攻取长沙、零陵、桂阳三郡之地。吕蒙致书长沙、桂阳二郡的守官，他们听到风声就归降了东吴，只有零陵郡太守郝普坚守郡城不投降。刘备亲自从益州赶至公安县，派遣关羽去争夺三郡。孙权当时驻军陆口，指派鲁肃率领一万军队驻守益阳与关羽抗衡，同时疾速传送文书召回吕蒙，命令他暂时放弃零陵郡，迅速驰援鲁肃。起初，吕蒙平定长沙郡后，应当进军零陵郡，经过酃县，带上了南阳郡人邓玄之。邓玄之是郝普的老朋友，吕蒙想让他诱降郝普。等到接到孙权召他驰援鲁肃的书信，吕蒙保守住信中的内容，连夜召集各将领，部署计划，要求次日早晨攻打郡城，又回头对邓玄之说："郝普听说世间有忠义一事，也想去做，但他却没有看清时务。左将军刘备在汉中，正被魏国的夏侯渊所围困。关羽在南郡，有我们的主公亲自领军在那里相抗。最近关羽攻破樊城的魏军营垒，回军援救酃县，反而被我军的孙规攻破。这都是目前所发生的事，也是您亲眼所见到的。关羽他们如同动物之倒挂，处境极其困苦危急，自救都来不及，难道还有余力再经营这里的事情呢？如今我们的士卒精锐，人人都想为国捐躯，我们的主公派来的人马，也相继在道。如今郝普以危在旦夕的生命，等待难以盼来的救兵，正如仅凭少水存活的鱼，盼望大江大河拯救自身，是不切实际的幻想。如若郝普必定可以令其部下将士团结一心，坚守住孤城，尚且可以拖延少许时间，等待救援的力量前来，也可以。如今我衡量双方力量并加预计，进攻这座孤城，用不了一整天，郡城必被攻破，城池被攻陷后，自己身死于事无补不说，而令已经百岁的老母亲，满头白发也被诛杀，难道不痛心吗？推测郝普得不到外间的消息，以为可以依仗外援，因而走到目前的地步。您可以去见他，为他陈述祸与福。"邓玄之见到郝普，将吕蒙的意思全部说出，郝普惧怕，就听从了邓玄之的劝导。邓玄之先行出城报告吕蒙,郝普随后就到。吕蒙预先告诫部下四员将领,让他们各自选择一百名士兵,等郝普一出城,就进入城中把守住城门。过了一会儿,郝普出城,吕蒙迎上前去拉住他的手,与他一同下船。说完话后,吕蒙出示孙权急召自己回援的书信,并拍手大笑。郝普看到书信后,才知道刘备已到达公安县,关羽就在益阳,羞愧悔恨,真想钻入地中。吕蒙留下孙皎,委托他处理善后事宜,当天即率领人马奔赴益阳。刘备请求与孙权结盟重归于好,孙权于是放归郝普等,双方以湘水为界划分荆州,将零陵郡退还于刘备一方。孙权将寻阳、阳新二县赐予吕蒙为奉邑。

孙权的大军东归后,又前往进攻合肥,撤军后,被曹操的大将张辽等突袭,吕蒙与凌统拼死保卫孙权。此后曹操又大举进攻濡须,孙权任命吕蒙为指挥官,凭借先前所修建的濡须坞,在上面设置万张强弩,用来抵抗曹军的进攻。曹操前锋部队的营垒尚未建成,吕蒙就将它攻破,曹操领兵撤退。孙权升任吕蒙为左护军、虎威将军。

鲁肃去世,吕蒙接替他驻守陆口,鲁肃部下人马一万馀人全部划归吕蒙统领。吕蒙被任命为汉昌郡太守,以下隽、刘阳、汉昌、州陵四县为奉邑。吕蒙与关羽所辖郡县接壤,他知道关羽勇猛威武,有兼并东吴在荆州辖域的用心,况且其辖域处于长江上游的有利地位,如此均衡形势难以持久。起初,鲁肃等认为曹操还在,祸患刚刚开端,吴蜀应当互助合作,对曹魏表示共同的愤慨,不能丢弃孙刘联合。吕蒙于是秘密向孙权陈述计策说:"令征虏将军孙皎守南郡,潘璋进驻白帝城,蒋钦统率一万人流动作战的军队,沿长江上下巡行,攻击随时出现的敌人,吕蒙为主公向前据守襄阳。如此部署,还担忧曹操什么,还依赖关羽什么?何况关羽他们君臣,以欺诈与暴力自负,行事反复无常,不能够用至诚之心对待他们。如今关羽之所以没有得便向东进犯我们,是因为主公您英明圣哲,无所不知,吕蒙等人还在世啊。如今不趁我们强盛之时谋取对方,一旦我等弃世,再想为主公贡献、施展才力,还有可能吗?"孙权对吕蒙的策略深为赞同,又顺便与吕蒙讨论攻取徐州的意图,吕蒙回答说:"如今曹操远在黄河以北,新近击破袁绍之子袁谭、袁熙等,安抚聚集幽州、冀州的百姓,没有时间顾及我们。徐州的守军力量,听说不值一提,前去就可以攻克。然而那里地势陆路畅通,适于勇猛的骑兵驰骋,主公您今日得到徐州,曹操后日就要来争夺,即使以七八万人防守徐州土地,仍然会担忧。不如去进攻关羽,掌控全部长江一带,我们的势力就更加强盛了。"孙权特别赞同吕蒙的这一番话。等到吕蒙替代鲁肃,初到陆口时,表面上加倍培植仁爱纯厚的情感,与关羽建立友好关系。

此后关羽北上进攻曹魏的樊城,留有兵将防守公安县与南郡。吕蒙上疏孙权说:"关羽进讨樊城而留有许多兵将防守,一定害怕吕蒙我谋取其后方。我常有病患,请求让我带领一部分士众还居建业,以治病为名。关羽听说后,必定撤走防守其后方的兵力,全部调往襄阳。我大军乘船溯江而上,昼夜兼行,趁其后方空虚发动袭击,南郡治所江陵就可以攻下,而关羽也可就擒。"吕蒙于是称病势沉重,孙权于是发布公告召还吕蒙,暗中与吕蒙商量计策。关羽果然信以为真,逐渐撤出后方防守兵力奔赴樊城。曹魏派遣于禁援救樊城,关羽将于禁等全部俘获,得人马数万,借口缺乏粮食,擅自取用东吴在湘关储存的粮食。孙权闻知后,开始行动,先派遣吕蒙在前开路。吕蒙到达寻阳后,将精锐士兵隐藏于大船中,令穿着平民服装的白衣人摇橹,假扮作商贾,昼夜兼行,到达关羽所设置在长江边的哨兵处,将他们尽行绑缚,因而关羽毫无察觉。于是大军赶至南郡,江陵城守将士仁、麋芳都投降了。吕蒙进入江陵城后,将关羽及其将士的家属全部俘获,皆加以抚慰,下令军中士兵不得骚扰百姓,索要财物等。吕蒙部下兵士,是汝南人,取用百姓家一顶斗笠,用来遮盖官家的铠甲,官铠虽然属于公家,吕蒙仍然以为他违反了军令,不能因为此兵士是自己同乡的缘故而破坏军令,就垂涕将他斩首。于是军中惊惧,以至于路不拾遗。吕蒙整日都派出亲信去慰抚老年人,询问他们缺乏什么用品,患疾病的人供给医药,饥寒的人给予粮食或衣物。关羽府中所藏财宝,都封闭起来等待孙权的到来。关羽撤军,在途中数次派人与吕蒙联络,吕蒙总是厚待他的使者,让他们到江陵城中走动,向各家致以问候,或通过亲笔书信互通消息。关羽的使者返回后,私下里相互问候讯问,都知道自己家属没有忧患事,受到的待遇甚至比往常还好,因而关羽部下的将士都丧失了斗志。适逢孙权随后赶到,关羽自知自己势力孤单,处境困窘,于是逃往麦城,向西行至漳乡时,其部下都舍弃关羽而投降孙权。孙权派朱然、潘璋从小路去拦截关羽,关羽父子都被擒杀,荆州于是平定。

孙权任命吕蒙为南郡太守,进封孱陵侯,赐钱一亿、黄金五百斤。吕蒙坚决推辞铜钱与黄金的赏赐,孙权不准。封爵的文书尚未下达,恰逢吕蒙旧疾复发,孙权当时在公安,就将吕蒙迎接至自己所居住的宫中内殿,千方百计为他治疗救护,又招募辖境之内能够治愈吕蒙疾病的人,赏赐千金。治疗吕蒙时常要用针刺治疗,孙权为此而悲伤凄切,他想常能看到吕蒙的面色,又害怕因礼节关系令吕蒙劳累,就在墙壁上凿一孔探视,见吕蒙稍微可以进食就高兴,还回头与左右侍从人等说话欢笑,如果情况不好就连声叹息,夜不能眠。吕蒙病情在治疗中一度好转,孙权特为此事下达赦令,群臣都来庆贺。此后,吕蒙病情加重,孙权亲临省视,还让道士在星辰之下为吕蒙请求保全生命。吕蒙年纪四十二岁,在孙权的公安县行宫内殿去世。当时孙权哀痛至极,为吕蒙的亡故消减了膳食、音乐等生活享乐。吕蒙在临终前,即将所得金银财宝等赏赐之物,全部交付仓库保管,并命令主管府藏的官员在自己去世的当天全部上缴,丧事务必从简办理。孙权得知后,更加悲痛伤感。

吕蒙年轻时不学习典籍,每当陈述大事,经常口授其辞,令人记录下来再写成书信或奏疏。他曾经因部曲事被江夏郡太守蔡遗所控告,吕蒙对蔡遗毫无怨恨的意思。及至豫章郡太守顾劭去世,孙权向吕蒙征询当由谁接替顾劭的意见,吕蒙就推举了蔡遗,认为他是一位奉行职事的好官吏,孙权笑着说:"您打算做春秋时晋国的祁奚吗?"于是就用蔡遗为豫章郡太守。甘宁粗暴好杀人,行事不仅常常不合吕蒙的心意,还时常违背孙权的命令,孙权恼恨他,吕蒙总是为他陈述理由以请求宽恕:"天下还没有平定,像甘宁这样骁勇善战的将领很难得,应当容忍他的一些缺点。"孙权于是厚待甘宁,终于发挥了他的作用。

吕蒙的嫡子吕霸承袭吕蒙的孱陵侯爵位,孙权赐予吕家为吕蒙看守坟墓的民户三百家,又赐予他们免缴赋税的田地五十顷。吕霸去世,由他的哥哥吕琮承袭孱陵侯爵位。吕琮去世,由他的弟弟吕睦承袭爵位。

孙权曾经与陆逊评论周瑜、鲁肃与吕蒙说:"周瑜周公瑾勇武刚烈,胆识和才略倍于他人,所以能击破曹操的军队,开拓荆州,很长时间后人难以企及,您如今堪称继承人。周公瑾从前邀请鲁肃鲁子敬来至江东,将他推荐给朕,朕与鲁肃闲谈,他就论及远大的谋略与五帝三王的事业。这是第一件令人感到痛快的事情。此后曹操凭借收降刘琮的优势,扬言将要统率数十万人马,分水军、步兵两路一起东下。朕遍请诸将领,询问应对之策,没有谁拿出确定意见先行回答,至于张昭张子布、秦松秦文表,都说应当派遣使节撰写公告去迎接曹操,鲁子敬当即驳斥并声言不可,劝朕迅速召回周公瑾,把各路军队交给他去统率,迎战曹操。这是第二件令人感到痛快的事情。而且鲁子敬出谋划策,远远超出战国时期的张仪、苏秦许多;虽然他后来劝朕将荆州的南郡这块地借与刘备,是他的一个短处,但这并不能够泯灭他的两项长处。西周初政治家周公旦对人不求全责备,因而朕忘却鲁子敬的短处而看重他的长处,并常以辅佐汉光武帝的邓禹与他对照。吕蒙吕子明年轻时,朕认为他只是不辞艰难,遇事果敢有胆量而已;比及他成年以后,学问增益,谋略独到完善,可以说仅次于周公瑾,但发言议论不如周公瑾才华显露罢了。在设谋擒获关羽一事上,胜过鲁子敬。子敬曾在答复朕的书信中说：'帝王的兴起，都有看似敌对，实则替自己扫清道路的势力存在，对于关羽不必顾忌。'这是子敬内心感觉关羽问题难以办理，而在表面上所说的大话，朕也宽恕，不去随意责难他。然而鲁子敬治军与安营扎寨，能够有令即行，有禁即止，他所管辖的界域之内，没有旷废职守之过，路不拾遗，他的治理方法也很好啊。"

评论说：曹操凭借汉室丞相的资本，挟持天子而扫荡群雄，他刚刚扫荡荆州地域，就以武力威胁东吴，当时的议论者没有不因猜忌而生异心的。周瑜、鲁肃却有独到果断的英明判断，高出众人之上，确实是天下的奇才。吕蒙有勇有谋，能够判断计划用兵策略，欺诳郝普，擒获关羽，是其中最为奇妙的两例。他起初虽然轻捷果敢，有滥杀的不足，但最终能够克制私欲，严以律己，具有一国中才能最优秀人物的气象，岂止是一员武将而已！孙权对于三人的评论，明断他们各自的优劣与长处、短处，公允恰当，因而在这里加以采录。

虞翻传

[题解]

传见《三国志》卷五七《吴书十二》。虞翻(164～233),字仲翔,会稽郡馀姚县(治今浙江馀杭市西南七十六里馀杭镇)人。东吴著名学者。原为会稽太守王朗功曹,后归顺孙策。曾被孙权任为骑都尉,因犯言直谏,屡遭贬斥,徙居交州十馀年,仍讲学不倦,有门徒数百。著有《老子》《论语》《国语》训注。作为一位执着的读书人,虞翻智商极高,情商却在中人以下,在出仕与做学问的交织中得以善终,也算是吉人天相了。作为专制社会中的一位中级官员,他忠于职守,观其在丧父的悲痛中仍能于战乱中护送太守王朗至候官避难,可见儒家理念在他心中根深蒂固。向君主直言进谏,不顾个人安危,虽属忠心耿耿,但也不乏心无城府的天真之态,至于在君主面前向已然成为弱者的甘宁举鞭,似非疾恶如仇的由衷之举,而是借题发挥,有公然挑战君主权威的意味。如此处世,被流放海隅,并终老于此,必然令当事者产生举世皆醉我独醒的孤独感。裴松之注引《翻别传》中虞翻"生无可与语,死以青蝇为吊客,使天下一人知己者,足以不恨"数语,之所以能够引起后世诸多读书人的强烈共鸣,原因就在于知识与专权冲突的难以调和。在历史人物的长河中,虞翻的一生算不上悲剧,但其所昭示的理想与现实背离的常态性,却是耐人寻味与发人深省的。

虞翻字仲翔,会稽馀姚人也①,太守王朗命为功曹②。孙策征会稽③,翻时遭父丧,衰绖诣府门④,朗欲就之⑤,翻乃脱衰入见,劝朗避策。朗不能用,拒战败绩⑥,亡走浮海。翻追随营护⑦,到东部候官⑧,候官长闭城不受,翻往说之,然后见纳⑨。朗谓翻曰:"卿有老母,可以还矣⑩。"翻既归,策复命为功曹,待以交友之礼,身诣翻第⑪。

[注释]

①会(kuài 块)稽:即会稽郡,秦始皇二十五年(前222)置,治所吴县(今江苏苏州市),辖境相当于今江苏长江以南、上海市、浙江天台山、大盘山、仙霞岭以北及皖南一角。西汉时南扩至浙江、福建全省。东汉永建四年(129)徙治山阴县(今浙江绍兴市)。东汉末属扬州。馀姚:即馀姚县,秦始皇三十七年(前210)置,属会稽郡,治所在今浙江馀杭市西南七十六里馀杭镇。东汉改属吴郡。三国吴宝鼎元年(266)属吴兴郡。裴注引《吴书》曰:"翻少好学,有高气。年十二,客有候其兄者,不过翻,翻追与书曰:'仆闻虎魄不取腐芥,磁石不受曲针,过而不存,不亦宜乎!'客得书奇之,由是见称。"

②王朗:字景兴(?~228),东海郯(今山东郯城北)人。以通经,拜郎中,除菑丘长。后为徐州刺史陶谦举荐,任会稽太守,为孙策所败。又归曹操,先后任谏议大夫、参司空军事。入魏,拜司空,迁司徒,卒谥成侯。《三国志》卷一三有传。功曹:官名。州郡县长官的属吏,有功曹掾、功曹史,简称功曹。职责为考查记录功劳,参与任免赏罚。

③孙策:字伯符(175~200),东汉吴郡富春(今浙江富阳)人,孙坚长子。曾随孙坚攻刘表,孙坚死,领其馀部依附袁术。兴平二年(195)离开袁术,率军渡江,占据吴、会稽、庐江、豫章等六郡,建立孙氏政权,威震江东,人称"小霸王"。建安二年(197),曹操表其为讨逆将军,封吴侯。建安五年

(200),被原吴郡太守许贡家客行刺,伤重而亡。后其弟孙权称帝,追谥孙策为长沙桓王。《三国志》卷四六有传。

④衰绖(cuīdié 崔碟):丧服。古人丧服胸前当心处缀有长六寸、广四寸的麻布,名衰,因名此衣为衰;围在头上的散麻绳为首绖,缠在腰间的为腰绖。衰、绖两者是丧服的主要部分。这里用如动词,是"穿丧服"的意思。

⑤就之:谓王朗出府门会见虞翻。古代习俗,穿丧服不能进入官署。

⑥拒战:抵御抗击。败绩:指军队溃败。

⑦营护:保护,救护。

⑧东部:谓会稽东部都尉辖区。候官:一作"侯官"。即候官县,东汉末置,治今福建福州市。

⑨见纳:被接纳。裴注引《吴书》曰:"翻始欲送朗到广陵,朗惑王方平记,言'疾来邀我,南岳相求',故遂南行。既至候官,又欲投交州,翻谏朗曰:'此妄书耳,交州无南岳,安所投乎?'乃止。"

⑩可以还矣:裴注引《翻别传》曰:"朗使翻见豫章太守华歆,图起义兵。翻未至豫章,闻孙策向会稽,翻乃还。会遭父丧,以臣使有节,不敢过家,星行追朗至候官。朗遣翻还,然后奔丧。而传云孙策之来,翻衰绖诣府门,劝朗避策,则为大异。"

⑪身:亲自。裴注引《江表传》曰:"策书谓翻曰:'今日之事,当与卿共之,勿谓孙策作郡吏相待也。'"

策好驰骋游猎①,翻谏曰:"明府用乌集之众②,驱散附之士③,皆得其死力④,虽汉高帝不及也⑤。至于轻出微行⑥,从官不暇严⑦,吏卒常苦之。夫君人者不重则不威⑧,故白龙鱼服,困于豫且⑨;白蛇自放,刘季害之⑩。愿少留意⑪。"策曰:"君言是也。然时有所思,端坐悒悒⑫,有裨谌草创之计⑬,是以行耳⑭。"

[注释]

①驰骋游猎:纵马疾驰,出游打猎。

②明府:汉魏以来对郡守牧尹的尊称,又称明府君。《汉书·韩延寿传》:"今旦明府早驾,久驻未出,骑吏父来至府门,不敢入。"《后汉书·张湛传》:"明府位尊德重,不宜自轻。"唐李贤注:"郡守所居曰府。明者,尊高之称。《前书》韩延寿,为东郡太守,门卒谓之明府,亦其义也。"乌集:犹乌合,形容人群没有严密组织而临时凑合,如群乌暂时聚合。

③驱:驾驭,役使。散附:零散归附。

④死力:最大的力量。

⑤汉高帝:即刘邦(前256~前195),字季,秦末泗水郡沛县(今江苏沛县)人,西汉王朝的开国皇帝。公元前202年称帝,在位八年,谥号高皇帝,庙号高祖。《史记》卷八、《汉书》卷一皆有纪。

⑥轻出:谓简从出行。微行:旧时谓帝王或有权势者隐匿身份,易服出行或私访。

⑦从官:属官。不暇严:谓无时间做好戒备工作。

⑧君人者:治理百姓的人。不重则不威:语出《论语·学而》:"君子不重,则不威。"

⑨"故白龙"二句:意谓贵人微服出行,恐有不测之虞。事见汉刘向《说苑·正谏》:"昔白龙下清泠之渊,化为鱼,渔者豫且射中其目。"

⑩"白蛇"二句:传说汉高祖刘邦为赤帝子,秦统治者为白帝子。赤帝子斩杀白帝子,表明汉当灭秦。事见《史记·高祖本纪》:"有一老妪夜哭,曰:'吾子白帝子也,化为蛇,当道。今为赤帝子斩之。'"刘季,即刘邦。见前注。

⑪少:稍微。

⑫端坐:安坐,正坐。悒悒(yìyì邑邑):忧郁,愁闷。

⑬裨谌(píchén皮臣)草创:语出《论语·宪问》:"子曰:'为命,裨谌草创之,世叔讨论之,行人子羽修饰之,东里子产润色之。'"裨谌,春秋时郑国大夫。据《左传·襄公三十一年》记述:"裨谌能谋,谋于野则获,谋于邑则否。"大意是:裨谌能出谋划策,只有到野外谋划才能正确,在城里思考就不能成功。

⑭是以行耳:裴注引《吴书》曰:"策讨山越,斩其渠帅,悉令左右分行逐贼,独骑与翻相得山中。翻问左右安在,策曰:'悉行逐贼。'翻曰:'危事也!'令策下马:'此草深,卒有惊急,马不及萦策,但牵之,执弓矢以步。翻善用矛,请在前行。'得平地,劝策乘马。策曰:'卿无马奈何?'答曰:'翻能步行,日可二百里,自征讨以来,吏卒无及翻者,明府试跃马,翻能疏步随之。'行及大道,得一鼓吏,策取角自鸣之,部曲识声,小大皆出,遂从周旋,平定三郡。"又引《江表传》曰:"策讨黄祖,旋军欲过取豫章,特请翻语曰:'华子鱼自有名字,然非吾敌也。加闻其战具甚少,若不开门让城,金鼓一震,不得无所伤害,卿便在前具宣孤意。'翻即奉命辞行,径到郡,请被褠葛巾与歆相见,谓歆曰:'君自料名声之在海内,孰与鄱郡故王府君?'歆曰:'不及也。'翻曰:'豫章资粮多少?器仗精否?士民勇果孰与鄱郡?'又曰:'不如也。'翻曰:'讨逆将军智略超世,用兵如神,前走刘扬州,君所亲见,南定鄱郡,亦君所闻也。今欲守孤城,自料资粮,已知不足,不早为计,悔无及也。今大军已次椒丘,仆便还去,明日日中迎檄不到者,与吾辞矣。'翻既去,歆明旦出城,遣吏迎策。策既定豫章,引军还吴,绘赐将士,计功行赏,谓翻曰:'孤昔再至寿春,见马日磾,及与中州士大夫会,语我东方人多才耳,但恨学问不博,语议之间,有所不及耳。孤意犹谓未耳。卿博学洽闻,故前欲令卿一诣许,交见朝士,以折中国妄语儿。卿不愿行,便使子纲;恐子纲不

能结儿辈舌也。'翻曰：'翻是明府家宝，而以示人，人傥留之，则去明府良佐，故前不行耳。'策笑曰：'然。'因曰：'孤有征讨事，未得还府，卿复以功曹为吾萧何，守会稽耳。'后三日，便遣翻还郡。"又云："臣松之以为王、华二公于扰攘之时，抗猛锐之锋，俱非所能。歆之名德，实高于朗，而《江表传》述翻说华，云'海内名声，孰与于王'，此言非也。然王公拒战，华逆请服，实由孙策初起，名微众寡，故王能举兵，岂武胜哉？策后威力转盛，势不可敌，华量力而止，非必用仲翔之说也。若使易地而居，亦华战王服耳。"又云："按《吴历》载翻谓歆曰：'窃闻明府与王府君齐名中州，海内所宗，虽在东垂，常怀瞻仰。'歆答曰：'孤不如王会稽。'翻复问：'不审豫章精兵，何如会稽？'对曰：'大不如也。'翻曰：'明府言不如王会稽，谦光之谭耳；精兵不如会稽，实如尊教。'因述孙策才略殊异，用兵之奇，歆乃答云当去。翻出，歆遣吏迎策。二说有不同，此说为胜也。"

翻出为富春长①。策薨②，诸长吏并欲出赴丧③，翻曰："恐邻县山民或有奸变④，远委城郭⑤，必致不虞⑥。"因留制服行丧⑦。诸县皆效之，咸以安宁⑧。后翻州举茂才⑨，汉召为侍御史⑩，曹公为司空⑪，辟⑫，皆不就⑬。

[注释]

①富春：即富春县，西汉置，属会稽郡，治所即今浙江杭州富阳区。东汉属吴郡。

②薨(hōng 轰)：死的别称。自周代始，人之死亡，有尊卑之分，"薨"以称诸侯之死。《礼记·曲礼下》："天子死曰崩，诸侯曰薨，大夫曰卒，士曰不禄，庶人曰死。"

③长(zhǎng 掌)吏:指州县长官的辅佐。《汉书·百官公卿表》:"(县)有丞、尉,秩四百石至二百石,是为长吏。百石以下有斗食、佐史之秩,是为少吏。"

④山民:山地居民。这里即指"山越",古代对南方山区少数民族的通称。清王鸣盛《十七史商榷·三国志四·山越》:"山越者,自周秦以来,南蛮总称百越,伏处深山,故名山越。"奸变:外部发生的变乱。《左传·成公十七年》:"臣闻乱在外为奸。"《国语·晋语六》:"乱在内为宄,在外为奸。"

⑤远委:远离。

⑥不虞:指意料不到的事。

⑦制服:谓丧服。

⑧咸以安宁:裴注引《吴书》曰:"策薨,权统事。定武中郎将暠,策之从兄也,屯乌程,整帅吏士,欲取会稽。会稽闻之,使民守城以俟嗣主之命,因令人告谕暠。"又引《会稽典录》载翻说暠曰:"'讨逆明府,不竟天年。今摄事统众,宜在孝廉,翻已与一郡吏士,婴城固守,必欲出一旦之命,为孝廉除害,惟执事图之。'于是暠退。"又云:"臣松之案:此二书所说策亡之时,翻犹为功曹,与本传不同。"

⑨茂才:即秀才,汉时开始与孝廉并为举士的科名。东汉时避光武帝讳改称"茂才"。

⑩侍御史:官名。御史中丞的属官,负责举奏百官的非法与违失,也可奉诏逮捕和拷问有罪的官吏,秩六百石。

⑪曹公:即曹操(155~220),字孟德,小字阿瞒,魏立国后追谥魏武帝,谯(今安徽亳州市)人。详见本书所选《武帝纪》。司空:官名。三公之一。西汉时称大司空,与大司徒、大司马并称三公。东汉改称司空,掌监察、执法,兼掌重要文书图籍,第一品。设置府署,属官与太尉、司徒相同。三国时司空仍为三公,第一品,系虚衔。

⑫辟(bì 必):征召,荐举。

⑬皆不就:裴注引《吴书》曰:"翻闻曹公辟,曰:'盗跖欲以馀财污良家邪?'遂拒不受。"

翻与少府孔融书①,并示以所著《易注》②。融答书曰:"闻延陵之理乐③,睹吾子之治《易》,乃知东南之美者,非徒会稽之竹箭也④。又观象云物⑤,察应寒温⑥,原其祸福⑦,与神合契⑧,可谓探赜穷通者也⑨。"会稽东部都尉张纮又与融书曰⑩:"虞仲翔前颇为论者所侵⑪,美宝为质,雕摩益光⑫,不足以损。"

[注释]

①少府孔融:字文举(153～208),鲁国(治今山东曲阜)人,孔子二十世孙。以曾任北海相,时称孔北海。他是东汉末文学家,为"建安七子"之一。因性情刚直,对曹操屡有触犯,终于被曹操杀害。《三国志》卷一二、《后汉书》卷七〇皆有传。少府,官名。汉时九卿之一,东汉时掌管宫中御衣、宝货、珍膳等。

②易注:即《周易注》。《隋书·经籍一》著录"《周易》九卷,吴侍御史虞翻注"。此书已佚。现存虞氏《易注》主要见于李鼎祚《周易集解》。清孙堂《汉魏二十一家易注》辑有虞翻《周易注》十卷、《附录》一卷,《逸书考》辑有虞翻《周易注》一卷等。

③"闻延陵"句:据《左传·襄公二十九年》记述,春秋时,吴公子季札到鲁国访问,"请观于周乐",对于《诗经》中《周南》《召南》《邶》《鄘》《卫》《王》《郑》《齐》《秦》诸国《风》以及《小雅》《大雅》《颂》皆有精辟的评价。这就是所谓"季札观乐"。延陵,地名。故址在今江苏常州市。季札因让国

逃避至延陵（或谓封于延陵），终身不入吴国，世称延陵季子或延陵子。理乐，这里是分析评价音乐的意思。

④竹箭：即筱。细竹。《尔雅·释地》："东南之美者，有会稽之竹箭焉。"

⑤观象云物：谓通过观测天象与辨识云气以预测吉凶。

⑥察应寒温：谓以天气冷暖预测祸福。《汉书·京房传》："其说长于灾变，分六十四卦，更直日用事，以风雨寒温为候。"

⑦原：推究。

⑧合契：相符合，相一致。《后汉书·张衡传》："验之以事，合契若神。"

⑨探赜(zé 责)：探索奥秘。穷通：困厄与显达。

⑩会稽东部都尉张纮(hóng 弘)：字子纲(153～212)，广陵（今江苏扬州）人。早年游学京都，后避难江东，孙策表为正议校尉，被遣出使许都，留为侍御史，与孔融等交好。孙权掌事东吴，曹操以张纮为会稽东部都尉，以劝孙权内附。孙权后以之为长史，从征合肥，又建议孙权都秣陵（今江苏南京市）。六十岁病卒。《三国志》卷五三有传。都尉，官名。东汉领兵武官，位在将军、校尉之下，每郡设一人或两人，秩比二千石。

⑪侵：贬损。

⑫雕摩：雕刻打磨。

孙权以为骑都尉①。翻数犯颜谏争②，权不能悦，又性不协俗③，多见谤毁④，坐徙丹杨泾县⑤。吕蒙图取关羽⑥，称疾还建业⑦，以翻兼知医术，请以自随，亦欲因此令翻得释也。后蒙举军西上，南郡太守麋芳开城出降⑧。蒙未据郡城而作乐沙上，翻谓蒙曰："今区区一心者麋将军也⑨，城中之人岂可尽信，何不急入城持其管籥乎⑩？"蒙即从之。时城中有伏计⑪,赖翻谋不行。关羽既败,权使翻筮之⑫,得《兑》下《坎》上⑬,《节》;五爻变之《临》⑭。翻曰:"不出二日,必当断头。"果如翻言。权曰:"卿不及伏羲⑮,可与东方朔为比矣⑯。"

[注释]

①骑都尉:官名。光禄勋属官,统率皇宫禁卫军中的羽林骑士,秩比二千石。

②犯颜:冒犯君主的尊严。谏争:即谏诤,直言规劝。

③协俗:即谐俗,谓与时俗相谐合。

④谤毁:诽谤诋毁。

⑤丹杨:即丹杨郡,或作丹阳郡,西汉元封二年(前109)改鄣郡置,治所宛陵县(今安徽宣州市),辖境相当于今安徽长江以南、江苏宁镇山南北和浙江天目山以西、新安江中上游南北之地。泾县:西汉置,属鄣郡,治所在今安徽泾县西青弋江西岸,以泾水为名。元封二年(前109)属丹阳郡。

⑥吕蒙:字子明(178~219),汝南富陂(今安徽阜南东南)人。东吴大将,历任平北都尉、左护军、虎威将军、南郡太守,封孱陵侯。病卒。详见本书所选《吕蒙传》。关羽:字云长(?~219),东汉解县(治今山西临猗西南)人。详见本书所选《关羽传》。

⑦建业:即建业县,东汉建安十七年(212),孙权改秣陵县置,为丹阳郡治,治所石头城(今江苏南京市清凉山)。三国吴黄龙元年(229),自武昌(今湖北鄂州市)迁都于此,形势胜于武昌。

⑧南郡太守麋芳:字子方(生卒年不详),麋竺弟,东海朐县(今江苏连云港西南)人。世代商贾,初为彭城相,与其兄追随刘备入益州,拜南郡太守。后因与关羽有隙,叛归孙权,致令蜀失南郡。南郡,秦昭王二十九年(前278)置,治所郢(今湖北荆州市荆州区故江陵县城西北纪南城),后徙治

江陵县(今荆州市荆州区故江陵县城),属荆州,三国时曾移治于公安(今属湖北)。西汉辖境相当于今湖北襄阳市、南漳县以南,松滋市、公安县以北,洪湖市以西,利川市及重庆巫山县以东地。

⑨区区:犹方寸,形容人的心。引申谓真情挚意。

⑩管籥(yuè 越):锁匙。籥,通"钥"。

⑪伏计:谓伏击之计。

⑫筮(shì 事):用蓍草占卜休咎或卜问疑难的事。

⑬兑下坎上:《周易》中的卦形由"爻(yáo 尧)"组成,一长横称阳爻,两短横称阴爻,以六十四卦计,共得三百八十四爻。三爻重叠即构成一个单卦,一共可得八卦,即八种具有象征意义的基本图形。八卦的名称是:乾、坤、震、巽、坎、离、艮、兑。相传是伏羲所作。《易传》作者认为八卦主要象征天、地、雷、风、水、火、山、泽八种自然现象,并认为《乾》《坤》两卦在八卦中占有特别重要的地位,是自然界和人类社会一切现象的最初根源。据说周文王又将八卦上下互相组合,可得六十四个复卦(六爻重叠),用来象征自然现象和社会现象的发展变化,古人认为可以用来预测人世吉凶,即象数之学。卦形的爻须从下往上数。《兑》的卦形是阳爻、阳爻、阴爻,《坎》的卦形是阴爻、阳爻、阴爻。《兑》下《坎》上相叠共六爻,即组成名为《节》的复卦,属于六十四卦中的第六十卦。

⑭五爻变之临:从下往上数,《节》卦的第五爻是阳爻,若转变为阴爻,则组成《兑》下《坤》上的第十九卦《临》卦。《坤》卦的三爻全为阴爻。《节》卦与《临》卦的六爻中,仅第五爻不同。

⑮伏羲:古代传说中的三皇之一。风姓。相传其始画八卦,又教民渔猎,取牺牲以供庖厨,因称庖牺。亦作"伏戏""伏犧"。

⑯东方朔:字曼倩(前154~前93),汉平原厌次(今山东德州市陵城区)人。汉武帝时待诏金马门,官至太中大夫。以奇计俳辞得亲近,以诙谐

滑稽传名后世,方士则附会之为神仙。《史记》卷一二六、《汉书》卷六五皆有传。

魏将于禁为羽所获①,系在城中②,权至释之,请与相见。他日,权乘马出,引禁并行,翻呵禁曰:"尔降虏,何敢与吾君齐马首乎!"欲抗鞭击禁③,权呵止之。后权于楼船会群臣饮④,禁闻乐流涕,翻又曰:"汝欲以伪求免邪⑤?"权怅然不平⑥。

权既为吴王⑦,欢宴之末,自起行酒⑧,翻伏地阳醉⑨,不持⑩。权去,翻起坐。权于是大怒,手剑欲击之,侍坐者莫不惶遽⑪,惟大农刘基起抱权谏曰⑫:"大王以三爵之后杀善士⑬,虽翻有罪,天下孰知之?且大王以能容贤畜众,故海内望风⑭,今一朝弃之,可乎?"权曰:"曹孟德尚杀孔文举⑮,孤于虞翻何有哉⑯?"基曰:"孟德轻害士人⑰,天下非之。大王躬行德义⑱,欲与尧、舜比隆⑲,何得自喻于彼乎⑳?"翻由是得免。权因敕左右,自今酒后言杀,皆不得杀。

[注释]

①于禁:字文则(?~221),东汉泰山巨平(今山东泰安南)人。曹操占据兖州,于禁投奔曹军,任军司马,治军严整,封益寿亭侯,历任虎威将军、左将军。为解樊城之围,率七军增援曹仁,七军被水淹,投降关羽。孙权袭取荆州后,被遣还魏,为魏文帝所鄙视,恼羞而卒。《三国志》卷一七有传。

②系:指拘囚。城中:谓江陵县城中。

③抗鞭:举鞭。

④楼船:有楼的大船。古代多用作战船。

⑤伪:假装。

⑥怅然:失意不乐貌。不平:愤慨,不满。裴注引《吴书》曰:"后权与魏和,欲遣禁还归北,翻复谏曰:'禁败数万众,身为降虏,又不能死。北习军政,得禁必不如所规。还之虽无所损,犹为放盗,不如斩以令三军,示为人臣有二心者。'权不听。群臣送禁,翻谓禁曰:'卿勿谓吴无人,吾谋适不用耳。'禁虽为翻所恶,然犹盛叹翻,魏文帝常为翻设虚坐。"

⑦既:已经。吴王:魏文帝黄初二年(221)八月,孙权向魏称臣,被封吴王。

⑧行酒:依次斟酒。

⑨伏地:古人席地而坐,患病或醉酒则容易俯伏于地。阳醉:假装醉酒。

⑩不持:谓不避席奉侍。古代尊者敬酒,被敬酒者须离席起立,以示敬意,称避席。

⑪侍坐:在尊长近旁陪坐。《礼记·曲礼上》:"侍坐于所尊,敬毋馀席。"唐孔颖达疏:"谓先生坐一席,己坐一席,己必坐于近尊者之端,勿得使近尊者之端更有空馀之席。"惶遽:亦作"惶懅"。恐惧慌张。

⑫大农刘基:字敬舆(184~232),东汉东莱牟平(今山东福山西北)人,刘繇长子。美姿容,深得孙权爱敬,历任东曹掾、辅义校尉、建忠中郎将、大农,徙郎中令,改光禄勋,分平尚书事。年四十九卒。其女嫁孙权子孙霸。《三国志》卷四九有传。大农,汉大司农、大农丞、治粟内史均称大农,为掌国家财政经济的官员,秩中二千石,为九卿之一。

⑬三爵:三杯酒。爵,雀形酒杯。《左传·宣公二年》:"臣侍君宴,过三爵,非礼也。"善士:有德之士。

⑭海内:国境之内,全国。古人谓我国疆土四面临海,故称。望风:仰望。

⑮孔文举:即孔融(153~208),字文举。

⑯何有:用反问的语气表示不怜惜、不爱重等。《左传·僖公二十四

年》:"除君之恶,唯力是视,蒲人、狄人,余何有焉?今君即位,其无蒲狄乎!"杨伯峻注:"何有,古人习语,意义随所施而异,此谓心目中无之也。"

⑰士人:士大夫,儒生。亦泛称知识阶层。

⑱躬行:亲身实行。德义:谓赏罚得当。《国语·周语中》:"故圣人之施舍也议之,其喜怒取与也亦议之,是以不主宽惠,亦不主猛毅,主德义而已。"三国吴韦昭注:"赏得其人,罚当其罪,是为德义。"

⑲尧:号放勋,属陶唐氏,故又称唐尧,中国上古时期方国联盟首领、"五帝"之一。舜:姚姓,有虞氏,名重华,字都君,轩辕黄帝九世孙,是中国上古时代父系氏族社会后期部落联盟首领。在尧之后放逐四凶。尧常与舜并称,两者皆为儒家心目中的理想君主。比隆:同等兴盛。

⑳自喻:自譬,自比。

翻尝乘船行,与糜芳相逢,芳船上人多欲令翻自避,先驱曰①:"避将军船!"翻厉声曰:"失忠与信,何以事君?倾人二城②,而称将军,可乎?"芳阖户不应而遽避之。后翻乘车行,又经芳营门,吏闭门,车不得过。翻复怒曰:"当闭反开③,当开反闭,岂得事宜邪④?"芳闻之,有惭色。

[注释]

①先驱:前行开路者。

②二城:谓南郡治所江陵县城与其南邻的公安县城。当时糜芳与士仁为蜀汉分守两城,一同投降东吴。详见本书所选《吕蒙传》。

③当闭反开:嘲讽糜芳开启江陵城门投降一事。

④事宜:谓事情的道理。

翻性疏直①,数有酒失②。权与张昭论及神仙③,翻指昭曰:"彼皆死人,而语神仙,世岂有仙人邪!"权积怒非一④,遂徙翻交州⑤。虽处罪放⑥,而讲学不倦,门徒常数百人⑦。又为《老子》《论语》《国语》训注⑧,皆传于世⑨。

[注释]

①疏直:粗疏率直。

②酒失:酒后的过失。

③张昭:字子布(156~236),彭城(今江苏徐州)人。东汉末避乱江东,从孙策创业,被命为长史、抚军中郎将。孙策临终以孙权托付,孙权待之以师父之礼。历任军师、绥远将军、辅吴将军,班亚三司,封娄侯,食邑万户。卒谥文侯。屡直言进谏孙权,孙权敬惮之。博览群书,著有《春秋左氏传解》《论语注》。详见本书所选《张昭传》。神仙:神话传说中的人物。有超人的能力。可以超脱尘世,长生不老。

④积怒:忿怒蕴积于心。

⑤交州:东汉建安八年(203)改交州刺史部置,治所广信县(今广西梧州市)。十五年(210)移治番禺县(今广东广州市)。辖境相当于今广东、广西的大部,越南承天以北诸省。

⑥罪放:因罪流放。

⑦门徒常数百人:裴注引《翻别传》曰:"权即尊号,翻因上书曰:'陛下膺明圣之德,体舜、禹之孝,历运当期,顺天济物。奉承策命,臣独抃舞。罪弃两绝,拜贺无阶,仰瞻宸极,且喜且悲。臣伏自刻省,命轻雀鼠,性輶毫厘,罪恶莫大,不容于诛,昊天罔极,全宥九载,退当念戮,频受生活,复偷视息。臣年耳顺,思咎忧愤,形容枯悴,发白齿落,虽未能死,自悼终没,不见宫阙百

官之富,不睹皇舆金轩之饰,仰观巍巍众民之谣,傍听钟鼓侃然之乐,永陨海隅,弃骸绝域,不胜悲慕,逸豫大庆,悦以忘罪。'"

⑧老子:即春秋思想家老子所著《道德经》五千言,亦名《老子》,为道家的经典著作。论(lún伦)语:书名,为孔门弟子及其后学关于孔子言行思想的记录,二十篇。国语:是关于西周(前11世纪~前771)、春秋(前770~前476)时周、鲁、齐、晋、郑、楚、吴、越八国人物、事迹、言论的国别史杂记,也叫《春秋外传》。传说是春秋末期鲁人左丘明所作,与《左传》并列属于解说《春秋》的著作。训注:训释注解。

⑨皆传于世:虞翻著述至今大多已佚。裴注引《翻别传》曰:"翻初立《易注》,奏上曰:'臣闻六经之始,莫大阴阳,是以伏羲仰天县象,而建八卦,观变动六爻为六十四,以通神明,以类万物。臣高祖父故零陵太守光,少治孟氏《易》,曾祖父故平舆令成,缵述其业,至臣祖父凤为之最密。臣亡考故日南太守歆,受本于凤,最有旧书,世传其业,至臣五世。前人通讲,多玩章句,虽有秘说,于经疏阔。臣生遇世乱,长于军旅,习经于枹鼓之间,讲论于戎马之上,蒙先师之说,依经立注。又臣郡吏陈桃梦臣与道士相遇,放发被鹿裘,布《易》六爻,挠其三以饮臣,臣乞尽吞之。道士言《易》道在天,三爻足矣。岂臣受命,应当知经!所览诸家解不离流俗,义有不当实,辄悉改定,以就其正。孔子曰:"乾元用九而天下治。"圣人南面,盖取诸离,斯诚天子所宜协阴阳致麟凤之道矣。谨正书副上,惟不罪戾。'翻又奏曰:'经之大者,莫过于《易》。自汉初以来,海内英才,其读《易》者,解之率少。至孝灵之际,颍川荀谞号为知《易》,臣得其注,有愈俗儒,至所说西南得朋,东北丧朋,颠倒反逆,了不可知。孔子叹《易》曰:"知变化之道者,其知神之所为乎!"以美大衍四象之作,而上为章首,尤可怪笑。又南郡太守马融,名有俊才,其所解释,复不及谞。孔子曰"可与共学,未可与适道",岂不其然!若乃北海郑玄,南阳宋忠,虽各立注,忠小差玄而皆未得其门,难以示世。'又

奏郑玄解《尚书》违失事目:'臣闻周公制礼以辨上下,孔子曰"有君臣然后有上下,有上下然后礼义有所错",是故尊君卑臣,礼之大司也。伏见故征士北海郑玄所注《尚书》,以《顾命》康王执瑁,古"曰"似"同",从误作"同",既不觉定,复训为杯,谓之酒杯;成王疾困凭几,洮颒为濯,以为浣衣成事,"洮"字虚更作"濯",以从其非;又古大篆"卯"字读当为"柳",古"柳""卯"同字,而以为昧;"分北三苗","北"古"别"字,又训北,言北犹别也。若此之类,诚可怪也。《玉人》职曰天子执瑁以朝诸侯,谓之酒杯;天子颒面,谓之浣衣;古篆"卯"字,反以为昧。甚违不知盖阙之义。于此数事,误莫大焉,宜命学官定此三事。又马融训注亦以为同者大同天下,今经益"金"就作"铜"字,诂训言天子副玺,虽皆不得,犹愈于玄。然此不定,臣没之后,而奋乎百世,虽世有知者,怀谦莫或奏正。又玄所注五经,违义尤甚者百六十七事,不可不正。行乎学校,传乎将来,臣窃耻之。'翻放弃南方,云'自恨疏节,骨体不媚,犯上获罪,当长没海隅,生无可与语,死以青蝇为吊客,使天下一人知己者,足以不恨。'以典籍自慰,依《易》设象,以占吉凶。又以宋氏解《玄》颇有缪错,更为立注,并著《明杨》《释宋》以理其滞。"又云:"臣松之案:翻云'古大篆"卯"字读当言"柳",古"柳""卯"同字',窃谓翻言为然。故刘、留、聊、柳同用此字,以从声故也,与日辰'卯'字,字同音异。然《汉书·王莽传》论卯金刀,故以为日辰之'卯',今未能详正。然世多乱之,故翻所说云。荀谞,荀爽之别名。"

初,山阴丁览①,太末徐陵②,或在县吏之中,或众所未识,翻一见之,便与友善,终成显名③。

在南十馀年,年七十卒④。归葬旧墓⑤,妻子得还⑥。

[注释]

①山阴丁览:详见后引裴注。山阴,即山阴县,秦置,属会稽郡,治所即今浙江绍兴市。以在会稽山之北而得名。东汉永建四年(129)为会稽郡治。

②太末徐陵:详见后引裴注。太末,即太末县,三国吴改大末县置,属会稽郡,治所即今浙江龙游县。赤乌三年(240)改名龙丘县,宝鼎元年(266)分属东阳郡,后复名太末县。

③显名:显耀的名声。裴注引《会稽典录》曰:"览字孝连,八岁而孤,家又单微,清身立行,用意不苟,推财从弟,以义让称。仕郡至功曹,守始平长。为人精微洁净,门无杂宾。孙权深贵待之,未及擢用,会病卒,甚见痛惜,殊其门户。览子固,字子贱,本名密,避滕密,改作固。固在襁褓中,阚泽见而异之,曰:'此儿后必致公辅。'固少丧父,独与母居,家贫守约,色养致敬,族弟孤弱,与同寒温。翻与固同僚书曰:'丁子贱塞渊好德,堂构克举,野无遗薪,斯之为懿,其美优矣。令德之后,惟此君嘉耳。'历显位,孙休时固为左御史大夫,孙皓即位,迁司徒。皓悖虐,固与陆凯、孟宗同心忧国,年七十六卒。子弥,字钦远,仕晋,至梁州刺史。孙潭,光禄大夫。徐陵字元大,历三县长,所在著称,迁零陵太守。时朝廷俟以列卿之位,故翻书曰:'元大受上卿之遇,叔向在晋,未若于今。'其见重如此。陵卒,僮客土田或见侵夺,骆统为陵家讼之,求与丁览、卜清等为比,权许焉。陵子平,字伯先,童龀知名,翻甚爱之,屡称叹焉。诸葛恪为丹杨太守,讨山越,以平威重思虑,可与效力,请平为丞,稍迁武昌左部督,倾心接物,士卒皆为尽力。初,平为恪从事,意甚薄,及恪辅政,待平益疏。恪被害,子建亡走,为平部曲所得,平使遣去,别为佗军所获。平两妇归宗,敬奉情过乎厚。其行义敦笃,皆此类也。"

④年七十卒:裴注引《吴书》曰:"翻虽在徙弃,心不忘国,常忧五溪宜讨,以辽东海绝,听人使来属,尚不足取,今去人财以求马,既非国利,又恐无

获。欲谏不敢,作表以示吕岱,岱不报,为爱憎所白,复徙苍梧猛陵。"又引《江表传》曰:"后权遣将士至辽东,于海中遭风,多所没失,权悔之,乃令曰:'昔赵简子称诸君之唯唯,不如周舍之谔谔。虞翻亮直,善于尽言,国之周舍也。前使翻在此,此役不成。'促下问交州,翻若尚存者,给其人船,发遣还都;若以亡者,送丧还本郡,使儿子仕宦。会翻已终。"

⑤旧墓:故乡的祖坟。

⑥妻子得还:裴注引《会稽典录》曰:"孙亮时,有山阴朱育,少好奇字,凡所特达,依体象类,造作异字千名以上。仕郡门下书佐。太守濮阳兴正旦宴见掾吏,言次,问:'太守昔闻朱颍川问士于郑召公,韩吴郡问士于刘圣博,王景兴问士于虞仲翔,尝见郑、刘二答而未睹仲翔对也。钦闻国贤,思睹盛美有日矣,书佐宁识之乎?'育对曰:'往过习之。昔初平末年,王府君以渊妙之才,超迁临郡,思贤嘉善,乐采名俊,问功曹虞翻曰:"闻玉出昆山,珠生南海,远方异域,各生珍宝。且曾闻士人叹美贵邦,旧多英俊,徒以远于京畿,含香未越耳。功曹雅好博古,宁识其人邪?"翻对曰:"夫会稽上应牵牛之宿,下当少阳之位,东渐巨海,西通五湖,南畅无垠,北渚浙江,南山攸居,实为州镇,昔禹会群臣,因以命之。山有金木鸟兽之殷,水有鱼盐珠蚌之饶,海岳精液,善生俊异,是以忠臣继踵,孝子连闾,下及贤女,靡不育焉。"王府君笑曰:"地势然矣,士女之名可悉闻乎?"翻对曰:"不敢及远,略言其近者耳。往者孝子句章董黯,尽心色养,丧致其哀,单身林野,鸟兽归怀,怨亲之辱,白日报雠,海内闻名,昭然光著。太中大夫山阴陈嚣,渔则化盗,居则让邻,感侵退藩,遂成义里,摄养车妪,行足厉俗,自扬子云等上书荐之,粲然传世。太尉山阴郑公,清亮质直,不畏强御。鲁相山阴钟离意,禀殊特之姿,孝家忠朝,宰县相国,所在遗惠,故取养有君子之谟,鲁国有丹书之信。及陈宫、费齐皆上契天心,功德治状,记在汉籍,有道山阴赵晔,征士上虞王充,各洪才渊懿,学究道源,著书垂藻,骆驿百篇,释经传之宿疑,解当世之槃结,或

上穷阴阳之奥秘,下摅人情之归极。交阯刺史上虞綦毋俊,拔济一郡,让爵土之封。决曹掾上虞孟英,三世死义。主簿句章梁宏,功曹史馀姚驷勋,主簿句章郑云,皆敦终始之义,引罪免居。门下督盗贼馀姚伍隆,鄮莫候反。主簿任光,章安小吏黄他,身当白刃,济君于难。扬州从事句章王修,委身授命,垂声来世。河内太守上虞魏少英,遭世屯蹇,忘家忧国,列在八俊,为世英彦。尚书乌伤杨乔,桓帝妻以公主,辞疾不纳。近故太尉上虞朱公,天姿聪亮,钦明神武,策无失谟,征无遗虑,是以天下义兵,思以为首。上虞女子曹娥,父溺江流,投水而死,立石碑纪,炳然著显。"王府君曰:"是既然矣,颍川有巢、许之逸轨,吴有太伯之三让,贵郡虽士人纷纭,于此足矣。"翻对曰:"故先言其近者耳,若乃引上世之事,及抗节之士,亦有其人。昔越王翳让位,逃于巫山之穴,越人薰而出之,斯非太伯之俦邪?且太伯外来之君,非其地人也。若以外来言之,则大禹亦巡于此而葬之矣。鄮大里黄公,洁己暴秦之世,高祖即阼,不能一致,惠帝恭让,出则济难。征士馀姚严遵,王莽数聘,抗节不行,光武中兴,然后俯就,矫手不拜,志陵云日。皆著于传籍,较然彰明,岂如巢、许,流俗遗谭,不见经传者哉?"王府君笑曰:"善哉话言也!贤矣,非君不著。太守未之前闻也。"'濮阳府君曰:'御史所云,既闻其人,亚斯已下,书佐宁识之乎?'育曰:'瞻仰景行,敢不识之?近者太守上虞陈业,洁身清行,志怀霜雪,贞亮之信,同操柳下,遭汉中微,委官弃禄,遁迹黟歙,以求其志,高邈妙踪,天下所闻,故桓文林遗之尺牍之书,比竟三高。其聪明大略,忠直謇谔,则侍御史馀姚虞翻、偏将军乌伤骆统。其渊懿纯德,则太子少傅山阴阚泽,学通行茂,作帝师儒。其雄姿武毅,立功当世,则后将军贺齐,勋成绩著。其探极秘术,言合神明,则太史令上虞吴范。其文章之士,立言粲盛,则御史中丞句章任奕,鄱阳太守章安虞翔,各驰文檄,晔若春荣。处士鄮卢叙,弟犯公宪,自杀乞代。吴宁斯敦、山阴祁庚、上虞樊正,咸代父死罪。其女则松阳柳朱、永宁翟素,或一醮守节,丧身不顾,或遭寇劫贼,死不亏行。皆近世之事,尚在耳目。'府君曰:'皆海内之英也。吾闻秦始皇二十五年,以吴越地为会稽郡,治吴。汉封诸侯王,以何年复为郡,而分治于此?'育对曰:'刘贾为荆王,贾为英布所杀,又以刘濞为吴王。景帝四年,濞反诛,乃复为郡,治于吴。元鼎五年,除东越,因以其地为治,并属于此,而立东部都尉,后徙章安。阳朔元年,又徙治鄞,或有寇害,复徙句章。到永建四年,刘府君上书,浙江之北,以为吴郡,会稽还治山阴。自永建四年岁在己巳,以至今年,积百二十九岁。'府君称善。是岁,吴之太平三年,岁在丁丑。育后仕朝,常在台阁,为东观令,遥拜清河太守,加位侍中,推刺占射,文艺多通。"

翻有十一子,第四子汜最知名①,永安初②,从选曹郎为散骑中常侍③,后为监军使者④,讨扶严⑤,病卒⑥。汜弟忠,宜都太守⑦;耸,越骑校尉⑧,累迁廷尉⑨,湘东、河间太守⑩;昺⑪,廷尉、尚书⑫,济阴太守⑬。

[注释]

①四子汜(sì 肆):即虞汜。详见下引裴注。

②永安:吴景帝孙休的年号(258~264)。

③选曹郎:官名。三国晋掌官吏铨选机构的属官,在选曹尚书之下。散骑中常侍:官名。三国吴置。魏文帝黄初时,将散骑合之于中常侍,称散骑常侍,掌侍从规谏事。吴称散骑中常侍,职掌与魏同。

④监军使者:官名。即监军,两汉与三国均置,无定员,随事而设。

⑤扶严:三国时交阯地方首领。吴末帝建衡三年(271),孙皓遣陶璜等诸将破交阯,杀晋所置守将,分交阯为新昌郡,并破扶严,置武平郡于其地。

⑥病卒：裴注引《会稽典录》曰："氾字世洪，生南海，年十六，父卒，还乡里。孙綝废幼主，迎立琅邪王休。休未至，綝欲入宫，图为不轨，召百官会议，皆惶怖失色，徒唯唯而已。氾对曰：'明公为国伊周，处将相之位，擅废立之威，将上安宗庙，下惠百姓，大小踊跃，自以伊霍复见。今迎王未至，而欲入宫，如是，群下摇荡，众听疑惑，非所以永终忠孝，扬名后世也。'綝不怿，竟立休。休初即位，氾与贺邵、王蕃、薛莹俱为散骑中常侍。以讨扶严功拜交州刺史、冠军将军、馀姚侯，寻卒。"

⑦宜都：即宜都郡，东汉建安十四年(209)刘备改临江郡置，属荆州，治所夷陵县(今湖北宜昌市东南长江北岸)。裴注引《会稽典录》曰："忠字世方，翻第五子。贞固干事，好识人物，造吴郡陆机于童龀之年，称上虞魏迁于无名之初，终皆远致，为著闻之士。交同县王岐于孤宦之族，仕进先至宜都太守，忠乃代之。晋征吴，忠与夷道监陆晏、晏弟中夏督景坚守不下，城溃被害。忠子谭，字思奥。"又引《晋阳秋》称："谭清贞有检操，外如退弱，内坚正有胆干。仕晋，历位内外，终于卫将军，追赠侍中左光禄大夫，开府仪同三司。"

⑧越骑校尉：官名。汉代八校尉之一，武帝始置，秩二千石，东汉比二千石，掌统越骑宿卫。

⑨廷尉：官名。九卿之一，职掌刑狱。东汉时曾更名大理。秩中二千石，三国时第三品。

⑩湘东：即湘东郡，三国吴太平二年(257)置，治所酃县(今湖南衡阳市东)，以在湘水之东而命名。辖境相当于今湖南衡东、攸县、茶陵、安仁、炎陵、常宁及衡阳市东部地区。河间：即河间郡，西汉高帝置，治所乐成县(今河北献县东南十六里)。汉文帝二年(前178)改为国，三国魏改为郡，治所在乐成县(今献县东南)，西晋复为国。裴注引《会稽典录》曰："耸字世龙，翻第六子也。清虚无欲，进退以礼，在吴历清官。入晋，除河间相，王素闻耸

名,厚敬礼之。荥抽引人物,务在幽隐孤陋之中。时王岐难荥,以高士所达,必合秀异,荥书与族子察曰:'世之取士,曾不招未齿于丘园,索良才于总猥,所誉依已成,所毁依已败,此吾所以叹息也。'荥疾俗丧祭无度,弟㬎卒,祭以少牢,酒饭而已,当时族党并遵行之。"

⑪㬎(bǐng 丙):即虞㬎。详见下引裴注。

⑫尚书:官名。始置于战国时,或称掌书,尚即执掌之义。秦为少府属官,汉武帝提高皇权,因尚书在皇帝左右办事,掌管文书奏章,地位逐渐重要。东汉时,尚书有官署在宫禁中,称尚书台,遂成为代表君主意志的近臣。尚书的首脑为尚书令,有尚书仆射二人、五曹尚书五人。

⑬济阴,即济阴郡,西汉建平二年(前5)改定陶国置,东汉属兖州,治所定陶县(今山东定陶西北四里),辖境相当于今山东菏泽及定陶、东明等县地。裴注引《会稽典录》曰:"㬎字世文,翻第八子也。少有倜傥之志,仕吴黄门郎,以捷对见异,超拜尚书侍中。晋军来伐,遣㬎持节都督武昌已上诸军事,㬎先上还节盖印绶,然后归顺。在济阴,抑强扶弱,甚著威风。"

[译文]

虞翻字仲翔,是会稽郡馀姚县人。会稽郡太守王朗任命他为郡功曹。孙策征讨会稽郡,虞翻当时正为父亲办理丧事,穿着丧服来到郡府门前,王朗打算出府门见他,虞翻就脱去丧服入见,劝王朗躲避孙策。王朗没有采纳他的建议,迎战孙策而遭失败,就逃亡到海上。虞翻追随护卫王朗,抵达会稽郡东部都尉辖区的候官县。候官县长关闭城门不予接受,虞翻前往劝说,然后得以进城。王朗对虞翻说:"您有老母亲在家,可以回去了。"虞翻归家后,孙策仍任用他为郡功曹,以朋友的礼节对待他,并且亲自到虞翻家中拜访。

孙策喜好纵马疾驰,出游打猎,虞翻进谏说:"明府君指挥乌合之众,役使零散归附的士兵,都能够得到他们的拼死效力,即使汉高帝也不如您。然而您简从易服出行,部下的属官无时间做好戒备工作,官兵们为此深感苦恼。治理百姓的人不庄重就缺乏威势,贵人微服出行,常恐有不测之虞,白蛇自我放逸,被刘邦用剑斩杀,希望您稍微注意一下。"孙策说:"您的话是对的。然而我常常思索问题,安坐于室内就感到愁闷,仿佛如春秋时的裨谌能出谋划策,只有到野外谋划才能正确,在城里思考就不能成功,所以要出门行走。"

虞翻出外任富春县长。孙策去世,会稽郡中各县长官的辅佐都准备离开职守去奔丧,虞翻说:"恐怕临近县城的山越百姓在外部发动变乱,我等远离城邑,必定招致意外发生。"于是留下来穿上丧服在当地为孙策服丧。其他各县也都仿效他,因此地方都得以安宁。此后本州扬州刺史推举虞翻为茂才,汉室召虞翻入朝任侍御史,曹操任司空时征召虞翻为属官,虞翻都没有就职。

虞翻致书少府孔融,并且将自己所撰《周易注》奉上。孔融答书说:"知晓春秋时吴公子季札对音乐的分析评价,再看您对《周易》的注释,就知道东南方的美好事物,不仅仅只有会稽之竹箭。另外通过观测天象与辨识云气以预测吉凶,以天气冷暖预测祸福,都与神灵的意旨相符合,可以说探索到困厄与显达的奥秘了。"会稽东部都尉张纮致孔融书说:"虞仲翔此前很受一些论者的贬损,但他有玉石珍宝一般的本质,雕刻琢磨后更为光彩夺目,不足以损害他。"

孙权任命虞翻为骑都尉。虞翻多次冒犯君主的尊严,对孙权直言规劝,孙权很不高兴,虞翻又不能与时俗相谐合,人们对他多有诽谤诋毁,因此获罪被流放至丹杨郡的泾县。吕蒙图谋攻取关羽,假称患病回归建业,以虞翻兼通医术,就请求让虞翻跟随自己,也想因此让虞翻得以释放。后来吕蒙统领军队西上,蜀南郡太守糜芳开城出降。吕蒙还没有占据郡城江陵县,而在城郊沙地上作乐。虞翻就对吕蒙说:"如今真情挚意一心投降我们的只有麋将军,城中人岂能完全相信,为什么不迅速进入县城掌控住城门?"吕蒙随即听从这一建议。当时城中确实有伏击之计,因被虞翻识破而遭到挫败。关羽被击溃后,孙权令虞翻用蓍草占卜关羽的吉凶,先得到《兑》下《坎》上所组成的一组名为《节》的复卦卦形,《节》卦第五爻由阳爻转变为阴爻,又组成《兑》下《坤》上的名为《临》的复卦卦形,虞翻判断说:"不出两天,关羽当被砍头。"最后结果与虞翻所占卜的一样。孙权说:"您虽赶不上伏羲,却可以与东方朔媲美了。"

魏将于禁起初被关羽擒获,囚禁在江陵城中,孙权到来后就释放了他,并请与他相见。有一天,孙权乘马外出,令于禁与他并马而行,虞翻见到以后就呵斥于禁说:"你是一个投降的俘虏,怎么敢与我们主公乘马齐头并进!"准备举鞭抽打于禁,孙权呵喝阻止了他。此后孙权在有楼的大战船上与群臣会饮,于禁听到奏乐后流泪,虞翻又说:"你想用假装出来的情态求得免罪吗?"孙权失意不乐乃至愤慨。

孙权当上吴王以后,在庆贺的酒宴即将结束时,站起亲自依次斟酒,虞翻俯伏于地假装醉酒,不避席奉侍。孙权离开后,虞翻又起身安坐。孙权于是大怒,持剑想刺杀他,在尊长近旁陪坐的人没有不恐惧慌张的,只有大司农刘基起立上前抱住孙权进谏说:"大王三杯酒之后杀死有德之士,虞翻虽然有罪,但天下人谁又知晓呢?况且大王您以能招纳贤才、容留士人,致令国境之内的众人仰望,今天一下子丢弃这些美好声誉,可以吗?"孙权说:"曹操尚且杀死孔融,孤对虞翻又有什么顾虑可言?"刘基回答说:"曹操轻易杀害士大夫,天下人都非议他。大王您亲身实行德政,赏罚得当,想与上古帝王尧与舜同等兴盛,为什么要自比于曹操呢?"虞翻因而被免罪。孙权借此告诫左右侍臣说:"自今以后饮酒之后要杀人,都不准执行。"

虞翻曾经乘船出行,中途与麋芳相遇,麋芳船上的人大多想让虞翻的船只避让,站立船首的士兵喊道:"避开将军的船!"虞翻厉声回应道:"丧失了忠诚与信义,用什么来侍奉君主?出卖了他人的江陵、公安二城,还自称将军,合适吗?"麋芳关闭舱门不予回答,迅速避开虞翻的船。此后虞翻乘车而行,又途经麋芳军营的大门,守门的官员关闭营门,虞翻的车不能通过。虞翻又发怒说:"应当关闭的城门反而大开,应当敞开的营门反而紧闭,这难道是做事的道理吗?"麋芳听到后,显露出羞愧的面色。

虞翻性情粗疏率直,多次饮酒之后犯下过错。孙权与张昭谈论有关神仙的话题,虞翻指着张昭说:"他们都是要死的人,却谈论什么神仙,世间哪里有什么神仙啊!"孙权忿怒蕴积于心的事情不止一两件,于是将虞翻流放到交州。虞翻在交州虽属于罪人流放,却勤于讲学,不知疲倦,其门下常聚集数百名学生。又为《老子》《论语》《国语》训释注解,都能在世流传。

起初,山阴县的丁览,太末县的徐陵,有的身处县吏之中,有的只是毫无名声的普通人,虞翻一见到他们,就相互友好,最终他们都有了显耀的名声。

虞翻在南方流放了十馀年,年纪七十岁去世。遗体运回原籍祖坟下葬,妻子儿女获准回到故乡。

虞翻有十一个儿子,第四个儿子虞汜最知名,吴景帝孙休永安(258~264)初,从选曹郎升任散骑中常侍,此后任监军使者,领兵征讨扶严,因病去世。虞汜的弟弟虞忠,曾任宜都郡太守;虞耸,曾官越骑校尉,后历官廷尉,又出为湘东郡太守、河间郡太守;虞昺,历官廷尉尚书、济阴郡太守。

陆绩传

[题解]

传见《三国志》卷五七《吴书十二》。陆绩（187～219），字公纪，吴郡吴县（今江苏苏州市）人。年少知名，博学多才。仕吴，官至郁林太守加偏将军。东汉末至三国时期东吴的著名学者有虞翻（164～233）、陆绩与韦昭（204～273），三位之中唯陆绩英年早逝，但其影响并不亚于另两位经学家与史学家。"陆绩怀橘"的美谈，自从元代文人郭居敬编入其《二十四孝图》后，几乎家喻户晓，在后世的知名度远远超过了春秋时郑国的"颍考叔怀肉"。据《左传·隐公元年》记述："颍考叔为颍谷封人，闻之，有献于公，公赐之食，食舍肉。公问之，对曰：'小人有母，皆尝小人之食矣，未尝君之羹，请以遗之。'"至于《左传·宣公二年》所记"灵辄遗脯"事："初，宣子田于首山，舍于翳桑，见灵辄饿，问其病。曰：'不食三日矣。'食之，舍其半。问之，曰：'宦三年矣，未知母之存否，今近焉，请以遗之。'使尽之，而为之箪食与肉，置诸橐以与之。"这则掌故就更鲜为人所称道了。陆绩另有一件为后人所景仰的逸闻，见于《新唐书·隐逸·陆龟蒙传》："陆氏在姑苏，其门有巨石。远祖绩尝事吴为郁林太守，罢归无装，舟轻不可越海，取石为重，人称其廉，号'郁林石'，世保其居云。"这块郁林石又名"廉石"，今天仍矗立于苏州文庙碑刻博物馆内，全石绛紫色，其上醒目地镌刻着"廉石"二字。站在一千多年前从广西桂平搬运而来的这块巨石下，至今仍能令人思绪万千，心潮起伏！

陆绩字公纪,吴郡吴人也①。父康②,汉末为庐江太守③。绩年六岁,于九江见袁术④。术出橘,绩怀三枚,去,拜辞堕地。术谓曰:"陆郎,作宾客而怀橘乎?"绩跪答曰:"欲归遗母⑤。"术大奇之⑥。孙策在吴⑦,张昭、张纮、秦松为上宾⑧,共论四海未泰⑨,须当用武治而平之,绩年少末坐⑩,遥大声言曰:"昔管夷吾相齐桓公,九合诸侯,一匡天下,不用兵车⑪。孔子曰:'远人不服,则修文德以来之⑫。'今论者不务道德怀取之术⑬,而惟尚武,绩虽童蒙⑭,窃所未安也⑮。"昭等异焉⑯。

[注释]

①吴郡:东汉永建四年(129)分会稽郡置,治所在吴县(今江苏苏州市),辖境相当于今江苏省、上海市长江以南,大茅山以东,浙江长兴、吴兴、天目山以东与建德市以下的钱塘江两岸。三国以后逐渐缩小。吴,即吴县,在今江苏苏州市。

②父康:即陆康(126~195),字济宁,吴郡吴县(今江苏苏州市)人。少仕郡,以义烈称,刺史臧旻举为茂才,除高成令。汉灵帝光和元年(178),迁武陵太守,转守桂阳、乐安二郡,所在称之。以谏灵帝铸铜人,免归田里,复征拜议郎,继拜庐江太守。以袁术叛逆,拒绝其索粮,坚守庐江两年,城陷后病卒。《后汉书》卷三一有传。

③庐江:即庐江郡,楚汉之际分秦九江郡置,汉武帝后治所舒县(今安徽庐江县西南三十里城池乡),辖境相当于今安徽巢湖市、舒城、霍山县以南,长江以北,湖北英山、广济、黄梅与河南商城等县地。东汉末废。裴注引谢承《后汉书》曰:"康字季宁,少惇孝悌,勤修操行,太守李肃察孝廉。肃后坐事伏法,康敛尸送丧还颍川,行服,礼终。举茂才,历三郡太守,所在称治。

后拜庐江太守。"

④九江：即九江郡，秦置，治所寿春县（今安徽寿县），西汉武帝元狩初（前122）辖境相当于今安徽淮河以南，瓦埠湖以东，巢湖以北地区。三国魏黄初二年（221）改为淮南国。袁术：字公路（？～199），东汉汝南汝阳（今河南商水西南）人，出身于四世三公的显宦家庭，为袁绍从弟。初为虎贲中郎将，助袁绍诛灭宦官。董卓进京专权，以他为后将军。他出奔南阳，与袁绍、曹操等同时起兵，共讨董卓。后又与袁绍对抗，为袁绍、曹操击败，遂奔九江，割据扬州。建安二年（197），袁术称帝于寿春，号仲家，荒淫奢侈，横征暴敛，民心丧尽，先后为吕布、曹操所破，呕血而死。《三国志》卷六、《后汉书》卷七五皆有传。

⑤遗（wèi 位）：给予，馈赠。

⑥奇：赏识，看重。

⑦孙策：字伯符（175～200），东汉吴郡富春（今浙江富阳）人，孙坚长子。曾随孙坚攻刘表，孙坚死，领其馀部依附袁术。兴平二年（195）离开袁术，率军渡江，占据吴、会稽、庐江、豫章等六郡，建立孙氏政权，威震江东，人称"小霸王"。建安二年（197），曹操表其为讨逆将军，封吴侯。建安五年（200），被原吴郡太守许贡家客行刺，伤重而亡。后其弟孙权称帝，追谥孙策为长沙桓王。《三国志》卷四六有传。

⑧张昭：字子布（156～236），彭城（今江苏徐州）人。东汉末避乱江东，从孙策创业，被命为长史、抚军中郎将。孙策临终以孙权托付，孙权待之以师父之礼。历任军师、绥远将军、辅吴将军，班亚三司，封娄侯，食邑万户。卒谥文侯。屡直言进谏孙权，孙权敬惮之。博览群书，著有《春秋左氏传解》《论语注》。详见本书所选《张昭传》。张纮（hóng 弘）：字子纲（153～212），广陵（今江苏扬州）人。早年游学京都，后避难江东，孙策表为正议校尉，被遣出使许都，留为侍御史，与孔融等交好。孙权掌事东吴，曹操以张纮

为会稽东部都尉,以劝孙权内附。孙权后以之为长史,从征合肥,又建议孙权都秣陵(今江苏南京市)。六十岁病卒。《三国志》卷五三有传。秦松:字文表(生卒年不详),广陵(今江苏扬州西北)人。孙权谋士,早卒。汉献帝建安十三年(208)七月,曹操南征,张昭与秦松皆力主降曹。上宾:贵客;嘉宾。

⑨四海:犹言天下,全国各处。泰:通达,通畅。《汉书·刘向传》:"君子道长,小人道消;小人道消,则政日治,故为泰。泰者,通而治也。"

⑩末坐:座次的末位。

⑪"昔管夷吾"四句:语出《论语·宪问》:"子曰:'桓公九合诸侯,不以兵车,管仲之力也。如其仁!如其仁!'"又:"子曰:'管仲相桓公,霸诸侯,一匡天下,民到于今受其赐。微管仲,吾其被发左衽矣。'"管夷吾,即管仲(约前719~前645),名夷吾,字仲,颍上(今属安徽)人。辅佐齐桓公建立霸业,是中国古代著名的经济学家、哲学家、政治家、军事家。《史记》卷六二有传。齐桓公,姓姜,名小白(前?~前643),公元前685年至前643年在位期间重用管仲等,强军富民,九盟诸侯,遂成为春秋五霸之首。《史记》卷三二有传。九合诸侯,齐桓公纠合诸侯共计十一次,《论语》所言"九合",是以虚数言其多而已。一匡天下,使天下得到匡正。兵车,战车,借指兵威、武力。

⑫"孔子曰"三句:语出《论语·季氏》:"盖均无贫,和无寡,安无倾。夫如是,故远人不服,则修文德以来之;既来之,则安之。"文德,指礼乐教化。与"武功"相对。《周易·小畜》:"君子以懿文德。"来,招致,招揽。《周礼·夏官·怀方氏》:"怀方氏掌来远方之民。"唐贾公彦疏:"晓谕以王之德美,又延引以王之美誉以招来之。"

⑬务:致力。怀取:谓经笼络安抚使归附。

⑭童蒙:幼稚愚昧。

⑮窃:私下里。

⑯异:奇特,不同寻常。

绩容貌雄壮,博学多识,星历算数无不该览①。虞翻旧齿名盛②,庞统荆州令士③,年亦差长④,皆与绩友善。孙权统事⑤,辟为奏曹掾⑥,以直道见惮⑦。出为郁林太守⑧,加偏将军⑨,给兵二千人。绩既有躄疾⑩,又意存儒雅⑪,非其志也。虽有军事⑫,著述不废,作《浑天图》⑬,注《易》释《玄》⑭,皆传于世。豫自知亡日⑮,乃为辞曰:"有汉志士吴郡陆绩,幼敦《诗》《书》⑯,长玩《礼》《易》⑰。受命南征⑱,遘疾逼厄⑲,遭命不永⑳,呜呼悲隔!"又曰:"从今已去㉑,六十年之外,车同轨,书同文㉒,恨不及见也㉓。"年三十二卒。长子宏,会稽南部都尉㉔,次子睿,长水校尉㉕。

[注释]

①星历:天文历法。算数:指算术。该览:谓广泛阅览。

②旧齿:耆旧,老臣,旧臣。

③庞统:字士元(179~214),襄阳(今湖北襄阳)人。历任耒阳令、军师中郎将,为刘备重要谋士。详见本书所选《庞统传》。荆州:西汉元封五年(前106)所置十三刺史部之一,辖郡七、县一百一十七,治所汉寿县。汉末移治襄阳县(今湖北襄阳),辖境相当于今湖北、湖南大部以及河南、贵州、广东、广西等省区一小部分。三国时魏、吴均置荆州,辖境相当于原荆州。魏荆州治所新野(今属河南),吴荆州治所江陵(今属湖北)。令士:才学美盛之士。

④差:比较,略微。

陆绩传 | 1461

⑤孙权:字仲谋(182~252),孙坚次子,吴郡富春(今浙江富阳)人。吴国建立者,即吴大帝。详见本书所选《吴主传》。统事:治理政事。汉献帝建安五年(200),孙策遇刺身亡,其弟孙权领其众,曹操表孙权为讨虏将军,领会稽太守。

⑥辟(bì必):征召。奏曹掾(yuàn院):公府及郡佐吏。汉宫府置奏曹掾、属,主奏议事;郡国因置为奏曹掾、史,员或数人,然无固定职事,后渐沦为散吏,受府主之命派遣他用。

⑦直道:犹正道。指确当的道理、准则。《礼记·杂记》:"其馀则直道而行之是也。"惮(dàn旦):敬畏。

⑧出:即出守,谓由京官出为太守。郁林:即郁林郡,西汉元鼎六年(前111)置,治所布山县(今广西桂平市西南古城)。辖境相当于今广西三江、鹿寨、桂平以西,邕宁、上思、宁明以北,贵州榕江及越南高平一带。三国吴永安六年(263)属广州,辖境逐渐缩小。

⑨加:即加官,于本职外兼领的其他官职。偏将军:东汉杂号将军名,始于光武帝,三国时沿置,掌领兵征伐。

⑩躄(bì必)疾:跛足。

⑪儒雅:谓风度温文尔雅。

⑫军事:有关军旅或战争之事。

⑬浑(hún魂)天图:是陆绩所创的一种古代天象图,用于古代风水占星。浑天,我国古代关于天体的一种学说。认为天地的形状浑圆如鸟卵,天包地外,就像壳裹卵黄一样。天半在地上,半在地下,其南北两极固定在天的两端,日月星辰每天绕南北两极的极轴旋转。《晋书·天文志》:"古言天者有三家,一曰盖天,二曰宣夜,三曰浑天。汉灵帝时,蔡邕于朔方上书,言'宣夜之学,绝无师法。《周髀》术数具存,考验天状,多所违失。惟浑天近得其情,今史官候台所用铜仪,则其法也。'"

⑭易:即《周易》,书名,古代卜筮之书。有《连山》《归藏》《周易》三种,合称三《易》,今仅存《周易》,简称《易》。《隋书·经籍一》著录"《周易》十五卷,吴郁林太守陆绩注",今不传。明姚士粦辑有陆绩《陆氏易解》一卷。此外,陆绩所注《京氏易传》三卷,今传。玄:即《太玄》,中国汉代扬雄的哲学著作。模仿《周易》写成。书中运用阴阳、五行思想和当时的天文历法知识,以占卜的形式,描绘了一个世界图式。《周易》用二分法,《太玄》则用三分法。《太玄》今有传本。《隋书·经籍三》著录"《扬子太玄经》十卷,陆绩、宋衷注",今不传。

⑮豫:预先,事先。

⑯敦:崇尚,注重。《左传·僖公二十七年》:"说礼、乐而敦《诗》《书》。"唐孔颖达疏:"说,谓爱乐之;敦,谓厚重之。"诗:即《诗经》,我国最早的诗歌总集,共收西周初至春秋中叶的民歌及朝庙乐章三百零五篇,分为风、小雅、大雅、颂四体。汉代传诗者有齐、鲁、韩(今文)与毛(古文)四家,以毛诗独传至今。书:即《尚书》,或简称《书》,为现存最早有关上古典章文献的汇编,儒家经典之一,相传为孔子编选。传世者有今文、古文之别。

⑰玩:研讨,反复体会。礼:这里当指《仪礼》,为中国古代记载典礼礼节的书,简称《礼》。创行于西周,经春秋不断演化补充,日益繁复,但传到汉代只剩十七篇,包括冠、婚、丧祭、朝聘、射乡五项典礼仪节。"五经"之说始于汉代,即《诗》《书》《易》《礼》《春秋》五部儒家经典的总称。其中《礼》,在汉代特指《仪礼》,至唐代方转指《礼记》。

⑱南征:指出任郁林太守一事。

⑲遘(gòu够)疾:遭遇病患。逼厄:犹危急。

⑳遭命:指行善而遭凶的坏命运。汉王充《论衡·命义》:"遭命者,行善得恶,非所冀望,逢遭于外,而得凶祸,故曰遭命。"不永:谓寿命不长久。

㉑从今已去:谓从现在算起。

㉒"车同轨"二句:各种车辆的车轨大小相同,同用一种文字。意谓天下一统之日。语出《礼记·中庸》:"今天下车同轨,书同文,行同伦。"《史记·秦始皇本纪》:"车同轨,书同文字。"轨,车子两轮间的距离。

㉓恨不及见:陆绩卒于汉献帝建安二十四年(219),至晋武帝咸宁六年(280),王濬兵临建业,吴末帝孙皓出降,三分归一统,时历六十一年。恰与陆绩所云"六十年之外"合。恨,遗憾。

㉔会稽南部都尉:官名。东汉领兵武官,位在将军、校尉之下,每郡设一人或两人,秩比二千石。会稽南部,谓会稽南部都尉辖区,治所在今福建建瓯市南。吴景帝永安三年(260),分会稽南部都尉置建安郡,属扬州,治所建安县(今福建建瓯市南,松溪南岸)。

㉕长水校尉:官名。东汉时所置五校尉之一,官阶次于将军,统领中央禁卫军中的胡骑兵,秩比二千石。三国时为第四品,有属官。裴注云:"绩于郁林所生女,名曰郁生,适张温弟白。《姚信集》有表称之曰:'臣闻唐、虞之政,举善而教,旌德擢异,三王所先,是以忠臣烈士,显名国朝,淑妇贞女,表迹家间。盖所以阐崇化业,广殖清风,使苟有令性,幽明俱著,苟怀懿姿,士女同荣。故王蠋建寒松之节,而齐王表其里;义姑立殊绝之操,而鲁侯高其门。臣切见故郁林太守陆绩女子郁生,少履贞特之行,幼立匪石之节,年始十三,适同郡张白。侍庙三月,妇礼未卒,白遭罹家祸,迁死异郡。郁生抗声昭节,义形于色,冠盖交横,誓而不许,奉白姊妹崄巇之中,蹈履水火,志怀霜雪,义心固于金石,体信贯于神明,送终以礼,邦士慕则。臣闻昭德以行,显行以爵,苟非名爵,则劝善不严,故士之有诔,鲁人志其勇;杞妇见书,齐人哀其哭。乞蒙圣朝,斟酌前训,上开天聪,下垂坤厚。褒郁生以义姑之号,以厉两髦之节,则皇风穆畅,士女改视矣。'"

[译文]

陆绩字公纪,是吴郡吴县人。父亲陆康,汉末曾任庐江郡太守。陆绩六岁时,在九江郡见袁术。袁术拿出橘子招待,陆绩在怀中藏下三枚,临别时,跪拜告辞中堕于地上,袁术对陆绩说:"陆郎你当客人而私下藏橘子吗?"陆绩跪着回答说:"打算带回家奉献给母亲。"袁术对陆绩大为赏识。孙策在吴县,张昭、张纮、秦松为贵客,在一起议论,认为天下还没有通达安宁,必须动用武力手段去平定,陆绩以年轻坐在座次的末位,远远地大声发言说:"春秋时管仲辅佐齐桓公为相,纠合诸侯国多次,使天下得到匡正,并没有使用武力。孔子曾说:'远方之人不归服,就修治礼乐教化来招揽他们。'如今议论此事的诸位前辈,不致力于运用道德笼络安抚使归附的途径,只是崇尚武力,陆绩我虽幼稚愚昧,私下里感到不妥。"张昭等认为陆绩不同寻常。

陆绩容貌雄伟勇武,学问广博而见识深远,天文历法与算术方面的典籍都广泛阅览。虞翻是享有盛名的老臣,庞统为荆州才学美盛之士,年纪也略微大一些,都与陆绩是好朋友。孙权治理政事,征召为郡佐吏,以执着于确当的道理、准则而为人敬畏。后被派出任郁林郡太守,加偏将军,领兵两千人。陆绩有跛足的缺憾,又向往风度温文尔雅,领兵打仗不是他原本的志向。他虽然有军旅或战争之事的军务在身,却没有停止著述,作《浑天图》,注释《周易》,阐解《太玄》,都能流传于世。他预先知道自己死亡的时日,于是自作挽辞说:"汉朝有志之士吴郡的陆绩,自幼崇尚《诗经》《尚书》,成年后又研讨《仪礼》《周易》。奉命到南方出任郁林郡太守,遭遇病患,情况危急,属于行善而遭凶的坏命运,寿命不能长久,哎!悲哀就要与人世隔离。"又说:"从现在算起,六十年以后,天下将重新实现'车同轨,书同文'的一统天下,遗憾的是我见不到了。"陆绩年纪三十二岁去世。他的长子陆宏,曾官会稽郡南部都尉,次子陆睿,任长水校尉。

陆逊传

[题解]

传见《三国志》卷五八《吴书十三》。陆逊(183~245),原名议,字伯言,吴郡吴县华亭(今上海市松江区)人,孙策女婿。东吴名将,历任右都督、镇西将军、大都督,拜辅国将军,封江陵侯,任丞相。后因极力护持太子孙和,屡被孙权责让,忧愤而死。吴景帝孙休永安(258~264)中追谥昭侯。作为三国时期著名的战略家、军事家、政治家,陆逊辅佐孙吴的历史作用绝不亚于周瑜、鲁肃与吕蒙;与因辅佐蜀汉而驰名于后世的诸葛亮相比,也难分伯仲。如果说陆逊协助吕蒙袭取南郡江陵,擒杀关羽,尚属"配角"的话;那么夷陵之战大败刘备,石亭之战击退曹魏十万大军,就是这位具有浓厚儒将色彩统帅的不世之功了。陆逊一生对孙权忠心耿耿,鞠躬尽瘁,为东吴偏安江东奠定了雄厚的基础。至于他力劝孙权打消跨海攻击公孙渊的复仇方案,除战术方面的困难外,更显示出其战略家眼光的敏锐。在如何治国的问题上,陆逊力主"育养士民,宽其租赋",反对"峻法严刑"与"有罚无恕",无愧于政治家的称誉。会稽太守淳于式对于陆逊征山民为兵的做法不满,向孙权告状,陆逊却不以为意,反而向孙权推荐淳于式,更显示出一位忠厚长者的胸襟,难能可贵!然而这位善于谋国的智者,却不善于谋身,尽管极力扶持太子正是其忠于孙氏政权的作为。但专制者的心思难测、老来昏庸导致了两宫之争,也令陆逊死于愤恚。陆逊去世后,孙权也颇有悔意,他曾对陆逊之子陆抗说:"吾前听用谗言,与汝父大义不笃,以此负汝。前后所问,一焚灭之,莫令人见也。"陈寿在本卷之末有评云:"刘备天下称雄,一世所惮,陆逊春秋方壮,威名未著,摧而克之,罔不如志。予既奇逊之谋略,又叹权之识才,所以济大事也。及逊忠诚恳至,忧国亡身,庶几社稷之臣矣。"评价极其中肯。

陆逊字伯言,吴郡吴人也①。本名议,世江东大族②。逊少孤③,随从祖庐江太守康在官④。袁术与康有隙⑤,将攻康,康遣逊及亲戚还吴。逊年长于康子绩数岁⑥,为之纲纪门户⑦。

[注释]

①吴郡:东汉永建四年(129)分会稽郡置,治所在吴县(今江苏苏州市),辖境相当于今江苏省、上海市长江以南,大茅山以东,浙江长兴、吴兴、天目山以东与建德市以下的钱塘江两岸。三国以后逐渐缩小。吴,即吴县,在今江苏苏州市。

②江东大族:东汉三国时期陆、张、顾、张四姓为江东大族。江东,长江在芜湖、南京间作西南南、东北北流向,隋唐以前,是南北往来主要渡口所在,习惯上称自此以下的长江南岸地区为江东。三国时孙权建都于建康,故又称孙吴统治下的全部地区为江东。裴注引《陆氏世颂》曰:"逊祖纡,字叔盘,敏淑有思学,守城门校尉。父骏,字季才,淳懿信厚,为邦族所怀,官至九江都尉。"

③少孤:谓小时候父亲死亡。

④从(zòng 纵)祖:祖父的兄弟。庐江太守康:即陆康(126~195),字济宁,吴郡吴县(今江苏苏州市)人。少仕郡,以义烈称,刺史臧旻举为茂才,除高成令。汉灵帝光和元年(178),迁武陵太守,转守桂阳、乐安二郡,

所在称之。以谏灵帝铸铜人,免归田里,复征拜议郎,继拜庐江太守。以袁术叛逆,拒绝其索粮,坚守庐江两年,城陷后病卒。《后汉书》卷三一有传。庐江,即庐江郡,楚汉之际分秦九江郡置,汉武帝后治所舒县(今安徽庐江县西南三十里城池乡),辖境相当于今安徽巢湖市、舒城、霍山县以南,长江以北,湖北英山、广济、黄梅与河南商城等县地。东汉末废。在官:谓任职于官署。

⑤袁术:字公路(?~199),东汉汝南汝阳(今河南商水西南)人,出身于四世三公的显宦家庭,为袁绍从弟。初为虎贲中郎将,助袁绍诛灭宦官。董卓进京专权,以他为后将军。他出奔南阳,与袁绍、曹操等同时起兵,共讨董卓。后又与袁绍对抗,为袁绍、曹操击败,遂奔九江,割据扬州。建安二年(197),袁术称帝于寿春,号仲家,荒淫奢侈,横征暴敛,民心丧尽,先后为吕布、曹操所破,呕血而死。《三国志》卷六、《后汉书》卷七五皆有传。隙:谓嫌隙,因猜疑或不满而产生的恶感、仇怨。

⑥康子绩:即陆绩(187~219),字公纪,吴郡吴县(今江苏苏州市)人。年少知名,仕吴,官至郁林太守,加偏将军。博学多识,著有《浑天图》,注《易》与《太玄经注》,为东吴学者。详见本书所选《陆绩传》。陆逊年长陆绩五岁。

⑦纲纪:治理,管理。语出《诗经·大雅·棫朴》:"勉勉我王,纲纪四方。"门户:谓家庭。

孙权为将军①,逊年二十一,始仕幕府②,历东、西曹令史③,出为海昌屯田都尉④,并领县事⑤。县连年亢旱⑥,逊开仓谷以振贫民⑦,劝督农桑,百姓蒙赖⑧。时吴、会稽、丹杨多有伏匿⑨,逊陈便宜⑩,乞与募焉⑪。会稽山贼大帅潘临⑫,旧为所在毒害,历年不禽⑬。逊以手下召兵⑭,讨治深险⑮,所向皆服,部曲已有二千馀人⑯。鄱阳贼帅尤突作乱⑰,复往讨之,拜定威校尉⑱,军屯利浦⑲。

[注释]

①孙权:字仲谋(182~252),孙坚次子,吴郡富春(今浙江富阳)人。吴国建立者,即吴大帝。详见本书所选《吴主传》。汉献帝建安五年(200),曹操表孙权为讨虏将军,领会稽太守。

②幕府:本指将帅在外的营帐。后亦泛指军政大吏的府署。

③历:历任。东西曹令史:官名。即东曹令史、西曹令史。将军府设东曹、西曹理事,曹即分科办事的官署,皆分管选拔官员。东曹负责选任府外郡县与军队的官员,西曹负责选任本府官员,位在东曹之上。各曹主官为掾,副职称属;其下令史,掌文书案牍。

④海昌屯田都尉:三国吴置,治所在今浙江海宁县(硖石镇)西南四十里盐官镇南。

⑤领:兼任。县:当指其后所置盐官县。东汉建安五年(200)分由拳、海盐县置海昌屯田都尉,属吴郡,治所在今浙江海宁市盐官镇南二十里(已沦于杭州湾海中)。三国吴王黄武四年(225)改置盐官县。裴注引《陆氏祠堂像赞》曰:"海昌,今盐官县也。"

⑥亢旱:大旱。

⑦振:救济,赈济。《周易·蛊》:"君子以振民育德。"唐陆德明释文:"振,济也。"

⑧蒙赖:谓得到利益。

⑨吴:即吴郡。会(kuài 块)稽:即会稽郡,秦始皇二十五年(前222)置,治所吴县(今江苏苏州市),辖境相当于今江苏长江以南,上海市,浙江天台山、大盘山、仙霞岭以北及皖南一角。西汉时南扩至浙江、福建全省。东汉

永建四年(129)徙治山阴县(今浙江绍兴市)。东汉末属扬州。丹杨:即丹杨郡,或作丹阳郡,西汉元封二年(前109)改鄣郡置,治所宛陵县(今安徽宣州市),辖境相当于今安徽长江以南、江苏宁镇山南北和浙江天目山以西、新安江中上游南北之地。伏匿(nì 逆):隐藏;躲藏。这里谓因躲避赋役而藏身者。

⑩便宜:指有利国家、合乎时宜之事。

⑪募:募集,招求。卢弼《三国志集解》卷五八云:"'与募焉'三字,疑有误。"

⑫山贼:当指山越中的结伙反抗者。山越,古代对南方山区少数民族的通称。清王鸣盛《十七史商榷·三国志四·山越》:"山越者,自周秦以来,南蛮总称百越,伏处深山,故名山越。"潘临:反抗者首领。生平不详。

⑬禽:"擒"的古字,即俘获。

⑭召兵:当谓从当地招募来的士兵。卢弼《三国志集解》卷五八云:"'召'字疑误。"

⑮讨治:惩治。《尚书·虞夏书·皋陶谟》"天讨有罪",唐孔颖达疏:"天又讨治有罪,使之绝恶。"深险:谓藏于偏僻险要处的反抗者。

⑯部曲:这里谓古代豪门大族的私人军队,带有人身依附性质。

⑰鄱(pó 婆)阳:即鄱阳县,西汉以番阳县改名,属豫章郡,治所在今江西鄱阳县东北古县渡镇。东汉建安十五年(210)孙权于此置鄱阳郡。三国吴赤乌八年(245)徙治吴芮故城(今鄱阳县)。尤突:鄱阳反抗首领,生平不详。

⑱定威校尉:官名。孙权所创置,官阶低于将军。

⑲利浦:即当利浦,又名杨浦、沙口堰,在今安徽和县东南十二里,临长江。

权以兄策女配逊①,数访世务②,逊建议曰:"方今英雄棋跱③,豺狼窥望④,克敌宁乱,非众不济。而山寇旧恶⑤,依阻深地。夫腹心未平,难以图远,可大部伍,取其精锐⑥。"权纳其策,以为帐下右部督⑦。会丹杨贼帅费栈受曹公印绶⑧,扇动山越,为作内应,权遣逊讨栈。栈支党多而往兵少,逊乃益施牙幢⑨,分布鼓角⑩,夜潜山谷间,鼓噪而前⑪,应时破散。遂部伍东三郡⑫,强者为兵,羸者补户⑬,得精卒数万人。宿恶荡除⑭,所过肃清⑮,还屯芜湖⑯。

[注释]

①兄策:即孙策(175~200),字伯符,东汉吴郡富春(今浙江富阳)人,孙坚长子。曾随孙坚攻刘表,孙坚死,领其馀部依附袁术。兴平二年(195)离开袁术,率军渡江,占据吴、会稽、庐江、豫章等六郡,建立孙氏政权,威震江东,人称"小霸王"。建安二年(197),曹操表其为讨逆将军,封吴侯。建安五年(200),被原吴郡太守许贡家客行刺,伤重而亡。后其弟孙权称帝,追谥孙策为长沙桓王。《三国志》卷四六有传。

②世务:谋身治世之事。

③棋跱(zhì 至):又作"棋峙"。谓处相持之势,如弈棋之交互对峙。

④窥望:谓暗中观察、偷看。

⑤山寇旧恶:指山越中对东吴政权持敌对立场者。

⑥"可大部伍"二句:意谓可以通过张扬军队声势,收录山民中的精壮者为兵。

⑦帐下右部督:官名。三国时,将军开府者,其属官有帐下督,第七品。

⑧费栈:丹杨郡反抗者首领。生平不详。曹公:即曹操(155~220),字孟德,小字阿瞒,魏立国后追谥魏武帝,谯(今安徽亳州市)人。详见本书所

选《武帝纪》。印绶:印信和系印信的丝带。古人印信上系有丝带,佩带在身。

⑨牙幢(chuáng床):即牙旗。旗杆上饰有象牙的大旗。多为主将主帅所建,亦用作仪仗。

⑩鼓角:战鼓和号角,两种乐器。军队亦用以报时、警众或发出号令。

⑪鼓噪:喧嚷,起哄。

⑫部伍:按军队进行编制。用如动词。东三郡:谓丹杨、新都、会稽三郡。其山区乃山越聚居之处。

⑬羸(léi雷)者:体形瘦弱者。补户:编为在册的民户。

⑭宿恶:元凶,大恶人。荡除:彻底消除。

⑮肃清:谓完全削平。

⑯芜湖:即芜湖县,西汉初置,属鄣郡,元封二年(前109)属丹杨郡,治所在今安徽芜湖县北咸保圩水阳江畔。三国吴王黄武元年(222)移治今芜湖市。

会稽太守淳于式表逊枉取民人①,愁扰所在②。逊后诣都③,言次④,称式佳吏,权曰:"式白君而君荐之⑤,何也?"逊对曰:"式意欲养民⑥,是以白逊。若逊复毁式以乱圣听⑦,不可长也⑧。"权曰:"此诚长者之事⑨,顾人不能为耳⑩。"

[注释]

①会稽太守淳于式:孙权治下属官。生平不详。表:启奏,上奏章给君主。枉取:谓不遵循正道而取。民人:庶民,百姓。

②愁扰所在:谓陆逊所在之处,百姓痛苦不堪。愁扰,谓苦于苛扰。

③诣都:谓到建业(今江苏南京市)。汉献帝建安十七年(212),孙权移治建业。

④言次:言谈之间。

⑤白:上告,弹劾。

⑥养民:养育人民。《尚书·虞夏书·大禹谟》:"禹曰:'於,帝念哉!德惟善政,政在养民。'"

⑦毁:诋毁。圣听:臣属称颂帝王听察的敬辞。当时孙权未封吴王,更未称吴大帝,这里用"圣听"是极为恭敬的表现。

⑧长(zhǎng掌):滋长,助长。

⑨长(zhǎng掌)者:指德高望重的人。

⑩顾:但是。人:他人。

吕蒙称疾诣建业①,逊往见之,谓曰:"关羽接境②,如何远下③,后不当可忧也?"蒙曰:"诚如来言,然我病笃④。"逊曰:"羽矜其骁气⑤,陵轹于人⑥。始有大功,意骄志逸⑦,但务北进,未嫌于我,有相闻病⑧,必益无备⑨。今出其不意,自可禽制⑩。下见至尊⑪,宜好为计。"蒙曰:"羽素勇猛,既难为敌,且已据荆州,恩信大行⑫,兼始有功⑬,胆势益盛⑭,未易图也⑮。"蒙至都,权问:"谁可代卿者?"蒙对曰:"陆逊意思深长⑯,才堪负重,观其规虑⑰,终可大任。而未有远名,非羽所忌,无复是过⑱。若用之,当令外自韬隐⑲,内察形便⑳,然后可克。"权乃召逊,拜偏将军右部督代蒙㉑。

[注释]

①吕蒙:字子明(178~219),汝南富陂(今安徽阜南东南)人。东吴大

将,历任平北都尉、左护军、虎威将军、南郡太守,封孱陵侯。病卒。详见本书所选《吕蒙传》。建业:即建业县,东汉建安十七年(212),孙权改秣陵县置,为丹阳郡治,治所石头城(今江苏南京市清凉山)。三国吴黄龙元年(229),自武昌(今湖北鄂州市)迁都于此,形势胜于武昌。吕蒙赴建业途中经过陆逊驻地芜湖,两人方有见面机会。

②关羽:字云长(? ~219),东汉解县(治今山西临猗西南)人。详见本书所选《关羽传》。接境:地界相连,交界。周瑜卒后,鲁肃将南郡的江陵借与刘备,自家移驻长江下游的陆口(今湖北嘉鱼县西南四十八里陆溪镇)。鲁肃卒后,吕蒙驻守陆口。江陵与陆口交界。

③远下:从陆口沿江东下建业,路途较远。故称"远下"。

④病笃(dǔ赌):病势沉重。

⑤骁(xiāo萧)气:勇猛的气势。

⑥陵轹(lì立):欺压,欺蔑。

⑦意骄志逸:谓骄傲放纵。

⑧有相:谓有贵相。这里指代关羽,略带调侃。

⑨益:更加。

⑩禽制:捉拿制服。《汉书·赵广汉传》:"郡大姓原褚宗族横恣,宾客犯为盗贼,前二千石莫能禽制。"

⑪下:孙权居于建业,对于芜湖而言,更在长江下游,故言"下"。至尊:对孙权的尊称,犹言主公。

⑫恩信:恩德信义。

⑬有功:汉献帝建安二十四年(219)七月,关羽进攻樊城曹仁,擒于禁,斩庞德,威震华夏。

⑭胆势:胆力与气势。

⑮未易图:陆逊偷袭关羽的计策与吕蒙不谋而合,吕蒙为保密起见,故

意转变话题,以防走漏风声。

⑯意思:意见,想法。深长:长远,深远。《礼记·檀弓上》:"夫丧不可不深长思也。"

⑰规虑:规划,谋虑。《淮南子·人间训》:"凡人之举事,莫不先以其知规虑揣度,而后敢以定谋。"

⑱无复是过:意谓没有比陆逊更适合的人选了。

⑲韬隐:谓隐藏不露锋芒。

⑳内察:暗中把握。形便:指形势发展的有利时机。

㉑偏将军右部督:官名。偏将军的属官。偏将军,东汉杂号将军名,始于光武帝,三国时沿置,掌领兵征伐。

逊至陆口①,书与羽曰:"前承观衅而动②,以律行师③,小举大克,一何巍巍④!敌国败绩⑤,利在同盟,闻庆拊节⑥,想遂席卷⑦,共奖王纲⑧。近以不敏⑨,受任来西,延慕光尘⑩,思禀良规⑪。"又曰:"于禁等见获⑫,遐迩欣叹⑬,以为将军之勋足以长世⑭,虽昔晋文城濮之师⑮,淮阴拔赵之略⑯,蔑以尚兹⑰。闻徐晃等少骑驻旌⑱,窥望麾葆⑲。操猾虏也⑳,忿不思难,恐潜增众,以逞其心。虽云师老㉑,犹有骁悍㉒。且战捷之后,常苦轻敌,古人杖术㉓,军胜弥警㉔,愿将军广为方计㉕,以全独克。仆书生疏迟㉖,忝所不堪㉗,喜邻威德㉘,乐自倾尽㉙,虽未合策,犹可怀也。倪明注仰㉚,有以察之。"羽览逊书,有谦下自托之意㉛,意大安,无复所嫌。逊具启形状㉜,陈其可禽之要。权乃潜军而上㉝,使逊与吕蒙为前部,至即克公安、南郡㉞。逊径进,领宜都太守㉟,拜抚边将军㊱,封华亭侯㊲。备宜都太守樊友委郡走㊳,诸城长吏及蛮夷君长皆降㊴。逊请金银铜印㊵,以假授初附㊶。是岁建安二十四年十一月也㊷。

[注释]

①陆口:又作蒲圻口、蒲矶口、陆溪口,即今湖北嘉鱼县西南四十八里陆溪镇。东汉末及三国时为军事要地。

②观衅而动:窥伺敌人的间隙而行动。语出《左传·宣公十二年》:"会闻用师,观衅而动。"唐陆德明释文引服虔曰:"衅,间也。"

③以律行师:谓出兵用纪律加以约束。语出《周易·师卦》:"初六,师出以律,否臧凶。"(行军靠纪律,纪律不好,凶。)唐孔颖达疏:"律,法也……师出之时,当须以其法制整齐之。"

④一何:多么。巍巍:崇高伟大。

⑤敌军:谓曹魏军队。败绩:指军队溃败。《尚书·商书·汤誓》:"夏师败绩,汤遂从之。"孔传:"大崩曰败绩。"

⑥闻庆:谓听到关羽大胜曹军的捷报。拊节:即击节。形容十分赞赏。节,一种古乐器,用竹编成,击之成声。

⑦席卷:如卷席一般,形容全部占有。这里是夺取中原的意思。

⑧奖:辅助。王纲:天子的纲纪。这里即指东汉朝廷。

⑨不敏:自称的谦词,犹不才。《论语·颜渊》:"回虽不敏,请事斯语矣。"

⑩延慕:仰慕。光尘:敬词。称言对方的风采。

⑪禀:领受、承受。良规:有益的规谏或指教。

⑫于禁:字文则(?~221),东汉泰山巨平(今山东泰安南)人。曹操占据兖州,于禁投奔曹军,任军司马,治军严整,封益寿亭侯,历任虎威将军、左将军。为解樊城之围,率七军增援曹仁,七军被水淹,投降关羽。孙权袭取荆州后,被遣还魏,为魏文帝所鄙视,恼羞而卒。《三国志》卷一七有传。

⑬遐迩:远近。欣叹:欣喜赞叹。

⑭长(zhǎng掌)世:称雄于世。三国魏刘劭《人物志·英雄》:"英可以为相,雄可以为将。若一人之身,兼有英雄,则能长世,高祖、项羽是也。"

⑮晋文城濮之师:据《左传·僖公二十八年》记述,公元前632年,晋、楚两国为争夺中原霸权,在城濮(今山东鄄城西南)一带所进行的一次战略决战,实力稍逊的晋国通过"伐谋""伐交"与扬长避短,终于击败了不可一世的楚国。晋文,即晋文公(前697~前628),姬姓,名重耳,是中国春秋时期晋国的第二十二任君主,公元前636年至前628年在位,文治武功卓著,是春秋五霸中第二位霸主,也是先秦五霸之一,与齐桓公并称"齐桓晋文"。

⑯淮阴拔赵:据《史记·淮阴侯列传》记述,汉高帝三年(前204),韩信出井陉口(今河北井陉西北),背水为阵,出奇兵袭击赵营,大破赵军,擒获赵王歇。淮阴,即淮阴侯韩信(前?~前196),秦汉之际名将,淮阴(今江苏淮阴西南)人,早年家贫,终于得到汉王刘邦重用,被拜为大将军,封淮阴侯。为刘邦建立汉朝立下汗马功劳。《史记》卷九二、《汉书》卷三四皆有传。

⑰蔑以尚兹:意谓都难以超过关羽这次攻破曹魏军队的战绩。

⑱徐晃:字公明(?~227),河东杨(今山西洪洞东南)人。原为杨奉部将,后归曹操,有勇有谋,屡立战功,颇得信用。曹丕代汉称帝后,任右将军。《三国志》卷一七有传。驻旌:犹驻扎。

⑲麾(huī挥)葆:大旗与羽盖,通常借称统帅。这里指代关羽。

⑳猾虏:奸狡的敌人。对曹操的蔑称。

㉑师老:谓军队长期在外,锐气尽失。

㉒骁(xiāo萧)悍:勇猛强悍。

㉓杖术:谓凭借策略、计谋。

㉔弥警:谓更加警戒。

㉕方计：方略，计策。

㉖仆：古人自称的谦词。疏迟：迟缓。引申为懒散迟钝。

㉗忝（tiǎn 舔）：有愧于。常用作谦词。不堪：不能承当，不能胜任。

㉘威德：声威与德行。这里是假意称颂关羽。

㉙倾尽：尽心竭力。

㉚傥（tǎng 倘）明注仰：意谓倘若我将仰慕您的心情表达准确。注仰，抬头注视，引申为仰慕。

㉛谦下：谦逊，屈己待人。自托：自己有所依托。

㉜启：谓向孙权禀告。形状：情况，情形。

㉝潜军：秘密出兵。

㉞公安：即公安县，三国蜀汉置，属南郡，治所在油口（今湖北公安西北十里）。后属吴。南郡：这里指南郡治所江陵县，即今湖北荆州市荆州区旧江陵县。

㉟领：兼任。宜都：即宜都郡，东汉建安十四年（209）刘备改临江郡置，属荆州，治所夷陵县（今湖北宜昌市东南长江北岸）。

㊱抚边将军：官名。三国吴所置杂号将军。

㊲华亭侯：封爵名，列侯中的亭侯，食邑华亭。华亭，又名华亭谷，在今上海市松江县西，陆逊宅在其侧。

㊳樊友：刘备所署宜都太守，生平不详。

㊴长（zhǎng 掌）吏：指州县长官的辅佐。《汉书·百官公卿表》："（县）有丞、尉，秩四百石至二百石，是为长吏。百石以下有斗食、佐史之秩，是为少吏。"蛮夷：古代对四方边远地区少数民族的泛称。亦专指南方少数民族。君长：古代少数民族部落之酋长。

㊵金银铜印：两汉以后，人臣随官阶之高低有金印、银印、铜印之分。三公等金印紫绶，九卿等银印青绶，以下则铜印黑绶或铜印黄绶。少数民族王

的印绶比照类推。

㊶假授:非正式的委任。

㊷建安二十四年:即公元219年。建安,汉献帝的第五个年号(196~220)。

逊遣将军李异、谢旌等将三千人①,攻蜀将詹晏、陈凤②。异将水军,旌将步兵,断绝险要,即破晏等,生降得凤。又攻房陵太守邓辅、南乡太守郭睦③,大破之。秭归大姓文布、邓凯等合夷兵数千人④,首尾西方⑤。逊复部旌讨破布、凯⑥。布、凯脱走,蜀以为将。逊令人诱之,布帅众还降。前后斩获招纳,凡数万计。权以逊为右护军、镇西将军⑦,进封娄侯⑧。

[注释]

①李异:三国吴将领,生平不详。谢旌:三国吴将领,生平不详。将(jiàng绛):统率,指挥。

②詹晏:三国蜀将领,生平不详。陈凤:三国蜀将领,生平不详。

③房陵太守邓辅:三国蜀将领,生平不详。房陵,即房陵郡,东汉末置,治所房陵县(今湖北房县)。三国魏改为新城郡。辖境相当于今湖北房县、保康、竹山、竹溪等县及神农架林区北部地。南乡太守郭睦:三国蜀将领,生平不详。南乡,即南乡郡,东汉建安十三年(208)析南阳郡置,属荆州,治所南阳县(今河南淅川县西南丹江水库内)。

④秭(zǐ子)归:即秭归县,西汉置,属南郡,治所在今湖北秭归县(剪刀峪)西北归州镇。三国吴永安三年(260)属建平郡。大姓:世家;大族。文布:三国时秭归豪强,以抗吴失败后降蜀,为将军,旋又降吴。邓凯:三国时

秭归豪强,以抗吴失败后降蜀,为将军。

⑤首尾西方:谓与西方刘备政权相互呼应。

⑥部:部署。

⑦右护军:官名。汉末三国时设置,有前、后、左、右护军以及行护军、护军多种。职掌禁兵,主武官选举。镇西将军:东汉末所置将军名,为镇东、镇西、镇南、镇北等"四镇"将军之一,职掌征战讨伐,属于杂号将军,位在左将军等常设将军之下。三国时成为常设将军,官位上升为第二品,次于"四征"将军。

⑧娄侯:封爵名,列侯中的县侯,食邑娄县。娄县,秦置,属会稽郡,治所在今江苏昆山市东北三里。东汉属吴郡。裴注引《吴书》曰:"权嘉逊功德,欲殊显之,虽为上将军列侯,犹欲令历本州举命,乃使扬州牧吕范就辟别驾从事,举茂才。"

时荆州士人新还①,仕进或未得所②,逊上疏曰:"昔汉高受命③,招延英异④;光武中兴⑤,群俊毕至⑥。苟可以熙隆道教者⑦,未必远近。今荆州始定,人物未达,臣愚惓惓⑧,乞普加覆载抽拔之恩⑨,令并获自进,然后四海延颈⑩,思归大化⑪。"权敬纳其言。

[注释]

①荆州:西汉元封五年(前106)所置十三刺阳史部之一,辖郡七、县一百一十七,治所汉寿县。汉末移治襄阳县(今湖北襄阳),辖境相当于今湖北、湖南大部以及河南、贵州、广东、广西等省区一小部分。三国时魏、吴均置荆州,辖境相当于原荆州。魏荆州治所新野(今属河南),吴荆州治所江陵(今属湖北)。士人:士大夫,儒生。亦泛称知识阶层。

②得所:谓得到安居之地或合适的位置。

③汉高:即刘邦(前256~前195),字季,秦末泗水郡沛县(今江苏沛县)人,西汉王朝的开国皇帝。公元前202年称帝,在位八年,谥号高皇帝,庙号高祖。《史记》卷八、《汉书》卷一皆有纪。受命:古以君权为神授,统治者自称受命于天,谓之天命。

④招延:招请,延请。英异:指德才非凡的人。

⑤光武:即刘秀(前5~57),字文叔,南阳郡蔡阳(今湖北枣阳市)人,汉高祖刘邦九世孙。在反抗新莽王朝的斗争中,刘秀与其兄刘縯组成舂陵军并与新市、平林、下江这三支绿林军中的最大的主力进行了联合,最终建立东汉王朝,刘秀即汉光武帝(25~57在位)。卒后庙号世祖。《后汉书》卷一有纪。中兴:特指恢复并非由本人失去的帝位。

⑥群俊:众英才。

⑦熙隆:兴盛。道教:道德教化。

⑧偻偻(lóulóu 楼楼):勤恳貌,恭谨貌。

⑨覆载:覆盖与承载。谓覆育包容。抽拔:提拔,擢用。

⑩四海:犹言天下,全国各处。延颈:伸长头颈。引申指仰慕,渴望。

⑪大化:广远深入的教化。语出《尚书·周书·大诰》:"肆予大化诱我友邦君。"唐孔颖达疏:"故我大为教化,劝诱我所友国君,共伐叛逆。"

黄武元年①,刘备率大众来向西界②,权命逊为大都督、假节③,督朱然、潘璋、宋谦、韩当、徐盛、鲜于丹、孙桓等五万人拒之④。备从巫峡、建平连围至夷陵界⑤,立数十屯⑥,以金锦爵赏诱动诸夷⑦,使将军冯习为大督⑧,张南为前部⑨,辅匡、赵融、廖淳、傅肜等各为别督⑩,先遣吴班将数千人于平地立营⑪,欲以挑战。诸将皆欲击之,逊曰:"此必有谲⑫,且观之。"备知其计不可,乃引伏兵八千,从谷中出。逊曰:"所以不听诸君击班者,揣之必有巧故也⑬。"

[注释]

①黄武元年:即公元222年。黄武,吴王孙权的第一个年号(222~229)。

②刘备:字玄德(161~223),蜀汉昭烈帝,史称先主。详见本书所选《先主传》。西界:谓夷道县猇亭,在今湖北宜昌市东南长江北岸猇亭镇。刘备为报关羽被害之仇,驻军于此,准备攻吴。

③大都督:官名。三国时所设置的高级军职名,总统内外军事,第一品。假节:东汉末至三国,掌地方军政的官往往加使持节、持节或假节的称号。使持节得诛杀中级以下官吏;持节得杀无官职的人;假节得杀犯军令者。

④朱然:字义封(182~249),丹阳故鄣(今浙江安吉西北)人。曾与孙权同学书,历任馀姚长、山阴令、临川太守、偏将军,拜征北将军,封当阳侯,拜车骑将军、右护军,官至左大司马、右军师。《三国志》卷五六有传。潘璋:字文珪(?~234),东郡(治今河南濮阳西南)人。孙权经营江东时归顺,屡有战功,因擒获关羽父子,拜固陵太守、振威将军,封溧阳侯。夷陵之战又立功,拜平北将军、襄阳太守。孙权称帝,迁右将军。《三国志》卷五五有传。宋谦:早年即与韩当、黄盖追随孙策,后又随陆逊破蜀军于夷陵,其馀不详。韩当:字义公(?~227),辽西令支(今河北迁安西)人。初从孙坚起兵,任别部司马,孙权统事,任中郎将,迁偏将军、昭武将军,封西城侯。《三国志》卷五五有传。徐盛:字文向(生卒年不详),琅邪莒(今山东莒县)人。仕吴,屡建战功,历任芜湖令、中郎将、建武将军、安东将军,封芜湖侯。《三国志》卷五五有传。鲜于丹:东吴将领,生平不详。孙桓:字叔武(生卒年不详),孙河之子,吴国宗室。历任安东中郎将、建武将军,封丹徒侯。《三国

志》卷五一有传。

⑤巫峡:在今重庆市巫山县以东,至今湖北巴东县官渡口止,全长46千米,与西陵峡、瞿塘峡并称长江三峡。建平:即建平郡(当时并无此行政区划,或为撰史者所追书),三国吴永安三年(260)置,属荆州,治所信陵县(今湖北秭归县南)。魏灭蜀后,置建平郡都尉于巫县(今重庆市巫山县)。西晋咸宁元年(275)改为建平郡。太康元年(280)灭吴,将两建平郡合并,治所巫县,辖境相当于今重庆市巫山、巫溪二县及湖北兴山、秭归二县,清江中游地区。围:在营垒外用土石或树木等构成的防御设施。夷陵:即夷陵县,西汉置,属南郡,为都尉治,治所在今湖北宜昌市东南长江北岸。

⑥屯:驻军营垒。

⑦爵赏:爵禄和赏赐。

⑧将军冯习:字休元(?~222),南郡(治今湖北荆州)人。蜀吴夷陵之战中任蜀汉大督,死于乱军之中。大督:大都督之简称。

⑨张南:字文进(?~222),自荆州从刘备入蜀,后随刘备攻吴,任前部,死于夷陵之战。前部:先锋。

⑩辅匡:字元弼(生卒年不详),襄阳(今湖北襄阳)人。仕蜀,历任巴东太守、镇南将军、右将军,封中乡侯。赵融:三国蜀将领,生平不详。廖淳:即廖化,本名淳,字元俭(?~264),襄阳(治今湖北襄阳)人。初为关羽主簿,羽败后归吴,不久逃归蜀汉,历任宜都太守、丞相参军。蜀亡后,徙洛阳途中病卒。《三国志》卷四五有传。傅肜(róng容):义阳(治今河南桐柏东)人(?~222),仕蜀,任中军护尉。蜀吴夷陵之战中,被围,不降死。别督:当谓分队指挥官。

⑪吴班:字元雄(生卒年不详),东汉陈留(治今河南开封东南)人。原系何进部将吴匡之子,吴壹族弟。蜀后主时官至骠骑将军,假节,封绵竹侯。

⑫谲(jué决):欺诈。裴注引《吴书》曰:"诸将并欲迎击备,逊以为不

可,曰:'备举军东下,锐气始盛,且乘高守险,难可卒攻,攻之纵下,犹难尽克,若有不利,损我大势,非小故也。今但且奖厉将士,广施方略,以观其变。若此间是平原旷野,当恐有颠沛交驰之忧,今缘山行军,势不得展,自当罢于木石之间,徐制其弊耳。'诸将不解,以为逊畏之,各怀愤恨。"

⑬揣(chuǎi 搋上声):忖度,估量。巧:虚伪,欺诈。《老子》:"绝巧弃利,盗贼无有。"

逊上疏曰:"夷陵要害①,国之关限②,虽为易得,亦复易失。失之非徒损一郡之地,荆州可忧。今日争之,当令必谐③。备干天常④,不守窟穴⑤,而敢自送。臣虽不材,凭奉威灵⑥,以顺讨逆,破坏在近。寻备前后行军,多败少成,推此论之,不足为戚⑦。臣初嫌之⑧,水陆俱进,今反舍船就步,处处结营,察其布置,必无他变。伏愿至尊高枕⑨,不以为念也。"诸将并曰:"攻备当在初,今乃令入五六百里,相衔持经七八月⑩,其诸要害皆以固守,击之必无利矣。"逊曰:"备是猾虏,更尝事多⑪,其军始集,思虑精专,未可干也。今住已久,不得我便,兵疲意沮⑫,计不复生,掎角此寇⑬,正在今日。"乃先攻一营,不利。诸将皆曰:"空杀兵耳⑭。"逊曰:"吾已晓破之之术。"乃敕各持一把茅⑮,以火攻拔之。一尔势成⑯,通率诸军同时俱攻,斩张南、冯习及胡王沙摩柯等首⑰,破其四十馀营。备将杜路、刘宁等穷逼请降⑱。备升马鞍山⑲,陈兵自绕。逊督促诸军四面蹙之⑳,土崩瓦解,死者万数。备因夜遁,驿人自担㉑,烧铙铠断后㉒,仅得入白帝城㉓。其舟船器械,水步军资,一时略尽㉔,尸骸漂流,塞江而下。备大惭恚㉕,曰:"吾乃为逊所折辱㉖,岂非天邪!"

[注释]

①要害:指军事上的关键要地。

②关限:关隘险阻。夷陵位于长江西陵峡东口,地扼峡江之险,以下则江水流入江汉平原。故云。

③必谐:谓一定要成功。

④干:干犯。天常:天的常道。常指封建的纲常伦理。

⑤窟穴:指坏人、匪类盘踞的地方。这是对蜀汉政权的蔑称。

⑥威灵:谓显赫的声威。这里喻指孙权。

⑦戚:忧虑。

⑧嫌:猜疑,怀疑。

⑨伏:敬词。古时臣对君奏言多用之。至尊:至高无上的地位,古代用为皇帝的代称。这里即指孙权。高枕:枕着高枕头。谓无忧无虑。

⑩衔持:相持,对持。

⑪更尝:亲身经历,实际体验。

⑫沮(jǔ举):沮丧,灰心失望。

⑬掎(jǐ挤)角:谓分兵牵制或夹击敌人。语本《左传·襄公十四年》:"譬如捕鹿,晋人角之,诸戎掎之,与晋踣之。"唐孔颖达疏:"角之谓执其角也;掎之言戾其足也。"

⑭空杀兵:谓徒然令士兵送命。

⑮敕(chì赤):古时自上告下之词。汉时凡尊长告诫后辈或下属皆称敕。

⑯一尔:顷刻之间。

⑰胡王沙摩柯:三国时荆州一带少数民族首领(? ~222),在蜀吴夷陵之战中被杀。生平不详。

⑱杜路:三国蜀将领,后降吴。生平不详。刘宁:三国蜀将领,后降吴。

生平不详。

⑲马鞍山:位于今湖北宜昌市西北。

⑳蹙(cù促):逼迫。

㉑驿人:管理驿站的兵卒。

㉒铙(náo挠):古代军中用以止鼓退军的乐器。青铜制,体短而阔,有中空的短柄,插入木柄后可执,原无舌,以槌击之而鸣。铠:古代作战时护身的服装,金属制成。皮甲亦可称铠。断后:谓军队撤退时派一部分人在后面掩护。

㉓白帝城:东汉初公孙述筑,在今重庆奉节县瞿塘峡口长江北岸的白帝山顶,形势险要,三国时为蜀汉防吴之重镇。

㉔略尽:将尽。

㉕惭恚(huì惠):羞惭愤怒。

㉖折辱:侮辱。

初,孙桓别讨备前锋于夷道①,为备所围,求救于逊。逊曰:"未可。"诸将曰:"孙安东公族②,见围已困,奈何不救?"逊曰:"安东得士众心,城牢粮足,无可忧也。待吾计展,欲不救安东③,安东自解。"及方略大施,备果奔溃。桓后见逊曰:"前实怨不见救,定至今日④,乃知调度自有方耳。"

[注释]

①夷道:即夷道县,西汉置,属南郡,治所在今湖北枝城西一里。东汉建安十五年(210)为宜都郡治。北魏郦道元《水经注·江水二》:"夷道县,汉武帝伐西南夷,路由此出,故曰夷道矣。"

②孙安东:孙桓官居安东中郎将,这里以官名称之,属于尊重的表示。公族:诸侯或君王的同族。孙桓的父亲孙河,字伯海。据《三国志·孙韶传》裴注引《吴书》曰:"河,坚族子也,出后姑俞氏,后复姓为孙。"故曰"公族"。

③欲:将要。

④定至今日:宋司马光《资治通鉴》卷六九"前实怨不见救,定至今日",元胡三省注云:"言至今日而事始定。"

当御备时①,诸将军或是孙策时旧将,或公室贵戚②,各自矜恃③,不相听从。逊案剑曰④:"刘备天下知名,曹操所惮,今在境界,此强对也⑤。诸君并荷国恩⑥,当相辑睦⑦,共翦此虏⑧,上报所受,而不相顺,非所谓也。仆虽书生,受命主上。国家所以屈诸君使相承望者⑨,以仆有尺寸可称⑩,能忍辱负重故也。各在其事,岂复得辞!军令有常,不可犯矣。"及至破备,计多出逊,诸将乃服。权闻之,曰:"君何以初不启诸将违节度者邪⑪?"逊对曰:"受恩深重,任过其才。又此诸将或任腹心⑫,或堪爪牙⑬,或是功臣,皆国家所当与共克定大事者。臣虽驽懦⑭,窃慕相如、寇恂相下之义⑮,以济国事。"权大笑称善,加拜逊辅国将军⑯,领荆州牧,即改封江陵侯⑰。

[注释]

①御备:谓抵御刘备的进攻。

②公室:指君主之家;王室。贵戚:帝王的亲族。

③矜恃:骄矜自负。

④案剑:同"按剑"。以手抚剑,预示击剑之势。

⑤强对:劲敌,有力的对手。

⑥荷(hè 贺):承受。

⑦辑睦:和睦。《管子·五辅》:"和协辑睦,以备寇戎。"

⑧翦(jiǎn 剪):消灭,削弱。虏:对蜀汉政权的蔑称。

⑨承望:指望。

⑩尺寸:形容事物些许、细小或低微。

⑪启:禀告。节度:调度,指挥。

⑫腹心:肚腹与心脏,皆人体重要器官。比喻亲信。

⑬爪牙:比喻武臣。《汉书·陈汤传》:"战克之将,国之爪牙,不可不重也。"

⑭驽(nú 奴)懦:驽钝懦弱。陆逊自谦的说法。

⑮相如:即蔺相如(生卒年不详),战国赵惠文王时人,因完璧归赵与渑池大会不畏强秦,被封为上卿,位在战功卓著的老将廉颇之上。廉颇不服,常欲折辱相如,相如以国事为重,屡次躲避,终于感动了廉颇,于是登门负荆请罪,两人成为好友。事见《史记·廉颇蔺相如列传》。寇恂(xún 寻):字子翼(前?～36),上谷郡昌平(今北京市昌平区)人。东汉初任颍川太守时,曾将大将贾复部将一位犯法者处死,贾复认为是耻辱,欲找寇恂报仇,寇恂出于辅佐刘秀中兴大业的考虑,有意躲避。最后在刘秀的调停下,两人和解。事见《后汉书·寇恂传》。相下:互相谦让。汉路粹《为曹公与孔融书》:"昔廉、蔺小国之臣,犹能相下。"

⑯辅国将军:三国时所置将军名,第三品。

⑰江陵侯:封爵名,列侯中的县侯,食邑江陵县。江陵县,秦置,为南郡治,治所在今湖北荆州市荆州区旧江陵县。

又备既住白帝,徐盛、潘璋、宋谦等各竞表言备必可禽,乞复攻之。权以问逊,逊与朱然、骆统以为曹丕大合士众①,外托助国讨备,内实有奸心,谨决计辄还。无几②,魏军果出,三方受敌也③。

[注释]

①骆统:字公绪(193~228),会稽乌伤(今浙江义乌)人。仕吴,历任乌程相、建忠中郎将,迁偏将军、濡须督,封新阳亭侯。《三国志》卷五七有传。曹丕:字子桓(187~226),曹操次子。建安十六年(211),拜五官中郎将,为丞相之副。建安二十二年(217),立为魏太子。建安二十五年(220)正月,曹操卒,嗣位为丞相、魏王。十月代汉称帝,国号魏。在位七年,选官实行九品中正制,意在维护士族门阀特权,欲统一中国而先死。史称魏文帝。中国文学史上著名诗人,文论有《典论·论文》传世。《三国志》卷二有纪。

②无几:不多久。

③三方受敌:吴王黄武元年(222)秋九月,曹魏命曹休、张辽等出洞口,曹仁出濡须,曹真、夏侯尚等围南郡,共分三路进攻孙吴政权。终因后者早有准备,曹军无功而返。详见本书所选《吴主传》。裴注引《吴录》曰:"刘备闻魏军大出,书与逊云:'贼今已在江陵,吾将复东,将军谓其能然不?'逊答曰:'但恐军新破,创痍未复,始求通亲,且当自补,未暇穷兵耳。若不惟算,欲复以倾覆之馀,远送以来者,无所逃命。'"

备寻病亡,子禅袭位①,诸葛亮秉政②,与权连和。时事所宜,权辄令逊语亮③,并刻权印,以置逊所。权每与禅、亮书,常过示逊,轻重可否,有所不安④,便令改定,以印封行之⑤。

[注释]

①子禅(shàn 善):即刘禅,字公嗣(207~271),小字阿斗,涿郡涿县

(今河北涿州市)人,刘备子。蜀汉章武元年(221)刘备称帝后,立为太子。章武三年(223)四月,刘备卒,五月刘禅嗣位,由丞相诸葛亮辅政。亮卒,蒋琬、费祎相继辅政。在位后期,朝政日益腐败,蜀炎兴元年(263),魏大将邓艾进逼成都,刘禅出降,蜀汉亡。次年赴洛阳,被封安乐公。《三国志》卷三三有传。

②诸葛亮:字孔明(181~234),琅邪阳都(今山东沂南南)人。蜀汉杰出的政治家、军事家。蜀汉章武元年(221),刘备称帝,以他为丞相。详见本书所选《诸葛亮传》。秉政:执政,掌握政权。

③语(yù 玉):告诉。

④不安:不妥。

⑤以印封行:谓用泥封缄文书并钤印。古代文书囊笥外加绳捆扎,在绳结处以胶泥加封,上盖钤印,以防泄密、失窃。也有将简牍盛于囊内,在囊外系绳封泥者。盛行于秦、汉与三国时期。

七年①,权使鄱阳太守周鲂谲魏大司马曹休②,休果举众入皖③。乃召逊假黄钺④,为大都督,逆休⑤。休既觉知,耻见欺诱,自恃兵马精多,遂交战。逊自为中部,令朱桓、全琮为左右翼⑥,三道俱进,果冲休伏兵⑦,因驱走之,追亡逐北⑧,径至夹石⑨,斩获万馀,牛马骡驴车乘万两⑩,军资器械略尽。休还,疽发背死⑪。诸军振旅过武昌⑫,权令左右以御盖覆逊⑬,入出殿门,凡所赐逊,皆御物上珍⑭,于时莫与为比。遣还西陵⑮。

[注释]

①七年:即吴王黄武七年(228)。

②鄱(pó 婆)阳太守周鲂(fáng 防)：字子鱼(生卒年不详)，吴郡阳羡(今江苏宜兴南)人。仕吴，历任宁国长、鄱阳太守。因诈降曹休，斩获魏军万计，加裨将军，赐爵关内侯。《三国志》卷六〇有传。鄱阳：即鄱阳郡，东汉建安十五年(210)孙权分豫章郡置，治所鄱阳县(今江西鄱阳县东北古县渡镇)，三国吴赤乌八年(245)移治吴芮故城(今鄱阳县)。辖境相当今江西鄱阳湖东岸、进贤县以东及信江、乐安江流域(婺源县除外)。谲(jué 决)：欺诈。魏大司马曹休：字文烈(？～228)，谯(今安徽亳州市)人，曹操族子。历任骑都尉、中领军。文帝即位，历任领军将军、镇南将军、征东大将军、扬州牧，进封长平侯，屡立战功，迁大司马。魏太和二年(228)，他与司马懿分兵攻吴，被伪降之吴将周鲂诱至石亭，大败而归，损失惨重。惶愧病卒，谥壮侯。《三国志》卷九有传。大司马，官名。汉武帝置，东汉初改称太尉。为全国最高军事长官。

③皖：即皖城，又称皖县，西汉置，属庐江郡，治所在今安徽潜山县。东汉建安末为庐江郡治。

④假黄钺：魏晋南北朝当位高权重之大臣出征时，往往加以"假黄钺"的称号，即代表皇帝亲征的意思。宋司马光《资治通鉴》卷八〇"命贾充为使持节、假黄钺、大都督，以冠军将军杨济副之"，元胡三省注云："黄钺，天子之器，非人臣所得专用，故曰假。"

⑤逆：迎敌。裴注引陆机为《逊铭》曰："魏大司马曹休侵我北鄙，乃假公黄钺，统御六师及中军禁卫而摄行王事，主上执鞭，百司屈膝。"又引《吴录》曰："假逊黄钺，吴王亲执鞭以见之。"

⑥朱桓：字休穆(177～238)，吴郡吴县(今江苏苏州市)人。曾给事孙权将军幕府，历任馀姚长、荡寇校尉，封嘉兴侯，迁奋武将军，拜前将军，领青州牧，假节。以疾卒。《三国志》卷五六有传。全琮(cóng 从)：字子璜(？～249)，吴郡钱唐(今浙江杭州西)人。历任奋威校尉、绥南将军、假节

陆逊传 | 1491

领九江太守、卫将军,封钱唐侯,迁右大司马、左军师,尚公主。《三国志》卷六〇有传。

⑦果冲:果敢冲击。

⑧追亡逐北:追击败退的敌人。

⑨夹石:即北硖山,位于今安徽桐城市北六十里,与舒城县接界。

⑩车乘(shèng 剩):作战的车。两(liàng 辆):"辆"的古字。量词。用于车辆。

⑪疽(jū 居):中医指局部皮肤肿胀坚硬的毒疮。

⑫振旅:谓整队班师。语出《诗经·小雅·采芑》:"伐鼓渊渊,振旅阗阗。"毛传:"入曰振旅,复长幼也。"武昌:即武昌县,三国魏黄初二年(221),吴孙权改鄂县置,为武昌郡治,治所即今湖北鄂州市,并从公安迁都于此。

⑬御盖:黄罗伞盖。帝王仪仗之一。

⑭御物:帝王专用之物。上珍:上等珍宝。

⑮西陵:即西陵县,三国吴王黄武元年(222)改夷陵县置,为宜都郡治,治所在今湖北宜昌市东南长江北岸。西晋太康元年(280)复为夷陵县。

黄龙元年①,拜上大将军、右都护②。是岁,权东巡建业③,留太子、皇子及尚书九官④,征逊辅太子,并掌荆州及豫章三郡事⑤,董督军国⑥。时建昌侯虑于堂前作斗鸭栏⑦,颇施小巧⑧,逊正色曰:"君侯宜勤览经典以自新益⑨,用此何为?"虑即时毁彻之⑩。射声校尉松于公子中最亲⑪,戏兵不整⑫,逊对之髡其职吏⑬。南阳谢景善刘廙先刑后礼之论⑭,逊呵景曰⑮:"礼之长于刑久矣⑯,廙以细辩而诡先圣之教⑰,皆非也。君今侍东宫⑱,宜遵仁义以彰德音⑲,若彼之谈,不须讲也。"

[注释]

①黄龙元年:即公元229年。黄龙,吴大帝孙权的第二个年号(229~231),系其称帝后所改。

②上大将军:官名。三国魏、吴皆有设置,位在大将军之上,略低于大司马。右都护:官名。三国吴置左、右都护,分别镇守东吴荆州境内长江防线上段与下段。

③东巡建业:吴黄龙元年(229)九月,孙权由武昌(今湖北鄂州市)迁都建业(今江苏南京市)。

④太子:即孙登(209~241),字子高,孙权长子。魏黄初二年(221),孙权封吴王,以之为太子。吴黄龙元年(229),孙权称帝,又以之为皇太子。为人谦和谨重,有贤名。病卒。谥宣太子。《三国志》卷五九有传。皇子:谓孙虑、孙和等。尚书九官:这里当泛指九卿六部的中央官员。

⑤豫章三郡:指豫章、鄱阳、庐陵三郡,皆属扬州,其中豫章、庐陵二郡与荆州接界。

⑥董督:统率,监督。军国:统军治国。

⑦建昌侯虑:即孙虑(213~232),字子智,太子孙登之弟。少敏慧有才智,吴王黄武七年(228)封侯。后为镇军大将军,假节开府,治半州,遵奉法度。卒年二十。《三国志》卷五九有传。建昌侯,封爵名,列侯中的县侯,食邑建昌县。建昌县,东汉永元十六年(104)分海昏县置,属豫章郡,治所在今江西奉新县西一百四十里,潦河南。以其户口昌盛,因以为名。斗鸭:使鸭相斗的博戏。相传起于汉初。《西京杂记》卷二:"鲁恭王好斗鸡鸭及鹅雁。"

⑧小巧:小聪明,小技巧。

⑨君侯:汉以后,常用为对达官贵人的敬称。

⑩彻:拆毁。

⑪射声校尉松:即孙松(？~231),孙权弟孙翊之子。历官射声校尉,封都乡侯。轻财好施,善与人交,与诸葛亮、陆逊皆友善。《三国志》卷五一有传。射声校尉,汉代八校尉之一,汉武帝始置,秩二千石(东汉比二千石),掌宿卫,统待诏射声士。《汉书·百官公卿表上》"射声校尉掌待诏射声士",唐颜师古注引服虔曰:"工射者也。冥冥中闻声则中之,因以名也。"又引应劭曰:"须诏所命而射,故曰待诏射也。"

⑫戏(huī 挥):大将之旗。引申为指挥。不整:不整齐。

⑬髡(kūn 昆):即髡刑,古代一种剃去罪人须发的刑罚。职吏:旧指地位低下的官吏。

⑭南阳谢景:字叔发(生卒年不详),南阳宛(今河南南阳市)人。曾任豫章太守,有治绩,卒官。《三国志》卷五九附《孙登传》。南阳,即南阳郡,战国秦昭襄王三十五年(前272)置,治所宛(yuān 渊)县(今河南南阳市)。西汉辖境相当于今河南桐柏县以西,湖北丹江口市以东,河南鲁山县以南,河南邓州市及湖北广水市以北地。刘廙(yì 异):字恭嗣(180~221),南阳安众(今河南镇平东南)人。仕魏,历官丞相掾属、五官将文学、黄门侍郎、侍中,赐爵关内侯。《三国志》卷二一有传。先刑后礼:据本传裴注引《廙别传》,刘廙曾上表曹操论治道,有选人"莫如督之以法"之论。

⑮呵:呵斥。

⑯长(cháng 常):超越。

⑰细辩:谓琐屑的辩词。诡:违背。先圣:先世圣人,这里专指孔子。

⑱东宫:太子所居之宫。这里指太子孙登。

⑲彰:彰显。德音:犹德言,指合乎仁德的言语、教令。

逊虽身在外,乃心于国。上疏陈时事曰:"臣以为科法严峻①,下犯者多。顷年以来②,将吏罹罪③,虽不慎可责,然天下未一,当图进取,小宜恩贷④,以安下情。且世务日兴⑤,良能为先⑥,自非奸秽入身⑦,难忍之过,乞复显用⑧,展其力效。此乃圣王忘过记功⑨,以成王业⑩。昔汉高舍陈平之愆⑪,用其奇略,终建勋祚⑫,功垂千载。夫峻法严刑,非帝王之隆业⑬;有罚无恕,非怀远之弘规也⑭。"

[注释]

①科法:法令。

②顷年:近年。

③罹(lí 离)罪:遭受罪罚。

④小:稍。恩贷:施恩宽宥。多用于帝王。

⑤世务:谋身治世之事。

⑥良能:指贤良而有才能之人。

⑦自非:倘若不是。奸秽:指邪恶污秽的行为。

⑧显用:犹重用。

⑨圣王:古指德才超群达于至境之帝王。

⑩王业:帝王之事业。谓统一天下,建立王朝。

⑪"昔汉高"句:据《史记·陈丞相世家》,魏无知向刘邦推荐陈平,周勃、灌夫攻击陈平品行不端,私通嫂子且受人贿赂;魏无知回答刘邦:"臣所言者,能也;陛下所问者,行也……楚汉相距,臣进奇谋之士,顾其计诚足以利国家不耳。且盗嫂受金又何足疑乎?"刘邦因此重用陈平,陈平辅佐刘邦建立汉朝,被封为曲逆侯。汉高,即刘邦(前256～前195),字季,秦末泗水郡沛县(今江苏沛县)人,西汉王朝的开国皇帝。公元前202年称帝,在位八年,谥号高皇帝,庙号高祖。《史记》卷八、《汉书》卷一皆有纪。陈平,西汉

王朝的开国功臣(前？～前178)，阳武(今河南原阳东南)人。少时喜读书，有大志，辅助刘邦建立汉朝，屡出奇谋。刘邦死后，傅教惠帝；吕后死后，陈平与太尉周勃合谋平定诸吕之乱，迎立代王为文帝。官至丞相。愆(qiān千)，罪过。

⑫勋祚(zuò坐)：功勋福运。

⑬隆业：兴隆的事业。

⑭怀远：安抚边远的人。语出《左传·僖公七年》："臣闻之，招携以礼，怀远以德。"弘规：谓宏谟，即宏大深远的谋略。

权欲遣偏师取夷州及朱崖①，皆以咨逊，逊上疏曰："臣愚以为四海未定，当须民力，以济时务②。今兵兴历年，见众损减③，陛下忧劳圣虑④，忘寝与食，将远规夷州，以定大事。臣反覆思惟，未见其利，万里袭取，风波难测，民易水土，必致疾疫，今驱见众，经涉不毛⑤，欲益更损⑥，欲利反害。又珠崖绝险，民犹禽兽，得其民不足济事，无其兵不足亏众。今江东见众⑦，自足图事，但当畜力而后动耳⑧。昔桓王创基⑨，兵不一旅⑩，而开大业。陛下承运⑪，拓定江表⑫。臣闻治乱讨逆，须兵为威，农桑衣食，民之本业，而干戈未戢⑬，民有饥寒。臣愚以为宜育养士民⑭，宽其租赋，众克在和⑮，义以劝勇，则河渭可平⑯，九有一统矣⑰。"权遂征夷州，得不补失⑱。

[注释]

①偏师：指主力军以外的部分军队。夷州：又作"夷洲"，即今台湾省。或谓乃琉球群岛，见史为乐主编《中国历史地名大辞典》。朱崖：又作"珠崖"(见下文)，即珠崖郡，西汉元鼎六年(前111)置，治所瞫都县(今海南省

琼山区东南三十里)。辖境相当于今海南省海南岛东北部地。初元三年(前46)废。这里沿用古地名以为海南岛的代称。

②时务:按时应做的事情。多指农事。

③见(xiàn现)众:同"见卒",谓现有的兵卒。《战国策·韩策一》:"为除守徼亭鄣塞,见卒不过二十万而已矣。"

④圣虑:帝王的思虑或忧念。

⑤不毛:不生植物。指荒瘠。这是古人对于未经开发地区的一种误解。

⑥欲益更损:义同"欲益反损",即想把事情做好,结果反而弄坏。

⑦江东:长江在芜湖、南京间作西南南、东北北流向,隋唐以前,是南北往来主要渡口所在,习惯上称自此以下的长江南岸地区为江东。三国时孙权建都于建业,故又称孙吴统治下的全部地区为江东。

⑧畜(xù蓄)力:积蓄力量。

⑨桓王:即孙权之兄孙策(175~200),孙权称帝后,追谥孙策为长沙桓王。《三国志》卷四六有传。

⑩一旅:形容兵力无多。旅,军队编制单位。《周礼·地官·小司徒》:"乃会万民之卒伍而用之。五人为伍,五伍为两,四两为卒,五卒为旅。"以五百人为一旅。《国语·齐语》则以两千人为一旅。

⑪承运:秉受天命。

⑫拓(tuò唾)定:平定。江表:江外。指长江以南的地区。

⑬干戈:干和戈是古代常用武器,因以"干戈"指战争。戢(jí集):收藏兵器。引申指停止战争。

⑭士民:泛指士兵、百姓。

⑮克:胜任。

⑯河渭:黄河与渭水的并称。亦指河、渭两水之间的地区。这里当泛指北方曹魏政权的控制区域。

⑰九有:即九州。泛指全国。

⑱"权遂征夷州"二句:黄龙二年(230),吴国将领卫温与诸葛直奉孙权命航海至夷洲,翌年"但得夷洲数千人还",最终二人以"违诏无功"被杀。详见本书所选《吴主传》。

及公孙渊背盟①,权欲往征,逊上疏曰:"渊凭险恃固,拘留大使,名马不献,实可仇忿②。蛮夷猾夏③,未染王化④,鸟窜荒裔⑤,拒逆王师⑥,至令陛下爰赫斯怒⑦,欲劳万乘泛轻越海⑧,不虑其危而涉不测⑨。方今天下云扰⑩,群雄虎争⑪,英豪踊跃,张声大视⑫。陛下以神武之姿⑬,诞膺期运⑭,破操乌林⑮,败备西陵⑯,禽羽荆州⑰,斯三虏者当世雄杰⑱,皆摧其锋。圣化所绥⑲,万里草偃⑳,方荡平华夏㉑,总一大猷㉒。今不忍小忿,而发雷霆之怒㉓,违垂堂之戒㉔,轻万乘之重,此臣之所惑也。臣闻志行万里者,不中道而辍足㉕;图四海者,匪怀细以害大。强寇在境,荒服未庭㉖,陛下乘桴远征㉗,必致窥觎㉘,戚至而忧㉙,悔之无及。若使大事时捷㉚,则渊不讨自服;今乃远惜辽东众之与马㉛,奈何独欲捐江东万安之本业而不惜乎㉜?乞息六师㉝,以威大虏㉞,早定中夏㉟,垂耀将来。"权用纳焉。

[注释]

①公孙渊背盟:吴大帝嘉禾二年(233),三国吴孙权派遣太常张弥与执金吾许晏出使辽东拜公孙渊为燕王,反而被渊所斩,并传送其首级至魏。公孙渊,公孙度之孙(?~238),公孙康次子。魏明帝任之为扬烈将军、辽东太守,因斩吴主孙权使节,传首魏国,魏明帝又拜他为大司马,封乐浪公。景初元年(237),他自称燕王,翌年,司马懿进攻辽东,求降被拒,与其子公孙

修皆被杀。《三国志》卷八有传。

②仇忿:仇恨,愤恨。

③蛮夷猾夏:意谓外族势力扰乱中国。语出《尚书·虞夏书·舜典》:"蛮夷猾夏,寇贼奸宄。"

④王化:天子的教化。

⑤鸟窜:如鸟飞窜。形容四下逃散。荒裔:指边远地区。

⑥拒逆:违抗。王师:天子的军队;国家的军队。

⑦爰:助词,无义。用在句首或句中,起调节语气的作用。赫斯怒:盛怒的样子。斯,助词。语出《诗经·大雅·皇矣》:"王赫斯怒,爰整其旅。"

⑧万乘(shèng剩):周制,天子地方千里,能出兵车万乘,因以"万乘"指天子。泛轻海:驾驶轻舟穿越大海。这里暗含冒险的意思。

⑨不测:难以意料,不可知。

⑩云扰:像云一样的纷乱。比喻动荡不安。

⑪虎争:比喻争夺的剧烈。

⑫张声:指叱咤之声。大视:犹雄视。谓称雄,压倒。

⑬神武:原谓以吉凶祸福威服天下而不用刑杀。后沿用为英明威武之意,多用以称颂帝王将相。

⑭诞膺:承受(天命或帝位)。语本《尚书·周书·武成》:"我文考文王,克成厥勋,诞膺天命,以抚方夏。"孔传:"大当天命。"期运:犹机运,谓时机。

⑮破操乌林:汉献帝建安十三年(208)冬,孙权联合刘备在赤壁大破曹操军队。乌林,即今湖北洪湖市东北长江北岸邬林矶,位于长江北岸,与赤壁隔江相望。

⑯败备西陵:吴王黄武元年(222),孙权所任陆逊在夷陵之战中大败蜀军,刘备被逼退入白帝城(今重庆奉节东)。西陵,即西陵县,三国吴王黄武

元年改夷陵县置,为宜都郡治,治所在今湖北宜昌市东南长江北岸。

⑰禽羽荆州:汉献帝建安二十四年(219)闰十月,孙权命吕蒙袭取江陵,擒杀关羽。羽,即关羽,字云长(?~219),东汉解县(治今山西临猗西南)人。详见本书所选《关羽传》。

⑱三虏:指曹操、刘备、关羽。虏,对敌人的蔑称。雄杰:谓雄伟特出者。

⑲圣化:谓帝王以德治民。汉董仲舒《春秋繁露》卷一:"故力不劳,而身大成,此之谓圣化。"绥(suí随):安,安抚。

⑳草偃:比喻在上者能以德化民,则民之向化,犹风吹草仆,相率从善。语本《论语·颜渊》:"君子之德风,小人之德草,草上之风,必偃。"

㉑荡平:扫荡平定。华夏:这里指我国中原地区,当谓曹魏政权。

㉒总一:统一。大猷(yóu由):谓治国大道。语出《诗经·小雅·巧言》:"奕奕寝庙,君子作之;秩秩大猷,圣人莫之。"汉郑玄笺:"猷,道也;大道,治国之礼法。"

㉓雷霆之怒:对帝王或尊者的暴怒的敬称。

㉔垂堂:靠近堂屋檐下。因檐瓦坠落可能伤人,故以喻危险的境地。《汉书·爰盎传》:"千金之子不垂堂,百金之子不骑衡。"唐颜师古注:"垂堂,谓坐堂外边,恐坠堕也。"

㉕中道:中途。辍(chuò绰):中途停止,中断。

㉖荒服:"五服"之一。古代王畿外围,以五百里为一区划,由近及远分为侯服、甸服、绥服、要服、荒服,合称五服。服,服事天子之意。荒服即称离京师二千到二千五百里的边远地方。亦泛指边远地区。庭:通"廷"。朝觐。《诗经·大雅·常武》:"四方既平,徐方来庭。"

㉗乘桴(fú扶):乘坐竹木小筏。《论语·公冶长》:"道不行,乘桴浮于海。"这里暗喻草率军事行动的危险。

㉘窥觎(yú虞):觊觎。谓非分的希望或企图。

㉙戚(qī凄):忧愁。这里喻灾祸。

㉚大事:重大的事情。这里当指一统天下。时捷:谓及时获胜。

㉛众之与马:据《三国志·吴主传》记述,吴嘉禾二年(233)三月,孙权"使太常张弥、执金吾许晏、将军贺达等将兵万人,金宝珍货,九锡备物,乘海授渊",结果公孙渊变卦,杀害了孙权的使节,没收兵资。"众"当指东吴赴辽东的将兵万人。"马"当指辽东所产名马。

㉜捐:舍弃。万安:万全。本业:基本生业。

㉝六师:原谓周天子所统六军之师,周制一万二千五百人为师。后以为天子军队之称。

㉞大虏:大敌。指曹魏军事势力。

㉟中夏:指中原地区。

　　嘉禾五年①,权北征,使逊与诸葛瑾攻襄阳②。逊遣亲人韩扁赍表奉报③,还,遇敌于沔中④,钞逻得扁⑤。瑾闻之甚惧,书与逊云:"大驾已旋⑥,贼得韩扁,具知吾阔狭⑦。且水干,宜当急去。"逊未答,方催人种葑豆⑧,与诸将弈棋射戏如常⑨。瑾曰:"伯言多智略,其当有以⑩。"自来见逊,逊曰:"贼知大驾以旋,无所复戚⑪,得专力于吾。又已守要害之处,兵将意动⑫,且当自定以安之,施设变术⑬,然后出耳。今便示退,贼当谓吾怖,仍来相蹙⑭,必败之势也。"乃密与瑾立计,令瑾督舟船,逊悉上兵马⑮,以向襄阳城。敌素惮逊,遽还赴城⑯。瑾便引船出,逊徐整部伍,张拓声势⑰,步趋船,敌不敢干⑱。军到白围⑲,托言住猎,潜遣将军周峻、张梁等击江夏新市、安陆、石阳⑳。石阳市盛,峻等奄至㉑,人皆捐物入城㉒。城门噎不得关㉓,敌乃自斫杀己民,然后得阖㉔。斩首获生㉕,凡千馀人㉖。其所生得,皆加营护㉗,不令兵士干扰侵侮。将家属来者,使就料视㉘。若亡其妻子者,即给衣粮,厚加慰劳,发遣令还,或有感慕相携而归者。邻境怀之㉙,江夏功曹赵濯、弋阳备将裴生及夷王梅颐等㉚,并帅支党来附逊㉛。逊倾财帛,周赡经恤㉜。

[注释]

①嘉禾五年:即公元236年。嘉禾,吴大帝孙权的第三个年号(232~238)。此"五"年当是"三"年之讹。孙权以三路攻魏,魏明帝亲率军救合肥,吴军撤走,事在嘉禾三年(234)。详见本书所选《吴主传》。

②诸葛瑾:字子瑜(174~241),琅邪阳都(今山东沂南南)人,诸葛亮之兄。汉末避乱江东,任孙权长史,历官南郡太守,迁左将军,封宛陵侯。孙权称帝后,拜大将军、左都护,领豫州牧。《三国志》卷五二有传。襄阳:即襄阳县,西汉置,属南郡,治所在今湖北襄阳市汉水南襄阳城,以在襄水之北,故称。东汉建安十三年(208)为襄阳郡治。

③亲人韩扁:三国吴人,生平不详。亲人,亲信。赍(jī基):携带。表:启奏,上奏章给皇帝。

④沔(miǎn免)中:地址不详。或谓与沔水相关联。沔水北源出自今陕西留坝县西,一名沮水;西源出自今宁强县北。二源合流后通称汉水,故古代也作汉水的别称。又沔水入江以后,今湖北武汉市以下的长江古代亦通称沔水。故《水经》叙沔水下游一直到入海为止。

⑤钞逻:巡逻查问。

⑥大驾:谓皇帝的乘舆。这里即指孙权。旋:返还。

⑦阔狭:指虚实、强弱等具体情况。

⑧葑(fēng封):即芜菁。又名蔓菁。块根肉质,花黄色。块根可做蔬

菜。俗称大头菜。

⑨弈棋：下围棋。射戏：即"射覆"之戏，古时的一种猜物游戏，亦往往用以占卜。《三国志·方伎传·管辂》："季龙取十三种物，著大箧中，使辂射。云：'器中藉藉有十三种物。'先说鸡子，后道蚕蛹，遂一一名之，惟以梳为枇耳。"

⑩有以：谓有原因或有道理。

⑪戚：忧虑。

⑫意动：谓心绪不安。

⑬变术：指出敌不意的战术。

⑭麼（cù 促）：逼迫。

⑮上：出动。

⑯遽（jù 据）：赶快，疾速。

⑰张（zhàng 帐）拓声势：谓故意张扬声威气势。

⑱干：干犯，冲犯，干扰。

⑲白围：在今湖北襄阳东唐白河入汉江处。

⑳将军周峻：周瑜兄之子（生卒年不详），以周瑜功官至偏将军。张梁：三国吴将领（生卒年不详），河南（今河南洛阳东北）人。历任裨将军、沔中督，赐爵关内侯。江夏：即江夏郡，西汉高帝六年（前201）置，治所西陵县（今湖北新洲西二里）。东汉建安初，刘表所署江夏太守黄祖徙治夏口城（今武汉汉口城区），建安十三年（208）初，孙权破城杀黄祖，江夏太守刘琦另筑夏口城（今武汉汉阳城区），年底，曹操任文聘为江夏太守驻此。赤壁战后，文聘徙治石阳（今湖北黄陂西）。新市：地名。战国楚地，在今湖北京山县东北六十八里三阳乡康家塝。安陆：即安陆县，秦置，属南郡，治所在今湖北安陆市西北五十三里。西汉属江夏郡，西晋为江夏郡治。石阳：即石阳县，三国吴置，属江夏郡，治所在今湖北汉川市西北。

㉑奄(yǎn 演):忽然,骤然。

㉒捐:放弃,舍弃。

㉓噎(yē 椰):积聚不散,阻塞。

㉔阖(hé 何):关闭。

㉕获生:谓生俘敌人。

㉖凡千馀人:裴注云:"臣松之以为逊虑孙权以退,魏得专力于己,既能张拓形势,使敌不敢犯,方舟顺流,无复怵惕矣,何为复潜遣诸将,奄袭小县,致令市人骇奔,自相伤害?俘馘千人,未足损魏,徒使无辜之民横罹荼酷,与诸葛渭滨之师,何其殊哉!用兵之道既违,失律之凶宜应,其祚无三世,及孙而灭,岂此之馀殃哉!"

㉗营护:保护,救护。

㉘料视:照料。

㉙邻境怀之:裴注云:"臣松之以为此无异残林覆巢而全其遗鷇,曲惠小仁,何补大虐?"

㉚功曹赵濯:三国魏官吏,后投降吴陆逊。功曹,官名。州郡县长官的属吏,有功曹掾、功曹史,简称功曹。职责为考查记录功劳,参与任免赏罚。

弋(yì 义)阳备将裴生:三国魏将领,后投降吴陆逊。弋阳,即弋阳郡,三国魏文帝置,属豫州,治所弋阳县(今河南潢川县西北十二里隆古集附近),辖境相当于今河南淮河以南、竹竿河以东、灌河以西地。备将,即守将。夷王梅颐:生平不详。夷王,少数民族首领。

㉛支党:党羽。

㉜周赡经恤(xù 续):谓照料周济。

又魏江夏太守逯式兼领兵马①,颇作边害,而与北旧将文聘子休宿不协②。逊闻其然,即假作答式书云:"得报恳恻③,知与休久结嫌隙④,势不两存,欲来归附,辄以密呈来书表闻⑤,撰众相迎⑥。宜潜速严⑦,更示定期。"以书置界上,式兵得书以见式,式惶惧,遂自送妻子还洛⑧。由是吏士不复亲附⑨,遂以免罢⑩。

[注释]

①江夏太守逯(lù 陆)式:三国魏官员,生平不详。

②文聘:字仲业(生卒年不详),东汉南阳宛(今河南南阳)人。原为荆州牧刘表部下大将,刘表死后,其子刘琮不战降曹,他心怀悲惭,曹操任他为江夏太守,封关内侯。曹丕代汉称帝,仍镇守江夏,官至后将军,封新野侯。卒谥壮侯。《三国志》卷一八有传。子休:即文休,文聘养子。生平不详。宿:平素。不协:不和。

③恳恻:诚恳痛切。

④嫌隙:因猜疑或不满而产生的恶感、仇怨。

⑤表闻:谓上表奏于皇帝(即吴大帝孙权)。

⑥撰(xuǎn 选)众:谓选择部伍。撰,同"选"。《周礼·夏官·大司马》:"群吏撰车徒,读书契。"唐贾公彦疏:"择取其善者。"

⑦潜:秘密,暗中。速严:急整行装。

⑧洛:即洛阳县,西汉为河南郡治,东汉建武元年(25)建都于此。汉献帝建安二十五年(220),曹丕代汉,以洛阳为京师。治所在今河南洛阳市东北三十里汉魏故城。

⑨亲附:亲近依附。

⑩免罢:罢免,谓解除官职。裴注云:"臣松以为边将为害,盖其常事,使逯式得罪,代者亦复如之,自非狡焉思肆,将成大患,何足亏损雅虑,尚为小诈哉?以斯为美,又所不取。"

六年①,中郎将周祗乞于鄱阳召募②,事下问逊。逊以为此郡民易动难安,不可与召,恐致贼寇。而祗固陈取之,郡民吴遽等果作贼杀祗③,攻没诸县。豫章、庐陵宿恶民④,并应遽为寇。逊自闻,辄讨即破,遽等相率降,逊料得精兵八千馀人⑤,三郡平⑥。

时中书典校吕壹⑦,窃弄权柄⑧,擅作威福⑨,逊与太常潘濬同心忧之⑩,言至流涕。后权诛壹,深以自责。语在《权传》。

时谢渊、谢厷等各陈便宜⑪,欲兴利改作⑫,以事下逊。逊议曰:"国以民为本,强由民力,财由民出。夫民殷国弱⑬,民瘠国强者,未之有也。故为国者,得民则治,失之则乱。若不受利,而令尽用立效⑭,亦为难也。是以《诗》叹'宜民宜人,受禄于天'⑮。乞垂圣恩,宁济百姓⑯,数年之间,国用少丰⑰,然后更图⑱。"

[注释]

①六年:即吴嘉禾六年(237)。

②中郎将周祗(zhī之):三国吴将领(?~237),为鄱阳郡民所杀。中郎将,官名。光禄勋属官,有五官、左、右、南、北、羽林、虎贲等中郎将之名称,位次于将军,秩比二千石。召募:谓招募兵员。

③作贼:谓造反。

④庐陵:即庐陵郡,东汉兴平二年(195)孙策分豫章郡置,属扬州,治所石阳县(今江西吉安市东北)。三国吴移治高昌县(今江西泰和县西北三里),辖境相当于今江西永新、峡江、乐安、石城以南地区。宿恶:元凶;大恶人。

⑤料:别择,挑选。

⑥三郡:谓鄱阳、豫章、庐陵三郡。

⑦中书典校吕壹:三国吴官吏(?~238),曾为孙权心腹,任中书典校郎,监察中央和地方州郡文书事。为人险狠,曾经诬陷宰相顾雍、左将军朱据等人。后因诬告事发,被斩首。中书典校,官名。亦称校官、校曹,属中书。三国时侦查刺探官,为皇帝或执政的耳目,掌刺探臣民言行。曹操始置,深为吏民之害,东吴尤甚。清俞正燮《癸巳存稿》卷七《校事》:"魏吴有校事官,似北魏之候官、明之厂卫。吴之校事则尤横。或谓之典校(《顾雍传》《步骘传》《朱据传》),或谓之校曹(《陆凯传》),或谓之校郎(《是仪传》),或谓之校官(《诸葛恪传》)。"

⑧窃弄:盗用,玩弄。权柄:犹权力。

⑨擅作威福:滥用权势,独断专横。

⑩太常潘濬(jùn 俊):字承明(?~239),三国武陵汉寿(今湖南常德东北)人。先追随刘表、刘备,后归顺孙权,历任辅军中郎将,迁奋威将军,拜少府,进封浏阳侯,迁太常。颇见信用。《三国志》卷六一有传。太常,官名。九卿之一,掌宗庙礼仪,兼选试博士。

⑪谢渊:字修德(生卒年不详),会稽(今浙江绍兴)人。举孝廉,官至建武将军。谢厷(hóng 宏):三国吴官吏,官至黄门侍郎。便宜:指有利国家,合乎时宜之事。

⑫兴利改作:为兴利除弊而变更旧制。裴注引《会稽典录》曰:"谢渊字休德,少修德操,躬秉耒耜,既无戚容,又不易虑,由是知名。举孝廉,稍迁至建武将军,虽在戎旅,犹垂意人物。骆统子名秀,被门庭之谤,众论狐疑,莫能证明。渊闻之叹息曰:'公绪早夭,同盟所哀。闻其子志行明辨,而被闇昧之谤,望诸夫子烈然高断,而各怀迟疑,非所望也。'秀卒见明,无复瑕玷,终为显士,渊之力也。"又引《吴历》称云:"谢厷才辩有计术。"

⑬殷:众,多。

⑭尽用立效:谓竭尽全力去报效国家。

陆逊传 | 1507

⑮"宜民宜人"二句:语出《诗经·大雅·假乐》,大意是:使民众安辑,使百官适其位,就会得到上天的赐福。

⑯宁济:安定匡济。

⑰国用:国家的费用或经费。少丰:谓稍稍丰盛。

⑱更图:谓再行变革。

赤乌七年①,代顾雍为丞相②,诏曰:"朕以不德③,应期践运④,王涂未一⑤,奸宄充路⑥,夙夜战惧⑦,不遑鉴寐⑧。惟君天资聪睿⑨,明德显融⑩,统任上将⑪,匡国弭难⑫。夫有超世之功者⑬,必应光大之宠⑭;怀文武之才者,必荷社稷之重⑮。昔伊尹隆汤⑯,吕尚翼周⑰,内外之任⑱,君实兼之。今以君为丞相,使使持节守太常傅常授印绶⑲。君其茂昭明德⑳,修乃懿绩㉑,敬服王命㉒,绥靖四方㉓。於乎㉔!总司三事㉕,以训群寮㉖,可不敬与,君其勖之㉗!其州牧都护领武昌事如故。"

[注释]

①赤乌七年:即公元244年。赤乌,吴大帝孙权的第四个年号(238~251)。

②顾雍:字元叹(168~243),吴郡吴县(今江苏苏州市)人。曾师从蔡邕,为人清正。仕吴,历任会稽郡丞,行太守事,入为左司马,领尚书令,任丞相,封醴陵侯。《三国志》卷五二有传。丞相:辅佐帝王,综理一国政务的最高行政长官。

③不德:不修德行,缺乏德行。属于古代帝王自谦的说法。

④应期践运:意谓顺应天命而登上帝位。

⑤王涂未一：意谓天下尚未统一。王涂，亦作"王途"。犹王道，王政。

⑥奸宄（guǐ 轨）：指违法作乱的人。

⑦夙（sù 素）夜：朝夕，日夜。战惧：畏惧。

⑧不遑：无暇，没有闲暇。鉴寐：假寐，不脱衣冠而睡。鉴，通"监"。晋陆云《岁暮赋》："彼鉴寐之有时兮，亦始卒之固然。"

⑨天资：天赋，资质。聪睿：即"聪明睿智"，谓聪颖明智。《礼记·中庸》："唯天下之至圣，为能聪明睿知，足以有临也。"

⑩明德显融：谓美德显著。汉徐幹《中论·审大臣》："夫以圣人之德昭明显融，高宏博厚，宜其易知也。"

⑪上将：主将，统帅。

⑫匡国：匡正国家。弭难：消除灾难。

⑬超世：谓杰出不凡、异乎寻常。

⑭光大：显扬。

⑮荷（hè 贺）：承担，担负。汉张衡《东京赋》："荷天下之重任。"社稷：古代帝王、诸侯所祭的土神和谷神。社，土神；稷，谷神。常用为国家或政权的代称。

⑯伊尹隆汤：谓伊尹辅佐商汤灭夏，建立殷商。伊尹，商初大臣，名挚，尹是官名。传说伊尹出身奴隶，辅佐商汤攻灭夏桀，建立商朝，被商汤尊为"阿衡"（相当于宰相）。隆，谓使兴盛。汤，即指成汤，子姓，名履，另有汤、武汤、商汤、天乙、天乙汤等称谓，契的第十四代孙，商朝的开国君主。

⑰吕尚翼周：谓姜尚被周文王立为师后，辅佐周武王灭殷商，建立周朝。吕尚，即商末周初人姜子牙，又称姜尚。他贫贱时曾屠牛于朝歌，又钓于渭水之滨，周文王求贤，就封他为太师，最终辅佐周武王建立周朝。《史记》卷三二有传。翼，辅佐。

⑱内外之任：指朝廷和地方的任职。

⑲使持节守太常傅常:三国吴官吏,生平不详。使持节,东汉末至三国,掌地方军政的官往往加使持节、持节或假节的称号。使持节得诛杀中级以下官吏;持节得杀无官职的人;假节得杀犯军令者。守,汉代三国官吏试用称"守"。汉时官吏任命,除极少数因皇帝宠幸,可不经试用,初拜即为实授者外,一般均须试用一年。称职者转正为真,不称职者他调、左转或罢归原职。太常,官名。九卿之一,掌宗庙礼仪,兼选试博士。印绶:印信和系印信的丝带。古人印信上系有丝带,佩带在身。

⑳茂昭:谓劝勉彰显。茂,通"懋",劝勉。明德:光明之德,美德。

㉑懿(yì义)绩:美好的业绩。

㉒敬服:敬重信服。王命:帝王的命令、诏谕。

㉓绥靖:安抚平定。

㉔於(wū乌)乎:同"呜呼",感叹词。

㉕总司:总领。三事:指三公(太尉、司徒、司空)。《汉书·韦贤传》:"天子我监,登我三事。"唐颜师古注:"三事,三公之位,谓丞相也。"

㉖训:教诲。群寮:百官。

㉗勖(xù续):勉励。

先是,二宫并阙①,中外职司②,多遣子弟给侍③。全琮报逊④,逊以为子弟苟有才,不忧不用,不宜私出以要荣利⑤;若其不佳,终为取祸。且闻二宫势敌⑥,必有彼此⑦,此古人之厚忌也。琮子寄⑧,果阿附鲁王⑨,轻为交构⑩。逊书与琮曰:"卿不师日磾⑪,而宿留阿寄⑫,终为足下门户致祸矣。"琮既不纳,更以致隙⑬。及太子有不安之议,逊上疏陈:"太子正统⑭,宜有盘石之固⑮;鲁王藩臣⑯,当使宠秩有差⑰。彼此得所,上下获安。谨叩头流血以闻。"书三四上,及求诣都,欲口论嫡庶之分⑱,以匡得失。既不听许,而逊外生顾谭、顾承、姚信⑲,并以亲附太子,枉见流徙。太子太傅吾粲坐数与逊交书⑳,下狱死。权累遣中使责让逊㉑,逊愤恚致卒㉒,时年六十三,家无馀财。

[注释]

①二宫:谓太子孙和所居之东宫与其同母弟孙霸所居之鲁王宫。并阙:这里当谓东宫与鲁王宫都缺少侍从官吏。阙,空缺。

②中外职司:谓朝廷与地方的各主管官员。

③子弟:泛指官员家中的年轻后辈。给(jǐ挤)侍:服事,侍奉。

④全琮(cóng从):字子璜(?~249),吴郡钱唐(今浙江杭州西)人。历任奋威校尉、绥南将军、假节领九江太守、卫将军,封钱唐侯,迁右大司马、左军师,尚公主。《三国志》卷六〇有传。报:酬答。

⑤私出以要荣利:谓私下通过夤缘上位者以求得进身的机会。要(yāo腰),求取。荣利,谓功名利禄。

⑥势敌:势力相当,不分上下。

⑦彼此:指不一致或不一致的意见。

⑧琮子寄:即全寄(?~250),全琮次子。与吴安、孙奇、杨竺等攀附孙霸,图危太子孙和。吴赤乌十三年(250),孙和被废,孙霸被赐死,全寄也同时被赐死。

⑨阿(ē俄阴平)附:依附。鲁王:即孙霸(?~250),字子威,孙权第四子,太子孙和同母弟。赤乌五年(242)封鲁王,图危太子,谮毁既行,太子被废,孙霸被赐死,终酿成家庭悲剧。《三国志》卷五九有传。

⑩轻:轻率,不慎重。交构:离间,拨弄是非。

⑪日磾(mìdī密低):即金日磾(前134~前86),字翁叔,凉州武威(今甘肃武威市)人。初为匈奴休屠部太子,兵败为霍去病所降,赐姓为金,封

陆逊传 | 1511

为御马监。后深得汉武帝宠任,迁侍中、驸马都尉、光禄大夫。其子侍奉汉武帝,与宫女嬉戏,行为不谨,被金日䃅大义灭亲。后元二年(前87),汉武帝病重时,随霍光、上官桀等人接受顾命,辅佐太子刘弗陵,封为秺侯。卒谥敬,陪葬茂陵。《汉书》卷六八有传。

⑫宿留:谓使宿卫、滞留。

⑬致隙:谓生怨恨之心。

⑭太子:即孙和(224~253),字子孝,孙权第三子。赤乌四年(241)五月,太子孙登卒,翌年正月立孙和为太子。因与全公主不睦,其宠渐衰,其弟鲁王孙霸觊觎太子之位,谮之不已,大臣亦分为两派。孙权乃于赤乌十三年(250)废和,杀鲁王孙霸。太元二年(252),封孙和为南阳王,徙居长沙。翌年,孙峻杀诸葛恪,专朝政,逼孙和自杀。《三国志》卷五九有传。正统:谓嫡系子孙。

⑮盘石:即磐石。大石。喻稳定坚固。

⑯藩臣:拱卫王室之臣。

⑰宠秩有差:谓宠爱而授以官秩当有区别。

⑱口论:口头论说。

⑲外生:即外甥。顾谭:字子默(205~246),吴郡吴县(今江苏苏州市)人,三国吴太常顾劭之子,丞相顾雍之孙。历任中庶子、太常,平尚书事。后被鲁王孙霸宾客全寄等诬陷,徙交阯,卒。著有《新言》二十篇。《三国志》卷五二有传。顾承:字子直(生卒年不详),嘉禾中与舅陆瑁俱以礼征,拜骑都尉,领羽林兵,迁吴郡西部都尉,历昭义中郎将,入为侍中,拜奋威将军,出领京下督。后与兄顾谭、张休等俱徙交阯,年三十七卒。《三国志》卷五二有传。姚信:字元直(生卒年不详),武康(今浙江德清)人。仕吴,历任太常卿。以亲近太子,被流徙交阯。精天文、经书,著有《周易注》。

⑳太子太傅吾粲:字孔休(?~245),吴郡乌程(今浙江吴兴南)人。仕

吴,历任会稽太守、少府、太子太傅,因护持太子孙和,被鲁王孙霸诬告,下狱死。《三国志》卷五七有传。太子太傅,官名。东宫官,掌以道德教导太子。坐:犯罪;判罪。交书:谓书信往来,互通消息。

㉑中使:宫中派出的使者。多指宦官。责让:斥责,谴责。

㉒愤恚(huì 惠):痛恨,怨恨。

初,暨艳造营府之论①,逊谏戒之②,以为必祸。又谓诸葛恪曰③:"在我前者,吾必奉之同升;在我下者,则扶持之。今观君气陵其上④,意蔑乎下⑤,非安德之基也⑥。"又广陵杨竺少获声名⑦,而逊谓之终败,劝竺兄穆令与别族⑧。其先睹如此⑨。长子延早夭,次子抗袭爵⑩。孙休时⑪,追谥逊曰昭侯⑫。

[注释]

①暨艳:字子休(?~224),吴郡(今江苏苏州市)人。初由张温荐引为选曹郎,官至尚书。性格刚直,欲整顿郎署,手段凌厉,得罪官僚集团,引来孙权干涉,与选曹郎徐彪皆被逼自杀。事见《三国志·张温传》。营府:暨艳特设安置贪鄙官员的机构。据《张温传》记述,暨艳任尚书时:"弹射百僚,覈选三署,率皆贬高就下,降损数等,其守故者十未能一,其居位贪鄙,志节污卑者,皆以为军吏,置营府以处之。"

②谏戒:劝谏告诫。

③诸葛恪(kè 客):字元逊(203~253),琅邪阳都(今山东沂南南)人,诸葛瑾之子。自幼聪慧,孙权甚为赏识。后以大将军领太子太傅。吴神凤元年(252),孙权卒,他受遗诏辅立孙亮,迁太傅,专国政,晋封阳都侯,加荆州、扬州牧,督中外诸军事。后率大军攻魏,失利,被孙峻杀害。详见本书所

选《诸葛恪传》。

④气陵其上:谓以威严或骄横的气势对待比自己职位高的人。

⑤意蔑乎下:谓轻视下属或比自己职位低的人。

⑥安德:巩固德行;安养德行。语出《左传·襄公十一年》:"失乐以安德,义以处之,礼以行之,信以守之,仁以厉之,而后可以殿邦国,同福禄,来远人,所谓乐也。"

⑦广陵杨竺:三国吴官吏,徐州广陵郡(今江苏扬州市西北)人(生卒年不详),与全寄等为鲁王孙霸党羽,以泄密被孙权诛杀。广陵,即广陵郡,东汉建武十八年(42)改广陵国置,辖境相当于今江苏扬州、邗江、江都、高邮、宝应、金湖等市县地,治所广陵县(今江苏扬州市西北蜀冈上),东汉末移治射阳县(今江苏宝应东北射阳镇),三国魏移治淮阴县(今江苏淮阴西南甘罗城)。

⑧竺兄穆:即杨穆(生卒年不详),杨竺之兄。杨竺被祸,未受株连。别族:从原来的氏族、家族中分离出去。这是古代社会避免因罪株连的一种方法。

⑨先睹:谓先见之明。

⑩次子抗:即陆抗(226~274),字幼节,陆逊之次子。初为建武校尉,历任奋威将军、征北将军、镇军将军,孙皓即位后,加镇军大将军,领益州牧,都督信陵、西陵、夷道、乐乡、公安诸军事。吴凤凰二年(273),拜大司马、荆州牧。次年病卒。传附《陆逊传》后。袭爵:封建时代,子孙承袭先代的爵位。

⑪孙休:字子烈(235~264),吴郡富春(今浙江富阳)人,孙权第六子。初封琅邪王,吴太平三年(258),大将军孙綝废吴主孙亮,迎立他为帝,是为吴景帝。即位不久即诛杀孙綝,但国势并未重振。吴永安七年(264)卒。《三国志》卷四八有传。

⑫追谥(shì士):死后追加谥号。古人死后依其生前行迹而为之所立的称号称谥号。帝王的谥号一般由礼官议上;臣下的谥号由朝廷赐予。昭侯:《逸周书》卷六《谥法解》:"昭德有劳曰昭,容仪恭美曰昭,圣闻周达曰昭。"又曰:"执应八方曰侯。"

[译文]

陆逊字伯言,是吴郡吴县人。他最初名陆议,家世属于江东的名门大族。陆逊小时候父亲即故去,跟随从祖父陆康至其庐江郡太守任上。袁术与陆康有嫌隙,即将率军进攻庐江郡,陆康将陆逊以及亲属送回吴县。陆逊的年纪长于陆康之子陆绩数岁,就替他管理家庭事务。

孙权为将军,陆逊年二十一,开始到孙权的将军府署为官,历任东曹令史、西曹令史,出外任海昌县屯田都尉,并兼管海昌县行政事务。海昌县连年大旱,陆逊打开仓库发放粮食以救济贫民,又劝勉督促他们从事农耕养蚕,百姓因此得到利益。当时吴郡、会稽郡、丹杨郡有许多因躲避赋役而躲藏起来的百姓,陆逊向孙权陈述有利国家且合乎时宜的建议,请求前往招募这些人。会稽山越中的结伙反抗者首领潘临,一向是当地的一大祸害,多年没有被擒获。陆逊率领从当地招募的新兵,惩治藏于偏僻险要处的反抗者,所至之处,山越都被降服,他部下的士兵已经发展到两千馀人。鄱阳县贼众首领尤突发动叛乱,陆逊又前往征讨,升任定威校尉,驻军于利浦。

孙权将兄长孙策的女儿,许配于陆逊为妻,多次向陆逊咨询谋身治世之事,陆逊建议说:"现在英雄豪强处相持之势,如弈棋之交互对峙,豺狼般的军阀也在暗中观察,克敌制胜,平定动乱,要依靠人多势众,才能于事有补。而山越中对东吴政权持敌对立场者,凭仗山地险阻深远进行顽抗。心腹之患不能平定,就难以谋取远方的地域,我们可以通过张扬军队声势,收录山民中的精壮者为兵。"孙权采纳了陆逊的计策,任命他为帐下右部督。适值丹杨郡贼众首领费栈接受了曹操送来的任命与印绶,煽动山越作乱,充当曹操内应,孙权派遣陆逊前往征讨费栈。费栈的党羽众多而陆逊所带去的士兵少,于是陆逊就多树立牙旗,战鼓和号角声到处响起,夜晚潜入山谷之间,喧嚷着行进而前,费栈的兵众即时被击溃。于是将丹杨、新都、会稽三郡按军队进行编制,其中强壮者选为士兵,弱小者补充为在册的农户,得到精兵数万人,元凶被彻底消除,所到之处被完全平定,还军驻扎于芜湖县。

会稽郡太守淳于式上奏章给孙权,指责陆逊不遵循正道而掠取百姓,以至于他所在之处,百姓痛苦不堪。陆逊后来到都城建业,与孙权交谈之间,称誉淳于式为好官吏,孙权说:"淳于式弹劾您而您却推荐他,为什么呢?"陆逊回答说:"淳于式的本意是养育人民,所以弹劾我。如果我陆逊再诋毁淳于式扰乱主公您的听察,这是不可助长的行为啊。"孙权说:"这真正是德高望重者的行事,但他人做不到啊。"

吕蒙称病从陆口前往建业,途经芜湖县,陆逊前往拜见,对他说:"关羽驻守的江陵与您的驻地陆口接壤,您为什么大老远沿长江东下建业,其后果不应当担忧吗?"吕蒙回答说:"确实如您所判断,但我病势沉重了。"陆逊说:"关羽自负有勇猛的气势,欺压他人。他刚刚立下打败曹仁的大功,骄傲放纵,只想乘胜北征,没有顾忌我们,天生'贵相'的关羽闻知您生病,必然更加不设防。如今出其不意发动进攻,自然可以擒拿制服他。您去下游拜见主公,应当好好商议计策。"吕蒙说:"关羽素来勇猛,既难以与之抗衡,况且他已经占据荆州的南郡,广泛推行恩德信义,加之他刚立下大功,胆力与气势更加兴盛,不容易谋取啊。"吕蒙到达建业,孙权问道:"谁能够替代您?"吕蒙回答说:"陆逊想法深远,具有可以担负重任的才干,观察他的谋虑,终究可以重用。而且他的名声还没有远传,并不是关羽所忌惮的将领,没有比陆逊更适合的人选了。如果任用陆逊,应当让他对外隐藏不露锋芒,暗中把握住形势发展的有利时机,然后可以打败关羽。"孙权于是召见陆逊,任命他为偏将军右部督,替代吕蒙。

陆逊到达陆口,致书关羽说:"此前将军您窥伺曹军的间隙而行动,出兵用纪律加以约束,以小的军事行动就取得大的胜利,多么崇高伟大!魏军遭到失败,对于加强我们的同盟也是有利的,听到将军大胜曹军的捷报传来十分赞赏,料想当如卷席一般夺取中原,一同辅助汉家天子的纲纪。近来以不才,接受来至西面的任命,仰慕将军您的风采,很想领受您有益的指教。"又说:"于禁等被擒获,远近都欣喜赞叹,认为将军您的功勋可以称雄于世,即使春秋时晋文公在城濮之战中击败不可一世的楚国,汉初淮阴侯韩信出井陉口背水为阵大破赵军,都难以超过将军您攻破曹魏军队的战绩。听说魏军徐晃等以少量的骑兵前来驻扎,暗中观察将军您的大旗与羽盖。曹操是奸狡的敌人,发起怒来就不考虑后果,恐怕他暗中增加兵力,以求一逞。虽然说曹军长期在外,锐气尽失,但依旧勇猛强悍。况且人们在战胜之后,往往萌生轻敌之心,古人凭借策略、计谋,取胜之后更加警戒,希望将军您多方制订计策,以独自保持住全胜的战绩。我不过一介书生又懒散迟钝,有愧于不能胜任的职务,很高兴与声威与德行并重的将军您为邻,乐于尽心竭力说出心里话,尽管未必合乎将军的谋略,仍然值得思念啊。倘若我将仰慕您的心情表达准确,就请将军明辨。"关羽读完陆逊的书信,认为他有屈己待人并希望自己有所依托的意思,大为放心,不再有所顾忌与猜疑。陆逊详尽向孙权禀告关羽目前的情况,陈述了可以擒获关羽的要领。孙权于是秘密率领大军沿长江而上,指令陆逊与吕蒙为先锋部队,到达之后立即攻克公安县与南郡的江陵县。陆逊率军径直西进,兼任宜都郡太守,升任抚边江军,进封华亭侯。刘备所署宜都郡太守樊友弃郡城逃走,郡中诸县长官的辅佐以及少数民族的首领都投降了东吴。陆逊请求孙权调配一批金、银、铜的官印,用来非正式委任新近降附的人。这一年是汉献帝建安二十四年(219)十一月。

陆逊派遣将军李异、谢旌等率领三千兵马，进攻西蜀将领詹晏、陈凤。李异统率水军，谢旌统率步兵，扼守住地势险要之处，随即攻破詹晏等，生擒陈凤，令其投降。又进而攻打房陵郡太守邓辅、南乡郡太守郭睦，将他们打得大败而逃。秭归县的世家大族文布、邓凯等联合少数民族人马数千人，与西方刘备政权相互呼应。陆逊又部署谢旌讨伐击溃文布、邓凯。文布、邓凯逃至西蜀，刘备用他们为将。陆逊派人引诱劝降，文布又率领部众投降了东吴。陆逊前后斩首、俘获、招纳的敌兵，总共达到数万人。孙权任命陆逊为右护军、镇西将军，进封娄侯。

当时荆州的士大夫等刚刚归附东吴，有的人在仕途上还没有得到合适的位置，陆逊上疏孙权说："从前汉高祖受命于天为帝王，延请德才非凡的人为官；汉光武帝中兴汉室，众英才都来效力。如果有可以兴盛道德教化的人，不计较关系的远近亲疏，他们都一律欢迎。如今荆州刚刚平定，这里有才干的人物尚未显达，臣下我愚忠恭谨，请求主公普遍施以覆育包容与提拔擢用之恩典，让他们都可以得到进用的机会，然后天下人都会伸长头颈仰慕，一心想归附我东吴广远深入的教化。"孙权恭敬地采纳了陆逊的建言。

吴王孙权黄武元年(222)，刘备率领大军进攻东吴西部边界，孙权任命陆逊为大都督，假节，指挥朱然、潘璋、宋谦、韩当、徐盛、鲜于丹、孙桓等五万人马抵御。刘备从巫峡、建平连接用土石或树木等构成的防御设施直到夷陵县界，构筑数十座驻军营垒，用金钱、锦帛以及爵禄和赏赐等引诱少数民族人，委任将军冯习为大督，张南为前部，辅匡、赵融、廖淳、傅肜等各任别督，先派遣吴班率领数千人在平地建立营寨，想借此向吴军挑战。东吴诸将领都想攻击吴班，陆逊说："此中必有欺诈之情，我们姑且看看再说。"刘备知道这一计策行不通，就带领八千名埋伏的士兵，从山谷中撤出。陆逊说："我之所以不许诸位去进攻冯班的原因，是估量敌方必有欺诈的缘故啊。"

陆逊上疏孙权说："夷陵是军事上的关键要地，为我吴国的关隘险阻，虽然容易攻取，但又易于丢失。如果失去夷陵就不只是失去南郡之地，而且全荆州的安全也将引以为忧。今天与蜀军争夺此地，应当使行动一定要成功。刘备干犯天的常道，不守自家盘踞的地盘，而敢于前来送死。臣下虽然不成材，凭借主公显赫的声威，用正义讨伐邪恶，击溃敌军在即。考察刘备前后用兵的纪录，失败多而胜利少，由此推论下去，不足以为之忧虑。臣下起初怀疑顾虑，刘备将以水陆两路一同进军，如今却舍弃战船而只用步兵，处处结营扎寨，考察他的营垒布置，必定不会有何变化。伏愿主公高枕无忧，不必挂念战事。"这时诸将领都说："攻击刘备应当选择在他进军之初，如今已经任凭他深入五六百里，相对持经历了七八个月，诸多险要之地，蜀军都已坚固防守住，攻击他们必定无利可图。"陆逊说："刘备是狡猾的敌人，亲身经历与实际体验过的事很多，他的军队开始集结时，思虑精密专注，不可以干犯他。如今驻军已久，一直没有占到便宜，士兵疲惫又灰心失望，难以再施计谋，分兵夹击敌人，正在今天。"于是首先攻击蜀军的一处营垒，结果失利。诸将领都说："这是徒然令士兵去送命。"陆逊说："我已经知道击破敌军的方法了。"就命令士兵每人手持一束茅草，用火攻的方法攻打蜀军的营垒。顷刻之间火势蔓延，陆逊就率领各路人马同时发起攻击，斩下张南、冯习以及少数民族首领沙摩柯的首级，攻破蜀军营寨四十馀座。刘备的将领杜路、刘宁等被逼得走投无路，请求投降。刘备登上马鞍山，布置士兵在周围护卫自己。陆逊督促各路军队从四面逼近，蜀军土崩瓦解，死亡有上万人之多。刘备乘夜逃走，管理驿站的兵卒将败兵丢弃的木质铙柄与皮铠甲等挑起聚在一起焚烧，在后面掩护，以阻断追兵，刘备勉强逃到白帝城。蜀军的舟船器械，水军与步兵的军用物资等，一时间全部丧失，士兵的尸体在水面漂浮，布满长江顺流而下。刘备大为羞惭愤怒，说："我乃为陆逊所侮辱，难道是天意吗！"

起初，孙桓单独率军在夷道县攻击刘备的前锋部队，为刘备所包围，就向陆逊求援。陆逊说:"还不能去救他。"诸将领说:"孙将军是主公的同族人,被敌军包围陷于困境,怎能不去救援?"陆逊说:"孙将军大得士众之心,城池牢固,粮食充足,没有可忧虑的。等到我的计谋实现,即使不去救援孙将军,孙将军可自行解除包围。"等到陆逊的方略得以充分实施,刘备果然败溃逃走。孙桓后来见到陆逊说:"以前确实怨恨您不来救援,至今日而事始定,于是知道您调兵遣将自有策略啊。"

当初抵御刘备的进攻之际,诸位将领有的是孙策时代的旧将,有的是王室贵戚,各自骄矜自负,不相听从。陆逊以手抚剑说:"刘备是天下的知名人物,曹操对他也有所忌惮,如今攻入我们境内,是一位强有力的对手。诸君承受国家的恩典,应当相互和睦,共同消灭这个敌人,对上报答所受恩典,而如今诸君不服从指挥,这就说不过去了。我虽是一介书生,却受命于主公。国家之所以委屈诸君指望于在下的原因,以在下还有些许可取之处,能够忍辱负重的缘故。诸君要承担各自的任务,难道可以推辞!军令自有条文,诸君不可以违反啊。"等到刘备被打败,计策大多出于陆逊,诸将领才心悦诚服。孙权闻知后,说:"您为什么起初不禀告诸将领违反指挥调度的事呢?"陆逊回答说:"臣下受主公恩情深重,所任职务超过了我的才能。再者这些将领有的是亲信大臣,有的是优秀的武臣,有的是功臣,都是主公应当借以一同完成大业的人物。臣下虽然驽钝懦弱,但私下里羡慕战国时的蔺相如、光武帝时的寇恂隐忍对方、互相谦让的风范,以便成就国家大事。"孙权听后大笑,称誉他说得好,就提升陆逊为辅国将军,兼任荆州牧,改封江陵侯。

又刘备入住白帝城后,徐盛、潘璋、宋谦等各自争相上奏表章,都说刘备必可擒获,请求再次进攻。孙权征求陆逊的意见,陆逊与朱然、骆统认为曹丕正大规模地集合兵马,表面上托词要帮助主公讨伐刘备,暗中其实怀有奸诈之心,所以慎重决定撤回大军。没过多久,魏军果然出动,吴国受到魏军三个方向的进攻。

刘备不久病故,儿子刘禅即位,诸葛亮执政,与孙权议和结成联盟。政务应当处理的事情,孙权就令陆逊转告诸葛亮,并凿刻一方自己的印章,放在陆逊那里。孙权每次致书刘禅、诸葛亮,常要送经陆逊看过,措辞轻重,内容妥当与否,不合适的地方,就令陆逊改定,再用泥封缄文书并钤上孙权的印章。

吴王黄武七年(228),孙权令鄱阳郡太守周鲂欺诳诈降魏大司马曹休,曹休果然率军进入皖城地界。孙权于是召见陆逊,假黄钺,任命他为大都督,迎战曹休。曹休已经觉察到真情,以自己被欺诳诱骗为耻,依仗自己兵马精良众多,同吴军交战。陆逊自己统领中部人马,令朱桓、全琮为左翼与右翼,三路一同进军,果敢冲击曹休的伏兵,乘势将魏军驱赶,追击败退的敌人,一直到达夹石,斩首俘获魏军一万馀人,缴获牛、马、驴、骡以及作战的车上万辆,魏军的军资器械也收归己有。曹休还军之后,背上毒疮发作而亡。吴军整队班师经过武昌,孙权命令左右侍从用自己的黄罗伞盖遮覆陆逊,进出宫殿的大门,凡是赏赐陆逊的物品,都是帝王专用之物的上等珍宝,当时没有人能与陆逊相比。此后,孙权让陆逊至西陵县(原夷陵)驻守。

吴大帝黄龙元年(229),升任陆逊为上大将军、右都护。这一年,孙权东巡,由武昌迁都建业,留太子孙登、皇子以及九卿六部的中央官员仍在武昌,征召陆逊至武昌辅佐太子,并职掌荆州以及豫章、鄱阳、庐陵三郡事务,监督统军治国。当时孙权的儿子建昌侯孙虑在厅堂之前制作斗鸭的围栏,运用了一些小技巧,陆逊神色严肃地对孙虑说:"君侯应当勤奋阅览经典以求自我增益新知,玩弄这些东西做什么?"孙虑即刻将斗鸭的围栏拆毁撤除。射声校尉孙松是孙权的侄子,在公子中与孙权的关系最为亲近,指挥军队的行列不整齐,陆逊就当着他的面将主管操练的官吏的须发剃去以示惩罚。南阳郡谢景欣赏魏国官吏刘廙的先刑后礼之论,陆逊呵斥谢景说:"礼义超越刑罚已经有很长时间了,刘廙用琐屑的辩词违背先世圣人孔子的教诲,都是错误的。您如今侍奉东宫太子,应当遵守仁义用来彰显合乎仁德的言语、教令,如刘廙的论断,就不必再讲论了。"

陆逊虽然身处朝廷之外,却一心担忧国事。他上疏孙权说:"臣下认为法令过于严峻,下面违反的人就会增多。近年以来,将吏遭受罪罚,虽然由于他们自己的不谨慎应当追责,但天下如今尚未统一,应当图谋进取,稍加施恩宽宥,以安定下面臣属的情绪。况且谋身治世之事日益增多,选取贤良而有才能之人是首务,倘若不是邪恶污秽的行为缠身,不是难于容忍的过失,请求再加重用,让这些人有机会发挥力量并做出成效。这就是德才超群达于至境之帝王忘记臣属的过错而牢记他们的功劳,从而完成帝王统一天下之事业。从前汉高祖不计较陈平的小过错,采纳他出奇制胜的谋略,终于建立功勋福运,功绩千载流传。至于严刑峻法,并非促令帝王兴隆的事业;只有惩罚,没有宽恕,就不是安抚边远的人所当具备的宏大深远的谋略。"

孙权想派遣主力军以外的一支军队去攻取夷州与珠崖郡,都事先向陆逊征求意见,陆逊上疏说:"臣下愚见认为天下尚未平定,应当调动百姓的力量,以安排好农事。如今战争已经进行了多年,现有的兵卒减少,陛下劳苦帝王的忧念,废寝忘食,即将规划谋取远方的夷州,以成就大事。臣下反复思考,没有发现有利可图,行军万里奔袭攻取,艰辛劳苦难以预料,士兵水土不服,必定发生瘟疫,现在驱使现有的兵卒,经历跋涉至不生植物的荒瘠地域,想把事情做好,结果反而弄坏,想求得利益,反而受到灾难。另外珠崖郡地势险要,百姓如同禽兽,得到他们于事无补,没有这些兵员也没有什么损害。如今江东现有的兵卒,已经足以谋取大事,不过应当积蓄力量再加使用而已。从前长沙桓王创立基业,兵力无多,开启了大业。陛下秉受天命,拓展平定长江以南的地区。臣下听说治理动乱讨伐叛逆,必须以兵威为后盾,耕田养蚕满足衣食的需要,是百姓的本业,然而现在没有停止战争,百姓还受到饥寒的威胁。臣下愚见认为现在应当抚养士兵与百姓,减少他们的租赋,整体的胜任在于团结一致,道义可以激发士兵的勇气,如此则曹魏统治下的北方地区可以平定,天下就可以一统了。"孙权仍然去征讨夷州,结果得不偿失。

及至辽东郡公孙渊背弃与东吴的盟约,孙权打算亲自率军前往征讨,陆逊上疏说:"公孙渊凭借辽东的险阻与防御的牢固,扣留我国的使节,原来约定的当地名马也不进贡了,实在令人愤恨。外族势力扰乱中国,没有接受天子的教化,如鸟飞窜至边远地区,违抗天子的军队,以至于令陛下勃然盛怒,想以万乘之尊驾驶轻舟穿越大海,不考虑危险而涉身于难以意料的境地。如今天下像云一样的纷乱,动荡不安,群雄如虎相斗,争夺剧烈,豪强人等都跃跃欲试,发出叱咤之声,雄视四方。陛下以英明威武的雄姿,承受天命,看准时机,在乌林大破曹操的军队,在夷陵之战中打败刘备的蜀军,在荆州擒杀关羽,这三个敌人都是当世的英雄豪杰,陛下皆令他们的锋芒遭受摧毁。陛下以德治民,安抚百姓,天下人如风吹草仆,相率从善,正要扫荡平定中原地区,令天下一统于治国大道。如今陛下不能忍下小小的愤恨,而发帝王的暴怒,违反不在靠近堂屋檐下安坐的古训,不重视天子的尊贵身体,这是臣下感到疑惑的地方。臣下听说有志远行万里的人,不会在中途停止脚步;谋取天下的人,不会因为琐碎的小事去干扰天下大事。强敌陈兵于我北方边境,南方边远地区的少数民族尚未来朝廷朝觐,陛下乘坐竹木小筏去远征,必然导致有非分的希望或企图的人出现,如果等灾祸到来再生忧患之心,后悔就来不及了。如果我们一统天下能够及时获胜,那么公孙渊不用前去征讨也会自来降服;如今陛下乃为丧失于辽东的士兵万人与当地名马的不能进贡而感到可惜,却唯独不为可能舍弃江东万安的基本生业而不感可惜吗?请求陛下停止发动天子军队,用来威慑当前的大敌曹魏势力,早日平定中原,令光辉照耀未来。"孙权采纳了陆逊的意见。

吴大帝嘉禾五年(236),孙权北伐,令陆逊与诸葛瑾进攻襄阳。陆逊派遣亲近的侍从韩扁携带表章去呈送孙权,归来时,在沔中一带遇上魏军,巡逻查问擒获韩扁。诸葛瑾闻知后大为惊恐,致书陆逊说:"皇帝的乘舆已经返回,敌军抓获韩扁,完全掌握了我军虚实、强弱等具体情况。且江水就要干涸,应当迅速离开这里。"陆逊没有作答,正在催人种植芜菁,与诸将领像平常一样下围棋、射覆游戏取乐。诸葛瑾说:"陆伯言足智多谋,他应当是有道理的。"自己就去见陆逊,陆逊说:"敌军得知陛下已经回去,再没有什么可忧虑了,得以集中力量对付我等。敌军已经把守住险要之地,我军将士心绪不安,因而我等就要表现出镇定神态以稳定军心,策划实施出敌不意的战术,然后才能顺利撤出。如若即时表示要撤军,敌军必定认为我军恐惧,仍来逼迫,我军就必败无疑了。"于是与诸葛瑾秘密商定计策,令诸葛瑾指挥舟船,陆逊带领全部人马,向襄阳城进发。魏军平素忌惮陆逊,迅速回军赶回城中。诸葛瑾就立即将船队撤出,陆逊则从容整理部队,故意张扬声威气势,步行上船,魏军不敢近前干犯。吴军行进至白围,陆逊假托要停下来打猎,暗中派遣将军周峻、张梁等袭击敌方江夏郡的新市、安陆、石阳等县。石阳县的集市繁荣,周峻等忽然而至,人们都舍弃货物逃入城去。城门因阻塞不能关闭,敌军就斩杀自己的百姓,城门然后得以关闭。吴军斩首与俘获敌方总共一千馀人。对于被生擒的俘虏,陆逊都加以保护,下令不许士兵骚扰侵侮。带有家属的,允许他们加以照料。如果有丧失妻子儿女的,立即发给衣服口粮,加以优厚的慰劳,打发他们回去,有因感动而钦慕吴国又结伴来投奔的。邻县百姓也心向陆逊,江夏郡的功曹赵濯、弋阳郡的守将裴生以及少数民族首领梅颐等,都率领部下党羽等来归附陆逊。陆逊拿出自己的财物布帛,照料周济这些归顺的来者。

魏国的江夏郡太守逯式,兼统领兵马,经常为害吴国的边境百姓,他与魏军中老将文聘的儿子文休素来不和。陆逊得知这一情况,就假造答复逯式的书信说："收到您诚恳痛切的来书，知道您与曹休因猜疑而产生恶感已经很久，势不两立，想来归附，我已经将您的来书秘密呈报并上表奏于皇帝，将选择部伍迎接您的到来。请您暗中急整行装，再通知您来归的日期。"陆逊将这封书信放在边境上，隗式的士兵得到书信拿与隗式看，隗式心中惶恐，于是自动将妻子送到洛阳做人质。从此隗式的将领士兵不再亲近依附于他，因而被解除官职。

吴大帝嘉禾六年（237），中郎将周祗请求在鄱阳郡招募兵员，孙权为此向陆逊征询意见。陆逊认为鄱阳郡的百姓易于躁动而难于安定，不可以令周祗去招募，恐怕会招致强盗一类的人。而周祗坚持要求这样做，郡中的百姓吴遽等果然造反杀死周祗，攻陷郡内的各县。豫章郡、庐陵郡的元凶恶人也响应吴遽造反。陆逊自行闻知后，就立即征讨并击溃他们，吴遽等相继投降，陆逊挑选精兵八千多人，三郡恢复平定。

当时中书典校吕壹，盗用权力，滥用权势，独断专横，陆逊与太常潘濬一同感到忧虑，谈及此事伤心已极乃至流泪。后来孙权诛杀吕壹，并深深以此自责。事情详见《吴主传》。

当时谢渊、谢厷等人各自陈述有利国家、合乎时宜之事，想兴利除弊而变更旧制，孙权为此征询陆逊的意见。陆逊议论说："国家以民为本，富强是因为民众的努力，财富由民众创造。民众的人口繁衍而国家衰弱，民众生活贫困而国家强盛，这一类状况是从来没有过的。所以治理国家，能得民众拥护就能治理好，反之就会造成动乱，民众如果得不到利益，却让他们竭尽全力去报效国家，是难以做到的。所以《诗经·大雅·假乐》中才有'使民众安辑，使百官适其位，就会得到上天的赐福'这样的感叹。请求陛下施与圣恩，安定匡济百姓，数年以后，国家的费用稍微丰盛一些后，然后再行变革。"

吴大帝赤乌七年（244），陆逊替代顾雍任丞相，孙权下诏书说："朕以缺乏德行,顺应天命而登上帝位,天下尚未统一,违法作乱的人充斥于道路,因而朕朝夕畏惧,连不脱衣冠而睡都没有时间。只有您天赋聪颖明智,美德显著,担任统帅,匡正国家,消除灾难。有杰出不凡、异乎寻常功勋的人,必定要得到显扬的尊宠;怀有文武双全才能的人,必定要承担国家的重任。从前伊尹辅佐商汤灭夏,建立殷商;姜尚被周文王立为师后,辅佐周武王灭殷商,建立周朝。在朝廷和地方的任职,辅政与统兵,您一人兼备。现在任命您为丞相,指派使持节试用太常傅常授予您丞相的印绶。您要劝勉彰显光明之德,建立美好的业绩,敬重信服帝王的命令、诏谕,安抚平定四方。呜呼!总领三公,教诲百官,能不慎重吗?您可要自我勉励啊!原来担任的荆州牧、右都护以及兼管武昌的公务,依旧维持原状。"

此前,太子孙和的东宫与其同母弟鲁王孙霸的鲁王宫都缺少侍从官吏,朝廷与地方的各主管官员,大多让自家的年轻后辈去服事两宫。全琮告知陆逊自己的儿子走此途径,陆逊认为官员的子弟如果真有才干,不会担忧没有官做,不应当私下通过夤缘上位者以求得进身的机会;子弟如果不成材,勉强为官最终会招来灾祸。况且听闻太子与鲁王两宫势力相当,不分上下,必然会有不一致的地方,这是古人引以为大忌的事情。全琮的儿子全寄,果然去依附鲁王孙霸,在两宫之间轻率地拨弄是非。陆逊致书全琮说:"您不以汉武帝时的金日磾为师,而令阿寄宿卫、滞留于鲁王宫,最终将给足下家族招来灾祸。"全琮不但不予采纳,反而对陆逊生出怨恨之心。等到太子孙和有可能被废黜的议论出现后,陆逊上疏孙权说:"太子为嫡系子孙,应当如同磐石一样稳定坚固,鲁王为拱卫王室之臣,对于两者的宠爱并授以官秩当有所区别,这样才能各得其所,令上下相安无事。臣下恭谨地叩首流血向陛下陈情。"这样的奏疏连续呈上三四次,又请求到京城建业,想亲口向孙权陈述嫡庶的分别,以匡正孙权在这一问题上的失误。陆逊的请求没有取得孙权的允许,而陆逊的外甥顾谭、顾承、姚信,又都因为与太子孙和亲近,蒙受冤枉被撤职流放。太子太傅吾粲因为多次与陆逊互通书信而被治罪，送入监狱而死。孙权又多次令宫中派出的使者去斥责陆逊，陆逊于怨恨中去世，终年六十三岁，死后家中没有多馀的财产。

  起初，暨艳提出特设安置贪鄙官员的机构的建议，陆逊曾加以规劝阻止，认为这样做会招致灾祸。又曾对诸葛恪说："官位居于我前者，我必定尊重他们并与他们一同晋升；官位在我之下者，我就一定扶持他们。如今观察您是以威严或骄横的气势对待比自己职位高的人，而轻视下属或比自己职位低的人，这不是巩固德行的基础啊。"此外广陵郡人杨竺年轻时就有了名声，陆逊却认为他终究会失败，劝导杨竺的哥哥杨穆从原来的氏族、家族中分离出去，以免日后被株连。陆逊就是如此有先见之明。陆逊的长子陆延早年夭折，次子陆抗继承爵位。吴景帝孙休时，追谥陆逊为昭侯。

诸葛恪传

[题解]

传见《三国志》卷六四《吴书十九》。诸葛恪(kè 客),字元逊(203~253),琅邪郡阳都县(今山东沂南南)人,诸葛瑾之子。自幼聪慧,孙权甚为赏识。后以大将军领太子太傅。吴神凤元年(252),孙权卒,他受遗诏辅立孙亮,迁太傅,专国政,进封阳都侯,加荆州、扬州牧,督中外诸军事。后率大军攻魏,失利,被孙峻诱骗于皇宫杀害。本卷之末,陈寿有评云:"诸葛恪才气干略,邦人所称,然骄且吝,周公无观,况在于恪?矜己陵人,能无败乎!若躬行所与陆逊及弟融之书,则悔吝不至,何尤祸之有哉?"宋司马光《资治通鉴》卷七六"正是贼衰少未盛之时",元胡三省注云:"是时,魏兴三十余年,生聚教训,精兵良将,分镇方面。诸葛、蒋、费、陆逊、朱然相继凋谢,吴、蜀盖小懦矣。恪不能兢惧以保胜,恃一战之捷,遽谓魏人为衰少未盛之时,其轻敌甚矣。"所论甚是。诸葛恪并非夸夸其谈、纸上谈兵的历史人物,观其三十余岁出仕降服山越之举,就颇具战略眼光;受孙权托孤执政之际,致其弟诸葛融书信,也战战兢兢,若恐不及,绝非得志便猖狂的赌徒。然而东兴大捷迷糊了这位胜利者的双眼,他终于失去了审时度势、纵观全局的冷静,冒然北伐曹魏,终致大败亏输。其好胜争强、刚愎自用又行事粗率的性格因素以及为树立威望亟欲建功以稳固其执政地位的心理因素,都是令诸葛恪迅速走向一条不归路的重要原因。既不善谋国,也不善谋身,诸葛恪德不配位,恣意妄为,使东吴的诸葛氏一支惨遭灭族的悲剧,千载之下,可为浩叹!若比较陆逊与诸葛恪两位东吴著名的宰辅人物,即可体悟到大智慧与小聪明有着本质的不同。政治家、军事家皆需要大智慧,治大国如烹小鲜,才能游刃有馀;仅凭借小聪明,也许可以侥幸于一时,但终究难成大事;若再骄横跋扈,不可一世,就难免于一败涂地的命运了。

诸葛恪字元逊,瑾长子也①。少知名②。弱冠拜骑都尉③,与顾谭、张休等侍太子登讲论道艺④,并为宾友⑤。从中庶子转为左辅都尉⑥。

[注释]

①瑾:即诸葛瑾,字子瑜(174~241),琅邪阳都(今山东沂南南)人,诸葛亮之兄。汉末避乱江东,任孙权长史,历官南郡太守,迁左将军,封宛陵侯。孙权称帝后,拜大将军、左都护,领豫州牧。《三国志》卷五二有传。

②少知名:裴注引《江表传》曰:"恪少有才名,发藻岐嶷,辩论应机,莫与为对。权见而奇之,谓瑾曰:'蓝田生玉,真不虚也。'"又引《吴录》曰:"恪长七尺六寸,少须眉,折頞广额,大口高声。"

③弱冠:古时以男子二十岁为成人,初加冠,因体犹未壮,故称弱冠。《礼记·曲礼上》:"二十曰弱,冠。"后遂称男子二十岁或二十几岁的年龄为弱冠。骑都尉:官名。光禄勋属官,统率皇宫禁卫军中的羽林骑士,秩比二千石。

④顾谭:字子默(205~246),吴郡吴县(今江苏苏州市)人,三国吴太常顾劭之子,丞相顾雍之孙。历任中庶子、太常,平尚书事。后被鲁王孙霸宾客全寄等诬陷,徙交阯,卒。著有《新言》二十篇。《三国志》卷五二有传。张休:字叔嗣(205~245),张昭少子。弱冠,与诸葛恪等为太子孙登僚友,

历任中庶子、右弼都尉、侍中,拜羽林都尉,迁扬武将军。后为鲁王孙霸党羽所谮,徙交州;复为中书令孙弘所谮,被赐死,时年四十一岁。《三国志》卷五二有传。太子登:即孙登(209～241),字子高,孙权长子。魏黄初二年(221),孙权封吴王,以之为太子。吴黄龙元年(229),孙权称帝,又以之为皇太子。为人谦和谨重,有贤名。病卒。谥宣太子。《三国志》卷五九有传。道艺:谓学问与技能。《周礼·天官·宫正》:"会其什伍而教之道艺。"汉郑众注曰:"道谓先王所以教道民者,艺谓礼、乐、射、御、书、数。"

⑤宾友:宾客朋友。

⑥中庶子:官名。东汉三国时太子和诸王设置的属官。负责诸皇子或王子的教育管理,为太子侍从亲近之臣。秩六百石,第五品。转(zhuǎn 专上声):迁职。左辅都尉:官名。三国吴所置,太子侍从"四友"之一。《三国志·孙登传》:"黄龙元年,权称尊号,立为皇太子,以(诸葛)恪为左辅,(张)休右弼,(顾)谭为辅正,(陈)表为翼正都尉,是为四友,而谢景、范慎、刁玄、羊衜等皆为宾客,于是东宫号为多士。"

恪父瑾面长似驴,孙权大会群臣①,使人牵一驴入,长检其面②,题曰"诸葛子瑜"。恪跪曰:"乞请笔益两字③。"因听与笔④。恪续其下曰"之驴",举坐欢笑,乃以驴赐恪。他日复见,权问恪曰:"卿父与叔父孰贤⑤?"对曰:"臣父为优。"权问其故,对曰:"臣父知所事⑥,叔父不知,以是为优。"权又大噱⑦。命恪行酒⑧,至张昭前⑨,昭先有酒色⑩,不肯饮,曰:"此非养老之礼也⑪。"权曰:"卿其能令张公辞屈⑫,乃当饮之耳⑬。"恪难昭曰⑭:"昔师尚父九十⑮,秉旄仗钺⑯,犹未告老也⑰。今军旅之事,将军在后⑱,酒食之事,将军在先,何谓不养老也?"昭卒无辞⑲,遂为尽爵⑳。后蜀使至,群臣并会,权谓使曰:"此诸葛恪雅好骑乘,还告丞相㉑,为致好马。"恪因下谢,权曰:"马未至而谢何也?"恪对曰:"夫蜀者陛下之外厩㉒,今有恩诏㉓,马必至也,安敢不谢?"恪之才捷,皆此类也㉔。权甚异之,欲试以事,令守节度㉕。节度掌军粮谷,文书繁猥㉖,非其好也㉗。

[注释]

①孙权:字仲谋(182~252),孙坚次子,吴郡富春(今浙江富阳)人。吴国建立者,即吴大帝。详见本书所选《吴主传》。

②长检其面:谓在驴脸上悬挂长木片。

③益:增添。

④听:听凭。

⑤叔父:谓诸葛亮(181~234),字孔明,琅邪阳都(今山东沂南南)人。蜀汉杰出的政治家、军事家。蜀汉章武元年(221),刘备称帝,以他为丞相。详见本书所选《诸葛亮传》。

⑥知所事:谓能够正确选择所侍奉的君主。

⑦大噱(jué 爵):大笑。

⑧行酒:依次斟酒。

⑨张昭:字子布(156~236),彭城(今江苏徐州)人。东汉末避乱江东,从孙策创业,被命为长史、抚军中郎将。孙策临终以孙权托付,孙权待之以师父之礼。历任军师、绥远将军、辅吴将军,班亚三司,封娄侯,食邑万户。卒谥文侯。屡直言进谏孙权,孙权敬惮之。博览群书,著有《春秋左氏传解》《论语注》。详见本书所选《张昭传》。

⑩酒色:酒容,醉态。

⑪养老之礼:即"养老礼"。古代对年高德劭的老者按时饷以酒食而敬

礼之的礼节。《东观汉记·明帝纪》:"冬十月,(明帝)幸辟雍,初行养老礼。"

⑫辞屈:谓理屈词穷。

⑬饮(yìn 印):行饮酒礼。《管子·中匡》:"寡人斋戒十日而饮仲父。寡人自以为修矣。"

⑭难(nàn 南去声):责难。

⑮师尚父:即商末周初人吕尚(姜子牙、姜太公),又称姜尚,周武王尊之为尚父,意即可尊尚的父辈。他贫贱时曾屠牛于朝歌,又钓于渭水之滨,周文王求贤,就封他为太师,最终辅佐周武王建立周朝。《史记》卷三二有传。

⑯秉旄(máo 毛)仗钺(yuè 越):语本《史记·齐太公世家》:"师行,师尚父左杖黄钺,右把白旄以誓。"旄,牦牛尾。钺,黄钺。《尚书·周书·牧誓》:"王左杖黄钺,右秉白旄以麾。"唐陆德明释文:"旄音毛。马云:白旄,旄牛尾。"宋蔡沈集传:"钺,斧也,以黄金为饰……旄,军中指麾,白则见远。"

⑰告老:旧指官吏年老辞官退休。

⑱将军:张昭时任辅吴将军。

⑲卒:终于,最后。

⑳尽爵:谓干杯。爵,古代一种盛酒礼器,像雀形,比尊彝小,受一升。亦用为饮酒器。这里当指代酒杯。

㉑丞相:指蜀汉丞相诸葛亮。

㉒外厩(jiù 旧):东吴境外的马房。

㉓恩诏:帝王降恩的诏书。

㉔皆此类也:裴注引《恪别传》曰:"权尝飨蜀使费祎,先逆敕群臣:'使至,伏食勿起。'祎至,权为辍食,而群下不起。祎嘲之曰:'凤皇来翔,骐驎

吐哺，驴骡无知，伏食如故。'恪答曰：'爰植梧桐，以待凤皇，有何燕雀，自称来翔？何不弹射，使还故乡！'祎停食饼，索笔作《麦赋》，恪亦请笔作《磨赋》，咸称善焉。权尝问恪：'顷何以自娱，而更肥泽？'恪对曰：'臣闻富润屋，德润身，臣非敢自娱，修己而已。'又问：'卿何如滕胤？'恪答曰：'登阶蹑履，臣不如胤；回筹转策，胤不如臣。'恪尝献权马，先镵其耳。范慎时在坐，嘲恪曰：'马虽大畜，禀气于天，今残其耳，岂不伤仁？'恪答曰：'母之于女，恩爱至矣，穿耳附珠，何伤于仁？'太子尝嘲恪：'诸葛元逊可食马矢。'恪曰：'愿太子食鸡卵。'权曰：'人令卿食马矢，卿使人食鸡卵何也？'恪曰：'所出同耳。'权大笑。"又引《江表传》曰："曾有白头鸟集殿前，权曰：'此何鸟也？'恪曰：'白头翁也。'张昭自以坐中最老，疑恪以鸟戏之，因曰：'恪欺陛下，未尝闻鸟名白头翁者，试使恪复求白头母。'恪曰：'鸟名鹦母，未必有对，试使辅吴复求鹦父。'昭不能答，坐中皆欢笑。"

㉕守：正式任命前试行代理某一职务。节度：官名。三国吴所置掌管军粮的官员。

㉖文书：公文，案牍。繁猥：繁多，繁琐。

㉗非其好也：裴注引《江表传》曰："权为吴王，初置节度官，使典掌军粮，非汉制也。初用侍中偏将军徐详，详死，将用恪。诸葛亮闻恪代详，书与陆逊曰：'家兄年老，而恪性疏，今使典主粮谷，粮谷军之要最，仆虽在远，窃用不安。足下特为启至尊转之。'逊以白权，即转恪领兵。"

恪以丹杨山险①，民多果劲②，虽前发兵，徒得外县平民而已，其馀深远，莫能禽尽。屡自求乞为官出之③，三年可得甲士四万④。众议咸以丹杨地势险阻⑤，与吴郡、会稽、新都、鄱阳四郡邻接⑥，周旋数千里，山谷万重，其幽邃民人⑦，未尝入城邑，对长吏⑧，皆仗兵野逸⑨，白首于林莽⑩。逋亡宿恶⑪，咸共逃窜。山出铜铁，自铸甲兵。俗好武习战，高尚气力⑫，其升山赴险，抵突丛棘⑬，若鱼之走渊，猨狖之腾木也⑭。时观闲隙⑮，出为寇盗，每致兵征伐，寻其窟藏。其战则蜂至，败则鸟窜，自前世以来，不能羁也⑯。皆以为难。恪父瑾闻之，亦以事终不逮⑰，叹曰："恪不大兴吾家，将大赤吾族也⑱。"恪盛陈其必捷。权拜恪抚越将军⑲，领丹杨太守，授棨戟武骑三百⑳。拜毕，命恪备威仪㉑，作鼓吹㉒，导引归家，时年三十二。

[注释]

①丹杨：即丹杨郡，或作丹阳郡，西汉元封二年（前109）改鄣郡置，治所宛陵县（今安徽宣州市），辖境相当于今安徽长江以南、江苏宁镇山南北和浙江天目山以西、新安江中上游南北之地。山险：山势险阻之处。

②果劲：果敢强劲。

③官：指国家。魏晋之间，谓国家为官。

④甲士：披甲的战士。泛指士兵。

⑤险阻：险要阻塞之地。

⑥吴郡：东汉永建四年（129）分会稽郡置，治所在吴县（今江苏苏州市），辖境相当于今江苏省、上海市长江以南，大茅山以东，浙江长兴、吴兴、天目山以东与建德市以下的钱塘江两岸。三国以后逐渐缩小。会（kuài 块）稽：即会稽郡，秦始皇二十五年（前222）置，治所吴县（今江苏苏州市），辖境相当于今江苏长江以南，上海市，浙江天台山、大盘山、仙霞岭以北及皖南一角。西汉时南扩至浙江、福建全省。东汉永建四年（129）徙治山阴县（今浙江绍兴市）。东汉末属扬州。新都：即新都郡，东汉建安十三年（208）孙吴置，属扬州，治所始新县（今浙江淳安县西北新安江北岸，现已没入千

岛湖)。辖境相当于今安徽歙县、休宁、黟县、祁门、绩溪、黄山市大部及江西婺源、浙江淳安等县地。鄱(pó婆)阳:即鄱阳郡,东汉建安十五年(210)孙权分豫章郡置,治所鄱阳县(今江西鄱阳县东北古县渡镇)。三国吴赤乌八年(245)移治吴芮故城(今鄱阳县)。辖境相当于今江西鄱阳湖东岸、进贤县以东及信江、乐安江流域(婺源县除外)。

⑦幽邃(suì碎):指僻远之地。

⑧长(zhǎng掌)吏:指州县长官的辅佐。《汉书·百官公卿表》:"(县)有丞、尉,秩四百石至二百石,是为长吏。百石以下有斗食、佐史之秩,是为少吏。"

⑨仗兵:手执兵器。野逸:指放纵不羁。

⑩林莽:草木丛聚之处。

⑪逋(bū部阴平)亡:指逃亡的人。宿恶:元凶,大恶人。

⑫高尚:崇尚,提倡。气力:体力,力气。

⑬抵突:触犯,逼近。丛棘:丛生的荆棘。

⑭猨狖(yuányòu袁右):泛指猿猴。猨,通"猿"。狖,长尾猿。

⑮闲隙:指可乘之机。

⑯羁(jī基):束缚,拘束。

⑰不逮:比不上,不及。意谓难以成功。

⑱赤吾族:即"赤族",谓诛灭全族。《汉书·扬雄传下》:"客徒欲朱丹吾毂,不知一跌,将赤吾之族也。"唐颜师古注:"诛杀者必流血,故云赤族。"

⑲抚越将军:官名。三国吴所置杂号将军,以招抚山越为名。

⑳棨(qǐ启)戟:有缯衣或油漆的木戟。古代官吏所用的仪仗,出行时作为前导,后亦列于门庭。武骑:勇武的骑卒。《六韬·武骑士》:"壮健捷疾,超绝伦等,能驰骑彀射,前后左右,周旋进退,越沟堑,登丘陵,冒险阻,绝大泽,驰强敌,乱大众者,名曰武骑之士。"

㉑威仪:帝王或大臣的仪仗、扈从。

㉒鼓吹:即鼓吹乐,古代的一种器乐合奏曲,用鼓、钲、箫、笳等乐器合奏。源于我国古代民族北狄。汉初边军用之,以壮声威,后渐用于朝廷。

恪到府①,乃移书四郡属城长吏②,令各保其疆界,明立部伍③,其从化平民④,悉令屯居⑤。乃分内诸将⑥,罗兵幽阻⑦,但缮藩篱⑧,不与交锋,候其谷稼将熟,辄纵兵芟刈⑨,使无遗种。旧谷既尽,新田不收,平民屯居,略无所入⑩,于是山民饥穷,渐出降首⑪。恪乃复敕下曰⑫:"山民去恶从化,皆当抚慰,徙出外县,不得嫌疑,有所执拘。"臼阳长胡伉得降民周遗⑬,遗旧恶民,困迫暂出,内图叛逆,伉缚送诸府⑭。恪以伉违教,遂斩以徇⑮,以状表上⑯。民闻伉坐执人被戮⑰,知官惟欲出之而已,于是老幼相携而出,岁期、人数皆如本规⑱。恪自领万人,馀分给诸将。

[注释]

①府:谓丹杨太守府。

②移书:致书。四郡:谓与丹杨郡临近的吴郡、会稽、新都、鄱阳四郡。

③部伍:按军队进行编制。用如动词。

④从化:归化,归顺。

⑤屯居:聚居。

⑥分内(nà 纳):分置,部署。

⑦罗兵:布置士兵。幽阻:指奥深险阻之地。

⑧藩篱:比喻边界、屏障。

⑨芟刈(shānyì 山义):收割。

⑩略:副词,皆,全。

⑪降(xiáng详)首:降服,投降。

⑫敕(chì赤):古时自上告下之词。汉时凡尊长告诫后辈或下属皆称敕。

⑬臼(jiù旧)阳长胡伉(kàng抗):三国吴官吏,生平不详。臼阳,此地名未见著录,或谓乃"丹阳"之讹。若然,则为丹阳县,又作丹杨县,在今安徽当涂县东北五十里丹杨镇。周遗:人名。

⑭诸:底本校改"言"为"诸",当作"之于"的合音。《中国语文》1978年第2期载钱剑夫《三国志标点本商榷》一文认为:"考汉制:以下白上,称'敢言之',亦简称'言'。'言府'就是禀白太守府。改'言'为'诸'误。"可参考。

⑮徇:宣示于众。

⑯状:文体名。向上级陈述意见或事实的文书。如奏状、诉状、供状等。表:启奏,上奏章给皇帝。

⑰坐:犯罪,判罪。戮(lù录):杀。

⑱"岁期"句:意谓三年期限与征兵人数皆符合原来的约定,即"三年可得甲士四万"。本规,犹成议、成约。

权嘉其功,遣尚书仆射薛综劳军①。综先移恪等曰②:

山越恃阻③,不宾历世④,缓则首鼠⑤,急则狼顾⑥。皇帝赫然⑦,命将西征,神策内授⑧,武师外震⑨。兵不染锷⑩,甲不沾汗。元恶既枭⑪,种党归义⑫,荡涤山薮⑬,献戎十万⑭。野无遗寇,邑罔残奸⑮。既扫凶慝⑯,又充军用。藜蓧粮莠⑰,化为善草。魑魅魍魉[18],更成虎士[19]。虽实国家威灵之所加[20],亦信元帅临履之所致也[21]。虽《诗》美执讯[22],《易》嘉折首[23],周之方、召[24],汉之卫、霍[25],岂足以谈[26]?功轶古人[27],勋超前世。主上欢然,遥用叹息。感《四牡》之遗典[28],思"饮至"之旧章[29]。故遣中台近官[30],迎致犒赐[31],以旌茂功[32],以慰劬劳[33]。

拜恪威北将军[34],封都乡侯[35]。恪乞率众佃庐江、皖口[36],因轻兵袭舒[37],掩得其民而还[38]。复远遣斥候[39],观相径要[40],欲图寿春[41],权以为不可。

[注释]

①尚书仆射(yè 业)薛综:字敬文(? ~243),沛郡竹邑(今安徽宿县北)人。少依族人避地交州,从刘熙学,后附孙权,历任五官中郎将、交阯太守、尚书仆射、选曹尚书、太子少傅。博学多识,著《私载》等书,为吴国学者之一。《三国志》卷五三有传。尚书仆射,尚书令的副职,与尚书令共同处理诏令的启封及钱谷等事务。东汉属少府。劳(lào 涝)军:慰劳军队。

②移:古文体之一。与牒相类,多用于不相统属的官署之间。这里用如动词。

③山越:古代对南方山区少数民族的通称。清王鸣盛《十七史商榷·三国志四·山越》:"山越者,自周秦以来,南蛮总称百越,伏处深山,故名山越。"

④不宾:不臣服,不归顺。历世:累世。谓经过几代。

⑤首鼠:即"首鼠两端",谓犹豫不决、动摇不定貌。

⑥狼顾:狼行走时,常转过头看,以防袭击。比喻人有所畏惧。

⑦皇帝:指代孙权。赫然:盛怒貌。

⑧神策:亦作"神筴",谓卜筮所用之蓍草。古人在重大行动前常用占卜预测吉凶。

⑨武师:军队。

⑩染锷(è 饿):以血涂刀剑之刃。表示杀敌致胜。

⑪元恶:大恶之人,首恶。枭(xiāo 销):斩首悬以示众。

⑫种党:指代山越。种,谓人的族类。归义:归附正义。

⑬荡涤:冲洗,清除。山薮(sǒu 叟):山深林密的地方。

⑭献戎十万:谓向朝廷征选精兵十万。十万,夸张的说法,按前文,当为四万。

⑮罔:无,没有。残奸:谓残馀的反叛势力。

⑯凶慝(tè 特):犹凶恶。这里指凶恶的人。

⑰藜(lí 黎):称灰藿、灰菜。一年生草本植物。嫩叶可食,老茎可为杖。但在文献中常作为害草出现。《汉书·郊祀志上》:"嘉禾不生,而蓬、蒿、藜、莠茂。"蓧(tiáo 条):草名。即羊蹄菜。稂莠(lángyǒu 郎友):泛指对禾苗有害的杂草。常比喻害群之人。《后汉书·王符传》:"夫养稂莠者伤禾稼,惠奸轨者贼良民。"

⑱魑魅魍魉(chīmèiwǎngliǎng 痴妹网两):害人的鬼怪的统称。

⑲虎士:谓勇猛如虎之战士。周代虎贲氏下有虎士。《周礼·夏官·序官》:"虎贲氏下大夫二人,中士十有二人,府二人,史八人,胥八十人,虎士八百人。"汉郑玄注:"不言徒曰虎士,则虎士徒之选勇力者。"

⑳威灵:谓显赫的声威。

㉑信:确实。元帅:主帅,统率全军的首领。这里指诸葛恪。临履:谓实地察核。

㉒执讯:谓对所获敌人加以讯问。语出《诗经·小雅·出车》:"执讯获

丑,薄言还归。"汉郑玄笺:"执其可言问所获之众。"清陈奂传疏:"谓所生得敌人,而听断其辞也。"后以为称美战功之典。

㉓折首:斩首。《周易·离》:"王用出征,有嘉折首。获匪其丑,无咎。"唐孔颖达疏:"断罪人之首。"

㉔方召(shào 绍):即方叔与召虎。方叔,西周周宣王时卿士,曾率兵车三千辆南征荆楚,北伐猃狁,为周室中兴一大功臣。《诗经·小雅·采芑》有记。召虎,即召穆公,周宣王时,淮夷不服,宣王命召虎领兵出征,平定淮夷。《诗经·大雅·江汉》:"江汉之浒,王命召虎。式辟四方,彻我疆土。"

㉕卫霍:即西汉名将卫青与霍去病。卫青(前？~前106),字仲卿,西汉河东平阳(今山西临汾西南)人。汉武帝第二任皇后卫子夫的弟弟,在抵抗匈奴的战争中七战七捷,收复河朔、河套地区,为西汉北部疆域的开拓立下汗马功劳。官至大司马、大将军,封长平侯。《史记》卷一一一、《汉书》卷五五皆有传。霍去病(前140~前117),西汉河东平阳(今山西临汾西南)人。名将卫青外甥,大司马霍光兄长。善于骑射,勇猛果断。十七岁,拜骠姚校尉,追随大将军卫青,大破匈奴骑兵,拜骠骑将军,封为冠军侯。用兵灵活,注重方略,漠北之战后,封狼居胥,大捷而归,拜大司马,与大将军卫青同掌军政。元狩六年(前117),因病去世,年仅二十四岁。《史记》卷一一一、《汉书》卷五五皆有传。

㉖谈:延誉,称扬。

㉗轶(yì 义):后车超前车,引申为超越。

㉘四牡之遗典:意谓遵从古代君主与臣属良好关系的典章。四牡,《诗经·小雅》中的篇名,宋朱熹《诗集传》卷九谓《四牡》诗:"此劳使臣之诗也。夫君之使臣,臣之事君,礼也。故为臣者奔走于王事,特以尽其职分之所当为而已,何敢自以为劳哉?然君之心则不敢以是而自安也。故燕飨之际,叙其情以闵其劳。"遗典,指前代遗留下来的典章制度。

㉙饮至：上古诸侯朝会盟伐完毕，祭告宗庙并饮酒庆祝的典礼。后代指出征奏凯，至宗庙祭祀宴饮庆功之礼。《左传·桓公二年》："凡公行，告于宗庙。反行，饮至，舍爵，策勋焉，礼也。"

㉚中台：即尚书省。秦汉时尚书称中台，谒者称外台，御史称宪台，合称三台。近臣：指君主左右亲近之臣。薛综时任尚书仆射，故以"中台近臣"自称。

㉛迎致：犹迎请。犒（kào靠）赐：犒劳赏赐。

㉜旌：表彰。茂功：盛大的功绩。

㉝劬（qú渠）劳：劳累，劳苦。

㉞威北将军：官名。三国吴所置杂号将军。

㉟都乡侯：封爵名，属列侯中的乡侯。都乡，谓城内及附城近地。

㊱佃（tián田）：耕作，开垦。《汉书·韩安国传》："方佃作时，请且罢屯。"唐颜师古注："佃，治田也，音与田同。"庐江：即庐江郡，楚汉之际分秦九江郡置，汉武帝后治所舒县（今安徽庐江县西南三十里城池乡），辖境相当于今安徽巢湖市、舒城、霍山县以南，长江以北，湖北英山、广济、黄梅与河南商城等县地。东汉末废。皖口：亦名南皖口，在今安徽怀宁县东六十里山口乡，当皖河入长江之口，为长江沿岸军事要地。

㊲舒：地名。即西汉所置舒县，为庐江郡治，治所在今安徽庐江县西南三十里城池乡。三国时废。

㊳掩：突然袭取。

㊴斥候：指侦察、候望的人。

㊵观相：观察。径要：必经之要道。

㊶寿春：即寿春县，治所在今安徽寿县，秦汉为九江郡、淮南国治所，三国魏为扬州治所。

赤乌中①,魏司马宣王谋欲攻恪②,权方发兵应之,望气者以为不利③,于是徙恪屯于柴桑④。与丞相陆逊书曰⑤:

杨敬叔传述清论⑥,以为方今人物彫尽⑦,守德业者不能复几⑧,宜相左右⑨,更为辅车⑩,上熙国事⑪,下相珍惜。又疾世俗好相谤毁,使已成之器,中有损累⑫;将进之徒,意不欢笑。闻此喟然⑬,诚独击节⑭。愚以为君子不求备于一人⑮,自孔氏门徒大数三千,其见异者七十二人⑯,至于子张、子路、子贡等七十之徒⑰,亚圣之德⑱,然犹各有所短。师辟由喭⑲,赐不受命⑳,岂况下此而无所阙㉑?且仲尼不以数子之不备而引以为友㉒,不以人所短弃其所长也。加以当今取士,宜宽于往古,何者?时务从横㉓,而善人单少,国家职司㉔,常苦不充。苟令性不邪恶㉕,志在陈力㉖,便可奖就㉗,骋其所任。若于小小宜适㉘,私行不足㉙,皆宜阔略㉚,不足缕责㉛。且士诚不可纤论苛克㉜,苛克则彼贤圣犹将不全,况其出入者邪㉝?故曰以道望人则难㉞,以人望人则易,贤愚可知。自汉末以来,中国士大夫如许子将辈㉟,所以更相谤讪㊱,或至于祸,原其本起,非为大仇,惟坐克己不能尽如礼㊲,而责人专以正义。夫己不如礼,则人不服。责人以正义,则人不堪㊳。内不服其行,外不堪其责,则不得不相怨。相怨一生,则小人得容其间㊴。得容其间,则三至之言㊵,浸润之谮㊶,纷错交至,虽使至明至亲者处之,犹难以自定,况已为隙,且未能明者乎?是故张、陈至于血刃㊷,萧、朱不终其好㊸,本由于此而已。夫不舍小过,纤微相责,久乃至于家户为怨,一国无复全行之士也㊹。

恪知逊以此嫌己,故遂广其理而赞其旨也。会逊卒㊺,恪迁大将军㊻,假节㊼,驻武昌㊽,代逊领荆州事㊾。

[注释]

①赤乌:吴大帝孙权的第四个年号(238~251)。

②司马宣王:即司马懿(179~251),字仲达,河内温县(今河南温县西)人。曹操为丞相时辟为文学掾,转主簿。曹丕称帝后,任尚书右仆射,转抚军大将军。魏明帝时任大将军,迁太尉,晋太傅。正始十年(249)发动高平陵政变,诛杀曹爽等,专国政。卒后,魏元帝曹奂咸熙元年(264),其子司马昭进爵为晋王,追谥司马懿为宣王。其孙司马炎代魏,建立晋朝,追尊他为宣帝。《晋书》卷一有传。

③望气:古代方士的一种占候术。观察云气以预测吉凶。《墨子·迎敌祠》:"凡望气,有大将气,有小将气,有往气,有来气,有败气,能得明此者,可知成败吉凶。"

④柴桑:即柴桑县,西汉置,属豫章郡,治所在今江西九江县南三十六里荆林街。三国吴属江夏郡。

⑤丞相陆逊:原名议,字伯言(183~245),吴郡吴县华亭(今上海市松江区)人,孙策女婿。东吴名将,历任右都督、镇西将军、大都督,拜辅国将军,封江陵侯,任丞相。后因护持太子孙和,屡被孙权责让,忧愤而死。详见本书所选《陆逊传》。丞相,辅佐帝王,综理一国政务的最高行政长官。

⑥杨敬叔:三国吴官吏。生平不详。传述:转述。清论:清雅的言谈。这里指陆逊的言论。

⑦方今:当今,现时。彫尽:谓死亡将尽。

⑧德业:德行与功业。不能复几:不会再有多少了。

⑨左右:帮助,辅佐。

⑩辅车:颊辅与牙床。《左传·僖公五年》:"谚所谓'辅车相依,唇亡齿寒'者,其虞虢之谓也。"晋杜预注:"辅,颊辅。车,牙车。"一说车夹木与车舆。比喻事物互为依存的利害关系。

⑪熙:兴盛,兴起。

⑫损累:损伤牵累。

⑬喟(kuì愧)然:感叹、叹息貌。

⑭击节:打拍子,形容十分赞赏。

⑮不求备于一人:意谓对人不能求全责备。语出《论语·微子》所记述周公对鲁公说的一段话:"故旧无大过,则不弃也。无求备于一人。"

⑯"自孔氏门徒"二句:语出《史记·孔子世家》:"孔子以诗书礼乐教,弟子盖三千焉,身通六艺者七十有二人。"见异者,谓出类拔萃者。

⑰子张:即颛孙师(前503~前?),字子张,陈人。孔子学生,小于孔子四十八岁。子路:即仲由(前542~前480),字子路,卞(故城在今山东泗水县东五十里)人。孔子学生,小于孔子九岁。子贡:即端木赐(前520~前?),字子贡,卫人。孔子学生,小于孔子三十一岁。

⑱亚圣之德:谓仅次于圣人孔子的德行。

⑲师辟由喭(yàn谚):意谓颛孙师(子张)偏激,仲由(子路)鲁莽。语出《论语·先进》:"师也辟,由也喭。"

⑳赐不受命:意谓端木赐(子贡)不接受教诲,去经商致富。语出《论语·先进》:"赐不受命,而货殖焉,亿则屡中。"

㉑下此:谓品行低于这些人者。

㉒不备:不完备。

㉓时务:按时应做的事情。多指农事。从(zòng纵)横:交错纷乱貌。

㉔职司:主管某职的官员。

㉕苟令:假使。

㉖陈力:贡献、施展才力。

㉗奖就:犹助成。

㉘宜适:谓恰当、适中,符合标准。

㉙私行:任凭己意行事。

㉚阔略:宽恕,宽容。《汉书·王嘉传》:"人情不能不有过差,宜可阔略,令尽力者有所劝。"唐颜师古注:"当宽恕其小罪也。"

㉛缕责:谓一一苛求。

㉜纤论:谓议论过细。苛克:要求过高,过于严厉;刻薄。

㉝出入:谓或出或入,有相似处,亦有相异处。

㉞道:这里指理想的道德规范。

㉟士大夫:士族,士族中的人。许子将:即许劭(150~195),字子将,东汉汝南平舆(今河南平舆县射桥镇)人。初为郡功曹,后不应辟召。与其从兄许靖有知人之明,善品评人物,每月辄更其品题,故汝南俗有"月旦评"之说。《后汉书》卷六八有传。

㊱谤讪(shàn善):毁谤讥刺。

㊲坐:因为,由于。克己:谓克制私欲,严以律己。

㊳不堪:忍受不了。

㊴小人得容其间:谓令小人有机可乘。

㊵三至之言:意谓谣言多次传播,也会产生影响。事见《战国策·秦策二》:"费人有与曾子同名族者而杀人,人告曾子母曰:'曾参杀人。'曾子之母曰:'吾子不杀人。'织自若。有顷焉,人又曰:'曾参杀人。'其母尚织自若也。顷之,一人又告之曰:'曾参杀人。'其母惧,投杼逾墙而走。"

㊶浸润之谮(zèn怎去声):谓诬陷他人的言语可积久生效。语出《论语·颜渊》:"浸润之谮,肤受之诉,不行焉,可谓明也已矣。"三国魏何晏集解引郑玄曰:"谮人之言,如水之浸润,渐以成之。"浸润,逐渐渗透,引申为

积久而发生作用。谮,谗毁,诬陷。

㊷张陈:谓秦末张耳(前?~202)与陈馀(前?~204)。两人皆为大梁(今河南开封市)人,有刎颈之交。曾同参加陈胜、吴广义军抗秦。后两人渐生嫌隙,张耳归顺刘邦,陈馀留辅赵王。最终韩信与张耳东下井陉击赵,斩杀陈馀。《史记》卷八九、《汉书》卷三二皆有传。血刃:血沾刀口。谓杀戮。

㊸萧朱:谓西汉萧育与朱博。两人早年交好,后生嫌隙,有始无终。萧育(前76~3),字次君,号广成,东海兰陵(今山东苍山西南)人,萧何八世孙,光禄勋萧望之之子。历仕汉元帝、成帝、哀帝三朝,官终光禄大夫、执金吾。传附《汉书》卷七八《萧望之传》。朱博(生卒年不详),字子元,京兆杜陵(今陕西西安市东南)人。出身贫寒,由地方小吏历官山阳太守、廷尉,汉哀帝时任丞相,封阳乡侯。后因罪自杀。《汉书》卷八三有传。卢弼《三国志集解》卷六四谓"萧朱"指萧望之与朱云二人事,但两人并无交好因嫌隙而不终之记述,故不确。

㊹全行之士:谓德行完美的人。

㊺逊卒:陆逊卒于吴赤乌八年(245)二月。

㊻大将军:将军的最高称号,执掌统兵征伐。东汉大将军多由贵戚担任,是中央政府的实际掌权者,权位、俸禄皆超越三公。三国时为第一品。

㊼假节:东汉末至三国,掌地方军政的官往往加使持节、持节或假节的称号。使持节得诛杀中级以下官吏;持节得杀无官职的人;假节得杀犯军令者。

㊽武昌:即武昌县,三国魏黄初二年(221),吴孙权改鄂县置,为武昌郡治,治所即今湖北鄂州市,并从公安迁都于此。

㊾荆州:西汉元封五年(前106)所置十三刺史部之一,辖郡七、县一百一十七,治所汉寿县。汉末移治襄阳县(今湖北襄阳),辖境相当于今湖北、

湖南大部以及河南、贵州、广东、广西等省区一小部分。三国时魏、吴均置荆州，辖境相当于原荆州。魏荆州治所新野（今属河南），吴荆州治所江陵（今属湖北）。

久之①，权不豫②，而太子少③，乃征恪以大将军领太子太傅④，中书令孙弘领少傅⑤。权疾困⑥，召恪、弘及太常滕胤、将军吕据、侍中孙峻⑦，属以后事⑧。

[注释]

①久之：吴赤乌九年（246），诸葛恪升任大将军；吴神凤元年（252）四月，吴大帝孙权卒。时隔六年，故曰"久之"。

②不豫：天子有病的讳称。《逸周书·五权》："维王不豫，于五日召周公旦。"朱右曾校释："天子有疾称不豫。"

③太子：谓孙亮（243~260），字子明，孙权少子。赤乌十三年（250）立为太子。孙权去世时，孙亮四岁。

④领：谓兼任。太子太傅：官名。东宫官，掌以道德教导太子。

⑤中书令孙弘：扬州会稽（今浙江绍兴）人（？~252），仕吴，历任中书令领少傅，在吴两宫之争中为孙霸一党。孙权去世，受顾命，欲害诸葛恪，反为后者设计诛杀。中书令，官名。掌管朝廷机要文书的官员。少傅：即太子少傅，官名。东宫官，掌以道德教导太子，位在太子太傅下。

⑥疾困：指病势沉重。《管子·内业》："忧郁生疾，疾困乃死。"

⑦太常滕胤：字承嗣（？~256），北海剧县（今山东昌乐）人。仕吴，历任丹杨太守、吴郡太守、会稽太守，迁太常、卫将军，封高密侯，以大司马镇守武昌。后因与吕据谋杀孙綝，事泄被族诛。《三国志》卷六四有传。将军吕

据:字世议(？~256),汝南细阳(今安徽太和东)人,吕范之子。仕吴,历任安军中郎将、右将军、骠骑将军。因不满孙綝执政,怒欲攻之,孙綝以诏命文钦、唐咨等讨之,自杀死。《三国志》卷五六有传。侍中孙峻:字子远(219~256),吴郡富春(今浙江富阳)人,孙静曾孙,孙恭之子。孙权末年任侍中,与诸葛恪、滕胤等同受遗诏,辅佐孙亮,领武卫将军,封都乡侯。吴建兴二年(253),以宴会为名杀诸葛恪,任丞相、大将军,督中外诸军事,封富春侯,专国政。后因恐惧发病死,年三十八岁。《三国志》卷六四有传。侍中,官名。秦始置,两汉沿置,为正规官职外的加官之一。因侍从皇帝左右,出入宫廷,与闻朝政,逐渐变为亲信贵重之职。汉末三国演变为实职。

⑧属(zhǔ嘱):委托,嘱咐。裴注引《吴书》曰:"权寝疾,议所付托。时朝臣咸皆注意于恪,而孙峻表恪器任辅政,可付大事。权嫌恪刚很自用,峻以当今朝臣皆莫及,遂固保之,乃征恪。后引恪等见卧内,受诏床下,权诏曰:'吾疾困矣,恐不复相见,诸事一以相委。'恪歔欷流涕曰:'臣等皆受厚恩,当以死奉诏,愿陛下安精神,损思虑,无以外事为念。'权诏有司诸事一统于恪,惟杀生大事然后以闻。为治第馆,设陪卫。群官百司拜揖之仪,各有品叙。诸法令有不便者,条列以闻,权辄听之。中外翕然,人怀欢欣。"

翌日①,权薨②。弘素与恪不平③,惧为恪所治,秘权死问④,欲矫诏除恪⑤。峻以告恪,恪请弘咨事⑥,于坐中诛之,乃发丧制服⑦。与弟公安督融书曰⑧:

今月十六日乙未⑨,大行皇帝委弃万国⑩,群下大小,莫不伤悼。至吾父子兄弟,并受殊恩⑪,非徒凡庸之隶,是以悲恸,肝心圮裂⑫。皇太子以丁酉践尊号⑬,哀喜交并,不知所措。吾身受顾命⑭,辅相幼主,窃自揆度⑮,才非博陆而受姬公负图之托⑯,惧忝丞相辅汉之效⑰,恐损先帝委付之明,是以忧惭惶惶⑱,所虑万端⑲。且民恶其上⑳,动见瞻观,何时易哉㉑?今以顽钝之姿㉒,处保傅之位㉓,艰多智寡,任重谋浅,谁为唇齿㉔?近汉之世,燕、盖交遘,有上官之变㉕。以身值此,何敢怡豫邪㉖?又弟所在,与贼犬牙相错㉗,当于今时整顿军具,率厉将士㉘,警备过常㉙,念出万死,无顾一生㉚,以报朝廷,无忝尔先㉛。又诸将备守各有境界,犹恐贼虏闻讳㉜,恣睢寇窃㉝。边邑诸曹㉞,已别下约敕㉟,所部督将,不得妄委所戍㊱,径来奔赴㊲。虽怀怆悷不忍之心㊳,公义夺私㊴,伯禽服戎㊵,若苟违戾㊶,非徒小故。以亲正疏㊷,古人明戒也。

恪更拜太傅㊸。于是罢视听,息校官㊹,原逋责㊺,除关税㊻。事崇恩泽㊼,众莫不悦。恪每出入,百姓延颈㊽,思见其状。

[注释]

①翌(yì义)日:明天。

②薨(hōng轰):死的别称。自周代始,人之死亡,有尊卑之分,"薨"以称诸侯之死。《礼记·曲礼下》:"天子死曰崩,诸侯曰薨,大夫曰卒,士曰不禄,庶人曰死。"

③不平:不和。

④死问:死亡的音讯。

⑤矫诏:假托诏令。

⑥咨事:征询或商议事情。

⑦发丧(sāng桑):办理丧事。制服:准备丧服。

⑧公安督融:即诸葛融(?~253),字叔长,琅邪阳都(今山东沂南南)人,诸葛瑾之幼子。性宽容,多技艺,善书。仕吴,历官骑都尉、公安督、奋威将军。诸葛恪被吴主亮诛杀,诸葛融饮药死,三子亦被诛杀。《三国志》卷五二有传。公安:即公安县,三国蜀汉置,属南郡,治所在油口(今湖北公安西北十里)。后属吴。

⑨今月十六日乙未:卢弼《三国志集解》卷六四引潘眉曰:"吴主以四月薨。推神凤元年四月乙未,乃二十六日,传文脱'二'字也。"考陈垣《二十史朔闰表》,甚是。

⑩大行皇帝:对刚去世的皇帝的敬称。大行,古代称刚死而尚未定谥号的皇帝、皇后。《后汉书·安帝纪》:"孝和皇帝懿德巍巍,光于四海;大行皇帝不永天年。"唐李贤注引韦昭曰:"大行者,不反之辞也。天子崩,未有谥,故称大行也。"委弃:弃置,舍弃。万国:天下。

⑪殊恩:特别的恩宠。常指帝王的恩宠。

⑫肝心:比喻人的内心。圮(pǐ痞)裂:破碎,分裂。

⑬皇太子:即孙亮(243~260)。丁酉:神凤元年(252)四月二十八日,为其父孙权去世后两日。践尊号:谓即皇帝位。

⑭顾命:谓临终遗命,多用以称帝王遗诏。

⑮揆度(kuíduó葵夺):揣度,估量。

⑯"才非博陆"句:意谓自己的才能不足以辅佐幼主,属于自谦的说法。博陆,即西汉霍光(前?~前68),是大司马霍去病的异母弟,汉武帝病危时任命霍光为大将军,并颁遗诏托孤。霍光先后辅政汉昭帝、汉宣帝二十馀年。封博陆侯。《汉书》卷六八有传。姬公:即周公旦,周初政治家,姬姓,名旦。为周文王之子,周武王之弟。因采邑在周(今陕西宝鸡东北),称为周公。文王死后二年,他和太公望、召公奭佐武王灭殷杀纣,建立周朝。武

王死后,又辅佐武王子成王巩固了王权。据清初顾炎武《顾亭林文集》卷一《原姓》考证,西周春秋时,贵族女子称姓,是区分婚姻的血缘标志;贵族男子称氏,是区分贵贱的身份标识。故称"姬公"或"姬旦"与西周春秋情况不符。秦汉以后,姓与氏不再区分,诸葛恪有此误称,情有可原。负图之托:即谓托孤。据《汉书·霍光传》载:汉武帝年老,欲立少子刘弗陵为嗣,命大臣辅之。察群臣唯光任大重,可属社稷。乃使黄门画者画周公负成王朝诸侯以赐霍光曰:"立少子,君行周公之事。"后遂为受先帝遗命辅佐幼帝的典实。

⑰忝(tiǎn 舔):有愧于。丞相辅汉:谓蜀汉丞相诸葛亮受嘱托在刘备去世后辅佐后主刘禅事。诸葛亮是诸葛恪的叔父,故称"丞相"而不名。效:效果,功效。

⑱忧惭:忧虑羞惭。惶惶:恐惧不安貌。

⑲万端:形容方法、头绪、形态等极多而纷繁。魏曹丕《与吴质书》:"年行已长大,所怀万端。"

⑳恶(wù 务):憎恶。

㉑"动见瞻观"二句:意谓动不动就有人瞻望关注,自身难得自由,这种状况不知何时得以改变。语出魏曹丕《与吴质书》:"以犬羊之质,服虎豹之文;无众星之明,假日月之光,动见瞻观,何时易乎?"这里诸葛恪有意或无意间袭用曹丕代汉称帝之前二年所撰《与吴质书》的成句,心高气傲的自负之态可见一斑。

㉒顽钝:愚昧迟钝。

㉓保傅:古代保育、教导太子等贵族子弟及未成年帝王、诸侯的男女官员,统称为保傅。诸葛恪时任太子太傅。

㉔唇齿:比喻互相依存而有共同利益的双方。

㉕"燕(yān 烟)盖(gě 葛)交遘(gòu 够)"二句:据《汉书·霍光传》记

述,霍光受顾命辅佐汉武帝少子刘弗陵即位,是为汉昭帝。汉武帝的庶子刘旦被封燕王,心怀不满,就与其姐盖长公主(鄂邑盖主)及左将军上官桀父子等密谋除掉霍光,进而废昭帝,迎立刘旦为天子。事泄,霍光尽诛上官桀父子等,盖长公主与刘旦则以自杀谢幕人生。交遘,这里谓勾结。上官,即上官桀(前?~前80),字少叔,陇西上邽(今甘肃天水市)人。仕汉武帝,从卫士一路升至太仆,武帝去世前,升任左将军,与霍光同受顾命。后因与霍光争权,以谋反罪被诛杀。

㉖怡豫:安乐,欢乐。

㉗贼:对曹魏政权的蔑称。犬牙相错:比喻公安一带与曹魏治下的荆州地界交错,如同狗牙。

㉘率厉:率领督促。

㉙过常:谓超过平常时候。

㉚"念出万死"二句:意谓抱着死一万次的念头,不要顾恋今生。

㉛无忝尔先:意谓不要令祖先蒙羞。

㉜闻讳:谓听到孙权去世的消息。讳,死的婉辞。

㉝恣睢(suī虽):放纵暴戾。寇窃:抢劫,盗窃。

㉞边邑:犹边城。泛指边境地区。诸曹:犹言各部。亦借指各部的官员。

㉟约敕(chì赤):约束诫饬。《汉书·游侠传·原涉》:"子独不见家人寡妇邪?始自约敕之时,意乃慕宋伯姬及陈孝妇。"

㊱妄委所戍:意谓随便放弃戍守的职责。

㊲奔赴:即"奔丧"。古代凡闻君、亲、尊长之丧,从外地赶往吊唁或料理丧事均称"奔丧"。

㊳怆怛(chuàngdá 创去声达):悲痛。

㊴公义夺私:意谓公正的义理须压倒私人情感。《荀子·修身》:"怒不

过夺,喜不过予,是法胜私也。《书》曰:'无有作好,遵王之道。无有作恶,遵王之路。'此言君子之以公义胜私欲也。"

㊵伯禽服戎:伯禽,姬姓,名禽,伯是其排行,尊称禽父,周文王姬昌之孙,周公旦长子,周武王姬发之侄,周朝诸侯国鲁国第一任国君。据说伯禽母亲死,因徐戎作乱,伯禽于百日祭"卒哭"后即领兵前往征讨,因急于王事,就没有遵循周礼孝子须服丧三年的规定。《礼记·曾子问》有汉郑玄注曰:"周人卒哭而致事。时有徐戎作难,伯禽卒哭而征之,急王事也。"服戎,谓统率军队。

㊶违戾(lì立):违背。

㊷以亲正疏:谓通过对亲近之人的严格要求来匡正疏远者的行为。

㊸太傅:官名。天子近臣,其职为善导天子,无具体政务,多为优遇大臣的一种荣典,一般以年高有德者任之。诸葛恪原为太子太傅,在此时升为天子近臣。

㊹"罢视听"二句:谓废除作为天子耳目的校官制度。校官,或称校事,亦称校曹,官名。三国时所设置的侦查刺探官,为皇帝或执政的耳目,掌刺探臣民言行。执法苛刻,为吏民之害。

㊺原:免除。逋(bū部阴平)责(zhài债):又作"逋债",即欠债。责,"债"的古字。

㊻关税:古代指水陆关卡对通过的货物征收的税。

㊼崇:推崇。恩泽:帝王或朝廷给予臣民的恩惠。言其如雨露之泽及万物,故云。

㊽延颈:伸长头颈。引申指仰慕,渴望。

初,权黄龙元年迁都建业①,二年筑东兴堤遏湖水②。后征淮南③,败以内船④,由是废不复修。恪以建兴元年十月会众于东兴⑤,

更作大堤,左右结山侠筑两城[6],各留千人,使全端、留略守之[7],引军而还。魏以吴军入其疆土,耻于受侮,命大将胡遵、诸葛诞等率众七万[8],欲攻围两坞[9],图坏堤遏[10]。恪兴军四万,晨夜赴救。遵等敕其诸军作浮桥度[11],陈于堤上[12],分兵攻两城。城在高峻,不可卒拔[13]。恪遣将军留赞、吕据、唐咨、丁奉为前部[14]。时天寒雪,魏诸将会饮,见赞等兵少,而解置铠甲,不持矛戟。但兜鍪刀楯[15],倮身缘遏[16],大笑之,不即严兵[17]。兵得上,便鼓噪乱斫[18]。魏军惊扰散走,争渡浮桥,桥坏绝,自投于水,更相蹈藉[19]。乐安太守桓嘉等同时并没[20],死者数万。故叛将韩综为魏前军督[21],亦斩之。获车乘牛马驴骡各数千,资器山积[22],振旅而归[23]。进封恪阳都侯[24],加荆、扬州牧[25],督中外诸军事[26],赐金一百斤,马二百匹,缯布各万匹[27]。

[注释]

①黄龙元年:即公元229年。黄龙,吴大帝孙权的第二个年号(229~231),系其称帝后所改。建业:即建业县,东汉建安十七年(212),孙权改秣陵县置,为丹阳郡治,治所石头城(今江苏南京市清凉山)。三国吴黄龙元年(229),自武昌(今湖北鄂州市)迁都于此,形势胜于武昌。

②东兴堤:三国吴筑,位于今安徽含山县西南,与巢湖市相接。遏:阻断。湖:即巢湖,又名焦湖,在今合肥、巢湖、庐江、肥东、肥西诸市县间。东兴堤即阻断巢湖水通过濡须口泻入长江的水道。

③淮南:即淮南国,西汉高帝五年(前202)以九江、衡山、庐江、豫章四郡置,治所六县(今安徽六安市北十里城北乡),十一年(前196)徙治寿春县(今安徽寿县)。辖境相当于今安徽霍山、潜山以东的淮南(除天长市外)地区,河南东南角、湖北东部一小部分及江西省。

④败以内(nà纳)船:意谓毁堤以便于船入巢湖。内,通"纳"。

⑤建兴元年:即公元252年。建兴,孙吴会稽王孙亮的第一个年号(252~253)。东兴:即东兴城,三国吴建,在今安徽含山县西南东兴镇一带。

⑥结山:谓与山体连接。侠(jiā夹):通"夹"。两城:濡须口位于今安徽含山西南六十里濡须山与无为县西北五十里七宝山之间,两山夹峙,濡须水从中流过,古称濡须水口。东关位于濡须山麓,与位于七宝山的西关对峙。东吴在东关之南岸筑东西两城,成为与曹魏相持的前哨。

⑦全端:吴郡钱唐(今浙江杭州)人(生卒年不详),全琮从子。三国吴将领,后降魏。留略:会稽长山(今浙江金华)人(?~279),东吴名将留赞之子。仕吴,历任都尉、东海太守。

⑧胡遵:安定临泾(今甘肃镇原南)人(生卒年不详)。历任征东将军、车骑将军。诸葛诞:字公休(?~258),琅邪阳都(今山东沂南南)人,诸葛亮族弟。仕魏,任扬州刺史、镇南将军,在镇压毌丘俭等反叛势力后,任征东大将军。后因抗命司马昭,曾向吴国求援,终被围困于寿春,突围时被杀。《三国志》卷二八有传。

⑨坞:即诸葛恪在濡须口所筑东西两城城堡。

⑩图:意图。堤遏:堤坝,即新筑东兴堤。遏,通"堨",拦水的堰。

⑪浮桥:在并列的船、筏、浮箱或绳索上面铺木板而造成的桥。

⑫陈(zhèn阵):谓设立军阵。陈,通"阵"。

⑬卒(cù促):迅速。

⑭留赞:字正明(183~255),会稽长山(今浙江金华)人。仕吴,历官屯骑校尉、左将军、左护军。后随孙峻征淮南,因病困被魏军追杀。传见《三国志》卷六四裴注引《吴书》。吕据:字世议(?~256),汝南细阳(今安徽太和东)人,吕范之子。仕吴,历任安军中郎将、右将军、骠骑将军。因不满孙綝执政,怒欲攻之,孙綝以诏命文钦、唐咨等讨之,自杀死。《三国志》卷五

诸葛恪传 | 1555

六有传。唐咨:利城(今江苏赣榆西)人(生卒年不详),魏文帝黄初中,据郡起事,失败后逃往吴国,官至左将军,封侯,持节。后助诸葛诞拒魏,兵败降魏,拜安远将军。《三国志》卷二八有传。丁奉:字承渊(？～271),庐江安丰(今安徽霍丘西)人。仕吴,历官偏将军、冠军将军,封都亭侯。后迁虎威将军,进封安丰侯,进位大将军,官至右大司马、左军师。《三国志》卷五五有传。

⑮兜鍪(móu 眸):古代战士戴的头盔。秦汉以前称胄,后叫兜鍪。刀楯(dùn 盾):刀和盾牌。古代短兵器。楯,通"盾"。

⑯倮(luǒ 裸)身:这里是未着甲衣的意思,并非光身。倮,通"裸"。缘遏:攀援堤坝(谓新筑东兴堤)。

⑰严兵:部署军队。

⑱鼓噪:喧嚷,起哄。斫(zhuó 茁):用刀斧等砍或削。

⑲蹈藉:亦作"蹈籍"。犹践踏。

⑳乐安太守桓嘉:荆州临湘(今湖南长沙)人(？～252),桓阶之子。仕魏,尚升迁亭公主,官至乐安太守,封安乐乡侯。卒谥壮侯。传附《三国志》卷二二《桓阶传》。乐安:即乐安郡,东汉质帝本初元年(146)改乐安国置,治所高菀县(今山东邹平县东北苑城),辖境相当于今山东高青、广饶、寿光等县市地。

㉑韩综:辽西令支(今河北迁安西)人(？～252),韩当之子。据《三国志·韩当传》,吴王黄武六年(227),韩当病卒后:"子综袭侯领兵。其年,权征石阳,以综有忧,使守武昌,而综淫乱不轨。权虽以父故不问,综内怀惧,载父丧,将母家属部曲男女数千人奔魏。魏以为将军,封广阳侯。数犯边境,杀害人民,权常切齿。东兴之役,综为前锋,军败身死,诸葛恪斩送其首,以白权庙。"前军督:官名。军队前锋的指挥将领。

㉒资器:谓物资和军械。

㉓振旅:谓整队班师。语出《诗经·小雅·采芑》:"伐鼓渊渊,振旅阗阗。"毛传:"入曰振旅,复长幼也。"

㉔阳都侯:封爵名,属列侯中的县侯,食邑阳都县。阳都县,西汉置,属城阳国,东汉属琅邪国,治所在今山东沂南县南四十里砖埠镇东二里孙家黄疃。当时东吴并未占据阳都,此属遥领。诸葛氏原籍在琅邪郡阳都,时人以封爵于故乡为荣。

㉕荆扬:即荆州与扬州。三国时,吴与魏分别各置荆州与扬州,吴荆州治所江陵(今湖北荆州市),吴扬州治所建业(今江苏南京市)。

㉖督中外诸军事:即三国吴军队的总指挥官。驻扎于京城者称中军,驻扎于各地都邑者称外军,合称中外诸军。

㉗缯(zēng 增):古代丝织品的总称。

恪遂有轻敌之心,以十二月战克①,明年春②,复欲出军③。诸大臣以为数出罢劳④,同辞谏恪,恪不听。中散大夫蒋延或以固争⑤,扶出⑥。

[注释]

①战克:战胜。

②明年:吴建兴二年(253)。

③复欲出军:裴注引《汉晋春秋》曰:"恪使司马李衡往蜀说姜维,令同举,曰:'古人有言,圣人不能为时,时至亦不可失也。今敌政在私门,外内猜隔,兵挫于外,而民怨于内,自曹操以来,彼之亡形未有如今者也。若大举伐之,使吴攻其东,汉入其西,彼救西则东虚,重东则西轻,以练实之军,乘虚轻之敌,破之必矣。'维从之。"

④罢(pí疲)劳:疲劳,疲惫。

⑤中散大夫蒋延:三国吴官员,生平不详。中散大夫,官名。王莽时所置,东汉相沿,简称中散,为闲散官职,无固定员额,多时可达三十人。掌顾问应对,议论朝政得失,秩六百石。固争:即"力争",谓极力争辩。

⑥扶出:命侍从将对方搀扶出去,就是强行驱离。

恪乃著论谕众意曰①:

夫天无二日,土无二王,王者不务兼并天下而欲垂祚后世②,古今未之有也。昔战国之时③,诸侯自恃兵强地广,互有救援,谓此足以传世,人莫能危。恣情从怀④,惮于劳苦⑤,使秦渐得自大,遂以并之,此既然矣⑥。近者刘景升在荆州⑦,有众十万,财谷如山,不及曹操尚微⑧,与之力竞,坐观其强大,吞灭诸袁⑨。北方都定之后,操率三十万众来向荆州,当时虽有智者,不能复为画计⑩,于是景升儿子,交臂请降⑪,遂为囚虏。凡敌国欲相吞,即仇雠欲相除也⑫。有仇而长之,祸不在己,则在后人,不可不为远虑也。昔伍子胥曰⑬:"越十年生聚,十年教训,二十年之外,吴其为沼乎⑭!"夫差自恃强大⑮,闻此逌然⑯,是以诛子胥而无备越之心,至于临败悔之⑰,岂有及乎?越小于吴,尚为吴祸,况其强大者邪?昔秦但得关西耳⑱,尚以并吞六国,今贼皆得秦、赵、韩、魏、燕、齐九州之地⑲,地悉戎马之乡⑳,士林之薮㉑。今以魏比古之秦,土地数倍;以吴与蜀比古六国,不能半之。然今所以能敌之,但以操时兵众,于今适尽,而后生者未悉长大,正是贼衰少未盛之时。加司马懿先诛王凌㉒,续自陨毙㉓,其子幼弱㉔,

而专彼大任，虽有智计之士，未得施用。当今伐之，是其厄会㉕。圣人急于趋时㉖，诚谓今日。若顺众人之情，怀偷安之计，以为长江之险可以传世，不论魏之终始，而以今日遂轻其后，此吾所以长叹息者也。自古以来，务在产育㉗，今者贼民岁月繁滋㉘，但以尚小，未可得用耳。若复十数年后，其众必倍于今，而国家劲兵之地㉙，皆已空尽，唯有此见众可以定事㉚。若不早用之，端坐使老㉛，复十数年，略当损半，而见子弟数不足言。若贼众一倍，而我兵损半，虽复使伊、管图之㉜，未可如何。今不达远虑者，必以此言为迂㉝。夫祸难未至而豫忧虑，此固众人之所迂也。及于难至，然后顿颡㉞，虽有智者，又不能图。此乃古今所病，非独一时。昔吴始以伍员为迂，故难至而不可救。刘景升不能虑十年之后，故无以诒其子孙㉟。今恪无具臣之才㊱，而受大吴萧、霍之任㊲，智与众同，思不经远㊳，若不及今日为国斥境㊴，俯仰年老㊵，而仇敌更强，欲刎颈谢责，宁有补邪？今闻众人或以百姓尚贫，欲务闲息㊶，此不知虑其大危，而爱其小勤者也㊷。昔汉祖幸已自有三秦之地㊸，何不闭关守险㊹，以自娱乐，空出攻楚，身被创痍㊺，介胄生虮虱㊻，将士厌困苦，岂甘锋刃而忘安宁哉？虑于长久不得两存者耳！每览荆邯说公孙述以进取之图㊼，近见家叔父表陈与贼争竞之计㊽，未尝不喟然叹息也㊾。夙夜反侧㊿，所虑如此，故聊疏愚言，以达二三君子之末㉛。若一朝陨殁，志画不立㉜，贵令来世知我所忧㉝，可思于后。

众皆以恪此论欲必为之辞，然莫敢复难㉞。

[注释]

①论:文体的一种。即议论文。谕:告晓,告知。

②王者:帝王,天子。垂祚(zuò 坐)后世:谓将帝位一代一代传与后代子孙。祚,君位与国统。

③战国:中国历史继春秋时期以后的大变革时期(前475～前221),从三家分晋奠定战国七雄(齐、楚、燕、韩、赵、魏、秦)的基础,直至秦灭六国统一华夏,历经二百五十馀年。

④恣情从(zòng 纵)怀:放纵情怀。

⑤惮(dàn 旦):畏惧。

⑥既然:本来如此,已经如此。

⑦刘景升:即刘表(142～208),字景升,东汉远支皇族,山阳高平(今山东邹城市西南)人。官至镇南将军、荆州牧,拥兵自重。建安十三年(208)八月病卒,其子刘琮降曹。详见本书所选《刘表传》。

⑧不及:不趁。曹操:字孟德(155～220),小字阿瞒,魏立国后追谥魏武帝,谯(今安徽亳州市)人。详见本书所选《武帝纪》。

⑨诸袁:指袁绍、袁术以及袁绍之子袁谭、袁熙等。

⑩画计:筹谋计策。

⑪交臂:叉手,拱手。表示降服,恭敬。汉献帝建安十三年(208)八月,刘表卒,其少子刘琮继其位,旋投降曹操。

⑫仇雠(chóu 仇):仇人,冤家对头。语出《左传·哀公元年》:"(越)与我同壤而世为仇雠。"

⑬伍子胥:名员(yún 云),字子胥(前? ～前484),楚人,父兄为楚平王杀害,只身逃到吴国,受到吴王阖闾重用,报了父兄之仇。阖闾死后,其子夫差即位,不听伍子胥忠告,并命他自杀。《史记》卷六六有传。

⑭"越十年生聚"四句:语出《左传·哀公元年》:"越十年生聚,而十年

教训,二十年之外,吴其为沼乎!"吴王夫差打败越王勾践后,伍子胥劝夫差灭掉越国,不听。伍子胥就对他人道出上述一段预言,大意是:越国用十年的时间养育人民和积累财富,再用十年的时间对国民进行教育训练,二十年之后,吴国就要被越国毁坏成为荒凉的池沼了!生聚,谓繁殖人口,聚积物力。教训,教育训练。沼(zhǎo 找),水池。

⑮夫差(chāi 钗):吴王阖闾之子(前528~前473),春秋时期吴国的末代国君,公元前495年至前473年在位。公元前494年在夫椒大败越国,使越王勾践屈服。夫差好战,以后在艾陵之战又大败齐国,公元前482年在黄池大会与中原诸侯歃血为盟,争得霸主地位。越王勾践在国力已经恢复的情况下,乘虚攻入吴国,杀死吴太子。后又于前473年攻破吴国,夫差自刎。事见《史记·吴太伯世家》。

⑯邈然:通"藐然",轻视貌。

⑰临败悔之:意谓夫差在一败涂地后,后悔当时没有听取伍子胥的忠言。据《史记·吴太伯世家》:"二十三年十一月丁卯,越败吴。越王勾践欲迁吴王夫差于甬东,予百家居之。吴王曰:'孤老矣,不能事君王也。吾悔不用子胥之言,自令陷此。'遂自刭死。"

⑱关西:汉、唐时,泛指函谷关或潼关以西的地区。

⑲贼:对曹魏政权的蔑称。九州:即冀、豫、雍、荆、益、兖、青、徐、扬,凡九州。这里仅是一种笼统的说法,当时益州为蜀汉所有,荆州与扬州等地,东吴也占有一部分。

⑳戎马之乡:意谓战乱频仍的地域。

㉑士林之薮(sǒu 擞):意谓大批人才汇聚的地方。薮,人或物聚集之所。

㉒司马懿:字仲达(179~251),河内温县(今河南温县西)人。曹操为丞相时辟为文学掾,转主簿。曹丕称帝后,任尚书右仆射,转抚军大将军。

魏明帝时任大将军,迁太尉,晋太傅。正始十年(249)发动高平陵政变,诛杀曹爽等,专国政。卒后,魏元帝曹奂咸熙元年(264),其子司马昭进爵为晋王,追谥司马懿为宣王。其孙司马炎代魏,建立晋朝,追尊他为宣帝。《晋书》卷一有传。王凌:字彦云(172~251),太原祁县(今属山西)人,东汉司徒王允之侄。举孝廉,历官中山太守、兖州刺史、征东将军,封南乡侯,拜司空,进太尉。魏齐王嘉平三年(251),因不满司马懿专权,联合兖州刺史令狐愚废齐王曹芳,另立曹操子楚王曹彪为帝,事泄自尽,被夷三族。《三国志》卷二八有传。

㉓陨毙:死亡。魏齐王嘉平三年(251)四月,王凌自尽身亡,八月,司马懿去世。

㉔其子幼弱:司马懿去世后,其长子司马师(208~255)继其位。诸葛恪撰此论时(253),司马师年已四十六岁,不当以"幼弱"言之。

㉕厄会:众灾会合。犹言厄运。

㉖圣人急于趋时:意谓品德最高尚、智慧最高超的人必须努力去适应当时的具体形势、环境与条件。语出汉王符《潜夫论·救边》:"《周书》曰:'凡彼圣人必趋时。'是故战守之策,不可不早定也。"

㉗产育:谓人口的生育繁衍。

㉘繁滋:这里亦谓人口增多。三国战乱频仍,可见作为生产力与兵员补充的人口资源异常重要。

㉙国家劲兵之地:指吴国驻扎精锐部队的地方。

㉚见(xiàn现):"现"的古字。现在。下文"见子弟"之"见"用同。定事:谓决定形势的发展变化。

㉛端坐:安坐,正坐。这里指养兵不用。

㉜伊管:伊尹与管仲。前者辅佐商汤攻灭夏桀,建立商朝;后者辅佐齐桓公一匡天下,建立霸业。两人都是历史上的能臣。

㉝迂:迂阔而不切实际。

㉞顿颡(sǎng 嗓):屈膝下拜,以额角触地。多表示请罪或投降。颡,额头。

㉟诒(yí 仪):遗留。

㊱具臣:备位充数之臣。语出《论语·先进》:"今由与求也,可谓具臣矣。"宋朱熹集注:"具臣,谓备臣数而已。"

㊲萧霍之任:谓担负西汉萧何与霍光辅佐太子的重任。萧何(前?~前193),秦末沛(今江苏沛县)人。秦二世元年(前209)随同刘邦起兵,辅佐刘邦战胜项羽,建立汉朝,论功第一。为汉朝制订律法,后助吕后定计收捕淮阴侯韩信,被拜为相国。在刘邦晚年,宫廷中发生废立太子之争,萧何、张良等多次谏诤,刘邦死后,为太子刘盈顺利即位铺平了道路。事见《史记·萧相国世家》。或谓"萧"指萧何的七世孙萧望之(前?~前47),他曾在汉宣帝临终时受顾命,辅佐汉元帝即位。事见《汉书·萧望之传》。按,萧望之所处时代在霍光之后,且其结局为饮鸩自尽,诸葛恪当不会以萧望之为比。霍光(前?~前68),是大司马霍去病的异母弟,汉武帝病危时任命霍光为大将军,并颁遗诏托孤。霍光先后辅政汉昭帝、汉宣帝二十馀年,不无功劳。但随着权力的膨胀,其子弟姻亲也逐渐把持大小权力,对皇室形成威胁。霍光死后不久,汉宣帝即清除掉霍氏势力,化解了政治危机。事见《汉书·霍光传》。

㊳经远:谓作长远谋划。《三国志·毛玠传》:"袁绍、刘表,虽士民众强,皆无经远之虑,未有树基建本者也。"

㊴斥境:开拓国境。

㊵俯仰:比喻时间短暂。犹谓"转眼间"。

㊶闲息:休息。

㊷爱:舍不得,吝惜。小勤:谓小劳累。

㊸汉祖:指汉高祖刘邦。三秦:大致在今陕西一带。秦末项羽入关以后,自立为西楚霸王;封刘邦为汉王,王巴、蜀、汉中,都南郑;又三分关中,封秦降将章邯为雍王,司马欣为塞王,董翳为翟王,合称三秦。此后刘邦分别歼灭了这三股势力,从而据有了三秦之地。事见《史记·高祖本纪》。

㊹关:当谓潼关,汉代所置关隘名,地属司隶州弘农郡华阴县,当今陕西、山西、河南三省交界处,为入关中之正道要隘处。故址在今陕西潼关县东北港口镇东南四里杨家庄附近。

㊺创痍(chuāngyí 疮夷):创伤。据《史记·高祖本纪》,楚汉相持于广武,刘邦出阵责数项羽十大罪状,项羽大怒,伏弩射中刘邦胸部,刘邦诈称中足趾,以安军心,实则伤情严重,只得暂入成皋。

㊻介胄(zhòu 宙)生虮(jǐ 挤)虱:语出《史记·平津侯主父列传》:"介胄生虮虱,民无所告愬。"介胄,铠甲和头盔。虮虱:虱及其卵。

㊼"每览"句:据《后汉书·公孙述传》记述,东汉初,公孙述割据益州称帝,骑都尉荆邯劝他调集境内精兵,东据江陵,北出关中与刘秀争夺天下。公孙述没有采纳荆邯的建议,最终被刘秀所灭。

㊽"近见"句:蜀汉建兴五年(227),诸葛亮率诸军北驻汉中,准备伐魏,临行上疏后主刘禅,即名标后世的《出师表》,内有"北定中原""兴复汉室"等语。详见本书所选《诸葛亮传》。家叔父,即指诸葛亮(181~234)。

㊾喟(kuì 溃)然:感叹、叹息貌。

㊿夙(sù 素)夜:朝夕,日夜。反侧:惶恐不安。

51 二三君子:犹二三子。谓诸君;几个人。末:泛指末位,后列。多用作谦词。

52 志画:犹谋略。

53 贵:欲,想要。

54 难(nàn 南去声):责难,诘问。

丹杨太守聂友素与恪善①，书谏恪曰："大行皇帝本有遏东关之计②，计未施行。今公辅赞大业③，成先帝之志，寇远自送④，将士凭赖威德⑤，出身用命⑥，一旦有非常之功，岂非宗庙神灵社稷之福邪⑦！宜且案兵养锐⑧，观衅而动⑨。今乘此势，欲复大出，天时未可⑩。而苟任盛意，私心以为不安。"恪题论后，为书答友曰："足下虽有自然之理⑪，然未见大数⑫。熟省此论⑬，可以开悟矣。"于是违众出军，大发州郡二十万众，百姓骚动，始失人心。

[注释]

①丹杨太守聂友：字文悌（193～251?），或谓字辅仁，豫章新淦（今江西樟树市）人。仕吴，历任郡功曹、将军，拜丹杨太守。因与诸葛恪交好而为孙峻所忌，年五十九以病卒。《三国志》卷六四有传。丹杨，即丹杨郡，或作丹阳郡，西汉元封二年（前109）改鄣郡置，治所宛陵县（今安徽宣州市），辖境相当于今安徽长江以南、江苏宁镇山南北和浙江天目山以西、新安江中上游南北之地。

②东关：位于今安徽含山西南六十里濡须山麓。参见前注。

③辅赞：辅佐襄助。大业：谓帝业。《尚书·商书·盘庚上》："天其永我命于兹新邑，绍复先王之大业，厎绥四方。"

④寇远自送：意谓曹魏军队远来侵犯东吴是自来送死。

⑤威德：声威与德行。

⑥出身：献身。《吕氏春秋·诚廉》："伯夷、叔齐此二士者，皆出身弃生以立其意。"用命：执行命令；听从命令。《尚书·虞夏书·甘誓》："用命，赏于祖；弗用命，戮于社。"

⑦宗庙:古代帝王、诸侯祭祀祖宗的庙宇。神灵:神的总称。社稷:古代帝王、诸侯所祭的土神和谷神。社,土神;稷,谷神。常用为国家或政权的代称。

⑧案兵:止兵,屯兵不动。

⑨观衅:窥伺敌人的间隙。《左传·宣公十二年》:"会闻用师,观衅而动。"唐陆德明释文引服虔曰:"衅,间也。"

⑩天时:犹天命,谓由天主宰的命运。

⑪足下:古代下称上或同辈相称的敬词。自然:天然,非人为的。

⑫大数:犹大势。

⑬熟省(xǐng 醒):仔细察看。

恪意欲曜威淮南①,驱略民人②,而诸将或难之曰:"今引军深入,疆埸之民③,必相率远遁,恐兵劳而功少,不如止围新城④。新城困,救必至,至而图之,乃可大获。"恪从其计,回军还围新城。攻守连月,城不拔。士卒疲劳,因暑饮水,泄下流肿⑤,病者大半,死伤涂地⑥。诸营吏日白病者多⑦,恪以为诈,欲斩之,自是莫敢言。恪内惟失计⑧,而耻城不下,忿形于色。将军朱异有所是非⑨,恪怒,立夺其兵。都尉蔡林数陈军计⑩,恪不能用,策马奔魏。魏知战士罢病⑪,乃进救兵。恪引军而去。士卒伤病,流曳道路⑫,或顿仆坑壑⑬,或见略获⑭,存亡忿痛,大小呼嗟。而恪晏然自若⑮。出住江渚一月⑯,图起田于浔阳⑰,诏召相衔⑱,徐乃旋师。由此众庶失望,而怨黩兴矣⑲。

[注释]

①曜威:谓整饬军旅,炫耀武力。《文选·张衡〈东京赋〉》:"三农之隙,

曜威中原。"薛综注:"曜威,谓治兵也。"淮南:即淮南国,西汉高帝五年(前202)以九江、衡山、庐江、豫章四郡置,治所六县(今安徽六安市北十里城北乡),十一年(前196)徙治寿春县(今安徽寿县)。辖境相当于今安徽霍山、潜山以东的淮南(除天长县外)地区,河南东南角、湖北东部一小部分及江西省。

②驱略:驱迫掠夺。民人:人民,百姓。

③疆埸(yì 义):边界,边境。

④新城:谓合肥新城,即合肥县,西汉置,属九江郡,治所在今安徽合肥市西二里。东汉为合肥国,三国魏复为合肥县,移治今合肥市西北,是为新城。

⑤泄下:腹泻。流肿:脚气病。谓毒气下流,足为之肿。汉董仲舒《春秋繁露·五行逆顺》:"逆天时则病流肿,水张痿痹,孔窍不通。"

⑥死伤涂地:谓死者与伤者漫布于地。

⑦日:每天。白:禀报。

⑧内惟失计:内心感到谋划错误。

⑨朱异:字季文(?~257),吴郡吴县(今江苏苏州市)人,朱桓之子。仕吴,历任骑都尉、偏将军,迁扬武将军。假节,任大都督。因未解寿春之围,为孙綝借故杀害。《三国志》卷五六有传。有所是非:谓有非议之言语。

⑩都尉蔡林:三国吴官吏。后降魏。生平不详。都尉,官名。东汉三国领兵武官,位在将军、校尉之下,每郡设一人或两人,秩比二千石。军计:有关军事行动的计谋。

⑪罢(pí 疲)病:疲困,贫病交加。

⑫流曳:宋司马光《资治通鉴》卷七六"士卒伤病,流曳道路,或顿仆坑壑",元胡三省注云:"流者,放而不能自收也。曳者,羸困不能自扶,相牵引而行。"

⑬顿仆:犹跌倒。

⑭略获:俘获。

⑮晏然自若:安宁不为所动。

⑯江渚(zhǔ主):江中小洲。

⑰起田:开荒为田。浔阳:又作寻阳,即寻阳县,西汉置,属庐江郡,治所在今湖北黄梅县西南。

⑱诏召相衔:谓朝廷召其班师的诏令相接不断。

⑲怨黩(dú独):怨恨诽谤。

秋八月军还①,陈兵导从②,归入府馆③。即召中书令孙嘿④,厉声谓曰:"卿等何敢妄数作诏⑤?"嘿惶惧辞出,因病还家。恪征行之后,曹所奏署令长职司⑥,一罢更选⑦,愈治威严⑧,多所罪责,当进见者,无不竦息⑨。又改易宿卫⑩,用其亲近,复敕兵严⑪,欲向青、徐⑫。

[注释]

①秋八月:吴建兴二年(253)八月。

②陈兵:陈列士兵。导从:古时帝王、贵族、官僚出行时,前驱者称导,后随者称从,因谓之导从。

③府馆:官署,官舍。

④中书令孙嘿(mò默):三国吴官员,生平不详。中书令,官名。掌管朝廷机要文书的官员。

⑤数(shuò朔):屡次。

⑥曹:这里指主管官员铨选的机构尚书台选曹,三国与晋有选曹尚书、选曹郎。署:委任,任命。令长:秦汉时治万户以上县者为令,不足万户者为

长。后因以"令长"泛指县令。职司:职务。

⑦一罢更选:谓一概罢免重新选用。

⑧威严:严厉。

⑨竦(sǒng 耸)息:谓因恐惧而屏息。

⑩宿卫:皇帝的警卫人员,禁军。

⑪复敕兵严:又命令兵士整装待发。

⑫青:即青州,西汉武帝所置十三刺史部之一,东汉治所临淄县(治今山东淄博市临淄北),辖境相当于今山东德州市、齐河县以东,马颊河以南,济南、临朐、安丘、高密、莱阳、栖霞、乳山等市县以北、以东与河北吴桥县地。徐:即徐州,西汉武帝所置十三刺史部之一,辖境相当于今山东东南部与江苏长江以北地区,东汉时治所在郯县(今山东郯城)。三国魏移治于彭城(今江苏徐州)。青、徐二州跨有今山东与江苏北部,当时为曹魏政权所占据。

孙峻因民之多怨,众之所嫌①,构恪欲为变②,与亮谋③,置酒请恪。恪将见之夜,精爽扰动④,通夕不寐。明将盥漱,闻水腥臭,侍者授衣,衣服亦臭。恪怪其故,易衣易水,其臭如初,意惆怅不悦⑤。严毕趋出⑥,犬衔引其衣⑦,恪曰:"犬不欲我行乎?"还坐,顷刻乃复起,犬又衔其衣,恪令从者逐犬,遂升车。

[注释]

①嫌:厌恶,埋怨,不满。

②构(gòu 构):诬陷。变:即"上变",谓向朝廷告人谋反等非常事件。

③亮:即幼主孙亮(243~260),时为吴帝,后世称会稽王。

④精爽:精神。扰动:骚动,骚乱。

⑤惆怅:因失意或失望而伤感、懊恼。

⑥严:衣装。因避汉明帝(刘庄)讳,改"装"为"严"。

⑦衔:即"啣",含在嘴里,用嘴咬着。

初,恪将征淮南,有孝子着缞衣入其阁中①,从者白之,令外诘问,孝子曰:"不自觉入。"时中外守备②,亦悉不见,众皆异之。出行之后,所坐厅事屋栋中折③。自新城出住东兴,有白虹见其船④,还拜蒋陵⑤,白虹复绕其车。

[注释]

①缞(cuī 崔)衣:旧时丧服。用麻布条披于胸前。服三年之丧(臣为君、子为父、妻为夫)者用之。阁:古代官署的门。亦借指官署。

②中外:内外。守备:守卫人员。

③厅事:官署视事问案的厅堂。古作"听事"。

④白虹:日月周围的白色晕圈。古人认为白虹出现是一种不祥的天象,《史记·天官书》:"白虹屈短,上下兑,有者下大流血。"

⑤蒋陵:孙权陵墓所在。位于今江苏南京市钟山(蒋山)南麓之梅花山上,在明孝陵正南300米处。遗址今仅存一个石碑,一座石桥,一个注释牌,一座石像。

及将见,驻车宫门,峻已伏兵于帷中,恐恪不时入①,事泄,自出见恪曰:"使君若尊体不安②,自可须后③,峻当具白主上。"欲以尝知恪④。恪答曰:"当自力入⑤。"散骑常侍张约、朱恩等密书与恪曰⑥:

"今日张设非常⑦,疑有他故。"恪省书而去。未出路门⑧,逢太常滕胤,恪曰:"卒腹痛⑨,不任入⑩。"胤不知峻阴计,谓恪曰:"君自行旋未见⑪,今上置酒请君,君已至门,宜当力进。"恪踌躇而还⑫,剑履上殿⑬,谢亮,还坐。设酒,恪疑未饮,峻因曰:"使君病未善平⑭,当有常服药酒,自可取之。"恪意乃安,别饮所赍酒⑮。酒数行⑯,亮还内。峻起如厕⑰,解长衣,着短服,出曰:"有诏收诸葛恪⑱!"恪惊起,拔剑未得,而峻刀交下⑲。张约从旁斫峻,裁伤左手⑳,峻应手斫约,断右臂。武卫之士皆趋上殿,峻云:"所取者恪也,今已死。"悉令复刃㉑,乃除地更饮㉒。

[注释]

①不时:不及时。

②使君:汉代三国对州郡长官的尊称。时诸葛恪兼任荆、扬二州州牧,故称。

③须后:谓等待以后再会面。

④尝:试探,试验。《左传·襄公十八年》:"诸侯方睦于晋,臣请尝之。若可,君而继之;不可,收师而退,可以无害,君亦无辱。"

⑤自力:尽自己的力量。

⑥散骑常侍张约:三国吴官吏(?~253),生平不详。散骑常侍,官名。三国时置,职掌奏章表文、诏书等事务,天子出入则充侍从。与侍中、黄门侍郎共平尚书奏事。位略次于侍中,后成为加官,秩比二千石,第三品。朱恩:三国吴官吏(?~253),曾任散骑常侍。其馀不详。

⑦张设:部署,设置。

⑧路门:古代宫室最里层的正门。《周礼·考工记·匠人》:"路门不容

乘车之五个。"汉郑玄注:"路门者,大寝之门。"唐贾公彦疏:"路门以近路寝,故特小为之。"

⑨卒(cù促):突然。后多作"猝"。

⑩不任:不能忍受。

⑪行旋:谓出征归来。未见:谓尚未朝见皇帝。

⑫踌躇(chóuchú筹除):犹豫,迟疑不决。

⑬剑履上殿:经帝王特许,重臣上朝时可不解剑,不脱履,以示殊荣。

⑭善平:犹平复,康复。

⑮赍(jī基):携带。裴注引《吴历》曰:"张约、朱恩密疏告恪,恪以示滕胤,胤劝恪还,恪曰:'峻小子何能为邪!但恐因酒食中人耳。'乃以药酒入。"又引孙盛《评》曰:"恪与胤亲厚,约等疏,非常大事,势应示胤,共谋安危。然恪性强梁,加素侮峻,自不信,故入,岂胤微劝,便为之冒祸乎?《吴历》为长。"

⑯酒数行:依次斟酒数遍。

⑰如厕:去厕所。

⑱有诏收诸葛恪:裴注引《吴录》曰:"峻提刀称诏收恪,亮起立曰:'非我所为!非我所为!'乳母引亮还内。"又引《吴历》云:"峻先引亮入,然后出称诏。与本传同。"又云:"臣松之以为峻欲称诏,宜如本传及《吴历》,不得如《吴录》所言。"

⑲交下:俱下,齐下。

⑳裁:通"才",仅仅。

㉑复刃:谓装刀入鞘。

㉒除:扫除,打扫。裴注引《搜神记》曰:"恪入,已被杀,其妻在室,语使婢曰:'汝何故血臭?'婢曰:'不也。'有顷愈剧,又问婢曰:'汝眼目视瞻,何以不常?'婢蹶然起跃,头至于栋,攘臂切齿而言曰:'诸葛公乃为孙峻所

杀!'于是大小知恪死矣,而吏兵寻至。"又引《志林》曰:"初权病笃,召恪辅政。临去,大司马吕岱戒之曰:'世方多难,子每事必十思。'恪答曰:'昔季文子三思而后行,夫子曰"再思可矣",今君令恪十思,明恪之劣也。'岱无以答,当时咸谓之失言。虞喜曰:'夫托以天下至重也,以人臣行主威至难也,兼二至而管万机,能胜之者鲜矣。自非采纳群谋,询于刍荛,虚己受人,恒若不足,则功名不成,勋绩莫著。况吕侯国之先耆,智度经远,而甫以十思戒之,而便以示劣见拒,此元逊之疏,乃机神不俱者也。若因十思之义,广谘当世之务,闻善速于雷动,从谏急于风移,岂得陨首殿堂,死凶竖之刃?世人奇其英辩,造次可观,而哂吕侯无对为陋,不思安危终始之虑,是乐春藻之繁华,而忘秋实之甘口也。昔魏人伐蜀,蜀人御之,精严垂发,六军云扰,士马擐甲,羽檄交驰,费祎时为元帅,荷国任重,而与来敏围棋,意无厌倦。敏临别谓祎:"君必能办贼者也。"言其明略内定,貌无忧色,况长宁以为君子临事而惧,好谋而成者。且蜀为蕞尔之国,而方向大敌,所规所图,唯守与战,何可矜己有馀,晏然无戚?斯乃性之宽简,不防细微,卒为降人郭修所害,岂非兆见于彼而祸成于此哉?'往闻长宁之甄文伟,今睹元逊之逆吕侯,二事体同,故并而载之,可以镜诫于后,永为世鉴。"

先是,童谣曰:"诸葛恪,芦苇单衣篾钩落[①],于何相求成子阁[②]。"成子阁者,反语石子冈也[③]。建业南有长陵[④],名曰石子冈,葬者依焉。钩落者,校饰革带[⑤],世谓之钩络带。恪果以苇席裹其身而篾束其腰,投之于此冈[⑥]。

[注释]

①芦苇:多年生草本植物。生于湿地或浅水,叶子披针形,茎中空,光

滑,花紫色。茎可造纸、葺屋、编席等。篾(miè灭):薄竹片;劈成条状的竹皮。钩落:古人束腰的革带,皆有金属制带钩,故称。

②于何相求:意谓到哪里寻找。

③反(fān翻)语:魏晋南北朝时的一种隐语。即以两个字先正切,再倒切,成为另外两个字。清赵翼《廿二史札记》卷一二《六朝多以反语作谶》云:"自反切之学兴,遂有以反语作谶者。《三国志》诸葛恪未被害时,民间谣曰:'诸葛恪,芦苇单衣篾钩落,于何相逢成子阁。'"成子阁"反语"石子冈"也,后恪为孙峻所杀,投尸于石子冈。所谓"反切",有论者认为始见于三国魏孙炎所著《尔雅音义》,即东汉以后给汉字注音的一种方法,亦称"反语"或"反音"。用两个汉字来注另一个汉字的读音。两个字中,前者称反切上字,后者称反切下字。被切字的声母和清浊跟反切上字相同,被切字的韵母和字调跟反切下字相同。"成""阁"二字反切,即用"成"字的声母与"阁"字的韵母,按照当时吴音相拼可得"石"字;反之,"阁""成"二字反切,即用"阁"字的声母与"成"字的韵母,按照当时吴音相拼可得"冈"字。中间"子"不变,"成子阁"反语即"石子冈"。石子冈,又名聚宝山,在今江苏南京市南聚宝门外。

④长陵:高大的土山。当指聚宝山。

⑤校饰:装饰。

⑥投之于此冈:裴注引《吴录》曰:"恪时年五十一。"

恪长子绰①,骑都尉,以交关鲁王事②,权遣付恪,令更教诲,恪鸩杀之③。中子竦,长水校尉④。少子建,步兵校尉⑤。闻恪诛,车载其母而走。峻遣骑督刘承追斩竦于白都⑥。建得渡江,欲北走魏,行数十里,为追兵所逮。恪外甥都乡侯张震及常侍朱恩等⑦,皆夷三族⑧。

[注释]

①长子绰:即诸葛绰,诸葛恪长子。

②交关:串通,勾结。鲁王:即孙霸(? ~250),字子威,孙权第四子,太子孙和同母弟。赤乌五年(242)封鲁王,图危太子,谮毁既行,太子被废,孙霸被赐死,终酿成家庭悲剧。《三国志》卷五九有传。

③鸩(zhèn镇),传说中的一种毒鸟。以羽浸酒,饮之立死。

④中子竦(sǒng耸):即诸葛竦(? ~253),诸葛恪次子。长水校尉:官名。东汉时所置五校尉之一,官阶次于将军,统领中央禁卫军中的胡骑兵,秩比二千石。三国时为第四品,有属官。

⑤少子建:即诸葛建(? ~253),诸葛恪幼子。步兵校尉:汉武帝时所置八校尉之一,秩二千石,掌上林苑门屯兵。东汉时并八校尉为五校尉,步兵校尉为五校之一,掌宿卫兵。三国魏、吴沿置。

⑥骑督刘承:三国吴将领。生平不详。骑督,掌统骑兵的将领。白都:即白都山,位于今江苏南京市西南七十里,面临大江。

⑦都乡侯张震:彭城(今江苏徐州)人(? ~253),张昭之孙,诸葛恪外甥。三国吴官吏,父张承卒,嗣爵。都乡侯:封爵名,属列侯中的乡侯。都乡,谓城内及附城近地。常侍:即散骑常侍。

⑧夷:诛灭。三族:一般指父族、母族、妻族这三族。

初,竦数谏恪,恪不从,常忧惧祸。及亡,临淮臧均表乞收葬恪曰①:

臣闻震雷电激,不崇一朝②,大风冲发③,希有极日④,然犹继以云雨,因以润物。是则天地之威,不可经日浃辰⑤,帝王之怒,不宜讫情尽意⑥。臣以狂愚,不知忌讳,敢冒破灭之罪⑦,以邀风雨之会⑧。伏念故太傅诸葛恪得承祖考风流之烈⑨,伯叔诸父遭汉祚尽⑩,九州鼎立⑪,分托三方,并履忠勤⑫,熙隆世业⑬。爰及于恪⑭,生长王国⑮,陶育圣化⑯,致名英伟,服事累纪⑰,祸心未萌,先帝委以伊、周之任⑱,属以万机之事⑲。恪素性刚愎⑳,矜己陵人㉑,不能敬守神器㉒,穆静邦内㉓,兴功暴师㉔,未期三出㉕,虚耗士民,空竭府藏,专擅国宪㉖,废易由意,假刑劫众㉗,大小屏息㉘。侍中武卫将军都乡侯俱受先帝嘱寄之诏㉙,见其奸虐㉚,日月滋甚,将恐荡摇宇宙㉛,倾危社稷,奋其威怒,精贯昊天㉜,计虑先于神明,智勇百于荆、聂㉝,躬持白刃,枭恪殿堂,勋超朱虚㉞,功越东牟㉟。国之元害㊱,一朝大除,驰首徇示㊲,六军喜踊㊳,日月增光,风尘不动㊴,斯实宗庙之神灵,天人之同验也㊵。今恪父子三首,县市积日㊶,观者数万,詈声成风㊷。国之大刑㊸,无所不震,长老孩幼,无不毕见。人情之于品物㊹,乐极则哀生,见恪贵盛,世莫与贰,身处台辅㊺,中间历年㊻,今之诛夷,无异禽兽,观讫情反㊼,能不憯然㊽!且已死之人,与土壤同域,凿掘斫刺,无所复加。愿圣朝稽则《乾》《坤》㊾,怒不极旬㊿,使其乡邑若故吏民㊿¹,收以士伍之服㊿²,惠以三寸之棺㊿³。昔项籍受殡葬之施㊿⁴,韩信获收敛之恩㊿⁵,斯则汉高发神明之誉也㊿⁶。惟陛下敦三皇之仁㊿⁷,垂哀矜之心,使国泽加于辜戮之骸㊿⁸,复受不已之恩,于以扬声遐方㊿⁹,沮劝天下㉶⁰,岂不弘哉!昔栾布矫命彭越㉶¹,臣窃恨之,不先请主上㉶²,而专名以肆情㉶³,其得不诛,实为幸耳。今臣不敢章宣愚情㉶⁴,以露天恩㉶⁵,谨伏手书,冒昧陈闻㉶⁶,乞圣朝哀察㉶⁷。"

于是亮、峻听恪故吏敛葬,遂求之于石子冈⑱。

[注释]

①临淮臧均:三国吴官吏。生平不详。临淮,即临淮郡,西汉置,治所在徐县(今江苏泗洪县南大徐台子),辖境相当于今江苏盱眙、泗洪、睢宁、宿迁、淮安、涟水、洪泽、建湖、阜宁、盐城、兴化、东台、泰州、姜堰、泰兴、海安、六合及安徽天长、明光等市县地。东汉永平中改为下邳国。西晋复置,治所盱眙县(今江苏盱眙县东北)。陈寿所用"临淮"之名系承袭西晋复置后之称谓。

②不崇一朝(zhāo 昭):喻时间短暂,犹言一个早晨。崇朝,即终朝,谓从天亮到早饭时。

③冲发:突然而起。

④极日:终日,尽日。

⑤浃(jiā 加)辰:古代以干支纪日,称自子至亥一周十二日为"浃辰"。《左传·成公九年》:"浃辰之间,而楚克其三都。"晋杜预注:"浃辰,十二日也。"

⑥讫(qì 器)情尽意:谓尽量满足自己的情感和心意,不加控制。

⑦破灭之罪:谓破家灭身之罪。

⑧邀风雨之会:照应上文"继以云雨,因以润物",比喻帝王施以恩泽。

⑨伏念:伏,敬词;念,念及,想到。旧时致书于尊者多用之。祖考:泛指父祖之辈。风流之烈:谓杰出不凡的功业。

⑩伯叔诸父:谓仕蜀汉的诸葛亮(181~234)、仕曹魏的诸葛诞(?~258)等。汉祚(zuò 坐):汉朝的君位与国统。

⑪九州鼎立:谓全国形成吴、蜀、魏三国并立。

⑫履:行为。忠勤:忠心勤劳。

⑬熙隆:兴盛。世业:先人的事业、功绩。

⑭爰:助词,无义。用在句首或句中,起调节语气的作用。

⑮王国:谓吴国。

⑯陶育圣化:谓受到吴大帝孙权的教化培育。

⑰纪:纪年的单位,若干年数循环一次为一纪;十二年为一纪。《尚书·周书·毕命》:"既历三纪。"孔传:"十二年曰纪。"

⑱先帝:谓吴大帝孙权。伊周:谓商初政治家伊尹与周初政治家周公。

⑲属(zhǔ嘱):嘱托。万机:同"万几"。泛指执政者处理的各种政务。

⑳刚愎(bì必):倔强固执。

㉑矜己陵人:夸耀自己,以势压人。

㉒神器:代表国家政权的实物,如玉玺、宝鼎之类。借指帝位、政权。

㉓穆静:使安定平静。

㉔兴功:建立功业。暴(pù瀑)师:谓军队在外,蒙受风雨霜露。《孙子·作战》:"久暴师则国用不足。"

㉕未期(jī基)三出:谓不到一年三次出师。期,时间周而复始。分别指一周年、一个月或一整天。这里指一周年。

㉖国宪:国家的法制或礼仪。

㉗假刑劫众:谓凭借刑罚逼迫众人就范。

㉘屏(bǐng丙)息:犹屏气。这里形容恐惧。

㉙侍中武卫将军都乡侯:指孙峻。时任侍中,兼武卫将军,封都乡侯。

㉚奸虐:奸邪肆虐。

㉛宇宙:犹言天下、国家。

㉜精贯昊(hào浩)天:谓精诚可通达苍天。昊天,苍天。昊,元气博大貌。

㉝荆:即荆轲(前?~前227),姜姓,庆氏,字次非,战国时卫国朝歌(今河南鹤壁)人。为人慷慨侠义,曾受燕太子丹之请,刺杀秦王政,失败。事见《史记·刺客列传》。聂:即聂政(前?~前397),战国时韩国轵(今河南济源市东南)人。以任侠著称,避祸齐地,以屠为业。韩大夫严仲子与韩相侠累结仇,聂政与严仲子交好,就将侠累刺杀,随后毁容自杀。事见《史记·刺客列传》。

㉞朱虚:即朱虚侯刘章(前200~前177),刘邦之孙,齐悼惠王刘肥次子。吕后称制,被封朱虚侯,在平诸吕之乱时曾亲手杀死吕产,以功封城阳王,卒谥景王。《史记》卷五二、《汉书》卷三八皆有传。

㉟东牟:即东牟侯刘兴居(前195~前177),刘邦之孙,齐悼惠王刘肥第三子。被封东牟侯,在平诸吕之乱中入帝宫驱除后少帝,以功封济北王。匈奴大举入侵,刘兴居发动叛乱,被汉文帝平息,自杀死。《史记》卷五二、《汉书》卷三八皆有传。

㊱元害:大害。

㊲驰首徇示:谓令人提诸葛恪人头骑马奔驰宣示于众。

㊳六军:天子所统领的军队。这里即指吴国的军队。

㊴风尘不动:比喻没有引起动乱。

㊵天人之同验:谓上天与人世相互感应的征兆。

㊶县(xuán悬):通"悬"。积日:累日,连日。

㊷詈(lì立):骂,责备。

㊸大刑:重刑。多指死刑。

㊹品物:犹万物。

㊺台辅:三公宰辅之位。三台本星名。古代用三台来比喻三公。

㊻中间历年:谓身居高位多年。

㊼观讫情反:谓看完之后,情感未免走向负面。

诸葛恪传 | 1579

㊽憯(cǎn 惨)然:忧伤貌。

㊾圣朝:封建时代尊称本朝。亦作为皇帝的代称。稽则:查考遵循。乾坤:《周易》的《乾》卦和《坤》卦。取其慎始敬终之义。《周易·系辞下》:"黄帝、尧、舜垂衣裳而天下治,盖取诸《乾》《坤》。"《大戴礼记·保傅》:"《春秋》之元,《诗》之《关雎》,《礼》之《冠》《昏》,《易》之《乾》《坤》,皆慎始敬终云尔。"

㊿极旬:谓超过十天。

㊼乡邑:秦汉以后多指县以下的小镇。这里即指诸葛恪的乡里。若:连词。或;或者。

㊽士伍:士卒。宋司马光《资治通鉴》卷七六"使其乡邑若故吏民收以士伍之服",元胡三省注云:"秦汉之制,夺官爵者为士伍。"

㊾三寸之棺:当时属于简陋的棺木。宋司马光《资治通鉴》卷七六"惠以三寸之棺",元胡三省注云"《礼记》曰:'夫子制于中都,四寸之棺,五寸之椁。'郑康成注云:'此庶人之制也。按礼,上大夫棺八寸,椁六寸,下大夫棺六寸,椁四寸,无三寸棺制也。'孟子曰:中古棺七寸,椁称之。墨子尚俭,桐棺三寸。《左传》赵简子曰:桐棺三寸,不设属辟,下卿之罚也。"

㊿"昔项籍"句:据《史记·项羽本纪》记述,项羽在垓下之战兵败,自刎乌江,楚地皆降汉,唯独鲁地最后投降:"始,楚怀王初封项籍为鲁公,及其死,鲁最后下,故以鲁公礼葬项王谷城。汉王为发哀,泣之而去。"项籍,即项羽(前232～前202),名籍,字羽,下相(今江苏宿迁西南)人。楚国将门之后,秦汉之际反秦义军首领,自立为西楚霸王,但因谋略欠缺,加之不善用人,终于在中原逐鹿中败于刘邦。《史记》卷七、《汉书》卷三一皆有传。

㊼"韩信"句:刘邦在韩信被杀后收敛其尸骨,于史无据。宋司马光《资治通鉴》卷七六"韩信获收敛之恩,斯则汉高发神明之誉也",元胡三省注云:"葬项籍事,见十一卷汉高帝五年。敛韩信事,今史无所考。史云:'帝

闻信死,且喜且怜之',是必收敛之也。"韩信,秦末淮阴(今江苏清江西南)人(前?~前196),中国汉初军事家。熟谙兵法,战功卓著,为汉王朝的创建做出了重要贡献。其用兵之道,为后世兵家所推崇。最终被猜忌功臣的刘邦以谋反罪名杀之。《史记》卷九二有传。收敛,同"收殓",谓将尸体装裹后置入棺木。

㊺汉高:即汉高帝刘邦(前256~前195),字季,秦末泗水郡沛县(今江苏沛县)人,西汉王朝的开国皇帝。公元前202年称帝,在位八年,谥号高皇帝,庙号高祖。《史记》卷八、《汉书》卷一皆有纪。神明:谓如神之明。语出《周易·系辞下》:"阴阳合德,而刚柔有体,以体天地之变,以通神明之德。"唐孔颖达疏:"万物变化,或生或成,是神明之德。"

㊼敦:崇尚。三皇之仁:谓入棺下葬。《周易·系辞下》:"古之葬者,厚衣之以薪,葬之中野,不封不树,丧期无数。后世圣人易之以棺椁,盖取诸《大过》。"三皇,古人说法不一,汉人多以伏羲氏、神农氏、燧人氏为三皇。汉班固《白虎通·号》:"三皇者,何谓也?谓伏羲、神农、燧人也。"

㊽国泽:国家的恩惠。辜戮:谓被刑戮之人。汉陆贾《新语·怀虑》:"或触罪法,不免于辜戮。"

㊾于以:因此,是以。扬声:传播名声。遐方:犹远方。

㉖沮(jǔ举)劝:谓阻止恶行,勉励善事。语出《左传·襄公二十七年》:"赏罚无章,何以沮劝?"

㉗"昔栾布"句:据《汉书·栾布传》记述,西汉初年梁国大夫栾布出使齐国未返,刘邦召见梁王彭越,以谋反罪枭首洛阳并夷三族,下令敢有收视者,将逮捕治罪。栾布从齐国还,奏事于彭越头下,祭而哭拜。刘邦下令烹杀栾布,栾布以"反形未见,以苛细诛之,臣恐功臣人人之自危也"等语作答,终于触动刘邦,免栾布罪,拜为都尉。栾布(前?~前145),秦末梁国(治今河南商丘市南)人。由于为彭越收尸受到刘邦尊重,栾布在汉景帝平

吴楚之乱中以击齐之功，封鄃侯，复为燕相。燕、齐之间皆为立社，号曰“栾公社”。《史记》卷一〇〇、《汉书》卷三七皆有传。矫命，假托受命以行事。彭越(前？～前196)，字仲，秦末砀郡昌邑(治今山东菏泽市巨野县南六十里昌邑乡)人。秦末聚众起义，率兵三万投奔刘邦，助刘邦击败项羽，被封为梁王。后以谋反罪被刘邦杀害并夷三族。《史记》卷九〇、《汉书》卷三四皆有传。

(62)请：请示。主上：谓汉高帝刘邦。

(63)专名：独享美名。肆情：放荡情怀。

(64)章宣：张扬。愚情：谦称己之衷情。

(65)以露天恩：谓以便彰显皇帝的恩德。

(66)冒昧：冒犯，无知而妄为。多用于自谦。

(67)圣朝：这里为皇帝的代称。哀察：怜悯体察。

(68)石子冈：裴注引《江表传》曰：“朝臣有乞为恪立碑以铭其勋绩者，博士盛冲以为不应。孙休曰：‘盛夏出军，士卒伤损，无尺寸之功，不可谓能；受托孤之任，死于竖子之手，不可谓智。冲议为是。’遂寝。”

始恪退军还，聂友知其将败，书与滕胤曰：“当人强盛，河山可拔，一朝羸缩①，人情万端②，言之悲叹。”恪诛后，孙峻忌友，欲以为郁林太守③，友发病忧死。友字文悌，豫章人也④。

[注释]

①羸(léi 雷)缩：衰败，困窘。

②人情万端：形容人情叵测，极多而纷繁。

③郁林：即郁林郡，西汉元鼎六年(前111)置，治所布山县(今广西桂平

市西南古城)。辖境相当于今广西三江、鹿寨、桂平以西,邕宁、上思、宁明以北,贵州榕江及越南高平一带。三国吴永安六年(263)属广州,辖境逐渐缩小。

④豫章:即豫章郡,西汉高帝六年(前201)分九江郡置,治所南昌县(今江西南昌市东)。汉时辖境大致相当于今江西省地。三国魏以后辖境逐渐缩小。裴注引《吴录》曰:"友有唇吻,少为县吏。虞翻徙交州,县令使友送之,翻与语而奇焉,为书与豫章太守谢斐,令以为功曹。郡时见有功曹,斐见之,问曰:'县吏聂友,可堪何职?'对曰:'此人县间小吏耳,犹可堪曹佐。'斐曰:'论者以为宜作功曹,君其避之。'乃用为功曹。使至都,诸葛恪友之。时论谓顾子嘿、子直,其间无所复容,恪欲以友居其间,由是知名。后为将,讨儋耳,还拜丹杨太守,年三十三卒。"

[译文]

诸葛恪字元逊,是诸葛瑾的长子。年少时就有名。二十岁时就被任命为骑都尉,与顾谭、张休等人陪侍太子讲论学问与技能,他们都是孙登的宾客朋友。此后诸葛恪从中庶子转任太子左辅都尉。

诸葛恪的父亲诸葛瑾面孔长得像驴脸一样长,一次孙权聚会群臣,令人牵来一头驴,在驴脸上悬挂长木片,上面书写"诸葛子瑜"四字。诸葛恪就跪下说:"请求给我一支笔增添两个字。"孙权应允了他的请求。诸葛恪就在木片上接写"之驴"两字。在座者都欢笑起来,孙权就将这头驴赐予诸葛恪。又一次孙权聚会群臣,问诸葛恪:"你的父亲与你叔父诸葛亮相比,谁更有才能?"诸葛恪回答:"我的父亲贤能。"孙权问他何以如此,回答说:"我的父亲能够正确选择所侍奉的君主,而叔父不知,因此父亲更好。"孙权听后又大笑。又命令诸葛恪为在座群臣依次斟酒,到张昭面前,张昭已经带有醉态,不肯再饮,就说:"这不是按时饷以酒食的养老礼。"孙权对诸葛恪说:

"你若能令张公理屈辞穷,他就会行饮酒礼。"诸葛恪责难张昭说:"从前姜太公九十岁时,还右手执牦牛尾,左手持斧指挥军队,没有告老辞官。当今有军事行动,将军您在后;饮酒吃饭,将军您享受在前。这怎么能说违背养老之礼呢?"张昭最终无辞以对,只得满饮一杯。此后蜀国的使者来吴,吴国群臣全来参加会见,孙权对使者说:"这位诸葛恪很喜欢骑马,请归蜀后转告诸葛丞相,送给他侄子好马。"诸葛恪立即向孙权下跪称谢,孙权说:"马还没有至吴,你为何称谢?"诸葛恪回答:"蜀国是陛下的外马房,现在即下恩诏,马必定送到,怎能不谢恩?"诸葛恪应对才思敏捷,都与这类事相同。孙权感觉他不同寻常,准备安排具体公务加以测试,命他代理节度掌管军粮,这一职务案牍繁琐,并非他的爱好。

诸葛恪认为丹杨郡山地险峻,那里百姓果敢强劲,以前虽然发兵征讨,但只得到山区外缘的平民而已,其馀处在深远山区的山越族人,不能全部掌控。于是自己多次请求出任丹杨郡的长官,预计三年可以征求披甲的战士四万人。众人商议都认为丹杨一带是险要阻塞之地,又与吴郡、会稽、新都、鄱阳四郡邻接,周围绵延数千里,山谷纵横万重,身处僻远之地的百姓,从未到过城镇,也没有见过地方上的官吏,都手执武器出没山林,最终老死草木丛聚之间。逃亡者与大恶人也都逃窜到这里。山中有铜矿、铁矿,可以自行打造铠甲兵器。其民间风俗好武,喜欢演练争战,崇尚体魄力量,他们登山越险,逼近穿过丛生的荆棘,就如同鱼游深渊,猿猴攀援树木一样。他们时时寻找可乘之机,出来劫掠攻杀,往往要引来官府的征讨,寻找他们藏身之所。在争战得手时就蜂拥而上,失利时就如同鸟儿四处逃散,自汉朝以来,就难以控制他们。众人都以为诸葛恪的设想难以实现。诸葛恪的父亲诸葛瑾听说这件事后,也认为难以实现,叹息说:"恪儿不能令我家族兴旺,我们将要因他被诛灭全族。"诸葛恪极力辩称他必胜的理由。孙权就任命诸葛恪为抚越将军,兼任丹杨郡太守,授予他有缯衣的仪仗与三百名勇武的骑卒。授官仪式完毕，就令准备好大臣的仪仗、扈从，用鼓吹乐引导诸葛恪回家。这一年诸葛恪三十二岁。

诸葛恪到达丹杨郡太守官府，就立即致书与丹杨郡临近的吴郡、会稽、新都、鄱阳四郡所属各县的行政长官，让他们各自守住自己管辖的地界，将居民按军队进行编制，归顺的平民，都让他们集中聚居。于是部署诸将领分置士兵驻扎奥深险阻之地，只固守边界以为屏障，不与山民交战，等到庄稼即将成熟时，就出动军队抢收一空，连种子都不要留存。山民吃完旧粮，新谷又没有收回，而山区外围的居民已经全部集中居住，粮食难以流入山里，这时候山民因饥饿穷困，就会渐渐出山投降。诸葛恪又命令下属说："山民改恶迁善，都应当得到安抚慰问，让他们迁居到外县，不得嫌弃怀疑，乃至拘禁他们。"臼阳县长胡伉得到一名叫周遗的降民，周遗过去是作恶的人，被逼迫无法才暂时出降，内心企图再次叛逆，胡伉将他绑送到郡府。诸葛恪认为胡伉违抗他的命令，就将胡伉斩首并宣示于众，写成文书上奏章给皇帝。山民得知胡伉因为捉人而被诛杀，感觉官府不过想让他们走出山区而已，于是就扶老携幼出山，原定三年的行动期限与征兵人数皆符合此前的约定。诸葛恪自己统领万名新兵，其余分发给吴军诸将。

孙权赞许诸葛恪的功劳，派遣尚书仆射薛综前往慰劳军队。薛综先送达文书给诸葛恪等将领说：

> 山越族人凭借山林险阻，不归顺政府已然经过几代，对他们宽容一些就首鼠两端，情况紧迫时就如狼行走不时回头，有所畏惧。皇帝您盛怒之下，命令将领西征，先在朝廷占卜预测吉凶，又令军队威名远扬。结果兵不血刃，汗水也没有浸润铠甲。元凶已经被斩首示众，山越族人终于归附正义，清除了山深林密的地方，向朝廷征选到精兵十万。山野没有了遗留的盗贼，城邑也消除了残存的反叛势力。不仅扫清了凶恶的人，还补充了兵员。对禾苗有害的杂草，转化为好的植物。害人的鬼

怪也转化为勇猛如虎之战士。虽然这是国家显赫的声威发生作用,但统率全军的首领的实地察核也立有大功。即使《诗经·小雅·出车》的称美战功,《周易·离卦》颂扬断罪人之首的威猛,周朝的方叔与召虎,汉朝的卫青与霍去病,怎能同将军您一样被称扬?你们的功勋超越了古人,盖过了前代。圣上喜悦,在远方赞叹你们的功劳。感念颂扬古代君主与臣属良好关系的典章《诗经·四牡》,怀念《左传》中古代诸侯出征奏凯,至宗庙祭祀宴饮庆功之礼。所以特派尚书省的君主左右亲近之臣,迎请你们犒劳赏赐,以表彰伟大的功绩,以慰问辛劳的将士。

接下提升诸葛恪为威北将军,进封都乡侯。诸葛恪请求率军开垦庐江郡及皖口一带,并用轻装部队袭击舒城,突然袭取那里的百姓而归。又远远派出侦察、候望的人,观察必经之要道,打算进攻魏国所占据的寿春,孙权没有同意。

吴国赤乌年间,魏国司马懿谋划进攻诸葛恪,孙权正要发兵迎战,观察云气以预测吉凶的方士认为不利于吴方,于是孙权令诸葛恪转移驻军到柴桑。诸葛恪曾给丞相陆逊写信说:

杨敬叔转述您清雅的言谈,认为现时优秀人物消亡将尽,能够守住德行与功业的人不会再有多少了,应当相互辅佐,互为依存,对上兴盛国家事业,对下相互珍惜。您又痛恨世俗之人喜欢相互诽谤,令已经有所成就的人,中途受到损伤牵累;而那些希图进取者,也内心不快。我听到这些议论不禁感叹,私下里打拍子十分赞赏。我认为君子对一个人不能求全责备,孔子的门徒大约有三千人,其中出类拔萃者七十二人,即使如子张、子路、子贡等列入七十二贤人之中者,他们尽管有仅次于孔子的德行,但仍各有缺点。子张偏激,子路鲁莽,子贡不接受教诲,去经商致富,何况品行低于这些人者,如何会完美无缺?孔子并没有因为这些弟子不完美而不与他们交好,不因为他们有所短就抹杀他们的长处。何况现在选取人才,标准已比往古宽容,为什么呢?当下按时应做的事情交错纷乱,德才兼备者稀少,主管某职的官员,往往苦于不充足。如果性情不邪恶,愿意贡献、施展才力,就可以助成其事,让他们充分施展才能。如果大体符合标准,有任凭己意行事的欠缺,都需要得到宽恕或宽容,不能一一苛求。况且对于读书人确实不能从细微处要求过高,若苛刻要求,那些圣贤都难以保证自己属于完人,何况与圣贤有所差距的人呢?所以说用理想的道德规范要求人就很困难,用常人的标准衡量人就容易了,是贤明还是愚钝可以辨别。从汉末以来,中原的士族中人如许劭等,他们之所以相互毁谤讥刺,乃至引来祸患,推究其根本原因,并没有什么大仇怨,只是由于克制私欲,严以律己不能到位,却专用正义的标尺责备他人。自己不能遵守礼仪,他人就不佩服。用正义的标尺责备他人,他人就忍受不了。内心不佩服你的品行,交往中不能忍受你的责难,就不能不产生怨恨。相互间怨恨一经产生,就会令小人有机可乘。小人出现其间,谣言多次传播,也会产生影响;诬陷他人的言语,积久也可生效。处于谣言、诬陷如此纷至沓来的环境中,即使极为明智亲近的人,也难以保持清醒,何况相互间已经产生裂隙,并且真相难明呢?所以秦末的张耳、陈馀从刎颈之交发展到血沾刀口,西汉萧育与朱博早年交好,后生嫌隙,有始无终,其原因都在于此。如若不能宽恕他人小过,在细微的小事上相互责备,长此以往,各家各户都会相互怨恨,一国之内就不会有德行完美的人了。

诸葛恪知道陆逊猜疑自己,所以就陆逊的言谈加以发挥,以赞赏的口吻为自己辩白。适逢陆逊去世,诸葛恪升迁为大将军,假节,驻军于武昌,代替陆逊兼任荆州刺史。

**很久以后,孙权生病,而太子孙亮年少,朝廷就征召诸葛恪以大将军兼任太子太傅,中书令孙弘兼任太子少傅。孙权病危,召见诸葛恪、孙弘与太常滕胤、将军吕据、侍中孙峻,嘱托他的后事。

　　第二天,孙权去世。孙弘平素与诸葛恪不和,害怕被他惩治,就封锁孙权死亡的音讯,准备假托皇帝诏令除掉诸葛恪。孙峻将此阴谋告诉了诸葛恪,诸葛恪请孙弘前来商议事情,就于座中诛杀了孙弘,于是办理丧事,准备丧服。诸葛恪给时任公安督的弟弟诸葛融写信说:

　　　　本月二十六日乙未,皇帝舍弃天下,所有大小臣民,无不伤心哀悼。至于我们诸葛家族的父子兄弟,都受到皇帝特别的恩宠,并非凡庸的下属,所以悲恸万分,内心都要碎裂。皇太子已在二十八日即皇帝位,悲痛与喜庆交织在一起,令人不知所措。我受先帝临终遗命,辅佐幼主,私下里暗自揣度估量,我没有前汉博陆侯霍光的才干,却接受了周公旦扶持周成王那样的重托,恐惧有愧于叔父在蜀汉以丞相辅佐刘禅那样的功效,更担心有损于先帝托孤的明智,所以忧虑羞惭,恐惧不安,心中所思头绪极多而纷繁。况且百姓憎恶官府中人,动不动就有人瞻望关注,自身难得自由,这种状况不知何时得以改变?现在我以愚昧迟钝的资质,身处保傅这样的重要位置,困难多而智慧少,任务繁重而计谋不多,谁与我互相依存并有共同利益?近代汉朝就发生过燕王刘旦与盖长公主勾结,终于酿就上官桀父子谋反的事变。我现在也处于类似的境遇中,哪里敢享受安乐呢?再者弟所在的荆州公安一带,与魏国边界犬牙交错,你应当在现时整顿军事器械,率领督促将士们,警戒要超过平常时候,抱着死一万次的念头,不要顾恋今生。用来报答朝廷的恩典,不要令祖先蒙羞。此外边境诸将防守各有区划,我担心曹魏得悉先帝归天的消息,放纵暴戾,肆意侵扰抢劫。边境地区的各部官员,我已经另下约束诫饬,各部的指挥将领,不能随便放弃戍守的职责,直接赶来吊唁或料理丧事。虽然众人心中怀有难以忍受的悲痛,但公正的义理必须压倒私人情感,就如同西周伯禽母亲死,因徐戎作乱,伯禽于百日祭"卒哭"后即领兵前往征讨。如果有违背的情况发生,就不只是小问题了。通过对亲近之人的严格要求来匡正疏远者的行为,古人对此早有明确的告诫。

诸葛恪改任天子近臣太傅。此时他废除作为天子耳目的校官制度,遣散侦查刺探官员,免除百姓欠债,停征水陆关卡对通过货物征收的税,这些措施推崇朝廷给予臣民的恩惠,百姓没有不喜悦的。诸葛恪每次外出,百姓都伸长头颈仰望,希望看清楚他的样子。

当初,孙权在黄龙元年(229)迁都到建业,第二年修筑东兴堤以阻遏巢湖水泻入长江。此后因孙权进攻曹魏占据的淮南,又毁堤以便于船入巢湖,从此就废弃此堤不再修复。吴建兴元年(252)十月,诸葛恪聚集军队到达东兴城,重新修筑大堤,左右与山体连接,又在位于濡须山麓的东关之南岸修筑东、西两座城堡,成为与曹魏相持的前哨。每座城留军队千人驻扎,分由全端、留略两人防守,然后引兵撤回建业。曹魏因吴军进入自家疆土,耻于遭受欺辱,就命令大将胡遵、诸葛诞等率军七万,准备围攻两座城堡,并破坏大堤。诸葛恪发兵四万,不分昼夜赶往救援。胡遵等命令曹魏诸军架设浮桥渡过湖面,在大堤上设立军阵,分兵攻击吴军的两座城堡。城堡位于高峻之处,难以很快攻破。诸葛恪派遣将军留赞、吕据、唐咨、丁奉为先锋。当时天气寒冷并下雪,魏军诸将在一起饮酒,看到留赞等兵员不多,而且脱掉盔甲,不持矛戟等长兵器,只戴头盔,手执刀与盾牌等短兵器,未着甲衣攀援堤坝,都大笑不止,没有立即部署军队。吴军得以攻上堤坝,于是在喧嚷中挥刀乱砍。魏军在惊扰下四散逃命,争相跑上浮桥,浮桥被压断,魏军跳入水中,又相互践踏。魏乐安郡太守桓嘉等也一同战死,当场死亡达数万人之多。此前从吴逃魏的叛将韩综任前军督,也被斩杀。吴军缴获的车辆以及牛马驴骡等各有数千,物资和军械堆积如山,整队班师凯旋。诸葛恪被进封阳都侯,加任荆州牧、扬州牧,并任吴国军队的总指挥官,朝廷赏赐他黄金一百斤、马匹两百,丝织品与布各万匹。

诸葛恪于是产生轻敌心理,十二月东兴大捷后,吴建兴二年(253)的春天又想出动军队攻魏。吴国各位大臣认为军队多次征战已然疲惫,一同劝阻他,诸葛恪不听从。中散大夫蒋延极力争辩,就命侍从将对方搀扶出去。

诸葛恪于是撰写议论文告知众大臣说:

天上不会出现两个太阳,地上也不会有两位君主,帝王不努力兼并天下而希图将帝位一代一代传与后代子孙,从古至今没有这样的事。从前战国时代,齐、楚、燕、韩、赵、魏六国诸侯依仗兵强地广,相互可以救援,认为这样就足以世代相传,他人无法危及。放纵情怀,畏惧劳苦,终于令秦国逐渐得以强盛,于是吞并六国,这是历史上发生过的。近代的刘表占据荆州,有十万军队,财物粮食多如山积,他没有趁曹操力量微弱之际,与他全力争竞,而是坐视其强大,吞灭袁术、袁绍势力。曹操将北方平定以后,亲率三十万大军杀向荆州,当时即使有智慧出众者,也难以筹划良谋,在此时,刘表的幼子刘琮只能拱手投降,成为被囚禁的俘虏。凡是敌国打算相互吞并,就如同仇人都一心想除掉对方。有仇人存在并任其成长壮大,即使灾祸不落在自身,也要殃及后代子孙,对此不能不作深谋远虑。从前春秋楚国的伍子胥说过:"越国用十年的时间养育人民和积累财富,再用十年的时间对国民进行教育训练,二十年之后,吴国就要被越国毁坏成为荒凉的池沼了!"吴王夫差依仗自己力量强大,轻视伍子胥的言论,因而诛杀伍子胥并对越国毫无防范,一直到吴王面临失败时才后悔不已,还来得及吗?越国小于吴国,尚且给吴国带来大祸,何况比越国更强大的国家呢?从前秦国只占据关西一带,尚且能够吞并六国,今天曹魏占据秦、赵、韩、魏、燕、齐九州的地域,属于战乱频仍之区,又是大批人才汇聚的地方。现在拿魏国与战国时的秦国相比,土地扩大数倍;拿吴国、蜀国与战国时的六国相比,地盘连一半都达不到。然而今天我们所能与之抗衡,只是因为曹操在时兵多将广,而现在恰逢其诸将减员,后来出生者都没有形成强大的战斗力,这正是曹魏力量衰弱未能强盛之际。加之司马懿此前诛杀王凌,接着自己也死亡,他的儿子力量弱小,而独自承担辅政的大任,虽然有足智多谋的人才,却未能得到任用。现在讨伐魏国,正是对方众灾会合的时机。品德最高尚、智慧最高超的人必须努力去适应当时的具体形势、环境与条件,指的就是今日的形势。如果顺着大众的心情,抱着苟安一时的主意,认为凭借长江之险就可以令吴国代代相传,姑且不论魏国的发展趋势如何,因为魏国今日的衰弱就轻视其以后的力量,这是我之所以长叹不已的原因。自古以来,国家兴盛与否取决于人口的生育繁衍,当下魏国人口年年增多,只是年龄尚小,不能立即使用而已。若再过十数年,其人口将成倍增长,而我吴国驻扎精锐部队的地方,兵员都难以为继,只有现有的这批军队可以决定形势的发展趋势。如果不能尽早投入战场,养兵不用,再过十数年,大约当减员一半左右,而现有的士兵子弟可以补充军队者,为数不值一提。如若敌人士兵数量增长一倍,而我国兵员数量却减少一半,那时即使请辅佐商汤的伊尹、辅佐齐桓公一匡天下的管仲来谋划攻魏,也不会有好结果。现在一些缺乏远虑者,必以为我的这番言语迂阔而不切实际。祸难没有发生而预先加以忧虑,这固然是众人认为迂阔的理由。等到大祸临头,然后屈膝下拜,以额角触地,这时即使有智慧超群的人,也想不出好办法了。这属于古往今来的通病,并非仅仅今天如此。从前春秋的吴王夫差起先以为伍子胥的想法迂阔,因而灾难降临而无可补救。刘表不能虑及十年之后的情况,所以其基业不能传给子孙。当今我诸葛恪连备位充数之臣的资格都不具备,却接受了我大吴国类似西汉萧何与霍光辅佐太子的重任,智谋与众人等同,思虑若不作长远谋划,不在当下为国家开拓国土,转眼间就衰老了，而我们的仇敌却更加强大，到那一时刻即使自杀向国人谢罪，难道能有补救吗？现在听说众人中有的认为百姓还处于贫困中，打算与民休息，这是不知考虑后面的大危险存在，而只是舍不得他们的小劳累的缘故。从前汉高祖已经有幸占据了三秦之地，他为什么不封锁潼关扼守险要之地，独自享受人生快乐，却要出关进攻楚王项羽，身受严重的箭伤，衣服甲胄生了虮虱，将士们也厌倦困苦，难道他们喜爱打仗而忘却安宁了吗？这是考虑到敌我难以长久共存的缘故。我每次阅览荆邯劝说公孙述北出关中与刘秀争夺天下的历史，近来又读到我叔父上表陈述蜀汉与魏国争战的谋略，没有不喟然长叹的。日夜惶恐不安，所考虑的就是上述问题，所以姑且写下愚见，用来传达到诸君身边。倘若我一旦弃世，谋略不能实现，也想让后来者知道我内心的忧虑，从而再让他们寻求办法。

众人都认为这是诸葛恪为自己主张出兵伐魏寻找理由，但没有人敢于再发责难或诘问。

丹杨太守聂友平素与诸葛恪友好，就写信劝导他说："先帝本来就有在东兴筑堤的规划，但未能施行。现在由您辅佐帝业，完成先帝的遗志，曹魏军队远来侵犯东吴就是自来送死，将士们凭借朝廷的声威与德行，以献身精神执行命令，一下子建立起非同寻常的大功，难道不是我吴国宗庙神灵与国家社稷的福分吗！现在最好屯兵不动以养精蓄锐，窥伺敌人有隙可乘时再发起行动。现在您要乘这一胜仗的形势，打算再大举攻魏，有违于天命。如果听凭您的强烈意愿行事，我私下里深感不安。"诸葛恪就在其所写的议论文后又写上几句，作为答书致聂友说："足下虽讲出非人为的道理，然而没有见到大的趋势。仔细阅看我这篇议论文章，就可以受启发醒悟了。"诸葛恪于是违背众人的意愿出兵，大规模调动各州郡的二十万军队，引起百姓的骚动，开始丧失人心了。

诸葛恪打算在淮南整饬军旅,炫耀武力,驱迫掠夺那里的魏国百姓。诸将中有人发出诘难说:"现在我军深入敌境,边界的百姓,必然一起远远逃走,恐怕我方士兵劳累却收功无多,不如只去围攻合肥新城。新城被困,魏军的救援必至,等其援军到来时,我们再发起攻击,就会大获全胜。诸葛恪听从了这一建议,回转军队去围攻新城。攻守相持连续数月,新城还没有攻下。吴军士卒疲劳,又因天气暑热,饮用生水,士卒腹泻,又毒气下流,足为之肿,病倒了一大半人,死者与伤者漫布于地。各营官吏每天禀报病情的很多,诸葛恪却认为他们是在欺骗自己,打算处死他们,从此再无人上报病情。诸葛恪内心感到谋划错误,但又以不能攻下新城为耻辱,愤怒的表情显现在脸上。将军朱异有非议之言语,诸葛恪听到后大怒,立即剥夺了他的领兵权。都尉蔡林多次陈述用兵之计谋,诸葛恪不能采用,蔡林就策马投奔魏军去了。魏军得知吴军战士疲困与伤病交加,就派遣援军前往。诸葛恪引军撤回。士卒受伤、患病者,倒下后不能自收,赢困不能自扶,只得相牵引而行,有的跌倒死于沟壑中,有的被敌军俘获,幸存者愤恨不已,死亡者更令人伤痛,官兵大大小小都呼天吁地。诸葛恪却安宁不为所动。他在江中的小洲上住了一个月,打算到浔阳开荒为田。朝廷令他班师的诏令相接不断,他这才缓缓领军回归。从此官兵与百姓对他失望,怨恨诽谤丛生。

吴建兴二年(253)的秋八月,诸葛恪率军撤回建业,陈列士兵用作仪仗,前驱后随回到自己的府邸。他随即召唤中书令孙嘿,厉声责问道:"你们怎么敢多次胡乱为陛下作诏书?"孙嘿在惶恐中辞出,因称病退居于家。诸葛恪出征离开以后,主管官员铨选的机构尚书台选曹所奏准任命的县一级令、长职务,一概罢免,重新选用,治理愈来愈严厉,追究不少人的罪责,应当进见他的官员,无不因恐惧而屏息。他又将幼主孙亮的警卫人员更换,改用自己的亲信,又命令兵士整装待发,准备进攻魏国所占据的青、徐二州。

孙峻借民众对诸葛恪积累的许多怨恨,以及众官员对他的厌恶不满,就诬陷诸葛恪准备谋反,与幼主孙亮密谋,在宫中设宴请诸葛恪饮酒。诸葛恪将要赴宴的前夜,精神扰动不安,一晚上不能入睡。次日清晨洗漱时,闻到水有腥臭味,侍从给他穿衣,衣服也有相同的臭味。诸葛恪不明其故,感到奇怪,令侍从换衣换水,腥臭味仍如当初,心情因失望而懊恼。整装完毕出门,他所喂养的一只狗叼住他的衣服,诸葛恪说:"难道狗不愿让我出门吗?"就回屋坐下,一会儿又起身,狗又叼住他的衣服,诸葛恪命令侍从将狗赶走,自己登车而去。

起初,诸葛恪将要出征淮南时,看见一位服丧的孝子穿戴孝服进入他的官署,侍从禀告此事,就命令将此人带出盘问,孝子说:"我不知不觉就走进来了。"当时他官署内外的警卫,也都没有看见这位孝子,众人都感到奇怪。出行以后,官署视事问案的厅堂的屋梁从中间断裂。他从新城撤军驻留东兴时,有白虹出现在他所乘坐船的上空,回来后去拜祭孙权的陵墓,白虹又出现在他所乘车之上空。

于是将要朝见幼主,停车于宫门之外,孙峻早已在帷帐后埋伏下士兵,害怕诸葛恪不按时入宫,走漏了消息,就自己出宫见诸葛恪说:"如果使君贵体欠安,自可等待以后再会面,我进宫当向皇帝说明一切。"他想用这些话来试探诸葛恪。诸葛恪回答说:"我当尽自己的力量入宫。"这时散骑常侍张约、朱恩等秘密写信给诸葛恪说:"今日设宴布置不同以往,怀疑有变故。"诸葛恪阅信后就要离开,还没有走出宫室最里层的正门,遇见了太常滕胤,诸葛恪说:"突然肚子疼痛,不能忍受入宫。"滕胤不知道孙峻的阴谋,就对诸葛恪说:"您自从出征回至京城还没有朝见,今天皇上置酒请您,您已经到达宫门,最好还是勉力进宫吧。"诸葛恪迟疑不决地返回,不解剑也不脱履进入殿内,向幼主谢恩,坐于位置上。酒斟上来,诸葛恪有疑虑未饮用,孙峻就乘机对他说:"您的病体未痊愈,当自备有经常服用的药酒,可自行取用。"诸葛恪听后大为放心,就另饮用自己带来的酒。依次斟酒数遍以后,孙亮进入内室,孙峻起身上厕所,脱去长衣裳,换上短衣,出来后大呼:"皇帝有诏令逮捕诸葛恪!"诸葛恪大吃一惊起身,来不及拔剑,孙峻的刀已接连砍下。张约从侧面砍杀孙峻,仅砍伤了他的左手,孙峻回手砍杀张约,砍断了张约右臂。这时宫廷中的卫士都跑入宫殿之内,孙峻说:"应该诛杀的是诸葛恪,现在他已死亡。"就命令卫士们全都装刀入鞘,然后清除地面上的尸体与血迹,继续饮酒。

此前,有童谣唱道:"诸葛恪,芦苇单衣篾钩落,于何相求成子阁。"所谓"成子阁",隐语就是"石子冈"。建业城南面有高大的土山,名叫石子冈,是埋葬死人的地方。"钩落",就是皮带的装饰,民间称之为钩落带。此后诸葛恪尸体果然是被苇席卷裹并用竹篾捆束腰间,被抛弃到石子冈。

诸葛恪长子诸葛绰,任职骑都尉,因与鲁王孙霸串通一事,被孙权发遣回诸葛恪处理,命令再加教育,诸葛恪用毒酒杀死了诸葛绰。其次子诸葛竦,官长水校尉。幼子诸葛建,官步兵校尉。听说诸葛恪被诛杀,他们用车载负母亲逃跑。孙峻派遣骑督刘承追杀,至白都斩诸葛竦。诸葛建得以渡过长江,打算北去投魏,行数十里,被追兵赶上逮捕。诸葛恪的外甥都乡侯张震与常侍朱恩等人,都被灭绝三族。

起初,诸葛竦数次向诸葛恪进言,后者没有听从,他经常为此担忧,惧怕灾祸降临。诸葛恪父子等被杀后,临淮臧均上表朝廷,请求收葬他们三人的遗骸说:

> 臣下听说雷鸣电闪,不会持续一个早晨,大风突然而起,很少能刮上一整天,然而此后还要生云降雨,用来滋润万物。如此看来天地施展威风,不可能连续十二天之久,帝王发怒,也不宜不加控制地发泄无馀。臣下狂妄愚笨,不知有所忌讳,敢冒破家灭身之罪,请求陛下生云降雨的恩典。念及已故太傅诸葛恪能够继承父祖之辈杰出不凡的功业,他的伯叔父等遭遇汉朝的君位与国统衰微殆尽,分别托身于全国所形成

鼎立局面的吴、蜀、魏三国，都具有忠心勤劳的品行，意图兴盛先人的事业、功绩。延及诸葛恪这一代人，生长在大吴帝国，受到吴大帝孙权的教化培育，获取了英明俊伟的好名声，为国家服务了几十年，尚未萌发祸国殃民的坏心，先帝委托给他从前伊尹、周公等贤臣曾经承担过的重任，嘱托他处理各种政务。诸葛恪性情倔强固执，喜夸耀自己，以势压人，不能恭恭敬敬地维护皇帝的尊严，使国内安定平静，却为建立自家功业，使军队在外蒙受风雨霜露，不到一年三次出师，白白消耗了军队、百姓的力量，用光了国家的库藏，专断国家的法制或礼仪，废除或改变国策全凭个人意志，凭借刑罚逼迫众人就范，大小官员都屏住呼吸，恐惧异常。侍中武卫将军都乡侯孙峻与诸葛恪同受先帝托孤之诏，见他奸邪肆虐，日甚一日，唯恐诸葛恪动摇天下，使国家有倾覆危险，就盛怒奋发，精诚可通达苍天，考虑计谋高于神明，智慧勇力超过战国时的荆轲与聂政百倍，亲自提刀，在殿堂中诛杀诸葛恪，所立功勋超越了汉代朱虚侯刘章，更胜过东牟侯刘兴居。国家的元凶大害，一下子就被清除干净，令人提诸葛恪人头骑马奔驰宣示于众，全军将士欢呼雀跃，日月因此增添了光辉，社会秩序稳定平安，这的确是宗庙神灵保佑的结果，也是上天与人世相互感应的征兆。现在诸葛恪父子三人的首级，连日悬挂于市中，观看的人达到数万，叫骂的声音如同大风呼啸。国家重刑，没有人不受震慑，老人与儿童，全都看到了诸葛恪的下场。人的情感对于世界万物，总是欢乐到了极点，就会转而产生悲凉之感，人们看见诸葛恪尊贵兴盛之时，世间无人能与比肩，其身居三公宰辅之位多年，今天被诛杀灭族，与禽兽没有差别，看完之后，情感未免走向负面，怎能不生忧伤之情！况且已死的人，尸骨已与土壤同归一处，即使凿挖砍刺，惩罚也不会更加严厉了。但愿我圣朝查考遵循《周易》的《乾》卦和《坤》卦，取其慎始敬终之义，发怒不超过十天，让诸葛恪的同乡里的人或过去的部下和百姓,按照士兵的标准收敛他们父子的尸骨,赐予他们三寸厚的简陋薄棺材。从前刘邦的仇敌项羽的遗体得到胜利者的礼葬,谋反的韩信也得到刘邦收敛尸骨的恩惠,这都是称誉汉高祖如神之明的依据。希望陛下崇尚令死人入棺下葬的三皇之仁,下发怜悯慈心,令国家的恩惠加于被刑戮之人的骸骨上,再接受这无边无际的恩惠,以此传播名声到远方,使天下人阻止恶行,勉励善事,岂不是弘大的气度吗!从前栾布违反汉高祖的诏令去祭奠彭越,臣下私下里憎恶这一行径,不先向皇帝请示,而为独享美名去放荡情怀,他没有被诛杀,实在属于侥幸。现在臣下不敢张扬自己之衷情,以便彰显皇帝的恩德,恭敬地拜上手书的表章,无知而妄为地加以陈述,乞求皇帝怜悯体察。

于是幼主孙亮与孙峻准许诸葛恪过去的部下收敛他并加以安葬,就在石子冈寻找到了他的遗骸。

起初,诸葛恪撤军归来,聂友预测他将要败亡,就致信滕胤说:"当人处于强盛之时,可以将山推到,令河流改道,一旦衰败困窘,就会暴露出旁观者人情叵测,且极多而纷繁,说起来令人悲伤感叹。"诸葛恪被诛杀后,孙峻猜忌聂友,想让他到边远的郁林郡当太守,聂友因忧愁而发病去世。聂友,字文悌,属豫章郡人。

后　记

　　《孟子》曰："春秋无义战。"竹帛三国，直相斫书耳。伐谋伐交，无非扬汤止沸；立功立德，何如曲突徙薪。是故"保邦于未危，制治于未乱"，《书》已先言矣。汉末之世，太阿倒持。先是奄竖弄权，上下颠覆；继而庸伍执柄，良莠不分。废立擅行，皇权摧朽于奸佞；荣枯自用，王纲幅裂乎倒君。野血早溢于玄黄，搀枪即行于碧落。藏舟竟难固，隙驹盍不留。善恶纷挐，是非瞀乱。鼠凭社贵，无非具臣；狐藉虎威，尽是冗将。郑则奰国，赵属孱王。阀阅猬张，咨嗟于道路；庶民鹿骇，颠沛乎山原。问流民咸食肉羹，狼突豕窜；知百姓早成刍狗，虎视鹰扬。末大必折，或暂息军旅之旌鼓；尾壮难掉，更难免齐民于干戈。想悲殷之《麦秀》，思悯周之《黍离》。方称先几，贾谊言船覆而发长叹；可观后效，徐乐论土崩而冀深察。闰位扬扬，乃因利以乘便；骈拇惴惴，被逐北而追亡。孙伯符真有可观，刘季玉都无足采。沧桑万古，增无限之情怀；陵谷千年，鲜不迁之运会。

　　是时也孤臣墬心，壮士扼腕。纵有翘关之勇，倚天之剑难挥；即令扛鼎之威,驻日之戈安在?瓮牖绳枢之子,可启行而执殳;钟鸣鼎食之家,惟先驱以负弩。皆成肱股,同为腹心。虎啸风驰,愿借筹而覆楚;龙兴云属,甘蹈海以拒秦。田畴不卖卢龙,侠义自见;臧洪力拒袁绍,气节有加。盖君贵审才,臣尚量主。腾骧有时,父老何自为郎乎?惟利是图,竖子不足与谋也。或露锷而遭忌,或韬锋而幸全。李广不遇高皇,相如生同汉武。因时立志,冀铭功景锺;投隙建侯,求书名竹帛。何来知己,竟意在青蝇;长驱壮怀,更名标白马。或因战守异势,而致成败分殊。于是吴制荆扬,蜀有岷益,魏据中夏,鼎峙势成。力造乾元,萧曹绛灌之徒再世;心追妙有,孔陈应刘之辈更生。殊途同归,异代接武。万骑辟易,终有逝骓别虞之歌;一代雄豪,何出分香卖履之语。情之难已,千古一揆。先主卧百尺楼头,陈王驰千里任上。炼石再辉于天际,焦桐重识于灶中。去危就安,季文再思即可;转祸为福,南容三复无暇。志如虎貔,既平陇后光武帝;心同木石,不思蜀时安乐公。盖盛衰无常,荣枯有象。昭彰天理,能无惧乎!物换星移,曾几何时。吴会之风流已去,中原之豪士稍衰。枉尺直寻,当涂终成典午之美。至于郿坞之计,易京之筹,枭首燃脐,徒为天下后人笑矣。

晋灵不畏天命,赵盾犹惧史官。班固受金,陈寿借米,虽曰诞妄,亦见古人衷情,诚有所畏惧焉。《书》曰:"民惟邦本,本固邦宁。"是以弥窥竞于未萌,启宣和之耐久。《易》云:"其亡其亡,系于苞桑。"乃知息未然之患于无形,建必取之功于有道,有由然矣。裴松之有言:"畜德之厚,在于多识往行。"今人披览《三国》,三隅自反,当亦有所会意耳!

继选注《徐霞客游记》之后,中州古籍以为拙作差强人意,副总编辑卢欣欣女史命予冯妇再作,选注译《三国志》。予平生本疏于史学,且年逾"从心",汉人所谓炳烛之明聊胜于昧行而已;而清人转以"台上玩月"喻老年读书,稍胜于少年之隙中窥月、壮年之庭中望月,以其阅历有加也。行百里者半九十,本书杀青之际,适逢寰宇大疫,众心惶惶,坐困书城,虽心悸亦自有乐。其间又欣闻吾家建新兄即再挥郢斧,幸何如之!

是为记。

庚子仲春赵伯陶记于京北天通楼